W9-BCA-943

TEACHER´S ANNOTATED EDITION

DESCUBRE 3

Lengua y cultura del mundo hispánico

SECOND EDITION

Boston, Massachusetts

Publisher: José A. Blanco
President: Janet Dracksdorf
Vice President, Editorial Director: Amy Baron
Senior National Language Consultant: Norah Lulich Jones
Executive Editor: Sharla Zwirek
Editorial Development: Diego García, Erica Solari
Project Management: María Rosa Alcaraz, Sharon Inglis, Adriana Lavergne, Elvira Ortiz
Technology Editorial: Darío González, Paola Ríos Schaaf
Design and Production Director: Marta Kimball
Senior Creative Designer, Print & Web/Interactive: Susan Prentiss
Production Manager: Oscar Díez
Design and Production Team: Liliana Bobadilla, María Eugenia Castaño, Michelle Groper, Mauricio Henao, Andrés Vanegas, Nick Ventullo, Jhoany Jiménez, Fabián Montoya

Printed in Canada.

DESCUBRE Level 3 Student Edition ISBN: 978-1-61857-200-4
DESCUBRE Level 3 Teacher's Annotated Edition (TAE) ISBN: 978-1-61857-205-9

1 2 3 4 5 6 7 8 9 TC 17 16 15 14 13 12

Table of Contents

Descubre 1A & 1B

1A

contextos	cultura	estructura	adelante
Lección 1 Hola, ¿qué tal?			
Greetings and leave-takings Identifying yourself and others Expressions of courtesy	**En detalle:** Saludos y besos en los países hispanos **Perfil:** La plaza principal	**1.1** Nouns and articles **1.2** Numbers 0–30 **1.3** Present tense of **ser** **1.4** Telling time	**Lectura:** *Teléfonos importantes* **Panorama:** Estados Unidos y Canadá
Lección 2 En la clase			
The classroom and school life Fields of study and school subjects Days of the week Class schedules	**En detalle:** La escuela secundaria **Perfil:** El INFRAMEN	**2.1** Present tense of **–ar** verbs **2.2** Forming questions in Spanish **2.3** Present tense of **estar** **2.4** Numbers 31 and higher	**Lectura:** *¡Español en Madrid!* **Panorama:** España
Lección 3 La familia			
The family Identifying people Professions and occupations	**En detalle:** ¿Cómo te llamas? **Perfil:** La familia real española	**3.1** Descriptive adjectives **3.2** Possessive adjectives **3.3** Present tense of **–er** and **–ir** verbs **3.4** Present tense of **tener** and **venir**	**Lectura:** *Gente... Las familias* **Panorama:** Ecuador
Lección 4 Los pasatiempos			
Pastimes Sports Places in the city	**En detalle:** Real Madrid y Barça: rivalidad total **Perfil:** Lionel Messi y Lorena Ochoa	**4.1** Present tense of **ir** **4.2** Stem-changing verbs: **e:ie, o:ue** **4.3** Stem-changing verbs: **e:i** **4.4** Verbs with irregular **yo** forms	**Lectura:** *No sólo el fútbol* **Panorama:** México

1B

contextos	cultura	estructura	adelante
Lección preliminar			
A brief overview of the contexts and grammar from Level 1A			
Lección 5 Las vacaciones			
Travel and vacation Months of the year Seasons and weather Ordinal numbers	**En detalle:** Las cataratas del Iguazú **Perfil:** Punta del Este	**5.1** **Estar** with conditions and emotions **5.2** The present progressive **5.3** **Ser** and **estar** **5.4** Direct object nouns and pronouns	**Lectura:** *Turismo ecológico en Puerto Rico* **Panorama:** Puerto Rico
Lección 6 ¡De compras!			
Clothing and shopping Negotiating a price and buying Colors More adjectives	**En detalle:** Los mercados al aire libre **Perfil:** Carolina Herrera	**6.1** **Saber** and **conocer** **6.2** Indirect object pronouns **6.3** Preterite tense of regular verbs **6.4** Demonstrative adjectives and pronouns	**Lectura:** *¡Real Liquidación en Corona!* **Panorama:** Cuba
Lección 7 La rutina diaria			
Daily routine Personal hygiene Time expressions	**En detalle:** La siesta **Perfil:** El mate	**7.1** Reflexive verbs **7.2** Indefinite and negative words **7.3** Preterite of **ser** and **ir** **7.4** Verbs like **gustar**	**Lectura:** *¡Qué día!* **Panorama:** Perú
Lección 8 La comida			
Food Food descriptions Meals	**En detalle:** Frutas y verduras de América **Perfil:** Ferran Adrià: arte en la cocina	**8.1** Preterite of stem-changing verbs **8.2** Double object pronouns **8.3** Comparisons **8.4** Superlatives	**Lectura:** *Gastronomía* **Panorama:** Guatemala
Lección 9 Las fiestas			
Parties and celebrations Personal relationships Stages of life	**En detalle:** Semana Santa: vacaciones y tradición **Perfil:** Festival de Viña del Mar	**9.1** Irregular preterites **9.2** Verbs that change meaning in the preterite **9.3** **¿Qué?** and **¿cuál?** **9.4** Pronouns after prepositions	**Lectura:** *Vida social* **Panorama:** Chile

Descubre 1

contextos	cultura	estructura	adelante
Lección 1 Hola, ¿qué tal?			
Greetings and leave-takings Identifying yourself and others Expressions of courtesy	**En detalle:** Saludos y besos en los países hispanos **Perfil:** La plaza principal	**1.1** Nouns and articles **1.2** Numbers 0–30 **1.3** Present tense of **ser** **1.4** Telling time	**Lectura:** *Teléfonos importantes* **Panorama:** Estados Unidos y Canadá
Lección 2 En la clase			
The classroom and school life Fields of study and school subjects Days of the week Class schedules	**En detalle:** La escuela secundaria **Perfil:** El INFRAMEN	**2.1** Present tense of **–ar** verbs **2.2** Forming questions in Spanish **2.3** Present tense of **estar** **2.4** Numbers 31 and higher	**Lectura:** *¡Español en Madrid!* **Panorama:** España
Lección 3 La familia			
The family Identifying people Professions and occupations	**En detalle:** ¿Cómo te llamas? **Perfil:** La familia real española	**3.1** Descriptive adjectives **3.2** Possessive adjectives **3.3** Present tense of **–er** and **–ir** verbs **3.4** Present tense of **tener** and **venir**	**Lectura:** *Gente... Las familias* **Panorama:** Ecuador
Lección 4 Los pasatiempos			
Pastimes Sports Places in the city	**En detalle:** Real Madrid y Barça: rivalidad total **Perfil:** Lionel Messi y Lorena Ochoa	**4.1** Present tense of **ir** **4.2** Stem-changing verbs: **e:ie**, **o:ue** **4.3** Stem-changing verbs: **e:i** **4.4** Verbs with irregular **yo** forms	**Lectura:** *No sólo el fútbol* **Panorama:** México
Lección 5 Las vacaciones			
Travel and vacation Months of the year Seasons and weather Ordinal numbers	**En detalle:** Las cataratas del Iguazú **Perfil:** Punta del Este	**5.1** **Estar** with conditions and emotions **5.2** The present progressive **5.3** **Ser** and **estar** **5.4** Direct object nouns and pronouns	**Lectura:** *Turismo ecológico en Puerto Rico* **Panorama:** Puerto Rico
Lección 6 ¡De compras!			
Clothing and shopping Negotiating a price and buying Colors More adjectives	**En detalle:** Los mercados al aire libre **Perfil:** Carolina Herrera	**6.1** **Saber** and **conocer** **6.2** Indirect object pronouns **6.3** Preterite tense of regular verbs **6.4** Demonstrative adjectives and pronouns	**Lectura:** *¡Real Liquidación en Corona!* **Panorama:** Cuba
Lección 7 La rutina diaria			
Daily routine Personal hygiene Time expressions	**En detalle:** La siesta **Perfil:** El mate	**7.1** Reflexive verbs **7.2** Indefinite and negative words **7.3** Preterite of **ser** and **ir** **7.4** Verbs like **gustar**	**Lectura:** *¡Qué día!* **Panorama:** Perú
Lección 8 La comida			
Food Food descriptions Meals	**En detalle:** Frutas y verduras de América **Perfil:** Ferran Adrià: arte en la cocina	**8.1** Preterite of stem-changing verbs **8.2** Double object pronouns **8.3** Comparisons **8.4** Superlatives	**Lectura:** *Gastronomía* **Panorama:** Guatemala
Lección 9 Las fiestas			
Parties and celebrations Personal relationships Stages of life	**En detalle:** Semana Santa: vacaciones y tradición **Perfil:** Festival de Viña del Mar	**9.1** Irregular preterites **9.2** Verbs that change meaning in the preterite **9.3** **¿Qué?** and **¿cuál?** **9.4** Pronouns after prepositions	**Lectura:** *Vida social* **Panorama:** Chile

Descubre 2

2

contextos	cultura	estructura	adelante
Lección preliminar			
A brief overview of the contexts and grammar from Level 1			
Lección 1 En el consultorio			
Health and medical terms Parts of the body Symptoms and medical conditions Health professions	**En detalle:** Servicios de salud **Perfil:** Curanderos y chamanes	**1.1** The imperfect tense **1.2** The preterite and the imperfect **1.3** Constructions with **se** **1.4** Adverbs	**Lectura:** *Libro de la semana* **Panorama:** Costa Rica
Lección 2 La tecnología			
Home electronics Computers and the Internet The car and its accessories	**En detalle:** El teléfono celular **Perfil:** Los mensajes de texto	**2.1** Familiar commands **2.2** **Por** and **para** **2.3** Reciprocal reflexives **2.4** Stressed possessive adjectives and pronouns	**Lectura:** A comic strip **Panorama:** Argentina
Lección 3 La vivienda			
Parts of a house Household chores Table settings	**En detalle:** El patio central **Perfil:** Las islas flotantes del lago Titicaca	**3.1** Relative pronouns **3.2** Formal commands **3.3** The present subjunctive **3.4** Subjunctive with verbs of will and influence	**Lectura:** *Bienvenidos al Palacio de las Garzas* **Panorama:** Panamá
Lección 4 La naturaleza			
Nature The environment Recycling and conservation	**En detalle:** ¡Los Andes se mueven! **Perfil:** La Sierra Nevada de Santa Marta	**4.1** The subjunctive with verbs of emotion **4.2** The subjunctive with doubt, disbelief, and denial **4.3** The subjunctive with conjunctions	**Lectura:** Dos fábulas de Félix María Samaniego y Tomás de Iriarte **Panorama:** Colombia
Lección 5 En la ciudad			
City life Daily chores Money and banking At a post office	**En detalle:** Paseando en metro **Perfil:** Luis Barragán: arquitectura y emoción	**5.1** The subjunctive in adjective clauses **5.2** **Nosotros/as** commands **5.3** Past participles used as adjectives	**Lectura:** *Esquina peligrosa* de Marco Denevi **Panorama:** Venezuela
Lección 6 El bienestar			
Health and well-being Exercise and physical activity Nutrition	**En detalle:** Spas naturales **Perfil:** Las frutas y la salud	**6.1** The present perfect **6.2** The past perfect **6.3** The present perfect subjunctive	**Lectura:** *Un día de éstos* de Gabriel García Márquez **Panorama:** Bolivia
Lección 7 El mundo del trabajo			
Professions and occupations The workplace Job interviews	**En detalle:** Beneficios en los empleos **Perfil:** César Chávez	**7.1** The future **7.2** The future perfect **7.3** The past subjunctive	**Lectura:** *A Julia de Burgos* de Julia de Burgos **Panorama:** Nicaragua y La República Dominicana
Lección 8 Un festival de arte			
The arts Movies Television	**En detalle:** Museo de Arte Contemporáneo de Caracas **Perfil:** Fernando Botero: un estilo único	**8.1** The conditional **8.2** The conditional perfect **8.3** The past perfect subjunctive	**Lectura:** Tres poemas de Federico García Lorca **Panorama:** El Salvador y Honduras
Lección 9 Las actualidades			
Current events and politics The media Natural disasters	**En detalle:** Protestas sociales **Perfil:** El rostro de la revolución estudiantil chilena	**9.1** **Si** clauses **9.2** Summary of the uses of the subjunctive	**Lectura:** *Don Quijote de la Mancha* de Miguel de Cervantes **Panorama:** Paraguay y Uruguay

Descubre 3

3

contextos	enfoques	estructura	lecturas y cine
Lección 1 Las relaciones personales			
La personalidad Los estados emocionales Los sentimientos Las relaciones personales	**En detalle:** Parejas sin fronteras **Perfil:** Isabel Allende y Willie Gordon	**1.1** The present tense **1.2** **Ser** and **estar** **1.3** Progressive forms	**Literatura:** *Poema 20* de Pablo Neruda **Cultura:** *Sonia Sotomayor: la niña que soñaba* **Cinemateca:** *Di algo*
Lección 2 Las diversiones			
La música y el teatro Los lugares de recreo Los deportes Las diversiones	**En detalle:** El nuevo cine mexicano **Perfil:** Gael García Bernal	**2.1** Object pronouns **2.2** **Gustar** and similar verbs **2.3** Reflexive verbs	**Literatura:** *Idilio* de Mario Benedetti **Cultura:** *El toreo: ¿Cultura o tortura?* **Cinemateca:** *Espíritu deportivo*
Lección 3 La vida diaria			
En casa De compras Expresiones La vida diaria	**En detalle:** La Familia Real **Perfil:** Letizia Ortiz	**3.1** The preterite **3.2** The imperfect **3.3** The preterite vs. the imperfect	**Literatura:** *Autorretrato* de Rosario Castellanos **Cultura:** *El arte de la vida diaria* **Cinemateca:** *Adiós mamá*
Lección 4 La salud y el bienestar			
Los síntomas y las enfermedades La salud y el bienestar Los médicos y el hospital Las medicinas y los tratamientos	**En detalle:** De abuelos y chamanes **Perfil:** La ciclovía de Bogotá	**4.1** The subjunctive in noun clauses **4.2** Commands **4.3** **Por** and **para**	**Literatura:** *Mujeres de ojos grandes* de Ángeles Mastretta **Cultura:** *La ciencia: la nueva arma en una guerra antigua* **Cinemateca:** *Éramos pocos*
Lección 5 Los viajes			
De viaje El alojamiento La seguridad y los accidentes Las excursiones	**En detalle:** La ruta del café **Perfil:** El canal de Panamá	**5.1** Comparatives and superlatives **5.2** Negative, affirmative, and indefinite expressions **5.3** The subjunctive in adjective clauses	**Literatura:** *La luz es como el agua* de Gabriel García Márquez **Cultura:** *La ruta maya* **Cinemateca:** *El anillo*
Lección 6 La naturaleza			
La naturaleza Los animales Los fenómenos naturales El medio ambiente	**En detalle:** Los bosques del mar **Perfil:** Parque Nacional Submarino La Caleta	**6.1** The future **6.2** The subjunctive in adverbial clauses **6.3** Prepositions: **a**, **hacia**, and **con**	**Literatura:** *El eclipse* de Augusto Monterroso **Cultura:** *La conservación de Vieques* **Cinemateca:** *El día menos pensado*
Lección 7 La tecnología y la ciencia			
La tecnología La astronomía y el universo Los científicos La ciencia y los inventos	**En detalle:** Argentina: tierra de animadores **Perfil:** Innovar	**7.1** The present perfect **7.2** The past perfect **7.3** Diminutives and augmentatives	**Literatura:** *Ese bobo del móvil* de Arturo Pérez-Reverte **Cultura:** *Hernán Casciari: arte en la blogosfera* **Cinemateca:** *Happy Cool*
Lección 8 La economía y el trabajo			
El trabajo Las finanzas La economía La gente en el trabajo	**En detalle:** Las telenovelas **Perfil:** José Antonio Abreu	**8.1** The conditional **8.2** The past subjunctive **8.3** **Si** clauses with simple tenses	**Literatura:** *La abeja haragana* de Horacio Quiroga **Cultura:** *Carolina Herrera: una señora en su punto* **Cinemateca:** *Clown*
Lección 9 La cultura popular y los medios de comunicación			
La televisión, la radio y el cine La cultura popular Los medios de comunicación La prensa	**En detalle:** El mate **Perfil:** Las murgas y el candombe	**9.1** The present perfect subjunctive **9.2** Relative pronouns **9.3** The neuter **lo**	**Literatura:** *Sueños digitales* (fragmento) de Edmundo Paz Soldán **Cultura:** *Guaraní: la lengua vencedora* **Cinemateca:** *Sintonía*
Lección 10 La literatura y el arte			
La literatura Los géneros literarios Los artistas El arte Las corrientes artísticas	**En detalle:** Las casas de Neruda **Perfil:** Neruda en la pintura	**10.1** The future perfect **10.2** The conditional perfect **10.3** The past perfect subjunctive	**Literatura:** *Continuidad de los parques* de Julio Cortázar **Cultura:** *De Macondo a McOndo* **Cinemateca:** *Las viandas*

Program Components

Student Resources

- Student Edition with Supersite
- Cuaderno de práctica
- Cuaderno de actividades comunicativas
- Cuaderno para hispanohablantes
- eCuaderno *online interactive workbooks*
- vText *online interactive textbook*
- Downloadable eBook

Teacher Resources

- Teacher's Annotated Edition
- Teacher Supersite
- Teacher's Resource DVD with video programs (*Fotonovela, Flash cultura,* and *Film Collection*)
- Audio Program CDs
- Testing Program
- vText *online interactive textbook*
- Downloadable eBook

Supersite

Your source for integrated text-technology resources

Powerful tools that you can customize for your personal course management, along with the integrated content students need to improve—and enjoy—learning.

Focused uniquely on world language, with robust features that speak to you and your students' needs. How do we know? Feedback from our 20,000 language instructors and 1 million students.

Simplified experience so you can navigate easily, have flexible options, and quickly sort a wealth of information.

- **Stop Student Frustration:** Make it a cinch for students to track due dates, save work, and get access to all available Supersite resources.
- **Set-Up Ease:** Customize your class(es), create your own grading categories, plus copy previous settings to save time.
- **All-in-One Gradebook:** Save time with multi-level viewing, easy grade adjustment, and options to add outside grades for a true, cumulative grade.
- **Grading Options:** Choose to grade student-by-student, question-by-question, or spot check. Plus, use in-line editing and leave voice comments for targeted feedback.
- **Accessible Student Data:** Share information one-on-one with convenient views, and produce class reports in the formats that best fit you and your department.

Visit: **vistahigherlearning.com/supersite-demo-request/SE** for trial access.

Teaching and Learning All in One Place

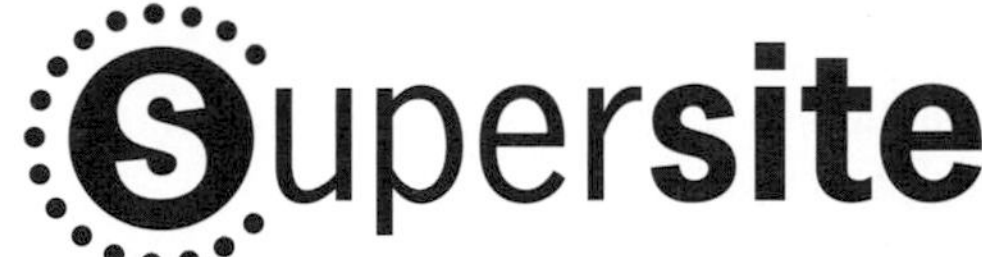

Integrated text and technology resources with multiple levels of access. Contact your Modern Language Specialist to learn about features available at each level.

For Students

- Textbook activities with auto-grading and instant feedback
- Additional auto-graded activities for extra practice
- Streaming video with teacher-controlled subtitles and translations
- Internet search activities
- Recorded readings
- Textbook and Lab audio MP3s
- Auto-graded practice tests
- Partner Chat activities for synchronous communication and oral practice
- Pronunciation practice
- Online *eCuaderno* with audio record-submit activities and auto-grading for selected activities (*Cuaderno de práctica* and *Cuaderno de actividades comunicativas*)
- vText—the online, interactive Student Edition

For Teachers

- A gradebook to manage classes, view rosters, set assignments, and manage grades
- A communication center for announcements and notifications
- Complete teacher resources, including answer keys, videoscripts, audioscripts, info gap activities, and worksheets
- Online assessments, plus the complete Testing Program in editable format
- MP3 files of the complete Audio Activities and Testing Audio Programs
- Grammar presentation slides
- Lesson plans
- Middle School Activity Pack
- Complete access to the Student Supersite
- Voiceboards for oral assignments, group discussions, homework, and projects
- vText—the online, interactive Student Edition
- Online tools to support communication and collaboration

Access on the go!

vText | Virtual interactive textbook for browser-based exploration.

- Links on the vText page to all mouse-icon textbook activities, audio, and video—a single platform for completing activities and accessing resources
- The perfect tool for classroom presentations
- Note-taking capabilities for students
- Easy navigation with searchable table of contents and page-number browsing
- Access to all Supersite resources
- iPad®-friendly

No Internet access? No problem. Try the downloadable eBook.

- Embedded audio for anytime listening
- Fast and responsive—no need to wait for pages to load
- Note-taking, highlighting, searching, and bookmarking capabilities
- Navigation bars to ensure students always know where they are
- Flip through or zoom in at the touch of a finger
- Links to the Supersite and program video when connected online
- Works on multiple devices and platforms, including iPad®, tablets, and smartphones (iPhone® and Android)

Beginning with the student in mind

Major sections are color-coded for easy use.

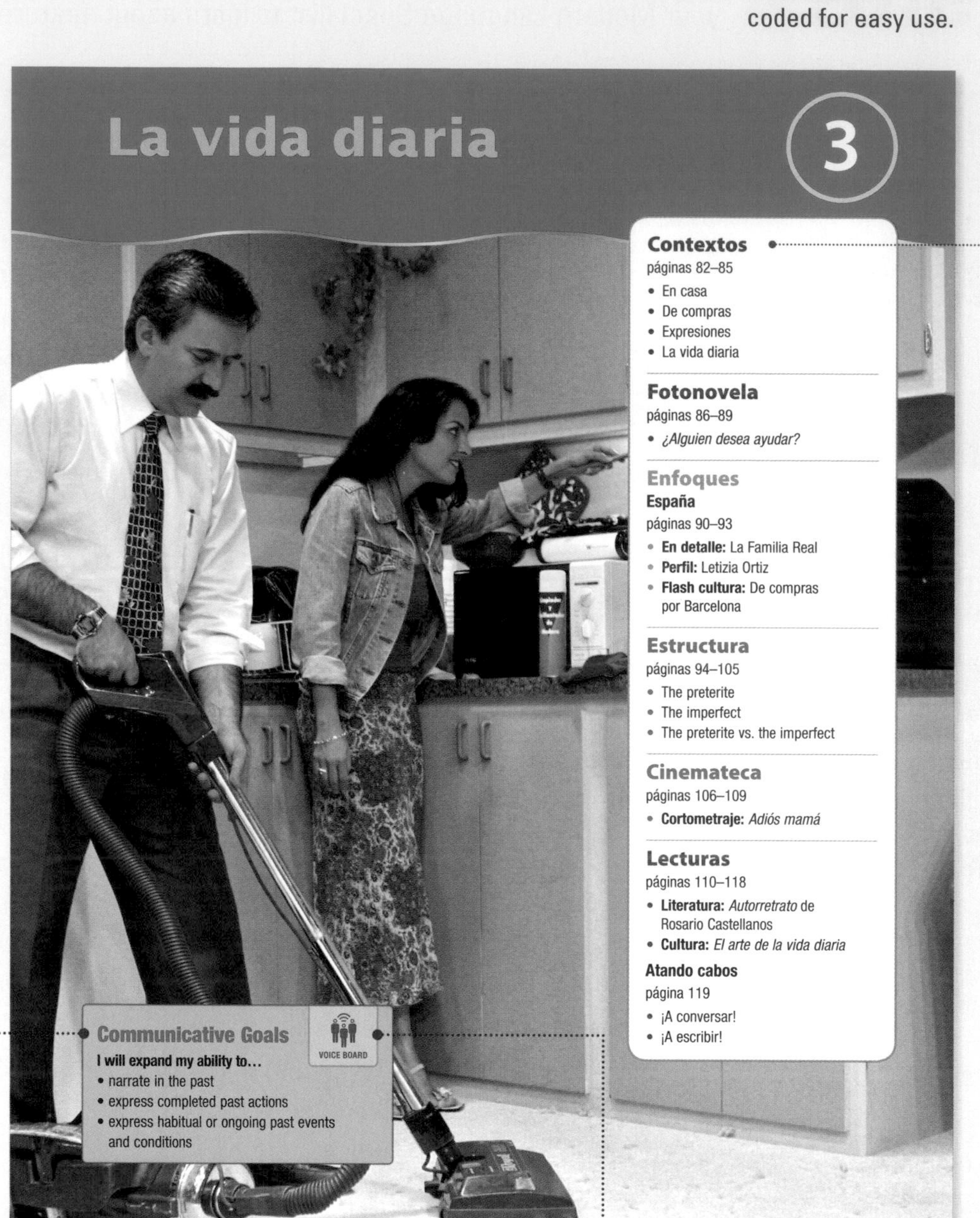

Communicative Goals introduce the chapter's learning objectives.

Voiceboards for oral assignments, group discussions, homework, and projects.

Vocabulary sets the stage for communication

Theme-related vocabulary is introduced in categories with supporting photographs and illustrations.

Each **Contextos** section includes scaffolded, personalized communication practice.

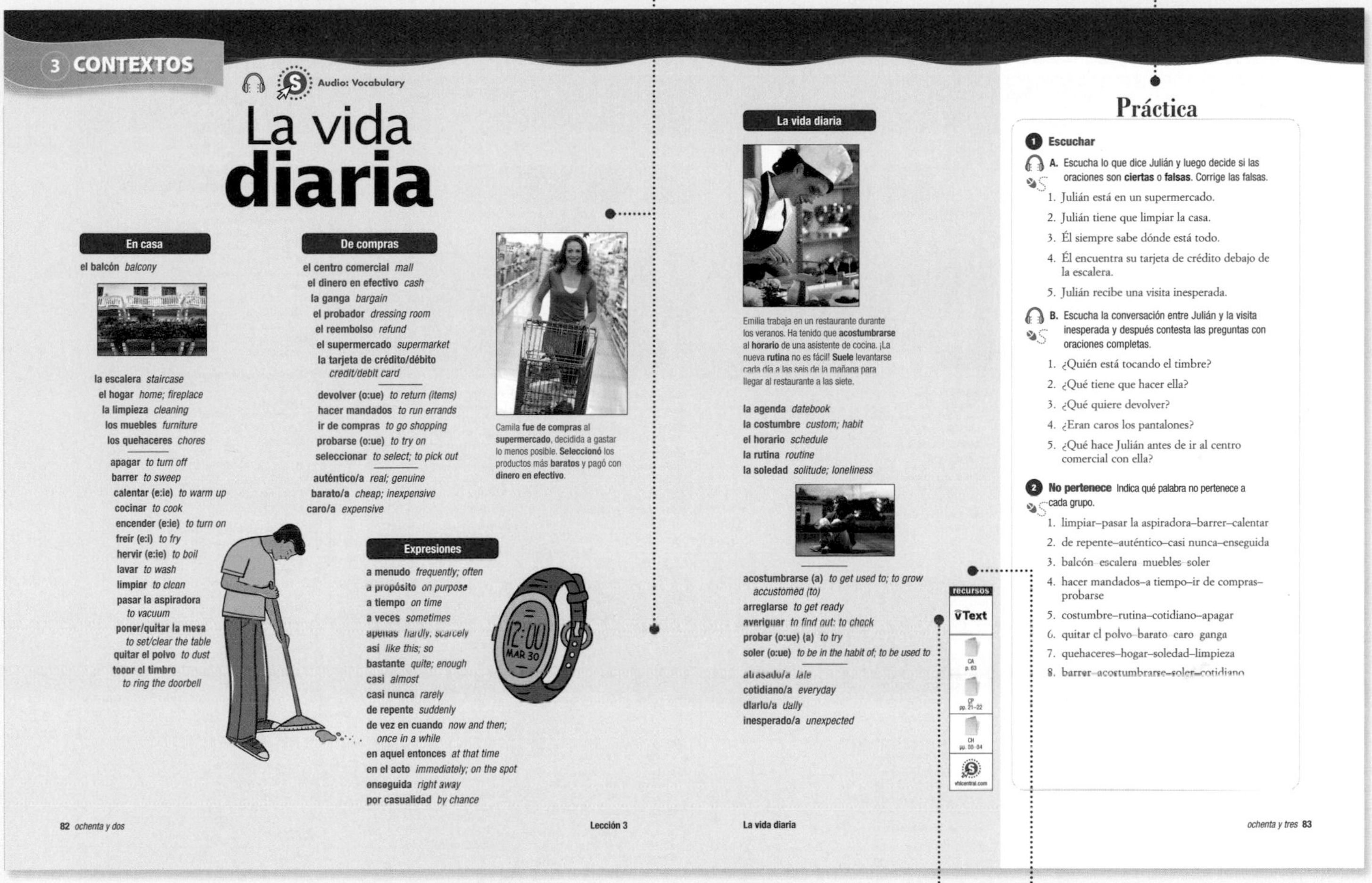

3 CONTEXTOS

Audio: Vocabulary

La vida **diaria**

En casa

el balcón *balcony*

la escalera *staircase*
el hogar *home; fireplace*
la limpieza *cleaning*
los muebles *furniture*
los quehaceres *chores*

apagar *to turn off*
barrer *to sweep*
calentar (e:ie) *to warm up*
cocinar *to cook*
encender (e:ie) *to turn on*
freír (e:i) *to fry*
hervir (e:ie) *to boil*
lavar *to wash*
limpiar *to clean*
pasar la aspiradora *to vacuum*
poner/quitar la mesa *to set/clear the table*
quitar el polvo *to dust*
tocar el timbre *to ring the doorbell*

De compras

el centro comercial *mall*
el dinero en efectivo *cash*
la ganga *bargain*
el probador *dressing room*
el reembolso *refund*
el supermercado *supermarket*
la tarjeta de crédito/débito *credit/debit card*

devolver (o:ue) *to return (items)*
hacer mandados *to run errands*
ir de compras *to go shopping*
probarse (o:ue) *to try on*
seleccionar *to select; to pick out*

auténtico/a *real; genuine*
barato/a *cheap; inexpensive*
caro/a *expensive*

Camila **fue de compras** al **supermercado**, decidida a gastar lo menos posible. **Seleccionó** los productos más **baratos** y pagó con **dinero en efectivo**.

Expresiones

a menudo *frequently; often*
a propósito *on purpose*
a tiempo *on time*
a veces *sometimes*
apenas *hardly; scarcely*
así *like this; so*
bastante *quite; enough*
casi *almost*
casi nunca *rarely*
de repente *suddenly*
de vez en cuando *now and then; once in a while*
en aquel entonces *at that time*
en el acto *immediately; on the spot*
enseguida *right away*
por casualidad *by chance*

82 *ochenta y dos* Lección 3

La vida diaria

Emilia trabaja en un restaurante durante los veranos. Ha tenido que **acostumbrarse** al **horario** de una asistente de cocina. ¡La nueva **rutina** no es fácil! **Suele** levantarse cada día a las seis de la mañana para llegar al restaurante a las siete.

la agenda *datebook*
la costumbre *custom; habit*
el horario *schedule*
la rutina *routine*
la soledad *solitude; loneliness*

acostumbrarse (a) *to get used to; to grow accustomed (to)*
arreglarse *to get ready*
averiguar *to find out; to check*
probar (o:ue) (a) *to try*
soler (o:ue) *to be in the habit of; to be used to*

atrasado/a *late*
cotidiano/a *everyday*
diario/a *daily*
inesperado/a *unexpected*

recursos

vText

CA p. 63

CP pp. 21–22

CH pp. 33–34

vhlcentral.com

Práctica

1 Escuchar

A. Escucha lo que dice Julián y luego decide si las oraciones son **ciertas** o **falsas**. Corrige las falsas.

1. Julián está en un supermercado.
2. Julián tiene que limpiar la casa.
3. Él siempre sabe dónde está todo.
4. Él encuentra su tarjeta de crédito debajo de la escalera.
5. Julián recibe una visita inesperada.

B. Escucha la conversación entre Julián y la visita inesperada y después contesta las preguntas con oraciones completas.

1. ¿Quién está tocando el timbre?
2. ¿Qué tiene que hacer ella?
3. ¿Qué quiere devolver?
4. ¿Eran caros los pantalones?
5. ¿Qué hace Julián antes de ir al centro comercial con ella?

2 No pertenece Indica qué palabra no pertenece a cada grupo.

1. limpiar–pasar la aspiradora–barrer–calentar
2. de repente–auténtico–casi nunca–enseguida
3. balcón–escalera–muebles–soler
4. hacer mandados–a tiempo–ir de compras–probarse
5. costumbre–rutina–cotidiano–apagar
6. quitar el polvo–barato–caro–ganga
7. quehaceres–hogar–soledad–limpieza
8. barrer–acostumbrarse–soler–cotidiano

La vida diaria *ochenta y tres* 83

vText online textbook pages come to life via links to practice activities, audio, and video programs.

Recursos boxes reference extensive print and multimedia student resources.

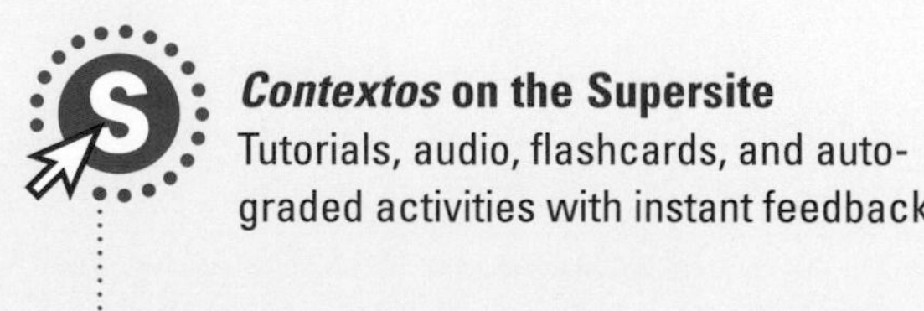

***Contextos* on the Supersite**
Tutorials, audio, flashcards, and auto-graded activities with instant feedback

Fotonovela bridges language and culture

Products, perspectives, and practices are featured in every episode.

Expresiones útiles boxes organize new, active structures by language function, showing how students can apply them in real, practical ways.

3 FOTONOVELA

Diana y Fabiola conversan sobre la vida diaria. Aguayo pide ayuda con la limpieza, pero casi todos tienen excusas.

Video: *Fotonovela* Record and Compare

PERSONAJES: AGUAYO, DIANA, ÉRIC, FABIOLA, JOHNNY, MARIELA

1

FABIOLA Odio los lunes.

DIANA Cuando tengas tres hijos, un marido y una suegra, odiarás los fines de semana.

FABIOLA ¿Discutes a menudo con tu familia?

DIANA Siempre tenemos discusiones. La mitad las ganan mis hijos y mi esposo. Mi suegra gana la otra mitad.

2

FABIOLA ¿Te ayudan en las tareas del hogar?

DIANA Ayudan, pero casi no hay tiempo para nada. Hoy tengo que ir de compras con la mayor de mis hijas.

FABIOLA ¿Y por qué no va ella sola?

DIANA Hay tres grupos que gastan el dinero ajeno, Fabiola: los políticos, los ladrones y los hijos... Los tres necesitan supervisión.

3

FABIOLA Tengan cuidado en las tiendas. Hace dos meses andaba de compras y me robaron la tarjeta de crédito.

DIANA ¿Y fuiste a la policía?

FABIOLA No.

DIANA ¿Lo dices así, tranquilamente? Te van a arruinar.

FABIOLA No creas. El que me la robó la usa menos que yo.

4

En la oficina de Aguayo...

MARIELA ¿Necesita ayuda?

AGUAYO No logro hacer que funcione.

MARIELA Creo que Diana tiene una pequeña caja de herramientas.

AGUAYO ¡Cierto!

Aguayo sale de la oficina. Mariela le da una patada a la aspiradora.

5

AGUAYO ¡Aceite lubricante y cinta adhesiva! ¿Son todas las herramientas que tienes?

DIANA ¡Claro! Es todo lo que necesito. La cinta para lo que se mueva y el aceite para lo que no se mueva.

Se escucha el ruido de la aspiradora encendida.

AGUAYO Oye... ¿Cómo lo lograste?

MARIELA Fácil... Me acordé de mi ex.

6

Más tarde en la cocina...

AGUAYO El señor de la limpieza dejó un recado diciendo que estaba enfermo. Voy a pasar la aspiradora a la hora del almuerzo. Si alguien desea ayudar...

FABIOLA Tengo una agenda muy llena para el almuerzo.

DIANA Yo tengo una reunión con un cliente.

7

ÉRIC Tengo que... Tengo que ir al banco. Sí. Voy a pedir un préstamo.

JOHNNY Yo tengo que ir al dentista. No voy desde la última vez... Necesito una limpieza.

Aguayo y Mariela se quedan solos.

8

Diana regresa del almuerzo con unos dulces.

DIANA Les traje unos dulces para premiar su esfuerzo.

AGUAYO Gracias. Los probaría todos, pero estoy a dieta.

DIANA ¡Qué bien! Yo también estoy a dieta.

MARIELA ¡Pero si estás comiendo!

DIANA Sí, pero sin ganas.

9

Fabiola y Johnny llegan a la oficina. Mariela está terminando de limpiar.

JOHNNY ¡Qué pena que no llegué a tiempo para ayudarte!

FABIOLA Lo mismo digo yo. Y eso que almorcé tan de prisa que no comí postre.

MARIELA Si gustan, quedan dos dulces en la cocina. Están riquísimos... (*habla sola mirando el aerosol*) Y no hubiera sido mala idea echarles un poco de esto.

10

Johnny y Fabiola vuelven de la cocina.

JOHNNY Qué descortés eres, Fabiola. Si yo hubiera llegado primero, te habría dejado el dulce grande a ti.

FABIOLA ¿De qué te quejas, entonces? Tienes lo que querías y yo también. Por cierto, ¿no estuviste en el dentista?

JOHNNY Los dulces son la mejor anestesia.

Expresiones útiles

Talking about the past
No llegué a tiempo para ayudarte.
I didn't get here in time to help you.
¿Y fuiste a la policía?
And did you go to the police?
El señor de la limpieza dejó un recado.
The janitor left a message.
Tienes lo que querías.
You have what you wanted.
Estaba enfermo.
He was sick.

Expressing strong dislikes
¡Odio...!
I hate...!
¡No me gusta nada...!
I don't like... at all!
Detesto...
I detest...
No soporto...
I can't stand...
Estoy harto/a de...
I am fed up with...

Additional vocabulary
acordarse *to remember*
ajeno/a *somebody else's*
andar *to be (doing something); to walk*
la caja de herramientas *toolbox*
el ladrón/la ladrona *thief*
lograr *to manage to; to achieve*
la mitad *half*
la patada *kick*
premiar *to give a prize*
¡Qué pena! *What a shame!*

recursos: vText | CA pp. 35–36 | vhlcentral.com

86 *ochenta y seis* | **Lección 3** | **La vida diaria** | *ochenta y siete* 87

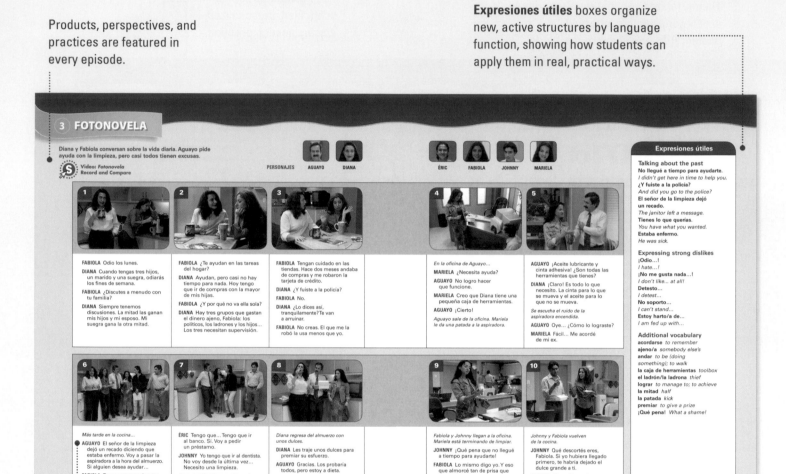

Humorous episodes in the life of the staff of a Mexican magazine.

The story board provides an abbreviated version of the video episode.

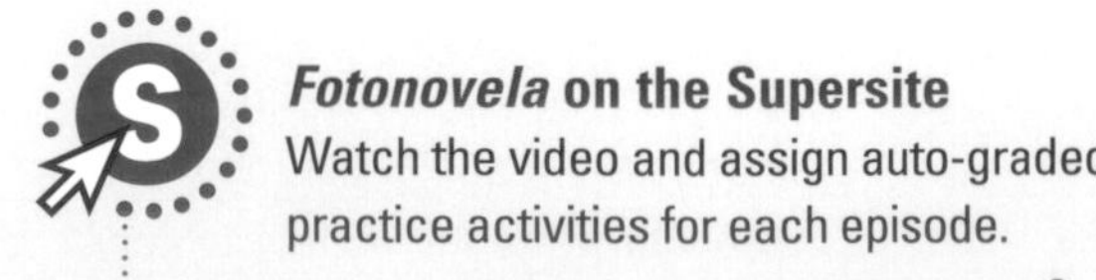

***Fotonovela* on the Supersite**
Watch the video and assign auto-graded practice activities for each episode.

Culture presented in context

En detalle explores the chapter concept in-depth through a variety of topics.

Perfil, Así lo decimos and **El mundo hispanohablante** spotlight the diversity and unity of the contemporary Spanish-speaking world.

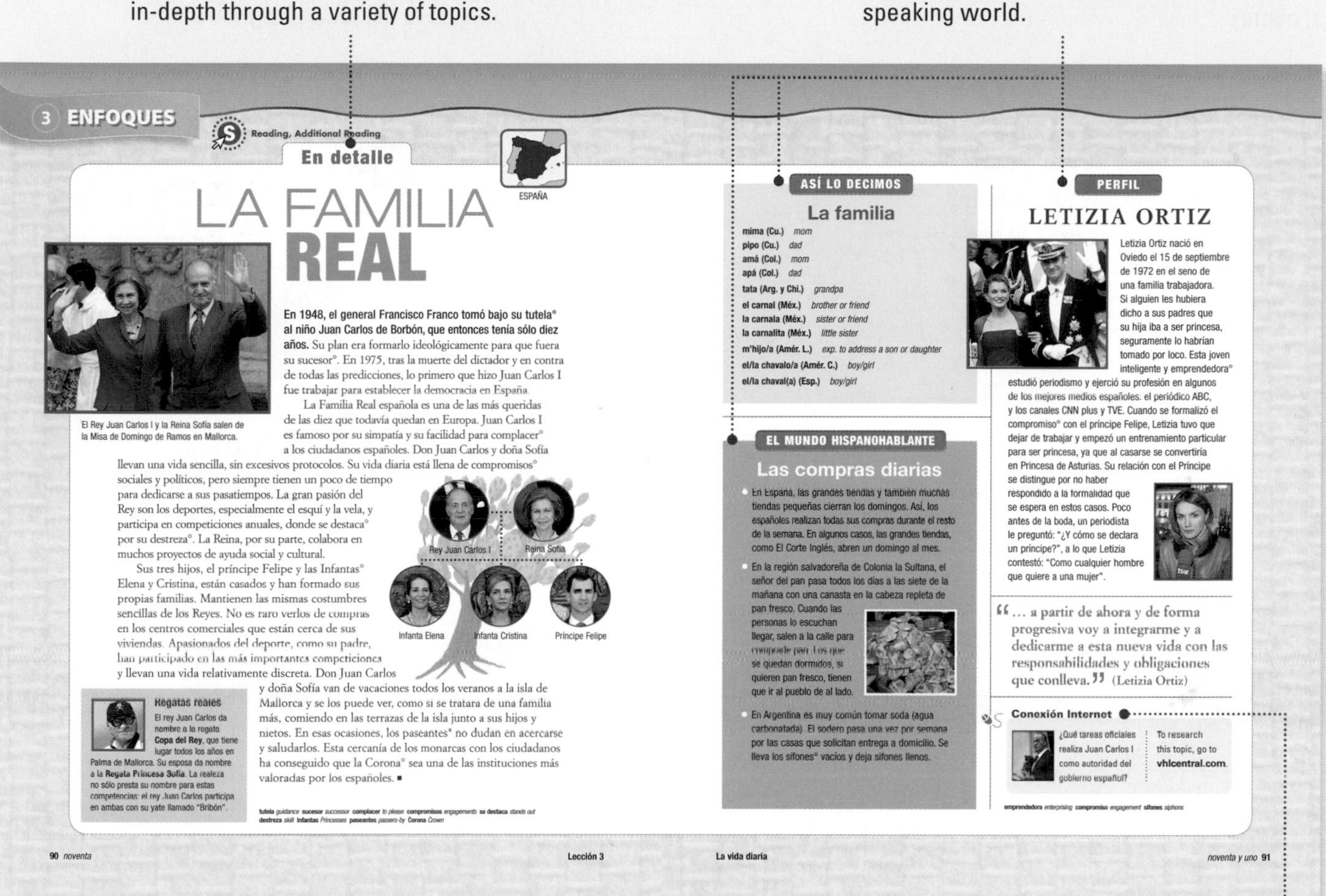

3 ENFOQUES

Reading, Additional Reading

En detalle

ESPAÑA

LA FAMILIA REAL

El Rey Juan Carlos I y la Reina Sofía salen de la Misa de Domingo de Ramos en Mallorca.

En 1948, el general Francisco Franco tomó bajo su tutela° al niño Juan Carlos de Borbón, que entonces tenía sólo diez años. Su plan era formarlo ideológicamente para que fuera su sucesor°. En 1975, tras la muerte del dictador y en contra de todas las predicciones, lo primero que hizo Juan Carlos I fue trabajar para establecer la democracia en España.

La Familia Real española es una de las más queridas de las diez que todavía quedan en Europa. Juan Carlos I es famoso por su simpatía y su facilidad para complacer° a los ciudadanos españoles. Don Juan Carlos y doña Sofía llevan una vida sencilla, sin excesivos protocolos. Su vida diaria está llena de compromisos° sociales y políticos, pero siempre tienen un poco de tiempo para dedicarse a sus pasatiempos. La gran pasión del Rey son los deportes, especialmente el esquí y la vela, y participa en competiciones anuales, donde se destaca° por su destreza°. La Reina, por su parte, colabora en muchos proyectos de ayuda social y cultural.

Sus tres hijos, el príncipe Felipe y las Infantas° Elena y Cristina, están casados y han formado sus propias familias. Mantienen las mismas costumbres sencillas de los Reyes. No es raro verlos de compras en los centros comerciales que están cerca de sus viviendas. Apasionados del deporte, como su padre, han participado en las más importantes competiciones y llevan una vida relativamente discreta. Don Juan Carlos y doña Sofía van de vacaciones todos los veranos a la isla de Mallorca y se los puede ver, como si se tratara de una familia más, comiendo en las terrazas de la isla junto a sus hijos y nietos. En esas ocasiones, los paseantes° no dudan en acercarse y saludarlos. Esta cercanía de los monarcas con los ciudadanos ha conseguido que la Corona° sea una de las instituciones más valoradas por los españoles. ■

Rey Juan Carlos I | Reina Sofía | Infanta Elena | Infanta Cristina | Príncipe Felipe

Regatas reales

El rey Juan Carlos da nombre a la regata **Copa del Rey**, que tiene lugar todos los años en Palma de Mallorca. Su esposa da nombre a la **Regata Princesa Sofía**. La realeza no sólo presta su nombre para estas competencias: el rey Juan Carlos participa en ambas con su yate llamado "Bribón".

tutela *guidance* **sucesor** *successor* **complacer** *to please* **compromisos** *engagements* **se destaca** *stands out* **destreza** *skill* **Infantas** *Princesses* **paseantes** *passers-by* **Corona** *Crown*

90 *noventa* Lección 3

ASÍ LO DECIMOS

La familia

mima (Cu.) *mom*
pipo (Cu.) *dad*
amá (Col.) *mom*
apá (Col.) *dad*
tata (Arg. y Chi.) *grandpa*
el carnal (Méx.) *brother or friend*
la carnala (Méx.) *sister or friend*
la carnalita (Méx.) *little sister*
m'hijo/a (Amér. L.) *exp. to address a son or daughter*
el/la chavalo/a (Amér. C.) *boy/girl*
el/la chaval(a) (Esp.) *boy/girl*

EL MUNDO HISPANOHABLANTE

Las compras diarias

- En España, las grandes tiendas y también muchas tiendas pequeñas cierran los domingos. Así, los españoles realizan todas sus compras durante el resto de la semana. En algunos casos, las grandes tiendas, como El Corte Inglés, abren un domingo al mes.
- En la región salvadoreña de Colonia la Sultana, el señor del pan pasa todos los días a las siete de la mañana con una canasta en la cabeza repleta de pan fresco. Cuando las personas lo escuchan llegar, salen a la calle para comprarle pan. Los que se quedan dormidos, si quieren pan fresco, tienen que ir al pueblo de al lado.
- En Argentina es muy común tomar soda (agua carbonatada). El sodero pasa una vez por semana por las casas que solicitan entrega a domicilio. Se lleva los sifones° vacíos y deja sifones llenos.

PERFIL

LETIZIA ORTIZ

Letizia Ortiz nació en Oviedo el 15 de septiembre de 1972 en el seno de una familia trabajadora. Si alguien les hubiera dicho a sus padres que su hija iba a ser princesa, seguramente lo habrían tomado por loco. Esta joven inteligente y emprendedora° estudió periodismo y ejerció su profesión en algunos de los mejores medios españoles: el periódico ABC, y los canales CNN plus y TVE. Cuando se formalizó el compromiso° con el príncipe Felipe, Letizia tuvo que dejar de trabajar y empezó un entrenamiento particular para ser princesa, ya que al casarse se convertiría en Princesa de Asturias. Su relación con el Príncipe se distingue por no haber respondido a la formalidad que se espera en estos casos. Poco antes de la boda, un periodista le preguntó: "¿Y cómo se declara un príncipe?", a lo que Letizia contestó: "Como cualquier hombre que quiere a una mujer".

"... a partir de ahora y de forma progresiva voy a integrarme y a dedicarme a esta nueva vida con las responsabilidades y obligaciones que conlleva." (Letizia Ortiz)

Conexión Internet

¿Qué tareas oficiales realiza Juan Carlos I como autoridad del gobierno español?

To research this topic, go to **vhlcentral.com**.

emprendedora *enterprising* **compromiso** *engagement* **sifones** *siphons*

La vida diaria *noventa y uno* 91

Conexión Internet features additional cultural explorations online via the Supersite.

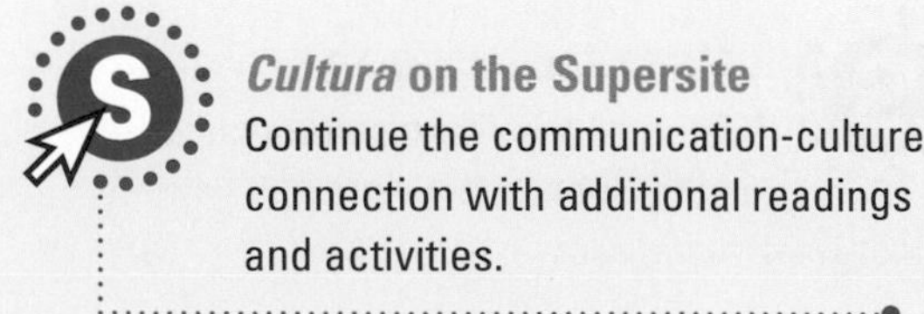

***Cultura* on the Supersite**
Continue the communication-culture connection with additional readings and activities.

Culture Presented in Context

¿Qué aprendiste? activities demonstrate comprehension and personalization of the cultural context.

Flash cultura videos feature young broadcasters from across the Spanish-speaking world sharing aspects of life related to the chapter's theme.

¿Qué aprendiste?

recursos
vText
CH p. 36

1 Comprensión Indica si las oraciones son **ciertas** o **falsas**. Corrige las falsas.

1. El general Francisco Franco quería que Juan Carlos de Borbón fuera su sucesor.
2. El general Franco trabajó mucho para establecer la democracia en España.
3. La vida de los Reyes se caracteriza por la formalidad y el protocolo.
4. El rey Juan Carlos es muy aficionado a los deportes.
5. La Reina participa en competiciones de esquí.
6. La infanta Cristina es soltera.
7. La Familia Real pasa las vacaciones de verano en Mallorca.
8. A muchos españoles les gusta la Familia Real.

2 Oraciones incompletas Completa las oraciones.

1. Los padres de Letizia Ortiz son ________.
2. Letizia estudió ________.
3. La infanta Cristina es la ________ del príncipe Felipe.
4. Felipe es el Príncipe de ________.
5. En España, las grandes tiendas abren ________.
6. En México, usan la palabra *carnala* para referirse a ________.

3 Preguntas Contesta las preguntas.

1. ¿Cuál es una forma cariñosa de referirse al padre en Cuba?
2. ¿Por qué crees que Letizia Ortiz tuvo que dejar de trabajar como periodista al convertirse en Princesa?
3. ¿A qué eventos deportivos dan nombre el rey Juan Carlos y la reina Sofía?
4. ¿Crees que es positivo o frívolo que el Rey de España participe en eventos deportivos? ¿Por qué?
5. Vuelve a leer la cita de Letizia Ortiz. ¿A qué responsabilidades y obligaciones crees que se refiere?
6. Muchos supermercados abren las 24 horas. ¿Crees que esto es necesario o crees que la gente está muy "malcriada" (*spoiled*)?

4 Opiniones En parejas, preparen dos listas. En una lista, anoten los elementos positivos de ser príncipe o princesa heredero/a y, en la otra, los elementos negativos que creen que puede tener. Guíense por estos planteamientos y otros.

- ¿Vale la pena ser rico y famoso si pierdes la vida privada?
- ¿Estarías dispuesto/a a guardar los modales las 24 horas del día?
- ¿Serías capaz de cumplir con todas las responsabilidades que conlleva este cargo?

PROYECTO

A domicilio

Existen muchos servicios a domicilio que facilitan la vida diaria. Además del ejemplo del sodero en Argentina, están los paseadores de perros, los supermercados con entrega a domicilio y las empresas que nos permiten recibir libros o ropa por correo en casa.

Imagina que vas a crear una empresa para ofrecer un servicio a domicilio.

Usa esta guía para preparar un folleto (*brochure*) sobre tu empresa. Describe:

- El servicio que vas a ofrecer y cómo se llama.
- Las principales características de tu servicio.
- Cómo va a facilitar la vida diaria de tus clientes.

Practice more at **vhlcentral.com.**

92 *noventa y dos* Lección 3

Video: *Flash cultura*

Flash CULTURA

De compras por Barcelona

Hacer las compras tal vez te parezca una actividad aburrida y poco glamorosa, pero ¡te equivocas! En este episodio de **Flash cultura** podrás pasear por el antiguo mercado de Barcelona y descubrir una manera distinta de elegir los mejores productos en tiendas especializadas.

VOCABULARIO ÚTIL

amplio/a *broad, wide*
el buñuelo *fritter*
el carrito *shopping cart*
la charcutería *delicatessen*
la gamba *(Esp.) shrimp*
los mariscos *seafood*
las patas traseras *hind legs*
el puesto *market stand*

Preparación ¿Qué productos españoles típicos conoces? ¿Cuál te gustaría más probar?

Comprensión Indica si estas afirmaciones son ciertas o falsas. Después, en parejas, corrijan las falsas.

1. Las Ramblas de Barcelona son amplias avenidas.
2. En La Boquería debes elegir un carrito a la entrada y pagar toda la compra al final.
3. Hay distintos tipos de jamón serrano según la curación y la región.
4. Barcelona ofrece una gran variedad de marisco y pescado fresco porque es un puerto marítimo.
5. En España, la mayoría de las tiendas cierra al mediodía durante media hora.
6. Las panaderías abren todos los días menos los domingos.

Expansión En parejas, contesten estas preguntas.

- ¿Prefieres hacer las compras en tiendas pequeñas y mercados tradicionales o en un supermercado normal? ¿Por qué?
- ¿Te levantas temprano para comprar el pan o algún otro producto los domingos? ¿Qué producto es tan esencial para la gente de tu país como el pan para los españoles?
- ¿Te parece bien que las tiendas cierren a la hora de la siesta? ¿Para qué usarías tú todo ese tiempo?

recursos
vhlcentral.com

Corresponsal: Mari Carmen Ortiz
País: España

La Boquería es un paraíso para los sentidos: olores de comida, el bullicio° de la gente, colores vivos se abren a tu paso mientras haces tus compras.

Hay tiendas que nunca cierran a la hora de comer: las tiendas de moda y los grandes almacenes°. Pero aún éstas tienen que cerrar tres domingos al mes.

El jamón serrano es una comida típica española y es servido con frecuencia en los bares de tapas°.

bullicio *hubbub* **almacenes** *department stores* **tapas** *Spanish appetizers*

Practice more at **vhlcentral.com.**

La vida diaria *noventa y tres* 93

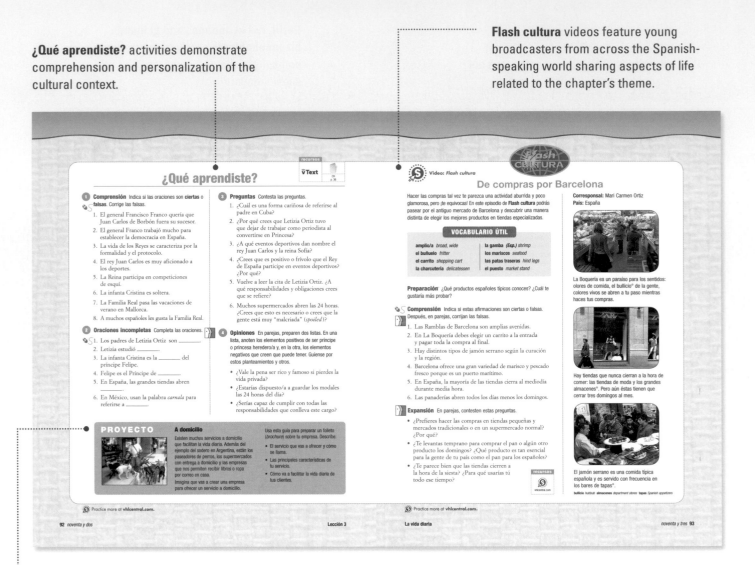

Proyecto activities expand cultural application through projects and research.

Video on the Supersite
Watch all the *Flash cultura* clips on the Supersite.

Grammar as a tool not a topic

Clear and concise explanations followed by visually appealing examples.

Sidebars connect previous and current learning.

3 ESTRUCTURA

3.1 The preterite

Explanation Tutorial

- Spanish has two simple tenses to indicate actions in the past: the preterite **(el pretérito)** and the imperfect **(el imperfecto)**. The preterite is used to describe actions or states that began or were completed at a definite time in the past.

The preterite of regular *-ar*, *-er*, and *-ir* verbs

comprar	vender	abrir
compré	vendí	abrí
compraste	vendiste	abriste
compró	vendió	abrió
compramos	vendimos	abrimos
comprasteis	vendisteis	abristeis
compraron	vendieron	abrieron

¡ATENCIÓN!
In Spain, the present perfect (p. 256) is more commonly used to describe recent events.

- The preterite tense of regular verbs is formed by dropping the infinitive ending (**-ar**, **-er**, **-ir**) and adding the preterite endings. Note that the endings of regular **-er** and **-ir** verbs are identical in the preterite tense.
- The preterite of all regular and some irregular verbs requires a written accent on the preterite endings in the **yo, usted, él**, and **ella** forms.

Ayer **empecé** un nuevo trabajo. *Yesterday I started a new job.*

Mi mamá **preparó** una cena deliciosa. *My mom prepared a delicious dinner.*

- Verbs that end in **-car, -gar**, and **-zar** have a spelling change in the **yo** form of the preterite. All other forms are regular.

buscar	busc–	–qu–	yo busqué
llegar	lleg–	–gu–	yo llegué
empezar	empez–	–c–	yo empecé

- **Caer, creer, leer**, and **oír** change **-i-** to **-y-** in the third-person forms (**usted, él, ella** and **ustedes, ellos, ellas**) of the preterite. They also require a written accent on the **-i-** in all other forms.

caer	caí, caíste, cayó, caímos, caísteis, cayeron
creer	creí, creíste, creyó, creímos, creísteis, creyeron
leer	leí, leíste, leyó, leímos, leísteis, leyeron
oír	oí, oíste, oyó, oímos, oísteis, oyeron

- Verbs with infinitives ending in **-uir** change **-i-** to **-y-** in the third-person forms of the preterite.

construir	construí, construiste, construyó, construimos, construisteis, construyeron
incluir	incluí, incluiste, incluyó, incluimos, incluisteis, incluyeron

- Stem-changing **-ir** verbs also have a stem change in the third-person forms of the preterite. Stem-changing **-ar** and **-er** verbs are regular.

Preterite of *-ir* stem-changing verbs

pedir		dormir	
pedí	pedimos	dormí	dormimos
pediste	pedisteis	dormiste	dormisteis
pidió	pidieron	durmió	durmieron

¡ATENCIÓN!
Other -**ir** stem-changing verbs include:
conseguir, **consentir**, **hervir**, **morir**, **preferir**, **repetir**, **seguir**, **sentir**, **servir**

- A number of **-er** and **-ir** verbs have irregular preterite stems. Note that none of these verbs takes a written accent on the preterite endings.

Les traje unos dulces para premiar su esfuerzo.

Por cierto, ¿no estuviste en el dentista?

¡ATENCIÓN!
Ser, ir, dar, and **ver** are also irregular in the preterite. The preterite forms of **ser** and **ir** are identical.

ser/ir
fui, fuiste, fue, fuimos, fuisteis, fueron

dar
di, diste, dio, dimos, disteis, dieron

ver
vi, viste, vio, vimos, visteis, vieron

The preterite of **hay** is **hubo**.

Hubo dos conciertos el viernes.
There were two concerts on Friday.

Preterite of irregular verbs

Infinitive	u-stem	preterite forms
andar	anduv-	anduve, anduviste, anduvo, anduvimos, anduvisteis, anduvieron
estar	estuv-	estuve, estuviste, estuvo, estuvimos, estuvisteis, estuvieron
poder	pud-	pude, pudiste, pudo, pudimos, pudisteis, pudieron
poner	pus-	puse, pusiste, puso, pusimos, pusisteis, pusieron
saber	sup-	supe, supiste, supo, supimos, supisteis, supieron
tener	tuv-	tuve, tuviste, tuvo, tuvimos, tuvisteis, tuvieron
Infinitive	**i-stem**	**preterite forms**
hacer	hic-	hice, hiciste, hizo, hicimos, hicisteis, hicieron
querer	quis-	quise, quisiste, quiso, quisimos, quisisteis, quisieron
venir	vin-	vine, viniste, vino, vinimos, vinisteis, vinieron
Infinitive	**j-stem**	**preterite forms**
conducir	conduj-	conduje, condujiste, condujo, condujimos, condujisteis, condujeron
decir	dij-	dije, dijiste, dijo, dijimos, dijisteis, dijeron
traer	traj-	traje, trajiste, trajo, trajimos, trajisteis, trajeron

- Note that the stem of **decir (dij-)** not only ends in **j**, but the stem vowel **e** changes to **i**. In the **usted, él**, and **ella** form of **hacer (hizo)**, **c** changes to **z** to maintain the pronunciation. Most verbs that end in **-cir** have **j**-stems in the preterite.

recursos
vText
CA pp. 7, 64
CP pp. 23–24
CH pp. 37–39
vhlcentral.com

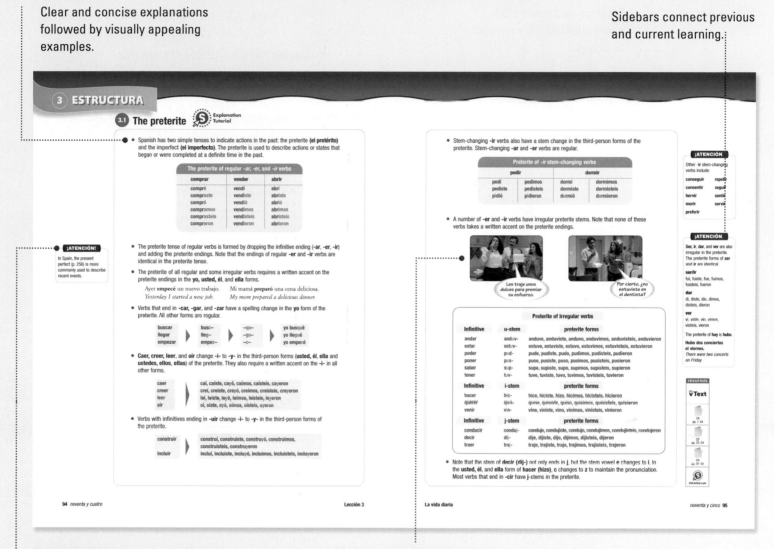

Students compare and contract English and Spanish structures—showing them how language works.

Fotonovela shows grammar in context.

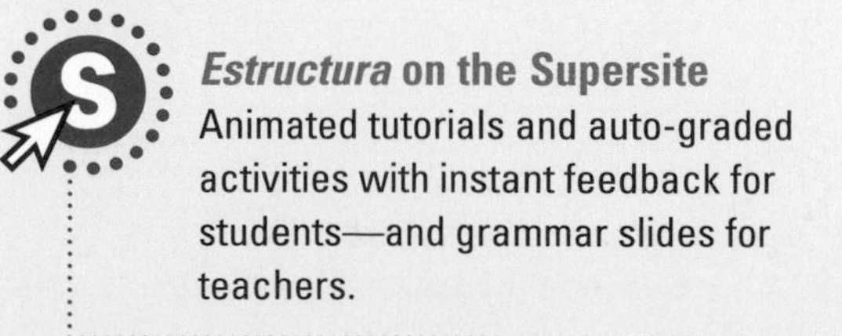

***Estructura* on the Supersite**
Animated tutorials and auto-graded activities with instant feedback for students—and grammar slides for teachers.

Engaging and carefully scaffolded formats

Práctica sections include contextualized, personalized activities.

Comunicación sections feature pair and group activities for interpersonal and presentational practice.

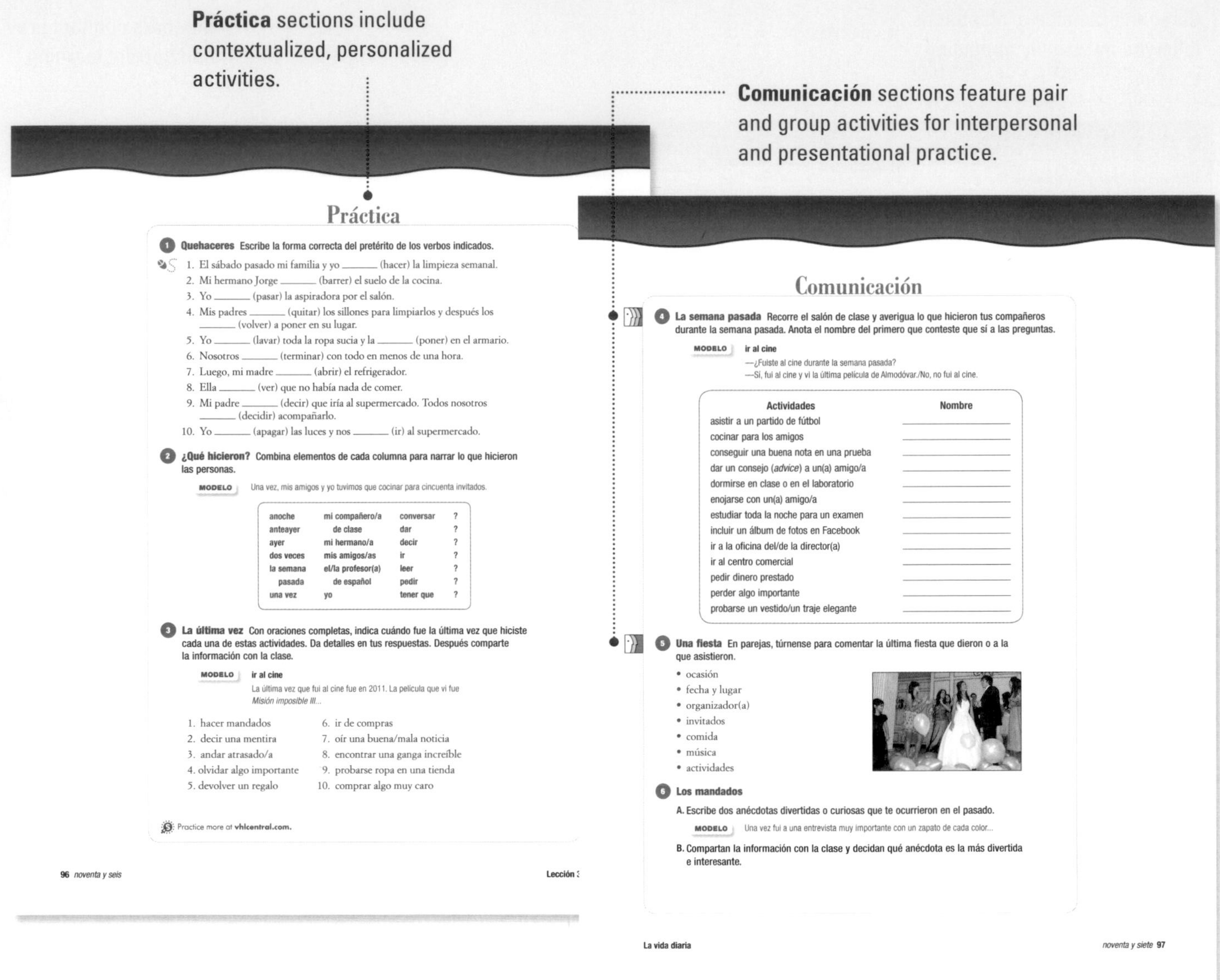

Práctica

1 Quehaceres Escribe la forma correcta del pretérito de los verbos indicados.

1. El sábado pasado mi familia y yo _____ (hacer) la limpieza semanal.
2. Mi hermano Jorge _____ (barrer) el suelo de la cocina.
3. Yo _____ (pasar) la aspiradora por el salón.
4. Mis padres _____ (quitar) los sillones para limpiarlos y después los _____ (volver) a poner en su lugar.
5. Yo _____ (lavar) toda la ropa sucia y la _____ (poner) en el armario.
6. Nosotros _____ (terminar) con todo en menos de una hora.
7. Luego, mi madre _____ (abrir) el refrigerador.
8. Ella _____ (ver) que no había nada de comer.
9. Mi padre _____ (decir) que iría al supermercado. Todos nosotros _____ (decidir) acompañarlo.
10. Yo _____ (apagar) las luces y nos _____ (ir) al supermercado.

2 ¿Qué hicieron? Combina elementos de cada columna para narrar lo que hicieron las personas.

MODELO Una vez, mis amigos y yo tuvimos que cocinar para cincuenta invitados.

anoche	mi compañero/a de clase	conversar	?
anteayer	mi hermano/a	dar	?
ayer	mis amigos/as	decir	?
dos veces	el/la profesor(a) de español	ir	?
la semana pasada	yo	leer	?
una vez		pedir	?
		tener que	?

3 La última vez Con oraciones completas, indica cuándo fue la última vez que hiciste cada una de estas actividades. Da detalles en tus respuestas. Después comparte la información con la clase.

MODELO **ir al cine**
La última vez que fui al cine fue en 2011. La película que vi fue *Misión imposible III*...

1. hacer mandados
2. decir una mentira
3. andar atrasado/a
4. olvidar algo importante
5. devolver un regalo
6. ir de compras
7. oír una buena/mala noticia
8. encontrar una ganga increíble
9. probarse ropa en una tienda
10. comprar algo muy caro

Practice more at **vhlcentral.com.**

96 *noventa y seis* Lección 3

Comunicación

4 La semana pasada Recorre el salón de clase y averigua lo que hicieron tus compañeros durante la semana pasada. Anota el nombre del primero que conteste que sí a las preguntas.

MODELO **ir al cine**
—¿Fuiste al cine durante la semana pasada?
—Sí, fui al cine y vi la última película de Almodóvar./No, no fui al cine.

Actividades	Nombre
asistir a un partido de fútbol	_____
cocinar para los amigos	_____
conseguir una buena nota en una prueba	_____
dar un consejo (*advice*) a un(a) amigo/a	_____
dormirse en clase o en el laboratorio	_____
enojarse con un(a) amigo/a	_____
estudiar toda la noche para un examen	_____
incluir un álbum de fotos en Facebook	_____
ir a la oficina del/de la director(a)	_____
ir al centro comercial	_____
pedir dinero prestado	_____
perder algo importante	_____
probarse un vestido/un traje elegante	_____

5 Una fiesta En parejas, túrnense para comentar la última fiesta que dieron o a la que asistieron.

- ocasión
- fecha y lugar
- organizador(a)
- invitados
- comida
- música
- actividades

6 Los mandados

A. Escribe dos anécdotas divertidas o curiosas que te ocurrieron en el pasado.

MODELO Una vez fui a una entrevista muy importante con un zapato de cada color...

B. Compartan la información con la clase y decidan qué anécdota es la más divertida e interesante.

La vida diaria *noventa y siete* 97

Skill synthesis

Viewing (Interpretive Communication)

Cinemateca features award-winning short films (**Cortometrajes**) from around the Spanish-speaking world.

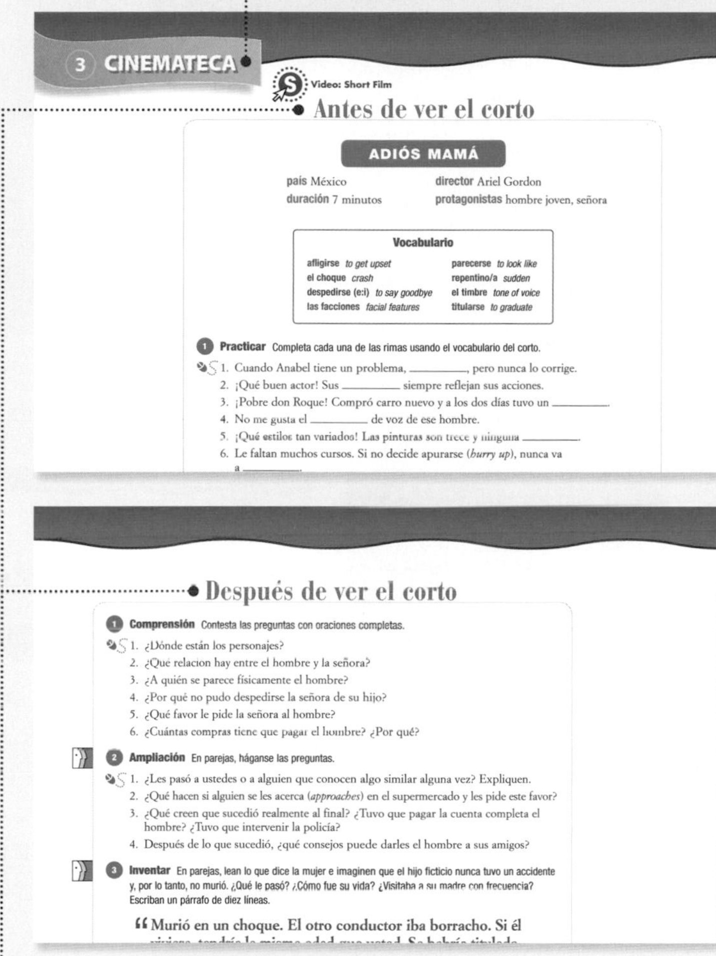

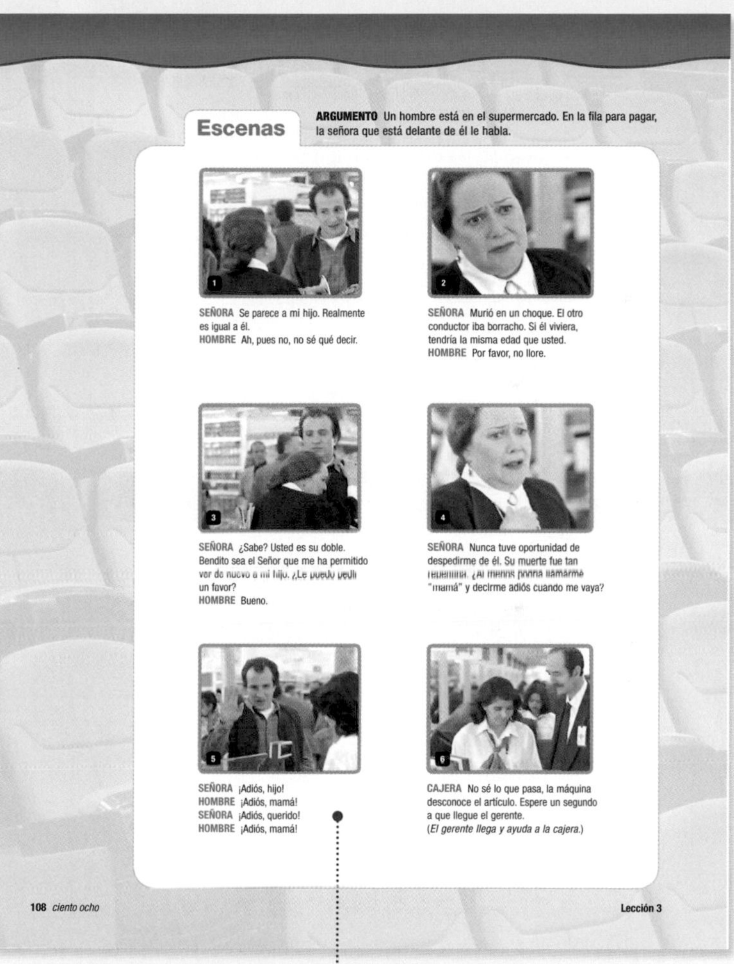

Antes de ver and **Después de ver** activities provide opportunities for reflection, personalization, and application pre-and post-viewing.

Storyboarding sets the stage for enjoyment as well as understanding of the authentic film.

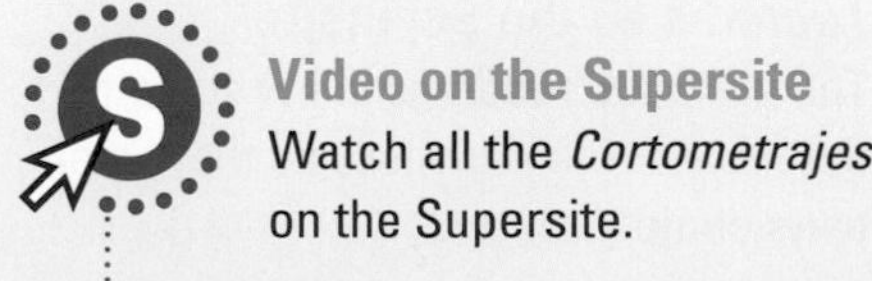

Video on the Supersite
Watch all the *Cortometrajes* on the Supersite.

Skill synthesis

Reading (Interpretive Communication)

Sobre el autor (Sobre la autora) places the writing and its author in historical and cultural context.

Lecturas offer a wide selection of authors and literary genres to engage students with authentic sources.

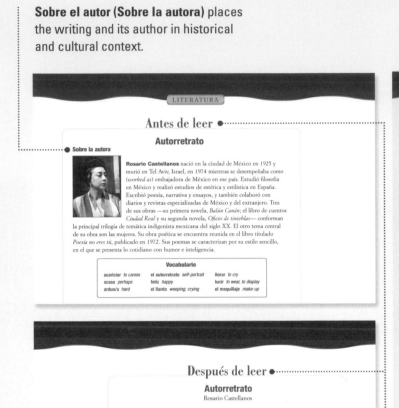

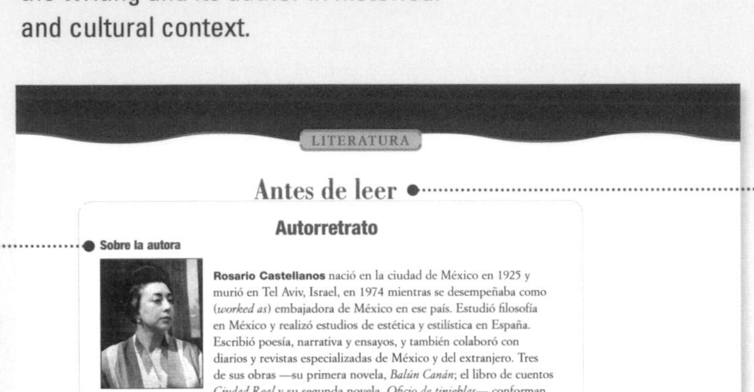

LITERATURA

Antes de leer

Autorretrato

Sobre la autora

Rosario Castellanos nació en la ciudad de México en 1925 y murió en Tel Aviv, Israel, en 1974 mientras se desempeñaba como (*worked as*) embajadora de México en ese país. Estudió filosofía en México y realizó estudios de estética y estilística en España. Escribió poesía, narrativa y ensayos, y también colaboró con diarios y revistas especializadas de México y del extranjero. Tres de sus obras —su primera novela, *Balún Canán*; el libro de cuentos *Ciudad Real* y su segunda novela, *Oficio de tinieblas*— conforman la principal trilogía de temática indigenista mexicana del siglo XX. El otro tema central de su obra son las mujeres. Su obra poética se encuentra reunida en el libro titulado *Poesía no eres tú*, publicado en 1972. Sus poemas se caracterizan por su estilo sencillo, en el que se presenta lo cotidiano con humor e inteligencia.

Vocabulario

acariciar *to caress*	**el autorretrato** *self-portrait*	**llorar** *to cry*
acaso *perhaps*	**feliz** *happy*	**lucir** *to wear, to display*
arduo/a *hard*	**el llanto** *weeping; crying*	**el maquillaje** *make-up*

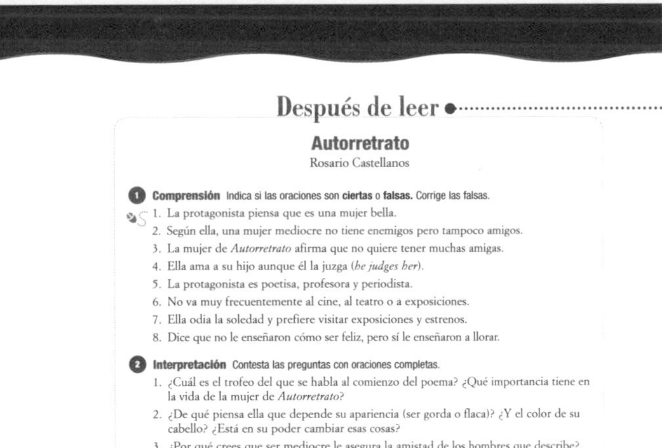

Después de leer

Autorretrato

Rosario Castellanos

1 Comprensión Indica si las oraciones son **ciertas** o **falsas**. Corrige las falsas.

1. La protagonista piensa que es una mujer bella.
2. Según ella, una mujer mediocre no tiene enemigos pero tampoco amigos.
3. La mujer de *Autorretrato* afirma que no quiere tener muchas amigas.
4. Ella ama a su hijo aunque él la juzga (*he judges her*).
5. La protagonista es poetisa, profesora y periodista.
6. No va muy frecuentemente al cine, al teatro o a exposiciones.
7. Ella odia la soledad y prefiere visitar exposiciones y estrenos.
8. Dice que no le enseñaron cómo ser feliz, pero sí le enseñaron a llorar.

2 Interpretación Contesta las preguntas con oraciones completas.

1. ¿Cuál es el trofeo del que se habla al comienzo del poema? ¿Qué importancia tiene en la vida de la mujer de *Autorretrato*?
2. ¿De qué piensa ella que depende su apariencia (ser gorda o flaca)? ¿Y el color de su cabello? ¿Está en su poder cambiar esas cosas?
3. ¿Por qué crees que ser mediocre le asegura la amistad de los hombres que describe?

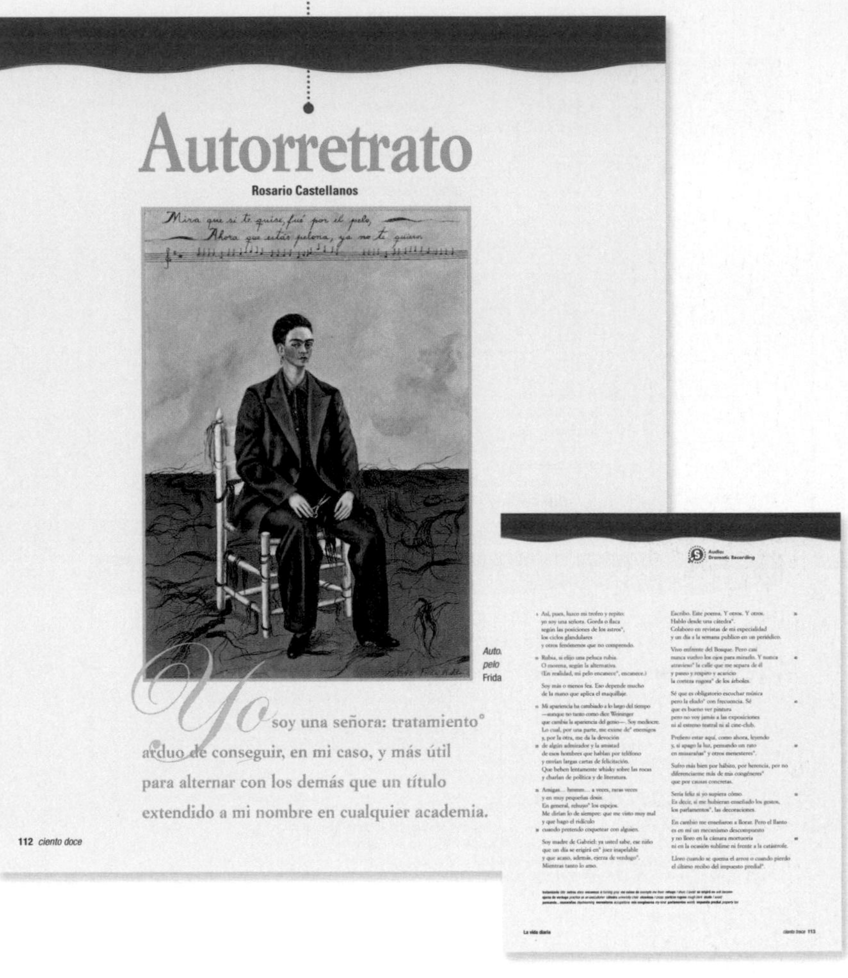

Autorretrato

Rosario Castellanos

Yo soy una señora: tratamiento° arduo de conseguir, en mi caso, y más útil para alternar con los demás que un título extendido a mi nombre en cualquier academia.

112 *ciento doce*

Literary analysis activities prepare students for advanced literary studies.

Activities in the **Antes de leer** and **Después de leer** sections provide context, vocabulary practice, personalization, and cross-curricular connections that give students tools to be successful reading authentic material.

***Lecturas* on the Supersite**
The dramatic readings allow students to follow a reading easily as they listen to its audio.

Skill synthesis

Reading (Interpretive Communication)

Antes de leer activities set cultural context in a broader framework to allow students to be successful reading authentic materials.

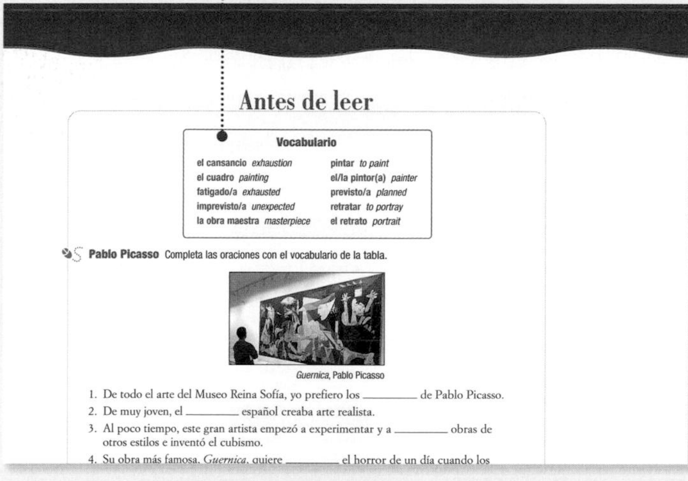

Antes de leer

Vocabulario

el cansancio *exhaustion*	**pintar** *to paint*
el cuadro *painting*	**el/la pintor(a)** *painter*
fatigado/a *exhausted*	**previsto/a** *planned*
imprevisto/a *unexpected*	**retratar** *to portray*
la obra maestra *masterpiece*	**el retrato** *portrait*

Pablo Picasso Completa las oraciones con el vocabulario de la tabla.

Guernica, Pablo Picasso

1. De todo el arte del Museo Reina Sofía, yo prefiero los ________ de Pablo Picasso.
2. De muy joven, el ________ español creaba arte realista.
3. Al poco tiempo, este gran artista empezó a experimentar y a ________ obras de otros estilos e inventó el cubismo.
4. Su obra más famosa, *Guernica*, quiere ________ el horror de un día cuando los

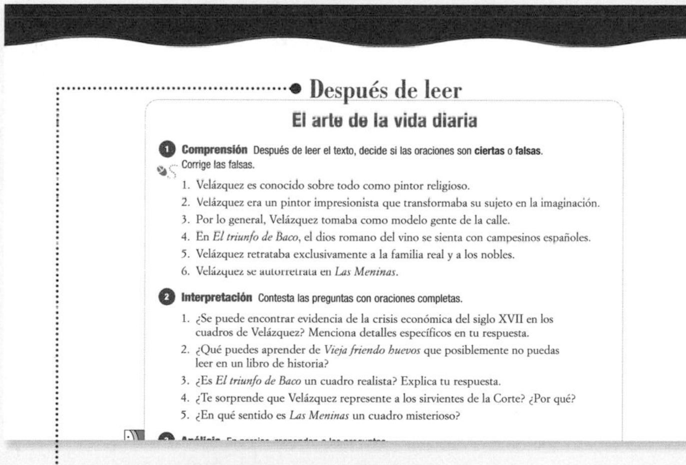

Después de leer

El arte de la vida diaria

1 **Comprensión** Después de leer el texto, decide si las oraciones son **ciertas** o **falsas**. Corrige las falsas.

1. Velázquez es conocido sobre todo como pintor religioso.
2. Velázquez era un pintor impresionista que transformaba su sujeto en la imaginación.
3. Por lo general, Velázquez tomaba como modelo gente de la calle.
4. En *El triunfo de Baco*, el dios romano del vino se sienta con campesinos españoles.
5. Velázquez retrataba exclusivamente a la familia real y a los nobles.
6. Velázquez se autorretrata en *Las Meninas*.

2 **Interpretación** Contesta las preguntas con oraciones completas.

1. ¿Se puede encontrar evidencia de la crisis económica del siglo XVII en los cuadros de Velázquez? Menciona detalles específicos en tu respuesta.
2. ¿Qué puedes aprender de *Vieja friendo huevos* que posiblemente no puedas leer en un libro de historia?
3. ¿Es *El triunfo de Baco* un cuadro realista? Explica tu respuesta.
4. ¿Te sorprende que Velázquez represente a los sirvientes de la Corte? ¿Por qué?
5. ¿En qué sentido es *Las Meninas* un cuadro misterioso?

Después de leer activities provide comprehension, interpretation, analysis, and reflection practice.

Vieja friendo huevos

El arte de la vida di…

Diego Velázquez es importante no sólo por s… artístico, sino también por lo que nos cuentan sus … Conocido sobre todo como pintor de retratos, Veláz… interesaba también por temas mitológicos y escenas c… En todo su arte, examinaba y reproducía en minucios… sólo aquello que veía. Su imitación de la naturalez… inmediatamente observable, era lo que daba vida a su a… vez creaba un arte de la vida diaria.

116 ciento dieciséis

Lecturas culturales provide informational readings about the products, practices, and perspectives of the Spanish-speaking world in both historical and contemporary contexts.

Lecturas **on the Supersite**
The dramatic readings allow students to follow a reading easily as they listen to its audio.

Skill Synthesis

Interpersonal Speaking and Presentational Writing

¡A conversar! provides interpersonal speaking focused on the contexts found throughout the chapter.

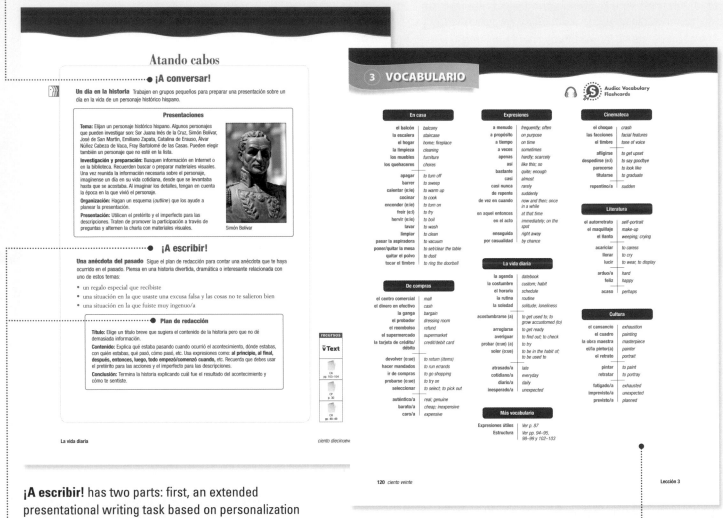

Atando cabos

¡A conversar!

Un día en la historia Trabajen en grupos pequeños para preparar una presentación sobre un día en la vida de un personaje histórico hispano.

Presentaciones

Tema: Elijan un personaje histórico hispano. Algunos personajes que pueden investigar son: Sor Juana Inés de la Cruz, Simón Bolívar, José de San Martín, Emiliano Zapata, Catalina de Erauso, Álvar Núñez Cabeza de Vaca, Fray Bartolomé de las Casas. Pueden elegir también un personaje que no esté en la lista.

Investigación y preparación: Busquen información en Internet o en la biblioteca. Recuerden buscar o preparar materiales visuales. Una vez reunida la información necesaria sobre el personaje, imagínense un día en su vida cotidiana, desde que se levantaba hasta que se acostaba. Al imaginar los detalles, tengan en cuenta la época en la que vivió el personaje.

Organización: Hagan un esquema (*outline*) que los ayude a planear la presentación.

Presentación: Utilicen el pretérito y el imperfecto para las descripciones. Traten de promover la participación a través de preguntas y alternen la charla con materiales visuales.

Simón Bolívar

¡A escribir!

Una anécdota del pasado Sigue el plan de redacción para contar una anécdota que te haya ocurrido en el pasado. Piensa en una historia divertida, dramática o interesante relacionada con uno de estos temas:

- un regalo especial que recibiste
- una situación en la que usaste una excusa falsa y las cosas no te salieron bien
- una situación en la que fuiste muy ingenuo/a

Plan de redacción

Título: Elige un título breve que sugiera el contenido de la historia pero que no dé demasiada información.

Contenido: Explica qué estaba pasando cuando ocurrió el acontecimiento, dónde estabas, con quién estabas, qué pasó, cómo pasó, etc. Usa expresiones como: **al principio, al final, después, entonces, luego, todo empezó/comenzó cuando,** etc. Recuerda que debes usar el pretérito para las acciones y el imperfecto para las descripciones.

Conclusión: Termina la historia explicando cuál fue el resultado del acontecimiento y cómo te sentiste.

recursos
vText
CA pp. 103–104
CP p. 30
CH pp. 48–49

La vida diaria — ciento diecinueve

3 VOCABULARIO

Audio: Vocabulary Flashcards

En casa

el balcón	*balcony*
la escalera	*staircase*
el hogar	*home; fireplace*
la limpieza	*cleaning*
los muebles	*furniture*
los quehaceres	*chores*
apagar	*to turn off*
barrer	*to sweep*
calentar (e:ie)	*to warm up*
cocinar	*to cook*
encender (e:ie)	*to turn on*
freír (e:i)	*to fry*
hervir (e:ie)	*to boil*
lavar	*to wash*
limpiar	*to clean*
pasar la aspiradora	*to vacuum*
poner/quitar la mesa	*to set/clear the table*
quitar el polvo	*to dust*
tocar el timbre	*to ring the doorbell*

De compras

el centro comercial	*mall*
el dinero en efectivo	*cash*
la ganga	*bargain*
el probador	*dressing room*
el reembolso	*refund*
el supermercado	*supermarket*
la tarjeta de crédito/débito	*credit/debit card*
devolver (o:ue)	*to return (items)*
hacer mandados	*to run errands*
ir de compras	*to go shopping*
probarse (o:ue)	*to try on*
seleccionar	*to select; to pick out*
auténtico/a	*real; genuine*
barato/a	*cheap; inexpensive*
caro/a	*expensive*

Expresiones

a menudo	*frequently; often*
a propósito	*on purpose*
a tiempo	*on time*
a veces	*sometimes*
apenas	*hardly; scarcely*
así	*like this; so*
bastante	*quite; enough*
casi	*almost*
casi nunca	*rarely*
de repente	*suddenly*
de vez en cuando	*now and then; once in a while*
en aquel entonces	*at that time*
en el acto	*immediately; on the spot*
enseguida	*right away*
por casualidad	*by chance*

La vida diaria

la agenda	*datebook*
la costumbre	*custom; habit*
el horario	*schedule*
la rutina	*routine*
la soledad	*solitude; loneliness*
acostumbrarse (a)	*to get used to; to grow accustomed (to)*
arreglarse	*to get ready*
averiguar	*to find out; to check*
probar (o:ue) (a)	*to try*
soler (o:ue)	*to be in the habit of; to be used to*
atrasado/a	*late*
cotidiano/a	*everyday*
diario/a	*daily*
inesperado/a	*unexpected*

Más vocabulario

Expresiones útiles	*Ver p. 87*
Estructura	*Ver pp. 94–95, 98–99 y 102–103*

Cinemateca

el choque	*crash*
las facciones	*facial features*
el timbre	*tone of voice*
afligirse	*to get upset*
despedirse (e:i)	*to say goodbye*
parecerse	*to look like*
titularse	*to graduate*
repentino/a	*sudden*

Literatura

el autorretrato	*self-portrait*
el maquillaje	*make-up*
el llanto	*weeping; crying*
acariciar	*to caress*
llorar	*to cry*
lucir	*to wear, to display*
arduo/a	*hard*
feliz	*happy*
acaso	*perhaps*

Cultura

el cansancio	*exhaustion*
el cuadro	*painting*
la obra maestra	*masterpiece*
el/la pintor(a)	*painter*
el retrato	*portrait*
pintar	*to paint*
retratar	*to portray*
fatigado/a	*exhausted*
imprevisto/a	*unexpected*
previsto/a	*planned*

120 *ciento veinte* — Lección 3

¡A escribir! has two parts: first, an extended presentational writing task based on personalization of the context; and second, a **plan de redacción** that provides a sequences of steps in a process to plan, execute, and review written work.

Vocabulario provides a complete listing of active vocabulary from all segments of the chapter.

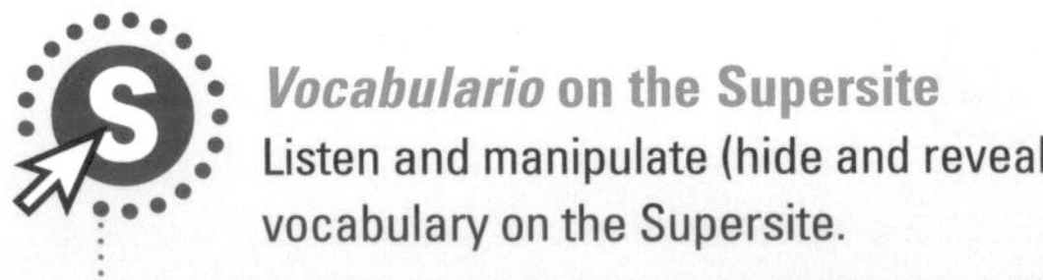

***Vocabulario* on the Supersite**
Listen and manipulate (hide and reveal) vocabulary on the Supersite.

Six Steps in Using the Descubre Instructional Design

Step 1: Context

Begin each lesson by asking students to provide *from their own experience* words, concepts, categories, and opinions related to the theme. Spend quality time evoking words, images, ideas, phrases, and sentences; group and classify concepts. You are giving students the "hook" for their learning, focusing them on their most interesting topic—themselves—and encouraging them to invest personally in their learning.

Step 2: Vocabulary

Now turn to the vocabulary section, inviting students to experience it as a new linguistic *code* to express what they *already know and experience* in the context of the lesson theme. Vocabulary concepts are presented in context, carefully organized, and frequently reviewed to reinforce student understanding. Involve students in brainstorming, classifying and grouping words and thoughts, and personalizing phrases and sentences. In this way, you will help students see Spanish as a new tool for self-expression.

Step 3: Media

Once students see that Spanish is a tool for expressing their own ideas, bridge their experiences to those of Spanish speakers through the *Fotonovela* section. The *Fotonovela* Video Program storyline presents and reviews vocabulary and structure in accurate cultural contexts for effective training in both comprehension and personal communication.

Step 4: Culture

Now bring students into the experience of culture as seen *from the perspective* of those living in it. Here we share Spanish-speaking cultures' unique geography, history, products, perspectives, and practices. Through *Flash cultura* and *Panorama cultural* (instructional videos) and *En pantalla* (authentic video) students experience and reflect on cultural experiences beyond their own.

Step 5: Structure

We began with students' experiences, focusing on bridging their lives and language to the target cultures. Through context, media, and culture, students have incorporated both previously-learned and new grammatical structures into their personalized communication. Now a formal presentation of relevant grammar demonstrates that grammar is a tool for clearer and more effective communication. Clear presentations and invitations to compare Spanish to English build confidence, fluency, and accuracy.

Step 6: Skill Synthesis and Communication

Pulling all their learning together, students now integrate context, personal experience, communication tools, and cultural products, perspectives, and practices. Through extended reading, writing, listening, speaking, and cultural exploration in scaffolded progression, students apply all their skills for a rich, personalized experience of Spanish.

The Vista Higher Learning Story

Vista Higher Learning was founded as a specialized publishing company in 1999 by José A. Blanco, who serves as Publisher and Chairman. A native of Barranquilla, Colombia, he holds degrees in Spanish Literature and has worked as a journalist, writer, translator, and college and high school educator.

José envisioned a new and better approach to materials that incorporated the best of world language teaching/learning theories, delivered through innovative instructional design in print and digital forms. To develop his programs he involved creative thinkers such as Philip Redwine Donley, as well as native and fluent speakers and educators as editors and writers.

Vista Higher Learning continues to combine the knowledge and talents of a staff of world language educators and native-speaker editors with ongoing study of standards, educational trends, materials, and objectives from around the world. José and his teams remain dedicated to publishing research-based, groundbreaking digital and print materials to inspire and empower world language educators and students for the challenges of the 21st century.

Differentiation

Knowing how to appeal to learners of different abilities and learning styles will allow you to foster a positive teaching environment and motivate all your students. Here are some strategies for creating inclusive learning environments. Consider also the ideas at the base of the Teacher's Annotated Edition (TAE) pages. Extension and expansion activities are also suggested.

Learners with Special Needs

Learners with special needs include students with attention priority disorders or learning disabilities, slower-paced learners, at-risk learners, and English-language learners. Some inclusion strategies that work well with such students are:

Clear Structure By teaching concepts in a predictable order, you can help students organize their learning. Encourage students to keep outlines of materials they read, classify words into categories such as colors, or follow prewriting steps.

Frequent Review and Repetition Preview material to be taught and review material covered at the end of each lesson. Pair proficient learners with less proficient ones to practice and reinforce concepts. Help students retain concepts through continuous practice and review.

Multi-sensory Input and Output Use visual, auditory, and kinesthetic tasks to add interest and motivation, and to achieve long-term retention. For example, vary input with the use of audio recordings, video, guided visualization, rhymes, and mnemonics.

Additional Time Consider how physical limitations may affect participation in special projects or daily routines. Provide additional time and recommended accommodations.

Different Learning Styles

Visual Learners learn best by seeing, so engage them in activities and projects that are visually creative. Encourage them to write down information and think in pictures as a long-term retention strategy; reinforce their learning through visual displays such as diagrams, videos, and handouts.

Auditory Learners best retain information by listening. Engage them in discussions, debates, and role-playing. Reinforce their learning by playing audio versions of texts or reading aloud passages and stories. Encourage them to pay attention to voice, tone, and pitch to infer meaning.

Kinesthetic Learners learn best through moving, touching, and doing hands-on activities. Involve such students in skits and dramatizations; to infer or convey meaning, have them observe or model gestures such as those used for greeting someone or getting someone's attention.

Advanced Learners

Advanced learners have the potential to learn language concepts and complete assignments at an accelerated pace. They may benefit from assignments that are more challenging than the ones given to their peers. The key to differentiating for advanced learners is adding a degree of rigor to a given task. Examples include sharing perspectives on texts they have read with the class, retelling detailed stories, preparing analyses of texts, or adding to discussions. Here are some other strategies for engaging advanced learners:

Timed Answers Have students answer questions within a specified time limit.

Persuading Adapt activities so students have to write or present their points of view in order to persuade an audience. Pair or group advanced learners to form debating teams.

Pre-AP*

While Pre-AP* strategies are associated with advanced students, all students can benefit from the activities and strategies that are categorized as Pre-AP* in **Descubre**. Long-term success in language learning starts in the first year of instruction, so these strategies should be incorporated throughout students' language-learning career.

Descubre is particularly strong in fostering interpretive communication skills. Students are offered a variety of opportunities to read and listen to

* Advanced Placement, Advanced Placement Program, and AP are registered trademarks of the College Board, which was not involved in the production of, and does not endorse, this product.

spoken language. The *Lectura* sections provide various types of authentic written texts, and the *En pantalla* and *Flash cultura* videos feature Spanish spoken at a natural pace. Encourage students to interact with as much authentic language as possible, as this will lead to long-term success.

Heritage Language Learners

Heritage language learners are students who come from homes where a language other than English is spoken. Spanish heritage learners are likely to have adequate comprehension and conversation skills, but they could require as much explicit instruction of reading and writing skills as their non-heritage peers. Because of their background, heritage language learners can attain, with instruction adapted to their needs, a high level of proficiency and literacy in Spanish. Use these strategies to support them:

Support and Validate Experiences Acknowledge students' experiences with their heritage culture and encourage them to share what they know.

Focus on Accuracy Alert students to common spelling and grammatical errors made by native speakers, such as distinguishing between **c**, **s**, and **z** or **b** and **v** and appropriate use of irregular verb forms such as **hubo** instead of **hubieron**.

Develop Literacy and Writing Skills Help students focus on reading as well as grammar, punctuation, and syntax skills, but be careful not to assign a workload significantly greater than what is assigned to non-heritage learners.

For each level of the **DESCUBRE** program, the **Cuaderno para hispanohablantes provides** materials developed specifically for heritage learners.

Best Practices

The creators of **Descubre** understand that there are many different approaches to successful language teaching and that no one method works perfectly for all teachers or all learners. These strategies and tips may be applied to any language-teaching method.

Maintain the Target Language

As much as possible, create an immersion environment by using Spanish to *teach* Spanish. Encourage the exclusive use of the target language in your classroom, employing visual aids, mnemonics, circumlocution, or gestures to complement what you say. Encourage students to perceive meaning directly through careful listening and observation, and by using cognates and familiar structures and patterns to deduce meaning.

Cultivate Critical Thinking

Prompt students to reflect, observe, reason, and form judgments in Spanish. Engaging students in activities that require them to compare, contrast, predict, criticize, and estimate will help them to internalize the language structures they have learned.

Encourage Use of Circumlocution

Prompt students to discover various ways of expressing ideas and of overcoming potential blocks to communication through the use of circumlocution and paraphrasing.

Assessment

As you use the **Descubre** program, you can employ a variety of assessments to evaluate progress. The program provides comprehensive, discrete answer assessments, as well as more communicative assessments that elicit open-ended, personalized responses.

Diagnostic Testing

The **Recapitulación** section in each lesson of Levels 1 and 2 provides you with an informal opportunity to assess students' readiness for the listening, reading, and writing activities in the **Adelante** section. If some students need additional practice or instruction in a particular area, you can identify this before students move on.

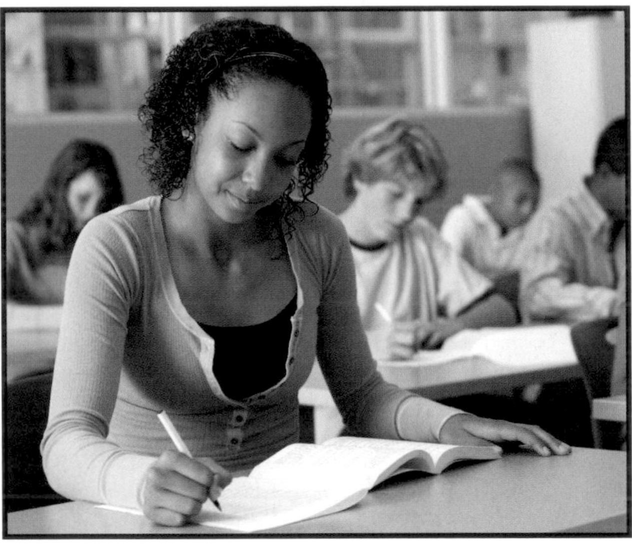

If students have moderate or high access to computers, they could complete the **Recapitulación** auto-graded quiz, also available for Level 3, on the **Descubre** Supersite. After finishing the quiz, each student receives an evaluation of his or her progress, indicating areas where he or she needs to focus. The student is then presented with several options—viewing a summary chart, accessing an online tutorial, or completing some practice items—to reach an appropriate level before beginning the activities in the **Adelante** section. You will be able to monitor how well students have done through the **online** gradebook and be able to recommend appropriate study paths until they develop as reflective learners and can decide on their own what works best for them.

Writing Assessment

In each lesson of Levels 1 and 2, the **Adelante** section includes an **Escritura** page that introduces a writing strategy, which students apply as they complete the writing activity. The Teacher's Annotated Edition contains suggested rubrics for evaluating students' written work.

You can also apply these rubrics to the process writing activities in the **Cuaderno de actividades comunicativas** and the **Cuaderno para hispanohablantes** for all three levels of **Descubre**. These activities include suggestions for peer- and self-editing that will focus students' attention on what is important for attaining clarity in written communication.

Testing Program

The **Descubre** Testing Program now offers two **Quizzes** for each **Contextos** section and every grammar point in **Estructura**. Each **Quiz A** uses discrete answer formats, such as multiple-choice, fill-in-the-blanks, matching and completing charts, while **Quiz B** uses more open-ended formats, such as asking students to write sentences using prompts or respond to a topic in paragraph format. There is no listening comprehension section for the **Quizzes**.

Six **Tests** are available for Levels 1 and 2. Versions **A** and **B** are interchangeable, for purposes of administering make-up tests. **Tests** C and D are shorter versions of **Tests A** and **B**. New to this edition, **Tests** E and F provide a third interchangeable pair that check students' mastery of lesson vocabulary and grammar. All of the **Tests** contain a listening comprehension section. Level 3 has four **Tests** for each lesson. **Tests A** and **B** contain a greater proportion of controlled activities, while **Tests C** and **D** have more open-ended activities. Cumulative **Exams** are available for all levels.

The tests are also available on the Teacher's Resource CD and the Supersite so that you can customize them by adding, eliminating, or moving items according to your classroom and student needs.

Portfolio Assessment

Portfolios can provide further valuable evidence of your students' learning. They are useful tools for evaluating students' progress in Spanish and also suggest to students how they are likely to be assessed in the real world. Since portfolio activities often comprise classroom tasks that you would assign as part of a lesson or as homework, you should think of the planning, selecting, recording, and interpreting of information about individual performance as a way of blending assessment with instruction.

You may find it helpful to refer to portfolio contents, such as drafts, essays, and samples of presentations when writing student reports and conveying the status of a student's progress to his or her parents.

Ask students regularly to consider which pieces of their own work they would like to share with family and friends, and help them develop criteria for selecting representative samples of essays, stories, poems, recordings of plays or interviews, mock documentaries, and so on. Prompt students to choose a variety of media in their activities wherever possible to demonstrate development in all four language skills. Encourage them to seek peer and parental input as they generate and refine criteria to help them organize and reflect on their own work.

Strategies for Differentiating Assessment

Here are some strategies for modifying tests and other forms of assessment according to your students' needs and your own purposes for administering the assessment.

Adjust Questions Direct complex or higher-level questions to students who are equipped to answer them adequately and modify questions for students with greater needs. Always ask questions that elicit thinking, but keep in mind the students' abilities.

Provide Tiered Assignments Assign tasks of varying complexity depending on individual student needs. Refer to the Universal Access section on page T19 for tips on making activities simpler or more challenging.

Promote Flexible Grouping Encourage movement among groups of students so that all learners are appropriately challenged. Group students according to interest, oral proficiency levels, or learning styles.

Adjust Pacing Pace the sequence and speed of assessments to suit your students' learning needs. Time advanced learners to challenge them and allow slower-paced learners more time to complete tasks or answer questions.

Performance Assessment

As we move toward increasing students' use of Spanish within real-life contexts, our assessment strategies need to expand in focus too. Students need to demonstrate what they can *do* with Spanish, so we want to employ assessments that come as close as possible to the way Spanish is used in authentic settings. *Performance assessments* provide meaningful contexts in which to measure authentic communication. They begin with a goal, a real-life task that makes sense to students and engages their interest. To complete the task, students progress through the three modes of communication: they read, view, and listen for information (interpretive mode); they talk and write with classmates and others on what they have experienced (interpersonal mode); and they share formally what they have learned (presentational mode).

Within the **Descubre** activity sequence, you will find several opportunities for performance assessment. Consider using the Voiceboard tool or Partner Chat activities as the culmination of an oral communication sequence. The **Escritura** assignment in the **Adelante** section has students apply the chapter context to a real-life task, and includes rubrics for measuring performance in the TAE.

Descubre 3 Pacing Guide

DAY	Warm-up / Activate	Present / Practice / Communicate	Reflect / Conclude / Connect
1 Context for Comunication	• Evoke student experiences & vocabulary for context [5] • Present **A primera vista** [5] **10 minutes**	• Present vocabulary using images, phrases, categories, association [15] • Students demonstrate, role-play, illustrate, classify, associate, & define [10] **25 minutes**	• Students restate context [5] • Introduce homework: Complete selected **Práctica** activities (text and/or **Supersite**) [5] **10 minutes**
2 Vocabulary as a Tool	• Students restate context and connect to vocabulary [5] Assessment **Contextos** [5] **10 minutes**	• Students complete **Práctica** [5] Students do **Comunicación** activities [20] **25 minutes**	• Students review and personalize key vocabulary in context [5] • Introduce homework: **Supersite** flashcards; end-of-chapter list and audio; remaining auto-graded activities [5] **10 minutes**
3 Media as a Bridge	• Student pairs/small groups review vocabulary [5] Assessment **Contextos** [5] **10 minutes**	• Orient students to **Fotonovela** and **Expresiones útiles** through video stills with observation, role-play, and prediction [5] • Begin reading **Fotonovela** as a class [10] • First viewing of **Fotonovela** [10] **25 minutes**	• Student pairs reflect on **Fotonovela** content and connection to vocabulary and context [5] • Introduce homework: Complete (selected) text or **Supersite Comprensión** and **Ampliación** activities [5] **10 minutes**
4 Media as a Bridge	• Role-play or review of homework activities [5] • Review **Fotonovela** and **Expresiones útiles** [5] **10 minutes**	• Second viewing of **Fotonovela** [10] • **Comprensión** and **Ampliación** activities [10] • Student pairs/small groups write/illustrate sentences on context-vocabulary-**Fotonovela** connections [5] **25 minutes**	• Students share sentences/illustrations with whole class [5] • Introduce homework: Watch **Fotonovela** again on **Supersite**; complete remaining auto-graded activities [5] **10 minutes**
5 Culture for Communication	• Review **Fotonovela** and **Expresiones útiles** [5] • Student pairs/small groups review homework activities [5] **10 minutes**	• Present (select) **Enfoques** features in whole class or in small groups using jigsaw, numbered heads together, etc. [20] • Student pairs/small groups do selected item(s) from **¿Qué aprendiste?** [10] **30 minutes**	• Introduce homework: Use **Supersite** to do **Conexión internet** and/or **¿Qué aprendiste?** **5 minutes**
6 Grammar as a Tool	• Check comprehension by having students complete the **Más cultura** reading and activities on the **Supersite** **5 minutes**	• Present **Flash cultura** using DVD or Supersite [15] • Present grammatical concept using text, **Supersite**, and **Fotonovela** segments [15] • Students complete **Flash cultura** activities, sharing results with partners [5] **35 minutes**	• Introduce homework: Complete (selected) **Práctica** activities using text and/or **Supersite**; have students complete **Flash cultura** activities on the **Supersite** [5] **5 minutes**
7 Grammar in Context	Student pairs re-present grammatical structures to each other and share results of completed **Práctica** activities **10 minutes**	• Student pairs/small groups complete **Práctica** activities [5] • Students do **Comunicación** activities [25] **30 minutes**	• Introduce homework: Complete (selected) **Práctica** and/or **Comunicación** activities in text and/or **Supersite** **5 minutes**
8 Grammar as a Tool	• Student groups review homework activities [5] • Assessment: **Estructura** [10] **15 minutes**	• Present grammatical concept using text, **Supersite**, and **Fotonovela** segments **20 minutes**	• Student pairs explain grammatical structure to partner; begin **Práctica** activities [5] • Introduce homework: Complete (selected) **Práctica** activities using text and/or **Supersite** [5] **10 minutes**
9 Grammar in Context	Student pairs re-present grammatical structures to each other and share results of completed **Práctica** activities) **10 minutes**	• Student pairs/small groups complete **Práctica** activities [5] • Students do **Comunicación** activities [25] **30 minutes**	• Introduce homework: Complete (selected) **Práctica** and/or **Comunicación** activities in text and/or **Supersite** **5 minutes**
10 Grammar as a Tool	• Student groups review homework activities [5] • Assessment: **Estructura** [10] **15 minutes**	• Present grammatical concept using text, **Supersite**, and **Fotonovela** segments **20 minutes**	• Student pairs explain grammatical structure to partner; begin **Práctica** activities [5] • Introduce homework: Complete (selected) **Práctica** activities using text and/or **Supersite** [5] **10 minutes**

DAY	Warm-up / Activate	Present / Practice / Communicate	Reflect / Conclude
11 Grammar in Context	Student pairs re-present grammatical structures to each other and share results of completed **Práctica** activities **10 minutes**	• Student pairs/small groups complete **Práctica** activities [5] • Students do **Comunicación** activities [25] **30 minutes**	• Introduce homework: Complete (selected) **Práctica** and/or **Comunicación** activities in text and/or **Supersite** **5 minutes**
12 Media as a Bridge	• Student groups review homework activities [5] • Assessment: **Estructura** [10] **15 minutes**	• Present **Cinemateca** using the video stills [10] • First viewing of **Cinemateca** [10] **20 minutes**	• Student pairs reflect on video and make connections to vocabulary and grammar of the context [5] • Introduce homework: Watch **Cinemateca** again on the **Supersite** and complete selected **Después de ver el corto** activities [5] **10 minutes**
13 Media as a Bridge	Student pairs review homework activities **10 minutes**	• Second viewing of **Cinemateca** [10] • Students complete **Después de ver** activities [10] • Student pairs/small groups do activities listed in your TAE [10] **30 minutes**	• Introduce homework: Complete remaining auto-graded **Cinemateca** activities on the **Supersite** **5 minutes**
14 Skill Synthesis: Interpretive (Literatura)	• Review **Cinemateca** and answer any remaining questions **5 minutes**	• Guide students through **Antes de leer**, including **Análisis literario** [10] • Students read **Literatura** (whole class or small groups) [20] **30 minutes**	• Student pairs/small groups begin **Después de leer** [5] • Introduce homework: Reread **Literatura** and complete **Después de leer** activities (text or **Supersite**) [5] **10 minutes**
15 Skill Synthesis: Interpretive (Cultura Reading)	• Review **Literatura** [5] • Review homework activities [5] **10 minutes**	• Reread **Literatura** with the class [10] • Student pairs/small groups complete **Después de leer** [5] • Present **Cultura** and guide students through **Antes de leer** [15] **30 minutes**	• Introduce homework: Read the **Cultura** selection and have students make a list of grammar examples they find in the reading **5 minutes**
16 Skill Synthesis: Interpretive (Cultura Reading)	• Student pairs review the **Cultura** reading **10 minutes**	• Read the **Cultura** selection as a class or in small groups [20] • Students complete **Después de leer** activities [10] **30 minutes**	• Introduce homework: Students reread **Cultura** and complete **Después de leer** activities on the **Supersite**; students read **Atando cabos** **5 minutes**
17 Skill Synthesis: Presentational (Speaking and Writing)	• Review **Cultura** reading [5] • Review homework activities [5] **10 minutes**	• Student groups discuss **¡A conversar!** in **Atando cabos** and plan their presentations [15] • Guide students through **¡A escribir!** [5] • Students start a first draft of **¡A escribir!** [10] **30 minutes**	• Introduce homework: Students prepare and practice their **¡A conversar!** projects and finish writing the first draft of **¡A escribir!** **5 minutes**
18 Skill Synthesis: Presentational (Speaking and Writing)	Give student groups time to converse about their presentations **5 minutes**	• Student groups present their **¡A conversar!** projects to the class [25] • Students exchange their **¡A escribir!** drafts with a partner [10] **35 minutes**	• Introduce homework: Students revise their **¡A escribir!** drafts **5 minutes**
19 Communication-based Synthesis and Review	Ask student volunteers to read their **¡A escribir!** assignments in front of the class **5 minutes**	• Student pairs/small groups/whole class prepare and check **Assessment** on the **Supersite** [20] • Guide review of lesson context, vocabulary, structures, skills [10] **30 minutes**	• Confirm understanding of assessment content and grading rubric [5] • Introduce homework: Prepare for lesson test using text and **Supersite** [5] **10 minutes**
20 Assessment	**Orientation** Students look over lesson content in preparation **5 minutes**	**Lesson Test: 40 minutes**	

Descubre 3 Pacing Guide

DAY	Warm-up / Activate	Present / Practice / Communicate
1 Context for Comunication	• Evoke student experiences & vocabulary for context [5] • Present **A primera vista** [5] **10 minutes**	• Present vocabulary using illustrations, phrases, categories, association [15] • Students demonstrate, role-play, illustrate, classify, associate, & define [15] **30 minutes**
2 Media as a Bridge	• Student pairs/small groups review vocabulary [5] • Assessment: **Contextos** [5] **10 minutes**	• Orient students to **Fotonovela** and **Expresiones útiles** through video stills with observation, role-play, and prediction [10] • First viewing of **Fotonovela** [10] **20 minutes**
3 Culture for Communication	• Review **Fotonovela**, **Expresiones útiles**, and homework activities **10 minutes**	• Present (select) **Enfoques** features in whole class or in small groups using jigsaw, numbered heads together, etc. [20] • Student pairs/small groups do selected item(s) from **¿Qué aprendiste?** [15] **35 minutes**
4 Grammar as a Tool	• Check comprehension by having students complete the **Más cultura** reading and activities on the **Supersite** **10 minutes**	• Students complete remaining **Flash cultura** activities [5] • Present grammatical concept using text, **Supersite**, and **Fotonovela** segments [25] • Students start **Práctica** activities [5] **30 minutes**
5 Grammar as a Tool	• Review homework activities [5] • Assessment: **Estructura** **15 minutes**	• Present grammatical concept using text, **Supersite**, and **Fotonovela** segments **25 minutes**
6 Grammar as a Tool	• Review homework activities [5] • Assessment: **Estructura** **15 minutes**	• Present grammatical concept using text, **Supersite** (tutorials, slides), and **Fotonovela** segments **25 minutes**
7 Media as a Bridge	• Review homework activities [5] • Assessment: **Estructura** **15 minutes**	• Present **Cinemateca** using the video stills and guide students through **Antes de ver** [15] • First viewing of **Cinemateca** [10] **25 minutes**
8 Skill Synthesis Interpretive (Literatura)	• Review **Cinemateca** and homework activities **10 minutes**	• Guide students through **Antes de leer** and **Análisis literario** for **Literatura** [10] • Students read **Literatura** (whole class or small groups) and do **Después de leer** [25] **35 minutes**
9 Skill Synthesis Interpretive (Cultura Reading)	• Review the **Cultura** selection **10 minutes**	• Read the **Cultura** selection with the class and do **Después de leer** **25 minutes**
10 Presentational (Speaking and Writing) and Assessment	Guide review of lesson context, vocabulary, structures, skills **5 minutes**	• Present the **Atando cabos** activities and have students complete **¡A conversar!** or **¡A escribir!** **35 minutes**

Reflect	Present / Practice / Communicate	Reflect / Conclude	DAY
Students restate context (individually or in pairs) and create personalized sentences **5 minutes**	• Students do select **Práctica** activities [15] • Students do **Comunicación** activities [15] **30 minutes**	• Students review key vocabulary through personalized phrases and sentences [5] • Introduce homework: **Supersite**; end-of-lesson list and audio; auto-graded activities [5] **10 minutes**	1
Student pairs reflect on **Fotonovela** and begin **Comprensión** activities **10 minutes**	• Second viewing of **Fotonovela** [10] • Students complete **Comprensión** and **Ampliación** activities [15] • Student pairs/small groups write/illustrate vocabulary-**Fotonovela** connections and share their work with the class [10] **35 minutes**	• Students reflect on connection of vocabulary and video to lesson context [5] • Introduce homework: Watch **Fotonovela** again on **Supersite**; complete remaining auto-graded activities [5] **10 minutes**	2
Individual students reflect on information presented and identify concept or topic of initial personal interest **5 minutes**	• Orient students to **Flash cultura** vocabulary, content, and learning outcomes on **Supersite** [10] • Present **Flash cultura** using DVD or **Supersite** and discuss [15] **25 minutes**	• Student pairs/small groups do selected item(s) from **¿Qué aprendiste?** [5] • Introduce homework: Use **Supersite** to do **Flash cultura** activities, **Conexión internet**, and/or **¿Qué aprendiste?** [5] **10 minutes**	3
Student pairs explain grammatical structure to partner **5 minutes**	• Student pairs do select **Práctica** activities [15] • Students do **Comunicación** activities [20] **35 minutes**	• Introduce homework: Complete (selected) **Práctica** and/or **Comunicación** activities in text and/or **Supersite** [5] **5 minutes**	4
Student pairs explain grammatical structure to partner **5 minutes**	• Student pairs/small groups do select **Práctica** activities [15] • Students do **Comunicación** activities [20] **35 minutes**	• Introduce homework: Complete (selected) **Práctica** and/or **Comunicación** activities in text and/or **Supersite** [5] **5 minutes**	5
Student pairs explain grammatical structure to partner **5 minutes**	• Student pairs/small groups do select **Práctica** activities [15] • Students do **Comunicación** activities [20] **35 minutes**	• Introduce homework: Complete (selected) **Práctica** and/or **Comunicación** activities in text and/or **Supersite** [5] **5 minutes**	6
Student pairs reflect on **Cinemateca** content and make connections between video and lesson context **5 minutes**	• Second viewing of **Cinemateca** [10] • Students do **Después de ver** activities [15] **25 minutes**	• Student pairs/small groups do activities listed in TAE [10] • Introduce homework: Complete (selected) **Práctica** and/or **Comunicación** activities in text and/or **Supersite** [5] **15 minutes**	7
Ask a few comprehension questions about the reading, using grammar structures and vocabulary from the lesson **5 minutes**	• Students complete **Después de leer** activities [10] • Review **Después de leer** with the whole class or in small groups [10] **20 minutes**	• Guide students through **Antes de leer** for the **Cultura** reading [10] • Introduce homework: Read the **Cultura** selection and make a list of grammar examples from the lesson that appear in the reading [5] **15 minutes**	8
Students complete selected **Despues de leer** activities **5 minutes**	• Students complete **Después de leer** activities [10] • Review **Después de leer** answers with the whole class or in small groups [10] **20 minutes**	• Students do **Assessment** on the **Supersite** [15] • Confirm understanding of assessment content and grading rubric [5] • Introduce homework: Review for the lesson test using the textbook and **Supersite** [5] **25 minutes**	9
Introduce homework: Prepare **¡A conversar!** or **¡A escribir!** to present in the next class session **5 minutes**	**Assessment** **Lesson Test: 40 minutes**		10

DESCUBRE and the *Standards for Foreign Language Learning*

DESCUBRE promotes and enhances student learning and motivation through its instructional design, based on and informed by the best practices of the *Standards for Foreign Language Learning in the 21st Century* (American Council on the Teaching of Foreign Languages).

DESCUBRE blends the underlying principles of the five C's (Communication, Cultures, Connections, Comparisons, Communities) with features and strategies tailored specifically to build students' speaking, listening, reading, and writing skills. As a result, right from the start, students are given the tools to express themselves articulately, interact meaningfully with others, and become highly competent communicators in Spanish.

The Five C's of Foreign Language Learning

Communication

Students:

1. Engage in conversation, provide and obtain information, express feelings and emotions, and exchange opinions. (Interpersonal mode)
2. Understand and interpret written and spoken language. (Interpretive mode)
3. Present information, concepts, and ideas to an audience of listeners or readers. (Presentational mode)

Cultures

Students demonstrate an understanding of the relationship between:

1. The practices and perspectives of the culture studied.
2. The products and perspectives of the culture studied.

Connections

Students:

1. Reinforce and further their knowledge of other disciplines through Spanish.
2. Acquire information and recognize distinctive viewpoints only available through Spanish language and cultures.

Comparisons

Students demonstrate an understanding of:

1. The nature of language through comparisons of the Spanish language and their own.
2. The concept of culture through comparisons of the cultures studied and their own.

Communities

Students:

1. Use Spanish both within and beyond the school setting.
2. Show evidence of becoming life-long learners by using Spanish for personal enjoyment and enrichment.

Adapted from ACTFL's *Standards for Foreign Language Learning in the 21st Century*

Index of Cultural References

DESCUBRE 3

Lengua y cultura del mundo hispánico

SECOND EDITION

Boston, Massachusetts

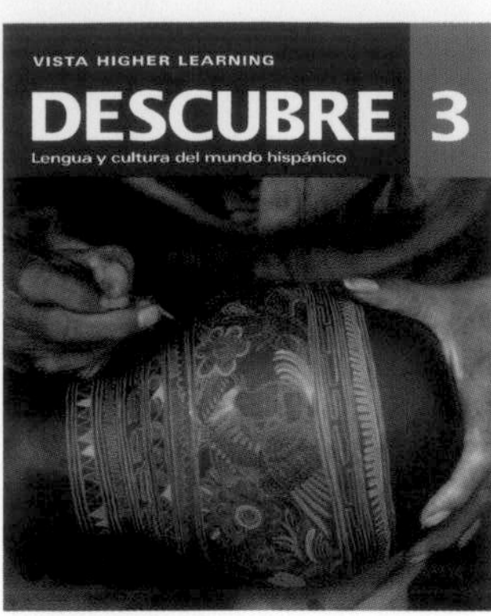

Publisher: José A. Blanco
President: Janet Dracksdorf
Vice President, Editorial Director: Amy Baron
Senior National Language Consultant: Norah Lulich Jones
Executive Editor: Sharla Zwirek
Editorial Development: Diego García, Erica Solari
Project Management: Maria Rosa Alcaraz, Sharon Inglis, Adriana Lavergne, Elvira Ortiz
Technology Editorial: Darío González, Paola Ríos Schaaf
Design and Production Director: Marta Kimball
Senior Creative Designer, Print & Web/Interactive: Susan Prentiss
Production Manager: Oscar Díez
Design and Production Team: Liliana Bobadilla, María Eugenia Castaño, Michelle Groper, Mauricio Henao, Andrés Vanegas, Nick Ventullo, Jhoany Jiménez, Fabián Montoya

Printed in Canada.

DESCUBRE Level 3 Student Edition ISBN: 978-1-61857-200-4

Library of Congress Control Number: 2012945956

1 2 3 4 5 6 7 8 9 TC 17 16 15 14 13 12

DESCUBRE 3

Lengua y cultura del mundo hispánico

SECOND EDITION

	CONTEXTOS	FOTONOVELA	ENFOQUES

ESTRUCTURA	CINEMATECA	LECTURAS

Table of Contents

Consulta

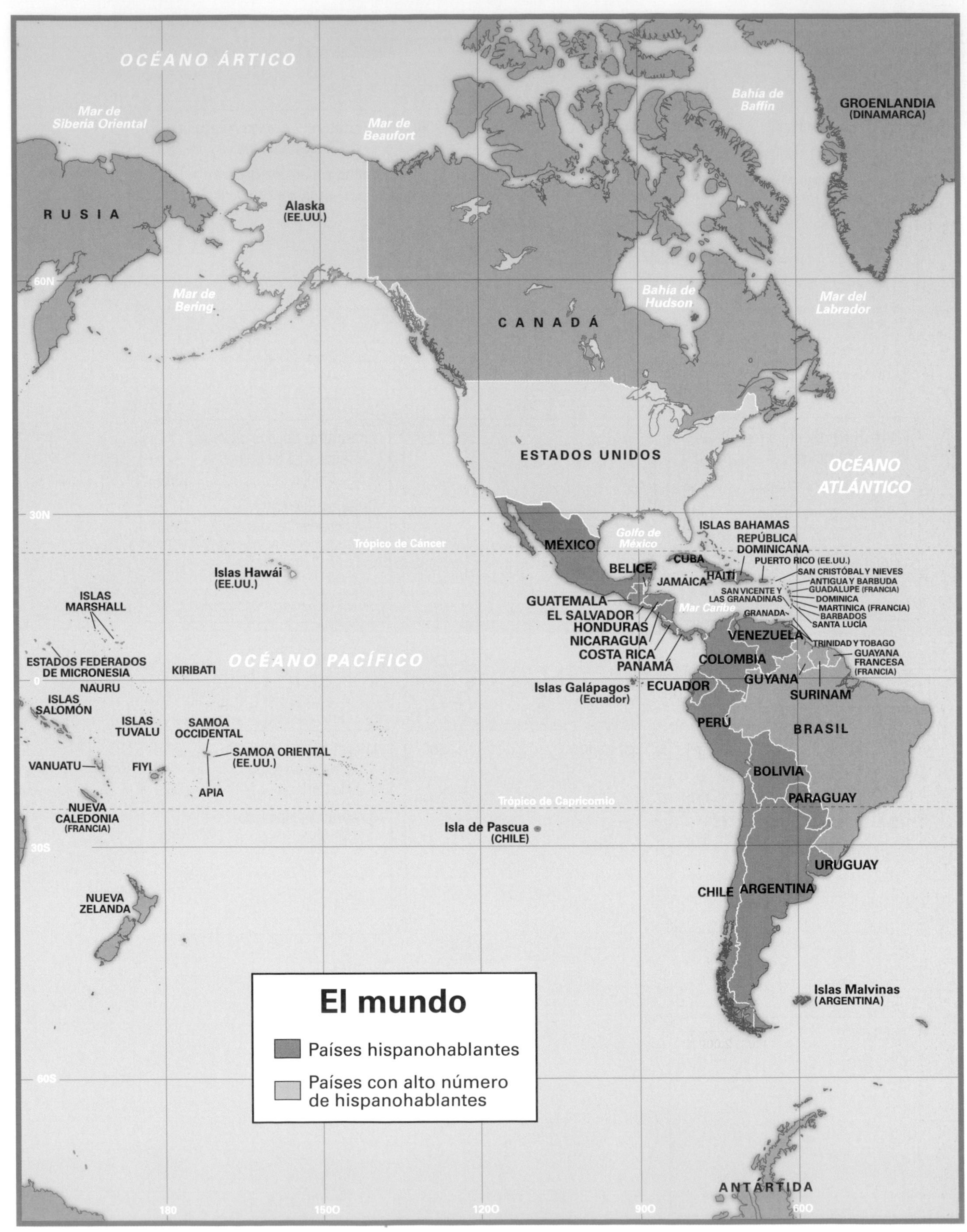
OCÉANO ÁRTICO
Mar de Siberia Oriental
Mar de Beaufort
Bahía de Baffin
GROENLANDIA (DINAMARCA)
RUSIA
Alaska (EE.UU.)
Mar de Bering
Bahía de Hudson
Mar del Labrador
CANADÁ
ESTADOS UNIDOS
OCÉANO ATLÁNTICO
Golfo de México
Trópico de Cáncer
ISLAS BAHAMAS
REPÚBLICA DOMINICANA
PUERTO RICO (EE.UU.)
SAN CRISTÓBAL Y NIEVES
ANTIGUA Y BARBUDA
GUADALUPE (FRANCIA)
DOMINICA
MARTINICA (FRANCIA)
BARBADOS
SANTA LUCÍA
SAN VICENTE Y LAS GRANADINAS
GRANADA
TRINIDAD Y TOBAGO
GUAYANA FRANCESA (FRANCIA)
MÉXICO
CUBA
BELICE
JAMAICA
HAITÍ
Mar Caribe
GUATEMALA
EL SALVADOR
HONDURAS
NICARAGUA
COSTA RICA
PANAMÁ
VENEZUELA
COLOMBIA
GUYANA
SURINAM
ECUADOR
Islas Galápagos (Ecuador)
PERÚ
BRASIL
BOLIVIA
PARAGUAY
URUGUAY
CHILE
ARGENTINA
Islas Malvinas (ARGENTINA)
Islas Hawái (EE.UU.)
ISLAS MARSHALL
ESTADOS FEDERADOS DE MICRONESIA
KIRIBATI
OCÉANO PACÍFICO
NAURU
ISLAS SALOMÓN
ISLAS TUVALU
SAMOA OCCIDENTAL
SAMOA ORIENTAL (EE.UU.)
VANUATU
FIYI
APIA
NUEVA CALEDONIA (FRANCIA)
Trópico de Capricornio
Isla de Pascua (CHILE)
NUEVA ZELANDA
ANTÁRTIDA
60N
30N
0
30S
60S
180
150O
120O
90O
60O
El mundo
Países hispanohablantes
Países con alto número de hispanohablantes

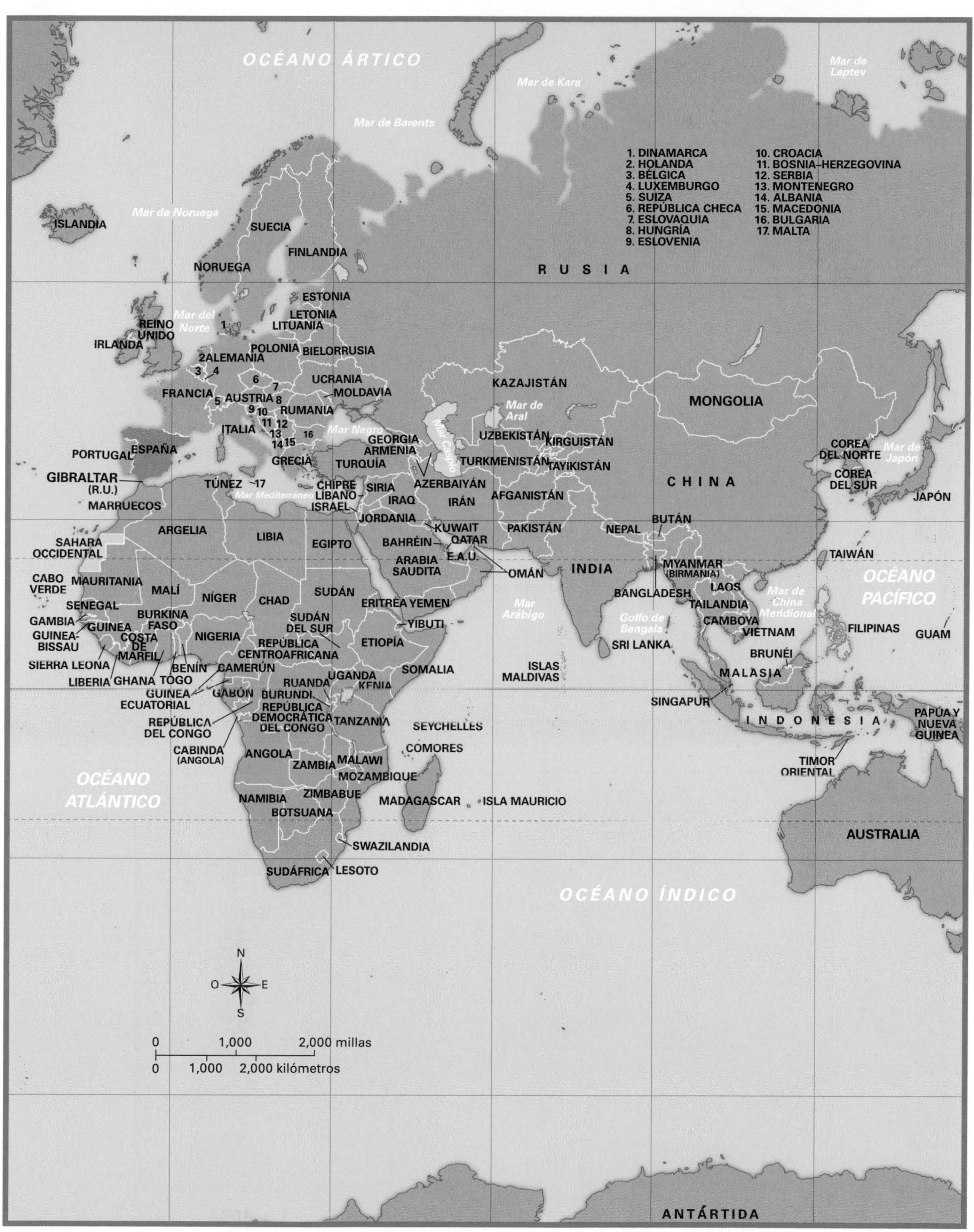
OCÉANO ÁRTICO
Mar de Kara
Mar de Laptev
Mar de Barents
Mar de Noruega
1. DINAMARCA
2. HOLANDA
3. BÉLGICA
4. LUXEMBURGO
5. SUIZA
6. REPÚBLICA CHECA
7. ESLOVAQUIA
8. HUNGRÍA
9. ESLOVENIA
10. CROACIA
11. BOSNIA-HERZEGOVINA
12. SERBIA
13. MONTENEGRO
14. ALBANIA
15. MACEDONIA
16. BULGARIA
17. MALTA
ISLANDIA
SUECIA
FINLANDIA
NORUEGA
RUSIA
ESTONIA
LETONIA
LITUANIA
Mar del Norte
REINO UNIDO
IRLANDA
POLONIA
BIELORRUSIA
ALEMANIA
UCRANIA
FRANCIA
AUSTRIA
MOLDAVIA
RUMANIA
ITALIA
Mar Negro
GEORGIA
ARMENIA
PORTUGAL
ESPAÑA
GRECIA
TURQUÍA
GIBRALTAR (R.U.)
TÚNEZ
Mar Mediterráneo
CHIPRE
LÍBANO
ISRAEL
SIRIA
IRAQ
AZERBAIYÁN
IRÁN
Mar Caspio
KAZAJISTÁN
Mar de Aral
UZBEKISTÁN
KIRGUISTÁN
TURKMENISTÁN
TAYIKISTÁN
AFGANISTÁN
MONGOLIA
CHINA
COREA DEL NORTE
COREA DEL SUR
Mar de Japón
JAPÓN
MARRUECOS
ARGELIA
LIBIA
EGIPTO
JORDANIA
KUWAIT
BAHRÉIN
QATAR
E.A.U.
ARABIA SAUDITA
OMÁN
PAKISTÁN
NEPAL
BUTÁN
INDIA
MYANMAR (BIRMANIA)
TAIWÁN
OCÉANO PACÍFICO
SAHARA OCCIDENTAL
CABO VERDE
MAURITANIA
MALÍ
NÍGER
CHAD
SUDÁN
ERITREA
YEMEN
Mar Arábigo
BANGLADESH
LAOS
Mar de China Meridional
TAILANDIA
CAMBOYA
VIETNAM
FILIPINAS
GUAM
SENEGAL
GAMBIA
GUINEA-BISSAU
GUINEA
BURKINA FASO
COSTA DE MARFIL
NIGERIA
SUDÁN DEL SUR
YIBUTI
ETIOPÍA
Golfo de Bengala
SRI LANKA
SIERRA LEONA
LIBERIA
GHANA
TOGO
BENÍN
REPÚBLICA CENTROAFRICANA
CAMERÚN
SOMALIA
ISLAS MALDIVAS
BRUNÉI
MALASIA
SINGAPUR
GUINEA ECUATORIAL
GABÓN
RUANDA
UGANDA
KENIA
BURUNDI
REPÚBLICA DEMOCRÁTICA DEL CONGO
REPÚBLICA DEL CONGO
TANZANIA
SEYCHELLES
INDONESIA
PAPÚA Y NUEVA GUINEA
CABINDA (ANGOLA)
ANGOLA
COMORES
MALAWI
ZAMBIA
MOZAMBIQUE
TIMOR ORIENTAL
OCÉANO ATLÁNTICO
NAMIBIA
ZIMBABUE
MADAGASCAR
ISLA MAURICIO
BOTSUANA
AUSTRALIA
SWAZILANDIA
SUDÁFRICA
LESOTO
OCÉANO ÍNDICO
N
O
E
S
0
1,000
2,000 millas
0
1,000
2,000 kilómetros
ANTÁRTIDA

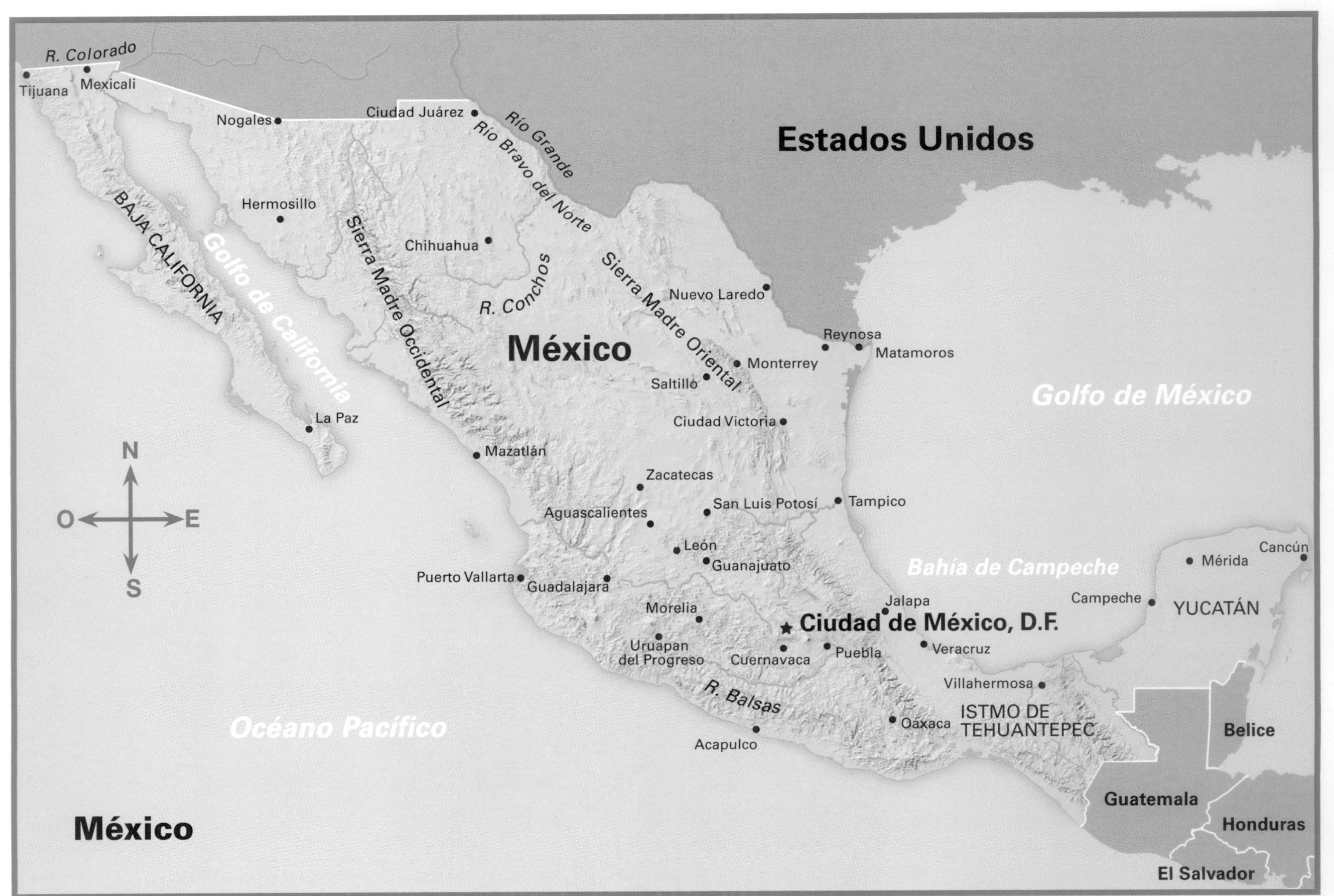
R. Colorado
Tijuana
Mexicali
Nogales
Ciudad Juárez
Río Grande
Río Bravo del Norte
Estados Unidos
BAJA CALIFORNIA
Golfo de California
Hermosillo
Sierra Madre Occidental
Chihuahua
R. Conchos
Sierra Madre Oriental
Nuevo Laredo
México
Reynosa
Matamoros
Monterrey
Saltillo
Golfo de México
La Paz
Ciudad Victoria
N
O
E
S
Mazatlán
Zacatecas
Aguascalientes
San Luis Potosí
Tampico
León
Guanajuato
Bahía de Campeche
Cancún
Mérida
Puerto Vallarta
Guadalajara
Campeche
YUCATÁN
Jalapa
Morelia
Ciudad de México, D.F.
Uruapan del Progreso
Cuernavaca
Puebla
Veracruz
Villahermosa
R. Balsas
Océano Pacífico
Oaxaca
ISTMO DE TEHUANTEPEC
Belice
Acapulco
Guatemala
Honduras
México
El Salvador

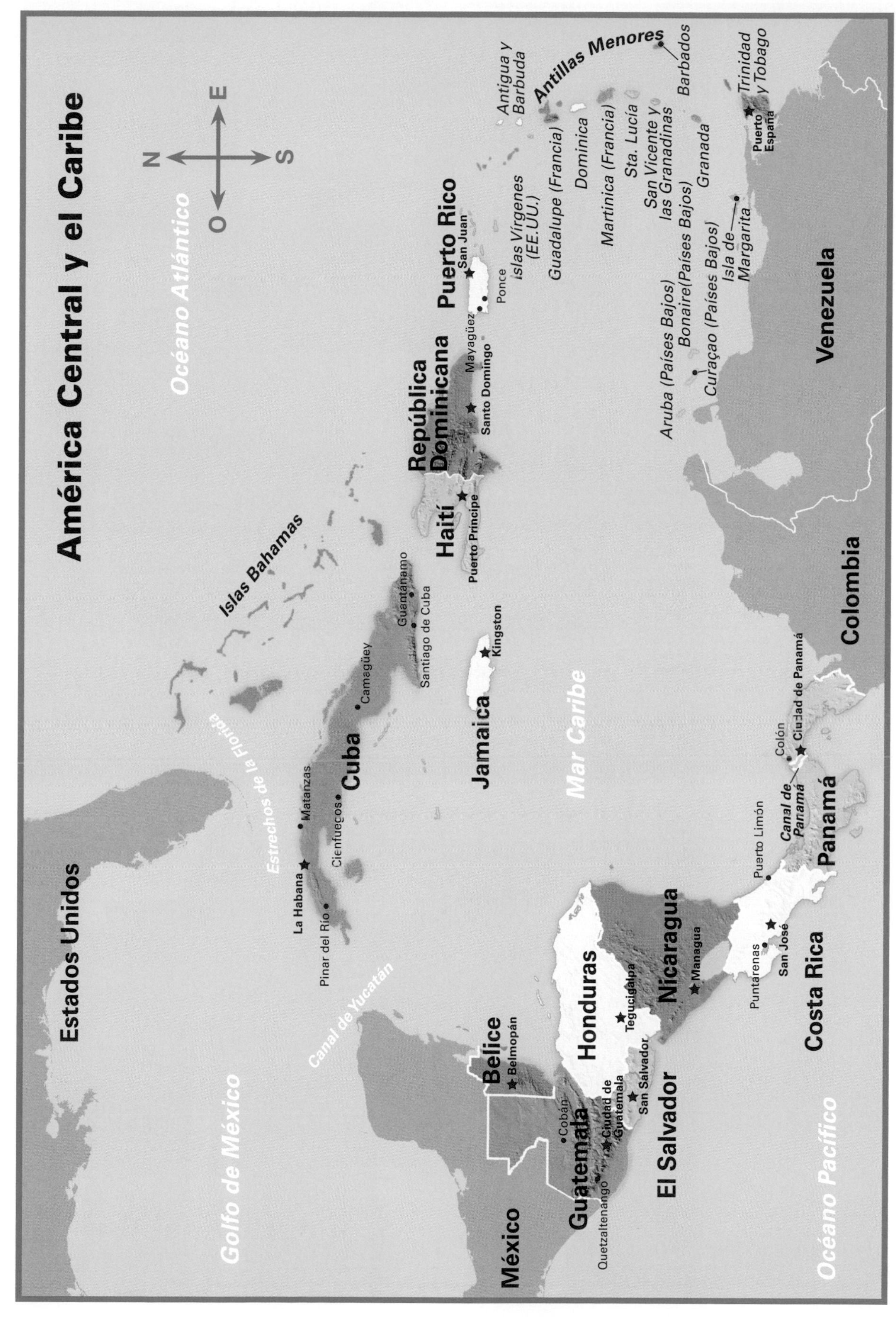

América Central y el Caribe
N
E
S
O
Océano Atlántico
Islas Bahamas
Estados Unidos
Golfo de México
Estrechos de la Florida
Canal de Yucatán
Cuba
La Habana
Pinar del Río
Matanzas
Cienfuegos
Camagüey
Santiago de Cuba
Guantánamo
Jamaica
Kingston
Haití
Puerto Príncipe
República Dominicana
Santo Domingo
Puerto Rico
San Juan
Mayagüez
Ponce
islas Vírgenes (EE.UU.)
Antigua y Barbuda
Antillas Menores
Guadalupe (Francia)
Dominica
Martinica (Francia)
Sta. Lucía
San Vicente y las Granadinas
Barbados
Granada
Trinidad y Tobago
Puerto España
Isla de Margarita
Aruba (Países Bajos)
Bonaire (Países Bajos)
Curaçao (Países Bajos)
Venezuela
Colombia
Mar Caribe
Panamá
Canal de Panamá
Colón
Ciudad de Panamá
Costa Rica
Puerto Limón
San José
Puntarenas
Nicaragua
Managua
Honduras
Tegucigalpa
El Salvador
San Salvador
Guatemala
Ciudad de Guatemala
Cobán
Quetzaltenango
Belice
Belmopán
México
Océano Pacífico

Mar Caribe
Barranquilla
Maracaibo
Caracas
Puerto España
Trinidad y Tobago
Venezuela
R. Orinoco
Georgetown
Guyana
Paramaribo
Surinam
Cayena
Guayana Francesa
Medellín
Colombia
Bogotá
Cali
Pasto
Quito
Ecuador
Guayaquil
Iquitos
R. Negro
R. Amazonas
Manaus
Belém
Perú
R. Madeira
Recife
Cordillera de los Andes
Lima
Cuzco
Lago Titicaca
Arequipa
La Paz
Bolivia
Sucre
Brasil
Brasilia
Salvador
R. Paraguay
R. Paraná
Belo Horizonte
Arica
Iquique
Océano Pacífico
Antofagasta
Salta
Paraguay
Asunción
São Paulo
Santos
Rio de Janeiro
Chile
R. Uruguay
Córdoba
Pôrto Alegre
Mendoza
Valparaíso
Rosario
Santiago
Uruguay
Buenos Aires
Montevideo
Concepción
Argentina
Bahía Blanca
Océano Atlántico
Puerto Montt
N
O
E
S
Estrecho de Magallanes
Punta Arenas
Islas Malvinas
Tierra del Fuego
América del Sur
Islas Galápagos
Océano Pacífico
Isla Pinta
Isla Marchena
Isla Genovesa
Isla Isabela
Línea ecuatorial
Volcán Darwin
Isla Santiago
(San Salvador)
Isla Fernandina
Puerto Ayora
Isla Santa Cruz
Isla San Cristóbal
Santo Tomás
Puerto Baquerizo Moreno
Isla Santa María
Isla Española

Mar Cantábrico
Francia
Pirineos
Andorra
Océano Atlántico
Portugal
Lisboa
Oporto
Braga
Coimbra
Setúbal
Serra da Estrela
España
Madrid
GALICIA
ASTURIAS
CANTABRIA
PAÍS VASCO
NAVARRA
LA RIOJA
CATALUÑA
ARAGÓN
CASTILLA-LEÓN
CASTILLA-LA MANCHA
COMUNIDAD VALENCIANA
EXTREMADURA
ANDALUCÍA
Sierra Morena
Sierra Nevada
La Coruña
Pontevedra
Vigo
Gijón
Oviedo
Santander
Bilbao
San Sebastián
Pamplona
Burgos
Palencia
Zamora
Salamanca
Ávila
Segovia
Zaragoza
Lérida
Gerona
Barcelona
Tarragona
Valencia
Alicante
Albacete
Murcia
Cartagena
Cáceres
Mérida
Badajoz
Córdoba
Jaén
Granada
Almería
Málaga
Sevilla
Huelva
Cádiz
Algeciras
Gibraltar (R.U.)
Ceuta (Esp.)
Melilla (Esp.)
Estrecho de Gibraltar
Marruecos
Islas Baleares
Menorca
Palma de Mallorca
Mallorca
Ibiza
Formentera
Mar Mediterráneo
N
O
E
S
La Palma
Islas Canarias
Santa Cruz de la Palma
Tenerife
Santa Cruz de Tenerife
Lanzarote
Arrecife
Gomera
Hierro
Las Palmas de Gran Canaria
Puerto del Rosario
Fuerteventura
Gran Canaria
Océano Atlántico
Marruecos

The Cast

Here are the main characters you will meet when you watch the **FOTONOVELA** video:

Mariela Burgos

José Raúl Aguayo

Diana González

Éric Vargas

Juan (Johnny) Medina

Fabiola Ledesma

DESCUBRE 3 Video Programs

Fotonovela Video

An episode in the format of a sitcom accompanies each lesson in **DESCUBRE**. These episodes portray the everyday lives and adventures of the staff working at the lifestyle magazine *Facetas*, based in Mexico City.

The **Fotonovela** section in each textbook lesson is actually an abbreviated version of the dramatic episode featured in the video. Therefore, each **Fotonovela** section can be done before you see the corresponding video episode, after it, or as a stand-alone section.

Besides providing entertainment, the video serves as a useful learning tool. As you watch the episodes, you will observe the characters interacting in various situations and using real-world language that reflects the vocabulary and grammar you are studying. In addition, because language learning is an ongoing, cumulative process, you will find that the dramatic segments carefully combine new vocabulary and grammar with previously taught language as the video progresses.

Flash cultura

The dynamic **Flash cultura** video provides an entertaining and authentic complement to the **Enfoques** section of each lesson. Correspondents from various Spanish-speaking countries report on aspects of life in their countries, conducting street interviews with residents along the way. These episodes draw attention to the similarities and differences between Spanish-speaking countries and the U.S., while highlighting fascinating aspects of the target culture.

DESCUBRE 3 Film Collection

The **DESCUBRE** Film Collection contains the short films by Hispanic filmmakers that are the basis for the **Cinemateca** section of every lesson. These award-winning films offer entertaining and thought-provoking opportunities to build your listening comprehension skills and your cultural knowledge of the Spanish-speaking world.

Film Synopses

Lección 1 *Di algo* (España) A young blind woman falls in love with a man based on his voice. The only problem is that she has never heard him in person... just on a recording.

Lección 2 *Espíritu deportivo* (México) At the funeral of a deceased soccer star, his teammates argue the lineup of their famous match against Brazil.

Lección 3 *Adiós mamá* (México) A man is grocery shopping alone on an ordinary day when a chance meeting makes him the focus of an elderly woman's existential conflict, with a surprising result.

Lección 4 *Éramos pocos* (España) **Oscar nominated!** After being abandoned by his wife, a father and son enlist the help of her mother to keep house.

Lección 5 *El anillo* (Puerto Rico) Every object has its own story to tell.

Lección 6 *El día menos pensado* (México) A city ends up without drinkable water; people must decide whether to flee or stand and guard what little water they have left.

Lección 7 *Happy Cool* (Argentina) A man decides to wait out a recession by having himself cryogenically frozen until better economic times.

Lección 8 *Clown* (España) Companies will go to any length to collect what is due to them… and to make sure they have hired the right person for the job.

Lección 9 *Sintonía* (España) Stuck in traffic, the only way a man can get the attention of a woman is to figure out which radio station she's listening to and call in.

Lección 10 *Las viandas* (España) In a restaurant where food is art, a customer learns whether it is possible to have too much of a good thing.

Each section of your textbook comes with resources and activities on the DESCUBRE Supersite. You can access them from any computer with an Internet connection. Visit vhlcentral.com to get started.

Audio: Vocabulary	**CONTEXTOS** Listen to audio of the **Vocabulary**, and practice using Flashcards and activities that give you immediate feedback.
Video: *Fotonovela* **Record and Compare**	**FOTONOVELA** Follow the everyday lives and adventures of the staff working at the lifestyle magazine *Facetas*, based in Mexico City. Watch the **Video** again at home to see the characters use the vocabulary in a real context.
Reading, **Additional Reading** **Video: *Flash cultura***	**ENFOQUES** Explore cultural topics through the Conexión Internet activity or **reading** the *Más cultura* selection. Watch the *Flash cultura* again outside of class to reinforce your understanding.
Explanation **Tutorial** **Diagnostics** **Remediation Activities**	**ESTRUCTURA** Review the **Explanation** or watch an animated **Tutorial**, and then play the games to make sure you got it. Complete the Diagnostic Recapitulación to see what you might still need to study. Get additional Remediation activities.
Video: Short Film	**CINEMATECA** Viewing and understanding films created by and for native Spanish speakers is a true test of your progress in learning Spanish. Work through the pre- and post-viewing activities and watch the film as many times as you need to understand the dialogue, plot, and cultural aspects offered by each film.
Audio: Dramatic Recording **Audio: Synched Reading**	**LECTURAS** A dramatic audio recording accompanies all of the selections in the **Literatura** section, and each **Cultura** reading is provided as a synched audio reading. Improve your comprehension of native speakers as you read along with the audio. Or, see how much you can understand when listening with your book closed.

Icons

Familiarize yourself with these icons that appear throughout **DESCUBRE**.

Listening
The Listening icon indicates that audio is available. You will see it in the lesson's **Contextos** and **Vocabulario** sections, as well as with all activities that require audio.

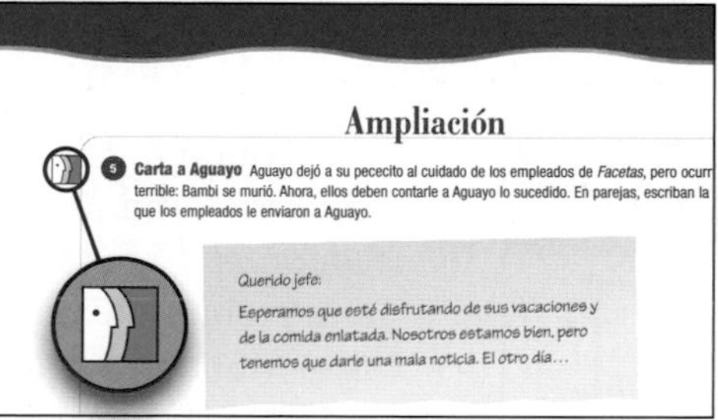

Pair/Group Activities
Two faces indicate a pair activity, and three indicate a group activity.

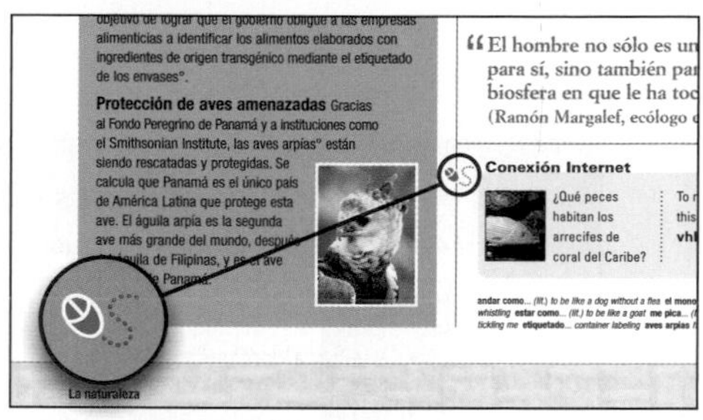

Activity Online
The mouse icon indicates when an activity is also available on the Supersite.

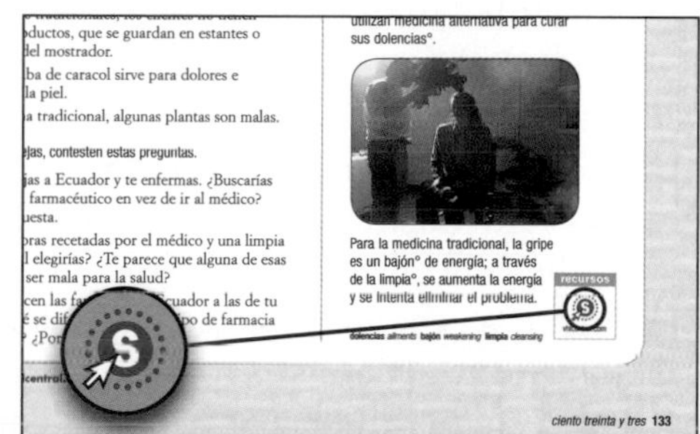

Supersite
Additional practice on the Supersite, not included in the textbook, is indicated with this icon.

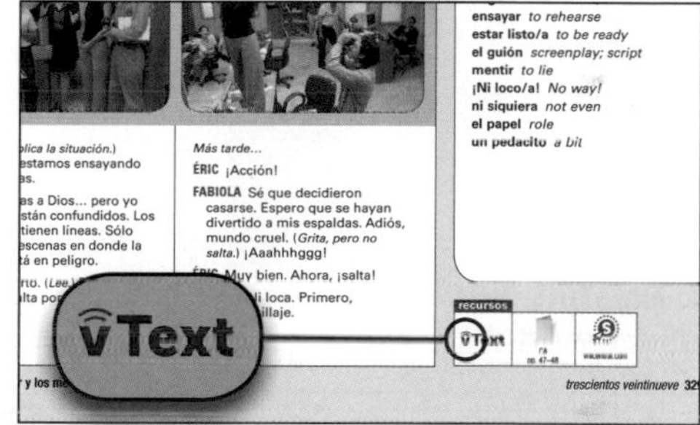

vText
Material is also available in the interactive online textbook.

Recursos

Recursos boxes let you know exactly which print and technology ancillaries you can use to reinforce and expand on every section of the lessons in your textbook. They even include page numbers when applicable.

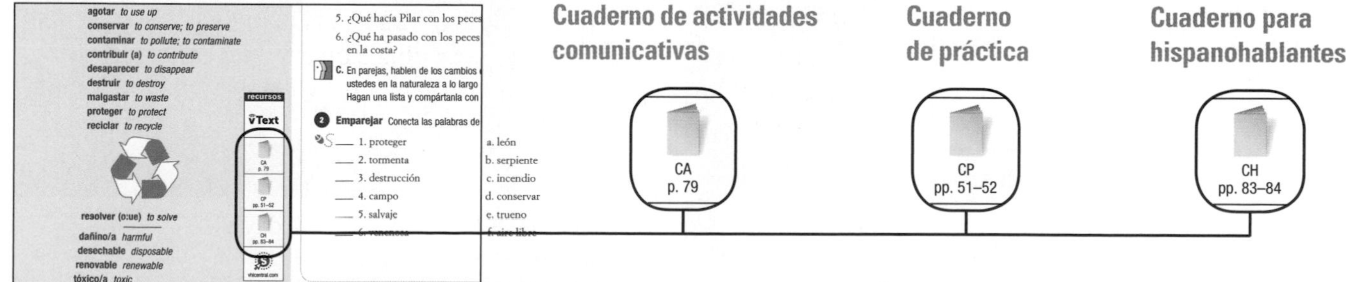

The Spanish-Speaking World

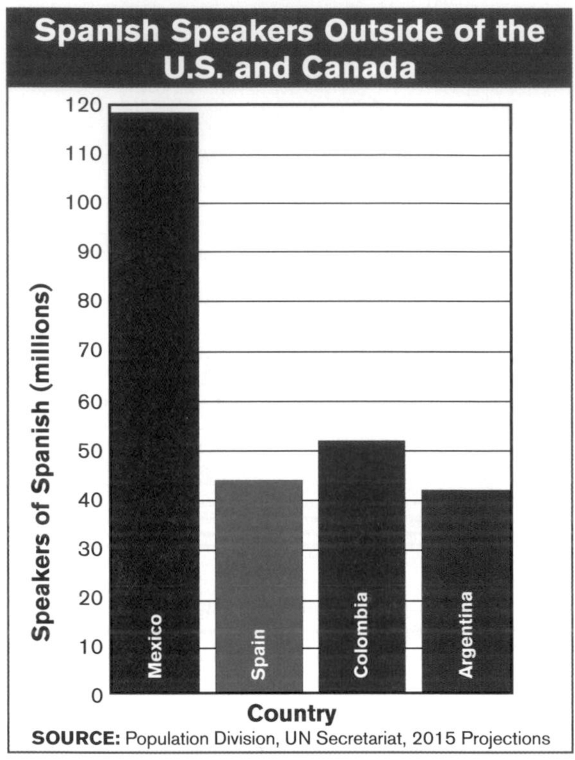

More than approximately forty million people living in the U.S. speak Spanish; after English, it is the second most commonly spoken language in this country. It is the official language of twenty-two countries and an official language of the European Union and United Nations. Understanding others and communicating effectively in Spanish is an important and practical goal of studying Spanish. Knowing Spanish can help you not only when traveling but also within many contexts in the U.S. There may be internships, volunteer experiences, and work opportunities in your community that require the use of Spanish, which can help you develop your Spanish language skills.

The Growth of Spanish

The Spanish language as we know it today has its origins in a dialect called Castilian (**castellano** in Spanish). Castilian developed in the 9th century in north-central Spain, in a historic provincial region known as Old Castile. Castilian gradually spread towards the central region of New Castile, where it was adopted as the main language of commerce. By the 16th century, Spanish had become the official language of Spain and eventually, the country's role in exploration, colonization, and overseas trade led to its spread across Central and South America, North America, the Caribbean, parts of North Africa, the Canary Islands, and the Philippines.

Spanish in the United States

1500 **1600** **1700**

16th Century
Spanish is the official language of Spain.

1565
The Spanish arrive in Florida and found St. Augustine.

1610
The Spanish found Santa Fe, today's capital of New Mexico, the state with the most Spanish speakers in the U.S.

Spanish in the United States

Spanish came to North America in the 16th century with the Spanish who settled in St. Augustine, Florida. Spanish-speaking communities flourished in several parts of the continent over the next few centuries. Then, in 1848, in the aftermath of the Mexican-American War, Mexico lost almost half its land to the United States, including portions of modern-day Texas, New Mexico, Arizona, Colorado, California, Wyoming, Nevada, and Utah. Overnight, hundreds of thousands of Mexicans became citizens of the United States, bringing with them their rich history, language, and traditions.

This heritage, combined with that of the other Hispanic populations that have immigrated to the United States over the years, has led to the remarkable growth of Spanish around the country. After English, it is the most commonly spoken language in 43 states. More than 12 million people in California alone claim Spanish as their first or "home" language.

You've made an important investment in your future by taking Spanish in school. Not only is Spanish found and heard almost everywhere in the United States, but it is the most commonly taught foreign language in classrooms throughout the country! Chances are that you've come across an advertisement, menu, or magazine that is in Spanish. If you look around, you'll find that Spanish can be found in some pretty common places. News agencies and television stations such as CNN and **Telemundo** provide Spanish-language broadcasts. Federal government agencies such as the Internal Revenue Service and the Department of State provide services in both languages. Even the White House has an official Spanish-language web page! Learning Spanish can create opportunities within your everyday life. You may notice that many job postings require or prefer candidates with bilingual skills. Because many companies need workers who can use both English and Spanish in their daily business communications, knowing Spanish can help you be competitive in finding a job or in pursuing a career that you're interested in.

1800 **1900** **2000**

1848
Mexicans who choose to stay in the U.S. after the Mexican-American War become U.S. citizens.

1959
After the Cuban Revolution, thousands of Cubans emigrate to the U.S.

2000
Spanish is the 2nd most commonly spoken language in the U.S., with more than approximately 40 million speakers.

Why Study Spanish?

Learn an International Language

There are many reasons to learn Spanish, a language that has spread to many parts of the world and has along the way embraced words and sounds of languages as diverse as Latin, Arabic, and Nahuatl. Spanish has evolved from a medieval dialect of north-central Spain into the fourth most commonly spoken language in the world. It is the second language of choice among the majority of people in North America.

Understand the World Around You

Knowing Spanish can also open doors to communities within the United States, and it can broaden your understanding of the nation's history and geography. The very names Colorado, Montana, Nevada, and Florida are Spanish in origin. Just knowing their meanings can give you some insight into, of all things, the landscapes for which the states are renowned. Colorado means "colored red;" Montana means "mountain;" Nevada is derived from "snow-capped mountain;" and Florida means "flowered." You've already been speaking Spanish whenever you talk about some of these states!

State Name	Meaning in Spanish
Colorado	"colored red"
Florida	"flowered"
Montana	"mountain"
Nevada	"snow-capped mountain"

Connect with the World

Learning Spanish can change how you view the world. While you learn Spanish, you will also explore and learn about the origins, customs, art, music, and literature of people in close to two dozen countries. When you travel to a Spanish-speaking country, you'll be able to converse freely with the people you meet. And whether in the U.S., Canada, or abroad, you'll find that speaking to people in their native language is the best way to bridge any culture gap.

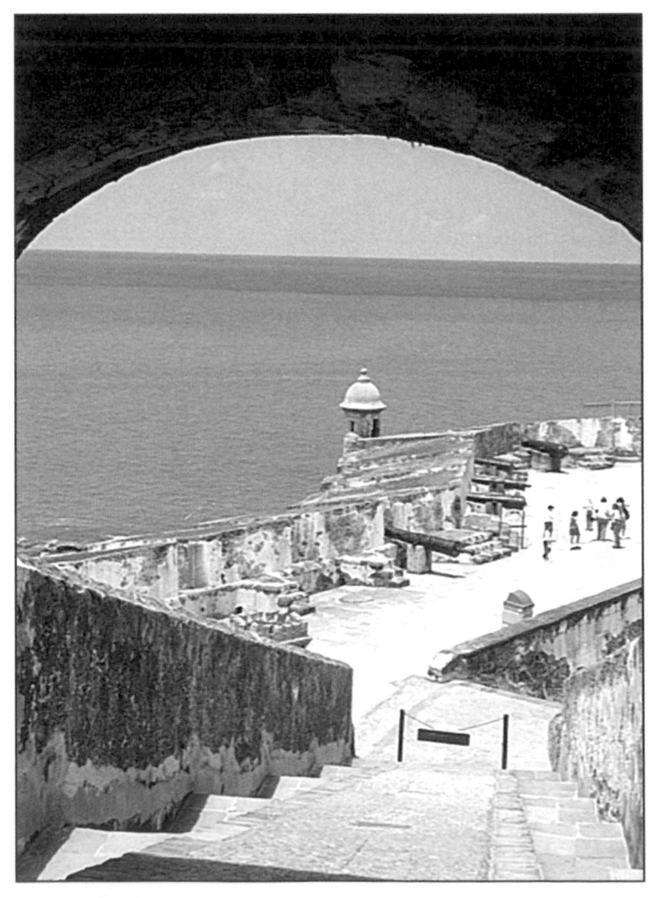

Why Study Spanish?

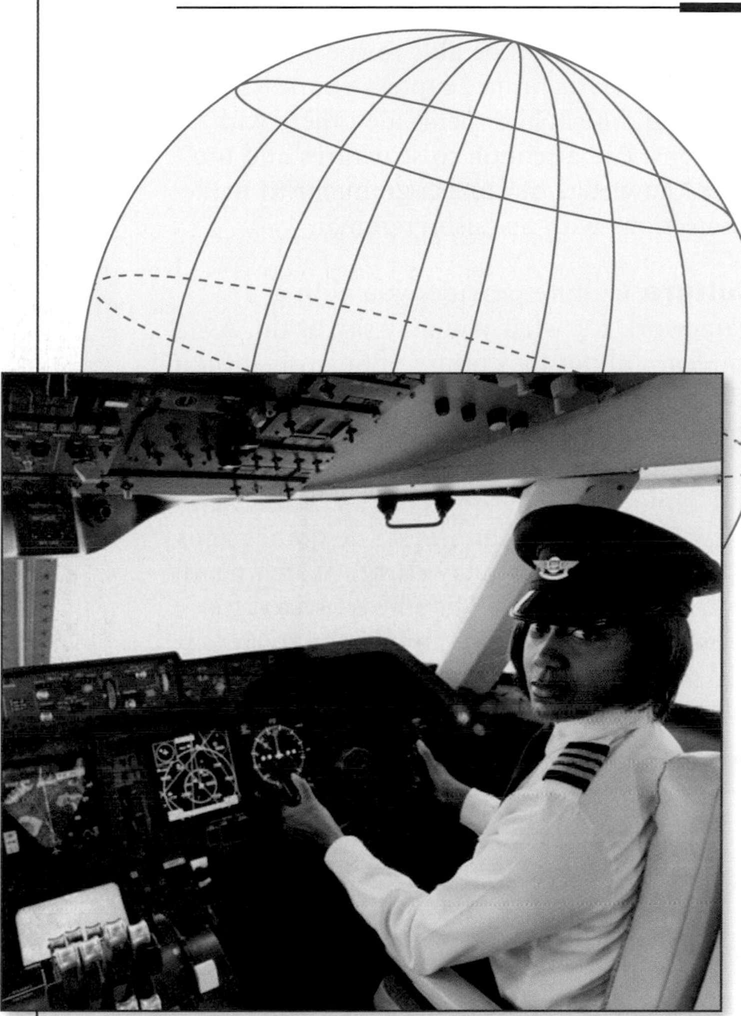

Explore Your Future

How many of you are already planning your future careers? Employers in today's global economy look for workers who know different languages and understand other cultures. Your knowledge of Spanish will make you a valuable candidate for careers abroad as well as in the United States or Canada. Doctors, nurses, social workers, hotel managers, journalists, businessmen, pilots, flight attendants, and many other professionals need to know Spanish or another foreign language to do their jobs well.

Expand Your Skills

Studying a foreign language can improve your ability to analyze and interpret information and help you succeed in many other subject areas. When you first begin learning Spanish your studies will focus mainly on reading, writing, grammar, listening, and speaking skills. You'll be amazed at how the skills involved with learning how a language works can help you succeed in other areas of study. Many people who study a foreign language claim that they gained a better understanding of English. Spanish can even help you understand the origins of many English words and expand your own vocabulary in English. Knowing Spanish can also help you pick up other related languages, such as Italian, Portuguese, and French. Spanish can really open doors for learning many other skills in your school career.

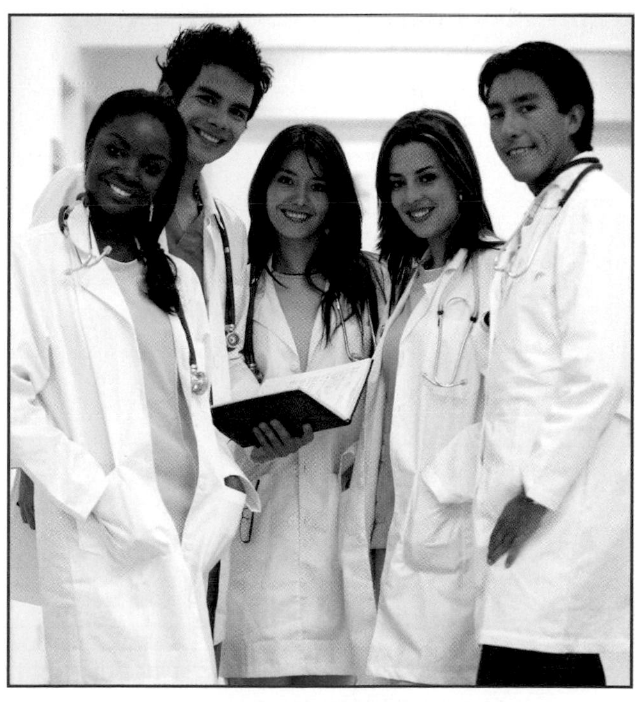

How to Learn Spanish

Start with the Basics!

As with anything you want to learn, start with the basics and remember that learning takes time! The basics are vocabulary, grammar, and culture.

Vocabulary Every new word you learn in Spanish will expand your vocabulary and ability to communicate. The more words you know, the better you can express yourself. Focus on sounds and think about ways to remember words. Use your knowledge of English and other languages to figure out the meaning of and memorize words like **conversación, teléfono, oficina, clase,** and **música.**

Grammar Grammar helps you put your new vocabulary together. By learning the rules of grammar, you can use new words correctly and speak in complete sentences. As you learn verbs and tenses, you will be able to speak about the past, present, or future, express yourself with clarity, and be able to persuade others with your opinions. Pay attention to structures and use your knowledge of English grammar to make connections with Spanish grammar.

Culture Culture provides you with a framework for what you may say or do. As you learn about the culture of Spanish-speaking communities, you'll improve your knowledge of Spanish. Think about a word like **salsa,** and how it connects to both food and music. Think about and explore customs observed on **Nochevieja** (New Year's Eve) or at a **fiesta de quince años** (a girl's fifteenth birthday party). Watch people greet each other or say good-bye. Listen for idioms and sayings that capture the spirit of what you want to communicate!

Teenagers celebrating at a **fiesta de quince años.**

Listen, Speak, Read, and Write

Listening Listen for sounds and for words you can recognize. Listen for inflections and watch for key words that signal a question such as **cómo** (*how*), **dónde** (*where*), or **qué** (*what*). Get used to the sound of Spanish. Play Spanish pop songs or watch Spanish movies. Borrow books on CD from your local library, or try to visit places in your community where Spanish is spoken. Don't worry if you don't understand every single word. If you focus on key words and phrases, you'll get the main idea. The more you listen, the more you'll understand!

Speaking Practice speaking Spanish as often as you can. As you talk, work on your pronunciation, and read aloud texts so that words and sentences flow more easily. Don't worry if you don't sound like a native speaker, or if you make some mistakes. Time and practice will help you get there. Participate actively in Spanish class. Try to speak Spanish with classmates, especially native speakers (if you know any), as often as you can.

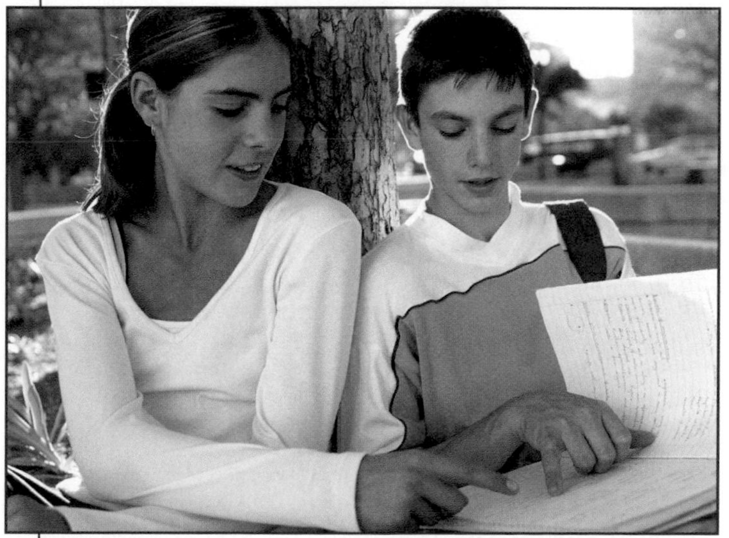

Reading Pick up a Spanish-language newspaper or a pamphlet on your way to school, read the lyrics of a song as you listen to it, or read books you've already read in English translated into Spanish. Use reading strategies that you know to understand the meaning of a text that looks unfamiliar. Look for cognates, or words that are related in English and Spanish, to guess the meaning of some words. Read as often as you can, and remember to read for fun!

Writing It's easy to write in Spanish if you put your mind to it. And remember that Spanish spelling is phonetic, which means that once you learn the basic rules of how letters and sounds are related, you can probably become an expert speller in Spanish! Write for fun—make up poems or songs, write e-mails or instant messages to friends, or start a journal or blog in Spanish.

Tips for Learning Spanish

Practice, practice, practice!

Seize every opportunity you find to listen, speak, read, or write Spanish. Think of it like a sport or learning a musical instrument—the more you practice, the more you will become comfortable with the language and how it works. Look for new experiences where you can use Spanish, like volunteering in a community where Spanish is spoken, at work, or with Spanish speakers you meet. You can build on the Spanish you already know by looking for new ways to practice and learn. Using Spanish in real life situations can help you understand how the language is used authentically, which will help you learn how to get your ideas across clearly and be understood in another language.

- **Listen to Spanish radio shows.** Write down phrases and grammatical structures that you can't recognize or don't know and look up the meaning or the grammatical structure.
- **Watch Spanish TV shows or movies.** Try to rely on the subtitles to help you grasp the content only when necessary. See how much you can understand by using the context of the show or movie to help you understand what is being said.

- **Read Spanish-language newspapers, magazines, or blogs,** and respond to what you read by writing a letter to the editor, or responding to the blog. Use the newspaper or magazine articles you read as a model for writing your own article about something that interests you.
- **Listen to Spanish songs** that you like—anything from Shakira to a traditional mariachi melody. Sing along and concentrate on your pronunciation. Print out the lyrics and find new vocabulary words that you can try using in future conversations, letters, or e-mails.
- **Seek out opportunities to practice conversation with Spanish speakers.** Look for neighborhoods, markets, or cultural centers where Spanish might be spoken in your community. Find ways to volunteer in a community where Spanish is used, as a way to learn Spanish and help others at the same time.
- **Pursue language exchange opportunities** (**intercambio cultural**) in your school or community. Join or even start a language club, or help plan cultural events related to Spanish, its history, and its culture. Explore opportunities for studying abroad or hosting a student from a Spanish-speaking country in your home or school.
- **Connect your learning to everyday experiences.** Think about naming the ingredients of your favorite dish in Spanish, or try making a recipe written in Spanish. Try writing a grocery or "to do" list, or directions to somebody's house in Spanish.
- **Use poems or lyrics from songs in Spanish as language models** to help you remember grammatical rules. For example, memorize Juan Luis Guerra's song **Ojalá que <u>llueva</u> café en el campo,** to help you remember to use the subjunctive after the expression **Ojalá que.**
- **Set goals!** Try to have as much fun as you can learning Spanish, and set goals for what you would like to do with your language abilities as they grow. Keep track of how your Spanish improves by noticing how and what you are able to communicate as you continue to practice.

La clase y la escuela

el autobús *bus*
el chico *boy*
la chica *girl*
el/la compañero/a de clase *classmate*
la conversación *conversation*
la cosa *thing*
el día *day*
el escritorio *desk*
la escuela *school*
el/la estudiante *student*
el libro *book*
la mochila *backpack*
la papelera *wastebasket*
la pizarra *blackboard*
la pluma *pen*
la tiza *chalk*

—

la biblioteca *library*
la cafetería *cafeteria*
el laboratorio *laboratory*

—

el curso, la materia *course*
el examen *test, exam*
el horario *schedule*
la prueba *test; quiz*
la tarea *homework*

Pasatiempos

andar en patineta *to skateboard*
bucear *to scuba dive*
escalar montañas (f. pl.) *to climb mountains*
escribir un mensaje electrónico *to write an e-mail message*
esquiar *to ski*
nadar *to swim*
pasear *to take a walk; to stroll*
patinar (en línea) *to skate (in-line)*
practicar deportes (m. pl.) *to play sports*
ser aficionado/a (a) *to be a fan (of)*
tomar el sol *to sunbathe*
ver películas (f. pl.) *to see movies*

—

el fin de semana *weekend*
el tiempo libre *free time*

El tiempo libre

almorzar (o:ue) *to have lunch*
cenar *to have dinner*
comprar *to buy*
desayunar *to have breakfast*
dormir (o:ue) *to sleep*
escuchar la radio/música *to listen to the radio/music*
hablar *to talk; to speak*
jugar (u:ue) *to play*
llegar *to arrive*
mirar *to look (at); to watch*
necesitar (+ inf.) *to need*
tomar *to take; to drink*
viajar *to travel*

Los días de la semana

lunes *Monday*
martes *Tuesday*
miércoles *Wednesday*
jueves *Thursday*
viernes *Friday*
sábado *Saturday*
domingo *Sunday*

La familia

el/la abuelo/a *grandfather/grandmother*
el/la cuñado/a *brother-in-law/sister-in-law*
el/la esposo/a *husband; wife; spouse*
el/la hermano/a *brother/sister*
el/la hijo/a *son/daughter*
la madre *mother*
el/la nieto/a *grandson/granddaughter*
la nuera *daughter-in-law*
el padre *father*
el/la primo/a *cousin*
el/la sobrino/a *nephew/niece*
el/la suegro/a *father-in-law/mother-in-law*
el/la tío/a *uncle/aunt*
el yerno *son-in-law*

Los viajes y las vacaciones

acampar *to camp*
hacer las maletas *to pack (one's suitcases)*
hacer un viaje *to take a trip*
ir de vacaciones *to go on vacation*

ir en autobús (m.), auto(móvil) (m.), avión (m.), barco (m.), motocicleta (f.), taxi (m.) *to go by bus, car, plane, boat, motorcycle, taxi*
sacar/tomar fotos (f. pl.) *to take photos*

—

el aeropuerto *airport*
el campo *countryside*
el equipaje *luggage*
el mar *sea*
el paisaje *landscape*
el pasaporte *passport*
la playa *beach*

La ropa

el abrigo *coat*
los bluejeans *jeans*
el calcetín *sock*
la camisa *shirt*
la camiseta *t-shirt*
la chaqueta *jacket*
el cinturón *belt*
la corbata *tie*
la falda *skirt*
los guantes *gloves*
el impermeable *raincoat*
los pantalones *pants*
los pantalones cortos *shorts*
la ropa interior *underwear*
la sandalia *sandal*
el sombrero *hat*
el suéter *sweater*

La ropa *(cont.)*

el traje *suit*
el traje (de baño) *(bathing) suit*
el vestido *dress*

Ir de compras

el almacén *department store*
la caja *cash register*
el centro comercial *shopping mall*
el/la dependiente/a *clerk*
el dinero *money*
(en) efectivo *cash*
un par de zapatos *a pair of shoes*
la rebaja *sale*
la tarjeta de crédito *credit card*
la tienda *shop; store*

—

costar (o:ue) *to cost*
gastar *to spend (money)*
hacer juego (con) *to match (with)*
llevar *to wear; to take*
pagar *to pay*

—

barato/a *cheap*
caro/a *expensive*
corto/a *short (in length)*
largo/a *long (in length)*

Las comidas

el/la camarero/a *waiter*
la comida *food; meal*
el menú *menu*

—

el almuerzo *lunch*
la cena *dinner*
el desayuno *breakfast*

Las frutas

las frutas *fruits*
el limón *lemon*
la manzana *apple*
la naranja *orange*
la pera *pear*
la sandía *watermelon*

Las verduras

las arvejas *peas*
la cebolla *onion*
el champiñón *mushroom*
la ensalada *salad*
los espárragos *asparagus*
los frijoles *beans*
la lechuga *lettuce*
el tomate *tomato*
las verduras *vegetables*
la zanahoria *carrot*

La carne y el pescado

el atún *tuna*
el bistec *steak*
los camarones *shrimp*
la carne *meat*
la hamburguesa *hamburger*
los mariscos *shellfish*
el pavo *turkey*
el pescado *fish*
el pollo (asado) *(roast) chicken*
la salchicha *sausage*

Las bebidas

el agua (mineral) (f.) *(mineral) water*
la bebida *drink*
el jugo (de fruta) *(fruit) juice*
la leche *milk*
el refresco *soft drink*

El cuerpo

la boca *mouth*
el brazo *arm*
la cabeza *head*
el corazón *heart*

El cuerpo *(cont.)*

el cuello *neck*
el cuerpo *body*
el dedo *finger*
el estómago *stomach*
la garganta *throat*
el hueso *bone*
la muela *molar*
la nariz *nose*
el oído *(sense of) hearing; inner ear*
el ojo *eye*
la oreja *(outer) ear*
el pie *foot*
la pierna *leg*
la rodilla *knee*
el tobillo *ankle*

La salud

el/la dentista *dentist*
el/la doctor(a) *doctor*
el dolor (de cabeza) *(head)ache; pain*
el examen médico *physical exam*
la farmacia *pharmacy*
la gripe *flu*
el medicamento *medication*
la pastilla *pill; tablet*
la receta *prescription*
el resfriado *cold (illness)*
la salud *health*
el síntoma *symptom*
la tos *cough*

—

caerse *to fall (down)*
doler (o:ue) *to hurt*
estar enfermo/a *to be sick*
estornudar *to sneeze*
romperse (la pierna) *to break (one's leg)*
sacar(se) una muela *to have a tooth removed*
ser alérgico/a (a) *to be allergic (to)*
tener fiebre *to have a fever*
toser *to cough*

—

congestionado/a *congested; stuffed-up*
mareado/a *dizzy; nauseated*
sano/a *healthy*

El bienestar

el bienestar *well-being*

aliviar el estrés *to reduce stress*
disfrutar (de) *to enjoy; to reap the benefits (of)*
(no) fumar *(not) to smoke*
llevar una vida sana *to lead a healthy lifestyle*
tratar de (+ inf.) *to try (to do something)*

activo/a *active*
fuerte *strong*
sedentario/a *sedentary; related to sitting*
entrenarse *to practice; to train*
estar en buena forma *to be in good shape*
hacer ejercicio *to exercise*

La tecnología

la calculadora *calculator*
la cámara digital/de video *digital/video camera*
el canal *(TV) channel*
el control remoto *remote control*
el disco compacto *CD*
el (teléfono) celular *cell phone*
el televisor *television set*

apagar *to turn off*
funcionar *to work*
poner, prender *to turn on*
sonar (o:ue) *to ring*

La computadora

el archivo *file*
arroba *@ symbol*
la dirección electrónica *e-mail address*
la impresora *printer*
la página principal *home page*
la pantalla *screen*
el ratón *mouse*
la red *network; Web*
el reproductor de DVD *DVD player*
el sitio web *website*
el teclado *keyboard*

La computadora *(cont.)*

borrar *to erase*
descargar *download*
grabar *to record*
guardar *to save*
imprimir *to print*
navegar (en Internet) *to surf (the Internet)*

La vivienda

las afueras *suburbs; outskirts*
el alquiler *rent (payment)*
el barrio *neighborhood*
el/la vecino/a *neighbor*
la vivienda *housing*

la alcoba, el dormitorio *bedroom*
la cocina *kitchen*
el comedor *dining room*
el cuarto *room*
el garaje *garage*
el jardín *garden, yard*
el pasillo *hallway*
la sala *living room*
el sótano *basement; cellar*

Los quehaceres domésticos

cocinar *to cook*
hacer la cama *to make the bed*
hacer quehaceres domésticos *to do household chores*
lavar (el suelo, los platos) *to wash (the floor, the dishes)*
pasar la aspiradora *to vacuum*
planchar la ropa *to iron the clothes*
poner la mesa *to set the table*
quitar la mesa *to clear the table*
sacar la basura *to take out the trash*

La naturaleza

el árbol *tree*
el césped, la hierba *grass*
el cielo *sky*
el desierto *desert*
la estrella *star*
la flor *flower*
el lago *lake*
la luna *moon*
la nube *cloud*
la piedra *stone*
el río *river*
el sol *sun*
la tierra *land; soil*
el valle *valley*

El medio ambiente

la conservación *conservation*
la contaminación (del aire; del agua) *(air; water) pollution*
la ecología *ecology*
la energía (nuclear, solar) *(nuclear, solar) energy*
el medio ambiente *environment*
el reciclaje *recycling*
el recurso natural *natural resource*

estar contaminado/a *to be polluted*
evitar *to avoid*
mejorar *to improve*
proteger *to protect*
reciclar *to recycle*
reducir *to reduce*
respirar *to breathe*

En la ciudad

el banco *bank*
la heladería *ice cream shop*
la lavandería *laundromat*

En la ciudad *(cont.)*

la panadería *bakery*
la peluquería, el salón de belleza *beauty salon*
el supermercado *supermarket*
la zapatería *shoe store*

—

hacer cola *to stand in line*

—

el cartero *mail carrier*
el correo *mail/post office*
la estampilla, el sello *stamp*
el sobre *envelope*

—

echar (una carta) al buzón *to put (a letter) in the mailbox; to mail*
enviar, mandar *to send; to mail*

—

el cajero automático *ATM*
la cuadra *(city) block*
la dirección *address*
la esquina *corner*
el letrero *sign*

—

cruzar *to cross*
dar direcciones *to give directions*
doblar *to turn*
quedar *to be located*

—

derecho *straight (ahead)*
enfrente de *opposite; facing*
hacia *toward*

Las ocupaciones

el/la abogado/a *lawyer*
el actor, la actriz *actor*
el/la arquitecto/a *architect*
el/la bombero/a *firefighter*
el/la carpintero/a *carpenter*
el/la científico/a *scientist*
el/la cocinero/a *cook, chef*
el/la corredor(a) de bolsa *stockbroker*

Las ocupaciones *(cont.)*

el/la diseñador(a) *designer*
el/la electricista *electrician*
el/la peluquero/a *hairdresser*
el/la pintor(a) *painter*
el/la político/a *politician*
el/la psicólogo/a *psychologist*
el/la reportero/a *reporter; journalist*

Las bellas artes

el baile, la danza *dance*
el boleto *ticket*
la canción *song*
la comedia *comedy; play*
el concierto *concert*
la escultura *sculpture*
el espectáculo *show*
la obra *work (of art, music, etc.)*
la ópera *opera*
la orquesta *orchestra*
el personaje (principal) *(main) character*
la pintura *painting*
el poema *poem*
la poesía *poetry*
el público *audience*
el teatro *theater*

—

aburrirse *to get bored*
aplaudir *to applaud*
apreciar *to appreciate*
dirigir *to directesculpir* *to sculpt*
hacer el papel (de) *to play the role (of)*
tocar (un instrumento musical) *to touch; to play (a musical instrument)*

—

el bailarín, la bailarina *dancer*
el/la cantante *singer*
el/la compositor(a) *composer*
el/la director(a) *director; (musical) conductor*
el/la dramaturgo/a *playwright*
el/la escritor(a) *writer*
el/la escultor(a) *sculptor*
la estrella de cine *movie star*
el/la músico/a *musician*
el/la poeta *poet*

La televisión

el concurso *game show; contest*
los dibujos animados *cartoons*
el documental *documentary*
el premio *prize; award*
el programa de entrevistas *talk show*
la telenovela *soap opera*

Los medios de comunicación

el acontecimiento *event*
el artículo *article*
el diario *newspaper*
el informe *report; paper (written work)*
el/la locutor(a) *(TV or radio) announcer*
los medios de comunicación *media*
las noticias *news*
el noticiero *newscast*
la prensa *press*
el reportaje *report*

—

anunciar *to announce; to advertise*
durar *to last*
informar *to inform*

Las noticias

el crimen *crime; murder*
el desastre (natural) *(natural) disaster*
el desempleo *unemployment*
la discriminación *discrimination*
el ejército *army*
la guerra *war*
la huelga *strike*
el huracán *hurricane*
el incendio *fire*
la inundación *flood*
la libertad *liberty; freedom*
la paz *peace*
el racismo *racism*
el sexismo *sexism*
el terremoto *earthquake*
la violencia *violence*

Acknowledgements

Vista Higher Learning expresses its sincere appreciation to the educators nationwide who, through their review, helped us and our authors consolidate the concept and contents of **DESCUBRE, nivel 3**. Their insights, ideas, and comments were invaluable to the final product.

Raquel Aguilú de Murphy
Marquette University, WI

Elizabeth Allen
Harpeth Hall School, TN

Philip D. Ambard
United States Air Force Academy, CO

Engracia Angrill Schuster
Onondaga Community College, NY

Anselmo Argüelles
Portland Community College, OR

Lawrence Banducci
Cabrillo College, CA

Rosalba Bellen
Archmere Academy, DE

Ernesto Benítez Rodríguez
University of Calgary, AB

Pam Benítez
Niles North High School, IL

Juan Antonio Bernabeu
Laramie County Community College, WY

Suzanne Chávez
Rogue Community College, OR

María Córdoba
University of North Carolina, Greensboro, NC

Christine Cotton
Elon University, NC

Dale S. Crandall
Gainesville College, GA

Jodi Cusick-Acosta
Vernon Hills High School, IL

Nancy G. Díaz
Rutgers University, NJ

Consuelo España
Cabrillo College, CA

Ruston Ford
Indian Hills Community College, IA

María Antonieta Galván
Palo Alto College , TX

Luz Harshbarger
Wright State University, Lake Campus, OH

Hiltrud A. Heller
El Camino College & West L.A. College, CA

David Howard
Oak Grove School, CA

Harriet Hutchinson
Bunker Hill Community College, MA

Maureen Ihrie
Elon University, NC

Teresa M. Klocker
New Trier Township High School, IL

Carmen F. Klohe
St. John's University, NJ

Ernest J. Lunsford
Elon University, NC

Shannon Maddox
George Walton Academy, GA

Sonia Maruenda
University of Wisconsin, Green Bay, WI

Jane Mathias
Nardin Academy, NY

Libardo Mitchell
Portland Community College, OR

Maureen Murov
Centenary College, LA

Nela Navarro
Rutgers University, NJ

Perry Nigh
Milwaukee Area Technical College, WI

Bernice Nuhfer-Halten
SPSU, GA

Kevin J. O'Connor
Colorado College

César Paredes
Milwaukee Technical College, WI

Teresa Pérez-Gamboa
University of Georgia, Athens

Amalia Petrusha
Marquette University, WI

Cindy J. Phelps
Newberg High School, OR

Maribel Piñas-Espigule
Portland Community College, OR

April Post
Elon University, NC

Claire Reetz
Florida Community College, Jacksonville, FL

Katie Salgado
St. Mary's School, OR

Rosa Salinas Samelson
Palo Alto College, TX

Denise Saldivar
Diablo Valley College, CA

Susana Sandmann
University of St. Thomas, MN

Belinda A. Sauret
Gainesville College, GA

Timothy Scott
Onondaga Community College, NY

Gabriela Segal
Arcadia University, PA

Patricia Suppes
Elon University, NC

Sonia Torna
Bellarmine College Preparatory, CA

Sixto E. Torres
Gainesville College, GA

Teresa Vargas
Peace College, NC

Barry L. Velleman
Marquette University, WI

Miguel Verano
United States Air Force Academy, CO

Doug West
Sage Hill School, CA

Jennifer Wood
Scripps College, CA

Sheila Young
Butler University, IN

About the Author

José A. Blanco founded Vista Higher Learning in 1998. A native of Barranquilla, Colombia, Mr. Blanco holds degrees in Literature and Hispanic Studies from Brown University and the University of California, Santa Cruz. He has worked as a writer, editor, and translator for Houghton Mifflin and D.C. Heath and Company and has taught Spanish at the secondary and university levels. Mr. Blanco is also co-author of several other Vista Higher Learning programs: **VISTAS, PANORAMA, AVENTURAS,** and **¡VIVA!** at the introductory level; **VENTANAS, FACETAS, ENFOQUES, IMAGINA,** and **SUEÑA** at the intermediate level; and **REVISTA** at the advanced conversation level.

Las relaciones personales

Contextos
páginas 2–5
- La personalidad
- Los estados emocionales
- Los sentimientos
- Las relaciones personales

Fotonovela
páginas 6–9
- *¡Bienvenida, Mariela!*

Enfoques
Los Estados Unidos
páginas 10–13
- **En detalle:** Parejas sin fronteras
- **Perfil:** Isabel y Willie
- **Flash cultura:** Las relaciones personales

Estructura
páginas 14–25
- The present tense
- **Ser** and **estar**
- Progressive forms

Cinemateca
páginas 26–29
- **Cortometraje**: *Di algo*

Lecturas
páginas 30–38
- **Literatura:** *Poema 20* de *Pablo Neruda*
- **Cultura:** *Sonia Sotomayor: la niña que soñaba*

Atando cabos
página 39
- ¡A conversar!
- ¡A escribir!

Communicative Goals
VOICE BOARD

I will expand my ability to…
- describe in the present
- narrate in the present
- express personal relationships

Lesson Goals
In **Lección 1**, students will be introduced to the following:
- vocabulary for describing personality, emotional states, feelings, and relationships
- interpersonal relationships in an office setting
- intercultural relationships
- a video about meeting places
- the present tense
- **ser** and **estar**
- the present progressive tense
- the short film ***Di algo***
- **Pablo Neruda's *"Poema 20"***
- Supreme Court Justice **Sonia Sotomayor**

21st CENTURY SKILLS

Initiative and Self-Direction
Students can monitor their progress online using the Supersite activities and assessments.

A primera vista Have students look at the photo; ask them:
1. **¿Dónde tiene lugar esta escena?**
2. **¿Por qué se dan la mano los personajes?**
3. **¿Cuándo das tú la mano?**
4. **Esta lección se titula *Las relaciones personales*. ¿Por qué se usa esta foto para empezar la lección?** (*Possible answer*: **para mostrar que hay varios tipos de relaciones personales, no sólo las que hay entre miembros de la familia o entre amigos.)**

INSTRUCTIONAL RESOURCES

DESCUBRE 3 Supersite: vhlcentral.com

Student Materials
Print: Student Book, Workbooks (*Cuaderno de actividades comunicativas, Cuaderno de práctica, Cuaderno para hispanohablantes*)
Technology: **vText**, *e-Cuaderno* and Supersite (Audio, Video, Practice)

Teacher Materials
DVDs (*Fotonovela, Flash cultura,* Film Collection); Teacher's Resource CD-ROM (Scripts, Answer Keys, Grammar Slides, Presentation PDFs, Testing Program); Testing Program, Textbook, Audio Activities CDs; Supersite: Resources (Planning and Teaching Resources from Teacher's Resource CD-ROM), Learning Management System (Gradebook, Assignments), Lesson Plans

Testing Program also available in print

Voice boards on the Supersite allow you and your students to record and share up to five minutes of audio. Use voice boards for presentations, oral assessments, discussions, directions, etc.

Section Goals

In **Contextos**, students will learn and practice:

- vocabulary for describing personality, emotional states, feelings, and relationships
- listening to audio conversations containing new vocabulary

Communication 1.2
Comparisons 4.1

Instructional Resources
vText
Cuaderno de actividades comunicativas, p. 51
Cuaderno de práctica, pp. 1–2
Cuaderno para hispanohablantes, pp. 1–2
e-Cuaderno
Supersite: Textbook, Vocabulary, & Audio Activities MP3 Audio Files
Supersite/TRCD: Presentation PDF #9, Textbook Audio Script, Audio Activities Script, Answer Keys
Textbook CD
Audio Activities CD

Teaching Tips

- Direct students to the vocabulary lists and present opposite adjectives from the personality and emotional states lists, acting them out and having students repeat. Then point to the pictures, asking: **¿Está emocionado?,** etc.
- Have students work in pairs to create ten sentences using the new vocabulary to describe **el/la amigo/a ideal** or **el/la padre/madre ideal**. Have groups share their answers.

1 CONTEXTOS

Las relaciones personales

La personalidad

autoritario/a *strict; authoritarian*
cariñoso/a *affectionate*
celoso/a *jealous*
cuidadoso/a *careful*
falso/a *insincere*
gracioso/a *funny; pleasant*

inseguro/a *insecure*
(in)maduro/a *(im)mature*
mentiroso/a *lying*
orgulloso/a *proud*
permisivo/a *permissive; easy-going*
seguro/a *sure; confident*

sensato/a *sensible*
sensible *sensitive*
tacaño/a *cheap; stingy*
tímido/a *shy*
tradicional *traditional*

Los estados emocionales

agobiado/a *overwhelmed*
ansioso/a *anxious*
deprimido/a *depressed*
disgustado/a *upset*

emocionado/a *excited*
preocupado/a (por) *worried (about)*
solo/a *alone; lonely*
tranquilo/a *calm*

Los sentimientos

Carlos es un chico muy tímido, **tiene vergüenza de** hablar con los demás. Pero **se siente** seguro cuando habla con su amiga Marisa porque ella lo **aprecia** mucho.

adorar *to adore*
apreciar *to appreciate*
enamorarse (de) *to fall in love (with)*
estar harto/a (de) *to be fed up (with); to be sick (of)*
odiar *to hate*
sentirse (e:ie) *to feel*
soñar (o:ue) (con) *to dream (about)*
tener celos (de) *to be jealous (of)*
tener vergüenza (de) *to be ashamed/ embarrassed (of)*

LEARNING STYLES

For Kinesthetic Learners Have students close their books, and choose a volunteer to act out a word from the vocabulary list. The student who guesses the word in Spanish may choose to either pantomime the next word or select a classmate to do so.

LEARNING STYLES

For Visual Learners Concentration. Prepare 25 cards. Write 12 Spanish words, one on each of 12 cards; write English translations on 12 others; label the last card **Regalado**. Cover the cards and form teams. The first player uncovers two of the cards. If the exposed cards reveal a match, the player's team earns a point; if not, he or she covers the cards again, and the other team takes a turn. The **Regalado** card matches everything.

Las relaciones personales

Llevan más de cincuenta años de casados. Dicen que los secretos de un buen **matrimonio** son la **confianza** y el **cariño**.

el/la amado/a *loved one; sweetheart*
el ánimo *spirit*
el cariño *affection*
la cita (a ciegas) *(blind) date*
el compromiso *commitment; responsibility*
la confianza *trust; confidence*
el desánimo *the state of being discouraged*
el divorcio *divorce*
la pareja *couple; partner*
el sentimiento *feeling; emotion*

atraer *to attract*
coquetear *to flirt*
cuidar *to take care of*
dejar a alguien *to leave someone*

discutir *to argue*
educar *to raise; to bring up*
hacerle caso a alguien *to pay attention to someone*
impresionar *to impress*
llevar... años de (casados) *to be (married) for... years*
llevarse bien/mal/fatal *to get along well/badly/terribly*
mantenerse en contacto *to keep in touch*
pasarlo bien/mal/fatal *to have a good/bad/terrible time*
proponer (matrimonio) *to propose (marriage)*
romper (con) *to break up (with)*
salir (con) *to go out (with)*
soportar a alguien *to put up with someone*

casado/a *married*
divorciado/a *divorced*
separado/a *separated*
soltero/a *single*
viudo/a *widowed*

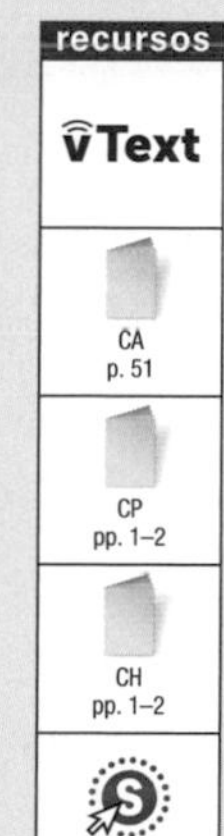

Práctica

1 Escuchar

A. Después de una cita con Andrés, Paula le cuenta todo a su mejor amiga, Isabel. Escucha la conversación y decide si las oraciones son **ciertas** o **falsas**. Corrige las falsas.

1. Después de la cita con Andrés, Paula está muy emocionada. Cierto.
2. Según Paula, los dos se llevan mal. Falso. Según Paula, los dos se llevan muy bien.
3. Paula dice que Andrés es feo e inseguro. Falso. Paula dice que Andrés es guapo y seguro.
4. Paula quiere salir otra vez con Andrés. Cierto.

B. Ahora escucha la conversación entre Andrés y su mejor amigo, José Luis, y decide si las oraciones son **ciertas** o **falsas**. Corrige las falsas.

1. Según Andrés, Paula y él lo pasaron bien. Falso. Según Andrés, lo pasaron fatal.
2. Andrés piensa que Paula es demasiado tímida. Cierto.
3. Andrés quiere salir otra vez con Paula. Falso. Andrés no quiere salir otra vez con Paula.
4. Andrés tiene celos porque José Luis quiere salir con Paula. Falso. Andrés no tiene nada de celos.

C. En parejas, imaginen que José Luis decide llamar a Paula y que Andrés decide llamar a Isabel. Inventen una de estas dos conversaciones telefónicas y compártanla con la clase.

2 Analogías Completa cada analogía con la palabra apropiada.

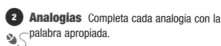

autoritario	cuidadoso	mentiroso
casados	discutir	romper con
cita	gracioso	tranquilo

1. estresado : ansioso :: falso : mentiroso
2. generoso : tacaño :: permisivo : autoritario
3. divorcio : divorciados :: matrimonio : casados
4. amar : odiar :: salir con : romper con
5. cariño : cariñoso :: cuidado : cuidadoso
6. disgustado : contento :: emocionado : tranquilo
7. casados : boda :: novio : cita
8. casados : divorciados :: llevarse bien : discutir

Communication 1.1

21st CENTURY SKILLS

Critical Thinking and Problem Solving
Students practice aural comprehension as a tool to negotiate meaning in Spanish.

(A) Audio Script
ISABEL Paula, ¿qué me cuentas de tu cita con Andrés? ¡Quiero saberlo todo!
PAULA ¡Ay, Isabel, estoy tan emocionada! Andrés y yo nos llevamos muy bien.
ISABEL Pero dime, ¿cómo es él?
PAULA Es guapo, seguro y, sobre todo, cariñoso. Me impresiona muchísimo.
ISABEL ¿Así que piensas salir con él otra vez?
PAULA Espero que sí. ¡Creo que me estoy enamorando de él!
Textbook CD

(B) Audio Script
JOSÉ LUIS Oye, Andrés, ¿cómo lo pasaste con Paula anoche?
ANDRÉS Hombre, ¡lo pasamos fatal!
JOSÉ LUIS ¿Por qué, Andrés? Ella es tan bonita, tan interesante...
ANDRÉS Bonita, sí, pero ¿interesante? Sabes, Paula es tan tímida que casi no habla. Y estaba tan ansiosa, tan... tan... insegura.
JOSÉ LUIS Andrés, el problema es que no sabes coquetear. ¡Tienes que ser más gracioso, hombre!
ANDRÉS José Luis, no te soporto. Mira, si adoras tanto a Paula, aquí está su número de teléfono. No voy a tener nada de celos si quieres salir con ella.
JOSÉ LUIS ¡Qué buen amigo eres, Andrés! Para agradecerte, te doy a ti el número de otra amiga. Se llama Isabel...
Textbook CD

2 Connections: Language Arts Explain that formal analogies are "equations" that show how ideas are related to one another. Give examples in English; then have students create additional analogies in Spanish.

DIFFERENTIATION

Heritage Speakers Ask a heritage speaker to play the role of teacher. Supply flashcards for him or her to review vocabulary with the class. The first time through the flashcards, have the "teacher" say the word when showing each flashcard. This is a good opportunity for heritage speakers to share some of the richness of varied Hispanic accents with classmates.

DIFFERENTIATION

For Inclusion Point to pictures in the textbook or hold up pictures from a magazine. Ask true/false questions about the pictures, using vocabulary from the chapter. Students indicate thumbs up if the answer is true; thumbs down if it is false.

Teaching Tips

- Have students use flashcards on the Supersite to learn vocabulary.

3 To simplify **Actividad 3,** tell students that half the questions and answers include infinitives. Ask them how they can tell. (the **–ar, –er,** or **–ir** on the end of the word)

4 Remind students of the title of the chapter **(Las relaciones personales)**. Ask how the **pareja** pictured in **Actividad 4** differs from the **parejas** on the previous two pages. (Answer: **novios/ esposos** vs. **hermanos**)

NATIONAL STANDARDS

Communities Have students look in local television listings to identify Spanish-language soap operas available in your area. Ask them to watch episodes and keep a list of vocabulary they learn from watching.

Práctica

3 Definiciones Indica las palabras que corresponden a cada definición.

b	1. Compromiso entre dos o más personas sobre el lugar, la fecha y la hora para encontrarse.	a. apreciar
d	2. Que sufre de tristeza o desánimo.	b. cita
f	3. Enseñar a una persona a comportarse según ciertas normas.	c. cuidar
g	4. Prestarle atención a alguien.	d. deprimido/a
h	5. Conjunto formado por dos personas o cosas que se complementan o son semejantes como, por ejemplo, hombre y mujer.	e. discutir
a	6. Estimar o reconocer el valor de algo o de alguien.	f. educar
		g. hacerle caso
		h. pareja
		i. viudo/a

4 Contrarios Mauricio y Lucía son gemelos (*twins*), pero tienen personalidades muy distintas. Completa las descripciones con el adjetivo correspondiente.

MODELO **Mauricio siempre es muy seguro, pero Lucía es...** insegura.

1. Mauricio es sincero, pero Lucía es... falsa/mentirosa.
2. Lucía es muy generosa con su dinero, pero Mauricio es... tacaño.
3. No sabes lo sociable que es Mauricio, pero Lucía es muy... tímida.
4. Lucía es permisiva con sus hijos, pero Mauricio es... autoritario.
5. A Mauricio le gusta estar con gente, pero Lucía prefiere estar... sola.
6. Todos piensan que Lucía es moderna, pero Mauricio es... tradicional.
7. Mauricio se porta (*behaves*) como un adulto, pero Lucía es muy... inmadura.
8. Lucía es muy modesta, pero Mauricio es muy... orgulloso.

 Practice more at **vhlcentral.com.**

LEARNING STYLES

For Auditory Learners Divide the class into two teams. Point to a team member and call out an original statement or question based on **Contextos**. Ex: **Si una persona no está ansiosa, ¿cómo está?** If the student responds appropriately, his or her team earns a point. Continue for 10–15 points.

LEARNING STYLES

For Kinesthetic Learners Play **La pizarra** game. Form teams and have one player from each team go to the board. Ask questions. Ex: **Completa esta oración: Si te gusta hablar en público, eres ____.** (Answer: **extrovertido/a**) The first student to write the answer correctly wins the point for his or her team.

Comunicación

5 ¿Cómo eres? Trabaja con un(a) compañero/a.

A. Contesta las preguntas del test.

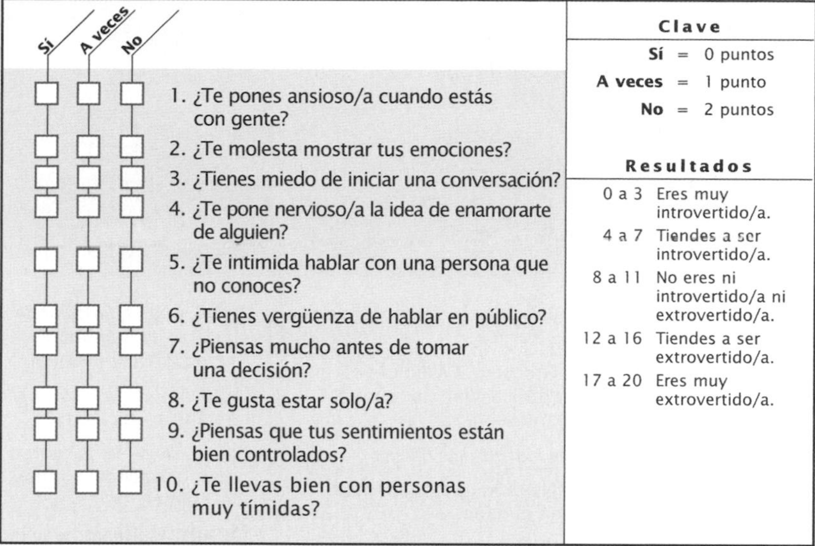

Sí	A veces	No	
☐	☐	☐	1. ¿Te pones ansioso/a cuando estás con gente?
☐	☐	☐	2. ¿Te molesta mostrar tus emociones?
☐	☐	☐	3. ¿Tienes miedo de iniciar una conversación?
☐	☐	☐	4. ¿Te pone nervioso/a la idea de enamorarte de alguien?
☐	☐	☐	5. ¿Te intimida hablar con una persona que no conoces?
☐	☐	☐	6. ¿Tienes vergüenza de hablar en público?
☐	☐	☐	7. ¿Piensas mucho antes de tomar una decisión?
☐	☐	☐	8. ¿Te gusta estar solo/a?
☐	☐	☐	9. ¿Piensas que tus sentimientos están bien controlados?
☐	☐	☐	10. ¿Te llevas bien con personas muy tímidas?

Clave

Sí	= 0 puntos
A veces	= 1 punto
No	= 2 puntos

Resultados

0 a 3	Eres muy introvertido/a.
4 a 7	Tiendes a ser introvertido/a.
8 a 11	No eres ni introvertido/a ni extrovertido/a.
12 a 16	Tiendes a ser extrovertido/a.
17 a 20	Eres muy extrovertido/a.

B. Ahora suma (*add up*) los puntos. ¿Cuál es el resultado del test? ¿Estás de acuerdo? Comenta tu resultado y tu opinión con tu compañero/a.

6 Problemas y consejos

A. En grupos de cuatro, elijan una de estas situaciones. Inventen más detalles para describir la situación. ¿Cómo son los personajes? ¿Dónde se encuentran? ¿Desde cuándo se conocen? ¿Cómo empezó la situación? ¿Cómo pueden resolverla?

1. Son buenos amigos, pero discuten mucho. Quieren llevarse mejor y evitar problemas.
2. Tienen un buen matrimonio, pero cuando ella está hablando él no le hace mucho caso. A ella esto le parece una falta de respeto.
3. Su madre es muy autoritaria. Durante la semana no deja que sus hijos salgan por la noche. Los viernes y sábados, ellos tienen que estar en casa antes de las diez.
4. Tiene celos de su hermano, porque él es muy seguro y gracioso. Se siente muy tímido/a e inmaduro/a.
5. Se quieren, pero siempre están discutiendo por cualquier cosa.

B. Ahora, escriban un breve correo electrónico en el que el personaje describe su problema y le pide consejos a un(a) amigo/a. Lean el mensaje a la clase para que sus compañeros ofrezcan sus consejos.

DIFFERENTIATION

For Inclusion Provide sentence starters for students responding to open-ended questions such as those in the direction lines of **Actividad 6**.

DIFFERENTIATION

For Inclusion Remind students of the value of making their own flashcards to practice the vocabulary for each lesson. Hint: Recommend that they organize their flashcards by putting them in a hole-punched, heavy-duty, self-closing food storage bag, which they place in their Spanish binder to have on hand for later review.

Communication 1.1, 1.2

Teaching Tips

5 Have students do this exercise in pairs as an interview and report the final results to the class.

5 Have students add at least two of their own questions using the lesson vocabulary, and revise the scoring.

5 To simplify, have students brainstorm where they would usually find a questionnaire similar to this one.

5 Ask students if their school has similar questionnaires that try to match students with their "perfect study partner."

6 Affective Dimension Have students pick one of the items in **Actividad 6** and create a dialogue based on it. Let them rehearse a few times, so that they will feel more comfortable with the material and less anxious when presenting before the class.

6 Part B: If class time is limited, have students exchange and discuss their e-mails with another group.

NATIONAL STANDARDS

Communities Have students find similar personality tests in magazines or online, in both Spanish and English. Have them identify vocabulary from this chapter that is used in the self-tests. Do they notice any cultural differences?

21st CENTURY SKILLS

Flexibility and Adaptability Remind students to include input from all team members, adapting their presentation so it represents the whole group.

Section Goals
In **Fotonovela,** students will:
- practice listening to authentic conversation
- learn functional phrases regarding professional life and first impressions of others

Communication 1.2
Cultures 2.1, 2.2

Instructional Resources
vText
Cuaderno de actividades comunicativas, pp. 31–32
e-Cuaderno
Supersite/DVD: *Fotonovela*
Supersite/TRCD: *Fotonovela*
Video Script & Translation, Answer Keys

Video Synopsis
- The ***Facetas*** magazine employees discuss appropriate ways of greeting clients.
- Mariela, the new graphic designer, arrives at the office.
- Éric gives Fabiola his impression of Mariela.

PRE-AP*

Interpretive Reading
Have students quickly scan the **Fotonovela** video stills and script and make a list of the cognates they find. Ask them to predict what this episode is about based on the visuals and the cognates.

Teaching Tips
- Before showing the **Fotonovela**, write four or five of the **Expresiones útiles** and Additional Vocabulary on the board and go over meanings.
- Tell students they are responsible for all **Expresiones útiles**.

1 FOTONOVELA

Los empleados de *Facetas* hablan de cómo recibir a un cliente. Mariela, una nueva empleada, llega a la oficina.

Video: *Fotonovela*
Record and Compare

PERSONAJES

AGUAYO

DIANA

1

JOHNNY (*al teléfono*) Revista *Facetas*... (*dirigiéndose a Diana*) Es para Aguayo.

FABIOLA Está en el baño.

JOHNNY (al teléfono) En estos momentos está en el baño.

DIANA ¡No! Di que está reunido con un cliente.

JOHNNY (*al teléfono*) Disculpe, está en el baño reunido con un cliente.

2

JOHNNY Jefe, tiene un mensaje de Mariela Burgos.

AGUAYO Gracias... Es la nueva artista gráfica. Viene a reunirse con nosotros.

Aguayo se marcha a su oficina.

FABIOLA No creo que quepamos todos en el baño.

3

DIANA (*repartiendo libretas*) Éste es el manual de conducta profesional.

FABIOLA Página tres: "Cómo recibir a un cliente".

ÉRIC (*se levanta*) ¿Quieren una demostración? Johnny, tú eres el cliente.

JOHNNY Quizás no soy un cliente. Podría ser un supermodelo o algo así.

FABIOLA Mejor un cliente.

6

En la oficina central... Entra el muchacho de la pizza.

JOHNNY ¿Alguien ordenó pizza?

MUCHACHO ¿Éste es el 714 de la avenida Juárez...?

MARIELA (*interrumpe*) ¿Oficina uno, revista *Facetas*?... Soy Mariela. No sabía llegar, así que ordené una pizza y seguí al muchacho.

JOHNNY ¡Bienvenida!

7

En la sala de reuniones...

AGUAYO Mariela, te quiero presentar al equipo de *Facetas*. Él es Éric, nuestro fotógrafo.

ÉRIC ¿Qué tal?

AGUAYO Ella es Fabiola. Se encarga de las secciones de viajes, economía, turismo y farándula.

FABIOLA Mucho gusto.

8

AGUAYO Él es Johnny. Escribe las secciones de arte, comida, bienestar y política.

JOHNNY Hola.

AGUAYO Y ella es Diana. Está a cargo de las ventas y el mercadeo.

LEARNING STYLES

For Visual Learners Show the captioned version of the **Fotonovela** before showing the version without captions. Through this strategy, students have an additional opportunity to associate the sound of the word with the printed word and, by extension, to support their increased comprehension.

LEARNING STYLES

For Kinesthetic Learners On strips of paper, write questions and important statements from the **Fotonovela** script, and an equal number of the characters' answers/rejoinders. Put them in a bag and have each student draw one paper from the bag. Students circulate around the room to find the classmate whose script line completes theirs.

ÉRIC

FABIOLA

JOHNNY

MARIELA

MUCHACHO DE LA PIZZA

4

ÉRIC Ya sé. Eres un millonario que viene a comprar la revista.

JOHNNY Perfecto. Soy el magnate Juan Medina.

ÉRIC Bienvenido a *Facetas*, señor Medina. Bienvenido.

Se abrazan.

5

Luego, en la cocina...

AGUAYO Hay que ser cuidadoso al contestar el teléfono.

JOHNNY Querrás decir mentiroso.

DIANA Es una formalidad.

ÉRIC Odio ser formal.

FABIOLA Es lindo abrazar a la gente, Éric, pero esto es una oficina, no un partido de fútbol.

9

DIANA Me han hablado tanto de ti, que estoy ansiosa por conocer tu propia versión.

MARIELA Tengo veintidós años, soy de Monterrey, estudio en la UNAM y vengo de una familia grande.

JOHNNY ¿Muy grande?

MARIELA En cincuenta años de matrimonio mis padres han criado a nueve hijos y veinte nietos.

10

FABIOLA ¿Qué te pareció?

ÉRIC Está buenísima.

FABIOLA ¿Eso es todo lo que tienes que decir?

ÉRIC ¿Qué más se puede decir de una pizza?

FABIOLA ¡Te estoy hablando de Mariela!

ÉRIC Creo que es bella, talentosa e inteligente. Más allá de eso, no me impresiona para nada.

Expresiones útiles

Talking about responsibilities

Fabiola se encarga de...
Fabiola is in charge of...
Diana está a cargo de...
Diana is in charge of...
Estoy a cargo de...
I'm in charge of...
Soy el/la encargado/a de...
I'm the person in charge of...

Talking about your impressions

¿Qué te pareció Mariela?
What did you think of Mariela?
Me pareció...
I thought...
Creo que es bella, talentosa e inteligente.
I think she's beautiful, talented, and intelligent.
Más allá de eso, no me impresiona para nada.
Beyond that, she doesn't impress me at all.

Additional vocabulary

la ansiedad *anxiety*
el cuidado *care*
cuidadoso/a *careful*
la farándula *entertainment*
han criado *have raised*
la mentira *lie*
mentiroso/a *lying*
el mercadeo *marketing*
quepamos *(form of caber) we fit*
querrás *you will want*
el talento *talent*
talentoso/a *talented*

recursos

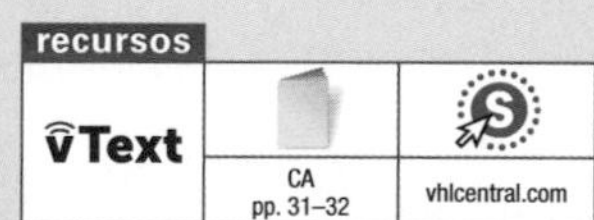

Teaching Tips

- **Expresiones útiles** Call students' attention to the expressions **¿Qué te pareció...?** and **Me pareció...**, which expand their repertoire of ways to talk about their impressions. Point out that they have already learned three of the Additional Vocabulary words in the **Contextos** section of the chapter.
- Tell students that their conversational skills will grow more quickly as they learn each lesson's **Expresiones útiles.** This feature is designed to teach phrases that will be useful in conversation, and it will also help students understand key phrases in each **Fotonovela**.
- Play the first half of this video module and ask the class to describe what they saw and what will happen in the second half. Play the entire video module and have the class summarize the plot.

NATIONAL STANDARDS
Connections: Journalism/Communication Arts
Have students go through a variety of Spanish-language magazines and newspapers to identify the various sections. What are the sections called? What is their content? Have them personalize the **Fotonovela** by adding section titles.

DIFFERENTIATION

For Inclusion Remind students how helpful cognates can be when they preview the **Fotonovela** (Ex: **reunido, cliente, mensaje, artista gráfica, manual de conducta profesional, supermodelo, fotógrafo, ansiosa, talentosa, impresiona.**)

DIFFERENTIATION

Heritage Speakers Ask heritage speakers what careers are especially popular with young people in their families' countries of origin. Have the class compare and contrast them with the most popular jobs for recent graduates in the U.S.

Communication 1.1, 1.2

Teaching Tips

- Display a map of Mexico and a world map with Spanish-speaking countries highlighted.
- When talking about Mariela, have a student find Monterrey and México, D.F., on the map of the Spanish-speaking world.
- Have students use the legend on the map of Mexico to estimate the distance between Monterrey and México, D.F.
- Ask students the distance between the two coasts of the U.S. (Ex: New York to California or Maine to Florida).

1 Have students imagine one or two additional events that might precede or follow those listed.

2 To practice the present tense, tell students to respond in complete sentences.

Comprensión

1 La trama Primero, indica con una **X** los hechos (*events*) que no ocurrieron en este episodio. Después, indica con números el orden en el que ocurrieron los restantes (*the remaining ones*).

3 a. Diana llega con el manual de conducta profesional.
x b. Éric pide una pizza con anchoas.
2 c. Mariela deja un mensaje para Aguayo.
5 d. Un muchacho llega a la oficina con una pizza.
7 e. Aguayo presenta a Mariela al grupo.
x f. Johnny gana la lotería.
8 g. Fabiola le pregunta a Éric su opinión sobre Mariela.
1 h. Johnny contesta el teléfono.
6 i. Mariela llega a la oficina.
x j. Aguayo paga la pizza.
4 k. Éric y Johnny practican la forma correcta de recibir a un cliente.
x l. Los empleados de *Facetas* celebran el cumpleaños de Mariela.

2 ¿Quién lo haría? ¿Quién estaría a cargo de estas actividades?

Aguayo

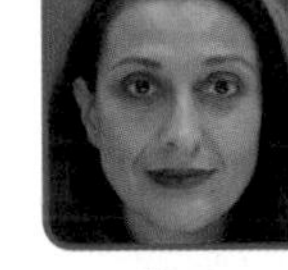
Diana

Éric

Fabiola

Johnny

Mariela

1. Sacar fotos para la revista. Éric
2. Escribir un artículo sobre un concierto de música pop. Fabiola
3. Hablar con las personas que quieren poner anuncios (*ads*) en la revista. Diana
4. Escribir un artículo sobre las pirámides de Egipto. Fabiola
5. Entrevistar a un ministro del gobierno mexicano para hablar de la inflación. Fabiola
6. Escribir un artículo sobre la corrupción política. Johnny
7. Escribir la reseña (*review*) de un nuevo restaurante. Johnny
8. Preparar dibujos para los artículos de la revista. Mariela
9. Conseguir más lectores (*readers*). Diana
10. Seleccionar al personal (*staff*). Aguayo

Practice more at **vhlcentral.com.**

LEARNING STYLES

For Visual Learners Based on **Actividad 2,** students brainstorm a list of possible careers in journalism while a notetaker writes the list on the board. Make a web to show aspects of the careers that overlap and aspects that are distinct.

LEARNING STYLES

For Auditory Learners Have students write a sentence about where they would like to attend college, work after college, or live in the future (Ex: **Quiero asistir a la universidad en..., Quiero trabajar en...,** or **Quiero vivir en...**). Students put their sentences in a bag. Pull sentences from the bag and read them aloud to the class. Have students guess who wrote each one.

Ampliación

3 Preguntas En parejas, contesten las preguntas.

1. ¿Qué te parecen los empleados de la revista *Facetas*? ¿Cómo son?
2. ¿De qué se encarga cada empleado? En tu opinión, ¿cuál de ellos tiene más responsabilidad? Explica tu respuesta.
3. ¿Crees que a Mariela le va a gustar su nuevo trabajo? ¿Por qué?
4. ¿Te perdiste alguna vez en una ciudad grande? ¿Qué hiciste?
5. ¿Cómo son los empleados donde tú trabajas? ¿Son parecidos (*similar*) a los empleados de *Facetas*?

4 Apuntes culturales En parejas, lean los párrafos y contesten las preguntas.

A larga distancia

Mariela, la nueva artista gráfica de *Facetas*, es de Monterrey, pero se ha mudado a México D.F. para trabajar. En Latinoamérica las personas se mudan con menos frecuencia que en los EE.UU. y mantienen el contacto con los amigos de la infancia y toda la familia. ¡Con todos los sobrinos que tiene, Mariela va a necesitar un buen plan de telefonía celular!

¿Un mapa o una pizza?

Mariela descubre una forma creativa de manejarse en la ciudad más grande del mundo. Sin embargo, otras ciudades de Latinoamérica presentan sus propios desafíos (*challenges*). Si *Facetas* se publicara en Costa Rica, la dirección de la oficina podría ser: del Parque la Sabana, 100 metros al norte del antiguo (*former*) Banco Nacional, portón (*gate*) rojo, San José.

México D.F.

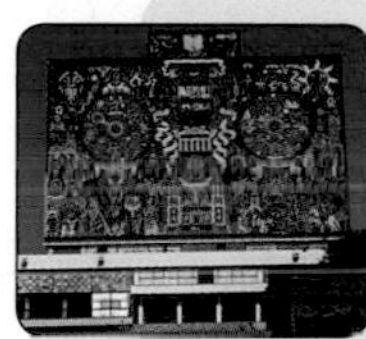

La Universidad Nacional Autónoma de México

Mariela estudia en la UNAM, una de las universidades más grandes y prestigiosas de Latinoamérica. Establecida en 1551, hoy en día la UNAM cuenta con casi 300.000 estudiantes. El campus más grande está en México D.F.; tiene otros en el resto del país y también en Texas, California, Illinois y Canadá.

1. ¿Te has mudado alguna vez? ¿Cuáles son las ventajas (*advantages*) y desventajas de vivir toda la vida en el lugar donde creciste?
2. ¿Cuántos amigos/as o parientes (*relatives*) tuyos se han mudado a otra ciudad? ¿Qué hacen ustedes para mantenerse en contacto?
3. ¿Cómo te manejas (*get around*) en tu propia ciudad? ¿Buscas direcciones en Internet? ¿Qué haces si te pierdes? ¿Le pides direcciones a alguien o prefieres usar navegador GPS?
4. ¿Te gustaría asistir a una universidad grande o pequeña? ¿Cuáles son las diferencias entre las universidades grandes y las pequeñas? ¿Qué tipo de ambiente prefieres tú?

Communication 1.1, 1.2

Teaching Tips

- Have students use the Internet to research popular magazines in the Spanish-speaking world and jot down notes about each magazine to share with the class.
- Ask students if they have older brothers or sisters who have moved far away from home to attend college or take a new job.
- Ask students if they know families who have moved long distances because a parent has accepted a new job or been transferred.
- Ask students who, like Mariela, wants to be graphic artists or work for a magazine after graduation.

4 NATIONAL STANDARDS

Communities Have students research the UNAM campuses in the U.S. that are mentioned in the **Apuntes culturales**. What courses are offered? What public events or programs are available? Have students identify courses or events that they would like to participate in.

DIFFERENTIATION

Heritage Speakers Ask heritage speakers to describe the close-knit family structure that may be typical in their families and ask if it may be a reason why people do not traditionally move great distances away. Elicit examples of changes in that custom. Ask students who may have relatives living in distant communities to compare the customs.

DIFFERENTIATION

To Challenge Students Form teams and set a time limit. Have students write as many advantages as they can of moving to a new city to live. Have the class vote on the best list based on the number and quality of ideas.

Section Goals

In **Enfoques**, students will:

- learn about customs in Spanish-speaking countries that are related to intercultural relationships, including romantic relationships
- learn country-specific vocabulary for relationships
- Watch a video about meeting points in Madrid

Communication 1.2
Cultures 2.1, 2.2
Connections 3.1, 3.2
Comparisons 4.2

21st CENTURY SKILLS

Global Awareness
Students will gain perspectives on the Spanish-speaking world to develop respect and openness to others and to interact appropriately and effectively with citizens of Spanish-speaking cultures.

Instructional Resources
vText
Cuaderno para hispanohablantes, p. 4
Supersite/DVD: ***Flash cultura***
Supersite/TRCD: ***Flash cultura***
Video Script & Translation

Teaching Tips

- Remind students of pre-reading strategies, (Ex: looking at information in the title, pictures, blue boxes, glosses.)
- Discuss the title: **¿Qué significa el título *Parejas sin fronteras*?**

Extra Practice Ask:

1. **¿Cómo se conocieron Ana y Frank?**
2. **Después de enamorarse de Frank, ¿cuáles fueron los problemas que enfrentó Ana antes de mudarse a los Estados Unidos?**
3. **¿Es un caso aislado la historia de Ana? ¿Por qué?**
4. **¿Cómo se explica el aumento en el número de parejas interculturales?**
5. **¿Qué desafíos enfrentan las parejas interculturales?**

Reading, Additional Reading

En detalle

LOS ESTADOS UNIDOS

PAREJAS SIN FRONTERAS

Es el año 2000. Ana Villegas está frente a su computadora en México jugando en línea° un juego de cartas. Del otro lado está Frank Petersen, de Fairhaven, MA, también aficionado al mismo juego. Este simple juego los lleva a una amistad que luego se convierte en amor. A pesar de los temores y del escepticismo familiar, dos años después, Ana deja México y se muda a los Estados Unidos, donde hoy vive junto a su esposo Frank.

La historia de Ana no es un caso aislado°. El número de parejas interculturales está en marcado aumento°. Entre las causas más importantes están la globalización, la asimilación de los hijos de inmigrantes a la cultura estadounidense y el aumento en la edad promedio° de las parejas al casarse. En 1960, en los Estados Unidos, el promedio de edad al casarse era veintitrés para los hombres y veinte para las mujeres. Actualmente es veintisiete y veinticinco, respectivamente. ¿Qué tiene que ver° este cambio con el aumento de las parejas interculturales? Antes los jóvenes solían° casarse con personas de su comunidad. Ahora, muchos tienen la oportunidad de viajar, vivir solos o irse a vivir a otro país. Esta nueva independencia los expone° a otras culturas. Por lo tanto, es más común que formen parejas con personas de culturas diferentes.

Las parejas interculturales se enfrentan a° muchos desafíos° —problemas de comunicación, diferencias en valores y formas de pensar, falta de aceptación de algunos familiares— pero también tienen una oportunidad única de crecimiento° personal; además, la exposición a otras maneras de pensar nos ayuda a echar una mirada° crítica a nuestra propia cultura. ■

Consejos de Ana

- Esfuérzate° por conocer la cultura de tu pareja.
- Evita perpetuar los estereotipos.
- Pon énfasis en lo que los une y no en lo que los separa.
- Educa a tu familia y a tus amigos acerca de la cultura de tu pareja.
- Aprende a no dejarte llevar° por los comentarios y las miradas de las personas que no están a favor de las relaciones interculturales.

Matrimonios interculturales

De acuerdo con la Oficina del Censo, el número de parejas interraciales se cuadruplicó entre 1970 y 1995.

18% de las mujeres latinas casadas tienen un esposo no latino.

15% de los hombres latinos casados tienen una esposa no latina.

Fuente: Censo estadounidense – Año 2000

en línea *online* **aislado** *isolated* **marcado aumento** *marked increase* **promedio** *average* **Qué tiene que ver** *What does (it) have to do* **solían** *used to* **expone** *exposes* **se enfrentan a** *face* **desafíos** *challenges* **crecimiento** *growth* **echar una mirada** *take a look* **Esfuérzate** *Make an effort* **dejarte llevar** *allow yourself to be influenced*

CRITICAL THINKING

Knowledge and Application Have students list Ana's suggestions for making a bicultural relationship work. Then have them add at least two ideas of their own.

CRITICAL THINKING

Application and Analysis Ask students why intercultural relationships may be more common now than in the past.

ASÍ LO DECIMOS

Las relaciones

el/la chavo/a (Méx.) *boyfriend/girlfriend*
el/la enamorado/a (Pe.) *boyfriend/girlfriend*
estar de novio/a *to be dating someone*
estar en pareja con (Esp.) *to be dating someone*
ponerse de novio/a (con) *to start dating someone*

EL MUNDO HISPANOHABLANTE

Las relaciones

Tendencias

- Aunque en la mayoría de los países hispanos ya no hay reglas fijas, es costumbre que el hombre invite en los primeros encuentros.
- En los Estados Unidos, cada vez más latinos participan en citas rápidas° para encontrar pareja.

Costumbres

- Cada 23 de abril se celebra en Cataluña y otras comunidades de España el Día de San Jorge, en conmemoración a la leyenda del héroe que mató a un dragón para rescatar a una princesa. En este día el hombre regala una rosa a su persona querida, y ésta le regala un libro.
- En algunos pueblos de México, como Zacatecas, es costumbre que las mujeres y los hombres solteros vayan a caminar solos o en grupos alrededor de la plaza los domingos. Las mujeres y los hombres caminan en dirección contraria para poder observarse mutuamente.

PERFIL

ISABEL Y WILLIE

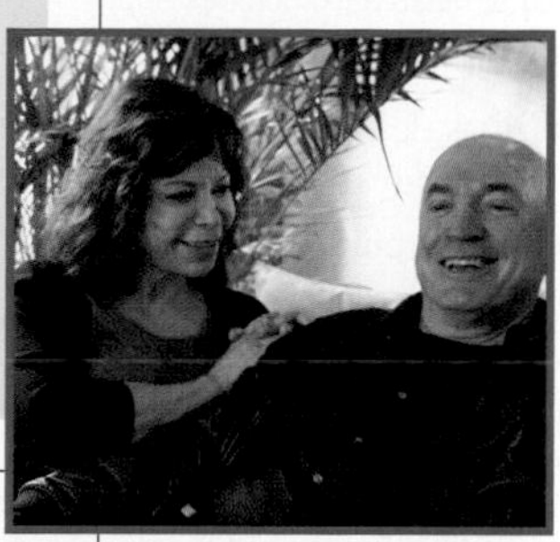

La escritora chilena Isabel Allende y el abogado estadounidense Willie Gordon comparten el amor por el arte y la compañía de buenos amigos. Allende conoció a su esposo durante la presentación de su novela *De amor y de sombra* en California en 1988. Gordon admiraba la obra y el talento de esta escritora latinoamericana, y Allende no tardó° en enamorarse de él. Una vez, Gordon hizo un chiste° sobre el matrimonio en una cena con un grupo de personas. Dijo que nunca se volvería a casar a menos que no le quedara otro remedio. Allende se enojó y le dijo que ella había dejado todo por él —su cultura y su gente—, y que éste no le ofrecía ningún compromiso. Así, al día siguiente, Gordon le respondió: "Vale°, me caso." Isabel Allende y Willie Gordon se casaron ese mismo año y, desde entonces, viven en un tranquilo barrio californiano.

"Echo de menos la familia y el idioma, el sentido del humor, porque nadie me tiene que explicar un chiste en Chile, mientras que acá no los entiendo." (Isabel Allende)

Conexión Internet

¿Qué otras parejas interculturales famosas conoces?

To research this topic go to **vhlcentral.com**.

no tardó *didn't take long* **chiste** *joke* **Vale** *OK* **citas rápidas** *speed dating*

Teaching Tips

- Ask students to look at the picture at the top right-hand side of the page and compare this couple to the one on the previous page.
- **Perfil** Assign groups to research other famous intercultural couples. Have them write a short profile.

Culture Note Explain that Isabel Allende is a famous Chilean author and that her husband, Willie Gordon, is a highly respected California attorney.

PRE-AP*

Interpersonal Speaking
Working in pairs, students imagine it is the day after Willie's joke about marriage. Have them write and act the scene between Isabel and Willie in which they decide to get married.

Expansion Students write an e-mail apology from Willie, then peer-edit one another's e-mails and share them with the class.

NATIONAL STANDARDS
Communities If any students know bicultural couples, have them interview the couples to learn about their history. What are the benefits of being in a bicultural relationship? What are the challenges? Is one language used in particular situations? If there are children, are they being raised bilingually?

Connections: Literature
Have students research Isabel Allende. What are some of her most famous works? What are common themes in her novels? Have students prepare a short presentation for the class.

21st CENTURY SKILLS

Information and Media Literacy: Conexión Internet
Go to the Supersite to complete the **Conexión Internet** activity for additional practice accessing and using culturally authentic sources.

CRITICAL THINKING

Analysis Brainstorm some traditional ways of finding dates in both the U.S. and Spanish-speaking countries. Compare and contrast Internet dating with traditional ways of dating.

DIFFERENTIATION

Heritage Speakers Ask heritage speakers to expand the **Así lo decimos** list to include words and expressions that are commonly used in their culture or country of origin. Ask volunteers to describe dating traditions they have learned from their parents or grandparents.

Communication 1.1, 1.2

Teaching Tips

- Remind students that they have already met Ana and Frank and they're going to jog their memory to see how much they can recall about **esta joven pareja**.

1 Make **Actividad 1** into a contest. Have the same number of students seated in each row, insofar as possible. Give an index card to the last student in each row. The student holds the card vertically. Ask the first question. The student writes the answer and folds the card over, passing it to the student in front of him or her. Continue in this manner until one row finishes and the first person in that row takes the card to you. The team that finishes first and has the most correct answers is the winner.

3 **Virtual Chat** You can also assign activity 3 on the Supersite. Students record individual responses that appear in your gradebook.

recursos

vText | CH p. 4

¿Qué aprendiste?

1 **¿Cierto o falso?** Indica si estas afirmaciones son **ciertas** o **falsas**. Corrige las falsas.

1. Al principio, las familias de Ana y Frank no confiaban en el éxito de la relación. Cierto.
2. El número de parejas interculturales está aumentando poco a poco. Falso. Está aumentando muy rápido.
3. Actualmente, la edad promedio al casarse es veinticinco para los hombres y veintisiete para las mujeres. Falso. La edad promedio al casarse es veintisiete para los hombres y veinticinco para las mujeres.
4. En el pasado, era común entre los jóvenes casarse con gente de otras culturas. Falso. En el pasado, los jóvenes solían casarse con personas de su comunidad.
5. Oportunidades como viajar, vivir solos, estudiar o vivir lejos de casa permiten que los jóvenes expandan su círculo y conozcan a gente de otras culturas. Cierto.
6. La exposición a otras culturas puede afectar nuestra forma de pensar sobre nuestra propia cultura. Cierto.
7. El número de parejas interraciales se triplicó entre 1970 y 1995. Falso. El número de parejas interraciales se cuadruplicó.
8. Ana aconseja prestar mucha atención a las diferencias en la pareja. Falso. Aconseja poner énfasis en lo que los une y no en lo que los separa.
9. Según Ana, es importante que tu familia y tus amigos aprendan acerca de la cultura de tu pareja. Cierto.
10. Ana recomienda no dejarse llevar por las opiniones de las personas con prejuicios. (*prejudiced*). Cierto.

2 **Completar** Completa las oraciones.

1. Willie Gordon sentía __admiración__ por las obras de Isabel Allende.
   a. cariño b. indiferencia c. admiración
2. Allende __se enojó__ por una broma que Gordon hizo sobre el matrimonio.
   a. se sintió feliz b. se enojó c. se rio
3. En __México__ se dice **la chava** para referirse a la novia.
   a. Perú b. México c. España
4. Actualmente, es popular para los latinos en los EE.UU. participar en __citas rápidas__ .
   a. citas rápidas b. citas a ciegas c. citas en Internet

3 **Preguntas** Contesta las preguntas.

1. ¿A qué grupo étnico o cultural pertenece tu familia? ¿Tienes amigos de otros países u otras culturas? Si no los tienes, ¿te gustaría tenerlos? ¿Por qué?
2. ¿Qué ventajas puede ofrecer una amistad intercultural? ¿Qué desventajas presenta?
3. En tu opinión, ¿cuáles son las cualidades más importantes que debe tener un(a) amigo/a? ¿Qué cualidades te importan menos? ¿Por qué?

4 **Opiniones** En parejas, escriban cuatro ventajas y cuatro desafíos (*challenges*) de las relaciones entre personas de distintas culturas. Traten de no repetir los del artículo.

PROYECTO

Buscar un amigo virtual

Siempre te ha interesado conocer a personas de otra cultura. Imagina que decides buscar un(a) amigo/a virtual para intercambiar mensajes electrónicos por Internet. En tus descripciones, usa el vocabulario de la sección **Contextos** y el vocabulario aprendido en esta sección. Tu perfil debe incluir como mínimo:

- una descripción de cómo eres
- una descripción de lo que buscas en un(a) amigo/a
- una explicación de por qué te interesa conocer a alguien de otra cultura
- otra información que consideres importante

Practice more at **vhlcentral.com.**

PRE-AP*

Interpersonal Writing After students have read **Parejas sin fronteras** and worked through the related activities, have them write an e-mail. The boys can pretend to be Frank, and the girls can be Ana. Ana and Frank are just beginning their relationship. Tell students: **1. Saluda al otro/a la otra. 2. Haz una pregunta. 3. Describe a tu familia. 4. Despídete.**

PRE-AP*

Informal Reading and Writing Give each student an e-mail from Frank or Ana. Correct grammatical errors before handing them out. Say: **1. Saluda al otro/a la otra y contesta la pregunta. 2. Describe a tu familia y hazle una pregunta adicional acerca de la suya. 3. Despídete.**

Communication 1.1 1.2
Cultures 2.1, 2.2
Connections 3.1, 3.2
Comparisons 4.2

Video: *Flash cultura*

Las relaciones personales

¿No es ideal utilizar el tiempo libre para encontrarse con amigos, familiares, parejas…? Los lugares donde puedes reunirte a hablar o comer se vuelven especiales porque forman parte del placer de compartir el tiempo con tu gente. En este episodio de **Flash cultura**, te llevamos a visitar los lugares de encuentro de Madrid.

VOCABULARIO ÚTIL

el amor a primera vista *love at first sight*
el callejón *alley*
la campanada *tolling of the bell*
datar de *to date from*
el pasacalles *marching parade*
el pendiente *earring*
el punto de encuentro *meeting point*
la uva *grape*

Preparación Cuando tienes tiempo libre, ¿te reúnes con tus amigos? ¿Cuáles son los lugares donde te encuentras habitualmente con ellos? ¿En qué momentos del día y la semana pueden verse? ¿Por qué?

Comprensión Indica si estas afirmaciones son ciertas o falsas. Después, en parejas, corrijan las falsas.

1. Es tradición tomar doce uvas el 31 de diciembre mientras suena el famoso reloj de la Puerta del Sol en el corazón de Madrid. Cierto.
2. La Plaza Mayor es la plaza más conocida y se encuentra en el Madrid Moderno. Falso. La Plaza Mayor se encuentra en el Madrid Antiguo.
3. En la confluencia actual de las calles Toledo y Atocha, se celebraban antiguamente partidos de fútbol. Falso. En la confluencia de las calles Toledo y Atocha, se celebraba el mercado principal de Madrid.
4. El barrio de La Latina se caracteriza por callejones estrechos, plazoletas, cafés y bares de ambiente muy dinámico. Cierto.
5. Ninguno de los entrevistados cree en el amor a primera vista. Falso. Algunos de ellos creen en el amor a primera vista.
6. En El Rastro puedes comprar ropa, pendientes, cuadros, etc. Cierto.

Expansión En parejas, contesten estas preguntas.

- Imagina que estás en Madrid. ¿Cuál de los lugares mostrados prefieres para comer algo o pasear? ¿Por qué?
- ¿Estás de acuerdo con las personas que creen en el amor a primera vista o con las que no creen? Justifica tu respuesta.
- ¿Te gustan los domingos en Madrid: levantarse tarde, comer en un bar de La Latina con amigos y pasear por El Rastro? ¿Cómo son tus domingos?

Corresponsal: Miguel Ángel Lagasca
País: España

(En la Plaza Mayor) los niños juegan, las madres conversan°, los padres hablan de fútbol y política, los jóvenes se juntan, las parejas se miran a los ojos y los turistas admiran el espectáculo°.

La Latina, así como la Plaza Mayor y Puerta del Sol, pertenecen al llamado Madrid Antiguo.

Siempre los celos son una parte importante de la relación, sobre todo cuando se está empezando.

conversan *chat* **espectáculo** *show*

recursos

Practice more at **vhlcentral.com.**

Teaching Tips

- Display a map of Madrid and point out the places that are highlighted in the video. Show students photos of each area and ask them to make observations of the buildings, people, and activities they see.
- Have students share anecdotes about people that they know who fell in love at first sight.
- Tell students that a synonym for **amor a primera vista** is **flechazo**, meaning the arrow shot by Cupid that makes the victim fall instantly in love.

PRE-AP*

Interpersonal Speaking
Expansión Before answering the questions, have student pairs brainstorm three lists of vocabulary, one for each of the question topics: **lugares en Madrid, el amor,** and **actividades para los domingos en Madrid**.

21st CENTURY SKILLS

Technology Literacy
Divide students into small groups and challenge them to produce promotional videos about places to see and things to do in their town. Encourage them to use vocabulary from the video, such as **punto de encuentro, pasacalles, el callejón,** and **datar de**.

21st CENTURY SKILLS

Information and Media Literacy
Go to the Supersite to complete the **Conexión Internet** activity associated with **Flash cultura** for additional practice accessing and using culturally authentic sources.

PRE-AP*

Small Groups Form students into groups of three or four. Have them write and perform interviews with people on the street about topics from the video, such as leisure time, New Year's Eve traditions, a typical Sunday, or love.

CRITICAL THINKING

Evaluation Divide the class into teams. One team plays the role of a couple's parents/extended family who are opposed to an intercultural relationship; the other plays the role of the couple and friends who are supportive of their relationship. The class debates the question of whether the couple should stay together.

Section Goals

In **Estructura,** students will:

- review the present tense of regular, irregular, and stem-changing verbs
- review the uses of **ser** and **estar**
- contrast the use of **ser** and **estar** with adjectives
- review the present progressive

Communication 1.1
Comparisons 4.1

Instructional Resources

vText

Cuaderno de actividades comunicativas, pp. 1, 52
Cuaderno de práctica, pp. 3–4
Cuaderno para hispanohablantes, pp. 5–6
e-Cuaderno
Supersite: Additional practice
Supersite/TRCD: Grammar Slides, Presentation PDFs #10–13, Audio Activities Script, Answer Keys
Audio Activities CD

Teaching Tips

- Quickly review the present tense of regular **–ar, –er,** and **–ir** verbs, perhaps as a homework assignment that you will go over the next day in class.
- Some irregular verbs can be grouped to help students' memories (Ex: the **–go** verbs like **salir, poner**, etc., and the **–zco** verbs that include **conocer, conducir**, etc).
- Divide students into pairs or groups of three. Distribute small whiteboards and a dry-erase marker to each group. Say the Spanish infinitive and subject; students write the conjugated verb form. The first group to hold up the correct answer wins a point.

1 ESTRUCTURA

1.1 The present tense

Regular *–ar, –er,* and *–ir* verbs

- The present tense (**el presente**) of regular verbs is formed by dropping the infinitive ending **–ar, –er**, or **–ir** and adding personal endings.

The present tense of regular verbs

	hablar *to speak*	**beb**er *to drink*	**viv**ir *to live*
yo	hablo	bebo	vivo
tú	hablas	bebes	vives
Ud./él/ella	habla	bebe	vive
nosotros/as	hablamos	bebemos	vivimos
vosotros/as	habláis	bebéis	vivís
Uds./ellos/ellas	hablan	beben	viven

- The present tense is used to express actions or situations that are going on at the present time and to express general truths.

¿Te **mantienes** en contacto con tus primos?
Do you stay in touch with your cousins?

Sí, los **llamo** cada semana.
Yes, I call them every week.

- The present tense is also used to express habitual actions or actions that will take place in the near future.

Mis padres me **escriben** con frecuencia.
My parents write to me often.

Mañana les **mando** una carta larga.
Tomorrow I'm sending them a long letter.

¡ATENCIÓN!

Subject pronouns are normally omitted in Spanish. They are used to emphasize or clarify the subject.

¿Viven en California?

Sí, ella vive en Los Ángeles y él vive en San Francisco.

Stem-changing verbs

- Some verbs have stem changes in the present tense. In many **–ar** and **–er** verbs, **e** changes to **ie**, and **o** changes to **ue**. In some **–ir** verbs, **e** changes to **i**. The **nosotros/as** and **vosotros/as** forms never have a stem change in the present tense.

Stem-changing verbs

e:ie	**o:ue**	**e:i**
pensar *to think*	**poder** *to be able to; can*	**pedir** *to ask for*
pienso	puedo	pido
piensas	puedes	pides
piensa	puede	pide
pensamos	podemos	pedimos
pensáis	podéis	pedís
piensan	pueden	piden

¡ATENCIÓN!

Jugar changes its stem vowel from **u** to **ue**. As with other stem-changing verbs, the **nosotros/as** and **vosotros/as** forms do not change.

jugar
juego, juegas, juega, jugamos, jugáis, juegan

• • • •

Construir, destruir, incluir, and **influir** have a spelling change and add a **y** before the personal endings (except the **nosotros/as** and **vosotros/as** forms).

incluir
incluyo, incluyes, incluye, incluimos, incluís, incluyen

LEARNING STYLES

For Visual Learners Students work in groups of three. Distribute to each group cards with the following written on them: subjects, verb stems (both regular and stem-changing), and verb endings. Group members divide up the cards among themselves. You call: **cerrar, tú**; students hold up **tú cierras**. The first group to hold up the correct answer wins the point.

LEARNING STYLES

For Kinesthetic Learners Students work in groups of three or four. Members of each group take turns acting out a verb or action for another group to guess. The group guessing need only guess the verb. Ex: **Juegas**. The person acting responds **Sí, juego** or **No, no juego**. Encourage students to be creative.

Irregular *yo* forms

- Many –**er** and –**ir** verbs have irregular **yo** forms in the present tense. Verbs ending in –**cer** or –**cir** change to –**zco** in the **yo** form; those ending in –**ger** or –**gir** change to –**jo**. Several verbs have irregular –**go** endings, and a few have individual irregularities.

Ending in -go		Ending in -zco	
caer *to fall*	**yo caigo**	**conducir** *to drive*	**yo conduzco**
distinguir *to distinguish*	**yo distingo**	**conocer** *to know*	**yo conozco**
hacer *to do; to make*	**yo hago**	**crecer** *to grow*	**yo crezco**
poner *to put; to place*	**yo pongo**	**obedecer** *to obey*	**yo obedezco**
salir *to leave; to go out*	**yo salgo**	**parecer** *to seem*	**yo parezco**
traer *to bring*	**yo traigo**	**producir** *to produce*	**yo produzco**
valer *to be worth*	**yo valgo**	**traducir** *to translate*	**yo traduzco**
Ending in -jo		**Other verbs**	
dirigir *to direct; manage*	**yo dirijo**	**caber** *to fit*	**yo quepo**
escoger *to choose*	**yo escojo**	**saber** *to know*	**yo sé**
exigir *to demand*	**yo exijo**	**ver** *to see*	**yo veo**
proteger *to protect*	**yo protejo**		

- Verbs with prefixes follow these same patterns.

reconocer *to recognize*	**yo reconozco**	**oponer** *to oppose*	**yo opongo**
deshacer *to undo*	**yo deshago**	**proponer** *to propose*	**yo propongo**
rehacer *to re-make; re-do*	**yo rehago**	**suponer** *to suppose*	**yo supongo**
aparecer *to appear*	**yo aparezco**	**atraer** *to attract*	**yo atraigo**
desaparecer *to disappear*	**yo desaparezco**	**contraer** *to contract*	**yo contraigo**
componer *to make up; to fix*	**yo compongo**	**distraer** *to distract*	**yo distraigo**

Irregular verbs

- Other commonly used verbs in Spanish are irregular in the present tense or combine a stem change with an irregular **yo** form or other spelling change.

dar *to give*	**decir** *to say*	**estar** *to be*	**ir** *to go*	**oír** *to hear*	**ser** *to be*	**tener** *to have*	**venir** *to come*
doy	digo	estoy	voy	oigo	soy	tengo	vengo
das	dices	estás	vas	oyes	eres	tienes	vienes
da	dice	está	va	oye	es	tiene	viene
damos	decimos	estamos	vamos	oímos	somos	tenemos	venimos
dais	decís	estáis	vais	oís	sois	tenéis	venís
dan	dicen	están	van	oyen	son	tienen	vienen

¡ATENCIÓN!

Some verbs with irregular **yo** forms have stem changes as well.

conseguir (e:i) → **consigo** *to obtain*

corregir (e:i) → **corrijo** *to correct*

elegir (e:i) → **elijo** *to choose*

seguir (e:i) → **sigo** *to follow*

torcer (o:ue) → **tuerzo** *to twist*

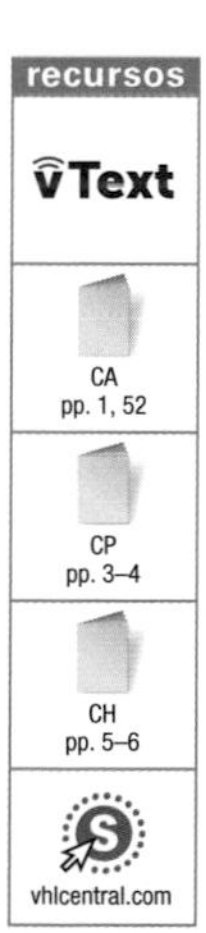

Teaching Tips

- Write **seguir, ir, venir,** and **andar** on the board. Ask students to identify the two verbs with first-person changes (**seguir, venir**), the irregular verb (**ir**), and the regular verb (**andar**).
- Explain that verbs ending in –**ger** and –**gir** change to **jo** to preserve the soft **g** sound of the infinitive.
- Likewise, **distinguir** drops the **u** in the **yo** form to maintain correct pronunciation.
- **Extra Practice** Go to **vhlcentral.com** for additional practice of the present tense.

NATIONAL STANDARDS

Comparisons Students may not recognize that English also has a large number of irregular verbs. Some of these show irregularities in the present tense (Ex: *to be*), but most English irregularities show up in past-tense forms. Have students list as many verbs as they can think of that deviate from the regular *–ed* pattern in the past tense (*write/wrote, speak/spoke, do/did, tell/told,* etc.). Have students discuss the challenges that this would pose for people learning English.

DIFFERENTIATION

For Inclusion Recommend that students use the first letter of each verb to learn the lists of irregular verbs: Ex: –**go** verbs: Cathy Does Hurry Past School To Volleyball (**caer, distinguir, hacer, poner, salir, traer, valer**).

DIFFERENTIATION

Heritage Speakers If you have students from Argentina, ask them to talk about the word **vos**—its meaning, use, examples, and even a sample conversation, in which the heritage speaker uses **vos** and his or her classmate replies using **tú**. If you have heritage speakers from Spain, try this strategy with **vosotros**.

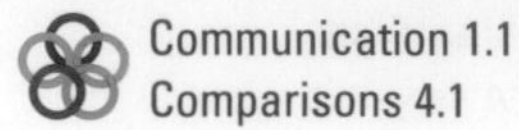
Communication 1.1
Comparisons 4.1

Teaching Tips
1 Point out that two verbs in the list will not be used.

2 Model one or two sentences with the class.

2 In pairs, have students check each other's work.

2 Encourage students who finish early to write a sentence using each verb.

Extra Practice Students work in groups of three. Distribute to each group a children's book in Spanish that uses many present-tense verbs, especially the stem-changing and irregular verbs found in this chapter. Each group writes a list of all the verbs of these types that it finds. The group that finds the most (and spells them correctly!) is the winner.

Práctica

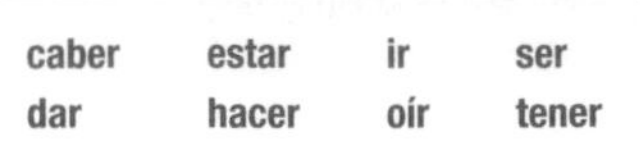

1 Un apartamento infernal Miguel tiene quejas (*complaints*) del apartamento donde vive con su familia. Completa la descripción de su apartamento. Puedes usar los verbos más de una vez.

caber	estar	ir	ser
dar	hacer	oír	tener

Mi apartamento (1) __está__ en el quinto piso. El edificio no (2) __tiene__ ascensor y para llegar al apartamento, (3) __tengo__ que subir por la escalera. El apartamento es tan pequeño que mis cosas no (4) __caben__. Las paredes (*walls*) (5) __son__ muy finas. A todas horas (6) __oigo__ la radio o la televisión de algún vecino. El apartamento sólo (7) __tiene__ una ventana pequeña y, por eso, siempre (8) __está__ oscuro. ¡(9) __Voy__ a buscar otro apartamento!

2 ¿Qué hacen los amigos? Escribe cinco oraciones usando los sujetos y los verbos de las columnas.

Sujetos	Verbos	
los malos amigos	apreciar	exigir
nosotros/as	compartir	hacer
tú	creer	pedir
un(a) buen(a) amigo/a	defender	prestar
yo	discutir	recordar

1. ____________________
2. ____________________
3. ____________________
4. ____________________
5. ____________________

3 La verdad En parejas, túrnense (*take turns*) para hacerse las preguntas.

MODELO **Luis: llegar temprano a la oficina / dormir hasta las 9:00**
—¿Luis llega temprano a la oficina?
—¡Qué va! (*Are you kidding?*) Luis duerme hasta las 9:00.

1. Ana: jugar al tenis con Daniel / preferir pasar la tarde charlando con Sergio
2. Felipe: salir a bailar todas las noches / tener clase de química a las 8:00 de la mañana
3. Jorge y Begoña: ir a la playa / querer viajar a Arizona
4. Dolores y Tony: comer muchas hamburguesas / ser vegetarianos
5. Fermín: pensar viajar a México con su amigo Mario / no pasarlo bien con él

Practice more at **vhlcentral.com.**

DIFFERENTIATION

Heritage Speakers Encourage heritage learners to bring in children's books from their families' countries of origin to show to the class. Encourage classmates to look carefully at the books and elicit their comments. Ex: the style of artwork, the type of paper used, and the range of verb tenses used even in children's books.

DIFFERENTIATION

For Inclusion Hold up pictures from magazines (some may be of favorite celebrities) and ask questions. Ex: **¿De dónde sale Lindsay Lohan? ¿A qué hora sales tú de casa por la mañana? ¿Quién conduce este coche? ¿Tú conduces?** Students answer in complete sentences. This type of activity also makes connections to students' lives.

Communication 1.1
Comparisons 4.1

Comunicación

4 **¿Qué sabes de tus compañeros?** En parejas, háganse preguntas basadas en las opciones y contesten con una explicación.

MODELO **soñar con / hacer algo especial este mes**
—¿Sueñas con hacer algo especial este mes?
—Sí, sueño con ir al concierto de Wisin & Yandel.

1. pensar / realizar este año algún proyecto
2. decir / mentiras
3. acordarse / de tu quinto cumpleaños
4. conducir / estar muy cansado
5. reír / mucho con tu familia
6. dar / consejos (*advice*) sobre asuntos que / no conocer bien
7. venir / a clase tarde con frecuencia
8. escoger / el regalo perfecto para el cumpleaños de tu novio/a

5 **Escena de telenovela** Trabajen en grupos de tres o cuatro para representar una discusión familiar que va a formar parte de un episodio de una telenovela popular. Preparen la discusión con las frases de la lista.

(no) apreciar	(no) hacerle caso a alguien	(no) soportar a alguien
(no) cuidar la casa	llevarse bien/mal/fatal	tener celos (de)
estar harto/a (de)	(no) mantenerse en contacto	tener vergüenza (de)

6 **¿Cómo son tus amigos?**

A. Describe a un(a) buen(a) amigo/a tuyo/a. ¿Cómo es? ¿Está de acuerdo contigo en todo? ¿Discuten algunas veces? ¿Se divierten ustedes cuando están juntos/as? ¿Siempre sigue tus consejos? ¿Te miente a veces?

B. Ahora, comparte tu descripción con tres compañeros/as. Juntos/as, escriban una lista de cinco cosas que los buenos amigos hacen con frecuencia y cinco cosas que no hacen casi nunca. ¿Coincidieron los grupos en las acciones que eligieron?

Teaching Tips

4 Encourage students to add at least one topic to the list. Ask them to share their statements with the class.

4 **Partner Chat** You can also assign activity 4 on the Supersite. Students work in pairs to record the activity online. The pair's recorded conversation will appear in your gradebook.

5 Ask volunteers to perform their role-plays for the class.

21st CENTURY SKILLS

Productivity and Accountability
As a class, brainstorm the qualities that would constitute an "A" assignment. Use the top four suggestions as the class rubric for student work. Ask students to prepare their oral exchanges or presentations against the rubric before they perform it for you or the class.

6 Part B: Ask each group to share its list with the class. Write their answers on the board and discuss.

LEARNING STYLES

For Visual Learners For whole-class correction of **Actividad 4** and **5,** make a transparency of these exercises as they appear in the book, i.e., without answers. Project it and fill in the answers as students say them. In this way, students obtain visual reinforcement of the spoken words, with the added benefit of being able to check their own spelling. This strategy also supports students who find spelling challenging.

LEARNING STYLES

For Auditory Learners Play **el juego de los rincones.** Post a sheet of chart paper in each corner. Label sheets consecutively: **Hago..., Conozco..., Escojo...,** and **Doy...** or **Digo...** Place a bag of prepared **yo** form sentences in each corner. Students choose a corner and a group member reads a sentence from the bag. Other group members take turns writing the sentences they hear on the correct sheet. Award points for correct spelling.

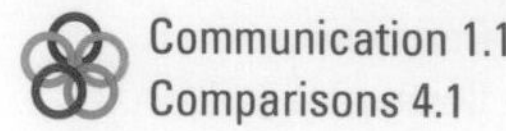

Communication 1.1
Comparisons 4.1

Instructional Resources
vText
Cuaderno de actividades comunicativas, pp. 2, 53
Cuaderno de práctica, pp. 5–6
Cuaderno para hispanohablantes, pp. 7–8
e-Cuaderno
Supersite: Additional practice
Supersite/TRCD: Grammar Slides, Presentation PDFs #14–15, Audio Activities Script, Answer Keys
Audio Activities CD

Teaching Tips

- Elicit from students the English meaning of **ser** and **estar,** and remind them that *to be* is the verb that is conjugated as *I am, you are, he is, she is,* etc.
- Remind students of the most basic difference they already know between **ser** and **estar: estar** is for location, health, and emotional states; **ser** is for almost everything else.
- Have volunteers offer sentences using the two verbs, or ask questions that prompt the use of **ser** and **estar** in their responses. Use the students' examples to help them deduce some specific rules that they have learned so far for uses of each verb.
- Tell students that now they are going to review the differences between **ser** and **estar** in depth.

1.2 *Ser* and *estar*

Explanation
Tutorial

Revista Facetas...
Es para Aguayo.

En estos
momentos está
en el baño.

¡ATENCIÓN!

Ser and **estar** both mean *to be*, but they are not interchangeable. **Ser** is used to express the idea of permanence, such as inherent or unchanging qualities and characteristics. **Estar** is used to express temporality, including qualities or conditions that change with time.

Uses of *ser*

Nationality and place of origin	Mis padres **son** argentinos, pero yo **soy** de Florida.
Profession or occupation	El señor López **es** periodista.
Characteristics of people, animals, and things	El clima de Miami **es** caluroso.
Generalizations	Las relaciones personales **son** complejas.
Possession	La guitarra **es** del tío Guillermo.
Material of composition	El suéter **es** de pura lana.
Time, date, or season	**Son** las doce de la mañana.
Where or when an event takes place	La fiesta **es** en el apartamento de Carlos; **es** el sábado a las nueve de la noche.

Uses of *estar*

Location or spatial relationships	La clínica **está** en la próxima calle.
Health	Hoy **estoy** enfermo. ¿Cómo **estás** tú?
Physical states and conditions	Todas las ventanas **están** limpias.
Emotional states	¿Marisa **está** contenta con sus clases?
Certain weather expressions	¿**Está** nublado o **está** despejado hoy en Toronto?
Ongoing actions (progressive tenses)	Paula **está** escribiendo invitaciones para su boda.
Results of actions (past participles)	La tienda **está** cerrada.

LEARNING STYLES

For Auditory Learners Students work in pairs. Distribute a card with a written description of a scene to each student. The descriptions include several uses of **ser** and **estar**. Pairs sit back-to-back. One student reads the description to his or her partner, who draws the scene according to the oral description. Students reverse roles and compare their drawings with the written descriptions.

LEARNING STYLES

For Visual Learners Provide magazine photos of people and have pairs create labels describing a person in their photo. Encourage students to describe physical and personality traits as well as how the person is feeling.

Ser and *estar* with adjectives

- **Ser** is used with adjectives to describe inherent, expected qualities. **Estar** is used to describe temporary or variable qualities, or a change in appearance or condition.

¿Cómo **son** tus padres? *What are your parents like?*	¿Cómo **estás**, Miguel? *How are you, Miguel?*
La casa **es** muy pequeña. *The house is very small.*	¡**Están** tan enojados! *They're so angry!*

- With most descriptive adjectives, either **ser** or **estar** can be used, but the meaning of each statement is different.

Julio **es alto**. *Julio is tall. (that is, a tall person)*	¡Ay, qué **alta estás**, Adriana! *How tall you're getting, Adriana!*
Dolores **es alegre**. *Dolores is cheerful. (that is, a cheerful person)*	El jefe **está alegre** hoy. ¿Qué le pasa? *The boss is cheerful today. What's up with him?*
Juan Carlos **es** un hombre **guapo**. *Juan Carlos is a handsome man.*	¡Manuel, **estás** tan **guapo**! *Manuel, you look so handsome!*

- Some adjectives have two different meanings depending on whether they are used with **ser** or **estar**.

ser + [*adjective*]	**estar + [*adjective*]**
La clase de contabilidad **es aburrida**. *The accounting class is **boring**.*	**Estoy aburrida** con la clase. *I am **bored** with the class.*
Ese chico **es listo**. *That boy is **smart**.*	**Estoy listo** para todo. *I'm **ready** for anything.*
No **soy rico**, pero vivo bien. *I'm not **rich**, but I live well.*	¡El pan **está** tan **rico**! *The bread is **delicious**!*
La actriz **es mala**. *The actress is **bad**.*	La actriz **está mala**. *The actress is **ill**.*
El coche **es seguro**. *The car is **safe**.*	Juan no **está seguro** de la noticia. *Juan isn't **sure** of the news.*
Los aguacates **son verdes**. *Avocados are **green**.*	Esta banana **está verde**. *This banana is **not ripe**.*
Javier **es** muy **vivo**. *Javier is very **sharp**.*	¿Todavía **está vivo** el autor? *Is the author still **living**?*
Pedro **es** un hombre **libre**. *Pedro is a **free** man.*	Esta noche no **estoy** libre. ¡Lo siento! *Tonight I am not **available**. Sorry!*

¡ATENCIÓN!

Estar, not **ser**, is used with **muerto/a**.

Bécquer, el autor de las *Rimas*, está muerto.
Bécquer, the author of Rimas, *is dead.*

recursos

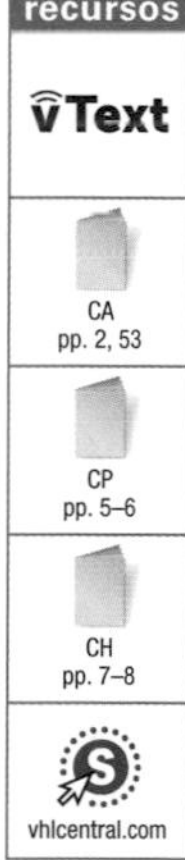

Teaching Tips

- Remember that adjectives must agree in gender and number with the person(s) or thing(s) that they modify.
- To help students remember the different meanings of these adjectives, say that, with **ser,** they describe inherent qualities and, when used with **estar,** they describe temporary or variable qualities (**muerto/a** is an exception).
- Ask the questions below; students answer in complete sentences. Other names can be substituted in the questions.
  1. **¿Cuál es la profesión de Matt Damon?**
  2. **¿Cómo es el señor Damon?**
  3. **¿Cuál es su nacionalidad?**
  4. **¿De dónde es?**
  5. **¿Dónde está en este momento? (¡Adivina!)**
  6. **¿Qué hora es en Hollywood?**
  7. **¿Qué tiempo hace allá? ¿Está nublado?**
  8. **¿Quién es la esposa de Matt?**
  9. **¿Quién es el otro miembro de la familia de Matt?**
  10. **¿Qué está haciendo Matt ahora?** The present progressive tense may be new for some students, but this sentence can serve as a brief introduction.

DIFFERENTIATION

To Challenge Students Play **¿Quién es?** Students write a few sentences incorporating at least two different uses of **ser** and two of **estar** to describe a famous person, either real or fictitious. Students read their descriptions aloud and classmates guess who the person is.

DIFFERENTIATION

For Inclusion Have students create a poster about a person—friend, relative, or celebrity. Instruct them to write descriptions using **ser** and **estar**. Students divide the poster in half, one half for each verb. On the left, they write sentences using **ser,** each with an accompanying picture (photo, original art, or art from the Internet); on the right they write sentences using **estar**.

Communication 1.1
Comparisons 4.1

Teaching Tips

- Remind students before beginning **Actividad 1** that there are clues in the sentences. Ex: If there is a **de** immediately after the blank, the verb is usually a form of ___ (**ser**); if there is an **en** immediately after the blank, the verb is usually a form of ___ (**estar**). Exception: *to take place* = **ser en**.

1 Go over the answers as a class to check comprehension. Ask students to explain why **ser** or **estar** is used in each case.

2 As a follow-up, have students write a different story about Emilio and Jimena using **ser** and **estar**.

NATIONAL STANDARDS

Communities Have students imagine that they are going on a date in Miami. Have them do research online—in Spanish—to plan a special day or evening. Have them choose a restaurant and an event to attend and report details about their outing to the class.

Práctica

1 La boda de Emilio y Jimena Completa cada oración de la primera columna con la terminación más lógica de la segunda columna.

c/f 1. La boda es	a. de San Antonio, Texas.
c 2. La iglesia está	b. deprimido por los gastos.
h 3. El cielo está	c. en la calle Zarzamora.
e 4. La madre de Emilio está	d. esperando a que entren la novia (*bride*) y su padre.
b 5. El padre de Jimena está	e. contenta con la novia.
d 6. Todos los invitados están	f. a las tres de la tarde.
a 7. El mariachi que toca en la boda es	g. muy divertidas.
g 8. En mi opinión, las bodas son	h. totalmente despejado.

2 La luna de miel Completa el párrafo en el que se describe la luna de miel (*honeymoon*) que van a pasar Jimena y Emilio. Usa formas de **ser** y **estar**.

Emilio y Jimena van a pasar su luna de miel en Miami, Florida. Miami (1) __es__ una ciudad preciosa. (2) __Está__ en la costa este de Florida y tiene playas muy bonitas. El clima (3) __es__ tropical. Jimena y Emilio (4) __están__ interesados en visitar la Pequeña Habana. Jimena (5) __es__ fanática de la música cubana. Y Emilio (6) __está__ muy entusiasmado por conocer el parque Máximo Gómez, donde las personas van a jugar dominó. Los dos (7) __son__ aficionados a la comida caribeña. Quieren ir a todos los restaurantes que (8) __están__ en la Calle Ocho. Cada día van a probar un plato diferente. Algunos de los platos que piensan probar (9) __son__ el congrí, los tostones y el bistec de palomilla. Después de pasar una semana en Miami, la pareja va a (10) __estar__ cansada pero muy contenta.

 Practice more at **vhlcentral.com.**

LEARNING STYLES

For Kinesthetic Learners Students work in pairs or groups of three. Distribute small whiteboards and a dry-erase marker to each group (16"x16" is ideal). Say a sentence in English that requires a form of either **ser** or **estar**. Students write the Spanish translation. Ex: *I am from Peru.* The first group to hold up the correct answer wins a point. Play for 10–15 points. Variation: All groups with the correct answer, within a specified time limit, win a point.

LEARNING STYLES

For Auditory Learners Students work in pairs. Each has a photo of a person doing an activity, paper, and markers. Students sit back-to-back. One describes the person in the photo and what the person is doing (including many uses of the verbs **ser** and **estar**). The other partner draws the scene being described. The two students then reverse roles. Afterwards, they compare their drawings to the original.

Comunicación

3 Ellos y ellas

A. En parejas, miren las fotos de cuatro personalidades latinas y lean las descripciones.

Sofía Vergara comenzó su carrera profesional cuando un fotógrafo la vio en una playa de Colombia. Ahora trabaja en la serie *Modern Family* y ha sido nominada para dos premios Emmy.

Enrique Iglesias nació en Madrid pero se crió en Miami. Aunque quería ser cantante desde los 16 años, nunca le confió su ambición a su padre, el cantante Julio Iglesias. Sus nueve álbumes han tenido mucho éxito. El más reciente, *Euphoria* (2010), es un álbum bilingüe.

El beisbolista dominicano **Manny Ramírez** debutó en las Grandes Ligas de Béisbol en 1993 con los Indians de Cleveland. Desde entonces, ha jugado con algunos otros equipos importantes, como los Red Sox de Boston y los Dodgers de Los Ángeles. Fue nombrado el "Jugador Más Valioso" de la Serie Mundial al conseguir el título ante los Cardinals de St. Louis.

Jennifer López es una actriz y cantante de origen puertorriqueño que se hizo famosa con la película musical *Selena* (1997). Su álbum más reciente, *Love?* (2011), estuvo en la lista de los diez mejores álbumes en veinticuatro países. En 2011, J-Lo se hizo juez del programa *American Idol*.

B. Ahora, preparen una entrevista con una de estas personalidades. Escriban diez preguntas usando los verbos ser y estar al menos cinco veces. Para la entrevista, pueden usar información no incluida en las descripciones. Después de contestar las preguntas, presenten la entrevista a la clase, haciendo uno/a el papel de la personalidad y el/la otro/a el del/de la entrevistador(a).

Communication 1.1
Comparisons 4.1

Teaching Tips

- Ask students to name other Spanish-speaking celebrities.

3 Part A: Ask follow-up questions such as: **¿De dónde es?** and **¿Cuál es su profesión?** Whenever possible, ask questions with **estar**. For example, ask if the celebrity is traveling now, or is worried or calm now.

3 Part B: Model the activity using a different Spanish-speaking artist such as Benicio del Toro or Penélope Cruz. Move from left to right as you assume the two roles for the interview.

NATIONAL STANDARDS

Communities Have students identify an interview show on Spanish-language television in your community. Ask them to watch a portion of a show to get ideas for interview questions for Part B.

LEARNING STYLES

For Kinesthetic Learners Play **El juego de la búsqueda.** Give students a list of questions that incorporate the present progressive tense. They need to find someone in the class who is currently doing these things. When a student finds someone who answers **Sí...**, that student signs the signature sheet next to the question.

LEARNING STYLES

For Visual Learners You need 14 large cards. Write Spanish sentences using **ser** and **estar** on seven cards and the translation on the others. Place them face down on the floor. Form teams. The first player uncovers two squares. If the uncovered squares reveal a match, the player earns a point for the team. If not, he or she turns the squares over again and the other team takes a turn.

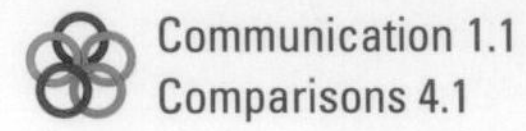
Communication 1.1
Comparisons 4.1

Instructional Resources
vText
Cuaderno de actividades comunicativas, pp. 3, 54
Cuaderno de práctica, pp. 7–8
Cuaderno para hispanohablantes, pp. 9–10
e-Cuaderno
Supersite: Additional practice
Supersite/TRCD: Grammar Slides, Presentation PDF #16, Audio Activities Script, Answer Keys
Audio Activities CD

Teaching Tips
- Explain that the present progressive is for talking about what you are *in the process of doing;* for example: *Right now I am studying Spanish verbs.*
- Contrast this concept with the present tense—for things you do now—for example: *I speak Spanish in Spanish class, and I speak English in English class.*
- In pairs, have students mime actions for their partner to describe using the present progressive. Or, do as a full class activity.

1.3 Progressive forms

The present progressive

- The present progressive (**el presente progresivo**) narrates an action in progress. It is formed with the present tense of **estar** and the present participle (**el gerundio**) of the main verb.

Éric **está sacando** una foto.
Éric is taking a photo.

Aguayo **está bebiendo** café.
Aguayo is drinking coffee.

Fabiola **está escribiendo** el artículo.
Fabiola is writing the article.

¡Te estoy hablando de Mariela! ¿Qué te pareció?

- The present participle of regular **–ar**, **–er**, and **–ir** verbs is formed as follows:

INFINITIVE	STEM		ENDING	PRESENT PARTICIPLE
bailar	**bail–**	+	**–ando**	**bailando**
comer	**com–**	+	**–iendo**	**comiendo**
aplaudir	**aplaud–**	+	**–iendo**	**aplaudiendo**

- Stem-changing verbs that end in **–ir** also change their stem vowel when they form the present participle.

***-ir* stem-changing verbs**

Infinitive	Present Participle
decir	diciendo
dormir	durmiendo
mentir	mintiendo
morir	muriendo
pedir	pidiendo
sentir	sintiendo
sugerir	sugiriendo

- **Ir**, **poder**, **reír**, and **sonreír** have irregular present participles (**yendo**, **pudiendo**, **riendo**, **sonriendo**). **Ir** and **poder** are seldom used in the present progressive.

Marisa está **sonriendo** todo el tiempo.
Marisa is smiling all the time.

Maribel no está **yendo** a clase últimamente.
Maribel isn't going to class lately.

¡ATENCIÓN!

When progressive forms are used with reflexive verbs or object pronouns, the pronouns may either be attached to the present participle (in which case an accent mark is added to maintain the proper stress) or placed before the conjugated verb. See **2.1 Object pronouns,** pp. 54–55 and **2.3 Reflexive verbs,** pp. 62–63 for more information.

Se están enamorando.
Están enamorándose.
They are falling in love.

Te estoy hablando.
Estoy hablándote.
I am talking to you.

• • • •

Note that the present participle of **ser** is **siendo**.

DIFFERENTIATION

For Inclusion Remind students that **hablo,** for example, means *I speak* and *I do speak.* Acknowledge that both translations express present time, but emphasize the difference between **hablo** and **estoy hablando,** which means *I am speaking* or *I am in the process of speaking.*

DIFFERENTIATION

To Challenge Students Have students tell what a friend or family member is doing right now and also something that this person does now. Reinforce the difference between the present progressive and present in Spanish and English.

- When the stem of an **–er** or **–ir** verb ends in a vowel, the **–i–** of the present participle ending changes to **–y–**.

INFINITIVE	STEM	ENDING	PRESENT PARTICIPLE
construir	**constru–**	**–yendo**	**construyendo**
leer	**le–**	**–yendo**	**leyendo**
oír	**o–**	**–yendo**	**oyendo**
traer	**tra–**	**–yendo**	**trayendo**

- Progressive forms are used less frequently in Spanish than in English, and only when emphasizing that an action is *in progress* at the moment described. To refer to actions that occur over a period of time or in the near future, Spanish uses the present tense instead.

PRESENT TENSE	PRESENT PROGRESSIVE
Lourdes **estudia** economía en la UNAM. *Lourdes is studying economics at UNAM.*	Ahora mismo, Lourdes **está tomando** un examen. *Right now, Lourdes is taking an exam.*
¿Vienes con nosotros al Café Pamplona? *Are you coming with us to Café Pamplona?*	No, no puedo. Ya **estoy cocinando.** *No, I can't go. I'm already cooking.*

Other verbs with the present participle

- Spanish expresses various shades of progressive action by using verbs such as **seguir, continuar, ir, venir, llevar,** and **andar** with the present participle.
- **Seguir** and **continuar** with the present participle express the idea of *to keep doing something.*

Emilio **sigue hablando.**
Emilio keeps on talking.

Mercedes **continúa quejándose.**
Mercedes keeps complaining.

- **Ir** with the present participle indicates a gradual or repeated process. It often conveys the English idea of *more and more.*

Cada día que pasa **voy disfrutando** más de esta clase.
I'm enjoying this class more and more every day.

Ana y Juan **van acostumbrándose** al horario de clase.
Ana and Juan are getting more and more used to the class schedule.

- **Venir** and **llevar** with the present participle indicates a gradual action that accumulates or increases over time.

Hace años que **viene diciendo** cuánto le gusta el béisbol.
He's been saying how much he likes baseball for years.

Llevo insistiendo en lo mismo desde el principio.
I have been insisting on the same thing from the beginning.

- **Andar** with the present participle conveys the idea of *going around doing something* or of *always doing something.*

José siempre **anda quejándose** de eso.
José is always complaining about that.

Román **anda diciendo** mentiras.
Román is going around telling lies.

¡ATENCIÓN!

Other tenses may have progressive forms as well. These tenses emphasize that an action was/will be in progress.

PAST (pp. 94–105)
Estaba marcando su número justo cuando él me llamó.
I was dialing his number right when he called me.

FUTURE (pp. 216–219)
No vengas a las cuatro, todavía estaremos trabajando.
Don't come at four o'clock; we will still be working.

recursos

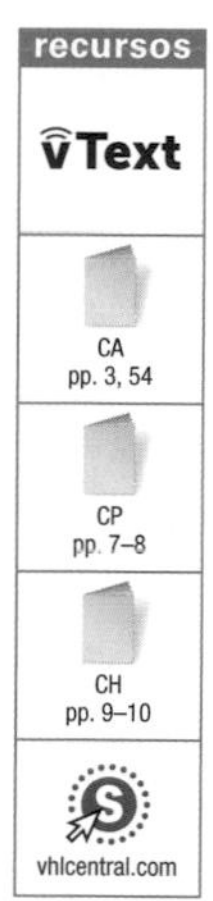

Teaching Tip El juego de dados Students work in groups of three: one "teacher" and two "players." Distribute a die and a list of verbs to each group, plus an answer sheet for the "teacher." The answer sheet should illustrate a model conjugation for a regular verb of each type: **–ar, –er,** and **–ir,** plus any irregular verbs you wish to include. Players throw the die to determine what verb form they should give:
1 = **yo**
2 = **tú**
3 = **Ud./él/ella**
4 = **nosotros/as**
5 = **Uds./ellos/ellas**
6 = **"teacher's" choice**
Players follow the verb list in order when giving verb forms and receive a point for each correct answer.
Note: If you teach **vosotros,** adjust the list of subjects to have 6 = **vosotros.**

LEARNING STYLES

For Visual Learners Display a collection of photos around the room. Students choose a picture and write a short description. They should use new vocabulary, present tense (include at least one stem-changing or irregular verb), and one verb in the present progressive tense. Put the descriptions into a bag and distribute them. Classmates find the picture that fits "their" description.

LEARNING STYLES

For Auditory Learners Play Bingo. Photocopy a bingo card for each student, at the top of which you have listed infinitives of verbs and, below the infinitive, in a column, the first, second, and third persons singular and plural of the verb in the present progressive tense. Call an infinitive and a subject; students say the answer, and if they have the verb form on their bingo card, they write an "X" next to it.

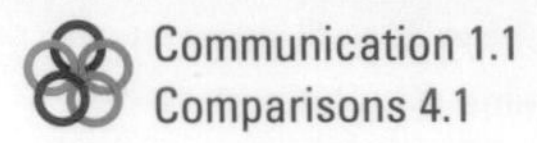
Communication 1.1
Comparisons 4.1

Teaching Tips

1 Model the activity by having a volunteer complete the first sentence.

2 Use the present progressive to ask open-ended questions about the pictures: **¿Con quién se está casando el señor Soto?**

2 More open-ended questions:

1. **¿Dónde está bailando Juliana Paredes?**
2. **¿Por qué está bailando Juliana Paredes?**
3. **¿Dónde se está casando el señor Soto?**
4. **¿Por qué está recogiendo un premio Aurora Gris?**
5. **¿Está ganando su partida de cartas Héctor Rojas? (¡Adivina!) ¿Por qué?**

Práctica

1 Una conversación telefónica Daniel es nuevo en la ciudad y no sabe cómo llegar al estadio de fútbol. Decide llamar a su ex novia Alicia para que le explique cómo encontrarlo. Completa la conversación con la forma correcta del gerundio (*present participle*).

ALICIA ¿Aló?

DANIEL Hola Alicia, soy Daniel; estoy buscando el estadio de fútbol y necesito que me ayudes… Llevo (1) caminando (caminar) más de media hora por el centro y sigo perdido.

ALICIA ¿Dónde estás?

DANIEL No estoy muy seguro, no encuentro el nombre de la calle. Pero estoy (2) viendo (ver) un centro comercial a mi izquierda y más allá parece que están (3) construyendo (construir) un estadio de fútbol. (4) Hablando (hablar) de fútbol, ¿dónde tengo mis boletos? ¡He perdido mis entradas!

ALICIA Madre mía, ¡sigues (5) siendo (ser) un desastre! Algún día te va a pasar algo serio.

DANIEL ¡Siempre andas (6) pensando (pensar) lo peor!

ALICIA ¡Y tú siempre estás (7) olvidándote (olvidarse) de todo!

DANIEL ¡Ya estamos (8) discutiendo (discutir) otra vez!

2 Organizar un festival El señor Ramírez quiere organizar un festival, pero todos los artistas que quiere contratar están ocupados. Su asistente le cuenta lo que están haciendo. En parejas, dramaticen la situación utilizando el presente progresivo.

MODELO **Elga Navarro / descansar**
—¿Qué está haciendo Elga Navarro?
—Elga Navarro está descansando en una clínica.

1. Juliana Paredes / bailar

2. Emilio Soto / casarse

3. Aurora Gris / recoger un premio

4. Héctor Rojas / jugar a las cartas

Practice more at **vhlcentral.com.**

DIFFERENTIATION

Heritage Speakers Ask heritage speakers to share a few sentences about what *is happening* (present progressive tense) in their families' countries at this very moment (festival, political event, etc.). You may want to ask the students to bring a newspaper or magazine article with photos to class. Have classmates compare these events with what *is happening* in the U.S. or in their community at this moment.

DIFFERENTIATION

For Inclusion Ask students to write an e-mail to a friend. Have them imagine they are taking a break while participating in a school event and write about what is happening and what different people are doing. Encourage them to end the e-mail by asking the friend what he or she is doing. Remind students that for the question to the friend, they should use the verb **hacer**.

Communication 1.1
Comparisons 4.1

Teaching Tips

- Working in pairs, students complete a questionnaire, taking turns asking and answering the questions and taking brief notes on their partner's responses. The following are sample questions: **¿Qué está haciendo tu mejor amigo/a ahora? ¿Qué está haciendo tu hermanito/a?**

3 Partner Chat You can also assign activity 3 on the Supersite. Students work in pairs to record the activity online. The pair's recorded conversation will appear in your gradebook.

3 If students finish early, have them write down their own schedules for the next two days and repeat the activity with their partners.

4 For each situation listed, call on one or two pairs to perform their role-plays for the class.

NATIONAL STANDARDS

Connections: Mathematics
Remind students about the 24-hour clock that is used in much of the world. Give them practice with the clock by asking them to calculate what time it is in various parts of the world at different U.S. times.

Comunicación

3 Una cita En parejas, representen una conversación en la que Alexa y Guille intentan buscar una hora del día para reunirse.

MODELO **ALEXA** ¿Nos vemos a las diez de la mañana para estudiar?
GUILLE No puedo, voy a estar durmiendo. ¿Qué te parece a las 12?

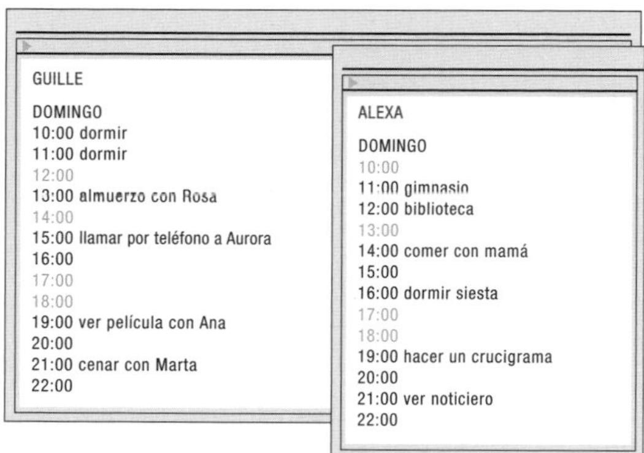

GUILLE
DOMINGO
10:00 dormir
11:00 dormir
12:00
13:00 almuerzo con Rosa
14:00
15:00 llamar por teléfono a Aurora
16:00
17:00
18:00
19:00 ver película con Ana
20:00
21:00 cenar con Marta
22:00
ALEXA
DOMINGO
10:00
11:00 gimnasio
12:00 biblioteca
13:00
14:00 comer con mamá
15:00
16:00 dormir siesta
17:00
18:00
19:00 hacer un crucigrama
20:00
21:00 ver noticiero
22:00

4 Síntesis Tu psicólogo utiliza la hipnosis para hacerte recordar los momentos más importantes de tu pasado. En parejas, dramaticen la conversación entre el doctor Felipe y su paciente, utilizando verbos en el presente y el presente progresivo. Elijan una situación de la lista o inventen otro tema. Sean creativos.

MODELO **DR. FELIPE** Estás volviendo al momento de conocer a tu primer amor. ¿Qué están haciendo?
PACIENTE Estoy caminando por la calle… una mujer preciosa me está saludando…
DR. FELIPE Muy bien, muy bien. ¿Y qué estás pensando? ¿Cómo te sientes?
PACIENTE Estoy pensando que esto es el amor a primera vista. Me siento… ¡Ay, no! Me estoy cayendo en medio de la calle, ¡enfrente de ella!

tu primer amor	el nacimiento de un(a) hermano/a
un viaje importante	el mejor/peor momento de tu vida

LEARNING STYLES

For Visual Learners Post a list of scrambled present progressive verb forms (Ex: **dsytdtnseeaoiuo** unscrambles to **estoy estudiando**) on the board. Students have a specified amount of time to unscramble the verb forms and write them down. Volunteers write the unscrambled answers on the paper next to the scrambled ones so that all can check their answers.

LEARNING STYLES

For Kinesthetic Learners Distribute large cards to the class. Half the class receives a card containing the first part of a sentence; the other half receives a card with the second part. Students circulate to find the match. When all have found their match, they stand next to each other, hold up their cards, and read the sentence. Example: First card: **Penélope Cruz…** Matching card: **…está actuando en una nueva película.**

Section Goals

In **Cinemateca,** students will:

- watch the short film ***Di algo***
- practice listening for and using vocabulary and structures learned in this lesson

Communication 1.2
Comparisons 4.1

Instructional Resources
v̂Text
Supersite/DVD: Film Collection
Supersite/TRCD: ***Cortometraje*** Transcript & Translation

Teaching Tips

- First, teach the vocabulary under the heading ***Di algo*** as well as that in the **Vocabulario** box.
- Have students discuss these questions in small groups:
  1. **¿Les gustan los cortometrajes?**
  2. **¿En qué lugares pueden ver cortometrajes?**
  3. **¿Cuáles son los problemas principales que afrontan los directores de cortometrajes?**
  4. **¿Qué ventajas tiene para ustedes como estudiantes la oportunidad de ver cortos de distintos países hispanos?**

PRE-AP*

Interpretive Audiovisual Communication Ask students what preconceptions they have about blind people. Then ask if any students have ever known anyone who is blind. If they have, ask them if their preconceptions about the blind changed through knowing that person. If not, ask them to predict how they might.

2 Virtual Chat You can also assign activity 2 on the Supersite. Students record individual responses that appear in your gradebook.

1 CINEMATECA

Video: Short Film

Antes de ver el corto

DI ALGO

país España
duración 15 minutos
director Luis Deltell
protagonistas Irene, Pablo, bibliotecaria

Vocabulario

a lo mejor *maybe*	**la luz** *light*
alargar *to drag out*	**pesado/a** *annoying*
la cinta *tape*	**precioso/a** *lovely*
enterarse *to find out*	**respirar** *to breathe*
entretenerse *to be held up*	**turbio/a** *murky*

1 Vocabulario Completa las oraciones.

1. Cuando hay tormenta, parece que la noche se __alarga__ infinitamente.
2. Mucha gente le teme a la oscuridad y no puede __respirar__ tranquila hasta que enciende la __luz__.
3. Finalmente hoy __nos enteramos__ de que fue la bibliotecaria quien se llevó las __cintas__ con las grabaciones de las entrevistas.
4. Cerca del bosque hay un lago que antes era __precioso__, pero ahora el agua está muy __turbia__ porque está contaminada.

2 Tú y las citas

A. Completa el test sobre el mundo de las citas.

Tú y las citas

1. **Si acabas de conocer a una persona que te gusta:**
   - **a.** La invitas a salir.
   - **b.** La sigues secretamente durante varios días para ver cómo se comporta.
   - **c.** Te escondes en un rincón y la admiras desde lejos.
2. **Un amigo te propone presentarte a alguien que conoce:**
   - **a.** Aceptas enseguida.
   - **b.** Haces muchas preguntas sobre la persona antes de decidir.
   - **c.** Dices que no: las citas con extraños te ponen nervioso/a.
3. **Antes de una cita:**
   - **a.** Vas a comprar ropa nueva y te arreglas bien para causar una buena impresión.
   - **b.** Le pides a un par de amigos/as que vayan al mismo restaurante, por si acaso.
   - **c.** Te da un ataque de nervios y casi llamas para cancelar.
4. **En la conversación:**
   - **a.** Muestras interés por la otra persona, le cuentas acerca de ti y actúas tal como eres.
   - **b.** Haces más preguntas de las que tú contestas.
   - **c.** Evitas contar mucho sobre ti. Prefieres guardar información para una segunda cita.

B. En parejas, comparen sus respuestas. ¿Tienen actitudes similares o son muy diferentes? ¿Por qué?

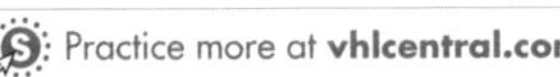
Practice more at **vhlcentral.com.**

TEACHING OPTIONS

Small Groups Have students discuss real stories of disastrous dates or love stories that started in amazing or curious ways. Tell them to decide on the best story in each group and work together to write a brief description of the story, which they will then present to the class as a group. After all groups have presented, the class can vote for the best first meeting in a love story and the worst date ever.

TEACHING OPTIONS

Expansion Go over students' answers in **Actividad 2** as a class. Make a chart to tally and compare their answers. Discuss which answers are the most common for each item and which are the least common. Are most of the students **extrovertidos** or **introvertidos**?

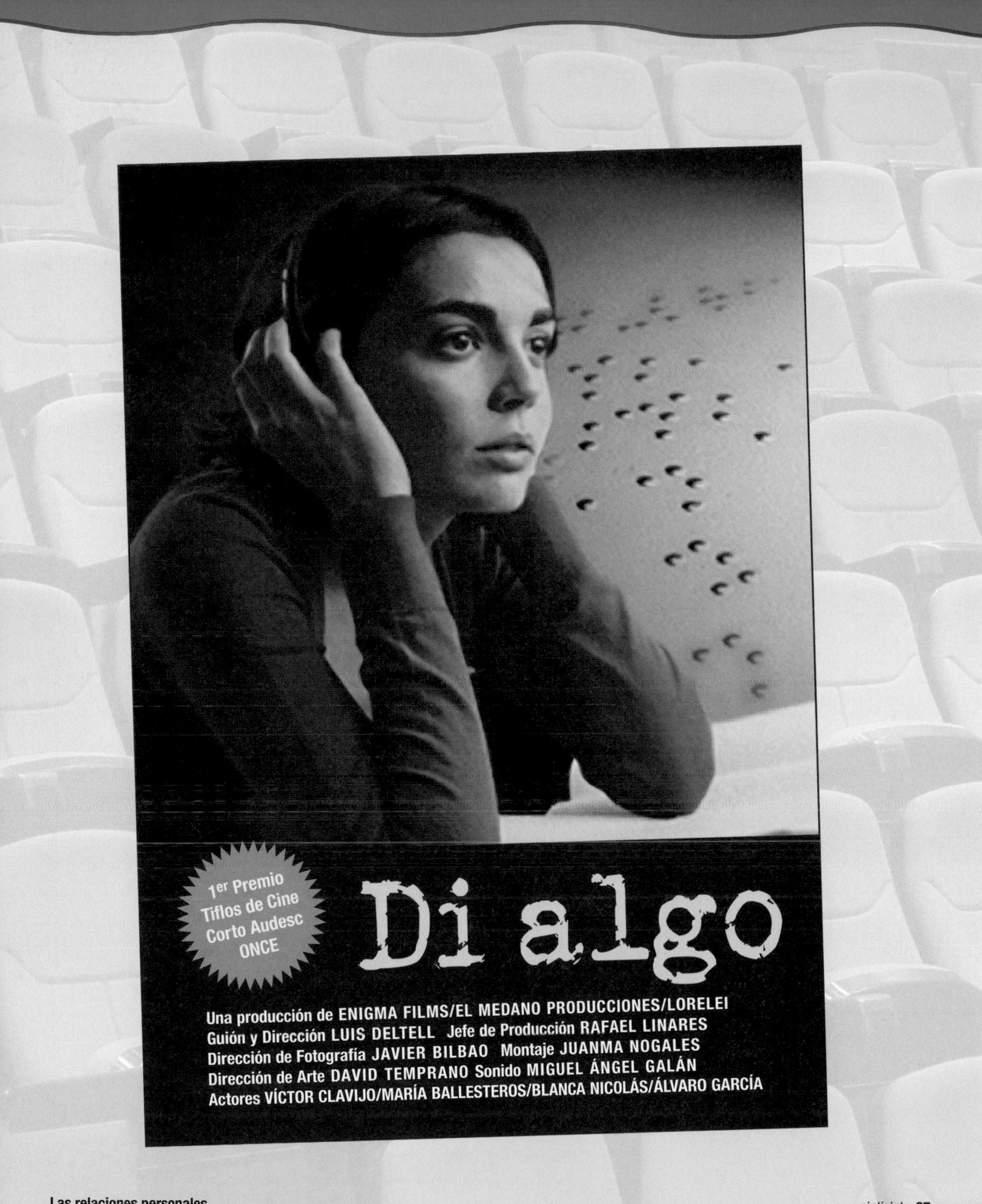

1er Premio
Tiflos de Cine
Corto Audesc
ONCE
Di algo
Una producción de ENIGMA FILMS/EL MEDANO PRODUCCIONES/LORELEI
Guión y Dirección LUIS DELTELL Jefe de Producción RAFAEL LINARES
Dirección de Fotografía JAVIER BILBAO Montaje JUANMA NOGALES
Dirección de Arte DAVID TEMPRANO Sonido MIGUEL ÁNGEL GALÁN
Actores VÍCTOR CLAVIJO/MARÍA BALLESTEROS/BLANCA NICOLÁS/ÁLVARO GARCÍA

Communication 1.2
Cultures 2.1, 2.2
Connections 3.2
Comparisons 4.2

Teaching Tips

- Tell students to look carefully at the poster for the **cortometraje**. Ask: **¿Es una obra importante? ¿Por qué?**
- Tell students that the acronym ONCE in the starburst stands for **Organización Nacional de Ciegos Españoles** (The Spanish National Organization of the Blind). Ask students to speculate on the plot of the film based on the movie poster, title, and the fact that this organization gave the film its first prize.

NATIONAL STANDARDS

Communities Have students do research to identify Spanish-language films that have taken recent prizes at international film festivals. Have students learn the resources available in your community (theaters, video rental services, cable, school events, etc.) for viewing such films.

EXPANSION

Extra Practice Have students research **ONCE** and write a short paper about the organization's mission and major activities. Encourage students to find similar organizations in the U.S. and compare them to **ONCE.**

CRITICAL THINKING

Comprehension and Analysis Ask pairs of students to describe the woman in the poster. Then ask them to predict the content of the short based on the title, the poster, and the previewing activities. Their responses should be at least five sentences long. Ask volunteers to read their paragraphs.

Video Synopsis
A blind girl falls in love with the voice of an audio book reader. She finds out his telephone number and starts calling him without saying anything other than: "Say something." When he begins to fall for this unknown woman, he will set out to find her too.

Previewing Strategies
- Ask students to describe the personalities of the principal characters based on the conversation and photos.
- **Preview** Have students imagine what the story of the short film is and what happens right after the sixth scene; ask them to suggest different endings. **¿Conocen alguna película donde la pareja protagonista no se conoce hasta el final?**

21st CENTURY SKILLS

Social and Cross-Cultural Skills
Have students work in groups to choose one or two aspects of the movie that they identify as different from what they would expect in their daily life. Ask students to write two to three sentences about the difference and how they would explain what is different to a visitor from that culture.

Escenas

ARGUMENTO Una joven ciega se enamora de la voz de un hombre que escucha en grabaciones. Cuando se acaban las cintas, ella busca otra manera de seguir escuchando su voz.

VOZ DE PABLO "Menos tu vientre, todo es confuso, fugaz, pasado, baldío, turbio..."

IRENE Quería información sobre el lector 657... ¿No me podrías conseguir su número de teléfono?
BIBLIOTECARIA No puedo, Irene; eso está prohibido.

GUARDIA ¡Espera! ¿Estás bien?
IRENE Sí, sí, muchas gracias; es que me he entretenido.

PABLO ¿Sí? ¿Quién es? ¿Sí?
IRENE Di algo.

PABLO Todo el día esperando que me llame una chica que no conozco y que no habla... bueno, sí, que solamente dice: "Di algo."

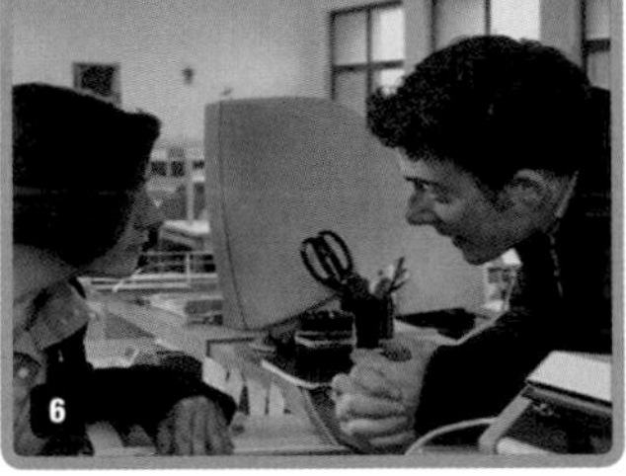

PABLO ¿Hay alguien que esté pidiendo mis cintas?
BIBLIOTECARIA No sé, vamos a ver... Creo que un señor mayor... ¡ah!, y una chica también.

TEACHING OPTIONS

Large Groups Divide the class into three groups and have each group read one of the following poems: "**Menos tu vientre todo es confuso**" by Miguel Hernández, "**Te beberé el cabello**" by Antonio Gamoneda, and "**Compañera de hoy**" by Alfonso Costafreda. Ask them to highlight the main words and analyze the theme of the poems. Then, they may explain their poem to the rest of the class and find whether there is a connection between the three of them.

Después de ver el corto

1 Comprensión Indica si estas afirmaciones son **ciertas** o **falsas**. Luego, en parejas, corrijan las falsas.

1. Irene no tiene el teléfono de Pablo, pero lo conoce en persona.
   Falso. Irene no conoce a Pablo en persona.
2. La bibliotecaria no le da el teléfono de Pablo porque dice que está prohibido.
   Cierto.
3. Por la noche, Irene roba de la biblioteca la información sobre Pablo.
   Cierto.
4. Irene le dice la verdad al guardia.
   Falso. Le miente.
5. Pablo cree que la mujer que lo llama por teléfono y no le habla se llama Silvia.
   Cierto.
6. Pablo encuentra a Irene por casualidad en la calle.
   Falso. Pablo va a buscar a Irene a la biblioteca y allí la encuentra.

2 Interpretación En parejas, contesten las preguntas.

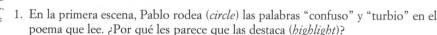

1. En la primera escena, Pablo rodea (*circle*) las palabras "confuso" y "turbio" en el poema que lee. ¿Por qué les parece que las destaca (*highlight*)?
2. Irene pide el número de teléfono de Pablo después de que la bibliotecaria le dice que no hay más cintas de él. ¿Cuál piensan que es su intención: conocer a Pablo o solamente escucharlo?
3. ¿Cómo es Pablo? Presten atención a las cosas que hay en su casa y a su forma de hablar y actuar.
4. ¿Por qué Irene sólo le dice: "Di algo" y no le explica quién es? Imaginen sus razones y enumérenlas.
5. ¿Por qué Pablo se va cuando Irene se da cuenta de que él está sentado frente a ella? ¿Está esperando que ella haga algo o quiere escaparse?

3 Diálogo En el ascensor, Pablo le dice a Irene: "Eres tú la que tiene que decir algo". Imaginen el diálogo que sigue a estas palabras y escríbanlo. Después, represéntenlo frente a la clase.

4 Escribir Elige una de las siguientes opciones y escribe una carta.

- Imagina que te cruzas un instante por la calle con alguien y te enamoras a primera vista, pero él/ella desaparece entre la gente y ahora quieres encontrarlo/a. Escribe una carta a un periódico describiéndolo/a; cuenta por qué lo/la buscas y pide ayuda a los lectores.
- Por un error al marcar un número de teléfono, conoces a alguien, empiezan a hablar y se enamoran. Después de un tiempo tienen una cita para conocerse personalmente, pero todo resulta un desastre: él/ella no se parece nada a la idea que te formaste por su voz. Escribe una carta a un amigo o a una amiga contándole sobre la cita.

Practice more at **vhlcentral.com.**

recursos

vText

 Communication 1.1, 1.3

1 Expansion Have student pairs write three of their own true or false questions and exchange with other pairs.

1 Expansion Have students discuss the importance of names for our identities, and also for communication and relationships. You may refer them to the famous line from *Romeo and Juliet* that begins "What's in a name?" **¿El nombre de una persona es especial? ¿En qué situación prefieres dar un nombre falso? ¿Por qué?**

2 Virtual Chat You can also assign activity 2 on the Supersite. Students record individual responses that appear in your gradebook.

2 Expansion Have students reflect on how we express love (in our families, in friendships, in relationships): **¿Cómo decimos "Te quiero"?** They may make a list of gestures or words that communicate our feeling to others.

3 Expansion As a follow-up, ask students: **¿Por qué las historias de amor son tan populares? ¿*Di algo* es una historia de amor eficaz? ¿Por qué?** You can ask students to list the characteristics of a good romantic story, and try to find some of them in the short.

PRE-AP*

Point of View and Interpersonal Speaking, Part A Show students the video. Discuss how it would feel to be Irene. How is her life different from the students' lives, and how is her relationship to people's voices different from theirs? Then say: **Tú eres Irene y hablas con tu mejor amiga por teléfono sobre lo que te ha pasado. Escribe lo que le dirías.**

Point of View and Interpersonal Speaking, Part B Now have students discuss in groups of three or four how they think Pablo feels. Why does he go looking for Irene? How does he feel about her? Show the video and then say: **Tú eres Pablo y hablas con tu mejor amigo por teléfono sobre lo que ha pasado. Escribe lo que le dirías.** Have students perform both conversations.

Section Goals

In **Lecturas**, students will:

- read about **Pablo Neruda**, then read and analyze his **"Poema 20"**
- read about Supreme Court Justice **Sonia Sotomayor**

Communication 1.2
Comparisons 4.1

Instructional Resources
vText
Cuaderno de práctica, p. 9
Cuaderno para hispanohablantes, pp. 11–13
Supersite: Additional practice

Teaching Tips

- Ask students who Picasso was and why this particular painting of his ***(Los enamorados)*** is very appropriate for this chapter. (Answer: The overarching theme of the chapter is **Las relaciones personales**.)
- Ask who José Martí was.

NATIONAL STANDARDS
Connections: Art Have students do research in the library or online to identify other pieces of art by Spanish-speaking artists that show people in relationships. Ask them to share copies of the art with the class and describe the people shown and their relationship.

1 LECTURAS

Los enamorados, 1923
Pablo Picasso, España

"La única fuerza y la única verdad que hay en esta vida es el amor."

— José Martí

CRITICAL THINKING

Analysis **"Poema 20"** is part of Neruda's early work. Have students research the chronology of his poetry, either in books or online. Ask students to examine the body of his work and determine whether, later in his career, he also wrote poetry about relationships.

CRITICAL THINKING

Evaluation Students discuss whether they agree with José Martí's quotation, **"La única fuerza y la única verdad que hay en esta vida es el amor,"** and defend their opinion.

Antes de leer

Poema 20

Sobre el autor

Ya de muy joven, el chileno Ricardo Eliecer Neftalí Reyes Basoalto —tal fue el nombre que sus padres dieron a **Pablo Neruda** (1904–1973) al nacer— mostraba inclinación por la poesía. En 1924, con tan sólo veinte años, publicó el libro que lo lanzó (*launched*) a la fama: *Veinte poemas de amor y una canción desesperada*. Además de poeta, fue diplomático y político. El amor fue sólo uno de los temas de su extensa obra: también escribió poesía surrealista y poesía con fuerte contenido histórico y político. Su *Canto general* lleva a los lectores en un viaje por la historia de América Latina, desde los tiempos precolombinos hasta el siglo veinte. En 1971, recibió el Premio Nobel de Literatura.

Vocabulario

el alma *soul*	**el corazón** *heart*
amar *to love*	**la mirada** *gaze*
besar *to kiss*	**el olvido** *forgetfulness; oblivion*
contentarse con *to be contented, satisfied with*	**querer (e:ie)** *to love; to want*

Poema Completa este poema con las opciones correctas.

Quiero (1) __besarte__ (besarte/amarte) porque te (2) __quiero__ (quiero/olvido),
pero tú te alejas y desde lejos me miras.

Mi (3) __corazón__ (corazón/olvido) no (4) __se contenta__ (quiere/se contenta)
con una (5) __mirada__ (alma/mirada) triste.

Entonces me voy y sólo espero el (6) __olvido__ (corazón/olvido).

Conexión personal ¿Has estado enamorado/a alguna vez? ¿Te gusta leer poesía? ¿Has escrito alguna vez una carta o un poema de amor?

Análisis literario: la personificación

La personificación es una figura retórica (*figure of speech*) que consiste en atribuir cualidades humanas a seres inanimados (*inanimate objects*), ya sean animales, cosas o conceptos abstractos. Observa estos ejemplos de personificación: *me despertó el llanto* (crying) *del violín; tu silencio habla de dolores pasados*. En *Poema 20*, Pablo Neruda utiliza este recurso en varias ocasiones. Mientras lees el poema, prepara una lista de las personificaciones. ¿Qué cualidad humana atribuye el poeta al objeto?

Communication 1.3

Teaching Tips

- **Vocabulario** As a variant, show students photographs related to the **Literatura** theme and have them describe the images using the new vocabulary.
- **Análisis literario** Supply other examples of personification with which students might be familiar, such as "the *angry* storm subsided."

Culture Note Ask students if they have seen or heard of the 1995 film ***Il postino*** (*The Postman*), which was a fictitious account of a relationship between a simple **cartero** and Neruda.

Extra Practice Have students do the **Análisis literario** in groups and report their answers back to the class.

NATIONAL STANDARDS
Connections: History
Neruda's work was profoundly influenced by his participation in major historical and political events of the 20th century, in particular the Spanish Civil War and the political struggles in Chile. Have students research some of this history and Neruda's part in it, and then read poems that reflect that experience.

PRE-AP*

Interpersonal Writing Have students complete the following assignment. Say: **Como ya sabes, "Poema 20" es un poema de amor que fue escrito a principios del siglo XX. Imagina que eres el/la poeta y que estás vivo/a pero no tienes tiempo para escribir un poema. Escribe un correo electrónico a tu amada/o expresándole tus sentimientos. ¡No te olvides de usar vocabulario y un tono que utilizaría un(a) joven del siglo XXI!**

Cultures 2.1, 2.3
Connections 3.2

Teaching Tips

- Have students look at the title page of the poem. Discuss what they see pictured there.
- Remembering the discussion about personification on page 31, ask students why they think the picture of a starry sky is an appropriate introduction to the poem.

Reading Strategy Before discussing the poem, give students a few minutes to read the poem aloud to a partner. Remind them that it is not necessary to understand every single word, especially during the first read-through.

POEMA 20

Pablo Neruda

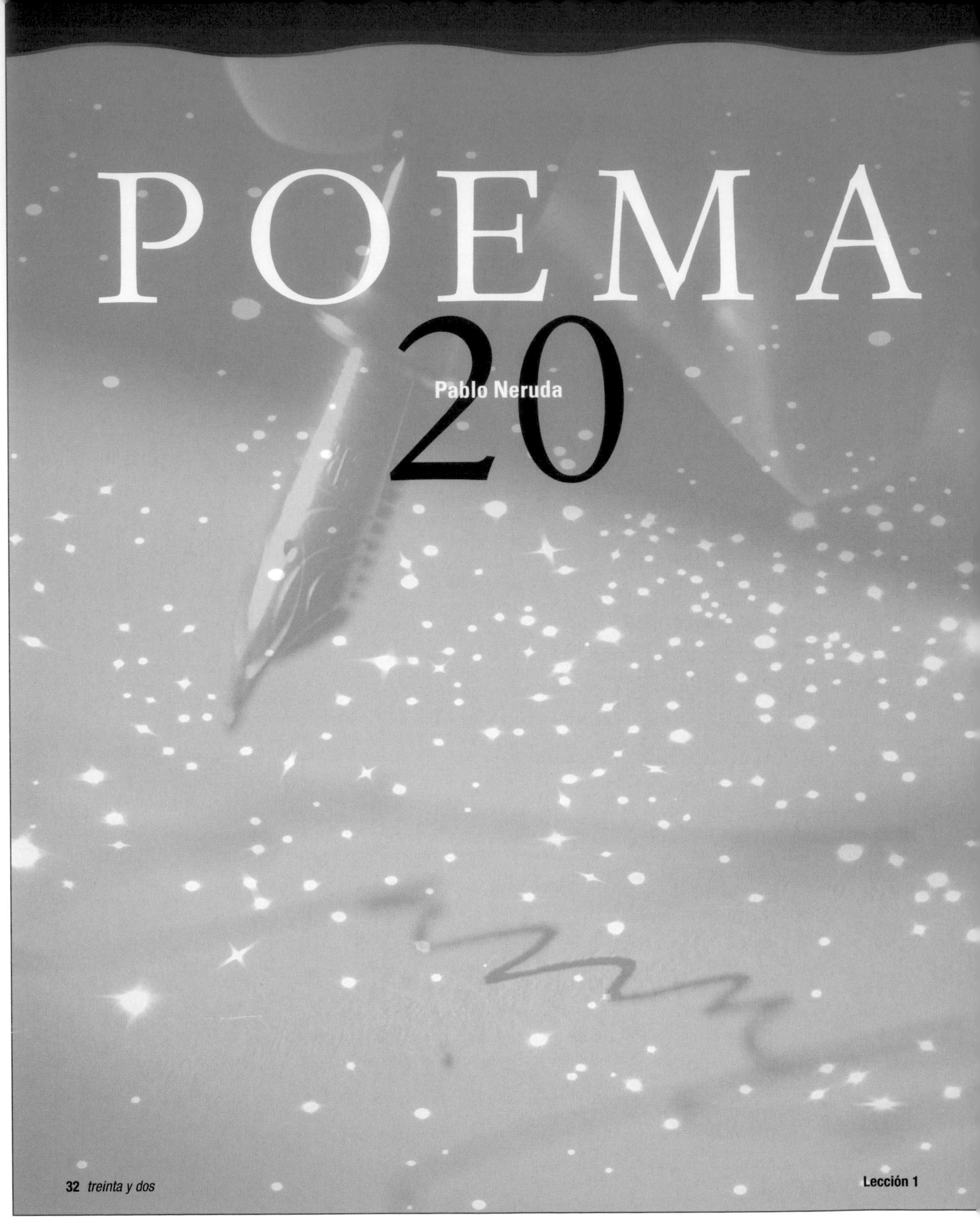

CRITICAL THINKING

Analysis Discussion topic: **¿Por qué se titula así el poema?** (Possible answer: **Neruda publicó el poema a los veinte años.**) After students make their suggestions, tell them that this poem is from a compilation entitled ***Veinte poemas de amor y una canción desesperada.***

LEARNING STYLES

Auditory Learners Have students listen to the recording of this reading on the Supersite (vhlcentral.com) or play it for them in class. Encourage them to record their own version with a musical soundtrack to share with the class.

Puedo escribir los versos más tristes esta noche.
Escribir, por ejemplo: "La noche está estrellada°,
y tiritan°, azules, los astros°, a lo lejos°".
El viento de la noche gira° en el cielo y canta.

Puedo escribir los versos más tristes esta noche.
Yo la quise, y a veces ella también me quiso.

En las noches como ésta la tuve entre mis brazos.
La besé tantas veces bajo el cielo infinito.

Ella me quiso, a veces yo también la quería.
Cómo no haber amado sus grandes ojos fijos°.

Puedo escribir los versos más tristes esta noche.
Pensar que no la tengo. Sentir que la he perdido.

Oír la noche inmensa, más inmensa sin ella.
Y el verso cae al alma como al pasto el rocío°.

Qué importa que mi amor no pudiera guardarla°.
La noche está estrellada y ella no está conmigo.

Eso es todo. A lo lejos alguien canta. A lo lejos.
Mi alma no se contenta con haberla perdido.

Como para acercarla° mi mirada la busca.
Mi corazón la busca, y ella no está conmigo.

La misma noche que hace blanquear° los mismos árboles.
Nosotros, los de entonces, ya no somos los mismos.

Ya no la quiero, es cierto, pero cuánto la quise.
Mi voz° buscaba el viento para tocar su oído.

De otro. Será de otro. Como antes de mis besos.
Su voz, su cuerpo claro. Sus ojos infinitos.

Ya no la quiero, es cierto, pero tal vez la quicro.
Es tan corto el amor, y es tan largo el olvido.

Porque en noches como ésta la tuve entre mis brazos,
mi alma no se contenta con haberla perdido.

Aunque éste sea el último dolor que ella me causa,
y éstos sean los últimos versos que yo le escribo. ■

estrellada: starry
tiritan: blink; tremble
astros / a lo lejos: stars/in the distance
gira: turns
fijos: fixed
como al pasto el rocío: like the dew on the grass
guardarla: keep; protect
acercarla: to bring closer
blanquear: to whiten
voz: voice

Expansion Ask these questions:

1. **Se repite varias veces la expresión "Puedo escribir". ¿Por qué usa el poeta la palabra "puedo"? ¿Qué indica?**
2. **¿Qué palabras y frases usa el poeta para describir la noche?**
3. **¿Por qué escribe el poeta de noche y no de día?**
4. **Señala las alusiones a la naturaleza que hay en el poema.**
5. **¿Hay repetición de sonidos —las vocales, por ejemplo? Si la hay, ¿qué efecto produce?**
6. **¿Qué palabras y frases usa el poeta para describir a su amada?**
7. **¿Qué palabra une claramente a la amada con la naturaleza?** (Answer: **infinito —el cielo infinito, sus ojos infinitos**)

PRE-AP*

Synthesis of Skills Show students selected scenes from ***Il Postino.*** Explain that this film is based on the Chilean novel, ***El cartero de Neruda,*** by Antonio Skármeta. Explain the plot of the movie and that the postman is very naïve and in love. Have them write the Spanish conversation between Neruda and **el cartero** as they see the film excerpts. Read **"Poema 20"**, and brainstorm with the class what it means. Then say to students: **Explica con tus propias palabras qué significa el poema. Compara tus ideas con las de tu grupo. Luego escribe unas 100 palabras, resumiendo las ideas de tu grupo.**

Communication 1.1, 1.3

Teaching Tips

1 Have students work in pairs to write on a sheet of paper two more questions about the poem. They should exchange these questions with another pair, who will then write their answers below the questions on the sheet and return the sheet to the pair who wrote the original questions. The original pair corrects the answers. If any are incorrect, they must inform the students who provided them and suggest correct answers.

3 Ask students to work in small groups to discuss the answers to these questions. One student from each group will be responsible for summarizing the group's ideas about each question for the rest of the class.

4 Ask students to complete the activity again, but this time also describing the poet.

6 Give students the option of writing a story from the point of view of the woman in the poem, explaining what happened in her own words. Was it an unrequited love, a fading love, a case of opposites attracting?

Después de leer

Poema 20

Pablo Neruda

1 Comprensión Contesta las preguntas con oraciones completas.

1. ¿Quién habla en este poema? Un hombre enamorado / Un poeta habla en este poema.
2. ¿De quién habla el poeta? El poeta habla de su amada. / El poeta habla de su antigua novia.
3. ¿Cuál es el tema del poema? El tema del poema es el amor.
4. ¿Qué momento del día es? Es de noche.
5. ¿Sigue el poeta enamorado? Da un ejemplo del poema. El poeta no lo sabe. Ejemplo: "Ya no la quiero, es cierto, pero tal vez la quiero."

2 Analizar Lee el poema otra vez para contestar las preguntas con oraciones completas.

1. ¿Qué personificaciones hay en el poema y qué efecto transmiten? Explica tu respuesta.
2. ¿Tienen importancia las repeticiones en el poema? Explica por qué.
3. La voz poética habla sobre su amada, pero no le habla directamente a ella. ¿A quién crees que le habla la voz poética en este caso?
4. ¿Qué sentimientos provoca el poema en los lectores?

3 Interpretar Contesta las preguntas con oraciones completas.

1. ¿Cómo se siente el poeta? Da algún ejemplo del poema.
2. ¿Es importante que sea de noche? Razona tu respuesta.
3. Explica con tus propias palabras este verso: "Es tan corto el amor, y es tan largo el olvido".
4. En un momento dado el poeta afirma: "Yo la quise, y a veces ella también me quiso" y, un poco más adelante, escribe: "Ella me quiso, a veces yo también la quería". Explica el significado de estos versos y su importancia en el poema.

4 Ampliar Trabajen en parejas para imaginar cómo es la mujer del poema. Hablen sobre:

- su apariencia física
- su personalidad
- sus aficiones

5 Imaginar En parejas, imaginen la historia de amor entre el poeta y su amada. Preparen una conversación en la que se despiden para siempre. Deben inspirarse en algunos de los versos del poema.

6 Personificar Elige un objeto y escribe un párrafo breve en el que atribuyes (*attribute*) cualidades humanas al objeto.

MODELO Tengo en mi cuarto una estrella de mar. Me cuenta historias de piratas…

Practice more at **vhlcentral.com.**

CRITICAL THINKING

Synthesis Give students the option of writing a haiku **poema de amor**. If they prefer to write something less personal, they may choose to write from the perspective of a fictitious character (Ex: Shrek, when he thinks his love is unrequited) or of a celebrity.

CRITICAL THINKING

Evaluation On the Internet, have students research some other Spanish-speaking poets who were contemporaries of Pablo Neruda, such as Federico García Lorca, Octavio Paz, and Pedro Salinas. Students then work in groups to compare and contrast the poets, putting the information into a web, which they then share with the class.

 Communication 1.3

Teaching Tips

- Ask students whether they have had a bad experience due to something they said backfiring or being misinterpreted. Did they stand by their words and try to explain them better, or did they withdraw? Why?
- As a follow-up you might write this saying on the board and ask the class to discuss its meaning. **"Las palabras están vivas. Si las cortas, sangran."** Ralph Waldo Emerson
- Ask the class to discuss political correctness, and if it might make us more hesitant to express ourselves.
- Go over students' responses to **Conexión personal.**

Antes de leer

Vocabulario

el cargo *position*	**rechazar** *to turn down*
la cima *height*	**sabio/a** *wise*
convertirse (e:ie) en *to become*	**el sueño** *dream*
en contra *against*	**superar** *to exceed*
propio/a *own*	**tomar en cuenta** *to take into consideration*

 **Oraciones incompletas** Completa este párrafo con las palabras del vocabulario.

El (1) sueño de muchas jóvenes es encontrar a su príncipe azul y (2) convertirse en heroínas de historias románticas. Otras mujeres buscan una profesión y un (3) cargo que les permitan beneficiar a toda la sociedad. Lo importante es no (4) tomar en cuenta las opiniones y las circunstancias (5) en contra de ese proyecto. Tal vez, un día, ninguna mujer tendrá que sacrificar su vida personal para llegar a la (6) cima de su carrera.

Conexión personal ¿Con qué soñabas cuando eras pequeño/a? ¿Qué querías ser de grande? ¿Tienes todavía las mismas metas que tenías de niño/a o has cambiado? ¿Crees que vas a alcanzar tus metas?

Contexto cultural

Una frase pronunciada por Sonia Sotomayor en 2001 causó gran revuelo (*commotion*) y despertó posiciones en contra y a favor. Sus provocadoras palabras fueron: "Quiero pensar que una sabia mujer latina, con su riqueza de experiencias, puede tomar mejores decisiones que un sabio hombre blanco que no ha vivido esa vida." Sotomayor después se excusó diciendo que se había expresado mal. Pero esta declaración generó los cuestionamientos más importantes a su nominación a la Corte Suprema y, paralelamente, grupos en Facebook, camisetas y carteles la tomaron como una reafirmación de la identidad femenina latina. ¿Qué opinas tú? ¿Influyen nuestro origen, género y experiencias en las decisiones que tomamos? Si así lo crees, ¿piensas que este hecho es positivo o negativo? ¿Crees que es posible dejar de lado los sentimientos y el pasado para tomar en cuenta solamente la ley? ¿O crees que la subjetividad puede tener lugar en la justicia?

PRE-AP*

Presentational Writing Have students research other high-achieving minority figures and write a short composition about their lives. They can choose a scientist, politician, activist, entertainer, educator, etc.

TEACHING OPTIONS

Expansion Ask students to discuss if ethnicity and gender should be taken into account the next time there is a vacancy on the Supreme Court. **¿Creen Uds. que la Corte Suprema ya tiene un balance adecuado entre hombres y mujeres? ¿Entre blancos y gente de otras razas? ¿Creen que el presidente debe buscar candidatos para la Corte Suprema que sean de un perfil particular?**

Communication 1.2
Cultures 2.1, 2.2
Connections 3.1, 3.2
Comparisons 4.2

Teaching Tips

- Before reading, have students talk about the title ***Sonia Sotomayor: la niña que soñaba.*** Ask what they think it says about her when she was a child.
- Highlight the fact that books were the first thing to set Sotomayor on her career path. Have students talk in small groups about what books they read as children, and how those books affected their idea of what they wanted to be then, and what their goals are now.

NATIONAL STANDARDS

Connections: Social Studies/Civics Ask students how being a detective or a lawyer relates to Sotomayor's current position. What values do these professions have in common? Then have students discuss what values are most important to them and how those values affect their professional goals.

Sonia Sotomayor:

la niña que soñaba

Sonia Sotomayor era una niña que soñaba. Y, según cuenta, lo que soñaba era convertirse en detective, igual que su heroína favorita, Nancy Drew. Sin embargo, a los ocho años, tras un diagnóstico de diabetes, sus médicos le recomendaron que pensara en una carrera menos agitada. Entonces, sin recortar sus aspiraciones ni resignarse a menos, encontró un nuevo modelo en otro héroe de ficción: Perry Mason, el abogado encarnado° en televisión por Raymond Burr. "Iba a ir a la universidad e iba a convertirme en abogada: y supe esto cuando tenía diez años. Y no es una broma" declaró ella en 1998.

encarnado° played by

DIFFERENTIATION

Heritage Speakers Ask heritage speakers if they had a favorite Spanish-language author when they were younger. Have them bring in books from those authors or others for the class to read.

TEACHING OPTIONS

Expansion Have students brainstorm a list of questions they would ask if they were interviewing Sonia Sotomayor. Then have pairs role-play the interview, inventing their own responses or basing them on the reading. Have two volunteers act out the interview for the class.

Robin Kar, secretario de Sonia Sotomayor en 1988–1989, afirma que la jueza no sólo tiene una historia asombrosa°, sino que además es una persona asombrosa. Y cuenta que, en la corte, ella no solamente conocía a sus pares°, como los otros jueces y políticos, sino que también se preocupaba por conocer a todos los porteros, los empleados de la cafetería y los conserjes°, y todos la apreciaban mucho.

En su discurso de aceptación de la nominación a la Corte Suprema, Sonia Sotomayor explicó su propia visión de sí misma: "Soy una persona nada extraordinaria que ha tenido la dicha de tener oportunidades y experiencias extraordinarias." Pero ni siquiera sus sueños más descabellados° podían prepararla para lo que ocurrió en mayo de 2009, cuando Barack Obama la nominó como candidata a la Corte Suprema de Justicia de Estados Unidos. En su discurso, el presidente destacó el "viaje extraordinario" de la jueza, desde sus modestos comienzos hasta la cima° del sistema judicial. Para él, los sueños son importantes y Sonia Sotomayor es la encarnación del sueño americano.

Nació en el Bronx, en Nueva York, el 25 de junio de 1954, y creció en un barrio de viviendas subsidiadas°. Sus padres, puertorriqueños, habían llegado a Estados Unidos durante la Segunda Guerra Mundial. Su padre, que había estudiado sólo hasta tercer grado y no hablaba inglés, murió cuando Sonia tenía nueve años, y su madre, Celina, tuvo que trabajar seis días a la semana como enfermera para criarlos° a ella y a su hermano menor. Como la señora Sotomayor consideraba que una buena educación era fundamental, les compró a sus hijos la Enciclopedia Británica y los envió a una escuela católica para que recibieran la mejor instrucción posible. Seguramente los resultados superaron también sus expectativas: Sonia estudió en las universidades de Princeton y Yale, y su hermano Juan estudió en la Universidad de Nueva York, y ahora es médico y profesor en la Universidad de Siracusa.

Sonia Sotomayor trabajó durante cinco años como asistente del fiscal de Manhattan, Robert Morgenthau (quien inspiró el personaje del fiscal del distrito Adam Schiff en la serie de televisión *Law and Order*). Luego se dedicó al derecho corporativo y más tarde fue jueza de primera instancia de la Corte Federal de Distrito antes de ser nombrada jueza de Distrito de la Corte Federal de Apelaciones. En 2009 se convirtió en la primera hispana —y la tercera mujer en toda la historia— en llegar a la Corte Suprema de Justicia de Estados Unidos, donde suelen tratarse cuestiones tan controvertidas como el aborto, la pena de muerte, el derecho a la posesión de armas, etc.

Cuando el presidente Obama nominó a la jueza Sotomayor para su nuevo cargo, Celina Sotomayor escuchaba desde la primera fila° con los ojos llenos de lágrimas. En su discurso de aceptación, Sonia la señaló como "la inspiración de toda mi vida". Tal vez, en el fondo, lo que soñaba realmente la niña del Bronx era ser, como su madre, una "sabia mujer latina". ■

amazing
peers
janitors
wildest
height
housing project
raise them
front row

Cómo Sotomayor salvó al béisbol

En 1994, de manera unilateral, los propietarios de los equipos de las Grandes Ligas de béisbol implantaron un tope (*limit*) salarial; esto fue rechazado por los jugadores y su sindicato, que declararon una huelga (*strike*). El caso llegó a Sonia Sotomayor, en ese entonces la jueza más joven del Distrito Sur de Nueva York, en 1995. Ella escuchó los argumentos de las dos partes y anunció su dictamen (*ruling*) a favor de los jugadores. Logró acabar así con la huelga que llevaba ya 232 días y, además, ganarse el título de "salvadora del béisbol".

Teaching Tips

- Remind students how helpful cognates can be. Ex: **aceptación, nominación, fundamental, corporativo, inspiración,** etc.
- Remind students that it's not necessary to understand every word—the gist of the **lectura** is what is important at first.

TEACHING OPTIONS

Small Groups Ask students if they believe in "The American Dream." Is Sotomayor a good example of this? Have students split into small groups and share real-life stories of the American Dream. Have each group present one to the class.

TEACHING OPTIONS

Expansion Ask students if they agree that Sotomayor is the **"salvadora del béisbol."** What would have happened if she had ruled in favor of the owners?

Communication 1.1, 1.3

Teaching Tips

1 Ask students: **¿Creen que algunas personas tienen más posibilidades que otras para alcanzar sus sueños (debido a su género, educación, situación económica, raza, etc.)?**

3 Have students discuss the influence parents have in shaping their children's goals and behaviors. Tell them that Abraham Lincoln also said: "All that I am or hope to be, I owe to my mother." Ask them to find other examples of famous people that give all the credit to their parents.

3 **Virtual Chat** You can also assign activity 3 on the Supersite. Students record individual responses that appear in your gradebook.

Después de leer

1 Comprensión Indica si las siguientes oraciones son **ciertas** o **falsas**. Luego, en parejas, corrijan las falsas.

1. Sonia Sotomayor se considera una persona extraordinaria. Falso. Sonia Sotomayor se considera una persona nada extraordinaria que tuvo oportunidades y experiencias extraordinarias.
2. Ella conocía a todos los empleados de la corte, desde los jueces hasta los conserjes. Cierto.
3. De pequeña, Sonia quería ser detective como Nancy Drew. Cierto.
4. Sus padres eran neoyorquinos. Falso. Sus padres eran puertorriqueños.
5. Celina Sotomayor trabajaba como vendedora de enciclopedias para mantener a sus hijos. Falso. Celina Sotomayor trabajaba como enfermera.
6. Sonia fue la inspiración de un personaje de la serie de televisión *Law and Order*. Falso. Su jefe, Robert Morgenthau, inspiró un personaje de la serie *Law and Order*.

2 Interpretación En parejas, contesten las preguntas con oraciones completas y justifiquen sus respuestas.

1. ¿Les parece que la historia de Sonia Sotomayor es extraordinaria? ¿Por qué?
2. ¿En qué sentido piensan que su madre es "la inspiración de su vida"?
3. ¿Creen que su carrera es una prueba de que el sueño americano existe?
4. ¿Piensas que ella, como mujer y como hispana, y con la historia de su vida, puede asegurar un mejor debate en la Corte Suprema? ¿Por qué?
5. ¿Les parece que la experiencia de vida es más importante, menos importante o igualmente importante para las personas que los estudios que tengan? ¿Por qué?

3 Retrato

A. En las elecciones presidenciales de Estados Unidos en 2008, los dos candidatos también señalaron a sus madres como una inspiración fundamental de sus vidas. En parejas, lean y comenten las citas.

> **"Sé que (mi madre) fue el espíritu más bondadoso y generoso que jamás he conocido y que lo mejor de mí se lo debo a ella." Barack Obama, *Los sueños de mi padre***

> **"Roberta McCain nos inculcó su amor a la vida, su profundo interés en el mundo, su fortaleza y su creencia de que todos tenemos que usar nuestras oportunidades para hacernos útiles a nuestro país. No estaría esta noche aquí si no fuera por la fortaleza de su carácter." John McCain, Discurso de aceptación en la Convención Republicana**

B. Escriban al menos cuatro oraciones sobre cómo imaginan que es Celina Sotomayor. ¿Qué dirían de ella sus hijos? Luego, compartan sus oraciones con la clase y comparen sus descripciones.

MODELO Celina es una mujer trabajadora. Ella no está de acuerdo con perder el tiempo y quiere que sus hijos estudien y mejoren. Es paciente, pero está llena de energía…

4 Modelos de vida Escribe una entrada de blog en la que hablas sobre una persona sabia a la que admiras. Describe su personalidad y su historia y explica por qué es importante para ti.

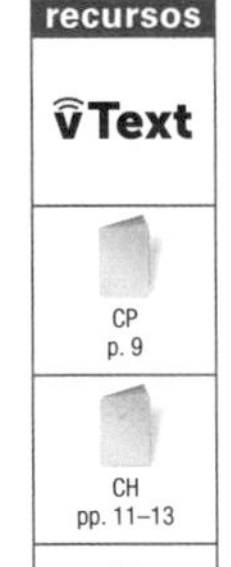

Practice more at **vhlcentral.com.**

EXPANSION

Research Project Assign small groups to research and write brief profiles of other famous women holding positions of responsibility and power in the U.S. (Hillary Clinton, Nancy Pelosi, Condoleezza Rice, Elena Kagan, etc.). Ask: **¿El hecho de que sean mujeres las ayuda o las perjudica?**

TEACHING OPTIONS

Expansion Have students locate census or demographic statistics about Latinos in the U.S., using either U.S. Census Bureau information or marketing information available to the public. Have them draw graphs and charts to present their findings to the class.

 Communication 1.1, 1.3

Atando cabos

¡A conversar!

Preguntas rápidas Usa la técnica de las "preguntas rápidas" para conocer a tus compañeros de clase, hacer nuevos amigos y buscar compañeros para proyectos. Comparte los resultados con la clase.

Cómo hacer las "preguntas rápidas"

- Reúnete con un(a) compañero/a durante cinco minutos. Hablen sobre quiénes son, cómo son, qué buscan, etc.
- Toma notas acerca del encuentro.
- Repite la actividad con otros compañeros.

	Nombre	Nombre
¿De dónde eres?		
¿Cómo eres?		
¿Qué cualidades buscas en un(a) amigo/a?		
¿Qué tipo de proyectos te gusta hacer?		

¡A escribir!

Consejero/a sentimental Lee la carta que envió Alonso a la sección de consejos sentimentales de *Facetas* y usa las frases del recuadro para responder a la carta de Alonso.

Expresar tu opinión

Estas frases pueden ayudarte a expresar tu opinión:

- En mi opinión,...
- Creo que...
- Me parece que...

Me llamo Alonso. Tengo 17 años y soy de Colombia. Vine a Boston con mi familia porque mi padre consiguió un nuevo trabajo. Conocí a Sean en la clase de español. Ahora somos muy buenos amigos. Nos llevamos bien y lo pasamos muy bien en las clases. Nos gusta comparar las diferencias culturales entre los latinoamericanos y los estadounidenses.

Los problemas comenzaron cuando Sean y yo empezamos a salir con un grupo de sus amigos después de las clases. Todos sus amigos son estadounidenses. Pienso que a nadie le interesa charlar conmigo, y a mí tampoco me interesa hablar con ellos de béisbol y esas cosas. Cuando voy a la casa de Sean para comer y llevo comida colombiana para compartir, su familia me mira con desconfianza. Cuando trato de hablar con ellos en inglés, hago errores y tengo vergüenza. A veces pienso que no debo tratar de hacer amistades con estudiantes estadounidenses como Sean, pero nos llevamos muy bien en el colegio. Sólo tenemos problemas fuera de la escuela. ¿Qué puedo hacer para sentirme menos nervioso con otras personas estadounidenses fuera de la escuela?

recursos

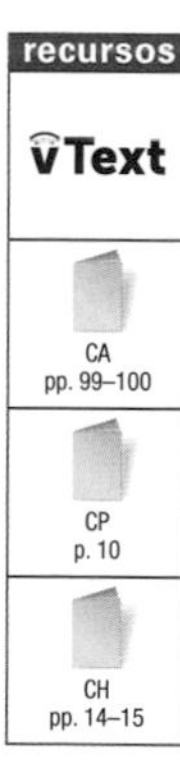

CRITICAL THINKING

Synthesis Have students do this activity: During a class trip to Spain, you attend a **preguntas rápidas** session. With a partner, write out a conversation that you might have during a **preguntas rápidas** session. Rehearse it several times and then act it out for the class. Add costumes and props to make the situation more real.

CRITICAL THINKING

Evaluation As a follow-up to the synthesis activity, have students assess the qualities they looked for in the person they "met." They should consider these questions: **¿Por qué buscaste esas características? ¿Por qué las consideras importantes? ¿Cómo se puede decidir en pocos minutos que uno/a quiere conocer mejor a la persona que acaba de conocer?**

Instructional Resources

vText

Cuaderno de actividades comunicativas, pp. 99–100

Cuaderno de práctica, p. 10

Cuaderno para hispanohablantes, pp. 14–15

Testing Program CD

Teaching Tips

- Since students are "tying up ends" on this page, have them review vocabulary of personality and emotions. Suggestion: Students choose three words from each category on page 2 of the chapter and write a sentence about each one.
- **¡A conversar!** As a follow-up activity, have students answer these discussion questions in small groups.
  1. **¿Participaron alguna vez en un evento de "preguntas rápidas" para conocer gente?**
  2. **¿Qué oportunidades ofrece tu escuela para conocer gente de otras culturas?**
  3. **¿Qué esperan cuando conocen nuevas personas? ¿Les importa más que la personalidad sea compatible o que tengan pasatiempos similares?**
  4. **¿Qué consejos le darían a un(a) estudiante a quien le resulta difícil conocer gente nueva?**
- **¡A escribir!** Before writing, have organize the information in two lists: things that Alonso should improve or change, and things that his friend should improve or change.

21st CENTURY SKILLS

¡A conversar! Collaboration If you have access to students from a Spanish-speaking country, arrange to have your students conduct one-on-one live internet video-conferences, voice calls, or written chats with them to conduct the **preguntas rápidas.**

Instructional Resources
vText
Supersite/TRCD:
Testing Program (Testing Program MP3 Audio Files)
Textbook CD
Audio Activities CD
Testing Program CD

Teaching Tips

- Make flashcards or a vocabulary list with Spanish and English. (Helpful hint: Keep these flashcards or vocabulary lists for reviewing later in the year, especially for mid-year and final exams.)
- Working in pairs, students quiz each other on vocabulary. One gives the English meaning and the other answers with the Spanish word.
- Students choose ten words and write a paragraph using them, perhaps to describe an ideal relationship (Ex: a couple, friends, or family members).

21st CENTURY SKILLS

Creativity and Innovation
Ask students to prepare a presentation on their top two or three prospective professions.

21st CENTURY SKILLS

Leadership and Responsibility Extension Project
Establish a partner classroom in a Spanish-speaking country. As a class, have students decide on three questions they want to ask the partner class related to the topic of the lesson they have just completed. Based on the responses they receive, work as a class to explain to the Spanish-speaking partners one aspect of their responses that surprised the class and why.

1 VOCABULARIO

La personalidad

autoritario/a	*strict; authoritarian*
cariñoso/a	*affectionate*
celoso/a	*jealous*
cuidadoso/a	*careful*
falso/a	*insincere*
gracioso/a	*funny; pleasant*
inseguro/a	*insecure*
(in)maduro/a	*(im)mature*
mentiroso/a	*lying*
orgulloso/a	*proud*
permisivo/a	*permissive; easy-going*
seguro/a	*sure; confident*
sensato/a	*sensible*
sensible	*sensitive*
tacaño/a	*cheap; stingy*
tímido/a	*shy*
tradicional	*traditional*

Los estados emocionales

agobiado/a	*overwhelmed*
ansioso/a	*anxious*
deprimido/a	*depressed*
disgustado/a	*upset*
emocionado/a	*excited*
preocupado/a (por)	*worried (about)*
solo/a	*alone; lonely*
tranquilo/a	*calm*

Los sentimientos

adorar	*to adore*
apreciar	*to appreciate*
enamorarse (de)	*to fall in love (with)*
estar harto/a (de)	*to be fed up (with); to be sick (of)*
odiar	*to hate*
sentirse (e:ie)	*to feel*
soñar (o:ue) (con)	*to dream (about)*
tener celos (de)	*to be jealous (of)*
tener vergüenza (de)	*to be ashamed/ embarrassed (of)*

Las relaciones personales

el/la amado/a	*loved one; sweetheart*
el ánimo	*spirit*
el cariño	*affection*
la cita (a ciegas)	*(blind) date*
el compromiso	*commitment; responsibility*
la confianza	*trust; confidence*
el desánimo	*the state of being discouraged*
el divorcio	*divorce*
la pareja	*couple; partner*
el sentimiento	*feeling; emotion*
atraer	*to attract*
coquetear	*to flirt*
cuidar	*to take care of*
dejar a alguien	*to leave someone*
discutir	*to argue*
educar	*to raise; to bring up*
hacerle caso a alguien	*to pay attention to someone*
impresionar	*to impress*
llevar... años de (casados)	*to be (married) for... years*
llevarse bien/mal/ fatal	*to get along well/ badly/terribly*
mantenerse en contacto	*to keep in touch*
pasarlo bien/mal/ fatal	*to have a good/bad/ terrible time*
proponer matrimonio	*to propose (marriage)*
romper (con)	*to break up (with)*
salir (con)	*to go out (with)*
soportar a alguien	*to put up with someone*
casado/a	*married*
divorciado/a	*divorced*
separado/a	*separated*
soltero/a	*single*
viudo/a	*widowed*

Más vocabulario

Expresiones útiles	*Ver p. 7*
Estructura	*Ver pp. 14–15, 18–19 y 22–23*

Cinemateca

la cinta	*tape*
la luz	*light*
alargar	*to drag out*
enterarse	*to find out*
entretenerse	*to be held up*
respirar	*to breathe*
pesado/a	*annoying*
precioso/a	*lovely*
turbio/a	*murky*
a lo mejor	*maybe*

Literatura

el alma	*soul*
el corazón	*heart*
la mirada	*gaze*
el olvido	*forgetfulness; oblivion*
amar	*to love*
besar	*to kiss*
contentarse con	*to be contented, satisfied with*
querer (e:ie)	*to love; to want*

Cultura

el cargo	*position*
la cima	*height*
el sueño	*dream*
convertirse (e:ie) en	*to become*
rechazar	*to turn down*
superar	*to exceed*
tomar en cuenta	*to take into consideration*
propio/a	*own*
sabio/a	*wise*
en contra	*against*

LEARNING STYLES

For Visual Learners Have students create a collage illustrating twenty words and expressions from the following categories of vocabulary, since these are the ones that may require additional practice: **Las relaciones personales, Más vocabulario, Cinemateca, Literatura,** and **Cultura**. To support the connection between the picture and the written word, have them write the Spanish word under each picture.

LEARNING STYLES

For Visual Learners Students choose a word from the lesson vocabulary and draw an image to illustrate it. The class guesses the word in the illustration. Added incentive: Students may earn a bonus point for each word they guess.

Las diversiones

Contextos
páginas 42–45
- La música y el teatro
- Los lugares de recreo
- Los deportes
- Las diversiones

Fotonovela
páginas 46–49
- *¡Tengo los boletos!*

Enfoques
México
páginas 50–53
- **En detalle:** El nuevo cine mexicano
- **Perfil:** Gael García Bernal
- **Flash cultura:** El cine mexicano

Estructura
páginas 54–65
- Object pronouns
- **Gustar** and similar verbs
- Reflexive verbs

Cinemateca
páginas 66–69
- **Cortometraje:** *Espíritu deportivo*

Lecturas
páginas 70–78
- **Literatura:** *Idilio* de Mario Benedetti
- **Cultura:** *El toreo: ¿Cultura o tortura?*

Atando cabos
página 79
- ¡A conversar!
- ¡A escribir!

Communicative Goals
VOICE BOARD

I will expand my ability to...
- avoid redundancy
- express personal likes and dislikes
- describe my daily routine and activities

Lesson Goals
In **Lección 2**, students will be introduced to the following:
- vocabulary related to music and theater, recreation, sports, and games
- functional phrases regarding humor and dating, concerts, and taking turns
- Mexican cinema and actor **Gael García Bernal**
- watch a video about Mexican cinema
- direct and indirect object pronouns
- **gustar** and similar verbs
- reflexive verbs
- the short film ***Espíritu deportivo***
- writer Mario Benedetti's short story ***Idilio***
- bullfighting

21st CENTURY SKILLS

Initiative and Self-Direction Students can monitor their progress online using the Supersite activities and assessments.

A primera vista Have students look at the photo; ask them:
1. **¿Cómo se siente la chica? ¿Por qué?**
2. **¿Qué tiene en las manos?**

INSTRUCTIONAL RESOURCES

DESCUBRE 3 Supersite: vhlcentral.com

Student Materials
Print: Student Book, Workbooks (*Cuaderno de actividades comunicativas, Cuaderno de práctica, Cuaderno para hispanohablantes*)
Technology: **vText**, *e-Cuaderno* and Supersite (Audio, Video, Practice)

Teacher Materials
DVDs (*Fotonovela, Flash cultura,* Film Collection); Teacher's Resource CD-ROM (Scripts, Answer Keys, Grammar Slides, Presentation PDFs, Testing Program); Testing Program, Textbook, Audio Activities CDs; Supersite: Resources (Planning and Teaching Resources from Teacher's Resource CD-ROM), Learning Management System (Gradebook, Assignments), Lesson Plans

Testing Program also available in print

Voice boards on the Supersite allow you and your students to record and share up to five minutes of audio. Use voice boards for presentations, oral assessments, discussions, directions, etc.

Section Goals

In **Contextos**, students will learn and practice:

- vocabulary related to music and theater, recreation, sports, and games
- listening to a conversation and an advertisement that contain the new vocabulary words

Communication 1.2
Comparisons 4.1

Instructional Resources

v̂Text

Cuaderno de actividades comunicativas, p. 57

Cuaderno de práctica, pp. 11–12

Cuaderno para hispanohablantes, pp. 17–18

e-Cuaderno

Supersite: Textbook, Vocabulary, & Audio Activities MP3 Audio Files

Supersite/TRCD: Textbook Audio Script, Audio Activities Script, Answer Keys

Textbook CD

Audio Activities CD

Teaching Tip With books closed, hold up magazine pictures of teens spending free time together and name the activities each teen is doing. Have students repeat. Then point to the pictures asking, **¿Están en un concierto?**, etc. Follow up by asking students about what they do in their free time.

NATIONAL STANDARDS

Communities Have students ask Spanish speakers in your school or community to name their favorite locations for entertainment. Are there Spanish-speaking sports leagues, either formal or informal? What sports are played?

Las diversiones

La música y el teatro

Mis amigos y yo tenemos un **grupo musical**. Yo soy el cantante. Ayer fue nuestro segundo **concierto**. Esperamos grabar pronto nuestro primer **álbum**.

el álbum *album*
el asiento *seat*
el/la cantante *singer*
el concierto *concert*
el conjunto/grupo musical *musical group; band*
el escenario *scenery; stage*
el espectáculo *show*
el estreno *premiere; debut*
la función *performance (theater; movie)*
el/la músico/a *musician*
la obra de teatro *play*
la taquilla *box office*

aplaudir *to applaud*
conseguir (e:i) boletos/entradas *to get tickets*
hacer cola *to wait in line*
poner un disco compacto *to play a CD*

Los lugares de recreo

el cine *movie theater; cinema*
el circo *circus*
la discoteca *discotheque; dance club*
la feria *fair*
el festival *festival*
el parque de atracciones *amusement park*
el zoológico *zoo*

Los deportes

el/la árbitro/a *referee*
el campeón/la campeona *champion*
el campeonato *championship*
el club deportivo *sports club*
el/la deportista *athlete*
el empate *tie (game)*
el/la entrenador(a) *coach; trainer*
el equipo *team*
el/la espectador(a) *spectator*
el torneo *tournament*

anotar/marcar (un gol/un punto) *to score (a goal/a point)*

desafiar *to challenge*
empatar *to tie (games)*
ganar/perder (e:ie) un partido *to win/lose a game*
vencer *to defeat*

DIFFERENTIATION

For Inclusion Label it! Give small groups of students each a magazine picture. Encourage them to use the vocabulary words to make labels for as many objects as possible in their picture. Then have them exchange labels and pictures with another group and work to place the labels correctly on the picture.

DIFFERENTIATION

To Challenge Students Play **Concentración**. Pairs place their flashcards Spanish-side down, English-side up. Set a timer on one minute. Say, "Student A, Go!" Student A points to a card, names the vocabulary, and flips the card over to check. If correct, A keeps the card. If incorrect, A returns the card to Spanish-side down. After one minute is up, set the timer for Student B. At the end of six minutes, pairs see who has the most cards.

Las diversiones

Ricardo y sus amigos **se reúnen** todos los sábados. Les **gustan el billar** y **el boliche**, y son verdaderos **aficionados** a **las cartas**.

el ajedrez *chess*
el billar *billiards*
el boliche *bowling*
las cartas/los naipes *(playing) cards*
los dardos *darts*
el juego de mesa *board game*
el pasatiempo *pastime*
la televisión *television*
el tiempo libre/los ratos libres *free time*
el videojuego *video game*

aburrirse *to get bored*
alquilar una película *to rent a movie*
brindar *to make a toast*
celebrar/festejar *to celebrate*
dar un paseo *to take a stroll, walk*
disfrutar (de) *to enjoy*
divertirse (e:ie) *to have fun*

entretener(se) (e:ie) *to entertain, to amuse (oneself)*
gustar *to like*
reunirse (con) *to get together (with)*
salir (a comer) *to go out (to eat)*

aficionado/a (a) *fond of; a fan (of)*
animado/a *lively*
divertido/a *fun*
entretenido/a *entertaining*

recursos
vText
CA p. 57
CP pp. 11–12
CH pp. 17–18
vhlcentral.com

Práctica

1 Escuchar

A. Mauricio y Joaquín están haciendo planes para el fin de semana. Quieren ir al cine pero no logran ponerse de acuerdo. Escucha la conversación y contesta las preguntas con oraciones completas.

1. ¿Cuándo planean ir al cine Mauricio y Joaquín? Planean ir al cine el sábado.
2. ¿Qué película quiere ver Joaquín? Joaquín quiere ver *Los invasores de la galaxia*.
3. ¿Por qué Mauricio no quiere verla? No quiere verla porque hay que hacer cola para los estrenos y no le gusta la ciencia ficción.
4. ¿Qué alternativa sugiere Mauricio? Mauricio sugiere ver un documental sobre el campeonato nacional de fútbol.
5. ¿Qué le pasa a Joaquín cuando mira documentales? Joaquín se aburre cuando mira documentales.

B. Ahora escucha el anuncio radial de *Los invasores de la galaxia* y decide si las oraciones son **ciertas** o **falsas**. Corrige las falsas.

1. *Los invasores de la galaxia* ya se estrenó en otros lugares. Cierto.
2. La película tuvo poco éxito en Europa. Falso. Ganó tres premios en varios festivales europeos.
3. Si compras cuatro boletos, te regalan la banda sonora (*soundtrack*). Falso. Te regalan la banda sonora si compras cinco boletos.
4. Si te vistes de extraterrestre, te regalan un boleto para una fiesta exclusiva. Cierto.
5. El estreno de la película es a las nueve de la mañana. Falso. La taquilla abre a las nueve de la manana.

C. En parejas, imaginen que, después de escuchar el anuncio radial, Joaquín trata de convencer a Mauricio para ir a ver *Los invasores de la galaxia*. Inventen la conversación entre Mauricio y Joaquín y compártanla con la clase.

2 Relaciones Escoge la palabra que no está relacionada.

1. película (estrenar / dirigir / empatar)
2. obra de teatro (boleto / campeonato / taquilla)
3. concierto (vencer / aplaudir / hacer cola)
4. juego de mesa (ajedrez / naipes / videojuego)
5. celebrar (divertirse / aburrirse / disfrutar)
6. partido (deportista / árbitro / circo)

Communication 1.1

(A) Audio Script
MAURICIO Entonces vamos a ver una película el sábado, ¿no?
JOAQUÍN Sí, justamente es el estreno de *Los invasores de la galaxia*. ¿Vamos a verla?
MAURICIO Mira, prefiero no ver un estreno porque siempre hay que hacer cola para comprar boletos. Además, no me gusta la ciencia ficción.
JOAQUÍN ¿Qué te gustaría ver entonces?
MAURICIO ¿Por qué no vamos a ver el documental sobre el campeonato nacional de fútbol que estrenaron la semana pasada?
JOAQUÍN No me interesa. Siempre me aburro cuando veo documentales.
Textbook CD

(B) Audio Script
Este fin de semana estrenan la película de ciencia ficción más esperada de los últimos años: *Los invasores de la galaxia*. Finalmente podremos ver este gran éxito que ya ha ganado tres premios en varios festivales europeos. El día del estreno, con la compra de cinco boletos, recibirás un CD con la banda sonora de la película. Si llegas vestido de extraterrestre, te regalaremos un boleto para una fiesta exclusiva. ¡No te pierdas esta película! La taquilla del Cine Monumental abrirá a las nueve de la mañana para que puedas comprar tus boletos temprano sin hacer cola.
Textbook CD

LEARNING STYLES

For Kinesthetic Learners Have the class play charades. Give small groups of students a scenario to act out. Allow a few minutes' preparation and planning time. Then each group silently performs its scenario. The first group to guess correctly earns a point. The team with the most points at the end of the game wins.

LEARNING STYLES

For Visual Learners Allow time for students to read the **Escuchar** questions before playing the Audio. Play the Audio at least twice. Then ask students to create a five-scene comic strip presentation of Mauricio and Joaquín's conversation. Show sample comic strips to encourage students to use techniques such as conversation and thought bubbles. Have the class share the comic strips.

Teaching Tips

- Remind students to first read the answer choices and then each item carefully, circling key words. Also, after they complete the exercise, they should make sure they have used each answer choice only once and then reread the items to check that the answers fit.

3 Expansion In pairs, have students add three more descriptions to the activity for three new items: **circo, feria,** and **festival**.

4 Encourage students to study the visual for clues to help understand **Actividad 4**. Ask them to describe each boy and what he is doing.

4 After completing the activity, have students act out the conversation with a partner.

- Pairs make flashcards with the vocabulary word on one side, and on the other a picture, a cloze sentence, or an illustrative example. Pairs can then quiz each other using the flashcards.
- Ask students to share how they feel watching a sporting event. Have them use vocabulary from the **Contextos** section in their responses if possible. Example:
—¿Cómo te sientes cuando miras un partido de fútbol?
—Me siento aburrido.
—¿Por qué?
—Porque no me interesa mucho el fútbol.
—¿Qué deporte te interesa más?
—Me gusta más el fútbol americano.

Práctica

3 ¿Dónde están? Indica dónde están estas personas.

e 1. Llegamos muy temprano, pero hay una cola enorme. El hombre que vende los boletos parace estar de muy mal humor.

g 2. Hoy es el cumpleaños de mi hermana menor. En lugar de celebrarlo en casa, quiere pasar el día acá, con los tigres y los elefantes.

a 3. Una red (*net*), una pelota amarilla y dos deportistas. ¿Quién será la campeona?

b 4. Hay máquinas que suben, bajan, dan vueltas hacia la derecha y hacia la izquierda. La más espectacular dibuja un laberinto de líneas en el aire.

h 5. ¿Cómo puede ser que cuatro personas hagan tanto ruido en un campo de fútbol lleno de gente? Mi amiga se está divirtiendo mucho, pero ¡yo no entiendo nada de lo que cantan!

d 6. ¡Qué nervios! ¿Qué pasa si se abre el telón y me olvide de lo que tengo que decir?

a. un torneo de tenis
b. un parque de atracciones
c. un cine
d. un escenario
e. una taquilla
f. una discoteca
g. un zoológico
h. un concierto de rock

4 Goles y fiestas Completa la conversación.

aburrirte	**celebrar**	**equipo**
animadas	**disfruten**	**espectadores**
árbitro	**divertidos**	**ganar**
campeonato	**empate**	**televisión**

PEDRO Mario, ¿todavía estás mirando (1) televisión? ¿No ves que vamos a llegar tarde?

MARIO Lo siento, pero no puedo ir a la fiesta de tu amiga. Pasan un partido de fútbol.

PEDRO Pero las fiestas de mi amiga son más (2) animadas y más entretenidas que cualquier partido de fútbol. Todos los partidos son iguales… Veintidós tontos corriendo detrás de una pelota, los (3) espectadores gritando (*shouting*) como locos y el (4) árbitro pitando (*whistling*) sin parar.

MARIO Hoy no me puedes convencer. Es la final del (5) campeonato y estoy seguro de que mi (6) equipo favorito va a (7) ganar.

PEDRO ¿Y no vas a (8) aburrirte, aquí solito, mientras todos tus amigos bailan?

MARIO ¡Jamás! ¡Todos vienen a ver el partido conmigo! Y después vamos a (9) celebrar la victoria.

PEDRO Que (10) disfruten del partido. Ya me voy… Espera, mi amiga me está llamando al celular… ¿Qué me dices, Rosa? ¿Que la fiesta es aquí en mi casa? ¿Que tú también quieres ver el partido? ¡Ay, que yo me rindo (*give up*)!

Practice more at **vhlcentral.com.**

DIFFERENTIATION

Heritage Speakers Ask students about soccer in their families' home countries. Have them describe how important it is to people they know, how often, where, and with what emotions people watch games. Encourage other students to ask questions and share information about soccer's importance in the United States.

DIFFERENTIATION

For Inclusion Display magazine or downloaded pictures of the places from **Actividad 3** around the room. Ask pairs to make labels, copying the words from the list of places in **Actividad 3**. Pairs then walk around the room, labeling the pictures. When students have completed the labeling, they stand next to each picture and read the description of the place from **Actividad 3**. Students use the picture and pantomime to convey meaning.

Comunicación

5 Diversiones

A. Sin consultar con tu compañero/a, prepara una lista de cinco actividades que crees que le gustan a él/ella. Escoge actividades del recuadro y añade otras.

bailar en una discoteca	jugar al boliche
escuchar música clásica	jugar videojuegos
ir a la feria	mirar televisión
ir al estreno de una película	practicar deportes en un club
jugar al ajedrez	salir a cenar con amigos

B. Ahora habla con tu compañero/a para confirmar tus predicciones. Sigue el modelo.

MODELO —Creo que te gusta jugar al ajedrez.
—Es verdad, juego siempre que puedo. / —Te equivocas, me aburre. ¿Y a ti?

6 Lo mejor En grupos de cuatro, imaginen que son editores/as de un periódico local y quieren publicar la lista anual de *Lo mejor de la ciudad*.

A. Primero, escojan las categorías que quieren premiar (*to award*).

Lo mejor de la ciudad

Mejor cine ______	Mejor festival de arte ______
Mejor discoteca ______	Mejor restaurante para celebrar un cumpleaños ______
Mejor espectáculo sobre hielo ______	Mejor grupo musical en vivo (*live*) ______
Mejor equipo deportivo ______	Mejor ... ______
Mejor parque para pasear ______	

B. Luego preparen una encuesta (*survey*) y entrevisten a sus compañeros/as de clase. Anoten las respuestas.

C. Ahora compartan los resultados con la clase y decidan qué lugares y eventos recibirán el premio *Lo mejor*.

7 Un fin de semana extraordinario Dos amigos/as con personalidades muy diferentes tienen que pasar un fin de semana juntos/as en una ciudad que nunca han visitado. Hacen muchas sugerencias interesantes, pero todo lo que una persona propone, la otra lo rechaza con alguna explicación absurda y viceversa. En parejas, improvisen una conversación utilizando las palabras del vocabulario.

MODELO —¿Vamos al parque de atracciones? Es muy divertido.
—No, me mareo (*get dizzy*) en la montaña rusa (*roller coaster*)...

LEARNING STYLES

For Auditory Learners Prepare mini-conversations that people might have at each of the places in **Actividad 6**. (Ex: **—¿Me prestas tu raqueta? Se me olvidó la mía. —Sí, cómo no.**) Have pairs of students read the conversations while the class listens and guesses where each takes place (Ex: **el club deportivo**).

LEARNING STYLES

For Kinesthetic Learners El teatro. Have students form groups of five and assign roles: two actors, one director, one student in charge of props, and one student in charge of scenery. Groups practice **Actividad 7** as a skit with props (brochures, computer printouts, etc.) and actions (gestures to show frustration, etc.). Then have groups present the skits to the class.

 Communication 1.1, 1.2

Teaching Tips

5 With a volunteer, model **Actividad 5** by reading the **Modelo** and then suggesting an activity that the volunteer then either accepts or rejects.

5 When students complete **Actividad 5**, ask individuals at random about their partners' favorite activities. Then ask if their initial guesses were correct.

6 To simplify, write the first few questions of the survey as a class. Encourage the class to propose questions and then write them on the board. Then have students return to their groups to create more questions for the survey.

7 During **Actividad 7**, walk around the room, pausing at each pair to listen to at least one exchange.

7 Help students expand their responses in **Actividad 7** by having them ask each other, **¿Por qué?** after each suggestion. Ex: **—¿Vamos al parque de atracciones? —¿Por qué? —Porque todos dicen que es muy divertido.**

7 **Partner Chat** You can also assign activity 7 on the Supersite. Students work in pairs to record the activity online. The pair's recorded conversation will appear in your gradebook.

NATIONAL STANDARDS

Communities Have students examine a local Spanish-language newspaper or one from another city. What sorts of events are advertised? What is featured in the articles? Have students choose an event they would like to attend and then invite a partner to attend with them. The partner can accept or refuse the invitation.

Section Goals

In **Fotonovela**, students will:

- practice listening to authentic conversation
- learn functional phrases regarding taking turns, encouraging people, and wishing others well

Communication 1.2
Cultures 2.1, 2.2

Video Synopsis

- Johnny cheers Éric up by suggesting that he use humor to attract women.
- Mariela intends to remove the guitarist's shirt at a rock concert.
- Mariela rips open Éric's shirt and scatters buttons all over the floor.

Instructional Resources
vText
Cuaderno de actividades comunicativas, pp. 33–34
e-Cuaderno
Supersite/DVD: *Fotonovela*
Supersite/TRCD: *Fotonovela*
Video Script & Translation, Answer Keys

Teaching Tip Pause the video episode after frames 1–5 and ask three or four comprehension questions. Ex: **¿Por qué está deprimido Éric?, ¿Qué quiere Éric?, ¿Qué le sugiere Johnny?**, etc. Proceed in the same way at the end of the episode.

2 FOTONOVELA

Los empleados de *Facetas* hablan de las diversiones. Johnny trata de ayudar a Éric. Mariela habla de sus planes.

Video: *Fotonovela*
Record and Compare

PERSONAJES

AGUAYO

DIANA

1

JOHNNY ¿Y a ti? ¿Qué te pasa?

ÉRIC Estoy deprimido.

JOHNNY Anímate, es fin de semana.

ÉRIC A veces me siento solo e inútil.

JOHNNY ¿Solo? No, hombre, yo estoy aquí; pero inútil...

2

JOHNNY Necesitas divertirte.

ÉRIC Lo que necesito es una chica. No tienes idea de lo que es vivir solo.

JOHNNY No, pero me lo estoy imaginando. El problema de vivir solo es que siempre te toca lavar los platos.

ÉRIC Las chicas piensan que soy aburrido.

3

JOHNNY No seas pesimista.

ÉRIC Soy un optimista con experiencia. Lo he intentado todo: el cine, la discoteca, el teatro... Nada funciona.

JOHNNY Tienes que contarles chistes. Si las haces reír, ¡*boom*! Se enamoran.

ÉRIC ¿De veras?

JOHNNY Seguro.

6

Mariela viene a hablar con ellos.

MARIELA ¡Los conseguí! ¡Los conseguí!

FABIOLA ¿Conseguiste qué?

MARIELA Los últimos boletos para el concierto de rock de esta noche.

FABIOLA ¿Cómo se llama el grupo?

MARIELA Distorsión. Aquí tengo el disco compacto. ¿Lo quieren oír?

FABIOLA (*mirando el reloj*) Uy, ¡qué tarde es!

7

Luego, en el escritorio de Diana...

ÉRIC Diana, ¿te puedo contar un chiste?

DIANA Estoy algo ocupada.

ÉRIC Es que se lo tengo que contar a una mujer.

DIANA Hay dos mujeres más en la oficina.

ÉRIC Temo que se rían cuando se lo cuente.

8

DIANA ¡Es un chiste!

ÉRIC Temo que se rían de mí y no del chiste.

DIANA ¿Qué te hace pensar que yo me voy a reír del chiste y no de ti?

ÉRIC No sé. Tú eres una persona seria.

DIANA ¿Y por qué se lo tienes que contar a una mujer?

ÉRIC Es un truco para conquistarlas.

Diana se ríe muchísimo.

DIFFERENTIATION

For Inclusion After showing the first half of the **Fotonovela**, encourage students to point to each still and say a phrase or sentence about the characters or scene. Affirm and then expand what each student says. Ex: **Se llama Johnny. Sí, ¿y cómo se llama su amigo? Éric está triste. Sí, ¿por qué está triste? La oficina. Sí, es la oficina. ¿Quién está en la oficina?**

DIFFERENTIATION

For Inclusion Have groups of students read the **Fotonovela** script before viewing. Then as a class, summarize what happens in each scene.

ÉRIC

FABIOLA

JOHNNY

MARIELA

Johnny dibuja muchos puntos en la pizarra.

JOHNNY ¿Te sabes el chiste de la fiesta de puntos? Es un clásico... Hay una fiesta de puntos... Todos están divirtiéndose y pasándola bien. Y entonces entra un asterisco... y todos lo miran asombrados. Y el asterisco les dice: —¿Qué? ¿Nunca han visto un punto despeinado?

Mariela entra con dos boletos en la mano y comienza a besarlos.

MARIELA Sí, sí. Me encanta, me encanta...

FABIOLA Te lo dije.

AGUAYO ¿Me dijiste qué?

FABIOLA Que ella no parecía muy normal.

MARIELA Deséenme suerte.

AGUAYO ¿Suerte? ¿En qué?

MARIELA Esta noche le voy a quitar la camisa al guitarrista de Distorsión.

JOHNNY No, no lo harás.

MARIELA Voy a intentarlo.

ÉRIC Si crees que es tan fácil quitarle la camisa a un tipo, ¿por qué no practicas conmigo?

Mariela intenta quitarle la camisa a Éric.

Al final del día, en la cocina...

AGUAYO ¿Alguien quiere café?

JOHNNY ¿Lo hiciste tú o sólo lo estás sirviendo?

AGUAYO Sólo lo estoy sirviendo.

JOHNNY Yo quiero una taza.

ÉRIC Yo quiero una taza.

Expresiones útiles

Talking about whose turn it is

Siempre te toca lavar los platos.
It's always your turn to wash the dishes.
A Johnny le toca hacer el café.
It's Johnny's turn to make coffee.
¿A quién le toca pagar la cuenta?
Whose turn is it to pay the bill?
¿Todavía no me toca?
Is it my turn yet?

Encouraging other people

¡Anímate! *Cheer up! (sing.)*
¡Anímense! *Cheer up! (pl.)*
No seas pesimista.
Don't be pessimistic. (sing.)
No sean pesimistas.
Don't be pessimistic. (pl.)

Wishing someone well

¡Buen fin de semana!
Have a nice weekend!
¡Pásalo bien!
Have a good time! (sing.)
¡Pásenlo bien!
Have a good time! (pl.)
¡Que te diviertas!
Have fun! (sing.)
¡Que se diviertan!
Have fun! (pl.)

Additional vocabulary

contar *to tell*
inútil *useless*
el punto *period, point*
el tipo *guy*
el truco *trick*

recursos

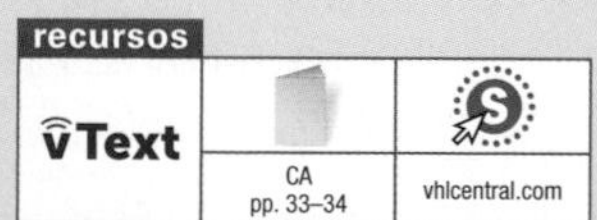

Teaching Tips

- **Expresiones útiles** Call students' attention to the expressions to encourage others and wish others well. Remind students how frequently they use these expressions and how useful they are. Then encourage students to suggest in which **Contextos** categories they might place the additional vocabulary.
- Tell students that they are responsible for all items in **Expresiones útiles** on page 47. Model the pronunciation of each item and have the class repeat. Also, practice the **Expresiones útiles** in short conversations with individual students.
- After showing the **Fotonovela** episode, divide the class into six groups. Assign each group a different character from the **Fotonovela**. Ask the groups to describe their character's personality and what he/she does in this episode. Then ask them to predict what types of activities their character enjoys.

LEARNING STYLES

For Auditory Learners After students watch the **Fotonovela**, cover the television screen with a cloth or piece of paper and play the episode a second time, so that only the auditory track plays. Then have students form small groups to summarize the episode.

LEARNING STYLES

For Kinesthetic Learners On strips of paper, write quotes from the **Fotonovela** script. Photocopy or draw pictures of each character and place them around the room. Give each student a strip of paper. Students read the quote and go to the picture of the character that they think said it. Then, together with the other students who arrive at that character's photo, they can use their books to check if they are correct.

Communication 1.1, 1.2

Teaching Tips

- Before the **Comprensión** activities, ask pairs to write five to ten sentences that summarize the **Fotonovela**. Have volunteers read their summaries for the class.
- Ask students to discuss how they feel on a date. Example: **¿Cómo te sientes cuando sales con un(a) chico/a? ¿Por qué?**

1 Have students create questions that correspond to each item. Ex: **¿Es verdad que Éric está triste?**

1 Ask students to create two more items and exchange them with a partner.

2 Model the activity by doing the first sentence as a group. Ask volunteers to explain why choices **a** and **b** are incorrect.

3 Part A: Have students make up **respuestas** for Éric.

Comprensión

1 ¿Cierto o falso? Decide si estas oraciones son **ciertas** o **falsas**. Corrige las falsas.

Cierto	Falso	
☑	☐	1. Éric está deprimido.
☐	☑	2. A Éric le gusta vivir solo. A Éric no le gusta vivir solo.
☐	☑	3. Según Johnny, hay que ser serio para enamorar a las mujeres. Según Johnny, hay que contarles chistes.
☐	☑	4. Diana se ríe del chiste de Éric. Éric no logra contarle el chiste.
☐	☑	5. Fabiola quiere escuchar la música de Distorsión. Fabiola no la quiere escuchar.
☑	☐	6. Mariela quiere quitarle la camisa al guitarrista de Distorsión.
☐	☑	7. Aguayo preparó el café. Sólo lo sirve, no lo preparó él.
☑	☐	8. Johnny quiere beber café porque no lo preparó Aguayo.

2 Seleccionar Selecciona la respuesta que especifica de qué hablan Johnny y Éric.

1. ¿Qué te pasa? → ¿Qué te pasa __c__?
   a. a Johnny b. al fin de semana c. a ti
2. Tienes que contarles chistes. → Les tienes que contar chistes __b__.
   a. a los amigos b. a todas las chicas c. a Mariela y Diana
3. Tengo que contárselo a una mujer. → Tengo que contarle a una mujer __a__.
   a. el chiste b. el concierto de rock c. el cuento
4. Temo que se rían cuando se lo cuente. → Temo que se rían cuando se lo cuente __b__.
   a. a Mariela y Aguayo b. a las mujeres c. a Diana, Fabiola y Mariela
5. No, pero me lo estoy imaginando. → No, pero me estoy imaginando __b__.
   a. el fin de semana b. lo que es vivir solo c. lavar los platos
6. ¿Lo hiciste tú o lo hizo Aguayo? → ¿Hiciste tú __c__ o lo hizo Aguayo?
   a. el boleto b. la taza c. el café

3 Consejos

A. Un amigo le da consejos a Éric para salir con una chica, pero él no acepta ninguno. Lee los consejos y emparéjalos (*match them*) con las respuestas de Éric.

Consejos del amigo	Respuestas de Éric
__d__ 1. ¡Ve con ella al concierto de rock!	a. Siempre me duermo viendo películas.
__c__ 2. Pregúntale si quiere ver el partido.	b. No conozco ninguna discoteca.
__a__ 3. Llévala al cine.	c. No me gustan los deportes.
__e__ 4. Invítala al parque de atracciones.	d. Va a mirar al guitarrista y no a mí.
__b__ 5. Puedes invitarla a bailar.	e. Las alturas (*heights*) me dan miedo.

B. En parejas, preparen cinco recomendaciones más para Éric y dramaticen la situación: uno/a de ustedes es Éric y la otra persona es su amigo/a. Luego intercambien los papeles.

Practice more at **vhlcentral.com.**

TEACHING OPTIONS

Small Groups Have them imagine that Mariela went to the concert. The next day, she goes to work and tells her coworkers all about it. Have small groups write the script (or dialogue) and act it out.

DIFFERENTIATION

Heritage Speakers Ask students to share information about the dating habits of teens in their families' home countries. At what age do teens start dating? What does it mean to date in their family's home country? Can a person date several people at once? How do teens indicate that they want to date someone exclusively? What do teens generally do for fun on a date?

Ampliación

4 Tu turno

A. Ahora te toca a ti darle consejos a Éric para conquistar a una chica. Escríbele un email con consejos útiles.

De:
Para: Éric <eric@facetas.mx >
Asunto: Consejos

Hola, Éric:
¿Cómo estás?
Me he enterado de que estás teniendo problemas para conquistar a las chicas. Bueno, eso tiene solución: lo primero que tienes que hacer es…

B. Ahora, presenten sus consejos a la clase y decidan cuáles son los mejores consejos.

5 Apuntes culturales En parejas, lean los párrafos y contesten las preguntas.

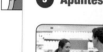

Piropos para enamorar

Johnny le asegura a Éric que para enamorar a las chicas hay que hacerlas reír. En el mundo hispano, los hombres suelen decirles a las mujeres "piropos" (*compliments*) graciosos. ¿Piensas que Éric tendrá éxito con este piropo? *"Si la belleza fuera pecado* (sin), *tú ya estarías en el infierno."* ¿Y qué tal con éste? "*¿Empezó la primavera? Acabo de ver la primera flor.*"

La mejor taza de café

A Éric y a Johnny no les gusta el café que prepara Aguayo. Ellos lo prefieren más intenso… ¡a lo cubano! En Cuba, el café se toma fuerte, con mucha azúcar y se sirve en pequeñas tacitas (*little cups*). No puede faltar en el desayuno, ni después de las comidas. No le vendría nada mal al jefe una receta de **café cubano**, ¿verdad?

Café Tacvba

El rock mexicano

Mariela está contenta porque consiguió boletos para un concierto de rock. El rock mexicano se caracteriza por la riqueza de estilos producida por la fusión con otros ritmos, como boleros, corridos, rancheras, reggae y jazz. **Maná, Maldita Vecindad** y **Café Tacvba** (pronunciado Café Tacuba) son algunas de las bandas más populares en la actualidad.

1. ¿Existen expresiones similares a los piropos en tu cultura? Da ejemplos.
2. En tu país, ¿cómo se toma el café? ¿Cuándo se toma? ¿Cómo te gusta a ti?
3. ¿Conoces a otros músicos mexicanos y del mundo hispano? ¿A qué género pertenece su música?
4. ¿Fuiste alguna vez a un concierto de rock? ¿A qué banda o cantante viste?

Communication 1.1, 1.2

Teaching Tips

4 Have students exchange drafts of their e-mails with partners and edit one another's work.

5 Have students work in pairs to create a conversation in which Éric tries to use **piropos** to pick up a girl he does not know. Have volunteers share their conversations with the class. Here are other examples: **¿De qué juguetería te escapaste, muñeca? ¡Quién fuera reloj para ser dueño de tu tiempo!**

5 Play a song or music video from a popular Mexican rock band. Encourage students to share their impressions of the music. Example: **¿Les gustaría ir a un concierto de este grupo? ¿Dónde se toca esta música? ¿Es parecida al rock de tu país? ¿Por qué?** If possible, download or write the lyrics to the song before playing it for the students. Then after they've listened and discussed, play the game **Letras desaparecidas.** Print the lyrics, leaving out a few words in each line. Give each student a copy. Play the song several times while students try to fill in the missing lyrics. Then as a class, read the lyrics aloud, having volunteers say the missing lyrics.

5 NATIONAL STANDARDS
Connections: Music Have students research the musical styles mentioned in the note on **el rock mexicano (boleros, corridos,** and **rancheras**). Have them explain the characteristics of each style and, if possible, play samples of each.

LEARNING STYLES

For Auditory Learners Have students write a sentence about their favorite pastime (Ex: **Me gusta jugar al básquetbol todos los días. Me gusta escuchar al grupo Los Lonely Boys en mi auto.**). Ask students to put their sentences in a bag. Read the sentences aloud to the class and have students guess who wrote each one.

LEARNING STYLES

For Visual Learners After pairs complete **Actividad 5,** have them share their answers with the class. Encourage volunteers to come to the board to make charts and graphs for each answer (Ex: 1. a T-chart of **piropos** from different cultures; 2. a bar graph of how many students like coffee; 3. a T-chart of Hispanic musicians and their genres; 4. a bar graph of how many students have gone to rock concerts, etc.).

Section Goals

In **Enfoques,** students will:

- read about important happenings in Mexican cinema
- learn about Mexican actor **Gael García Bernal**
- be introduced to vocabulary from different Spanish-speaking countries
- watch a video about Mexican cinema

Communication 1.2
Cultures 2.1, 2.2
Connections 3.1, 3.2
Comparisons 4.2

21st CENTURY SKILLS

Global Awareness
Students will gain perspectives on the Spanish-speaking world to develop respect and openness to others and to interact appropriately and effectively with citizens of Spanish-speaking cultures.

Instructional Resources
vText
Cuaderno para hispanohablantes, p. 20
Supersite/DVD: *Flash cultura*
Supersite/TRCD: *Flash cultura*
Video Script & Translation

Teaching Tips

- To simplify, remind students to read the article three times, once for general comprehension, once slowly, looking up important unknown words, and once more for complete comprehension.
- If there are heritage speakers in the class, ask them if they are familiar with Mexican cinema and if they have any recommendations about films to see.

Reading, Additional Reading

En detalle

MÉXICO

El nuevo CINE MEXICANO

México vivió la época dorada de su cine en los años cuarenta. Pasada esa etapa°, la industria cinematográfica mexicana perdió fuerza. Ha tardado casi medio siglo en volver a brillar, pero ahora ha vuelto al panorama internacional con gran vigor°. Este resurgir°, en parte, se debe al apoyo que las instituciones gubernamentales han dado al mundo del cine. En gran medida, también se debe al trabajo de una nueva generación de creadores que ha logrado triunfar en las pantallas de todo el mundo.

Salma Hayek

En 1992, *Como agua para chocolate* de Alfonso Arau batió° récords de taquilla. Esta película, que puso en imágenes el realismo mágico que tanto éxito tenía en la literatura, despertó el interés por el cine mexicano. Las películas empezaron a disfrutar de una mayor distribución y muchos directores y actores se convirtieron en estrellas internacionales.

Alejandro González Iñárritu

El éxito también se vio reflejado en el dinero recaudado° y en las nominaciones y los premios° recibidos. Hoy día, los rostros° de Salma Hayek, Gael García Bernal y Diego Luna, entre otros, pueden verse no sólo en el cine, sino también en revistas y programas de televisión de todo el mundo. Muchos artistas alternan su trabajo entre Estados Unidos y México. En el año 2000, el enorme éxito de *Amores perros* impulsó la carrera de su director, Alejandro González Iñárritu, que poco tiempo después dirigió *21 Grams* y *Babel* en tierras estadounidenses. Otros directores que trabajan en los dos países son Guillermo del Toro (*Blade II, El laberinto del fauno, Hellboy, Hellboy II: The Golden Army* y *El Hobbit*) y Alfonso Cuarón. Después del éxito alcanzado° con *Y tu mamá también,* Cuarón dirigió la tercera película de *Harry Potter.* La nueva generación de artistas mexicanos está demostrando que está preparada para reclamar su puesto en el cine mundial. ■

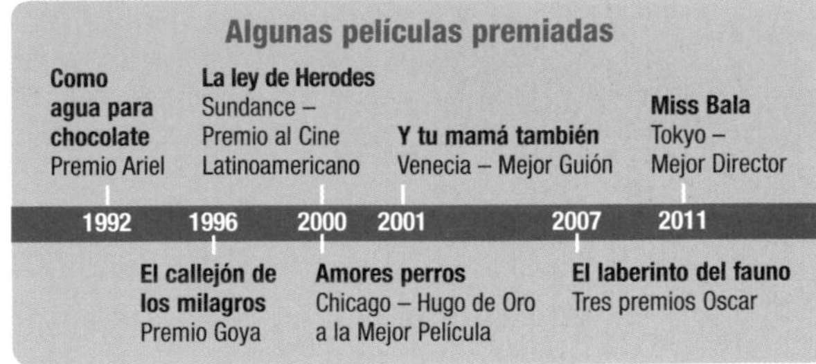

etapa *era* **vigor** *energy* **resurgir** *revival* **batió** *broke* **recaudado** *collected* **premios** *awards* **rostros** *faces* **alcanzado** *reached*

PRE-AP*

Formal Composition, Cultural Awareness Read **El nuevo cine mexicano** and then show a film clip from ***Como agua para chocolate***. Talk to students in Spanish about **el realismo mágico**. Explain that we can experience magical realism in literature, art, and film. Then say: **Hemos hablado del realismo mágico en el arte. Basándose en lo que han aprendido, escriban un ensayo de unas doscientas palabras para comentar los elementos del realismo mágico en las escenas que hemos visto de *Como agua para chocolate*.**

ASÍ LO DECIMOS

Las diversiones

chido/a (Méx.) *cool*
copado/a (Arg.) *cool*
mola (Esp.) *cool*
guay (Esp.) *cool*
bacanal (Nic.) *cool*

salir de parranda *to go out and have fun*
rumbear (Ven. y Col.) *to go out and have fun*
farandulear (Col.) *to go out and have fun*

la rola (Nic. y Méx.) *song*
el tema *song*
el temazo *hit*

PERFIL

GAEL GARCÍA BERNAL

Gael García Bernal es una de las figuras más representativas del cine mexicano contemporáneo. Empieza a actuar en el teatro con tan sólo cinco años, de la mano de sus padres, también actores. Pasa pronto a trabajar en telenovelas°. Siendo adolescente, Gael entra en el mundo del cine. Su intuición y su talento lo llevan a renunciar a la fama fácil y, a los diecisiete años, se va a Londres para estudiar arte dramático. Tres años después, regresa a México lleno de confianza y no se asusta° a la hora de representar ningún papel, por controvertido o difícil que sea. A partir de ese momento, participa en algunas de las películas más emblemáticas del cine en español de los últimos años: *Amores perros*, *Y tu mamá también* y *Diarios de motocicleta.* Actualmente, Gael trabaja también del otro lado de las cámaras como director y productor, y participa activamente en la promoción del cine mexicano.

“Es muy importante que el cine latino se mantenga muy específico, pero que al mismo tiempo sus temas sean universales.” (Alfonso Cuarón)

Conexión Internet

¿Qué función tiene el Instituto Mexicano de Cinematografía?

To research this topic go to **vhlcentral.com**.

EL MUNDO HISPANOHABLANTE

Los premios de cine

Cada año, distintos países hispanoamericanos premian las mejores películas nacionales y extranjeras.

En **México**, el premio **Ariel** es la máxima distinción otorgada° a los mejores trabajos cinematográficos mexicanos. La estatuilla° representa el triunfo del espíritu y el deseo de ascensión.

Penélope Cruz recibe el premio Goya

En **España**, el premio más prestigioso es el **Goya**. La Academia de Artes y Ciencias Cinematográficas de España entrega estos premios a producciones nacionales en un festival en Madrid. La estatuilla recibe ese nombre por el pintor Francisco de Goya.

En **Argentina**, el Festival de Cine Internacional de Mar del Plata premia películas nacionales e internacionales. El galardón° se llama **Astor** en homenaje al compositor de tango Astor Piazzolla, quien nació en la ciudad de Mar del Plata.

En **Cuba**, el Festival Internacional de La Habana entrega los premios **Coral**. Aunque predomina el cine latinoamericano, el festival también convoca a producciones de todas partes del mundo.

telenovelas *soap operas* **no se asusta** *doesn't get scared*
otorgada *given* **estatuilla** *statuette* **galardón** *award*

Teaching Tips

- **Perfil** Have students create a time line of Gael García Bernal's career based on the article.
- **El mundo hispanohablante** Ask students: **¿A quién le gusta ver los premios Oscar? ¿A quién no le gusta? ¿Por qué? ¿Qué otros premios y festivales de cine conocen?**
- Draw a Venn diagram on the board. Ask pairs to create their own Venn diagram and to compare and contrast Gael García Bernal and their favorite actor. Follow up by having pairs invent a conversation between Gael and their favorite actor.

Extra Practice

- If possible, show a short clip of one of the films mentioned in the articles. Ask students to research the film so they can write a film review, summarizing, analyzing, and recommending the film.
- Have students research Salma Hayek, Gael García Bernal, and Diego Luna on the Internet and report their findings to the class.

21st CENTURY SKILLS

Information and Media Literacy: Conexión Internet Go to the Supersite to complete the **Conexión Internet** activity for additional practice accessing and using culturally authentic sources.

CRITICAL THINKING

Analysis and Synthesis In small groups, students choose a graphic organizer that allows them to analyze and synthesize one of the articles (Ex: outline, web, chart, etc.). Have groups complete the graphic organizer and present it to the class.

CRITICAL THINKING

Synthesis and Evaluation Pairs make a list of five to ten standards to use in evaluating the article. Examples: **1. información correcta: La información del artículo es completamente correcta. 2. información suficiente: La información del artículo no es suficiente. Me interesa saber más sobre cada película; por ejemplo, quiero leer un resumen de *Y tu mamá también*.** Have pairs share their answers with the class.

Communication 1.1, 1.2

Teaching Tips

1 Ask students to write two more true/false statements and exchange them with a partner.

2 For an additional comprehension check, ask related questions. Ex: 1. **¿En qué país se da el premio Goya? ¿Y el Ariel?** 2. **¿Qué premio de cine se da en Madrid (España)? ¿Y en Argentina?**

3 To simplify, before students begin **Actividad 3**, have the class brainstorm a list of what to remember when writing complete sentences; Ex: subject/verb agreement, noun/adjective agreement, proper use of articles and objects, etc.

4 Before students begin **Actividad 4**, as a class, skim the article for traits of international films. List them on the board. Then ask volunteers to share other traits that they know from their own film-watching experience.

- **For Inclusion** To simplify the **Proyecto**, encourage students to download or draw images of an actor or actress and list important information about him/her in a collage-type presentation. Have students include at least five new vocabulary words in their biographies.

NATIONAL STANDARDS
Connections: Media Have students go to the website for the **Academia Mexicana de Artes y Ciencias Cinematográficas** to read biographies of other directors and actors in Mexican cinema. Have them make short presentations to the class about what they learn.

recursos — vText CH p. 20

¿Qué aprendiste?

1 **¿Cierto o falso?** Indica si estas afirmaciones son **ciertas** o **falsas**. Corrige las falsas.

1. La época dorada del cine mexicano fue en los años cincuenta. **Falso.** La época dorada del cine mexicano fue en los años cuarenta.
2. El gobierno mexicano ha apoyado los nuevos proyectos de cine. **Cierto.**
3. El director de *Como agua para chocolate* es Diego Luna. **Falso.** El director de *Como agua para chocolate* es Alfonso Arau.
4. El éxito de *Como agua para chocolate* despertó el interés por el cine mexicano. **Cierto.**
5. Los artistas mexicanos van a Estados Unidos y no vuelven a trabajar en su país. **Falso.** Normalmente alternan su trabajo entre los dos países.
6. La película *Amores perros* es del año 2002. **Falso.** La película *Amores perros* es del año 2000.
7. Alfonso Cuarón dirigió *Babel*. **Falso.** Alejandro González Iñárritu dirigió *Babel*.
8. Guillermo del Toro actuó en *El laberinto del fauno*. **Falso.** Guillermo de Toro dirigió *El laberinto del fauno*.

2 **Completar** Completa las oraciones.

1. Los premios del Festival Internacional de La Habana se llaman __Coral__.
2. Los premios Astor se entregan en __Mar del Plata__.
3. El premio cinematográfico más prestigioso de España es el __Goya__.
4. A los jóvenes venezolanos les gusta salir a __rumbear__.

3 **Preguntas** Contesta las preguntas con oraciones completas. Some answers will vary.

1. ¿A qué se dedican los padres de Gael García Bernal? Los padres de Gael García Bernal también son actores.
2. ¿A qué edad comenzó a trabajar como actor Gael García Bernal? Comenzó a trabajar como actor cuando tenía cinco años.
3. ¿Qué hizo en Londres Gael García Bernal? Estudió arte dramático.
4. ¿Gael García Bernal evita los papeles controvertidos? No, no teme actuar en papeles controvertidos o difíciles.
5. ¿Qué otras actividades relacionadas con el cine realiza Gael García Bernal además de actuar? También es director y productor, y trabaja para promover el cine mexicano.
6. Según Alfonso Cuarón, ¿cómo deben ser los temas del cine latino? Los temas deben ser específicos y al mismo tiempo universales.
7. ¿Crees que es positivo que directores y actores de habla hispana se muden (*move*) a Hollywood? ¿Por qué?
8. Cuando decides ver una película, ¿qué factores tienes en cuenta? ¿Por qué?

4 **Opiniones** En parejas, escriban en qué se diferencian y en qué se parecen el cine de Hollywood y el cine de otros países. Usen estas preguntas como guía.

- ¿Cómo son los temas que trata el cine de Hollywood? ¿Y el cine de otros países?
- ¿En qué tipo de cine se invierte más dinero?
- ¿Quiénes reciben más dinero, los actores de Hollywood o los del cine de otros países?
- ¿Qué películas reciben mejor distribución y publicidad?

PROYECTO

María Félix

Artistas de la época de oro

Durante la época de oro del cine mexicano, actores como María Félix, Pedro Infante y Silvia Pinal, y directores como Emilio Fernández e Ismael Rodríguez —y también el español Luis Buñuel— llevaron el interés por el cine mexicano más allá de sus fronteras.

Busca información sobre uno de estos artistas y escribe una biografía de tres párrafos. Debes incluir:

- datos biográficos
- trabajos principales del/de la artista
- contribución al cine mexicano

Siguiendo el estilo usado en el perfil de Gael García Bernal, escribe tu texto usando el tiempo presente.

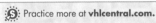

Practice more at **vhlcentral.com.**

CRITICAL THINKING

Application and Analysis Have students who have seen one of the films mentioned in the article form a small group with students who have not seen the film. Groups write a five- to ten-sentence summary of the film. Students who have seen the film dictate; the other members of the group record and correct the summary.

CRITICAL THINKING

Synthesis and Evaluation Ask students to reread the paragraph about **premios**. Have the class decide awards categories and set standards for their own awards ceremony. Then have students nominate films for the categories, vote for the winners, and present the awards in the style of the Oscars.

Communication 1.1, 1.2
Cultures 2.1, 2.2
Connections 3.1, 3.2
Comparisons 4.2

Teaching Tips
- Before watching, have students work in pairs to discuss the **Preparación** questions. Tell students to talk about one of their favorite movies and explain to their partner why they like it.
- If students have difficulty with the **Comprensión** sentences, play back the relevant parts of the video, stopping to allow students time to reread and fix the sentences if necessary.

Video: *Flash cultura*

El cine mexicano

Ya has leído sobre el cine mexicano, su época dorada y su resurgimiento en los últimos años. Ahora mira este episodio de **Flash cultura** para conocer cómo se promueve actualmente el cine en ese país.

VOCABULARIO ÚTIL

el auge *boom, peak*	**el guión** *script*
el ciclo *series*	**la muestra** *festival*
difundir *to spread*	**la sala** *movie theater*
fomentar *to promote*	**tener un papel** *to play a role*

Preparación ¿Te gusta ir al cine? ¿Qué clase de películas prefieres ver? ¿Eres aficionado/a a algún género en especial?

Comprensión Indica si estas afirmaciones son ciertas o falsas. Después, en parejas, corrijan las falsas.

1. A los mexicanos no les gustan las películas nacionales, sino solamente las norteamericanas. **Falso.** A los mexicanos les gustan las películas nacionales y también las norteamericanas.
2. La Cineteca es una cadena de cines con salas en todo el país. **Falso.** La Cineteca es un espacio específico para los amantes del Séptimo Arte.
3. Cuando van al cine, los mexicanos comen palomitas. **Cierto.**
4. En los ciclos, se presentan películas de un solo tema o un solo director. **Cierto.**
5. El Instituto Mexicano de Cinematografía tiene como objetivo hacer famosos a los actores mexicanos. **Falso.** Tiene como objetivo fomentar la producción de películas mexicanas, realizar coproducciones con otros países y apoyar la promoción del cine de México en todo el mundo.
6. En el año 1989, el cine mexicano no tenía salas ni público en México. **Cierto.**

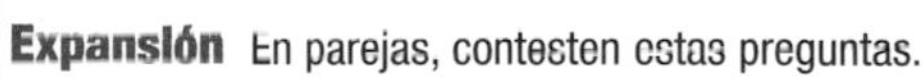

Expansión En parejas, contesten estas preguntas.

- ¿Te molesta tener que leer subtítulos en la pantalla cuando miras películas extranjeras?
- ¿Te sorprende que una película pueda ser un "hijo creativo", como dice la actriz Vanesa Bauche? Justifica tu respuesta.
- ¿Es importante para el cine de un país tener identidad propia? ¿Cómo se logra eso? Piensen en películas estadounidenses que cumplan con esas características y hagan una lista.

Corresponsal: Carlos López
País: México

En la Muestra Internacional de Cine que se lleva a cabo° en otoño, se presentan películas de todo el mundo.

La Cineteca cuenta con° el Centro de Documentación e Investigación, donde puedes encontrar 9 mil libros, 5 mil guiones inéditos° y 20 años de notas de prensa.

El Instituto Mexicano de Cinematografía tiene como misión principal una buena medida de apoyar lo que es la distribución, la exhibición y la producción de cine mexicana.

se lleva a cabo *takes place* **cuenta con** *has* **guiones inéditos** *unpublished scripts*

Practice more at **vhlcentral.com.**

Expansion Have students research organizations that promote cinema in the U.S. and other countries. Have them prepare a short presentation for the class telling about one organization they researched.

21st CENTURY SKILLS

Information and Media Literacy
Go to the Supersite to complete the **Conexión Internet** activity associated with **Flash cultura** for additional practice accessing and using culturally authentic sources.

DIFFERENTIATION

Heritage Learners Ask heritage learners to talk about the role of cinema in the countries their families come from. Is there a national cinematic identity or are there defining characteristics to many of the country's films?

PRE-AP*

Presentational Writing Show students an appropriate Mexican film that exemplifies the theme of a national identity. Have them prepare persuasive essays about their perspectives on the film's significance.

Section Goals

In **Estructura**, students will learn:

- the difference between direct object pronouns and indirect object pronouns, how to position them, and prepositional pronouns
- to use **gustar** and similar verbs
- about reflexive verbs and how to use them

 Comparisons 4.1

Instructional Resources
vText
Cuaderno de actividades comunicativas, pp. 4, 58
Cuaderno de práctica, pp. 13–14
Cuaderno para hispanohablantes, pp. 21–22
e-Cuaderno
Supersite: Additional practice
Supersite/TRCD: Grammar Slides, Presentation PDF #17, Audio Activities Script, Answer Keys
Audio Activities CD

Teaching Tips

- Practice indirect and direct objects by playing the game **¿A quién se la dio?** Ask the class to sit in a circle. Choose a small object. Write on the board: **Se la/lo/las/los dio a** ___. Then ask Student A to leave the circle and cover his or her eyes. Give the object to Student B to hide on his or her lap. Student A returns to the circle and guesses **Se la dio a Maggie**. Play several rounds with different objects to practice **la/lo/las/los**.
- Point out that direct and indirect object pronouns differ only in the **Ud./él/ella** and **Uds./ellos/ellas** forms.

2 ESTRUCTURA

2.1 Object pronouns

Explanation
Tutorial

- Pronouns are words that take the place of nouns. Direct object pronouns replace the noun that directly receives the action of the verb. Indirect object pronouns identify *to whom/what* or *for whom* an action is done.

Esta noche le voy a quitar la camisa al guitarrista.
No, no lo harás.

Indirect object pronouns		Direct object pronouns	
me	nos	me	nos
te	os	te	os
le	les	lo/la	los/las

¡ATENCIÓN!

Lo can be used to refer to a thing or idea that has no gender.

—¿Vas a aceptar el trabajo?
—Lo voy a pensar.

—Are you going to accept the job?
—I'll think about it.

Position of object pronouns

- Direct and indirect object pronouns (**los pronombres de complemento directo e indirecto**) precede the conjugated verb.

INDIRECT OBJECT	DIRECT OBJECT
Carla siempre **me** da entradas para el teatro. *Carla always gives me tickets to the theater.*	Ella **las** consigue gratis. *She gets them for free.*
No **le** compro más juegos de mesa. *I'm not buying him any more board games.*	Nunca **los** juega. *He never plays them.*

- When the verb is an infinitive construction, object pronouns may either be attached to the infinitive or placed before the conjugated verb.

INDIRECT OBJECT	DIRECT OBJECT
Vamos a dar**le** un regalo. **Le** vamos a dar un regalo.	Voy a hacer**lo** enseguida. **Lo** voy a hacer enseguida.
Tienes que hablar**nos** de la película. **Nos** tienes que hablar de la película.	Van a ver**la** mañana. **La** van a ver mañana.

¡ATENCIÓN!

It is standard usage in Spanish to repeat the indirect object.

Esta noche **le** voy a quitar la camisa **al guitarrista**.

Les regalé boletos **a mis amigos.**

- When the verb is a progressive form, object pronouns may either be attached to the present participle or placed before the conjugated verb.

INDIRECT OBJECT	DIRECT OBJECT
Pedro está cantándo**me** una canción. Pedro **me** está cantando una canción.	Está cantándo**la** muy mal. **La** está cantando muy mal.

DIFFERENTIATION

Heritage Speakers Pair heritage speakers with other students. Write several sentences on the board and have students work together to rewrite them with pronouns. For example: **Siempre comparto mis álbumes. Siempre los comparto.**

DIFFERENTIATION

For Inclusion Create a handout or write on the board and have pairs practice restating sentences using object pronouns. Ex: **Julio me da la mochila**. Before beginning, have students identify direct and indirect objects. Progress to answering questions using object pronouns.

Double object pronouns

- The indirect object pronoun precedes the direct object pronoun when they are used together in a sentence.

Me mandaron **los boletos** por correo.	**Me los** mandaron por correo.
Te exijo **una respuesta** ahora mismo.	**Te la** exijo ahora mismo.

- **Le** and **les** change to **se** when they are used with **lo**, **la**, **los**, or **las**.

Le da **los libros** a Ricardo.	**Se los** da.
Le enseña **las invitaciones** a Elena.	**Se las** enseña.

Prepositional pronouns

Prepositional pronouns			
mí *me; myself*	**él** *him; it*	**nosotros/as** *us; ourselves*	**ellos** *them*
ti *you; yourself*	**ella** *her; it*	**vosotros/as** *you; yourselves*	**ellas** *them*
Ud. *you; yourself*	**sí** *himself; herself; itself*	**Uds.** *you; yourselves*	**sí** *themselves*
sí *yourself (formal)*		**sí** *yourselves (formal)*	

- Prepositional pronouns function as the objects of prepositions. Except for **mí**, **ti**, and **sí**, these pronouns are the same as the subject pronouns.

¿Qué piensas de **ella**?	¿Lo compraron para **mí** o para Javier?
Ellos sólo piensan en **sí mismos**.	Lo compramos para **él**.

- The indirect object can be repeated with the construction **a** + *[prepositional pronoun]* to provide clarity or emphasis.

¿Te gusta aquel cantante?	¡**A mí** me fascina!
¿A quién se lo dieron?	Se lo dieron **a ella**.

- The adjective **mismo(s)/a(s)** is usually added to clarify or emphasize the relationship between the subject and the object.

José se lo regaló a **él**.	José se lo regaló a **sí mismo**.
José gave it to him (someone else).	*José gave it to himself.*

- When **mí**, **ti**, and **sí** are used with **con**, they become **conmigo**, **contigo**, and **consigo**.

  ¿Quieres ir **conmigo** al parque de atracciones?
  Do you want to go to the amusement park with me?

  Laura siempre lleva su computadora portátil **consigo**.
  Laura always brings her laptop with her.

- These prepositions are used with **tú** and **yo** instead of **mí** and **ti: entre, excepto, incluso, menos, salvo, según**.

Todos están de acuerdo **menos tú** y **yo**.	**Entre tú** y **yo**, Juan me cae mal.
Everyone is in agreement except you and me.	*Between you and me, I can't stand Juan.*

¡ATENCIÓN!

When object pronouns are attached to infinitives, participles, or commands, a written accent is often required to maintain proper word stress.

Infinitive
cantármela

Present participle
escribiéndole

Command
acompáñeme

For more information on using object pronouns with commands, see **4.2**, pp. 140–141.

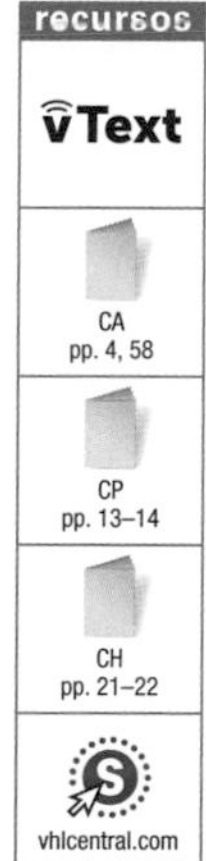

Teaching Tips

- To simplify, write each example on the board. Then give two volunteers different colored chalk. Ask one volunteer to circle the indirect object and the other to circle the direct object. Then as a class, rewrite the examples using pronouns, having the volunteers write the indirect and direct object pronouns in the corresponding colors. Continue with more examples until all students have had a turn at the board.
- Teach students the mnemonic device "ID" in order to remember that indirect object pronouns always precede direct object pronouns.
- Point out that **mismo(s)/a(s)** may be used with any prepositional pronoun, not just the third person (Ex: **Hablo de mí misma.**).

LEARNING STYLES

For Visual Learners Ask pairs to choose two to three sentences from page 55 to illustrate in comic strip style with captions and/or conversation. For example: **Me los mandaron por correo** could be illustrated with two scenes: 1. A ticket agent putting tickets into an envelope. 2. A student receiving tickets in the mail.

LEARNING STYLES

For Kinesthetic Learners If possible, go to the gymnasium or outside to play a game of soccer or basketball. If not, use a soft foam ball to play catch in the classroom. Students must say: **Tim, dámela / Lisa, pásamela,** etc. before they receive the ball.

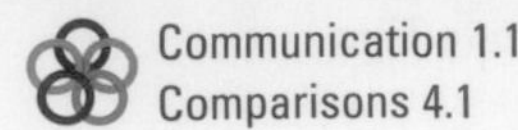

Communication 1.1
Comparisons 4.1

Teaching Tips

- After students complete **Actividades 1** and **2**, have them read aloud and act out the conversations, using gestures to emphasize the pronouns.
- Challenge students to write similar conversations between friends or arguments between couples.

1 Model the activity by going around the room and commenting on different students. Example: **Siempre veo a Pedro en el café estudiantil. Siempre lo veo en el café estudiantil.**

2 Have students rewrite the conversation as a narrative.

3 Pair up students. Have them write a list of five suggestions they would give to future students about Spanish class. Then ask different students to read their suggestions aloud.

Extra Practice For additional practice with object pronouns, go to **vhlcentral.com**.

Práctica

1 Dos buenas amigas Dos mujeres, Rosa y Marina, están en un café hablando de unos conocidos. Selecciona las personas de la lista que corresponden a los pronombres subrayados (*underlined*).

a Antoñito	**a nosotras**
a Antoñito y a Maite	**a ti**
a Maite	**a ustedes**
a mí	

ROSA Siempre lo[1] veo bailando en la discoteca Club 49. — 1. a Antoñito

MARINA ¿Te[2] saluda? — 2. a ti

ROSA Nunca. Yo creo que no me[3] saluda porque tiene miedo de que se lo diga a su novia. — 3. a mí

MARINA ¿Su novia? Hace siglos que no sé nada de ella. Un día de éstos la[4] tengo que llamar. — 4. a Maite

ROSA ¿Quieres que los[5] invitemos a ir con nosotras a la fiesta del viernes? — 5. a Antoñito y a Maite

MARINA Sí. Es una buena idea. A ver qué nos[6] dice Antoñito de su afición a las discotecas. — 6. a nosotras

2 Entre hermanos Completa las oraciones con una de estas expresiones: **conmigo, contigo, consigo.**

FEDERICO Ya estamos otra vez, Sara. ¿Por qué siempre tengo que estar (1) ___contigo___? ¡Nunca lo pasamos bien juntos!

SARA ¿Y tú qué crees? ¿Que yo me divierto (2) ___contigo___?

FEDERICO ¡Pero eres tú la que siempre quiere salir (3) ___conmigo___ los fines de semana!

SARA Yo no quiero salir (4) ___contigo___, ¡el problema es que papá no quiere que yo salga sola! Así que si no salgo (5) ___contigo___, ¡no salgo nunca!

FEDERICO ¿Y si salieras con nuestra prima Olivia?

SARA ¿Olivia? A ella sólo le gusta estar (6) ___consigo___ misma. Se aburre con los demás.

3 Una fiesta muy ruidosa Martín y Luisa han organizado una fiesta muy ruidosa (*noisy*) en su casa y un vecino ha llamado a la policía. El policía les aconseja lo que deben hacer para evitar más problemas. Reescribe los consejos cambiando las palabras subrayadas por los pronombres de complemento directo e indirecto correctos.

1. Traten amablemente a la policía. Trátenla amablemente.
2. Tienen que pedirle perdón a su vecino. Tienen que pedírselo./Se lo tienen que pedir.
3. No pueden contratar a un grupo musical sin permiso. No pueden contratarlo sin permiso./No lo pueden contratar sin permiso.
4. Tienen que poner la música muy baja. Tienen que ponerla muy baja./La tienen que poner muy baja.
5. No deben servirles bebidas alcohólicas a los menores de edad. No deben servírselas./No se las deben servir.
6. No pueden organizar fiestas nunca más. No pueden organizarlas nunca más./No las pueden organizar nunca más.

Practice more at **vhlcentral.com.**

DIFFERENTIATION

For Inclusion Have students make pictures of each speaker and each person mentioned in **Actividades 1** and **2**. Students should label their pictures with names. As you slowly read each sentence, have students hold up in the left hand the drawing of the person who is speaking, and hold in the right hand the drawing of the person about whom they are speaking.

DIFFERENTIATION

To Challenge Students Photocopy and cut up into strips each line of the conversations from **Actividades 1** and **2**. Give each student a conversation line. Allow time for students to read their line silently and, using their books, secretly identify the speaker. Then have each student read his or her line aloud with feeling, asking the class to identify the speaker.

Comunicación

4 La fiesta En parejas, túrnense para contestar las preguntas usando pronombres de complemento directo o indirecto según sea necesario.

1. ¿Te gusta organizar fiestas? ¿Cuándo fue la última vez que organizaste una? ¿Por qué la organizaste?
2. ¿Invitaste a muchas personas? ¿A quiénes invitaste?
3. ¿Qué tipo de música escucharon? ¿Bailaron también?
4. ¿Qué les ofreciste de comer a los invitados en tu fiesta?
5. ¿Trajeron algo? ¿Qué trajeron? ¿Para quién?

5 ¿En qué piensas? Piensa en algunos de los objetos típicos que ves en la clase o en tu casa (un cuadro, una maleta, un mapa, etc.). Tu compañero/a debe adivinar el objeto que tienes en mente haciéndote preguntas con pronombres.

MODELO **Tú piensas en: un libro**
—Estoy pensando en algo que uso para estudiar.
—¿Lo usas mucho?
—Sí, lo uso para aprender español.
—¿Lo compraste?
—Sí, lo compré en una librería.

6 Una persona famosa En parejas, escriban una entrevista con una persona famosa. Utilicen estas cinco preguntas y escriban cinco más. Incluyan pronombres en las respuestas. Después, representen la entrevista ante la clase.

MODELO **—¿Quién prepara la comida en tu casa?**
—Mi cocinero la prepara.

1. ¿Visitas frecuentemente a tus amigos/as?
2. ¿Ves mucho la televisión?
3. ¿Quién conduce tu auto?
4. ¿Preparas tus maletas cuando viajas?
5. ¿Evitas a los fotógrafos?

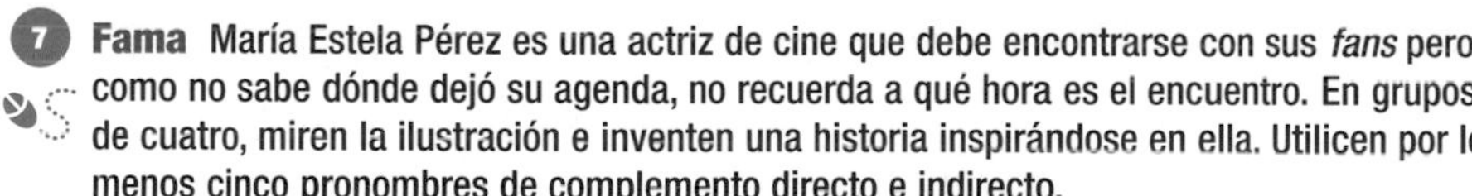

7 Fama María Estela Pérez es una actriz de cine que debe encontrarse con sus *fans* pero, como no sabe dónde dejó su agenda, no recuerda a qué hora es el encuentro. En grupos de cuatro, miren la ilustración e inventen una historia inspirándose en ella. Utilicen por lo menos cinco pronombres de complemento directo e indirecto.

LEARNING STYLES

For Auditory Learners For **Actividad 6,** have students keep the identity of the celebrity a secret. Then have pairs read their interviews for the class. Students then try to guess the celebrity their classmates have interviewed.

LEARNING STYLES

For Visual Learners Share answers to **Actividad 4** as a class and then divide the class into five groups to record the answers to each question in bar graphs. For example, the vertical axis of the graph lists numbers of students. The horizontal axis lists **estudiantes que organizan fiestas, hace una semana, hace un mes, hace un año, para un cumpleaños, para divertirnos,** etc.

Communication 1.1
Comparisons 4.1

Teaching Tips

4 Call on students to summarize their partner's responses.

PRE-AP*

4 Interpersonal Speaking Have students work in pairs to create three more questions with direct and indirect object phrases and pronouns. Then have them trade questions with another pair and answer them.

21st CENTURY SKILLS

4 Technology Literacy Ask students to prepare a digital presentation to show whole-class preferences for several items in the activity.

4 Virtual Chat You can also assign activity 4 on the Supersite. Students record individual responses that appear in your gradebook.

5 To simplify, have the class brainstorm sentence forms students can use to describe objects. Ex: **Estoy pensando en algo que uso para... Es algo que es grande/pequeño/blanco/negro...**

5 As a variant, divide the class into two teams and play the same game. You may wish to have students draw names of items from a bag to ensure that masculine and feminine, singular and plural object pronouns are used.

5 Have students play the game again, but this time describing and guessing celebrities. Again, encourage students to choose males, females, couples, and musical groups so that they can practice all object pronoun forms.

6 Preview the exercise by asking students similar questions about their own life.

Comparisons 4.1

Instructional Resources
vText
Cuaderno de actividades comunicativas, pp. 5, 59
Cuaderno de práctica, pp. 15–16
Cuaderno para hispanohablantes, pp. 23–24
e-Cuaderno
Supersite: Additional practice
Supersite/TRCD: Grammar Slides, Presentation PDFs #18, 19, Audio Activities Script, Answer Keys
Audio Activities CD

Teaching Tips

- Elicit from students the English meaning of **gustar, encantar,** and **molestar,** and ask them to explain how they are used (with indirect object pronouns).
- Briefly review indirect object pronouns and remind students that they describe to whom or for whom an action is performed. See **2.1,** page 54.
- Explain that subject pronouns like **yo** are not often used with verbs like **gustar**. Point out that ***Yo* me gusta** is never correct.

Extra Practice Ask students to each bring in one object for each of the five senses. Ex: a CD, pictures, food, a DVD, photos, books, etc. Have pairs of students take turns showing each other their objects and commenting on them using **Me gusta/encanta/molesta porque...** Have students change partners as often as time allows.

2.2 *Gustar* and similar verbs

Me encanta el grupo Distorsión.

No me gusta nada la música rock.

- Though **gustar** is translated as *to like* in English, its literal meaning is *to please.* **Gustar** is preceded by an indirect object pronoun indicating *the person who is pleased.* It is followed by a noun indicating *the thing or person that pleases.*

INDIRECT OBJECT PRONOUN		SUBJECT
Me	**gusta**	**la película.**

I like the movie. (*literally: The movie pleases me.*)

¿Te	**gustan**	**los conciertos de rock?**

Do you like rock concerts? (*literally: Do rock concerts please you?*)

- Because *the thing or person that pleases* is the subject, **gustar** agrees in person and number with it. Most commonly the subject is third person singular or plural.

SINGULAR SUBJECT	PLURAL SUBJECT
Nos gust**a** la música de Paulina Rubio. *We like Paulina Rubio's music.*	Me gust**an** las quesadillas. *I like quesadillas.*
Les gust**a** su casa nueva. *They like their new house.*	¿Te gust**an** las películas románticas? *Do you like romantic movies?*

- When **gustar** is followed by one or more verbs in the infinitive, the singular form of **gustar** is always used.

No nos **gusta** llegar tarde.
We don't like to arrive late.

Les **gusta** cantar y bailar.
They like to sing and dance.

- **Gustar** is often used in the conditional (**me gustaría**, etc.) to soften a request.

Me **gustaría** un refresco con hielo, por favor.
I would like a soda with ice, please.

¿Te **gustaría** salir a cenar esta noche conmigo?
Would you like to go out to dinner with me tonight?

DIFFERENTIATION

To Challenge Students Give pairs of students a children's book in Spanish. Have them read it and write a critique of it for the class. Their critiques should include a summary of the book, an analysis of the writing and illustration style, and recommendation for age and type of children who would enjoy it. Students should use **gustar** and similar verbs at least five times in their critiques.

DIFFERENTIATION

For Inclusion Have students make three signs: **me gusta, no me gusta**, and one other of their choosing; Ex: **me encanta**, etc. Hold up magazine pictures of actors, actresses, movies, musicians, etc. Students respond by holding up their signs. Encourage students to read their signs as well.

Verbs like *gustar*

- Many verbs follow the same pattern as **gustar**.

aburrir *to bore*	**hacer falta** *to miss*
caer bien/mal *to get along well/badly with*	**importar** *to be important to; to matter*
disgustar *to upset*	**interesar** *to be interesting to; to interest*
doler *to hurt; to ache*	**molestar** *to bother; to annoy*
encantar *to like very much*	**preocupar** *to worry*
faltar *to lack; to need*	**quedar** *to be left over; to fit (clothing)*
fascinar *to fascinate; to like very much*	**sorprender** *to surprise*

¡**Me fascina** el álbum!
I love the album!

A Sandra **le disgusta** esa situación.
That situation upsets Sandra.

¿**Te molesta** si voy contigo?
Will it bother you if I come along?

Le duelen las rodillas.
Her knees hurt.

- The indirect object can be repeated using the construction **a** + [*prepositional pronoun*] or **a** + [*noun*]. This construction allows the speaker to emphasize or clarify who is pleased, bothered, etc.

A ella no le gusta bailar, pero **a él** sí.
She doesn't like to dance, but he does.

A Felipe le molesta ir de compras.
Shopping bothers Felipe.

- **Faltar** expresses what someone or something lacks and **quedar** what someone or something has left. **Quedar** is also used to talk about how clothing fits or looks on someone.

Le falta dinero.
He's short of money.

A la impresora no **le queda** papel.
The printer is out of paper.

Me faltan dos pesos.
I need two pesos.

Esa falda **te queda** bien.
That skirt fits you well.

¿Qué te hace falta en la vida?
Parque de Atracciones de Madrid

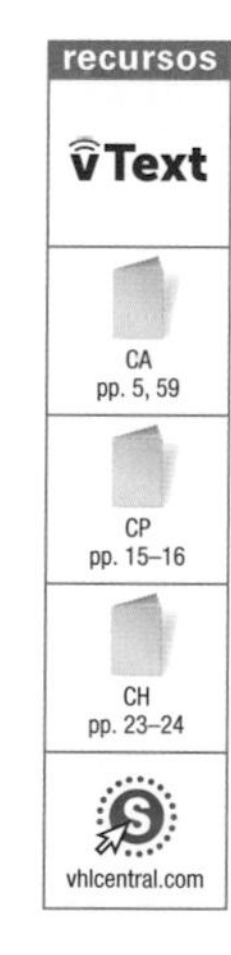

Teaching Tips

- Ask the class to identify the verbs they already know. List them in one column on the board. Have volunteers go to the board to write sample sentences using the familiar verbs. Then ask the class to list the verbs that are new to them. Give examples using the unfamiliar verbs.
- Ask questions about students and have volunteers answer. Ex: **¿A quién le aburre bailar?** Student response: **A James le aburre bailar.** Continue until you have asked a question about each student or used all the verbs from the list.
- Point out that the reflexive verb **quedarse** (*to stay*) has a different meaning from **quedar** (*to fit; to arrange to meet*).

Extra Practice For additional practice with **gustar** and similar verbs, go to **vhlcentral.com.**

LEARNING STYLES

For Auditory Learners Hold up an object (CD, food, book, DVD, picture, etc.) and ask, for example: **¿A quiénes les gusta la manzana?** Have students raise their hands to show that they like it. Be sure to use as many different verbs as possible.

LEARNING STYLES

For Kinesthetic Learners Play charades. Divide the class into two teams. Each team sends one member to the front of the room. You secretly show each member a phrase to act out; Ex: **me aburre el libro**—the student pretends to be bored reading a book. The first team to guess the phrase wins a point. Play until all students have had a turn pantomiming. The team with the most points wins.

Communication 1.1
Comparisons 4.1

Teaching Tips

1 To simplify, tell students that the pronoun they use is always **me**. Remind them to then focus on the words that follow the verb to conjugate it.

1 For additional practice, call on volunteers to describe Miguel and César's problems. Ex: **A Miguel le encanta vivir con César, pero le preocupan algunas cosas...**

1 For additional practice, write a list of verbs like **gustar** on the board. Have students use at least three of the verbs to add to the conversation, describing more problems between Miguel and César.

2 Call on volunteers to give their partner's response. Ex: **Según tu compañero/a, ¿qué le preocupa al presidente?** Ask the class: **¿Están ustedes de acuerdo?**

3 Remind students that the conditional is often used with verbs like **gustar** to soften a request. Ex: **¿Te interesaría ir al gimnasio?** *Would you be interested in going to the gym?*

Práctica

1 Completar Los hermanos Miguel y César comparten un cuarto y tienen algunos problemas. Hoy se han reunido para discutirlos. Completa su conversación con la forma correcta de los verbos entre paréntesis.

MIGUEL Mira, César, a mí (1) me encanta (encantar) compartir el cuarto contigo, pero la verdad es que (2) me preocupan (preocupar) algunas cosas.

CÉSAR De acuerdo. A mí también (3) me disgustan (disgustar) algunas cosas de ti.

MIGUEL Bueno, para empezar no (4) me gusta (gustar) que pongas la música tan alta cuando vienen tus amigos. Tus amigos (5) me caen (caer) muy bien, pero a veces hacen mucho ruido y no me dejan estudiar.

CÉSAR Sí, claro, lo entiendo. Pues mira, Miguel, a mí (6) me molesta (molestar) que traigas comida al cuarto y que luego dejes los platos sucios en el suelo.

MIGUEL Es verdad. Pues... vamos a intentar cambiar estas cosas. ¿Te parece?

CÉSAR ¡(7) Me fascina (fascinar) la idea! Yo bajo el volumen de la música cuando vengan mis amigos y tú, no comas en el cuarto ni dejes los platos sucios en el suelo. ¿De acuerdo?

2 Preguntar Túrnense para hacerse preguntas sobre estos temas siguiendo el modelo.

MODELO **a tu padre / fascinar**
—¿Qué crees que le fascina a tu padre?
—Pues, no sé. Creo que le fascina dormir.

1. al presidente / preocupar
2. a tu hermano/a / encantar
3. a ti / faltar
4. a tus padres / gustar
5. a tu profesor(a) de español / disgustar
6. a ustedes / importar
7. a tus amigos / molestar
8. a tu compañero/a de clase / aburrir

3 Conversar En parejas, pregúntense si les gustaría hacer las actividades relacionadas con las fotos. Utilicen los verbos **aburrir, disgustar, encantar, fascinar, interesar** y **molestar**. Sigan el modelo.

MODELO —¿Te molestaría ir al parque de atracciones?
—No, me encantaría.

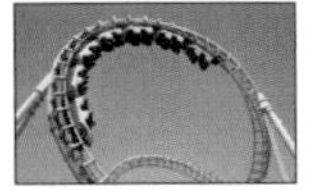

 Practice more at **vhlcentral.com.**

DIFFERENTIATION

To Challenge Students Ask pairs to write their own conversation between friends, siblings, or a couple in which the partners are trying to work out problems. Students should use at least five **gustar**-type verbs.

DIFFERENTIATION

For Inclusion Discuss the photos in **Actividad 3**. Ask: **¿Qué lugar es éste? ¿Qué hacen allí? ¿Por qué va la gente allí?** Record student responses on the board. Encourage pairs to use the information on the board when completing the activity.

Comunicación

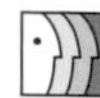

4 **Extrañas aficiones** En grupos de cuatro, miren las ilustraciones e imaginen qué les gusta, interesa o molesta a estas personas.

5 **¿Qué te gusta?** En parejas, pregúntense si les gustan o no las personas y actividades de la lista. Utilicen verbos similares a **gustar** y contesten las preguntas.

Beyoncé	dormir los fines de semana
salir con tus amigos	hacer bromas
las películas de misterio	los discos de Christina Aguilera
practicar algún deporte	ir a discotecas
Ricky Martin	las películas extranjeras

6 **¿A quién le gusta?** Trabajen en grupos de cuatro.

A. Preparen una lista de cinco pasatiempos y cinco lugares de recreo. Luego circulen por la clase para ver a quiénes les gustan los lugares y las actividades de la lista.

B. Ahora escriban un párrafo breve para describir los gustos de sus compañeros. Utilicen **gustar** y otros verbos similares. Compartan su párrafo con la clase.

MODELO A Luisa y a Simón les fascina el restaurante Acapulco, pero a Celia no le gusta.
A todos nos gusta ir al cine, menos a Carlos, porque…

LEARNING STYLES

For Auditory Learners Post photos of celebrities on the board. Say a few sentences from the perspective of each celebrity. Examples: **Me gusta actuar en películas de Hollywood. Me fascina sacar fotos. Me aburre Jennifer Aniston. Me encanta Angelina Jolie. ¿Quién soy?** Student response: **Eres Brad Pitt.**

LEARNING STYLES

For Visual Learners For additional practice, have students repeat **Actividad 4** with pictures from magazines or newspapers. Encourage students to find, download, or draw their own pictures to use in the activity.

Communication 1.1
Comparisons 4.1

Teaching Tips

4 Model the activity by doing the first illustration as a class. Example: **A mi abuela Clotilde le fascina salir a pasear en su motocicleta, pero a ella le molesta cuando…**

4 **Expansion** Have students write silly sentences about the characters using **doler, faltar, caer bien/mal, hacer falta, sorprender**. Examples: **Le duelen los pies porque lleva zapatos con tacones muy altos. Tiene un animal muy raro.** Classmates can then guess to whom they are referring.

5 Take a survey of students' answers and write the results on the board.

5 **Partner Chat** You can also assign activity 5 on the Supersite. Students work in pairs to record the activity online. The pair's recorded conversation will appear in your gradebook.

6 **For Inclusion** To simplify **Actividad 6**, help students list two to three pastimes and two to three recreation spots, using **Contextos** on pages 42–43. Then encourage them to ask the question: **¿Te gusta ___?** of each classmate and write a tally mark next to each item on the list when a classmate answers affirmatively. Finally, show students how to make a graph to display how many people liked the activities and places on their list.

6 Part B: Have partners do a peer-edit of each other's paragraphs before sharing them with the class.

Comparisons 4.1

Instructional Resources
vText
Cuaderno de actividades comunicativas, pp. 6, 60
Cuaderno de práctica, pp. 17–18
Cuaderno para hispanohablantes, pp. 25–26
e-Cuaderno
Supersite: Additional practice
Supersite/TRCD: Grammar Slides, Presentation PDFs #20, 21, Audio Activities Script, Answer Keys
Audio Activities CD

Teaching Tips

- Remind students that the English counterparts of most Spanish reflexive verbs do not require reflexive pronouns (*myself, yourself, etc.*). Ex: **Jaime se despertó.** *Jaime woke up.* Point out that English makes frequent use of possessive adjectives where a definite article would be used in Spanish. Ex: **Me pongo los zapatos.** *I'm putting on my shoes.*
- **El bingo** Photocopy a Bingo card for each student, with the daily routine verbs listed at the top. Students illustrate each verb in at least one box (some verbs more than once) to fill all the boxes. For the first few rounds, pantomime the action and call out the infinitive. In later rounds, call out conjugated forms of the verb or sample sentences.

2.3 Reflexive verbs

- In a reflexive construction, the subject of the verb both performs and receives the action. Reflexive verbs (**verbos reflexivos**) always use reflexive pronouns (**me, te, se, nos, os, se**).

Reflexive verb

Elena **se lava** la cara.

Non-reflexive verb

Elena **lava** los platos.

Reflexive verbs

lavarse *to wash (oneself)*

yo	**me lavo**
tú	**te lavas**
Ud./él/ella	**se lava**
nosotros/as	**nos lavamos**
vosotros/as	**os laváis**
Uds./ellos/ellas	**se lavan**

- Many of the verbs used to describe daily routines and personal care are reflexive.

acostarse *to go to bed*	**dormirse** *to fall asleep*	**peinarse** *to comb (one's hair)*
afeitarse *to shave*	**ducharse** *to take a shower*	**ponerse** *to put on (clothing)*
bañarse *to take a bath*	**lavarse** *to wash (oneself)*	**secarse** *to dry off*
cepillarse *to brush (one's hair/teeth)*	**levantarse** *to get up*	**quitarse** *to take off (clothing)*
despertarse *to wake up*	**maquillarse** *to put on makeup*	**vestirse** *to get dressed*

¡ATENCIÓN!

A transitive verb is one that takes a direct object.

Mariela compró dos boletos.
Mariela bought two tickets.

Johnny contó un chiste.
Johnny told a joke.

- In Spanish, most transitive verbs can also be used as reflexive verbs to indicate that the subject performs the action to or for himself or herself.

Félix **divirtió** a los invitados con sus chistes.
Félix amused the guests with his jokes.

Félix **se divirtió** en la fiesta.
Félix had fun at the party.

Ana **acostó** a los gemelos antes de las nueve.
Ana put the twins to bed before nine.

Ana **se acostó** muy tarde.
Ana went to bed very late.

PRE-AP*

Interpersonal Writing Students write an e-mail to a friend describing changes in their daily routine now that they are on vacation. Review with them the forms of reflexive verbs. Tell them they must ask at least two questions in the e-mail. They should begin it with a proper salutation, and end it with a closing such as: **Tu amigo/a, Hasta luego,** etc. Say: **Escribe un correo electrónico a tu mejor amigo/a en el que describes los cambios en tu rutina diaria durante las vacaciones. Usa diez verbos de la página 62.**

- Many verbs change meaning when they are used with a reflexive pronoun.

aburrir *to bore*	**aburrirse** *to get bored*
acordar *to agree*	**acordarse (de)** *to remember*
comer *to eat*	**comerse** *to eat up*
dormir *to sleep*	**dormirse** *to fall asleep*
ir *to go*	**irse (de)** *to go away (from)*
llevar *to carry*	**llevarse** *to carry away*
mudar *to change*	**mudarse** *to move (change residence)*
parecer *to seem*	**parecerse (a)** *to resemble; to look like*
poner *to put*	**ponerse** *to put on (clothing, make-up)*
quitar *to take away*	**quitarse** *to take off (clothing)*

- Some Spanish verbs and expressions are used in the reflexive even though their English equivalents may not be. Many of these are followed by the prepositions **a, de**, and **en**.

acercarse (a) *to approach*	**fijarse (en)** *to take notice (of)*
arrepentirse (de) *to regret*	**morirse (de)** *to die (of)*
atreverse (a) *to dare (to)*	**olvidarse (de)** *to forget (about)*
convertirse (en) *to become*	**preocuparse (por)** *to worry (about)*
darse cuenta (de) *to realize*	**quejarse (de)** *to complain (about)*
enterarse (de) *to find out (about)*	**sorprenderse (de)** *to be surprised (about)*

- *To get* or *to become* is frequently expressed in Spanish by the reflexive verb **ponerse** + [*adjective*].

  Pilar **se pone** muy nerviosa antes del torneo.
  Pilar gets very nervous before the tournament.

  Si no duermo bien, **me pongo insoportable.**
  If I don't sleep well, I become unbearable.

- In the plural, reflexive verbs can express reciprocal actions done *to one another.*

  Los dos equipos **se saludan** antes de comenzar el partido.
  The two teams greet each other at the start of the game.

  ¡Los entrenadores **se están peleando** otra vez!
  The coaches are fighting again!

- The reflexive pronoun precedes the direct object pronoun when they are used together in a sentence.

  ¿**Te** comiste todo el pastel? *Did you eat the whole cake?*
  Sí, **me lo** comí todo. *Yes, I ate it all up.*

¡ATENCIÓN!

Hacerse and **volverse** can also mean *to become.*

Se ha hecho cantante.
He has become a singer.

¿**Te has vuelto** loco/a?
Have you gone mad?

recursos

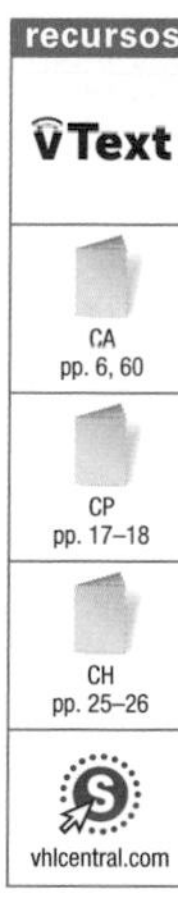

Teaching Tips
- To simplify, write several sentence pairs on the board to illustrate the differences in meaning. Examples: **Pareces cansado.** *You seem tired.* **Te pareces a tu madre.** *You look like your mother.*
- To challenge students, assign pairs of students a verb and its reflexive counterpart. Have them write sentences that show the verbs' different meanings. Then have them read and pantomime the sentences for the class.
- Explain the use of **se** with indirect object pronouns to express unplanned events. Ex: **Se me perdieron las llaves.**
- **¡Atención!** Remind students: When used with infinitives and present participles, reflexive pronouns follow the same rules of placement as object pronouns. See **2.1**, pages 54–55.

Extra Practice For additional practice with reflexive verbs, go to **vhlcentral.com.**

DIFFERENTIATION

Heritage Speakers Ask students to share about a typical teen's daily schedule in their families' home countries. **¿A qué hora se despierta? ¿A qué hora se levanta? ¿A qué hora desayuna? ¿Qué toma para desayunar? ¿A qué hora se duerme?**, etc. Ask heritage speakers to use the board or chart paper to draw a typical schedule as they share. Encourage other students to ask questions to their classmates.

DIFFERENTIATION

To Challenge Students Ask students to sit in a circle. Say one sentence that begins a story and uses a reflexive verb. The student to the right continues the story, using a different reflexive verb. Encourage students to be creative and even silly as the story grows. See how many times around the circle you can go.

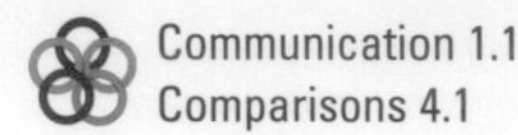
Communication 1.1
Comparisons 4.1

Teaching Tips

1 For additional practice, ask students about their own schedules. Examples: **¿A qué hora te levantas? ¿Quién se maquilla?**

2 To simplify, have the class brainstorm ideas before students complete part B of **Actividad 2**. Ask the class to suggest possible friends and family of Silvia. Ex: **su abuelo que tiene cien años, su nieta que tiene un año, su ex-novio**, etc.

2 Imagine that Sylvia's grandfather is 100 years old. Have students describe his Saturday schedule.

Práctica

1 Los lunes por la mañana Completa el párrafo sobre lo que hacen Carlos y su esposa Elena los lunes por la mañana. Utiliza la forma correcta de los verbos reflexivos correspondientes.

acostarse	**irse**	**ponerse**
afeitarse	**lavarse**	**quitarse**
cepillarse	**levantarse**	**secarse**
ducharse	**maquillarse**	**vestirse**

Los domingos por la noche, Carlos y Elena (1) ___se acuestan___ tarde y por la mañana tardan mucho en despertarse. Carlos es el que (2) ___se levanta___ primero, (3) ___se quita___ el pijama y (4) ___se ducha___ con agua fría. Después, Carlos (5) ___se afeita___ la barba. Cuando Carlos termina, Elena entra al baño. Mientras ella termina de ducharse, de (6) ___secarse___ el pelo y de (7) ___maquillarse___, Carlos prepara el desayuno. Cuando Elena está lista, Carlos y ella desayunan, luego (8) ___se cepillan___ los dientes y (9) ___se lavan___ las manos. Después, los dos (10) ___se visten___ con ropa elegante y (11) ___se van___ al trabajo. Carlos (12) ___se pone___ la corbata en el carro; Elena maneja.

2 Todos los sábados

A. **En parejas, describan la rutina que sigue Silvia todos los sábados, según los dibujos.**
Sample answers

Se levanta/despierta a las nueve.

Se baña a las diez.

Se viste a las once menos cuarto.

Se maquilla a las doce menos diez.

B. **¿Qué hacen los sábados por la mañana los amigos y familiares de Silvia? Imaginen sus rutinas. Utilicen verbos reflexivos y sean creativos.**

 Practice more at **vhlcentral.com.**

DIFFERENTIATION

For Inclusion Download or photocopy a page from a daily planner. Model how to fill it in with your daily routine. Encourage students to fill in the planner with their own daily routine, using as many reflexive verbs as they can.

DIFFERENTIATION

For Inclusion Play a game of **Simón dice** before students begin **Actividad 1.** Have the whole class stand up. Say, for example, **Simón dice: pónganse la ropa.** Students pantomime getting dressed. Then say: **Váyanse.** Students stay still because Simón didn't say so.

Comunicación

3 ¿Y tú? En parejas, túrnense para hacerse las preguntas. Contesten con oraciones completas y expliquen sus respuestas.

1. ¿A qué hora te despiertas normalmente los sábados por la mañana? ¿Por qué?
2. ¿Te duermes en las clases?
3. ¿A qué hora te acuestas normalmente los fines de semana?
4. ¿A qué hora te duchas durante la semana?
5. ¿Te despiertas y te levantas enseguida? ¿Por qué?
6. ¿Qué te pones para salir los fines de semana? ¿Y tus amigos/as?
7. ¿Cuándo te vistes elegantemente?
8. ¿Te diviertes cuando vas a una fiesta? ¿Y cuando vas a una reunión familiar?
9. ¿Te fijas en la ropa que lleva la gente?
10. ¿Te preocupas por tu imagen?

11. ¿De qué se quejan tus amigos/as normalmente? ¿Y tus hermanos u otros miembros de la familia?
12. ¿Conoces a alguien que se preocupe constantemente por todo?
13. ¿Te arrepientes a menudo de las cosas que haces?
14. ¿Te peleas con tus amigos/as? ¿Y con tus padres?
15. ¿Te sorprendes de alguna costumbre o hábito de tus amigos/as?

4 Síntesis Imagina que estás en un café y ves a un(a) amigo/a tuyo/a. Este/a amigo/a te dijo ayer que no podía salir contigo hoy porque tenía que ir a estudiar a la biblioteca... ¡pero ahora está en el café con un grupo de amigos! ¿Qué haces? Trabajen en grupos de tres para representar la escena. Utilicen por lo menos cinco verbos de la lista y cinco pronombres de complemento directo e indirecto.

acercarse	darse cuenta	hacer falta	olvidarse
arrepentirse	disgustar	interesar	preocuparse
caer bien/mal	gustar	irse	sorprender

Communication 1.1
Comparisons 4.1

Teaching Tips

3 Call on students to report their partner's responses.

3 Expansion Have students create a personality test as found in a magazine based on the questions in **Actividad 3**. Show sample personality tests so students know how to word questions and assign points. Then have students exchange their tests and take them.

3 Virtual Chat You can also assign activity 3 on the Supersite. Students record individual responses that appear in your gradebook.

4 As students form groups, help them establish roles for each member to have, such as writers, directors, actors, and editors. Encourage students to practice their scenes aloud to check for any errors. Then have students perform their scenes.

4 As a follow-up writing assignment, have students write an e-mail to send to their friend.

LEARNING STYLES

For Kinesthetic Learners As a class, brainstorm ideas for skits about daily routines. Say: **Es lunes y los padres están intentando sacar a sus hijos de la cama; Es sábado y uno de los hijos llega a casa muy tarde;** etc. Students form small groups to write and then practice a skit. Have a class sharing of each skit.

LEARNING STYLES

For Auditory Learners After completing and sharing their scenes from **Actividad 4,** students form pairs. With a volunteer, model how to sit back-to-back and have a phone conversation with a friend about seeing your friend at the café. Remind students that sitting back-to-back is allowing them to rely on their listening skills as they would have to in a real phone conversation.

Section Goals

In **Cinemateca**, students will:

- watch the short film ***Espíritu deportivo***
- practice listening for and using vocabulary and grammar learned in this lesson

Communication 1.2
Comparisons 4.1

Instructional Resources
vText
Supersite/DVD: Film Collection
Supersite/TRCD: ***Cortometraje*** Transcript & Translation

Teaching Tips

- Tell students they are about to watch an example of **el nuevo cine mexicano** they learned about on pp. 50–51.
- **Variación léxica**
  el Mundial → la Copa Mundial
  el balón → la pelota

1 Have different student volunteers read the commentaries aloud as if they were sports radio announcers. Then have the class vote on the best announcers.

2 Before beginning the activity, survey the class on their favorite sports to play and/or watch.

2 Ask students who have been to a funeral to share how they feel when they go to a funeral. Encourage them to use words other than just **triste**. Ask: **¿Te sientes incómodo/a? ¿Te sientes nervioso/a?**

2 CINEMATECA

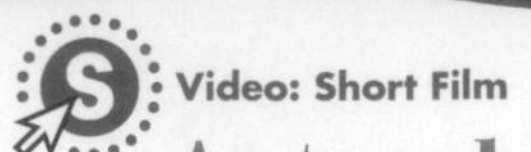

Video: Short Film

Antes de ver el corto

ESPÍRITU DEPORTIVO

país México
duración 11 minutos
director Javier Bourges
protagonistas futbolista muerto, esposa, amigos, grupo de jóvenes

Vocabulario

¡Aguas! *Watch out! (Mex.)*	**enterrado/a** *buried*
el ataúd *casket*	**la misa** *mass*
el balón *ball*	**mujeriego** *womanizer*
el campeonato *championship*	**el Mundial** *World Cup*
la cancha *field*	**patear** *to kick*
deber (dinero) *to owe (money)*	**la prueba** *proof*
deshecho/a *devastated*	**la señal** *sign*

1 Comentaristas deportivos Completa la conversación entre los comentaristas deportivos.

COMENTARISTA 1 Emocionante comienzo del (1) __Mundial__ de Fútbol. La (2) __cancha__ está llena. El capitán patea el (3) __balón__, el arquero (*goalie*) no logra frenarlo (*stop it*) y... ¡gooooool!

COMENTARISTA 2 ¡Muy emocionante el debut de Sánchez como capitán! Debemos contar al público que sólo hace siete días murió el abuelo de Sánchez. El jugador casi no llega a tiempo para el primer partido porque no quiso dejar de ir a una (4) __misa__ en el cementerio donde ahora está (5) __enterrado__ su abuelo.

2 Comentar En parejas, túrnense para hacerse las preguntas.

1. ¿Qué papel tiene el deporte en tu vida?
2. ¿Qué deporte practicabas cuando eras niño/a?
3. ¿Quién es tu deportista favorito/a? ¿Por qué?
4. Observa los fotogramas. ¿Qué está sucediendo en cada uno?
5. Piensa en el título del cortometraje. ¿Qué es para ti el "espíritu deportivo"?
6. Observa el afiche del cortometraje. ¿Crees que la historia será una comedia o un drama?

Practice more at **vhlcentral.com.**

CRITICAL THINKING

Knowledge and Comprehension Before watching the film, ask pairs to describe the people and their actions in the stills on pages 66 and 68. Then have students read their descriptions.
Comprehension and Application Before watching the film, ask students to share their knowledge of and experience with soccer, the World Cup, and funerals. Record students' thoughts in three webs on the board.

CRITICAL THINKING

Synthesis and Evaluation KWL chart: Students fill in the chart with what they already Know about the film and questions about what they Want to know about the film, leaving space to record what they Learned from the film after viewing.

Communication 1.2
Cultures 2.1, 2.2
Connections 3.2
Comparisons 4.2

Teaching Tips

- Have a volunteer read the caption above the title. As a class, discuss the significance of the film having won a prize. Ask students to suggest how important they think the prize is to the film itself.
- Have students look at the movie poster. Ask: **En tu opinión, ¿qué significa el dibujo del balón con alas de ángel y cuernos de diablo? ¿Tiene que ver con el título de este cortometraje?**

Expansion Ask students to sketch an alternative poster for the film before and after viewing. Then discuss the posters, commenting on how they changed after viewing.

GANADOR DEL 3er CONCURSO NACIONAL DE PROYECTOS DE CORTOMETRAJE, MÉXICO 2004

espíritu deportivo

Una Producción de CONACULTA/INSTITUTO MEXICANO DE CINEMATOGRAFÍA Guión y Dirección JAVIER BOURGES
Fotografía SERGEI SALDÍVAR TANAKA Edición JAVIER BOURGES Diseño Sonoro AURORA OJEDA
Música EDUARDO GAMBOA Dirección de Arte ÁLVARO CHÁVEZ
Actores MAX KERLOW/MA. ELENA OLIVARES/PEPE URCELAY/FAMESIO DE BERNAL/JOSÉ L. AVENDAÑO/
RAFAEL G. MIYAGUI/VÍCTOR H. ARANA/JOSÉ L. HUERTA/BALTIMORE BELTRÁN/LUIS ÁVILA/RENÉ CAMPERO/
GEORGINA GONZÁLEZ/MA. FERNANDA GARCÍA

PRE-AP*

Interpersonal Speaking Tell students to study the poster and to imagine the possible details of this film: the content, plot, where it is being shown, to whom, who wrote it, etc. Tell them to jot down their thoughts in a notebook to use in an interpersonal speaking activity. Then have students write both parts of a conversation with their friend, Ana, and practice role-playing the conversation with a partner. Say: **Escribe una conversación telefónica, en la cual llamas a Ana para invitarla a ver la película *Espíritu deportivo*. Incluye las respuestas de Ana. Después, ensaya tu conversación con un(a) compañero/a.**

Video Synopsis At the funeral of a former Mexican soccer star, the deceased's teammates argue over the lineup of the team that defeated Brazil. The proof is on the soccer ball signed by the players, which is about to be buried with the deceased.

PRE-AP*

Interpretive Reading Divide the class into groups of five and assign a role to each student. Have students read the script aloud, and then ask them to characterize **"El Tacho."** Ask: **¿Creen que es un hablador, como dice Maraca, o que realmente jugó en el famoso partido contra Brasil?** Keep a tally of students' opinions on the board, both before and after viewing the film.

Teaching Tips

- Allow time for students to study the pictures and read the text under each one.
- **For Auditory Learners** Have volunteers take turns reading the script aloud.
- **For Kinesthetic Learners** Divide the class into six groups and assign one of the scenes to each group. Have students improvise a skit of the scene and present it to the class.

21st CENTURY SKILLS

Social and Cross-Cultural Skills Have students work in groups to choose one or two aspects of the movie that they identify as different from what they would expect in their daily life. Ask students to write two to three sentences about the difference and how they would explain what is different to a visitor from that culture.

Escenas

ARGUMENTO El futbolista Efrén "El Corsario" Moreno ha muerto de un ataque al corazón. Su familia y amigos lo están velando°.

1 **REPORTERA** Sin duda, extrañaremos al autor de aquel gran gol de chilena° con el que eliminamos a Brasil del Mundial de Honduras de 1957.

2 **REPORTERA** Don Tacho, ¿es cierto que usted dio el pase para aquel famoso gol?
TACHO Claro que sí, yo le mandé como veinte pases al área penal, pero él nada más anotó esa sola vez.

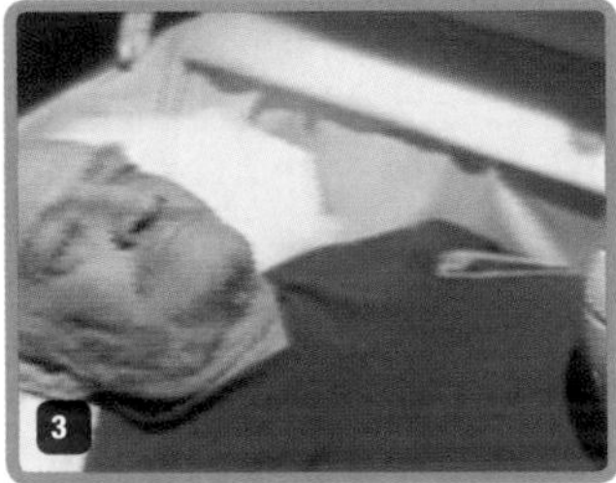

3 **JUANITA** Quiso ser enterrado con el balón de fútbol con las firmas de todos los que jugaron con él en aquel partido con Uru... con... con Brasil. Se irá a la tumba° con sus trofeos° y con su uniforme, como un gran héroe.

4 **MARACA** Tacho, eres un hablador. Estás mal. Tú ni siquiera fuiste a ese Mundial. Es más, cien pesos a que te lo compruebo.
TACHO Y cien pesos más que estuve en el juego.

5 **MARACA** A ver, ¿dónde está tu firma?
TACHO Aquí debe estar... ¡Ya la borraron! *(Molesto porque no encuentra su firma y patea el balón.)*

6 *(El balón cae sobre la guitarra de un grupo de jóvenes y la rompe.)*
HUGO Si no le pagan la guitarra aquí a mi carnal°, no les regresamos° su balón. ¿Cómo ven?

velando *holding a wake* **de chilena** *scissor kick* **tumba** *grave* **trofeos** *trophies* **carnal** *buddy* **regresamos** *give back*

CRITICAL THINKING

Knowledge and Comprehension Ask students to write a paragraph summary of the film according to the stills and make guesses as to what else will happen in the film. Have volunteers read their summaries to the class.

CRITICAL THINKING

Synthesis and Evaluation Ask pairs of students to write a scene to follow scene 6. Their scenes should show what they predict will happen to all the characters after scene 6.

Después de ver el corto

1 Oraciones Indica si estas oraciones son **ciertas** o **falsas**. Luego, en parejas, corrijan las falsas.

1. El Corsario Moreno es un jugador famoso del fútbol mexicano de los años 50. **Cierto.**
2. El Corsario Moreno murió en un accidente de tráfico. **Falso.** El Corsario Moreno murió de un ataque al corazón.
3. México ganó contra Brasil en el Mundial de 1957 con un gol que metió El Tacho. **Falso.** El gol lo metió El Corsario.
4. Según El Tacho, él pasó muchas veces el balón a El Corsario, pero El Corsario anotó sólo una vez. **Cierto.**
5. El balón de El Corsario tiene las firmas de los que jugaron contra Brasil. **Cierto.**
6. La misa le cuesta a Juanita doscientos pesos. **Falso.** No le cuesta nada.
7. Cuando El Tacho patea el balón, el balón cae sobre la guitarra y la rompe. **Cierto.**
8. El Tacho jugaba como portero en la selección nacional. **Falso.** El Tacho jugaba como delantero.
9. El Tacho y sus amigos pierden el partido en el parque. **Falso.** El Tacho y sus amigos ganan el partido.
10. El Corsario ayuda a El Tacho y a sus amigos a ganar el partido. **Cierto.**

2 Interpretar En parejas, contesten las preguntas.

1. ¿Crees que El Tacho jugó en el partido contra Brasil?
2. ¿Piensas que el sacerdote admira a El Corsario Moreno? ¿Cómo lo sabes?
3. ¿Quién se queda con el balón al final?
4. ¿Por qué crees que El Corsario regresa voluntariamente al ataúd?
5. ¿Crees que el cortometraje tiene un final feliz?

3 Eres médium En parejas, imaginen que uno/a de ustedes es médium. El/La otro/a es una de las personas de la lista. Escriban una entrevista. Luego, compártanla con la clase.

- Lucille Ball
- Mohandas "Mahatma" Gandhi
- Frida Kahlo
- Martin Luther King, Jr.
- Abraham Lincoln
- Paul Newman
- Eva Perón
- Babe Ruth
- William Shakespeare

4 El fantasma En grupos de cuatro, escriban un diálogo; luego, dos miembros del grupo deben representarlo frente a la clase.

- Imaginen que el fantasma de un(a) deportista famoso/a regresa de la tumba para darle consejos a un(a) joven aspirante.
- Le cuenta de qué se arrepiente, qué cosas volvería a hacer o qué cambiaría; le explica su filosofía de vida y cuál fue su mayor triunfo.
- Finalmente, le entrega un amuleto relacionado con su carrera deportiva.

recursos

vText

vhlcentral.com

Practice more at **vhlcentral.com.**

Communication 1.1, 1.3

Teaching Tips

- **For Inclusion** Encourage small groups of students to create a plot map of the film, which uses pictures and phrase or word labels to illustrate the important scenes.

1 To check comprehension, call on volunteers to correct the false statements.

2 Have the groups write two additional interpretation questions for other groups to answer.

3 Model the activity by selecting a well-known Hispanic figure from the past and moving back and forth as you act out both roles. Ex. 1: **Sr. Diego Rivera, ¿qué otras profesiones, además de la de pintor, le interesan?** DR: **Me interesa la política. ¡Tal vez debo presentarme como candidato para la presidencia de México! (Se ríe.)** Ex. 2: **Sr. Miguel de Cervantes, ¿cómo se le ocurrió la idea de Don Quijote?** MC: **Era un personaje que aparecía constantemente en mis sueños y un día decidí escribir sobre él. Así fue como conseguí no soñar nunca más con él.** Ex. 3: **Sr. Miguel de Cervantes, ¿quién es más sabio, don Quijote o Sancho Panza?** MC: **Los dos son sabios a su manera. Sancho Panza es iletrado y no tiene muy buenos modales, pero dice verdades universales y ve la realidad tal como es; don Quijote ha leído muchos libros y posee muchos conocimientos de los sabios, pero en la vida diaria vive en las nubes.**

21st CENTURY SKILLS

4 Productivity and Accountability
As a class, decide if the rubric you developed for the previous chapter works for this chapter's assignment. If not, adjust it to meet what students need to accomplish.

CRITICAL THINKING

Application and Analysis Ask students to discuss whether they believe in ghosts or not. Encourage volunteers to support their responses with stories or explanations.

CRITICAL THINKING

Synthesis and Evaluation Have pairs of students write a movie critique of the short. Hand out model movie critiques from Spanish magazines, if possible. Before students begin, discuss the structure and important points of a critique.

Section Goals

In **Lecturas**, students will:

- read about writer **Mario Benedetti**, then read his story ***Idilio***, paying attention to the effect of the use of verb tenses
- learn about bullfighting and discuss implications of the sport

Communication 1.2
Comparisons 4.1

Instructional Resources
v̂Text
Cuaderno de práctica, p. 19
Cuaderno para hispanohablantes, pp. 27–30
Supersite: Additional practice

Teaching Tips

- **For Inclusion** Have students point to objects, people, and colors in the painting and name them in Spanish.
- **For Visual Learners** Encourage students to paint their own work in the same style of Aldo Severi that also would be appropriate for this chapter and/or this reading.
- Ask students to share how the painting makes them feel. Record their answers in a web on the board.

2 LECTURAS

Calesita en la plaza, 1999
Aldo Severi, Argentina

"No está la felicidad en vivir, sino en saber vivir."

— Diego de Saavedra Fajardo

PRE-AP*

Interpersonal Writing Read the quotation on page 70, and teach a popular saying: **No te pueden quitar lo bailado.** In groups, have the students discuss what they think these sayings mean. Make a list of possible explanations on the board, after brainstorming with the entire class. Then instruct students to write a brief note to a classmate who is feeling down. Say: **Tu compañero/a está deprimido/a. Escríbele una carta para animarlo/a y menciona alguno de estos dichos.**

Antes de leer

Idilio

Sobre el autor

Mario Benedetti (1920–2009) nació en Tacuarembó, Uruguay. Su volumen de cuentos publicado en 1959, *Montevideanos*, lo consagró como escritor, y dos años más tarde alcanzó fama internacional con su segunda novela, *La tregua*, con un fuerte contenido sociopolítico. Tras diez años de exilio en Argentina, Perú, Cuba y España, regresó a Uruguay en 1983. El exilio que lo alejó de su patria y de su familia dejó una profunda huella (*mark*) tanto en su vida personal como en su obra literaria. Benedetti incursionó en todos los géneros (*genres*): poesía, cuento, novela y ensayo. El amor, lo cotidiano, la ausencia, el retorno y el recuerdo son temas constantes en la obra de este prolífico escritor. En 1999, ganó el Premio Reina Sofía de Poesía Iberoamericana.

Vocabulario

colocar *to place (an object)*
hondo/a *deep*
la imagen *image; picture*
la pantalla *(television) screen*
por primera/última vez *for the first/last time*
redondo/a *round*
señalar *to point to; to signal*
el televisor *television set*

 **Practicar** Completa las oraciones con palabras o frases del vocabulario.

1. Voy a ___colocar___ el televisor sobre la mesa.
2. Julio me ___señaló___ la calle que debo tomar, pero no quiso ir conmigo.
3. En lo más ___hondo___ de mi corazón, guardo el recuerdo de mi primera novela.
4. Ayer salí ___por primera vez___ en la televisión y me invitaron a participar en otro programa la semana que viene.

Conexión personal ¿Cómo te entretenías cuando eras niño/a? ¿A qué jugabas? ¿Mirabas mucha televisión? ¿Tus padres establecían límites y horarios? ¿Qué harás tú cuando tengas hijos?

Análisis literario: las formas verbales

Las formas verbales son un factor muy importante para tener en cuenta al analizar obras literarias. La elección de formas verbales es una decisión deliberada del autor y afecta al tono del texto. El uso de un registro formal o informal puede hacer el texto más o menos cercano al lector. La elección de tiempos verbales también puede tener efectos como involucrar o distanciar al lector, dar o quitar formalidad, hacer que la narración parezca más oral, etc. A medida que lees *Idilio*, presta atención a los tiempos verbales que usa Benedetti. ¿Qué tono dan a la historia estas elecciones deliberadas del autor?

 Communication 1.3

Teaching Tips

- To simplify, demonstrate the concept of tone to students by saying something formally and asking a volunteer to say it informally. Ex: **Nos encantaría recibirles en casa para una fiesta.** Student responds: **¡Vengan a nuestra casa para una fiesta!**

Conexión personal Ask: **¿Qué importancia tiene la televisión en la vida diaria? ¿Qué ventajas y desventajas tiene hoy la televisión para los niños? ¿Es realista prohibir que la vean?**

Análisis literario Have students recall a work of fiction they have recently read. Ask: **¿Qué tono utiliza el autor en su obra de ficción? ¿Les parece formal o informal? ¿Por qué? ¿Cómo afecta el tono al lector?**

Expansion Photocopy and distribute several examples of Spanish writing that have very different tones, such as an advertisement, a comic strip, an essay, and a children's book. Ask students to point out how tone is established in each piece.

NATIONAL STANDARDS
Connections: History
Benedetti was exiled from Uruguay during the period of military dictatorship that lasted from 1973 to 1984. Have students research the events that led up to the military takeover in that country.

CRITICAL THINKING

Comprehension and Synthesis Pairs of students translate into English de Saavedra's quote from the previous page. Record all translations on the board. Ask students how the quote relates to the painting, chapter, and reading.
Analysis, Synthesis, and Evaluation In small groups, students describe the painting, guess the connection to the chapter as a whole and to the reading, and give their opinion; then share.

CRITICAL THINKING

Knowledge, Application, and Analysis Ask students to share what they know about Uruguay's history and why Benedetti might have been exiled from his country.
Comprehension and Synthesis Working in pairs, students create a biographical web about Benedetti and share it with the class.

Cultures 2.1, 2.2
Connections 3.2

Teaching Tips

- With books closed, tell students that you will display an image and you want them to shout out their impressions. Show the image on page 72 and record all the students' responses. Then discuss how the picture might relate to the reading.
- Discuss the tone of the picture. Share with students that colors have tones just like words. Blue and green are generally considered cool tones, whereas red and yellow are considered warm tones. Invite students to create another version of the image on page 72 with a different tone.

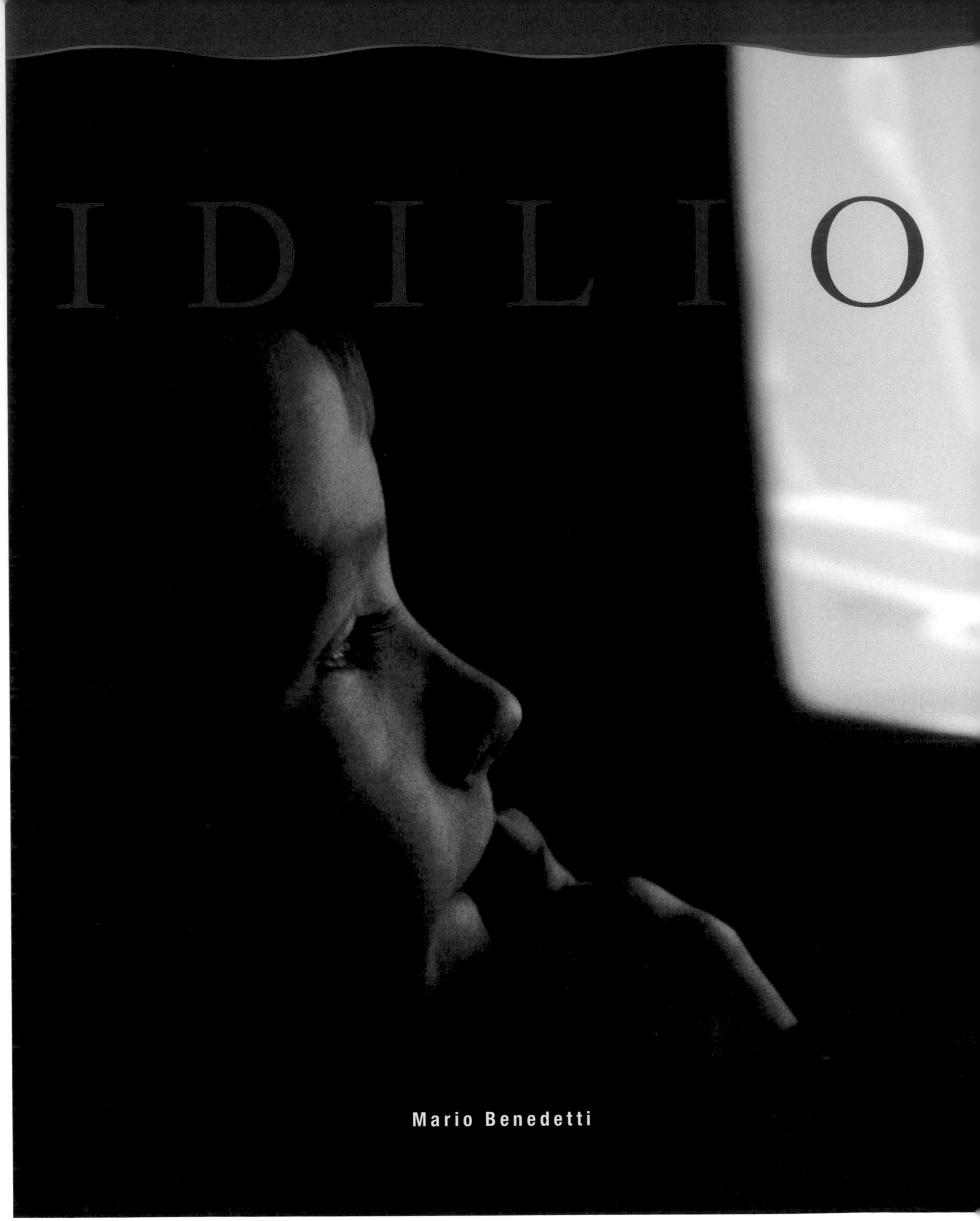

IDILIO

Mario Benedetti

CRITICAL THINKING

Analysis, Synthesis, and Evaluation Based on the information on page 71 and the picture on page 72, ask students to predict what the short story will be about.
Synthesis and Evaluation Working in pairs, students write a poem in response to the image on page 72. Display the finished poems around the room and allow time for students to walk around to read each one.

CRITICAL THINKING

Application and Synthesis The boy in the story is three years old when he watches TV for the first time. He watches several hours of TV. Ask students to survey the class about how old they were when they first watched TV and how many hours they now watch on an average weekday and on an average weekend. Have them tally the responses and present them in a chart or graph for the class.

La noche en que colocan a Osvaldo (tres años recién cumplidos) por primera vez frente a un televisor (se exhibe un drama británico de hondas resonancias), queda hipnotizado, la boca entreabierta°, los ojos redondos de estupor.

La madre lo ve tan entregado al sortilegio° de las imágenes que se va tranquilamente a la cocina. Allí, mientras friega ollas y sartenes°, se olvida del niño. Horas más tarde se acuerda, pero piensa: "Se habrá dormido". Se seca las manos y va a buscarlo al living.

La pantalla está vacía°, pero Osvaldo se mantiene en la misma postura y con igual mirada extática.

—Vamos. A dormir —conmina° la madre.

—No —dice Osvaldo con determinación.

—¿Ah, no? ¿Se puede saber por qué?

—Estoy esperando.

—¿A quién?

—A ella.

Y señaló el televisor.

—Ah. ¿Quién es ella?

—Ella.

Y Osvaldo vuelve a señalar la pantalla. Luego sonríe, candoroso°, esperanzado, exultante.

—Me dijo: "querido". ■

half-opened

surrendered to the magic

washes pots and pans

empty; blank

orders

innocent; naïve

Teaching Tips

- Remind students of the triple read method for reading comprehension: 1. read once to gain general comprehension; 2. read carefully a second time, listing and looking up important, unknown words; 3. read a third time for complete comprehension and enjoyment.
- Ask students to think about this question before reading the text: **¿Creen que es posible confundir la ficción con la realidad al ver la televisión?**
- Before reading the selection, have students find all the verbs and identify the most common verb tense (present tense). After reading the text, ask how the author's use of present tense affects the tone of the story.
- **For Kinesthetic Learners** Working in small groups, students dramatize the short story, performing their version for the class.

For Inclusion After viewing their classmates' dramatizations of the story, students create a poster that shows what the story is about and what it is saying about TV and children.

PRE-AP*

Synthesis of Skills After students read the story ***Idilio***, ask them to think about a childhood experience they remember that concerned television viewing. Have them share their memories of these experiences in small groups. Finally, tell them to write about the experience and to compare their recollection with ***Idilio***. Say: **Comparte una anécdota con tu grupo. Usa el imperfecto y el pretérito. Después escribe un párrafo sobre tu experiencia. ¿Se parece al cuento *Idilio*?**

Communication 1.1, 1.3

Teaching Tips

1 Expansion Ask additional comprehension questions. Ex: **¿Por qué dice Osvaldo que no quiere irse a dormir? ¿Qué expresión tiene Osvaldo cuando señala la pantalla?**

2 As an alternative, ask students to complete the questions in pairs. Then ask for a show of hands on the yes/no questions and discuss selected questions.

3 Before completing the activity, have students list several popular children's programs.

3 If students have trouble coming up with ideas for **Actividad 3**, suggest they think of a time they might have believed something they saw on TV.

4 Have students read their anecdotes aloud to the class and encourage classmates to ask detailed questions.

NATIONAL STANDARDS

Communities Have students look at Spanish-language TV listings for your community to identify programs for children and young people. Have them watch portions of various shows and write their own descriptions as in **Actividad 3**.

Después de leer

Idilio

Mario Benedetti

1 Comprensión Contesta las preguntas con oraciones completas.

1. ¿Cómo se llama el protagonista de esta historia? El protagonista se llama Osvaldo.
2. ¿Cómo se queda el niño cuando está por primera vez delante del televisor? El niño se queda hipnotizado, con la boca entreabierta y los ojos redondos de estupor.
3. ¿Qué hace la madre mientras Osvaldo mira la televisión? La madre va tranquilamente a la cocina y friega (lava) ollas y sartenes.
4. Cuando la madre va a buscarlo horas más tarde, ¿cómo está la pantalla? Cuando la madre vuelve, la pantalla está vacía.
5. ¿Qué piensa Osvaldo que le dice la televisión? Osvaldo piensa que la televisión le dice "querido".

2 Interpretar Contesta las preguntas.

1. Según Osvaldo, ¿quién le dijo "querido"? ¿Qué explicación lógica le puedes dar a esta situación?
2. En el cuento, la madre se olvida del hijo por varias horas. ¿Crees que este hecho es importante en la historia? ¿Crees que el final sería distinto si se tratara sólo de unos minutos frente al televisor?
3. ¿Crees que la televisión puede ser adictiva para los niños? ¿Y para los adultos? ¿Qué consecuencias crees que tiene la adicción a la televisión?

3 Imaginar En grupos, imaginen que un grupo de padres solicita una audiencia con el/la director(a) de programación infantil de una cadena de televisión popular. Los padres quieren sugerir cambios en la programación del canal. Miren la programación y, después, contesten las preguntas.

CANAL 7

6:00	6:30	7:00	8:00	9:15	10:00
Trucos para la escuela Cómo causar una buena impresión con poco esfuerzo	**Naturaleza viva** Documentales	**Mi familia latina** Divertida comedia sobre un joven estadounidense que va a México como estudiante de intercambio	**Historias policiales** Ladrones, crímenes y accidentes	**Buenas y curiosas** Noticiero alternativo que presenta noticias buenas y divertidas de todo el mundo	**Dibujos animados clásicos** Conoce los dibujos animados que miraban tus padres

- ¿Qué programas quieren pedir que cambien? ¿Por qué?
- ¿Qué programas deben seguir en la programación?
- ¿Qué otros tipos de programas se pueden incluir?
- ¿Harían cambios en los horarios? ¿Qué cambios harían?

recursos

vText

vhlcentral.com

4 Escribir Piensa en alguna anécdota divertida de cuando eras niño/a. Cuenta la anécdota en un párrafo usando el tiempo presente.

Un día estoy con mi hermano en el patio de mi casa jugando a la pelota. De repente, …

Practice more at **vhlcentral.com.**

CRITICAL THINKING

Comprehension and Synthesis In groups, have students draw a plot map of the story, summarizing the important events, but also explaining the significance of the story.

Application and Evaluation Students discuss the following questions: **Hoy en día hay muchos programas que se llaman telerrealidad. ¿Por qué son tan populares? ¿Son realistas? En tu opinión, ¿cuál es la función principal de la televisión?**

CRITICAL THINKING

Analysis and Evaluation Debate! After completing **Actividad 2**, choose one topic for debate. Divide the class into two teams—**A favor** and **En contra**. Encourage each team to write three to five points and counterpoints. To determine counterpoints, students must consider what the other side is most likely to say. Allow each team two minutes to state their points, listen to the other team, and state counterpoints.

CULTURA

Antes de leer

Vocabulario

la corrida *bullfight*	**el ruedo** *bullring*
lidiar *to fight bulls*	**torear** *to fight bulls in the bullring*
el/la matador(a) *bullfighter who kills the bull*	**el toreo** *bullfighting*
la plaza de toros *bullfighting stadium*	**el/la torero/a** *bullfighter*
	el traje de luces *bullfighter's outfit (lit. costume of lights)*

El toreo Completa las oraciones con palabras y frases del vocabulario.

1. Ernest Hemingway era un aficionado al __toreo__. Asistió a muchas __corridas__ y las describió en detalle en sus obras.
2. El __matador__ es la persona que mata al toro al final. Siempre lleva un __traje de luces__ de colores brillantes.
3. Manolete fue un __torero__ español muy famoso que fue herido por un toro y que murió al poco tiempo.
4. No se permite que el público baje al __ruedo__ porque los toros pueden ser muy peligrosos.

Conexión personal ¿Conoces alguna costumbre local o alguna tradición estadounidense que cause mucha controversia? ¿Hay deportes que resultan muy problemáticos o controvertidos para algunas personas? ¿Por qué? ¿Cuál es tu opinión al respecto?

Contexto cultural

En Fresnillo, México, en 1940 una mujer tomó una espada y se puso un traje de luces —una blusa y falda bordadas de adornos brillantes— para promover la causa de la igualdad en un terreno casi completamente dominado por los hombres: el toreo. **Juanita Cruz** había nacido en Madrid en 1917, cuando aún no se permitía a las mujeres torear a pie en el ruedo. En batalla constante contra obstáculos legales, Cruz consiguió lidiar en múltiples novilladas (*bullfights with young bulls*) en su país. Pero cuando terminó la guerra civil, al ver que Franco imponía estrictamente las leyes de prohibición del toreo a las mujeres, Cruz dejó España con rumbo a (*headed for*) México y se convirtió en torera oficial. Fue todo un fenómeno, la primera gran matadora de la historia, y en el proceso abrió camino para otras mujeres, como las españolas Cristina Sánchez y Mari Paz Vega. Hoy día la presencia de toreras añade sólo un nivel más a la controversia constante y a veces apasionada que marca el toreo. ¿Cuál es tu impresión? ¿Cambia la imagen del toreo con toreras lidiando junto a toreros?

Communication 1.3

Teaching Tips

- **Preview** Ask heritage speakers and other students to share what they know about bullfighting. To encourage students to use the vocabulary, ask: **¿Qué saben de los toros en la cultura hispana a través del cine y/o la literatura?** Make a web on the board, recording all students' responses around the words **el toreo**. Then invite students to answer these questions: **¿Qué controversia presenta el toreo en general? ¿Les parece un acto de cultura o de tortura?**

Contexto cultural

- Ask questions to spark discussion: **¿Les sorprende que haya mujeres que se dediquen al toreo? En tu opinión, ¿qué tipo de mujer se dedicaría al toreo?**
- To expand the **Contexto cultural**, share with students these two stories that illustrate the chauvinism of the time: In 1908, the Spanish **"La Reverte,"** María Salomé Rodríguez, pretended to be a man in order to bullfight. And in Peru, Conchita Cintrón was allowed to bullfight only on horseback since the laws of the time prohibited women from bullfighting on foot.

CRITICAL THINKING

Application and Analysis Ask students to consider a time when they have been forbidden from doing something. Then ask them to consider how female bullfighters might have felt.

CRITICAL THINKING

Evaluation Have students research and write a brief profile about a female bullfighter mentioned in **Contexto cultural** or in another source. Students can use the library or Internet. Allow time for students to present their findings to the class.

Communication 1.2
Cultures 2.1, 2.2
Connections 3.1, 3.2
Comparisons 4.2

Teaching Tips

- To simplify, suggest that students read the passage once, finding all the cognates. Discuss as a class the meanings of the words and determine if they are true or false cognates.
- Alternative Reading Method: Divide the class into six groups. Assign each group a paragraph of the reading. Have the groups read their paragraph several times for complete comprehension. Then have them write a summary to present to the class.

Expansion Encourage students to research **trajes de luces: ¿Cuánto tiempo/dinero cuesta hacerlos? ¿Tienen importancia los diseños? ¿Los colores? Parecen muy pequeños; ¿cómo se los ponen? ¿Deben ser muy flacos/as los/las toreros/as?**

Culture Note In countries where bullfighting is popular, bullfighters constitute an elite group. They enjoy celebrity status alongside movie stars, models, musicians, etc.

El toreo: ¿Cultura o tortura?

Hay pocas cosas tan emblemáticas en el mundo hispano, y a la vez tan polémicas, como el toreo. Los días de corrida, hasta cuarenta mil aficionados se sientan en la Plaza Monumental de México, la plaza de toros más grande del mundo. Sin embargo, la opinión pública está profundamente dividida: algunos defienden con orgullo esta tradición que sobrevive desde tiempos antiguos y otros se levantan en protesta antes del final.

CRITICAL THINKING

Comprehension and Synthesis Have pairs of students find the topic sentence of each paragraph, and then record the supporting details. Review responses as a class and demonstrate how to use a Main Idea Supporting Details organizer to record student responses.

CRITICAL THINKING

Evaluation After completing the preceding activity, as a class, determine if the paragraph on page 76 is well written. Ask the students to determine criteria and then evaluate the paragraph according to the criteria.

Las raíces° del toreo son diversas. Los celtibéricos dejaron en España restos de templos circulares, precursores de las plazas actuales, donde sacrificaban animales. Los griegos y romanos practicaban la matanza° ritual de toros en ceremonias públicas sagradas. Sin embargo, fue en la España del siglo XVIII donde se desarrolló° la corrida que conocemos y se introdujeron la muleta, una capa muy fácil de manejar, y el estoque, la espada del matador.

El aficionado de hoy considera que el toreo es más un rito° que un espectáculo, ciertamente no un deporte. Es una lucha desigual, a muerte, entre una persona —armada con sólo la capa la mayor parte del tiempo— y el toro, bestia que pesa° hasta más de media tonelada. El torero se prepara para el duelo como para una ceremonia: se viste con el traje de luces tradicional y actúa dirigido por el ritmo de la música. Se enfrenta al animal con su arte y su inteligencia, y generalmente gana, aunque no siempre. El riesgo° de una cornada° grave forma parte de la realidad del torero, que en su baile peligroso muestra su talento y su belleza. Para el defensor de las corridas, no matar al toro al final es como jugar con él, una falta de respeto al animal, al público y a la tradición.

“El toreo es cabeza y plasticidad, porque a fuerza siempre gana el toro.”

Quienes se oponen a las corridas dicen que es una lucha injusta y cruel. Hay gente que piensa que el toreo es una barbarie° similar a la de los juegos de los romanos, una costumbre primitiva que no tiene sentido en una sociedad moderna y civilizada. Protestan contra la crueldad de una muerte lenta y prolongada, dedicada al entretenimiento. En respuesta a las protestas, en algunos países ha aparecido una alternativa, la “corrida sin sangre°”, donde no se permite hacer daño físico° al toro. Pero otros sostienen que esta corrida tortura igualmente a la bestia y, por tanto, han prohibido el toreo por completo. En julio de 2010, el Parlamento catalán abolió las corridas de toros en Cataluña, España, con 68 votos a favor de la prohibición y 55 en contra.

Por último, a algunas personas les indigna la idea machista de que sólo un hombre tiene la fuerza y el coraje para lidiar. Las toreras pioneras como Juanita Cruz tuvieron que coserse° su propio traje de luces, con falda en vez de pantalón, y cruzar océanos para poder ejercer su profesión. Incluso en tiempos recientes, algunos toreros célebres como el español Jesulín de Ubrique se han negado° a lidiar junto a una mujer.

La torera más famosa de nuestra época, Cristina Sánchez, sostiene que no es necesario ser hombre para lidiar con éxito: “El toreo es cabeza y plasticidad°, porque a fuerza siempre gana el toro.” En su opinión, el derecho de torear es incuestionable, una parte de la cultura hispana. No obstante, su profesión provoca tanta división que a veces el duelo entre la bestia y la persona es empequeñecido° por la batalla entre las personas. ■

origins · *slaughter* · *developed* · *rite, ceremony* · *weighs* · *risk* · *goring* · *savagery* · *bloodless bullfight* · *to hurt* · *to sew* · *have refused* · *agility* · *dwarfed*

¿Dónde hay corridas?

Toreo legalizado: España, México, Colombia, Ecuador, Perú, Venezuela

Corridas sin sangre: Bolivia, Nicaragua, Estados Unidos

Toreo ilegalizado: Argentina, Chile, Cuba, Uruguay

¡Olé! ¡Olé!

El público también tiene su papel en las corridas: evalúa el talento del torero. La interjección “¡olé!” se oye frecuentemente para celebrar una acción particularmente brillante y expresar admiración. De origen árabe, contiene la palabra “alá” (Dios) y significa literalmente “¡por Dios!”.

PRE-AP*

Presentational Writing Discuss bullfighting with students. Ask them what they already know about it. Is it a sport they usually associate with a certain gender? Then briefly discuss roles of men and women in traditional societies. Read the **Lectura** on page 77 and tell the class: **Eres Cristina. Escribe una carta formal al editor del periódico *La Nación* sobre tu derecho a ser torera. Recuerda que es una carta formal y que tienes que usar un saludo apropiado.**

Teaching Tips

- After students complete the reading, help them take notes on the board under the three column headings: **El torero / El toro / La torera**. Ask volunteers to come to the board to list, under each column, the points that support the subject.
- Write on the board the following quote from the article: **El toreo es cabeza y plasticidad, porque a fuerza siempre gana el toro.** Ask students to write a paragraph explaining their interpretation of the quote as it relates to women's role in bullfighting.

Expansion Ask students to research an aspect of bullfighting raised by this passage: **el porcentaje de toros que ganan, el porcentaje de toreras, el coste de una corrida, la crianza de los toros,** etc.

Communication 1.1, 1.3

Teaching Tips

1 Ask additional comprehension questions. Examples: **¿Por qué la gente compara el toreo con los juegos romanos? ¿Qué torero español se negó a lidiar junto a una mujer?**

2 For item 2, divide the class into two groups to debate the cultural merits of bullfighting. One group should defend traditional bullfighting as a necessary component of Hispanic culture. The other group should criticize it and propose the **corridas sin sangre** as an alternative.

2 **Virtual Chat** You can also assign activity 2 on the Supersite. Students record individual responses that appear in your gradebook.

4 Review related vocabulary with the class before assigning the writing activity.

4 Have students exchange postcard messages and write responses to their classmates.

5 Ask students to discuss how the treatment of animals differs among different countries.

Después de leer

El toreo: ¿cultura o tortura?

1 Comprensión Responde a las preguntas con oraciones completas.

1. ¿En qué país se encuentra la plaza de toros más grande del mundo?
   Se encuentra en México.
2. ¿Qué hacían los celtibéricos en sus templos circulares?
   Sacrificaban animales.
3. ¿Qué es el toreo según un aficionado?
   Es un rito, una lucha a muerte entre la bestia y el torero.
4. ¿Cómo se prepara el torero para la corrida?
   Se pone el traje de luces y actúa dirigido por el ritmo de la música.
5. Para quienes se oponen al toreo, ¿cuáles son algunos de los problemas?
   Es una lucha injusta y cruel. Se prolonga la muerte del toro para el entretenimiento de las personas.
6. ¿Qué es una "corrida sin sangre"?
   Es una corrida en que no se hace daño físico al toro.
7. ¿Qué sucedió en Cataluña en julio de 2010?
   El Parlamento catalán abolió las corridas de toros en Cataluña.
8. Según Cristina Sánchez, ¿sólo los hombres pueden lidiar bien?
   No, no es necesario ser hombre para lidiar con éxito.

2 Opinión Responde a las preguntas con oraciones completas.

1. ¿Te gustaría asistir a una corrida? ¿Por qué?
2. ¿Qué opinas del duelo entre toro y torero/a? ¿Hay algún aspecto especialmente problemático para ti?
3. ¿Qué piensas de las alternativas al toreo tradicional como la "corrida sin sangre"? ¿Es una solución adecuada para proteger a los animales?
4. En tu opinión, ¿es más cruel la vida de un toro destinado al toreo o la de una vaca destinada a una carnicería?

3 ¿Qué piensan? Trabajen en parejas para contestar las preguntas. Luego compartan sus respuestas con la clase.

1. Un eslogan conocido en las protestas antitaurinas es: "Tortura no es arte ni cultura". ¿Qué significa esta frase?
2. ¿Hay acciones cuestionables que se justifiquen porque son parte de una costumbre o tradición? ¿Cuál es la postura de ustedes en el debate? ¿Por qué?
3. ¿Es apropiado tener una opinión sobre las tradiciones de culturas diferentes a la tuya o es necesario aceptar sin criticar?
4. ¿Creen que el gobierno tiene derecho a reglamentar (*regulate*) o prohibir tradiciones o costumbres? Den ejemplos.

4 Postales Imagina que viajaste a algún país donde son legales las corridas de toros y tus amigos te invitaron a una corrida. Escribe una postal a tu familia para contarles qué sucedió. Usa estas preguntas como guía: ¿Aceptaste la invitación o no? ¿Por qué? Si fuiste a la corrida, ¿qué te pareció? ¿Te sentiste obligado/a a asistir por respeto a la cultura local?

MODELO Querida familia: Les escribo desde Guadalajara, una ciudad al noroeste de México. No saben dónde me llevaron mis amigos este fin de semana...

5 Animales En parejas, hagan una lista de tradiciones, costumbres o deportes en los que las personas utilizan a los animales como entretenimiento. Después, compartan su lista con el resto de la clase y debatan sobre qué actividades son perjudiciales para los animales y cuáles no. Justifiquen sus respuestas.

recursos

vText

CP p. 19

CH pp. 27–30

vhlcentral.com

Practice more at **vhlcentral.com.**

CRITICAL THINKING

Analysis Ask students to choose one sentence from the reading that stands out to them. Have them write the sentence on a piece of paper and an explanation of its significance in a paragraph.
Evaluation Ask the class if they think the article is unbiased and well balanced. Ask: **¿Representa todas las opiniones? ¿Da información suficiente sobre cada tema?**

CRITICAL THINKING

Application Say: **En parejas, improvisen un diálogo en el que Cristina Sánchez habla con Jesulín de Ubrique porque él se negó a lidiar junto a ella. Cuéntense sus opiniones.**
Evaluation Students consider what they have learned and prepare three questions that they still have regarding **la corrida,** animal rights, or the chauvinism of bullfighting. The class shares. For homework, they research their questions.

 Communication 1.1, 1.3

Atando cabos

¡A conversar!

La música y el deporte Trabajen en grupos de cuatro o cinco para preparar una presentación sobre un(a) cantante o deportista latino/a famoso/a.

Presentaciones

Tema: Pueden preparar una presentación sobre un(a) cantante o deportista famoso/a que les guste.

Investigación: Busquen información en Internet o en la biblioteca. Una vez reunida la información necesaria, elijan los puntos más importantes y seleccionen material audiovisual. Informen a su profesor(a) acerca de estos materiales para contar con los medios necesarios el día de la presentación.

Organización: Hagan un esquema (*outline*) que los ayude a planear la presentación.

Presentación: Traten de promover la participación a través de preguntas y alternen la charla con los materiales audiovisuales. Recuerden tener a mano los materiales de la investigación para responder preguntas adicionales de sus compañeros.

¡A escribir!

Correo electrónico Imagina que tus abuelos vienen a visitar a tu familia por un fin de semana. Llevas varios días planeando una fiesta donde les presentarás tus amigos a tus abuelos. Mándales un correo electrónico a tus amigos para recordarles los planes para la fiesta y lo que deben y no deben hacer para causar una buena impresión.

Plan de redacción

Un saludo informal: Comienza tu mensaje con un saludo informal, como: **Hola**, **Qué tal**, **Qué onda**, etc.

Contenido: Organiza tus ideas para no olvidarte de nada.

1. Escribe una breve introducción para recordarles a tus amigos qué cosas les gustan a tus abuelos y qué cosas les molestan. Puedes usar estas expresiones: **(no) les gusta**, **les fascina**, **les encanta**, **les aburre**, **(no) les interesa**, **(no) les molesta**.
2. Diles que tus abuelos son formales y elegantes, y explícales que tienen que arreglarse un poco para la ocasión. Usa expresiones como: **quitarse el arete**, **afeitarse**, **vestirse mejor**, **peinarse**, etc.
3. Recuérdales dónde van a encontrarse.

Despedida: Termina el mensaje con un saludo informal de despedida.

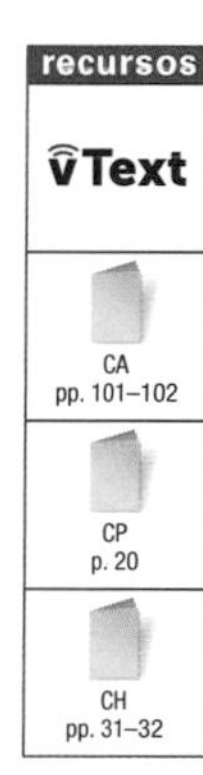

Instructional Resources
vText
Cuaderno de actividades comunicativas, pp. 101–102
Cuaderno de práctica, p. 20
Cuaderno para hispanohablantes, pp. 31–32
Testing Program CD

Teaching Tips

¡A conversar!

- Brainstorm a list of famous singers and sports players from the Hispanic world. Encourage heritage speakers to add to the list.
- As a class, discuss the major components that should be covered in the presentation. Then give students the rubric sheet you will use to evaluate their presentation so that you and they are aware up front what is expected of them.

¡A escribir!

- Review the use of verbs like **gustar** before assigning the activity. Help students create a list on the board of common phrases to begin and end informal letters and e-mails.

21st CENTURY SKILLS

¡A conversar! Collaboration
If you have access to students from a Spanish-speaking country, have your students ask them about their favorite singers and athletes from their country.

21st CENTURY SKILLS

¡A escribir! Productivity and Accountability
As a class, decide if the rubric you developed for the previous chapter works for this chapter's assignment. If not, adjust it to meet what students need to accomplish. As before, ask students to review their assignments against the rubric before submitting their work.

CRITICAL THINKING

Application Allow time for students to practice their presentations in front of a small group. Encourage the group members to make suggestions and comments after each practice.

CRITICAL THINKING

Evaluation Encourage students to exchange e-mail drafts with each other, correcting errors and making comments about content.

Instructional Resources

vText

Supersite/TRCD: Testing Program (Testing Program MP3 Audio Files)

Textbook CD

Audio Activities CD

Testing Program CD

Teaching Tips

- Flashcards: Students will learn the vocabulary much better if they incorporate it into their long-term memory. One way to do this is to reinforce the meaning visually or kinesthetically. Encourage students to make flashcards with a picture on one side and the word on the other. For vocabulary that does not lend itself to pictures, have students write a cloze sentence on the other side of the card.
- Encourage students to pick 20 words that they think they will have to know or that apply to subjects that interest them. Have them write sentences using those words.
- Play a game of Win, Lose, or Draw. Divide the class into two teams. Have a member from each team come to the board. Secretly give them a vocabulary word that can be represented visually. Then the members draw a picture that represents the word. The first team to guess the word gets a point.

21st CENTURY SKILLS

Creativity and Innovation

Ask students to prepare a presentation about one or more of their favorite actors or directors.

21st CENTURY SKILLS

Leadership and Responsibility Extension Project

Have students write three questions for the partner class related to the lesson topic. Based on the responses, work as a class to explain one aspect of their responses that surprised the class and why.

2 VOCABULARIO

Las diversiones

el ajedrez	*chess*
el billar	*billiards*
el boliche	*bowling*
las cartas/los naipes	*(playing) cards*
los dardos	*darts*
el juego de mesa	*board game*
el pasatiempo	*pastime*
la televisión	*television*
el tiempo libre/los ratos libres	*free time*
el videojuego	*video game*
aburrirse	*to get bored*
alquilar una película	*to rent a movie*
brindar	*to make a toast*
celebrar/festejar	*to celebrate*
dar un paseo	*to take a stroll, walk*
disfrutar (de)	*to enjoy*
divertirse (e:ie)	*to have fun*
entretener(se) (e:ie)	*to entertain, to amuse (oneself)*
gustar	*to like*
reunirse (con)	*to get together (with)*
salir (a comer)	*to go out (to eat)*
aficionado/a (a)	*fond of; a fan (of)*
animado/a	*lively*
divertido/a	*fun*
entretenido/a	*entertaining*

Los lugares de recreo

el cine	*movie theater; cinema*
el circo	*circus*
la discoteca	*discotheque; dance club*
la feria	*fair*
el festival	*festival*
el parque de atracciones	*amusement park*
el zoológico	*zoo*

Los deportes

el/la árbitro/a	*referee*
el campeón/la campeona	*champion*
el campeonato	*championship*
el club deportivo	*sports club*
el/la deportista	*athlete*
el empate	*tie (game)*
el/la entrenador(a)	*coach; trainer*
el equipo	*team*
el/la espectador(a)	*spectator*
el torneo	*tournament*
anotar/marcar (un gol/un punto)	*to score (a goal/ a point)*
desafiar	*to challenge*
empatar	*to tie (games)*
ganar/perder (e:ie) un partido	*to win/lose a game*
vencer	*to defeat*

La música y el teatro

el álbum	*album*
el asiento	*seat*
el/la cantante	*singer*
el concierto	*concert*
el conjunto/grupo musical	*musical group; band*
el escenario	*scenery; stage*
el espectáculo	*show*
el estreno	*premiere; debut*
la función	*performance (theater; movie)*
el/la músico/a	*musician*
la obra de teatro	*play*
la taquilla	*box office*
aplaudir	*to applaud*
conseguir (e:i) boletos/entradas	*to get tickets*
hacer cola	*to wait in line*
poner un disco compacto	*to play a CD*

Más vocabulario

Expresiones útiles	*Ver p. 47*
Estructura	*Ver pp. 54–55, 58–59 y 62–63*

Cinemateca

el ataúd	*casket*
el balón	*ball*
el campeonato	*championship*
la cancha	*field*
la misa	*mass*
el Mundial	*World Cup*
la prueba	*proof*
la señal	*sign*
deber (dinero)	*to owe (money)*
patear	*to kick*
deshecho/a	*devastated*
enterrado/a	*buried*
mujeriego	*womanizer*
¡Aguas!	*Watch out! (Mex.)*

Literatura

la imagen	*image; picture*
la pantalla	*(television) screen*
el televisor	*television set*
colocar	*to place (an object)*
señalar	*to point to; to signal*
hondo/a	*deep*
redondo/a	*round*
por primera/última vez	*for the first/last time*

Cultura

la corrida	*bullfight*
el/la matador(a)	*bullfighter who kills the bull*
la plaza de toros	*bullfighting stadium*
el ruedo	*bullring*
el toreo	*bullfighting*
el/la torero/a	*bullfighter*
el traje de luces	*bullfighter's outfit (lit. costume of lights)*
lidiar	*to fight bulls*
torear	*to fight bulls in the bullring*

LEARNING STYLES

For Visual Learners Have students create a collage illustrating 20 words and expressions from the vocabulary list. Display the collages around the room. Then give each student a pad of sticky notes. Have each student choose a collage and try labeling the pictures.

LEARNING STYLES

For Auditory Learners Students form five groups. Assign each one a vocabulary category: **las diversiones, los lugares de recreo, los deportes, la música y el teatro,** and **el toreo**. Groups make signs for their category. Read the vocabulary list out of order, allowing time for groups to raise their card when they hear a word associated with their category. If two groups raise their cards, discuss if the word can be in both categories.

La vida diaria

Contextos
páginas 82–85
- En casa
- De compras
- Expresiones
- La vida diaria

Fotonovela
páginas 86–89
- *¿Alguien desea ayudar?*

Enfoques
España
páginas 90–93
- **En detalle:** La Familia Real
- **Perfil:** Letizia Ortiz
- **Flash cultura:** De compras por Barcelona

Estructura
páginas 94–105
- The preterite
- The imperfect
- The preterite vs. the imperfect

Cinemateca
páginas 106–109
- **Cortometraje:** *Adiós mamá*

Lecturas
páginas 110–118
- **Literatura:** *Autorretrato* de Rosario Castellanos
- **Cultura:** *El arte de la vida diaria*

Atando cabos
página 119
- ¡A conversar!
- ¡A escribir!

Communicative Goals

VOICE BOARD

I will expand my ability to…
- narrate in the past
- express completed past actions
- express habitual or ongoing past events and conditions

Lesson Goals

In **Lección 3**, students will be introduced to the following:
- vocabulary related to household tasks, shopping, expressions of frequency, daily life
- agreeing or disagreeing with an opinion, showing strong dislikes
- Spain's royal family
- daily life in Spanish-speaking countries
- a video about going shopping in Barcelona
- the preterite, focusing on irregulars
- the imperfect tense
- the preterite vs. the imperfect
- the short film ***Adiós mamá***
- **Rosario Castellanos' "Autorretrato"**
- **Diego Velázquez**

21st CENTURY SKILLS

Initiative and Self-Direction
Students can monitor their progress online using the Supersite activities and assessments.

A primera vista Have students look at the photo; ask them:
1. **¿Dónde tiene lugar esta escena?**
2. **¿Quiénes son las personas que se ven en la foto?**
3. **¿De qué hablan? (¡Adivina!)**
4. **Según la foto, ¿quién suele hacer la limpieza? ¿Crees que la misma persona hace todo el trabajo?**
5. **En tu familia, ¿quién hace las tareas de la casa? Si varias personas hacen el trabajo, ¿cómo se lo reparten?**
6. **Esta lección se titula *La vida diaria*. ¿Cómo se relaciona el título con la foto?**

INSTRUCTIONAL RESOURCES

DESCUBRE 3 Supersite: vhlcentral.com

Teacher Materials
DVDs (*Fotonovela, Flash cultura,* Film Collection); Teacher's Resource CD-ROM (Scripts, Answer Keys, Grammar Slides, Presentation PDFs, Testing Program); Testing Program, Textbook, Audio Activities CDs; Supersite: Resources (Planning and Teaching Resources from Teacher's Resource CD-ROM), Learning Management System (Gradebook, Assignments), Lesson Plans

Student Materials
Print: Student Book, Workbooks (*Cuaderno de actividades comunicativas, Cuaderno de práctica, Cuaderno para hispanohablantes*)
Technology: vText, *e-Cuaderno* and Supersite (Audio, Video, Practice)

Testing Program also available in print

Voice boards on the Supersite allow you and your students to record and share up to five minutes of audio. Use voice boards for presentations, oral assessments, discussions, directions, etc.

Section Goals

In **Contextos**, students will learn and practice:

- vocabulary related to household tasks, shopping, some expressions of frequency, and daily life
- listening to an audio description and a conversation that contain the new vocabulary

Communication 1.2
Comparisons 4.1

Instructional Resources

vText

Cuaderno de actividades comunicativas, p. 63
Cuaderno de práctica, pp. 21–22
Cuaderno para hispanohablantes, pp. 33–34
e-Cuaderno
Supersite: Textbook, Vocabulary, & Audio Activities MP3 Audio Files
Supersite/TRCD: Presentation PDF #22, Textbook Audio Script, Audio Activities Script, Answer Keys
Textbook CD
Audio Activities CD

Previewing Strategy Ask students about their agendas and how they keep track of their personal lives. Ex: **¿Tienes muchas responsabilidades en la escuela? ¿Y en el trabajo?** (si trabajas) **¿Cómo te organizas en tu vida personal?** Recycle vocabulary, such as rooms of the house and clothing.

Teaching Tips

- To help students practice adverbs from the **Expresiones** list, have them create a survey and poll classmates. Ex: **¿Con qué frecuencia van al cine? a) a menudo b) a veces c) casi nunca.**
- Point out that **bastante** can be used as an adjective or adverb, e.g. **Tenemos bastante trabajo.** vs. **Trabajamos bastante.**

La vida diaria

En casa

el balcón *balcony*

la escalera *staircase*
el hogar *home; fireplace*
la limpieza *cleaning*
los muebles *furniture*
los quehaceres *chores*

apagar *to turn off*
barrer *to sweep*
calentar (e:ie) *to warm up*
cocinar *to cook*
encender (e:ie) *to turn on*
freír (e:i) *to fry*
hervir (e:ie) *to boil*
lavar *to wash*
limpiar *to clean*
pasar la aspiradora *to vacuum*
poner/quitar la mesa *to set/clear the table*
quitar el polvo *to dust*
tocar el timbre *to ring the doorbell*

De compras

el centro comercial *mall*
el dinero en efectivo *cash*
la ganga *bargain*
el probador *dressing room*
el reembolso *refund*
el supermercado *supermarket*
la tarjeta de crédito/débito *credit/debit card*

devolver (o:ue) *to return (items)*
hacer mandados *to run errands*
ir de compras *to go shopping*
probarse (o:ue) *to try on*
seleccionar *to select; to pick out*

auténtico/a *real; genuine*
barato/a *cheap; inexpensive*
caro/a *expensive*

Camila **fue de compras** al **supermercado**, decidida a gastar lo menos posible. **Seleccionó** los productos más **baratos** y pagó con **dinero en efectivo**.

Expresiones

a menudo *frequently; often*
a propósito *on purpose*
a tiempo *on time*
a veces *sometimes*
apenas *hardly; scarcely*
así *like this; so*
bastante *quite; enough*
casi *almost*
casi nunca *rarely*
de repente *suddenly*
de vez en cuando *now and then; once in a while*
en aquel entonces *at that time*
en el acto *immediately; on the spot*
enseguida *right away*
por casualidad *by chance*

DIFFERENTIATION

For Inclusion As students look at the vocabulary presentation in the textbook, point to images, model pronunciation, and ask them to repeat. Emphasize either/or questions (**¿Es un(a) ____ o un(a) ____?**) rather than true productive skill questions, such as **¿Qué es?** Ask questions like: **¿El chico barre el piso o pasa la aspiradora? ¿Es un hogar o una escalera?**, etc.

DIFFERENTIATION

Heritage Speakers Ask heritage speakers to talk about household chore responsibilities in their families' home countries, and how much the children are expected to help. Have classmates share their experiences regarding how housework is taken care of in the U.S. Have the class compare and contrast these ideas.

Communication 1.1

La vida diaria

Emilia trabaja en un restaurante durante los veranos. Ha tenido que **acostumbrarse** al **horario** de una asistente de cocina. ¡La nueva **rutina** no es fácil! **Suele** levantarse cada día a las seis de la mañana para llegar al restaurante a las siete.

la agenda *datebook*
la costumbre *custom; habit*
el horario *schedule*
la rutina *routine*
la soledad *solitude; loneliness*

acostumbrarse (a) *to get used to; to grow accustomed (to)*
arreglarse *to get ready*
averiguar *to find out; to check*
probar (o:ue) (a) *to try*
soler (o:ue) *to be in the habit of; to be used to*

atrasado/a *late*
cotidiano/a *everyday*
diario/a *daily*
inesperado/a *unexpected*

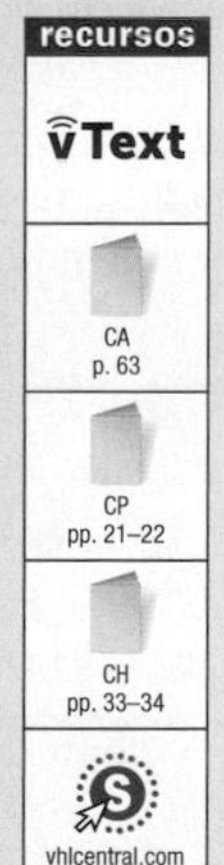

Práctica

1 Escuchar

A. Escucha lo que dice Julián y luego decide si las oraciones son **ciertas** o **falsas**. Corrige las falsas.

1. Julián está en un supermercado. **Falso.** Julián está en su casa.
2. Julián tiene que limpiar la casa. **Cierto.**
3. Él siempre sabe dónde está todo. **Falso.** Él nunca sabe dónde deja las cosas.
4. Él encuentra su tarjeta de crédito debajo de la escalera. **Cierto.**
5. Julián recibe una visita inesperada. **Cierto.**

B. Escucha la conversación entre Julián y la visita inesperada y después contesta las preguntas con oraciones completas.

1. ¿Quién está tocando el timbre? María está tocando el timbre.
2. ¿Qué tiene que hacer ella? Tiene que ir al centro comercial.
3. ¿Qué quiere devolver? Quiere devolver unos pantalones.
4. ¿Eran caros los pantalones? No. Los pantalones eran una ganga.
5. ¿Qué hace Julián antes de ir al centro comercial con ella? Julián se arregla.

2 No pertenece Indica qué palabra no pertenece a cada grupo.

1. limpiar–pasar la aspiradora–barrer–calentar
2. de repente–auténtico–casi nunca–enseguida
3. balcón–escalera–muebles–soler
4. hacer mandados–a tiempo–ir de compras–probarse
5. costumbre–rutina–cotidiano–apagar
6. quitar el polvo–barato–caro–ganga
7. quehaceres–hogar–soledad–limpieza
8. barrer–acostumbrarse–soler–cotidiano

(A) Audio Script
Tengo tantas cosas que hacer. Antes de ir a hacer mandados tengo que quitar el polvo de los muebles y pasar la aspiradora. (*ruido de pasos*) Mira, aquí está mi tarjeta de crédito. Tanto tiempo buscándola y estaba debajo de la escalera. Por fin voy a poder ir de compras. Qué costumbre tengo de no saber dónde dejo las cosas. (*a doorbell rings*) ¿El timbre? ¿Quién puede ser a estas horas? Apenas son las ocho de la mañana… (*pasos que se alejan y una puerta que se abre*).
Textbook CD

(B) Audio Script
JULIÁN ¡María, qué sorpresa! ¿Qué haces aquí a estas horas?
MARÍA Perdona que venga así, de repente, pero tengo que ir al centro comercial antes de ir a la oficina y quería preguntarte si quieres venir conmigo.
JULIÁN ¿Sueles ir siempre a estas horas?
MARÍA Sabes que no. Es que tengo que devolver estos pantalones que compré.
JULIÁN ¿No te gustan?
MARÍA No. Eran una ganga y el probador estaba ocupado. Los compré sin probármelos. ¿Vienes conmigo? Necesito que me lleves en carro.
JULIÁN No te preocupes. Sí que voy contigo. Me arreglo y nos vamos enseguida. Recuerda que a veces no te dan reembolsos. Quizá tengas que cambiar los pantalones por otra cosa.
MARÍA Sí, lo sé.
Textbook CD

2 For an extra challenge, have volunteers explain what the other words have in common.

LEARNING STYLES

For Auditory Learners When playing the Audio CD for each script, pause it often to ask comprehension questions. This strategy helps to focus students' attention and to support comprehension by "chunking" the material.
For Kinesthetic Learners On sticky notes, write the names of the people in the listening activities and expressions they say or that others say about them. Distribute one name or expression to each student. Before listening, have students read "their" name or expression silently. After they listen, have them circulate to find their match and, with their partner, affix the name and expression to the board. Have partners share their expressions with the class.

Teaching Tips

- To review the vocabulary on page 83, ask questions such as:

1. **¿Qué cosas escribes en tu agenda?**
2. **Háblame de tu horario de hoy por la mañana. ¿Cómo es el de la tarde?**
3. **¿Sueles participar en actividades extraescolares?**
4. **¿Qué necesitas averiguar hoy?**

3 To check grammar and vocabulary use, ask students to exchange their paragraphs for peer-editing.

Extra Practice Tell students to imagine that they have to cook dinner that night because their parents are working late. Ask them to write sentences saying what they do after school that day and how they adjust their schedule to have dinner ready by 7:00. Then have students share their sentences with the class.

Expansion Ask students to discuss their experiences of rearranging their after-school schedules to prepare the family's evening meal or baby-sit a younger sibling.

Práctica

3 Julián y María Completa el párrafo con las palabras o expresiones de la lista.

a diario	cotidiano	horario	soledad
a tiempo	en aquel entonces	por casualidad	soler

Julián y María se conocieron un día (1) ___por casualidad___ en el supermercado. Julián estaba muy contento por haber conocido a María porque, (2) ___en aquel entonces___, él era nuevo en el barrio y no conocía a nadie. A él no le gusta la (3) ___soledad___. Desde aquel día, se ven casi (4) ___a diario___. Durante la semana, ellos (5) ___suelen___ quedar para tomar un café después del trabajo, pues los dos tienen (6) ___horarios___ similares.

4 Una agenda muy ocupada Sara tiene mucho que hacer antes de su cita con Carlos esta noche. Ha apuntado todo en su agenda, pero está muy atrasada.

A. En parejas, comparen el horario de Sara con la hora en que realmente logra hacer (*accomplishes*) cada actividad.

VIERNES, 15 DE OCTUBRE

1:00 *¡Hacer mandados!*	5:00 *Hacer la limpieza*
2:00 *Banco: nueva tarjeta de débito*	6:00 *Cocinar, poner la mesa*
3:00 *Centro comercial: comprar vestido*	7:00 *Arreglarme*
4:00 *Supermercado: pollo, arroz, verduras*	8:00 *Cita con Carlos* ♡

MODELO —¿A qué hora recoge (*picks up*) la nueva tarjeta de débito?
—Sara quiere recogerla a las dos, pero no logra hacerlo hasta las dos y media.

2:30

1\. 

4:00

2\. 

5:30

3\. 

5:45

4\. 

7:30

5\. 7:45

6\. 

8:00

B. Ahora improvisen una conversación entre Carlos y Sara. ¿Creen que los dos lo pasan bien? ¿Creen que van a tener otra cita?

 Practice more at **vhlcentral.com.**

LEARNING STYLES

For Visual Learners For a class correction of **Actividades 1, 2,** and **3**, make a transparency of these activities without the answers written in. Project it, call on students for answers, and write in the answers as they say them. Seeing the words in print as they hear them helps visual learners to associate the sound of the word with its written appearance and also supports the learning of spelling for students who find spelling challenging.

LEARNING STYLES

For Auditory Learners Play a **¿Quién soy?** game. Using vocabulary from the **Vida diaria** list, students write five sentences in which they imagine themselves living the daily life of a favorite celebrity. Remind them to use the **yo** form of the verbs and encourage them to use **suelo** at least once. Have students read their sentences to the class and have classmates guess their identity.

 Communication 1.1, 1.2

Teaching Tips

5 Have students pretend to disagree with their classmates. Have them refute the statements, using opposite adverbs. Ex: **¡Qué va! Casi nunca barres el balcón.**

21st CENTURY SKILLS

5 Flexibility and Adaptability Remind students to include input from all team members, adapting their presentation so it represents the whole group.

5 Partner Chat You can also assign activity 5 on the Supersite. Students work in pairs to record the activity online. The pair's recorded conversation will appear in your gradebook.

6 Part B: To help students compare the schedules, have pairs create two columns with the headings **Similitudes** and **Diferencias**.

6 Expansion Bring in a school calendar with social events. Using the schedules created in Part A, have the students discuss which events they could or could not attend. Point out that students should use **asistir a** for *to attend*.

Comunicación

5 Los quehaceres

A. En grupos de cuatro, túrnense para preguntar con qué frecuencia sus compañeros hacen los quehaceres de la lista. Combinen palabras de cada columna en sus respuestas y añadan sus propias ideas.

barrer	almuerzo	a menudo
cocinar	aspiradora	a veces
lavar	balcón	casi nunca
limpiar	cuarto	de vez en cuando
pasar	polvo	nunca
quitar	ropa	todos los días

MODELO —¿Con qué frecuencia barres el balcón?
—Lo barro de vez en cuando, especialmente si vienen invitados.

B. Ahora compartan la información con la clase y decidan quién es la persona más ordenada y la más desordenada.

6 Agendas personales

A. Primero, escribe tu horario para esta semana. Incluye algunas costumbres de tu rutina diaria y también actividades inesperadas de esta semana.

lunes
martes
miércoles
jueves
viernes
sábado
domingo

B. En parejas, pregúntense sobre sus horarios. Comparen sus rutinas diarias y los eventos de esta semana. ¿Tienen costumbres parecidas? ¿Tienen algunas actividades en común? ¿Cuáles?

C. Utiliza la información para escribir un párrafo breve sobre la vida cotidiana de tu compañero/a. ¿Le gusta la rutina? ¿Disfruta de lo inesperado? ¿Llena su agenda con actividades sociales o prefiere estar en casa? Comparte tu párrafo con la clase.

DIFFERENTIATION

For Inclusion Write these expressions on the board: **todos los días, a menudo, a veces, de vez en cuando, casi nunca,** and **nunca**. Ask students how often they do certain activities: **¿Con qué frecuencia limpias tu cuarto? ¿Con qué frecuencia cuidas niños? ¿Con qué frecuencia participas en actividades extraescolares?** Students give thumbs-up to expressions that apply and thumbs-down for any that do not.

DIFFERENTIATION

To Challenge Students For a **math connection**, have students take information from the "Inclusion" survey and draw a pie chart showing the percentage of the class that do a particular activity: **todos los días, a menudo, a veces, de vez en cuando, casi nunca,** or **nunca**.

Section Goals

In **Fotonovela**, students will:

- practice listening to authentic conversation
- learn functional phrases to show agreement or disagreement with an opinion, and to show strong dislikes

Communication 1.2
Cultures 2.1, 2.2

Instructional Resources
v̂Text
Cuaderno de actividades comunicativas, pp. 35–36
e-Cuaderno
Supersite/DVD: *Fotonovela*
Supersite/TRCD: *Fotonovela*
Video Script & Translation, Answer Keys

Video Synopsis

- Diana tells Fabiola about her family troubles.
- To escape some office cleaning, everyone comes up with an errand to do at lunchtime.
- Aguayo and Mariela do a bit of office cleaning.

PRE-AP*

Interpretive Reading

Have students work in pairs to look at the pictures and scan the text in order to determine what they think the episode will be about.

Teaching Tips

- Before showing the **Fotonovela**, write four or five of the **Expresiones útiles** on a transparency or on the board and go over their meanings.
- Pause the DVD after frames 1–3 and ask a few comprehension questions. Ex: **¿Quién odia los fines de semana? ¿Con quién va a ir de compras Diana? ¿Qué pasó recientemente con la tarjeta de crédito de Fabiola?** Proceed in this way to the end of the episode.

3 FOTONOVELA

Diana y Fabiola conversan sobre la vida diaria. Aguayo pide ayuda con la limpieza, pero casi todos tienen excusas.

Video: *Fotonovela*
Record and Compare

PERSONAJES

AGUAYO

DIANA

FABIOLA Odio los lunes.

DIANA Cuando tengas tres hijos, un marido y una suegra, odiarás los fines de semana.

FABIOLA ¿Discutes a menudo con tu familia?

DIANA Siempre tenemos discusiones. La mitad las ganan mis hijos y mi esposo. Mi suegra gana la otra mitad.

FABIOLA ¿Te ayudan en las tareas del hogar?

DIANA Ayudan, pero casi no hay tiempo para nada. Hoy tengo que ir de compras con la mayor de mis hijas.

FABIOLA ¿Y por qué no va ella sola?

DIANA Hay tres grupos que gastan el dinero ajeno, Fabiola: los políticos, los ladrones y los hijos... Los tres necesitan supervisión.

FABIOLA Tengan cuidado en las tiendas. Hace dos meses andaba de compras y me robaron la tarjeta de crédito.

DIANA ¿Y fuiste a la policía?

FABIOLA No.

DIANA ¿Lo dices así, tranquilamente? Te van a arruinar.

FABIOLA No creas. El que me la robó la usa menos que yo.

Más tarde en la cocina...

AGUAYO El señor de la limpieza dejó un recado diciendo que estaba enfermo. Voy a pasar la aspiradora a la hora del almuerzo. Si alguien desea ayudar...

FABIOLA Tengo una agenda muy llena para el almuerzo.

DIANA Yo tengo una reunión con un cliente.

ÉRIC Tengo que... Tengo que ir al banco. Sí. Voy a pedir un préstamo.

JOHNNY Yo tengo que ir al dentista. No voy desde la última vez... Necesito una limpieza.

Aguayo y Mariela se quedan solos.

Diana regresa del almuerzo con unos dulces.

DIANA Les traje unos dulces para premiar su esfuerzo.

AGUAYO Gracias. Los probaría todos, pero estoy a dieta.

DIANA ¡Qué bien! Yo también estoy a dieta.

MARIELA ¡Pero si estás comiendo!

DIANA Sí, pero sin ganas.

LEARNING STYLES

For Auditory Learners After watching the **Fotonovela,** write the names of the characters on a transparency or the board and read quotes from the script aloud. Have students match each quote with the correct speaker.

LEARNING STYLES

For Kinesthetic Learners Tell students to close their books. Distribute large cards on which you have written twelve events from the **Fotonovela.** Students should recall the order in which the events occur and line up in that order, holding their cards and facing the class. Each student steps forward to read his or her card. This activity also benefits auditory learners.

ÉRIC

FABIOLA

JOHNNY

MARIELA

4

En la oficina de Aguayo...

MARIELA ¿Necesita ayuda?

AGUAYO No logro hacer que funcione.

MARIELA Creo que Diana tiene una pequeña caja de herramientas.

AGUAYO ¡Cierto!

Aguayo sale de la oficina. Mariela le da una patada a la aspiradora.

5

AGUAYO ¡Aceite lubricante y cinta adhesiva! ¿Son todas las herramientas que tienes?

DIANA ¡Claro! Es todo lo que necesito. La cinta para lo que se mueva y el aceite para lo que no se mueva.

Se escucha el ruido de la aspiradora encendida.

AGUAYO Oye... ¿Cómo lo lograste?

MARIELA Fácil... Me acordé de mi ex.

9

Fabiola y Johnny llegan a la oficina. Mariela está terminando de limpiar.

JOHNNY ¡Qué pena que no llegué a tiempo para ayudarte!

FABIOLA Lo mismo digo yo. Y eso que almorcé tan de prisa que no comí postre.

MARIELA Si gustan, quedan dos dulces en la cocina. Están riquísimos... (*habla sola mirando el aerosol*) Y no hubiera sido mala idea echarles un poco de esto.

10

Johnny y Fabiola vuelven de la cocina.

JOHNNY Qué descortés eres, Fabiola. Si yo hubiera llegado primero, te habría dejado el dulce grande a ti.

FABIOLA ¿De qué te quejas, entonces? Tienes lo que querías y yo también. Por cierto, ¿no estuviste en el dentista?

JOHNNY Los dulces son la mejor anestesia.

Expresiones útiles

Talking about the past

No llegué a tiempo para ayudarte.
I didn't get here in time to help you.
¿Y fuiste a la policía?
And did you go to the police?
El señor de la limpieza dejó un recado.
The janitor left a message.
Tienes lo que querías.
You have what you wanted.
Estaba enfermo.
He was sick.

Expressing strong dislikes

¡Odio...!
I hate...!
¡No me gusta nada...!
I don't like... at all!
Detesto...
I detest...
No soporto...
I can't stand...
Estoy harto/a de...
I am fed up with...

Additional vocabulary

acordarse *to remember*
ajeno/a *somebody else's*
andar *to be (doing something); to walk*
la caja de herramientas *toolbox*
el ladrón/la ladrona *thief*
lograr *to manage to; to achieve*
la mitad *half*
la patada *kick*
premiar *to give a prize*
¡Qué pena! *What a shame!*

recursos
vText | CA pp. 35–36 | vhlcentral.com

Teaching Tips

- Tell students that they are responsible for all **Expresiones útiles**. Model pronunciation and practice the expressions by engaging students in short conversations.
- Make flashcards to introduce the **Expresiones útiles** and Additional Vocabulary.

Extra Practice Ask questions using the expressions and vocabulary. Ex: **¿De qué estás harto/a? ¿Qué no soportas? ¿Pagas siempre con tu propio dinero o pagas con dinero ajeno? ¿Qué lograste hacer ayer?**

Expansion Ask students to talk about things they don't like. Ask questions like **¿Te gusta recibir mucha tarea?** Have them respond with **Expresiones útiles** like **Odio..., No soporto...,** and **Estoy harto/a de....**

DIFFERENTIATION

For Inclusion Write a few key words—including some from the **Expresiones útiles** list—on the board. Then play the episode without sound and have students focus on the actions and gestures of the characters. Ask them to guess what is happening in each scene. Then replay the episode with sound and ask students to revise their guesses. This activity also benefits visual learners.

DIFFERENTIATION

To Challenge Students Have students write and act out a skit about who is going to clean the classroom after a party, using lesson vocabulary. They should emphasize the **Expresiones útiles**. Variation: Students may film their skit for the class.

Communication 1.1, 1.2

Teaching Tips

1 Expansion Ask students to write five sentences using **Tengo que...** Have students share their sentences with a partner to see if they have any in common. Call on volunteers to summarize their lists for the class.

2 Expansion Have students create questions based on **Actividad 2**. Point out the difference between **¿Por qué?** and **porque**. Ex: **¿Por qué odia Diana los fines de semana? Porque Diana discute mucho con su familia.**

Extra Practice Have pairs role-play a situation between an employer and an employee in which they must negotiate a work schedule. The company is understaffed and the employee is involved in many extracurricular activities.

Comprensión

1 ¿Quién lo dijo? Indica quién dijo estas oraciones.

Aguayo

Diana

Éric

Fabiola

Johnny

Mariela

Mariela 1. ¿Necesita ayuda?
Aguayo 2. Si alguien desea ayudar…
Fabiola 3. Tengo una agenda muy llena.
Diana 4. Tengo una reunión con un cliente.
Éric 5. Tengo que ir al banco.
Johnny 6. Tengo que ir al dentista.

2 Relacionar Escribe oraciones que conecten las frases de las dos columnas usando **porque**.

f 1. Diana odia los fines de semana…
e 2. Diana quiere ir de compras con su hija…
c 3. Fabiola dice que tengan cuidado en las tiendas…
b 4. Fabiola no fue a la policía…
d 5. Aguayo pasará la aspiradora…
a 6. Aguayo no prueba los dulces…

a. está a dieta.
b. el ladrón usa la tarjeta de crédito menos que ella.
c. hace dos meses le robaron la tarjeta de crédito.
d. el señor que limpia está enfermo.
e. no quiere que gaste mucho dinero.
f. discute mucho con su familia.

3 Seleccionar Selecciona la opción que expresa la misma idea.

1. Odio los lunes.
   (a.) No soporto los lunes. b. No detesto los lunes. c. Me gustan los lunes.
2. Tengo una agenda muy llena para el almuerzo.
   a. Tengo planeado un almuerzo. (b.) Tengo muchas tareas a la hora del almuerzo. c. No tengo mi agenda aquí.
3. Tienes lo que quieres.
   (a.) Tu deseo se cumplió. b. Tienes razón. c. Te quiero.
4. Lo mismo digo yo.
   a. ¡Ni modo! b. No creas. (c.) Estoy de acuerdo.

Practice more at **vhlcentral.com.**

DIFFERENTIATION

Heritage Speakers Ask heritage speakers to share synonyms from their families' countries of origin for new expressions such as **¡Ni modo!**, **¡Qué va!**, and **No soporto**. Ask classmates to give appropriate English-language equivalents and have the class compare them.

EXPANSION

Extra Practice Ask students to come up with other ways to paraphrase the statements in **Actividad 3. Ex: No me gustan los lunes. No tengo tiempo libre esta mañana.**

 Communication 1.1, 1.2

Ampliación

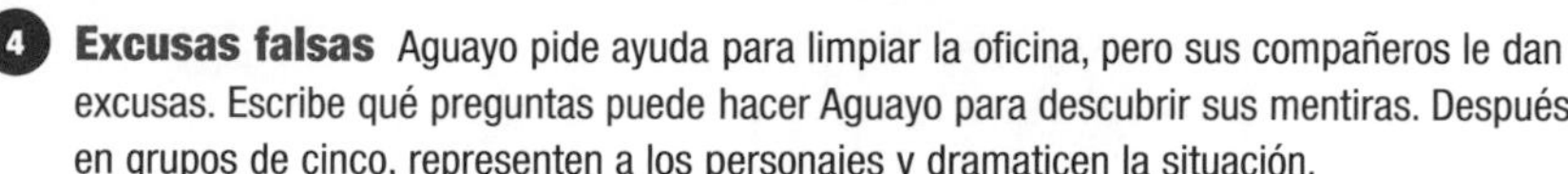

4 Excusas falsas Aguayo pide ayuda para limpiar la oficina, pero sus compañeros le dan excusas. Escribe qué preguntas puede hacer Aguayo para descubrir sus mentiras. Después, en grupos de cinco, representen a los personajes y dramaticen la situación.

5 Opiniones En grupos de tres, contesten las preguntas. Si es posible, den ejemplos de la vida cotidiana.

1. ¿Es necesario a veces dar excusas falsas? ¿Por qué?
2. Describe una situación reciente en la que usaste una excusa falsa. ¿Por qué lo hiciste? ¿Se enteraron los demás?
3. ¿Es mejor decir la verdad siempre? ¿Por qué?

6 Apuntes culturales En parejas, lean los párrafos y contesten las preguntas.

La agenda diaria

¡Diana se queja de que no hay tiempo para nada! En muchos países hispanos, las horas del día se expresan utilizando números del 0 al 23. Muchas agendas en español usan este horario modelo, es decir que **10 p.m.** se indica **22:00** ó **22h**. ¡Pobre Diana! ¡Con tanto trabajo, necesita que el día tenga más horas!

La hora del almuerzo

Fabiola tiene una agenda muy ocupada para el almuerzo. En España y pueblos de Latinoamérica este descanso suele ser de las 13h a las 16h. Los que trabajan cerca vuelven a sus casas, pero, en las grandes ciudades españolas, algunas personas lo aprovechan además para hacer mandados, compras o ir al gimnasio. ¿Qué tendrá que hacer Fabiola que sea más importante que limpiar la oficina?

En el banco

Éric tiene que ir al banco a pedir un préstamo. En Latinoamérica, la mayoría de los préstamos y los pagos de servicios se realizan en el banco. No obstante, en países como Argentina, Colombia, Costa Rica y Perú, las cuentas de gas, electricidad y teléfono también se pueden pagar en el supermercado.

1. ¿Cómo se puede expresar *2 p.m.* y *8 p.m.* en español?
2. En tu país, ¿cuántas horas se toman normalmente los empleados para almorzar? ¿Qué hacen durante ese descanso?
3. ¿Cuáles son los horarios comerciales de la ciudad donde vives? ¿Te parecen suficientes?
4. ¿A qué hora sueles almorzar? ¿Dónde?
5. ¿Sabes cómo pagan tus padres los recibos (*bills*) de la luz y el teléfono? ¿Les resulta conveniente este método de pago?

Teaching Tips

4 Model the activity by having students invent situations in which they might need to make excuses. Ex: **Prometí cuidar a los niños de la vecina hoy. ¿Quién puede hacerlo por mí?**

6 Virtual Chat You can also assign activity 6 on the Supersite. Students record individual responses that appear in your gradebook.

6 Expansion Extend the discussion with additional questions. Ex: **¿Es importante hacer un descanso al mediodía? ¿Qué opinas de la costumbre de la siesta en los países hispanohablantes?**

Culture Note Point out the purposes for which the 24-hour clock is typically used in Spanish-speaking countries. Ex: schedules for movies, concerts, planes, trains.

NATIONAL STANDARDS

Communities Have students look through Spanish-language newspapers or web pages from the U.S. to find examples of times for public events, broadcasts, or opening and closing times for businesses. What do they notice about how times are given? Are the times on the 24-hour clock or the 12-hour clock? Are there patterns to the use of one clock or the other (Ex: national origin of the Spanish speakers in question, age of the readers, etc.)?

PRE-AP*

Interpersonal Speaking Have students practice informal commands and household task vocabulary by role-playing parent and child situations. Then have them record themselves as if they were a parent leaving a message on the child's cell phone, using at least eight of the verbs on page 82. Tell students to imagine that Aunt Bettina is coming for a visit, and she is very fussy. Students should use expressive voices, and be able to use negative as well as affirmative commands. Say: **Ahora vas a grabar un mensaje de voz. Has llamado a tu hijo/a para decirle que la Tía Bettina, una perfeccionista, llega hoy. Dale a tu hijo/a por lo menos ocho mandatos diferentes, usando el vocabulario de la página 82.**

Section Goals

In **Enfoques**, students will:

- read about families, especially **la familia real de España** and daily life in Spanish-speaking countries
- learn about going shopping in Barcelona.

Communication 1.2
Cultures 2.1, 2.2
Connections 3.1, 3.2
Comparisons 4.2

21st CENTURY SKILLS

Global Awareness
Students will gain perspectives on the Spanish-speaking world to develop respect and openness to others and to interact appropriately and effectively with citizens of Spanish-speaking cultures.

Instructional Resources
vText
Cuaderno para hispanohablantes, p. 36
Supersite/DVD: ***Flash cultura***
Supersite/TRCD: ***Flash cultura***
Video Script & Translation

Reading Strategies Have students look at the pictures, then skim for cognates; list cognates on the board. Next have students identify words that they think reveal the gist. They should guess the main points of the story, based on the pictures and the word list.

Teaching Tip Ask students to do the comprehension check in small groups; one student in each is the "teacher." All have a list of comprehension questions, and the "teacher" also has an answer sheet. "Teachers" ask questions. Students win a point for each correct answer.

Culture Note Juan Carlos became king of Spain in 1975, after the death of Francisco Franco, head of the Spanish government since **la Guerra Civil** ended in 1939.

Reading, Additional Reading

En detalle

LA FAMILIA REAL

El Rey Juan Carlos I y la Reina Sofía salen de la Misa de Domingo de Ramos en Mallorca.

En 1948, el general Francisco Franco tomó bajo su tutela° al niño Juan Carlos de Borbón, que entonces tenía sólo diez años. Su plan era formarlo ideológicamente para que fuera su sucesor°. En 1975, tras la muerte del dictador y en contra de todas las predicciones, lo primero que hizo Juan Carlos I fue trabajar para establecer la democracia en España.

La Familia Real española es una de las más queridas de las diez que todavía quedan en Europa. Juan Carlos I es famoso por su simpatía y su facilidad para complacer° a los ciudadanos españoles. Don Juan Carlos y doña Sofía llevan una vida sencilla, sin excesivos protocolos. Su vida diaria está llena de compromisos° sociales y políticos, pero siempre tienen un poco de tiempo para dedicarse a sus pasatiempos. La gran pasión del Rey son los deportes, especialmente el esquí y la vela, y participa en competiciones anuales, donde se destaca° por su destreza°. La Reina, por su parte, colabora en muchos proyectos de ayuda social y cultural.

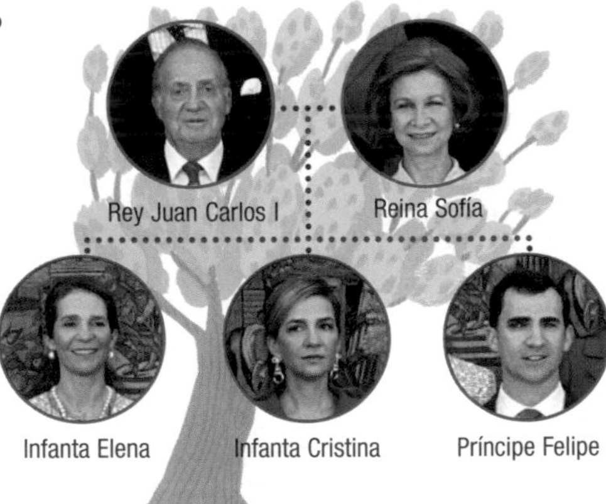

Sus tres hijos, el príncipe Felipe y las Infantas° Elena y Cristina, están casados y han formado sus propias familias. Mantienen las mismas costumbres sencillas de los Reyes. No es raro verlos de compras en los centros comerciales que están cerca de sus viviendas. Apasionados del deporte, como su padre, han participado en las más importantes competiciones y llevan una vida relativamente discreta. Don Juan Carlos y doña Sofía van de vacaciones todos los veranos a la isla de Mallorca y se los puede ver, como si se tratara de una familia más, comiendo en las terrazas de la isla junto a sus hijos y nietos. En esas ocasiones, los paseantes° no dudan en acercarse y saludarlos. Esta cercanía de los monarcas con los ciudadanos ha conseguido que la Corona° sea una de las instituciones más valoradas por los españoles. ■

Regatas reales

El rey Juan Carlos da nombre a la regata **Copa del Rey**, que tiene lugar todos los años en Palma de Mallorca. Su esposa da nombre a la **Regata Princesa Sofía**. La realeza no sólo presta su nombre para estas competencias: el rey Juan Carlos participa en ambas con su yate llamado "Bribón".

tutela *guidance* **sucesor** *successor* **complacer** *to please* **compromisos** *engagements* **se destaca** *stands out* **destreza** *skill* **Infantas** *Princesses* **paseantes** *passers-by* **Corona** *Crown*

PRE-AP*

Formal Oral Presentation: Synthesis of Sources Tell students about the Spanish Civil War. If possible, have them listen to a podcast from **RTVE** (www.rtve.es) about Francisco Franco, and give them the basic history of what happened after his death. In pairs, have them share what they know about monarchies. Next have students read page 90. In groups, have them research the life of Juan Carlos de Borbón and write a basic outline for their presentation. Say: **Basándote en la información que has escuchado, lo que hemos dicho en clase y la lectura de la página 90, presenta una charla de dos minutos sobre los cambios que inició Juan Carlos I en España y explica las razones de su popularidad.**

ASÍ LO DECIMOS

La familia

mima (Cu.) *mom*
pipo (Cu.) *dad*
amá (Col.) *mom*
apá (Col.) *dad*
tata (Arg. y Chi.) *grandpa*
el carnal (Méx.) *brother or friend*
la carnala (Méx.) *sister or friend*
la carnalita (Méx.) *little sister*
m'hijo/a (Amér. L.) *exp. to address a son or daughter*
el/la chavalo/a (Amér. C.) *boy/girl*
el/la chaval(a) (Esp.) *boy/girl*

EL MUNDO HISPANOHABLANTE

Las compras diarias

- En España, las grandes tiendas y también muchas tiendas pequeñas cierran los domingos. Así, los españoles realizan todas sus compras durante el resto de la semana. En algunos casos, las grandes tiendas, como El Corte Inglés, abren un domingo al mes.
- En la región salvadoreña de Colonia la Sultana, el señor del pan pasa todos los días a las siete de la mañana con una canasta en la cabeza repleta de pan fresco. Cuando las personas lo escuchan llegar, salen a la calle para comprarle pan. Los que se quedan dormidos, si quieren pan fresco, tienen que ir al pueblo de al lado.

- En Argentina es muy común tomar soda (agua carbonatada). El sodero pasa una vez por semana por las casas que solicitan entrega a domicilio. Se lleva los sifones° vacíos y deja sifones llenos.

PERFIL

LETIZIA ORTIZ

Letizia Ortiz nació en Oviedo el 15 de septiembre de 1972 en el seno de una familia trabajadora. Si alguien les hubiera dicho a sus padres que su hija iba a ser princesa, seguramente lo habrían tomado por loco. Esta joven inteligente y emprendedora° estudió periodismo y ejerció su profesión en algunos de los mejores medios españoles: el periódico ABC, y los canales CNN plus y TVE. Cuando se formalizó el compromiso° con el príncipe Felipe, Letizia tuvo que dejar de trabajar y empezó un entrenamiento particular para ser princesa, ya que al casarse se convertiría en Princesa de Asturias. Su relación con el Príncipe se distingue por no haber respondido a la formalidad que se espera en estos casos. Poco antes de la boda, un periodista le preguntó: "¿Y cómo se declara un príncipe?", a lo que Letizia contestó: "Como cualquier hombre que quiere a una mujer".

"... a partir de ahora y de forma progresiva voy a integrarme y a dedicarme a esta nueva vida con las responsabilidades y obligaciones que conlleva." (Letizia Ortiz)

Conexión Internet

¿Qué tareas oficiales realiza Juan Carlos I como autoridad del gobierno español?

To research this topic, go to **vhlcentral.com**.

emprendedora *enterprising* **compromiso** *engagement* **sifones** *siphons*

Teaching Tips

- After reading **Así lo decimos,** ask students to share their names for family members. Ask them to also share the ethnic heritage of the names they know. Encourage heritage speakers to add to the list in the book.
- Before reading this section, ask students to brainstorm a list of what products or services used to be sold door-to-door in the U.S. and what products and services are still sold door-to-door. Record student responses in two columns on the board under the headings **En el pasado** and **Hoy en día**. After reading, compare the customs in the States to those in other countries.

NATIONAL STANDARDS

Connections: History Have students research the history of the Spanish royal family. Explain to them that the **Borbones** of Spain are from the Bourbon family that also ruled France and part of Italy. Ask students to create a family tree that shows the Bourbon/**Borbón** family and present it to the class.

Communities Students might want to go through issues of Spanish magazines such as ***¡Hola!*** that often include stories on Spanish and other European royalty. What do they notice about the tone and the amount of the coverage? Which figures are U.S. magazines more likely to focus on? What conclusions can students draw from their observations?

21st CENTURY SKILLS

Information and Media Literacy: Conexión Internet Go to the Supersite to complete the **Conexión Internet** activity for additional practice accessing and using culturally authentic sources.

CRITICAL THINKING

Application and Synthesis Ask pairs to think of other celebrities they know of who have come from poor or disadvantaged backgrounds. Allow time for research if necessary. Then ask students to write a biography paragraph of five to ten sentences and share it with the class.

CRITICAL THINKING

Evaluation Is there any group in the U.S. that could be called a kind of "American royalty?" Have students discuss and defend their opinions. (Students who answer "yes" may have a wide range of opinions, and it is possible they will name certain political families, people in the entertainment world, sports figures, etc.)

Communication 1.1, 1.2

Teaching Tips

1 For additional practice, have students answer questions about their own leader. Examples: **¿La vida del presidente o del primer ministro se caracteriza por la formalidad? ¿Él/Ella es aficionado/a al deporte? ¿Dónde pasa las vacaciones de verano?**

2 **Expansion** For additional practice with the readings, have students create three more cloze sentences. Then have them exchange their sentences with a partner on completion.

3 Remind students to answer in complete sentences.

4 **Expansion** Ask students to list at least one question they have after reading page 91. Then encourage students to research the answers to their questions and present both questions and answers to the class.

Proyecto To challenge students, have them do short presentations about their service.

NATIONAL STANDARDS
Connections: History Have students research General Franco, the Spanish Civil War, and fascism in Spain. Have them create a time line of major events in the Civil War and the rise to power and reign of Franco to share with the class.

recursos
vText
CH p. 36

¿Qué aprendiste?

1 Comprensión Indica si las oraciones son **ciertas** o **falsas**. Corrige las falsas.

1. El general Francisco Franco quería que Juan Carlos de Borbón fuera su sucesor. Cierto.
2. El general Franco trabajó mucho para establecer la democracia en España. Falso. El rey Juan Carlos I trabajó mucho para implantar la democracia.
3. La vida de los Reyes se caracteriza por la formalidad y el protocolo. Falso. Los Reyes llevan una vida sencilla, sin excesivos protocolos.
4. El rey Juan Carlos es muy aficionado a los deportes. Cierto.
5. La Reina participa en competiciones de esquí. Falso. La Reina colabora en muchos proyectos de ayuda social y cultural.
6. La infanta Cristina es soltera. Falso. La Infanta Cristina está casada.
7. La Familia Real pasa las vacaciones de verano en Mallorca. Cierto.
8. A muchos españoles les gusta la Familia Real. Cierto.

2 Oraciones incompletas Completa las oraciones.

1. Los padres de Letizia Ortiz son de clase trabajadora.
2. Letizia estudió periodismo.
3. La infanta Cristina es la hermana del príncipe Felipe.
4. Felipe es el Príncipe de Asturias.
5. En España, las grandes tiendas abren un domingo por mes.
6. En México, usan la palabra *carnala* para referirse a una hermana o una amiga.

3 Preguntas Contesta las preguntas. Some answers may vary.

1. ¿Cuál es una forma cariñosa de referirse al padre en Cuba? Una forma cariñosa de referirse al padre en Cuba es *pipo*.
2. ¿Por qué crees que Letizia Ortiz tuvo que dejar de trabajar como periodista al convertirse en Princesa?
3. ¿A qué eventos deportivos dan nombre el rey Juan Carlos y la reina Sofía? Dan nombre a la Copa del Rey y a la Regata Princesa Sofía.
4. ¿Crees que es positivo o frívolo que el Rey de España participe en eventos deportivos? ¿Por qué?
5. Vuelve a leer la cita de Letizia Ortiz. ¿A qué responsabilidades y obligaciones crees que se refiere?
6. Muchos supermercados abren las 24 horas. ¿Crees que esto es necesario o crees que la gente está muy "malcriada" (*spoiled*)?

4 Opiniones En parejas, preparen dos listas. En una lista, anoten los elementos positivos de ser príncipe o princesa heredero/a y, en la otra, los elementos negativos que creen que puede tener. Guíense por estos planteamientos y otros.

- ¿Vale la pena ser rico y famoso si pierdes la vida privada?
- ¿Estarías dispuesto/a a guardar los modales las 24 horas del día?
- ¿Serías capaz de cumplir con todas las responsabilidades que conlleva este cargo?

PROYECTO

A domicilio

Existen muchos servicios a domicilio que facilitan la vida diaria. Además del ejemplo del sodero en Argentina, están los paseadores de perros, los supermercados con entrega a domicilio y las empresas que nos permiten recibir libros o ropa por correo en casa.

Imagina que vas a crear una empresa para ofrecer un servicio a domicilio.

Usa esta guía para preparar un folleto (*brochure*) sobre tu empresa. Describe:

- El servicio que vas a ofrecer y cómo se llama.
- Las principales características de tu servicio.
- Cómo va a facilitar la vida diaria de tus clientes.

Practice more at **vhlcentral.com.**

CRITICAL THINKING

Analysis and Synthesis Ask students to convert their lists from **Actividad 4** to Venn diagrams, showing how some aspects of being royalty are both positive and negative. Ask students to share and explain their choices to the class.

CRITICAL THINKING

Comprehension and Evaluation Encourage students not making the presentations in the **Proyecto** section to ask each presenter at least one question about his or her service.

De compras por Barcelona

Hacer las compras tal vez te parezca una actividad aburrida y poco glamorosa, pero ¡te equivocas! En este episodio de **Flash cultura** podrás pasear por el antiguo mercado de Barcelona y descubrir una manera distinta de elegir los mejores productos en tiendas especializadas.

VOCABULARIO ÚTIL

amplio/a *broad, wide*	**la gamba** *(Esp.) shrimp*
el buñuelo *fritter*	**los mariscos** *seafood*
el carrito *shopping cart*	**las patas traseras** *hind legs*
la charcutería *delicatessen*	**el puesto** *market stand*

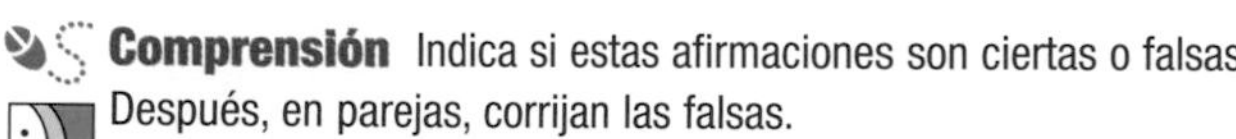

Preparación ¿Qué productos españoles típicos conoces? ¿Cuál te gustaría más probar?

Comprensión Indica si estas afirmaciones son ciertas o falsas. Después, en parejas, corrijan las falsas.

1. Las Ramblas de Barcelona son amplias avenidas. Cierto.
2. En La Boquería debes elegir un carrito a la entrada y pagar toda la compra al final. Falso. En La Boquería no hay carritos y en cada parada se debe pagar la compra.
3. Hay distintos tipos de jamón serrano según la curación y la región. Cierto.
4. Barcelona ofrece una gran variedad de marisco y pescado fresco porque es un puerto marítimo. Cierto.
5. En España, la mayoría de las tiendas cierra al mediodía durante media hora. Falso. Las tiendas cierran durante tres horas.
6. Las panaderías abren todos los días menos los domingos. Falso. Las panaderías están abiertas también los domingos.

Expansión En parejas, contesten estas preguntas.

- ¿Prefieres hacer las compras en tiendas pequeñas y mercados tradicionales o en un supermercado normal? ¿Por qué?
- ¿Te levantas temprano para comprar el pan o algún otro producto los domingos? ¿Qué producto es tan esencial para la gente de tu país como el pan para los españoles?
- ¿Te parece bien que las tiendas cierren a la hora de la siesta? ¿Para qué usarías tú todo ese tiempo?

Corresponsal: Mari Carmen Ortiz
País: España

La Boquería es un paraíso para los sentidos: olores de comida, el bullicio° de la gente, colores vivos se abren a tu paso mientras haces tus compras.

Hay tiendas que nunca cierran a la hora de comer: las tiendas de moda y los grandes almacenes°. Pero aún éstas tienen que cerrar tres domingos al mes.

El jamón serrano es una comida típica española y es servido con frecuencia en los bares de tapas°.

bullicio *hubbub* **almacenes** *department stores* **tapas** *Spanish appetizers*

Practice more at **vhlcentral.com.**

Communication 1.1, 1.2
Cultures 2.1, 2.2
Connections 3.1, 3.2
Comparisons 4.2

Teaching Tips

- After watching **Flash cultura,** have students compare how they do their shopping with how their parents and grandparents do or did their shopping. Ask: **¿Cómo han cambiado los hábitos de compras? ¿Hay hábitos que aún comparten?**
- Have students use the new vocabulary and words they already know to make their own shopping lists.

21st CENTURY SKILLS

Information and Media Literacy Go to the Supersite to complete the **Conexión Internet** activity associated with **Flash cultura** for additional practice accessing and using culturally authentic sources.

PRE-AP*

Interpersonal Writing Tell students to imagine they are in the following situation. Say: **Es el sábado por la tarde, y no tienes comida para la semana. Escribe un correo electrónico a un(a) amigo/a pidiéndole hacer las compras por ti.** Then have them exchange their e-mails with a partner and write responses.

TEACHING OPTIONS

Extra Practice Tell students to imagine that they are at one of the places featured in the video. Ask them to jot down what they would eat or buy. Then have them write a dialogue they would have with a friend or vendor while eating or shopping in Barcelona. Ask volunteers to role-play their dialogues with the class.

Section Goals

In **Estructura**, students will:

- review formation of the preterite, focusing on irregulars
- go over formation of the imperfect tense
- practice these tenses and their contrasting differences

 Comparisons 4.1

Instructional Resources

vText

Cuaderno de actividades comunicativas, pp. 7, 64
Cuaderno de práctica, pp. 23–24
Cuaderno para hispanohablantes, pp. 37–39
e-Cuaderno
Supersite: Additional practice
Supersite/TRCD: Grammar Slides, Presentation PDFs #23–25, Audio Activities Script, Answer Keys
Audio Activities CD

Teaching Tips

- To preview the preterite, share an anecdote about something funny or embarrassing that happened in the past. Write the preterite verbs you use on the board as you tell the story.
- Remind students that **c** and **g** change to **qu** and **gu** to maintain the hard consonant sounds.
- Remind students that –**ar** and –**er** stem-changing verbs do not change the stem in the preterite.
- Note the need for written accents in order to avoid diphthongs. Ask students how these verbs would sound without the accent marks.
- Point out that –**uir** verbs require written accents only in the **yo** and **él/ella/Ud.** forms.
- Remind students what third-person forms are.

3 ESTRUCTURA

3.1 The preterite

- Spanish has two simple tenses to indicate actions in the past: the preterite **(el pretérito)** and the imperfect **(el imperfecto)**. The preterite is used to describe actions or states that began or were completed at a definite time in the past.

The preterite of regular *-ar*, *-er*, and *-ir* verbs

comprar	vender	abrir
compré	vendí	abrí
compraste	vendiste	abriste
compró	vendió	abrió
compramos	vendimos	abrimos
comprasteis	vendisteis	abristeis
compraron	vendieron	abrieron

¡ATENCIÓN!

In Spain, the present perfect (p. 256) is more commonly used to describe recent events.

- The preterite tense of regular verbs is formed by dropping the infinitive ending (**-ar**, **-er**, **-ir**) and adding the preterite endings. Note that the endings of regular **-er** and **-ir** verbs are identical in the preterite tense.
- The preterite of all regular and some irregular verbs requires a written accent on the preterite endings in the **yo, usted, él**, and **ella** forms.

Ayer **empecé** un nuevo trabajo. — *Yesterday I started a new job.*

Mi mamá **preparó** una cena deliciosa. — *My mom prepared a delicious dinner.*

- Verbs that end in **-car, -gar**, and **-zar** have a spelling change in the **yo** form of the preterite. All other forms are regular.

buscar	**busc–**	**–qu–**	**yo busqué**
llegar	**lleg–**	**–gu–**	**yo llegué**
empezar	**empez–**	**–c–**	**yo empecé**

- **Caer, creer, leer**, and **oír** change **-i-** to **-y-** in the third-person forms (**usted, él, ella** and **ustedes, ellos, ellas**) of the preterite. They also require a written accent on the **-i-** in all other forms.

caer	**caí, caíste, cayó, caímos, caísteis, cayeron**
creer	**creí, creíste, creyó, creímos, creísteis, creyeron**
leer	**leí, leíste, leyó, leímos, leísteis, leyeron**
oír	**oí, oíste, oyó, oímos, oísteis, oyeron**

- Verbs with infinitives ending in **-uir** change **-i-** to **-y-** in the third-person forms of the preterite.

construir	**construí, construiste, construyó, construimos, construisteis, construyeron**
incluir	**incluí, incluiste, incluyó, incluimos, incluisteis, incluyeron**

DIFFERENTIATION

To Challenge Students Using **Juego de dados,** review the preterite of **caer, creer, leer, oír, construir, incluir:** Players throw the die to determine the verb form to give: 1 = **yo;** 2 = **tú;** 3 = **él/ella/Ud.;** 4 = **nosotros/as;** 5 = **ellos/ellas/Uds;** 6 = caller's choice. They follow the verb list in order when giving verb forms, and receive points for correct answers. To practice **vosotros/as,** 5 = **vosotros/as** and 6 = **ellos/ellas/Uds.**

DIFFERENTIATION

For Inclusion Have students work in pairs or groups of three to practice the preterite of stem-changing –**ir** verbs and irregular verbs. Distribute small whiteboards and a dry-erase marker to each group. Say the Spanish verb and a subject; students write the verb form. The first group to hold up the correct answer wins a point.

- Stem-changing **-ir** verbs also have a stem change in the third-person forms of the preterite. Stem-changing **-ar** and **-er** verbs are regular.

Preterite of *-ir* stem-changing verbs

pedir		dormir	
pedí	pedimos	dormí	dormimos
pediste	pedisteis	dormiste	dormisteis
pidió	pidieron	durmió	durmieron

- A number of **-er** and **-ir** verbs have irregular preterite stems. Note that none of these verbs takes a written accent on the preterite endings.

Les traje unos dulces para premiar su esfuerzo.

Por cierto, ¿no estuviste en el dentista?

Preterite of irregular verbs

Infinitive	u-stem	preterite forms
andar	anduv-	anduve, anduviste, anduvo, anduvimos, anduvisteis, anduvieron
estar	estuv-	estuve, estuviste, estuvo, estuvimos, estuvisteis, estuvieron
poder	pud-	pude, pudiste, pudo, pudimos, pudisteis, pudieron
poner	pus-	puse, pusiste, puso, pusimos, pusisteis, pusieron
saber	sup-	supe, supiste, supo, supimos, supisteis, supieron
tener	tuv-	tuve, tuviste, tuvo, tuvimos, tuvisteis, tuvieron
Infinitive	**i-stem**	**preterite forms**
hacer	hic-	hice, hiciste, hizo, hicimos, hicisteis, hicieron
querer	quis-	quise, quisiste, quiso, quisimos, quisisteis, quisieron
venir	vin-	vine, viniste, vino, vinimos, vinisteis, vinieron
Infinitive	**j-stem**	**preterite forms**
conducir	conduj-	conduje, condujiste, condujo, condujimos, condujisteis, condujeron
decir	dij-	dije, dijiste, dijo, dijimos, dijisteis, dijeron
traer	traj-	traje, trajiste, trajo, trajimos, trajisteis, trajeron

- Note that the stem of **decir (dij-)** not only ends in **j**, but the stem vowel **e** changes to **i**. In the **usted, él**, and **ella** form of **hacer (hizo)**, **c** changes to **z** to maintain the pronunciation. Most verbs that end in **-cir** have **j**-stems in the preterite.

¡ATENCIÓN!

Other **-ir** stem-changing verbs include:

conseguir, **consentir**, **hervir**, **morir**, **preferir**, **repetir**, **seguir**, **sentir**, **servir**

¡ATENCIÓN!

Ser, **ir**, **dar**, and **ver** are also irregular in the preterite. The preterite forms of **ser** and **ir** are identical.

ser/ir
fui, fuiste, fue, fuimos, fuisteis, fueron

dar
di, diste, dio, dimos, disteis, dieron

ver
vi, viste, vio, vimos, visteis, vieron

The preterite of **hay** is **hubo**.

Hubo dos conciertos el viernes.
There were two concerts on Friday.

recursos

vText

CA pp. 7, 64

CP pp. 23–24

CH pp. 37–39

vhlcentral.com

Teaching Tips

- Have students conjugate **deshacer, oponer,** and **atraer**. Remind them that all verbs ending in **hacer, poner,** and **traer** are also irregular in the preterite.
- Ask a volunteer to conjugate **producir** and **traducir**.

Extra Practice Go to **vhlcentral.com** for additional practice with the preterite.

LEARNING STYLES

For Kinesthetic Learners To practice verbs in the preterite, throw a soft, foam ball to a student and call out a verb and a subject. The student must conjugate the verb in the preterite, then throw the ball to a classmate, and name a different verb and subject.

LEARNING STYLES

For Kinesthetic Learners Play **Pasa la tiza**. Form teams of six. Give the first student in each team a piece of chalk. Write a verb on the board and say: **¡Vayan!** The first students run to the board and write the **yo** preterite form of the verb, run back to their team, pass the chalk to the next players who run to the board to conjugate the **tú** form. The chalk is passed until a team conjugates the complete verb correctly.

Communication 1.1
Comparisons 4.1

Teaching Tips

1 Have students exchange papers and correct each other's work. They should refer to the verb lists on the previous pages.

2 Have students orally conjugate the verbs from the activity.

3 **Expansion** Ask students to convert the exercise into a questionnaire. Partners take turns asking and answering each other's questions and taking notes on the answers.

Práctica

1 **Quehaceres** Escribe la forma correcta del pretérito de los verbos indicados.

1. El sábado pasado mi familia y yo __hicimos__ (hacer) la limpieza semanal.
2. Mi hermano Jorge __barrió__ (barrer) el suelo de la cocina.
3. Yo __pasé__ (pasar) la aspiradora por el salón.
4. Mis padres __quitaron__ (quitar) los sillones para limpiarlos y después los __volvieron__ (volver) a poner en su lugar.
5. Yo __lavé__ (lavar) toda la ropa sucia y la __puse__ (poner) en el armario.
6. Nosotros __terminamos__ (terminar) con todo en menos de una hora.
7. Luego, mi madre __abrió__ (abrir) el refrigerador.
8. Ella __vio__ (ver) que no había nada de comer.
9. Mi padre __dijo__ (decir) que iría al supermercado. Todos nosotros __decidimos__ (decidir) acompañarlo.
10. Yo __apagué__ (apagar) las luces y nos __fuimos__ (ir) al supermercado.

2 **¿Qué hicieron?** Combina elementos de cada columna para narrar lo que hicieron las personas.

MODELO Una vez, mis amigos y yo tuvimos que cocinar para cincuenta invitados.

anoche	mi compañero/a de clase	conversar	?
anteayer	mi hermano/a	dar	?
ayer	mis amigos/as	decir	?
dos veces	el/la profesor(a) de español	ir	?
la semana pasada	yo	leer	?
una vez		pedir	?
		tener que	?

3 **La última vez** Con oraciones completas, indica cuándo fue la última vez que hiciste cada una de estas actividades. Da detalles en tus respuestas. Después comparte la información con la clase.

MODELO **ir al cine**
La última vez que fui al cine fue en 2011. La película que vi fue *Misión imposible III*...

1. hacer mandados
2. decir una mentira
3. andar atrasado/a
4. olvidar algo importante
5. devolver un regalo
6. ir de compras
7. oír una buena/mala noticia
8. encontrar una ganga increíble
9. probarse ropa en una tienda
10. comprar algo muy caro

Practice more at **vhlcentral.com.**

DIFFERENTIATION

For Inclusion Ask students to think of a funny thing that happened to them in the past. Ask them to make a comic-strip presentation of the story—one scene to represent each part of the event. Then, as they are able, students can label the scenes with phrases or verbs in the preterite. This activity would also be appropriate for visual learners.

DIFFERENTIATION

Heritage Speakers For **Actividad 2**, ask heritage speakers to brainstorm at least three more words or phrases that indicate the past, such as **hace ___ años que, el mes pasado, en el año ___**, etc. Ask students to share and explain these phrases to their classmates.

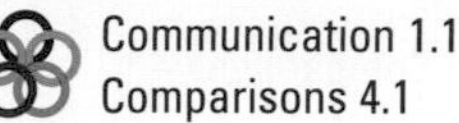

Communication 1.1
Comparisons 4.1

Comunicación

4 La semana pasada Recorre el salón de clase y averigua lo que hicieron tus compañeros durante la semana pasada. Anota el nombre del primero que conteste que sí a las preguntas.

MODELO **ir al cine**
—¿Fuiste al cine durante la semana pasada?
—Sí, fui al cine y vi la última película de Almodóvar./No, no fui al cine.

Actividades	Nombre
asistir a un partido de fútbol	________
cocinar para los amigos	________
conseguir una buena nota en una prueba	________
dar un consejo (*advice*) a un(a) amigo/a	________
dormirse en clase o en el laboratorio	________
enojarse con un(a) amigo/a	________
estudiar toda la noche para un examen	________
incluir un álbum de fotos en Facebook	________
ir a la oficina del/de la director(a)	________
ir al centro comercial	________
pedir dinero prestado	________
perder algo importante	________
probarse un vestido/un traje elegante	________

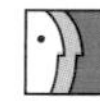

5 Una fiesta En parejas, túrnense para comentar la última fiesta que dieron o a la que asistieron.

- ocasión
- fecha y lugar
- organizador(a)
- invitados
- comida
- música
- actividades

6 Los mandados

A. Escribe dos anécdotas divertidas o curiosas que te ocurrieron en el pasado.

MODELO Una vez fui a una entrevista muy importante con un zapato de cada color...

B. Compartan la información con la clase y decidan qué anécdota es la más divertida e interesante.

Teaching Tips

4 To keep the activity moving, have students move on to a new classmate after receiving an affirmative response.

5 Expansion Ask students what they like to do when hosting a party.

6 Expansion Brainstorm a list of possible story ideas for **Actividad 6** and have one or two volunteers write them on the board.

LEARNING STYLES

For Auditory Learners When students complete **Actividad 4**, read each item aloud in question form; then as volunteers respond, begin conversations with the volunteers or students about whom they are talking. Ex: **¿Quién asistió a un partido de fútbol?** Student response: **Mike asistió a un partido de fútbol.** Ask Mike: **Mike, ¿jugaste en el partido o lo miraste?** Mike's response: **Jugué en el partido.**

LEARNING STYLES

For Visual Learners Before assigning **Actividades 5** and **6**, as a class write a sample script for **Actividad 5** on the board. Underline the parts students can change for their own conversations.

Comparisons 4.1

Instructional Resources
vText
Cuaderno de actividades comunicativas, pp. 8, 65
Cuaderno de práctica, pp. 25–26
Cuaderno para hispanohablantes, pp. 40–41
e-Cuaderno
Supersite: Additional practice
Supersite/TRCD: Grammar Slides, Presentation PDFs #26–27, Audio Activities Script, Answer Keys
Audio Activities CD

Teaching Tips

- Remind students that progressive forms are less common in Spanish than in English. Examples: **Camino al banco.** *I'm walking to the bank.* **Caminaba al banco.** *I was walking to the bank.*
- Challenge students to translate the captions in the **Fotonovela** clips under the first bulleted point.
- Ask a volunteer to read the fourth bulleted point aloud. Then have students share with partners where they lived when they were young; what their house, city, or country looked like; and something special they remember doing there often. Then have students present what their partner shared, using the third-person singular of the imperfect.

3.2 The imperfect

- The imperfect tense in Spanish is used to narrate past events without focusing on their beginning, end, or completion.

El recado decía que él estaba enfermo.

Siempre tenía problemas con la aspiradora.

- The imperfect tense of regular verbs is formed by dropping the infinitive ending (**-ar, -er, -ir**) and adding personal endings. **-Ar** verbs take the endings **-aba, -abas, -aba, -ábamos, -abais, -aban. -Er** and **-ir** verbs take **-ía, -ías, -ía, -íamos, -íais, -ían.**

The imperfect of regular *-ar, -er,* and *-ir* verbs

caminar	deber	abrir
caminaba	debía	abría
caminabas	debías	abrías
caminaba	debía	abría
caminábamos	debíamos	abríamos
caminabais	debíais	abríais
caminaban	debían	abrían

- **Ir, ser**, and **ver** are the only verbs that are irregular in the imperfect.

The imperfect of irregular verbs

ir	ser	ver
iba	era	veía
ibas	eras	veías
iba	era	veía
íbamos	éramos	veíamos
ibais	erais	veíais
iban	eran	veían

- The imperfect tense narrates what was going on at a certain time in the past. It often indicates what was happening in the background.

Cuando yo **era** joven, **vivía** en una ciudad muy grande. Todas las semanas, mis padres y yo **íbamos** al centro comercial.

When I was young, I lived in a big city. Each week, my parents and I went to the mall.

LEARNING STYLES

For Kinesthetic Learners Play **Pasa el papel,** similar to **Pasa la tiza,** but played with teams in rows or small circles. Each team has one piece of paper. You call out a verb. The first player on each team writes the **yo** form, then passes the paper to the second who writes the **tú** form, etc. Players continue passing until the verb is conjugated completely. The team to finish first with the most correct answers earns a point.

LEARNING STYLES

For Inclusion Read sentences in the imperfect. Ask students to raise their hands when they hear the imperfect verbs. At first read the sentences slowly, then gradually increase your speed. This activity would also benefit auditory learners.

- The imperfect of **hay** is **había**.

  Había tres cajeros en el supermercado.
  There were three cashiers in the supermarket.

  Sólo **había** un mesero en el café.
  There was only one waiter in the café.

- These words and expressions are often used with the imperfect because they express habitual or repeated actions: **de niño/a** (*as a child*), **todos los días** (*every day*), **mientras** (*while*), **siempre** (*always*).

  De niño, vivía en un suburbio de Madrid.
  As a child, I lived in a suburb of Madrid.

  Todos los días iba a la casa de mi abuela.
  Every day I went to my grandmother's house.

  Siempre escuchaba música **mientras corría** en el parque.
  I always listened to music while I ran in the park.

Siempre dormía muy mal.
Nunca podía relajarme.
Estaba desesperado; no sabía qué hacer.
Ahora, mis problemas están
resueltos con mi nueva cama.
DORMALUX
LA CAMA DE TUS SUEÑOS

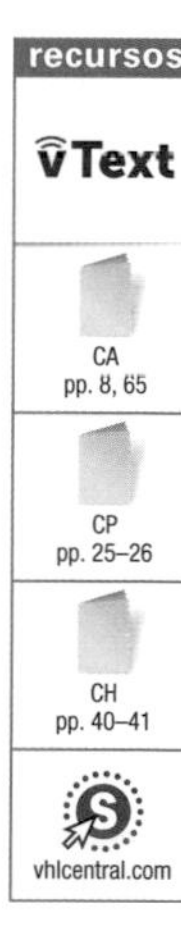

Teaching Tip Teach students the expression **Había una vez** and explain that it is commonly used to begin fairy tales.

Extra Practice Ask pairs of students to write a list of five to ten first lines of familiar fairy tales. Then have them exchange the lists with another pair and write the title of the fairy tale next to the opening line.

Teaching Tip Ask heritage speakers to list other expressions that indicate the imperfect form. If students have trouble doing so, suggest they consider synonyms for the expressions already given.

Expansion Have students search the Internet for a biography of a famous person and find out what his or her life was like in the past. Have them report results to the class.

NATIONAL STANDARDS
Connections: Civics Have students use Spanish-language resources to learn about and compare the forms of government under Franco and under today's constitutional monarchy. Have them describe Franco's government in simple sentences using the imperfect and the government of Juan Carlos I using the present.

DIFFERENTIATION

To Challenge Students Ask students to study the advertisement and think of another product to sell. Have them create a visual with magazine clippings, downloaded images, or drawings. Ask them to then write a caption that uses the imperfect to sell the product. Encourage students to display their work around the room and allow time for the class to walk around and enjoy the ads.

DIFFERENTIATION

For Inclusion Give groups of students each a different copy of familiar fairy tales in Spanish. Ask them to read the fairy tales aloud as a group once. Then have them read a second time slowly, identifying all the imperfect verbs. Finally, have them create comic strips based on the story, using imperfect verbs.

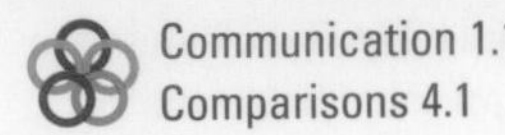
Communication 1.1
Comparisons 4.1

Teaching Tips
1 Point out that the imperfect is usually used to give someone's age in the past.

1 Ask students: **¿Cuando eran niños, vivían en otra ciudad? ¿Cómo era su vida diaria allá?**

1 Expansion Ask students to research **Granada** in the library or on the Internet and discover popular tourist destinations there. Then have them add three to five sentences in the imperfect about a site that they might have visited frequently in **Granada**.

2 Point out that since the expression **los lunes** implies repetition of an action, the imperfect must be used.

2 Partner Chat You can also assign activity 2 on the Supersite. Students work in pairs to record the activity online. The pair's recorded conversation will appear in your gradebook.

2 Expansion Have students share what their partner's responses were, practicing the third-person singular form of the imperfect.

Extra Practice
- List a series of infinitives on the board. Have students orally conjugate the verbs in all forms and then create a sentence using the imperfect.
- Go to **vhlcentral.com** for additional practice with the imperfect.

Práctica

1 **Granada** Escribe la forma correcta del imperfecto de los verbos indicados.

Granada, en el sur de España

Cuando yo (1) ___tenía___ (tener) quince años, estuve en España por seis meses. (2) ___Vivía___ (vivir) con una familia española en Granada, una ciudad en Andalucía. (3) ___Era___ (ser) estudiante en un programa de español para estudiantes de colegios extranjeros. Entre semana los otros estudiantes y yo (4) ___estudiábamos___ (estudiar) español por las mañanas. Por las tardes, (5) ___visitábamos___ (visitar) los lugares más interesantes de la ciudad para conocerla mejor. Los fines de semana, nosotros (6) ___íbamos___ (ir) de excursión con los profesores del programa. (Nosotros) (7) ___Visitábamos___ (visitar) ciudades y pueblos nuevos. Los paisajes (8) ___eran___ (ser) maravillosos. Quiero volver pronto.

2 **Antes** En parejas, túrnense para hacerse preguntas usando estas frases. Sigan el modelo.

MODELO **levantarse tarde los lunes**
—¿Te levantas tarde los lunes?
—Ahora sí, pero antes nunca me levantaba tarde los lunes./Ahora no, pero antes siempre me levantaba tarde los lunes.

1. hacer los quehaceres del hogar
2. usar una agenda
3. ir de compras al centro comercial
4. tener tarjeta de crédito
5. trabajar por las tardes
6. preocuparse por el futuro

3 **Una historieta** En grupos de tres, creen una pequeña historieta (*comic*) explicando cómo era la vida diaria de un héroe o heroína. Después, presenten sus historietas a la clase.

MODELO Superchica era una niña con un poder muy peculiar: podía volar...

Practice more at **vhlcentral.com.**

TEACHING OPTIONS

Preterite Vs. Imperfect To preview the preterite vs. the imperfect, encourage students to use both tenses in their comics from **Actividad 3.**

DIFFERENTIATION

Heritage Speakers Encourage heritage speakers to bring in a picture of their families' countries of origin. In the imperfect, students describe what they or their family members used to do at the place in the photo. Encourage others to ask questions in the imperfect.

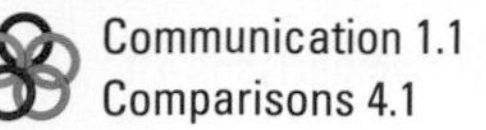

Communication 1.1
Comparisons 4.1

Comunicación

4 De niños

A. Busca en la clase compañeros/as que hacían estas cosas cuando eran niños/as. Escribe el nombre de la primera persona que conteste afirmativamente cada pregunta.

MODELO **ir mucho al parque**
—¿Ibas mucho al parque?
—Sí, iba mucho al parque.

¿Qué hacían?	Nombre
1. tener miedo de los monstruos	________
2. llorar todo el tiempo	________
3. siempre hacer su cama	________
4. ser muy travieso/a (*mischievous*)	________
5. romper los juguetes (*toys*)	________
6. darles muchos regalos a sus padres	________
7. comer muchos dulces	________
8. creer en fantasmas	________

B. Ahora, comparte con la clase los resultados de tu búsqueda.

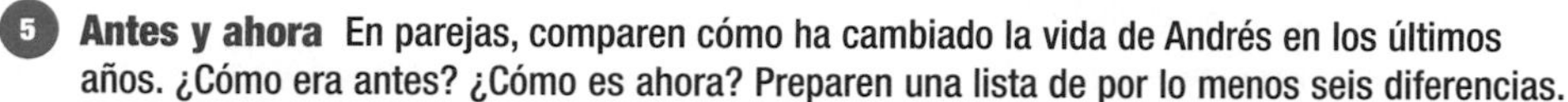

5 Antes y ahora En parejas, comparen cómo ha cambiado la vida de Andrés en los últimos años. ¿Cómo era antes? ¿Cómo es ahora? Preparen una lista de por lo menos seis diferencias.

antes

ahora

6 En aquel entonces

A. Utiliza el imperfecto para escribir un párrafo sobre la vida diaria de un(a) pariente/a tuyo/a que creció (*grew up*) en otra época. ¿Cómo era su vida cotidiana? ¿Qué solía hacer para divertirse?

B. Ahora comparte tu párrafo con un(a) compañero/a. Pregúntense sobre los personajes y comparen la vida diaria de aquel entonces con la de hoy. ¿En qué aspectos era mejor la vida diaria hace veinte años? ¿Hace cincuenta años? ¿Hace dos siglos (*centuries*)? ¿En qué aspectos era peor?

Teaching Tips

4 Have students also state how old they were at the time. Ex: **Cuando tenía cinco años, iba mucho al parque.**

5 Expansion Ask volunteers bring "then and now" photos of themselves (or famous celebrities). Have them use the imperfect and the present tense to describe themselves (or the celebrities) in the past and present.

6 Ask heritage speakers to include details about their families' countries of origin.

Extra Practice Find news articles in Spanish on the Internet. Have students work in pairs to identify the verbs in the imperfect tense.

TEACHING OPTIONS

For Visual Learners Have students bring in or create visuals for their paragraphs from **Actividad 6** (Ex: poster with family tree, poster with drawings of past activities, photographs, images from the Internet, graphs that show data from the time period). Encourage them to share their paragraphs and present their visuals, explaining them in the imperfect.

TEACHING OPTIONS

For Auditory Learners Read aloud descriptions in the imperfect of people students know (famous or not). Have students listen to the whole description and then identify the person.

Instructional Resources
v̂Text
Cuaderno de actividades comunicativas, pp. 9, 66
Cuaderno de práctica, pp. 27–28
Cuaderno para hispanohablantes, pp. 42–43
e-Cuaderno
Supersite: Additional practice
Supersite/TRCD: Grammar Slides, Audio Activities Script, Answer Keys
Audio Activities CD

Teaching Tips

- Ask volunteers to explain the captions of the video stills.
- Ask a volunteer to explain what **soler** means. Point out that **soler** is used in the imperfect because its meaning implies repetition. Ask personalized questions to practice the use of **soler** with infinitives.

Extra Practice Ask volunteers to add a sentence to each model. Example: **Compraste los muebles hace un mes. Fuiste a la tienda del centro.**

Expansion Give students copies of children's books in Spanish that narrate past events. In pairs, have them identify verbs in the preterite and imperfect, and match them to the uses described throughout this grammar point.

3.3 The preterite vs. the imperfect

- Although the preterite and imperfect both express past actions or states, the two tenses have different uses and, therefore, are not interchangeable.

¿Cómo lograste encender la aspiradora? Antes no funcionaba.

Uses of the preterite

- To express actions or states viewed by the speaker as completed

  Compraste los muebles hace un mes.
  You bought the furniture a month ago.

  Mis amigas **fueron** al centro comercial ayer.
  My friends went to the mall yesterday.

- To express the beginning or end of a past action

  La telenovela **empezó** a las ocho.
  The soap opera began at eight o'clock.

  El café **se acabó** enseguida.
  The coffee ran out right away.

- To narrate a series of past actions

  Me levanté, **me arreglé** y **fui** a clase.
  I got up, got ready, and went to class.

  Se sentó, **tomó** el bolígrafo y **escribió**.
  He sat down, grabbed the pen, and wrote.

Uses of the imperfect

- To describe an ongoing past action without reference to beginning or end

  Se acostaba muy temprano.
  He went to bed very early.

  Juan **tenía** pesadillas constantemente.
  Juan constantly had nightmares.

- To express habitual past actions

  Me **gustaba** jugar al fútbol los domingos por la mañana.
  I used to like to play soccer on Sunday mornings.

  Solían comprar las verduras en el mercado.
  They used to shop for vegetables in the market.

- To describe mental, physical, and emotional states or conditions

  José Miguel sólo **tenía** quince años en aquel entonces.
  José Miguel was only fifteen years old back then.

  Estaba tan hambriento que quería comerme un pollo entero.
  I was so hungry that I wanted to eat a whole chicken.

- To tell time

  Eran las ocho y media de la mañana.
  It was eight thirty a.m.

  Era la una en punto.
  It was exactly one o'clock.

LEARNING STYLES

For Visual Learners Draw a time line on the board. Read the models and make marks in one color to show completed actions in the past. Then shade the areas in between with a different color and point out that the imperfect describes ongoing action in the past.

LEARNING STYLES

For Auditory Learners Ask students to make two cards, one that reads **pretérito** and another that reads **imperfecto**. At first, slowly say sentences in either the preterite or the imperfect and encourage students to raise the appropriate sign. Gradually increase speed and difficulty by having two verbs in different tenses in one sentence.

Uses of the preterite and imperfect together

- When narrating in the past, the imperfect describes what *was happening,* while the preterite describes the action that *interrupts* the ongoing activity. The imperfect provides background information, while the preterite indicates specific events that advance the plot.

Había una vez un lobo que **era** muy pacífico y bueno. Un día, el lobo **caminaba** por el bosque cuando, de repente, una niña muy malvada que **se llamaba** Caperucita Roja **apareció** de entre los árboles. El lobo, asustado, **comenzó** a correr, pero Caperucita **corría** tan rápido que, al final, **atrapó** al lobo y se lo **comió**. La abuela de Caperucita **no sabía** lo malvada que **era** su nieta. Nunca nadie **supo** qué le **pasó** al pobre lobito.

Once upon a time, there ***was*** *a wolf that* ***was*** *very peaceful and kind. One day, the wolf* ***was walking*** *through the forest when, all of a sudden, a very wicked little girl, who* ***was called*** *Little Red Riding Hood,* ***appeared*** *amongst the trees. The wolf, frightened,* ***started*** *to run, but Little Red Riding Hood* ***was running*** *so fast that, in the end, she* ***caught*** *the wolf and* ***ate*** *him up. Little Red Riding Hood's grandmother* ***didn't know*** *how wicked her granddaughter* ***was****. No one ever* ***found out*** *what* ***happened*** *to the poor little wolf.*

Different meanings in the imperfect and preterite

- The verbs **querer, poder, saber**, and **conocer** have different meanings when they are used in the preterite. Notice also the meanings of **no querer** and **no poder** in the preterite.

INFINITIVE	IMPERFECT	PRETERITE
querer	**Quería acompañarte.** *I wanted to go with you.*	**Quise acompañarte.** *I tried to go with you (but failed).* **No quise acompañarte.** *I refused to go with you.*
poder	**Ana podía hacerlo.** *Ana could do it.*	**Ana pudo hacerlo.** *Ana succeeded in doing it.* **Ana no pudo hacerlo.** *Ana could not do it.*
saber	**Ernesto sabía la verdad.** *Ernesto knew the truth.*	**Por fin Ernesto supo la verdad.** *Ernesto finally discovered the truth.*
conocer	**Yo ya conocía a Andrés.** *I already knew Andrés.*	**Yo conocí a Andrés en la fiesta.** *I met Andrés at the party.*

¡ATENCIÓN!

Here are some useful sequencing expressions.

primero *first*
al principio *in the beginning*
antes (de) *before*
después (de) *after*
mientras *while*
entonces *then*
luego *then; next*
siempre *always*
al final *finally*
la última vez *the last time*

¡ATENCIÓN!

The imperfect progressive is also used to describe a past action that was in progress, but was interrupted by an event. Both **el lobo caminaba por el bosque** and **el lobo estaba caminando por el bosque** are correct.

recursos

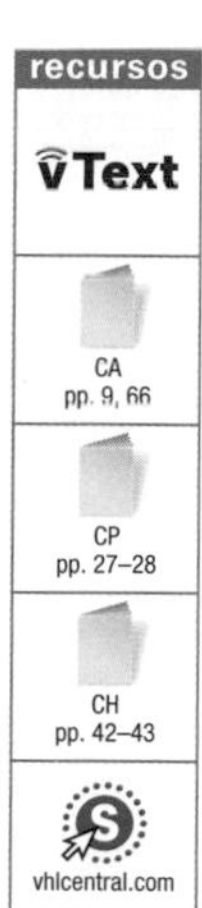

vText
CA pp. 9, 66
CP pp. 27–28
CH pp. 42–43
vhlcentral.com

Teaching Tips

- Stress that the imperfect of **poder** describes what a person *was capable of,* whether or not he or she tried. The preterite of **poder** describes what someone *did (not) manage to do or did (not) succeed in doing.*
- Point out that the verb **enterarse** also means to *find out,* just like **saber** in the preterite. Example: **Por fin Ernesto se entera/se enteró de la verdad.**

PRE-AP*

Interpersonal Speaking After explaining the difference between the preterite and the imperfect, have students write questions for their classmates—one question for each classmate, using at least one of the past tenses appropriately. They should make up a question for the teacher as well. Ex: **Juana, ¿cuántos años tenías cuando conociste a tu mejor amigo/a?** They should then circulate around the room, asking their questions and recording the answers. Tell students: **Esta noche, como tarea, deben escribir las respuestas de los compañeros en tercera persona. Mañana en clase, leeremos todas las respuestas para cada persona.**

Communication 1.1
Comparisons 4.1

Teaching Tips

1 Model the activity by having a volunteer complete the first sentence.

1 For advanced learners, discuss why each sentence takes the preterite or imperfect. Discuss how changing the past tense from preterite to imperfect, and vice versa, changes the meaning of the sentence.

2 **Expansion** Have students ask their classmates questions based on the exercise. Ex: **¿Qué hacías cuando llamó el médico?**

3 Remind students how to write dates in Spanish.

Extra Practice Write **Iba a ___, pero al final ___** on the board. Have volunteers create sentences about what they were going to do and what really happened. Ex: **Iba a limpiar mi cuarto, pero al final decidí salir con mis amigos.**

Práctica

1 Una cena especial Las primas Elena y Francisca tenían invitados para cenar y lo estaban preparando todo. Completa las oraciones con el imperfecto o el pretérito de estos verbos. Puedes usar los verbos más de una vez.

averiguar	haber	ofrecer	salir
decir	levantar	pasar	ser
estar	limpiar	preparar	terminar
freír	llamar	quitar	tocar

1. __Eran__ las ocho cuando Francisca y Elena se __levantaron__ para preparar todo.
2. Elena __pasaba__ la aspiradora cuando Felipe la __llamó__ para preguntar la hora de la cena. Le __dijo__ que __era__ a las diez y media.
3. Francisca __preparaba__ las tapas en la cocina. Todavía __era__ temprano.
4. Mientras Francisca __freía__ las papas en aceite, Elena __limpiaba__ la sala.
5. Elena __quitaba__ el polvo de los muebles cuando su madre __tocó__ a la puerta. ¡__Fue__ una visita sorpresa!
6. Su madre se __ofreció__ a ayudar. Elena __dijo__ que sí.
7. Cuando Francisca __terminó__ de hacer las tapas, __averiguó__ que no __había__ suficientes refrescos. Francisca __salió__ al supermercado.
8. Cuando por fin __terminaron__, ya __eran__ las nueve. Todo __estaba__ listo.

2 Interrupciones Combina palabras y frases de cada columna para contar lo que hicieron estas personas. Usa el pretérito y el imperfecto.

MODELO Ustedes miraban la tele cuando el médico llamó.

Marta y Miguel	comer	la alarma	llamar por teléfono
nosotros	conducir	los amigos	recibir el mensaje
Paco	dormir	Juan Carlos	salir
tú	escuchar música	el médico	sonar
ustedes	ir a...	la policía	ver el accidente
yo	mirar la tele	usted	

3 Las fechas importantes

A. Escribe cuatro fechas importantes en tu vida y explica qué pasó.

MODELO

Fecha	¿Qué pasó?	¿Dónde y con quién estabas?	¿Qué tiempo hacía?
el 6 de agosto de 2011	Conocí a Rafael Nadal.	Estaba en el gimnasio con un amigo.	Llovía mucho.

B. Intercambia tu información con tres compañeros/as. Ellos/as te van a hacer preguntas sobre lo que te pasó.

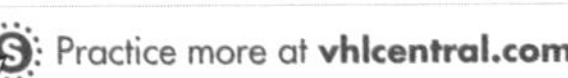
Practice more at **vhlcentral.com.**

PRE-AP*

Presentational Speaking Tell students to bring in a childhood photo. Have them share the photo with a small group, and have classmates ask several questions about what was going on in the picture. Tell students to use the imperfect to set the scene or to describe the background, and then to give five actions that took place sequentially at the event in the picture. (They may have to invent some things that are not there.) Finally, ask students to make a two-minute recording or speak for two minutes about the picture, without reading anything. Say: **Vas a narrar lo que pasaba en esta foto. Habla durante dos minutos sin leer tus apuntes. Usa el pretérito y el imperfecto.**

Comunicación

Diagnostics
Remediation Activities

4 La mañana de Esperanza

A. En parejas, observen los dibujos. Escriban lo que le pasó a Esperanza después de abrir la puerta de su casa. ¿Cómo fue su mañana? Utilicen el pretérito y el imperfecto en la narración.

1.

2.

3.

4.

B. Con dos parejas más, túrnense para presentar las historias que han escrito. Después, combinen sus historias para hacer una nueva.

5 Síntesis En grupos de cuatro, escriban un cuento sobre un día extraordinario en el que la rutina diaria se vio interrumpida por una serie de eventos inesperados. Túrnense para pasarse una hoja de papel en la que cada uno/a escribe una oración hasta que terminen el cuento. Después, presenten sus cuentos a la clase. Utilicen el pretérito, el imperfecto y el vocabulario de esta lección. ¡Inventen!

MODELO

—El día empezó como cualquier otro día...
—Me levanté, me arreglé y salí para la clase de las nueve...
—Caminaba por la avenida central como siempre, cuando de repente, en medio de la calle, vi algo horroroso, algo que me hizo temblar de miedo...

DIFFERENTIATION

To Challenge Students Have students form pairs. Give each pair a different comic strip or series of photos with the captions removed. Have students use the preterite and imperfect to describe what happened in the pictures and write the dialogue and captions. Display their work around the room and allow time for the class to walk around and enjoy the work.

DIFFERENTIATION

For Inclusion Have students form four small groups. Assign each group one of the pictures from **Actividad 4**. Encourage students to write verbs and phrases in the preterite and imperfect to describe what is happening in their picture. Work closely with students to help them conjugate the verbs. Have students present their descriptions; the group assigned to picture 1 presents first, the group for picture 2 second, etc.

Communication 1.1
Comparisons 4.1

Teaching Tips

4 Remind students that the imperfect is used to tell time in the past.

4 Suggested answers:

1. **Abrió la puerta. Salió a la calle. Estaba nublado. Eran las diez y media de la mañana.**
2. **Mientras caminaba por la calle, empezó a llover. Eran casi las once menos cuarto.**
3. **Cuando llegó al supermercado, estaba lloviendo mucho. Eran las once.**
4. **Llegó a casa a las once y media. Empezó a preparar el almuerzo.**

5 Before completing the activity, review transition words and their corresponding past tense(s) with the class.

NATIONAL STANDARDS

Communities Bring in a guest speaker. Invite a native Spanish speaker from your community (perhaps someone working in another area of the school, a police officer, a coach, or the owner of a known local business) to speak briefly to the class about his or her childhood and adolescence. Allow students to ask questions that use the imperfect. Help students see that knowing Spanish will allow them to learn about the lives of others.

Section Goals

In **Cinemateca**, students will:

- watch the short film ***Adiós Mamá***
- practice aural skills
- practice listening for and using vocabulary and structures learned in this lesson

Communication 1.2
Comparisons 4.1

Instructional Resources
vText
Supersite/DVD: Film Collection
Supersite/TRCD: Cortometraje Transcript & Translation

Teaching Tips

1 Encourage students to read the sentences aloud to make sure the words rhyme. When students have completed the activity, ask volunteers to read the sentences in rhythm and rhyme.

1 Extra Practice Ask pairs of students to write a story, using all of the words from the vocabulary box. Then have them exchange their stories with another pair and read them for enjoyment.

2 Expansion Expand the dialogue by asking additional questions. Examples: **¿Puede ser peligroso hablar con un desconocido? ¿En qué situación hablarían con un desconocido? ¿Creen que es más fácil hablar con un desconocido en una ciudad grande o en un pueblo pequeño?**

Video: Short Film

Antes de ver el corto

ADIÓS MAMÁ

país México
duración 7 minutos
director Ariel Gordon
protagonistas hombre joven, señora

Vocabulario

afligirse *to get upset*	**parecerse** *to look like*
el choque *crash*	**repentino/a** *sudden*
despedirse (e:i) *to say goodbye*	**el timbre** *tone of voice*
las facciones *facial features*	**titularse** *to graduate*

1 Practicar Completa cada una de las rimas usando el vocabulario del corto.

1. Cuando Anabel tiene un problema, ___se aflige___, pero nunca lo corrige.
2. ¡Qué buen actor! Sus ___facciones___ siempre reflejan sus acciones.
3. ¡Pobre don Roque! Compró carro nuevo y a los dos días tuvo un ___choque___.
4. No me gusta el ___timbre___ de voz de ese hombre.
5. ¡Qué estilos tan variados! Las pinturas son trece y ninguna ___se parece___.
6. Le faltan muchos cursos. Si no decide apurarse (*hurry up*), nunca va a ___titularse___.

2 Comentar En parejas, intercambien opiniones sobre las preguntas.

1. ¿Hablan con desconocidos en algunas ocasiones? ¿En qué situaciones?
2. Según su título, ¿de qué creen que va a tratar el corto?
3. ¿En qué lugares es más fácil o frecuente hablar con gente que no conocen? Den dos o tres ejemplos.
4. ¿A veces son ingenuos/as? ¿Se creen historias falsas? Den ejemplos.
5. ¿Alguna vez les sucedió algo interesante o divertido en un supermercado? ¿Qué sucedió?
6. Observen los fotogramas. ¿Qué creen que va a pasar en este cortometraje?

 Practice more at **vhlcentral.com.**

CRITICAL THINKING

Application and Synthesis Ask students to make a pamphlet that explains safety rules about **desconocidos**. Tell them that their audience is elementary-school-aged children. With that in mind, their language and their ideas should be appropriate for young children. As a class, determine the rubric you will use to evaluate the pamphlets. Students may want to include visuals in the pamphlet. Have students present their finished pamphlets.

CRITICAL THINKING

Evaluation Ask students to evaluate their partner's pamphlet. Give each student a copy of the rubric the class made. Have partners exchange their pamphlets and evaluate them according to the rubric. Then ask students to explain their evaluations to their partner. Allow time for students to correct their pamphlets according to their partner's suggestions.

Communication 1.2
Cultures 2.1, 2.2
Connections 3.2
Comparisons 4.2

Teaching Tips

- Ask students to read the film poster carefully. Then ask: **¿Qué premio ganó este corto? ¿Quiénes son los actores? ¿Quién es el director? ¿Conocen a los actores o al director? ¿En qué otra película han trabajado?**
- Ask pairs of students to discuss how they feel when talking with strangers. Ask them to consider what makes them feel the way they do. Are there certain situations or types of people that make them feel certain ways? Then record student ideas in a web on the board, filling in the circles around the phrase **Me siento ___ cuando hablo con desconocidos.**

Adiós Mamá

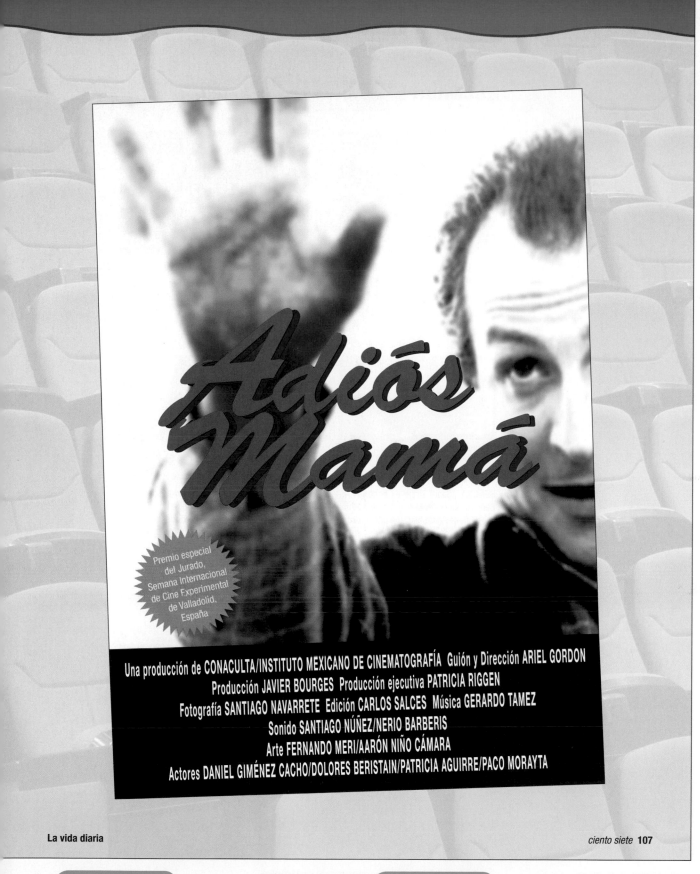

Premio especial del Jurado, Semana Internacional de Cine Experimental de Valladolid, España

Una producción de CONACULTA/INSTITUTO MEXICANO DE CINEMATOGRAFÍA Guión y Dirección ARIEL GORDON
Producción JAVIER BOURGES Producción ejecutiva PATRICIA RIGGEN
Fotografía SANTIAGO NAVARRETE Edición CARLOS SALCES Música GERARDO TAMEZ
Sonido SANTIAGO NÚÑEZ/NERIO BARBERIS
Arte FERNANDO MERI/AARÓN NIÑO CÁMARA
Actores DANIEL GIMÉNEZ CACHO/DOLORES BERISTAIN/PATRICIA AGUIRRE/PACO MORAYTA

CRITICAL THINKING

Comprehension and Analysis Ask pairs of students to describe the man in the poster. Then ask them to predict the content of the short based on the title, the poster, and the previewing activities. Their responses should be at least five sentences long. Ask volunteers to read their paragraphs.

CRITICAL THINKING

Evaluation After pairs have shared their paragraphs, have a class discussion about which predictions are most probable and why. Pairs may defend their own paragraphs or, after hearing others, may choose to support another pair's ideas. As the discussion winds down, vote on the paragraph that students think is the most probable. Save the paragraphs to read and compare again after the class has seen the film.

Video Synopsis In this award-winning short film, a man is grocery-shopping alone on an ordinary day when a chance meeting makes him the focus of an elderly woman's existential conflict, with a surprising result.

Previewing Strategy Read and discuss the conversation before viewing the film. Ask: **¿Por qué no termina el cortometraje en la quinta escena? ¿Cuál será el problema en la sexta escena?**

Teaching Tips

- Ask students to pay close attention to the characters' facial expressions and to their own reactions to the characters' emotions while viewing the film. This will help students understand the content and themes of the film.
- **For Inclusion** Ask students to point to each still and, using words or phrases, describe what they see. Encourage further use of the language by asking questions. Ex: Student response: **el hombre nervioso**. Teacher response: **Sí, el hombre parece nervioso. ¿Conoce a la mujer?**
- Ask students to consider what they would do in the man's situation. **¿Fingirías que eres el hijo de la mujer? ¿Por qué?**

21st CENTURY SKILLS

Social and Cross-Cultural Skills Have students work in groups to choose one or two aspects of the movie that they identify as different from what they would expect in their daily life. Ask students to write two to three sentences about the difference and how they would explain what is different to a visitor from that culture.

Escenas

ARGUMENTO Un hombre está en el supermercado. En la fila para pagar, la señora que está delante de él le habla.

SEÑORA Se parece a mi hijo. Realmente es igual a él.
HOMBRE Ah, pues no, no sé qué decir.

SEÑORA Murió en un choque. El otro conductor iba borracho. Si él viviera, tendría la misma edad que usted.
HOMBRE Por favor, no llore.

SEÑORA ¿Sabe? Usted es su doble. Bendito sea el Señor que me ha permitido ver de nuevo a mi hijo. ¿Le puedo pedir un favor?
HOMBRE Bueno.

SEÑORA Nunca tuve oportunidad de despedirme de él. Su muerte fue tan repentina. ¿Al menos podría llamarme "mamá" y decirme adiós cuando me vaya?

SEÑORA ¡Adiós, hijo!
HOMBRE ¡Adiós, mamá!
SEÑORA ¡Adiós, querido!
HOMBRE ¡Adiós, mamá!

CAJERA No sé lo que pasa, la máquina desconoce el artículo. Espere un segundo a que llegue el gerente.
(*El gerente llega y ayuda a la cajera.*)

CRITICAL THINKING

Analysis and Synthesis Have students form groups of four. Ask them to write an ending to the film as scene 7. Then have them each take a role and practice scenes 1–7 as a skit. Have students perform skits. Discuss which scene 7 seems most possible or probable and why.

CRITICAL THINKING

Evaluation Ask students to form pairs. Assign one student the role of a psychologist. Assign the other the part of one of the main characters in the short film (the man or the woman). After leaving the grocery store, each character goes to see his or her psychologist. Have pairs role-play the scene. Ask volunteers to perform their role-play for the class.

Después de ver el corto

1 Comprensión Contesta las preguntas con oraciones completas.

1. ¿Dónde están los personajes? Están en un supermercado.
2. ¿Qué relación hay entre el hombre y la señora? Ninguna. Ellos no se conocen.
3. ¿A quién se parece físicamente el hombre? Se parece al hijo de la señora.
4. ¿Por qué no pudo despedirse la señora de su hijo? Porque el hijo murió en un choque.
5. ¿Qué favor le pide la señora al hombre? Le pide que le diga "adiós, mamá" al salir.
6. ¿Cuántas compras tiene que pagar el hombre? ¿Por qué? El hombre tiene que pagar dos compras porque también tiene que pagar por lo que compró la señora.

2 Ampliación En parejas, háganse las preguntas.

1. ¿Les pasó a ustedes o a alguien que conocen algo similar alguna vez? Expliquen.
2. ¿Qué hacen si alguien se les acerca (*approaches*) en el supermercado y les pide este favor?
3. ¿Qué creen que sucedió realmente al final? ¿Tuvo que pagar la cuenta completa el hombre? ¿Tuvo que intervenir la policía?
4. Después de lo que sucedió, ¿qué consejos puede darles el hombre a sus amigos?

3 Inventar En parejas, lean lo que dice la mujer e imaginen que el hijo ficticio nunca tuvo un accidente y, por lo tanto, no murió. ¿Qué le pasó? ¿Cómo fue su vida? ¿Visitaba a su madre con frecuencia? Escriban un párrafo de diez líneas.

> **"Murió en un choque. El otro conductor iba borracho. Si él viviera, tendría la misma edad que usted. Se habría titulado y probablemente tendría una familia. Yo sería abuela."**

4 Imaginar En parejas, describan la vida de uno los personajes del corto. Escriban por lo menos cinco oraciones, usando como base las preguntas.

- ¿Cómo es?
- ¿Dónde vive?
- ¿Con quién vive?
- ¿Qué le gusta?
- ¿Qué no le gusta?
- ¿Tiene dinero?

5 Detective El joven está contándole a un(a) detective lo que pasó en el supermercado. En parejas, uno/a de ustedes es el/la detective y el/la otro/a es el hombre. Preparen el interrogatorio (*interrogation*) y represéntenlo delante de la clase.

6 Notas Ahora, imagina que eres el/la detective y escribe un informe (*report*) de lo que pasó. Tiene que ser un informe lo más completo posible. Puedes inventar los datos que tú quieras.

recursos

Practice more at **vhlcentral.com.**

CRITICAL THINKING

Analysis and Synthesis Ask students to reread aloud the concluding scenes they made with their groups during the critical thinking activity on page 108. Determine as a class which scene is closest to the **corto**. Ask students to defend their choice with support from the scene and the **corto**.

CRITICAL THINKING

Evaluation Ask pairs of students to write a review of the **corto**. In the first few lines they should summarize the film and give the actors' and director's names. In the middle of the paragraph, students should give their opinion of the film. In the final few lines, students should recommend the film to certain types of people for specific reasons.

Communication 1.1, 1.3

Teaching Tips

1 Expansion Ask students to write a brief summary of the film, based on their answers.

2 Ask the class to think about strangers in modern-day society. Ex: **¿Cómo distingues a una persona que necesita ayuda de un impostor? ¿Se puede confiar en un desconocido?**

2 Virtual Chat You can also assign activity 2 on the Supersite. Students record individual responses that appear in your gradebook.

3 Have students make a list of the qualities that they associate with each character.

21st CENTURY SKILLS

4 Productivity and Accountability
As a class, decide if the rubric you developed for the previous chapter works for this chapter's assignment. If not, adjust it to meet what students need to accomplish.

4 Expansion Ask students to be creative and invent a background story for the characters. Ex: **¿Cómo eran de jóvenes? ¿Pasó algo que cambió la vida de estas personas?**

5 Encourage students to use active vocabulary from the film.

PRE-AP*

Interpretive Audiovisual Communication Have students form pairs to discuss whether they have either deliberately misled someone or witnessed someone misleading another. Why did they or the person do it? How do they feel about what was done? Ask them to share their stories with the class.

Section Goals

In **Lectura**, students will:

- read about **Rosario Castellanos'**, then read ***Autorretrato***
- learn about **Diego Velázquez** and his art

Communication 1.2
Comparisons 4.1

Instructional Resources
vText
Cuaderno de práctica, p. 29
Cuaderno para hispanohablantes, pp. 44–47
Supersite: Additional practice

Teaching Tips

- Ask students to form small groups to study and describe the picture. Encourage students to use a **Rueda de qu-**. Model on the board by drawing a wheel or web that has at its center circle the words: **La siesta**. Then each spoke has a question word: **Qué, Quién, Dónde, Cuándo, Por qué,** and **Cómo**. Model by filling in the first few spokes with your observations and ideas about the picture. Ex: **Qué: una persona durmiendo la siesta, un perro también, unas flores, un sofá**, etc.
- Ask pairs of students to translate the Machado quote. Then ask volunteers to write different versions of the translation on the board. Finally have a discussion about what the quote means.

3 LECTURAS

La siesta, 2010
Oscar Sir Avendaño, Colombia

"Tras el vivir y el soñar, está lo que más importa: el despertar."

— Antonio Machado

PRE-AP*

Presentational Writing Talk to the students about Antonio Machado, and have them read several of his poems. Ask them to discuss what a metaphor is, and to look for the metaphors in some of Machado's poems: for example, in ***"Caminante, no hay camino"***, in ***Campos de Castilla, Proverbios y cantares, XXIX***. Ask them what it is to dream, and to wake up. Have them talk to a partner about a recent dream. Then have them read ***"Autorretrato"***, pages 112–113. Have them discuss images in the poem. Give students this assignment: **Comenten la cita de Machado en relación con el poema que han leído de Castellanos. Deben escribir por lo menos 250 palabras.**

Antes de leer

Autorretrato

Sobre la autora

Rosario Castellanos nació en la ciudad de México en 1925 y murió en Tel Aviv, Israel, en 1974 mientras se desempeñaba como (*worked as*) embajadora de México en ese país. Estudió filosofía en México y realizó estudios de estética y estilística en España. Escribió poesía, narrativa y ensayos, y también colaboró con diarios y revistas especializadas de México y del extranjero. Tres de sus obras —su primera novela, *Balún Canán*; el libro de cuentos *Ciudad Real* y su segunda novela, *Oficio de tinieblas*— conforman la principal trilogía de temática indigenista mexicana del siglo XX. El otro tema central de su obra son las mujeres. Su obra poética se encuentra reunida en el libro titulado *Poesía no eres tú*, publicado en 1972. Sus poemas se caracterizan por su estilo sencillo, en el que se presenta lo cotidiano con humor e inteligencia.

Vocabulario

acariciar *to caress*	**el autorretrato** *self-portrait*	**llorar** *to cry*
acaso *perhaps*	**feliz** *happy*	**lucir** *to wear, to display*
arduo/a *hard*	**el llanto** *weeping; crying*	**el maquillaje** *make-up*

 **Vocabulario** Completa las oraciones.

1. En este __autorretrato__, María __luce__ un vestido que era de su abuela.
2. No me gusta ponerme __maquillaje__ en los ojos porque me hace __llorar__.
3. La madre escuchó el __llanto__ del bebé y enseguida se acercó a __acariciar__ su cabecita.
4. Aunque el trabajo es __arduo__, estoy __feliz__ de tener mi propia empresa.

Conexión personal Imagina que tienes que hacer una presentación sobre ti mismo/a titulada "Autorretrato". ¿Eliges describirte con palabras relacionadas con tus estudios, con tu trabajo, con tu personalidad, con lo que te hace feliz, con lo que te hace llorar? ¿Por qué?

Análisis literario: la poesía conversacional

Los términos "poesía conversacional" o "poesía coloquial" se refieren a un tipo de poesía que surgió durante los últimos cincuenta años y se caracteriza por su claridad, por su tono coloquial e intimista, por buscar un acercamiento al lector a través de referencias a lo cotidiano, y por romper con el estilo abstracto y menos accesible de movimientos poéticos anteriores. Otra característica de este género es la desmitificación del poeta, quien deja de ser una figura subida a un pedestal y alejada de la realidad cotidiana de los lectores. No se trata en sí de un movimiento literario claramente definido, sino que distintos poetas recorrieron caminos diferentes hasta converger en este estilo coloquial e intimista. A medida que lees *Autorretrato,* presta atención a las características de la poesía conversacional en el poema.

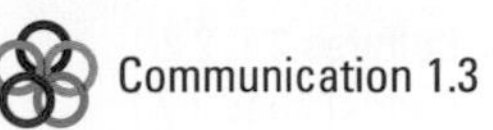
Communication 1.3

Teaching Tips

- Tell students that the title "***Poesía no eres tú***" makes reference to the famous line **Poesía eres tú** in the poem "***¿Qué es poesía?***" by Gustavo Adolfo Bécquer.
- **Variación léxica**
  acaso = quizá(s)
  arduo/a = difícil
  feliz = alegre; contento/a

Conexión personal
Expansion Ask students: **Imagina que un(a) amigo/a hace una presentación sobre ti: ¿qué palabras incluirá?**

CRITICAL THINKING

Application and Synthesis Encourage students to write their own conversational poems in Spanish. Remind students that poems do not have to rhyme, but they do convey powerful images and emotions. Ask students to consider an experience or person that is important to them. Then have them brainstorm a list of images and emotions about that person or event. Finally, like Castellanos, they can convey their images in a conversational poem.

PRE-AP*

Interpretive Reading Give students examples of conversational poets and ask them to research their biographies. Some conversational poets are Mario Benedetti, Juan Gelman, Jaime Sabines, and Roberto Fernández Retamar.

Cultures 2.1, 2.2
Connections 3.2

Previewing Strategy Before reading the text, have students view the painting ***Autorretrato con pelo cortado*** by Frida Kahlo. Ask them how the painting might relate to the poem.

Teaching Tips

- Ask a volunteer to review the characteristics of conversational poetry. Then ask students to pay attention to those characteristics as they read the poem.
- Point out to students that in the painting, the artist appears with her hair cut short and wearing a man's suit. Have students discuss what this might symbolize.

Autorretrato

Rosario Castellanos

Autorretrato con pelo cortado, 1940
Frida Kahlo, México

Yo soy una señora: tratamiento°
arduo de conseguir, en mi caso, y más útil
para alternar con los demás que un título
extendido a mi nombre en cualquier academia.

PRE-AP*

Presentational Writing Have students research the life of Frida Kahlo or the background of this painting in particular. Then have them write a brief biography or an analysis of the painting. Encourage them to explore Frida's perspectives on the topic of femininity.

TEACHING OPTIONS

Small Groups Have students write a description of Rosario Castellanos based on the poem and the biography on p. 112. Then, have students form groups of four and share their descriptions. Have groups reach a consensus on what the writer was like and share their descriptions with the class.

Así, pues, luzco mi trofeo y repito:
yo soy una señora. Gorda o flaca
según las posiciones de los astros°,
los ciclos glandulares
y otros fenómenos que no comprendo.

Rubia, si elijo una peluca rubia.
O morena, según la alternativa.
(En realidad, mi pelo encanece°, encanece.)

Soy más o menos fea. Eso depende mucho
de la mano que aplica el maquillaje.

Mi apariencia ha cambiado a lo largo del tiempo
—aunque no tanto como dice Weininger
que cambia la apariencia del genio—. Soy mediocre.
Lo cual, por una parte, me exime de° enemigos
y, por la otra, me da la devoción
de algún admirador y la amistad
de esos hombres que hablan por teléfono
y envían largas cartas de felicitación.
Que beben lentamente whisky sobre las rocas
y charlan de política y de literatura.

Amigas... hmmm... a veces, raras veces
y en muy pequeñas dosis.
En general, rehuyo° los espejos.
Me dirían lo de siempre: que me visto muy mal
y que hago el ridículo
cuando pretendo coquetear con alguien.

Soy madre de Gabriel: ya usted sabe, ese niño
que un día se erigirá en° juez inapelable
y que acaso, además, ejerza de verdugo°.
Mientras tanto lo amo.

Escribo. Este poema. Y otros. Y otros.
Hablo desde una cátedra°.
Colaboro en revistas de mi especialidad
y un día a la semana publico en un periódico.

Vivo enfrente del Bosque. Pero casi
nunca vuelvo los ojos para mirarlo. Y nunca
atravieso° la calle que me separa de él
y paseo y respiro y acaricio
la corteza rugosa° de los árboles.

Sé que es obligatorio escuchar música
pero la eludo° con frecuencia. Sé
que es bueno ver pintura
pero no voy jamás a las exposiciones
ni al estreno teatral ni al cine-club.

Prefiero estar aquí, como ahora, leyendo
y, si apago la luz, pensando un rato
en musarañas° y otros menesteres°.

Sufro más bien por hábito, por herencia, por no
diferenciarme más de mis congéneres°
que por causas concretas.

Sería feliz si yo supiera cómo.
Es decir, si me hubieran enseñado los gestos,
los parlamentos°, las decoraciones.

En cambio me enseñaron a llorar. Pero el llanto
es en mí un mecanismo descompuesto
y no lloro en la cámara mortuoria
ni en la ocasión sublime ni frente a la catástrofe.

Lloro cuando se quema el arroz o cuando pierdo
el último recibo del impuesto predial°.

tratamiento *title* **astros** *stars* **encanece** *is turning gray* **me exime de** *exempts me from* **rehuyo** *I shun; I avoid* **se erigirá en** *will become* **ejerza de verdugo** *practice as an executioner* **cátedra** *university chair* **atravieso** *I cross* **corteza rugosa** *rough bark* **eludo** *I avoid* **pensando... musarañas** *daydreaming* **menesteres** *occupations* **mis congéneres** *my kind* **parlamentos** *words* **impuesto predial** *property tax*

Teaching Tips

- Ask students to talk about the author's tone towards herself. Is she boastful, complacent, self-reproaching? Ask if they think she wishes she were different in any way.
- Read aloud the last two lines: **Lloro cuando se quema el arroz o cuando pierdo / el último recibo del impuesto predial.** Ask students why the narrator cries over such trivial things. What is it that is really causing her to cry? Point out that, despite the subdued tone, the narrator is unhappy about some things. Have students surmise what bothers the narrator from the language in the poem.

CRITICAL THINKING

Analysis Have students read lines 25 and 26: **Amigas... hmmm... a veces, raras veces / y en muy pequeñas dosis.** Ask students what about those lines makes the poem feel conversational. Have them point out other lines or expressions from the poem that lend a conversational tone and draw the reader in.

CRITICAL THINKING

Application and Analysis Ask students to consider how it would feel to be the narrator of the poem. Have them brainstorm lists of things they would like and things they wouldn't like in life and society. Have them note anything they might do differently to be happier.

Communication 1.1, 1.3

Teaching Tips

3 Bring in examples of conversational poetry by other writers and have students answer question number 2 in reference to those poems.

Después de leer

Autorretrato

Rosario Castellanos

1 Comprensión Indica si las oraciones son **ciertas** o **falsas.** Corrige las falsas.

1. La protagonista piensa que es una mujer bella.
   Falso. Piensa que es más o menos fea, según el maquillaje.
2. Según ella, una mujer mediocre no tiene enemigos pero tampoco amigos.
   Falso. Ser mediocre la exime de enemigos y le da la amistad de algunos hombres.
3. La mujer de *Autorretrato* afirma que no quiere tener muchas amigas.
   Cierto.
4. Ella ama a su hijo aunque él la juzga (*he judges her*).
   Falso. Ella ama a su hijo y teme que él la juzgue en el futuro.
5. La protagonista es poetisa, profesora y periodista.
   Cierto.
6. No va muy frecuentemente al cine, al teatro o a exposiciones.
   Cierto.
7. Ella odia la soledad y prefiere visitar exposiciones y estrenos.
   Falso. Dice que no va jamás a exposiciones y estrenos, y prefiere quedarse leyendo y pensando con la luz apagada.
8. Dice que no le enseñaron cómo ser feliz, pero sí le enseñaron a llorar.
   Cierto.

2 Interpretación Contesta las preguntas con oraciones completas.

1. ¿Cuál es el trofeo del que se habla al comienzo del poema? ¿Qué importancia tiene en la vida de la mujer de *Autorretrato*?
2. ¿De qué piensa ella que depende su apariencia (ser gorda o flaca)? ¿Y el color de su cabello? ¿Está en su poder cambiar esas cosas?
3. ¿Por qué crees que ser mediocre le asegura la amistad de los hombres que describe? ¿Te parece que estos hombres serán también mediocres? Justifica tu respuesta.
4. ¿Te parece que esta mujer se comporta como lo indica la sociedad? ¿Piensas que aprecia su entorno y está conforme con su posición en la vida o todo lo contrario? Da ejemplos.
5. ¿De qué manera está descompuesto para ella el mecanismo del llanto? En tu opinión, ¿qué clase de personas lloran cuando se les quema el arroz o pierden un recibo?

3 Análisis En parejas, respondan a las preguntas.

1. ¿Creen que la voz narrativa es cercana a la voz de la propia autora? ¿Por qué?
2. Repasen las características de la poesía conversacional y busquen ejemplos de cada una en el poema.
3. ¿A qué tipo de lector(a) creen que está dirigido este poema? ¿Por qué?
4. ¿Se sienten identificados/as con el poema? ¿Por qué?

4 Ampliación En parejas, analicen estos versos en el contexto del poema y expliquen qué quiere resaltar la poetisa en cada caso.

1. "(En realidad, mi pelo encanece, encanece.)"
2. "En general, rehuyo los espejos."
3. "Mientras tanto lo amo."
4. "Sería feliz si yo supiera cómo."

5 Retrato Escribe el retrato de la mujer del poema desde el punto de vista de la sociedad a la que pertenece; crea una voz poética ficticia: puede ser uno de esos hombres que ella describe, una de las mujeres que la critican por cómo se viste o su hijo Gabriel. Ten en cuenta lo que se espera de ella, su aspecto físico, etc., y redáctalo en forma de poesía coloquial.

Practice more at **vhlcentral.com.**

5 As an advanced organizer, have students prepare an outline in a chart. Each column should include: Appearance / Things she does / Things she likes or dislikes. Students should take notes under each column, and use the outline to complete the activity. Remind them that the beginning and the end of the portrait should include what they consider the author's most important/striking features.

PRE-AP*

Presentational Writing Have students write their own self-portrait. As an advanced organizer, tell students to prepare an outline in a chart. Each column should include a topic they want to reference in their self-portrait. Students should take notes under each column, and use the outline to complete the activity.

TEACHING OPTIONS

Extra Practice Have students work in pairs to write ten images from the poem on separate strips of paper. Then have pairs exchange papers and organize the images by their importance to the central theme of the poem.

Communication 1.3

Antes de leer

Vocabulario

el cansancio *exhaustion*	**pintar** *to paint*
el cuadro *painting*	**el/la pintor(a)** *painter*
fatigado/a *exhausted*	**previsto/a** *planned*
imprevisto/a *unexpected*	**retratar** *to portray*
la obra maestra *masterpiece*	**el retrato** *portrait*

 **Pablo Picasso** Completa las oraciones con el vocabulario de la tabla.

Guernica, Pablo Picasso

1. De todo el arte del Museo Reina Sofía, yo prefiero los ___cuadros/retratos___ de Pablo Picasso.
2. De muy joven, el ___pintor___ español creaba arte realista.
3. Al poco tiempo, este gran artista empezó a experimentar y a ___pintar___ obras de otros estilos e inventó el cubismo.
4. Su obra más famosa, *Guernica*, quiere ___retratar___ el horror de un día cuando los alemanes bombardearon un pueblo español con el mismo nombre.
5. Según mucha gente, *Guernica* es su creación más importante, la ___obra maestra___ de Picasso.

Conexión personal ¿Qué haces para no olvidar los eventos y las personas que son importantes para ti? ¿Sacas fotos o mantienes un diario? ¿Cuentas historias? ¿Cuáles son algunos de los recuerdos que quieres atesorar (*treasure*)?

Contexto cultural

Niños comiendo uvas y un melón, Bartolomé Esteban Murillo

Del siglo XVI al siglo XVII, España pasó de ser una enorme potencia política a ser un imperio en camino de extinción. Donde antes había victorias militares, riqueza (*wealth*) y expansión, ahora había derrota (*defeat*), crisis económica y decadencia. Sin embargo, estos problemas formaron un contraste extremo con el arte del momento, que estaba en su época cumbre (*peak*), el Siglo de Oro. A pesar de su éxito, se consideraba a los pintores más artesanos que artistas y, por lo tanto, no eran de alta posición social. Muchos artistas trabajaban por encargo; la realeza (*royalty*) y la nobleza eran sus mecenas (*patrons*). Con sus obras, contribuían a la educación cultural, y frecuentemente religiosa, de la sociedad.

Teaching Tips

- **Variación léxica**
  el cansancio = el agotamiento
  imprevisto/a = inesperado/a
- **Contexto cultural** Have students use the Internet or the library to research Spanish paintings from the 16th–17th centuries. Ask them to identify common themes.

Previewing Strategies

- Ask the class to discuss art as an imitation of life. **¿Qué importancia tenía la pintura antes del invento de la cámara de fotos? ¿Sigue teniendo la misma importancia?**
- Preview the reading about Diego Velázquez by writing this quote on the board: **Su imitación de la naturaleza, de lo inmediatamente observable, era lo que daba vida a su arte y a la vez creaba un arte de la vida diaria.** Bring in additional examples of his paintings and ask students to discuss them in relation to the quote.

TEACHING OPTIONS

Extra Practice Encourage pairs to make flashcards of the new vocabulary with the word on one side and a picture or cloze phrase on the other. Allow time for pairs to play a game of **Concentración** with the cards before beginning the reading.

CRITICAL THINKING

Comprehension, Application, and Evaluation Ask students to reread the phrase from **Contexto cultural**: **"A pesar de su éxito, se consideraba a los pintores más artesanos que artistas y, por lo tanto, no eran de alta posición social."** Then ask the class to discuss whether artists today are considered artisans and whether artists have high social status in our society.

Communication 1.2
Cultures 2.1, 2.2
Connections 3.1, 3.2
Comparisons 4.2

Teaching Tips

- **For Visual Learners** Ask students to examine the painting carefully. Have volunteers name at least one detail they notice in the painting.
- **For Kinesthetic Learners** Have the class make a living model of the painting. Assign two or three "painters" to help position volunteers to represent the people in the painting. If possible, take a digital picture of the living model, print it out and compare it to the painting. Use a Venn diagram to compare and contrast the living model and the painting.
- Divide the class into groups of five. Assign each group one paragraph of the reading. First, groups read their paragraph three times for complete comprehension. Then they write a summary of the paragraph together. Finally, have groups read their summary, in order. Have volunteers from each group help you record the summaries on the board in outline form.

Vieja friendo huevos

El arte de la vida diaria

Diego Velázquez es importante no sólo por su mérito artístico, sino también por lo que nos cuentan sus cuadros. Conocido sobre todo como pintor de retratos, Velázquez se interesaba también por temas mitológicos y escenas cotidianas. En todo su arte, examinaba y reproducía en minucioso detalle sólo aquello que veía. Su imitación de la naturaleza, de lo inmediatamente observable, era lo que daba vida a su arte y a la vez creaba un arte de la vida diaria.

NATIONAL STANDARDS

Communities Have students use the Internet, printed travel guides, or brochures to research the museums of Madrid, focusing especially on **El Prado, El Thyssen-Bornemisza,** and **El Reina Sofía**. Students might then use presentation software to create a virtual tour that highlights the collections of a given museum. What about their own communities? Are there museums or galleries in their city or state where they can see works by famous Spanish artists (Goya, Picasso, el Greco, Miró, Dalí, and Velázquez)?

Antes de mudarse a la Corte del Rey°, Velázquez pintó cuadros de temas cotidianos. Un ejemplo célebre es la *Vieja friendo huevos* (1618). El cuadro capta un momento sin aparente importancia: una mujer vieja cocina mientras un niño trae aceite y un melón. Varios objetos de la casa, reproducidos con precisión, llenan el lienzo°, dignos de nuestra atención, por ejemplo: la cuchara, un plato blanco en el que descansa un cuchillo, jarras°, una cesta de paja°. Junto con la comida que prepara —no hay carne ni variedad— la ropa típica de pobre sugiere que la mujer es humilde. Con el cuadro, Velázquez interrumpe un momento que podría ser de cualquier día. No es una naturaleza muerta°, sino un instante de la vida.

king's court · *canvas* · *jugs* · *wicker basket* · *still life*

Incluso cuando pintaba temas mitológicos, Velázquez tomaba como modelo gente de la calle. Por eso, se pueden percibir escenas diarias en temas distanciados de la época. Un ejemplo es *El triunfo° de Baco* (1628–9). En este cuadro, el dios romano del vino se sienta en un campo abierto, no con otros dioses, sino con campesinos°. Sus caras fatigadas reflejan a la vez el cansancio de una vida de trabajo —la vida del plebeyo° español era entonces especialmente dura— y la alegría de poder descansar un rato.

triumph · *peasants* · *common person*

En los cuadros de la Corte, Velázquez nos da una imagen rica y compleja del mundo del palacio. En vez de retratar exclusivamente a la familia real y los nobles, incluye también toda la tropa de personajes que los servía y entretenía. En este grupo numeroso entraban enanos° y bufones°, a quienes Velázquez pinta con dignidad. En *Las Meninas* (1656), su cuadro más famoso y misterioso, la princesa Margarita está rodeada° por sus damas, enanos y un perro. A la izquierda, el mismo Velázquez pinta detrás de un lienzo inmenso. En el fondo° se ve una imagen de los reyes.

little people/ jesters · *surrounded* · *background*

Las Meninas

El triunfo de Baco

Sin embargo, el cuadro sugiere más preguntas que respuestas. ¿Dónde están exactamente el rey y la reina? ¿La imagen de ellos que vemos es un reflejo de espejo°? ¿Qué pinta el artista y por qué aparece en el cuadro? ¿Qué significa? Tampoco se sabe por qué se detiene aquí el grupo: puede ser por una razón prevista, como posar para un cuadro; o puede ser algo totalmente imprevisto, un momento efímero° de la vida de una princesa y su grupo. ¿Es un momento importante? *Las Meninas* invita al debate sobre un instante que no se pierde sólo porque un pintor lo capta y lo rescata° del olvido. Paradójicamente es su enfoque en lo momentáneo y en el detalle de la vida común lo que eleva a Velázquez por encima de otros grandes artistas. ■

mirror · *fleeting* · *rescues*

Biografía breve

1599 Diego Velázquez nace en Sevilla.
1609 Empieza sus estudios formales de arte.
1623 Nombrado pintor oficial del Rey Felipe IV en Madrid.
1660 Muere después de una breve enfermedad.

Teaching Tip

- **For Visual Learners** Ask pairs of students to find and download or photocopy two of Velázquez's paintings (one from before he went to live at court and one from after). Distribute chart or poster paper to each pair. Have them draw Venn diagrams on the paper and compare and contrast the two paintings. Display the copies of the paintings and the Venn diagrams around the room. Allow time for students to walk around, looking at the pictures and reading the diagrams.

Expansion Have students do additional research about Velázquez's biography. Discuss the information students find. Then together write a more thorough biography of Velázquez.

CRITICAL THINKING

Application and Evaluation Ask students to give their opinions on the paintings. Encourage them to use verbs like **gustar** and the vocabulary from page 115. Challenge students to explain their reasons for liking or not liking the painting. Ex: **¿Por qué te gusta el cuadro? ¿Qué te molesta de su estilo? ¿Qué tipo de arte prefieres? ¿Por qué?**

CRITICAL THINKING

Analysis, Synthesis, and Evaluation Ask pairs of students to choose another Spanish artist from the 1600s. Then ask them to compare and contrast their artist with Velázquez. Ask them to consider: **los estilos, los temas, los colores, los materiales** of each artist. Then have them write a compare and contrast chart.

Communication 1.1, 1.3

Teaching Tips

1 Expansion Ask pairs of students to create three more true/false statements about Velázquez based on the reading. Then have them exchange them with another pair to complete. Finally have pairs join together to review the answers to the six new statements.

2 Expansion Have students research different representations of ***Las Meninas*** painted by Picasso. Ask: **¿Por qué creen que Picasso pintó sus propias versiones de esa pintura? ¿Qué significado tenía para él?**

4 Have students debate modern-day reality shows in this context. Ask: **¿Creen que los programas de telerrealidad usan a las personas para divertir al público?**

5 For inclusion Review the differences between preterite and imperfect when narrating in the past.

Después de leer

El arte de la vida diaria

1 Comprensión Después de leer el texto, decide si las oraciones son **ciertas** o **falsas**. Corrige las falsas.

1. Velázquez es conocido sobre todo como pintor religioso.
   Falso. Velázquez es conocido sobre todo como pintor de retratos.
2. Velázquez era un pintor impresionista que transformaba su sujeto en la imaginación.
   Falso. Reproducía en minucioso detalle sólo aquello que veía.
3. Por lo general, Velázquez tomaba como modelo gente de la calle.
   Cierto.
4. En *El triunfo de Baco*, el dios romano del vino se sienta con campesinos españoles.
   Cierto.
5. Velázquez retrataba exclusivamente a la familia real y a los nobles.
   Falso. También retrataba a la tropa de personajes, como los bufones y los enanos, que los servían y entretenían.
6. Velázquez se autorretrata en *Las Meninas*.
   Cierto.

2 Interpretación Contesta las preguntas con oraciones completas. Answers will vary.

1. ¿Se puede encontrar evidencia de la crisis económica del siglo XVII en los cuadros de Velázquez? Menciona detalles específicos en tu respuesta.
2. ¿Qué puedes aprender de *Vieja friendo huevos* que posiblemente no puedas leer en un libro de historia?
3. ¿Es *El triunfo de Baco* un cuadro realista? Explica tu respuesta.
4. ¿Te sorprende que Velázquez represente a los sirvientes de la Corte? ¿Por qué?
5. ¿En qué sentido es *Las Meninas* un cuadro misterioso?

3 Análisis En parejas, respondan a las preguntas.

1. A través de pequeños detalles, *El triunfo de Baco* revela mucho sobre la posición social de los hombres del cuadro. Estudien, por ejemplo, la ropa y el aspecto físico para describir y analizar su situación económica. ¿Cuál es su conclusión?
2. ¿Qué o quién es el verdadero sujeto de *Las Meninas*? ¿El grupo de la princesa? ¿Los reyes? ¿El mismo Velázquez? ¿El arte? Discutan las múltiples posibilidades y presenten una teoría sobre la historia que cuenta el cuadro.

4 Reflexión En grupos de cuatro, comparen cómo se entretenía la realeza en el pasado con cómo se entretiene la realeza actualmente. Usen estas preguntas como guía.

- Antes, los reyes tenían bufones. ¿Qué piensan de la situación social de los bufones de la Corte? ¿Es ético utilizar a las personas para la diversión?
- ¿Qué familias reales actuales conocen? ¿Cómo viven? ¿Su vida cotidiana es diferente a la de sus ancestros?
- ¿Se puede ser parte de la realeza y tener una vida cotidiana normal?

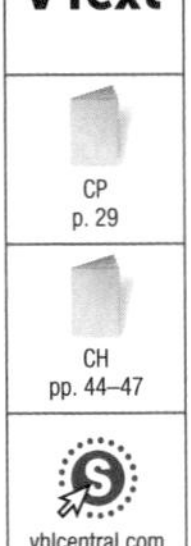

5 Recuerdos Imagina que *Vieja friendo huevos* capta, como una fotografía, un momento de tu propio pasado cuando ayudabas a tu abuela en la cocina. Inspirándote en el cuadro de Velázquez, inventa una historia. ¿Qué hacía tu abuela? ¿Cómo pasaba los días? Y tú, ¿por qué llegaste a la cocina aquel día? ¿Te mandó tu madre o tenías hambre? Utilizando los tiempos del pasado que conoces, describe esta escena de tu infancia.

Practice more at **vhlcentral.com.**

PRE-AP*

Presentational Speaking In small groups, have students discuss their experiences with fine art. If possible, present a video about **El Prado** that discusses Velázquez, and explain **el realismo**. Discuss the painting ***Las Meninas***. Ask students to imagine themselves as one of the characters in the painting. Then have students present a formal oral presentation in which they discuss Diego Velázquez, his life, and his art. They should quote from at least three sources and provide a visual. Allow them to work in groups to ready themselves for this type of presentation for the AP exam.

 Communication 1.1, 1.3

Atando cabos

¡A conversar!

Un día en la historia Trabajen en grupos pequeños para preparar una presentación sobre un día en la vida de un personaje histórico hispano.

Presentaciones

Tema: Elijan un personaje histórico hispano. Algunos personajes que pueden investigar son: Sor Juana Inés de la Cruz, Simón Bolívar, José de San Martín, Emiliano Zapata, Catalina de Erauso, Álvar Núñez Cabeza de Vaca, Fray Bartolomé de las Casas. Pueden elegir también un personaje que no esté en la lista.

Investigación y preparación: Busquen información en Internet o en la biblioteca. Recuerden buscar o preparar materiales visuales. Una vez reunida la información necesaria sobre el personaje, imagínense un día en su vida cotidiana, desde que se levantaba hasta que se acostaba. Al imaginar los detalles, tengan en cuenta la época en la que vivió el personaje.

Organización: Hagan un esquema (*outline*) que los ayude a planear la presentación.

Presentación: Utilicen el pretérito y el imperfecto para las descripciones. Traten de promover la participación a través de preguntas y alternen la charla con materiales visuales.

Simón Bolívar

¡A escribir!

Una anécdota del pasado Sigue el plan de redacción para contar una anécdota que te haya ocurrido en el pasado. Piensa en una historia divertida, dramática o interesante relacionada con uno de estos temas:

- un regalo especial que recibiste
- una situación en la que usaste una excusa falsa y las cosas no te salieron bien
- una situación en la que fuiste muy ingenuo/a

Plan de redacción

Título: Elige un título breve que sugiera el contenido de la historia pero que no dé demasiada información.

Contenido: Explica qué estaba pasando cuando ocurrió el acontecimiento, dónde estabas, con quién estabas, qué pasó, cómo pasó, etc. Usa expresiones como: **al principio, al final, después, entonces, luego, todo empezó/comenzó cuando,** etc. Recuerda que debes usar el pretérito para las acciones y el imperfecto para las descripciones.

Conclusión: Termina la historia explicando cuál fue el resultado del acontecimiento y cómo te sentiste.

recursos

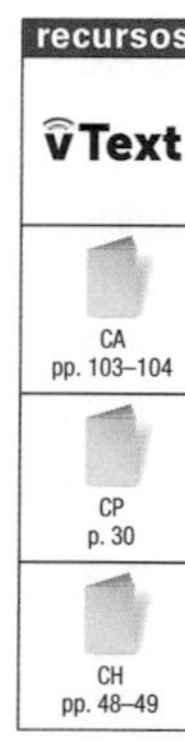

Instructional Resources
vText
Cuaderno de actividades comunicativas, pp. 103–104
Cuaderno de práctica, p. 30
Cuaderno para hispanohablantes, pp. 48–49
Testing Program CD

Teaching Tips

¡A conversar!

- Ask students to explain why they chose their **personaje**. Encourage students to also discuss the person's historical significance.
- To facilitate organization of their ideas, brainstorm important elements and key questions the group should answer.
- Assign a time limit for all presentations and explain that all group members must have an equal share in the presentation.

NATIONAL STANDARDS

Connections: Language Arts
Have students create simple outlines of their anecdotes before they write. Have them work in pairs to review one another's outlines and to make suggestions for improvment.

21st CENTURY SKILLS

¡A conversar! Collaboration
If you have access to students from a Spanish-speaking country, have your students get information from them about a historical figure in their country.

21st CENTURY SKILLS

¡A escribir! Productivity and Accountability
As a class, draw up a list of expectations for the presentations. Add your own expectations to make it clear what you are hoping to see in the presentations and how you are going to grade them.

CRITICAL THINKING

Application and Synthesis Ask students to create their own artwork (painting or magazine clipping collage) influenced by Velázquez. Display the finished artwork around the room. Allow time for students to walk around and admire the work. Then ask students to choose one picture and write three to five sentences about how it is similar to Velázquez's work.

CRITICAL THINKING

Analysis and Evaluation Before the beginning of each presentation, give each student a copy of the list of expectations you drew up as a class. As students listen to the presentations, encourage them to evaluate how their classmates fulfill the expectations. Also, ask students to take notes on questions they have about their classmates' subjects. Allow time for questions and answers after each presentation.

Instructional Resources

vText

Supersite/TRCD: Testing Program (Testing Program MP3 Audio Files)

Textbook CD

Audio Activities CD

Testing Program CD

Teaching Tips

- Have students make flashcards or a vocabulary list with Spanish and English. (Helpful hint: Keep these flashcards or vocabulary lists for reviewing later in the year, especially for midyear and final exams.)
- Ask students to write a 20-question vocabulary quiz for their classmates. Encourage them to vary the style of questions. Then have students exchange their quiz with another student. Once students have completed their quizzes, they return them to the person who designed it for correction.

21st CENTURY SKILLS

Creativity and Innovation
Ask students to prepare a presentation about one or more of their favorite artists, writers, or historical figures from this chapter.

21st CENTURY SKILLS

Leadership and Responsibility Extension Project
As a class, have students decide on three questions they want to ask the partner class related to the topic of the lesson they have just completed. Based on the responses they receive, work as a class to explain to the Spanish-speaking partners one aspect of their responses that surprised the class and why.

3 VOCABULARIO

En casa

el balcón	*balcony*
la escalera	*staircase*
el hogar	*home; fireplace*
la limpieza	*cleaning*
los muebles	*furniture*
los quehaceres	*chores*
apagar	*to turn off*
barrer	*to sweep*
calentar (e:ie)	*to warm up*
cocinar	*to cook*
encender (e:ie)	*to turn on*
freír (e:i)	*to fry*
hervir (e:ie)	*to boil*
lavar	*to wash*
limpiar	*to clean*
pasar la aspiradora	*to vacuum*
poner/quitar la mesa	*to set/clear the table*
quitar el polvo	*to dust*
tocar el timbre	*to ring the doorbell*

De compras

el centro comercial	*mall*
el dinero en efectivo	*cash*
la ganga	*bargain*
el probador	*dressing room*
el reembolso	*refund*
el supermercado	*supermarket*
la tarjeta de crédito/débito	*credit/debit card*
devolver (o:ue)	*to return (items)*
hacer mandados	*to run errands*
ir de compras	*to go shopping*
probarse (o:ue)	*to try on*
seleccionar	*to select; to pick out*
auténtico/a	*real; genuine*
barato/a	*cheap; inexpensive*
caro/a	*expensive*

Expresiones

a menudo	*frequently; often*
a propósito	*on purpose*
a tiempo	*on time*
a veces	*sometimes*
apenas	*hardly; scarcely*
así	*like this; so*
bastante	*quite; enough*
casi	*almost*
casi nunca	*rarely*
de repente	*suddenly*
de vez en cuando	*now and then; once in a while*
en aquel entonces	*at that time*
en el acto	*immediately; on the spot*
enseguida	*right away*
por casualidad	*by chance*

La vida diaria

la agenda	*datebook*
la costumbre	*custom; habit*
el horario	*schedule*
la rutina	*routine*
la soledad	*solitude; loneliness*
acostumbrarse (a)	*to get used to; to grow accustomed (to)*
arreglarse	*to get ready*
averiguar	*to find out; to check*
probar (o:ue) (a)	*to try*
soler (o:ue)	*to be in the habit of; to be used to*
atrasado/a	*late*
cotidiano/a	*everyday*
diario/a	*daily*
inesperado/a	*unexpected*

Más vocabulario

Expresiones útiles	*Ver p. 87*
Estructura	*Ver pp. 94–95, 98–99 y 102–103*

Cinemateca

el choque	*crash*
las facciones	*facial features*
el timbre	*tone of voice*
afligirse	*to get upset*
despedirse (e:i)	*to say goodbye*
parecerse	*to look like*
titularse	*to graduate*
repentino/a	*sudden*

Literatura

el autorretrato	*self-portrait*
el maquillaje	*make-up*
el llanto	*weeping; crying*
acariciar	*to caress*
llorar	*to cry*
lucir	*to wear, to display*
arduo/a	*hard*
feliz	*happy*
acaso	*perhaps*

Cultura

el cansancio	*exhaustion*
el cuadro	*painting*
la obra maestra	*masterpiece*
el/la pintor(a)	*painter*
el retrato	*portrait*
pintar	*to paint*
retratar	*to portray*
fatigado/a	*exhausted*
imprevisto/a	*unexpected*
previsto/a	*planned*

DIFFERENTIATION

For Inclusion Have students choose twenty words and expressions from the vocabulary list. Encourage students to choose words that they think they will use or need to know later. Then have them create a collage with magazine clippings, downloaded images, or their own drawings, illustrating the words and expressions.

DIFFERENTIATION

Heritage Speakers Ask heritage speakers to review the vocabulary list and identify words that they feel are most commonly used in their homes. Ask volunteers to share their lists with the class. Encourage other students to tally the words that are mentioned by more than one heritage speaker.

La salud y el bienestar

Contextos

Fotonovela

Enfoques
Colombia

Estructura

Cinemateca

Lecturas

Atando cabos

Communicative Goals

VOICE BOARD

I will expand my ability to…
- express will and emotion
- express doubt and denial
- give orders, advice, and suggestions

Lesson Goals

In **Lección 4**, students will be introduced to the following:
- vocabulary for talking about health and illness
- giving advice and recommendations
- Colombian herbal medicine, the **Ciclovía** community recreation, and heath systems in various Spanish-speaking countries
- video about pharmacies in Ecuador
- the subjunctive in noun clauses
- commands
- **por** and **para**
- the short film ***Éramos pocos***
- **Ángeles Mastretta's *Mujeres de ojos grandes***
- **la Expedición Humana** among the **Chimila** in Colombia

21st CENTURY SKILLS

Initiative and Self-Direction Students can monitor their progress online using the Supersite activities and assessments.

A primera vista Have students look at the photo, and ask them:
1. **¿Qué le explica Johnny a Fabiola?**
2. **¿Comes muchas verduras?**
3. **¿Qué hacen los estudiantes para vivir una vida sana?**

INSTRUCTIONAL RESOURCES

DESCUBRE 3 Supersite: vhlcentral.com

Student Materials
Print: Student Book, Workbooks (*Cuaderno de actividades comunicativas, Cuaderno de práctica, Cuaderno para hispanohablantes*)
Technology: **vText**, *e-Cuaderno* and Supersite (Audio, Video, Practice)

Teacher Materials
DVDs (*Fotonovela, Flash cultura,* Film Collection); Teacher's Resource CD-ROM (Scripts, Answer Keys, Grammar Slides, Presentation PDFs, Testing Program); Testing Program, Textbook, Audio Activities CDs; Supersite: Resources (Planning and Teaching Resources from Teacher's Resource CD-ROM), Learning Management System (Gradebook, Assignments), Lesson Plans

Testing Program also available in print

VOICE BOARD

Voice boards on the Supersite allow you and your students to record and share up to five minutes of audio. Use voice boards for presentations, oral assessments, discussions, directions, etc.

Section Goals

In **Contextos**, students will learn and practice:

- vocabulary for describing illness, symptoms, health and wellness, and medicines and treatments
- listening to an audio conversation and a medical report using new vocabulary

Communication 1.2
Comparisons 4.1

Instructional Resources
vText
Cuaderno de actividades comunicativas, p. 69
Cuaderno de práctica, pp. 31–32
Cuaderno para hispanohablantes, pp. 51–52
e-Cuaderno
Supersite: Textbook, Vocabulary, & Audio Activities MP3 & Audio Files
Supersite/TRCD: Textbook Audio Script, Audio Activities Script, Answer Keys
Textbook CD
Audio Activities CD

Teaching Tips

- Ask students about their health and well-being. Ex: **¿Qué haces cuando te pones enfermo/a durante el año escolar?** Follow up by asking students about their eating habits and emotional state. Ex: **¿Llevas una alimentación sana?** Ask the class: **¿Qué hacen para relajarse?**
- Ask students to write a short paragraph about what they do to stay healthy and active. Encourage them to recycle vocabulary about sports and activities from **Lección 2.**

4 CONTEXTOS

La salud y el bienestar

Los síntomas y las enfermedades

Inés pensaba que tenía sólo un **resfriado**, pero no paraba de **toser** y estaba **agotada**. El médico le confirmó que era una **gripe** y que debía **permanecer** en cama.

la depresión *depression*
la enfermedad *disease; illness*
la gripe *flu*
la herida *injury*
el malestar *discomfort*
la obesidad *obesity*
el resfriado *cold*
la respiración *breathing*
la tensión (alta/baja) *(high/low) blood pressure*
la tos *cough*
el virus *virus*

contagiarse *to become infected*
desmayarse *to faint*
empeorar *to deteriorate; to get worse*
enfermarse *to get sick*
estar resfriado/a *to have a cold*
lastimarse *to get hurt*
permanecer *to remain; to last*
ponerse bien/mal *to get well/sick*
sufrir (de) *to suffer (from)*
tener buen/mal aspecto *to look healthy/sick*
tener fiebre *to have a fever*
toser *to cough*

agotado/a *exhausted*
inflamado/a *inflamed*
mareado/a *dizzy*

La salud y el bienestar

la alimentación *diet (nutrition)*
la autoestima *self-esteem*
el bienestar *well-being*
el estado de ánimo *mood*
la salud *health*

adelgazar *to lose weight*
dejar de fumar *to quit smoking*

descansar *to rest*
engordar *to gain weight*
estar a dieta *to be on a diet*
mejorar *to improve*
prevenir (e:ie) *to prevent*
relajarse *to relax*
trasnochar *to stay up all night*

sano/a *healthy*

Los médicos y el hospital

la cirugía *surgery*
el/la cirujano/a *surgeon*
la consulta *doctor's appointment*

el consultorio *doctor's office*
la operación *operation*
los primeros auxilios *first aid*
la sala de emergencias *emergency room*

PRE-AP*

Interpersonal Speaking, Part A Review with students the vocabulary related to health and wellness. Also review the formation of familiar and formal commands. Working in pairs, students first write a conversation that would take place between a student and his or her mother. Each person should speak at least five times, and the mother should give at least five informal commands. Say: **Te levantas esta mañana, le dices a tu madre que estás enfermo/a y que no puedes ir a la escuela. Describe por lo menos tres síntomas y hazle dos preguntas. Escribe lo que tu madre dice y cómo reacciona, usando el vocabulario de la salud. Tu madre te da un mínimo de cinco mandatos.**

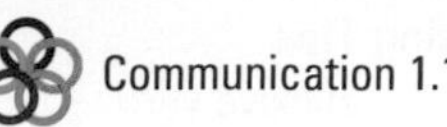
Communication 1.1

(A) Audio Script

DAVID ¿Hola?
SARA Hola, David. Habla Sara.
DAVID ¡Hola, Sara! ¿Cómo andas, hermanita?
SARA No muy bien... No sé lo que me pasa últimamente, la verdad. Estoy siempre muy agotada.
DAVID Sí, lo he notado. Y Sara, creo que estás adelgazando demasiado. ¿Has ido al médico?
SARA No he ido porque no tenía fiebre, sólo era un ligero malestar. Y ya sabes que no me gustan los médicos.
DAVID Por favor, Sara, deja de ser una niña. Tienes que ponerte bien.
SARA Por eso te llamo: quiero ir al médico. Es que estos últimos días me duele todo y el malestar ha empeorado. No se me va el dolor de estómago ni con pastillas.
DAVID Esta tarde vamos al médico. Ahora mismo llamo al doctor Perales para hacerle una consulta.
Textbook CD

(B) Audio Script

La operación ha ido muy bien. Tenía toda la zona inflamada, pero ya les digo: todo ha ido sin problemas. Ahora le hemos dado unos calmantes. Los tiene que tomar cada ocho horas. Seguramente, al principio esté un poco mareada, pero va a recuperarse rápidamente. En cuanto a la comida, pues los dos primeros días tiene que estar a dieta de líquidos como jugos y sopas, pero al tercer día ya puede empezar a comer normalmente. Lo importante ahora es que ella descanse y que todos se relajen. ¿Tienen alguna pregunta?
Textbook CD

Las medicinas y los tratamientos

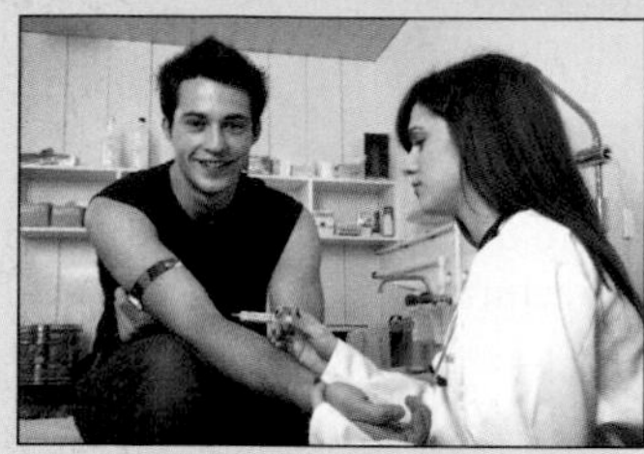

A Ignacio no le gusta tomar medicinas. Nunca toma **pastillas** ni **jarabes**. Sin embargo, para ir a la selva, tuvo que ponerse varias **vacunas**. ¡No le dolió nada cuando la enfermera le **puso la inyección**!

el analgésico *painkiller*
la aspirina *aspirin*
el calmante *tranquilizer*
los efectos secundarios *side effects*
el jarabe (para la tos) *(cough) syrup*
la pastilla *pill*
la receta *prescription*
el tratamiento *treatment*
la vacuna *vaccine*
la venda *bandage*
el yeso *cast*

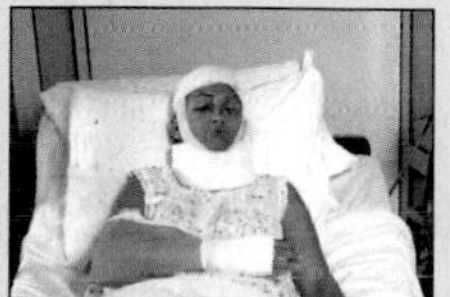

curarse *to heal; to be cured*
poner(se) una inyección *to give/get a shot*
recuperarse *to recover*
sanar *to heal*
tratar *to treat*
vacunar(se) *to vaccinate/ to get vaccinated*

curativo/a *healing*

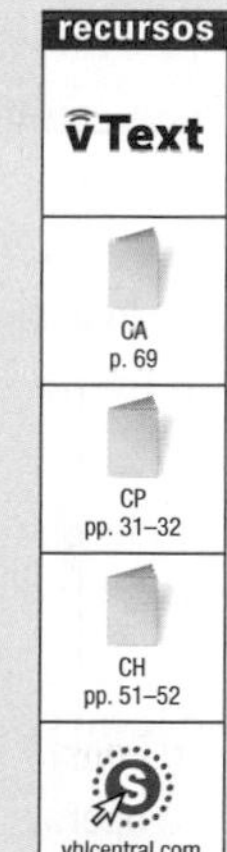

Práctica

1 Escuchar

A. Escucha la conversación entre Sara y su hermano David. Después completa las oraciones y decide quién dijo cada una.

1. No sé lo que me pasa, la verdad. Estoy siempre muy __agotada__. __Sara__
2. Creo que __estás adelgazando__ demasiado. ¿Has ido al __médico__? __David__
3. No he ido porque no tenía __fiebre__, sólo era un ligero __malestar__. __Sara__
4. Deja de ser una niña. Tienes que __ponerte bien__. __David__
5. Por eso te llamo. No se me va el dolor de estómago ni con __pastillas__. __Sara__
6. Ahora mismo llamo al doctor Perales para hacerle una __consulta__. __David__

B. A Sara le diagnosticaron apendicitis. Escucha lo que le dice la cirujana a la familia después de la operación y luego contesta las preguntas.

1. ¿Qué tiene que tomar Sara cada ocho horas? calmantes
2. ¿Cómo se puede sentir al principio? un poco mareada
3. ¿Va a tomar mucho tiempo su recuperación? no
4. ¿Puede comer de todo? No; los dos primeros días tiene que estar a dieta de líquidos.

2 A curarse Indica qué tiene que hacer cada persona para solucionar sus problemas.

__d__ 1. Se lastimó con un cuchillo.
__e__ 2. Tiene fiebre.
__c__ 3. Su estado de ánimo es malo.
__f__ 4. Quiere prevenir la gripe.
__b__ 5. Le falta la respiración.
__a__ 6. Está obeso/a.

a. empezar una dieta
b. dejar de fumar
c. hablar con un(a) amigo/a
d. ponerse una venda
e. tomar aspirinas y descansar
f. ponerse una vacuna

PRE-AP*

Interpersonal Speaking, Part B Working with the same classmate as in **Part A** (page 122), students act out a conversation between the student and a doctor. This time, the student who played the role of parent should play the role of patient, and the other student should be the doctor. Remind students to use the **usted** form with doctor. Say: **Tu madre piensa que tal vez tengas que ir al médico. Escribe la conversación que tienes con él/ella. El/La médico/a te va a hacer tres preguntas y darte dos consejos.**

Teaching Tips
- Review reflexive verb formation by conjugating **enfermarse** as a class.

4 Expansion Ask students to create sentences using the word left over in each item.

5 Call on volunteers to perform this conversation for the class.

5 Expansion Ask true/false questions about the conversation. Ex: **Al señor Méndez le gusta hacer ejercicio. (Falso.)**

NATIONAL STANDARDS
Connections: Health A local pharmacist may be able to provide you with Spanish-language package inserts and warning labels for over-the-counter or prescription medications. Bring these in and have students identify words that they recognize. Ask students to tell you what each of the items would be used for and what the risks might be in using the items, based on the inserts or labels.

Práctica

3 Acróstico Completa el acróstico. Al terminarlo, se formará una palabra de **Contextos**.

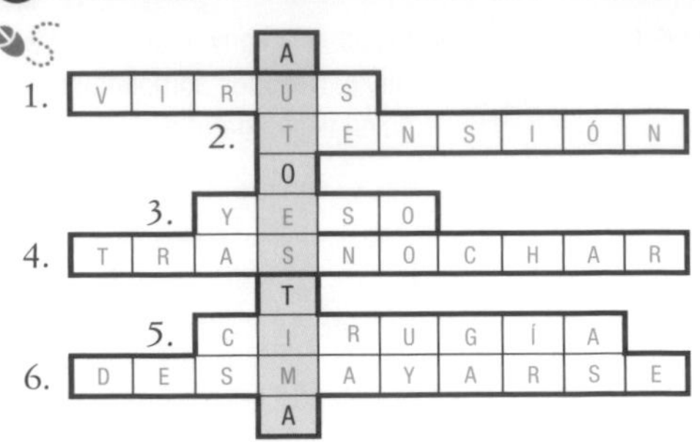

1. Organismo invisible que transmite enfermedades.
2. Si la tienes alta, puedes tener problemas del corazón.
3. Material blanco que se usa para inmovilizar fracturas.
4. No dormir en toda la noche.
5. Es sinónimo de *operación*.
6. Caerse y quedar inconsciente.

4 Amelia está enferma Completa las oraciones con la opción lógica.

1. Amelia está tosiendo continuamente. No se le cura (la gripe/la depresión).
2. Sus compañeros de trabajo no se enfermaron este año porque se (lastimaron/vacunaron).
3. Su madre siempre le había dicho que es mejor (mejorar/prevenir) las enfermedades que curarlas.
4. El médico le dio una receta para (un jarabe/un consultorio).
5. Su jefe le ha dicho que no vaya a trabajar. Ella tiene que volver a la oficina cuando esté (agotada/recuperada).

5 Malos hábitos El señor Méndez tiene hábitos que no son buenos para la salud. Completa la conversación entre el señor Méndez y su doctor con las palabras de la lista. Haz los cambios necesarios.

ánimo	**descansar**	**mejorar**	**sano**
dejar de fumar	**empeorar**	**pastillas**	**trasnochar**
deprimido	**engordar**	**salud**	**vacuna**

SR. MÉNDEZ Doctor, a mí me gusta pasar muchas horas comiendo y mirando la tele.

DOCTOR Por eso usted está (1) engordando tanto. Debe hacer ejercicio y (2) mejorar su alimentación.

SR. MÉNDEZ También me gusta salir y acostarme tarde.

DOCTOR No es bueno (3) trasnochar todo el tiempo. Es importante (4) descansar.

SR. MÉNDEZ ¡Pero, doctor! ¿Puedo fumar un poco, por lo menos?

DOCTOR No, señor Méndez. Usted debe (5) dejar de fumar cuanto antes.

SR. MÉNDEZ ¡No puede ser, doctor! ¿Todo lo que me gusta hacer es malo para la (6) salud? Si hago lo que me dice usted, voy a estar (7) sano, pero deprimido.

DOCTOR No es así. Si usted mejora su forma física, su estado de (8) ánimo va a mejorar también. Recuerde: "Mente sana en cuerpo sano".

Practice more at **vhlcentral.com.**

DIFFERENTIATION

To Challenge Students Have students work in pairs, and give each pair one sheet of graph paper. Ask each pair to create its own **acróstico** using six vocabulary words from **Contextos**. Use **Actividad 3** as a model. Then have pairs exchange papers with their neighbors and solve each other's **acróstico.**

DIFFERENTIATION

Heritage Speakers Ask heritage speakers if there are different attitudes about health in their families' home countries. Encourage classmates to ask heritage speakers questions using vocabulary from **Contextos**. Have the class compare and contrast attitudes toward health, medical care, and folk medicine in Spanish-speaking countries and in North America.

Comunicación

Communication 1.1, 1.2

Teaching Tips

- In order to help students begin using the lesson vocabulary, have pairs look at the photos and drawings in this lesson. Then, have them create sentences describing what they see, using vocabulary from **Contextos**.

6 Preview the activity by asking students about their study habits. Tell them to respond using the adverbs from the survey. Ex: **¿Estudias siempre en la biblioteca? ¿Estudias a menudo en tu cuarto?**

6 Have pairs identify which items are healthful and unhealthful. Call on volunteers to share their partner's responses.

6 **Virtual Chat** You can also assign activity 6 on the Supersite. Students record individual responses that appear in your gradebook.

7 Tell students to take turns reading the quotes aloud in their groups.

7 For faster paced classes, have students write an anecdote that ends in one of these quotes.

Extra Practice Have students work in small groups to create an animated video entitled **Una cita con el/la médico/a**. Tell groups to write **la narración** and **la descripción** for each **imagen**. They should make modeling clay figures and paint scenery on a paper background. Begin the project in class; perhaps an art or photography teacher will share filmmaking expertise. Have students complete the project at home.

6 Vida sana

A. En parejas, háganse las preguntas de la encuesta.

	Siempre	A menudo	De vez en cuando	Nunca
1. ¿Trasnochas más de dos veces por semana?	☐	☐	☐	☐
2. ¿Practicas algún deporte?	☐	☐	☐	☐
3. ¿Consumes vitaminas y minerales diariamente?	☐	☐	☐	☐
4. ¿Comes mucha comida frita?	☐	☐	☐	☐
5. ¿Tienes dolores de cabeza?	☐	☐	☐	☐
6. ¿Te enfermas?	☐	☐	☐	☐
7. ¿Desayunas sin prisa?	☐	☐	☐	☐
8. ¿Pasas muchas horas del día sentado/a?	☐	☐	☐	☐
9. ¿Te pones de mal humor?	☐	☐	☐	☐
10. ¿Tienes problemas para dormir?	☐	☐	☐	☐

B. Imagina que eres médico/a. ¿Tiene tu compañero/a una vida sana? ¿Qué debe hacer para mejorar su salud? Utiliza la conversación entre el señor Méndez y su médico de la Actividad 5 como modelo.

7 Citas célebres

A. En grupos de cuatro, elijan las citas (*quotations*) que les parezcan más interesantes y expliquen.

La salud

"La salud no lo es todo pero sin ella, todo lo demás es nada."
A. Schopenhauer

"El ser humano pasa la primera mitad de su vida arruinando la salud y la otra mitad intentando recuperarla."
Joseph Leonard

"Come poco y cena más poco, que la salud de todo el cuerpo se decide en la oficina del estómago."
Miguel de Cervantes

La medicina

"Antes que al médico, llama a tu amigo."
Pitágoras

"Los médicos no están para curar, sino para recetar y cobrar; curarse o no es cuenta del enfermo."
Molière

"La esperanza es el mejor médico que yo conozco."
Alejandro Dumas, hijo.

La enfermedad

"El peor de todos los males es creer que los males no tienen remedio."
Francisco Cabarrus

"La investigación de las enfermedades ha avanzado tanto que cada vez es más difícil encontrar a alguien que esté completamente sano."
Aldous Huxley

"El arte de la medicina consiste en entretener al paciente mientras la Naturaleza cura la enfermedad."
Voltaire

B. Utilicen el vocabulario de **Contextos** para escribir una frase original sobre la salud. Compártanla con la clase. ¿Cuál es la frase más original?

PRE-AP*

Interpersonal Writing Starting with this chapter, give each student a small notebook. This will be a **diario** for their interpersonal writing. It should be a form of communication between student and teacher. Students should write in it once or twice per chapter. When reviewing student work, reflect on the content of student writing, *not* on the grammar, and write a response, with a question. Have students answer the question the next time, as well as write about the next topic. For this first entry, read and discuss the quotations on page 125. Students may discuss them in small groups. Then give them ten minutes to give a personal reflection about one of the quotations. Say: **Ahora escoge una de las citas y escribe tus pensamientos personales. Puedes explicar lo que significa en general, o en tu vida personal.**

Section Goals

In **Fotonovela**, students will:

- practice listening to authentic conversation
- learn functional phrases regarding giving advice, making recommendations, and asking about tastes

Communication 1.2
Cultures 2.1, 2.2

Instructional Resources
vText
Cuaderno de actividades comunicativas, pp. 37–38
e-Cuaderno
Supersite/DVD: ***Fotonovela***
Supersite/TRCD: ***Fotonovela*** Video Script & Translation, Answer Keys

Video Synopsis

- Diana and Johnny talk about exercise; Johnny and Fabiola discuss diet and exercise.
- Mariela has lost her voice.
- Johnny brings in an assortment of healthful foods, yet Fabiola finds him eating chocolate.

Teaching Tips

- Preview the video by assigning video stills to different pairs of students. Have them invent a short conversation using vocabulary from **Contextos**.
- Have students scan the series of video stills. Call on volunteers to give their predictions of what might happen. After viewing the video, discuss what predictions were correct.

4 FOTONOVELA

Los empleados de *Facetas* se preocupan por mantenerse sanos y en forma.

Video: *Fotonovela*
Record and Compare

PERSONAJES

AGUAYO

DIANA

1

DIANA ¿Johnny? ¿Qué haces aquí tan temprano?

JOHNNY Madrugué para ir al gimnasio.

DIANA ¿Estás enfermo?

JOHNNY ¿Qué? ¿Nunca haces ejercicio?

DIANA No mucho... A veces me dan ganas de hacer ejercicio, y entonces me acuesto y descanso hasta que se me pasa.

2

En la cocina...

JOHNNY (*habla con los dulces*) Los recordaré dondequiera que esté. Sé que esto es difícil, pero deben ser fuertes... No pongan esa cara de "cómeme". Por mucho que insistan, los tendré que tirar. Ojalá me puedan olvidar.

3

FABIOLA ¿Empezaste a ir al gimnasio? Te felicito. Para ponerse en forma hay que trabajar duro.

JOHNNY No es fácil.

FABIOLA No es difícil. Yo, por ejemplo, no hago ejercicio, pero trato de comer cosas sanas.

JOHNNY Nada de comidas rápidas.

FABIOLA ¡Cómo me gustaría tener tu fuerza de voluntad!

6

En la cocina...

DON MIGUEL ¡Válgame! Aquí debe haber como mil pesos en dulces. ¡Mmm! Y están buenos.

JOHNNY ¿Qué tal, don Miguel? ¿Cómo le va?

DON MIGUEL (*Sonríe sin poder decir nada porque está comiendo.*)

JOHNNY ¡Otro que se ha quedado sin voz! ¿Qué es esto? ¿Una epidemia?

7

FABIOLA ¿Qué compraste?

JOHNNY Comida bien nutritiva y baja en calorías. Juré que jamás volvería a ver un dulce.

FABIOLA ¿Qué es eso?

JOHNNY Esto es tan saludable que con sólo tocar la caja te sientes mejor.

FABIOLA ¿Y sabe bien?

JOHNNY Claro, sólo hay que calentarlo.

8

En la oficina de Aguayo...

DIANA Los nuevos diseños están perfectos. Gracias.

AGUAYO Mariela, insisto en que veas a un doctor. Vete a casa y no vuelvas hasta que no estés mejor. Te estoy dando un consejo. No pienses en mí como tu jefe.

DIANA Piensa en él como un amigo que siempre tiene razón.

LEARNING STYLES

For Auditory Learners Have students close their eyes. Play the video a second time and tell students to listen to the video again, paying close attention to vocabulary from **Contextos** and **Expresiones útiles**. Assess comprehension informally with a checklist of true/false statements. Ex: **Diana y Johnny hablan de hacer ejercicio. (Cierto.) En la *Fotonovela*, Johnny come comida saludable. (Falso.)**

LEARNING STYLES

For Kinesthetic Learners Have five students represent different characters from the video. The rest of the class circulates around the room and asks questions to guess what character each volunteer represents. Ex: **¿Te gusta la comida rápida? ¿A veces comes chocolates de Chocobomba?** (Answer: **Johnny**)

ÉRIC

FABIOLA

JOHNNY

MARIELA

DON MIGUEL

En la sala de conferencias...

AGUAYO (*dirigiéndose a Mariela*) Quiero que hagas unos cambios a estos diseños.

DIANA Creemos que son buenos y originales, pero tienen dos problemas.

ÉRIC Los que son buenos no son originales, y los que son originales no son buenos.

AGUAYO ¿Qué crees? (*Mariela no contesta.*)

Mariela escribe "perdí la voz" en la pizarra.

AGUAYO ¿Perdiste la voz?

DIANA Gracias a Dios... Por un momento creí que me había quedado sorda.

AGUAYO Estás enferma. Deberías estar en cama.

ÉRIC Sí, podías haber llamado para decir que no venías.

AGUAYO Por cierto, Diana, acompáñame a entregar los diseños ahora mismo. Tengo que volver enseguida. Estoy esperando una llamada muy importante.

DIANA Vamos.

Se van. Suena el teléfono. Mariela se queda horrorizada porque no puede contestarlo.

FABIOLA ¿No ibas a mejorar tu alimentación?

JOHNNY Si no puedes hacerlo bien, disfruta haciéndolo mal. Soy feliz.

FABIOLA Los dulces no dan la felicidad, Johnny.

JOHNNY Lo dices porque no has probado la *Chocobomba*.

Expresiones útiles

Giving advice and making recommendations

Insisto en que veas/vea a un doctor.
I insist that you go see a doctor. (fam./form.)
Te aconsejo que vayas a casa.
I advise you to go home. (fam.)
Le aconsejo que vaya a casa.
I advise you to go home. (form.)
Sugiero que te pongas a dieta.
I suggest you go on a diet. (fam.)
Sugiero que se ponga usted a dieta.
I suggest you go on a diet. (form.)

Asking about tastes

¿Y sabe bien?
And does it taste good?
¿Cómo sabe?
How does it taste?
Sabe a ajo/menta/limón.
It tastes like garlic/mint/lemon.
¿Qué sabor tiene? ¿Chocolate?
What flavor is it? Chocolate?
Tiene un sabor dulce/agrio/amargo/agradable.
It has a sweet/sour/bitter/pleasant taste.

Additional vocabulary

la comida rápida *fast food*
dondequiera *wherever*
la epidemia *epidemic*
la fuerza de voluntad *willpower*
madrugar *to wake up early*
mantenerse en forma *to stay in shape*
nutritivo/a *nutritious*
ponerse en forma *to get in shape*
quedarse sordo/a *to go deaf*
saludable *healthy*

recursos

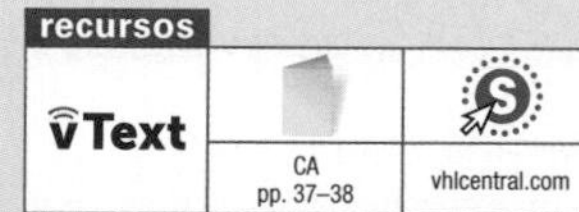

Teaching Tips

- Model the pronunciation of the **Expresiones útiles**.
- Preview the subjunctive by pointing out examples from **Expresiones útiles.**
- Tell students that **saber** (*to taste*) has the same conjugation as **saber** (*to know*).
- As students watch the video, encourage them to jot down any health-related information that they learn about the characters. Ex: **A Johnny le gusta comer dulces.**
- List twelve key words on the board. Have students work in pairs and use these words in writing a short summary of the **Fotonovela** episode. Pairs then exchange summaries and peer-edit one another's work.

Expansion Display large magazine photos. To help students become used to hearing the subjunctive with the **Expresiones útiles** presented, point to photos and say a sentence about each. Ex: **Le aconsejo al presidente que hable con los reporteros.** Distribute a card to each student containing a sentence that uses an **Expresión útil** and the subjunctive. Students match their card with the photo.

DIFFERENTIATION

Heritage Speakers Ask heritage speakers about eating habits in their families' home countries. Have the class compare and contrast them with eating habits in the U.S. Create a Venn diagram on the board to illustrate the comparisons and contrasts.

DIFFERENTIATION

For Inclusion Have students scan the **Comprensión** activities on page 128 before watching the video. Have them preview the content to improve comprehension. Then call on students, asking each for one piece of information about the content. This is a good strategy to assess preparedness informally.

Communication 1.1, 1.2

Teaching Tips

1 Have volunteers write the corrected statements on the board.

2 For item 1, explain that the phrase **hay que** + *infinitive* is similar to *you have to*. For practice, have students write three sentences using that structure.

3 Working in pairs, students create two more categories from the **Contextos** vocabulary and make a list of related words. Possible categories that students may create include **síntomas, enfermedades,** and **tratamientos.**

4 Before completing the activity, have pairs quickly summarize the events from the video. To support students' efforts, first write some vocabulary on the board that students should include and provide some sequencing vocabulary. Ex: **primero, luego, finalmente.**

4 **Expansion** Have a class discussion in which students share their own opinions about health.

Comprensión

1 ¿Cierto o falso? Indica si las oraciones son **ciertas** o **falsas**. Luego, en parejas, corrijan las **falsas**.

Cierto	Falso	
☑	☐	1. Johnny llegó temprano porque madrugó para ir al gimnasio.
☐	☑	2. Cuando Diana va al gimnasio se queda dormida. *Diana no va al gimnasio, se va a dormir cuando tiene ganas de ir al gimnasio.*
☐	☑	3. Los primeros diseños de Mariela están perfectos. *Los nuevos diseños de Mariela están perfectos.*
☐	☑	4. Diana se quedó sorda. *Diana no escuchó a Mariela porque Mariela se quedó sin voz.*
☑	☐	5. Don Miguel probó los dulces.
☑	☐	6. Johnny no continuó con su dieta.

2 Oraciones incompletas Completa las oraciones de la **Fotonovela** con la opción correcta.

1. Para ponerse en __c__ hay que trabajar duro.
   a. cama b. dieta c. forma
2. ¡Cómo me gustaría tener tu fuerza __b__!
   a. física b. de voluntad c. de carácter
3. ¡Otro que se ha quedado __b__!
   a. sordo b. sin voz c. dormido
4. Piensa en él como un amigo que siempre __a__.
   a. tiene razón b. se mantiene en forma c. se preocupa

3 Títulos Busca en la **Fotonovela** la palabra adecuada para poner un título a cada lista.
Answers may vary slightly.

dulces	ejercicio	comida rápida	comida nutritiva
chocolates caramelos pastel de chocolate postre	correr saltar caminar nadar	salchicha hamburguesa papas fritas sándwich	sopa de verduras ensalada pollo asado frutas

4 Opiniones

A. Los empleados de *Facetas* tienen opiniones distintas sobre la salud y el bienestar. En parejas, escriban una descripción breve de la actitud de cada personaje. Utilicen las frases de la lista y añadan sus propias ideas.

comer comidas sanas	**ir al gimnasio**	**permanecer en cama**
descansar	**ir al médico**	**probar los dulces**

MODELO Diana casi nunca va al gimnasio. Cree que es más importante descansar para mantenerse sana...

B. ¿Con qué opinión te identificas más? ¿Qué haces tú para mantenerte en forma?

Practice more at **vhlcentral.com.**

LEARNING STYLES

For Auditory Learners Have students work in pairs to create five statements about healthy living. Call on volunteers to read one of their statements aloud, and have the rest of the class raise their hands if they agree with the statement, and remain still if they do not agree. Ex: **Hay que dormir por lo menos diez horas por noche para estar sano.**

LEARNING STYLES

For Visual Learners Gather pictures of people eating different foods, performing activities, or showing different emotional states from health magazines or brochures. Show each picture and call on volunteers to make a statement or two describing what they see.

 Communication 1.1, 1.2

Ampliación

5 Comidas rápidas

A. Para ponerse en forma, Johnny decide evitar las comidas rápidas. En parejas, háganse las preguntas y comparen sus propias opiniones acerca de la comida rápida.

1. ¿Con qué frecuencia comes en restaurantes de comida rápida?
2. ¿Crees que la comida rápida es mala para la salud?
3. ¿Buscas opciones saludables cuando necesitas comer deprisa?
4. ¿Crees que las personas obesas tienen derecho a demandar (*sue*) a los restaurantes de comida rápida?

B. Ahora, en dos grupos, organicen un debate sobre los beneficios y desventajas de la comida rápida. Un grupo representa a los dueños y ejecutivos de los restaurantes, y el otro grupo representa a la gente que ha sufrido problemas de salud por comer demasiadas comidas rápidas.

6 Apuntes culturales

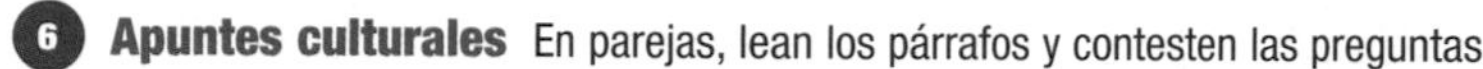

En parejas, lean los párrafos y contesten las preguntas.

Los dulces

"Los recordaré dondequiera que esté", dice Johnny despidiéndose de los dulces. ¡A los hispanos les encantan los dulces! Un postre muy popular de la cocina colombiana, venezolana, mexicana y centroamericana es el postre de **las tres leches**. Este postre se prepara con leche fresca, leche condensada y crema de leche. ¡Un verdadero manjar (*delicacy*)!

El deporte colombiano

Fabiola dice que para ponerse en forma hay que trabajar duro. El colombiano **Camilo Villegas** sabe mucho de esto, pues su gran dedicación al golf lo ha convertido en estrella del deporte colombiano. Es conocido por el apodo de "Hombre Araña" por su peculiar estilo en la pista. Este joven ha ganado numerosos campeonatos, entre ellos el Honda Classic en el año 2010.

Las comidas rápidas

Fabiola y Johnny conversan sobre las comidas rápidas. En los países hispanos, las cadenas estadounidenses adaptan los menús a los sabores típicos de esos países. En Chile, *McDonald's* ofrece la **Pechuga Palta**, un sandwich de pollo con palta (*avocado*). En Argentina, los ***McCafé*** sirven postres tradicionales, como el **frappé de dulce de leche.** ¿Podrá resistirse Johnny?

1. ¿Conoces otros postres típicos de los países hispanos? ¿De qué países o regiones son? ¿Cuáles son los ingredientes principales?
2. Menciona postres o platos típicos de tu cultura. ¿Cuál es tu preferido?
3. ¿Probaste comidas rápidas de otras culturas? ¿Cuáles? ¿Cuál es tu favorita?
4. ¿Qué deportistas hispanos juegan en equipos de los EE.UU.?

Teaching Tips

5 For Part A, expand the discussion by asking students about their childhood eating habits. Ex: **¿Ibas mucho a restaurantes de comida rápida cuando eras niño/a? ¿Las experiencias con la comida que tenías cuando eras niño/a influyen en las decisiones que tomas hoy en día?**

5 **Virtual Chat** You can also assign activity 5 on the Supersite. Students record individual responses that appear in your gradebook.

6 Have heritage speakers talk about typical dishes and desserts from their families' home countries.

6 Ask heritage speakers what sports are popular in their home countries.

6 **Expansion** Bring in ads for fast food chains from other countries, or have students look them up on the Internet. Ask them to report the differences and similarities they notice.

PRE-AP*

Presentational Writing Discuss the issue of diet. Be careful, as this is a sensitive subject with this age group. Have students research this topic on the Internet. Each student should bring in one article from a Spanish-language newspaper and present it to his or her small group. The group will then choose one of the articles to present to the class. After discussing the articles, give students a formal essay assignment of 200 words to complete in class, without dictionaries. Correct the essays using the most updated AP rubrics. Say: **Basándote en el artículo que has escogido, escribe tus respuestas a esta pregunta. Menciona lo que has leído y da tus propias ideas. La pregunta es: ¿En qué consisten los problemas relacionados con la obesidad? Puedes hablar de la comida rápida o de otros temas sobre los que has leído.**

Section Goals

In **Enfoques**, students will:

- learn about Colombian herbal medicine, the **Ciclovía** community recreation, and health systems in various Spanish-speaking countries
- watch a video about pharmacies in Ecuador

Communication 1.2
Cultures 2.1, 2.2
Connections 3.1, 3.2
Comparisons 4.2

21st CENTURY SKILLS

Global Awareness
Students will gain perspectives on the Spanish-speaking world to develop respect and openness to others and to interact appropriately and effectively with citizens of Spanish-speaking cultures.

Instructional Resources
vText
Cuaderno para hispanohablantes, p. 54
Supersite/DVD: ***Flash cultura***
Supersite/TRCD: ***Flash cultura***
Video Script & Translation

Reading Strategy Preview the reading by asking students if there are any home remedies they grew up with. Ex: **¿Usas remedios caseros?**

Teaching Tip Point out that the diminutive is used in the passage **(frasco → frasquito, agua → agüita)**. See **Estructura 7.3**.

NATIONAL STANDARDS
Communities If there is a Hispanic pharmacy or grocery near you, you might ask students to visit the store to see what natural or traditional remedies are available. Have them do research to learn what the remedies are said to be for. Stress to students that they should never try such remedies without the advice of their physician and the permission of their parents or guardians.

4 ENFOQUES

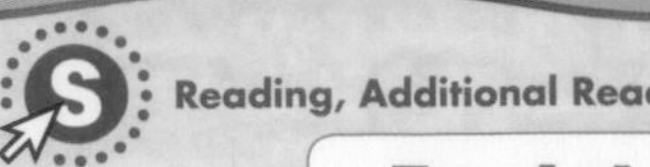

En detalle

COLOMBIA

DE ABUELOS Y CHAMANES

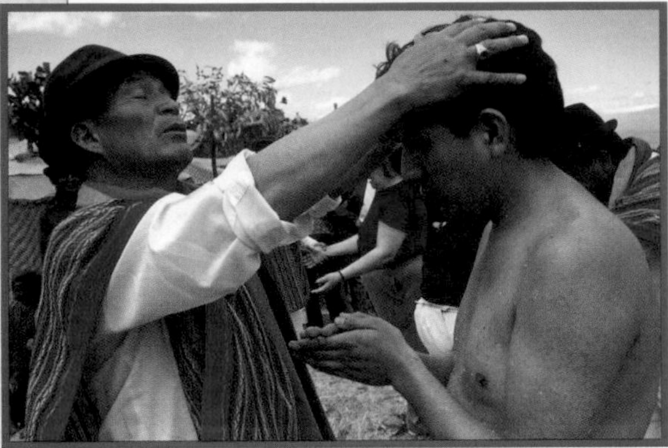

Sentada en su cocina en Bogotá, Marcela Mahecha destapa frasquitos° de hierbas y describe las "agüitas°" que le enseñó a preparar su abuela: agüita de toronjil° para calmar los nervios, agüita de paico° para los cólicos° y muchas más.

Muchos de estos remedios caseros° son más que simples "recetas de la abuela". Su uso proviene de los conocimientos milenarios que los curanderos° y chamanes° han ido pasando de generación en generación. Colombia, segundo país en el mundo en diversidad de especies vegetales, desarrolló una medicina tradicional muy rica, que aún hoy subsiste en todos los niveles de la sociedad. A pesar de la llegada de la medicina científica, muchas comunidades indígenas siguen practicando su medicina tradicional. Cuanto más aislada está la comunidad, mejor mantiene sus tradiciones.

En la cultura indígena americana, lo espiritual y lo corporal se funden° con la naturaleza. Los curanderos y chamanes son los responsables de mantener estos mundos en equilibrio. Para ello, combinan las propiedades medicinales de las plantas con ritos sagrados. En Colombia, al igual que en otros países, hay un renovado interés por conocer las propiedades medicinales de las plantas que se han usado durante siglos. Instituciones gubernamentales, universidades y organizaciones ecologistas intentan recuperar y conservar estos conocimientos. En sólo siete años, el Instituto Nacional de Vigilancia de Medicamentos y Alimentos aumentó de 17 a 95 el número de plantas medicinales aprobadas para usos curativos.

El deseo de las empresas farmacéuticas de apropiarse de las plantas y patentarlas ha hecho que el gobierno colombiano controle el derecho a sacarlas del país. Esto es importante porque algunas están en peligro de extinción y porque estas plantas forman parte indeleble° de la identidad indígena. ■

Algunas plantas curativas

Chuchuguaza Árbol que crece en la región amazónica de Colombia, Ecuador y Perú. Se usa como diurético y también contra el reumatismo, la gota° y la anemia.

Gualanday Árbol originario del Valle del Cauca y que crece en las regiones colombianas de Putumayo y Amazonas. La corteza°, la hoja y la flor se usan contra neuralgias, dolores de huesos, várices° y afecciones del hígado°.

Sauco Árbol proveniente de cultivos en la sabana° de Bogotá. La hoja, la corteza, el fruto y la flor se usan para tratar afecciones bronquiales.

destapa frasquitos *uncovers little jars* **agüitas** *herbal teas* **toronjil** *lemon balm* **paico** *Mexican tea (plant)* **cólicos** *cramps* **caseros** *home* **curanderos** *folk healers* **chamanes** *shamans* **se funden** *merge* **indeleble** *indelible* **gota** *gout* **corteza** *bark* **várices** *varicose veins* **afecciones del hígado** *liver conditions* **sabana** *savannah*

CRITICAL THINKING

Comprehension and Synthesis To help students understand the reading, encourage them to divide the passage into sections. For each section, have students write down two or three main ideas. Tell students to refer to these ideas for class discussion.

CRITICAL THINKING

Knowledge Have students define these terms in their own words, based on the reading: **el curandero** (*folk healer*), **el chamán** (*shaman or priest-doctor*), **la chuchuguaza, el gualanday, el sauco, la agüita de toronjil** (*lemon balm tea*). Ex: **Un chamán es alguien que cura las enfermedades del pueblo utilizando métodos naturales.**

ASÍ LO DECIMOS

La salud y el bienestar

el/la buquí (R. Dom.) *glutton*
el/la matasanos (Esp.) *bad doctor; quack*
cachucharse (Chi.) *to hit oneself*
caer bien/mal *to sit well/bad*
curar el empacho (Arg.) *to cure indigestion*
estar constipado/a (Esp.) *to be congested*
estar constipado/a (Amér. L.) *to be constipated*
estar depre (Arg., Esp. y Pe.) *to feel down*
estar funado/a (Chi.) *to feel demotivated*
estar pachucho/a (Arg y Esp.) *to be under the weather*
¡Se me parte la cabeza! (Arg.) *I have a splitting headache!*

EL MUNDO HISPANOHABLANTE

La salud y el bienestar públicos

Los gobiernos hispanoamericanos suelen brindar servicios de salud pública gratuitos° a todos los ciudadanos. Algunos países, como Cuba, han desarrollado un **sistema de salud universalista** en el cual todos los servicios son gratuitos. Otros países, como Chile, tienen un modelo mixto, que combina el sector público con el privado.

En el ***ranking*** **de calidad de vida** del año 2005 realizado por *The Economist Intelligence Unit*, España aparece en el décimo lugar sobre un total de 111 países. Este *ranking* considera no sólo los ingresos económicos, sino también otros indicadores como el bienestar y la satisfacción individual de las personas.

Entre los médicos latinoamericanos, se destaca **Carlos Finlay**, médico y biólogo cubano nacido en 1833. Su mayor contribución científica fue el descubrimiento del mecanismo de transmisión de la fiebre amarilla°, que había sido un enigma desde sus primeros registros en el siglo XV. Recibió numerosos premios en Estados Unidos y Europa.

PERFIL

LA CICLOVÍA DE BOGOTÁ

Todos los domingos y lunes festivos, se cierran algunas de las principales vías de la capital de Colombia para que más de un millón de habitantes salgan a la Ciclovía: 120 kilómetros para montar en bicicleta, caminar, correr o patinar. Es una forma de recreación para la comunidad, una manera distinta de recorrer la ciudad y una manera de promover un estilo de vida activo y saludable. La Ciclovía cuenta además con la Recreovía. Son espacios distribuidos en diferentes puntos del trayecto, en los cuales la gente tiene la oportunidad de hacer actividades físicas, como aeróbicos y clases de baile, dirigidas por instructores especializados. Estos servicios no tienen ningún costo y todos son bienvenidos. En el recorrido también se pueden encontrar puntos para la práctica de deportes extremos, zonas especiales para niños e incluso puestos de atención para mascotas. Algunos países como México, Chile y Venezuela también están implementando la Ciclovía como una opción de recreación para la gente.

> “Los conocimientos de la medicina tradicional son conocimientos adquiridos de nuestros antepasados y mantienen vivas las más ricas culturas de América Latina.”
> (Donato Ayma, político boliviano)

Conexión Internet

¿Qué beneficios tienen distintos tés de hierbas?

To research this topic, go to **vhlcentral.com**.

gratuitos *free of charge* **fiebre amarilla** *yellow fever*

Teaching Tips

- Practice new vocabulary by asking questions. Ex: **¿Qué harías para curar el empacho? ¿Qué significa si un amigo te dice que está depre?**
- For **El mundo hispanohablante,** call on volunteers to tell what they know about the healthcare system in the U.S. Have them compare it to the information from the passage.
- Read the quote by Donato Ayma aloud. Call on volunteers to explain the meaning in their own words.

NATIONAL STANDARDS

Community Much health information in Spanish is available from the federal, state, and local governments in the U.S. Have students obtain such information (either from websites or by requesting brochures) to share with the class. You might ask them to create their own brochures or informational posters based on the governmental models.

21st CENTURY SKILLS

Information and Media Literacy: Conexión Internet
Go to the Supersite to complete the **Conexión Internet** activity for additional practice accessing and using culturally authentic sources.

PRE-AP*

Presentational Speaking Read the article on page 130. Have students heard of **curanderos**? Discuss alternative medicine, and have students research it on the Internet. Refer them to **Conexión Internet.** They will present a “talk show” to the class on the subject of alternative medicine. In groups of three, one student will be the host, one will be the **curandero,** or medical practitioner, and one will be the patient. Give them time in class to prepare their presentation and then present it to the class. Tell students: **Cada grupo debe presentar durante diez minutos. El anfitrión/La anfitriona del programa debe presentar formalmente al/a la curandero/a y al/a la paciente y debe hacerle a cada uno/a por lo menos cuatro preguntas.**

Communication 1.1, 1.2

Teaching Tips

1 Have students work in pairs to write two more true/false statements about the reading. Then have them ask classmates to answer **cierto** or **falso**.

3 For variation, divide the class into two groups for a class debate. Have one group argue for patents on nature and genetic modification, and the other against. Give students ten minutes to prepare their arguments. Beforehand, brainstorm a list of pertinent vocabulary on the board for reference during the debate.

3 **Partner Chat** You can also assign activity 3 on the Supersite. Students work in pairs to record the activity online. The pair's recorded conversation will appear in your gradebook.

- For **Proyecto,** help students organize the information by creating an outline. Encourage them to find a map of the area on the Internet and some statistics or facts about the local population.

NATIONAL STANDARDS

Connections: Science

A number of medications have been derived from plants found in Latin America. Have students do research to identify some of these discoveries. Have them create short presentations for the class on the plants, where they were located, and the uses they have been put to in medical care.

recursos

vText | CH p. 54

¿Qué aprendiste?

1 Comprensión Indica si estas afirmaciones son **ciertas** o **falsas**. Corrige las falsas.

1. Marcela aprendió a usar infusiones en un viaje a Colombia, la tierra de su abuela. **Falso.** Marcela vive en Colombia.
2. Colombia es uno de los países con mayor diversidad de especies vegetales. **Cierto.**
3. En las prácticas curativas tradicionales, se combinan las propiedades curativas de las plantas con el poder curativo de los animales. **Falso.** Se combinan las propiedades curativas de las plantas con ritos sagrados.
4. Los conocimientos sobre los poderes curativos de las plantas han pasado de padres a hijos a través de los siglos. **Cierto.**
5. En Colombia, el uso de plantas curativas es popular sólo entre las comunidades indígenas. **Falso.** Es común en todos los niveles de la sociedad colombiana.
6. A pesar de la llegada de la medicina científica, muchas comunidades mantuvieron sus prácticas medicinales tradicionales. **Cierto.**
7. Las comunidades que mejor conservaron las tradiciones fueron las que estaban más cerca de la costa. **Falso.** Las comunidades que mejor conservaron las tradiciones fueron las que estaban más aisladas.
8. En Colombia, las instituciones no se preocupan por recuperar las tradiciones curativas. **Falso.** En Colombia, instituciones gubernamentales, universidades y organizaciones ecologistas intentan recuperar las tradiciones curativas.
9. Las empresas farmacéuticas quieren apropiarse de las plantas. **Cierto.**
10. Colombia ha empezado a controlar las exportaciones de plantas curativas. **Cierto.**

2 Oraciones incompletas Completa las oraciones con la información correcta.

1. En la Recreovía, los colombianos pueden hacer __aeróbicos__ o tomar clases de baile.
   a. aeróbicos b. manualidades c. concursos
2. Países como México, Chile y __Venezuela__ también están implementando la Ciclovía.
   a. Costa Rica b. El Salvador c. Venezuela
3. En Chile, el sistema de salud sigue el modelo __mixto__.
   a. mixto b. universalista c. privado
4. Carlos Finlay colaboró para descubrir cómo se transmite __la fiebre amarilla__.
   a. la malaria b. la fiebre amarilla c. la gripe
5. En Chile, usan *estar fundado* para decir que alguien tiene __poca energía__.
   a. indigestión b. gripe c. poca energía

3 Opiniones En parejas, hablen sobre estas preguntas: ¿Se puede patentar la naturaleza? ¿Tienen derecho las empresas farmacéuticas a patentar plantas? ¿Tienen derecho a hacerlo si modifican la estructura genética de la planta? ¿Cuáles son las posibles consecuencias de patentar plantas y organismos vivos? Compartan su opinión con la clase.

PROYECTO

Las plantas curativas

Como hemos visto, muchas comunidades latinoamericanas usan las plantas para curar diferentes enfermedades. Busca información en Internet o en la biblioteca sobre alguna de estas plantas.

Usa las preguntas como guía para tu investigación.

- ¿Para qué se usa la planta?
- ¿En qué comunidad(es) se usa?
- ¿Qué enfermedades específicas cura?
- ¿Cómo se usa, según la tradición?
- ¿Se comprobaron científicamente las propiedades de la planta?
- ¿Es común su uso en la medicina científica?

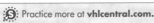

Practice more at **vhlcentral.com.**

TEACHING OPTIONS

Small Groups Have students work in small groups to think of a fun recreational place that they know. (Ex: Central Park, NY; the Portland Willamette River Walk in Oregon, South Padre Island, TX) Have them research it and give a brief oral presentation. If possible, have them explain how it is similar or different from the **Ciclovía** described in **Perfil** on page 131.

CRITICAL THINKING

Evaluation Have students create a commercial for a new natural product and act it out for the class. Encourage students to include a testimonial from a satisfied customer about how he or she felt before taking the product and how he or she feels now. Remind students to use the imperfect tense for describing feelings in the past.

 Video: *Flash cultura*

Las farmacias

Ya has leído sobre el interés renovado por conocer las propiedades medicinales de las plantas en Colombia. En este episodio de **Flash cultura** conocerás las distintas opciones de farmacias que existen actualmente en su país vecino, Ecuador.

VOCABULARIO ÚTIL

la arruga *wrinkle*	**el mostrador** *counter*
la baba de caracol *snail slime*	**la piel tersa** *smooth skin*
la cicatriz *scar*	**el ungüento** *ointment*
el estante *shelf*	**la vitrina** *display window*

Preparación ¿Qué haces cuando sientes algún dolor? ¿Alguna vez tomaste medicamentos sin visitar antes al médico?

 **Comprensión** Indica si estas afirmaciones son ciertas o falsas. Después, en parejas, corrijan las falsas.

1. En Ecuador pueden encontrarse farmacias similares a las que hay en Estados Unidos o en Europa. Cierto.
2. Las grandes farmacias no ofrecen remedios caseros como ungüentos y cremas. Cierto.
3. No es costumbre en Ecuador que el farmacéutico recete a los clientes. Falso. Es común que los clientes consulten a los farmacéuticos y éstos les aconsejen personalmente.
4. En las farmacias tradicionales, los clientes no tienen acceso a los productos, que se guardan en estantes o vitrinas detrás del mostrador. Cierto.
5. La crema de baba de caracol sirve para dolores e inflamación de la piel. Falso. La crema de baba de caracol sirve para borrar manchas y cicatrices, mantener la piel tersa y borrar las arrugas.
6. Para la medicina tradicional, algunas plantas son malas. Falso. Para la medicina tradicional, todas las plantas son abuelas y traen un beneficio.

 **Expansión** En parejas, contesten estas preguntas.

- Imagina que viajas a Ecuador y te enfermas. ¿Buscarías el consejo de un farmacéutico en vez de ir al médico? Justifica tu respuesta.
- Entre unas píldoras recetadas por el médico y una limpia de energía, ¿cuál elegirías? ¿Te parece que alguna de esas opciones puede ser mala para la salud?
- ¿En qué se parecen las farmacias de Ecuador a las de tu ciudad? ¿En qué se diferencian? ¿Qué tipo de farmacia te parece mejor? ¿Por qué?

Corresponsal: Mónica Díaz
País: Ecuador

Los consejos personales que el farmacéutico ofrece al cliente es lo que distingue a las pequeñas farmacias de las grandes.

A veces, las personas en el mundo hispano utilizan medicina alternativa para curar sus dolencias°.

Para la medicina tradicional, la gripe es un bajón° de energía; a través de la limpia°, se aumenta la energía y se intenta eliminar el problema.

dolencias *ailments* **bajón** *weakening* **limpia** *cleansing*

 Practice more at **vhlcentral.com.**

Communication 1.1, 1.2
Cultures 2.1, 2.2
Connections 3.1, 3.2
Comparisons 4.2

Teaching Tips

- Have students form pairs and brainstorm a list of vocabulary words and expressions they might hear in a pharmacy. Tell students to use those lists to better understand the video.
- Ask students if they have ever used natural remedies to cure a sickness. If so, where did they learn about them?

21st CENTURY SKILLS

Information and Media Literacy Go to the Supersite to complete the **Conexión Internet** activity associated with **Flash cultura** for additional practice accessing and using culturally authentic sources.

LEARNING STYLES

For Kinesthetic Learners Have students form pairs and write a short skit set in a pharmacy. One student should play a sick person asking for advice and the other should play a pharmacist asking questions and prescribing medication to cure the illness. Have students act out their skits for the class.

CRITICAL THINKING

Application Tell students to scan quickly the **En detalle** reading. Then have them compare and contrast the information presented in the article to the **Flash cultura** segment. Ask: **¿En qué se diferencian la medicina de Ecuador y la de Colombia? ¿Los dos países utilizan medicina alternativa o natural? ¿Qué aprendiste de la medicina tradicional y la medicina alternativa?**

Section Goals

In **Estructura,** students will learn:

- the present subjunctive and its use in noun clauses
- formal, familiar, and **nosotros** commands
- uses of **por** and **para**

 Comparisons 4.1

Instructional Resources

vText

Cuaderno de actividades comunicativas, pp. 10, 70
Cuaderno de práctica, pp. 33–34
Cuaderno para hispanohablantes, pp. 55–56
e-Cuaderno
Supersite: Additional practice
Supersite/TRCD: Grammar Slides, Presentation PDFs #28, 29, Audio Activities Script, Answer Keys
Audio Activities CD

Teaching Tips

- Explain that the subjunctive is a mood and is used more frequently in Spanish than in English. Give them an example in English. Ex: *I wish you were here.*
- Review the video stills and **Expresiones útiles** in the **Fotonovela** section for examples of the subjunctive.
- Preview the material by writing three sentences using the subjunctive of regular **–ar, –er,** and **–ir** verbs on the board. Have volunteers circle the subjunctive verb forms and draw conclusions about how their endings differ from the indicative. (Answer: **–ar** verb endings usually include **e**, whereas **–er** and **–ir** verb endings usually include **a**, so they typically use the opposite vowel).

4 ESTRUCTURA

4.1 The subjunctive in noun clauses

Forms of the present subjunctive

- The subjunctive (**el subjuntivo**) is used mainly in the subordinate (dependent) clause of multiple-clause sentences to express will, influence, emotion, doubt, or denial. The present subjunctive is formed by dropping the **–o** from the **yo** form of the present indicative and adding these endings.

The present subjunctive

hablar	comer	escribir
hable	coma	escriba
hables	comas	escribas
hable	coma	escriba
hablemos	comamos	escribamos
habléis	comáis	escribáis
hablen	coman	escriban

- Verbs with irregular **yo** forms show that same irregularity in all forms of the present subjunctive.

conocer	conozca	**seguir**	siga
decir	diga	**tener**	tenga
hacer	haga	**traer**	traiga
oír	oiga	**venir**	venga
poner	ponga	**ver**	vea

- Verbs with stem changes in the present indicative show the same changes in the present subjunctive. Stem-changing **–ir** verbs also undergo a stem change in the **nosotros/as** and **vosotros/as** forms of the present subjunctive.

pensar (e:ie)	piense, pienses, piense, pensemos, penséis, piensen
jugar (u:ue)	juegue, juegues, juegue, juguemos, juguéis, jueguen
mostrar (o:ue)	muestre, muestres, muestre, mostremos, mostréis, muestren
entender (e:ie)	entienda, entiendas, entienda, entendamos, entendáis, entiendan
resolver (o:ue)	resuelva, resuelvas, resuelva, resolvamos, resolváis, resuelvan
pedir (e:i)	pida, pidas, pida, pidamos, pidáis, pidan
sentir (e:ie)	sienta, sientas, sienta, sintamos, sintáis, sientan
dormir (o:ue)	duerma, duermas, duerma, durmamos, durmáis, duerman

- The following five verbs are irregular in the present subjunctive.

dar	dé, des, dé, demos, deis, den
estar	esté, estés, esté, estemos, estéis, estén
ir	vaya, vayas, vaya, vayamos, vayáis, vayan
saber	sepa, sepas, sepa, sepamos, sepáis, sepan
ser	sea, seas, sea, seamos, seáis, sean

¡ATENCIÓN!

The *indicative* is used to express actions, states, or facts the speaker considers to be certain. The *subjunctive* expresses the speaker's attitude toward events, as well as actions or states that the speaker views as uncertain.

Verbs that end in **–car, –gar,** and **–zar** undergo spelling changes in the present subjunctive.

sacar: saque
jugar: juegue
almorzar: almuerce

The present subjunctive form of **hay** is **haya**.

No creo que haya una solución.
I don't think there is a solution.

LEARNING STYLES

For Auditory Learners Orally conjugate subjunctive forms of regular **–ar, –er,** and **–ir** verbs as a class. Emphasize the pronunciation of these verb endings. Then call on volunteers to conjugate stem-changing verbs, correcting pronunciation as needed.

LEARNING STYLES

For Visual Learners Visual learners will benefit from the online practice with the subjunctive by going to **vhlcentral.com**.

Verbs of will and influence

- A clause is a group of words that contains both a conjugated verb and a subject (expressed or implied). In a subordinate noun clause (**oración subordinada sustantiva**), a group of words function together as a noun.

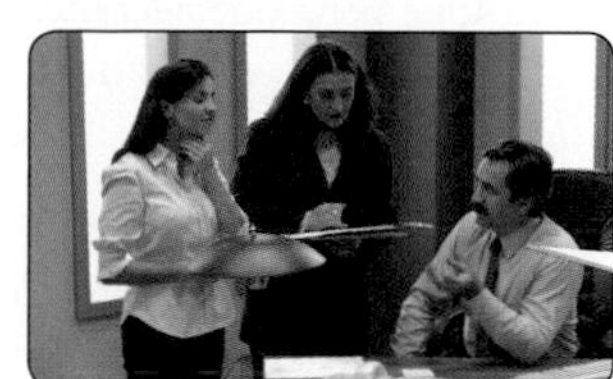

Quiero que hagas unos cambios en estos diseños.

- When the subject of the main clause of a sentence exerts influence or will on the subject of the subordinate clause, the verb in the subordinate clause must be in the subjunctive.

MAIN CLAUSE	CONNECTOR	SUBORDINATE CLAUSE
Yo quiero	**que**	**tú** vayas **al médico.**

Verbs and expressions of will and influence

aconsejar *to advise*	**gustar** *to like*	**preferir (e:ie)** *to prefer*
desear *to desire; to wish*	**hacer** *to make*	**prohibir** *to prohibit*
es importante *it's important*	**importar** *to be important*	**proponer** *to propose*
es necesario *it's necessary*	**insistir en** *to insist (on)*	**querer (e:ie)** *to want; to wish*
es urgente it's urgent	**mandar** *to order*	**recomendar (e:ie)** *to recommend*
exigir *to demand*	**necesitar** *to need*	**rogar (o:ue)** *to beg; to plead*
	oponerse a *to oppose*	**sugerir (e:ie)** *to suggest*
	pedir (e:i) *to ask for; to request*	

Necesito que **consigas** estas pastillas en la farmacia.
I need you to get these pills at the pharmacy.

Insisto en que **vayas** a la sala de emergencias.
I insist that you go to the emergency room.

El médico siempre me **recomienda** que **haga** más ejercicio.
The doctor always recommends that I exercise more.

Se oponen a que **salgas** si estás enfermo.
They object to your going out if you're sick.

- The infinitive, not the subjunctive, is used with verbs and expressions of will and influence if there is no change of subject in the sentence. The **que** is unnecessary in this case.

Quiero **ir** a Bogotá en junio.
I want to go to Bogota in June.

Prefiero que **vayas** en agosto.
I prefer that you go in August.

¡ATENCIÓN!

Pedir is used with the subjunctive to ask someone to do something.

Preguntar is used to ask questions, and is not followed by the subjunctive.

No te pido que lo hagas ahora.
I'm not asking you to do it now.

No te pregunto si lo haces ahora.
I'm not asking you if you are doing it now.

Teaching Tips

- Explain that subordinate clauses are called *dependent* clauses because their verb forms *depend* on the main clause. A subordinate clause will be in the subjunctive only if the verb or expression in the main clause requires it.
- Emphasize the idea that impersonal expressions are followed by the infinitive unless a new subject is introduced in the dependent clause. In order to use the subjunctive, two different subjects are necessary: one in the main clause and the other in the dependent clause. Examples: **Es importante hacer ejercicio. Es importante que tú hagas ejercicio.**
- Call on volunteers to read the sample sentences aloud.

Extra Practice Go to **vhlcentral.com** for extra practice with the subjunctive in noun clauses.

DIFFERENTIATION

To Challenge Students Have students change the sample sentences into sentences that use an infinitive instead of a subordinate clause. Ex: **Necesito conseguir estas pastillas en la farmacia**. Ask how the meaning changes in each case.

DIFFERENTIATION

For Inclusion Explain that the subjunctive is an integral part of communicating in Spanish. Encourage students to create a subjunctive section in the back of their notebooks where they will jot down any important class notes, hints, or examples.

Teaching Tips

- Explain that, while the subjunctive is sometimes used with **quizá(s)** and **tal vez**, it is never used with **a lo mejor** (*maybe, perhaps*).
- Tell students that the subjunctive can be used in sentences beginning with **que** when the main clause is implied. Ex: **(Espero) Que te vaya bien.** See **Estructura 4.2**.
- Explain that, whereas the word *that* is usually optional in English, **que** is required in Spanish.
- Play a subjunctive game with groups of three students. Give each group cards containing subjects, verb stems, and verb endings. Group members divide up the cards. You call: **comer, tú;** students hold up **que tú comas; pensar, yo;** students hold up **que yo piense**. The first group to hold up the correct answer wins the point.

Affective Dimension Tell students that the subjunctive can seem tricky at first. To allay possible anxiety, encourage students to practice, but also to be patient and give themselves time to grasp its nuances.

¡ATENCIÓN!

The subjunctive is also used with expressions of emotion that begin with **¡Qué...** (*What a...!/It's so...!*)

¡Qué pena que él no vaya!
What a shame he's not going!

The expression **ojalá** (*I hope; I wish*) is always followed by the subjunctive. The use of **que** with **ojalá** is optional.

Ojalá (que) no llueva.
I hope it doesn't rain.

Ojalá (que) no te enfermes.
I hope you don't get sick.

Verbs of emotion

- When the main clause expresses an emotion like hope, fear, joy, pity, or surprise, the verb in the subordinate clause must be in the subjunctive if its subject is different from that of the main clause.

Espero que **te recuperes** pronto.
I hope you recover quickly.

Qué pena que **necesites** una operación.
What a shame you need an operation.

Verbs and expressions of emotion

alegrarse (de) *to be happy (about)*	**es terrible** *it's terrible*	**molestar** *to bother*
es bueno *it's good*	**es una lástima** *it's a shame*	**sentir (e:ie)** *to be sorry; to regret*
es extraño *it's strange*	**es una pena** *it's a pity*	**sorprender** *to surprise*
es malo *it's bad*	**esperar** *to hope; to wish*	**temer** *to fear*
es mejor *it's better*	**gustar** *to like; to be pleasing*	**tener miedo (de)** *to be afraid (of)*
es ridículo *it's ridiculous*		

- The infinitive, not the subjunctive, is used with verbs and expressions of emotion if there is no change of subject in the sentence.

No me gusta **llegar** tarde.
I don't like to be late.

Es mejor que lo **hagas** ahora.
It's better that you do it now.

¡ATENCIÓN!

The subjunctive is also used after **quizá(s)** and **tal vez** (*maybe; perhaps*) when they signal uncertainty, even if there is no change of subject in the sentence.

Quizás vengan a la fiesta.
Maybe they'll come to the party.

Verbs of doubt or denial

- When the main clause implies doubt, uncertainty, or denial, the verb in the subordinate clause must be in the subjunctive if its subject is different from that of the main clause.

No creo que él nos **quiera** engañar.
I don't believe that he wants to deceive us.

Dudan que el jarabe para la tos **sea** un buen remedio.
They doubt that the cough syrup will be a good remedy.

Verbs and expressions of doubt and denial

dudar *to doubt*	**negar (e:ie)** *to deny*
es imposible *it's impossible*	**no creer** *not to believe*
es improbable *it's improbable*	**no es evidente** *it's not evident*
es poco seguro *it's uncertain*	**no es seguro** *it's not certain*
(no) es posible *it's (not) possible*	**no es verdad/cierto** *it's not true*
(no) es probable *it's (not) probable*	**no estar seguro de** *not to be sure (of)*

- The infinitive, not the subjunctive, is used with verbs and expressions of doubt or denial if there is no change in the subject of the sentence.

Es imposible **viajar** hoy.
It's impossible to travel today.

Es improbable que él **viaje** hoy.
It's unlikely that he would travel today.

recursos

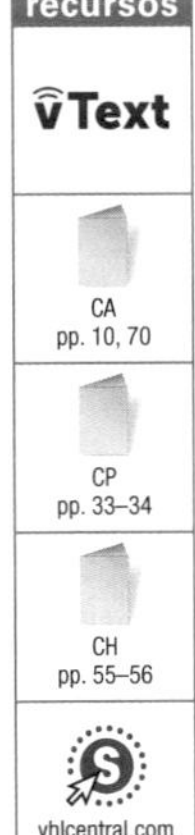

LEARNING STYLES

For Kinesthetic Learners Make a set of statements about health and well-being, using impersonal expressions and the subjunctive. Ask students to pretend they are doctors and to give a thumbs-up if they like what they hear and a thumbs-down if they do not. Example: **Es importante que comas cinco frutas y verduras al día.** (thumbs-up)

LEARNING STYLES

For Visual Learners Have groups of three write nine sentences using different verbs and expressions and the subjunctive. Ask volunteers to write some of their group's best sentences on the board. Work with the whole class to read the sentences and check for accuracy.

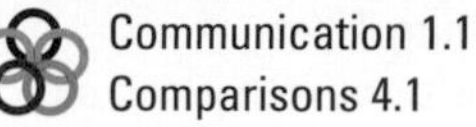
Communication 1.1
Comparisons 4.1

Práctica

1 Opiniones contrarias Escribe una oración que exprese lo opuesto en cada ocasión.

MODELO **Dudo que la comida rápida sea buena para la salud.**
—No dudo que la comida rápida es buena para la salud.

1. Están seguros de que Pedro puede dejar de fumar. No están seguros de que Pedro pueda dejar de fumar.
2. Es evidente que estás agotado. No es evidente que estés agotado.
3. No creo que las medicinas naturales sean curativas. Creo que las medicinas naturales son curativas.
4. Es verdad que la cirujana no quiere operarte. No es verdad que la cirujana no quiera operarte.
5. No es seguro que este médico conozca el mejor tratamiento. Es seguro que este médico conoce el mejor tratamiento.

2 Siempre enferma Últimamente, Ana María se enferma demasiado y sus amigas están preocupadas por ella. Completa la conversación con el infinitivo, el indicativo o el subjuntivo.

MARTA Es una pena que Ana María (1) __esté__ (estar / está / esté) enferma otra vez.

ADRIANA El problema es que no le gusta (2) __tomar__ (tomar / toma / tome) vitaminas. Además, ella casi nunca (3) __come__ (comer / come / coma) verduras.

MARTA Y no creo que Ana María (4) __haga__ (hacer / hace / haga) ejercicio. Yo siempre le (5) __pido__ (pedir /pido / pida) que (6) __venga__ (venir / viene / venga) conmigo al gimnasio, pero ella prefiere (7) __quedarse__ (quedarse / se queda / se quede) en casa.

ADRIANA Y cuando ella se enferma, no (8) __sigue__ (seguir / sigue / siga) los consejos del médico. Si él le recomienda que (9) __permanezca__ (permanecer / permanence / permanezca) en cama, ella dice que no es necesario (10) __descansar__ (descansar/ descansa / descanse). Si él le da una receta, ella ni (11) __compra__ (comprar / compra /compre) las medicinas. ¿Qué vamos a hacer, Marta?

MARTA Es necesario que (12) __hablemos__ (hablar / hablamos / hablemos) con ella. Si no, ¡temo que un día de estos ella nos (13) __llame__ (llamar / llama / llame) para llevarla a la sala de emergencias!

ADRIANA Bueno, creo que (14) __tienes__ (tener / tienes / tengas) razón. ¡Sólo espero que ella nos (15) __escuche__ (escuchar / escucha / escuche)!

3 Consejos Adriana y Marta le dan consejos a Ana María. Combina los elementos de cada columna para escribir cinco oraciones. Usa el presente del subjuntivo.

MODELO —Te recomendamos que hagas más ejercicio.

aconsejar		comer frutas y verduras
es importante		descansar
es necesario	que	hacer más ejercicio
querer		ir al gimnasio
recomendar		seguir las recomendaciones del médico
sugerir		tomar las medicinas

Teaching Tips

1 For extra practice, have students create five similar sentences using the subjunctive or indicative.

2 For each item that requires the subjunctive, call on volunteers to explain why they used it. Encourage them to review **Estructura 4.1** if necessary.

3 As a variant, have one student write a main clause on the board. Then have another student complete the sentence with a subordinate clause in the subjunctive.

NATIONAL STANDARDS
Connections: Health/ Physical Education Have students use information they have learned in their health or physical education classes to prepare posters in Spanish of their top ten recommendations for healthy behaviors. Have them present these to the class, then post them around the room.

DIFFERENTIATION

For Inclusion Help students become comfortable with some meanings of the subjunctive by doing a matching activity. Write a list of noun clauses on the board (Ex: **Quiero que...**) along with a list of dependent clauses. Have students read aloud the subordinate clause that best completes the sentence. Then students work in pairs to figure out the English meanings of the sentences. Have pairs share the meanings with the class.

DIFFERENTIATION

Heritage Speakers Have heritage speakers use the subjunctive to write five sentences about student attitudes toward health in their families' home countries. Have a class discussion to compare and contrast student attitudes about health in the U.S. and in Spanish-speaking countries. Encourage students to use the subjunctive during their discussion.

Teaching Tips

4 **Culture Note** Point out that Spanish contains over 2,000 words of Arabic origin. **Ojalá** is one of them and means **si Dios quiere** (*God willing*). It is used when there is a strong desire for something to happen.

4 Have students substitute **ojalá** with other subjunctive phrases that work in context. Ex: **Espero que las hojas no te toquen…**

5 Preview the activity by having students write a personal ad as if they were Lucía or Roberto. Encourage students to be creative.

Práctica

4 **Ojalá** Para muchos, el amor es una enfermedad. El cantante Silvio Rodríguez sugiere en esta canción una cura para el amor.

A. Utiliza el presente del subjuntivo de los verbos entre paréntesis para completar la estrofa (*verse*) de la canción.

> Ojalá que las hojas no te (1) __toquen__ (tocar) el cuerpo cuando (2) __caigan__ (caer) para que no las puedas convertir en cristal.
> Ojalá que la lluvia (3) __deje__ (dejar) de ser milagro que baja por tu cuerpo.
> Ojalá que la luna (4) __pueda__ (poder) salir sin ti.
> Ojalá que la tierra no te (5) __bese__ (besar) los pasos.

B. Ahora, escribe tu propia estrofa.

1. Ojalá que los sueños ________________.
2. Ojalá que la noche ________________.
3. Ojalá que la herida ________________.
4. Ojalá una persona ________________.

5 **El hombre ideal** Roberto está enamorado de Lucía, pero ella no le presta atención. Mira el dibujo del hombre ideal de Lucía y escribe cinco recomendaciones para Roberto. Utiliza el presente del subjuntivo y las palabras de la lista.

MODELO Es necesario que Roberto se vista mejor.

aconsejar	insistir en
es importante	proponer
es malo	recomendar
es mejor	rogar
es necesario	sugerir

Roberto

Hombre ideal

 Practice more at **vhlcentral.com.**

PRE-AP*

Interpersonal Writing and Speaking Relationships between friends or couples can bring joy or sorrow. Have students describe a real or fictional problem in groups and then write a *Dear Abby* letter describing the problem. Read the letters, making suggestions for grammatical corrections. Then have students rewrite the letters and exchange them with classmates. Each person should respond to the letter he or she has received. Say: **Ahora eres Abby. Vas a contestar la carta, dando por lo menos tres consejos. Empieza con frases como "Es aconsejable que" y "Te sugiero que". Empieza y termina tu carta con saludos apropiados.**

Communication 1.1
Comparisons 4.1

Teaching Tips

6 Have students work in pairs to write their own list of questions to **el doctor Sánchez**. Have them exchange questions with another pair and write responses.

6 Ask volunteers to read their questions and answers to the class. Encourage students to concentrate on pronunciation.

Comunicación

6 El doctor Sánchez responde **Los lectores de una revista de salud envían sus consultas al doctor Sánchez. Trabajen en parejas para decidir qué notas corresponden a cada consulta. Luego redacten la respuesta para cada lector usando las expresiones de la lista.**

Los lectores preguntan. El Dr. Sánchez responde.

1. Estimado Dr. Sánchez:
Tengo 55 años y quiero bajar 10 kilos. Mi médico insiste en que mejore mi alimentación. Probé varias dietas, pero no logro bajar de peso. ¿Qué puedo hacer? b
Ana J.

2. Querido Dr. Sánchez:
Tengo 38 años y sufro fuertes dolores de espalda (*back*). Trabajo en una oficina y estoy muchas horas sentada. Después de varios análisis, mi médico dijo que todo está bien en mis huesos (*bones*). Me recetó unas pastillas para los músculos, pero no quiero tomar medicinas. ¿Hay otra solución? c
Isabel M.

3. Dr. Sánchez:
Siempre me duele mucho el estómago. Soy muy nervioso y no puedo dormir. Mi médico me aconseja que trabaje menos. Pero eso es imposible. a
Andrés S.

A. No comer con prisa.
Pasear mucho.
No tomar café.
Practicar yoga.

B. Caminar mucho.
Practicar natación.
No comer las cuatro "p": papas, pastas, pan y postres.
Tomar dos litros de agua por día.

C. No permanecer sentada más de dos horas seguidas.
Hacer cincuenta minutos de ejercicio por día.
Adoptar una buena postura al estar sentada.
Elegir una buena cama.
Usar una almohada dura.

es importante que	**le aconsejo que**
es improbable que	**le propongo que**
es necesario que	**le recomiendo que**
es poco seguro que	**le sugiero que**
es urgente que	**no es seguro que**

7 Estilos de vida **En parejas, cada uno/a debe elegir una de estas personalidades. Después, dense consejos para cambiar su estilo de vida. Utilicen el subjuntivo.**

1. Voy al gimnasio tres veces al día. Lo más importante en mi vida es mi cuerpo.
2. Me gusta salir por las noches. Trasnocho casi todos los días.
3. Siempre como comida rápida porque es más fácil y mucho más barata.
4. No hago nada de ejercicio. Estoy todo el día trabajando en una oficina.

7 **Expansion** Give students additional descriptions. Ex: **5. Odio ir al médico porque me pongo nervioso/a. Me siento mal y no sé qué hacer. 6. Tomo mucho café porque nunca puedo dormir por la noche.**

LEARNING STYLES

For Kinesthetic Learners Have students stand. At random, call out implied commands using statements with verbs of will or influence and actions that can be mimed. Ex: **Quiero que te tomes la medicina. Insisto en que descanses.** When you make a statement, point to a student and have him or her mime the action. Use plural statements and point to more than one student. Keep a brisk pace.

LEARNING STYLES

For Auditory Learners Create sentences that use the subjunctive. Say the sentence and have students repeat it. Then call out a different subject for the subordinate clause. Have students say the sentence with a new subject, making all of the necessary changes. Ex: **Quiero que trabajen mucho. / tú / Quiero que trabajes mucho.**

Comparisons 4.1

Instructional Resources

vText

Cuaderno de actividades comunicativas, pp. 11, 71
Cuaderno de práctica, pp. 35–36
Cuaderno para hispanohablantes, pp. 57–58
e-Cuaderno
Supersite: Additional practice
Supersite/TRCD: Grammar Slides, Presentation PDFs #30–34, Audio Activities Script, Answer Keys
Audio Activities CD

Teaching Tips

- Point out that although **usted** and **ustedes** may be omitted for formal commands, using them is more courteous.
- Call on volunteers to read aloud the video still captions.
- Give students a series of situations and have them practice regular and irregular affirmative **tú** commands. Ex: **Tengo mucha hambre. (Come.) Estoy cansado/a. (Duerme.)**

Extra Practice Go to **vhlcentral.com** for extra practice with commands.

4.2 Commands

Formal (*Ud.* and *Uds.*) commands

- Formal commands (**mandatos**) are used to give orders or advice to people you address as **usted** or **ustedes**. Their forms are identical to the present subjunctive forms for **usted** and **ustedes**.

Formal commands		
Infinitive	**Affirmative command**	**Negative command**
tomar	**tome** (usted) **tomen** (ustedes)	**no tome** (usted) **no tomen** (ustedes)
volver	**vuelva** (usted) **vuelvan** (ustedes)	**no vuelva** (usted) **no vuelvan** (ustedes)
salir	**salga** (usted) **salgan** (ustedes)	**no salga** (usted) **no salgan** (ustedes)

¡ATENCIÓN!

***Vosotros/as* commands**
In Latin America, **ustedes** commands serve as the plural of familiar (**tú**) commands. The familiar plural **vosotros/as** command is used in Spain. The affirmative command is formed by changing the **–r** of the infinitive to **–d**. The negative command is identical to the **vosotros/as** form of the present subjunctive.

bailar: bailad/no bailéis

For reflexive verbs, affirmative commands are formed by dropping the **–r** and adding the reflexive pronoun **–os**. In negative commands, the pronoun precedes the verb.

levantarse: levantaos/ no os levantéis

Irse is irregular: **idos/ no os vayáis**

Familiar (*tú*) commands

- Familar commands are used with people you address as **tú**. Affirmative **tú** commands have the same form as the **él, ella**, and **usted** form of the present indicative. Negative **tú** commands have the same form as the **tú** form of the present subjunctive.

Familiar commands		
Infinitive	**Affirmative command**	**Negative command**
viajar	viaja	no viajes
empezar	empieza	no empieces
pedir	pide	no pidas

- These verbs and their derivatives (**predecir**, **deshacer**, **entretener**, etc.) have irregular affirmative **tú** commands. Their negative forms are still the same as the **tú** form of the present subjunctive.

decir	di	salir	sal
hacer	haz	ser	sé
ir	ve	tener	ten
poner	pon	venir	ven

DIFFERENTIATION

Heritage Speakers Ask heritage speakers to look for an advertisement in a Spanish-language magazine or newspaper in which they find formal and informal commands used. Have students bring a copy of the ad to class. Ask them to share their ads with the class and explain why formal or informal command forms were used in each case.

DIFFERENTIATION

For Inclusion Help students recognize that they are already familiar with formal and informal command forms. Explain that regular formal commands are the same as the present subjunctive forms, while regular affirmative **tú** command forms are the same as the third-person singular forms of the present indicative.

Nosotros/as commands

- **Nosotros/as** commands are used to give orders or suggestions that include yourself as well as other people. In Spanish, **nosotros/as** commands correspond to the English *let's* + [*verb*]. Affirmative and negative **nosotros/as** commands are generally identical to the **nosotros/as** forms of the present subjunctive.

Nosotros/as commands		
Infinitive	**Affirmative command**	**Negative command**
bailar	bailemos	no bailemos
beber	bebamos	no bebamos
abrir	abramos	no abramos

- The **nosotros/as** commands for **ir** and **irse** are irregular: **vamos** and **vámonos**. The negative commands are regular: **no vayamos** and **no nos vayamos.**

Using pronouns with commands

- When object and reflexive pronouns are used with affirmative commands, they are always attached to the verb. When used with negative commands, the pronouns appear between **no** and the verb.

Levántense temprano. / *Wake up early.* — **No se levanten** temprano. / *Don't wake up early.*

Dime todo. / *Tell me everything.* — **No me digas.** / *Don't tell me.*

- When the pronouns **nos** or **se** are attached to an affirmative **nosotros/as** command, the final **s** of the command form is dropped.

Sentémonos aquí. / *Let's sit here.* — **No nos sentemos** aquí. / *Let's not sit here.*

Démoselo mañana. / *Let's give it to him/her tomorrow.* — **No se lo demos** mañana. / *Let's not give it to him/her tomorrow.*

Indirect (*él, ella, ellos, ellas*) commands

- The construction **que** + *subjunctive* can be used with a third-person form to express indirect commands that correspond to the English *let someone do something.* If the subject of the indirect command is expressed, it usually follows the verb.

Que pase el siguiente. / *Let the next person pass.* — **Que** lo **haga** ella. / *Let her do it.*

- As with other uses of the subjunctive, pronouns are never attached to the conjugated verb, regardless of whether the indirect command is affirmative or negative.

Que se lo den los otros. — **Que** no **se lo den**.

Que lo vuelvan a hacer. — **Que** no **lo vuelvan** a hacer.

¡ATENCIÓN!

When one or more pronouns are attached to an affirmative command, an accent mark may be necessary to maintain the original stress. This usually happens when the combined verb form has three or more syllables.

decir

di, dile, dímelo

diga, dígale, dígaselo

digamos, digámosle, digámoselo

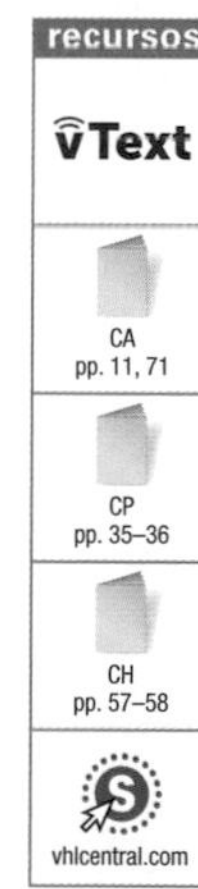

Teaching Tips

- Indicate that **nosotros/as** commands can also be expressed with **vamos a** + *infinitive.* Ex: **¡Vamos a comer!** *Let's eat!*
- Have auditory learners read the examples of commands with pronouns. Reiterate the importance of the written accent mark for maintaining the original stress in affirmative commands with pronouns.
- Explain that the main clause is implicit in indirect commands. Ex: **[Es necesario] Que pase el siguiente**.

Culture Note Ask students how they might use **nosotros/as** commands when they are out with a group of Spanish speakers, depending on the country. Ex: **¡Visitemos el Zócalo! ¡Vamos al parque del Retiro! ¡Escuchemos a la Tuna en la calle! ¡Probemos las brochetas!**

LEARNING STYLES

For Kinesthetic Learners Brainstorm active vocabulary from past lessons. At random, call out **nosotros/as** commands. All students should perform the appropriate action. Keep a brisk pace. Ex: **Hagamos la tarea. Hablemos por teléfono. Estudiemos para el examen. Tomemos el medicamento.**

LEARNING STYLES

For Auditory Learners Create sentences with **vamos a** + *infinitive.* After reviewing two or three examples on the board with the class, say a sentence, have students repeat it, and then call on individual students to change it to a **nosotros/as** command form. Ex: **Vamos a entrar en la farmacia. → Entremos en la farmacia.** Continue in the same way with more sentences.

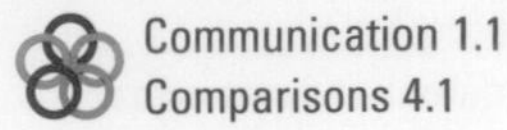
Communication 1.1
Comparisons 4.1

Teaching Tips

1 Have students continue the activity in pairs. Ask each student to write two more pieces of advice for his or her partner to change into commands.

2 Suggested answers for Part B:

1. **Prevén las caries.**
2. **Cepíllate los dientes después de cada comida.**
3. **No comas dulces.**
4. **Pon poco azúcar en el café o el té.**
5. **Come o bebe alimentos que tengan calcio.**
6. **Consulta al dentista periódicamente.**

3 Have volunteers present their own problems or bad habits, real or imaginary, since students in this age group are sometimes sensitive about this topic. Classmates should give appropriate advice using commands.

Extra Practice Give one student a **tú** command. Have him or her respond with the **usted** command of the same verb. For additional practice, have a third student give the **ustedes** command form.

Práctica

1 Mandatos Cambia estas oraciones para que sean mandatos.

1. Te conviene descansar. Descansa.
2. Deben relajarse. Relájense.
3. Es hora de que usted tome su pastilla. Tome su pastilla.
4. ¿Podría usted describir sus síntomas? Describa sus síntomas.
5. ¿Y si mejoramos nuestra alimentación? Mejoremos nuestra alimentación.
6. ¿Podrías consultar con un especialista? Consulta con un especialista.
7. Ustedes necesitan comer bien. Coman bien.
8. Le pido que se vaya de mi consultorio. Váyase de mi consultorio.

2 El cuidado de los dientes

A. Un dentista visita una escuela para hablar a los estudiantes sobre el cuidado de los dientes. Escribe los consejos que dio el dentista. Usa el imperativo formal de la segunda persona del plural.

1. prevenir las caries (*cavities*) Prevengan las caries.
2. cepillarse los dientes después de cada comida Cepíllense los dientes después de cada comida.
3. no comer dulces No coman dulces.
4. poner poco azúcar en el café o el té Pongan poco azúcar en el café o el té.
5. comer o beber alimentos que tengan calcio Coman o beban alimentos que tengan calcio.
6. consultar al dentista periódicamente Consulten al dentista periódicamente.

B. Un estudiante estuvo ausente el día de la charla con el dentista. Al día siguiente, sus compañeros le contaron sobre la charla y le dieron los mismos consejos. Reescribe los consejos usando el imperativo informal.

3 El doctor de Felipito Felipito es un niño muy inquieto. A cada rato tiene pequeños accidentes. Su doctor decide explicarle cómo evitarlos y cómo cuidar su salud. Utiliza mandatos informales para escribir las indicaciones del médico. Answers will vary.

Practice more at **vhlcentral.com.**

DIFFERENTIATION

To Challenge Students Have students create three questions about healthful eating habits. Then, with a partner, ask and answer the questions with affirmative and negative commands. If a student responds with a negative command, he or she must follow it with an affirmative command. Ex: **¿Debo comer helado después de la cena? (No, no lo comas. Come fruta de postre.)**

DIFFERENTIATION

For Inclusion In order to help students become comfortable with command forms, have them reread the conversation from the **Fotonovela** with a partner. Have them identify command forms and categorize them as formal, informal, or **nosotros/as** commands.

Communication 1.1
Comparisons 4.1

Teaching Tips
4 Recycle household vocabulary by adding these chores to the list: **hacer la cama, poner la mesa, lavar las ventanas, pasar la aspiradora**.

Comunicación

4 Que lo hagan ellos Carlos está tan entretenido con su nuevo videojuego que no quiere hacer nada más. En parejas, preparen una conversación entre Carlos y su madre en la que ella le dé mandatos y Carlos sugiera que otras personas la ayuden. Utilicen mandatos indirectos en la conversación.

MODELO **MADRE** Limpia tu cuarto, Carlos.
CARLOS Que lo limpie mi hermano. ¡Estoy a punto de alcanzar el próximo nivel!

ayudarme en la cocina	mis amigos
cortar cebollas	mi hermana
pasear al perro	mi hermano
llamar a la abuela	mi padre
ir a la farmacia	tú/Ud.

5 Hasta el siglo XXII

A. ¿Qué consejos le darías a un(a) amigo/a para que viva hasta el siglo XXII? En grupos pequeños, escriban ocho recomendaciones utilizando mandatos informales afirmativos y negativos. Sean creativos.

MODELO No tomes mucho café. Toma sólo agua y jugos naturales.

B. Ahora reúnanse con otro grupo y lean las dos listas. ¿En qué se parecen y en qué se diferencian sus recomendaciones?

6 Anuncios En grupos, elijan tres de estos productos y escriban un anuncio (*commercial*) de televisión para promocionar cada uno de ellos. Utilicen los mandatos formales para convencer al público de que lo compre.

MODELO El nuevo perfume "Enamorar" de Rita Ferrero le va a encantar. Cómprelo en cualquier perfumería de su ciudad. Pruébelo y…

cámara digital "Flimp"	pasta de dientes "Sonrisa Sana"
chocolate sin calorías "Deliz"	perfume "Enamorar"
computadora portátil "Digitex"	raqueta de tenis "Rayo"
crema hidratante "Suavidad"	todo terreno "4 X 4"

5 Have volunteers read their sentences aloud and write the commands on the board in two columns: **mandatos afirmativos** and **mandatos negativos**.

NATIONAL STANDARDS
5 Connections: Health/ Physical Education
Encourage students to use information they have learned in their health or physical education classes as they work on **Actividad 5**.

21st CENTURY SKILLS

Technology Literacy
Ask students to prepare a digital presentation to show the top three whole-class recommendations for this activity.

6 Ask groups to read their commercial scripts aloud. Then have the class vote on whether or not they were convinced to buy the product. Call on volunteers from the class to say why they voted as they did.

LEARNING STYLES

For Auditory Learners Here are five sentences to use as dictation. Read each twice, pausing after the second time for students to write. **1. Ve al consultorio si te sientes resfriado. 2. Pónganse los abrigos antes de salir de casa. 3. No tomes estas pastillas. 4. Leamos las instrucciones del medicamento. 5. Llame al médico para pedir la receta.**

LEARNING STYLES

For Visual Learners Display large pictures around the room. Have students work in pairs to write a short description of each picture. Ex: **La cocina está sucia. No quedan ni platos ni cubiertos limpios. No hay comida en la nevera. Mis amigos y yo tenemos hambre.** Then have students write responses in the form of commands. **(Límpiela. Lávenlos. Compren comida. Hagan la cena.)**

Comparisons 4.1

Instructional Resources
vText
Cuaderno de actividades comunicativas, pp. 12, 72
Cuaderno de práctica, pp. 37–38
Cuaderno para hispanohablantes, pp. 59–60
e-Cuaderno
Supersite: Additional practice
Supersite/TRCD: Grammar Slides, Presentation PDFs #35, 36, Audio Activities Script, Answer Keys
Audio Activities CD

Teaching Tips

- Explain that **para** is often used with adverbs to indicate *in the direction of*. Ex: **para arriba** means *upwards* and **para atrás** means *backwards*.
- Call on volunteers to read the sample sentences aloud. Encourage students to give an example of their own for each use of **para**.
- **Variación lexica** Point out that in some regions, including the Caribbean, the second syllable of **para** is often dropped from spoken Spanish. Ex: **p'arriba, p'abajo**.
- Give students additional expressions with **para: para que** (*so that*) **¿para qué?** (*what for?*).

Extra Practice Go to **vhlcentral.com** for extra practice with **por** and **para**.

4.3 *Por and para*

- **Por** and **para** are both translated as *for*, but they are not interchangeable.

Por mucho que insistan, los tendré que tirar.

Uses of *para*

Destination *(toward; in the direction of)*	El cirujano sale de su casa **para** la clínica a las ocho. *The surgeon leaves his house at eight to go to the clinic.*
Deadline or a specific time in the future *(by; for)*	El resultado del análisis va a estar listo **para** mañana. *The results of the analysis will be ready by tomorrow.*
Goal (**para** + [*infinitive*]) *(in order to)*	El doctor usó un termómetro **para** ver si el niño tenía fiebre. *The doctor used a thermometer to see if the boy had a fever.*
Purpose (**para** + [*noun*]) *(for; used for)*	El investigador descubrió una cura **para** la enfermedad. *The researcher discovered a cure for the illness.*
Recipient *(for)*	La enfermera preparó la cama **para** doña Ángela. *The nurse prepared the bed for Doña Ángela.*
Comparison with others or opinion *(for; considering)*	**Para** su edad, goza de muy buena salud. *For her age, she enjoys very good health.* **Para** mí, lo que tienes es gripe y no un resfriado. *To me, what you have is the flu, not a cold.*
Employment *(for)*	Mi hijo trabaja **para** una empresa farmacéutica. *My son works for a pharmaceutical company.*

Expressions with *para*

no estar para bromas *to be in no mood for jokes*
no ser para tanto *to be not so important*
para colmo *to top it all off*
para que *so that*
para que sepas *just so you know*
para siempre *forever*

DIFFERENTIATION

For Inclusion Have students focus on the most important uses of **por** and **para**. Ex: **Para** for deadlines, purpose, and recipients; **por** for *through, on behalf of, means by which,* and agency. At first, all explanations and exercises should be based on those uses, particularly on the uses of **para**. The finer distinctions can be emphasized later.

DIFFERENTIATION

To Challenge Students Assign different pairs of students reading passages from **Lecciones 1–3**. Tell them to analyze the use of **para,** identifying the uses explained above.

Para ponerse en forma hay que trabajar duro.

Yo, por ejemplo, trato de comer cosas sanas.

Uses of *por*

Motion or a general location *(along; through; around; by)*	Me quebré la pierna corriendo **por** el parque. *I broke my leg running through the park.*
Duration of an action *(for; during; in)*	Estuvo en cama **por** dos meses. *He was in bed for two months.*
Reason or motive for an action *(because of; on account of; on behalf of)*	Rezó **por** su hijo enfermo. *She prayed for her sick child.*
Object of a search *(for; in search of)*	El enfermero fue **por** un termómetro. *The nurse went for a thermometer.*
Means by which *(by; by way of; by means of)*	Consulté con el doctor **por** teléfono. *I consulted with the doctor by phone.*
Exchange or substitution *(for; in exchange for)*	Cambiamos ese tratamiento **por** uno nuevo. *We changed from that treatment to a new one.*
Unit of measure *(per; by)*	Tengo que tomar las pastillas cinco veces **por** día. *I have to take the pills five times per day.*
Agent (passive voice) *(by)*	La nueva política de salud pública fue anunciada **por** la prensa. *The new public health policy was announced by the press.*

Expressions with *por*

por ahora *for the time being*
por allí/aquí *around there/here*
por casualidad *by chance/accident*
por cierto *of course; by the way*
por ejemplo *for example*
por eso *therefore; for that reason*
por fin *finally*
por lo general *in general*
por lo menos *at least*
por lo tanto *therefore*
por lo visto *apparently*
por más/mucho que *no matter how much*
por otro lado/otra parte *on the other hand*
por primera vez *for the first time*
por si acaso *just in case*
por supuesto *of course*

¡ATENCIÓN!

In many cases it is grammatically correct to use either **por** or **para** in a sentence. However, the meaning of each sentence is different.

Trabajó por su tío.
He worked for (in place of) his uncle.

Trabajó para su tío.
He worked for his uncle('s company).

recursos

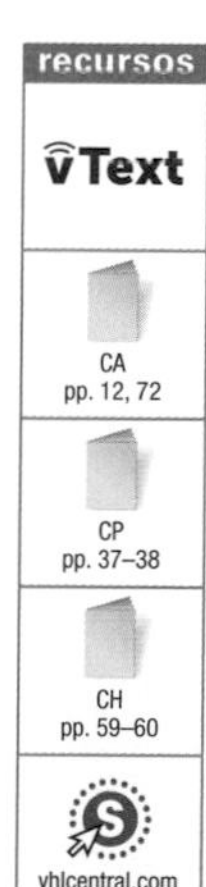

Teaching Tips

- Point out that **por** is always used with **gracias**. Ex: **Gracias por la cena**. Explain that this is because thanks and appreciation imply an exchange.
- Give students these additional expressions with **por: ¡Por Dios!** (*For God's sake!*) and **por escrito** (*in writing*).
- Distribute two cards to each student. Have them use a marker to write **por** on one and **para** on the other. Read a series of sentences with **por** or **para** missing. For each blank, students hold up the correct card. So that students can self-correct, ask the class to state the answer, **por** or **para**, aloud after each sentence. Sample sentences could include:
  1. **____ hacer la tarea, uso un lápiz.**
  2. **Paso ____ la biblioteca cuando voy a la casa de mi amigo.**
  3. **Tenemos un regalo ____ ti.**
- Ask students to translate phrases requiring **por**. Ex: *talk by phone, send information by e-mail, walk across the football field, walk along Oak Street, arrive in the afternoon, be worried about a friend, go thirty miles per hour.*

LEARNING STYLES

For Kinesthetic Learners Call out a sentence, omitting either **por** or **para**. Tell students to raise one hand if they think **por** should be used and two hands if they think **para** should be used. Avoid cases where either **por** or **para** could be used. This type of activity also benefits auditory learners.

LEARNING STYLES

For Visual Learners Play *Tic-Tac-Toe*. Draw a grid on the board; number the spaces 1–9. Each number represents an English sentence whose translation includes **por** or **para**. One of two teams chooses a number and you read the corresponding English sentence. Ex: *My sister works for a pharmaceutical company.* The correct translation earns the team an *X* or an *O*. A team wins with a row of three *X*s or *O*s.

Communication 1.1
Comparisons 4.1

Teaching Tips

1 Have students identify the use of **por** or **para** for each item. Tell students that identifying the use of **por** and **para** for each item will take the guesswork out of these prepositions.

2 As an optional writing assignment, have students draft a response letter from Catalina to Mateo, using **por** and **para** at least three times each. Make certain that students have the correct answers for the activity before beginning their own letter.

3 **Expansion** Tell students to add at least two more verbs and nouns to the list. Call on volunteers to write their answers on the board. Review the uses of **por** and **para** for each sentence.

Extra Practice Hand out a brief article in Spanish from a newspaper, magazine, or the Internet. Have students work in groups to read the paragraph together, find the words **por** and **para** in the text, and determine the reason for the words' use in each instance. Afterward, check the answers as a class.

Práctica

1 Otra manera Lee la primera oración y completa la segunda versión con **por** o **para**.

1. Mateo pasó el verano en Colombia con su abuela.
   Mateo fue a Colombia ___para___ visitar a su abuela.
2. Ella estaba enferma y quería la compañía de su nieto.
   Ella estaba enferma; ___por___ eso, Mateo decidió ir.
3. La familia le envió muchos regalos a la abuela.
   La familia envió muchos regalos ___para___ la abuela.
4. La abuela se alegró mucho de la visita de Mateo.
   La abuela se puso muy feliz ___por___ la visita de Mateo.
5. Mateo pasó tres meses allá.
   Mateo estuvo en Colombia ___por___ tres meses.

Cartagena, Colombia

2 Carta de amor Completa la carta con **por** y **para**.

De: mateo25@tucorreo.com
A: cata@tucorreo.com
Tema: Noticias desde Cartagena

Mi amada Catalina:

(1) ___Por___ fin encuentro un momento (2) ___para___ escribirte. Es que mi abuela me tiene a su lado (3) ___por___ horas y horas cada día, contándome historias de su niñez aquí en Cartagena. Poquito a poco va recuperándose, pero no sé de dónde saca tantas fuerzas (4) ___para___ hablar. Pero estoy aquí sólo (5) ___por/para___ ella, así que no me quejo de nada. En las tardes ella descansa y yo suelo caminar (6) ___por___ la playa y, (7) ___por___ supuesto, pienso en ti...

Hoy mi abuelita me pidió llamar (8) ___por___ teléfono a la clínica, pues le duele mucho el estómago y cree que es (9) ___por___ las otras medicinas que le recetó el cirujano. Mientras tío Javi la lleva a la clínica, yo iré al centro (10) ___para___ hacer unas compras. Ya sé lo que voy a comprar (11) ___para___ ti.

Ya pronto nos veremos...

Te amaré (12) ___para/por___ siempre...

Mateo

3 Oraciones Utiliza palabras de cada columna para formar oraciones lógicas.

MODELO Mi hermana preparó una cena especial para la fiesta.

caminar		él
comprar	para	la fiesta
hacer	por	mi mamá
jugar		el parque
preparar		su hermana

Practice more at **vhlcentral.com.**

DIFFERENTIATION

For Inclusion Encourage students to create a mnemonic device, like a story or a chant, in order to remember the different uses of **por** and **para**. Ex: **Vine por la tarde y busqué por el parque, por el río y por el centro. Viajé por carro, por tren y por avión**. Then do the same for **para**.

DIFFERENTIATION

To Challenge Students Have students create a television advertisement for a new health food product using **por** and **para**. Students should describe the item, tell why the customer should buy it, and say how much it costs.

Communication 1.1
Comparisons 4.1

Teaching Tips

4 Have students share their responses with the class. Tell them also to identify the uses of **por** and **para** in their sentences.

Comunicación

Diagnostics
Remediation Activities

4 **Soluciones** En parejas, comenten cuáles son las mejores maneras de lograr los objetivos de la lista. Sigan el modelo y utilicen **por y para**.

MODELO —Para tener buena salud, lo mejor es comer cinco frutas o verduras por día porque tienen muchas vitaminas.

concentrarse al estudiar	relajarse
divertirse	ser famoso/a
hacer muchos amigos	ser organizado/a
mantenerse en forma	tener buena salud

5 **Conversación** En parejas, elijan una de las situaciones y escriban una conversación. Utilicen **por** y **para** y algunas de las expresiones de la lista.

A. Tu vecino, don José, ganó en un concurso unas vacaciones a Medellín, Colombia, pero él no puede ir. Está pensando en ti y en otro/a vecino/a. Convence a don José de que te dé a ti las vacaciones.

B. Todo el verano has trabajado en una librería local y no has tomado ni un día libre. Habla con tu jefe/a y dile que quieres tomarte unas vacaciones de dos semanas antes de regresar a las clases. Tu jefe/a dice que no necesitas tomar vacaciones y te da algunas razones. Explícale tus razones.

no es para tanto	por casualidad	por lo menos
para colmo	por eso	por lo tanto
para siempre	por fin	por supuesto

6 **Síntesis** En grupos de cuatro, miren la foto e inventen una conversación que incluya a todos los miembros de la familia. Deben usar por lo menos tres verbos en el subjuntivo, tres mandatos y tres expresiones con **por** o **para**. Dramaticen la conversación para el resto de la clase.

5 Call on pairs to act out their conversations for situations A and B in front of the class. Give students five minutes to run through their conversations and work through any pronunciation problems. Encourage the rest of the class to offer alternative ways to convince the **vecino** or **jefe/a**.

5 **Partner Chat** You can also assign activity 5 on the Supersite. Students work in pairs to record the activity online. The pair's recorded conversation will appear in your gradebook.

6 Have students create three columns on a sheet of paper: **subjuntivo, imperativo,** and **por/para**. While each group performs its scene, have the rest of the students take notes in the correct column—writing the verb form they hear or **por/para**. Then have volunteers write the sentences or phrases they heard on the board.

LEARNING STYLES

For Kinesthetic Learners Get students out of their seats. Hand each student a strip of paper on which you have written one of the uses of **por** or **para,** or a sentence that is an example of one of the uses. Have students circulate around the room until they find the person who has the match for their use or sentence. After everyone has found a partner, pairs should read their sentences and uses aloud.

LEARNING STYLES

For Visual Learners Have students make two flashcards. On one they write **por** and on the other, they write **para**. Call out one of the uses for either word. Students show the appropriate card. Then call on a volunteer to write a sentence illustrating that use on the board. The class determines whether the sentence is grammatically accurate.

Section Goals

In **Cinemateca**, students will:

- watch the short film ***Éramos pocos***
- practice listening for vocabulary and structures learned in this lesson

Communication 1.2
Comparisons 4.1

Instructional Resources
vText
Supersite/DVD: Film Collection
Supersite/TRCD: ***Cortometraje*** Transcript & Translation

Teaching Tips

1 **Expansion** Ask students if they have ever tried **paella** or a Spanish **tortilla**. If any students have traveled to Spain, ask them to share any thoughts or stories involving Spanish food.

2 For item 1, have students share how their family approaches housework.

NATIONAL STANDARDS

2 **Communities** For item 3 of **Actividad 2**, have heritage speakers discuss nursing homes versus living with the family in their culture of origin. Have other students discuss their own families' or culture's approach to dealing with this issue.

3 Once students have watched the film, ask them if they were correct in their predictions.

4 CINEMATECA

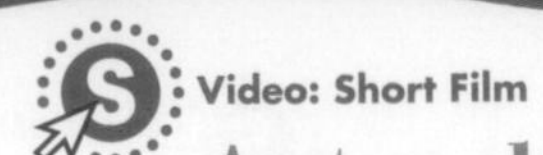

Antes de ver el corto

ÉRAMOS POCOS

país España
duración 16 minutos
director Borja Cobeaga
protagonistas Joaquín (padre), Fernando (hijo), Lourdes (abuela)

Vocabulario

el álbum (de fotos) *(photo) album*
apañar *to mend; to fix*
apañarse *to manage*
el asilo (de ancianos) *nursing home*
descalzo/a *barefoot*
el desorden *mess*
enseguida *right away*
largarse *to take off*
el marco *frame*
la paella *(Esp.) traditional rice and seafood dish*
la tortilla *(Esp.) potato omelet*
el trastero *storage room*

1 **Oraciones incompletas** Completa las oraciones con las palabras apropiadas.

1. Pones las fotos en un ___marco___ para colocarlas en la pared.
2. Te vas a vivir a un ___asilo___ cuando eres un anciano.
3. Guardas los muebles antiguos en un ___trastero___.
4. Cuando no llevas zapatos, vas ___descalzo/a___.
5. La ___tortilla___ es un plato que se cocina con huevos y patatas.

2 **Preguntas** En parejas, contesten las preguntas.

1. ¿Crees que los hombres ayudan en las tareas del hogar más que hace unos años?
2. ¿Conoces a alguna mujer que sea ama de casa? ¿Le gusta serlo?
3. ¿Cuáles son las ventajas y las desventajas de vivir en un asilo o vivir con la familia cuando una persona es anciana? ¿Qué vas a preferir tú: vivir en un asilo o vivir con la familia? ¿Por qué?
4. ¿Cómo crees que va a ser la situación de los ancianos dentro de unos años?

3 **¿Qué sucederá?** En parejas, miren el fotograma e imaginen lo que va a ocurrir en la historia. Compartan sus ideas con la clase.

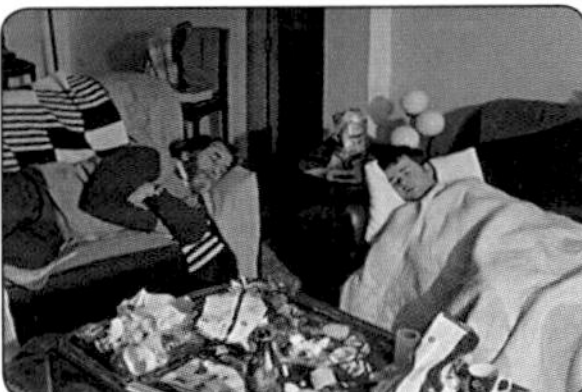

Practice more at **vhlcentral.com.**

CRITICAL THINKING

Knowledge and Comprehension Give students additional cultural context for the short film. Explain that in Spain, the number of elderly is increasing while the birth rate is decreasing. As a class, discuss what issues might arise due to these trends.

CRITICAL THINKING

Comprehension and Application Before showing the film, explain to students that they do not need to understand every word they hear. Tell them to rely on visual cues and to listen for cognates and words from **Vocabulario**.

Communication 1.2
Cultures 2.1, 2.2
Connections 3.2
Comparisons 4.2

Teaching Tips

- Tell students that the **cortometraje** features characters ranging in age from young to very old, and that their ages are very important to the plot.
- Ask students to name other movies about relationships between young and older people. (Possible answers: *Hunger Games, The Hobbit, We Bought a Zoo*)

Culture Note Tell students that because this film is from Spain, they will hear the **vosotros** form of verbs. Remind them that it is the plural of **tú**. Also say that the accent is such that **z, ce,** and **ci** are pronounced similarly to the *th* sound in the word *think.*

ramón barea
mariví bilbao
alejandro tejería

Premio a la mejor comedia, Aspen International Shorts Fest 2006, Aspen, EE.UU.

éramos pocos

un cortometraje de borja cobeaga

sonido directo miguel carretero
posproducción de sonido david rodríguez
vestuario pedro moreno
dirección artística enrique ferrero & ali larrey
jefe de producción pedro ruigómez momeñe
música aránzazu calleja
montaje jesús ramé
fotografía ignacio giménez-rico
producción ejecutiva oihana olea
escrito por borja cobeaga & sergio barrejón
dirigido por borja cobeaga

altube filmeak ARSENICO CANAL+ Kodak DOLBY

CRITICAL THINKING

Comprehension and Analysis Discuss how young people and the elderly in the U.S. perceive each other in daily life. Discuss whether these perceptions are depicted in movies and, if so, explain how these perceptions are conveyed, based on films students have seen.

CRITICAL THINKING

Synthesis Issues surrounding age discrimination are increasingly common in many parts of the world, as the percentage of middle-aged and elderly people grows compared with the number of young people. Working in groups, propose a plan to foster inter-generational understanding. As a model, use plans that already exist to promote understanding between ethnic groups, between people who do not have health issues and those who do, etc.

Video Synopsis A father and his son are incapable of taking care of housework. When the wife leaves and does not return, they decide to bring Grandma back from the nursing home so she will cook and clean for them.

PRE-AP*

Interpretive Reading
In pairs, ask students to cover the captions and look only at the photos. Have them invent their own captions based on the video stills.

21st CENTURY SKILLS

Social and Cross-Cultural Skills
Have students work in groups to choose one or two aspects of the movie that they identify as different from what they would expect in their daily life. Ask students to write two to three sentences about the difference and how they would explain what is different to a visitor from that culture.

Escenas

ARGUMENTO Tras ser abandonado por su mujer, Joaquín decide traer a su suegra a casa para que haga las labores del hogar.

FERNANDO ¿Por qué estás descalzo?
JOAQUÍN Porque no encuentro mis zapatillas.
FERNANDO ¿Y estás seguro de que se ha ido sin más°?
JOAQUÍN Eso parece.

FERNANDO Cuánto tiempo sin verte.
LOURDES Mucho tiempo.
FERNANDO Mira, papá, es la abuela.
LOURDES Hola.
JOAQUÍN Hola, soy tu yerno Joaquín. No sé si te acuerdas de mí.

LOURDES ¿Y mi habitación?
JOAQUÍN Esto se arregla en un momento. Desde que te fuiste usamos este cuarto como un trastero, pero enseguida lo apañamos. ¡Fernando!
LOURDES No te preocupes, no pasa nada.
JOAQUÍN ¡Fernando!

JOAQUÍN Creo que se ha dado cuenta. Que sabe para qué la hemos traído.
FERNANDO ¿Qué dices?
JOAQUÍN ¿No la notas demasiado… contenta?

ABUELA ¿Qué? ¿No coméis?
JOAQUÍN Que te diga esto a lo mejor te parece desproporcionado, Lourdes. Pero es que Julia lleva mucho tiempo de viaje.
FERNANDO Mucho, mucho.
JOAQUÍN No sabes lo que esta tortilla significa para nosotros.

JOAQUÍN Julia, soy yo. No me cuelgues°, ¿eh? Es importante. Es sobre tu madre. Ya sé que fui yo el que insistió en meterla en un asilo pero ahora está aquí, con nosotros. Es para pedirte perdón y para que veas que puedo cambiar.

sin más *just like that* **No me cuelgues** *Don't hang up on me*

CRITICAL THINKING

Application and Analysis Working in small groups, students write a summary of the events of the video in their own words. Have groups share their summaries with the class.

CRITICAL THINKING

Synthesis and Evaluation Students divide a sheet of paper into two columns, and title one column **Llevarse bien** and the other **No llevarse bien**. Watch the **cortometraje** a second time and, in the two columns, list the words and actions that reveal something about the relationships between and among the characters. Discuss the notes and analyze the benefits and disadvantages of the new arrangement for each character.

Después de ver el corto

1 Comprensión Contesta las preguntas con oraciones completas.

1. ¿Dónde está Julia?
   Julia se ha ido de casa.
2. ¿Qué ha pasado con las zapatillas de Joaquín?
   Julia tiró las zapatillas por la ventana.
3. ¿Por qué van a recoger a la abuela?
   Van a recoger a la abuela para que ayude en la casa.
4. ¿Por qué cree Joaquín que la abuela se ha dado cuenta del plan?
   Joaquín cree que la abuela se ha dado cuenta del plan porque ella está demasiado contenta.
5. ¿Para qué llama Joaquín a su mujer?
   Joaquín llama a su mujer para pedirle perdón y decirle que ha cambiado.
6. ¿Qué le dice su mujer?
   Le dice que ella está con su madre.
7. ¿Para qué mira Joaquín el álbum de fotos?
   Para ver si la mujer que está en su casa es Lourdes.
8. ¿Qué descubre Joaquín?
   Joaquín descubre que la mujer que vive con ellos no es Lourdes.

2 Ampliación Contesta las preguntas.

1. ¿Por qué piensas que Joaquín y Fernando son incapaces de vivir sin una mujer?
2. Según Joaquín, ¿por qué es importante la tortilla?
3. ¿Por qué está tan contenta Lourdes a pesar de trabajar tanto?
4. ¿Por qué crees que Joaquín no dice que la mujer no es su suegra?
5. ¿Qué opinas del final del corto? ¿Te parece que los personajes se están engañando unos a otros o se están ayudando? ¿Por qué?
6. ¿Cómo se relaciona el título con lo que sucede en el corto?

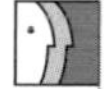

3 Julia En parejas, imaginen cómo es la esposa de Joaquín y cómo es su vida.

- ¿Cómo es?
- ¿Por qué se fue de casa?
- ¿Dónde está ahora?
- ¿Crees que sigue haciendo las labores del hogar?
- ¿Volverá con su familia?

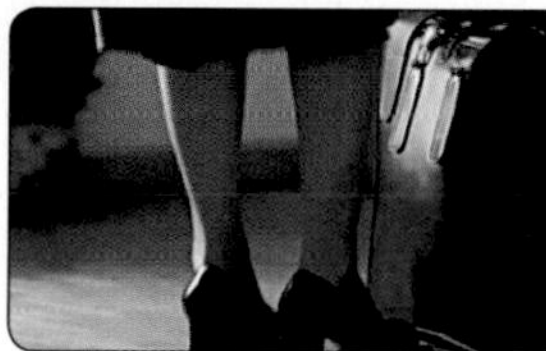

4 Salud mental En parejas, imaginen que un día Julia llama a su hijo para explicarle por qué se fue. Según ella, era necesario para su salud mental y su bienestar. Piensen en estas preguntas y ensayen la conversación telefónica entre Fernando y Julia. Represéntenla delante de la clase.

- ¿Está Fernando de acuerdo con la explicación de su madre?
- ¿Perdona Fernando a su madre?
- ¿Le importa realmente que su madre se haya ido?
- ¿Está arrepentida Julia?
- ¿Estaba realmente enferma Julia cuando se fue de la casa?

5 Cartas Elige una de estas dos situaciones y escribe una carta.

1. Eres la anciana que se hace pasar por Lourdes y decides escribirle una carta a tu verdadera familia explicando por qué te fuiste del asilo con otra familia.
2. Eres un(a) anciano/a que acaba de irse a un asilo. Escribe una carta a tu familia describiendo qué cosas extrañas de vivir en casa y qué te gusta del asilo.

recursos

Communication 1.1, 1.3

Teaching Tips

2 Ask additional questions about the film. Ex: **¿Crees que Lourdes sabía desde el primer momento que Joaquín y Fernando no eran su yerno y su nieto, o sólo se dio cuenta más tarde? ¿Está bien engañar a otras personas si al hacerlo las estamos ayudando? Explica tus respuestas.**

2 For item 6, see what students come up with on their own. Then explain that the title of the film comes from the saying **Éramos pocos y parió la abuela**. Explain that this saying roughly translates as *As if we didn't have enough problems* or *That was the last straw.* It describes a difficult situation that becomes even more complicated. Ask: **¿Crees que este título refleja bien el contenido del cortometraje? ¿Cómo?**

4 When discussing mental health, be sure to keep the conversation on general terms. Avoid asking personal questions about this topic.

21st CENTURY SKILLS

4 Productivity and Accountability
As a class, decide if the rubric you developed for the previous chapter works for this chapter's assignment. If not, adjust it to meet what students need to accomplish.

PRE-AP*

Interpretive Audiovisual Communication
Have students discuss what it would be like to live with a grandparent. Ask them to think of some possible advantages and disadvantages.

CRITICAL THINKING

Synthesis Write a series of sentences about the plot on strips of paper. Then have volunteers draw sentences and put them in chronological order. For kinesthetic learners, have students stand up and arrange themselves so they are standing with the sentences in chronological order.

CRITICAL THINKING

Evaluation Brainstorm a list of themes evident in the short film. Then divide the class into small groups and have them discuss the themes, drawing from their own experiences. Example: **¿Crees que evadir un problema es una forma de solucionarlo?**

Section Goals

In **Lecturas,** students will:

- read about **Ángeles Mastretta,** then read her story ***Mujeres de ojos grandes***
- learn about the indigenous **Chimila** people in Colombia and **la Expedición Humana** researchers' use of science to treat a skin disease

Communication 1.2
Comparisons 4.1

Instructional Resources
vText
Cuaderno de práctica, p. 39
Cuaderno para hispanohablantes, pp. 61–64
Supersite: Additional practice

Teaching Tips

- Call on a volunteer to read the Isabel Allende quote aloud. Remind students that she is a popular Chilean author. (See **Lección 1, DESCUBRE 3.**) Then ask: **Según esta cita, ¿crees que Allende es optimista o pesimista? ¿Por qué?**
- Tell students to look at the artwork. Ask: **¿Qué está pensando la persona de este cuadro?**

4 LECTURAS

Maru, 2010
Fernando Miñarro, España

"Cuando sientes que la mano de la muerte se posa sobre el hombro, la vida se ve iluminada de otra manera..."

— Isabel Allende

CRITICAL THINKING

Analysis Have students list a variety of themes they see in the Fernando Miñarro painting. Ex: life, death, solitude, peace. Once students have read ***Mujeres de ojos grandes,*** have them connect the story's themes to the themes they listed about the painting. This activity will help students to reflect on the story and revise their interpretation of the plot and characters.

CRITICAL THINKING

Evaluation Have students take another look at the painting by Fernando Miñarro. Ask: **¿Para ti este cuadro representa una imagen femenina? ¿Cuáles son los elementos que sugieren vida? ¿Y muerte?**

Antes de leer

Mujeres de ojos grandes

Sobre la autora

Ángeles Mastretta nació en Puebla, México, en 1949. Estudió periodismo y colaboró en periódicos y revistas: "Escribía de todo: de política, de mujeres, de niños, de lo que veía, de lo que sentía, de literatura, de cultura, de guerra". Su primer libro fue de poemas: *La pájara pinta* (1978), pero fue *Arráncame la vida* (1985), su primera novela, la que le dio fama y reconocimiento. En 1997 fue la primera mujer en ganar el Premio Rómulo Gallegos con su novela *Mal de amores*. En su obra se destaca el pensamiento femenino. *Mujeres de ojos grandes* está compuesto de relatos sobre mujeres que muestran "el poder que tienen en sus cosas y el poder que tienen para hacer con sus vidas lo que quieran, aunque no lo demuestren. Son mujeres poderosas que se saben poderosas pero no lo ostentan (*boast*)".

Vocabulario

el adelanto *improvement*	**el/la enfermero/a** *nurse*	**el ombligo** *navel*
la aguja *needle*	**el hallazgo** *finding; discovery*	**la pena** *sorrow*
la cordura *sanity*	**la insensatez** *folly*	**el regocijo** *joy*
desafiante *challenging*	**latir** *to beat*	**la terapia intensiva** *intensive care*

La historia de Julio Completa el párrafo con las palabras apropiadas.

Julio prefería una vida (1) desafiante, que no lo aburriera. Sin embargo, al perder todo por la caída de la bolsa (*stock market crash*), Julio —siempre una persona muy sensata— perdió la (2) cordura. Después de unos meses, los síntomas desaparecieron, para gran (3) regocijo de la familia. Sin embargo, pensar en su trabajo lo llenaba de (4) pena y en su corazón latía el deseo de hacer algo nuevo. Tan agradecido estaba con los médicos que decidió estudiar para ser (5) enfermero.

Conexión personal Cuando te sientes enfermo/a, ¿intentas curarte por tus propios medios? ¿Alguna vez estuviste en un hospital? ¿Confías en la medicina tradicional o has probado la medicina alternativa? ¿Crees que la ciencia puede resolverlo todo?

Análisis literario: el símil o la comparación

El símil, o la comparación, es un recurso literario que consiste en comparar una cosa con otra por su semejanza, parecido o relación. De esa manera, se logra mayor expresividad. Implica el uso del término comparativo explícito: **como**. Por ejemplo: "*ojos grandes* **como** *lunas*". Crea algunas comparaciones con estos pares de palabras o inventa tus propias comparaciones: muerte/noche, rostro/fantasma, mejillas/manzanas, hombre/ratón, lugar/cementerio.

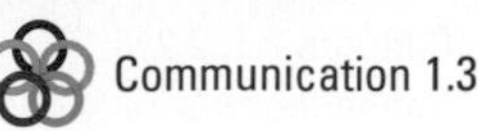
Communication 1.3

Teaching Tips
- After students read about the author, ask them what other female authors they have read who treat similar themes in their writing.
- **Variación léxica**
  el adelanto → la mejora, el mejoramiento
  el hallazgo → el descubrimiento

Conexión personal Ask students additional questions to spark discussion. Ex: **¿Hay alguien que quiera estudiar medicina en la universidad? ¿Qué cualidades se necesitan? ¿Cuáles son algunos programas de televisión que tienen lugar en un hospital? En tu opinión, ¿son realistas?**

NATIONAL STANDARDS
Connections: Literature
Have pairs choose artwork from the **Lecturas** pages found in each lesson of the book. Based on the image they choose, have them create a series of three similes. Review vocabulary from past lessons to get ideas. Have the class vote for their favorite one.

CRITICAL THINKING

Comprehension Read Mastretta's quote about the female characters in her stories: **"... el poder que tienen en sus cosas y el poder que tienen para hacer con sus vidas lo que quieran, aunque no lo demuestren. Son mujeres poderosas que se saben poderosas pero no lo ostentan."** As a class, discuss why it is important that the women she describes do not boast about their power.

CRITICAL THINKING

Analysis Have students think about their favorite authors. Ask: **¿Quién es tu autor(a) preferido/a? ¿Por qué te gusta su estilo? ¿Cómo describe las cosas? ¿Utiliza mucho el símil y la comparación?**

Cultures 2.1, 2.2
Connections 3.2

Teaching Tips
- Explain to students that the name **Jose,** without an accent and stressed on the first syllable (**Jo**), is sometimes a woman's name. It is short for **Josefina**.
- Call on a volunteer to read the first paragraph aloud. Have students identify the similes and metaphors.

Mujeres de ojos grandes

Último cuento; sin título

Ángeles Mastretta

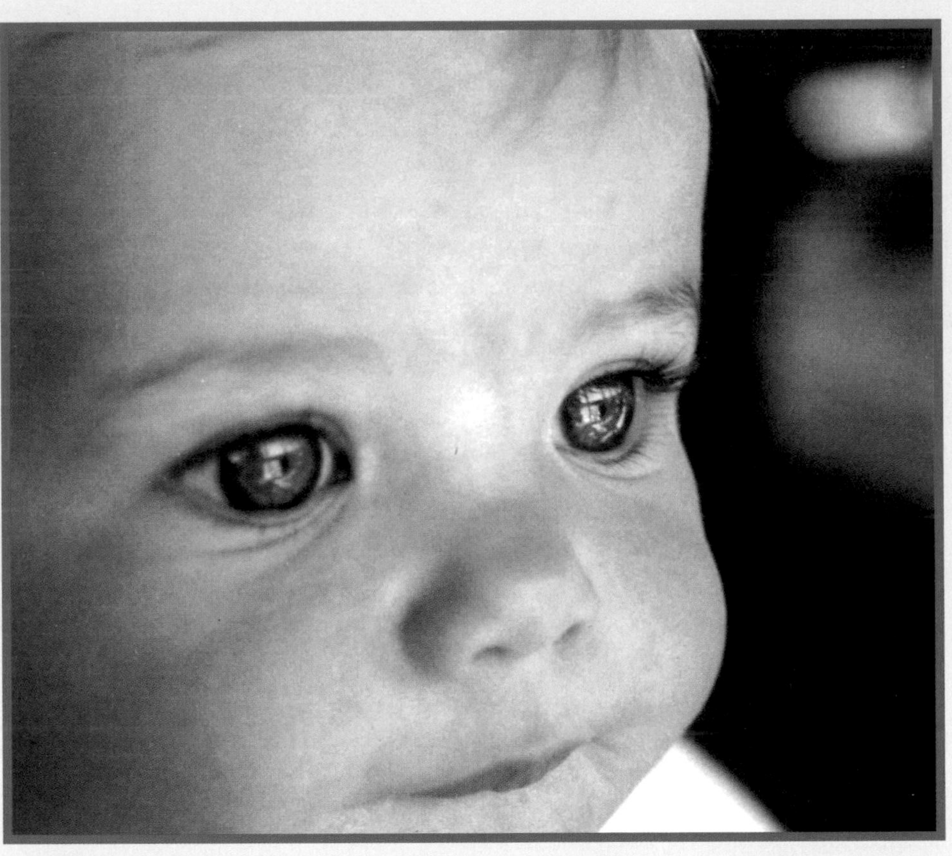

PRE-AP*

Comparative Literature and Presentational Writing Read and discuss with students the story ***Mujeres de ojos grandes***. In groups, have them discuss post-reading activities that are in the text. Give them a copy of the poem ***Yo no tengo soledad*** by Gabriela Mistral. Have them research the lives of Mistral and Mastretta. Assign the following formal essay to be done in class. Tell students: **Escriban 200 palabras sobre este tema: Analicen la importancia de un hijo en la vida de su madre. Comparen y contrasten el tratamiento de este tema en las dos obras que hemos leído. Intenten usar el vocabulario que hemos aprendido sobre las comparaciones y los términos literarios.**

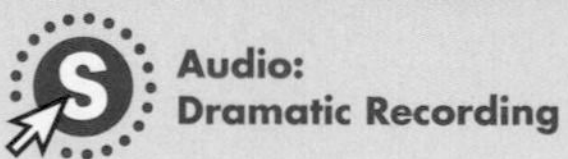

Tía Jose Rivadeneira tuvo una hija con los ojos grandes como dos lunas, como un deseo. Apenas colocada en su abrazo, todavía húmeda y vacilante°, la niña mostró los ojos y algo en las alas° de sus labios que parecía pregunta.

—¿Qué quieres saber? —le dijo tía Jose jugando a que entendía ese gesto.

Como todas las madres, tía Jose pensó que no había en la historia del mundo una criatura tan hermosa como la suya. La deslumbraban° el color de su piel, el tamaño de sus pestañas° y la placidez con que dormía. Temblaba de orgullo imaginando lo que haría con la sangre y las quimeras° que latían en su cuerpo.

Se dedicó a contemplarla con altivez° y regocijo durante más de tres semanas. Entonces la inexpugnable° vida hizo caer sobre la niña una enfermedad que en cinco horas convirtió su extraordinaria viveza° en un sueño extenuado° y remoto° que parecía llevársela de regreso a la muerte.

Cuando todos sus talentos curativos no lograron mejoría° alguna, tía Jose, pálida° de terror, la cargó hasta el hospital. Ahí se la quitaron de los brazos y una docena de médicos y enfermeras empezaron a moverse agitados y confundidos en torno a la niña. Tía Jose la vio irse tras una puerta que le prohibía la entrada y se dejó caer al suelo incapaz de cargar consigo misma y con aquel dolor como un acantilado°.

Ahí la encontró su marido, que era un hombre sensato y prudente como los hombres acostumbran fingir° que son. La ayudó a levantarse y la regañó° por su falta de cordura y esperanza. Su marido confiaba en la ciencia médica y hablaba de ella como otros hablan de Dios. Por eso lo turbaba° la insensatez en que se había colocado su mujer, incapaz de hacer otra cosa que llorar y maldecir° al destino.

Aislaron a la niña en una sala de terapia intensiva. Un lugar blanco y limpio al que las madres sólo podían entrar media hora diaria. Entonces se llenaba de oraciones° y ruegos. Todas las mujeres persignaban° el rostro de sus hijos, les recorrían el cuerpo con estampas y agua bendita°, pedían a todo Dios que los dejara vivos. La tía Jose no conseguía sino llegar junto a la cuna° donde su hija apenas respiraba para pedirle: "no te mueras". Después lloraba y lloraba sin secarse los ojos ni moverse hasta que las enfermeras le avisaban que debía salir.

Entonces volvía a sentarse en las bancas cercanas a la puerta, con la cabeza sobre las piernas, sin hambre y sin voz, rencorosa° y arisca°, ferviente° y desesperada. ¿Qué podía hacer? ¿Por qué tenía que vivir su hija? ¿Qué sería bueno ofrecerle a su cuerpo pequeño lleno de agujas y sondas° para que le interesara quedarse en este mundo? ¿Qué podría decirle para convencerla de que valía la pena hacer el esfuerzo en vez de morirse?

Una mañana, sin saber la causa, iluminada sólo por los fantasmas de su corazón, se le acercó a la niña y empezó a contarle las historias de sus antepasadas°. Quiénes habían sido, qué mujeres tejieron° sus vidas con qué hombres antes de que la boca y el ombligo de su hija se anudaran° a ella. De qué estaban hechas, cuántos trabajos° habían pasado, qué penas y jolgorios° traía ella como herencia. Quiénes sembraron con intrepidez° y fantasías la vida que le tocaba prolongar.

Durante muchos días recordó, imaginó, inventó. Cada minuto de cada hora disponible habló sin tregua° en el oído de su hija. Por fin, al atardecer de un jueves, mientras contaba implacable alguna historia, su hija abrió los ojos y la miró ávida° y desafiante, como sería el resto de su larga existencia.

El marido de tía Jose dio las gracias a los médicos, los médicos dieron gracias a los adelantos de su ciencia, la tía abrazó a su niña y salió del hospital sin decir una palabra. Sólo ella sabía a quiénes agradecer la vida de su hija. Sólo ella supo siempre que ninguna ciencia fue capaz de mover tanto, como la escondida en los ásperos° y sutiles° hallazgos de otras mujeres con los ojos grandes. ■

hesitating; *wings*; *dazzled*; *eyelashes*; *fancy ideas*; *arrogance; pride*; *impregnable*; *liveliness/ exhausted*; *remote; far off*; *improvement/ pale*; *cliff*; *to feign*; *scolded*; *disturbed; embarrassed*; *to damn; to curse*; *prayers*; *crossed*; *holy*; *cradle*; *spiteful*; *churlish/ fervent*; *probes; catheters*; *ancestors*; *wove*; *tied*; *hardships*; *revelry*; *bravery*; *relentlessly*; *avid; eager*; *rough; harsh/ subtle*

Teaching Tip As students read the story, have them take notes about Jose's thoughts and feelings as her daughter's condition progresses. Then have them work in small groups to compare notes.

NATIONAL STANDARDS
Communities Many hospitals offer Spanish-language services and information to patients and their families. Have students research this and report to the class. What are some of the helping professions in which knowledge of Spanish would be valuable?

CRITICAL THINKING

Comprehension In order to guide students' understanding of the story, have them write one or two sentences about each of the following elements: narrator, characters, setting, and tone.

CRITICAL THINKING

Synthesis Have students read the text through line 53. Before reading the final part of the story, ask them to predict what will happen. Tell them to draw on details from the story in order to formulate their predictions.

Communication 1.1, 1.3

Teaching Tips

1 Have students create a timeline of the story's events based on their answers.

2 For item 4, ask students: **¿Qué poder tiene el uso de la luz y la oscuridad en este cuento?** Have them scan the story and find examples of references to light and dark.

3 Ask students to give their interpretation about **tía Jose**. Ask: **¿Por qué el/la narrador(a) la llama "tía"? En tu opinión, ¿cómo es la relación entre el/la narrador(a) y la historia que cuenta?**

Después de leer

Mujeres de ojos grandes

Ángeles Mastretta

1 Comprensión Contesta las siguientes preguntas con oraciones completas.

1. ¿Quiénes son los tres personajes principales de este relato?
   Los personajes principales son la tía Jose, su marido y su hija.
2. ¿Tía Jose lleva inmediatamente a su hija al hospital?
   No. Sólo cuando sus talentos curativos no logran mejoría, tía Jose la lleva al hospital.
3. ¿Qué piensa el marido de la ciencia de los médicos y del comportamiento de su esposa?
   El marido confía en la ciencia médica y lo turba la insensatez de su esposa, que está desesperada.
4. ¿Qué historias le cuenta tía Jose a su hija? ¿Son todas reales?
   Tía Jose le cuenta historias de sus antepasadas. No todas son reales porque también imagina e inventa.
5. Para el padre de la niña, ¿qué o quién le salvó la vida? ¿Y para tía Jose?
   Para el padre, los médicos y la ciencia salvaron a su hija. Para tía Jose, fueron las historias sobre las mujeres que ella le contó.

2 Análisis Lee el relato nuevamente y contesta las preguntas.

1. Los ojos de la hija de tía Jose son "grandes como dos lunas, como un deseo". ¿Por qué se eligen estos dos términos para la comparación? ¿Puedes encontrar otras comparaciones en el cuento?
2. La expresión "las alas de sus labios" es un recurso ya analizado. ¿Cómo se llama?
3. En el hospital, la niña es llevada lejos de su madre, "tras una puerta que le prohibía la entrada". ¿A qué lugar se refiere?
4. Tía Jose comienza a contarle historias a su hija "iluminada por los fantasmas de su corazón". Reflexiona: ¿los fantasmas se asocian con la luz o con la oscuridad? ¿A quiénes se refiere la palabra "fantasmas" en el relato?

3 Interpretación En parejas, respondan las preguntas.

1. El personaje de la tía Jose pierde la voz ante la enfermedad de su hija. ¿Cómo recupera la voz? ¿Por qué?
2. La hija de tía Jose tiene ojos grandes, al igual que las mujeres de los relatos que le cuenta su madre. ¿Qué creen que simboliza esto?
3. El padre agradece a los médicos por haber salvado a la niña; los médicos agradecen a la ciencia. ¿Por qué tía Jose "salió del hospital sin decir una palabra"?
4. ¿Qué creen que salvó la vida de la niña? ¿Conocen algún caso de recuperación asombrosa en la vida real?

4 Debate Formen dos grupos: uno debe hacer una lista de los argumentos que usó el marido de tía Jose para tranquilizarla en el hospital; el otro grupo debe imaginar cuáles eran las razones de las mujeres que rezaban (*prayed*) para sanar a sus hijos. Después, organicen un debate para discutir las alternativas, defendiendo su argumento y señalando las debilidades del argumento contrario.

5 Historias Redacta una de las historias que la tía Jose le contó a su hija. Utiliza algunos de los usos de **por** y **para**. Incluye por lo menos dos símiles.

recursos

Practice more at **vhlcentral.com.**

CRITICAL THINKING

Application Ask students to give their interpretations of the end of the story. Then relate the story to students' own experiences. Have them discuss the importance of attitude in healing and cite examples from their own experiences to support their views.

CRITICAL THINKING

Evaluation Ask students to compare and contrast Jose and her husband. Tell them to make inferences about how her husband would have reacted to the child's recovery based on details from the story.

Communication 1.3

Antes de leer

Vocabulario

afligir *to afflict*	**el/la investigador(a)** *researcher*
descubrir *to discover*	**la lesión** *injury*
la dolencia *illness*	**la población** *population*
la genética *genetics*	**el pueblo** *people*
el/la indígena *indigenous person*	**recetar** *to prescribe*

 **Oraciones incompletas** Completa las oraciones con la palabra apropiada. No repitas palabras.

1. La diversidad cultural de Latinoamérica se debe al contacto entre múltiples __pueblos/indígenas__.
2. La __genética__ es la ciencia que estudia la herencia biológica.
3. La __investigadora__ de este laboratorio trabaja para __descubrir__ un tratamiento nuevo para el cáncer.
4. Cuando los españoles llegaron a Latinoamérica, se encontraron con los __indígenas/pueblos__ que estaban allí.
5. Los doctores trabajan para curar las __dolencias/lesiones__ que __afligen__ a los enfermos.
6. Debido a la epidemia, toda la __población__ debe ponerse la vacuna.

Conexión personal ¿Puedes pensar en alguna enfermedad o dolencia que afecta a tu comunidad o a un grupo que conoces? ¿Ha recibido la comunidad alguna ayuda?

Contexto cultural

Situada en una zona de tránsito entre Norteamérica y Suramérica, Colombia presenta un lugar ideal para la convergencia de múltiples culturas. La mayoría de los habitantes son mestizos, es decir, descendientes de europeos y amerindios. Hay también más de diez millones de afrocolombianos —casi el veinte por ciento de la nación entera— y una población indígena que cuenta con más de un millón de habitantes. De esta diversidad étnica han surgido (*have arisen*) costumbres variadas, una riquísima tradición musical y la pluralidad lingüística. La lengua oficial del país es el español, pero todavía se hablan más de sesenta lenguas indígenas.

Teaching Tips

- **Variación léxica**
  la lesión → la herida

Conexión personal Continue the discussion with related questions. Ex: **Aparte del tratamiento médico, ¿de qué manera se puede ayudar a una persona que está enferma?**

Contexto cultural Ask heritage speakers if they are familiar with any indigenous populations from their families' home countries. If so, discuss how this population enriches the national culture. Include the rest of the class by asking about any social issues they know about that have arisen as a result of the interaction of two cultures.

Culture Note To give students context, remind them that Latin American countries are former colonies and typically have a history of slavery from Africa.

CRITICAL THINKING

Synthesis As an optional assignment, have students choose a Latin American country and research the different indigenous and ethnic communities there. Encourage them to make a presentation, including a map and important facts (population, language, brief history).

CRITICAL THINKING

Evaluation In groups, students discuss circumstances that have brought settlers to the Americas—both Latin America and the U.S.—throughout the years. Name some contributions the various groups, both indigenous and newcomers, have made. Have there been negative effects in the past? Have newcomers continued to arrive throughout the Americas since colonial times?

Communication 1.2
Cultures 2.1, 2.2
Connections 3.1, 3.2
Comparisons 4.2

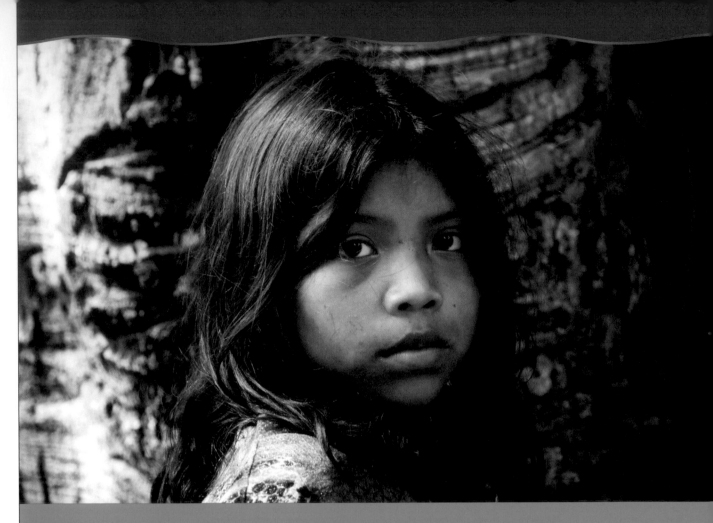

Teaching Tips

- In order to give students a context, explain the field of public health. Tell them many social scientists, researchers, and doctors work together to analyze any diseases or conditions that threaten the overall health of a community.
- Point out that the author of this article compares the fight against modern-day poverty for the **Chimila** people with the time of the colonial wars. Ask students to comment on the effect of this comparison.
- Ask students where they might find this type of article (medical or social science journal).

La ciencia: la nueva arma en una guerra antigua

Famoso por su talento especial con el arco y la flecha°, el pueblo indígena chimila tiene una historia larga de rebelión y resistencia contra los españoles de la época colonial. Estos valientes guerreros° formaron una sorprendente potencia militar que parecía imposible de conquistar. Ahora, en nuestra época, los indígenas chimila hacen guerra a° unos enemigos muy distintos: la pobreza, la falta de recursos° médicos y enfermedades endémicas sin solución.

bow and arrow
warriors
wage war against/ lack of resources

CRITICAL THINKING

Comprehension Call on a volunteer to read the title. Discuss the idea of science as a weapon against poverty and disease. Ask students what other elements are important in achieving a higher standard of public health (volunteers, investment in research).

CRITICAL THINKING

Evaluation After a close reading of the first paragraph, have students predict what kinds of challenges the Chimila face as a result of their poverty and limited medical resources.

Por fortuna, tienen aliados° en su lucha°. La Expedición Humana es una organización que identifica y trata de° resolver los problemas que afligen particularmente a las comunidades indígenas y afrocolombianas.

allies/fight; tries

En los últimos quince años, varios grupos de la Expedición Humana se han integrado en numerosas comunidades con el fin de° determinar sus verdaderas necesidades. De esta manera, los investigadores han descubierto° que los chimila tienen una incidencia sorprendentemente alta de una enfermedad dermatológica llamada prurigo actínico°. Esta enfermedad ataca a varios grupos indígenas en toda Latinoamérica y se considera incurable. Aparece° normalmente en niños pequeños en forma de lesiones y, en situaciones graves, puede afectar los ojos y la vista. A pesar de su potencial gravedad, el prurigo actínico ha recibido muy poca atención por parte de la comunidad médica mundial.

with the aim of; discovered; a chronic skin disorder; It appears

Al estudiar el caso desde muchos ángulos, el equipo de la Expedición Humana encontró información en varias fuentes° interesantes, incluyendo los artefactos precolombinos°. De las cerámicas con dibujos de enfermos que desenterraron° los arqueólogos, aprendieron que problemas similares han afectado a las poblaciones colombianas desde hace 2.500 años. Los investigadores sabían que la exposición al sol provoca la aparición del prurigo actínico, pero tenían muchas preguntas. ¿Por qué afecta especialmente a ciertas comunidades? En una población como los indígenas chimila, ¿por qué aflige sólo a ciertas personas? ¿Qué tienen en común estos pacientes?

sources; pre-Columbian; dug up

Los científicos decidieron explorar la base genética de la enfermedad. Después de años de investigación, el equipo de la Expedición Humana confirmó que existe una predisposición genética que, en combinación con la exposición al sol, causa las lesiones. Gracias a la cooperación de los chimila en los estudios, los investigadores pudieron desarrollar° tratamientos más efectivos que utilizan medicamentos con menos efectos secundarios que los que habitualmente recetaban los médicos. Estos medicamentos alternativos, asimismo, son de fácil adquisición y de bajo costo.

to develop

Según los Centros para el Control y la Prevención de Enfermedades° del gobierno de los Estados Unidos, la mayoría de las dolencias más comunes son el resultado de la interacción entre genes y ciertos factores medioambientales°. Los estudios que ha realizado la Expedición Humana son un modelo de cooperación entre personas de diferentes comunidades y de integración de muchas maneras de investigar. Nos ofrecen un ejemplo a imitar en la gran batalla° contra las enfermedades del mundo. ■

Centers for Disease Control and Prevention (CDC); environmental; battle

Detalles de la investigación

- El prurigo actínico afecta principalmente a poblaciones indígenas y mestizas de países como México, Guatemala, Honduras, Colombia, Perú, Bolivia y el norte de Argentina, así como Canadá y Estados Unidos.
- Entre 704 habitantes de la comunidad chimila, se diagnosticaron 56 casos.
- Fundada por el Instituto de Genética Humana de la Pontificia Universidad Javeriana de Bogotá, la Expedición Humana reúne a profesores, científicos y estudiantes. El propósito es servir a los pueblos colombianos que viven aislados de la capital y que tradicionalmente están menos representados en los estudios científicos del país.
- En la etapa llamada la Gran Expedición Humana (1992–3), los investigadores realizaron 17 viajes en los que participaron 320 personas, que visitaron 35 comunidades y atendieron a alrededor de 8.000 pacientes en los lugares más apartados de Colombia.

Teaching Tips

- Have students scan the activities in **Después de leer** before reading the passage.
- Tell students to summarize each paragraph as they read.

NATIONAL STANDARDS

Communities Have students research the various scientific and humanitarian agencies that function across borders in the Americas and report on them to the class. Which of these organizations would students some day like to participate in, based on their own interests? How would Spanish be useful in working with these organizations?

CRITICAL THINKING

Application As students read, have them consider their previous knowledge of other impoverished groups and the diseases affecting them. Possible answers include malnutrition, tuberculosis, and AIDS. What are the similarities and differences between those groups and the Chimila? What measures can wealthier countries take to aid these areas?

CRITICAL THINKING

Synthesis Call on volunteers to write on the board different statistics from the reading. Then ask students if any of these facts are surprising to them. Ask them why they were surprised.

Communication 1.1, 1.3

Teaching Tips

1 To help gauge students' comprehension of the text, have them write a one-paragraph summary of the article.

3 Have students create a public service announcement about the dangers of sun exposure. Encourage them to use the subjunctive in noun clauses in the ad.

PRE-AP*

4 Interpersonal Speaking Prepare the debate by brainstorming potential criteria: **el número de personas afectadas por la enfermedad, la gravedad de la enfermedad.**

5 As a variant, have students write a letter to the head of **Expedición Humana** expressing their opinion on the matter. You may wish to review how to open and close a formal letter with the class.

Después de leer

La ciencia: la nueva arma en una guerra antigua

1 Comprensión Responde a las preguntas con oraciones completas.

1. ¿Contra quiénes lucharon los chimila durante la época colonial? Lucharon contra los españoles.
2. ¿Qué han descubierto los investigadores de la Expedición Humana? Los investigadores han descubierto que los chimila tienen una incidencia sorprendentemente alta de prurigo actínico.
3. ¿Qué es el prurigo actínico? El prurigo actínico es una enfermedad dermatológica.
4. ¿Ha recibido el prurigo actínico mucha atención por parte de la comunidad médica mundial? No. Ha recibido muy poca atención.
5. ¿Qué descubrimiento por parte de unos arqueólogos ayudó a la Expedición Humana? Los arqueólogos desenterraron cerámicas con dibujos de enfermos.
6. ¿Qué decidieron explorar los científicos de la Expedición Humana? Los científicos decidieron explorar la base genética de la enfermedad.

2 Preguntas Contesta las preguntas con oraciones completas.

1. ¿Cuál es la fama de los indígenas chimila? Los indígenas chimila tienen fama de ser valientes guerreros.
2. ¿Cuáles son algunos de los problemas que afectan al pueblo chimila? Algunos de los problemas son la pobreza, la falta de recursos médicos y las enfermedades endémicas.
3. ¿Por qué es importante el desarrollo de nuevos tratamientos? Porque es importante buscar tratamientos más efectivos, con menos efectos secundarios y de bajo costo.
4. ¿Cuáles son los dos factores principales relacionados con la aparición de la enfermedad? Los dos factores principales son la predisposición genética y la exposición al sol.
5. ¿Cuál es el objetivo de la Expedición Humana? El objetivo es servir a los pueblos colombianos que viven en lugares apartados y suelen tener poca representación en los estudios científicos.
6. Según la perspectiva de los Centros para el Control y la Prevención de Enfermedades, ¿es el prurigo actínico una enfermedad inusual? Explica tu respuesta. No. Se produce por la misma combinación de factores que muchas enfermedades comunes.

3 Los peligros del sol En parejas, imaginen que son médicos y que están hablando con un grupo de niños que no comprenden los peligros de la exposición al sol. ¿Qué preguntas deben hacerles? ¿Qué consejos pueden darles? Usen el imperativo para los consejos.

4 Debate Considerando el dinero y el tiempo que se necesita para curar o combatir una enfermedad como el prurigo actínico, ¿es aceptable utilizar gran cantidad de recursos para investigar sobre productos de belleza? Divídanse en grupos de cuatro para debatir el tema. Compartan sus conclusiones con la clase.

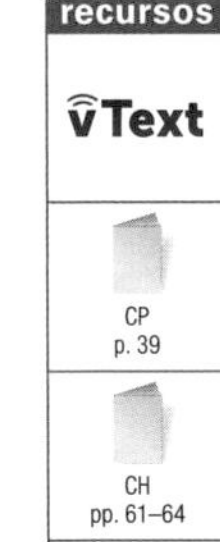

5 Opiniones Uno de los objetivos de la Expedición Humana es ayudar a comunidades particulares. En tu opinión, ¿es bueno que una universidad gaste dinero en la investigación de una enfermedad poco estudiada aunque afecte a pocas personas o es más importante que los científicos piensen en los problemas de la mayor parte de la población? Utilizando expresiones con el subjuntivo, describe en tres párrafos lo que piensas de los objetivos de la Expedición Humana y defiende tu posición.

MODELO No pienso que sea una buena idea gastar tanto dinero en investigar enfermedades que afectan a pocas personas./Creo que es fundamental que la Expedición Humana trabaje para ayudar a comunidades pequeñas con pocos recursos económicos.

Practice more at **vhlcentral.com.**

CRITICAL THINKING

Synthesis Have students work in pairs. One student should role-play a representative of the **Expedición Humana**. The other should imagine he or she is a news reporter interviewing the representative to talk about the Chimila people. Give pairs 15 minutes to prepare their interview and then perform it for the class. Encourage students to prepare index cards with notes to guide them along.

CRITICAL THINKING

Comprehension If some students had trouble understanding the text the first time through, tell them to reread it on their own. Encourage them not to get flustered by words they do not know. Have them rely on cognates and familiar words to help them work through the passage.

Atando cabos

¡A conversar!

La nueva cafetería Trabajen en grupos de cuatro. Imaginen que son consultores/as contratados/as por una escuela o universidad para diseñar una nueva cafetería que cumpla con los objetivos del recuadro. Presenten su plan a la clase.

Objetivos de la nueva cafetería

- brindar a los estudiantes un espacio para socializar y relajarse
- ofrecer una selección de alimentos que sea atractiva, pero que, al mismo tiempo, sea saludable y lo más natural posible
- informar a los estudiantes acerca de temas relacionados con la salud, la alimentación y el bienestar a través de afiches y otros elementos visuales

¡A escribir!

Un decálogo Imagina que eres médico/a. Sigue el **Plan de redacción** para escribir un decálogo en el que les das diez consejos generales a tus pacientes para que lleven una vida sana.

Plan de redacción

Preparación: Prepara un esquema (*outline*) con los diez consejos más importantes.

Título: Elige un título para el decálogo.

Contenido: Escribe los diez consejos. Utiliza el subjuntivo o el imperativo en todos los consejos. Puedes incluir la siguiente información.

- qué alimentos se deben comer y cuáles se deben evitar
- cuántas comidas se deben consumir al día
- cuántas horas se debe dormir
- qué hábitos se deben evitar

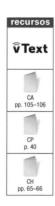

Cuídese:

1. Haga ejercicio tres veces a la semana como mínimo.

2. Es importante que no consuma muchas grasas.

3. Es esencial que...

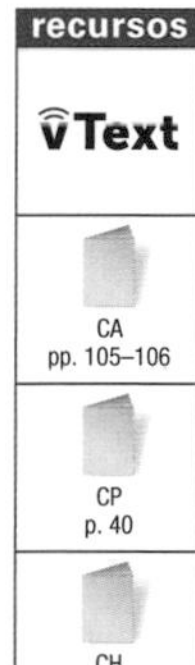

Communication 1.1, 1.3

Instructional Resources
vText
Cuaderno de actividades comunicativas, pp. 105–106
Cuaderno de práctica, p. 40
Cuaderno para hispanohablantes, pp. 65–66
Testing Program CD

Teaching Tips

¡A conversar!

- Encourage students to use examples from their own school.
- Have students research statistics or facts about student health.
- Review vocabulary about food as a class.
- Encourage students to make a list of healthy foods they would offer at the cafeteria.
- Have students discuss the possible challenges of creating a new cafeteria (budget, space, student appeal).

NATIONAL STANDARDS

¡A conversar! Connections: Health/Physical Education
Have students research healthful foods to recommend for the new cafeteria in the activity. For example, they might want to obtain the Spanish version of the food plate that gives recommended types of foods to eat daily.

¡A escribir!

- Have students create a list of **posibles riesgos** if the advice is not followed. Ex: **Haga ejercicio tres veces a la semana como mínimo. Posible riesgo si no hace ejercicio: Es posible que engorde o tenga la tensión alta.**

21st CENTURY SKILLS

¡A escribir! Productivity and Accountability
As a class, decide if the rubric you developed for the previous chapter works for this chapter's assignment. If not, adjust it to meet what students need to accomplish.

CRITICAL THINKING

Synthesis For additional practice with the lesson themes, have students work in small groups to create surveys for their classmates to complete. The surveys can deal with daily habits, health attitudes, cultural knowledge about public health, etc. Encourage students to be creative and use new vocabulary and grammar.

CRITICAL THINKING

Evaluation Students debate the topic of **El por qué de una vida sana**. One group defends the necessity for fast food, lack of sleep, etc., in order to meet all the demands on today's teenager. Ex: getting good grades, playing sports, working or helping at home, spending time with friends. The other group defends the advice given by the doctor in **¡A escribir!**

Instructional Resources

vText

Supersite/TRCD: Testing Program (Testing Program MP3 Audio Files)

Textbook CD

Audio Activities CD

Testing Program CD

Teaching Tips

- Play a *Jeopardy!*-style game. Divide the class into three teams and have one representative from each team stand up. Read a definition, and the first team representative to raise his or her hand must answer in the form of a question. Ex: **Es el papel que te da el médico para poder recibir el medicamento. → ¿Qué es la receta?** Each correct answer earns one point. The team with the most correct answers at the end wins.
- Make flashcards or a vocabulary list with Spanish and English. (Helpful hint: Keep these flashcards or vocabulary lists for reviewing later in the year, especially for midyear and final exams.)

21st CENTURY SKILLS

Creativity and Innovation

Ask students to prepare a presentation about one or more natural remedies they are familiar with.

21st CENTURY SKILLS

Leadership and Responsibility Extension Project

As a class, have students decide on three questions they want to ask the partner class related to the topic of the lesson they have just completed. Based on the responses they receive, work as a class to explain to the Spanish-speaking partners one aspect of their responses that surprised the class and why.

4 VOCABULARIO

Los síntomas y las enfermedades

la depresión	*depression*
la enfermedad	*disease; illness*
la gripe	*flu*
la herida	*injury*
el malestar	*discomfort*
la obesidad	*obesity*
el resfriado	*cold*
la respiración	*breathing*
la tensión (alta/baja)	*(high/low) blood pressure*
la tos	*cough*
el virus	*virus*
contagiarse	*to become infected*
desmayarse	*to faint*
empeorar	*to deteriorate; to get worse*
enfermarse	*to get sick*
estar resfriado/a	*to have a cold*
lastimarse	*to get hurt*
permanecer	*to remain; to last*
ponerse bien/mal	*to get well/sick*
sufrir (de)	*to suffer (from)*
tener buen/mal aspecto	*to look healthy/sick*
tener fiebre	*to have a fever*
toser	*to cough*
agotado/a	*exhausted*
inflamado/a	*inflamed*
mareado/a	*dizzy*

La salud y el bienestar

la alimentación	*diet (nutrition)*
la autoestima	*self-esteem*
el bienestar	*well-being*
el estado de ánimo	*mood*
la salud	*health*
adelgazar	*to lose weight*
dejar de fumar	*to quit smoking*
descansar	*to rest*
engordar	*to gain weight*
estar a dieta	*to be on a diet*
mejorar	*to improve*
prevenir (e:ie)	*to prevent*
relajarse	*to relax*
trasnochar	*to stay up all night*
sano/a	*healthy*

Los médicos y el hospital

la cirugía	*surgery*
el/la cirujano/a	*surgeon*
la consulta	*doctor's appointment*
el consultorio	*doctor's office*
la operación	*operation*
los primeros auxilios	*first aid*
la sala de emergencias	*emergency room*

Las medicinas y los tratamientos

el analgésico	*painkiller*
la aspirina	*aspirin*
el calmante	*tranquilizer*
los efectos secundarios	*side effects*
el jarabe (para la tos)	*(cough) syrup*
la pastilla	*pill*
la receta	*prescription*
el tratamiento	*treatment*
la vacuna	*vaccine*
la venda	*bandage*
el yeso	*cast*
curarse	*to heal; to be cured*
poner(se) una inyección	*to give/get a shot*
recuperarse	*to recover*
sanar	*to heal*
tratar	*to treat*
vacunar(se)	*to vaccinate/to get vaccinated*
curativo/a	*healing*

Más vocabulario

Expresiones útiles	*Ver p. 127*
Estructura	*Ver pp. 134–136, 140–141 y 144–145*

Cinemateca

el álbum (de fotos)	*(photo) album*
el asilo (de ancianos)	*nursing home*
el desorden	*mess*
el marco	*frame*
la paella	*(Esp.) traditional rice and seafood dish*
la tortilla	*(Esp.) potato omelet*
el trastero	*storage room*
apañar	*to mend; to fix*
apañarse	*to manage*
largarse	*to take off*
descalzo/a	*barefoot*
enseguida	*right away*

Literatura

el adelanto	*improvement*
la aguja	*needle*
la cordura	*sanity*
el/la enfermero/a	*nurse*
el hallazgo	*finding; discovery*
la insensatez	*folly*
el ombligo	*navel*
la pena	*sorrow*
el regocijo	*joy*
la terapia intensiva	*intensive care*
latir	*to beat*
desafiante	*challenging*

Cultura

la dolencia	*illness; condition*
la genética	*genetics*
el/la indígena	*indigenous person*
el/la investigador(a)	*researcher*
la lesión	*wound*
la población	*population*
el pueblo	*people*
afligir	*to afflict*
descubrir	*to discover*
recetar	*to prescribe*

LEARNING STYLES

For Auditory Learners Divide the class into four groups. Assign each one a vocabulary category: **las enfermedades, la salud, los médicos,** and **la medicina**. Groups make signs for their category. Read the vocabulary list out of order, allowing time for groups to raise their card when they hear a word associated with their category. If two groups raise their cards, discuss if the word can be in both categories.

LEARNING STYLES

For Visual Learners Assign five words to each student. Have them find photos and drawings that represent those words. Call on each student to show their photos or drawings. Have classmates guess the words.

Los viajes

Contextos

Fotonovela

Enfoques

Estructura

Cinemateca

Lecturas

Atando cabos

Communicative Goals

VOICE BOARD

I will expand my ability to...
- make comparisons
- use negative, affirmative, and indefinite expressions
- express uncertainty and indefiniteness

Lesson Goals

In **Lección 5**, students will be introduced to the following:
- vocabulary relating to trips, lodging, security and accidents, and touring
- **la Ruta del Café** and the spread of vegetables indigenous to Central America
- the Panama Canal and travel vocabulary related to specific countries
- planning a vacation to Costa Rica
- comparatives and superlatives
- negative, affirmative, and indefinite expressions
- the subjunctive in adjective clauses
- the short film ***El anillo***
- **Gabriel García Márquez, el realismo mágico**, and short story ***La luz es como el agua***
- **la ruta maya**

21st CENTURY SKILLS

Initiative and Self-Direction Students can monitor their progress online using the Supersite activities and assessments.

A primera vista Have students look at the photo. Ask:
1. **¿Ibas de vacaciones con tu familia cuando eras niño/a?**
2. **¿Cuál fue tu viaje preferido? ¿Por qué?**
3. **¿Qué tipo de viajes te gusta hacer?**

INSTRUCTIONAL RESOURCES

DESCUBRE 3 Supersite: vhlcentral.com

Student Materials
Print: Student Book, Workbooks (*Cuaderno de actividades comunicativas, Cuaderno de práctica, Cuaderno para hispanohablantes*)

Technology: **vText**, *e-Cuaderno* and Supersite (Audio, Video, Practice)

Teacher Materials
DVDs (*Fotonovela, Flash cultura,* Film Collection); Teacher's Resource CD-ROM (Scripts, Answer Keys, Grammar Slides, Presentation PDFs, Testing Program); Testing Program, Textbook, Audio Activities CDs; Supersite: Resources (Planning and Teaching Resources from Teacher's Resource CD-ROM), Learning Management System (Gradebook, Assignments), Lesson Plans

Testing Program also available in print

Voice boards on the Supersite allow you and your students to record and share up to five minutes of audio. Use voice boards for presentations, oral assessments, discussions, directions, etc.

Section Goals

In **Contextos**, students will learn and practice:

- vocabulary relating to trips, lodging, security and accidents, and touring
- listening to audio containing new vocabulary related to trips

Communication 1.2
Comparisons 4.1

Instructional Resources
v̂Text
Cuaderno de actividades comunicativas, p. 75
Cuaderno de práctica, pp. 41–42
Cuaderno para hispanohablantes, pp. 67–68
e-Cuaderno
Supersite: Textbook, Vocabulary, & Audio Activities MP3 Audio Files
Supersite/TRCD: Presentation PDF #37, Textbook Audio Script, Audio Activities Script, Answer Keys
Textbook CD
Audio Activities CD

Teaching Tips

- **Variación léxica**
  el accidente automovilístico → el choque
  el congestionamiento → el embotellamiento; el atasco
  estar lleno/a → estar completo/a
  la excursión → el tour
  regresar → volver
- Encourage students to keep a glossary in the back of their notebook with new vocabulary words.
- Survey students about travel-related topics. Ex: **Levanta la mano si: tienes pasaporte/alguna vez has perdido un vuelo/te quedaste en un albergue.**

5 CONTEXTOS

Los viajes

De viaje

Para sus vacaciones, Cecilia y Juan **hicieron un viaje** al Caribe. El último día decidieron descansar en la piscina antes de **hacer las maletas**. Se durmieron... ¡y **perdieron el vuelo**! De todos modos, no querían **regresar**.

la bienvenida *welcome*
la despedida *farewell*
el destino *destination*
el itinerario *itinerary*
la llegada *arrival*
el pasaje (de ida y vuelta) *(round-trip) ticket*
el pasaporte *passport*
la tarjeta de embarque *boarding card*
la temporada alta/baja *high/low season*
el/la viajero/a *traveler*

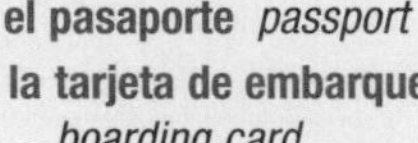

hacer las maletas *to pack*
hacer transbordo *to change (planes/trains)*
hacer un viaje *to take a trip*
ir(se) de vacaciones *to take a vacation*
perder (e:ie) (el vuelo) *to miss (the flight)*
regresar *to return*

a bordo *on board*
retrasado/a *delayed*
vencido/a *expired*
vigente *valid*

El alojamiento

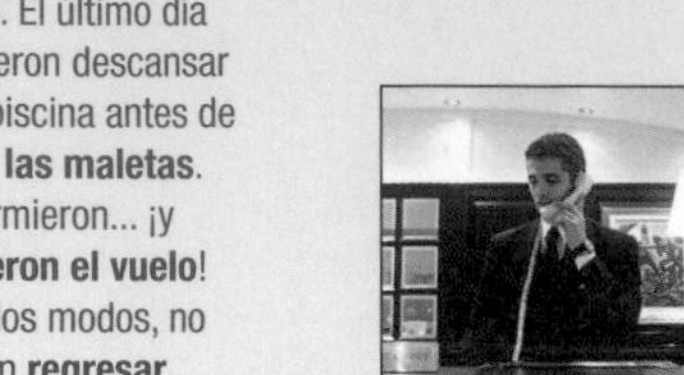

el albergue *hostel*
el alojamiento *lodging*
la habitación individual/doble *single/double room*
la recepción *front desk*
el servicio de habitación *room service*

alojarse *to stay*
cancelar *to cancel*
estar lleno/a *to be full*
quedarse *to stay*
reservar *to reserve*

de (buena) categoría *high quality*
incluido/a *included*
recomendable *recommendable; advisable*

La seguridad y los accidentes

el accidente (automovilístico) *(car) accident*
el/la agente de aduanas *customs agent*
el aviso *notice; warning*
el cinturón de seguridad *seatbelt*
el congestionamiento *traffic jam*
las medidas de seguridad *security measures*
la seguridad *safety; security*
el seguro *insurance*

aterrizar *to land*
despegar *to take off*
ponerse/quitarse el cinturón *to fasten/to unfasten the seatbelt*
reducir (la velocidad) *to reduce (speed)*

peligroso/a *dangerous*
prohibido/a *prohibited*

LEARNING STYLES

For Kinesthetic Learners Students stand in a circle. Hand out cards to each student, with a word from the **Contextos** vocabulary on each card. The first student begins by creating a sentence with the word on his or her card. The next student continues the story, using the word on his or her card. Once students create their story, they may sit down. Continue until all students have participated and the story is complete.

LEARNING STYLES

For Visual Learners Find ten different large pictures from a travel magazine, number them, and post them in front of the class. Working in pairs, have students choose four images and write short descriptions using vocabulary from **Contextos**. Call on volunteers to read their sentences aloud and have classmates guess which image they refer to.

Las excursiones

Después de **recorrer** el Canal de Panamá, el **crucero navegó** hasta **Puerto** Limón, donde los viajeros pudieron disfrutar de dos días de **ecoturismo** en Costa Rica.

la aventura *adventure*
el/la aventurero/a *adventurer*
la brújula *compass*
el buceo *scuba diving*
el campamento *campground*
el crucero *cruise (ship)*
el (eco)turismo *(eco)tourism*
la excursión *excursion; tour*
la frontera *border*
el/la guía turístico/a *tour guide*
la isla *island*

las olas *waves*
el puerto *port*
las ruinas *ruins*
la selva *jungle*
el/la turista *tourist*

navegar *to sail*
recorrer *to visit; to go around*

lejano/a *distant*
turístico/a *tourist (adj.)*

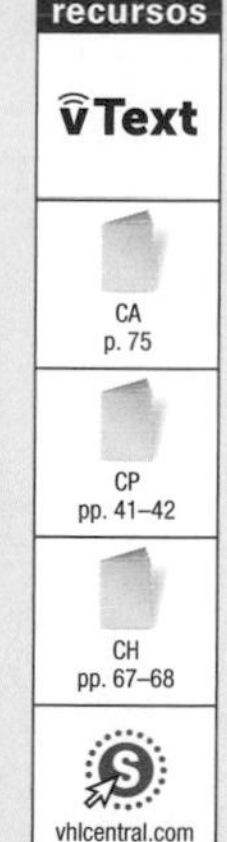

Práctica

1 Escuchar

A. Escucha lo que dice Julia, una guía turística, y después marca las oraciones que contienen la información correcta.

1. a. Los turistas llegaron hace una semana.
   (b.) La guía turística les da la bienvenida.
2. (a.) Los turistas van a ir al campamento en autobús.
   b. Los turistas van a ir al campamento en tren.
3. (a.) Los turistas se van a alojar en un campamento.
   b. Los turistas van a ir a un albergue.
4. a. El destino es una isla.
   (b.) El destino es la selva.
5. (a.) Les van a dar el itinerario mañana.
   b. El itinerario se lo darán la semana que viene.

B. Dos aventureros se separaron del grupo y tuvieron problemas. Escucha la conversación telefónica entre Mariano y el agente de viajes, y después contesta las preguntas.

1. ¿Qué les ha pasado a Mariano y a su novia? un accidente automovilístico
2. ¿Adónde iban ellos cuando tuvieron el accidente? a visitar unas ruinas
3. ¿Tienen que pagar mucho por los médicos? No. El seguro estaba incluido en el precio del viaje.
4. ¿Qué ha decidido la pareja? cancelar el resto del viaje

2 Definiciones Escribe la palabra adecuada para cada definición.

1. documento necesario para ir a otro país ___pasaporte___
2. las forma el movimiento del agua del mar ___olas___
3. vacaciones en un barco ___crucero___
4. instrumento que ayuda a saber dónde está el Polo Norte ___brújula___
5. línea que separa dos países ___frontera___
6. lugar del hotel donde te dan las llaves de la habitación ___recepción___
7. documento necesario para poder subir a un avión ___tarjeta de embarque___
8. lo contrario de vencido ___vigente___

Communication 1.1

(A) Audio Script
Primero, les quiero dar la bienvenida a todos y darles las gracias por visitar nuestro país. Ahora los vamos a llevar en autobús al campamento donde se van a alojar durante los próximos días. El campamento, como saben, está en la selva. A su llegada al destino, les servirán el almuerzo, y después van a hacer una pequeña excursión para que conozcan la zona. Es recomendable que lleven pantalones largos y camisa de manga larga para protegerse de los insectos y del cambio de temperatura. El itinerario de toda la semana se lo damos mañana. Sólo me queda desearles un feliz viaje y que disfruten de la aventura.
Textbook CD

(B) Audio Script
MARIANO Verá, lo que ocurrió fue que mi novia y yo íbamos a visitar unas ruinas de la zona y entonces tuvimos un accidente de carro.
AGENTE ¿Un accidente? ¿Están bien? ¿Han ido al médico?
MARIANO Sí, estamos bien, no se preocupe. Habíamos alquilado un carro y tuvimos un choque contra un árbol. Yo estoy bien, pero mi novia se ha roto una pierna. Hemos decidido cancelar el resto del viaje. Por eso lo llamo.
AGENTE ¿Han ido a la policía?
MARIANO Por supuesto. Pero ya le digo, estamos bien.
AGENTE ¿Saben ustedes que el seguro está incluido en el precio del viaje?
MARIANO Sí, no hemos tenido ningún tipo de problema. Nuestra guía, Julia, nos ayudó con todo, y lo llamo simplemente porque hemos decidido regresar a casa lo antes posible y queremos ver cuándo sale el primer avión.
AGENTE Un momento, por favor, ahora voy a ver si podemos cambiar la fecha de regreso en su pasaje de ida y vuelta. Creo que los podemos ayudar.
Textbook CD

DIFFERENTIATION

Heritage Speakers Ask heritage speakers to talk about any trips they have taken to their families' home countries. Encourage classmates to ask questions using vocabulary from **Contextos**. If time permits, have heritage speakers bring in photos to share with the class. If classmates have traveled to any Spanish-speaking countries, have them share their experiences using travel vocabulary they may have heard there.

DIFFERENTIATION

For Inclusion In order to aid students' comprehension for **Actividad 1,** have students read the questions before listening to the conversation. This will help students focus their listening and catch words or phrases they otherwise might miss.

Teaching Tips
❸ Help students put the vocabulary words in context. Have pairs write three additional fill-in-the-blank sentences and read them aloud. Call on volunteers to provide the correct answers.

❹ **Expansion** Have students write a continuation of Mar and Pedro's conversation, using lesson vocabulary.

❺ Ask students to close their books, and display Presentation PDF #37. Have them work with the same partner to restate other pairs' descriptions of each scene.

❺ To simplify, provide a word bank: **agente de aduanas, despedida, hacer las maletas, isla, pasaje de ida y vuelta, ponerse el cinturón.**

NATIONAL STANDARDS
Communities If there are travel agencies in your area that cater to Spanish speakers, you might ask them for brochures about their travel packages and the various destinations they recommend to their clients. Have students use this information as they work in groups to plan an imaginary trip for the class.

Práctica

3 Oraciones incompletas Completa las oraciones con las palabras apropiadas de **Contextos**.

1. Si vas a estar solo/a en el hotel, tomas una habitación ___individual___.
2. Cuando hay muchos coches en la calle al mismo tiempo, se producen ___congestionamientos___.
3. Los barcos, cuando llegan a tierra, se amarran (*dock*) en los ___puertos___.
4. Si vas a viajar a otro país, tienes que comprobar que tu pasaporte no esté ___vencido___.
5. El deporte que se practica bajo el mar es el ___buceo___.

4 Planes Completa la conversación con las palabras adecuadas del recuadro. Haz los cambios que sean necesarios.

a bordo	navegar	reservar
lleno/a	recorrer	retrasado/a

MAR ¿Qué quieres hacer hoy? ¿Quieres ir al crucero que (1) ___recorre___ las islas de la zona?
PEDRO ¿No hay que llamar antes para (2) ___reservar___ las plazas (*seats*)?
MAR No creo que el barco esté (3) ___lleno___. Espera, llamo por teléfono…
MAR ¡Tenemos suerte! El barco está (4) ___retrasado___, ahora sale a las diez y media. Tenemos que estar (5) ___a bordo___ a las diez. ¡En marcha!
PEDRO Perfecto, me gusta la idea. Hoy es un buen día para (6) ___navegar___.

5 De viaje En parejas, utilicen palabras y expresiones de **Contextos** para escribir oraciones completas sobre cada dibujo. Sigan el modelo.

MODELO Primero Eva hizo las maletas. Metió camisetas, un traje de baño y…

Practice more at **vhlcentral.com.**

LEARNING STYLES

For Visual Learners Write several nouns from **Contextos** on index cards. On another set of cards, draw or paste pictures to match each term. Tape them face down on the board in random order. Divide the class into two teams and have students match words and pictures. When a match is made, that player's team collects those cards. When all pairs have been matched, the team with the most cards wins.

LEARNING STYLES

For Auditory Learners Use the following sentences for dictation. **1. Aunque salimos temprano para el aeropuerto, perdimos el vuelo por el congestionamiento. 2. Mi madre prefiere quedarse en un hotel de buena categoría. 3. El precio de los pasajes sube mucho durante la temporada alta. 4. Hay que mostrar el pasaporte en la frontera.** Assess informally via a whole-class correction of the dictation.

Comunicación

6 Problemas En parejas, preparen una de estas situaciones. Den detalles, excusas y razones y traten de buscar una solución al problema. Luego representen la situación para la clase.

1. **ESTUDIANTE 1** Eres un(a) huésped en un hotel que está muy sucio. No te gusta el servicio de habitación y además hace demasiado calor en tu cuarto.
   ESTUDIANTE 2 Tu tío te ha dejado a cargo de su hotel. No sabes qué hacer. Es temporada alta y, como el hotel está lleno, tienes mucho que hacer.

2. **ESTUDIANTE 1** Llegas al aeropuerto y te das cuenta de que dejaste el pasaporte en tu casa. Además, en la ciudad hay mucho congestionamiento.
   ESTUDIANTE 2 Eres taxista en el aeropuerto. Como has estado muy estresado/a, el médico te ha recomendado no apurarte por ningún motivo.

3. **ESTUDIANTE 1** Ibas manejando y has tenido un accidente. Te bajas del carro para hablar con el/la otro/a conductor(a). No tienes los papeles del seguro.
   ESTUDIANTE 2 Ibas manejando y has tenido un accidente. No llevabas el cinturón de seguridad puesto y te has roto una pierna.

7 ¡Bienvenidos!

A. En grupos de cuatro, imaginen que trabajan en la Secretaría de Turismo de su ciudad. Tienen que organizar una visita turística de tres días. Conversen sobre las preguntas de la lista y luego preparen un itinerario detallado para los turistas.

- ¿Quiénes son los/las turistas?
- ¿A qué aeropuerto/puerto/estación llegan?
- ¿En qué hotel se alojan?
- ¿Qué excursiones pueden hacer?
- ¿Qué lugares exóticos hay para visitar?
- ¿Adónde pueden ir con un(a) guía turístico/a?
- ¿Pueden navegar en algún mar/río? ¿En cuál?
- ¿Qué museos/parques/edificios hay para visitar?
- ¿Qué deportes pueden practicar?

B. Ahora reúnanse con otro grupo y túrnense para explicar sus itinerarios. Un grupo representa a los empleados de la Secretaría de Turismo y el otro a los turistas. Háganse preguntas específicas.

 Communication 1.1, 1.2

Teaching Tips

6 Give students this additional situation.
Estudiante 1: Tu hermano mayor, que vive en otro estado, tuvo un accidente y tu madre quiere viajar hoy o mañana para ayudarlo. Tú buscas un pasaje para ella.
Estudiante 2: Trabajas para una nueva línea aérea que tiene buenas ofertas de última hora.

6 Partner Chat You can also assign activity 6 on the Supersite. Students work in pairs to record the activity online. The pair's recorded conversation will appear in your gradebook.

7 Have students answer logistical questions as well, such as: **¿Necesitas pasaporte y visa? ¿Cuánto dinero debes llevar para la visita?**

7 Expansion Have students write ads for places they have visited. You may want to have them look at tourist websites on the Internet for ideas.

21st CENTURY SKILLS

7 Flexibility and Adaptability Remind students to include input from all team members, adapting their presentation so it represents the whole group.

NATIONAL STANDARDS

Communities As part of **Actividad 7**, ask students to include contacts with the local Hispanic community as part of the trip. What organizations or sites of interest would students include?

DIFFERENTIATION

For Inclusion Give students an opportunity to see how many new words they have learned. Tell them to close their books. In five minutes have them write as many words from **Contextos** as they can remember. Then have students share their lists with a partner and correct any spelling mistakes.

DIFFERENTIATION

To Challenge Students Have students work in groups of three to write riddles about people, places, or objects from **Contextos**. For each riddle, the group must come up with at least three hints or descriptions. Have students from each group read hints to the rest of the class. Ex: **Tengo tu foto y tus datos personales. Me necesitas para viajar a otros países. Represento tu nacionalidad. (Soy tu pasaporte.)**

Section Goals

In **Fotonovela,** students will:

- practice listening to authentic conversations
- learn functional phrases for making comparisons, and affirmative, indefinite, and negative expressions

Communication 1.2
Cultures 2.1, 2.2

Instructional Resources
vText
Cuaderno de actividades comunicativas, pp. 39–40
e-Cuaderno
Supersite/DVD: ***Fotonovela***
Supersite/TRCD: ***Fotonovela***
Video Script & Translation, Answer Keys

Video Synopsis

- Fabiola and Éric compare passports for their trip to Venezuela.
- Éric arrives dressed like Indiana Jones.
- Fabiola reminds Éric that they are traveling to write a story on ecotourism.
- Diana and Aguayo wrap Éric's suitcase in adhesive tape with the passport inside.

Previewing Strategies

- Have students read the script in class and take note of any travel-related words or expressions. Review numbers and telling time before showing the video.
- Before viewing the video episode, have pairs of students make a list of things they might do to prepare for a trip.

5 FOTONOVELA

Fabiola y Éric se preparan para un viaje de ecoturismo a la selva amazónica.

Video: *Fotonovela*
Record and Compare

PERSONAJES

AGUAYO

DIANA

1

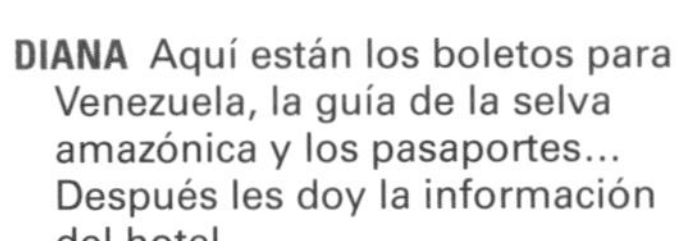

DIANA Aquí están los boletos para Venezuela, la guía de la selva amazónica y los pasaportes... Después les doy la información del hotel.

ÉRIC Gracias.

FABIOLA Gracias.

2

ÉRIC ¿Me dejas ver tu pasaporte?

FABIOLA No me gusta cómo estoy en la foto. Me hicieron esperar tanto que salí con cara de enojo.

ÉRIC No te preocupes... Ésa es la cara que vas a poner cuando estés en la selva.

3

DIANA Es necesario que memoricen esto. A ver, repitan: tenemos que salir por la puerta 12.

FABIOLA, ÉRIC Y JOHNNY Tenemos que salir por la puerta 12.

DIANA El autobús del hotel nos va a recoger a las 8:30.

FABIOLA Y ÉRIC El autobús del hotel nos va a recoger a las 8:30.

6

ÉRIC Sí, pero en el Amazonas, Fabiola. ¡Amazonas!

MARIELA Es tan arriesgado que van a tener un guía turístico y el alojamiento más lujoso de la selva.

ÉRIC Mientras ella escribe su artículo en la seguridad del hotel, yo voy a estar explorando y tomando fotos. Debo estar protegido.

FABIOLA Según parece, de lo único que debes estar protegido es de ti mismo.

7

Juegan que están en la selva.

JOHNNY (*con la cara pintada*) ¿Cuál es el chiste? Los soldados llevan rayas... Lo he visto en las películas.

ÉRIC Intentémoslo nuevamente.

JOHNNY Esta vez soy un puma que te ataca desde un árbol.

ÉRIC Mejor.

8

Antes de despedirse, Éric guarda cosas en su maleta.

AGUAYO Por la seguridad de todos creo que debes dejar tu machete, Éric.

ÉRIC ¿Por qué debo dejarlo? Es un machete de mentiras.

DIANA Pero te puede traer problemas reales.

AGUAYO Todos en la selva te lo van a agradecer.

LEARNING STYLES

For Visual Learners Ask students to read the scene setter, glance at the video stills, and predict what the episode will be about. Record their predictions. After students have watched the video, review the predictions and ask which ones were correct.

LEARNING STYLES

For Auditory Learners Photocopy the video script, and white-out words related to travel. Distribute the scripts to pairs or groups to complete as cloze paragraphs as they watch the video. This activity will support students' understanding of the episode.

ÉRIC

FABIOLA

JOHNNY

MARIELA

4

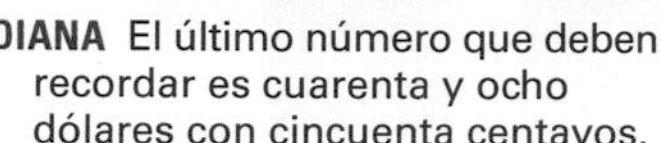

DIANA El último número que deben recordar es cuarenta y ocho dólares con cincuenta centavos.

FABIOLA Y ÉRIC Cuarenta y ocho dólares con cincuenta centavos.

JOHNNY Y ese último número, ¿para qué es?

DIANA Es lo que van a tener que pagar por llegar en taxi al hotel si olvidan los dos números primeros.

5

ÉRIC *(Entra vestido de explorador.)* Fuera, cobardes, la aventura ha comenzado.

MARIELA ¿Quién crees que eres? ¿México Jones?

ÉRIC No. Soy Cocodrilo Éric, el fotógrafo más valiente de la selva. Listo para enfrentar el peligro.

FABIOLA ¿Qué peligro? Vamos a hacer un reportaje sobre ecoturismo... ¡Ecoturismo!

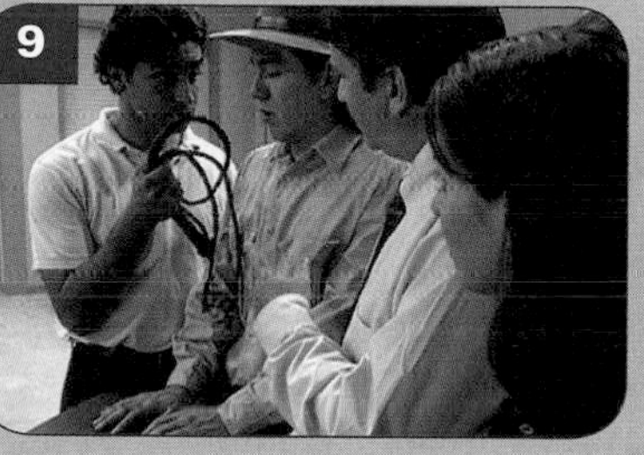

9

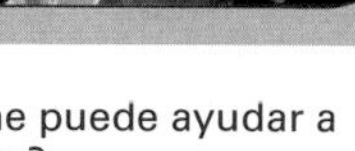

ÉRIC ¿Alguien me puede ayudar a cerrar la maleta?

JOHNNY ¿Qué rayos hay acá dentro?

AGUAYO Es necesario que dejes algunas cosas.

ÉRIC Imposible. Todo lo que llevo es de primerísima necesidad.

JOHNNY ¿Cómo? ¿Esto?

Johnny saca un látigo de la maleta.

10

Diana cierra la maleta con cinta adhesiva.

DIANA Listo... ¡Buen viaje!

AGUAYO Espero que disfruten y que traigan el mejor reportaje que puedan.

JOHNNY Y es importante que no traten de mostrarse ingeniosos, ni cultos; sólo sean ustedes mismos.

DIANA Y no olviden sus pasaportes.

ÉRIC Ahora que me acuerdo... ¡lo había puesto en la maleta!

Expresiones útiles

Making comparisons

Soy el fotógrafo más valiente de la selva.
I am the bravest photographer in the jungle.
Van a tener el alojamiento más lujoso de la selva.
You're going to have the finest accommodations in the jungle.
Es el hotel menos costoso de la región.
It's the least expensive hotel in the region.
Ir en autobús es menos caro que ir en taxi.
It's less expensive to take a bus than a taxi.
El hotel es tan caro como el boleto.
The hotel is as expensive as the ticket.

Using negative, affirmative, and indefinite expressions

¿Alguien me puede ayudar?
Can somebody help me?
No hay nadie que te pueda ayudar.
There is no one who can help you.
Hay que dejar algunas cosas.
Some things must be left behind.
No hay nada que pueda dejar.
There is nothing I can leave behind.

Additional vocabulary

arriesgado/a *risky*
de mentiras *pretend*
enfrentar *to confront*
lujoso/a *luxurious*
protegido/a *protected*
la puerta de embarque *(airline) gate*
¿Qué rayos...? *What on earth...?*
la raya *stripe*

recursos

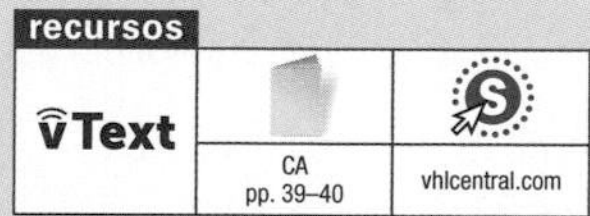

Teaching Tips

- Model the pronunciation of the sentences in **Expresiones útiles** and have students repeat them after you.
- Preview **Estructura** by drawing attention to the comparative and subjunctive forms in **Expresiones útiles**.
- Before showing the DVD, write five of the **Expresiones útiles** and Additional Vocabulary items on the board and go over meanings.
- Review the subjunctive in noun clauses (**Lección 4**) by having students identify examples in the script.
- Have students work in pairs to create a short conversation containing the negative, affirmative, and indefinite expressions shown in **Expresiones útiles**.

DIFFERENTIATION

For Inclusion Reinforce video content by having volunteers ad-lib the episode. Assure them it is not necessary to memorize the dialogue. They should convey the general meaning via the vocabulary and expressions they know, and they should be creative. Give them time to prepare, or have them do the activity for homework. Build in accountability for classmates with a comprehension check of the presentations.

DIFFERENTIATION

Heritage Speakers Ask heritage speakers if they know of any ecotourism or popular tourist sites in their families' home countries. Possible answers include: Mexico: Copper Canyon **(Barranca del Cobre)**; Costa Rica: rain forests, Carara National Park. Ask classmates the same question about the U.S. Possible answers: national forests and parks, wildlife sanctuaries, fish ladders and hatcheries. Have students compare these sites.

Communication 1.1, 1.2

Teaching Tips

1 As a class, create a time line about the video based on the activity answers. Review temporal adverbs. Ex: **primero, segundo, después, finalmente**.

2 Based on the episode, have students come up with original sentences describing the characters' personalities. Examples: **Mariela tiene mucha curiosidad. Éric busca la aventura**.

3 Review the formation of the subjunctive by going over the conjugation of **–ar, –er,** and **–ir** verbs.

3 **Expansion** Have students think of three additional pieces of advice for Fabiola and Éric.

Comprensión

1 Comprensión Contesta las preguntas con oraciones completas.

1. ¿Adónde van Éric y Fabiola? Van a la selva amazónica.
2. ¿Por qué a Fabiola no le gusta la foto del pasaporte? Salió con cara de enojo.
3. ¿A qué hora los recoge el autobús del hotel? Los recoge a las ocho y media.
4. ¿Por qué van de viaje? Van a hacer un reportaje sobre el ecoturismo.
5. ¿Será realmente un viaje arriesgado? No, no será arriesgado porque tendrán un guía turístico y el alojamiento más lujoso de la selva.
6. ¿Por qué Éric tiene que dejar algunas cosas? No cabe todo en la maleta.

2 Preguntas y respuestas Une las preguntas de la **Fotonovela** con las respuestas apropiadas. Luego identifica quién dice cada oración.

AGUAYO

DIANA

ÉRIC

FABIOLA

JOHNNY

MARIELA

c 1. ¿Me dejas ver tu pasaporte? Éric

a 2. Y ese último número, ¿para qué es? Johnny

d 3. ¿Quién crees que eres? ¿México Jones? Mariela

e 4. ¿Por qué debo dejarlo? Es un machete de mentiras. Éric

b 5. ¿Alguien me puede ayudar a cerrar la maleta? Éric

a. Es lo que van a tener que pagar por llegar en taxi. Diana

b. Es necesario que dejes algunas cosas. Aguayo

c. No me gusta como estoy en la foto. Fabiola

d. No, soy el fotógrafo más valiente de la selva. Éric

e. Sí, pero te puede traer problemas reales. Diana

3 Consejos

A. Diana y Aguayo les dan varios consejos a Fabiola y Éric antes de su viaje a la selva. Utiliza el subjuntivo o el infinitivo para completar las sugerencias que les dan.

1. Es necesario que memoricen esto.
2. El último número que deben recordar es cuarenta y ocho dólares con cincuenta centavos.
3. Es lo que van a tener que pagar por llegar en taxi.
4. Creo que debes dejar tu machete.
5. Es necesario que dejes algunas cosas.
6. Espero que disfruten y que traigan el mejor reportaje que puedan.

B. ¿Qué sugerencias les darían ustedes? En parejas, escriban una lista de seis o siete consejos, órdenes y sugerencias para que disfruten de sus vacaciones y eviten problemas.

MODELO Creo que deben probar la comida típica de Venezuela.
Espero que no hagan nada arriesgado y que tengan cuidado con los animales de la selva.

Practice more at **vhlcentral.com.**

LEARNING STYLES

For Auditory Learners Encourage students to use the lesson vocabulary in a group conversation. Students work in small groups and imagine they are planning a class spring break trip. Tell them to agree on a destination and develop a general itinerary. Before students begin, ask questions to help guide them through the activity.

LEARNING STYLES

For Kinesthetic Learners Assign four volunteers a different vacation type: **aventura, playa, tour urbano**, and **crucero**. Brainstorm a few activities about each vacation to jump-start the activity. Then have the other students circulate around the room for ten minutes, asking questions about each vacation. Students vote for their preferred vacation. Call on students to explain why they chose that type of trip.

Ampliación

4 **¿Te gusta hacer ecoturismo?** En parejas, háganse las preguntas. Luego, recomienden un viaje ideal para su compañero/a según los resultados.

Sí	Más o menos	No		Clave
☐	☐	☐	1. ¿Te gusta ir de campamento?	**Sí** = 2 puntos
☐	☐	☐	2. ¿Sabes prender fuego?	**Más o menos** = 1 punto
☐	☐	☐	3. ¿Sabes cocinar?	**No** = 0 puntos
☐	☐	☐	4. ¿Te gusta ver animales salvajes?	**Resultados**
☐	☐	☐	5. ¿Te gusta caminar mucho?	0 a 4 No intentes hacer ecoturismo.
☐	☐	☐	6. ¿Puedes estar una semana sin bañarte?	5 a 8 Puedes hacer ecoturismo.
				9 a 12 ¿A qué esperas para hacer ecoturismo?

5 **Apuntes culturales** En parejas, lean los párrafos y contesten las preguntas.

El felino más temido

Johnny juega a ser un puma dispuesto a atacar a Éric. El puma habita en todo el continente americano, especialmente en montañas y bosques (*forests*). Es el segundo felino más grande del continente americano, después del jaguar. Por su fortaleza y agilidad, los incas lo consideraron el símbolo supremo de poder y fuerza. ¿Podrá Éric contra la astucia (*shrewdness*) de este felino?

Ecoturismo en Centroamérica

Fabiola y Éric van a realizar un reportaje sobre ecoturismo. En Centroamérica, el ecoturismo constituye no sólo una fuente importante de trabajo, sino también una forma de obtener recursos económicos para la administración de las áreas protegidas. Actualmente existen más de 550 áreas protegidas, lo que representa aproximadamente un 25% del territorio de la región.

El pulmón del planeta

La selva amazónica es la reserva ecológica generadora de oxígeno más grande del planeta. Comprende, entre otros paises, Brasil, Colombia, Venezuela y Perú. Desafortunadamente, la deforestación de esta zona está reduciendo su área aceleradamente. ¿Podrán los personajes de *Facetas* fomentar en su reportaje la lucha contra la deforestación?

1. ¿Qué animales fueron considerados sagrados en el pasado? ¿y en la actualidad?
2. ¿Hay áreas protegidas en la región donde vives? ¿Cuál es su importancia para los habitantes de la zona? ¿Contienen especies amenazadas (*threatened*)?
3. ¿Conoces otros lugares donde se pueda hacer ecoturismo? ¿Cuáles son?
4. ¿Qué significa la expresión "el pulmón del planeta" (*the world's lung*)? ¿Qué otros "pulmones" existen? ¿Por qué es importante preservarlos?

Communication 1.1, 1.2

Teaching Tips

4 Have students share their results with the class. Call on a volunteer to keep track of the results on the board.

5 To encourage discussion, ask what students do in their personal lives to protect the environment.

5 If students are not up-to-date on environmental issues in their community, share local news or information about active community organizations. Then ask students to give their opinions on these matters. You may need to create a word bank with new vocabulary about the environment. Tell students they will further explore the environment in **Lección 6**.

5 **Virtual Chat** You can also assign activity 5 on the Supersite. Students record individual responses that appear in your gradebook.

NATIONAL STANDARDS

Connections: Science Have students locate on the Internet Spanish-language information on the rain forests and their ecological impact. Have them draw maps or graphs that illustrate the loss of the rainforest over the past 25 years or so and do short presentations for the class.

PRE-AP*

Interpersonal Speaking, Part A Students pretend they have received a scholarship to go on an ecotourism trip to Costa Rica. They call a friend who has been there to ask questions and explain the details of the trip. The friend is not home, so they must leave a message. Give students fifteen minutes to prepare a two-minute message, which they will record. Say: **Ahora vas a grabar tu mensaje. Hay que hablar durante dos minutos.**

PRE-AP*

Interpersonal Speaking and Listening, Part B Students listen to the recorded messages from Part A. Have them play the role of the experienced student, answer the questions, and offer two suggestions. Say: **Escucha el mensaje de tu compañero/a. Graba una respuesta en la cual contestas las preguntas y das dos consejos.**

Section Goals

In **Enfoques**, students will:

- read about **La Ruta del Café** and how indigenous vegetables from Central America extended all over the world
- learn about the Panama Canal and travel vocabulary related to specific countries
- watch a video about planning a trip to Costa Rica

Communication 1.2
Cultures 2.1, 2.2
Connections 3.1, 3.2
Comparisons 4.2

21st CENTURY SKILLS

Global Awareness
Students will gain perspectives on the Spanish-speaking world to develop respect and openness to others and to interact appropriately and effectively with citizens of Spanish-speaking cultures.

Instructional Resources
vText
Cuaderno para hispanohablantes, p. 70
Supersite/DVD: *Flash cultura*
Supersite/TRCD: *Flash cultura*
Video Script & Translation

Teaching Tip Discuss students' opinions about coffee. Examples: **¿Te gusta el olor del café? ¿Y el sabor? ¿Tomas café en casa o en otro sitio? ¿Es caro o barato?**

NATIONAL STANDARDS
Connections: Economics
Have students research the importance of coffee cultivation to the economies of Latin American countries. Some students may wish to research and explain to the class the "fair trade" movement that seeks to find ways to fairly compensate those who grow coffee beans.

Reading, Additional Reading

En detalle

CENTROAMÉRICA

LA RUTA DEL CAFÉ

Los turistas que llegan a Finca° Esperanza Verde, un "ecoalbergue" ubicado a 1.200 metros (4.000 pies) de altura en la selva tropical nicaragüense, descubren un paraíso natural con bosques, montañas exuberantes y aves tropicales. En este paraíso, los turistas pueden visitar un cafetal° y conocer los aspectos humanos y ecológicos que se conjugan° para que podamos disfrutar de algo tan simple como una taza de café.

El café, ese compañero de las mañanas, es el protagonista de la vida social, cultural y económica de Centroamérica. Para el visitante, esto salta a la vista apenas llega a estas tierras: el paisaje está cubierto de cafetales. Hoy día, dos de las terceras partes del café de todo el mundo son de origen americano.

Esta bebida tan popular llegó a América en el siglo XVIII. Pocos años después, su cultivo° se había extendido por México y Centroamérica. Los precios bajos del café de los últimos años han llevado a los productores centroamericanos a diversificar sus actividades: han iniciado el cultivo de café orgánico, han creado cooperativas de comercio justo° que buscan alcanzar° precios más equitativos° para productores y consumidores, y han empezado a promover el ecoturismo.

El país pionero fue Costa Rica, que organizó la primera Ruta del Café, pero ya todos los países centroamericanos han creado sus rutas. Un día por la Ruta del Café suele constar de° una visita a las plantaciones de café, donde no sólo se conoce el proceso de cultivo y producción, sino que también se pueden tomar unas tazas de café. Después, se organizan almuerzos con platos típicos y, para terminar la jornada°, se visitan rutas históricas y pueblos cercanos donde los turistas pueden disfrutar del folclore local y comprar artesanías°. ■

Finca *Farm* **cafetal** *coffee plantation* **se conjugan** *are combined* **cultivo** *cultivation* **justo** *fair* **alcanzar** *to reach* **equitativos** *equal; fair* **constar de** *to consist of* **jornada** *day* **artesanías** *handicrafts*

CRITICAL THINKING

Knowledge Based on the reading, have students list what one can do on a visit to a coffee plantation. Ex: **conocer a los trabajadores, conocer el aspecto ecológico, tomar una taza de café, ver el proceso de producción, almorzar un plato típico de la región, escuchar el folclore local.**

CRITICAL THINKING

Comprehension As students read, have them take notes on important facts about coffee to use for class discussion and post-reading activities. Tell them their notes need not be complete sentences and that they should try to rephrase ideas in their own words.

ASÍ LO DECIMOS

Los viajes

el turismo sostenible *sustainable tourism*
el turismo sustentable *sustainable tourism*
el billete (Esp.) *ticket*
el boleto (Amér. L.) *ticket*
el boleto redondo (Méx.) *round-trip ticket*
la autopista (Esp.) *turnpike; toll road*
la autovía (Esp.) *highway*
la carretera (Esp.) *road*
la burra (Gua.) *bus*
la guagua (Carib.) *bus*

EL MUNDO HISPANOHABLANTE

De América al mundo

El tomate Su nombre se deriva de la palabra náhuatl° *tomatl*. Entró en Europa por la región de Galicia, en el noroeste de España, y se extendió luego a Francia e Italia. Los españoles y los portugueses lo difundieron° por Oriente Medio, África, Estados Unidos y Canadá.

El maíz Es uno de los cereales de mayor producción mundial junto con el trigo y el arroz. A pesar de controversias acerca de su origen exacto, los investigadores coinciden en que los indígenas de Centroamérica y México lo difundieron por el continente, los conquistadores lo introdujeron a Europa y los comerciantes lo llevaron a Asia y África.

La papa o patata Estudios científicos ubican el origen de la papa en el Perú. En la actualidad, la papa se consume por todo el mundo, pero Bielorrusia (Europa Oriental) es el mayor consumidor mundial con un promedio anual de 181 kilogramos (399 libras) por persona.

PERFIL

EL CANAL DE PANAMÁ

El Canal de Panamá, una de las obras arquitectónicas más extraordinarias del planeta, une° los océanos Atlántico y Pacífico a través del istmo° de Panamá. Es, a su vez, una ruta importantísima para la economía mundial, pues lo cruzan° más de 14.000 barcos por año, es decir, unos 266 barcos por semana. Esta obra monumental, construida por los Estados Unidos entre 1904 y 1914, consta de dos lagos artificiales, varios canales, tres estructuras de compuertas° y una represa°. Como no todo el canal se encuentra al nivel del mar, la finalidad° de las esclusas° es subir y bajar los barcos entre los niveles de los dos océanos y el nivel del canal. Dependiendo del tránsito, la travesía° por este atajo° de 80 kilómetros (50 millas) puede demorar° hasta 10 horas. Panamá y Estados Unidos negociaron la entrega del canal a Panamá en 1977, que pasó a estar bajo control panameño el 31 de diciembre de 1999.

" Viajar es imprescindible y la sed de viaje, un síntoma neto de inteligencia. **"** (Enrique Jardiel Poncela, escritor español)

Conexión Internet

¿Qué otras opciones de turismo hay en Centroamérica?

To research this topic go to **vhlcentral.com**.

une *links* **istmo** *isthmus* **cruzan** *cross* **compuertas** *lockgates* **represa** *dam* **finalidad** *purpose* **esclusas** *locks* **travesía** *crossing (by boat)* **atajo** *shortcut* **demorar** *last* **náhuatl** *Uto-Aztecan language* **difundieron** *spread*

Teaching Tips

- For **Así lo decimos**, ask heritage speakers which words they are accustomed to using.
- For **El mundo hispanohablante**, preview the subjunctive in adjective clauses by asking: **¿Conocen otros productos que sean de América? (el chocolate, los frijoles, el cacahuete, la banana)**

NATIONAL STANDARDS

Connections: History Ask students to research the history of the Panama Canal, paying special attention to the impact that it had not only on the U.S. but also on the countries of Latin America. What were the benefits? What were the negative consequences?

Connections: History The arrival of Europeans in the Americas unleashed a world-altering exchange that is sometimes referred to as "the Columbian Exchange." This exchange of goods, ideas, technology, and even disease had effects—both positive and negative—that continue today. Have students research the objects and ideas that crossed between cultures and the effects of that exchange.

21st CENTURY SKILLS

Information and Media Literacy: Conexión Internet Go to the Supersite to complete the **Conexión Internet** activity for additional practice accessing and using culturally authentic sources.

CRITICAL THINKING

Analysis Read the quote by Enrique Jardiel Poncela aloud. Then ask students to explain what it might mean. Examples: **¿Qué quiere decir "la sed de viaje"? ¿Por qué dice que viajar es un síntoma de inteligencia? ¿Estás de acuerdo?**

CRITICAL THINKING

Comprehension Ask students to summarize in their own words what the importance of the Panama Canal has been for U.S.–Central American relations and for international trade and commerce.

Communication 1.1, 1.2

Teaching Tips

1 Call on volunteers to write the corrected statements on the board. As a class, correct any spelling, syntactical, or grammatical errors.

3 Give students time to write out their answers to these questions. Then ask volunteers to write them on the board.

3 **Virtual Chat** You can also assign activity 3 on the Supersite. Students record individual responses that appear in your gradebook.

Proyecto To help students get started with **Proyecto**, give them a list of searchable terms for their investigation.

NATIONAL STANDARDS

Communities As an optional writing activity, have students describe a place that has changed because of tourism. **¿Cómo era antes? ¿Cómo es ahora?** Remind them to use the imperfect for describing in the past.

recursos

vText | CH p. 70

¿Qué aprendiste?

1 **¿Cierto o falso?** Indica si estas afirmaciones son **ciertas** o **falsas**. Corrige las falsas.

1. Finca Esperanza Verde se encuentra en una zona montañosa de Costa Rica. **Falso.** Se encuentra en una zona montañosa de Nicaragua.
2. Los turistas que van a Finca Esperanza Verde pueden visitar un cafetal que se encuentra allí mismo. **Cierto.**
3. La mitad del café mundial se produce en América. **Falso.** Dos de las terceras partes del café mundial son de origen americano.
4. El café es originario del continente americano. **Falso.** El café llegó al continente americano en el siglo XVIII.
5. El café llegó a América a través de México. **Falso.** El café entró en América por Martinica/Santo Domingo.
6. Los productores tuvieron que diversificar sus actividades debido a los precios bajos del café. **Cierto.**
7. La finalidad de las cooperativas de comercio justo es ayudar a que los productores reciban un pago justo y los consumidores paguen precios razonables. **Cierto.**
8. El primer país en crear una Ruta del Café fue Honduras. **Falso.** El primer país en crear una Ruta del Café fue Costa Rica.
9. Los turistas pueden visitar las plantaciones, pero no pueden presenciar el proceso de producción. **Falso.** Los turistas pueden conocer el proceso de cultivo y producción.
10. Los turistas que van a la Ruta del Café suelen visitar también las rutas históricas de la zona. **Cierto.**

2 **Oraciones incompletas** Completa las oraciones con la información correcta.

1. El Canal de Panamá está en manos panameñas __desde fines de 1999__.
2. El Canal de Panamá tiene __dos lagos__ artificiales.
3. Se usa un sistema de esclusas porque __no todo el canal se encuentra al nivel del mar__.
4. En el Caribe, *guagua* significa __autobús__.
5. __Los españoles y los portugueses__ difundieron el tomate por Oriente Medio.

3 **Preguntas** En parejas, contesten las preguntas.

1. ¿Qué papel tiene el café en tu cultura? ¿Tiene la misma importancia que en la cultura centroamericana?
2. ¿Prefieres productos ecológicos y los productos que garantizan el comercio justo o compras productos comunes?
3. ¿Qué tipo de turismo sueles hacer? ¿Hiciste alguna vez ecoturismo?
4. ¿Qué alimentos provenientes de otros continentes forman parte de tu dieta?

4 **Opiniones** En grupos de tres, hablen sobre estas preguntas: ¿Es bueno para los países recibir turismo? ¿Por qué? ¿Qué consecuencias tiene la llegada del turismo a ciertas zonas? ¿Qué beneficios tiene viajar?

PROYECTO

Un viaje por la Ruta del Café

Busca información sobre una excursión organizada por una Ruta del Café. Imagina que vas a la excursión y escribe una pequeña descripción de un día de visita, basándote en la información que has encontrado.

Incluye información sobre:

- los platos típicos que comiste
- los pueblos que visitaste
- lo que aprendiste sobre el café
- lo más interesante de tu visita
- lo que compraste para llevar a casa

Practice more at **vhlcentral.com.**

CRITICAL THINKING

Application Tell students to demonstrate what they have learned by creating a brochure about the **Ruta del Café** based on the work they did in **Proyecto**. Try to create groups with a mix of Spanish language levels and have each student work on a different aspect of the brochure. Assign each student a role, such as: "idea person," note taker, artist, writer, and proofreader.

CRITICAL THINKING

Synthesis Have students work in pairs to discuss the advantages and disadvantages of tourism. You might have them choose a popular tourist destination (brainstorm some examples!) to illustrate their points.

Communication 1.1, 1.2
Cultures 2.1, 2.2
Connections 3.1, 3.2
Comparisons 4.2

Teaching Tips

- Have students role-play a situation in which a tourist is trying to bargain with a taxi driver. Encourage students to begin by brainstorming a list of vocabulary they might use in the situation.
- After watching the video, ask students to compare what they learned about Costa Rica to another country they have visited.

Comprensión As a follow-up to #6, ask students **¿Si van a Costa Rica, prefieren visitar un volcán, un parque nacional o una playa? ¿Por qué?**

21st CENTURY SKILLS

Information and Media Literacy Go to the Supersite to complete the **Conexión Internet** activity associated with **Flash cultura** for additional practice accessing and using culturally authentic sources.

Video: *Flash cultura*

¡Viajar y gozar!

Ya has visto algunos de los maravillosos lugares que puedes visitar en Latinoamérica. En este episodio de **Flash cultura**, conocerás cómo debes preparar todo para que tu viaje por Costa Rica sea seguro y placentero.

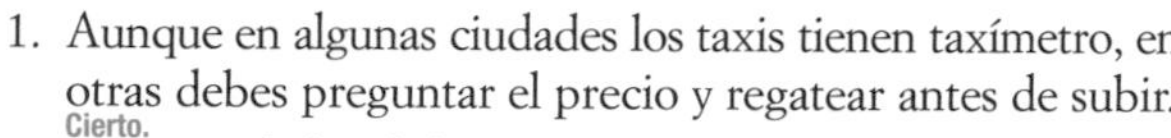

VOCABULARIO ÚTIL

amable *kind*
brindar *to provide*
el cajero automático *ATM*
jubilado/a *retired*
la moneda local *local currency*
regatear *to bargain*
sacar dinero *to withdraw money*
la tarifa (fija) *(fixed) rate*

Preparación ¿Adónde te gusta ir de vacaciones? ¿Vas siempre al mismo lugar o prefieres explorar sitios nuevos? ¿Qué debe tener un país para que decidas visitarlo?

Comprensión Indica si estas afirmaciones son ciertas o falsas. Después, en parejas, corrijan las falsas.

1. Aunque en algunas ciudades los taxis tienen taxímetro, en otras debes preguntar el precio y regatear antes de subir. Cierto.
2. La moneda local de Costa Rica se llama "sanjosé". Falso. La moneda local se llama "colón".
3. En este país sólo se puede pagar con dinero en efectivo porque no existen las tarjetas de crédito. Falso. En casi todas partes se aceptan las tarjetas de crédito.
4. El corresponsal recomienda recorrer San José en bicicleta el primer día. Falso. Recomienda recorrer San José caminando el primer día.
5. El mayor flujo de turismo es de jóvenes que buscan aventuras y de personas jubiladas que quieren descansar. Cierto.
6. Lo que más interesa de Costa Rica son los volcanes, los parques nacionales y las playas. Cierto.

Expansión En parejas, contesten estas preguntas.

- ¿Alguna vez regatearon algún precio? ¿Están dispuestos a hacerlo con un taxi en Costa Rica o prefieren aceptar el precio sin objeción?
- Cuando viajan, ¿compran una guía del lugar? ¿Saben leer mapas o se pierden fácilmente?
- ¿Les gustaría vivir en Costa Rica? ¿Por qué?

recursos

vhlcentral.com

Corresponsal: Alberto Cuadra
País: Costa Rica

Los viajes requieren preparación; desde conseguir información de los sitios que vas a visitar y de las costumbres locales, hasta cómo conseguir las visas, los boletos y el cambio° de dinero.

Si vas a estar varios días en una sola ciudad, pasa el primer día caminando, así te darás cuenta de las distancias.

Es un país de mucha paz°, tenemos buenas playas, buenas montañas... y la gente muy amable, por eso muchos vienen a Costa Rica... Y la policía... también somos simpáticos.

cambio *exchange* **paz** *peace*

Practice more at **vhlcentral.com.**

PRE-AP*

Presentational Speaking Have groups of students prepare posters giving advice on how to plan a 2-week trip to a Latin American country. The poster should include information on what research to do before the trip, how to get there, what to pack, how to deal with reservations, payments, etc., forms of transportation to use and to avoid once they are there, and where to stay. Then have students present their poster to the class and try to persuade other students to visit the country.

Section Goals

In **Estructura**, students will learn:

- comparatives and superlatives, including irregulars
- negative, affirmative, and indefinite expressions
- the subjunctive in adjective clauses

 Comparisons 4.1

Instructional Resources

vText

Cuaderno de actividades comunicativas, pp. 13, 76

Cuaderno de práctica, pp. 43–44

Cuaderno para hispanohablantes, pp. 71–72

e-Cuaderno

Supersite: Additional practice

Supersite/TRCD: Grammar Slides, Presentation PDFs #38, 39, Audio Activities Script, Answer Keys

Audio Activities CD

Teaching Tips

- Remind students that adjectives (like **tanto/a**) agree in gender and number with the nouns they modify.
- Point out that **que** and what follows it are optional if the items being compared are evident. Ex: **Los pasajes de avión son más caros (que los pasajes de tren).**
- Practice the structures by asking volunteers questions about classroom objects. Ex: **¿Esa mochila es más grande que ésta? (No, es más pequeña.)**

5 ESTRUCTURA

5.1 Comparatives and superlatives

Comparisons of inequality

- With adjectives, adverbs, nouns, and verbs, use these constructions to make comparisons of inequality (*more than/less than*).

más/menos + [*adjective* / *adverb* / *noun*] + **que**   [*verb*] + **más/menos que**

ADJECTIVE

Este hotel es **más elegante que** aquél.
This hotel is more elegant than that one.

NOUN

Juan tiene **menos tiempo que** Elena.
Juan has less time than Elena does.

ADVERB

¡Llegaste **más tarde que** yo!
You arrived later than I did!

VERB

Mi hermano **viaja menos que** yo.
My brother travels less than I do.

- When the focus of a comparison is a noun and the second term of the comparison is a verb or a clause, use these constructions to make comparisons of inequality.

más/menos + [*noun*] + **del/de la que** / **de los/las que** + [*verb or clause*]

Había **más** asientos **de los que** necesitábamos.
There were more seats than we needed.

La ciudad tiene **menos** ruinas **de las que** esperábamos.
The city has fewer ruins than we expected.

¡ATENCIÓN!

Before a number (or equivalent expression), *more/less than* is expressed with **más/menos de**.

El pasaje cuesta más de trescientos dólares.
The ticket costs more than three hundred dollars.

Comparisons of equality

- Use these constructions to make comparisons of equality (*as... as*).

tan + [*adjective* / *adverb*] + **como**   **tanto/a(s)** + [*singular noun* / *plural noun*] + **como**

[*verb*] + **tanto como**

ADJECTIVE

El vuelo de regreso no parece **tan largo como** el de ida.
The return flight doesn't seem as long as the flight over.

NOUN

Cuando viajo a la ciudad, tengo **tantas maletas como** tú.
When I travel to the city, I have as many suitcases as you do.

ADVERB

Se puede ir de Madrid a Sevilla **tan rápido** en tren **como** en avión.
You can get from Madrid to Seville as quickly by train as by plane.

VERB

Guillermo **disfrutó tanto como** yo en las vacaciones.
Guillermo enjoyed our vacation as much as I did.

¡ATENCIÓN!

Tan and **tanto** can also be used for emphasis, rather than to compare:

tan *so*
tanto *so much*
tantos/as *so many*

¡El viaje es tan largo!
The trip is so long!

¡Viajas tanto!
You travel so much!

¿Siempre traes tantas maletas?
Do you always bring so many suitcases?

LEARNING STYLES

For Visual Learners Provide photos from magazines or newspapers to present and practice the comparative form. Make sure that the photos represent obvious similarities and differences between the objects or scenes. If new vocabulary is needed, provide a word bank on the board.

LEARNING STYLES

For Auditory Learners Ask questions that make comparisons of inequality, using adjectives, adverbs, and nouns. Examples: **¿Qué es más divertido que un día en la playa? ¿Quién tiene más tiempo libre que yo?** Then ask questions that use verbs in the same construction. Ex: **¿Quién viaja más que yo?**

Superlatives

- Use this construction to form superlatives (**superlativos**). The noun is preceded by a definite article, and **de** is the equivalent of *in*, *on* or *of*. Use **que** instead of **de** when the second part of the superlative construction is a verb or a clause.

el/la/los/las + [*noun*] + **más/menos** + [*adjective*] + **de** + [*noun*] / **que** + [*verb or clause*]

Ésta es **la playa más bonita de** todas.
This is the prettiest beach of them all.

Es **el hotel menos caro que** he visto.
It is the least expensive hotel I've seen.

- The noun may also be omitted from a superlative construction.

Me gustaría comer en **el** restaurante **más elegante** de la ciudad.
I would like to eat at the most elegant restaurant in the city.

Las Dos Palmas es **el más elegante de** la ciudad.
Las Dos Palmas is the most elegant one in the city.

Irregular comparatives and superlatives

Adjective	Comparative form	Superlative form
bueno/a *good*	**mejor** *better*	**el/la mejor** *best*
malo/a *bad*	**peor** *worse*	**el/la peor** *worst*
grande *big*	**mayor** *bigger*	**el/la mayor** *biggest*
pequeño/a *small*	**menor** *smaller*	**el/la menor** *smallest*
viejo/a *old*	**mayor** *older*	**el/la mayor** *oldest*
joven *young*	**menor** *younger*	**el/la menor** *youngest*

- When **grande** and **pequeño/a** refer to size and not age or quality, the regular comparative and superlative forms are used.

Ernesto es **mayor** que yo.
Ernesto is older than I am.

Ese edificio es **el más grande** de todos.
That building is the biggest one of all.

- When **mayor** and **menor** refer to age, they follow the noun they modify. When they refer to quality, they precede the noun.

María Fernanda es mi hermana **menor.**
María Fernanda is my younger sister.

Hubo un **menor** número de turistas.
There was a smaller number of tourists.

- The adverbs **bien** and **mal** also have irregular comparatives, **mejor** and **peor**.

Mi padre maneja muy mal. ¿Y el tuyo?
My father is a bad driver. How about yours?

¡Mi padre maneja **peor** que los turistas!
My father drives worse than the tourists!

Tú puedes hacerlo bien por ti mismo.
You can do it well by yourself.

Ayúdame, que tú lo haces **mejor** que yo.
Help me; you do it better than I do.

¡ATENCIÓN!

Absolute superlatives

The suffix **–ísimo/a** is added to adjectives and adverbs to form the absolute superlative.

This form is the equivalent of *extremely* or *very* before an adjective or adverb in English.

malo → malísimo

mucha → muchísima

difícil → dificilísimo

fácil → facilísimo

Adjectives and adverbs with stems ending in **c, g,** or **z** change spelling to **qu, gu,** and **c** in the absolute superlative.

rico → riquísimo

larga → larguísima

feliz → felicísimo

Adjectives that end in **–n** or **–r** form the absolute superlative by adding **–císimo/a**.

joven → jovencísimo

recursos

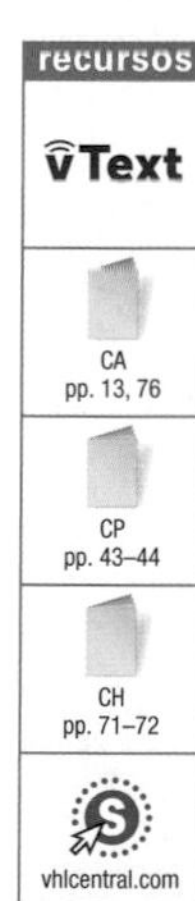

Teaching Tips

- Write additional adjectives on the board and call on volunteers to change them into absolute superlatives. Ex: **feo/a → feísimo/a**.
- Encourage students to make flashcards to learn the irregular comparative and superlative forms. On one side, students should write the adjective. On the other, have them write both the comparative and superlative forms and sample sentences for each.
- Students may be inclined to say **más mayor** or **más menor**. Explain that these forms are never correct; **mayor** and **menor** do not require **más** to convey their comparative and superlative meanings.
- Ask questions about students' ages relative to those of friends and family members. Ex: **¿Cuántos años tienes? ¿Eres menor o mayor que tu hermana?**

Extra Practice Go to **vhlcentral.com** for more practice with comparatives and superlatives.

DIFFERENTIATION

Heritage Speakers Ask heritage speakers to talk about their families, both in the U.S. and abroad. Have them give four or five sentences in which they compare themselves to members of their families. Then ask the other students in the class to report what the heritage speakers said to verify comprehension.

DIFFERENTIATION

For Inclusion Have students work in pairs and give them five minutes to write as many sentences as possible comparing vacation sites or countries. Ex: **Disneyworld es más divertido que las Cataratas del Niágara. En México hace más calor que en España.** Call on volunteers to write some of their sentences on the board. Correct any errors.

Communication 1.1
Comparisons 4.1

Teaching Tips

- Before assigning the activities, write three columns on the board and label them Adjective, Comparative form, and Superlative form. Call out an adjective and have a volunteer write the appropriate forms on the board. Ex: **grande, mayor, el/la mayor**. This is a good opportunity for students to use the flashcards they made.

2 Ask students what constitutes their idea of the worst possible trip. Write short statements on the board based on students' answers.

3 **Expansion** Have students work in pairs to create additional nouns and adjectives. Then have them exchange papers with another pair of students and create additional comparative and superlative sentences.

- Students might learn the comparative and superlative forms more quickly if they use them in a personal context. Have them think of original sentences about themselves. Encourage them to consider friends and family members and the different aspects in which they are similar or different. Remind students to be kind in their descriptions.

Práctica

1 **Demasiados gastos** Elena comparte sus inquietudes sobre el dinero con su tía Juana. Completa la conversación con las palabras de la lista.

carísimos	más	menor	muchísimos
como	mejor	menos	que

ELENA Tengo (1) ___muchísimos___ gastos y necesito ganar (2) ___más___ dinero.
JUANA ¿Por qué no tratas de gastar (3) ___menos___ y estudiar un poco más? Tú sabes que la mayoría de los adolescentes no llevan una vida (4) ___como___ la tuya.
ELENA Bueno, el problema no está en mis gastos, sino en mi salario. Mi hermana (5) ___menor___ trabaja menos horas (6) ___que___ yo, pero gana más.
JUANA Puede ser, pero recuerda que es (7) ___mejor___ asistir a una universidad buena que poder comprar unos zapatos (8) ___carísimos___.
ELENA Puede ser.

2 **El peor viaje de su vida** Conecta las frases de la izquierda con las correspondientes de la derecha para formar oraciones lógicas.

___h___ 1. El sábado pasado Alberto y yo hicimos el peor
___f___ 2. Yo llegué al aeropuerto más temprano
___g___ 3. Pero él pasó por seguridad más rápido
___c___ 4. Luego anunciaron que el vuelo estaba retrasado más
___a___ 5. Por fin salimos, tan cansados
___d___ 6. De repente, hubo un olor
___b___ 7. Alberto gritaba tanto
___e___ 8. Al final pasamos las vacaciones en casa. Lo bueno es que tuvimos más visitas

a. como enojados.
b. como yo hasta que logramos aterrizar (*to land*).
c. de tres horas a causa de un problema mecánico.
d. malísimo. ¡El motor se había prendido fuego!
e. de las que esperábamos.
f. que Alberto y no lo podía encontrar.
g. que yo y por fin nos encontramos en la puerta de embarque.
h. viaje de nuestra vida.

3 **Oraciones** Mira la información del cuadro y escribe cinco oraciones con superlativos y cinco con comparativos. Sigue el modelo.

MODELO *Avatar* es más popular que *Transformers: El lado oscuro de la luna*. *Avatar* es la película más vista de los últimos años.

Harry Potter	libro	menor
Jessica Alba	actriz	famosa
Mark Zuckerberg	hombre de negocios	rico
El Nilo	río	largo
Disneyland	lugar	feliz

Practice more at **vhlcentral.com.**

LEARNING STYLES

For Kinesthetic Learners Place the names of twenty famous people into a hat. Select two students to stand in front of the class and have them each draw a name and show it to the class. Call on a volunteer and give him or her ten seconds to compare those two famous people. Classmates should clap if they agree with the statement.

LEARNING STYLES

For Auditory Learners Have students work with a partner to read the story from **Actividad 2** aloud. Then have them write a conversation between Alberto and his friend, based on the information from the story. Call on volunteers to perform their conversation for the class. Assess classmates' comprehension informally.

Communication 1.1
Comparisons 4.1

Comunicación

4 Un viaje inolvidable

A. Habla con un(a) compañero/a sobre el viaje más inolvidable de tu vida. Puede ser un viaje buenísimo o un viaje malísimo, e incluso puede ser un viaje imaginario. Debes decir por lo menos siete u ocho oraciones usando comparativos y superlativos, y algunas de las palabras de la lista. Túrnense.

buenísimo/malísimo	más/menos que
como	mejor/peor que
de los mejores/peores	tan

B. Ahora describe el viaje de tu compañero/a al resto de la clase. La clase trata de adivinar qué viajes son verdaderos y cuáles son ficticios.

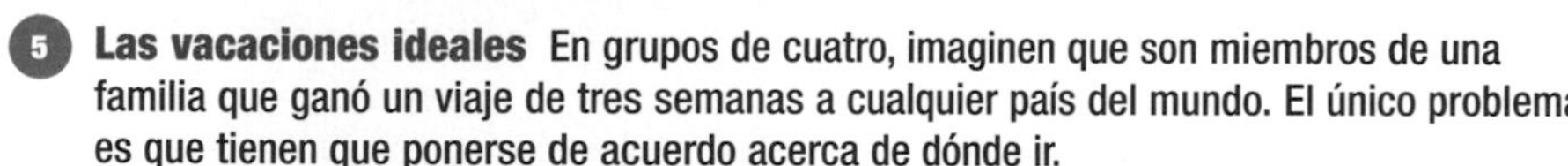

5 Las vacaciones ideales En grupos de cuatro, imaginen que son miembros de una familia que ganó un viaje de tres semanas a cualquier país del mundo. El único problema es que tienen que ponerse de acuerdo acerca de dónde ir.

A. Primero, cada uno/a debe decidir cuál es el país ideal para sus vacaciones y escribir una descripción breve con las razones para escogerlo. Utiliza comparativos y superlativos en tu descripción.

México

La República Dominicana

Costa Rica

Venezuela

B. Luego, túrnense para presentar sus opiniones y traten de convencer a los demás de que su país ideal es el mejor de todos. Deben usar comparativos y superlativos para comparar las atracciones de cada país. Compartan su decisión final con la clase.

MODELO Es obvio que Venezuela es el mejor país para nuestras vacaciones. Venezuela tiene la catarata más alta del mundo y unas playas tan bonitas como las de la República Dominicana. Además, ¡las arepas venezolanas son más ricas que las tortillas mexicanas! Venezuela tiene más atracciones de las que se pueden imaginar. Ya verán que no me equivoco.

Teaching Tips

4 Before beginning, review lesson vocabulary and create a word bank on the board. This is a good way to reinforce new words and aid visual learners.

4 To facilitate discussion, have students work individually to prepare a list of questions for their partners about the trip. You might assign this as homework.

4 Ask students to close their books, and project Presentation PDF #39. In pairs, have them use comparatives and superlatives to talk about how the characters in the illustration spent their vacation. Encourage them to be as creative as they can, and have pairs share their stories with the class.

5 Part A: This activity lends itself to the use of authentic materials. If time and resources permit, bring in travel brochures or magazines for students to consult.

5 Part B: Tell students that in addition to their word choice, the inflections in their voice and their body language can also be good tools used for convincing an audience. Encourage them to practice reading their opinions on their own before presenting them to their groups.

5 If necessary, have students do additional research on the Internet about tourism in their chosen country.

PRE-AP*

Interpersonal Writing Have students write two pages about either the best or the worst trip they have ever taken. They should include comparatives and superlatives. Tell students: **Ahora van a escribir dos páginas sobre su mejor o su peor viaje, dando muchos detalles. Usen comparativos y superlativos en sus descripciones.** You may choose to have students read their compositions out loud or post them in the class. Have students vote for the best and worst trips described.

Comparisons 4.1

Instructional Resources
vText
Cuaderno de actividades comunicativas, pp. 14, 77
Cuaderno de práctica, pp. 45–46
Cuaderno para hispanohablantes, pp. 73–74
e-Cuaderno
Supersite: Additional practice
Supersite/TRCD: Grammar Slides, Presentation PDF #40, Audio Activities Script, Answer Keys
Audio Activities CD

Teaching Tips
- Say several sentences aloud that use negative or positive words and have volunteers change each sentence into its opposite. Examples: **1. Siempre estudio para los exámenes. / No estudio nunca para los exámenes. 2. No veo a nadie. / Veo a alguien.**
- Write **alguien** and **nadie** on the board and survey students about their travels. Examples: **¿Alguien ha viajado a México? No, nadie ha viajado a México.**
- Use magazine pictures to compare and contrast positive and negative words. Ex: **La señora de la foto tiene algo en la mano. ¿El señor tiene algo en la mano también? No, el señor no tiene nada en la mano.**

Extra Practice Go to **vhlcentral.com** for more practice with negative, affirmative, and indefinite expressions.

5.2 Negative, affirmative, and indefinite expressions

Explanation Tutorial

Cocodrilo Éric no le tiene miedo a nada.

- The following chart shows negative, affirmative, and indefinite expressions.

algo *something; anything*	**nada** *nothing; not anything*
alguien *someone; somebody; anyone*	**nadie** *no one; nobody; not anyone*
alguno/a(s), algún *some; any*	**ninguno/a, ningún** *no; none; not any*
o... o *either... or*	**ni... ni** *neither... nor*
siempre *always*	**nunca, jamás** *never; not ever*
también *also; too*	**tampoco** *neither; not either*

- In Spanish, double negatives are perfectly acceptable.

¿Dejaste **algo** en la mesa?
Did you leave something on the table?

No, **no** dejé **nada**.
No, I didn't leave anything.

Siempre tuvimos ganas de viajar a Costa Rica.
We always wanted to travel to Costa Rica.

Hasta ahora, **no** tuvimos **ninguna** oportunidad de ir.
Until now, we had no chance to go there.

- Most negative statements use the pattern **no** + [*verb*] + [*negative word*]. When the negative word precedes the verb, **no** is omitted.

No lo extraño **nunca**.
I never miss him.

Nunca lo extraño.
I never miss him.

Su opinión **no** le importa a **nadie**.
His opinion doesn't matter to anyone.

A **nadie** le importa su opinión.
Nobody cares about his opinion.

- Once one negative word appears in an English clause, no other negative word may be used. In Spanish, however, once a negative word is used, all other elements must be expressed in the negative if possible.

No le digas **nada** a **nadie**.
Don't say anything to anyone.

Tampoco hables **nunca** de esto.
Don't ever talk about this either.

No quiero **ni** pasta **ni** pizza.
I don't want pasta or pizza.

Tampoco quiero **nada** para tomar.
I don't want anything to drink either.

DIFFERENTIATION

For Inclusion Give students the opportunity to learn about a classmate they do not usually work with. Have them take turns asking one another what they know and do not know about different parts of the world. Examples: **¿Sabes algo de la cultura china? Sí, sé algo de la cultura china. / No, no sé nada de la cultura china.**

DIFFERENTIATION

To Challenge Students Write negative and positive expressions on index cards and put them in a hat. Call on volunteers to draw a card and say a sentence using that expression. Ex: (on the card) **ni siquiera: Ni siquiera me avisaron que no venían a la fiesta.**

- The personal **a** is used before negative and indefinite words that refer to people when they are the direct object of the verb.

Nadie me comprende. ¿Por qué será? *No one understands me. Why is that?*	Porque tú no comprendes **a nadie**. *Because you don't understand anyone.*
Algunos pasajeros prefieren no desembarcar en los puertos. *Some passengers prefer not to disembark at the ports.*	Pues, no conozco **a ninguno** que se quede en el crucero. *Well, I don't know of anyone who stays on the cruise ship.*

- Before a masculine, singular noun, **alguno** and **ninguno** are shortened to **algún** and **ningún**.

  ¿Ha sufrido **algún** daño en el choque?
  Have you suffered any harm in the accident?

  Me había puesto el cinturón de seguridad, por lo que no sufrí **ningún** daño.
  I had fastened my seatbelt, and so I suffered no injuries.

- **Tampoco** means *neither* or *not either*. It is the opposite of **también**.

  Mi novia no soporta los congestionamientos en el centro, ni yo **tampoco**.
  My girlfriend can't stand the traffic jams downtown, and neither can I.

  Por eso toma el metro, y yo **también**.
  That's why she takes the subway, and so do I.

- The conjunction **o... o** (*either... or*) is used when there is a choice to be made between two options. **Ni... ni** (*neither... nor*) is used to negate both options.

  Debo hablar **o** con el gerente **o** con la dueña.
  I have to speak with either the manager or the owner.

  El precio del pasaje **ni** ha subido **ni** ha bajado en los últimos días.
  The price of the ticket has neither risen nor fallen in the past days.

- The conjunction **ni siquiera** (*not even*) is used to add emphasis.

  Ni siquiera se despidieron antes de salir.
  They didn't even say goodbye before they left.

  La señora Guzmán no viaja nunca, **ni siquiera** para visitar a sus nietos.
  Mrs. Guzmán never travels, not even to visit her grandchildren.

¡ATENCIÓN!

Cualquiera can be used to mean *any, anyone, whoever, whatever, or whichever.* When used before a singular noun (masculine or feminine) the **–a** is dropped.

Cualquiera haría lo mismo.
Anyone would do the same.

Llegarán en cualquier momento.
They will arrive at any moment.

¡ATENCIÓN!

In the conjunction **o... o,** the first **o** can be omitted.
Debo hablar (o) con el gerente o con la dueña.

In the conjunction **ni... ni,** the first **ni** can be omitted when it comes after the verb.
No me interesa (ni) la política ni la economía.

When the first **ni** goes before the verb, **no... ni** can be used instead of **ni... ni.**
El precio no/ni ha subido ni ha bajado.

recursos

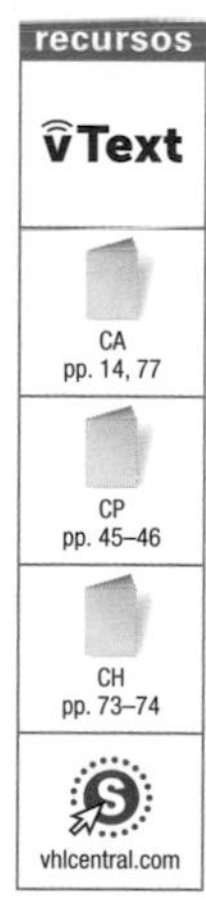

Teaching Tips

- Point out the use of **ni yo tampoco** after a negative statement. Ex: **Gustavo no pudo ir al cine, ni yo tampoco.**
- Review the use of **también** with **gustar** and similar verbs. Ex: **Me gusta viajar. → A mí también.**
- Reiterate that there is no limit to the number of negative words that can be strung together in a sentence in Spanish. Ex: **No hablo con nadie nunca de ningún problema, ni con mi familia ni con mis amigos.**

LEARNING STYLES

For Kinesthetic Learners Write the names of four vacation spots on four large cards and post them in different corners of the room. Ask students to pick their vacation preference by going to one of the corners. Then have each group write five reasons for their choice, as well as one complaint about each of the other places, using positive and negative words.

LEARNING STYLES

For Visual Learners Write sentences like the following on the board and have students complete them with a positive or negative word: **Los vegetarianos no comen carne ___ (nunca). Las madres ___ (siempre) se preocupan por sus hijos. En las fiestas, ella no se divierte, ____ (ni) baila ___ (ni) habla con ____ (nadie).**

Communication 1.1
Comparisons 4.1

Teaching Tips

1 Before assigning this activity, go around the room and read each student a sentence using a positive or negative expression. Each student must contradict it, using the opposite expression. Ex: **Nadie de esta clase toma café. Alguien toma café.**

2 Point out that students may need to change more than just one word. Encourage them to read each item aloud to themselves to ensure they have made all of the correct changes.

2 Remind students that plural forms might change to singular in the negative. Ex: **Algunos** and **todos** change to **ningún** and **nadie**.

3 In pairs, ask students to write brief exchanges for each of the responses shown. Call on volunteers to read their exchanges to the class. Encourage them to be creative.

Práctica

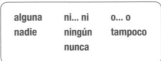

1 Comidas típicas **Marlene acaba de regresar de un viaje a Madrid y le fascinó la comida española. Completa su conversación con Frank usando las expresiones del recuadro.**

alguna	ni... ni	o... o
nadie	ningún	tampoco
	nunca	

MARLENE Frank, ¿(1) __alguna__ vez has probado las tapas españolas?
FRANK No, (2) __nunca__ he probado la comida española.
MARLENE ¿De veras? ¿No has probado (3) __ni__ la tortilla de patata (4) __ni__ la paella?
FRANK No, no he comido (5) __ningún__ plato español. (6) __Tampoco__ conozco los ingredientes típicos de la cocina española.
MARLENE Entonces tenemos que salir a comer juntos. ¿Conoces el restaurante llamado Carmela?
FRANK No, no conozco (7) __ningún__ restaurante con ese nombre.
MARLENE (8) __Nadie__ lo conoce. Es nuevo pero es muy bueno. A mí me viene bien que vayamos (9) __o__ el lunes (10) __o__ el jueves que viene.
FRANK El jueves también me viene bien.

2 El viajero **Imagina que eres un(a) viajero/a un poco especial y estás hablando de lo que no te gusta hacer en los viajes. Cambia las oraciones de positivas a negativas usando las expresiones correspondientes. Sigue el modelo.**

MODELO **Yo siempre como la comida del país.**
Nunca como la comida del país.

1. Cuando voy de viaje, siempre compro algunos regalos típicos.
   Cuando voy de viaje, nunca compro ningún regalo típico.
2. A mí también me gusta visitar todos los lugares turísticos.
   A mí tampoco me gusta visitar ningún lugar turístico.
3. Yo siempre hablo el idioma del país con todo el mundo.
   Yo nunca hablo el idioma del país con nadie.
4. Normalmente, o alquilo un carro o alquilo una motocicleta.
   Normalmente, ni alquilo un carro ni alquilo una motocicleta.
5. Siempre intento visitar a algún conocido de mi familia.
   Nunca intento visitar a ningún conocido de mi familia.
6. Cuando visito un lugar nuevo, siempre hago algunos amigos.
   Cuando visito un lugar nuevo, nunca hago amigos.

3 Argumentos **En parejas, escriban los argumentos que provocarían estas respuestas.**

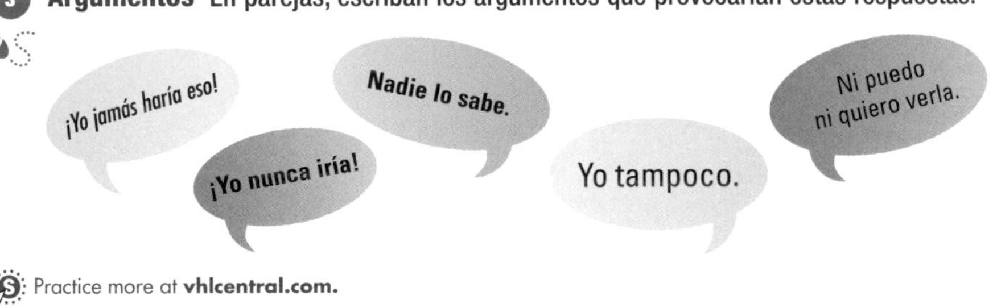
¡Yo jamás haría eso!
¡Yo nunca iría!
Nadie lo sabe.
Yo tampoco.
Ni puedo ni quiero verla.

Practice more at **vhlcentral.com.**

DIFFERENTIATION

For Auditory Learners Give small groups five minutes to create an oral description of **un(a) señor(a) muy, pero muy antipático/a**. Tell students to use as many positive and negative words as possible to describe what makes this person so unpleasant. Have them use one minute to discuss how they will approach their description. Later, every group member should share part of the description with the class.

DIFFERENTIATION

Heritage Speakers Ask heritage speakers to talk about any regular trips they take with their family to their family's home country. Have them use negative and positive expressions. Ex: **Siempre vamos a la casa de mi abuela para las Navidades.**

Communication 1.1
Comparisons 4.1

Comunicación

4 Opiniones **En grupos de cuatro, hablen sobre estos enunciados. Cada miembro da su opinión y el resto responde diciendo si está de acuerdo o no. Usen expresiones negativas, afirmativas e indefinidas.**

- Nadie tendría que necesitar pasaporte ni visa para entrar a un país extranjero.
- El turismo es siempre conveniente: los turistas favorecen la economía del país.
- Ningún vuelo tendría que retrasarse, incluso cuando hace mal tiempo.
- Está bien que las compañías aéreas cobren por todas las maletas que llevan los pasajeros.
- No hay ningún tipo de turismo mejor que el ecoturismo.
- Siempre es mejor irse de vacaciones a relajarse que a ver museos y monumentos.
- Los turistas siempre deben hablar la lengua del país que visitan.
- Nunca se puede decir: "jamás viviría en otro país", porque nunca se sabe.

5 Escena

A. En grupos de tres, escriban una conversación entre un(a) hijo/a adolescente y sus padres usando expresiones negativas, afirmativas e indefinidas.

MODELO

HIJA ¿Por qué siempre desconfían de mí? No soy ninguna mentirosa y mis amigos tampoco lo son. No tienen ninguna razón para preocuparse.
MAMÁ Sí, hija, muy bien, pero recuerda que...
HIJA Por última vez, ¿puedo ir... ?
PAPÁ ...

B. Ahora representen ante la clase la conversación que escribieron.

Teaching Tips

4 Have students share their opinions with the class and have a debate about these points.

5 As a follow-up activity, have students describe an argument they had with their own parents. What was the fight about? How was it resolved?

Extra Practice Hand out a copy of an article from a Spanish newspaper travel section. Have students use three different color pens and underline examples of negative expressions in one color, affirmative expressions in another color, and indefinite expressions in a third. Then, with a partner, have them compare what they have found.

LEARNING STYLES

For Kinesthetic Learners For homework, have students create a survey regarding their classmates' travel preferences. In their survey, students should create a series of statements to which their classmates may answer **siempre, a veces,** or **nunca.** Ex: **Me quedo en un hotel de buena categoría.** Have students circulate around the room and discuss the responses.

LEARNING STYLES

For Auditory Learners Create sentences using affirmative expressions. Say the sentence and have students repeat it. Then state the counterpart negative expression. Have students say the new sentence, making all necessary changes. Ex: **Alguien me robó el pasaporte. (nadie) Nadie me robó el pasaporte.**

Comparisons 4.1

Instructional Resources
vText
Cuaderno de actividades comunicativas, pp. 15, 78
Cuaderno de práctica, pp. 47–48
Cuaderno para hispanohablantes, pp. 75–76
e-Cuaderno
Supersite: Additional practice
Supersite/TRCD: Grammar Slides, Presentation PDF #41, Audio Activities Script, Answer Keys
Audio Activities CD

Teaching Tips
- Remind students that one of the main characteristics of the subjunctive mood is the idea of uncertainty.
- Preview the idea of uncertainty by asking questions using **buscar**. Ex: **¿Buscan una universidad para estudiar una carrera? ¿De qué tipo?**
- Point out that although **que** is the most common connector, conjunctions like **donde** and **en que** can also be used before adjective clauses. Ex: **¿Hay algún restaurante por aquí donde se pueda comer pasta?**

Extra Practice Go to **vhlcentral.com** for more practice with the subjunctive in adjective clauses.

5.3 The subjunctive in adjective clauses

Explanation Tutorial

¡ATENCIÓN!

An adjective clause (**oración subordinada adjetiva**) is one that modifies or describes the noun or direct object in the main clause.

- When an adjective clause describes an antecedent that is known to exist, use the indicative. When the antecedent is uncertain or unknown, use the subjunctive.

MAIN CLAUSE	CONNECTOR	SUBORDINATE CLAUSE
Busco un trabajo	**que**	**pague bien.**

ANTECEDENT CERTAIN → INDICATIVE	ANTECEDENT UNCERTAIN → SUBJUNCTIVE
Necesito el libro que **tiene** información sobre las ruinas mayas. *I need the book that has information about Mayan ruins.*	Necesito un libro que **tenga** información sobre las ruinas mayas. *I need a book that has information about Mayan ruins.*
Buscamos los documentos que **describen** el itinerario del viaje. *We're looking for the documents that describe the itinerary for the trip.*	Buscamos documentos que **describan** el itinerario del viaje. *We're looking for (any) documents that (may) describe the itinerary for the trip.*
Las personas que **van** a Costa Rica todos los años conocen bien la zona. *People who go to Costa Rica every year know the area well.*	Las personas que **vayan** a Costa Rica podrán visitar el nuevo museo. *People going to Costa Rica will be able to visit the new museum.*

- When the antecedent of an adjective clause is a negative pronoun (**nadie, ninguno/a**), the subjunctive is used in the subordinate clause.

¡No hay nadie que la pueda cerrar, Éric!

No hay nada que pueda dejar.

ANTECEDENT CERTAIN → INDICATIVE	ANTECEDENT UNCERTAIN → SUBJUNCTIVE
Elena tiene tres parientes que **viven** en San Salvador. *Elena has three relatives who live in San Salvador.*	Elena no tiene **ningún** pariente que **viva** en La Palma. *Elena doesn't have any relatives who live in La Palma.*
Para su viaje, hay dos países que **requieren** una visa. *For your trip, there are two countries that require visas.*	Para su viaje, no hay **ningún** país que **requiera** una visa. *For your trip, there are no countries that require a visa.*
Hay muchos viajeros que **quieren** quedarse en el hotel. *There are many travelers who want to stay at the hotel.*	No hay **nadie** que **quiera** alojarse en el albergue. *There is nobody who wants to stay at the hostel.*

LEARNING STYLES

For Visual Learners Write three columns on the board: Main clause, Connector, and Subordinate clause. Have groups of three students create sentences. The first student should write a main clause with **necesitar, buscar,** or **querer**. The next student should write a connector. The last should finish with a subordinate clause in the subjunctive.

LEARNING STYLES

For Auditory Learners Create sentences that follow the pattern of the examples. Read one out loud, have students repeat it, and then change the main clause. Have students reconstruct the statement with the new clause, changing the subordinate clause as necessary. Ex: **Conozco una agencia donde tienen... (indicative); Busco una agencia donde... (subjunctive).**

- Do not use the personal **a** with direct objects that represent hypothetical persons.

ANTECEDENT UNCERTAIN → SUBJUNCTIVE	ANTECEDENT CERTAIN → INDICATIVE
Busco un guía que **hable** inglés. *I'm looking for a guide who speaks English.*	Conozco **a** un guía que **habla** inglés. *I know a guide who speaks English.*

- Use the personal **a** before **nadie, ninguno/a,** and **alguien**, even when their existence is uncertain.

ANTECEDENT UNCERTAIN → SUBJUNCTIVE	ANTECEDENT CERTAIN → INDICATIVE
No conozco **a nadie** que **se queje** tanto como mi abuela. *I don't know anyone who complains as much as my grandmother.*	Yo conozco **a alguien** que **se queja** aún más... ¡la mía! *I know someone who complains even more... mine!*

- The subjunctive is commonly used in questions with adjective clauses when the speaker is trying to find out information about which he or she is uncertain. If the person who responds knows the information, the indicative is used.

ANTECEDENT UNCERTAIN → SUBJUNCTIVE	ANTECEDENT CERTAIN → INDICATIVE
¿Me recomienda usted un hotel que **esté** cerca de la costa? *Can you recommend a hotel that is near the coast?*	Sí, el hotel Flamingo **está** justo en la playa. *Yes, the Flamingo Hotel is right on the beach.*
¿Tiene otra brújula que **sea** más fácil de usar? *Do you have another compass that is easier to use?*	Vea ésta y, si no, tengo tres más que **son** muy fáciles de usar. *Look at this one, and if not, I have three others that are very easy to use.*

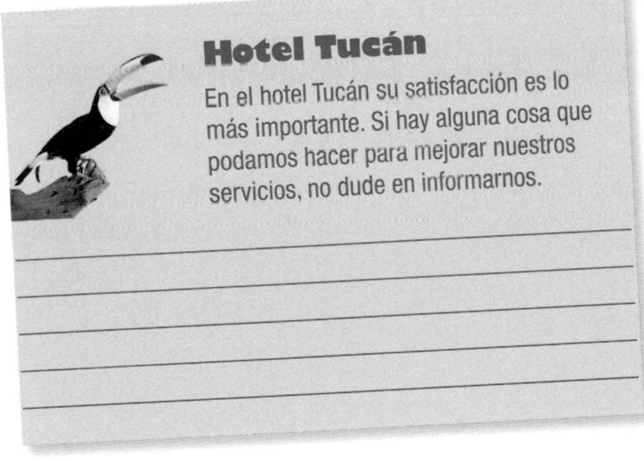

Hotel Tucán
En el hotel Tucán su satisfacción es lo más importante. Si hay alguna cosa que podamos hacer para mejorar nuestros servicios, no dude en informarnos.

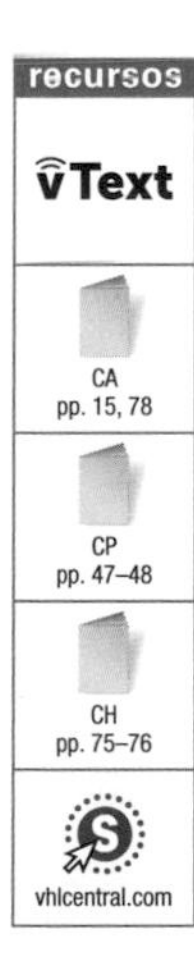

recursos
vText
CA pp. 15, 78
CP pp. 47–48
CH pp. 75–76
vhlcentral.com

Teaching Tips

- Remind students that the personal **a** is not used after certain verbs. Ex: **No hay nadie que.../Hay una mujer que.../Tengo un novio que.../No tengo ningún amigo que...**
- For oral practice, ask closed-ended questions; repeat the answer, using complete sentences and the subjunctive. Ex: ___, **¿conoces a alguien que sepa hablar japonés? (No.)** ___ **no conoce a nadie que sepa hablar japonés, pero** ___ **conoce a una joven japonesa que estudia inglés.**
- Check comprehension by giving students sentences with adjective clauses and asking them to provide the correct form of the verb. **Prefiero la playa donde ___ menos gente. (hay) Prefiero una playa donde ___ menos gente. (haya)**
- Ask a volunteer to read the ad for **Hotel Tucán** and explain why the verb **podamos** is in the subjunctive.

DIFFERENTIATION

For Inclusion Help students become accustomed to using the subjunctive in adjective clauses. Form small groups and have students imagine they need to hire a tour guide for a class trip. Ask them to create a classified ad in which they list five qualities they are seeking. Ex: **Buscamos un guía que tenga mucha experiencia.** Tip: You might brainstorm ideas with the class before groups begin working on their own.

DIFFERENTIATION

To Challenge Students Ask students to describe their ideal summer vacation. Their descriptions should include only sentences in the subjunctive. Tell students to use verbs such as **necesitar, querer, buscar, encontrar, conocer**, and **haber.**

Communication 1.1
Comparisons 4.1

Teaching Tips

1 Expansion Have students create additional items for each column. Then have them exchange papers with a classmate and complete the sentences.

2 As a homework project, have students research Nicaragua and prepare an itinerary for Carmen, complete with photographs and detailed descriptions of the areas she will visit. This is a good assignment for group work.

3 Explain that **lo ideal** means *the ideal thing*. Other common phrases using **lo** are **lo mejor** (*the best thing*), **lo peor** (*the worst thing*), and **lo importante** (*the important thing*). The neuter **lo** is covered in detail in **Estructura 9.3**.

Práctica

1 Oraciones Combina las frases de las dos columnas para formar oraciones lógicas. Recuerda que a veces vas a necesitar el subjuntivo y a veces no.

c 1. Luis tiene un hermano que	a. sea alta e inteligente.
d 2. Tengo dos primos que	b. sean respetuosos y estudiosos.
e/a 3. No conozco a nadie que	c. canta cuando se ducha.
e/a 4. Jorge busca una novia que	d. hablan español.
b 5. Quiero tener hijos que	e. hable más de cinco lenguas.

2 El agente de viajes Carmen va a ir de vacaciones a Montelimar, en Nicaragua, y le escribe un correo electrónico a su agente de viajes explicándole cuáles son sus planes. Completa el correo electrónico con el subjuntivo o el indicativo.

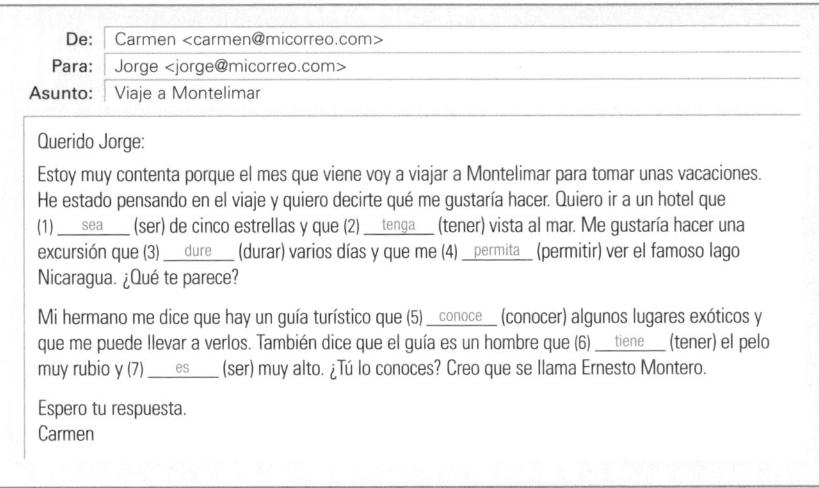
De: Carmen <carmen@micorreo.com>
Para: Jorge <jorge@micorreo.com>
Asunto: Viaje a Montelimar

Querido Jorge:

Estoy muy contenta porque el mes que viene voy a viajar a Montelimar para tomar unas vacaciones. He estado pensando en el viaje y quiero decirte qué me gustaría hacer. Quiero ir a un hotel que (1) sea (ser) de cinco estrellas y que (2) tenga (tener) vista al mar. Me gustaría hacer una excursión que (3) dure (durar) varios días y que me (4) permita (permitir) ver el famoso lago Nicaragua. ¿Qué te parece?

Mi hermano me dice que hay un guía turístico que (5) conoce (conocer) algunos lugares exóticos y que me puede llevar a verlos. También dice que el guía es un hombre que (6) tiene (tener) el pelo muy rubio y (7) es (ser) muy alto. ¿Tú lo conoces? Creo que se llama Ernesto Montero.

Espero tu respuesta.
Carmen

3 El ideal En parejas, imaginen cómo es el/la compañero/a ideal en cada una de estas situaciones. Si ya conocen a una persona que tiene las características ideales, también pueden hablar de él/ella. Utilicen el subjuntivo o el indicativo de acuerdo a la situación.

MODELO Lo ideal es hablar con alguien que escuche con mucha atención.

- alguien con quien hablar
- alguien con quien estudiar
- alguien con quien ver películas de amor o de aventura
- alguien con quien comprar ropa
- alguien con quien hacer ejercicio
- alguien con quien viajar por el desierto del Sahara

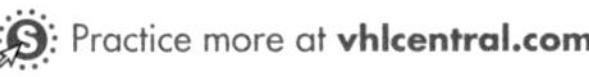
Practice more at **vhlcentral.com.**

LEARNING STYLES

For Auditory Learners Use these four sentences as dictation. Read each twice, pausing the second time for students to write. **1. ¿Conoces un albergue estudiantil donde haya servicio de habitaciones? 2. No, los albergues que conozco no tienen este tipo de servicio. 3. Busco un alojamiento que sea barato pero con comida incluida. 4. El Hotel Tucán es la mejor opción.** For an informal assessment, correct in class.

LEARNING STYLES

For Kinesthetic Learners Read a series of main clauses that take the subjunctive or the indicative mood. Ex. **Hay muchas personas que...; No existe ninguna persona que...** If the main clause takes the subjunctive, have students raise one hand. If the sentence takes the indicative, students should raise both hands. Call on volunteers to complete with a subordinate clause the main clause you provide.

Communication 1.1
Comparisons 4.1

Comunicación

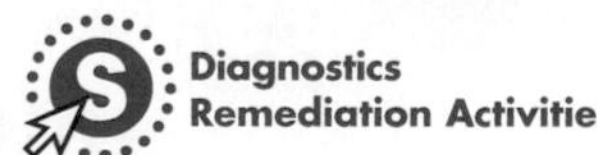
Diagnostics
Remediation Activities

4 **Anuncios** En parejas, imaginen que escriben anuncios para el diario *El País*. El jefe les ha dejado algunos mensajes indicándoles qué anuncios deben escribir. Escriban anuncios detallados sobre lo que se busca usando el indicativo o el subjuntivo. Después inventen dos anuncios originales para enseñárselos a la clase.

La familia Pérez
busca a su perro Tomás,
que se perdió en el parque.
Aquí tienen una foto de él.
Miguel y Carlos Solís
buscan un guía turístico
para su viaje a los
volcanes de Guatemala.

5 **Síntesis** La tormenta tropical Alberto azota (*is hitting*) las costas de Florida. Tú y un(a) compañero/a deben cubrir esta noticia para un programa de televisión. Uno/a de ustedes es el/la corresponsal y la otra persona es el/la conductor(a) del programa. Escriban una conversación sobre este desastre y sus consecuencias. Usen comparativos, superlativos, el subjuntivo en oraciones subordinadas adjetivas y expresiones negativas, afirmativas e indefinidas.

MODELO

CONDUCTOR(A) Cuéntanos, Juan Francisco, ¿cómo es la tormenta?
CORRESPONSAL ¡Nunca he visto una tormenta tan destructiva! ¡No hay casas que puedan soportar vientos tan fuertes!
CONDUCTOR(A) ¡Pero no es posible que el viento sea más fuerte que durante la tormenta Ximena en 1996!
CORRESPONSAL Les aseguro que esta tormenta es la peor...

4 Students can also do **Actividad 4** with their books closed. Display Presentation PDF #41, and have them work in pairs.

4 **Culture Note** Have students view the ***El País*** website. Explain that it is a prominent newspaper in Spain and the Spanish-speaking world.

4 **Partner Chat** You can also assign activity 4 on the Supersite. Students work in pairs to record the activity online. The pair's recorded conversation will appear in your gradebook.

PRE-AP*

5 **Interpersonal Speaking** Have students work in pairs to prepare a mock interview with a resident of the Florida coast. Then have students perform their interviews for the class. Encourage them to bring in props and other visual aids (an umbrella, a rain jacket, a microphone).

NATIONAL STANDARDS

Communities Have students go through classified ads from Spanish-language newspapers. What do they notice about the ads? In what ways are they similar to or different from ads in English-language papers?

PRE-AP*

Interpersonal Writing, Part A Have students write a personal ad to find a date for prom. They should write at least eight sentences using the subjunctive in adjective clauses to describe the type of person they are seeking. Tell them: **Ahora vas a escribir un anuncio. Describe a la persona con quien quieres ir al baile del colegio. Por ejemplo, "Prefiero un chico que sepa bailar bien".**

PRE-AP*

Interpersonal Writing, Part B Read several ads to students, and have them correct any errors. Then have students exchange ads and answer them, pretending to be the ideal date. Say: **Ahora contesta el anuncio, explicando por qué eres la persona ideal. Por ejemplo, "Soy un chico que baila bien".**

Section Goals

In **Cinemateca,** students will:

- watch the short film ***El anillo***
- practice listening for and using vocabulary and structures learned in this chapter
- discuss chance

Communication 1.2
Comparisons 4.1

Instructional Resources
vText
Supersite/DVD: Film Collection
Supersite/TRCD: ***Cortometraje*** Transcript & Translation

Teaching Tips

1 Have students use new vocabulary words to write an anecdote about something that happened by chance (**por casualidad**). Give students ten minutes to free-write, without consulting dictionaries or worrying about spelling. Then have them revise their drafts, consulting classroom resources.

2 For item 2, ask: **¿Hay alguna diferencia entre el valor monetario y el valor sentimental de algo?** Have students give examples from their personal lives.

2 **Virtual Chat** You can also assign activity 2 on the Supersite. Students record individual responses that appear in your gradebook.

3 Have students write their predictions on a piece of paper. Then, once students have watched the film, ask them to review their predictions to see if they were correct.

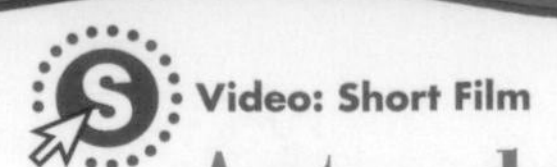

5 CINEMATECA

Video: Short Film

Antes de ver el corto

EL ANILLO

país Puerto Rico
duración 8 minutos
directora Coraly Santaliz Pérez

protagonistas la prometida, Arnaldo (su novio), el vagabundo, el dueño del restaurante, el empleado del restaurante, la novia del empleado, la anfitriona, la senadora

Vocabulario

el anillo *ring*	**echar** *to throw away*
el azar *chance*	**enganchar** *to get caught*
botar *to throw out*	**la manga** *sleeve*
botarse *(P. Rico; Cuba) to outdo oneself*	**la sortija** *ring*
la casualidad *chance; coincidence*	**el tapón** *traffic jam*
el diamante *diamond*	**tirar** *to throw*

1 Definiciones Conecta cada oración con la palabra correspondiente.

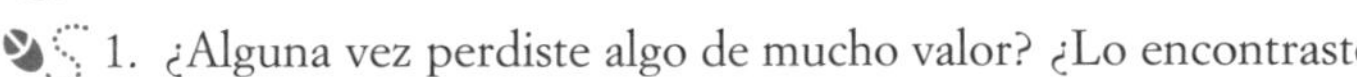

d 1. Forma parte de una camisa.
e 2. Sucede cuando hay mucho tráfico o cuando hay un accidente.
f 3. Es un sinónimo de *anillo*.
a 4. Es un conjunto de acontecimientos que ocurren por casualidad.
b 5. Puede pasar esto si andas en bicicleta con pantalones muy anchos (*wide*).

a. azar
b. enganchar
c. diamante
d. manga
e. tapón
f. sortija
g. tirar

2 Preguntas En parejas, contesten las preguntas.

1. ¿Alguna vez perdiste algo de mucho valor? ¿Lo encontraste?
2. ¿Encontraste algo valioso en alguna ocasión? ¿Qué hiciste?
3. ¿Sueles perder cosas cuando vas de viaje?
4. Imagina que encuentras un anillo de diamantes en la habitación del hotel donde te alojas. ¿Qué haces?

3 Un anillo En parejas, miren la fotografía del cortometraje e imaginen lo que va a ocurrir en la historia. Compartan sus ideas con la clase.

Practice more at **vhlcentral.com.**

CRITICAL THINKING

Knowledge and Comprehension Assign each student a character from the film. As students watch, have them observe that character and jot down descriptive words based on the character's body language and speech. For inclusion, review descriptive adjectives.

CRITICAL THINKING

Evaluation Before students watch the short film, have them imagine that they are film critics. Have them jot down three criteria they will use in order to evaluate the film. Examples: cinematography, plot/script, character development. After the class has watched the film, have students share their personal opinions based on these criteria.

Communication 1.2
Cultures 2.1, 2.2
Connections 3.2
Comparisons 4.2

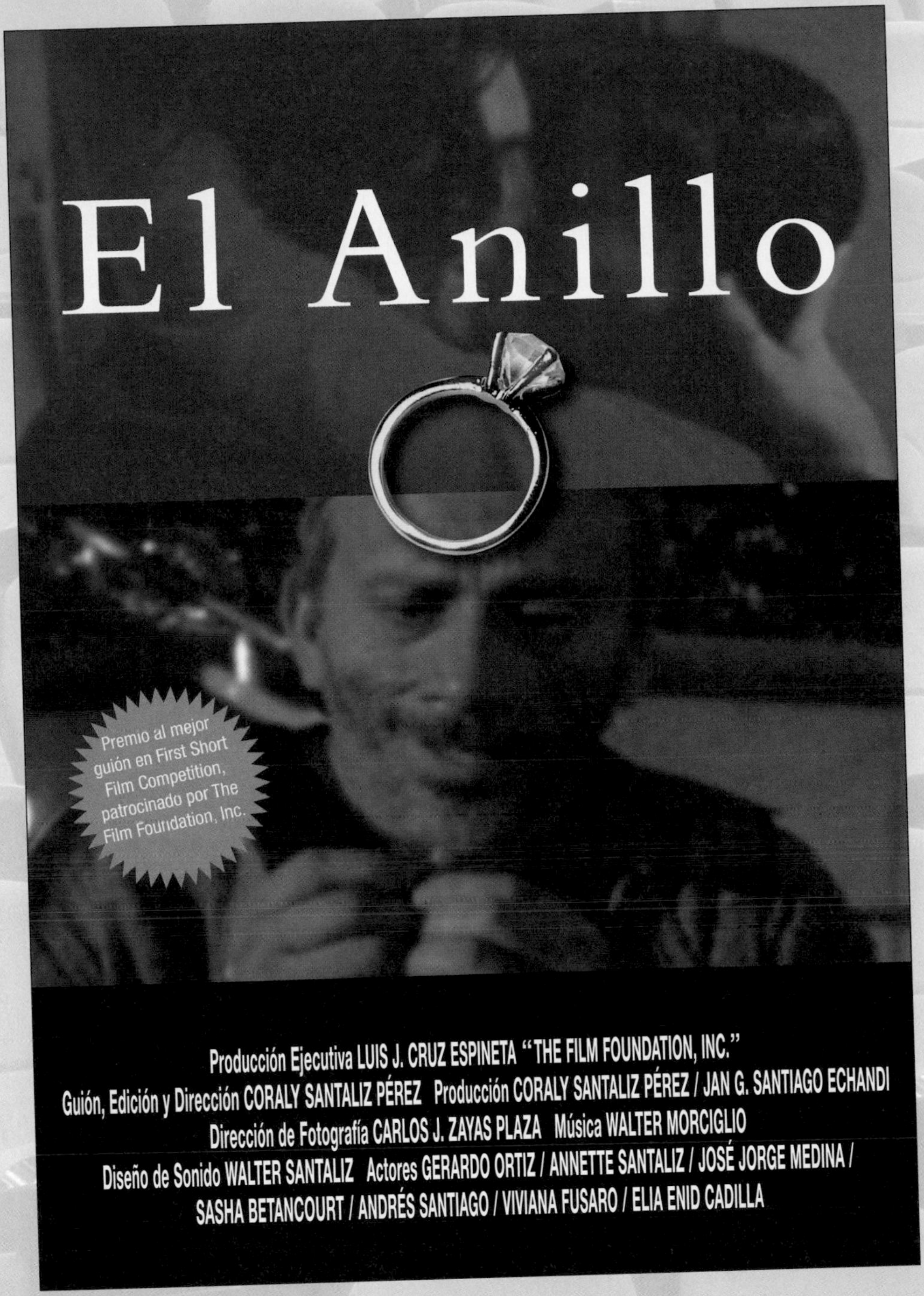

Previewing Strategies

- Tell students that the **cortometraje** deals with the theme of chance and coincidence.
- Ask students to name other movies where things happen by chance. (Possible answers: *Transformers, The Artist, Amélie, Groundhog Day*)

PRE-AP*

Interpretive Audiovisual Communication
Have students look carefully at the poster for the **cortometraje**. Ask: **¿Cómo se siente el hombre en la foto? ¿En qué está pensando? ¿De quién es el anillo? ¿Quién es la pareja?**

El Anillo
Premio al mejor guión en First Short Film Competition, patrocinado por The Film Foundation, Inc.
Producción Ejecutiva LUIS J. CRUZ ESPINETA "THE FILM FOUNDATION, INC."
Guión, Edición y Dirección CORALY SANTALIZ PÉREZ Producción CORALY SANTALIZ PÉREZ / JAN G. SANTIAGO ECHANDI
Dirección de Fotografía CARLOS J. ZAYAS PLAZA Música WALTER MORCIGLIO
Diseño de Sonido WALTER SANTALIZ Actores GERARDO ORTIZ / ANNETTE SANTALIZ / JOSÉ JORGE MEDINA /
SASHA BETANCOURT / ANDRÉS SANTIAGO / VIVIANA FUSARO / ELIA ENID CADILLA

CRITICAL THINKING

Knowledge Have students define *coincidence* (**la casualidad**) in their own words (**la combinación de circunstancias, eventos inesperados o imprevistos**). Call on volunteers to write their definitions on the board. Then ask how it might be different from *fate* (**el destino; los acontecimientos que no cambian por una fuerza desconocida**).

CRITICAL THINKING

Comprehension Have students work in small groups to discuss the role of coincidence and fate in their lives. Ask: **¿Crees en la casualidad o en el destino? Da ejemplos de tu vida personal para justificar tu respuesta.**

Video Synopsis A woman leaves her diamond ring in a bathroom at a party and it ends up in the hands of many people: a homeless person, a restaurant employee, and a senator. After a series of mishaps, the original owner gets it back without ever realizing it had been missing.

PRE-AP*

Interpretive Reading
In pairs, ask students to cover the captions and look only at the photos. Have them invent their own captions based on the visual clues. After they have watched the short film, ask the same pairs to explain how their own captions were accurate and how they were not.

21st CENTURY SKILLS

Social and Cross-Cultural Skills
Have students work in groups to choose one or two aspects of the movie that they identify as different from what they would expect in their daily life. Ask students to write two to three sentences about the difference and how they would explain what is different to a visitor from that culture.

Escenas

ARGUMENTO Una prometida pierde su anillo de compromiso, que va pasando de persona a persona por azar.

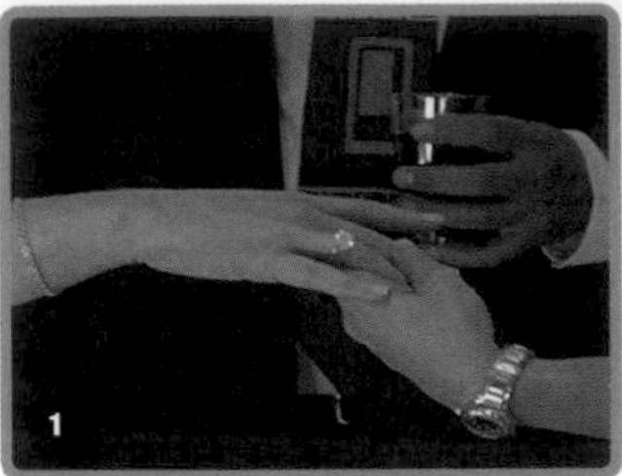

INVITADA Nena, ¡qué bello ese anillo! Arnaldo se botó.
PROMETIDA Sí, lo sé. Permiso. Voy al baño.
(La prometida olvida el anillo que termina por azar en manos de un vagabundo.)

DUEÑO ¿Cuántas veces te tengo que botar? ¿Eh?
VAGABUNDO Quiero algo de comer. Además me encontré una sortija de diamantes. Deja que la veas. Pero si estaba aquí. Pero ¡te lo juro que estaba aquí!

(El vagabundo pierde el anillo. Lo encuentra el empleado del restaurante, que se lo lleva a su casa. Su novia cree que le está pidiendo matrimonio.)

NOVIA ¡No lo puedo creer, mi amor! ¡Te botaste! Sí, sí. ¡Me caso contigo! Tengo que llamar a mami.

EMPLEADO Yo no la compré. No, no. Yo estaba limpiando en el restaurante y me la encontré, ¿sabes? Esto nos resuelve porque vale, ¡vale pesos! La podemos vender.

NOVIA ¿Eso es todo lo que a ti te importa?
EMPLEADO Pero mi amor, no te pongas así, chica. ¿Qué tú estás haciendo? ¡No! ¿Qué tú haces?

(La senadora llega a una fiesta con el anillo enganchado en el bolso.)

ANFITRIONA ¡Senadora!
SENADORA Buenas noches.
ANFITRIONA ¡Al fin llegó!
SENADORA Es que había un tapón terrible.

CRITICAL THINKING

Application Divide the class into small groups. Have students use their own experiences to infer how each of the characters from the film might be feeling when they find the ring. You may want to replay the film, pausing at key scenes to stimulate class discussion.

CRITICAL THINKING

Analysis Have students work in pairs to write on separate strips of paper ten sentences summarizing the events of the video. Then have them give the strips of paper to other pairs to put in chronological order.

Después de ver el corto

1 Comprensión Contesta las preguntas con oraciones completas.

1. ¿Quién compró el anillo y para quién?
   Arnaldo compró el anillo para su prometida.
2. ¿Cómo llega el anillo por primera vez a la calle?
   El anillo se engancha en la manga de una invitada y se le cae en la calle.
3. ¿Adónde va el vagabundo cuando encuentra el anillo?
   El vagabundo va a un restaurante para comer.
4. ¿Quién encuentra el anillo cuando lo pierde el vagabundo?
   Lo encuentra el empleado del restaurante.
5. ¿Qué piensa la novia del empleado del restaurante al ver el anillo?
   Piensa que su novio le está pidiendo que se case con él.
6. ¿Qué quiere hacer el empleado con el anillo?
   Él quiere venderlo para tener dinero.
7. ¿Qué hace la novia al ver que no era un anillo comprado para ella?
   Ella lo tira por la ventana.
8. ¿Dónde cae el anillo esta vez?
   El anillo cae sobre el carro de una senadora.
9. ¿Adónde va la senadora?
   La senadora va a la fiesta.
10. ¿Dónde encuentra la prometida su anillo?
   La prometida encuentra su anillo en el cuarto de baño.

2 Ampliación Contesta las preguntas con oraciones completas.

1. En tu opinión, ¿cómo es la prometida? ¿Por qué?
2. ¿Por qué crees que el dueño del restaurante no deja entrar al vagabundo?
3. Imagina que la prometida vuelve a dejar el anillo en el cuarto de baño. ¿Qué sucede esta vez?
4. ¿Crees en las casualidades? ¿Por qué?

3 Me encontré un anillo En parejas, imagínense que uno de estos dos personajes se queda con (*keeps*) el anillo. Imaginen cómo cambia la vida del personaje durante los próximos seis meses. Luego compartan la historia con la clase.

VAGABUNDO

EMPLEADO DEL RESTAURANTE

4 Los viajes de los objetos Piensa en la vida de un objeto que tengas, desde el momento en que se creó hasta su futuro. Escribe un párrafo sobre el recorrido del objeto. Inventa cualquier dato que no sepas. Después presenta tu objeto y su viaje a la clase. Ten en cuenta estos puntos.

- partes del objeto
- origen de cada parte
- proceso de fabricación del objeto
- pasado del objeto antes de llegar a tus manos
- vida del objeto mientras estuvo contigo
- vida actual (*current*) del objeto
- futuros viajes y experiencias del objeto

recursos

vText

vhlcentral.com

Practice more at **vhlcentral.com.**

 Communication 1.1, 1.3

Teaching Tips

1 Ask additional comprehension questions. Examples: **¿Cómo reacciona el empleado del restaurante al ver al vagabundo? ¿La senadora sabía que tenía un anillo enganchado en la bolsa?**

2 For item 3, ask volunteers to talk about a time when they misplaced something of value to them. If students have trouble thinking of examples, share one of your own.

3 Have pairs create two columns (**antes** and **después**) under which they list different characteristics. Remind students to use the imperfect tense to describe how the characters used to be.

4 Allow students to present the following day so they can bring in their objects and prepare their presentations. Once everybody has presented, have students vote for the best traveling object.

21st CENTURY SKILLS

4 **Productivity and Accountability**
As a class, decide if the rubric you developed for the previous chapter works for this chapter's assignment. If not, adjust it to meet what students need to accomplish.

CRITICAL THINKING

Synthesis Ask students to work in pairs and rewrite the story's ending. Have students share their alternative endings with the class. Then take a class vote. You might want to create categories: most creative, most realistic ending, most absurd, etc.

CRITICAL THINKING

Evaluation Have students assess the tone and genre of ***El anillo*** compared to their original predictions and previous films viewed in class. This will help students make connections among films as well as practice comparative forms taught in **Estructura 5.1**.

Communication 1.2, 1.3
Comparisons 4.1

Section Goals

In **Lecturas**, students will:

- learn about **Gabriel García Márquez** and **el realismo mágico** and read his short story ***La luz es como el agua***
- learn about **la ruta maya**

Instructional Resources
vText
Cuaderno de práctica, p. 49
Cuaderno para hispanohablantes, pp. 77–80
Supersite: Additional practice

Teaching Tips

Sobre el autor Ask: **¿Los viajes de un(a) artista influyen en sus obras? ¿Cómo?** Have students give examples.

Palabras relacionadas Have students explain what the three remaining words have in common.

Conexión personal Ask questions like: **¿Viajabas mucho cuando eras niño/a? ¿Cómo crees que tu percepción de un lugar cambia con la edad?**

NATIONAL STANDARDS
Connections: Literature
For advanced classes, have students read and analyze additional examples of magical realism by García Márquez or other writers.

Antes de leer

La luz es como el agua

Sobre el autor

Nacido en 1928 en Aracataca, Colombia, un pequeño pueblo cerca del mar Caribe, **Gabriel García Márquez** fue criado por sus abuelos entre mitos, leyendas y libros fantásticos. Eso fue construyendo la base de su futura obra narrativa. Comenzó a estudiar derecho, pero lo abandonó para dedicarse al periodismo. Como corresponsal en Italia, viajó por toda Europa. Vivió en diferentes lugares y escribió guiones (*scripts*) cinematográficos, cuentos y novelas. En 1967 publicó su novela más famosa, *Cien años de soledad*, cuya acción transcurre en el mítico pueblo de Macondo. En 1982 recibió el Premio Nobel de Literatura. De su libro *Doce cuentos peregrinos* (al que pertenece el cuento *La luz es como el agua*), dijo que surgió (*came about*) porque quería escribir "sobre las cosas extrañas que les suceden a los latinoamericanos en Europa".

Vocabulario

ahogado/a *drowned*	**el faro** *lighthouse; beacon*	**la popa** *stern*
la bahía *bay*	**flotar** *to float*	**la proa** *bow*
el bote *boat*	**el muelle** *pier*	**el remo** *oar*
la cascada *cascade; waterfall*	**la pesca** *fishing*	**el tiburón** *shark*

Palabras relacionadas Indica qué palabra no pertenece al grupo.

1. bote–remo–mueble–navegar
2. brújula–balcón–puerto–proa
3. pesca–buceo–tiburones–tigre
4. popa–edificio–cascada–bahía

Conexión personal Cuando eras niño/a, ¿te gustaba soñar con viajes a lugares imposibles? ¿Sigues soñando o imaginando viajes a lugares fantásticos o imposibles? ¿Alguna vez viviste en un país extranjero? ¿Qué cosas extrañabas?

Análisis literario: el realismo mágico

El realismo mágico es una síntesis entre el realismo y la literatura fantástica. Muchos escritores latinoamericanos, como Gabriel García Márquez y Carlos Fuentes, han incorporado elementos fantásticos al mundo cotidiano de los personajes, que aceptan la magia y la fantasía como normales. En el realismo mágico, lo real se torna mágico, lo maravilloso es parte de lo cotidiano y no se cuestiona la lógica de lo fantástico. Uno de los precursores del género, Alejo Carpentier, explicó que "En América Latina, lo maravilloso se encuentra en vuelta de cada esquina, en el desorden, en lo pintoresco de nuestras ciudades, ... en nuestra naturaleza y... también en nuestra historia". Presta atención a la representación de la realidad en el cuento.

CRITICAL THINKING

Application and Analysis Ask students to think back to their childhood. Ask: **¿Qué importancia tiene la fantasía para los niños? ¿Tenían amigos imaginarios de niños/as? ¿Creaban mundos ficticios?** Tell them to jot down their answers. Once students have read ***La luz es como el agua,*** have them make personal connections with the story.

CRITICAL THINKING

Knowledge and Comprehension Have students research the respective climates and landscapes of Cartagena de Indias and Madrid on the Internet. Ask students to guess how this information might be important to the story. This preview activity will help guide students' reading and comprehension of the story.

Altamar, 2000
Graciela Rodo Boulanger, Bolivia

La luz es como el agua

Gabriel García Márquez

En Navidad los niños volvieron a pedir un bote de remos.

—De acuerdo —dijo el papá, lo compraremos cuando volvamos a Cartagena.

Totó, de nueve años, y Joel, de siete, estaban más decididos de lo que sus padres creían.

—No —dijeron a coro°—. Nos hace falta ahora y aquí.

in unison

—Para empezar —dijo la madre—, aquí no hay más aguas navegables que la que sale de la ducha°.

shower

Tanto ella como el esposo tenían razón. En la casa de Cartagena de Indias había un patio con un muelle sobre la bahía, y un refugio para dos yates grandes. En cambio aquí en Madrid vivían apretados° en el piso quinto del número 47 del Paseo de la Castellana. Pero al final ni él ni ella pudieron negarse, porque les habían prometido un bote de remos con su sextante y su brújula si se ganaban el laurel del tercer año de primaria, y se lo habían ganado. Así que el papá compró todo sin decirle nada a su esposa, que era la más reacia° a pagar deudas de juego. Era un precioso bote de aluminio con un hilo dorado en la línea de flotación.

tight; cramped

reluctant

—El bote está en el garaje —reveló el papá

Cultures 2.1, 2.2
Connections 3.2

Teaching Tips

- Tell students to look at the artwork. Ask: **¿Cómo son los personajes de este cuadro? ¿Qué crees que opina el artista sobre los viajes?**
- Ask students what the memories of trips they have taken mean to them. Ask: **¿Crees que un viaje puede cambiar la vida? ¿Conocer otro lugar te hace apreciar más tu casa?**

CRITICAL THINKING

Analysis Tell students to look at the painting. Ask them to imagine the relationship between the figures on the boat and the figures in the water. Are the children playing? Are some of them trying to rescue the others?

CRITICAL THINKING

Synthesis Have students work in small groups to create personalities for the different figures represented in the painting. Then have them write a conversation to illustrate what is going on in the image. Have groups perform their conversations for the class.

Teaching Tips

- You may want to pair students having difficulty with the reading with more advanced students, who can ask basic comprehension questions while the other students reread sections of the story.
- Tell students to pay special attention to the descriptions of Cartagena de Indias and Madrid at the beginning of the story.
- Have students look for positive and negative expressions as they read. You may want to have them keep a running list, to reemphasize what they learned in **Estructura 5.2**.
- As students read, have them consider the voice of the narrator. Who is he or she, and how does he or she relate to the characters? Is it important that the narrator take the credit for the children's adventures?

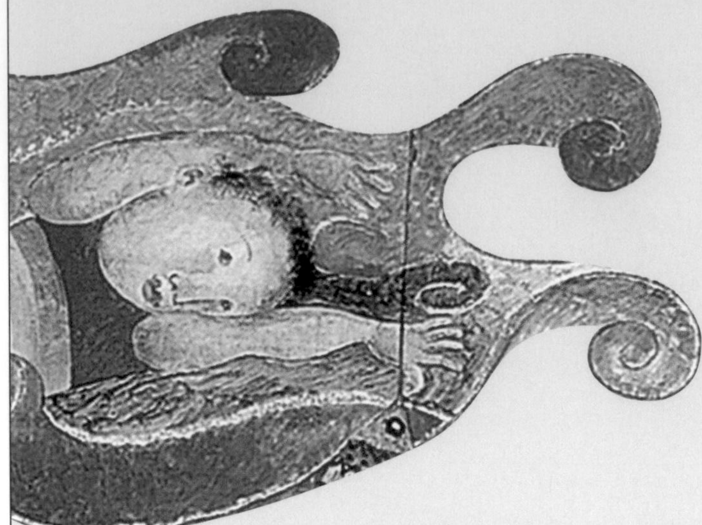

en el almuerzo—. El problema es que no hay cómo subirlo ni por el ascensor ni por la escalera, y en el garaje no hay más espacio disponible.

Sin embargo, la tarde del sábado siguiente los niños invitaron a sus condiscípulos° para subir el bote por las escaleras, y lograron llevarlo hasta el cuarto de servicio.

condiscípulos: schoolmates

—Felicitaciones —les dijo el papá—, ¿ahora qué?

—Ahora nada —dijeron los niños—. Lo único que queríamos era tener el bote en el cuarto, y ya está.

La noche del miércoles, como todos los miércoles, los padres se fueron al cine. Los niños, dueños y señores de la casa, cerraron puertas y ventanas, y rompieron la bombilla° encendida de una lámpara de la sala. Un chorro° de luz dorada° y fresca como el agua empezó a salir de la bombilla rota, y lo dejaron correr hasta que el nivel llegó a cuatro palmos. Entonces cortaron la corriente°, sacaron el bote, y navegaron a placer° por entre las islas de la casa.

bombilla: light bulb; chorro/dorada: spurt/golden; corriente: current; a placer: at their pleasure

Esta aventura fabulosa fue el resultado de una ligereza° mía cuando participaba en un seminario sobre la poesía de los utensilios domésticos. Totó me preguntó cómo era que la luz se encendía con sólo apretar un botón, y yo no tuve el valor de pensarlo dos veces.

ligereza: lightness

—La luz es como el agua —le contesté—: uno abre el grifo°, y sale.

grifo: faucet

De modo que siguieron navegando los miércoles en la noche, aprendiendo el manejo del sextante y la brújula, hasta que los padres regresaban del cine y los encontraban dormidos como ángeles de tierra firme. Meses después, ansiosos de ir más lejos, pidieron un equipo de pesca submarina. Con todo: máscaras, aletas, tanques y escopetas de aire comprimido.

—Está mal que tengan en el cuarto de servicio un bote de remos que no les sirve para nada —dijo el padre—. Pero está peor que quieran tener además equipos de buceo.

—¿Y si nos ganamos la gardenia de oro del primer semestre? —dijo Joel.

—No —dijo la madre, asustada—. Ya no más.

El padre le reprochó su intransigencia.

—Es que estos niños no se ganan ni un clavo° por cumplir con su deber —dijo ella—, pero por un capricho° son capaces de ganarse hasta la silla del maestro.

clavo: nail; capricho: whim

Los padres no dijeron al fin ni que sí ni que no. Pero Totó y Joel, que habían sido los últimos en los dos años anteriores, se ganaron en julio las dos gardenias de oro y el reconocimiento público del rector. Esa misma tarde, sin que hubieran vuelto a pedirlos, encontraron en el dormitorio los equipos de buzos en su empaque original. De modo que el miércoles siguiente, mientras los padres veían *El último tango en París*, llenaron el apartamento hasta la altura de dos brazas, bucearon como tiburones mansos° por debajo de los muebles y las camas, y rescataron del fondo° de la luz las cosas que durante años se habían perdido en la oscuridad.

mansos: tame; fondo: bottom

En la premiación° final los hermanos fueron aclamados como ejemplo para la escuela, y les dieron diplomas de excelencia. Esta vez no

premiación: awards ceremony

PRE-AP*

Presentational Writing Find an interview in podcast form with the author Gabriel García Márquez. The interview should last two to three minutes. Then have students read the story and one article in Spanish about the author. Have them take notes about the podcast and about all that they read.

Using the notes, students have 45 minutes in class to address this topic in 200 words: **Escriban 200 palabras o más sobre cómo vemos que la luz es como agua y la razón por la cual esto es realismo mágico. Incluyan información de las tres fuentes y no olviden citarlas.**

tuvieron que pedir nada, porque los padres les preguntaron qué querían. Ellos fueron tan razonables, que sólo quisieron una fiesta en casa para agasajar° a los compañeros de curso. El papá, a solas con su mujer, estaba radiante.

—Es una prueba de madurez —dijo.

—Dios te oiga —dijo la madre.

El miércoles siguiente, mientras los padres veían *La Batalla de Argel*, la gente que pasó por la Castellana vio una cascada de luz que caía de un viejo edificio escondido entre los árboles. Salía por los balcones, se derramaba a raudales° por la fachada°, y se encauzó° por la gran avenida en un torrente dorado que iluminó la ciudad hasta el Guadarrama.

Llamados de urgencia, los bomberos forzaron la puerta del quinto piso, y encontraron la casa rebosada° de luz hasta el techo. El sofá y los sillones forrados° en piel de leopardo flotaban en la sala a distintos niveles, entre las botellas del bar y el piano de cola y su mantón de Manila que aleteaba° a media agua como una mantarraya de oro. Los utensilios domésticos, en la plenitud de su poesía, volaban con sus propias alas° por el cielo de la cocina. Los instrumentos de la banda de guerra, que los niños usaban para bailar, flotaban al garete° entre los peces de colores liberados de la pecera de mamá, que eran los únicos que flotaban vivos y felices en la vasta ciénaga° iluminada. En el cuarto de baño flotaban los cepillos de dientes de todos, los preservativos de papá, los pomos° de cremas y la dentadura de repuesto de mamá, y el televisor de la alcoba° principal flotaba de costado°, todavía encendido en el último episodio de la película de media noche prohibida para niños.

Al final del corredor, flotando entre dos aguas, Totó estaba sentado en la popa del bote, aferrado° a los remos y con la máscara puesta, buscando el faro del puerto hasta donde le alcanzó el aire de los tanques, y Joel flotaba en la proa buscando todavía la altura de la estrella polar con el sextante, y flotaban por toda la casa sus treinta y siete compañeros de clase, eternizados en el instante de hacer pipí° en la maceta° de geranios, de cantar el himno de la escuela con la letra cambiada por versos de burla contra el rector, de beberse a escondidas un vaso de brandy de la botella de papá. Pues habían abierto tantas luces al mismo tiempo que la casa se había rebosado, y todo el cuarto año elemental de la escuela de San Julián el Hospitalario se había ahogado en el piso quinto del número 47 del Paseo de la Castellana. En Madrid de España, una ciudad remota de veranos ardientes y vientos helados, sin mar ni río, y cuyos aborígenes° de tierra firme nunca fueron maestros en la ciencia de navegar en la luz. ■

to entertain · *poured out in abundance/façade/channeled* · *overflowed* · *covered* · *fluttered* · *wings* · *adrift* · *marsh* · *flasks* · *bedroom/sideways* · *clinging* · *to pee/flowerpot* · *natives*

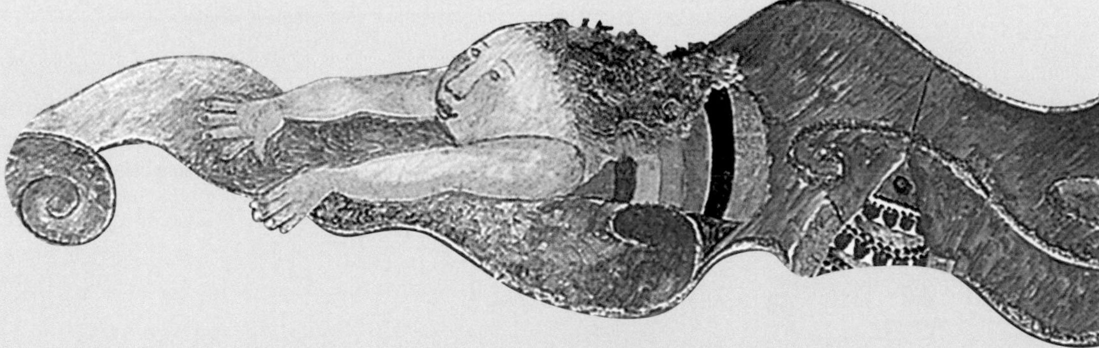

Teaching Tips

- Break the story into sections. Have students write the main ideas of one section at a time, including references to real and magical elements.
- To guide students' comprehension, have them scan the **Después de leer** activities before they begin reading the story. This will help them know what elements to look for as they read.
- Tell students to look for temporal markers to guide them through the story; e.g., **en Navidad, al fin, el miércoles siguiente**, etc.
- Have students create two columns in their notebook. In the right-hand column, have them take notes about the text (setting, characters, questions, etc.). In the left-hand column, have them make personal connections with the text (moments when they empathize with characters, anecdotes, illustrations). This is a great way for visual learners to approach a difficult text.

CRITICAL THINKING

Comprehension Once students have read the story, have them work with a classmate. Tell them to describe each of the different "trips" that **Totó** and **Joel** took sailing on the light. Have them explain in their own words how each trip differs from the next, and how the final "trip" may have changed the characters' lives.

CRITICAL THINKING

Application and Analysis Have students read the last line of the story to themselves. Then have them share their interpretations and opinions. Is it open ended? What does the narrator mean by the **"ciencia de navegar en la luz"**? Can a fantastical idea also be considered a science? Tell students to apply their knowledge of magical realism.

Communication 1.1, 1.3

Teaching Tips
1 Call on volunteers to write the corrected statements on the board.

2 Before completing the activity, review and discuss the concept of magical realism. Reiterate that the mixture of real and magical elements is often used in Latin American literature to reflect the notion that exotic landscapes and forces of nature are present in everyday life.

3 Ask additional questions, such as: **¿Qué importancia tiene el hecho de que los padres van al cine cuando los niños se quedan solos en casa? ¿Por qué creen que el autor nos da los títulos de las películas?** (Possible answers: **Los padres también entran en su propio mundo fantástico, a través del cine. Los títulos reflejan el realismo.**)

4 **Expansion** Have students write the official report issued by the fire department explaining what happened to the children.

Después de leer

La luz es como el agua

Gabriel García Márquez

1 **Comprensión** Indica si las oraciones son **ciertas** o **falsas**. Corrige las falsas.

1. La acción transcurre en Cartagena.
   Falso. La acción transcurre en Madrid.
2. Totó y Joel dicen que quieren el bote para pasear con sus compañeros en el río.
   Falso. Los niños dicen que lo único que quieren es tener el bote en el cuarto.
3. Los padres van todos los miércoles por la noche al cine.
   Cierto.
4. Los niños inundan la casa con agua del grifo.
   Falso. Inundan la casa con luz de la bombilla de una lámpara de la sala.
5. Los únicos que sobreviven a la inundación son los peces de colores.
   Cierto.
6. El que le sugiere a Totó la idea de que la luz es como el agua es su papá.
   Falso. El que le dice eso es el narrador.

2 **Análisis** En parejas, relean la definición de realismo mágico y luego respondan a las preguntas.

1. Los niños navegan "entre las islas de la casa". ¿Qué son las islas del apartamento?
2. ¿Qué significa la frase "rescataron del fondo de la luz las cosas que durante años se habían perdido en la oscuridad"? En la realidad, ¿les parece que la luz tiene fondo? En este relato, ¿cuál es el fondo de la luz?
3. Repasa el significado de *comparación* (**Lección 4**). ¿Se usan comparaciones en este relato? Escríbanlas y expliquen cómo proporcionan mayor expresividad.

3 **Interpretación** Responde a las preguntas con oraciones completas.

1. ¿Por qué te parece que, teniendo una gran casa en Cartagena, viven en Madrid en un pequeño apartamento? ¿Cuáles crees que podrían ser las causas?
2. El narrador señala que toda la aventura de los niños es consecuencia de una "ligereza" suya, porque "no tuvo el valor de pensarlo dos veces". ¿Por qué te parece que dice eso? ¿Qué opinas tú de su respuesta? ¿Crees que él es culpable de lo que ocurre después?
3. Los niños aprovechan que sus padres no están para inundar el apartamento y guardan el secreto; sólo se lo cuentan a sus compañeros. ¿Por qué hacen eso? ¿Puedes establecer algún paralelo entre ir al cine y navegar con la luz?

4 **Entrevista** En grupos de cuatro, preparen una entrevista con el primer bombero que entró en el apartamento inundado. Uno/a de ustedes es el/la reportero/a y el resto son bomberos. Hablen sobre las causas y consecuencias del accidente y usen lenguaje objetivo y preciso. Luego representen la entrevista frente a la clase.

5 **Bitácoras de viaje** Utilizando el realismo mágico, describe en una bitácora de viaje (*travel log*) un día de un viaje especial. Describe adónde fuiste, qué hiciste, con quién fuiste y por qué fue especial. Describe elementos maravillosos de tu viaje y presenta detalles mágicos como si fueran normales.

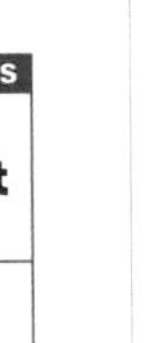

Practice more at **vhlcentral.com.**

CRITICAL THINKING

Synthesis Have students consider how this story might be different if Totó and Joel's parents knew about their magical trips. Would these trips have been possible? What qualities do children possess that allow them to access the fantasy world more easily than adults? You might divide the class into small groups to discuss these topics, circulating around the room to ask additional questions or make suggestions.

CRITICAL THINKING

Evaluation Tell students to choose three quotes or descriptions from the story that are representative of magical realism. Students should be able to support how these passages combine fantasy and daily life based on their understanding of this literary tool. It may be helpful for students to think of other art that combines these elements.

Antes de leer

Vocabulario

el apogeo *height; highest level*	**el mito** *myth*
el artefacto *artifact*	**la pared** *wall*
el campo *ball field*	**la piedra** *stone*
el/la dios(a) *god/goddess*	**la pirámide** *pyramid*
el juego de pelota *ball game*	**la ruta maya** *the Mayan Trail*
la leyenda *legend*	

Tikal Completa las oraciones con las palabras apropiadas.

1. Tikal, antiguamente una gran ciudad, es ahora una impresionante colección de ruinas que se encuentra en la __ruta maya__ de Guatemala.
2. Hay seis __pirámides__ en el centro de la ciudad. Son los edificios más grandes de Tikal.
3. En la misma zona hay varios __campos__ donde se jugaba al __juego de pelota__.
4. Durante sus excavaciones, los arqueólogos han encontrado __artefactos__ fascinantes y también esculturas y monumentos de __piedra__.

Conexión personal ¿Cuál es la ruta más interesante que has recorrido? ¿Fue un viaje organizado o lo planeaste con tu familia?

Contexto cultural

Campo de pelota en Chichén Itzá

En la cultura maya, el deporte era a veces cuestión de vida y muerte. El juego de pelota se jugó durante más de 3.000 años en un campo entre muros (*stone walls*) con una pelota de goma (*rubber*) dura y mucha protección para el cuerpo de los jugadores. Era un juego muy violento y acababa a veces en un sacrificio ritual, posiblemente la decapitación (*beheading*) de algunos jugadores.

Cuenta la leyenda que los hermanos gemelos (*twins*) Ixbalanqué y Hunahpú eran tan aficionados al juego que enojaron a los dioses de la muerte, los señores de Xibalbá, con el ruido (*noise*) que hacían con las pelotas. Los señores de Xibalbá controlaban un mundo subterráneo, al que se llegaba por una cueva (*cave*). Todo individuo que entraba en Xibalbá pasaba por una serie de pruebas y trampas (*traps*) peligrosas como cruzar (*cross*) un río de escorpiones, entrar en una casa llena de cuchillos en movimiento y participar en un juego mortal de pelota.

Los gemelos usaron su habilidad atlética, su inteligencia y la magia para vencer (*defeat*) a los dioses y transformarse en el sol y la luna. Por eso, entre los mayas el juego era una competencia entre fuerzas enemigas como el bien y el mal o la luz y la oscuridad.

Communication 1.3

Teaching Tips

Conexión personal Ask students: **¿Por qué creen que es importante preservar y seguir las rutas de nuestros antepasados?** Encourage heritage speakers to talk about their own families' cultural traditions.

Contexto cultural Explain that the Mayans have contributed significantly to astronomy, food, religion, architecture, and the Spanish language. Have students work in groups to research one of these elements on the Internet and give a short class presentation.

Culture Note Explain to students that the Mayan way of life was largely dictated by their beliefs in gods and myths. Ask students to make connections with other civilizations they know (Ancient Egypt, Greece, or Rome).

NATIONAL STANDARDS

Comparisons Have students look at the mythologies of other cultures to find examples of the fight between good and evil, light and darkness, etc. In what ways are these myths alike? In what ways do they differ?

CRITICAL THINKING

Comprehension Tell pairs they work for Mayan News Television and must make a sports report about a recent **juego de pelota** competition. They must describe the rules, the players, where the game was played, who the players were, and the outcome. If necessary, have them reread the **Contexto cultural** passage or research additional information.

CRITICAL THINKING

Application Preview the reading by asking students how travel can help us connect with history. Have students give examples from their own experiences. You might start the conversation with a personal example from your own travels, especially any travel to Spanish-speaking countries.

Communication 1.2
Cultures 2.1, 2.2
Connections 3.1, 3.2
Comparisons 4.2

Teaching Tips

- Use a classroom map to point out the modern-day countries that were part of the former Mayan Empire (Mexico, Guatemala, Belize, El Salvador, and Honduras). Explain that Belize is a former English colony and not a Spanish-speaking country.
- Encourage students to keep a list of key words and phrases as they read. As questions arise, have them note the line numbers for later reference.
- After students read the first paragraph, ask them to identify the main idea of the article. (Possible answer: **La ruta maya de hoy en día incluye los restos de los campos de pelota, una representación de la cultura y el deporte de esta civilización antigua.**)
- Find out if any students have visited Mayan ruins. If so, have them share details about their trip and experience.

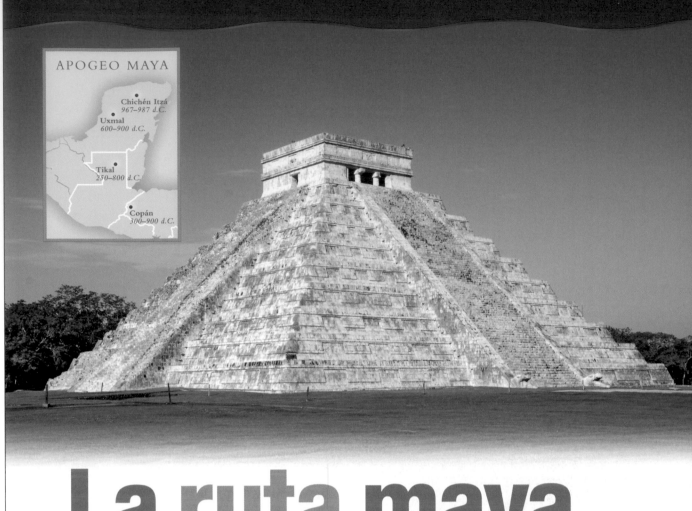

La ruta maya

Los mayas, investigadores de ciencias y matemáticas y destacados° arquitectos de espacios monumentales, han dejado evidencia de un mundo ilustre e intelectual que todavía brilla hoy día. En su momento de mayor extensión, el territorio maya incluía partes de lo que ahora es México, Guatemala, Belice, El Salvador y Honduras. Una imaginaria ruta maya une estos lugares dispersos, atravesando° siglos y países, y revela restos de una gran civilización. La ruta pasa por selva y ciudad, por vegetación exuberante y por

destacados° outstanding
atravesando° crossing

CRITICAL THINKING

Analysis Before reading, have students look at the map entitled **Apogeo maya**. Ask students to predict what the different points might represent. (Answer: the locations and dates of different Mayan cities.)

CRITICAL THINKING

Synthesis Call on volunteers to complete a time line on the board, based on the reading and illustration. The time line should include the different ball courts and the dates when each type of ball court was at its height. Explain that **aC** is the abbreviation for **antes de Cristo** and that **dC** is the abbreviation for **después de Cristo**.

Audio: Synched Reading

ruinas que resisten y también muestran el paso del tiempo. El viajero puede elegir entre múltiples lugares y numerosos caminos. Sin embargo, hay un itinerario particular que conecta la arquitectura, la cultura y el deporte a través del tiempo y el espacio: la ruta de los campos de pelota. Debido al° enorme valor cultural del juego, se construyeron canchas en casi todas las poblaciones importantes, incluyendo las espléndidas construcciones de Copán y Chichén Itzá. La ruta, que pasa por algunos de los 700 campos de pelota, desentierra° maravillas arqueológicas.

En la densa selva en el oeste de Honduras, cerca de la frontera con Guatemala, surge° Copán, donde gobernaron varias dinastías de reyes. Entre las ruinas permanece° un elegantísimo campo de pelota, una cancha que tenía hasta vestuarios° para los jugadores. Grandes paredes, adornadas de esculturas de loros°, rodean° el campo más artístico de Mesoamérica. En Copán vivía una élite de artesanos y nobles que esculpían° y escribían en piedra. Por eso, se concentran en Copán la mayor cantidad de esculturas° y estelas° —monumentos de figuras y lápidas° con jeroglíficos— de la ruta maya. En las famosas escalinatas° de la ciudad se pueden examinar jeroglíficos que contienen todo un árbol genealógico y que cuentan la historia de los reyes de Copán. Estas inscripciones forman el texto maya más largo que se preserva hoy día.

Due to / unearths / arises / lies / dressing rooms / parrots/surround / sculpted / sculptures/steles / stone tablets / stairways

Mesoamérica

La región de Mesoamérica empieza en el centro de México y llega hasta la frontera entre Nicaragua y Costa Rica. Aquí vivían sociedades agrarias que se destacaron por sus avances en la arquitectura, el arte y la tecnología en los 3.000 años anteriores a la llegada de Cristóbal Colón al continente americano. Entre las culturas de Mesoamérica se incluyen la maya, azteca, olmeca y tolteca. Los mayas tomaron la escritura y el calendario mesoamericanos y los desarrollaron hasta su mayor grado de sofisticación.

Chichén Itzá

El más impresionante de los campos de pelota se encuentra en Chichén Itzá en Yucatán, México. En su período de esplendor, Chichén Itzá era el centro de poder de Mesoamérica. Actualmente es uno de los sitios arqueológicos más importantes del mundo. La gran pirámide, conocida con el nombre *El Castillo*, era un rascacielos° en su época. Con escaleras que suben a la cumbre° por los cuatro lados, El Castillo sirvió de templo del dios Kukulcán. Hay varias canchas de pelota en Chichén Itzá, pero la más grandiosa y espectacular se llama el Gran Juego de Pelota. A pesar de medir° 166 por 68 metros (181 por 74 yardas), la acústica es tan magnífica que sirve de modelo para teatros: un susurro° se puede oír de un extremo al otro. Mientras competían, los jugadores sentían la presión de las esculturas que adornaban las paredes, las cuales muestran a unos jugadores decapitando a otros. El peligro era un recordatorio° de que el juego era también una ceremonia solemne y el campo, un templo.

Esta ruta maya continúa por campos como el de Uxmal en Yucatán, México, donde se pueden apreciar grandes logros° arquitectónicos. En todos ellos, se oyen las voces lejanas de la civilización maya, ecos que nos hacen viajar por el tiempo y despiertan la imaginación. ■

skyscraper / peak / measuring / whisper / reminder / achievements

Teaching Tips

- As students read, tell them they will understand the material better if they write a question or summary statement for every paragraph or section. This activity is especially important for readers who need help synthesizing the main ideas of paragraphs.
- Students should take advantage of lesson readings to develop approaches that work best for them. Throughout the school year, students will want to experiment with different reading strategies that you suggest.

CRITICAL THINKING

Analysis Previous readings in this lesson have described or referred to the diverse landscape of Latin America. Ask students to compare what they have already read to the information in ***La ruta maya*** and explain how nature has shaped Latin American history and culture.

CRITICAL THINKING

Synthesis Have students create a mind map to capture key concepts from the reading. Have them write a central idea from the reading (Ex: **el juego de pelota**) and link ideas radially around this concept. This is an especially useful activity for visual learners.

Communication 1.1, 1.3

Teaching Tips

- When students complete the **Después de leer** activities, survey the class to find out if the notes they took while reading helped them complete the comprehension activities.

1 Have students write two more true/false statements about the reading. Ask classmates to answer **cierto** or **falso**.

2 For item 1, spark discussion by asking: **¿Qué opinan del juego de pelota?**

3 Preview this activity by asking students if they have traveled to different baseball stadiums or to Hollywood mansions. Similarly, if you have traveled to these sites, talk about your own experiences. Then ask: **¿Están de acuerdo que estos lugares son símbolos de la cultura estadounidense? ¿Por qué?**

3 Brainstorm other possible routes students could follow. Ex: **los parques nacionales, los monumentos nacionales**

4 Have students vote for the most creative writing system.

Después de leer

La ruta maya

1 **Comprensión** Decide si las oraciones son **ciertas** o **falsas**. Corrige las falsas.

1. En su momento de mayor extensión, el territorio maya empezaba en lo que hoy se llama México y terminaba en lo que hoy se llama Guatemala.
Falso. El territorio maya incluía partes de lo que ahora es México, Guatemala, Belice, El Salvador y Honduras.
2. Los mayas construyeron muy pocas canchas de pelota.
Falso. Construyeron canchas en casi todas las poblaciones importantes.
3. En Copán vivía una élite de artesanos y nobles que escribían en piedra.
Cierto.
4. Los jeroglíficos de Copán cuentan la leyenda de los gemelos Ixbalanqué y Hunahpú.
Falso. Los jeroglíficos de Copán contienen un árbol genealógico y cuentan la historia de los reyes de Copán.
5. Chichén Itzá fue el centro de poder de Mesoamérica.
Cierto.
6. El Castillo es la cancha de pelota más grande.
Falso. El Castillo es la gran pirámide y templo del dios Kukulcán. El Gran Juego de Pelota es la cancha más grandiosa y espectacular.

2 **Preguntas** Contesta las preguntas con oraciones completas.

1. ¿Qué significado tenía el juego de pelota en la cultura maya?
2. ¿Cuáles eran algunos de los peligros del juego?
3. ¿Qué tienen de extraordinario las ruinas de Copán?
4. ¿Qué detalles indican que Chichén Itzá había sido una ciudad importantísima?
5. ¿Cuál es un ejemplo de la importancia de los dioses para los mayas?

3 **Itinerarios** En grupos, preparen el itinerario para un recorrido por una de estas rutas. Luego compartan el itinerario con el resto de la clase.

- la ruta de los campos de béisbol
- Norteamérica de punta a punta
- las mansiones de los famosos en Hollywood

recursos

vText

CP p. 49

CH pp. 77–80

vhlcentral.com

4 **Jeroglíficos**

A. En parejas, inventen un mensaje jeroglífico. Pueden usar letras, números, dibujos, figuras geométricas, etc. Después, intercambien el mensaje con otra pareja para descifrarlo. Pueden dar pistas si es necesario.

MODELO 
(Mar y Pepe: Recién casados)

B. Presenten los mensajes descifrados a la clase. ¿Qué pareja usó el sistema de escritura más original?

Practice more at **vhlcentral.com.**

CRITICAL THINKING

Application Have heritage speakers talk about famous tourism itineraries in their families' home countries. As a variant, have students relate the **ruta maya** to the **ruta del café**. Ask students which of these routes would be more appealing to them as tourists and why.

DIFFERENTIATION

Heritage Speakers Ask heritage speakers to talk about famous routes in their families' home countries. Have the class ask follow-up questions. Then, as a class, compare the information to the itineraries they created in **Actividad 3**.

Atando cabos

¡A conversar!

Viajeros interesantes Trabajen en grupos de cuatro. Imaginen adónde viajaron y qué hicieron allí estas personas.

a

b

c

d

A. Primero, hablen acerca del viaje de cada grupo de personas: ¿adónde fueron? ¿qué cosas empacaron? ¿qué hicieron? ¿por qué eligieron ese lugar? ¿cómo son ellos? ¿lo pasaron bien?

B. Luego, comparen los viajes usando comparativos y expresiones negativas y positivas. Escriban por lo menos tres oraciones.

C. Por último, compartan sus comparaciones con la clase y escuchen las comparaciones de sus compañeros/as. Entre todos, realicen algunas comparaciones sobre todas las parejas usando comparativos y superlativos.

¡A escribir!

Consejos de viaje Sigue el **Plan de redacción** para escribir unos consejos de viaje. Imagina que trabajas en una agencia de viajes y tienes que organizar una excursión para unos/as amigos/as tuyos/as que van a visitar una ciudad o un país que tú conoces bastante bien. Haz una lista de los lugares y cosas que les recomiendas que hagan. Ten en cuenta la personalidad de tus amigos/as y elige bien qué sitios crees que les van a gustar más.

Plan de redacción

Contenido: Recuerda que tienes que tener en cuenta el clima del lugar, la ropa que deben llevar, el hotel donde pueden alojarse y los espectáculos culturales a los que pueden asistir. También es importante que les recomiendes algún restaurante o alguna comida típica del lugar. No olvides utilizar oraciones con subjuntivo en todas tus recomendaciones. Puedes usar estas expresiones:

- Es importante que...
- Les recomiendo que...
- Busquen un hotel que...
- Es probable que...
- Es mejor que...
- Visiten lugares que...

Conclusión: Termina la lista de consejos deseándoles a tus amigos/as un buen viaje.

recursos

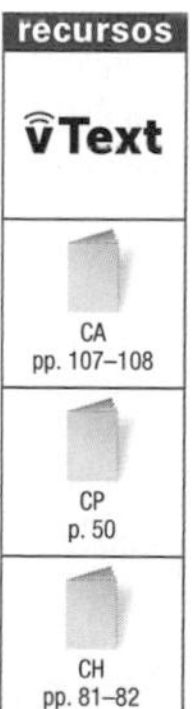

PRE-AP*

Interpersonal Speaking Two sets of friends recently returned from their respective vacations. One group went camping in Bolivia and had many adventures in the outdoors. The other had a very elegant vacation at a five-star hotel in Madrid. Have the students work in pairs to act out conversations in which they compare the two trips. Remind them to ask questions and react with much drama and expression. Say: **Trabajando en parejas, van a hablar sobre estas vacaciones tan diferentes. Cada persona debe dar por lo menos cinco detalles del viaje y hacer por lo menos cinco preguntas.**

 Communication 1.1, 1.3

Instructional Resources
vText
Cuaderno de actividades comunicativas, pp. 107–108
Cuaderno de práctica, p. 50
Cuaderno para hispanohablantes, pp. 81–82
Testing Program CD

Teaching Tips

¡A conversar!

- Bring in travel magazines for possible destinations.
- Have students give one group recommendations about possible trips, using the subjunctive.
- Write columns a, b, c, and d on the board. As students describe the people, record the adjectives they use under the appropriate column.

21st CENTURY SKILLS

¡A conversar! Collaboration
If you have access to students from a Spanish-speaking country, have your students ask them where they like to go and what they like to do on vacation.

¡A escribir!

- Have students write a brief introduction about their expertise on their chosen location.
- Students should exchange their lists with a partner for peer editing.
- As a variation, have students give travel advice for different travel groups, such as: **un grupo de ancianos, un grupo de estudiantes universitarios, una familia con niños pequeños.**

21st CENTURY SKILLS

¡A escribir! Productivity and Accountability
As a class, decide if the rubric you developed for the previous chapter works for this chapter's assignment. If not, adjust it to meet what students need to accomplish.

Instructional Resources
vText
Supersite/TRCD: Testing Program (Testing Program MP3 Audio Files)
Textbook CD
Audio Activities CD
Testing Program CD

Teaching Tips

- Have students work in pairs to quiz each other on the lesson vocabulary. You may consider making this part of the class routine by using the last ten minutes of class twice a week for this purpose.
- Play Hangman. Have a volunteer represent a lesson vocabulary word on the board by a row of dashes (according to the number of letters). Call on classmates to suggest different letters. Correct letters are written in the word blanks; otherwise, one element is drawn in a hangman diagram. The game is over when the word is guessed or the diagram is complete.
- Have students create a collage illustrating twenty words and expressions from the **De viaje** and **Las excursiones** categories.

21st CENTURY SKILLS

Creativity and Innovation
Ask students to prepare a presentation about the ideal vacation using lesson grammar and vocabulary.

21st CENTURY SKILLS

Leadership and Responsibility Extension Project
As a class, have students decide on three questions they want to ask the partner class related to the topic of the lesson they have just completed. Based on the responses they receive, work as a class to explain to the Spanish-speaking partners one aspect of their responses that surprised the class and why.

5 VOCABULARIO

Audio: Vocabulary Flashcards

De viaje

la bienvenida	*welcome*
la despedida	*farewell*
el destino	*destination*
el itinerario	*itinerary*
la llegada	*arrival*
el pasaje (de ida y vuelta)	*(round-trip) ticket*
el pasaporte	*passport*
la tarjeta de embarque	*boarding card*
la temporada alta/baja	*high/low season*
el/la viajero/a	*traveler*
hacer las maletas	*to pack*
hacer transbordo	*to change (planes/trains)*
hacer un viaje	*to take a trip*
ir(se) de vacaciones	*to take a vacation*
perder (e:ie) (el vuelo)	*to miss (the flight)*
regresar	*to return*
a bordo	*on board*
retrasado/a	*delayed*
vencido/a	*expired*
vigente	*valid*

El alojamiento

el albergue	*hostel*
el alojamiento	*lodging*
la habitación individual/doble	*single/double room*
la recepción	*front desk*
el servicio de habitación	*room service*
alojarse	*to stay*
cancelar	*to cancel*
estar lleno/a	*to be full*
quedarse	*to stay*
reservar	*to reserve*
de (buena) categoría	*high quality*
incluido/a	*included*
recomendable	*recommendable; advisable*

La seguridad y los accidentes

el accidente (automovilístico)	*(car) accident*
el/la agente de aduanas	*customs agent*
el aviso	*notice; warning*
el cinturón de seguridad	*seatbelt*
el congestionamiento	*traffic jam*
las medidas de seguridad	*security measures*
la seguridad	*safety; security*
el seguro	*insurance*
aterrizar	*to land*
despegar	*to take off*
ponerse/quitarse el cinturón	*to fasten/to unfasten the seatbelt*
reducir (la velocidad)	*to reduce (speed)*
peligroso/a	*dangerous*
prohibido/a	*prohibited*

Las excursiones

la aventura	*adventure*
el/la aventurero/a	*adventurer*
la brújula	*compass*
el buceo	*scuba diving*
el campamento	*campground*
el crucero	*cruise (ship)*
el (eco)turismo	*(eco)tourism*
la excursión	*excursion; tour*
la frontera	*border*
el/la guía turístico/a	*tour guide*
la isla	*island*
las olas	*waves*
el puerto	*port*
las ruinas	*ruins*
la selva	*jungle*
el/la turista	*tourist*
navegar	*to sail*
recorrer	*to visit; to go around*
lejano/a	*distant*
turístico/a	*tourist (adj.)*

Más vocabulario

Expresiones útiles	*Ver p. 169*
Estructura	*Ver pp. 176–177, 180–181 y 184–185*

Cinemateca

el anillo	*ring*
el azar	*chance*
la casualidad	*chance; coincidence*
el diamante	*diamond*
la manga	*sleeve*
la sortija	*ring*
el tapón	*traffic jam*
botar	*to throw… out*
botarse	*to outdo oneself*
echar	*to throw away*
enganchar	*to get caught*
tirar	*to throw*

Literatura

la bahía	*bay*
el bote	*boat*
la cascada	*cascade; waterfall*
el faro	*lighthouse; beacon*
el muelle	*pier*
la pesca	*fishing*
la popa	*stern*
la proa	*bow*
el remo	*oar*
el tiburón	*shark*
flotar	*to float*
ahogado/a	*drowned*

Cultura

el apogeo	*height; highest level*
el artefacto	*artifact*
el campo	*ball field*
el/la dios(a)	*god/goddess*
el juego de pelota	*ball game*
la leyenda	*legend*
el mito	*myth*
la pared	*wall*
la piedra	*stone*
la pirámide	*pyramid*
la ruta maya	*the Mayan Trail*

DIFFERENTIATION

For Inclusion Divide the class into different groups according to the vocabulary categories: **De viaje, El alojamiento, La seguridad y los accidentes,** and **Las excursiones**. Call out lesson vocabulary and have students from the corresponding group raise their hands. Then have one student from that group stand up and create a sentence using that word.

DIFFERENTIATION

To Challenge Students Students choose fifteen words from the above list and write a paragraph incorporating them, being sure to include one positive or negative expression from **Lección 5**, one comparative or superlative expression, and one use of the subjunctive with an uncertain antecedent.

La naturaleza

Contextos
páginas 204–207
- La naturaleza
- Los animales
- Los fenómenos naturales
- El medio ambiente

Fotonovela
páginas 208–211
- *Cuidando a Bambi*

Enfoques
El Caribe
páginas 212–215
- **En detalle:** Los bosques del mar
- **Perfil:** Parque Nacional Submarino La Caleta
- **Flash cultura:** Un bosque tropical

Estructura
páginas 216–227
- The future
- The subjunctive in adverbial clauses
- Prepositions: **a, hacia**, and **con**

Cinemateca
páginas 228–231
- **Cortometraje:** *El día menos pensado*

Lecturas
páginas 232–240
- **Literatura:** *El eclipse* de Augusto Monterroso
- **Cultura:** *La conservación de Vieques*

Atando cabos
página 241
- ¡A conversar!
- ¡A escribir!

Communicative Goals
VOICE BOARD

I will expand my ability to...
- describe and narrate in the future
- express purpose, condition, and intent
- describe relationships between things/people/ideas

Lesson Goals
In **Lección 6**, students will be introduced to the following:
- vocabulary related to nature, animals, natural phenomena, and the environment
- talking about the future and expressing perceptions
- coral reefs and submarine parks in the Caribbean
- animal sayings
- El Yunque National Forest
- the formation and uses of the future tense
- the subjunctive in adverbial clauses, including conjunctions of time and concession
- the prepositions **a, hacia,** and **con**
- the short film ***El día menos pensado***
- **Augusto Monterroso's microcuento *El eclipse***
- environmental conservation on the Puerto Rican island of Vieques

21st CENTURY SKILLS

Initiative and Self-Direction
Students can monitor their progress online using the Supersite activities and assessments.

A primera vista Have students look at the photo. Ask:

1. ¿Qué miran ellas?
2. ¿A la chica le gustan los peces? ¿Cómo lo sabes?
3. ¿A la mujer le interesan los peces? ¿Cómo lo sabes?

INSTRUCTIONAL RESOURCES

DESCUBRE 3 Supersite: vhlcentral.com

Student Materials
Print: Student Book, Workbooks (*Cuaderno de actividades comunicativas, Cuaderno de práctica, Cuaderno para hispanohablantes*)
Technology: **vText**, *e-Cuaderno* and Supersite (Audio, Video, Practice)

Teacher Materials
DVDs (*Fotonovela, Flash cultura,* Film Collection); Teacher's Resource CD-ROM (Scripts, Answer Keys, Grammar Slides, Presentation PDFs, Testing Program); Testing Program, Textbook, Audio Activities CDs; Supersite: Resources (Planning and Teaching Resources from Teacher's Resource CD-ROM), Learning Management System (Gradebook, Assignments), Lesson Plans

Testing Program also available in print

Voice boards on the Supersite allow you and your students to record and share up to five minutes of audio. Use voice boards for presentations, oral assessments, discussions, directions, etc.

Section Goals

In **Contextos,** students will learn and practice:

- vocabulary related to nature, animals, natural phenomena, and the environment
- listening to an audio newscast and a conversation containing new vocabulary

Communication 1.2
Comparisons 4.1

Instructional Resources
vText
Cuaderno de actividades comunicativas, p. 79
Cuaderno de práctica, pp. 51–52
Cuaderno para hispanohablantes, pp. 83–84
e-Cuaderno
Supersite: Textbook, Vocabulary, & Audio Activities MP3 Audio Files
Supersite/TRCD: Textbook Audio Script, Audio Activities Script, Answer Keys
Textbook CD
Audio Activities CD

Teaching Tips

- With books closed, hold up images of nature, animals, natural phenomena, and environmental concerns. Name the objects and concepts in each picture. Then point to the pictures and ask students questions about them.
- **Variación léxica**
  el bosque lluvioso → el bosque húmedo (tropical)
  conservar → preservar
  la serpiente → la culebra

NATIONAL STANDARDS

Communities Have students use these vocabulary items as Internet search terms. Ask them to print out some of the web pages to use in creating collage posters about ecology and efforts to protect the environment.

6 CONTEXTOS

La naturaleza

La naturaleza

El Caribe presenta **costas** infinitas con palmeras **a orillas del mar**, aguas cristalinas y extensos **arrecifes** de coral con un **paisaje** submarino sin igual.

el árbol *tree*
el arrecife *reef*
el bosque (lluvioso) *(rain) forest*
el campo *countryside; field*
la cordillera *mountain range*

la costa *coast*
el desierto *desert*
el mar *sea*
la montaña *mountain*
el paisaje *landscape; scenery*
la tierra *land; earth*

húmedo/a *humid; damp*
seco/a *dry*

a orillas de *on the shore of*
al aire libre *outdoors*

Los animales

el ave (*f.*)/el pájaro *bird*
el cerdo *pig*
el conejo *rabbit*
el león *lion*
el mono *monkey*
la oveja *sheep*
el pez *fish*
la rana *frog*

la serpiente *snake*
el tigre *tiger*
la vaca *cow*

atrapar *to trap; to catch*
cazar *to hunt*
dar de comer *to feed*
extinguirse *to become extinct*
morder (o:ue) *to bite*

en peligro de extinción *endangered*
salvaje *wild*
venenoso/a *poisonous*

Los fenómenos naturales

el huracán *hurricane*
el incendio *fire*
la inundación *flood*
el relámpago *lightning*
la sequía *drought*
el terremoto *earthquake*
la tormenta (tropical) *(tropical) storm*
el trueno *thunder*

PRE-AP*

Interpersonal Writing, Part A Go over this vocabulary with the students. In pairs, have them discuss their experiences with nature and with camping. Have they ever experienced a disaster while camping or while on vacation? In Part A, students pretend that they have just returned from an adventure camping trip, where they have seen several animals and dealt with one **fenómeno natural**. Tell them: **Escribe un mensaje electrónico a un(a) amigo/a, describiéndole las aventuras que has tenido en tus vacaciones en el campamento del Caribe.**

(A) Audio Script
Buenas tardes y bienvenidos al informativo de las nueve de la noche.
Acaba de llegar una noticia de última hora: Se ha declarado un grave incendio en la Cordillera del Este. Todavía no se conocen las causas del fuego, pero se sospecha que puede haber sido un rayo de la tormenta de esta tarde que ha caído en un árbol seco. Las autoridades temen que la sequía de los últimos meses contribuya a extender el incendio a otros bosques de la zona.
El responsable del gobierno ha afirmado que se está haciendo todo lo posible para acabar con el incendio en pocas horas y así proteger los pueblos de los alrededores y los animales salvajes que viven en estas montañas.
En unos minutos, les volveremos a informar del tema, ahora pasamos a presentarles las noticias del día.
El precio de...
Textbook CD

(B) Audio Script
JUAN ¿Has oído el informativo? Hay un incendio en la Cordillera del Este. La gente ha tenido que dejar sus casas.
PILAR Sí, han dicho que es posible que se extienda a otras zonas. Es una pena, se está desforestando todo. No sé qué vamos a hacer en el futuro.
JUAN Todo es tan diferente ahora. ¿Sabes? Cuando yo era niño, íbamos a la casa de campo de mis abuelos.
(Continued on p. 206)

El medio ambiente

El **reciclaje** de botellas es muy importante para **proteger** el **medio ambiente** y no **malgastar** plástico.

el calentamiento global *global warming*
la capa de ozono *ozone layer*
el combustible *fuel*
la contaminación *pollution; contamination*

la deforestación *deforestation*
el desarrollo *development*
la erosión *erosion*
la fuente de energía *energy source*
el medio ambiente *environment*
los recursos naturales *natural resources*

agotar *to use up*
conservar *to conserve; to preserve*
contaminar *to pollute; to contaminate*
contribuir (a) *to contribute*
desaparecer *to disappear*
destruir *to destroy*
malgastar *to waste*
proteger *to protect*
reciclar *to recycle*

resolver (o:ue) *to solve*

dañino/a *harmful*
desechable *disposable*
renovable *renewable*
tóxico/a *toxic*

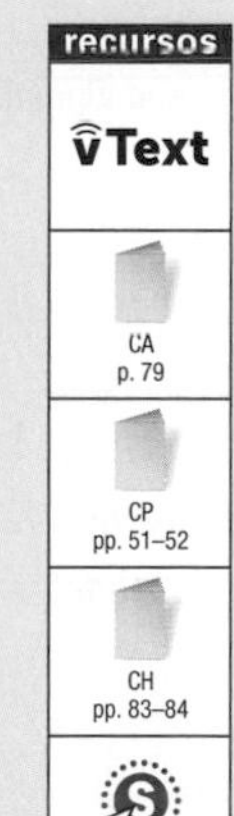

Práctica

1 Escuchar

A. Escucha el informativo de la noche y después completa las oraciones con la opción correcta.

1. Hay __b__.
   a. una inundación b. un incendio
2. Las causas de lo que ha ocurrido __b__.
   a. se conocen b. se desconocen
3. En los últimos meses, ha habido __a__.
   a. mucha sequía b. muchas tormentas
4. Las autoridades temen que __b__.
   a. los animales salvajes vayan a los pueblos
   b. el incendio se extienda
5. Los pueblos de los alrededores __a__.
   a. están en peligro b. están contaminados

B. Escucha la conversación entre Pilar y Juan. Después, contesta las preguntas con oraciones completas.

1. ¿Dónde hay un incendio? Hay un incendio en la Cordillera del Este.
2. Según lo que escuchó Pilar, ¿qué puede suceder? El incendio se puede extender a otras zonas.
3. ¿Qué animales tenían los abuelos de Juan? Los abuelos de Juan tenían ovejas.
4. ¿Dónde pasaba los veranos Pilar? Pilar pasaba los veranos en la costa.
5. ¿Qué hacía Pilar con los peces que veía? Pilar a veces les daba de comer a los peces.
6. ¿Qué ha pasado con los peces que había antes en la costa? Los peces que había antes en la costa han desaparecido.

C. En parejas, hablen de los cambios que han visto ustedes en la naturaleza a lo largo de los años. Hagan una lista y compártanla con la clase.

2 Emparejar Conecta las palabras de forma lógica.

__d__ 1. proteger	a. león
__e__ 2. tormenta	b. serpiente
__c__ 3. destrucción	c. incendio
__f__ 4. campo	d. conservar
__a/b__ 5. salvaje	e. trueno
__b__ 6. venenosa	f. aire libre

PRE-AP*

Interpersonal Writing, Part B Students exchange the e-mails about nature and camping (see page 204) with one another. Have them read the e-mail from their classmate and reply. In the reply, they should react to the description of the camping trip, and describe why they prefer their current vacation in a five-star hotel. Instruct students: **Ahora que has leído el mensaje de tu amigo/a, vas a fingir que estás de vacaciones en un hotel elegante. Reacciona y describe por qué prefieres las vacaciones de lujo.**

(B) Audio Script (continued) Lo pasábamos muy bien, ellos tenían ovejas y jugábamos con ellas. Además, cuando salíamos a pasear por el campo veíamos conejos por todas partes, y no sólo conejos, sino también animales de todo tipo; pero ahora todo está sucio y contaminado.
PILAR Sí, se está destruyendo todo. Sé de lo que hablas. Yo pasaba los veranos en la costa. Nosotros alquilábamos una casa a orillas del mar. Era tan divertido y, ¿sabes? el agua estaba muy limpia y había peces por todas partes; a veces les dábamos de comer. Si vas ahora, no ves nada, todos los peces han desaparecido. Estamos perdiendo todo, espero que no pase lo mismo con los bosques de la Cordillera del Este.
JUAN Oye, pongamos la televisión para ver si se ha extinguido el incendio.
PILAR Tienes razón, pongamos las noticias.
Textbook CD

NATIONAL STANDARDS
Communities Have students do research to identify some of the major environmental organizations working to protect the biodiversity of the Caribbean. Ask them to write very brief paragraphs describing an organization they have learned about and to report to the class.

NATIONAL STANDARDS
Connections: Biology Have students explore information about biodiversity in the Caribbean. Some students may wish to create a digital presentation for the class, using maps and photos to highlight the flora and fauna of the region.

Práctica

3 Definiciones

A. Escribe la palabra adecuada para cada definición.

1. fenómeno natural en el que se ilumina el cielo cuando hay una tormenta: relámpago
2. reptil de cuerpo largo y estrecho (*narrow*) que muchas veces es venenoso: serpiente
3. período largo sin lluvias: sequía
4. extensión de tierra donde no suele llover: desierto
5. fenómeno natural que se produce cuando se mueve la tierra bruscamente (*abruptly*): terremoto
6. animal feroz considerado el rey de la selva: león
7. contrario de "húmedo": seco
8. ruido producido en las nubes por una descarga eléctrica: trueno
9. serie de montañas: cordillera
10. fuego grande que puede destruir casas y campos: incendio

B. Ahora, escribe tres definiciones de otras palabras del vocabulario. Tu compañero/a tendrá que adivinar a qué palabra corresponde cada definición.

4 ¿Qué es la biodiversidad? Completa el artículo de la revista *Naturaleza* con la palabra o expresión correspondiente.

animales	**costas**	**paisaje**
arrecifes de coral	**mar**	**proteger**
bosques	**medio ambiente**	**recursos naturales**
conservar	**montañas**	**tierra**

La biodiversidad se refiere a la gran variedad de formas de vida — (1) animales, vegetales y humanas— que conviven en el (2) medio ambiente, no sólo en la tierra sino también en el (3) mar. Esta interdependencia significa que ninguna especie está aislada o puede vivir por sí sola. A pesar de que el Caribe comprende menos del once por ciento de la superficie total del planeta, su territorio contiene una vasta riqueza de vida silvestre (*wild*) que se encuentra a lo largo de sus (4) bosques tropicales húmedos, (5) montañas altas, extensas costas, y del increíble (6) paisaje submarino de los (7) arrecifes de coral. Se estima que en la actualidad hay más de sesenta y cinco organizaciones ambientalistas que trabajan para (8) conservar/proteger y (9) conservar/proteger los valiosos (10) recursos naturales de las islas caribeñas.

Practice more at **vhlcentral.com.**

DIFFERENTIATION
Heritage Speakers Ask students to find pictures in magazines or on the Internet, or to draw pictures of animals that are indigenous to their families' home countries. Allow time for each student to present his or her pictures, name the animals, and have classmates repeat the names. After the presentations, display the pictures around the room for students to enjoy and reference throughout the unit.

DIFFERENTIATION
To Challenge Students Discuss biodiversity in other regions. Then assign geographical regions to small groups and have them prepare presentations on the flora and fauna of their region. Encourage them to include visuals. Have other students ask questions about the region and its animals and plants. After the presentations, display the pictures around the room, also for students to enjoy and reference throughout the unit.

 Communication 1.1, 1.2

Teaching Tips

5 Review the subjunctive with **conocer** by asking questions about the environment. Ex: **¿Conoces a alguien que tenga un vehículo eléctrico o híbrido? ¿Conoces alguna organización cuya meta sea proteger el medio ambiente?**

5 Virtual Chat You can also assign activity 5 on the Supersite. Students record individual responses that appear in your gradebook.

6 Ask students about environmental practices at your school. Ex: **¿Qué medidas toma nuestra escuela para conservar papel o reducir la cantidad de basura? ¿Qué más se puede hacer? ¿Te interesa organizar un programa así? ¿A los estudiantes de esta escuela les interesa conservar el medio ambiente? ¿Por qué?**

6 Partner Chat You can also assign activity 6 on the Supersite. Students work in pairs to record the activity online. The pair's recorded conversation will appear in your gradebook.

7 Review similes from **Literatura, Lección 4**. Remind students to use **como** when making comparisons.

NATIONAL STANDARDS
Communities Have students find personality tests in magazines or online. Have them identify vocabulary from this chapter that is used in the self-tests. Are there cultural differences in the questions asked or in the personality traits described?

Comunicación

5 Preguntas En parejas, túrnense para contestar las preguntas.

1. Cuando vas de vacaciones, ¿qué tipo de lugar prefieres? ¿El campo, la costa, la montaña? ¿Por qué?
2. ¿Tienes un animal preferido? ¿Cuál es? ¿Por qué te gusta? ¿Qué animales no te gustan? ¿Por qué?
3. ¿Qué opinas de la práctica de cazar animales salvajes? ¿Es cruel? ¿Es necesario controlar la población para el bien de la especie?
4. ¿Qué opinas del uso de abrigos de piel (*fur*)? ¿Hay alguna diferencia entre usar zapatos de cuero (*leather*) y usar un abrigo de piel de zorro (*fox*)?
5. ¿Qué fenómenos naturales son comunes en tu área? ¿Los huracanes, las sequías? ¿Qué efectos o consecuencias tienen para el medio ambiente?
6. En tu opinión, ¿cuál es el problema más grave que afecta al medio ambiente? ¿Qué podemos hacer para mejorar la situación?

6 ¿Qué es mejor? En parejas, hablen sobre las ventajas y las desventajas de las alternativas de la lista. Consideren el punto de vista práctico y el punto de vista ambiental. Utilicen el vocabulario de **Contextos**.

- **usar servilletas de papel o de tela (*cloth*)**
- **tirar restos de comida a la basura o en el triturador del fregadero (*garbage disposal*)**
- **acampar en un parque nacional o alojarse en un hotel**
- **imprimir (*print*) el papel de los dos lados o simplemente imprimir menos**

7 Asociaciones En parejas, comparen sus personalidades con las cualidades de estos animales, elementos y fuerzas de la naturaleza. ¿Con cuáles te identificas? ¿Con cuáles crees que se identifica tu compañero/a? ¿Por qué? Comparen sus respuestas.

árbol	**fuente de energía**	**mar**	**relámpago**
bosque	**huracán**	**montaña**	**serpiente**
conejo	**incendio**	**pájaro**	**terremoto**
desierto	**león**	**pez**	**trueno**

MODELO **pájaro**
Yo me identifico con los pájaros. Soy libre y soñador(a).

PRE-AP*

Presentational Speaking Remind students that many natural disasters have occurred in the Caribbean, in Mexico, in Los Angeles and other areas of California, and in Florida. Have them do an online search in Spanish for news about hurricanes, earthquakes, and floods in these areas, specifically about disasters and relief efforts. Tell them to take notes on their reading. In groups of three or four, have them prepare a newscast. One student can be the interviewer, one can be a victim, and one can be a firefighter or police officer present at the rescue. Point out to students the importance of having firefighters and police officers who speak Spanish. Say: **En grupos, van a presentar un programa de noticias hispano en el cual dan detalles del rescate de unas víctimas durante un desastre natural.**

Section Goals

In **Fotonovela,** students will:

- practice listening to authentic conversation
- learn functional phrases to talk about the future and express perceptions

Communication 1.2
Cultures 2.1, 2.2

Instructional Resources

vText

Cuaderno de actividades comunicativas, pp. 41–42
e-Cuaderno
Supersite/DVD: ***Fotonovela***
Supersite/TRCD: ***Fotonovela*** Video Script & Translation, Answer Keys

Video Synopsis

- Aguayo is trying to kill a spider, and Mariela and Fabiola are terrified.
- Mariela, Fabiola, and Aguayo talk about his upcoming camping vacation.
- Diana has agreed to look after Aguayo's pet fish, Bambi.
- Mariela, Fabiola, and Diana spend their lunch hour trying to cheer up Bambi.

PRE-AP*

Interpretive Reading
Introduce the future tense by asking: **¿Qué creen que pasará en este episodio?** Note volunteers' answers on the board.

Teaching Tip Before showing the **Fotonovela**, write four or five of the **Expresiones útiles** on the board. Say each word or phrase and have volunteers guess what they mean. Confirm or correct and write the true meanings next to the words. Then have students work in pairs to look at the pictures and scan the text for the **Expresiones útiles**.

6 FOTONOVELA

Aguayo se va de vacaciones, dejando su pez al cuidado de los empleados de *Facetas*.

Video: ***Fotonovela***
Record and Compare

PERSONAJES AGUAYO DIANA

MARIELA ¡Es una araña gigante!

FABIOLA No seas miedosa.

MARIELA ¿Qué haces allá arriba?

FABIOLA Estoy dejando espacio para que la atrapen.

DIANA Si la rocías con esto (*muestra el matamoscas en spray*), la matas bien muerta.

AGUAYO Pero esto es para matar moscas.

FABIOLA ¡Las arañas jamás se van a extinguir!

MARIELA Las que no se van a extinguir son las cucarachas. Sobreviven la nieve, los terremotos y hasta los huracanes, y ni la radiación les hace daño.

FABIOLA ¡Vaya! Y... ¿tú crees que sobrevivirían al café de Aguayo?

AGUAYO Mariela, ¿podrías hacer el favor de tomar mis mensajes? Voy a casa por mi pez. Diana se ofreció a cuidarlo durante mis vacaciones.

MARIELA ¡Cómo no, jefe!

AGUAYO Mañana por la tarde estaremos en el campamento.

FABIOLA ¿Cómo pueden llamarle "vacaciones" a eso de dormir en el suelo y comer comida enlatada?

AGUAYO Ésta es su comida. Sólo una vez al día. No le des más aunque ponga cara de perrito... Bueno, debo irme.

MARIELA ¿Cómo sabremos si pone cara de perrito?

AGUAYO En vez de hacer así (*hace gestos con la cara*)..., hace así.

JOHNNY Última llamada.

FABIOLA Nos quedaremos cuidando a Bambi.

ÉRIC Me encanta el pececito, pero me voy a almorzar. Buen provecho.

Los chicos se marchan.

DIANA ¡Ay! No sé ustedes, pero yo lo veo muy triste.

FABIOLA Claro. Su padre lo abandonó para irse a dormir con las hormigas.

MARIELA ¿Por qué no le damos de comer?

FABIOLA ¡Ya le he dado tres veces!

MARIELA Ya sé. Podríamos darle el postre.

DIFFERENTIATION

To Challenge Students Before viewing, assign volunteers each a role from the **Fotonovela.** Allow time for volunteers to read the text silently. Then have a class reading. Encourage volunteers to read with feeling so that others can understand what is being said.

DIFFERENTIATION

For Inclusion Ask students to point to each picture and, using words and phrases, describe what they see. Have students name animals, emotions, people, and actions. Encourage students to expand their descriptions by asking: **Sí, se siente triste. ¿Por qué? Sí, los peces. ¿Qué pasó con los peces?,** etc.

ÉRIC

FABIOLA

JOHNNY

MARIELA

AGUAYO La idea es tener contacto con la naturaleza, Fabiola. Explorar y disfrutar de la mayor reserva natural del país.

MARIELA Debe ser emocionante.

AGUAYO Lo es. Sólo tengo una duda. ¿Qué debo hacer si veo un animal en peligro de extinción comerse una planta en peligro de extinción?

FABIOLA Tómale una foto.

AGUAYO Chicos, les presento a Bambi.

MARIELA ¿Qué? ¿No es Bambi un venadito?

AGUAYO ¿Lo es?

JOHNNY ¿No podrías ponerle un nombre más original?

FABIOLA Sí, como *Flipper*.

FABIOLA Miren lo que encontré en el escritorio de Johnny.

MARIELA ¡Galletitas de animales!

DIANA ¿Qué haces?

MARIELA Hay que encontrar la ballenita. Es un pez y está solo. Supongo que querrá compañía.

DIANA Pero no podemos darle galletas.

FABIOLA ¿Y qué vamos a hacer? Todavía se ve tan triste.

MARIELA ¡Ya sé! Tenemos que hacerlo sentir como si estuviera en su casa. (*Pegan una foto de la playa en la pecera.*) ¿Qué tal ésta con el mar?

DIANA ¡Perfecta! Se ve tan feliz.

FABIOLA Míralo.

Llegan los chicos.

ÉRIC ¡Bambi! Maldito pez. En una playa tropical con tres mujeres.

Expresiones útiles

Talking about the future

¡Las arañas jamás se van a extinguir!
Spiders will never become extinct!
¿Y qué vamos a hacer?
What are we going to do?
Mañana por la tarde estaremos en el campamento.
Tomorrow afternoon we will be in the campground.
Nos quedaremos cuidando a Bambi.
We will stay and look after Bambi.
¿Cómo sabremos si pone cara de perrito?
How will we know if he is making a puppy-dog face?

Expressing perceptions

Yo lo/la veo muy triste.
He/She looks very sad to me.
Se ve tan feliz.
He/She looks so happy.
Parece que está triste/contento/a.
It looks like he/she is sad/happy.
Al parecer, no le gustó.
It looks like he/she didn't like it.
¡Qué guapo/a te ves!
How attractive you look!
¡Qué elegante se ve usted!
How elegant you look!

Additional vocabulary

la araña *spider*
Buen provecho. *Enjoy your meal.*
la comida enlatada *canned food*
la cucaracha *cockroach*
la hormiga *ant*
matar *to kill*
miedoso/a *fearful*
la mosca *fly*
rociar *to spray*

recursos

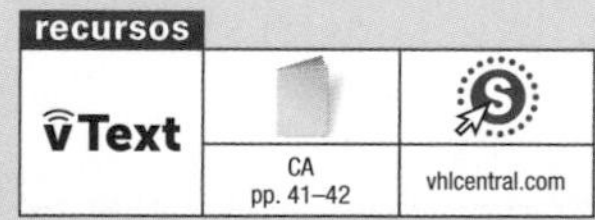

Teaching Tips

- Review affirmative and negative commands (**Estructura 4.2**) by having students find examples in the script.
- Pause the **Fotonovela** after frames 1–5 and ask three or four comprehension questions. Ex: **¿Quién tiene miedo de la araña? ¿Quién va a cuidar el pez de Aguayo? ¿Por qué? ¿Adónde va Aguayo?** Proceed in the same way at the end of the episode.
- Tell students that all items in **Expresiones útiles** on page 209 are active vocabulary for which they are responsible. Review all the expressions and have the class repeat. Then have pairs write a summary of the episode using at least five of the **Expresiones útiles** or additional vocabulary.

LEARNING STYLES

For Auditory Learners After students watch the **Fotonovela**, shut off or cover up the television screen and play the episode a second time, so that only the audio track plays. Then have students form small groups to summarize the episode.

LEARNING STYLES

For Kinesthetic Learners Divide the class into small groups. With their books closed, ask students to recall the **Fotonovela** episode. Then have them practice and present a skit of the episode to the class. Tell students that they will be evaluated on their accuracy with respect to the episode. Have the class vote for the teams that remembered the most details, vocabulary, or **Expresiones útiles**.

Communication 1.1, 1.2

Teaching Tips

1 Ask volunteers to choose a character from the **Fotonovela** and recount the episode from his or her point of view. Be sure all characters are represented.

2 To simplify, have students illustrate the words in the box (except **un nombre original**) before completing the exercise.

3 Ask why the subjunctive is required in the model sentence. Have a volunteer supply another verb that would also require the subjunctive.

4 For additional practice, have students ask each other **¿Por qué...?** for each item. Ex: **¿Por qué se va Aguayo de campamento? Se va de campamento porque le gusta tener contacto con la naturaleza.**

Extra Practice Have students conduct Internet research on different topics introduced by the **Fotonovela**. Ex: **¿Dónde se puede ir de campamento en tu estado? Las cucarachas: ¿pueden sobrevivir a todo? ¿Cómo cuidar los peces del acuario?** Ask students to share what they discovered.

Comprensión

1 ¿Quién lo dijo? Identifica lo que dijo cada personaje.

AGUAYO

DIANA

ÉRIC

FABIOLA

MARIELA

1. No podemos darle galletas. Diana
2. Mañana por la tarde, estaremos en el campamento. Aguayo
3. Tómale una foto. Fabiola
4. Me encanta el pececito, pero me voy a almorzar. Éric
5. Podríamos darle el postre. Mariela

2 ¿Qué falta? Completa las oraciones con las frases de la lista.

las cucarachas	un nombre original
de comer	el pez
denle de comer	tener contacto con la naturaleza

1. **FABIOLA** ¿Tú crees que __las cucarachas__ pueden sobrevivir al café de Aguayo?
2. **MARIELA** Debe ser emocionante __tener contacto con la naturaleza__.
3. **FABIOLA** Sí, __un nombre original__ como "Flipper".
4. **AGUAYO** __Denle de comer__ sólo una vez al día.
5. **MARIELA** ¿Cómo sabremos si __el pez__ pone cara de perrito?
6. **FABIOLA** Ya le he dado tres veces __de comer__.

3 ¿Qué dijo? Di qué hace cada personaje. Utiliza los verbos entre paréntesis.

MODELO **JOHNNY ¿No podrías ponerle un nombre más original? (sugerir a Aguayo)**
Johnny le sugiere a Aguayo que le ponga un nombre más original.

1. **AGUAYO** Mariela, ¿podrías hacer el favor de tomar mis mensajes? (pedir a Mariela) Aguayo le pide a Mariela que tome sus mensajes.
2. **FABIOLA** Toma una foto. (aconsejar a Aguayo) Fabiola le aconseja a Aguayo que tome una foto.
3. **AGUAYO** No le des más aunque ponga cara de perrito… (ordenar a Mariela) Aguayo le ordena a Mariela que no le dé más aunque ponga cara de perrito.
4. **MARIELA** ¿Por qué no le damos de comer? (sugerir a Diana) Mariela le sugiere a Diana que le den de comer.

4 Preguntas y respuestas En parejas, háganse preguntas sobre estos temas.

MODELO **irse de campamento**
—¿Quién se va de campamento?
—Aguayo se va de campamento.

- Aguayo y su esposa / comer
- cuidar a la mascota
- dar de comer
- irse a almorzar
- sentirse feliz
- tenerle miedo a las arañas

Practice more at **vhlcentral.com.**

DIFFERENTIATION

To Challenge Students Have students do the Extra Practice activity in Spanish. Demonstrate or explain how to search the Internet in Spanish: Go to a search engine site and select the Spanish language option. If there is not a language option, then move on to the next step. In Spanish, type in your topic, using quotes and any other search aids. Look at the addresses of websites before selecting them (.org and .edu are best).

DIFFERENTIATION

Heritage Speakers Ask students to share information about the camping customs in their families' countries of origin. For example, ask: **En general, ¿la gente va de campamento? ¿Por qué? ¿Qué se suele hacer para tener contacto con la naturaleza?**

 Communication 1.1, 1.2

Ampliación

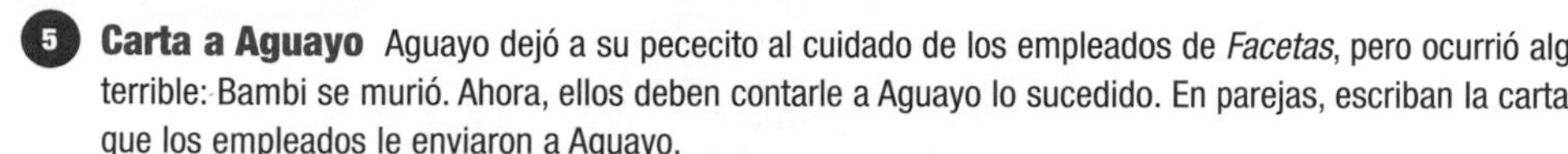

5 Carta a Aguayo Aguayo dejó a su pececito al cuidado de los empleados de *Facetas*, pero ocurrió algo terrible: Bambi se murió. Ahora, ellos deben contarle a Aguayo lo sucedido. En parejas, escriban la carta que los empleados le enviaron a Aguayo.

> Querido jefe:
>
> Esperamos que esté disfrutando de sus vacaciones y de la comida enlatada. Nosotros estamos bien, pero tenemos que darle una mala noticia. El otro día...

6 Apuntes culturales En parejas, lean los párrafos y contesten las preguntas.

Las mascotas

Aguayo dejará su mascota Bambi al cuidado de Diana. Otro tipo de mascota con hábitos acuáticos es el carpincho (*capybara*), común a orillas de ríos en Suramérica. Este simpático "animalito" fácil de domesticar es el roedor (*rodent*) más grande del planeta, ¡con un peso de hasta 100 libras! Un poquito grande para la oficina de *Facetas*, ¿no?

De campamento

Según Aguayo, la idea de acampar es estar en contacto con la naturaleza. Un sitio emocionante para acampar es la comunidad boliviana de **Rurrenabaque**, puerta de entrada al **Parque Nacional Madidi**. Este parque, una de las reservas más importantes del planeta, comprende de cinco pisos (*floors*) ecológicos, desde llanuras (*plains*) amazónicas hasta cordilleras nevadas.

El alacrán

Fabiola y Mariela les tienen miedo a las arañas. ¡Y no es para menos! Algunos arácnidos son muy peligrosos. En la República Dominicana, los alacranes (*scorpions*) son temidos (*feared*) por su veneno mortal. Se los puede encontrar debajo de los muebles, en los zapatos... ¿Sobrevivirían los alacranes al matamoscas de Diana?

1. ¿Qué mascotas exóticas conoces? Menciona como mínimo tres o cuatro. ¿Cuáles son sus hábitos? ¿Son fáciles o difíciles de domesticar? ¿Son peligrosas?
2. ¿Has acampado alguna vez? ¿Dónde? ¿Por cuántos días? ¿Qué hiciste?
3. ¿Qué significa la expresión "piso ecológico"? ¿Has estado alguna vez en una región con distintos "pisos ecológicos"? ¿Cómo es la geografía de la región en donde vives?
4. ¿Has visto un alacrán alguna vez? ¿Qué otros insectos peligrosos conoces? ¿Te han picado (*bitten*)? ¿Les tienes miedo?

Teaching Tips

5 Ask students to predict Aguayo's response to the letter.

5 As a variation, have students imagine that Diana brought Bambi a partner so he wouldn't feel so sad and lonely. Students can write a letter from the workers with this good news.

6 Expansion Have students research an exotic animal in print or online and present their findings to the class. Then have students vote according to different categories, such as **el animal más peligroso, el animal más fácil de domesticar,** etc.

6 Ask heritage speakers what kinds of domestic animals are common in their families' countries of origin.

NATIONAL STANDARDS

Communities Ask students to use the Internet or travel brochures to identify national parks and ecotourism sites in Latin America and the Caribbean that they would like to visit. Have them create brochures to "sell" others on the site they have selected.

NATIONAL STANDARDS

Connections: Geography

Piso ecológico, which can be translated as ecological "floor" or "belt," refers to areas that share the same characteristics within an altitude range. This term is typically used to describe the geography of Peru, Bolivia, and other Andean countries. Have students choose one of the Andean countries and create a map that illustrates the various ecological zones.

LEARNING STYLES

For Visual Learners Have students form four small groups. Assign each group one of the questions from **Actividad 6**. Then, as a class, review the questions for **Actividad 6** orally, allowing time for groups to take notes on the responses to their question. Then ask the groups to represent the results in an appropriate graphic organizer (a pie graph, line graph, four-column chart, etc.) Display finished graphic organizers around the room.

LEARNING STYLES

For Auditory Learners Ask students to make three signs that read: **las mascotas, el campamento, el alacrán**. Read sentences from the paragraphs of **Actividad 6** and have students hold up the sign that corresponds to the sentence.

Section Goals

In **Enfoques**, students will:

- read about coral reefs and submarine parks in the Caribbean
- learn some animal expressions
- watch a video about **El Yunque National Forest**

Communication 1.2
Cultures 2.1, 2.2
Connections 3.1, 3.2
Comparisons 4.2

21st CENTURY SKILLS

Global Awareness
Students will gain perspectives on the Spanish-speaking world to develop respect and openness to others and to interact appropriately and effectively with citizens of Spanish-speaking cultures.

Instructional Resources
vText
Cuaderno para hispanohablantes, p. 86
Supersite/DVD: *Flash cultura*
Supersite/TRCD: *Flash cultura*
Video Script & Translation

Previewing Strategy Ask introductory questions such as: **¿Has buceado alguna vez? ¿Dónde? ¿Viste arrecifes de coral? ¿Cómo eran?**

Teaching Tips

- Remind students of the triple-read method for reading comprehension:
  1. read once to gain general comprehension;
  2. read carefully a second time, circling and looking up important, unknown words;
  3. read a third time for complete comprehension and enjoyment.

Reading, Additional Reading

En detalle

EL CARIBE

Los bosques DEL MAR

¿Te sumergiste alguna vez en el más absoluto de los silencios para contemplar los majestuosos arrecifes de coral? En el Caribe hay más de 26 mil kilómetros cuadrados (16 mil millas cuadradas) de arrecifes, también llamados *bosques tropicales del mar* por la inmensa biodiversidad que se encuentra en ellos. Sus extravagantes formas de intensos colores proporcionan el ecosistema ideal para las más de cuatro mil especies de peces y miles de especies de plantas que en ellos habitan.

Nuestras vidas también dependen de estas formaciones: los arrecifes del Caribe protegen las costas de Florida y de los países caribeños de los huracanes. Sus inmensas estructuras aplacan° la fuerza de las tormentas antes de que lleguen a las costas, cumpliendo la función de barreras° naturales. También protegen las playas de la erosión y son un refugio para muchas especies animales en peligro de extinción.

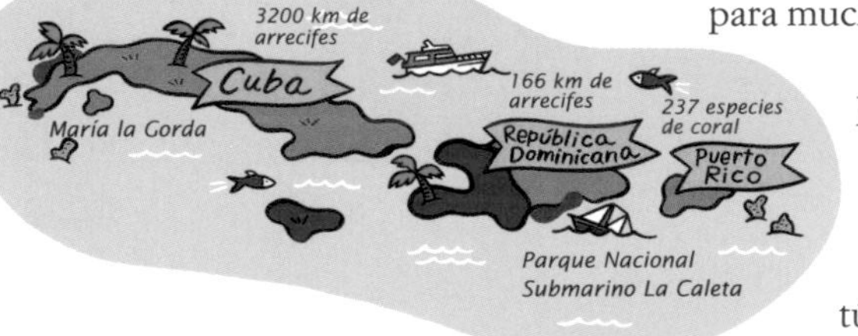

En Cuba se destacan° los arrecifes de María la Gorda, en el extremo occidental de la isla. En esta área altamente protegida, más de veinte especies de corales forman verdaderas cordilleras, grutas° y túneles subterráneos.

Lamentablemente, los arrecifes están en peligro por culpa de la mano del hombre. La construcción desmedida° en las costas y la contaminación de las aguas por los desechos° de las alcantarillas° provocan la sedimentación. Esto enturbia° el agua y mata el coral porque le quita la luz que necesita. La pesca descontrolada, el exceso de turismo y la recolección de coral por parte de los buceadores son otros de sus grandes enemigos. De hecho, algunos expertos dicen que el 70 por ciento del coral desaparecerá en unos 40 años. Así que, si eres uno de los afortunados que pueden visitarlos, cuídalos; no los toques y avisa si ves que alguien los está dañando. Su futuro depende de todos nosotros. ■

Los **arrecifes de coral** son uno de los más antiguos hábitats de la Tierra; algunos de ellos llegan a tener más de 10.000 años. Muchos los confunden con plantas o con rocas, pero los arrecifes de coral son, en realidad, estructuras formadas por pólipos° de coral, unos animales diminutos° que al morir dejan unos residuos de piedra caliza°. Los arrecifes son el refugio ideal para muchos tipos de animales, tales como esponjas, peces y tortugas.

aplacan *placate* **barreras** *barriers* **se destacan** *stand out* **grutas** *caves* **desmedida** *excessive* **desechos** *waste* **alcantarillas** *sewers* **enturbia** *clouds* **pólipos** *polyps* **diminutos** *minute* **piedra caliza** *limestone*

CRITICAL THINKING

Knowledge and Comprehension Before reading, ask pairs to create an SQA chart: In the first column they record all they already know (**saber**) about **los bosques del mar**. In the second column, they record all that they want (**querer**) to know or their questions about **los bosques del mar**. Then after they read the articles, have them record all that they learned (**aprender**) in the third column.

CRITICAL THINKING

Analysis and Evaluation If possible, show film clips of nature show presentations of **los bosques del mar**. Select either the Spanish dubbing or subtitles. Then ask students to use a Venn diagram to compare and contrast what they learned in the film clips with what they learned in the article.

ASÍ LO DECIMOS

Frases de animales

andar como perro sin pulga° (Méx.) *to be carefree*
comer como un chancho *to eat like a pig*
¡el mono está chiflando!° (Cu.) *how windy!*
estar como una cabra° (Esp.) *to be as mad as a hatter*
marca perro (Arg., Chi. y Uru.) (*of an object*) *by an unknown brand*
¡me pica el bagre!° (Arg.) *I'm getting hungry!*
¡qué búfalo/a! (Nic.) *fantastic!*
¡qué tortuga! (Col.) (*of a person*) *how slow!*
ser un(a) rata (Esp.) *to be stingy*

EL MUNDO HISPANOHABLANTE

Organizaciones ambientales

Protección de la biosfera El Parque Nacional Yasuní, declarado Reserva Mundial de la Biosfera por la UNESCO en 1989, está ubicado en la Amazonía ecuatoriana. En la actualidad, varias organizaciones ambientales intentan frenar el avance de empresas petroleras que operan en el 60 por ciento del territorio del parque.

Campañas contra transgénicos En 2004, Greenpeace comenzó una campaña en Chile con el objetivo de lograr que el gobierno obligue a las empresas alimenticias a identificar los alimentos elaborados con ingredientes de origen transgénico mediante el etiquetado de los envases°.

Protección de aves amenazadas Gracias al Fondo Peregrino de Panamá y a instituciones como el Smithsonian Institute, las aves arpías° están siendo rescatadas y protegidas. Se calcula que Panamá es el único país de América Latina que protege esta ave. El águila arpía es la segunda ave más grande del mundo, después del águila de Filipinas, y es el ave nacional de Panamá.

PERFIL

PARQUE NACIONAL SUBMARINO LA CALETA

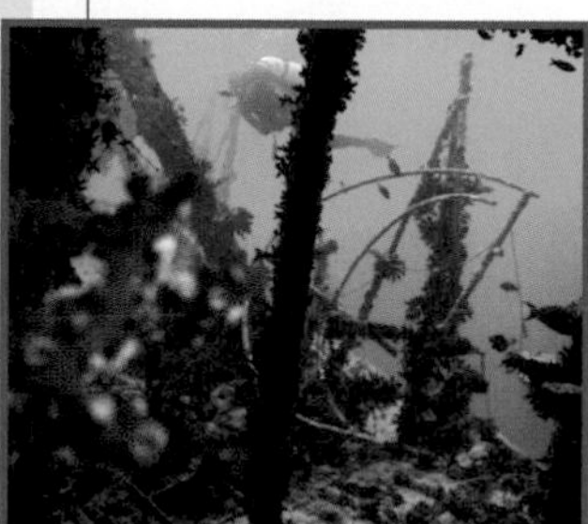

En 1984, por obra y gracia del Grupo de Investigadores Submarinos, el buque de rescate *Hickory* se hundió en el Parque Nacional Submarino La Caleta, a unos 17 kilómetros de Santo Domingo. No fue un accidente, sino que el objetivo de los especialistas era sumergir el buque intacto para que sirviera de arrecife artificial para las especies en peligro. Con el paso de los años, el barco se cubrió de esponjas y corales, y por él pasean miles de peces. El *Hickory*, que está a unos 20 metros de profundidad, es hoy día una de las mayores atracciones del Parque. Por cierto, el *Hickory* no es el único atractivo del Parque Nacional. Tiene otro barco-museo hundido para el buceo y en sus aguas, que llegan a una profundidad de 180 metros (590 pies), se pueden contemplar tres terrazas de arrecifes. Los corales forman verdaderas alfombras de tonos rojos, amarillos y anaranjados que impresionan al buceador más exigente.

> **"El hombre no sólo es un problema para sí, sino también para la biosfera en que le ha tocado vivir."**
> (Ramón Margalef, ecólogo español)

Conexión Internet

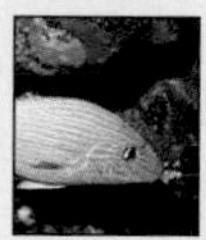

¿Qué peces habitan los arrecifes de coral del Caribe?

To research this topic go to **vhlcentral.com**.

andar como... (*lit.*) *to be like a dog without a flea* **el mono...** (*lit.*) *the monkey is whistling* **estar como...** (*lit.*) *to be like a goat* **me pica...** (*lit.*) *my catfish is itching/tickling me* **etiquetado...** *container labeling* **aves arpías** *harpy eagles*

PRE-AP*

Presentational Writing Have students write a formal job application letter to Greenpeace, in which they apply to work in Chile. Review with them the proper letter format. Discuss the issue on page 213, **Campañas contra transgénicos**. Make sure that students understand what it means to genetically alter food items. Talk with them about food labels. Practice writing a food label in Spanish. Give them an article in Spanish about the work of Greenpeace in Chile. Say: **Escribe una carta de solicitud a Greenpeace. Diles que eres estudiante de ciencias naturales, que estudias español y que quieres trabajar de voluntario/a este verano en Chile en el programa contra transgénicos.**

Teaching Tips

- If students have not yet made flashcards of the vocabulary from this lesson (pages 204–205), have them do so now. If the vocabulary word does not lend itself to a visual image, encourage students to write a cloze sentence. These types of flashcards will better aid students in learning the vocabulary because students will be using visual cues or the Spanish language rather than translation to learn the word.
- Have heritage speakers give other common expressions or idioms that use animals from their families' home countries. Ex: **tener pájaros en la cabeza (Esp.)** (*to be a scatterbrain*)
- **El mundo hispanohablante** Ask: **De estas tres actividades, ¿cuál te parece la más importante? ¿Por qué? ¿Es importante que la comida no contenga ingredientes transgénicos? ¿Por qué?**
- **Perfil** Ask students if they can think of other environmental preservation projects that serve as tourist attractions. Ex: rain forests, Machu Picchu, ecotourism sites in various countries
- Read the quote aloud to the class and ask: **¿Crees que este ecólogo es optimista, pesimista o realista? ¿Por qué?**

NATIONAL STANDARDS
Connections: Biology
Have students identify a bird sanctuary in Latin America and report to the class on the various birds one finds there.

21st CENTURY SKILLS

Information and Media Literacy: Conexión Internet
Go to the Supersite to complete the **Conexión Internet** activity for additional practice accessing and using culturally authentic sources.

Communication 1.1, 1.2

Teaching Tips

1 Ask students to write three additional true/false statements. Then have them exchange papers with a partner, respond and/or correct their partner's statements, and then regroup with their partner to compare answers.

2 As a class, write additional **Opciones** statements, using the new animal expressions that heritage speakers taught the class.

3 **Expansion** Ask students to research in the library or on the Internet the NGO Greenpeace. Challenge them to find more information on **alimentos transgénicos** or **arrecifes**.

4 Challenge pairs to write a list of suggestions for changes students can make to protect the earth's oceans. Have pairs present their ideas to the class, and allow time for students to respond whether they would make the changes suggested and why.

Proyecto Encourage students to avoid reading their presentations word-for-word. Suggest that they write key facts and phrases on index cards in order to guide them as they speak.

NATIONAL STANDARDS
Connections: Geography/Biology Students might search for sites on the Internet that offer satellite photography of the world. Can they find pictures that show the coral reefs around these Caribbean islands?

recursos: vText, CH p. 86

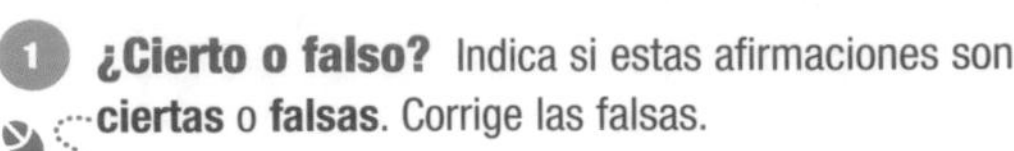

¿Qué aprendiste?

1 ¿Cierto o falso? Indica si estas afirmaciones son **ciertas** o **falsas**. Corrige las falsas.

1. Los arrecifes de coral son unas plantas de intensos colores. **Falso.** Los arrecifes no son plantas, son estructuras formadas por animales diminutos.
2. Los arrecifes de coral también son conocidos como los *bosques tropicales del mar*. **Cierto.**
3. Los huracanes se hacen más fuertes cuando pasan por los arrecifes. **Falso.** Los huracanes pierden fuerza porque los arrecifes cumplen la función de barreras naturales.
4. Estas estructuras son un ecosistema ideal para las especies en peligro de extinción. **Cierto.**
5. Las formaciones de coral necesitan luz. **Cierto.**
6. Está permitido que los turistas tomen un poco de coral para llevárselo. **Falso.** Uno de los grandes enemigos de los arrecifes es la recolección de coral por parte de los turistas.
7. María la Gorda se encuentra en el extremo occidental de Puerto Rico. **Falso.** Se encuentra en el extremo occidental de Cuba.
8. En María la Gorda, los arrecifes forman túneles y cordilleras. **Cierto.**
9. La construcción de casas cerca de las playas no afecta al desarrollo de los arrecifes. **Falso.** La construcción de casas y la contaminación por los desechos de las alcantarillas afectan a su desarrollo.
10. Los arrecifes de coral son uno de los hábitats más antiguos del planeta. **Cierto.**
11. En los arrecifes no viven tortugas porque no encuentran su alimento. **Falso.** En los arrecifes viven tortugas.
12. Los expertos están preocupados por el futuro de los arrecifes. **Cierto.**

2 Opciones Elige la opción correcta.

1. El Grupo de Investigadores Submarinos hundió el *Hickory* para crear (un parque nacional/un arrecife artificial).
2. El Parque Nacional Submarino La Caleta está ubicado en (Puerto Rico/la República Dominicana).
3. ¿No quieres contribuir para el regalo de Juan? ¡Eres (una rata/un chancho)!
4. Si estás en Argentina y tienes hambre, dices que (te pica el bagre/estás como una cabra).

3 Preguntas Contesta las preguntas. Some answers will vary.

1. ¿Qué quieren frenar las organizaciones ambientales en el Parque Nacional Yasuní? Quieren frenar el avance de las empresas petroleras.
2. ¿Qué animales protege el Fondo Peregrino de Panamá? El Fondo Peregrino de Panamá protege las aves arpías.
3. ¿Qué busca Greenpeace con la campaña contra transgénicos? Greenpeace busca que obliguen a las empresas alimenticias a identificar los alimentos que contienen ingredientes transgénicos.
4. En tu opinión, ¿a qué se refiere Ramón Margalef cuando dice que el hombre es un problema para la biosfera?

4 Opiniones ¿Les preocupa a ustedes la contaminación del mar? ¿Creen que tienen algún hábito en su vida diaria que perjudica nuestros mares? ¿Están dispuestos a cambiar su estilo de vida para conservar los mares sin contaminación? ¿Qué cambiarían? Compartan su opinión con la clase.

PROYECTO

Arrecifes del Caribe

Busquen información sobre los arrecifes de coral de Cuba, Puerto Rico y la República Dominicana. Elijan una zona de arrecifes y preparen una presentación para la clase. La presentación debe incluir:

- datos sobre la ubicación y la extensión
- datos sobre turismo
- datos sobre las especies de coral y otras especies de los arrecifes
- información sobre el estado de los arrecifes. ¿Están en peligro? ¿Alguna organización los protege?

¡No olviden incluir un mapa con la ubicación exacta para presentarlo en la clase!

Practice more at **vhlcentral.com.**

CRITICAL THINKING

Comprehension and Synthesis Divide the class into five groups. Assign each group one of the pictures on pages 212–214, and ask them to write three statements about their picture. Then collect the statements. Slowly read the statements aloud and in random order, allowing time for students to flip through pages 212–214 in their books and point to the picture being described.

CRITICAL THINKING

Application and Evaluation Have students write a letter to a friend about an endangered coral reef they visited. They should explain where they went, the environmental problems they witnessed, and how the problems could be solved. Encourage them to use the subjunctive.

Video: *Flash cultura*

Un bosque tropical

Ahora que ya has leído sobre la riqueza del mar del Caribe, mira este episodio de **Flash cultura** para conocer las maravillas del bosque tropical lluvioso de Puerto Rico, con su sorprendente variedad de árboles milenarios.

VOCABULARIO ÚTIL

la brújula *compass*
la caminata *hike*
la cascada *waterfall*
el chapuzón *dip*
la cima *peak*
estar en forma *to be fit*
el/la nene/a *kid*
la lupa *magnifying glass*
subir *to climb*
la torre *tower*

Preparación ¿Te gusta estar en contacto con la naturaleza? ¿De qué manera? ¿Has visitado alguno de los bosques nacionales de tu país? ¿Cuál(es)?

Comprensión Indica si estas afirmaciones son ciertas o falsas. Después, en parejas, corrijan las falsas.

1. El nombre *Yunque* proviene del español y significa "dios de la montaña". Falso. El nombre proviene de la palabra indígena *Yuque*, que significa "tierras blancas".
2. El Yunque es la reserva forestal más antigua del hemisferio occidental. Cierto.
3. El símbolo de Puerto Rico es el arroz con gandules. Falso. El símbolo de Puerto Rico es el coquí.
4. Para llegar a la cima es necesario estar en forma y llevar brújula, agua, mapa, etc. Cierto.
5. Una caminata hasta la cima puede llevar hasta dos días. Falso. Las caminatas hasta la cima pueden llevar hasta medio día.
6. Como la cima está rodeada de nubes, los árboles no pueden crecer mucho. Cierto.

Expansión En parejas, contesten estas preguntas.

- Imagina que sólo puedes llevar tres de los objetos del equipo para llegar a la cima del Yunque. ¿Cuáles llevarías? ¿Por qué?
- ¿Alguno de los atractivos del Yunque te anima (*encourages you*) a visitar este bosque en tus próximas vacaciones? ¿Cuál? ¿Por qué?
- ¿Qué tipo de comida llevas cuando vas de excursión? ¿Qué otras cosas llevas en la mochila?

Corresponsal: Diego Palacios
País: Puerto Rico

En el Yunque hay más especies de árboles que en ningún otro de los bosques nacionales, muchos de los cuales son cientos de veces más grandes, como el Parque Yellowstone o el Yosemite.

Nadar en los ríos del Yunque es uno de los pasatiempos favoritos de los puertorriqueños, así como es meterse debajo de las cascadas.

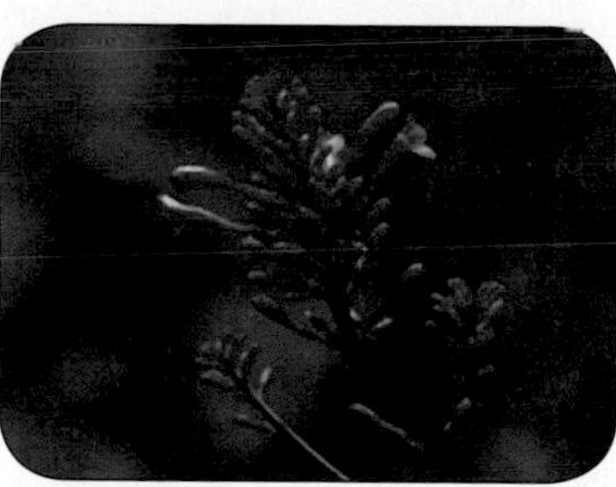

El Yunque es el único Bosque Tropical Lluvioso del Sistema Nacional de Bosques de los Estados Unidos.

recursos

vhlcentral.com

Practice more at **vhlcentral.com.**

Communication 1.1, 1.2
Cultures 2.1, 2.2
Connections 3.1, 3.2
Comparisons 4.2

Teaching Tips

- Prior to viewing the **Flash cultura**, have students write the **Vocabulario útil** and any other new or challenging words from this page in their notebook. As they view the video, have them check off the words they hear and make notes about the context around them. Then ask students questions about the video and encourage them to use their notes and the vocabulary words in their answers.
- Point out that a **cuerda**, the unit of measurement used in the episode, is very close to an acre. Currently it is used only in Puerto Rico. Other Spanish-speaking countries use square kilometers **(kilómetros cuadrados)** or hectares **(hectáreas)** to refer to the area of a national park.

21st CENTURY SKILLS

Information and Media Literacy Go to the Supersite to complete the **Conexión Internet** activity associated with **Flash cultura** for additional practice accessing and using culturally authentic sources.

PRE-AP*

Presentational Writing Have students work in pairs to prepare tourism brochures for Spanish-speaking visitors to a local national park or any national park they have visited. Encourage them to use vocabulary from **Flash cultura**.

DIFFERENTIATION

Heritage Speakers Ask heritage speakers to talk about national parks in their families' countries of origin. How many are there? How are they similar to and different from **El Yunque**? Are they a big tourist attraction?

Section Goals

In **Estructura**, students will learn:

- uses and formation of the future tense and differences in use compared to English
- to use the subjunctive in adverbial clauses, including conjunctions of time or concession
- to use the prepositions **a, hacia**, and **con**

Comparisons 4.1

Instructional Resources

vText

Cuaderno de actividades comunicativas, pp. 16, 80

Cuaderno de práctica, pp. 53–54

Cuaderno para hispanohablantes, pp. 87–88

e-Cuaderno

Supersite: Additional practice

Supersite/TRCD: Grammar Slides, Presentation PDFs #42, 43, 44, Audio Activities Script, Answer Keys

Audio Activities CD

Teaching Tips

- Point out that some irregular verbs drop the **e** of the infinitive ending (**caber → cabr-**), while others replace the **e** or **i** of the infinitive ending with a **d** (**poner → pondr-**).
- Remind students that the impersonal form of **haber** does not take a plural conjugation. Ex: **Habrá un examen al final del semestre. Habrá cinco exámenes en total.**

Extra Practice Go to **vhlcentral.com** for more practice with the future tense.

6 ESTRUCTURA

6.1 The future

Mañana por la tarde estaremos en el campamento.

Nos quedaremos cuidando a Bambi.

- The future tense (**el futuro**) uses the same endings for all **–ar, –er**, and **–ir** verbs. For regular verbs, the endings are added to the infinitive.

The future tense

hablar	deber	abrir
hablaré	deberé	abriré
hablarás	deberás	abrirás
hablará	deberá	abrirá
hablaremos	deberemos	abriremos
hablaréis	deberéis	abriréis
hablarán	deberán	abrirán

¡ATENCIÓN!

Note that all of the future tense endings carry a written accent mark except the **nosotros** form.

- For irregular verbs, the same future endings are added to the irregular stem.

Infinitive	stem	future forms
caber	cabr-	cabré, cabrás, cabrá, cabremos, cabréis, cabrán
haber	habr-	habré, habrás, habrá, habremos, habréis, habrán
poder	podr-	podré, podrás, podrá, podremos, podréis, podrán
querer	querr-	querré, querrás, querrá, querremos, querréis, querrán
saber	sabr-	sabré, sabrás, sabrá, sabremos, sabréis, sabrán
poner	pondr-	pondré, pondrás, pondrá, pondremos, pondréis, pondrán
salir	saldr-	saldré, saldrás, saldrá, saldremos, saldréis, saldrán
tener	tendr-	tendré, tendrás, tendrá, tendremos, tendréis, tendrán
valer	valdr-	valdré, valdrás, valdrá, valdremos, valdréis, valdrán
venir	vendr-	vendré, vendrás, vendrá, vendremos, vendréis, vendrán
decir	dir-	diré, dirás, dirá, diremos, diréis, dirán
hacer	har-	haré, harás, hará, haremos, haréis, harán
satisfacer	satisfar-	satisfaré, satisfarás, satisfará, satisfaremos, satisfaréis, satisfarán

- Most verbs derived from irregular verbs follow the same pattern.

poner  **pondré**

proponer **propondré**

LEARNING STYLES

For Kinesthetic Learners Play **Pasa la tiza**. Form teams of six. Give the first student in each team a piece of chalk. Write a verb on the board and say: **¡Vayan!** The first students should run to the board, write the **yo** future form of the verb, run back to their team, and pass the chalk to the next players, who will run to the board and conjugate the **tú** form. The chalk is passed until a team completes the verb conjugation correctly, earning a point.

LEARNING STYLES

For Auditory Learners In pairs, students write a short horoscope. Tell them to make only positive or funny predictions about their partners. Have volunteers read their partners' horoscopes aloud twice. Ask students to raise their hands each time they hear a future verb form. On the second reading, as students raise their hands, record the verbs on the board. Post horoscopes in the room.

- In Spanish, as in English, the future tense is one of many ways to express actions or conditions that will happen in the future.

PRESENT INDICATIVE	PRESENT SUBJUNCTIVE
conveys a sense of certainty that the action will occur	refers to an action that has yet to occur; used after verbs of will and influence
Llegan a la costa mañana. *They arrive at the coast tomorrow.*	Prefiero que **lleguen** a la costa mañana. *I prefer that they arrive at the coast tomorrow.*

ir a + [*infinitive*]	FUTURE TENSE
expresses the near future; is commonly used in everyday speech	expresses an action that will occur; often implies more certainty than **ir a** + [*infinitive*]
Van a llegar a la costa mañana. *They are going to arrive at the coast tomorrow.*	**Llegarán** a la costa mañana. *They will arrive at the coast tomorrow.*

- The English word *will* can refer either to future time or to someone's willingness to do something. To express willingness, Spanish uses the verb **querer** + [*infinitive*], not the future tense.

¿**Quieres contribuir** a la protección del medio ambiente?
Will you contribute to the protection of the environment?

Quiero ayudar, pero no sé por dónde empezar.
I'm willing to help, but I don't know where to begin.

- In Spanish, the future tense may be used to express conjecture or probability, even about present events. English expresses this sense in various ways, such as *wonder, bet, must be, may, might,* and *probably.*

¿Qué hora **será**?
I wonder what time it is.

Ya **serán** las dos de la mañana.
It must be two a.m. by now.

¿**Lloverá** mañana?
Do you think it will rain tomorrow?

Probablemente **tendremos** un poco de sol y un poco de viento.
It'll probably be sunny and windy.

- When the present subjunctive follows a conjunction of time like **cuando**, **después (de) que**, **en cuanto**, **hasta que**, and **tan pronto como**, the future tense is often used in the main clause of the sentence.

Nos quedaremos lejos de la costa **hasta que pase** el huracán.
We'll stay far from the coast until the hurricane passes.

En cuanto termine de llover, **regresaremos** a casa.
As soon as it stops raining, we'll go back home.

Tan pronto como salga el sol, **iré** a la playa a tomar fotos.
As soon as the sun comes up, I'll go to the beach to take photos.

¡ATENCIÓN!

The future tense is used less frequently in Spanish than in English.

Te llamo mañana.
I'll call you tomorrow.

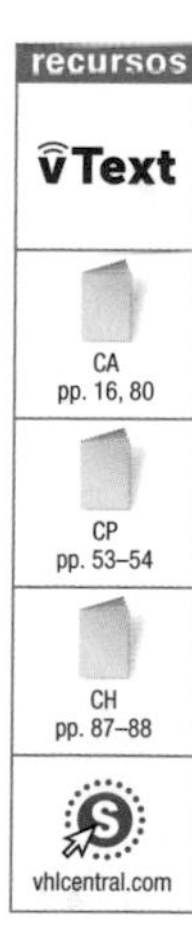

Teaching Tips

- Remind students that the auxiliary verb *will* does not have a single-word Spanish equivalent.
  yo iré = *I will go*
  ella hablará = *she will speak*
- To simplify for students, break the class into six groups. Assign each group one of the bullet points on pages 216 and 217. Ask groups to study their bullet point, practice explaining it to each other, and write new, easier examples. Then have each group present its point to the class. Allow time after each presentation for the class to ask questions.
- To continue the activity, consider having groups design an exercise (five questions) that quizzes the class on their understanding of their point.

PRE-AP*

Interpersonal Writing Review with students the idea of *wondering* about something in the present by using the future tense. Then tell them to pretend that they have lost their most precious possession. Have them write an e-mail to a friend, describing their favorite possession, and hypothesizing about where it *could* be, by using the future tense. Tell students to write such sentences as: **¿Dónde estará mi anillo?** After writing, have them exchange e-mails and *guess* where the item could be, again using the future of probability. Ex: **Tu anillo estará en el baño.**

Communication 1.1
Comparisons 4.1

Teaching Tips

1 Before beginning the activity, discuss different predictions that have been or could be made about the end of the world.

1 For Part B, have volunteers describe recent films or novels that make predictions about the future of our planet.

1 **Expansion** Ask pairs to research in the library or on the Internet end-of-the-world stories from different cultures. Then have students share with the class the stories they researched.

2 Remind students to watch for irregular verbs as they complete the activity.

2 Give pairs of students a copy of a horoscope from a Spanish newspaper. Have them read it once for comprehension, once circling the future verbs, and a last time for full comprehension and enjoyment.

3 To simplify for students, model the conversation with a volunteer. Then write sentence frames on the board for students to refer to as they make their own conversations.

3 Have several pairs of volunteers re-enact the conversations as a skit for the class.

Práctica

1 Catástrofe Hay muchas historias que cuentan el fin del mundo. Aquí tienes una de ellas.

A. Primero, lee la historia y subraya las expresiones del futuro. Después cambia esas expresiones por verbos en futuro.

(1) Los videntes (*fortune tellers*) aseguran que van a llegar catástrofes. (2) El clima va a cambiar. (3) Va a haber huracanes y terremotos. (4) Vamos a vivir tormentas permanentes. (5) Una gran niebla va a caer sobre el mundo. (6) El suelo del bosque va a temblar. (7) El mundo que conocemos también va a acabarse. (8) En ese instante, la tierra va a volver a sus orígenes.

1. llegarán
2. cambiará
3. Habrá
4. Viviremos
5. caerá
6. temblará
7. se acabará
8. volverá

B. Ahora, en parejas, escriban su propia historia del futuro del planeta. Pueden inspirarse en el párrafo anterior o pueden escribir una versión más optimista.

2 Horóscopo chino En el horóscopo chino, cada signo es un animal. Lee las predicciones del horóscopo chino para la serpiente. Conjuga los verbos en paréntesis usando el futuro.

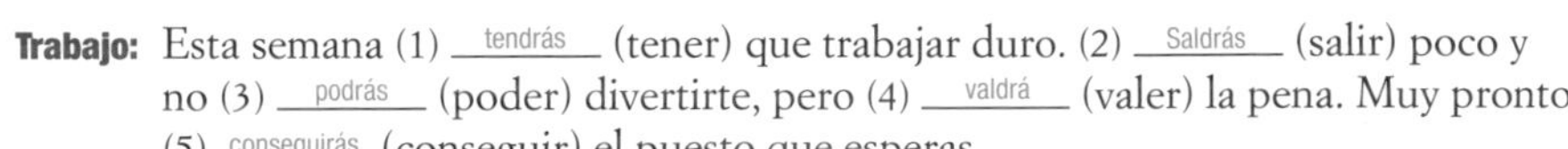

Trabajo: Esta semana (1) tendrás (tener) que trabajar duro. (2) Saldrás (salir) poco y no (3) podrás (poder) divertirte, pero (4) valdrá (valer) la pena. Muy pronto (5) conseguirás (conseguir) el puesto que esperas.

Dinero: (6) Vendrán (venir) tormentas económicas. No malgastes tus ahorros.

Salud: (7) Resolverás (resolver) tus problemas respiratorios, pero (8) deberás (deber) cuidarte la garganta.

Amor: (9) Recibirás (recibir) una noticia muy buena. Una persona especial te (10) dirá (decir) que te ama. (11) Vendrán (venir) días felices.

3 El futuro En parejas, imaginen que uno/a de ustedes es un(a) investigador(a). La otra persona es un(a) estudiante que quiere saber qué sucederá en el futuro. El/La investigador(a) deberá contestar preguntas relacionadas con estos temas.

trabajo

estudios

naturaleza

política

MODELO
ESTUDIANTE ¿Existirán las bibliotecas en el futuro?
INVESTIGADOR(A) Sí, pero habrá menos debido al desarrollo de la tecnología.

Practice more at **vhlcentral.com.**

LEARNING STYLES

For Visual Learners Show pictures of future events both cataclysmic (ice age, nuclear war, etc.) and not (personal flying machines, colonies on Mars, etc.). Ask volunteers to look at the photos and call out a future sentence that describes it. Then ask students to form small groups. Give each group one picture. Have the group write five future statements about the picture.

LEARNING STYLES

For Auditory Learners Divide the class into two teams. Indicate one team member at a time, alternating between teams. Call out an infinitive and a subject pronoun and have the team member give the correct future form. Award one point for each correct answer. The team with the most points wins.

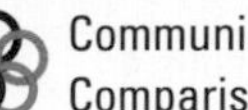
Communication 1.1
Comparisons 4.1

Comunicación

4 Viaje ecológico Tú y tu compañero/a tienen que planear un viaje ecológico. Decidan a qué país irán, en qué fechas y qué harán allí. Usen ocho verbos en futuro.

ECOTURISMO	
Puerto Rico	**República Dominicana**
• acampar en la costa y disfrutar de las playas	• ir en kayak por los ríos tropicales
• visitar el Viejo San Juan	• bucear por los arrecifes
• montar a caballo por la Cordillera Central	• ir de safari por La Descubierta y ver los cocodrilos del Lago Enriquillo
• ir en bicicleta por la costa	• disfrutar del paisaje de Barahona
• viajar en barco por Isla Culebra	• observar las aves en el Parque Nacional del Este

5 ¿Qué será de...? Todo cambia con el paso del tiempo. En parejas, conversen sobre lo que sucederá en el futuro en relación con estos temas y lugares.

- las ballenas (*whales*) en 2200
- Venecia en 2065
- los libros tradicionales en 2105
- la televisión en 2056
- Internet en 2050
- las hamburguesas en 2080
- los Polos Norte y Sur en 2300
- el Amazonas en 2100
- Los Ángeles en 2245
- el petróleo en 2090

6 ¿Dónde estarán en 20 años? La fama es, en muchas ocasiones, pasajera (*fleeting*). En grupos de tres, hagan una lista de cinco personas famosas y anticipen lo que será de ellas dentro de veinte años.

7 Situaciones

A. En parejas, seleccionen uno de estos temas e inventen una conversación usando el tiempo futuro.

1. Dos jóvenes han terminado sus estudios y hablan sobre lo que harán para convertirse en millonarios.
2. Dos ladrones acaban de robar todo el dinero de un banco internacional. Piensa en lo que harán para escapar de la policía.
3. Los/as hermanos/as Rondón han decidido convertir su granja (*farm*) en un centro de ecoturismo. Deben planear algunas atracciones para los turistas.
4. Dos científicos se reúnen para participar en un intercambio (*exchange*) de ideas. El objetivo es controlar, reducir e, idealmente, eliminar la contaminación del aire en las grandes ciudades. Cada uno/a dice lo que hará o inventará para conseguirlo.

B. Ahora, interpreten su conversación ante la clase. La clase votará por la conversación más creativa.

Teaching Tips

4 If time and resources permit, bring in tourist materials about different Spanish-speaking countries.

5 Ask pairs to come up with their own predictions about things that will happen 25, 50, and 100 years from now.

6 Model the activity by talking about one celebrity first as a class.

6 As an alternative, ask students to make predictions about a classmate. Then ask each student to share their predictions and have the class guess who is being described. Be sure to encourage only positive predictions.

7 Have pairs perform their conversations for the class. For listening comprehension, ask students to jot down the future-tense verbs used.

7 Partner Chat You can also assign activity 7 on the Supersite. Students work in pairs to record the activity online. The pair's recorded conversation will appear in your gradebook.

DIFFERENTIATION

Heritage Speakers Ask students to share about **el ecoturismo** in their families' home countries. **¿Sabes algo del ecoturismo en _______? ¿En qué lugares se ofrece el ecoturismo? ¿Te parece que el ecoturismo es bueno para el país? ¿Por qué?** Allow time for other students to ask questions about ecotourism in other countries.

DIFFERENTIATION

To Challenge Students Ask pairs of students to consider and then research the places in their hometown or city where tourists could experience ecotourism. Then encourage them to make a brochure advertising the local options to Hispanic tourists. Display the brochures around the room, and allow time for the class to walk around and read each one. Consider sending them to the local tourism bureau.

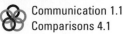

Comparisons 4.1

Instructional Resources
vText
Cuaderno de actividades comunicativas, pp. 17, 81
Cuaderno de práctica, pp. 55–56
Cuaderno para hispanohablantes, pp. 89–90
e-Cuaderno
Supersite: Additional practice
Supersite/TRCD: Grammar Slides, Presentation PDF #45, Audio Activities Script, Answer Keys
Audio Activities CD

Teaching Tips

- To simplify for students, explain that a clause is a part of a sentence. Independent clauses are parts of the sentence that can be a whole sentence on their own (they are a complete thought). Ex: **Las chicas se preparan.** The girls are getting ready. Dependent clauses are not complete thoughts. Ex: **antes de que empiece el baile**
- Also explain that conjunctions are connecting words such as: **y** (*and*), **pero** (*but*), and **a menos que** (*unless*).
- Point out that, although English often uses subordinate clauses when there is no change of subject, Spanish uses the infinitive instead. Ex: **Tomé la medicina para curarme.** (*I took the medicine so that I would get better.*)

Extra Practice Go to **vhlcentral.com** for more practice with the subjunctive in adverbial clauses.

6.2 The subjunctive in adverbial clauses

- In Spanish, adverbial clauses are commonly introduced by conjunctions. Certain conjunctions require the subjunctive, while others can be followed by the subjunctive or the indicative, depending on the context in which they are used.

¡Estoy dejando espacio para que la atrapen!

No le des más comida aunque ponga cara de perrito.

¡ATENCIÓN!
An adverbial clause (**cláusula adverbial**) is one that modifies or describes verbs, adjectives, or other adverbs. It describes how, why, when, or where an action takes place.

Conjunctions that require the subjunctive

- Certain conjunctions are always followed by the subjunctive because they introduce actions or states that are uncertain or have not yet happened. These conjunctions commonly express purpose, condition, or intent.

MAIN CLAUSE	CONNECTOR	SUBORDINATE CLAUSE
Se acabará el petróleo en pocos años	**a menos que**	busquemos **energías alternativas.**

Conjunctions that require the subjunctive

a menos que *unless*	**en caso (de) que** *in case*
antes (de) que *before*	**para que** *so that*
con tal (de) que *provided that*	**sin que** *without; unless*

El gobierno se prepara **en caso de que haya** una gran sequía el verano que viene.
The government is getting ready in case there is a big drought in the coming summer.

A menos que haga mal tiempo, iremos a la montaña el próximo miércoles.
We will go to the mountains next Wednesday unless the weather is bad.

Debemos proteger a los animales salvajes **antes de que se extingan**.
We should protect wild animals before they become extinct.

¡ATENCIÓN!
Adverbial clauses can also go before the main clause. Note that a comma is used in that case.
No iré a la fiesta a menos que me inviten.
A menos que me inviten, no iré a la fiesta.

- If there is no change of subject in the sentence, a subordinate clause is not necessary. Instead, the prepositions **antes de, con tal de, en caso de, para**, and **sin** can be used, followed by the infinitive. Note that the connector **que** is not necessary in this case.

Las organizaciones ecologistas trabajan **para proteger** los arrecifes de coral.
Environmental organizations work to protect coral reefs.

Tienes que pedir permiso **antes de darles de comer** a los monos del zoológico.
You have to ask permission before feeding the monkeys at the zoo.

DIFFERENTIATION

For Inclusion Write the examples from the grammar presentation on the board. Then use pantomime or illustrations to convey the meaning of each sentence. For example, write: **Se acabará el petróleo en pocos años a menos que busquemos energías alternativas.** Then sketch a gas tank with little gas, an arrow and a stick figure looking at windmills and solar panels. Ask volunteers to do the same for the other examples.

DIFFERENTIATION

To Challenge Students Give other examples in English using adverbial clauses and ask volunteers to translate them into Spanish. Record your English examples and the students' Spanish translations. After the class understands the exercise, challenge all students to participate by suggesting either English or Spanish sentences.

Conjunctions followed by the subjunctive or the indicative

- If the action in the main clause has not yet occurred, then the subjunctive is used after conjunctions of time or concession.

Conjunctions of time or concession	
a pesar de que *despite*	**hasta que** *until*
aunque *although; even if*	**luego que** *as soon as*
cuando *when*	**mientras que** *while*
después (de) que *after*	**siempre que** *as long as*
en cuanto *as soon as*	**tan pronto como** *as soon as*

La excursión no saldrá **hasta que estemos** todos.
The excursion will not leave until we all are here.

Dejaremos libre al pájaro **en cuanto** el veterinario nos **diga** que puede volar.
We will free the bird as soon as the vet tells us it can fly.

Aunque me **digan** que es inofensivo, no me acercaré al perro.
Even if they tell me he's harmless, I'm not going near the dog.

Cuando Pedro vaya a cazar, tendrá cuidado con las serpientes venenosas.
When Pedro goes hunting, he will be careful of the poisonous snakes.

- If the action in the main clause has already happened, or happens habitually, then the indicative is used in the adverbial clause.

Tan pronto como paró de llover, Matías **salió** a jugar al parque.
As soon as the rain stopped, Matías went out to play in the park.

Mi padre y yo **siempre** nos lo pasamos bien **cuando vamos** al río.
My father and I always have fun when we go to the river.

¡ATENCIÓN!

A pesar de, **después de**, and **hasta** can also be followed by an infinitive, instead of **que** + [*subjunctive*], when there is no change of subject.

Voy a acostarme después de ver las noticias.

recursos

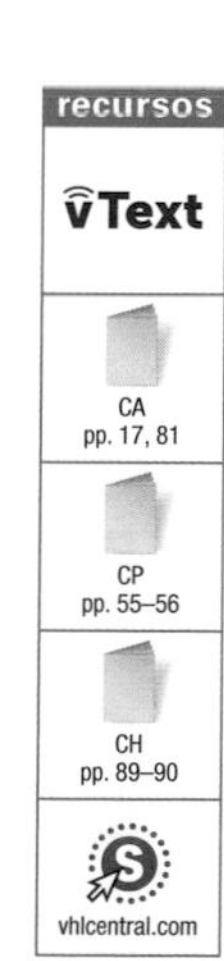

vText
CA
pp. 17, 81
CP
pp. 55–56
CH
pp. 89–90
vhlcentral.com

Teaching Tips

- Clarify that, when possible, Spanish uses *preposition + infinitive* instead of *conjunction + subjunctive* when there is no change of subject. Ex: **Voy a acostarme después de ver las noticias.** (*I'm going to go to sleep after I watch the news.*) For many conjunctions of time, however, a corresponding preposition does not exist. In these cases, *conjunction + subjunctive* is used even when there is no change of subject. Ex: **Lo haré en cuanto tenga un momento.**
- To simplify, list the conjunctions on the board. Then next to them and in a different color, list the prepositions that mean nearly the same thing (Ex: **después de que** and **después de**).

PRE-AP*

Interpersonal Speaking Review the adverbial conjunctions, making distinctions about when to use the subjunctive. In pairs, have students discuss vacation trips that people typically take. Ex: **En cuanto llega agosto, todos salen de vacaciones. Siempre que hace buen tiempo, van a la playa.** Then have them discuss vacations that have not yet occurred, in which they use the subjunctive with these same expressions: **En cuanto llegue mi amigo, voy a salir para Madrid.** After making sure that students understand the difference, instruct them to do a role-play involving an upcoming trip. Say: **Tu hermano Juan te llama desde la universidad. Te dice que va a estudiar en el extranjero el semestre que viene. Hazle cinco preguntas en las cuales usas el subjuntivo con conjunciones adverbiales. Juan las contesta.**

Communication 1.1
Comparisons 4.1

Teaching Tips

1 2 For Inclusion Have volunteers tell which tense to use in each item before completing the sentences.

1 2 Suggest students list the independent clause, its subject, the dependent clause, its subject, and the conjunction before completing each sentence. Model with the first item on the board.

1 2 To challenge students, have them rewrite the sentences changing the indicative to the subjunctive and vice versa. Remind students to make all necessary subject and conjunction/preposition changes. Ask students to indicate which items were impossible to change and why.

3 Have volunteers perform the conversation as a skit. Encourage them to use hand gestures and facial and verbal expressions.

Expansion Give three volunteers each a different piece of colored chalk. On the board, write a sample sentence. Ex: **Se acabará el petróleo en pocos años a menos que busquemos energías alternativas**. Then ask the first volunteer to come to the board and underline the independent clause and circle its subject. Have the second volunteer come to the board to underline the dependent clause and circle its subject. Finally, have the third volunteer come to the board to circle the conjunction. Then pointing out the different subjects and the conjunction, explain why the subjunctive is used. Repeat with several more examples until all students have had a turn to volunteer.

Práctica

1 Reunión Completa las oraciones con el indicativo (presente o pretérito) o el subjuntivo de los verbos entre paréntesis.

1. Los ecologistas no apoyarán al alcalde (*mayor*) a menos que éste __cambie__ (cambiar) su política de medio ambiente.
2. El alcalde va a hablar con su asesor (*advisor*) antes de que __lleguen__ (llegar) los ecologistas.
3. Los ecologistas entraron en la oficina del alcalde tan pronto como __supieron__ (saber) que los esperaban.
4. El alcalde les asegura que siempre piensa en el medio ambiente cuando __da__ (dar) permisos para construir edificios nuevos.
5. Los ecologistas van a estar preocupados hasta que el alcalde __responda__ (responder) a todas sus preguntas.

2 ¿Infinitivo o subjuntivo? Completa las oraciones con el verbo en infinitivo o en subjuntivo.

1. Compraré un carro híbrido con tal de que no __sea__ (ser) muy caro. Compraré un carro híbrido con tal de __conservar__ (conservar) los recursos naturales.
2. Los biólogos viajan para __estudiar__ (estudiar) la biodiversidad. Los biólogos viajan para que la biodiversidad se __conozca__ (conocer).
3. Él se preocupará por el calentamiento global después de que los científicos le __demuestren__ (demostrar) que es una realidad. Él se preocupará por el calentamiento global después de __ver__ (ver) con sus propios ojos lo que ocurre.
4. No podremos continuar sin __tener__ (tener) un mapa. No podremos continuar sin que alguien nos __dé__ (dar) un mapa.

3 Declaraciones Elige la conjunción adecuada para completar la conversación entre un periodista y la señora Corbo, encargada de relaciones públicas de un zoológico.

PERIODISTA Señora Corbo, ¿qué le parece el artículo que se ha publicado en el que se dice que el zoológico no trata bien a los animales?

SRA. CORBO Lo he leído, y (1) __aunque__ (aunque / cuando) yo no estoy de acuerdo con el artículo, hemos iniciado una investigación. (2) __Tan pronto como__ (Hasta que / Tan pronto como) terminemos la investigación, se lo comunicaremos a la prensa. Queremos hablar con todos los empleados (3) __para que__ (en cuanto / para que) no haya ninguna duda.

PERIODISTA ¿Es verdad que limpian las jaulas sólo cuando va a haber una inspección (4) __para que__ (para que / sin que) el zoológico no tenga problemas con las autoridades?

SRA. CORBO Le aseguro que todo se limpia diariamente hasta el último detalle. Y si no me cree, lo invito a que nos visite mañana mismo.

PERIODISTA ¿Cuándo cree que sabrán lo que ha ocurrido?

SRA. CORBO (5) __En cuanto__ (En cuanto / Aunque) termine la investigación.

Practice more at **vhlcentral.com.**

LEARNING STYLES

For Auditory Learners Have each student make two signs—one that reads **Subjuntivo** and another that reads **Indicativo**. Say a sentence and have students raise the appropriate sign. After several examples, challenge volunteers to give examples for the class to identify.

LEARNING STYLES

For Kinesthetic Learners Divide the class into two teams: **Subjuntivo** and **Indicativo**. Write a conjunction on the board. Ex: **con tal de que, hasta que**, etc. Have a member of team **Subjuntivo** run to the board to create an original sentence using the subjunctive; have a team member from team **Indicativo** use the same construction with the indicative in the adverbial clause. Award one point for each correct answer.

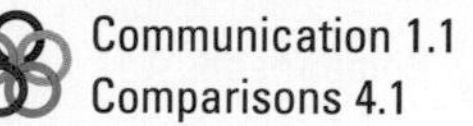
Communication 1.1
Comparisons 4.1

Comunicación

4 Instrucciones Javier va a salir de viaje por el país y le ha dejado una lista de instrucciones a su compañero de casa. En parejas, túrnense para preparar las instrucciones usando oraciones adverbiales con subjuntivo y las conjunciones de la lista.

MODELO No uses mi computadora a menos que sea una emergencia.

a menos que
a pesar de que
con tal de que
cuando
en caso de que
en cuanto
para que
siempre que
tan pronto como

Instrucciones
- *Darles de comer a los peces*
- *Comprar productos ecológicos*
- *No pasear el perro si hay tormenta*
- *Usar sólo papel reciclado*
- *No usar mucha agua excepto para regar (to water) las plantas*
- *Llamarme por cualquier problema*

5 Situaciones En parejas, túrnense para completar las oraciones.

1. Terminaré mis estudios a tiempo a menos que…
2. Me iré a vivir a otro país en caso de que…
3. Ahorraré (*I will save*) mucho dinero para que…
4. Yo cambiaré de carrera en cuanto…
5. Me jubilaré (*will retire*) cuando…

6 Huracán En grupos de cuatro, imaginen que son compañeros/as de casa y que un huracán se acerca a la zona donde viven. Escriban un plan para explicar qué harán en las diferentes situaciones. Usen el subjuntivo y las conjunciones adverbiales.

- las bombillas de luz se queman
- las ventanas se rompen
- las líneas de teléfono se cortan
- el sótano se inunda (*flood*)
- los vecinos ya se han ido
- no hay suficiente alimento
- no hay conexión a Internet

Teaching Tips

4 Have students recycle vocabulary about the household (**Lección 3**) to create additional instructions. Ex: **lavar los platos, apagar el televisor.**

5 Call on students to share their partner's responses. Record their responses on the board to help visual learners benefit from the review.

6 Ask students to create two sentences using superlatives (**Estructura 5.1**) Ex: **Si las ventanas se rompen, lo más importante es quedarse dentro de la casa.**

6 To continue the activity or as an alternative, ask students to make their suggestions into a news broadcast that they practice and then perform for the class.

NATIONAL STANDARDS

Communities Have students locate and bring in disaster preparedness information in Spanish. Sources for this might be found online, from local or state government agencies, and even from hotels and hospitals that need to instruct people in what to do in the event of an emergency. What verb forms are used for giving this sort of instruction?

DIFFERENTIATION

To Challenge Students and For Inclusion Form small, multi-leveled groups of students. Ask each group to produce a pamphlet for hurricane readiness, based on **Actividad 6**. First, students should determine their roles. One student in each group should facilitate or organize the group. One or two students should record the group's ideas. Another student or two should edit the pamphlet. Another should recopy or type the final version. Finally, students can illustrate the pamphlet. Display the pamphlets around the room. Allow time for the class to walk around and read each one.

Comparisons 4.1

Instructional Resources
vText
Cuaderno de actividades comunicativas, pp. 18, 82
Cuaderno de práctica, pp. 57–58
Cuaderno para hispanohablantes, pp. 91–92
e-Cuaderno
Supersite: Additional practice
Supersite/TRCD: Grammar Slides, Audio Activities Script, Answer Keys
Audio Activities CD

Teaching Tips
- Remind students that **a + el = al**.
- Remind students not to confuse the direct object that follows the **personal a** with the indirect object that responds to **¿A quién?** Ex: **Llamemos a la directora. / Le dimos el guión a la directora**.
- To challenge students, ask volunteers to give other sentences with **a**. Have other volunteers translate the sentences into English.

Extra Practice Go to **vhlcentral.com** for more practice with the prepositions **a, hacia,** and **con**.

6.3 Prepositions: *a*, *hacia*, and *con*

¡ATENCIÓN!

Some verbs require **a** before an infinitive, such as **ir a**, **comenzar a**, **volver a**, **enseñar a**, **aprender a**, **ayudar a**.

Aprendí a manejar.
I learned to drive.

Me ayudó a arreglar el coche.
He helped me fix the car.

The preposition *a*

- The preposition **a** can mean *to, at, for, upon, within, of, from,* or *by*, depending on the context. Sometimes it has no direct translation in English.

Terminó **a** las doce.
It ended at midnight.

Lucy estaba **a** mi derecha.
Lucy was to/on my right.

El mar Caribe está **a** doscientas cincuenta millas de aquí.
The Caribbean Sea is two hundred and fifty miles from here.

Le compré un pájaro exótico **a** Juan.
I bought an exotic bird from/for Juan.

Al llegar a casa, me sentí feliz.
Upon returning home, I felt happy.

Fui **a** casa de mis padres para ayudarlos después de la inundación.
I went to my parents' house to help them after the flood.

- The preposition **a** introduces indirect objects.

Le prometió **a** su hijo que irían a navegar.
He promised his son they would go sailing.

Hoy, en el zoo, le di de comer **a** un conejo.
Today, in the zoo, I fed a rabbit.

- The preposition **a** can be used to give commands or make suggestions.

¡**A** comer!
Let's eat!

¡**A** dormir!
Time for bed!

- When a direct object noun is a person (or a pet), it is preceded by the personal **a**, which has no equivalent in English. The personal **a** is also used with the words **alguien**, **nadie**, **alguno**, and **ninguno**.

¿Viste **a** tus amigos en el parque?
Did you see your friends in the park?

No, no he visto **a** nadie.
No, I haven't seen anyone.

- The personal **a** is not used when the person in question is not specific.

La organización ambiental busca voluntarios.
The environmental organization is looking for volunteers.

Sí, necesitan voluntarios para limpiar la costa.
Yes, they need volunteers to clean the coast.

¡ATENCIÓN!

There is no accent mark on the **i** in the preposition **hacia**. The stress falls on the first **a**. The word **hacía** is a form of the verb **hacer**.

The preposition *hacia*

- With movement, either literal or figurative, **hacia** means *toward* or *to.*

La actitud de Manuel **hacia** mí fue negativa.
Manuel's attitude toward me was negative.

El biólogo se dirige **hacia** Puerto Rico para la entrevista.
The biologist is headed to Puerto Rico for the interview.

- With time, **hacia** means *approximately*, *around*, *about*, or *toward.*

El programa que queremos ver empieza **hacia** las 8.
The show that we want to watch will begin around 8:00.

La televisión se hizo popular **hacia** la segunda mitad del siglo XX.
Television became popular toward the second half of the twentieth century.

LEARNING STYLES

For Auditory Learners Slowly read aloud a children's story that includes prepositions, with at least one example of **a, hacia,** and **con**. Ask students to raise one hand when they hear a preposition. Ask them to raise both hands when they hear **a, hacia,** or **con**.

LEARNING STYLES

For Visual Learners To simplify, use a box to review the definition of a preposition: Hold the box in front of the class. List some prepositions on the board, including **a, hacia,** and **con**. Say and pantomime: **Estoy detrás de la caja. Estoy enfrente de la caja. Estoy caminando hacia la caja.** Use your voice to emphasize the preposition.

Communication 1.1
Comparisons 4.1

Teaching Tips

- After teaching the second bullet point, tell students that friendly letters often close with **Con cariño** or some variation. Ask students to write quick notes to each other closing with **Con cariño** or a similar expression.
- Point out that it is never correct to say **con mí** or **con ti**. Also remind students that although the personal pronoun **mí** carries an accent to distinguish it from the possessive adjective **mi**, **ti** never has an accent.
- **For Kinesthetic Learners** Ask volunteers to pantomime going somewhere with someone or something. The class guesses where they are going and with whom or what.

The preposition *con*

La idea es tener contacto con la naturaleza.

¡Maldito pez! En una playa tropical con tres mujeres.

- The preposition **con** means *with*.

Me gustaría hablar **con** el director del departamento.
I would like to speak with the director of the department.

Es una organización ecológica **con** muchos miembros.
It's an environmental organization with lots of members.

- Many English adverbs can be expressed in Spanish with **con** + [*noun*].

Habló del tema **con** cuidado.
She spoke about the issue carefully.

Hablaba **con** cariño.
He spoke affectionately.

- The preposition **con** is also used rhetorically to emphasize the value or the quality of something or someone, contrary to a given fact or situation. In this case, **con** conveys surprise at an apparent conflict between two known facts. In English, the words *but*, *even though*, and *in spite of* are used.

Los turistas tiraron los envoltorios al suelo.
The tourists threw wrappers on the ground.

¡**Con** lo limpio que estaba todo!
But the place was so clean!

- If **con** is followed by **mí** or **ti**, it forms a contraction: **conmigo**, **contigo**.

con + mí	**conmigo**
con + ti	**contigo**

¿Quieres venir **conmigo** al campo?
Do you want to come with me to the countryside?

Por supuesto que quiero ir **contigo**.
Of course I want to go with you.

- **Consigo** is the contraction of **con** + **usted/ustedes** or con + **él/ella/ellos/ellas**. **Consigo** is equivalent to the English *with himself/herself/yourself* or *with themselves/yourselves*, and is commonly followed by **mismo**. It is only used when the subject of the sentence is the same person referred to after **con**.

Están satisfechos **consigo mismos**.
La sequía trajo **consigo** muchos problemas.

Fui al cine **con él**.
Prefiero ir al parque **con usted**.

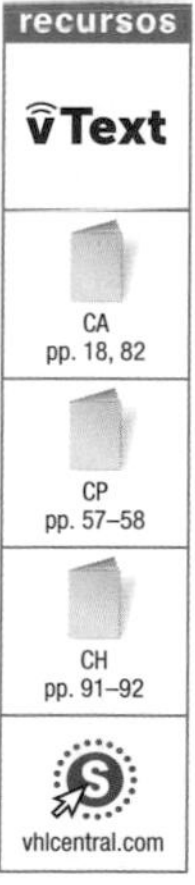

recursos
vText
CA pp. 18, 82
CP pp. 57–58
CH pp. 91–92
vhlcentral.com

DIFFERENTIATION

For Inclusion Play the game **Vamos de picnic**. Choose a location in nature rather than a picnic (such as **las montañas** or **el campamento**). Have students sit in a circle. Write the phrase on the board: **Vamos a las montañas. Vamos con...** Begin the game by saying the phrases and adding one thing or person that you will take to the mountains. The student to your right repeats the phrases, then adds your object and one of his or her own. Play continues until all students have added something to the list. If students are having trouble remembering the items on the list, write them on the board.

DIFFERENTIATION

Heritage Speakers Ask students to share about whether their family members use **consigo** or **consigo mismo** and with what frequency. Students may want to ask at home before sharing.

Communication 1.1
Comparisons 4.1

Teaching Tips
1 To simplify, remind students of the **a + el = al** rule so they can eliminate some of the items in the exercise.

1 For Inclusion When reviewing the answers, invite volunteers to illustrate or pantomime some of the items.

2 Ask pairs to identify the reasons, according to the explanation in **Estructura 6.3**, for the times they chose to use **a** in the exercise.

2 For Kinesthetic and Visual Learners Ask three volunteers to pantomime the scene as you read it slowly.

3 Expansion Have students write a conversation between María, Emilio, and his little brother to make plans for their next visit to the countryside. Have students use examples of **con** contractions at least five times.

3 For Auditory Learners Ask volunteers to read the completed conversation aloud. Invite other volunteers to add to the conversation, using any of the three prepositions.

Práctica

1 ¿Cuál es? Elige entre las preposiciones **a, hacia** y **con** para completar cada oración.

1. El león caminaba _hacia_ el árbol.
2. Dijeron que la tormenta empezaría _hacia/a_ las dos de la tarde.
3. Le prometí que iba _a_ ahorrar combustible.
4. Ellos van a tratar de ser responsables _con_ el medio ambiente.
5. Contribuyó a la campaña ecológica _con_ mucho dinero.
6. El depósito de combustible estaba _a_ mi izquierda.

2 Amigos Primero, completa los párrafos con las preposiciones **a** y **con**. Marca los casos que no necesitan una preposición con una **X**.

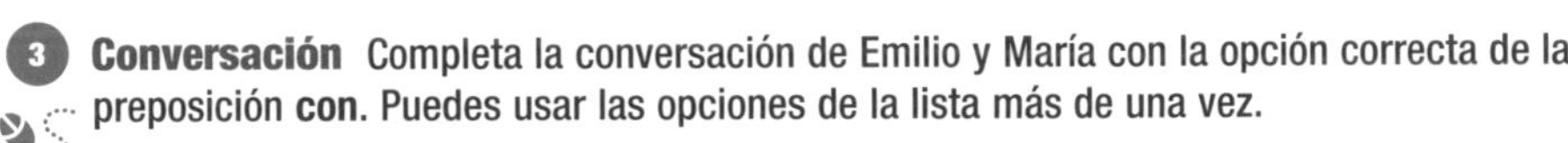

Emilio invitó (1) _a_ María (2) _a_ ir de excursión. Él quería ir al bosque (3) _con_ ella porque quería mostrarle un paisaje donde se podían ver (4) _X_ muchos pájaros. Él sabía que (5) _a_ ella le gustaba observar (6) _X_ las aves. María le dijo que sí (7) _a_ Emilio. Ella no conocía (8) _a_ nadie más (9) _con_ quien compartir su interés por la naturaleza. Hacía poco que había llegado (10) _a_ la ciudad y buscaba (11) _X_ amigos (12) _con_ sus mismos intereses.

3 Conversación Completa la conversación de Emilio y María con la opción correcta de la preposición **con**. Puedes usar las opciones de la lista más de una vez.

con	consigo	con nosotros
conmigo	contigo	con ustedes

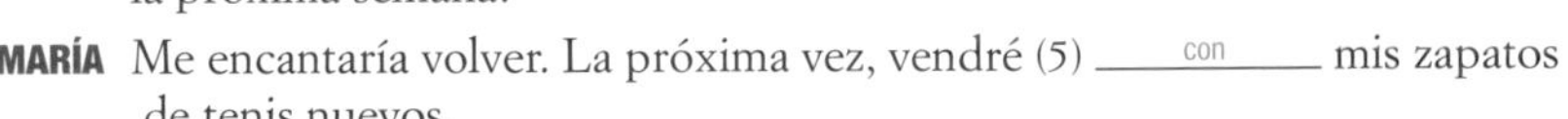

EMILIO Gracias por haber venido (1) _conmigo_ a correr por el campo. Ha sido una tarde divertida.

MARÍA No, Emilio. Gracias a ti por haberme invitado a venir (2) _contigo_. No conocía este sitio y es maravilloso. ¡(3) _Con_ lo que me gusta el campo! Echo de menos venir más a menudo.

EMILIO Pues ya lo sabes, puedes venir (4) _conmigo_ cuando quieras. ¿Qué te parece si lo repetimos la próxima semana?

MARÍA Me encantaría volver. La próxima vez, vendré (5) _con_ mis zapatos de tenis nuevos.

EMILIO A veces, vengo (6) _con_ mi hermano pequeño. Tiene once años, seguro que te cae bien. Si quieres, la semana que viene puede venir (7) _con nosotros_. Él siempre se trae un cronómetro (*stopwatch*) (8) _consigo_. Él dice que va a ser un atleta famoso.

MARÍA Perfecto, la semana que viene venimos los tres. Estoy segura de que lo voy a pasar bien (9) _con ustedes_.

 Practice more at **vhlcentral.com.**

DIFFERENTIATION

To Challenge Students For additional practice, write **a, hacia,** and **con** on three index cards and shuffle them. Have volunteers pick a card and create a sentence using that preposition. As a variation, have students base their sentences on the previous student's answer. Appoint one student to record the sentences and read them back to the class to create an absurd story.

DIFFERENTIATION

For Inclusion Play an oral game of *Mad Libs*. On the board, write sentence frames such as **Voy 1. _____ 2. _____. Voy 3. _____ las 4. _____ de la tarde. Necesito ir 5. _____ 6. _____.** Under each respective blank, write: **1. una preposición 2. un lugar 3. una preposición 4. una hora 5. una preposición 6. una cosa.** Model filling in the blanks. Then read the story. Invite pairs to do the same, creating silly stories to share with the class.

Communication 1.1
Comparisons 4.1

Comunicación

Diagnostics
Remediation Activities

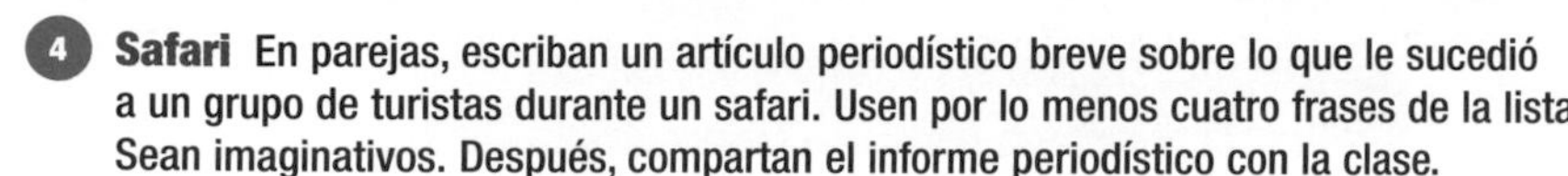

4 Safari En parejas, escriban un artículo periodístico breve sobre lo que le sucedió a un grupo de turistas durante un safari. Usen por lo menos cuatro frases de la lista. Sean imaginativos. Después, compartan el informe periodístico con la clase.

a correr	a tomar una foto	hacia el carro
al guía	con la boca abierta	hacia el león
a nadie	con la cámara digital	hacia el tigre

5 Noticias En grupos de cuatro o cinco, lean los titulares e inventen la noticia. Formen un círculo. El primero debe leer el titular al segundo, añadiendo (*adding*) algo. El estudiante repite la noticia al tercero y añade otra cosa, y así sucesivamente (*and so on*). Las partes que añadan a la noticia deben incluir las preposiciones **a, con** o **hacia**.

MODELO **Acusaron a Petrosur de contaminar el río.**
ESTUDIANTE 1: Acusaron a Petrosur de contaminar el río con productos químicos.
ESTUDIANTE 2: Acusaron a Petrosur de contaminar el río con productos químicos. A diario se ven horribles manchas que flotan en el agua.
ESTUDIANTE 3: Acusaron a Petrosur de contaminar el río con productos químicos. A diario se ven horribles manchas que flotan en el agua hacia la bahía.

1. Inventaron un combustible nuevo.
2. El presidente felicitó (*congratulated*) a los bomberos.
3. Inauguran hoy una nueva reserva.
4. Se acerca una tormenta.

6 Síntesis

A. En parejas háganse estas preguntas sobre la naturaleza. Deben usar el futuro, el subjuntivo y las preposiciones a, hacia y con en sus respuestas.

1. ¿Conoces a alguien que contribuya a cuidar el medio ambiente?
2. ¿Te gusta cazar? ¿Conoces a mucha gente que cace?
3. ¿Crees que reciclar es importante? ¿Por qué? ¿Qué sucederá si no reciclamos?
4. ¿Qué actitud tienes hacia el uso de productos desechables?
5. ¿Crees que el calentamiento global empeorará a menos que cambiemos nuestro estilo de vida?
6. ¿Qué medidas debe tomar el gobierno para que no se agoten los recursos naturales?

B. Informen a la clase de lo que han aprendido de su compañero/a usando las preposiciones correspondientes. Sigan el modelo.

MODELO Juana, mi compañera, dice que no conoce a nadie que contribuya a cuidar el medio ambiente. Ella dice que si no reciclamos, tendremos problemas con la cantidad de basura...

Teaching Tips
4 To help students prepare their articles, encourage them to create a timeline of events before they begin writing.

NATIONAL STANDARDS
Communities As a variation for **Actividad 5**, have students find authentic **titulares** (*headlines*) from Spanish-language news sites on the Internet.

6 Review the subjunctive with **conocer**, if necessary (**Estructura 5.3**).

6 Virtual Chat You can also assign activity 6 on the Supersite. Students record individual responses that appear in your gradebook.

Expansion To Challenge Students, have them find a paragraph or article and analyze the use of **a**, **hacia**, and **con**. Ask volunteers to present some examples to the class. Then discuss which one of the three was most commonly used.

LEARNING STYLES

For Auditory Learners Have students bring in news articles about an environmental problem or natural disaster. First students should read their own article. Then they should explain it to their partner without letting the partner read the article. Partners should rely on their listening skills to understand the gist of the article. Finally, partners should share their questions, thoughts, and opinions on the article.

LEARNING STYLES

For Kinesthetic Learners Display pictures of the environment. On slips of paper, write two environmental problems for each picture, one per slip. Ex: picture of endangered animal with these slips: **su agua está contaminada/la construcción quita tierra de su hogar.** Each student gets a slip and goes to the matching picture to talk with the second student, using the future, subjunctive, and prepositions.

Section Goals

In **Cinemateca,** students will:

- watch the short film ***El día menos pensado***
- practice listening for and using vocabulary and grammar learned in this lesson

Communication 1.2
Comparisons 4.1

Instructional Resources
vText
Supersite/DVD: Film Collection
Supersite/TRCD: ***Cortometraje*** Transcript & Translation

Teaching Tips

1 Expansion Ask students to create sentences with the vocabulary words not used in the activity.

1 Play a game of Charades with this vocabulary. Divide the class into two teams. Each team sends one member to the front of the room. You show the elected member a word or phrase which he or she acts out for the team. Ex: **acabarse** —the students pretend to run out of gas or money. The first team to guess the word or phrase wins a point. Play until all students have had a turn pantomiming. The team with the most points at the end wins.

PRE-AP*

2 Interpretive Audiovisual Communication
Continue the discussion by asking students additional questions: **¿Te preocupas mucho por el futuro del planeta? ¿Por qué? ¿Crees que es fácil vivir sin pensar tanto en los problemas del medio ambiente? ¿Por qué?**

Video: Short Film

Antes de ver el corto

EL DÍA MENOS PENSADO

país México
duración 13 minutos
director Rodrigo Ordóñez
protagonistas Julián, Inés, Ricardo (vecino), Esther (esposa de Ricardo)

Vocabulario

acabarse *to run out; to come to an end*
la cisterna *cistern; underground tank*
descuidar(se) *to get distracted; to neglect*
disculparse *to apologize*
envenenado/a *poisoned*
quedarse sin *to run out of*
resentido/a *resentful*
la salida *exit*
sobre todo *above all*
el tanque *tank*
la tubería *piping*
el/la vándalo/a *vandal*

1 El carpincho Pedro Completa el párrafo con las palabras o las frases apropiadas.

Noticia de último momento: un grupo de (1) vándalos causó graves daños (*harm*) en la Reserva Ecológica. Aparentemente, los guardias nocturnos (2) se descuidaron y no los vieron entrar por una de las (3) salidas. Los delincuentes hicieron un agujero (*hole*) en la (4) tubería que lleva agua para llenar los (5) tanques en la zona donde se encuentran los baños. Pero eso no fue todo. Por la mañana, los guardaparques se encontraron con una triste escena. Además de encontrar el parque inundado (*flooded*) y de (6) quedarse sin agua en la (7) cisterna, encontraron muy enfermo al carpincho (*capybara*) Pedro, el animalito más querido de la reserva. Le habían dado comida (8) envenenada. Afortunadamente, los veterinarios aseguran que el carpincho se va a recuperar.

2 Preguntas En parejas, contesten las preguntas.

1. ¿Qué tipos de contaminación hay en su comunidad? Mencionen dos o tres.
2. ¿Creen que algún día se puede acabar el agua? ¿Qué pasará si eso sucede?
3. Observen el afiche del cortometraje. ¿Qué está mirando el hombre?
4. Observen los fotogramas. ¿Qué está sucediendo en cada uno?
5. El corto se titula *El día menos pensado* (*When you least expect it*). ¿Qué catástrofes ecológicas pueden ocurrir el día menos pensado?

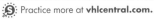

Practice more at **vhlcentral.com.**

CRITICAL THINKING

Comprehension and Synthesis Ask pairs of students to describe what is happening in each picture of **Actividad 2**. Encourage students to write short stories based on the pictures and share them with the class.

CRITICAL THINKING

Application and Analysis In small groups, have students discuss films they have seen that involve an environmental crisis or natural disaster. **¿Fue realista la representación del problema? ¿Cómo afectó la situación a los personajes, al gobierno y a la sociedad?**

Communication 1.2
Cultures 2.1, 2.2
Connections 3.2
Comparisons 4.2

Teaching Tips

- **For Visual Learners** Ask students to design an alternate poster for the short. Display the posters around the room with a comment sheet next to each one. Allow time for the class to walk around the room, making comments on at least three posters. Join them in making comments.
- Allow time for students to read the information at the bottom of the poster. Then ask volunteers to tell one thing they find interesting or important in the information.
- Ask heritage speakers to share what environmental issues are important in their families' countries of origin.

El día menos pensado

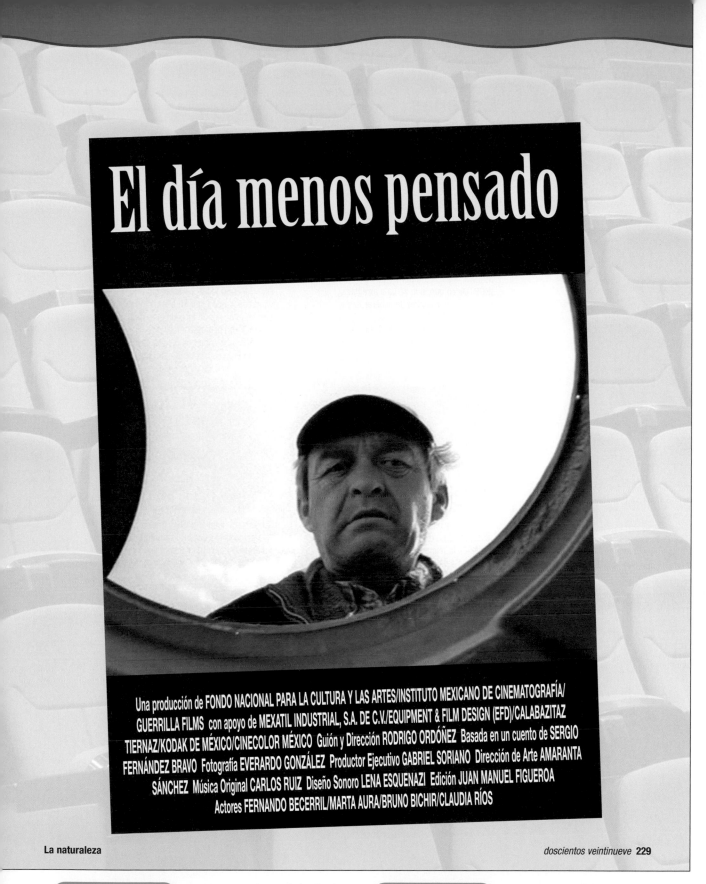

Una producción de FONDO NACIONAL PARA LA CULTURA Y LAS ARTES/INSTITUTO MEXICANO DE CINEMATOGRAFÍA/ GUERRILLA FILMS con apoyo de MEXATIL INDUSTRIAL, S.A. DE C.V./EQUIPMENT & FILM DESIGN (EFD)/CALABAZITAZ TIERNAZ/KODAK DE MÉXICO/CINECOLOR MÉXICO Guión y Dirección RODRIGO ORDÓÑEZ Basada en un cuento de SERGIO FERNÁNDEZ BRAVO Fotografía EVERARDO GONZÁLEZ Productor Ejecutivo GABRIEL SORIANO Dirección de Arte AMARANTA SÁNCHEZ Música Original CARLOS RUIZ Diseño Sonoro LENA ESQUENAZI Edición JUAN MANUEL FIGUEROA Actores FERNANDO BECERRIL/MARTA AURA/BRUNO BICHIR/CLAUDIA RÍOS

CRITICAL THINKING

Comprehension and Application Ask pairs to list two to three environmental events that could occur in ***El día menos pensado*** and what consequences those events would have for the surrounding community or world. Then have students share their ideas with the class. Discuss which events would be the most devastating and why.

CRITICAL THINKING

Evaluation Ask pairs to orally describe the photo to each other. As you have them share their descriptions with the class, record the student responses in a web on the board. Then ask pairs to write a paragraph evaluating the image according to standards determined by the class, such as: **interesante, pertinente, bien realizado**. Ask pairs to exchange their final paragraphs with another pair and read for enjoyment.

Video Synopsis A town has run out of water. Inés and Julián decide they must leave, despite the danger of vandals. Ricardo and his wife decide to join them, bringing along their infant. While driving, they come upon a group of desperate people.

PRE-AP*

Interpretive Reading
Ask students: **¿Algunos de ustedes han vivido en un lugar donde hay riesgo de escasez o de contaminación del agua? ¿Toman agua del grifo** (*tap*)?

Teaching Tips

- **To Challenge Students** Read the Video Synopsis annotation and ask students to translate it into Spanish and share it with the class. Encourage others to ask questions about the synopsis.
- Ask **Visual Learners** to point to each still and describe what is happening, what each character is thinking, feeling, and doing.
- Ask pairs of **Kinesthetic Learners** to practice the stills as skits. Then ask volunteers to perform the stills with stage movement, gestures, and facial expressions.
- **For Inclusion** Ask students to choose a picture and, using small sticky flags, label it with words, phrases, and quotes from the script below the still.

21st CENTURY SKILLS

Social and Cross-Cultural Skills Have students work in groups to choose one or two aspects of the movie that they identify as different from what they would expect in their daily life. Ask students to write two to three sentences about the difference and how they would explain what is different to a visitor from that culture.

Escenas

ARGUMENTO Una ciudad se ha quedado sin agua. Mucha gente se ha ido. Algunos se quedan vigilando la poca agua que les queda.

1

JULIÁN Inés, nos tenemos que ir.
INÉS Dicen que todo se va a arreglar. Que si no, es cuestión de esperar hasta que lleguen las lluvias.
JULIÁN Sí, pero no podemos confiar en eso. No a estas alturas°.

2

INÉS ¿Cómo vamos a salir de la ciudad? Dicen que en todas las salidas hay vándalos. Y que están muy resentidos porque ellos fueron los primeros que se quedaron sin agua.
JULIÁN Si no digo que no sea peligroso. Pero cuando se nos acabe el agua nos tenemos que ir de todos modos.

3

INÉS ¿Pasa algo?
JULIÁN Ya no tenemos agua.
INÉS En la tele dijeron que...
JULIÁN ¡Qué importa lo que hayan dicho! ¡Se acabó!

4

JULIÁN Aunque lograran° traer agua a la ciudad, no pueden distribuirla. Las tuberías están contaminadas desde el accidente. Ninguna ayuda llegará a tiempo, y menos aquí.
INÉS Pero no quiero dejar mi casa.

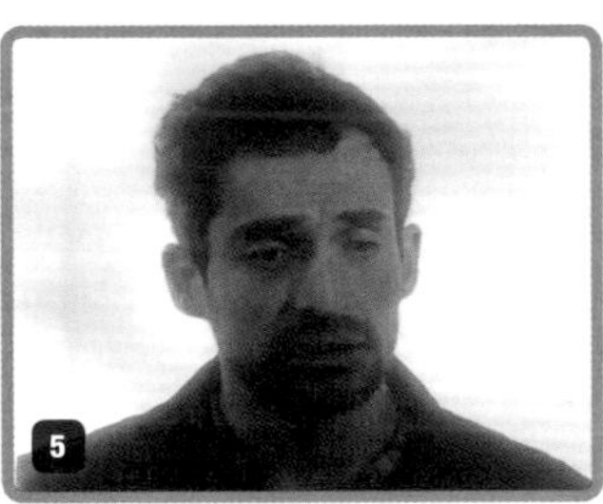

5

JULIÁN Y a ustedes, ¿cuándo se les acabó el agua?
RICARDO Antier° en la noche nos dimos cuenta.
JULIÁN Ricardo, ¿quieren venir con nosotros?

6

JULIÁN No nos va a pasar nada, Inés. ¿Qué nos pueden hacer? Todos estamos igual.

a estas alturas *at this stage* **lograran** *managed to* **antier** *the day before yesterday*

CRITICAL THINKING

Comprehension and Synthesis Ask students to write a paragraph summarizing the film according to the stills. Then ask them to write a paragraph that predicts what will happen in scene 7. Have volunteers read their paragraph for the class. Vote on the most likely ending to the film.

CRITICAL THINKING

Analysis and Evaluation Ask small groups of students to create a still for scene 7. First, the group discusses what they think will happen. They can base this discussion on the previous activity. Then, have them draw the still. Finally, the group should write a conversation between the characters in scene 7. Display the stills around the room. Evaluate them after watching the whole short film.

Después de ver el corto

1 Comprensión Contesta las preguntas con oraciones completas.

1. ¿Qué hace el hombre en el techo de su casa? ¿Por qué?
   Está vigilando el tanque de agua porque no hay agua en la ciudad.
2. ¿Qué le dice el hombre a su esposa cuando está desayunando?
   Le dice que se tienen que ir de la ciudad.
3. ¿Qué hay en las salidas de la ciudad?
   En las salidas de la ciudad hay vándalos.
4. ¿Qué pasa con las tuberías?
   Las tuberías están contaminadas.
5. ¿Por qué deciden irse de la ciudad? ¿Quiénes van con ellos en el coche?
   Deciden irse de la ciudad porque se han quedado sin agua. Los vecinos, Ricardo, Esther y su bebé, van con ellos en el coche.
6. ¿Por qué quieren los vándalos atacar a las personas que van en el carro?
   Suggested answer: Los quieren atacar para robarles el carro y escaparse.

2 Ampliación En parejas, contesten las preguntas.

1. ¿Qué creen que ocurre al final?
2. El agua está envenenada por un accidente. ¿Qué tipo de accidente creen que hubo?
3. ¿Creen que Ricardo es una mala persona porque intentó robar agua? ¿Por qué?
4. ¿Quiénes son las personas que aparecen al final del corto? ¿Qué quieren?
5. Imaginen que son los protagonistas de este corto. ¿Qué opciones tienen?

3 ¿El agua en peligro? En grupos de tres, lean el texto y respondan a las preguntas.

Construimos nuestras ciudades cerca del agua; nos bañamos en el agua; jugamos en el agua; trabajamos con el agua. Nuestras economías están en gran parte basadas sobre la fuerza de su corriente, el transporte a través de ella, y todos los productos que compramos y vendemos están vinculados, de una u otra manera, al agua. Nuestra vida diaria se desarrolla y se configura en torno al agua. Sin el agua que nos rodea nuestra existencia sería inconcebible. En las últimas décadas, nuestra estima por el agua ha decaído. Ya no es un elemento digno de veneración y protección, sino un producto de consumo que hemos descuidado enormemente. El 80 por ciento de nuestro cuerpo está compuesto de agua y dos tercios de la superficie del planeta están cubiertos por agua: el agua es nuestra cultura, nuestra vida.

Declaración de la UNESCO con motivo del Día Mundial del Agua 2006.

1. ¿Creen que realmente estamos descuidando el agua, o el aumento del consumo es una consecuencia normal del aumento de la población?
2. Algunos expertos opinan que en el futuro se puede desencadenar una guerra mundial por el agua. ¿Creen que esto es una exageración? ¿Por qué?
3. ¿Creen que es posible cuidar el agua y otros recursos naturales sin tener que hacer grandes cambios en nuestro estilo de vida?
4. ¿Creen que hay naciones que son más responsables que otras por el consumo excesivo de recursos naturales? Expliquen su respuesta.

Practice more at **vhlcentral.com.**

recursos

vText

vhlcentral.com

 Communication 1.1, 1.3

Teaching Tips

1 If needed, replay scenes from the film to help students answer the questions.

1 For Auditory Learners Replay the audio track of the **Cortometraje** with the television screen turned off or covered up, so they can use listening skills to comprehend the film.

2 Personalize the discussion by asking students to compare themselves to the characters in the film. Ex: **¿Con cuál de los personajes te identificas más? ¿Cómo reaccionas tú frente a una emergencia? ¿Recuerdas alguna situación peligrosa a la que te hayas enfrentado?**

2 Virtual Chat You can also assign activity 2 on the Supersite. Students record individual responses that appear in your gradebook.

- After viewing the film, ask if any students had predicted the open ending. **¿Cuál es el efecto del final abierto? ¿Es la incertidumbre un aspecto importante del tema?** Ask students to refer to their scene 7 prediction paragraphs and stills.

NATIONAL STANDARDS

Communities Have students go to the UNESCO website and choose the tab for Spanish-language information. Have each student write down three facts that he or she learned from this site.

PRE-AP*

Interpersonal Writing After students have watched the video, discuss with them the issue of water shortage in the world. Do they know of any areas currently suffering a drought? Instruct them to talk in a small group about the last four questions on page 231. Then have students write about one of the questions. Say: **Ahora vas a contestar una de las cuatro preguntas de la Actividad 3. Comienza ahora en el salón de clases, sin diccionario. Intenta escribir unas 100 palabras.**

Section Goals

In **Lecturas**, students will:

- read about Guatemalan author **Augusto Monterroso** and read his short story ***El eclipse***, paying attention to the style and structure
- learn about bomb testing and environmental conservation on the Puerto Rican island of Vieques

Communication 1.2
Comparisons 4.1

Instructional Resources
v̂Text
Cuaderno de práctica, p. 59
Cuaderno para hispanohablantes, pp. 93–96
Supersite: Additional practice

Teaching Tip For Inclusion Ask students to point to, name, and describe everything they see in the painting. Encourage them to share their opinions of the painting as well. Ask: **¿Te gusta el cuadro? ¿Por qué?**

Expansion Ask students who have seen the film *Frida* with Salma Hayek to summarize it for the class. Then discuss how this painting illustrates the information students mentioned about the film. If possible, show some of the film in the class to compare and contrast Salma Hayek's portrayal with this portrait.

6 LECTURAS

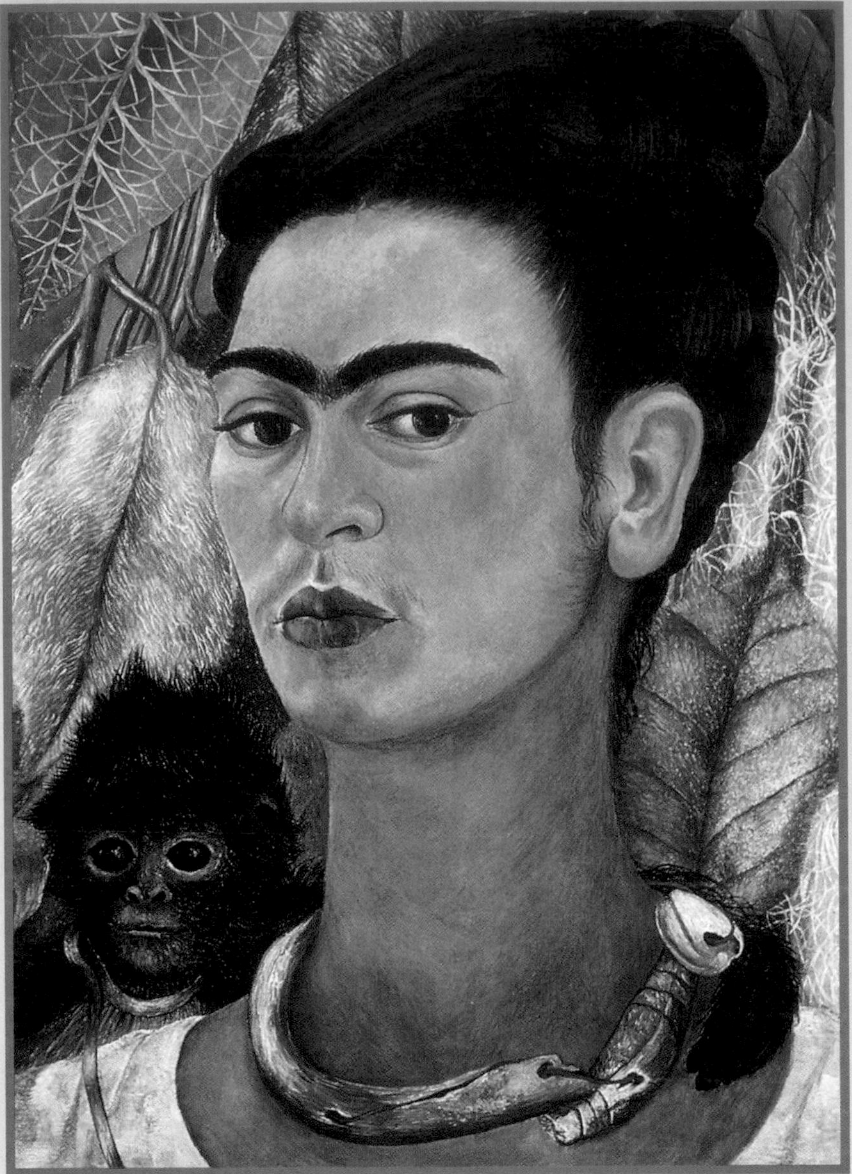

Autorretrato con mono, 1938
Frida Kahlo, México

"Quien rompe una tela de araña, a ella y a sí mismo daña."

— Anónimo

CRITICAL THINKING

Comprehension and Application Ask pairs to translate the quote. Record all responses. Then discuss which translation is best and why. Finally, ask students to respond to the quote. Ask: **¿Estás de acuerdo con esta oración? ¿Por qué? ¿Crees que todas tus acciones dejan una huella en el mundo? ¿Cómo? ¿Podemos revertir los efectos de nuestras acciones?**

CRITICAL THINKING

Analysis and Evaluation Ask groups of students to discuss how the painting, quote, and story relate. Challenge them to use vocabulary from the chapter, future and present tenses, and prepositions in their discussions. After a few minutes, open up the discussion to the class.

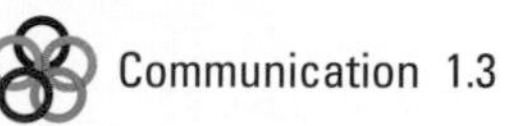

Antes de leer

El eclipse

Sobre el autor

Augusto Monterroso (1921–2003) nació en Honduras, pero pasó su infancia y juventud en Guatemala. En 1944 se radicó (*settled*) en México tras dejar Guatemala por motivos políticos. A pesar de su origen y de haber vivido su vida adulta en México, siempre se consideró guatemalteco. Monterroso tuvo acceso desde pequeño al mundo intelectual de los adultos. Fue prácticamente autodidacta: abandonó la escuela a los 11 años y con sólo 15 años fundó una asociación de artistas y escritores. Considerado padre y maestro del microcuento latinoamericano, Monterroso recurre (*resorts to*) en su prosa al humor inteligente con el que presenta su visión de la realidad. Entre sus obras se destacan *La oveja negra y demás fábulas* (1969) y la novela *Lo demás es silencio* (1978). Recibió numerosos premios, incluyendo el Premio Príncipe de Asturias en 2000.

Vocabulario

aislado/a *isolated*	**florecer** *to flower*	**sacrificar** *to sacrifice*
digno/a *worthy*	**oscurecer** *to darken*	**salvar** *to save*
disponerse a *to be about to*	**prever** *to foresee*	**valioso/a** *valuable*
la esperanza *hope*	**la prisa** *hurry; rush*	

Exploradores Completa esta introducción de un cuento con las palabras apropiadas.

Los exploradores salieron rumbo a la ciudad perdida sin (1) __prever__ ninguno de los peligros de la selva. El viejo mapa indicaba que la ciudad escondía un (2) __valioso__ tesoro. Cuando (3) __se disponían__ a iniciar la marcha, se dieron cuenta de que iba a (4) __oscurecer__ antes de que llegaran, por lo que decidieron avanzar con (5) __prisa__. Tenían la (6) __esperanza__ de llegar antes de la medianoche.

Conexión personal ¿Alguna vez viste un eclipse? ¿Cómo fue la experiencia? ¿Hay algún fenómeno natural al que le tengas miedo? ¿Cuál? ¿Por qué?

Análisis literario: el microcuento

El microcuento es un relato breve, pero no por eso se trata de un relato simple. En estos cuentos, el lector participa activamente porque debe compensar los recursos utilizados (economía lingüística, insinuación, elipsis) a través de la especulación o haciendo uso de sus conocimientos previos. A medida que lees *El eclipse,* haz una lista de los conocimientos previos y también de las especulaciones que sean necesarias para comprender el relato. Después, compara tu lista con la de tus compañeros/as. ¿Qué elementos de sus listas coinciden?

Teaching Tips
- Point out that **microcuentos** are sometimes called **microrrelatos** or **minicuentos.**

Análisis literario Survey the class to see if any students write creatively in their free time. Then ask: **¿Crees que el autor siempre tiene que pensar en las experiencias previas del lector? ¿El lector puede ser pasivo? Explica tu respuesta.**

Expansion Have a volunteer talk about a natural disaster he or she has experienced. Ask: **¿Dónde ocurrió? ¿Cómo te sentiste? ¿Fue una situación grave?**

CRITICAL THINKING

Knowledge and Comprehension Ask pairs to read the biography and make a web of Augusto Monterroso's life and work. Then, as a class, discuss his life and work, using as much chapter vocabulary as possible. Example: **Me parece que en algunas épocas de su juventud, Monterroso se sintió aislado por ser más inteligente que sus compañeros.**

CRITICAL THINKING

Application and Synthesis Search the Internet for the text of **El dinosaurio,** Monterroso's famous seven-word **microcuento,** and write it on the board. Ask students to speculate about what happened before the beginning of the story. What prior knowledge do they need to resort to in order to make sense of the story?

Cultures 2.1, 2.2
Connections 3.2

NATIONAL STANDARDS

Connections: Science/ Social Studies Have students form small groups to research eclipses. Groups may want to focus on the scientific phenomenon or the sociological aspect of what eclipses have meant to people throughout history. Encourage groups to make SQA charts: in the first column they record all they already know (**saber**) about **el eclipse**. In the second column, they record all that they want (**querer**) to know or their questions about **el eclipse**. Then, after they research in the library or on the Internet, have them record all that they learned (**aprender**) in the third column. When students have completed their charts, discuss what they learned about eclipses.

Teaching Tips

- Remind students who use the Internet for their research of eclipses to go to their favorite search engine site, select Spanish as the language, and type in **eclipse**. Also caution students to choose only reliable .edu or .org sites for their research.
- **For Inclusion** Students can illustrate a story with pictures or magazine cutouts and label them with words and phrases.
- **To Challenge Students** Ask them to write the shortest, but most interesting story possible.

Expansion If possible, show a film clip of an eclipse (available at most libraries). Ask students to describe what they see. Also ask them to share what they felt while watching an eclipse.

EL ECLIPSE

Augusto Monterroso

CRITICAL THINKING

Application and Analysis Ask students to form pairs. Have them reread the vocabulary from page 233. Based on the words, pairs predict what the story will be about. Ask them to record their predictions in a story map. Ask volunteers to share their prediction story maps with the class.

CRITICAL THINKING

Synthesis and Evaluation Share **El dinosaurio,** Monterroso's famous seven-word **microcuento**, again. Then ask students to write their own **microcuento**. Have each student read his or her **microcuento** aloud and have the class choose the best one.

Cuando fray° Bartolomé Arrazola se sintió perdido, aceptó que ya nada podría salvarlo. La selva poderosa° de Guatemala lo había apresado°, implacable y definitiva. Ante su ignorancia topográfica se sentó con tranquilidad a esperar la muerte. Quiso morir allí, sin ninguna esperanza, aislado, con el pensamiento fijo en la España distante, particularmente en el convento de Los Abrojos, donde Carlos Quinto condescendiera una vez a bajar de su eminencia para decirle que confiaba en el celo° religioso de su labor redentora°.

Al despertar se encontró rodeado° por un grupo de indígenas de rostro° impasible que se disponían a sacrificarlo ante un altar, un altar que a Bartolomé le pareció como el lecho° en que descansaría, al fin, de sus temores°, de su destino, de sí mismo.

Tres años en el país le habían conferido un mediano dominio° de las lenguas nativas. Intentó algo. Dijo algunas palabras que fueron comprendidas.

Entonces floreció° en él una idea que tuvo por digna de su talento y de su cultura universal y de su arduo conocimiento de Aristóteles. Recordó que para ese día se esperaba un eclipse total de sol. Y dispuso, en lo más íntimo°, valerse de° aquel conocimiento para engañar° a sus opresores y salvar la vida.

—Si me matáis —les dijo— puedo hacer que el sol se oscurezca en su altura.

Los indígenas lo miraron fijamente y Bartolomé sorprendió la incredulidad en sus ojos. Vio que se produjo un pequeño consejo°, y esperó confiado, no sin cierto desdén°.

Dos horas después el corazón de fray Bartolomé Arrazola chorreaba° su sangre vehemente sobre la piedra de los sacrificios (brillante bajo la opaca luz de un sol eclipsado), mientras uno de los indígenas recitaba sin ninguna inflexión de voz, sin prisa, una por una, las infinitas fechas en que se producirían eclipses solares y lunares, que los astrónomos de la comunidad maya habían previsto y anotado en sus códices sin la valiosa ayuda de Aristóteles. ■

friar
powerful/captured
zeal
redemptive
surrounded
face
bed/fears
command (of a language)
blossomed
deepest recesses/to take advantage of
to trick; to deceive
counsel/disdain
was gushing

Previewing Strategy Ask students to think about the title and predict what an eclipse might symbolize in the story.

Teaching Tips

- To simplify, give each student a copy of a story map. Read the first paragraph aloud slowly. Pause and ask volunteers to summarize what you have read. Then model filling in the story map to record the setting, character attributes, and problem. Then ask the class to suggest some solutions to **fray Bartolomé's** problem. Continue reading in this manner, pausing to summarize, take notes in the story map, and then predict what will happen.
- **To Challenge Students** As students read the story, have them take notes on how the author depicts the passing of time. Then ask students what effect the author's treatment of time has on the pace and flow of the story.

NATIONAL STANDARDS
Connections: History/Science Ask students to tell anything that they already know about the scientific knowledge the Maya possessed at the time of the European conquest. You might ask them to do further research about such topics as Mayan astronomy, medicine, and engineering.

PRE-AP*

Presentational Writing Discuss with students the idea of **microcuento**. After reading the story, ask them to analyze the attitude of **fray Bartolomé** towards the **indígenas**. How did he try to trick them, and why was he not able to do so? Then give the students several pages from Rigoberta Menchú's autobiography. Have them read the pages and discuss them in small groups. Finally, have them compare the writings of Monterroso and Menchú in a formal essay of 200 words. Tell them: **Comparen y contrasten las ideas y las imágenes en *El eclipse* con la escritura de Menchú. Mencionen la actitud del español hacia la gente indígena.**

Communication 1.1, 1.3

Teaching Tips

1 Ask students to write a one-paragraph summary of the story, based on their answers to the exercise.

2 Ask questions for students to reflect on their reaction to the story: **¿Creíste que fray Bartolomé iba a sobrevivir? ¿En qué momento de la historia te diste cuenta de que iba a morir? ¿Te identificas con el protagonista? ¿Por qué?**

3 Suggest that students divide the research tasks among their group. Appoint one person to research the history of the phenomenon or disaster, another to find visual aids, and a third to find news stories or anecdotes.

21st CENTURY SKILLS

3 Productivity and Accountability
As a class, decide if the rubric you developed for the previous chapter works for this chapter's assignment. If not, adjust it to meet what students need to accomplish.

3 For Part B, as students read their **microcuento** aloud, have the rest of the class jot down any questions they have.

4 Encourage students to use comparatives and superlatives in their letters.

4 Expansion Have students write a response letter from the point of view of King Charles V.

Después de leer

El eclipse

Augusto Monterroso

1 Comprensión Contesta las preguntas con oraciones completas.

1. ¿Dónde se encontraba fray Bartolomé?
   Él se encontraba en la selva de Guatemala.
2. ¿Conocía el protagonista la lengua de los indígenas?
   Sí, conocía varias lenguas nativas.
3. ¿Qué querían hacer los indígenas con fray Bartolomé?
   Ellos querían sacrificarlo.
4. ¿Qué les advirtió fray Bartolomé a los indígenas?
   Él les advirtió que si lo mataban iba a hacer que el sol se oscureciera.
5. ¿Qué quería fray Bartolomé que los indígenas creyeran?
   Él quería que los indígenas creyeran que tenía poderes sobrenaturales.
6. ¿Qué recitaba un indígena mientras el corazón del fraile sangraba?
   Un indígena recitaba las fechas en que se producirían eclipses solares y lunares.

2 Interpretación Contesta las siguientes preguntas.

1. ¿Por qué crees que fray Bartolomé pensaba en el convento de Los Abrojos antes de morir?
2. ¿Cuál había sido la misión de fray Bartolomé en Guatemala?
3. ¿Quién le había encomendado esa misión?
4. A pesar de los conocimientos de Aristóteles, ¿por qué el protagonista no consiguió salvarse?

3 Fenómenos naturales En la historia de la humanidad, los fenómenos y los desastres naturales y otros acontecimientos han sido motivo de muchos temores (*fears*) y supersticiones. A veces, esos temores tenían fundamento, pero otras veces eran supersticiones sin fundamento alguno.

A. En grupos de tres, investiguen acerca de un fenómeno o desastre natural o un acontecimiento que haya despertado grandes temores y supersticiones antes de suceder. ¿Se cumplieron los temores o eran supersticiones sin fundamento? Pueden elegir fenómenos o desastres de la lista o pensar en otros. Presenten la investigación al resto de la clase.

- el cometa Halley
- la llegada del año 2000
- la amenaza nuclear durante la guerra fría
- la erupción del volcán Vesubio en Pompeya

B. Escriban un microcuento sobre uno de los fenómenos o acontecimientos presentados. Lean el microcuento al resto de la clase. Sus compañeros/as deben adivinar de qué fenómeno o acontecimiento se trata.

4 Escribir En la selva guatemalteca, fray Bartolomé seguramente observó gran cantidad de plantas silvestres y animales salvajes que no conocía hasta entonces. Investiga acerca de la flora y la fauna de la selva guatemalteca. Luego, imagina que eres fray Bartolomé y tienes que escribirle una carta al Rey Carlos V contándole acerca de lo que observaste en la selva. Usa el vocabulario de la lección.

MODELO Estimado Rey Carlos V: Como Su Majestad sabe, le escribo desde la selva de Guatemala, adonde llegué hace ya tres años. En esta carta, quiero contarle...

Practice more at **vhlcentral.com.**

recursos

CRITICAL THINKING

Comprehension and Synthesis Ask students to create a graphic novel version of the story. Show examples of graphic novels/short stories so that students know how to frame their versions. Students should then draw pictures and write captions and dialogue. Collect the graphic novels and redistribute them to other students, allowing time for students to read at least two versions.

CRITICAL THINKING

Evaluation Have students invent an alternate ending to the story and share it with the rest of the class. Challenge students to use the same style and structure as Monterroso. Then have students vote on the best ending.

Communication 1.3

Previewing Strategies

- Ask students to discuss the link between tourism and nature conservation. **¿Crees que se puede aumentar el turismo de una zona y proteger las riquezas naturales del lugar al mismo tiempo? ¿Por qué? ¿El turismo puede dañar la naturaleza? ¿Cómo?**
- Ask students about the first time they experienced a particular aspect of nature. Ex: **¿Recuerdas la primera vez que viste el mar? ¿Cómo te sentiste?**

NATIONAL STANDARDS

Communities Have pairs of students research tourism in Vieques today on the Internet. Ask: **¿Cuáles son las playas, los hoteles y las actividades más populares en la isla? ¿Cómo ha cambiado el turismo en los últimos diez años?**

Antes de leer

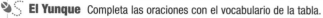

Vocabulario

ambiental *environmental*	**el monte** *mountain*
el bombardeo *bombing*	**la pureza** *purity*
el ecosistema *ecosystem*	**el refugio** *refuge*
la especie *species*	**el terreno** *land*
el/la manifestante *protester*	**el veneno** *poison*

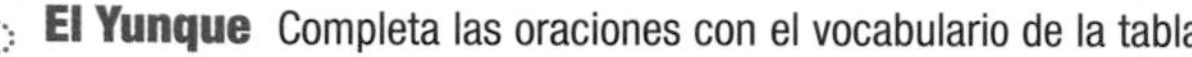

El Yunque Completa las oraciones con el vocabulario de la tabla.

1. Puerto Rico es una isla de ___terreno___ muy variado: hay montañas, playas y hasta un bosque tropical, el Bosque Nacional del Caribe, también llamado El Yunque.
2. El Yunque tiene una diversidad de vegetación impresionante, que incluye casi 250 ___especies___ de árboles.
3. También es un ___refugio___ natural para los animales, ya que en el bosque están protegidos de la caza (*hunting*).
4. El ___monte___ más alto de El Yunque es El Toro, con una altura de 1.077 metros (3.533 pies).
5. Hay grupos dedicados a la protección ___ambiental___ de El Yunque. Buscan preservar la ___pureza___ de este paraíso tropical.

Conexión personal ¿Qué significado tiene la naturaleza para ti? ¿Es una fuente de trabajo o de alimento (*food*)? ¿O es un lugar de diversión y belleza? ¿Qué haces para proteger la naturaleza? ¿Cómo crees que será el mundo natural dentro de cien años? ¿Y dentro de quinientos?

Contexto cultural

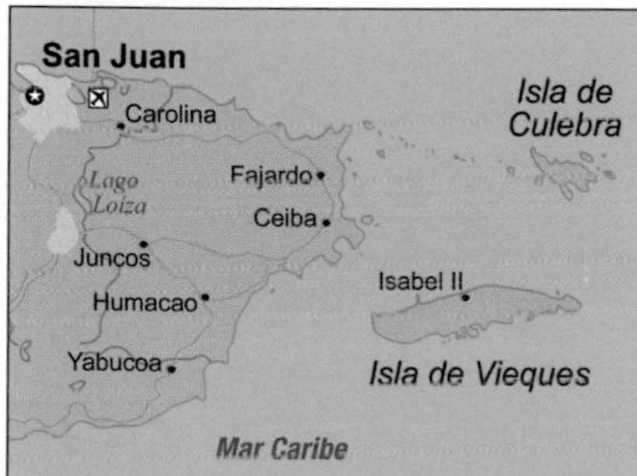

Situada en el agua transparente del Mar Caribe, la pequeña isla de **Vieques** es un refugio de lagunas, bahías y playas que forman un hábitat ideal para varias clases de tortugas marinas (*sea turtles*), el manatí antillano (*manatee*) y arrecifes de coral. La gente de Vieques comparte los pequeños montes y las aguas cristalinas (*crystal clear*) de la isla con una rica variedad de flora y fauna, entre ellas cinco especies de plantas y diez especies de animales en peligro de extinción. La isla de Vieques, de 33 kilómetros de largo por 7,2 de ancho (20,5 por 4,3 millas), es un municipio de Puerto Rico que tiene nueve mil habitantes. Puerto Rico es un Estado Libre Asociado de los Estados Unidos. Los habitantes de Puerto Rico, también llamados *boricuas*, son ciudadanos (*citizens*) estadounidenses.

CRITICAL THINKING

Comprehension and Synthesis Ask students to create a **Cuento curioso** using the vocabulary from this page, and if necessary, from page 233. Have the class sit in a circle. Say one sentence that begins a story and uses a vocabulary word. The student to your right continues the story, using a different vocabulary word. Encourage students to be creative and even silly as the story grows. See how many times you can go around the circle.

CRITICAL THINKING

Application and Analysis Have groups of students research the flora and fauna of your area. Ask them to try to discover how humans impact the local flora and fauna. Then have a class discussion about this and about what animals and plants are in danger of extinction in your area.

Communication 1.2
Cultures 2.1, 2.2
Connections 3.1, 3.2
Comparisons 4.2

Teaching Tips

- Point out to students that the photo is an aerial view of a small island off the coast of Vieques where protesters set up camps on U.S. Navy maneuver areas during the protests against U.S. military operations in Vieques.
- To simplify, ask students to identify all the cognates in the first paragraph. Have volunteers list them on the board. Discuss whether each is a true or false cognate. Record the English equivalent next to the word. Then have students reread the paragraph for greater comprehension.
- **To Challenge Students** Have them research a local environmental concern and what protesters are saying and doing about it. Ask students to share their findings with the class.
- Ask students to share how they feel about the U.S. military using tropical islands for maneuvers (missile testing, war games, etc.)
- **For Inclusion and Visual Learners** Ask students to look at the picture on page 238 and describe it in detail. If necessary, teach new colors such as: **aguamarina** and **azul celeste**.

La conservación de Vieques

Vieques — Vista aérea de la zona de maniobras militares

"**¡Vieques renace!**"° anuncia el gobierno de este municipio puertorriqueño, que busca estimular la economía de una isla rica en naturaleza, pero pobre en economía. Vieques dispone de° sitios arqueológicos importantes, playas espectaculares, un fuerte° histórico y una bahía bioluminiscente, la Bahía Mosquito, que es una maravilla de la naturaleza. Sus arrecifes de coral contienen un ecosistema de enorme productividad y diversidad biológica. Forman un pequeño paraíso que alberga y protege una inmensa variedad de especies de plantas y animales acuáticos.

Vieques is reborn! / *boasts* / *fort*

CRITICAL THINKING

Comprehension and Synthesis Divide the class into five groups. Assign each group one of the paragraphs of the reading (including the insert). Then have them reread their paragraph and outline the main ideas. On the board or chart paper, have students record their outlines in order. Then, as a class, add to and make changes to the outline to make it complete.

CRITICAL THINKING

Analysis and Evaluation Ask each student to download, photocopy, or draw pictures of at least three of the amazing species of flora or fauna from Vieques. Place mural paper on the floor and have students create a mural of Vieques with as much color and detail as possible. Then ask students to title their mural and display it in a prominent place in the school to raise school-wide awareness of this beautiful place.

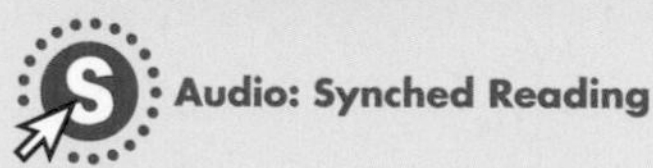
Audio: Synched Reading

Sin embargo, en vez de tener una tradición de alto turismo, la isla ha padecido° graves problemas. Vieques fue utilizada para prácticas de bombardeo desde 1941. En esa época muchas personas fueron desalojadas° cuando la Armada° de los Estados Unidos ocupó dos áreas en los extremos de la isla. Las prácticas continuaron por varias décadas, pero en abril de 1999 un guardia de seguridad murió cuando una bomba cayó fuera de la zona de tiro°. La muerte de David Sanes encolerizó° a los viequenses° y dio origen° a una campaña de desobediencia civil. El presidente Clinton prometió cesar el entrenamiento° de bombardeo en Vieques, pero éste continuó con bombas inertes a pesar de que los viequenses habían exigido "¡Ni una bomba más!". Los manifestantes entraban en la zona de tiro y establecían campamentos; otros se manifestaban° en Puerto Rico y en los Estados Unidos, y pronto captaron° la atención internacional. Robert Kennedy, Jr., Jesse Jackson, Rigoberta Menchú y el Dalai Lama, entre otros, hicieron declaraciones a favor de° Vieques y muchas personas fueron a la cárcel° después de ser arrestadas en la zona de tiro.

suffered · *evicted* · *Navy* · *live-fire range* · *angered* · *inhabitants of Vieques* · *gave rise to* · *training* · *demonstrated* · *captured* · *supporting* · *jail*

> **"La protesta se centró en gran parte en los problemas que las bombas habían causado al medioambiente, a la economía de Vieques y a la salud de los viequenses."**

La protesta se centró en gran parte en los problemas que las bombas habían causado al medioambiente, a la economía de Vieques y a la salud de los viequenses. Las décadas de prácticas de bombardeo dejaron un nivel muy alto de contaminación, que incluye la presencia de uranio reducido (un veneno muy peligroso). Algunos piensan que la incidencia de cáncer de Vieques—25 por ciento más alta que la de todo Puerto Rico—se debe a la exposición de los habitantes a elementos tóxicos. Estas acusaciones han provocado controversia ya que la Armada negó los efectos sobre la salud de los viequenses. Finalmente, después de una dura campaña de protesta y lucha°, las prácticas de bombardeo terminaron para siempre en 2003. Los terrenos de la Armada pasaron al Departamento de Caza y Pesca, y la Agencia de Protección Ambiental (EPA) declaró en 2005 que la limpieza ambiental de Vieques sería una de las prioridades nacionales.

struggle

Los extremos este y oeste de la isla ahora constituyen una reserva ambiental, la más grande del Caribe. Los viequenses esperan que la isla pueda, en su renacimiento, volver a un estado de mayor pureza natural y al mismo tiempo desarrollar su economía. Vieques sigue siendo un símbolo de resistencia y es un lugar cada día más popular para el turismo local y extranjero. ■

¿Qué es la bioluminiscencia?

Es un efecto de fosforescencia verdeazul, causado por unos microorganismos que, al agitarse, dan un brillo extraordinario a las aguas durante la noche. El pez o bañista que se mueve bajo el agua emite una luz radiante. Para que se produzca este fenómeno extraordinario, se requiere una serie de condiciones muy especiales de temperatura, ambiente y poca contaminación.

Teaching Tips

- Ask students to note their feelings as they read this page. Ask: **En general, y en esta situación, ¿qué opinas de la Armada de los Estados Unidos? ¿Cómo te sentirías como residente de Vieques? ¿Por qué?**
- **For Auditory Learners** Read the article aloud. Ask students to raise their hands when they hear a cognate. Pause to identify the word as a true or false cognate.
- **For Kinesthetic Learners** Ask students to form small groups. Have them reread paragraph 2. Then have them create a skit based on the details surrounding David Sanes' death. Have groups role-play their skits for class.

NATIONAL STANDARDS

Connections: Biology
Have students research to find out more about **la bioluminiscencia**. What is the process involved? (Possible answer: *Single-celled algae are mechanically excited by movement of ships, people, or even by movement of porpoises or small fish.*) Where are there other places in the world where this occurs? (*It is very common, but only occurs in salt water.*) What are the conditions that contribute to bioluminescence in Bioluminescent Bay? *The deposition of nutrients from surrounding trees, the retention of sediment by surrounding flora, and the cleanliness and cool temperature of the water contribute to the bioluminescence.*

CRITICAL THINKING

Comprehension and Analysis Ask students to discuss whether the article was written with bias. Have students research the U.S. Navy's explanation of their operations in Vieques. Suggest they search the U.S. Navy website and newspaper articles that quote the U.S. Navy spokespeople. This activity will help them see with perspective and prepare them for the debate.

CRITICAL THINKING

Synthesis and Evaluation Ask the class to debate the naval operations in Vieques. Divide the class into two teams—**A favor** and **En contra**. Encourage each team to write and rehearse three to five points and counterpoints. To determine counterpoints, students must consider what the other side is most likely to say. Allow each team two minutes to state their points, listen to the other team, and state counterpoints.

Communication 1.1, 1.3

Teaching Tips

1 Ask pairs to write three additional items. Then have them exchange papers with another pair and complete their sentences. Finally, ask the two pairs to join together to correct the six items.

2 **Expansion** Ask questions such as: **¿Qué efectos tuvo la presencia de la Armada sobre la salud de los habitantes? ¿Conoces otros lugares donde los habitantes hayan sufrido problemas de salud a causa de la contaminación?** Give examples, such as Agent Orange in Vietnam; the company depicted in a John Travolta movie in 1998, A *Civil Action;* and *An Inconvenient Truth* (2006).

2 **Virtual Chat** You can also assign activity 2 on the Supersite. Students record individual responses that appear in your gradebook.

3 **For Math Connection** After pairs answer the questions, discuss answers. Record student responses on the board. Then challenge the class to determine the best kind of graph to represent the class's thoughts about Vieques (pie chart, bar graph) and have pairs make a graph of the collected data. When pairs are done, ask volunteers to present their graphs.

PRE-AP*

4 **Interpersonal Speaking** To prepare, have groups make a two-column chart listing the important supporting arguments for the protestors and for the U.S. government.

5 As an optional writing expansion, have students include a paragraph in which they try to convince their friend to visit Vieques.

Después de leer

La conservación de Vieques

1 **Comprensión** Elige la respuesta correcta.

1. Vieques es un municipio de (la República Dominicana/Puerto Rico).
2. Entre los atractivos de la isla se encuentra (un pico altísimo/una bahía bioluminiscente).
3. Los arrecifes de coral son importantes para la biodioversidad porque (albergan una inmensa variedad de especies/protegen la capa de ozono).
4. La protesta en contra de la presencia de la Armada se produjo después (de la muerte de un guardia de seguridad/del uso de bombas inertes).
5. Las prácticas de bombardeo dejaron (problemas de erosión/un nivel alto de contaminación).
6. Muchas personas fueron arrestadas (por robar uranio reducido/por ingresar en la zona de prácticas de bombardeo).
7. Los extremos de la isla ahora contienen (una zona de tiro/una reserva ambiental).
8. La bioluminiscencia es un efecto causado por (microorganismos/la contaminación).

2 **Interpretación** Responde a las preguntas.

1. ¿Qué potencial turístico tiene Vieques? Da ejemplos. Vieques tiene mucho potencial turístico. Tiene sitios arqueológicos importantes, playas espectaculares, un fuerte histórico y una bahía bioluminiscente.
2. ¿Qué hacía la Armada en Vieques? La Armada realizaba prácticas de bombardeo.
3. ¿Cuál era el deseo de los manifestantes de Vieques? El deseo de los manifestantes era terminar con las prácticas de bombardeo.
4. ¿Por qué creen que la Armada de los Estados Unidos estaba autorizada a hacer prácticas de bombardeo en Vieques? Suggested answer: La Armada de los EE.UU. estaba autorizada porque Puerto Rico es parte de los Estados Unidos.
5. ¿Qué ocurre cuando una persona o un pez nada en la bahía bioluminiscente? La persona o el pez emite una luz radiante.

3 **Ampliación** En parejas, contesten las preguntas.

1. ¿Por qué es importante conservar una isla como Vieques?
2. ¿Qué efectos puede tener la declaración de la EPA? ¿Cómo puede mejorar la vida de los viequenses si se limpia la contaminación?

recursos

vText

CP p. 59

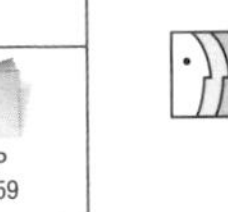

CH pp. 93–96

vhlcentral.com

4 **Reunión con el presidente** En grupos de cuatro, inventen una conversación sobre las prácticas de la Armada. Por una parte hablan dos manifestantes y por otra el Presidente Clinton y un(a) representante de la Armada. Utilicen los tiempos verbales que conocen, incluyendo el futuro. Después representen la conversación delante de la clase.

5 **El futuro de Vieques** Imagina que eres un habitante de Vieques. Escríbele una carta a un(a) amigo/a contándole cómo crees que cambiarán las cosas en Vieques. Explícale cómo se resolverán los problemas de contaminación y cómo se va a promover el turismo.

Practice more at **vhlcentral.com.**

CRITICAL THINKING

Analysis and Evaluation Ask pairs to research the current status of contamination in Vieques. **¿Cómo se ha mejorado en estos años? ¿Se ha mejorado la salud de los habitantes en estos años?** After pairs research these questions, as a class discuss whether life in Vieques has improved or not since the U.S. Navy left.

CRITICAL THINKING

Application and Evaluation Based on the information students discover in their research on current contamination and health levels in Vieques, ask them to write a letter to their congressman or congresswoman, urging him or her to help the residents' cause (further). Provide sample Spanish letters to Congress for students to use as models. Consider sending the finished letters if appropriate.

 Communication 1.1, 1.3

Atando cabos

¡A conversar!

Mascotas exóticas

A. En parejas, preparen una conversación. Imaginen que uno/a de ustedes se va de vacaciones y le pide a un(a) amigo/a que le cuide la mascota (*pet*) exótica. Utilicen las formas del futuro y las preposiciones aprendidas en esta lección.

B. Hablen sobre las preguntas y luego compartan sus opiniones con el resto de la clase. Usen las frases y expresiones del recuadro para expresar sus opiniones.

- ¿Creen que está bien tener mascotas exóticas? ¿Por qué?
- ¿Creen que está bien tener animales en exhibición en los zoológicos? ¿Por qué?

No estoy (muy) de acuerdo.	**Para mí, ...**
No es así.	**En mi opinión, ...**
No comparto esa opinión.	**(Yo) creo que...**
No coincido.	**Estoy convencido/a de que...**

¡A escribir!

Patrimonio mundial Una de las misiones de la UNESCO es promover la protección del patrimonio mundial, cultural y natural de la humanidad. Para ello, ha creado una lista de áreas protegidas por su valor histórico o natural. Varias áreas naturales de Cuba se encuentran en este listado. En grupos de cuatro, elijan una de estas dos áreas para preparar un afiche informativo.

Valle de Viñales
Parque Nacional Alejandro de Humboldt

A. Investiguen acerca del sitio elegido. Usen estas preguntas como guía: ¿Dónde está el lugar que eligieron? ¿Cuáles son sus características? ¿Por qué fue declarado patrimonio mundial? ¿Tiene sólo valor natural o es importante por su cultura e historia?

B. Preparen un afiche informativo sobre el lugar elegido. Incluyan un título, recuadros con texto, mapas e imágenes con epígrafes (*captions*).

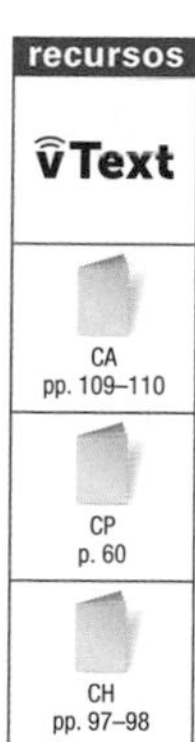

Instructional Resources
vText
Cuaderno de actividades comunicativas, pp. 109–110
Cuaderno de práctica, p. 60
Cuaderno para hispanohablantes, pp. 97–98
Testing Program CD

Teaching Tips

¡A conversar!

- For Part A, have students write a list of recommendations for how to care for their pet. Ex: **Es importante que saques a pasear al cocodrilo cada día. Dale de comer a las cinco de la tarde.**
- Ask students to list the qualities their friend should have in order to care for his or her pet properly. Ex: **Tiene que ser paciente y responsable.**
- For Part B, ask the expansion question: **¿Existen animales domésticos que requieran más atención que otros? Da ejemplos.** (Possible answers: **dálmata, hurón, conejo,** etc.)

Mascotas Exóticas Partner Chat You can also assign activity A on the Supersite. Students work in pairs to record the activity online. The pair's recorded conversation will appear in your gradebook.

21st CENTURY SKILLS

¡A conversar! Collaboration If you have access to students from a Spanish-speaking country, have your students ask them what kinds of pets are common in their country.

¡A escribir!

- Before students begin writing, have them visit the **UNESCO** website and read the criteria for choosing World Heritage sites.
- In preparation for creating the poster, encourage students to map their ideas.

TEACHING OPTIONS

Analysis and Evaluation After completing Part B of **Actividad 1,** ask students to choose one topic and write a persuasive paragraph. Model the structure of presenting two or three points with supporting information and refuting counterpoints also with supporting information.

CRITICAL THINKING

Application and Synthesis As an alternative to the **¡A escribir!** activity, assign two student groups one of the Cuban parks. Then ask the other groups to choose a different location from the UNESCO website. When students complete their posters, display them in the room and allow time for members of the groups to take turns explaining their poster and viewing others' posters.

Instructional Resources
vText
Supersite/TRCD: Testing Program (Testing Program MP3 Audio Files)
Textbook CD
Audio Activities CD
Testing Program CD

Teaching Tips

- Ask students to find the flashcards they made at the beginning of the unit. Then ask them to add any new words they have learned throughout the unit.
- Once students have their flashcards made, encourage pairs to play the game **¡Guerra!** in which each partner holds his or her deck of flashcards. On the count of three, each partner flips one card over, picture side up. The first person to say both Spanish words wins both cards. If no one says the words correctly, both people take their cards back and put them at the bottom of their pile, noting the vocabulary words they missed for next time.
- Encourage students to pick 20 of the most useful words—words that they think they will have to know or that apply to subjects that interest them. Have them write sentences using those words.
- Play a game of Win, Lose, or Draw. Divide the class into two teams. Have a member from each team come to the board. Secretly give them a vocabulary word that can be represented visually. Then the members draw a picture that represents the word. The first team to guess the word gets a point.

21st CENTURY SKILLS

Creativity and Innovation
Ask students to prepare a presentation about environmental conservation using lesson vocabulary and grammar.

6 VOCABULARIO

Audio: Vocabulary Flashcards

La naturaleza

el árbol	*tree*
el arrecife	*reef*
el bosque (lluvioso)	*(rain) forest*
el campo	*countryside; field*
la cordillera	*mountain range*
la costa	*coast*
el desierto	*desert*
el mar	*sea*
la montaña	*mountain*
el paisaje	*landscape; scenery*
la tierra	*land; earth*
húmedo/a	*humid; damp*
seco/a	*dry*
a orillas de	*on the shore of*
al aire libre	*outdoors*

Los animales

el ave (f.)/ el pájaro	*bird*
el cerdo	*pig*
el conejo	*rabbit*
el león	*lion*
el mono	*monkey*
la oveja	*sheep*
el pez	*fish*
la rana	*frog*
la serpiente	*snake*
el tigre	*tiger*
la vaca	*cow*
atrapar	*to trap; to catch*
cazar	*to hunt*
dar de comer	*to feed*
extinguirse	*to become extinct*
morder (o:ue)	*to bite*
en peligro de extinción	*endangered*
salvaje	*wild*
venenoso/a	*poisonous*

Los fenómenos naturales

el huracán	*hurricane*
el incendio	*fire*
la inundación	*flood*
el relámpago	*lightning*
la sequía	*drought*
el terremoto	*earthquake*
la tormenta (tropical)	*(tropical) storm*
el trueno	*thunder*

El medio ambiente

el calentamiento global	*global warming*
la capa de ozono	*ozone layer*
el combustible	*fuel*
la contaminación	*pollution; contamination*
la deforestación	*deforestation*
el desarrollo	*development*
la erosión	*erosion*
la fuente de energía	*energy source*
el medio ambiente	*environment*
los recursos naturales	*natural resources*
agotar	*to use up*
conservar	*to conserve; to preserve*
contaminar	*to pollute; to contaminate*
contribuir (a)	*to contribute*
desaparecer	*to disappear*
destruir	*to destroy*
malgastar	*to waste*
proteger	*to protect*
reciclar	*to recycle*
resolver (o:ue)	*to solve*
dañino/a	*harmful*
desechable	*disposable*
renovable	*renewable*
tóxico/a	*toxic*

Más vocabulario

Expresiones útiles	*Ver p. 209*
Estructura	*Ver pp. 216–217, 220–221 y 224–225*

Cinemateca

la cisterna	*cistern; underground tank*
la salida	*exit*
el tanque	*tank*
la tubería	*piping*
el/la vándalo/a	*vandal*
acabarse	*to run out; to come to an end*
descuidar(se)	*to get distracted; to neglect*
disculparse	*to apologize*
quedarse sin	*to run out of*
envenenado/a	*poisoned*
resentido/a	*resentful*
sobre todo	*above all*

Literatura

la esperanza	*hope*
la prisa	*hurry; rush*
disponerse a	*to be about to*
florecer	*to flower*
oscurecer	*to darken*
prever	*to foresee*
sacrificar	*to sacrifice*
salvar	*to save*
aislado/a	*isolated*
digno/a	*worthy*
valioso/a	*valuable*

Cultura

el bombardeo	*bombing*
el ecosistema	*ecosystem*
la especie	*species*
el/la manifestante	*protester*
el monte	*mountain*
la pureza	*purity*
el refugio	*refuge*
el terreno	*land*
el veneno	*poison*
ambiental	*environmental*

DIFFERENTIATION

For Inclusion Give small groups of students each a pile of pictures from the **Contextos** opening activity. Encourage them to sort the pictures according to categories, and then label the categories and the pictures. Students can use the categories provided in the **Vocabulario** section or make up their own. Ask each group to share its pictures, categories, and labels with the class.

DIFFERENTIATION

To Challenge Students Ask discussion and summary questions about nature and the environment. Ex: **¿Qué importancia tiene la naturaleza en tu vida diaria? ¿Crees que a veces se exageran los problemas del medio ambiente? ¿O que no se les presta suficiente atención? ¿Por qué piensas así?**

La tecnología y la ciencia

Contextos

Fotonovela

Enfoques
Argentina

Estructura

Cinemateca

Lecturas

Atando cabos

Communicative Goals

VOICE BOARD

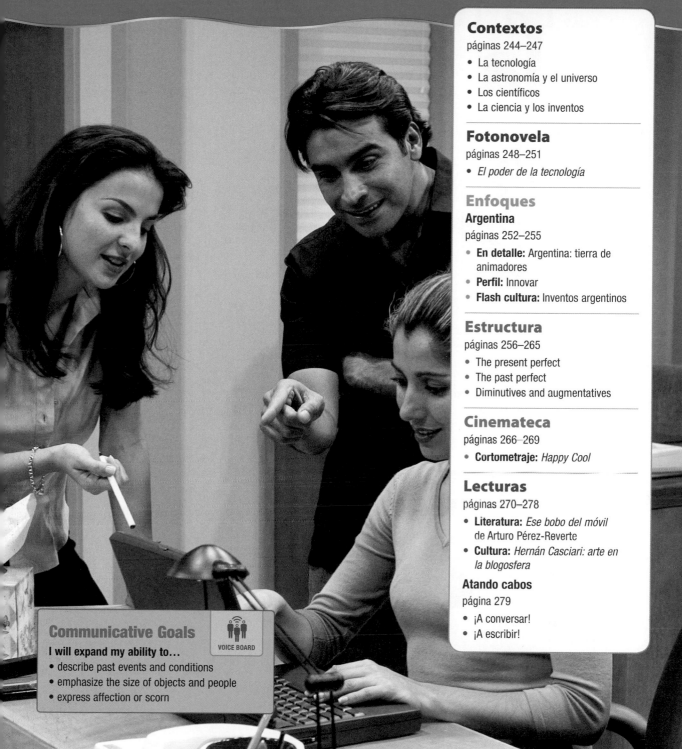

I will expand my ability to...
- describe past events and conditions
- emphasize the size of objects and people
- express affection or scorn

Lesson Goals

In **Lección 7**, students will be introduced to the following:
- vocabulary for talking about technology, astronomy and the universe, science professions, and scientific inventions
- phrases for expressing size and what has happened
- Argentina's history of innovation in animated film
- watch a video about inventions from Argentina
- technology terms from different countries
- the present perfect tense
- the past perfect tense
- diminutives and augmentatives
- the short film ***Happy Cool***
- **Arturo Pérez-Reverte's** article ***Ese bobo del móvil***
- **Hernán Casciari's blogonovelas**

21st CENTURY SKILLS

Initiative and Self-Direction Students can monitor their progress online using the Supersite activities and assessments.

A primera vista Have students look at the photo. Ask: **¿Dónde están estas personas? ¿Qué hacen? ¿Piensas que están en línea? ¿Qué efecto podría tener Internet sobre el trabajo científico mundial?**

INSTRUCTIONAL RESOURCES

DESCUBRE 3 Supersite: vhlcentral.com

Teacher Materials
DVDs (*Fotonovela, Flash cultura,* Film Collection); Teacher's Resource CD-ROM (Scripts, Answer Keys, Grammar Slides, Presentation PDFs, Testing Program); Testing Program, Textbook, Audio Activities CDs; Supersite: Resources (Planning and Teaching Resources from Teacher's Resource CD-ROM), Learning Management System (Gradebook, Assignments), Lesson Plans

Student Materials
Print: Student Book, Workbooks (*Cuaderno de actividades comunicativas, Cuaderno de práctica, Cuaderno para hispanohablantes*)

Technology: **vText**, *e-Cuaderno* and Supersite (Audio, Video, Practice)

Testing Program also available in print

Voice boards on the Supersite allow you and your students to record and share up to five minutes of audio. Use voice boards for presentations, oral assessments, discussions, directions, etc.

Section Goals

In **Contextos**, students will learn and practice:

- vocabulary for talking about technology, astronomy and the universe, science professions, and scientific inventions
- listening to an audio speech and a conversation containing new vocabulary

Communication 1.2
Comparisons 4.1

Instructional Resources
vText
Cuaderno de actividades comunicativas, p. 83
Cuaderno de práctica, pp. 61–62
Cuaderno para hispanohablantes, pp. 99–100
e-Cuaderno
Supersite: Textbook, Vocabulary, & Audio Activities MP3 Audio Files
Supersite/TRCD: Presentation PDF #46, Textbook Audio Script, Audio Activities Script, Answer Keys
Textbook CD
Audio Activities CD

Teaching Tips

- Preview the technology vocabulary. Have students look at the photo of **Gisela** as you read the caption. Use the vocabulary to ask students questions about their Internet use.
- Point out that **ovni** is short for **objeto volador no identificado.** Ask some silly questions. Ex: **¿Alguna vez has visto un ovni? ¿Conoces a un extraterrestre?**
- Ask students to name revolutionary discoveries or inventions that have been made during their lifetimes.

Extra Practice In pairs, have students think of the top three problems they would solve through inventions and share them with the class.

La tecnología y la ciencia

La tecnología

Gisela se pasa largas horas frente a su **computadora portátil navegando en la red**, leyendo **blogs** y **descargando** su música preferida.

la arroba *@ symbol*
el blog *blog*
el buscador *search engine*
la computadora portátil *laptop*
la contraseña *password*
el corrector ortográfico *spell checker*
la dirección de correo electrónico *e-mail address*
la informática *computer science*
Internet *Internet*
el mensaje (de texto) *(text) message*
la página web *web page*
el programa (de computación) *software*
el reproductor de CD/DVD/MP3 *CD/DVD/MP3 player*
el (teléfono) celular *cell phone*

adjuntar (un archivo) *to attach (a file)*
borrar *to erase*
descargar *to download*
guardar *to save*
navegar en la red *to surf the web*

digital *digital*
en línea *online*
inalámbrico/a *wireless*

La astronomía y el universo

el agujero negro *black hole*
el cohete *rocket*
el cometa *comet*
el espacio *space*
la estrella (fugaz) *(shooting) star*
el/la extraterrestre *alien*
la gravedad *gravity*
el ovni *UFO*

el planeta *planet*
el telescopio *telescope*
el transbordador espacial *space shuttle*

Los científicos

el/la astronauta *astronaut*
el/la astrónomo/a *astronomer*
el/la biólogo/a *biologist*
el/la científico/a *scientist*
el/la físico/a *physicist*
el/la ingeniero/a *engineer*
el/la matemático/a *mathematician*
el/la (bio)químico/a *(bio)chemist*

LEARNING STYLES

For Auditory Learners In small groups, have students take turns naming their favorite Internet sites, giving the URL for each. Which sites do they visit to download music? Photos? What programs do they use to surf the web? For e-mail?

LEARNING STYLES

For Kinesthetic Learners Divide the class into groups of four to act out a talk show in which three scientists talk about their revolutionary work; the fourth student is the host. They should say what they have been investigating and what they have discovered, using at least five of the vocabulary words. For a **Technology Connection**, have students videotape their presentation and share it with the class.

Práctica

La ciencia y los inventos

Los científicos han realizado incontables **experimentos** con el **ADN** humano, los cuales han sido esenciales para los **avances revolucionarios** de las últimas décadas.

el ADN (ácido desoxirribonucleico) *DNA*
el avance *advance; breakthrough*
la célula *cell*
el desafío *challenge*
el descubrimiento *discovery*
el experimento *experiment*
el gen *gene*
el invento *invention*
la patente *patent*
la teoría *theory*

clonar *to clone*
comprobar (o:ue) *to prove*
crear *to create*
fabricar *to manufacture; to make*
formular *to formulate*
inventar *to invent*

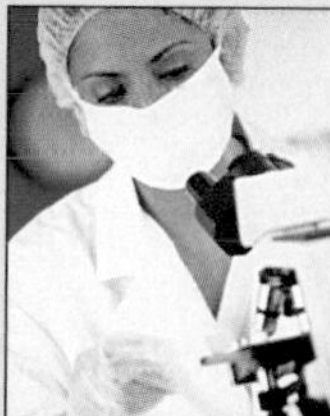

investigar *to investigate; to research*

avanzado/a *advanced*
(bio)químico/a *(bio)chemical*
especializado/a *specialized*
ético/a *ethical*
innovador(a) *innovative*
revolucionario/a *revolutionary*

recursos

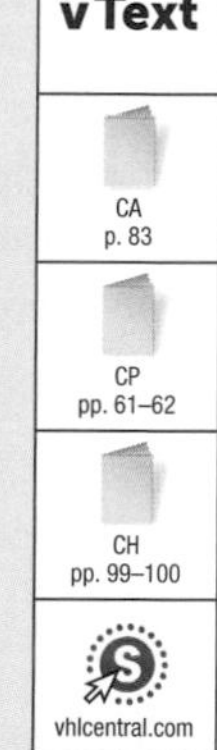

vText
CA p. 83
CP pp. 61–62
CH pp. 99–100
vhlcentral.com

1 Escuchar

A. Escucha lo que dice Mariana Serrano y luego decide si las oraciones son **ciertas** o **falsas**. Corrige las falsas.

1. Mariana Serrano es la presidenta de la Asociación de Ingenieros de Mar del Plata. **Falso.** Mariana Serrano es la presidenta de la Asociación Científica de Mar del Plata.
2. Mariana Serrano reflexiona sobre los desafíos del futuro. **Cierto.**
3. No hay dinero para investigar nuevas medicinas. **Falso.** Hay bastante dinero para investigar nuevas medicinas.
4. Carlos Obregón es astrónomo. **Falso.** Carlos Obregón es biólogo.

B. Escucha la conversación entre Carlos Obregón y Mariana Serrano y contesta las preguntas.

1. ¿Qué le ha pasado a Carlos? A Carlos se le cayó la computadora portátil y perdió los documentos de la conferencia.
2. ¿De qué sabe mucho el amigo de Carlos? Sabe mucho de informática.
3. ¿Qué adjuntó el amigo de Carlos en el correo electrónico? Un archivo.
4. ¿Dónde escribe Mariana casi todos los días? Mariana escribe en un blog casi todos los días.
5. ¿Qué le tiene que dar Mariana a Carlos? Mariana le tiene que dar la dirección de la página web.
6. ¿Cómo se la va a dar Mariana? Mariana le va a dar la dirección en un mensaje de texto.

2 Definiciones Conecta cada descripción con la palabra correcta.

_e_ 1. Se utiliza en las direcciones de correo electrónico.
_f_ 2. Un objeto extraterrestre.
_d_ 3. Reproducir un ser vivo exactamente igual.
_b_ 4. Se utiliza para investigar en Internet.
_a_ 5. El vehículo que se utiliza para ir al espacio.
_c_ 6. Se utiliza para ver las estrellas.

a. cohete
b. buscador
c. telescopio
d. clonar
e. arroba
f. ovni

Communication 1.1

(A) Audio Script
PRESENTADOR Con todos ustedes Mariana Serrano, la presidenta de la Asociación Científica de Mar del Plata.
MARIANA Bienvenidos a la Quinta Conferencia de Genética de Mar del Plata. Antes de iniciar la conferencia quiero hacer unas reflexiones sobre los desafíos que todos los científicos tenemos por delante. La comunidad científica ha hecho algunos descubrimientos revolucionarios en el campo del ADN que cambian totalmente la visión que teníamos del gen humano. Estos últimos años también hemos hecho muchos avances en el estudio de algunas enfermedades genéticas y hemos conseguido bastante dinero para investigar nuevas medicinas. Se han publicado algunos artículos muy interesantes en revistas especializadas sobre todos estos temas. Todos estos éxitos nos deben alegrar y estimular para seguir trabajando, pero también nos deben recordar que tenemos una gran responsabilidad en nuestras manos, que el futuro de la ciencia nunca debe separarse de la ética.
Hoy empezamos la Quinta Conferencia de Genética con la presencia del famoso biólogo Carlos Obregón, que va a tratar este tema con más detalle…
Textbook CD

(B) Audio Script
MARIANA Me ha gustado mucho tu conferencia.
CARLOS ¿De verdad? Pues he tenido muchos problemas. ¿Sabes lo que me ha pasado? Ayer por la tarde, se me cayó al suelo la computadora portátil y así perdí todos los documentos para la conferencia.
(Script continues on page 246.)

DIFFERENTIATION

To Challenge Students In small groups, have students log on to a science site, such as the Cold Spring Harbor Lab's Dolan DNA Learning Center, choose a DNA summer camp program that interests them, and write a short description of it in Spanish. Refer them to an online Spanish-English dictionary to look up new terms, as needed. Have them peer-edit one another's work, then present their findings to the class.

DIFFERENTIATION

Heritage Speakers Ask heritage speakers to review the vocabulary lists for terms that are different from those used in their families' countries of origin. For expansion, have pairs of students choose a scientist from one of their families' home countries and use print or online resources to find out what subject that scientist is currently researching. Have them share their findings with the class.

(B) Audio Script (continued)
MARIANA ¿Y qué hiciste?
CARLOS Menos mal que tengo un amigo que sabe mucho de informática y me ayudó. Él pudo recuperar el documento porque yo lo había guardado en la computadora de mi laboratorio. Le di mi contraseña y me adjuntó el archivo en un correo electrónico. He estado nerviosísimo.
MARIANA Pues no te preocupes, que has estado muy bien. No sé qué haríamos hoy día sin Internet. ¿Te imaginas? Yo ya no recuerdo cómo era mi vida antes. Yo incluso tengo un blog en el que escribo casi todos los días.
CARLOS ¿Sí? Me tienes que dar la dirección de la página web. Me encantaría leer lo que escribes.
MARIANA De acuerdo, mira, te mando la dirección en un mensaje de texto. ¿Hablamos después? Podemos quedar para tomar un café, ahora tengo que hablar con los demás invitados.
CARLOS Nos vemos después, entonces. ¡Chau!
Textbook CD

Teaching Tips

3 Have students create additional items, then exchange them with a classmate. After students answer the new items, have them confirm the answers with their classmate. Then have students do the same after completing **Actividad 4**.

5 To simplify, have pairs create the definitions.

Práctica

3 No pertenece Identifica la palabra que no pertenece al grupo.

1. ADN–célula–buscador–gen
2. astronauta–red–cohete–espacio
3. descargar–adjuntar–guardar–clonar
4. descubrimiento–gravedad–avance–invento
5. bioquímico–avanzado–revolucionario–innovador
6. científico–biólogo–extraterrestre–ingeniero

4 Para... se necesita... ¿Qué se necesita para hacer lo siguiente? Añade el artículo correcto: **un** o **una**.

buscador	corrector ortográfico	matemático	teléfono celular
computadora portátil	desafío	patente	telescopio
contraseña	experimento	reproductor	teoría

1. Para encontrar una lista de sitios web se necesita un buscador.
2. Para ver un DVD se necesita un reproductor.
3. Para navegar en la red en la playa se necesita una computadora portátil.
4. Para hacer una llamada en un autobús se necesita un teléfono celular.
5. Para escribir sin errores en la computadora se necesita un corrector ortográfico.
6. Para proteger la información de la computadora se necesita una contraseña.
7. Para demostrar que uno es el inventor de un objeto se necesita una patente.
8. Para observar la Luna y las estrellas desde la Tierra se necesita un telescopio.

5 Definiciones Primero, elige cinco palabras de la lista y escribe una definición para cada una. Luego, en parejas, túrnense para leerse las definiciones y adivinar de qué palabra se trata.

MODELO —Es un diario en Internet donde se pueden escribir los pensamientos y opiniones personales.
—Es un **blog.**

astronauta	digital	invento
astrónomo/a	en línea	navegar en la red
biólogo/a	experimento	patente
borrar	físico/a	teléfono celular
descargar	gen	teoría

 Practice more at **vhlcentral.com.**

LEARNING STYLES

For Auditory Learners Have small groups discuss problems they have had with computers. Have pairs write a short telephone conversation between two friends in which one experiences a technological disaster, and the other resolves it. Then, have each pair sit back-to-back and role-play their conversation for the class.

LEARNING STYLES

For Visual Learners Have students work in pairs and make flashcards of the vocabulary listed in **Actividad 4**. They should take turns showing each other the card and identifying it.

Comunicación

6 **Actualidad científica** Parece que no hay límites en los avances científicos. ¿Qué opinas tú sobre el tema? Marca las afirmaciones con las que estés de acuerdo y comparte tus opiniones con un(a) compañero/a.

- ☐ 1. La clonación de seres humanos es una herramienta importante para luchar contra las enfermedades genéticas.
- ☐ 2. La clonación de seres humanos disminuirá (*will diminish*) nuestro respeto por la vida humana.
- ☐ 3. Es injusto que el gobierno invierta en programas para viajar a la Luna cuando hay gente que muere de hambre en la Tierra.
- ☐ 4. El exceso de estimulación visual y sonora de los videojuegos afecta el desarrollo de los niños.
- ☐ 5. Las redes sociales, como Facebook, favorecen las relaciones personales.
- ☐ 6. La gran cantidad de información en la red fomenta el aprendizaje (*learning*).

7 **Soluciones** En grupos de tres, den consejos a estas personas para solucionar sus situaciones. Utilicen la imaginación y tantas palabras del vocabulario como puedan.

- Un astrónomo ha detectado una tormenta espacial y piensa que puede ser peligroso mandar un cohete al espacio. No quiere que los astronautas estén en peligro. Sus jefes, sin embargo, no quieren cancelarlo porque, de lo contrario, saben que recibirán críticas en los periódicos.
- Celia ha escrito un mensaje de texto para su amiga, pero se lo ha enviado a su jefe por error. El mensaje decía: "Eva, ¡mi jefe está loco!" Celia necesita una solución antes de que sea demasiado tarde.

8 **Observaciones de la galaxia** Inspirándose en el dibujo, trabajen en parejas para escribir una historia breve. Utilicen por lo menos ocho palabras de **Contextos**. ¡Dejen volar la imaginación!

¿Quién era el hombre?
¿Dónde estaba?
¿Qué quería hacer?
¿Qué hecho inesperado sucedió?

PRE-AP*

Presentational Speaking Discuss some controversial issues involving technology. Ex: cloning, stem cell research, genetic engineering. Ask students to list more. Have them search online for two articles about one of these topics. Have students find and listen to a podcast in Spanish related to their area of interest. Have students take notes and present a two-minute talk, defending their position. If possible, another student takes the opposite side, so that the class can have a debate. If this is not possible, have a panel discussion in which each student speaks for two minutes. Say: **Vas a hablar durante dos minutos, citando los dos artículos y el podcast. Tienes que decir si apoyas el tema escogido o no y por qué.**

 Communication 1.1, 1.2

Teaching Tips

6 In groups of five, have students choose a moderator and divide themselves into two teams to debate the topic of biotechnology. One team should argue in favor of biotechnology and what it can do for society, and the other should argue against it. The moderator may use the items in **Actividad 6** to guide the debates. Ask students to use impersonal expressions with the subjunctive in their arguments. Ex: **Es malo que, es mejor que, es importante que…** After a specific amount of time, have the moderator conclude the debate, summarizing the two positions.

6 **Partner Chat** You can also assign activity 6 on the Supersite. Students work in pairs to record the activity online. The pair's recorded conversation will appear in your gradebook.

21st CENTURY SKILLS

6 **Technology Literacy** Ask students to prepare a digital presentation to show the preferences of the whole class for several of the items in this activity.

7 **Expansion** In pairs, have students role-play a conversation between the astronomer and his or her manager. For added drama, encourage them to make the manager cold-hearted and calculating.

8 Have pairs exchange their stories with another pair. Ask: **¿En qué se parecen y en qué se diferencian las dos historias? ¿Son creíbles o fantásticas?**

Extra Practice Have the pairs make a video of their story. The recording should contain the text, a reading of the text, and any visuals and music they would like to add.

Section Goals

In **Fotonovela**, students will:

- practice listening to authentic conversation
- learn functional phrases for expressing size and talking about what has happened

Communication 1.2
Cultures 2.1, 2.2

Instructional Resources
vText
Cuaderno de actividades comunicativas, pp. 43–44
e-Cuaderno
Supersite/DVD: *Fotonovela*
Supersite/TRCD: *Fotonovela*
Video Script & Translation, Answer Keys

Video Synopsis

- A new screen is delivered to the office.
- Johnny faints and everyone attempts to revive him.
- Johnny and Fabiola attempt to install the screen, causing a short circuit.
- Everyone contemplates the shortcomings of technology in the candle-lit conference room.

PRE-AP*

Interpretive Reading
Have students scan the text for technology-related vocabulary. Then have them predict what is happening and what the characters are discussing in the episode.

Teaching Tip Before showing the episode, write the four **Expresiones útiles** for expressing size on the board and go over meanings. In pairs, have students take turns using each expression in a sentence. Ask students to share any sentences they thought were exaggerated or funny.

7 FOTONOVELA

La oficina de la revista *Facetas* recibe una pantalla plana.

Video: *Fotonovela*
Record and Compare

PERSONAJES

AGUAYO

DIANA

1

HOMBRE 1 Aquí está la pantalla líquida que pidieron. Pues, tiene imagen digital, sonido de alta definición, control remoto universal y capacidad para conexión de satélite e Internet desde el momento de la instalación.

JOHNNY ¿Y está en esa caja tan grandota?

HOMBRE 1 Si es tan amable, me da su firmita en la parte de abajo, por favor.

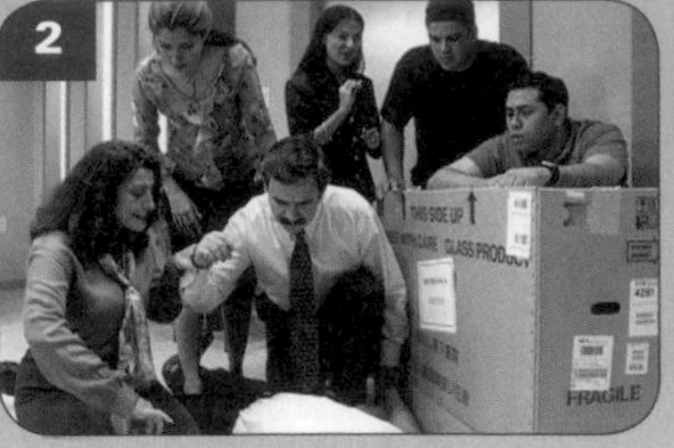

2

Johnny está en el suelo desmayado.

HOMBRE 2 ¿Por qué no piden una ambulancia?

MARIELA No se preocupe. Fue sólo una pequeñísima sobredosis de euforia.

HOMBRE 1 ¡Esto es tan emocionante! Nunca se había desmayado nadie.

FABIOLA No conocían a Johnny.

HOMBRE 2 Eso es lo que yo llamo "el poder de la tecnología".

3

ÉRIC Jefe, pruebe con esto a ver si despierta. (*Le entrega un poco de sal*).

AGUAYO ¿Qué se supone que haga?

ÉRIC Ábralo y páseselo por la nariz.

AGUAYO Esto no funciona.

DIANA Ay, yo conozco un remedio infalible.

ÉRIC ¡¿Qué haces?!

Diana le pone sal en la boca a Johnny. Johnny se despierta.

6

Más tarde... Johnny y Fabiola van a poner la pantalla en la pared.

AGUAYO Johnny, ¿estás seguro de que sabes lo que haces?

JOHNNY Tranquilo, jefe, no es tan difícil.

FABIOLA Es sólo un agujerito en la pared.

7

El teléfono suena.

MARIELA Revista *Facetas*, buenas tardes. Jefe, tiene una llamada de su esposa en la línea tres.

AGUAYO Pregúntale dónde está y dile que la llamo luego.

MARIELA Un segundito.

AGUAYO Estaré en mi oficina. No quiero ver este desorden.

8

Mientras trabajan, se va la luz.

FABIOLA ¡Johnny!

JOHNNY ¿Qué pasó?

FABIOLA ¡Johnny! ¡Johnny!

JOHNNY Está bien, está bien. Ahí viene el jefe.

AGUAYO No es tan difícil. Es sólo un agujerito en la pared... ¡No funciona ni el teléfono!

JOHNNY (*a Aguayo*) Si quiere, puede usar mi celular.

PRE-AP*

Interpersonal Speaking Tell students to choose the role of one of the **personajes** in the **Fotonovela** and call their parents to tell them what recently happened to them upon receiving a flat-screen television. Since their parents didn't answer the call, they must leave a voice-mail message. Tell them to use as much vocabulary from the chapter as possible, along with the present perfect or past perfect tense. Say: **Deja un mensaje para tus padres diciendo lo que ha pasado desde tu punto de vista.**

ÉRIC

FABIOLA

JOHNNY

MARIELA

HOMBRE 1

HOMBRE 2

4

JOHNNY ¿Sabían que en el transbordador espacial de la NASA tienen este tipo de pantallas?

MARIELA Espero que a ningún astronauta le dé por desmayarse.

AGUAYO ¿Dónde vamos a instalarla?

DIANA En esta pared, pero hay que buscar quien lo haga porque nosotros no tenemos las herramientas.

5

JOHNNY ¿Qué? ¿No tienes una caja (de herramientas)?

ÉRIC A menos que quieras pegar la pantalla con cinta adhesiva y luego ponerle aceite lubricante, no.

FABIOLA Hay una construcción allá abajo.

Johnny y Fabiola se van a buscar las herramientas.

9

Más tarde, en la sala de conferencias...

AGUAYO Rodeados de la mejor tecnología para terminar alumbrados por unas velas.

DIANA Nada ha cambiado desde los inicios de la humanidad.

10

MARIELA Hablando de cosas profundas... ¿Alguna vez se han preguntado adónde se va la luz cuando se va?

Expresiones útiles

Expressing size

Si es tan amable, ¿me da su firmita?
Would you please sign? (Lit. If you were so kind, would you give me your little signature?)
Fue sólo una pequeñísima sobredosis de euforia.
It was just a tiny overdose of euphoria.
Un segundito.
Just a second. (Lit. A tiny second.)
¿Y está en esa caja tan grandota?
And is it in that really big box?

Talking about what has/had happened

Nada ha cambiado.
Nothing has changed.
¿Alguna vez se han preguntado...?
Have you ever asked yourselves...?
Nada había cambiado.
Nothing had changed.
Nunca se había desmayado nadie.
No one had ever fainted before.

Additional vocabulary

el agujerito *small hole*
alta definición *high definition*
la conexión de satélite *satellite connection*
el control remoto universal *universal remote control*
el desorden *disorder; mess*
funcionar *to work*
la herramienta *tool*
la imagen *image*
instalar *to install*
la luz *power; electricity*
la pantalla (plana) *(flat) screen*
rodeado/a *surrounded*

recursos

v Text | CA pp. 43–44 | vhlcentral.com

Teaching Tips

- **Variación léxica**
  la conexión de satélite → la conexión satelital; el control remoto universal → el mando universal (Esp.); el desorden → el caos, el desbarajuste
- Ask students their opinions on the latest screen technology and on the ideal screen sizes and resolutions for individual computers.
- Have students, in pairs, write two or more alternatives to the final sentence in the video: **¿Alguna vez se han preguntado...?**

NATIONAL STANDARDS

Connections: Science/ Technology Have interested students research and compile lists of additional scientific and technological terms that correspond to ones they are learning in their science classes. Ask them to compare the terms between the two languages and analyze the differences and similarities. How many of the terms are cognates with English? How many are different? What else do students notice?

Communities Have students locate Spanish-language advertisements for electronic devices on the Internet or in print. Encourage them to identify sources from different countries or regions. Have them create map posters that indicate which terms are used in which region or country.

DIFFERENTIATION

Heritage Speakers Ask heritage learners to review the **Expresiones útiles** and share other words and expressions used in their families' countries of origin. Have the class decipher the literal meaning of each expression. Then have classmates offer equivalent English-language expressions they might use. You may wish to give extra credit to students who research the origin of the expression.

DIFFERENTIATION

For Inclusion Remind students how helpful cognates can be when they preview the **Fotonovela**. Point out a few, such as **digital, definición, control remoto, satélite, instalación.** Have students work in pairs to list all the cognates they can find in the script within a set period of time, such as five minutes. Then, have them share and compare their lists.

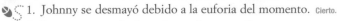

Communication 1.1, 1.2

Teaching Tips

1 Expansion Have students, in pairs, each write four additional true/false statements about the video. Have them exchange papers and write **cierto** or **falso** for each statement.

2 In pairs, have students take turns rephrasing each statement as a question using **¿Por qué?** Ex: **¿Por qué alguien propone pedir una ambulancia?** Partners respond with the correct answer.

3 Extra Practice In groups of four, have students divide themselves into two pairs. One pair should research satellite offerings, while the other researches cable offerings in their community (what companies offer in terms of service, costs, and programming choices). Then, as a group, have them create a Venn diagram that a prospective customer could use to decide which service to order.

Comprensión

1 ¿Cierto o falso? Indica si las oraciones son **ciertas** o **falsas**.

1. Johnny se desmayó debido a la euforia del momento. Cierto.
2. La nueva tecnología no impresiona a nadie. Falso.
3. Aguayo está preocupado por lo que hace Johnny. Cierto.
4. A pesar de los avances de la tecnología, las velas son prácticas. Cierto.
5. Según Diana, sus remedios nunca funcionan. Falso.

2 Razones Elige el final lógico para cada oración.

e 1. Alguien propone pedir una ambulancia porque	a. no tienen herramientas.
c 2. Éric le explica a Aguayo cómo despertar a Johnny porque	b. no hay luz.
a 3. Diana propone buscar a alguien para instalar la pantalla porque	c. Aguayo no sabe cómo hacerlo.
d 4. Aguayo se encierra en su oficina porque	d. no quiere ver el desorden.
b 5. Los empleados alumbran la oficina con velas porque	e. Johnny se desmayó.

3 Definiciones Busca en la **Fotonovela** la palabra que corresponda a cada definición.

control remoto universal 1. Artefacto que permite controlar a distancia distintos aparatos electrónicos.

instalar 2. Poner o colocar algo en un lugar adecuado.

transbordador espacial 3. Vehículo que viaja por el espacio.

herramientas 4. Instrumentos que generalmente se usan para instalar o para arreglar algo.

Internet 5. Red informática mundial formada por la conexión directa entre las computadoras.

conexión de satélite 6. Sistema inalámbrico de televisión que incluye acceso a gran variedad de películas, eventos deportivos y noticias internacionales.

4 ¿Por qué lo dicen? En parejas, expliquen a qué se refieren los personajes de la **Fotonovela** en cada cita (*quote*).

1. **HOMBRE** Eso es lo que yo llamo "el poder de la tecnología".
2. **MARIELA** Fue sólo una pequeñísima sobredosis de euforia.
3. **AGUAYO** ¿Estás seguro de que sabes lo que haces?
4. **DIANA** Nada ha cambiado desde los inicios de la humanidad.
5. **AGUAYO** ¡No funciona ni el teléfono!
6. **DIANA** Yo conozco un remedio infalible.

Practice more at **vhlcentral.com.**

DIFFERENTIATION

For Inclusion For **Actividad 4**, have students work in pairs and take turns reading each statement and finding the answer in the script on pages 248–249. Then, have them view the episode again and take notes on the tone of voice used in each statement. Have them repeat the statements, imitating the intonation.

DIFFERENTIATION

To Challenge Students Have groups of four divide themselves into two pairs. Each team of two should review the script on pages 248–249, find four quotes not used in **Actividad 4**, and write a definition for each on a card. Then, have the teams exchange cards and write the answer for each expression. The team that finishes—and has the greatest number of correct answers—wins.

Ampliación

5 ¿Adicto a Internet? Conversa con tu compañero/a sobre estas preguntas y luego decide si él/ella es adicto/a a Internet.

1. ¿Cuántas cuentas de correo electrónico tienes? ¿Con qué frecuencia la chequeas?
2. ¿Dejas de hacer las tareas de clase o trabajo por pasar más tiempo navegando en Internet? ¿Por qué? Explica con ejemplos.
3. ¿Visitas sitios de *chat*? ¿Cuáles? ¿Con quién(es) hablas? ¿Piensas que es más divertido chatear que charlar en persona?
4. Si se corta la conexión a Internet por más de tres días, ¿cómo te sientes?, ¿te pones ansioso/a?, ¿permaneces indiferente? Explica con ejemplos.
5. Si necesitas hablar con un(a) amigo/a que vive cerca, ¿prefieres chatear o ir directamente a su casa?

6 Apuntes culturales En parejas, lean los párrafos y contesten las preguntas.

Los cibercafés

¡Johnny podrá usar la nueva pantalla para navegar por Internet! En Hispanoamérica, fuera de la casa y el trabajo, los **cibercafés** son sitios muy populares para acceder a Internet. Además, es un punto de encuentro entre amigos, ya que se sirve café y comida. ¿Seguirá yendo Johnny a los cibercafés o ahora llevará a sus amigos a la oficina?

Los mensajes de texto

Johnny le prestó el celular a Aguayo para que se comunicara con su esposa. Si viviera en Argentina, seguramente haría como la mayoría de los argentinos y le enviaría un **mensaje de texto** a su esposa diciendo: "tamos sin luz n l ofi. dsps t llamo" (Estamos sin luz en la oficina. Después te llamo). ¡Ojalá que el jefe no le gaste todos los minutos a Johnny!

La conexión satelital

Con conexión satelital, Johnny podrá acceder a canales de todo el mundo. De igual modo, muchos inmigrantes hispanos en los EE.UU. pueden seguir en contacto con sus países de origen gracias a este servicio: los ecuatorianos pueden mirar **ECUAVISA Internacional** y los peruanos, **Sur Perú**.

1. ¿Has estado en algún cibercafé? ¿Cuándo? ¿Dónde? ¿Son comunes los cibercafés donde tú vives? ¿Dónde te conectas habitualmente?
2. Muchos jóvenes prefieren enviar mensajes de texto en lugar de llamar por teléfono. ¿Tú mandas mensajes de texto? ¿A quiénes? ¿Cuántos por día?
3. ¿Existe en tu cultura un lenguaje especial para los mensajes de texto? Explica con varios ejemplos.
4. ¿Cuántos canales de televisión tienes en tu casa? ¿Cuáles son los que miras más a menudo?

PRE-AP*

Interpersonal Writing Explain that, in many Spanish-speaking countries, students spend much time in Internet cafés because they may not have an Internet connection at home. Tell students to imagine that they are studying abroad in Buenos Aires or Santiago de Chile. They want to send an e-mail to their Spanish teacher back home, telling him or her what a wonderful experience they are having. Instruct them: **Vas a mandarme un mensaje electrónico contándome todos los detalles de tu experiencia: cómo es la familia con la que vives, las asignaturas que estudias, etc. ¡Hazme preguntas sobre lo que pasa aquí!**

Communication 1.1, 1.2

Teaching Tips

5 Virtual Chat You can also assign activity 5 on the Supersite. Students record individual responses that appear in your gradebook.

5 Expansion Hold a class discussion about the use of cell phones.

5 Ask students to write about how communicating online affects the way they act, compared to face-to-face communication.

5 Expansion In groups of five, have students role-play a talk show on **La influencia del Internet sobre nuestros niños: ¿mala o buena?** The student playing the talk show host can use questions in **Actividad 5** to direct the conversation.

NATIONAL STANDARDS

Communities Have students search the Internet for sites advertising **cibercafés**. Have them compare the services and prices offered, then ask them to rate the **cibercafés** on categories such as price, hours open, and services.

NATIONAL STANDARDS

Communities Have students do research to learn about current abbreviations used in text messages. Have them design a handout for classmates to teach them to send text messages in Spanish.

NATIONAL STANDARDS

Communities Ask students to obtain information from local cable and satellite companies about their Spanish-language programming. Many will have brochures or web pages in Spanish for their Spanish-speaking customers. Have students study the information and explain it to the class.

Section Goals

In **Enfoques,** students will:

- learn about Argentina's history of innovation in animated film
- learn technology terms from different countries
- watch a video about inventions from Argentina

Communication 1.2
Cultures 2.1, 2.2
Connections 3.1, 3.2
Comparisons 4.2

21st CENTURY SKILLS

Global Awareness
Students will gain perspectives on the Spanish-speaking world to develop respect and openness to others and to interact appropriately and effectively with citizens of Spanish-speaking cultures.

Instructional Resources
vText
Cuaderno para hispanohablantes, p. 102
Supersite/DVD: *Flash cultura*
Supersite/TRCD: *Flash cultura*
Video Script & Translation

Teaching Tip Preview the reading by asking students about animation. Ex: **¿Qué dibujos animados les gustaban cuando eran niños?**

NATIONAL STANDARDS
Connections: Art Have students learn more about Cristiani and other animation artists from the Spanish-speaking world, and prepare brief presentations for the class.

Reading, Additional Reading

En detalle

ARGENTINA

ARGENTINA: TIERRA DE ANIMADORES

Indudablemente°, todos pensamos en Walt Disney como el gran creador y el pionero del cine de animación, pero no estuvo solo durante esos primeros años; artistas de muchos países experimentaron con nuevas técnicas cinematográficas. El argentino Quirino Cristiani fue uno de ellos y, aparte de ser el primero en crear un largometraje de animación, *El Apóstol* (1917), inventó y patentó una cámara especial para este tipo de cine. Ésta tenía forma de torre° y se manejaba con los pies, hecho que le permitía usar las manos para crear el movimiento de los dibujos. Cristiani fue, también, el primero en poner sonido a una cinta animada de larga duración, *Peludópolis* (1931). Desafortunadamente, todas sus películas, excepto *El mono relojero*, fueron destruidas a causa de dos incendios° en los años 1957 y 1961.

Hijitus

El éxito argentino en el mundo de la animación no se acabó con esta catástrofe. El auge de la animación en Argentina se produjo en los años 60 y 70, cuando el historietista Manuel García Ferré, un español naturalizado argentino, llevó a la pantalla televisiva a su personaje *Hijitus*. Ésta fue la primera y la más exitosa serie televisiva animada de América Latina. Hijitus es un niño de la calle que vive en la ciudad de Trulalá, asediada° por personajes malvados°, como la Bruja Cachavacha y el Profesor Neurus. Para luchar contra Neurus y su pandilla°, Hijitus se convierte en Súper Hijitus. García Ferré es también el creador de otros éxitos televisivos y cinematográficos, como *Petete, Trapito, Calculín, Ico* y *Manuelita*.

Entre la nueva generación de animadores, se destaca° Juan Pablo Zaramella, un joven creador de enorme proyección internacional. Zaramella realiza muchas de sus películas usando plastilina° y el método *stop-motion*. Su corto *Viaje a Marte* ha recibido más de cincuenta premios en todo el mundo. ■

Diferentes técnicas del cine de animación

Dibujos animados Cada fotograma de la película es un dibujo diferente. Se combinan los dibujos para crear la idea de movimiento.

Stop-motion Los escenarios y personajes están hechos en tres dimensiones, normalmente con plastilina. En el caso de la técnica *claymation* (subcategoría del *stop-motion*), se van moviendo los objetos y se toman fotos de los movimientos.

Animación por computadora Se generan imágenes en diferentes programas de computadora.

Indudablemente *Undoubtedly* **torre** *tower* **incendios** *fires* **asediada** *besieged* **malvados** *evil* **pandilla** *gang* **se destaca** *stands out* **plastilina** *modeling clay*

PRE-AP*

Presentational Writing and Synthesis of Skills Have students research two of the animators or pioneers mentioned on pages 252–253. As they read, they should take notes regarding the lives of these two individuals. Finally, they will prepare an essay of 200 words in which they compare and contrast the lives of these two people. Correct the essay according to the most recent AP rubrics. Tell them: **Ustedes van a escribir una composición de 200 palabras en la cual comparan y contrastan las vidas y los hechos de los dos animadores o pioneros que han escogido.**

ASÍ LO DECIMOS

Animación y computación

las caricaturas (Col., Méx.) *cartoons*
los dibujitos (Arg.) *cartoons*
los muñequitos (Cu.) *cartoons*
las películas CG *CG movies*

la laptop (Amér. L.) *laptop*
la notebook (Arg.) *laptop*
el portátil (Esp.) *laptop*

el computador (Col. y Chi.) *computer*
el ordenador (Esp.) *computer*

el mouse (Amér. L.) *mouse*
el ratón (Esp. y Pe.) *mouse*

EL MUNDO HISPANOHABLANTE

Otros pioneros hispanos

La televisión de hoy no sería lo mismo sin la contribución de Guillermo González Camarena. Este ingeniero mexicano, nacido en 1917 en Guadalajara, recibió a los 22 años de edad una patente estadounidense por el primer **televisor a color** de la historia.

Ellen Ochoa, una mujer nacida en California de ascendencia mexicana que de niña soñó con ser flautista, se ha convertido en **la primera astronauta hispana** en trabajar para la NASA. También ha obtenido tres patentes por inventos relacionados con **sistemas ópticos de análisis**.

Durante la década de los 50, el ingeniero chileno Raúl Ramírez inventó y patentó una pequeña máquina manual llamada **CINVA–RAM** que permitía a las familias pobres levantar los muros° de sus casas. Hoy, esta máquina se utiliza en programas de "viviendas autosustentables", por los que las familias construyen° sus propias casas.

PERFIL

INNOVAR

El Ministerio de Ciencia, Tecnología e Innovación Productiva de Argentina organiza anualmente un concurso para emprendedores° e innovadores inventores argentinos. Con ocho categorías y más de cincuenta premios valorados en un total de 500.000 pesos, cada año se presentan al certamen° miles de investigadores, diseñadores, técnicos y estudiantes universitarios disputándose estos prestigiosos trofeos. Desde que el proyecto *Innovar* comenzó en 2005, ha otorgado premios a cientos de fascinantes e ingeniosos inventos, desde una bicicleta accionada a mano hasta un robot que se puede desarmar° para aprender su mecanismo e interactuar con él (ver foto), pasando por textiles que repelen los mosquitos, un deshidratador solar para verduras e incluso plantas que resisten la sequía. ¡La creatividad no tiene límites en Argentina!

> "Los inventos han alcanzado ya su límite y no veo esperanzas de que se mejoren en el futuro."
> (Julius Sextus Frontinus, ingeniero romano, siglo I)

Conexión Internet

¿Qué inventos facilitan la vida cotidiana de las personas con discapacidades?

To research this topic go to **vhlcentral.com**.

muros *walls* **construyen** *build* **emprendedores** *enterprising* **certamen** *contest* **desarmar** *take apart*

Teaching Tips

- Ask a volunteer to read the quote aloud. Preview the present perfect by explaining that **han alcanzado** means *have reached.* Ask: **¿Te parece irónica la cita? ¿Por qué? ¿Es posible que los inventos alcancen un límite? ¿Por qué?**
- Ask students to describe pioneers in their lifetimes who have inspired them. Ask: **¿Qué importancia tiene su obra o sus inventos en tu vida diaria?**
- Ask: **¿Sabías que Argentina es tierra de inventos? ¿Conoces a alguno de los pioneros mencionados en *El mundo hispanohablante?*** Discuss the fact that other countries, such as Argentina, might be much more accomplished than most people outside that country realize.

Extra Practice Ask students to write a short description of what they wanted to grow up to be when they were very young, and what their dreams for the future are now.

21st CENTURY SKILLS

Information and Media Literacy Go to the Supersite to complete the **Conexión Internet** activity for additional practice accessing and using culturally authentic sources.

LEARNING STYLES

For Visual Learners Ask visual learners to draw a cartoon or storyboard about some portion of the last **Fotonovela** episode they viewed. Ask volunteers to share theirs with the class. Display everyone's creations in a corner of the classroom. For a **Technology Connection**, have students create their visuals on the computer.

LEARNING STYLES

For Kinesthetic Learners Make copies of a map of the world showing North and South America, the Caribbean, and Europe, and distribute the copies. Write the **Así lo decimos** terms on the board, with the countries in parentheses. As you say each term, have students find the country on the map and write a checkmark on it. Then, ask students to identify which country is best represented in the list **(España)**.

Communication 1.1, 1.2

Teaching Tips

1 Ask students to write two more true/false statements about the readings and exchange them with a partner.

3 **Expansion** Continue the discussion by asking: **¿Alguna vez has pensado en un posible invento? ¿Qué es?**

4 **Partner Chat** You can also assign activity 4 on the Supersite. Students work in pairs to record the activity online. The pair's recorded conversation will appear in your gradebook.

4 Have volunteers describe life before and after each invention using the preterite and the imperfect.

Proyecto Have students complete a 5W chart (Who? What? When? Where? Why?) to help them organize the information they gather. Give students the option of creating a web page about the inventor and presenting the page to the class.

Extra Practice Discuss with students whether there have been any advances in the past 100 years that they would rather live without. Encourage them to support their statements with reasons and examples.

recursos

vText | CH p. 102

¿Qué aprendiste?

1 ¿Cierto o falso? Indica si las oraciones son **ciertas** o **falsas**. Corrige las falsas.

1. Walt Disney fue el primer director que realizó un largometraje de animación. **Falso.** Quirino Cristiani fue el primer director que realizó uno.
2. La cámara que inventó Cristiani sólo le permitía trabajar con las manos. **Falso.** La cámara que inventó Cristiani le permitía trabajar con las manos y los pies.
3. La primera película de animación con sonido fue *El Apóstol*. **Falso.** La primera película de animación con sonido fue *Peludópolis*.
4. Las películas del cineasta Quirino Cristiani fueron robadas. **Falso.** Las películas de Cristiani se quemaron en unos incendios.
5. El auge de la animación en Argentina se produjo en los años 60 y 70. **Cierto.**
6. Hijitus es un personaje creado por Juan Pablo Zaramella. **Falso.** Hijitus fue creado por el historietista Manuel García Ferré.
7. Hijitus se convierte en Súper Hijitus para luchar contra el Profesor Neurus y su pandilla. **Cierto.**
8. El cortometraje de Zaramella, *Viaje a Marte*, ha ganado más de cincuenta premios en Argentina. **Falso.** Ha ganado más de cincuenta premios en todo el mundo.
9. En los dibujos animados, cada uno de los fotogramas de la película es un dibujo diferente. **Cierto.**
10. En el sistema de *stop-motion*, los escenarios y personajes se dibujan en programas de computadora. **Falso.** Los escenarios y personajes están hechos en tres dimensiones.

2 Oraciones Subraya la opción correcta.

1. *Innovar* es un concurso argentino para (escritores/inventores).
2. El chileno Raúl Ramírez inventó una máquina para levantar (pesas/muros).
3. El mexicano Guillermo González Camarena patentó (una cámara de cine/el primer televisor a color).
4. Ellen Ochoa es (flautista y astronauta/astronauta e inventora).
5. Si estás en Colombia y quieres ver animación, dices que quieres ver (dibujitos/caricaturas).

3 Preguntas En parejas, contesten las preguntas.

1. ¿Qué técnica crees que tiene más dificultad: la *claymation* o la animación por computadora? ¿Por qué?
2. ¿Por qué crees que en muchos países hispanos se usan términos de computación en inglés, como *mouse* o *laptop*? ¿Está bien usarlos o deben usarse términos en español?
3. ¿Por qué crees que el gobierno argentino creó *Innovar*? ¿Piensas que es una buena inversión?

4 Opiniones Muchos inventos han cambiado nuestras vidas. En parejas, hagan una lista con los cinco inventos más importantes de los siglos XX y XXI. ¿Por qué los han elegido? Compartan su opinión con la clase. ¿Hay algún invento que esté en todas las listas? ¿Cuál es el más importante? ¿Están de acuerdo?

PROYECTO

Inventores

Busca información sobre un(a) inventor(a) argentino/a (o de otro país hispanohablante) y prepara una presentación para la clase sobre su vida y su invento más importante. Debes incluir:

- una breve biografía del/de la inventor(a)
- una descripción del invento
- el uso de su invento
- una foto o una ilustración del invento
- tu opinión acerca de la importancia del invento en la época en la que vivió el/la inventor(a) y en la actualidad

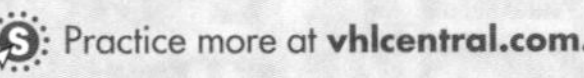
Practice more at **vhlcentral.com**.

DIFFERENTIATION

For Inclusion In pairs, have students reread pages 252–253 to find the information necessary to complete **Actividades 1** and **2**. Then, have them take turns changing the statements in **Actividad 2** into questions. Ex: **¿Qué patentó el mexicano Guillermo González Camarena?** Have students work in pairs to do the inventors project, completing the 5W chart together.

DIFFERENTIATION

To Challenge Students In groups of three, have students create a presentation on three different inventors from three different Spanish-speaking countries. They should highlight the similarities and differences among the inventors, inventions, and their impact on society. Tell them to be prepared to answer questions from classmates.

Communication 1.1, 1.2
Cultures 2.1, 2.2
Connections 3.1, 3.2
Comparisons 4.2

Teaching Tips

- To prepare students for better comprehension, have them read the title of the episode and think of questions to ask about it, using **qué, quién, dónde, cómo, cuándo, por qué,** etc. For example, students might ask **¿Qué inventos? ¿Quiénes los inventaron? ¿Por qué?** Have a volunteer write the questions on the board.
- Ask students to choose one of the inventions mentioned and research the methods that were used to solve the same problem before that invention. Have them describe what they learn to the class.

21st CENTURY SKILLS

Information and Media Literacy Go to the Supersite to complete the **Conexión Internet** activity associated with **Flash cultura** for additional practice accessing and using culturally authentic sources.

Inventos argentinos

Ya conoces los aportes (*contributions*) argentinos al mundo del cine y de la tecnología. En este episodio de **Flash cultura**, descubrirás la gran variedad de inventos argentinos que han marcado un antes y un después en la historia de la humanidad.

VOCABULARIO ÚTIL

la birome (*Arg.*) *ballpoint pen*	**la pluma** *fountain pen*
el frasco *bottle*	**la sangre** *blood*
la jeringa descartable *disposable syringe*	**el subterráneo** *subway*
la masa (cruda) *(raw) dough*	**la tinta** *ink*

Preparación ¿Qué creaciones argentinas conoces hasta ahora? ¿Cuál te parece más interesante? ¿Por qué?

Comprensión Indica si estas afirmaciones son ciertas o falsas. Después, en parejas, corrijan las falsas.

1. La primera línea de metro en Latinoamérica se construyó en Montevideo. Falso. La primera línea de metro en Latinoamérica se construyó en Buenos Aires.
2. El sistema de huellas dactilares fue creación de un policía de Buenos Aires. Cierto.
3. El helicóptero de Raúl Pescara, además de eficaz, es un helicóptero seguro y capaz de moverse en dos direcciones. Falso. El helicóptero de Raúl Pescara es capaz de moverse en todas las direcciones posibles.
4. El *by-pass* y la jeringa descartable son inventos argentinos. Cierto.
5. Una birome es un bolígrafo. Cierto.
6. La compañía Estmar inventó los zapatos ideales para bailar tango. Falso. La compañía Estmar inventó una máquina que hace empanadas.

Expansión En parejas, contesten estas preguntas.

- ¿Qué invento les parece más importante? ¿Por qué?
- Si estuvieran en Argentina, ¿qué harían primero: ir a una función de tango, visitar un museo de ciencia y tecnología o comerse una empanada?
- Si tuvieran que prescindir de (*do without*) un invento argentino, ¿de cuál sería? ¿Por qué creen que es el menos importante?

Corresponsal: Silvina Márquez
País: Argentina

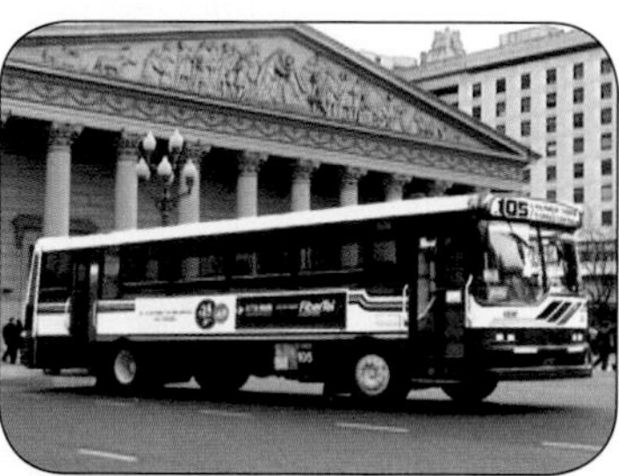

El colectivo es un autobús de corta distancia inventado por dos porteños° en 1928.

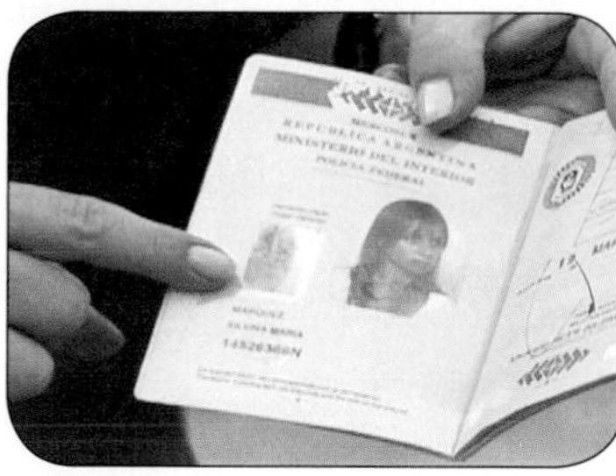

La mejor manera de identificar personas mediante sus huellas dactilares° se la debemos a un policía de Buenos Aires.

El semáforo° especial permite, mediante sonidos, avisarles a los ciegos°—es decir, los no videntes—cuándo pueden cruzar la calle.

porteños *residents of Buenos Aires* **huellas dactilares** *fingerprints* **semáforo** *crosswalk signal* **ciegos** *blind people*

 Practice more at **vhlcentral.com.**

PRE-AP*

Presentational Speaking Have students work in pairs to create their own inventions. Have them pitch their inventions in front of the class, imagining the other students are potential investors. Encourage the class to ask questions throughout the presentation, such as **¿Quién va a comprar este invento?** When all presentations are done, have students vote on the following categories: most useful, most creative, most innovative, etc.

LEARNING STYLES

For Visual Learners Encourage visual learners to make detailed illustrations of their invention or of an invention from the **Flash cultura** episode. Have them label all parts of their drawing, then explain the different parts and how they work to the class.

Section Goals

In **Estructura,** students will learn:

- the use and formation of the present perfect tense
- the use and formation of the past perfect tense
- about using diminutives and augmentatives

 Comparisons 4.1

Instructional Resources

v̂Text
Cuaderno de actividades comunicativas, pp. 19, 84
Cuaderno de práctica, pp. 63–64
Cuaderno para hispanohablantes, pp. 103–104
e-Cuaderno
Supersite: Additional practice
Supersite/TRCD: Grammar Slides, Presentation PDF #47, Audio Activities Script, Answer Keys
Audio Activities CD

Teaching Tips

- Tell students that there are important differences between how English speakers and Spanish speakers use the present perfect. Point out the use of the phrase **hace** + [*period of time*] + **que** + [*present tense*] in Spanish and contrast it to English.
- Point out that the present perfect is more commonly used in Spain than in Latin America for describing recent events.

Extra Practice Go to **vhlcentral.com** for extra practice with the present perfect.

7 ESTRUCTURA

7.1 The present perfect

¡ATENCIÓN!

While English speakers often use the present perfect to express actions that continue into the present time, Spanish uses the phrase **hace** + [*period of time*] + **que** + [*present tense*].

Hace dos años que estudio español.

I have studied Spanish for two years.

Nada ha cambiado desde los inicios de la humanidad.

- In Spanish, as in English, the present perfect tense (**el pretérito perfecto**) expresses what *has happened.* It generally refers to recently completed actions or to a past that still bears relevance in the present.

  Mi jefe **ha decidido** que a partir de esta semana hay que comunicarse por Internet y no gastar en llamadas internacionales.
  My boss has decided that as of this week we have to communicate through the Internet rather than spend money on international calls.

  Juan **ha terminado** la carrera de ingeniería, pero aún no **ha decidido** qué va a hacer a partir de ahora.
  Juan has graduated as an engineer, but he still hasn't decided what to do from now on.

- The present perfect is formed with the present tense of the verb **haber** and a past participle. Regular past participles are formed by adding **–ado** to the stem of **–ar** verbs, and **–ido** to the stem of **–er** and **–ir** verbs.

The present perfect

comprar	beber	recibir
he comprado	he bebido	he recibido
has comprado	has bebido	has recibido
ha comprado	ha bebido	ha recibido
hemos comprado	hemos bebido	hemos recibido
habéis comprado	habéis bebido	habéis recibido
han comprado	han bebido	han recibido

- Note that past participles do not change form in the present perfect tense.

  Todavía no **hemos comprado** las computadoras nuevas.
  We still haven't bought the new computers.

  La bióloga aún no **ha terminado** su trabajo de investigación.
  The biologist hasn't finished her research work yet.

- To express that something *has just happened*, use **acabar de** + [*infinitive*]. **Acabar** is a regular **–ar** verb.

  Acabo de recibir un mensaje de texto.
  I've just received a text message.

  ¡Acabamos de ver un ovni!
  We just saw a UFO!

LEARNING STYLES

For Auditory Learners Have students form groups of three. Give each group a list of at least 15 **–ar, –er,** and **–ir** verbs. Have them conjugate the present perfect of each: the first student says a pronoun, the next the present tense of **haber**, and the third the past participle, as in **Yo he comprado**. Then have the second student say the next pronoun.

LEARNING STYLES

For Kinesthetic Learners In groups, have students each create three cards on which they write the infinitive of a verb describing a common action, such as **comer**. Have them put all their cards into one pile, face down, then take turns drawing a card and acting out the verb. The others should guess, using **acabar de** + *infinitive.* Ex: **¡Acabas de comer!**

- When the stem of an **–er** or **–ir** verb ends in **a**, **e**, or **o**, the past participle requires a written accent (**ído**) to maintain the correct stress. No accent mark is needed for stems ending in **u**.

ca-er → caído | **le-er → leído**
o-ír → oído | **constru-ir → construido**

- Many verbs have irregular past participles.

Infinitive	Past participle	Infinitive	Past participle
abrir	abierto	morir	muerto
cubrir	cubierto	poner	puesto
decir	dicho	resolver	resuelto
descubrir	descubierto	romper	roto
escribir	escrito	ver	visto
hacer	hecho	volver	vuelto

Perdón, es que **he escrito** cuatro mensajes por correo electrónico y todavía no me **han resuelto** el problema.
Excuse me, but I have written four e-mails and you still haven't solved my problem.

El ingeniero me asegura que ya **ha visto** sus mensajes y dice que muy pronto lo llamará.
The engineer assures me that he has seen your e-mails and says he will call you soon.

- Note that, unlike in English, the verb **haber** may not be separated from the past participle by any other word (**no,** adverbs, pronouns, etc.).

¿Por qué **no has patentado todavía** tu invento?
Why haven't you patented your invention yet?

¡**Todavía no lo he terminado** de perfeccionar!
I haven't yet finished perfecting it!

¿Alguna vez se han preguntado adónde se va la luz cuando se va?

- Note that when a past participle is used as an adjective, it must agree in number and gender with the noun it modifies. Past participles are often used as adjectives with **estar** or other verbs to describe physical or emotional states.

Las fórmulas matemáticas ya están **preparadas**.
The mathematical equations are already prepared.

Los laboratorios están **cerrados** hasta el lunes.
The laboratories are closed until Monday.

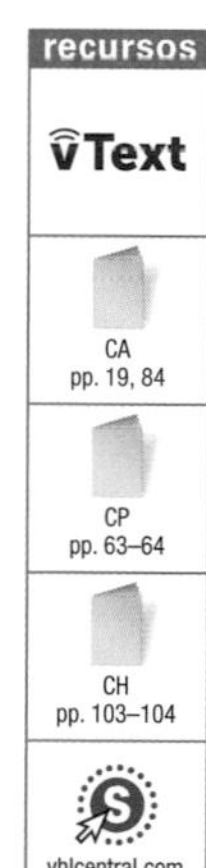

Teaching Tips

- Remind students that, when learning a foreign language, certain words simply need to be memorized, then used repeatedly in sentences before they become second nature. Write the list of irregular past participles on the board and have students copy them. Then have them, in pairs, take turns quizzing each other, one student looking at the list and saying the infinitive, and the other not looking at the list and giving the past participle. Then have them give the past participle, while the other says the infinitive.
- Emphasize that the auxiliary verb **haber** cannot be separated from the past participle. Reiterate that, in English, adverbs are often inserted between the auxiliary verb and the past participle, as in *She has already arrived. He has always eaten late.* Contrast this with Spanish: **Ya ha llegado. / Ha llegado ya. Siempre ha comido tarde. / Ha comido tarde siempre.**

DIFFERENTIATION

Heritage Speakers Ask heritage speakers to help their classmates understand the rule about not separating the auxiliary verb from the past participle. Ask them each to give two examples of statements that include the present perfect and one or two pronouns—one affirmative and the other negative.

DIFFERENTIATION

For Inclusion In pairs, have students write at least six sentences about what they have done today, using six irregular past participles. Then, have them switch partners with another pair and turn their sentences into questions. Ex: **He visto a mi mejor amigo esta mañana. / ¿Has visto a tu mejor amigo?**

Communication 1.1
Comparisons 4.1

Teaching Tips
1 Ask volunteers to identify the irregular past participles.

1 Ask volunteers to act out the conversation for the class. Encourage them to overact.

3 Have students work in groups of three. Encourage them to come up with the most outrageous claims for what they have done. Ex: **No he ido al Polo Sur, pero he viajado al Polo Norte.**

PRE-AP*

4 **Interpersonal Speaking** Have students work in pairs and interview each other about what they have done today (**¿Qué has hecho hoy?**). Model the response by describing things you have done and write them on the board. Example: **He tomado tres tazas de café. He escrito unos mensajes electrónicos a mis amigos.** Have volunteers share interesting facts they learned about their classmates.

Extra Practice Do a rapid-response drill. Call out a verb and subject, and have students respond with a complete sentence using the present perfect.

Práctica

1 **El asistente de laboratorio** **La directora del laboratorio está enojada porque el asistente ha llegado tarde. Completa la conversación con las formas del pretérito perfecto.**

DIRECTORA ¿Dónde (1) has estado (estar) tú toda la mañana y qué (2) has hecho (hacer) con mi computadora portátil?

ASISTENTE Ay, (yo) (3) he tenido (tener) la peor mañana de mi vida... Resulta que ayer me llevé su computadora para seguir con el análisis del experimento y...

DIRECTORA Pero, ¿por qué no usaste la tuya?

ASISTENTE Porque usted todavía no (4) ha descargado (descargar) todos los programas que necesito. Estaba haciendo unas compras en la tarde, y la dejé en alguna parte.

DIRECTORA Me estás mintiendo. En realidad la (5) has roto (romper), ¿no?

ASISTENTE No, no la (6) he roto (romper); la (7) he perdido (perder). Por eso esta mañana (8) he vuelto (volver) a todas las tiendas y les (9) he preguntado (preguntar) a todos por ella. De momento, nadie la (10) ha visto (ver).

2 **Oraciones** **Combina los elementos para formar oraciones completas. Utiliza el pretérito perfecto y añade elementos cuando sea necesario.**

MODELO **yo / siempre / querer / un iPad**
Yo siempre he querido un iPad.

1. nosotros / comprar / cámara digital más innovadora
Nosotros hemos comprado una cámara digital más innovadora.
2. tú / nunca / pensar / en ser matemático
Tú nunca has pensado en ser matemático.
3. los científicos / ya / descubrir / cura
Los científicos ya han descubierto una cura.
4. el profesor / escribir / fórmulas en la pizarra
El profesor ha escrito las fórmulas en la pizarra.
5. mis padres / siempre / creer / en los ovnis
Mis padres siempre han creído en los ovnis.

3 **Experiencias** **Indica si has hecho o experimentado lo siguiente.**

MODELO **ir al Polo Sur**
No he ido al Polo Sur, pero he viajado a Latinoamérica.

1. viajar a la luna
2. ganar la lotería
3. ver a un extraterrestre
4. inventar algo
5. conocer al presidente del país
6. estar despierto/a por más de dos días
7. hacer algo revolucionario
8. soñar con ser astronauta

4 **Preguntas personales** **Busca un(a) compañero/a de clase a quien no conozcas bien y hazle preguntas sobre su vida usando el pretérito perfecto.**

MODELO —¿Has tomado clases de informática?
—Sí, he tomado muchas clases de informática. ¡Siempre me ha fascinado la tecnología!

conocer a una persona famosa	ganar algún premio
escribir poemas	visitar un país hispano
participar en una obra de teatro	vivir en el extranjero

Practice more at **vhlcentral.com.**

DIFFERENTIATION

To Challenge Students Have students work in groups of four and play *Twenty Questions* in Spanish. Each student takes a turn thinking of a person, and the others must ask questions using the present perfect to guess who that person is.

DIFFERENTIATION

For Inclusion Have students work in pairs to complete **Actividad 2**. Ask them to point out any adverbs and identify where they are in the sentence (before or after the verb). Then, have them take turns turning the sentences into questions, which the other should answer.

Comunicación

5 **Tecnofobia** Utiliza el pretérito perfecto para completar las oraciones. Luego, en parejas, conviertan las oraciones de la encuesta en preguntas para descubrir si son tecnomaniáticos/as o tecnofóbicos/as. Comparen los resultados. ¿Están de acuerdo?

¿Eres tecnofóbico?

No parece haber punto intermedio: generalmente, la gente ama la tecnología o la odia. Completa las oraciones para saber si eres tecnomaniático o tecnofóbico.

1. Yo he comprado (comprar) ___ aparatos electrónicos durante el último año.
   a. más de diez c. menos de cinco
   b. entre cinco y diez d. cero
2. Yo he tratado (tratar) de aprender ___ sobre los avances tecnológicos de los últimos meses.
   a. todo lo posible c. un poco
   b. lo suficiente d. muy poco
3. Para comunicarme con mis amigos, siempre he preferido (preferir) ___.
   a. Facebook o Twitter c. las llamadas telefónicas
   b. los mensajes de texto telefónicos d. las cartas escritas a mano
4. Los recursos que he utilizado (utilizar) más este año para hacer investigaciones son ___.
   a. buscadores c. las bases de datos de la biblioteca
   b. enciclopedias en línea d. enciclopedias tradicionales
5. Para las noticias diarias, mi fuente favorita esta semana ha sido (ser) ___.
   a. Internet c. la radio
   b. la televisión d. el periódico
6. Para conseguir música, yo he dependido (depender) sobre todo de ___.
   a. escuchar música en Internet c. comprar los CD en línea
   b. descargar archivos MP3 d. escuchar los CD de mis padres
7. El teléfono que he usado (usar) más este año es ___.
   a. un celular nuevo con *wi-fi* c. el teléfono de casa
   b. el celular que compré hace tres años d. ninguno; prefiero hablar en persona
8. Siempre he creído (creer) que los avances tecnológicos ___ la calidad de vida.
   a. son esenciales para c. pueden empeorar
   b. mejoran d. arruinan

Clave

a. = 3 puntos
b. = 2 puntos
c. = 1 punto
d. = 0 puntos

Resultados

19 - 24	¡Eres **tecnomaniático**!
13 - 18	Te sientes cómodo en un mundo tecnológico.
7 - 12	No te has mantenido al día con los avances recientes.
0 - 6	¡Eres **tecnofóbico**!

6 **Celebridades** En grupos de tres, cada miembro debe pensar en una persona famosa, sin decir quién es. Las otras dos personas deben hacer preguntas. Utilicen el pretérito perfecto para dar pistas hasta que adivinen el nombre de cada celebridad.

MODELO
ESTUDIANTE 1 Este hombre ha ganado muchísimo dinero y ha creado una compañía influyente y poderosa.
ESTUDIANTE 2 ¿Es Donald Trump?
ESTUDIANTE 1 No. Él ha cambiado para siempre el mundo tecnológico.
ESTUDIANTE 3 ¿Es Bill Gates?

Communication 1.1
Comparisons 4.1

Teaching Tips

5 Extra Practice Ask students to speak or write about whether they think they are technologically savvy or not, and whether being so is important to their self-image.

5 Ask students to speak or write about why some people they know are afraid of technology.

5 Expansion Divide the class into two groups: **tecnomaniáticos** and **tecnofóbicos.** Ask the first group to give recommendations to the **tecnofóbicos** to help them overcome their fears of technology. Have the other group give advice to the **tecnomaniáticos** about how to depend less on technology. Remind students to use subjunctive or command forms.

6 For Visual Learners Bring in magazines to help students choose a famous person.

6 For additional practice with the present perfect, have students also choose famous couples. Ex: **Han actuado juntos en una película y han adoptado a una niña de África. (¿Son Brad Pitt y Angelina Jolie?)**

LEARNING STYLES

For Visual Learners Ask visual learners to redesign the survey. Tell them they can totally change the layout and add any graphics they like—but all the information must appear on one page. Then, display their pages in a corner of the room.

LEARNING STYLES

For Kinesthetic Learners Have students do the survey in **Actividad 5** in groups of five. One student should read the questions, and the others should respond by raising their hands and repeating the answer choice. Have them tally the results and physically form one to four groups, according to how they scored.

Comparisons 4.1

Instructional Resources

vText

Cuaderno de actividades comunicativas, pp. 20, 85

Cuaderno de práctica, pp. 65–66

Cuaderno para hispanohablantes, p. 105

e-Cuaderno

Supersite: Additional practice

Supersite/TRCD: Grammar Slides, Presentation PDFs #48, 49, Audio Activities Script, Answer Keys

Audio Activities CD

Teaching Tips

- Point out that, unlike the present perfect, the past perfect is used the same way in Spanish as it is in English. Ex: **Después de mandar el mensaje, recordé que no lo había firmado.**
- Draw a time line on the board to compare and contrast the preterite, present perfect, and past perfect tenses.

Extra Practice Go to **vhlcentral.com** for extra practice with the past perfect.

7.2 The past perfect

- The past perfect tense (**el pretérito pluscuamperfecto**) is formed with the imperfect of **haber** and a past participle. As with other perfect tenses, the past participle does not change form.

The past perfect

viajar	perder	incluir
había viajado	había perdido	había incluido
habías viajado	habías perdido	habías incluido
había viajado	había perdido	había incluido
habíamos viajado	habíamos perdido	habíamos incluido
habíais viajado	habíais perdido	habíais incluido
habían viajado	habían perdido	habían incluido

- In Spanish, as in English, the past perfect expresses what someone *had done* or what *had occurred* before another action or condition in the past.

Decidí comprar una cámara digital nueva porque la vieja se me **había roto** varias veces.
I decided to buy a new digital camera because the old one had broken on me several times.

Cuando por fin les dieron la patente, otros ingenieros ya **habían inventado** una tecnología mejor.
When they were finally given the patent, other engineers had already invented a better technology.

- **Antes, aún, nunca, todavía**, and **ya** are often used with the past perfect to indicate that one action occurred before another. Note that adverbs, pronouns, and the word **no** may not separate **haber** from the past participle.

Cuando se fue la luz, **aún no había guardado** el documento; ¡lo perdí!
When the light went out, I hadn't yet saved the document; I lost it!

Ya me había explicado la teoría, pero no la entendí hasta que vi el experimento.
He had already explained the theory to me, but I didn't understand it until I saw the experiment.

María Eugenia y Gisela **nunca habían visto** una estrella fugaz tan luminosa.
María Eugenia and Gisela had never seen such a bright shooting star.

Los ovnis **todavía no habían aterrizado**, pero los terrícolas ya estaban corriendo asustados.
The UFOs hadn't yet landed but the earthlings were already running scared.

recursos

vText

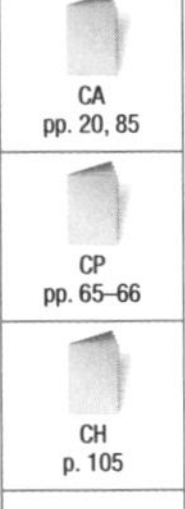

CA pp. 20, 85

CP pp. 65–66

CH p. 105

vhlcentral.com

DIFFERENTIATION

For Inclusion Have students work in pairs and take turns creating sentences about things they had seen and done prior to last year. Have them name one thing they had done, and one thing they had not done, said, or seen. Ex: **Antes del año pasado, había viajado a San Francisco. No había nadado en el mar.**

DIFFERENTIATION

To Challenge Students In groups of three, have one student state something in the past; the second mentions a related event, and the third combines both into a single statement using the past perfect.

Communication 1.1
Comparisons 4.1

Práctica y comunicación

1 Discurso **Jorge Báez, un médico dedicado a la genética, ha recibido un premio por su trabajo. Completa su discurso de agradecimiento con el pluscuamperfecto.**

Muchas gracias por este premio. Recuerdo que antes de cumplir doce años ya (1) ___había decidido___ (decidir) ser médico. Desde pequeño, mi madre siempre me (2) ___había llevado___ (llevar) al hospital donde ella trabajaba y recuerdo que desde la primera vez me (3) ___habían fascinado___ (fascinar) esos médicos vestidos de blanco. Luego, cuando cumplí veintiséis años, ya (4) ___había pasado___ (pasar) tres años estudiando las propiedades de los genes humanos, en especial desde que (5) ___había visto___ (ver) un programa en la televisión sobre la clonación. Cuando terminé mis estudios de posgrado, ya se (6) ___habían hecho___ (hacer) grandes adelantos científicos...

2 Explicación **Reescribe las oraciones usando el pluscuamperfecto. Sigue el modelo.**

MODELO **Me duché a las 7:00. Antes de ducharme hablé con mi hermano.**
Ya había hablado con mi hermano antes de ducharme.

1. Yo salí de casa a las 8:00. Antes de salir de casa miré mi correo electrónico.
   Ya había mirado mi correo electrónico antes de salir de casa.
2. Llegué a la oficina a las 8:30. Antes de llegar a la oficina tomé un café.
   Ya había tomado un café antes de llegar a la oficina.
3. Se apagó la computadora a las 10:00. Yo guardé los archivos a las 9:55.
   Ya había guardado los archivos cuando se apagó la computadora.
4. Fui a tomar un café. Antes, comprobé que todo estaba bien.
   Ya había comprobado que todo estaba bien cuando fui a tomar un café.

3 Informe **En grupos de tres, imaginen que son policías y deben preparar un informe sobre un accidente. Inventen una historia de lo que ha ocurrido en la vida de los personajes dos horas antes, dos minutos antes y dos segundos antes del accidente. Usen el pluscuamperfecto.**

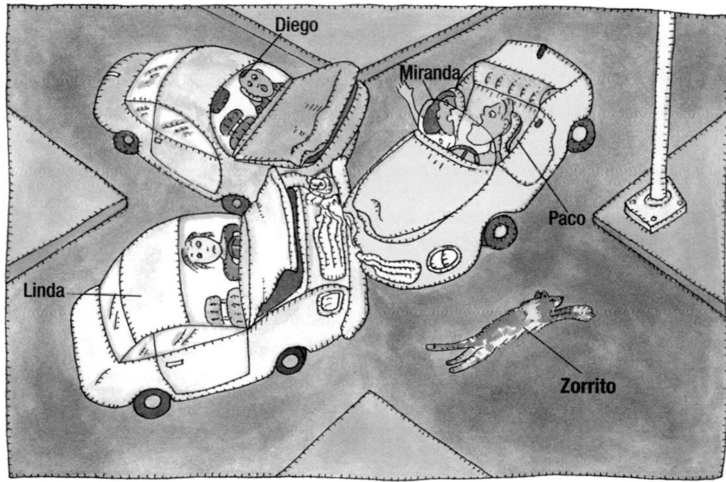

Practice more at **vhlcentral.com.**

Teaching Tips

3 To reinforce the difference between the present perfect and past perfect tenses, ask students to include at least two examples of each in their reports. Ex: **Hemos concluido las investigaciones del accidente... Linda ya había doblado cuando...**

3 Expansion After students complete the activity, call on volunteers to act out the scene. Involve the entire class by having everyone play a role: drivers, police officers, and witnesses. Remind students to use the past perfect in their questions and answers.

LEARNING STYLES

For Auditory Learners As an expansion of **Actividad 1**, have students work in groups of four. Students take turns playing the role of someone making an acceptance speech, and the others decide what award is being given, and for what. The speaker must use the past perfect, and try to use adverbs of time (**aún, ya, todavía, nunca**).

LEARNING STYLES

For Visual Learners Have students create a storyboard of the events leading up to the accident pictured in **Actividad 3**. Then, have them share their visuals with a small group. Ask the group to comment on similarities and differences between the stories.

Comparisons 4.1

Instructional Resources
vText
Cuaderno de actividades comunicativas, pp. 21, 86
Cuaderno de práctica, pp. 67–68
Cuaderno para hispanohablantes, pp. 106–108
e-Cuaderno
Supersite: Additional practice
Supersite/TRCD: Grammar Slides, Presentation PDFs #50, 51, Audio Activities Script, Answer Keys
Audio Activities CD

Extra Practice Go to **vhlcentral.com** for extra practice with diminutives and augmentatives.

7.3 Diminutives and augmentatives

¡ATENCIÓN!

Because formation and use of diminutives and augmentatives varies greatly from one region to another, there are very few established rules about this aspect of the Spanish language. In this section, you will learn to recognize the most commonly used suffixes and their uses. Try to use only those you have learned from native speakers or teachers. Adding them to words you are not sure of can lead to misunderstandings.

bolso *purse*
bolsillo *pocket*
gato *cat*
gatillo *trigger*
gatito *kitten*
camisa *shirt*
camisón *nightgown*
rata *rat*
ratón *mouse*

- Diminutives and augmentatives (**diminutivos y aumentativos**) are frequently used in conversational Spanish. They emphasize size or express shades of meaning like affection, amazement, scorn, or ridicule. Diminutives and augmentatives are formed by adding a suffix to the root of nouns, adjectives (which agree in gender and number), and occasionally adverbs.

Diminutives

Tranquilo, jefe, es sólo un agujerito en la pared.

- Here are the most common diminutive suffixes.

Diminutive endings		
-ito/a	-cito/a	-ecito/a
-illo/a	-cillo/a	-ecillo/a

Jaimito, ¿me traes un **cafecito** con un **panecillo**?
Jimmy, would you bring me a little cup of coffee with a roll?

Ahorita, abuelita, se los preparo **rapidito**.
Right away, Granny, I'll have them ready in a jiffy.

- Most words form the diminutive by adding **–ito/a**. However, the suffix **–illo/a** is also common in some regions. For words ending in vowels (except **–e**), the last vowel is dropped before the suffix.

bajo → bajito *very short; very softly*
ahora → ahorita *right now; very soon*
Miguel → Miguelito *Mikey*
libro → librillo *booklet*
ventana → ventanilla *plane/car/bus window*
campana → campanilla *hand bell*

¡ATENCIÓN!

Suffixes can also be added to some adverbs.
Ven rapidito.
Come quickly.
Vuelvo enseguidita.
I'll be right back.

- Most words that end in **–e, –n**, or **–r** use the forms **–cito/a** or **–cillo/a**. However, one-syllable words often use **–ecito/a** or **–ecillo/a**.

hombre → hombrecillo *funny little man*
Carmen → Carmencita *little Carmen*
amor → amorcito *sweetheart*
pan → panecillo *roll*
flor → florecita *little flower*
pez → pececito *little fish*

¡ATENCIÓN!

For words ending in **–s** (singular or plural), diminutive and augmentative endings precede the final **–s**.

Carlos → Carlitos
besos → besitos

- Note these spelling changes.

chico → chiquillo *little boy; very small*
amigo → amiguito *little friend*
agua → agüita *little bit of water*
luz → lucecita *little light*

- Some words take on new meanings when diminutive suffixes are added.

manzana → manzanilla
apple *camomile*

bomba → bombilla
bomb *lightbulb*

DIFFERENTIATION

Heritage Speakers Ask heritage speakers which words they often use in the augmentative or diminutive forms and which suffixes are most commonly used in their families. Ask them to describe and give examples of any regional variations with which they are familiar.

DIFFERENTIATION

To Challenge Students Have students work in groups of three. Ask them to write a short conversation between a parent returning home from an evening out and two disobedient children who have virtually destroyed the house. Have them use diminutives and the past perfect. Then, have them perform their conversation for the class.

Augmentatives

- The most common augmentative suffixes are forms of **–ón/–ona, –ote/–ota**, and **–azo/–aza**.

Augmentative endings		
-ón -ona	-ote -ota	-azo -aza

Hijo, ¿por qué tienes ese **chichonazo** en la cabeza?
Son, why do you have that huge bump on your head?
Jorge se gastó un **dinerazo** en una **pantallota** enorme, ¡sólo para ver partidos de fútbol!
Jorge spent a ton of money on an humongous TV screen, just to watch soccer games!

- Most words form the augmentative by simply adding the suffix to the word. For words ending in vowels, the final vowel is usually dropped.

soltero → solterón *confirmed bachelor* — **casa → casona** *big house; mansion*
grande → grandote/a *really big* — **palabra → palabrota** *swear word*
perro → perrazo *big, scary dog* — **manos → manazas** *big hands (clumsy)*

- There is a tendency to change a feminine word to a masculine one when the suffix **–ón** is used, unless it refers specifically to someone's gender.

la silla → el sillón *armchair* — **la mujer → la mujerona** *big woman*
la mancha → el manchón *large stain* — **mimosa → mimosona** *very affectionate*

- The letters **t** or **et** are occasionally added to the beginning of augmentative endings.

guapa → guapetona — **golpe → golpetazo**

- The masculine suffix **–azo** can also mean *blow* or *shot.*

flecha → flechazo — **rodilla → rodillazo**
arrow *arrow wound; love at first sight* — *knee* *a blow with the knee*

- Some words take on new meanings when augmentative suffixes are added.

cabeza → cabezón — **tela → telón**
head *stubborn* — *fabric* *theater curtain*

caja → cajón — **bala → balón**
box *drawer* — *bullet* *ball*

¡ATENCIÓN!

Sometimes, double endings are used for additional emphasis.

chico/a → chiquito/a → chiquitito/a

grande → grandote/a → grandotote

recursos

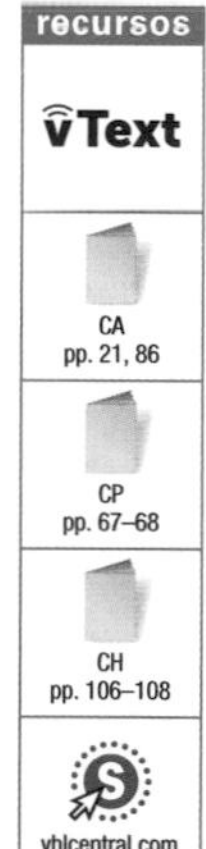

Teaching Tips

- Explain that diminutives are much more common in Spanish than in English. They are used, among other things, to express affection and to soften a request.
- Point out that Costa Ricans and Colombians use the diminutive **–ico/–ica**. In fact, Costa Ricans are known as **ticos/as** because of their fondness for this diminutive.

LEARNING STYLES

For Visual Learners Divide students into groups of five or six and have them each create two to three word cards, each containing a noun with an augmentative ending. Then, have them take turns choosing a card and drawing a picture of it, while the others try to guess the word. If they choose a card they created, they should replace it and choose another.

LEARNING STYLES

For Auditory Learners Have students work in groups of four and each write a short description of someone they know (famous or not) using diminutives and augmentatives. Then, have them take turns reading their descriptions to the group. The others should guess who the person is.

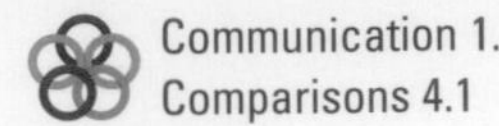

Communication 1.1
Comparisons 4.1

Teaching Tips

1 Expansion Ask students to give the corresponding augmentative or diminutive form for each answer. Ex: 2. **golpetazo / golpecito**.

1 Tell students that diminutives and augmentatives reflect the inherent quality of something, the speaker's attitude toward something, or a combination of the two. Ask volunteers to analyze the use of each diminutive and augmentative in César's letter using these criteria.

2 Extra Practice Ask follow-up questions. Ex: **¿Tienes hermanitos? ¿Conoces a alguien que vive en una casona? ¿Quién tiene un perrito en casa?**

2 Expansion Ask students to give the opposite of each definition and each corresponding diminutive or augmentative.

Extra Practice Have pairs of students take turns creating definitions and supplying the appropriate diminutive or augmentative as an answer.

Práctica

1 La carta Completa la carta con la forma indicada de cada palabra. Haz los cambios que creas necesarios.

> Querido (1) __Pablito__ (Pablo, –ito):
>
> Tu mamá me contó lo del (2) __golpetazo__ (golpe, –tazo) que te dio Lucas en la escuela. Pues, cuando yo era (3) __pequeñito__ (pequeño, –ito), como tú, jugaba siempre en la calle. Mi (4) __abuelita__ (abuela, –ita) me decía que no fuera con los (5) __amigotes__ (amigos, –ote) de mi hermano porque ellos eran mayores que yo y eran (6) __hombrones__ (hombres, –ón). Yo entonces, era muy (7) __cabezón__ (cabeza, –ón) y nunca hacía lo que ella decía. Una tarde, estaba jugando al fútbol, y uno de ellos me dio un (8) __rodillazo__ (rodilla, –azo) que me rompió la (9) __narizota__ (nariz, –ota). Nunca más jugué con ellos, y desde entonces, sólo salí con mis (10) __amiguitos__ (amigos, –ito). Espero que me vengas a visitar (11) __prontito__ (pronto, –ito). Un (12) __besito__ (beso, –ito) de
>
> Tu abuelo César

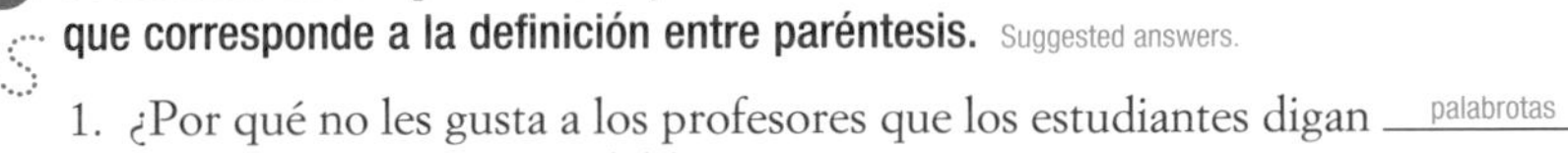

2 Oraciones incompletas Completa las oraciones con el aumentativo o diminutivo que corresponde a la definición entre paréntesis. Suggested answers.

1. ¿Por qué no les gusta a los profesores que los estudiantes digan __palabrotas__ (palabras feas y desagradables)?
2. El __perrito__ (perro pequeño) de mi novia es muy lindo y amistoso.
3. Ese abogado tiene una buena __narizota__ (nariz grande) para adivinar los problemas de sus clientes.
4. Mis abuelos viven en una __casona__ (casa grande) muy vieja.
5. La cantante Samantha siempre lleva una __florecita__ (flor pequeña) en el cabello.
6. A mi __hermanita__ (hermana menor) le fascinan los libros de ciencia ficción.

3 ¿Qué palabra es? Reemplaza cada una de estas frases con el aumentativo o diminutivo que exprese la misma idea. Suggested answers.

1. muy grande __grandote/grandota__
2. agujero pequeño __agujerito/agujerillo__
3. cuarto grande y amplio __cuartote__
4. sillas para niños __sillitas__
5. libro grande y grueso __librote__
6. estrella pequeña __estrellita__
7. hombre alto y fuerte __hombrón__
8. muy cerca __cerquita__
9. abuelo querido __abuelito__
10. hombres que piensan que siempre tienen la razón __cabezones__

Practice more at **vhlcentral.com.**

LEARNING STYLES

For Auditory Learners Divide the class into two teams: **Aumentativo** and **Diminutivo**. Call out a word and have one team member give a corresponding form. Ex: **perro; perrito** (dim.), **perrazo** (aug.). Take turns. Award one point for correct answers, and an extra point for complete sentences. The team with the most points wins.

LEARNING STYLES

For Visual Learners Have students work in pairs. Each student should make a list of ten nouns. Have students exchange lists and draw the diminutive or augmentative for each word, then return the list to their partner. They should then take turns looking at the drawings and identifying what each drawing represents.

Comunicación

4 En el parque Todas las mañanas el señor Escobar sale a correr al parque. En parejas, miren los dos dibujos y túrnense para describir las diferencias entre lo que vio ayer y lo que ha visto hoy. Utilicen oraciones completas con diminutivos y/o aumentativos.

MODELO —Ayer el señor Escobar vio un perrito lindo en el parque, pero esta mañana un perrazo feroz lo ha perseguido.

abuelo	cerca	grande	pan
alto	delgado	lejos	pequeño
avión	galleta	libro	perro
bajo	gordo	nieto	taza

5 Síntesis

A. Es el año 2500. Junto con dos amigos/as, has decidido pasar un semestre en el espacio. Han creado un blog para contar lo que han visto y han hecho cada día. Escriban cinco entradas del blog. Deben incluir por lo menos tres verbos en el pretérito perfecto, tres en el pluscuamperfecto y tres diminutivos y/o aumentativos. Utilicen algunas frases y palabras de la lista y añadan sus propias ideas.

MODELO Lunes, 13 de marzo
Hemos pasado el día entero orbitando la Luna. De niños, siempre habíamos querido ser astronautas, y este viaje es un sueño hecho realidad. Desde aquí, la Tierra es sólo una pelotita, como el globo que habíamos estudiado de chiquitos...

Esta mañana hemos...
Aún no hemos...
Los astronautas nos han...

Antes del viaje, habíamos...
Cuando llegamos a la Luna, el profesor ya había...
En el pasado, los astrónomos habían...

cerquita	estrellita
chiquito	grandote
cohetazo	rapidito

B. Ahora, presenten las cinco entradas de su blog ante la clase.

Communication 1.1
Comparisons 4.1

Teaching Tips

4 Have students work in groups of three. Ask each student to add two to three new elements to the **ayer** and **hoy** drawings. Students should take turns showing their drawings to the group. The group identifies the new differences between the two images.

4 Expansion Ask students to describe what **el señor Escobar** will see tomorrow. Encourage them to be creative in their responses.

21st CENTURY SKILLS

5 Flexibility and Adaptability Remind students to include input from all team members, adapting their presentation so it represents the whole group.

DIFFERENTIATION

For Inclusion For **Actividad 5,** have students work in pairs to prepare a timeline of events. Tell them to refer to the time expressions in the exercise to assist them in generating statements and adding others, as needed. Remind them that they should have a concluding/summarizing statement. Then, have them present their time lines to another pair.

DIFFERENTIATION

To Challenge Students Have students work in the same groups from **Actividad 5**. Tell them they are now the students on Earth who couldn't spend the semester in space. Have them write about what has been happening on Earth, using the perfect tenses and diminutives and augmentatives.

Section Goals

In **Cinemateca**, students will:
- watch the short film ***Happy Cool***
- practice listening for and using vocabulary and structures learned in this lesson

Communication 1.2
Comparisons 4.1

Instructional Resources
vText
Supersite/DVD: Film Collection
Supersite/TRCD: ***Cortometraje*** Transcript & Translation

Teaching Tips

- Ask students if they have heard the rumor that Walt Disney was cryogenically frozen, and if they know whether it is true or not. (No.) Discuss why someone might want to be frozen if, in fact, he or she could awaken at a future date.
- **Variación léxica**
  al final de cuentas → al fin y al cabo

1 Extra Practice Ask students to create sentences with the unused words from the list.

2 For Inclusion Review the future tense before assigning this activity. Encourage students to use the future tense in their answers.

2 Virtual Chat You can also assign activity 2 on the Supersite. Students record individual responses that appear in your gradebook.

Video: Short Film

Antes de ver el corto

HAPPY COOL

país Argentina
duración 14 minutos
director Gabriel Dodero
protagonistas Julio, Mabel (esposa), Pablito (hijo), suegro, Daniel (amigo)

¡ATENCIÓN!

La palabra **voseo** se refiere al uso de **vos** en lugar de **tú** y se utiliza en casi toda la Argentina y también en otras partes de América del Sur y América Central. En este uso, los verbos en presente en la segunda persona del singular se acentúan en la última sílaba. Los verbos irregulares se conjugan como si fueran regulares. Por ejemplo:
vos tenés = tú tienes
vos querés = tú quieres

Vocabulario

al alcance de la mano *within reach*
al final de cuentas *after all*
congelar(se) *to freeze*
derretir(se) (e:i) *to melt*
descongelar(se) *to defrost*
duro/a *hard; difficult*
la guita *cash; dough (slang)*
hacer clic *to click*
el interrogante *question; doubt*
la plata *money (L. Am.)*
el/la vago/a *slacker*
vos tú *(L. Am.)*

1 Oraciones incompletas Completa las oraciones con las palabras o las frases apropiadas.

1. Hoy día, gracias a Internet, todo parece estar ___al alcance de la mano___. Sólo hay que escribir un par de palabras en un buscador, ___hacer clic___ y listo.
2. Mi hermana es una ___vaga___. Quiere ganar ___plata/guita___ sin trabajar.
3. Los científicos no pueden prever con exactitud cuánto tiempo tardarán en ___derretirse___ los glaciares.
4. Para preparar la cena esta noche, no quiero trabajar mucho. Simplemente voy a ___descongelar___ la pasta que sobró (*was left over*) del otro día. ___Al final de cuentas___, Juan Carlos llega a casa tan cansado del trabajo que no disfruta de la comida.

2 Preguntas En parejas, contesten las preguntas y expliquen sus respuestas.

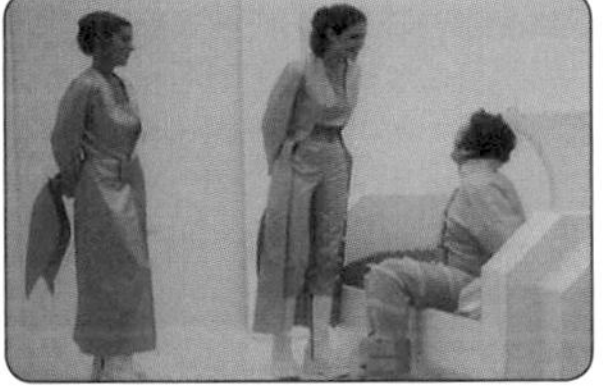

1. ¿Creen que la vida en el futuro va a ser mejor?
2. ¿Qué avances tecnológicos creen que existirán para el año 2050? Mencionen tres.
3. ¿De qué manera pueden la ciencia y la tecnología ayudar a resolver problemas sociales? Den tres ejemplos.
4. Observen el afiche del cortometraje. ¿Qué está mirando la mujer? ¿Dónde está?
5. Observen los fotogramas. ¿Qué sucede en cada uno? ¿Creen que las imágenes son de la misma época?
6. Imaginen que se puede viajar en el tiempo. ¿Qué consecuencias puede tener esto?

 Practice more at **vhlcentral.com.**

CRITICAL THINKING

Knowledge and Comprehension Before watching the film, ask pairs to describe the people and what they think may be happening in the stills on pages 266–268.
Comprehension and Application State that during an economic downturn, many people can lose their jobs. Ask volunteers to talk about people they know who have been affected in this way.

CRITICAL THINKING

Analysis Ask students to analyze the photo of the two women and the man (page 266) and the photo on page 267. Ask them to comment on similarities between the photos. Ask them to comment on why, in many movies, people from a technologically advanced culture of the future are often portrayed as being devoid of human feelings.

Happy Cool

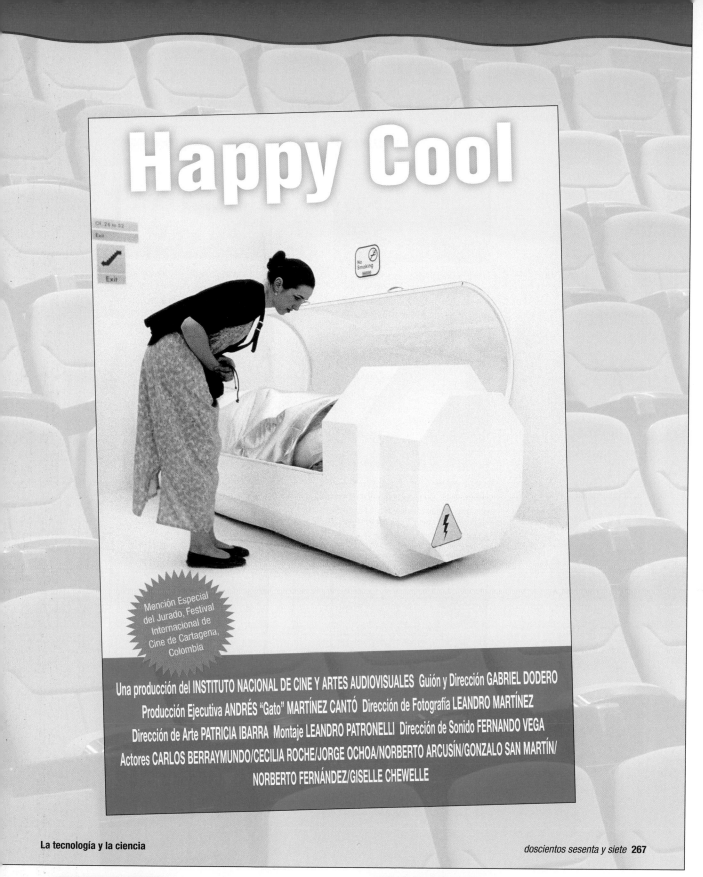

Mención Especial del Jurado, Festival Internacional de Cine de Cartagena, Colombia

Una producción del INSTITUTO NACIONAL DE CINE Y ARTES AUDIOVISUALES Guión y Dirección GABRIEL DODERO
Producción Ejecutiva ANDRÉS "Gato" MARTÍNEZ CANTÓ Dirección de Fotografía LEANDRO MARTÍNEZ
Dirección de Arte PATRICIA IBARRA Montaje LEANDRO PATRONELLI Dirección de Sonido FERNANDO VEGA
Actores CARLOS BERRAYMUNDO/CECILIA ROCHE/JORGE OCHOA/NORBERTO ARCUSÍN/GONZALO SAN MARTÍN/
NORBERTO FERNÁNDEZ/GISELLE CHEWELLE

Communication 1.2
Cultures 2.1, 2.2
Connections 3.2
Comparisons 4.2

Teaching Tips

- Have a volunteer read the credits. Ask what difference it might make if Andrés Martínez Cantó's nickname were **"Gatito"** or **"Gatón"** instead of **"Gato."**
- Ask students to comment on what they think the relationship might be between the woman in the photo on page 267 and whoever is inside the machine. Then, ask them to comment on what the woman might be like as a person and what she might do with her life. Encourage them to support their opinions with details and examples.

CRITICAL THINKING

Knowledge and Analysis Ask students to comment on why a Latin American film might have an English title. Ask: **¿Es la frase "Happy Cool" un ejemplo de inglés formal? ¿Qué quiere decir?** Ask them to think of other movies made outside an English-speaking country that have English titles, and ask them to comment on the meaning of those titles.

CRITICAL THINKING

Analysis and Evaluation Ask students whether they think the movie is going to be a tragedy, comedy, drama, or documentary. Ask them to support their opinions with concrete details.

Video Synopsis
After endless months of searching for work, Julio agrees to try out "Happy Cool," a new service with an innovative solution to Argentina's economic crisis: "**Congélese.**" When he finally awakens from his deep freeze, the economic situation remains unchanged, but the future is still full of surprises.

PRE-AP*

Interpretive Audiovisual Communication
Ask students: **¿Conoces alguna película o libro que trate sobre el futuro? ¿Tiene un punto de vista optimista o pesimista? ¿Qué tipo de mensaje piensas que va a tener esta película? ¿Va a terminar con una visión positiva o negativa del futuro?**

Teaching Tips

- Ask students to look closely to the video stills and the dialogues and try to predict how the short film ends.
- **For Auditory Learners** Have volunteers take turns reading the script aloud.
- **For Kinesthetic Learners** Divide the class into six groups and assign one of the scenes to each group. Have students improvise a skit of the scene and present it to the class.
- **For Visual Learners** Ask students to pay close attention when viewing the film to the characters' facial expressions and to their own reactions to the characters' emotions. Then, ask them to share a few observations with the class.

21st CENTURY SKILLS

Social and Cross-Cultural Skills
Have students work in groups to choose one or two aspects of the movie that they identify as different from what they would expect in their daily life. Ask students to write two to three sentences about the difference and how they would explain what is different to a visitor from that culture.

Escenas

ARGUMENTO En Buenos Aires, el desempleo ha obligado a la gente a buscar un futuro mejor en la tecnología.

JULIO Yo vengo de buscar trabajo y no consigo nada, y encima tengo que ver esto. El chico me pierde el respeto a mí, yo ya no sé qué decirle a tu papá, que nos está bancando° acá en su casa.

LOCUTOR No hay trabajo, pero hay una empresa que piensa en usted. *Happy Cool*, la tecnología que lo ayuda a esperar los buenos tiempos. [...] ¡Congélese! y viva el resto de su vida en el momento oportuno.

JULIO Mirá°, Mabel, yo quizá me tenga que congelar. Un tiempito nomás. Yo creo que esto en uno o dos años se soluciona.
MABEL Pero, Julio, ¿qué decís°? ¿Cómo podés° pensar en una cosa así?

DANIEL ¿Vos te acordás° cuando éramos pibes°, que pensábamos que en el 2000 la tecnología iba a ser tan poderosa que no iba a hacer falta laburar°?

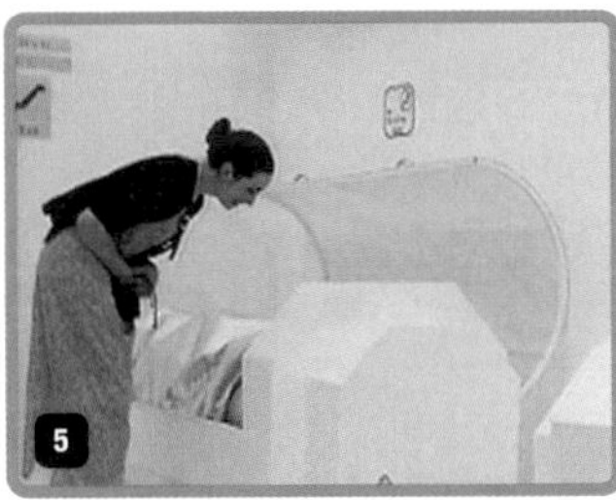

MABEL Ay, Julio, ¡qué tecnología!
JULIO Sí, sí... se ve que es gente seria... hay mucha plata invertida acá.
MABEL Ah... no sé qué voy a hacer. No sé si traerte flores como si estuvieras en un cementerio o qué.

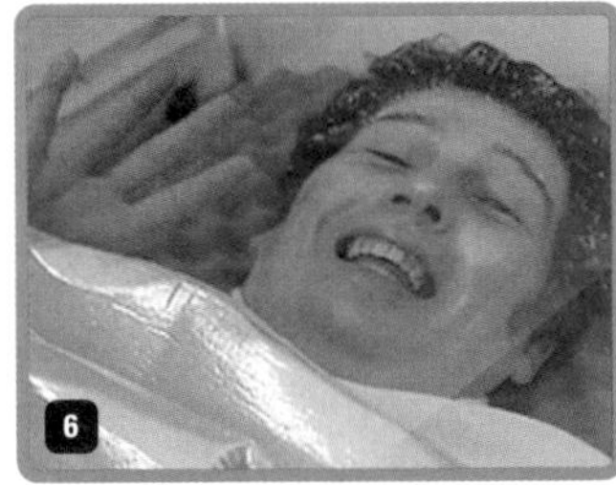

MABEL Volvé° pronto.
JULIO Ojalá que la situación económica mejore...
MABEL Ojalá...
JULIO Sí, así me descongelan cuanto antes.
MABEL Cuidate°... te voy a extrañar.

nos está bancando *he is putting us up* **Mirá** *Mira* **decís** *dices* **podés** *puedes* **acordás** *acuerdas* **pibes** *kids* **laburar** *work* **Volvé** *Vuelve* **Cuidate** *Cuídate*

PRE-AP*

Synthesis of Skills, Creative Writing Have students watch the **corto** and then summarize it in small groups. After viewing the film, brainstorm the titles of recent films that give either a positive or a negative view of the future. Discuss the **corto** and other films briefly and then have students write a short skit set in a future world with their group, using the vocabulary from the lesson. Tell them to use the present perfect and past perfect tense to talk about things that have happened, and other things that had occurred prior. Finally, have the groups present their skits to the rest of the class. Tell them: **Su *sketch* debe durar por lo menos tres minutos y deben memorizar lo que van a decir.**

Después de ver el corto

1 Comprensión Contesta las preguntas con oraciones completas.

1. ¿De quién es la casa donde viven Julio y su familia? La casa es del suegro de Julio.
2. ¿Cuánto tiempo lleva desempleado Julio? Julio lleva dos años y medio desempleado.
3. ¿Qué promete la empresa *Happy Cool*? La empresa promete congelar a las personas hasta que la situación económica mejore.
4. ¿Qué opina Julio de la congelación al principio? Al principio, Julio no está de acuerdo con la congelación.
5. ¿Quién paga por la congelación de Julio? El suegro de Julio paga por su congelación.
6. ¿En qué año se descongela Julio? Julio se descongela en el año 2001.
7. ¿Qué pasó en su familia mientras él estaba congelado? Su esposa se casó con otro hombre.
8. ¿Cómo soluciona Mabel la situación al final? Mabel pone a Julio en el congelador de su casa.

2 Interpretación En parejas, contesten las preguntas y expliquen sus respuestas.

1. ¿Para quiénes se destinan los servicios de *Happy Cool*? ¿Por qué?
2. ¿Por qué creen que Julio decide finalmente que sí quiere ser congelado?
3. ¿Es el regreso de Julio como él lo imaginaba? ¿Por qué?
4. ¿Por qué resulta irónico el comentario de Mabel: "Al final, lo casero es lo mejor"?

3 Ampliación En parejas, contesten las preguntas.

1. ¿Por qué piensan que la gente cree en la publicidad de *Happy Cool*?
2. Imaginen que están desempleados desde hace tres años. ¿Qué harían?
3. ¿Confían en la publicidad de productos o servicios que parecen demasiado buenos o demasiado baratos? Den ejemplos.
4. ¿Creen que en el futuro la ciencia y la tecnología van a estar tan avanzadas que no va a ser necesario trabajar?

4 El regreso Imagina que la congelación ha sido un éxito y Julio despierta en un futuro mejor. Escribe un párrafo explicando qué es lo que ocurre.

- ¿Cómo ha sido la vida de su esposa?
- ¿Cómo es su hijo y qué hace?
- ¿Cómo está su suegro? ¿Qué piensa ahora de su yerno?
- ¿Cómo es la situación económica?
- ¿Qué tipo de trabajo consigue Julio?
- ¿Son ahora todos más felices?
- ¿Fue una buena idea congelarse?

5 Viajeros En el sueño de Julio hay una máquina para viajar en el tiempo. En grupos de tres, imaginen que ustedes pudieron usarla tres veces. Escriban lo que hicieron en cada viaje y luego compartan sus viajes con la clase.

6 Un anuncio En grupos de cuatro, creen un anuncio televisivo para una empresa que ofrece una solución original a personas que no tienen trabajo. Puede ser un servicio serio o disparatado (*absurd*). Tengan en cuenta estos puntos. Luego, presenten su anuncio a la clase.

- ¿En qué consiste el servicio?
- ¿Es una solución temporal o definitiva?
- ¿A quién está dirigido?
- ¿Cuál es el eslogan?

recursos

vText

vhlcentral.com

Practice more at **vhlcentral.com.**

Communication 1.1, 1.3

Teaching Tips

1 Ask the class to volunteer a few more questions. Then, have pairs answer them.

2 Virtual Chat You can also assign activity 2 on the Supersite. Students record individual responses that appear in your gradebook.

3 Ask students to describe various "miracle cures" they have seen advertised.

4 Before completing the activity, ask students about their predictions for the film's conclusion. Ex: **¿Habías creído que el experimento iba a ser un éxito? ¿Habías pensado que todo iba a ser peor para Julio, o mejor? ¿Por qué?**

NATIONAL STANDARDS
Connections: History As a variation for **Actividad 5,** students select three famous people from the past or three important moments in history to visit.

CRITICAL THINKING

Knowledge and Analysis For **Actividad 3**, have students create a Venn diagram in which they compare each partner's set of answers to the questions. Ask them to then analyze and discuss the similarities and differences.

CRITICAL THINKING

Comprehension and Analysis Have students work in pairs to research the economic situation in Argentina after the major political and economic crisis that took place between 1999 and 2001 and compare it with the economic situation depicted in the film. Encourage students to bring in reports from newspapers or online sources and share them with the class.

Section Goals

In **Lecturas**, students will:

- learn about Spanish writer **Arturo Pérez-Reverte** and read his article ***Ese bobo del móvil***
- read about **Hernán Casciari's blogonovelas**

Communication 1.2
Comparisons 4.1

Instructional Resources
vText
Cuaderno de práctica, p. 69
Cuaderno para hispanohablantes, pp. 109–112
Supersite: Additional practice

Teaching Tips

- **For Visual Learners** Ask students to comment on the painting by Joaquín Torres García. Ask: **¿Qué símbolos ves? ¿Por qué se llama *Composición Constructiva*?**
- Ask students to share how the painting makes them feel. Record their answers in a web on the board.
- Ask students to comment on different ways in which people react to ignorance in others.

7 LECTURAS

Composición Constructiva, 1938
Joaquín Torres García, Uruguay

"Ninguna ciencia, en cuanto a ciencia, engaña; el engaño está en quien no sabe."

— Miguel de Cervantes

CRITICAL THINKING

Knowledge and Comprehension Have pairs of students research and write a short report about the state of scientific knowledge during Cervantes' lifetime. Ask them to postulate what about science at that time might have been considered deceiving.

CRITICAL THINKING

Synthesis and Evaluation Tell students that there are numerous famous quotes from Cervantes. Have pairs of students research and compile a list of at least five quotes. Have them share the quotes with the class, explaining whether they agree or disagree with each, and why.

Antes de leer

Ese bobo del móvil

Sobre el autor

Arturo Pérez-Reverte nació en Cartagena, España, en 1951. Comenzó su carrera como corresponsal de guerra en prensa, radio y televisión, y durante veinte años vivió un gran número de conflictos internacionales. Comenzó a escribir ficción en 1986 y a partir de 1994 se dedicó de lleno (*fully*) a la literatura, especialmente a la novela de aventuras. Gran cantidad de sus novelas publicadas se han traducido a varios idiomas y algunas fueron llevadas al cine, como *La tabla de Flandes, El Club Dumas* (dirigida por Roman Polanski con el título de *La Novena Puerta*) y *Alatriste.* En 2010 publicó la novela *El asedio.* Desde 1991 escribe una página de opinión en la revista *El Semanal,* que se ha convertido en una de las más leídas de España. Además, desde el año 2003 es miembro de la Real Academia Española.

Vocabulario

ahorrarse *to save oneself*	**el/la bobo/a** *silly, stupid person*	**el/la navegante** *navigator*
apagado/a *turned off*	**la motosierra** *power saw*	**sonar (o:ue)** *to ring*
el auricular *telephone receiver*	**el móvil** *cell phone (Esp.)*	**el vagón** *carriage; coach*

Oraciones incompletas Completa las oraciones utilizando las palabras del vocabulario.

1. En España al teléfono celular lo llaman ___móvil___.
2. Antes, los aventureros eran ___navegantes___ y viajaban de puerto a puerto.
3. Esperé durante horas una llamada, pero el teléfono nunca ___sonó___. Más tarde recordé que lo había dejado ___apagado___. ¡Qué ___bobo/boba___ que soy!
4. Al llegar a la estación, el tren ya partía y apenas pude subir al último ___vagón___.

Conexión personal ¿Te gusta estar siempre conectado con tus amigos? ¿Tienes teléfono celular? ¿Lo usas mucho? Cuando hablas con alguien, ¿buscas tener un poco de privacidad, o no te importa que la gente te escuche?

Análisis literario: la ironía

La ironía consiste en un uso figurativo del lenguaje en el que se expresa lo contrario de lo que se piensa. Para eso se utiliza una palabra o frase que tiene la intención de sugerir el significado opuesto al enunciado. Por ejemplo, se puede señalar la avaricia (*greed*) de alguien con el comentario: "¡Qué generosidad!" Inventa el comentario irónico que podrías hacer en estas circunstancias.

- Regresas a tu casa y te encuentras con mucho ruido y problemas.
- Te das cuenta de que la fila en la que estás avanza lentamente.
- Tenías planes de pasar el día al aire libre y de repente empieza a llover.

Communication 1.3

Extra Practice Ask students to write a short description of what they think Arturo Pérez-Reverte might be like as a person, based on the photo of him and his short biography on page 271.

Teaching Tip Have small groups discuss situations in which they consider it rude to talk on a cell phone. Encourage them to cite examples from their personal lives.

Vocabulario Have students work in pairs and take turns writing sentences with the remaining words.

Conexión personal Ask questions about students' cell phone usage. Ex: **¿Cuándo conseguiste tu primer celular? ¿Para qué lo usas más: para hacer llamadas o para mandar mensajes? ¿Escuchas música en tu celular? ¿Pagas la cuenta de tu celular?**

PRE-AP*

Presentational Speaking Have students read ***Ese bobo del móvil*** and summarize it in small groups. Ask them to research more about the life of Arturo Pérez-Reverte and go online to find another column of his from ***El Semanal***. Tell them to prepare an oral presentation comparing the two columns they have read. Have students present to their group and be prepared to answer questions from their classmates. Say: **Vas a hablar durante dos minutos. Puedes usar apuntes y debes citar tus fuentes.**

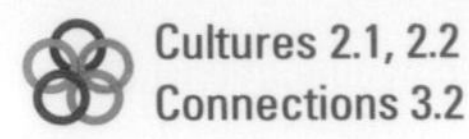

Cultures 2.1, 2.2
Connections 3.2

Previewing Strategy
Before reading the text, ask students if they have ever read an article or blog about cell phone users. Ask them to look at the photos on page 272 and predict what attitude toward cell phone use in public the author might have.

Teaching Tips

- Ask students to look at the photos and describe how the man and woman are relating—or not relating. Ask: **¿Hay algo extraño en esta situación o todo parece normal?**
- **For Inclusion** Read the article aloud slowly and with emphasis. Tell students that the article contains many idiomatic expressions and figures of speech; ask them to concentrate on understanding the overall content and message rather than trying to decipher each new word.
- Remind students to read the article several times to gain complete understanding.

Expansion Read the first five to six lines of the first paragraph aloud to the class. Have students identify the narrator and the tone of the passage.

Ese bobo del móvil

Arturo Pérez-Reverte

Mira, Manolo, Paco, María Luisa o como te llames. Me vas a perdonar que te lo diga aquí, por escrito, de modo más o menos público; pero así me ahorro decírtelo a la cara el próximo día que nos encontremos en el aeropuerto, o en el AVE°, o en el café. Así evito coger yo el teléfono y decirle a quien sea, a grito pelado°, aquí estoy, y te llamo para contarte que tengo al lado a un imbécil que cuenta su vida y no me deja vivir. De esta manera soslayo° incidentes. Y la próxima vez, cuando en mitad de tu impúdica° cháchara° te vuelvas casualmente hacia mí y veas que te estoy mirando, sabrás lo que tengo en la cabeza. Lo que pienso de ti y de tu teléfono parlanchín°. Que también puede ocurrir que, aparte de mí, haya más gente alrededor que piense lo mismo; lo que pasa es que la mayor parte de esa gente no puede despacharse a gusto° cada semana en una página como ésta, y yo tengo la suerte de que sí. Y les brindo el toro°.

AVE: Spanish high-speed train
a grito pelado: shouting at the top of one's voice
soslayo: elude; evade
impúdica: immodest/
cháchara: chit-chat; idle talk
parlanchín: chattering
despacharse a gusto: to speak one's mind
brindo el toro: dedicate the bull (in a bullfight)

CRITICAL THINKING

Analysis and Application Ask pairs of students to identify and list all instances of irony or sarcasm in the first two paragraphs of the article. Ask each to choose two to three new terms they particularly like and use them in sentences to reinforce their meanings.

CRITICAL THINKING

Knowledge and Analysis Ask students where a piece of writing such as this might be published: in a book, magazine, or newspaper, or on the Internet? Ask them to support their opinions by citing similar examples of writing they have read in a book, magazine, newspaper, or on the Internet and defend their opinion.

Estoy hasta la glotis° de tropezarme contigo y con tu teléfono. Te lo juro, chaval°. O chavala. El otro día te vi por la calle, y al principio creí que estabas majareta°, imagínate, un fulano° que camina hablando solo en voz muy alta y gesticulando° furioso con una mano arriba y abajo. Ése está para los tigres, pensé. Hasta que vi el móvil que llevaba pegado a la oreja, y al pasar por tu lado me enteré, con pelos y señales, de que las piezas de PVC° no han llegado esta semana, como tú esperabas, y que el gestor° de Ciudad Real es un indeseable. A mí, francamente, el PVC y el gestor de Ciudad Real me importan un carajo°; pero conseguiste que, a mis propias preocupaciones, sumara las tuyas. Vaya a cuenta de la solidaridad, me dije. Ningún hombre es una isla. Y seguí camino.

A la media hora te encontré de nuevo en un café. Lo mismo° no eras tú, pero te juro que tenías la misma cara de bobo mientras le gritabas al móvil. Yo había comprado un libro maravilloso, un libro viejo que hablaba de costas lejanas y antiguos navegantes, e intentaba leer algunas páginas y sumergirme en su encanto. Pero ahí estabas tú, en la mesa contigua, para tenerme al corriente° de que te hallabas en Madrid y en un café, cosa que por otra parte yo sabía perfectamente porque te estaba viendo, y de que no volverías a Zaragoza hasta el martes por la noche. Por qué por la noche y no por la mañana, me dije, interrogando inútilmente a Alfonso el cerillero°, que se encogía de hombros° como diciendo: a mí que me registren°. Tal vez tiene motivos poderosos o inconfesables, deduje tras cavilar° un rato sobre el asunto: una amante, un desfalco°, un escaño° en el Parlamento. Al fin despejaste la incógnita diciéndole a quien fuera que Ordóñez llegaba de La Coruña a mediodía, y eso me tranquilizó bastante. Estaba claro, tratándose de Ordóñez. Entonces decidí cambiar de mesa.

Al día siguiente estabas en el aeropuerto. Lo sé porque yo era el que se encontraba detrás en la cola de embarque, cuando le decías a tu hijo que la motosierra estaba estropeada°. No sé para qué diablos quería tu hijo, a su edad, usar la motosierra; pero durante un rato obtuve de ti una detallada relación° del uso de la motosierra y de su aceite lubricante. Me volví un experto en la maldita motosierra, en cipreses y arizónicas. El regreso lo hice en tren a los dos días, y allí estabas tú, claro, un par de asientos más lejos. Te reconocí por la musiquilla del móvil, que es la de Bonanza. Sonó quince veces y te juro que nunca he odiado tanto a la familia Cartwright. Para la ocasión te habías travestido de ejecutiva madura, eficiente y agresiva; pero te reconocí en el acto cuando informabas a todo el vagón sobre pormenores° diversos de tu vida profesional. Gritabas mucho, la verdad, tal vez para imponerte a las otras voces y musiquillas de tirurí tirurí que pugnaban° con la tuya a lo largo y ancho del vagón. Yo intentaba corregir las pruebas de una novela, y no podía concentrarme. Aquí hablabas del partido de fútbol del domingo, allá saludabas a la familia, acullá° comentabas lo mal que le iba a Olivares en Nueva York. Me sentí rodeado°, como checheno° en Grozni. Horroroso. Tal vez por eso, cuando me levanté, fui a la plataforma del vagón, encendí el móvil que siempre llevo apagado e hice una llamada, procurando° hablar bajito° y con una mano cubriendo la voz sobre el auricular, la azafata del vagón me miró de un modo extraño, con sospecha. Si habla así pensaría, tan disimulado° y clandestino, algo tiene que ocultar (...). ■

Publicado en *El Semanal*, 5 de marzo de 2000

glotis: *I've had it* · chaval: *dude* · majareta: *loony; nutty* · fulano: *so-and-so* · gesticulando: *gesticulating* · PVC: *plastic* · gestor: *solicitor* · me importan un carajo: *I couldn't care less* · Lo mismo: *Maybe* · al corriente: *up-to-date* · cerillero / se encogía de hombros: *match-seller/ shrugged* · registren: *search* · cavilar: *to ponder* · desfalco / escaño: *embezzlement/ seat* · estropeada: *damaged* · relación: *narration; account* · pormenores: *details* · pugnaban: *fought; struggled* · acullá: *there; on the other side* · rodeado: *surrounded* · checheno: *Chechnyan* · procurando: *trying* · bajito: *softly* · disimulado: *hidden; concealed*

Teaching Tips

- **For Inclusion** Have students work in pairs or groups of three. Ask them to read each paragraph and complete a 4W chart (who/what/where/when) that summarizes what happens in each paragraph. Then, have them exchange charts with another group and compare and contrast their findings.
- **For Heritage Speakers** Ask heritage speakers to read through the article and identify terms that are used in Spain but not in their families' countries of origin (unless, of course, it is Spain). Ask them to share equivalent terms they use.
- Ask heritage speakers to discuss cell phone use in their families' countries of origin. Ask: **¿Es muy común tener celular? Y los servicios celulares, ¿son similares a los de aquí?**

CRITICAL THINKING

Analysis and Evaluation Ask: **¿Crees que el autor habla de una sola persona?** Ask them to analyze the difference between an author citing various examples of actual people and using one, fictional person as the cell phone user.

CRITICAL THINKING

Knowledge, Comprehension, and Analysis Ask: **¿Qué porcentaje de lo que escribe el autor es una representación precisa de la vida real?** Ask them to identify images that seem accurate as well as ones that might be purely ironic. Ask them to summarize the author's opinion about the "social intelligence" of cell phone users.

Communication 1.1, 1.3

Expansion Ask pairs of students to role-play different conversations the author heard as he listened to other people talking on the phone. Encourage them to overact.

2 Extra Practice Ask students additional questions: **Cuando el narrador habla por su teléfono móvil, provoca sospechas porque lo hace "de un modo extraño". ¿Cómo habla? ¿Por qué da la impresión de hacer algo clandestino?** Ask questions about the author's purpose. Ex: **¿Crees que el autor intenta convencer al lector de algo o simplemente protesta? Da ejemplos de la lectura.**

4 Partner Chat You can also assign activity 4 on the Supersite. Students work in pairs to record the activity online. The pair's recorded conversation will appear in your gradebook.

21st CENTURY SKILLS

5 Productivity and Accountability
As a class, decide if the rubric you developed for the previous chapter works for this chapter's assignment. If not, adjust it to meet what students need to accomplish. As before, ask students to review their assignments against the rubric before submitting their work.

Después de leer

Ese bobo del móvil

Arturo Pérez-Reverte

1 Comprensión Responde a las preguntas con oraciones completas.

1. ¿Qué sentimientos le provocan al narrador los que hablan por teléfono? *Él dice que está hasta la glotis (harto) de esas personas y sus teléfonos.*
2. ¿En qué lugares se encuentra con estas personas? *Se encuentra con estas personas en todas partes: el aeropuerto, el AVE, el café, la calle.*
3. ¿La gente que habla por teléfono celular está loca? *No, él cree que hay un hombre que está loco porque habla solo por la calle, pero después se da cuenta de que está hablando por teléfono.*
4. ¿Qué "musiquillas" escucha el narrador en el tren? *Escucha las musiquillas de otros móviles.*
5. Además del teléfono, ¿qué tienen en común estas personas según el narrador? *Según el narrador, estas personas tienen la misma cara de bobo.*

2 Análisis Lee el relato nuevamente y responde a las preguntas.

1. El narrador utiliza la segunda persona (tú) en este relato. ¿Se dirige sólo a personas que se llaman Manolo, Paco y María Luisa?
2. El autor comienza el artículo con: "Me vas a perdonar que te lo diga aquí". ¿Crees que el autor realmente se está disculpando?
3. Busca ejemplos de expresiones o palabras que indican o se relacionan con la forma de hablar por teléfono de estas personas. ¿Cómo contribuyen estas expresiones al tono del relato? ¿Qué dicen acerca de la opinión del autor?

3 Interpretación Responde a las preguntas con oraciones completas.

1. ¿Por qué crees que al narrador le molestan tanto las personas que hablan por el móvil? ¿Te parece que su reacción es exagerada?
2. Las personas del relato, ¿hablan de cosas importantes por sus móviles? ¿Qué te parece que los motiva a utilizar el teléfono celular?
3. ¿Crees que es cierto que todos los que hablan por su móvil tienen "la misma cara de bobo"? ¿Qué otras características encuentra el narrador en ellos?
4. ¿Te parece que el narrador se resiste a los avances tecnológicos? ¿Por qué?
5. ¿Crees que podría hablarse de "contaminación de ruido en un espacio público"? ¿Crees que es legítimo protestar contra eso?

4 Opiniones En parejas, lean estas afirmaciones y digan si están de acuerdo o no, y por qué. Después, compartan su opinión con la clase.

- El teléfono celular nos ayuda a mantenernos en contacto.
- En nuestra sociedad existe una dependencia obsesiva del teléfono celular, que puede llegar a la adicción.

recursos
vText
vhlcentral.com

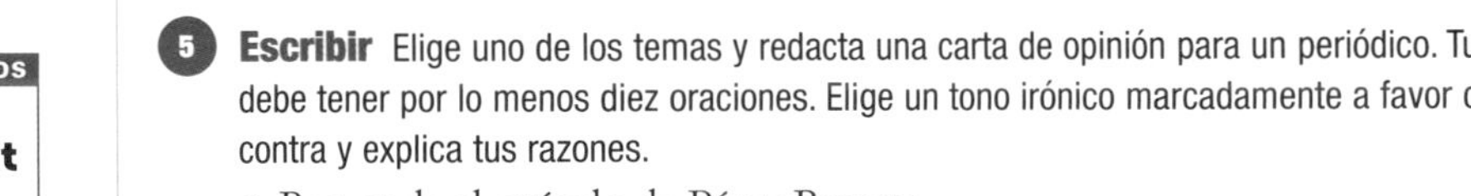

5 Escribir Elige uno de los temas y redacta una carta de opinión para un periódico. Tu carta debe tener por lo menos diez oraciones. Elige un tono irónico marcadamente a favor o en contra y explica tus razones.

- Responde al artículo de Pérez-Reverte.
- Escribe sobre el avance de algún otro objeto o servicio de la vida diaria.

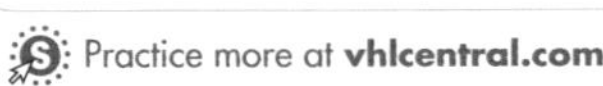

Practice more at **vhlcentral.com.**

CRITICAL THINKING

Evaluation As an expansion of **Actividad 4**, ask students to say whether they agree with these statements and to give reasons for their opinions: **1. Las personas que siempre hablan por teléfono no se comunican. 2. Hoy en día, las personas buscan ser vistas y oídas en público siempre que pueden.**

CRITICAL THINKING

Application and Synthesis Ask students to write a short article about how another form of technology has affected the way people relate, particularly in public. Then ask them to read their articles aloud to the class and ask for feedback.

Antes de leer

Vocabulario

a la vanguardia *at the forefront*	**el enlace** *link*
actualizar *to update*	**el/la novelista** *novelist*
la bitácora *travel log; weblog*	**el sitio web** *website*
la blogonovela *blognovel*	**el/la usuario/a** *user*
la blogosfera *blogosphere*	**la web** *the web*

Mi amigo periodista Completa las oraciones. No puedes usar la misma palabra más de una vez.

1. Mi amigo periodista entiende mucho de tecnología y prefiere utilizar la __web/blogosfera__ para informarse y para publicar sus ideas.
2. Él no compra periódicos, sino que consulta varios __sitios web__ de noticias.
3. Después escribe sus comentarios sobre la política argentina en una __bitácora__ con __enlaces__ que conectan al lector a periódicos electrónicos.
4. Muchos __novelistas__ contemporáneos están interesados en incursionar en el nuevo fenómeno literario conocido como la __blogonovela__.

Conexión personal ¿Con qué frecuencia te conectas a Internet? ¿Es fundamental para ti o podrías vivir sin estar conectado/a? ¿Para qué navegas por Internet?

	siempre	a veces	casi nunca	nunca
banca electrónica				
comunicación				
diversión				
estudios				
noticias				
trabajo				

Contexto cultural

"¿Qué hacía la gente antes de la existencia de Internet?" Muchos nos hacemos esta pregunta en situaciones cotidianas, como al resolver un debate entre amigos con una búsqueda rápida en una base de datos (*database*) de cine, al pagar una factura por medio de la banca electrónica o al hablar con alguien a mil kilómetros de distancia con el mensajero instantáneo. Internet ha transformado la vida moderna, abriendo paso (*paving the way*) a múltiples posibilidades de comunicación, comercio, investigación y diversión. ¿Hay algo que siga igual después de la revolución informática? ¿Qué ha pasado, por ejemplo, con el arte? ¿Cómo ha sido afectado por las innovaciones tecnológicas?

Communication 1.3

Teaching Tips

- Ask volunteers to give specific examples of their Internet use for each category. Model an example: **Noticias: Todos los días leo la página web del periódico local.**
- Ask students about reading online. **¿Crees que la calidad de la escritura en línea es tan buena como lo que se publica en los libros, las revistas o los periódicos? ¿Es posible que algún día se termine la publicación de libros y leamos todo en Internet?**

NATIONAL STANDARDS

Connections/Comparisons

As an extension of the **Conexión personal**, ask students to identify Spanish-language websites that fit each of the categories listed in the chart. Ask them to analyze the sites and compare and contrast them with the English-language sites that they visit. What do they notice?

CRITICAL THINKING

Knowledge and Analysis Brainstorm different art forms, such as music, poetry, and painting and write them on the board. Have students comment on how the Internet has affected each type of art. Ex: **Antes la gente compraba discos compactos, pero ahora se puede descargar toda la música de Internet y guardarla en un reproductor de MP3.**

CRITICAL THINKING

Synthesis Have students work in groups of three or four. Ask them to choose one art form and design a home page for a website dedicated to supporting that art. Encourage them to include any graphics, sound, or videos they like. Then ask them to share their page with the class.

Communication 1.2
Cultures 2.1, 2.2
Connections 3.1, 3.2
Comparisons 4.2

Teaching Tips

- **For Inclusion** Before reading the selection, have students preview the glossed vocabulary.
- Have students preview the **Lectura** by reading the first line of each paragraph.
- Remind students of these three steps to maximize reading comprehension:
  1. Read once to gain general comprehension.
  2. Read carefully a second time, listing and looking up important, unknown words.
  3. Read a third time for complete comprehension and enjoyment.
- **For Visual Learners** Ask students to comment on the cartoon on page 276. Ask them to predict what the content and the tone of the article might be, based on this visual.
- Ask students to describe their experiences with blogs. Ask: **¿Cuáles te gustan y cuáles no te gustan? ¿Por qué? ¿Crees que hay gente que crea nuevas formas de arte en Internet? ¿Qué son?**

Hernán Casciari:

arte en la blogosfera

Si el medio artístico° del siglo XX fue el cine, ¿cuál será el nuevo medio del siglo XXI? El trabajo innovador del argentino Hernán Casciari sugiere la posibilidad de la blogonovela. Casciari ha desarrollado el nuevo género con creatividad, humor y una buena dosis de ironía. Las blogonovelas imitan el formato del blog —un diario electrónico, también llamado bitácora—, pero los "autores" son o personajes de ficción o versiones apócrifas° de individuos reales. El uso de Internet permite que Casciari incorpore imágenes

artistic medium

fictitious

PRE-AP*

Interpersonal Writing Discuss this article with students. Start an e-mail exchange with another class of the same level. Students in one class each begin a story, writing about ten sentences, and then e-mail it to a partner in another class, preferably someone whom they do not know. The members of the other class continue the story, writing about ten sentences, and then send it back. Do this several times, creating a "story blog." Then arrange for the students of the two classes to meet one another. Say: **Van a crear blogonovelitas con los estudiantes de otro curso u otra escuela. Van a intercambiar ideas y al final, se van a conocer personalmente.** If you cannot arrange this with two classes, divide the class in two groups.

Audio: Synched Reading

para que la lectura sea también una experiencia visual. Explica el escritor: "Vale más ilustrar un rostro con una fotografía o un dibujo, en lugar de hacer una descripción literaria". Sus sitios web incluyen enlaces para que la lectura sea activa. También invitan a dejar comentarios para que lectura y escritura sean interactivas.

La blogonovela rompe con varios esquemas° tradicionales y se hace difícil de clasificar°. Si Casciari prefiere a veces la fotografía a la descripción, ¿es la blogonovela literatura o arte visual? ¿Aspira a ser un arte serio o cultura popular? Si el autor es argentino pero vive en España, ¿la obra se debe considerar española o argentina? Por otra parte, si aparece primero en Internet, ¿sería realmente un arte global?

alters various patterns · *categorize*

Los blogs de Hernán Casciari

Juan Dámaso, vidente

Klikowsky. El día a día de un argentino en Euskadi

Orsai

Espoiler

Además, las blogonovelas juegan con niveles de realidad y con las reglas° de la ficción. El diario falso seduce al lector, que cree leer confesiones íntimas. Sin embargo, el autor de una blogonovela mantiene una relación inusual con su lector. La persona que abre una novela tradicional recibe información según el orden° de las páginas de un libro. Pero el usuario informado de un sitio web crea su propio orden. ¿Cuál es el comienzo° y cuál es el final de un blog? En *Weblog de una mujer gorda*, Casciari incluye muchos enlaces, que a veces introducen información antes de la bitácora. Pero ¿qué pasa si un individuo decide no abrir un enlace? El lector de una blogonovela es autor de su propio camino en zigzag, una lectura animada por ilustraciones gráficas y fotos.

rules · *according to the order* · *beginning*

Weblog de una mujer gorda es la blogonovela más célebre de Casciari. La autora ficticia es Mirta Bertotti, una mujer de poca educación pero con aptitud tecnológica y facilidad con las palabras. Esta madre sufrida°, pero de actitud optimista, decide un día crear un blog sobre su familia desestructurada°. Mirta actualiza su bitácora frecuentemente, narrando las particularidades de los Bertotti, los problemas de los hijos adolescentes y otros relatos° sobre los retos° de su vida. Mirta parece quejarse de su mala suerte, pero sus palabras revelan humor, cariño y fuerza interior°, una resistencia a los problemas muy modernos que afectan su vida.

long-suffering · *dysfunctional* · *stories/ challenges* · *inner strength*

Casciari desafía nuestras expectativas, pero más que reírse del lector, le provoca risa y sorpresa. Sus experimentos de ficción y realidad —como solicitar comentarios auténticos en blogs de ficción— nos divierten, pero además nos introducen a un nuevo y amplio° mundo creativo, posible ahora debido al encuentro entre el arte e Internet. ■

wide

Datos biográficos

Hernán Casciari nació en Buenos Aires en 1971. Además de estar a la vanguardia de las blogonovelas, Casciari es también periodista. En 2005 creó la blogonovela *El diario de Letizia Ortiz,* donde inventaba los pensamientos íntimos de la entonces futura Princesa de Asturias. También en 2005, la exitosa blogonovela *Weblog de una mujer gorda* fue publicada en España como libro con el título *Más respeto, que soy tu madre.* Tal fue la fama de esta blogonovela que en el año 2010 se realizó la película con el mismo título, protagonizada por Carmen Maura.

Teaching Tips

- As students read, have them take notes on the different characteristics of the **blogonovela**.
- Ask students to write down several expressions they enjoy as they read the article. Then, have them share those expressions with a partner.
- Ask students to look at and comment on the drawing of the man on page 277. Elicit that he is wearing sandals, and ask if that gives them any important information about who and where the man is, or not.
- Tell students that Hernán Casciari writes for the neswpapers ***El País*** (Spain) and ***La Nación*** (Argentina). In 2009, he published the book ***El pibe que arruinaba las fotos***, based on some of his articles in *Orsai*.

CRITICAL THINKING

Analysis and Application Write this line from the article on the board: **El lector de una blogonovela es autor de su propio camino en zigzag.** Ask students to analyze the path(s) a reader's mind follows when reading a **blogonovela** as compared with a paper novel. Have them express their thoughts either in writing or with visuals as well.

CRITICAL THINKING

Evaluation Write this line from the article on the board: **Vale más ilustrar un rostro con una fotografía o un dibujo, en lugar de hacer una descripción literaria.** Have students indicate whether they agree or disagree with this statement by a show of hands. Divide them into two teams, appoint a moderator, and have them debate the issue.

Communication 1.1, 1.3

Teaching Tips

2 For Inclusion Have students work in pairs and use Venn diagrams to organize the information they need in order to answer questions 1, 3, and 4.

2 Expansion Ask students: **Desde el punto de vista de un autor, ¿es lo mismo escribir una novela publicada por una editorial *(publisher)* que una blogonovela que se lee en Internet?**

3 Expansion

- Have small groups of students research and report on Orson Welles' 1938 radio broadcast, *The War of the Worlds.* Ask them to hypothesize what the public's reaction might be were such an invasion broadcast today.
- Ask students to imagine other new forms of expression that might emerge on the Internet in the next five years.

4 Expansion Have volunteers read their blogs aloud and have classmates guess which public figure is represented.

Después de leer

Hernán Casciari: arte en la blogosfera

1 Comprensión Responde a las preguntas con oraciones completas.

1. ¿De dónde es Hernán Casciari? Hernán Casciari nació en Argentina, pero vive en Barcelona, España.
2. ¿Qué es una blogonovela? Una blogonovela es una obra de un autor de ficción que imita el formato de un diario electrónico.
3. ¿Además de ser blogonovelista, que profesión tiene Casciari? Casciari es también periodista.
4. ¿Por qué el autor a veces prefiere usar una foto en vez de una descripción? Prefiere usar una foto porque cree que vale más ilustrar un rostro con una foto que hacer una descripción literaria.
5. ¿Qué incluyen los sitios web de Casciari para que la lectura sea activa e interactiva? Los sitios web incluyen enlaces e invitan a hacer comentarios.
6. ¿Cómo es la autora ficticia del *Weblog de una mujer gorda*? Mirta Bertotti es una mujer de poca educación, pero con aptitud tecnológica y talento con las palabras. Es una madre sufrida, pero de actitud optimista.

2 Interpretación Contesta las preguntas utilizando oraciones completas.

1. ¿Cuáles son las diferencias entre un blog y una blogonovela? ¿Cuáles son las semejanzas?
2. ¿Cuáles son algunas de las novedades artísticas de la blogonovela?
3. ¿Cómo cambia la experiencia de un lector que lee una obra en Internet en vez de abrir un libro? ¿Qué prefieres tú? Explica tus razones.
4. ¿Estás de acuerdo con Casciari en que a veces es mejor "ilustrar un rostro con una fotografía o un dibujo"? ¿Por qué?

3 Comunicación En parejas, respondan a las preguntas y compartan sus respuestas con la clase.

1. Muchos de los problemas de la familia Bertotti son muy actuales, por ejemplo, las situaciones difíciles en las que se encuentran los adolescentes de hoy día. ¿Prefieren un arte que represente la realidad contemporánea? ¿O les gusta un arte que introduzca otras épocas o temas lejanos?
2. Cuando en 2005 salió *El diario de Letizia Ortiz*, algunos lectores pensaron que el blog era el diario auténtico de la futura princesa. ¿Qué piensan de esta situación? ¿Conoces otros ejemplos de este tipo de confusión entre la ficción y la realidad?
3. ¿De qué manera ha cambiado el arte debido a las innovaciones tecnológicas de las últimas décadas? ¿Pueden pensar en ejemplos del mundo de la música?
4. ¿Qué actividades hacen ustedes en Internet que sus padres de jóvenes hacían de otra manera? ¿Cómo reaccionan las generaciones mayores (como sus padres y abuelos) frente a los avances tecnológicos?
5. Cada vez hay más personas que tienen su propio blog. ¿Son autores de algún blog? ¿Qué opinan de este fenómeno? ¿Qué ventajas y desventajas tiene?

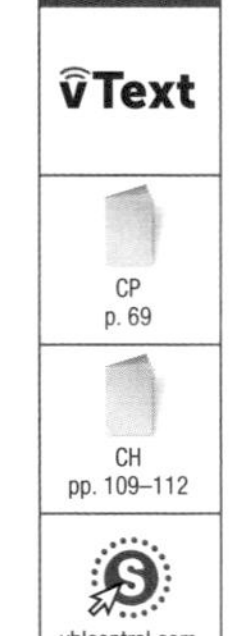

4 Escribir Elige un personaje público que aparezca frecuentemente en la prensa. Imagina los pensamientos íntimos de esta persona —las cosas que no pueden saber los periódicos o las revistas— y narra un día de su vida en forma de blogonovela. Escribe como mínimo diez oraciones.

 Practice more at **vhlcentral.com.**

CRITICAL THINKING

Comprehension and Evaluation Ask students to write a short essay on the possible benefits to a writer of publishing on the Internet versus following a more traditional publishing route. Encourage them to describe the possible differences in artistic expression, audiences reached, and remuneration received.

CRITICAL THINKING

Application Have small groups of students choose a TV show to watch. Have them then reconvene and write a blog that contains the character's thoughts and includes sample viewer commentaries and debate threads on several topics. Have them share their blog with the class.

Communication 1.1, 1.3

Atando cabos

¡A conversar!

Inventores de robots En grupos pequeños, imaginen que son un grupo de científicos. Tienen que diseñar un robot que pueda realizar una tarea normalmente hecha por seres humanos. Preparen una presentación sobre su robot para compartir con la clase. Al finalizar, realicen una votación para elegir el mejor robot.

Elegir el tema: Reúnanse y elijan la tarea que realizará su robot. Pueden elegir una tarea de la lista u otra que deseen.

- Pasear el perro
- Sacar la basura todos los días
- Preparar el desayuno
- Jugar juegos de mesa con un ser humano
- Entrenar a niños para jugar al béisbol
- Hacer las compras en el supermercado

Preparar: Decidan cómo va a ser el robot. Usen las preguntas como guía. También pueden preparar un afiche con un dibujo del robot.

- ¿Qué nombre le pondrían? ¿Por qué?
- ¿Cómo va a ser el robot?
- ¿Cómo va a realizar la tarea elegida? Describan un día en la vida del robot.
- ¿Quién se va a beneficiar con la creación del robot?

Organizar: Organicen la información en un esquema. Asignen distintas partes de la presentación a cada integrante del grupo.

Presentación: Durante la presentación, inviten al resto de la clase a participar haciendo preguntas acerca del robot. Sean convincentes. Expliquen por qué su robot es un avance importante. Recuerden que la clase elegirá el mejor robot.

¡A escribir!

Robots futbolistas

Desde 1996, cada año se celebra la competencia internacional RoboCup, protagonizada por robots autónomos futbolistas. Este proyecto tiene como objetivo promover la investigación en el campo de la inteligencia artificial. Los organizadores de este mundial de fútbol de robots aspiran a desarrollar (*develop*) para el año 2050 "robots humanoides completamente autónomos que puedan ganarle al equipo de fútbol humano que sea campeón del mundo".

El blog del robot Imagina que eres un robot participante de la RoboCup o el robot que diseñó tu grupo en la actividad anterior. Escribe una entrada en tu blog sobre el primer día en que trabajas para los seres humanos. Usa el pretérito perfecto y el pluscuamperfecto.

MODELO Hoy es el primer día que me toca acompañar a los niños a la escuela. Mi memoria y mis circuitos no han podido descansar de tantos nervios. Nunca había estado tan nervioso...

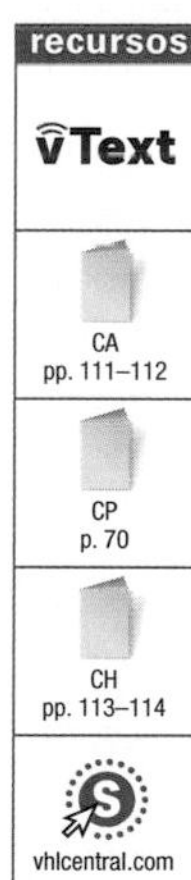

recursos
vText
CA pp. 111–112
CP p. 70
CH pp. 113–114
vhlcentral.com

Instructional Resources
vText
Cuaderno de actividades comunicativas, pp. 111–112
Cuaderno de práctica, p. 70
Cuaderno para hispanohablantes, pp. 113–114
Testing Program CD

Teaching Tips

¡A conversar!

- As students prepare, have them also consider where they would sell their robot, how they would market it, and what kind of people would be interested in it.
- To help students convince the audience about their robot, have them invent testimonials from satisfied customers explaining how the robot has changed their lives. Encourage students to use the present and past perfect. Examples: **Antes de comprar el robot, nunca había pensado en... Me ha ayudado mucho el robot porque...**
- Come up with categories for the best robot. Ex: **El mejor robot para la vida doméstica, El mejor robot para los niños.**

21st CENTURY SKILLS

¡A conversar! Collaboration
If you have access to students from a Spanish-speaking country, have your students ask them how robotic technology has affected everyday life in their country.

21st CENTURY SKILLS

¡A conversar! Productivity and Accountability
As a class, decide if the rubric you developed for the previous chapter works for this chapter's assignment. If not, adjust it to meet what students need to accomplish.

¡A escribir! Before students begin writing, have them list adjectives to describe the robot's feelings on its first day on the job.

CRITICAL THINKING

Synthesis Have students take notes on the presentations made for the **Inventores de robots** activity. Ask them to write a blog entry that includes both factual material and commentary. Have them share their blog with the class or post it on a website that others can then access.

CRITICAL THINKING

Application Have pairs of students research Spanish-language blogs about robots, choose one site, and prepare a podcast in Spanish to post on the site.

Instructional Resources
vText
Supersite/TRCD: Testing Program (Testing Program MP3 Audio Files)
Textbook CD
Audio Activities CD
Testing Program CD

Teaching Tips

- Have students make bilingual flashcards, with Spanish on one side and English on the other. Encourage them to draw pictures or add other visuals. Then, have them practice the vocabulary with a partner.
- Have students, working in pairs, create an electronic dictionary of at least ten words. Then, have them submit their work to an "editor"—another pair of students. Ask volunteers to share any particularly good or funny definitions.

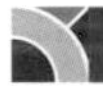
21st CENTURY SKILLS

Creativity and Innovation
Ask students to prepare a presentation about technology and inventions using lesson vocabulary and grammar.

21st CENTURY SKILLS

Leadership and Responsibility Extension Project
As a class, have students decide on three questions they want to ask the partner class related to the topic of the lesson they have just completed. Based on the responses they receive, work as a class to explain to the Spanish-speaking partners one aspect of their responses that surprised the class and why.

7 VOCABULARIO

La tecnología

la arroba	*@ symbol*
el blog	*blog*
el buscador	*search engine*
la computadora portátil	*laptop*
la contraseña	*password*
el corrector ortográfico	*spell checker*
la dirección de correo electrónico	*e-mail address*
la informática	*computer science*
Internet	*Internet*
el mensaje (de texto)	*(text) message*
la página web	*web page*
el programa (de computación)	*software*
el reproductor de CD/DVD/MP3	*CD/DVD/MP3 player*
el (teléfono) celular	*cell phone*
adjuntar (un archivo)	*to attach (a file)*
borrar	*to erase*
descargar	*to download*
guardar	*to save*
navegar en la red	*to surf the web*
digital	*digital*
en línea	*online*
inalámbrico/a	*wireless*

La astronomía y el universo

el agujero negro	*black hole*
el cohete	*rocket*
el cometa	*comet*
el espacio	*space*
la estrella (fugaz)	*(shooting) star*
el/la extraterrestre	*alien*
la gravedad	*gravity*
el ovni	*UFO*
el planeta	*planet*
el telescopio	*telescope*
el transbordador espacial	*space shuttle*

Los científicos

el/la astronauta	*astronaut*
el/la astrónomo/a	*astronomer*
el/la biólogo/a	*biologist*
el/la científico/a	*scientist*
el/la físico/a	*physicist*
el/la ingeniero/a	*engineer*
el/la matemático/a	*mathematician*
el/la (bio)químico/a	*(bio)chemist*

La ciencia y los inventos

el ADN (ácido desoxirribonucleico)	*DNA*
el avance	*advance; breakthrough*
la célula	*cell*
el desafío	*challenge*
el descubrimiento	*discovery*
el experimento	*experiment*
el gen	*gene*
el invento	*invention*
la patente	*patent*
la teoría	*theory*
clonar	*to clone*
comprobar (o:ue)	*to prove*
crear	*to create*
fabricar	*to manufacture; to make*
formular	*to formulate*
inventar	*to invent*
investigar	*to investigate; to research*
avanzado/a	*advanced*
(bio)químico/a	*(bio)chemical*
especializado/a	*specialized*
ético/a	*ethical*
innovador(a)	*innovative*
revolucionario/a	*revolutionary*

Más vocabulario

Expresiones útiles	*Ver p. 249*
Estructura	*Ver pp. 256–257, 260 y 262–263*

Cinemateca

la guita	*cash; dough*
el interrogante	*question; doubt*
la plata	*money*
el/la vago/a	*slacker*
vos	*tú*
congelar(se)	*to freeze*
derretir(se) (e:i)	*to melt*
descongelar(se)	*to defrost*
hacer clic	*to click*
duro/a	*hard; difficult*
al alcance de la mano	*within reach*
al final de cuentas	*after all*

Literatura

el auricular	*telephone receiver*
el/la bobo/a	*silly, stupid person*
la motosierra	*power saw*
el móvil	*cell phone*
el/la navegante	*navigator*
el vagón	*carriage; coach*
ahorrarse	*to save oneself*
sonar (o:ue)	*to ring*
apagado/a	*turned off*

Cultura

la bitácora	*travel log; weblog*
la blogonovela	*blognovel*
la blogosfera	*blogosphere*
el enlace	*link*
el/la novelista	*novelist*
el sitio web	*website*
el/la usuario/a	*user*
la web	*the web*
actualizar	*to update*
a la vanguardia	*at the forefront*

DIFFERENTIATION

To Challenge Students Explain what a *portmanteau* word is: **Este término se refiere a una palabra combinada en que se juntan el sonido y significado de otras dos o más palabras o morfemas. *Blogonovela*, por ejemplo, es una palabra *portmanteau*.** Have pairs of students create *portmanteaus* in Spanish, using vocabulary from the lesson.

DIFFERENTIATION

For Inclusion Have pairs of students play Hangman. The "illustrator" should give a broad hint about which category in the vocabulary list the word comes from. Ex: **Este término trata de Internet.**

La economía y el trabajo

Contextos
páginas 282–285
- El trabajo
- Las finanzas
- La economía
- La gente en el trabajo

Fotonovela
páginas 286–289
- *Necesito un aumento*

Enfoques
Venezuela
páginas 290–293
- **En detalle:** Las telenovelas
- **Perfil:** José Antonio Abreu
- **Flash cultura:** Las alpacas

Estructura
páginas 294–305
- The conditional
- The past subjunctive
- **Si** clauses with simple tenses

Cinemateca
páginas 306–309
- **Cortometraje:** *Clown*

Lecturas
páginas 310–320
- **Literatura:** *La abeja haragana* de Horacio Quiroga
- **Cultura:** Carolina Herrera: una señora en su punto

Atando cabos
página 201
- ¡A conversar!
- ¡A escribir!

Communicative Goals

VOICE BOARD

I will expand my ability to…
- express what I or others would do
- express will, emotion, doubt, or denial in the past
- express uncertainty, indefiniteness, condition, and intent in the past
- discuss hypothetical situations and events that depend on other events

Lesson Goals
In **Lección 8**, students will be introduced to the following:
- vocabulary related to jobs, finances, and the economy
- giving a toast
- soap operas in Latin America
- Venezuelan economist and social reformer **José Antonio Abreu**
- country-specific vocabulary related to money
- a video about alpacas and their importance to Andean people and cultures
- the conditional
- the past subjunctive
- **si** clauses with simple tenses for hypotheses in the present and habitual conditions in the past
- the short film ***Clown***
- **Horacio Quiroga's** fable ***La abeja haragana***
- fashion designer **Carolina Herrera**

21st CENTURY SKILLS

Initiative and Self-Direction
Students can monitor their progress online using the Supersite activities and assessments.

21st CENTURY SKILLS

Financial, Economic, Business, and Entrepreneurial Literacy
Ask questions that will activate prior knowledge about the topic and prepare them to compare it with what they learn in the chapter. For example: Do you work outside of school? What is the role of work in your life? How could that role be improved?

A primera vista Have students look at the photo. Ask:
1. ¿Cómo se siente la chica?
2. ¿Por qué piensas así?
3. ¿Por qué se ríe el chico?
4. ¿Dónde están?

INSTRUCTIONAL RESOURCES

DESCUBRE 3 Supersite: vhlcentral.com

Teacher Materials
DVDs (*Fotonovela, Flash cultura,* Film Collection); Teacher's Resource CD-ROM (Scripts, Answer Keys, Grammar Slides, Presentation PDFs, Testing Program); Testing Program, Textbook, Audio Activities CDs; Supersite: Resources (Planning and Teaching Resources from Teacher's Resource CD-ROM), Learning Management System (Gradebook, Assignments), Lesson Plans

Student Materials
Print: Student Book, Workbooks (*Cuaderno de actividades comunicativas, Cuaderno de práctica, Cuaderno para hispanohablantes*)

Technology: **vText**, *e-Cuaderno* and Supersite (Audio, Video, Practice)

Testing Program also available in print

Voice boards on the Supersite allow you and your students to record and share up to five minutes of audio. Use voice boards for presentations, oral assessments, discussions, directions, etc.

Section Goals

In **Contextos**, students will learn and practice:

- vocabulary related to jobs, finances, and the economy
- listening to an audio ad and a conversation containing the new vocabulary

Communication 1.2
Comparisons 4.1

Instructional Resources
vText
Cuaderno de actividades comunicativas, p. 87
Cuaderno de práctica, pp. 71–72
Cuaderno para hispanohablantes, pp. 115–116
e-Cuaderno
Supersite: Textbook, Vocabulary, & Audio Activities MP3 Audio Files
Supersite/TRCD: Presentation PDF #52, Textbook Audio Script, Audio Activities Script, Answer Keys
Textbook CD
Audio Activities CD

Previewing Strategy Survey students' work and financial experience. **¿Ya has preparado tu currículum vitae? ¿Te has presentado alguna vez a una entrevista de trabajo? ¿Quién se ocupa de tus finanzas, tú o tus padres?**

Teaching Tip Have pairs of students make flashcards, writing the vocabulary word on one side, and on the other drawing a picture, writing a cloze sentence, or giving an illustrative example. Pairs can then quiz each other using the flashcards.

8 CONTEXTOS

La economía y el trabajo

El trabajo

el aumento de sueldo *raise in salary*
la compañía *company*
la conferencia *conference*
el contrato *contract*
el currículum (vitae) *résumé*
el empleo *employment; job*
la entrevista de trabajo *job interview*

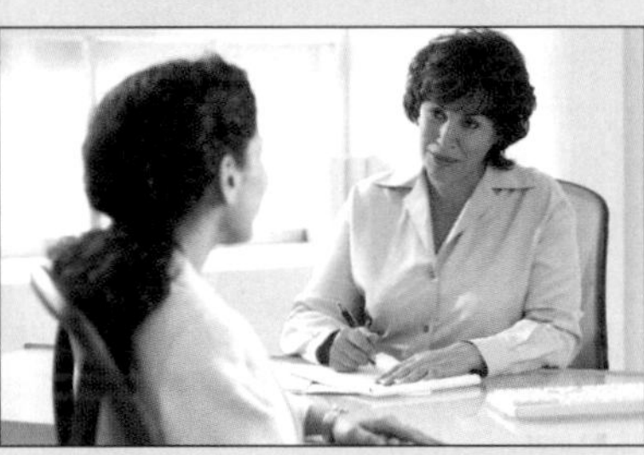

En la **entrevista de trabajo**, Eugenia presentó su **currículum vitae** e hizo preguntas sobre **la compañía**, las tareas del **puesto** y las condiciones de **empleo**.

el puesto *position; job*
la reunión *meeting*
el sueldo mínimo *minimum wage*

administrar *to manage; to run*
ascender (e:ie) *to rise; to be promoted*
contratar *to hire*
despedir (e:i) *to fire*
exigir *to demand*
ganar bien/mal *to be well/poorly paid*
ganarse la vida *to earn a living*
jubilarse *to retire*
renunciar *to quit*
solicitar *to apply for*

(des)empleado/a *(un)employed*
exitoso/a *successful*
(in)capaz *(in)competent; (in)capable*

Las finanzas

el ahorro *savings*
la bancarrota *bankruptcy*
el cajero automático *ATM*
la cuenta corriente *checking account*
la cuenta de ahorros *savings account*
la deuda *debt*
la hipoteca *mortgage*
el presupuesto *budget*

ahorrar *to save*
cobrar *to charge; to receive*
depositar *to deposit*
financiar *to finance*
gastar *to spend*
invertir (e:ie) *to invest*
pedir (e:i) prestado/a *to borrow*
prestar *to lend*

a corto/largo plazo *short/long-term*
fijo/a *permanent; fixed*
financiero/a *financial*

La economía

la bolsa (de valores) *stock market*
el comercio *commerce; trade*
el desempleo *unemployment*
la empresa multinacional *multinational company*
la huelga *strike*
el impuesto (de ventas) *(sales) tax*
la inversión (extranjera) *(foreign) investment*
el mercado *market*
la pobreza *poverty*
la riqueza *wealth*
el sindicato *labor union*

exportar *to export*
importar *to import*

PRE-AP*

Interpersonal Speaking Have students review the vocabulary related to the world of work. Provide them with some want ads from a recent Spanish-language newspaper. Tell them to choose a job, write out why they think they are qualified, and write questions they would ask a future employer. Then tell them to imagine they are calling the office number, and leave a voice-mail message with all pertinent data. They should speak for at least one minute and ask two questions. Say: **Vas a llamar a tu futuro/a empleador(a). Haz por lo menos dos preguntas sobre el trabajo y habla sobre tus cualidades. Recuerda usar *usted*.**

Communication 1.1

(A) Audio Script
¿Necesita dinero para comprar una computadora, para hacer un viaje o para comprar un regalo? En Creditinstant le prestamos tres mil dólares para que los gaste en lo que quiera. Puede financiar el dinero prestado a corto o largo plazo sin problemas. Sólo necesita solicitar el dinero llamando por teléfono al número 800-900-900. Le depositamos los tres mil dólares en su cuenta corriente en cuarenta y ocho horas. Creditinstant: el dinero al instante. Llámenos. *Textbook CD*

(B) Audio Script
REPRESENTANTE Buenos días. Gracias por llamar a Creditinstant. ¿En qué le puedo ayudar?
CLIENTA Buenos días. Estoy interesada en sus servicios. Necesito que me presten dos mil dólares.
REPRESENTANTE Muy bien. Sólo va a tener que contestar algunas preguntas. ¿Tiene un puesto de trabajo?
CLIENTA Sí, soy dueña de una pequeña tienda de ropa.
REPRESENTANTE ¿Está casada? Y si está casada, ¿en qué trabaja su esposo?
CLIENTA Sí, estoy casada. Mi esposo es un ejecutivo en una empresa multinacional. No tenemos problemas de dinero, pero queremos irnos de vacaciones y he pensado que podíamos ponernos en contacto con ustedes para financiar el viaje.
REPRESENTANTE No creo que haya ningún problema. Ahora mismo le voy a pasar con un compañero para completar la solicitud con sus datos.
CLIENTA ¿Cuánto tiempo tardarían en depositar el dinero en nuestra cuenta del banco?
(Script continues on page 284.)

La gente en el trabajo

La señora Bonilla comenzó su carrera profesional como **vendedora**, luego pasó a ser **gerente** y ahora es una alta **ejecutiva**. Espera que le ofrezcan ser **socia** este año.

el/la asesor(a) *consultant; advisor*
el/la contador(a) *accountant*
el/la dueño/a *owner*
el/la ejecutivo/a *executive*
el/la empleado/a *employee*
el/la gerente *manager*
el hombre/la mujer de negocios *businessman/woman*
el/la socio/a *partner; member*
el/la vendedor(a) *salesperson*

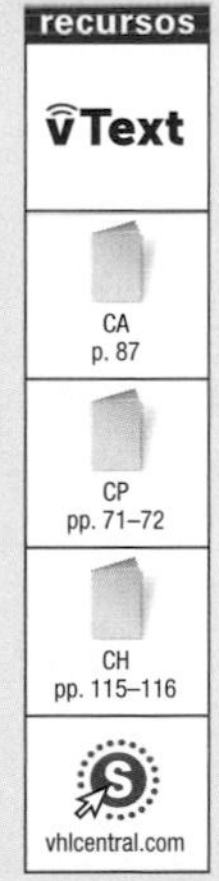

Práctica

1 Escuchar

A. Escucha el anuncio de *Creditinstant* y luego decide si las oraciones son **ciertas** o **falsas**. Corrige las falsas.

1. *Creditinstant* ofrece un puesto de trabajo con un buen sueldo. Falso. *Creditinstant* es una empresa que presta dinero.
2. *Creditinstant* ofrece tres mil dólares. Cierto.
3. Los clientes tienen que devolver el dinero a corto plazo. Falso. Los clientes pueden devolver el dinero a corto o largo plazo.
4. Los clientes pueden solicitar el dinero llamando por teléfono. Cierto.
5. *Creditinstant* deposita el dinero en la cuenta de ahorros en veinticuatro horas. Falso. *Creditinstant* deposita el dinero en la cuenta corriente en cuarenta y ocho horas.
6. Los clientes pueden gastar el dinero en lo que quieran. Cierto.

B. Escucha la conversación entre un cliente y un representante de *Creditinstant* y contesta las preguntas con oraciones completas. Answers will vary slightly.

1. ¿Qué necesita la clienta? Necesita que le presten dos mil dólares.
2. ¿En qué trabaja la clienta? Ella es dueña de una pequeña tienda de ropa.
3. ¿Qué puesto de trabajo tiene su esposo? Su esposo es ejecutivo de una empresa multinacional.
4. ¿Para qué necesita la clienta el dinero? La clienta necesita el dinero para financiar su viaje de vacaciones.

2 No pertenece Indica qué palabra no pertenece a cada grupo.

1. empleo–sindicato–sueldo–(cajero automático)
2. currículum–(deuda)–entrevista–contrato
3. (entrevista)–bolsa de valores–inversión–mercado
4. depositar–(socio)–cajero automático–cuenta corriente
5. asesor–ejecutivo–gerente–(importar)
6. renunciar–(exportar)–despedir–jubilarse
7. (comercio)–capaz–exitoso–ascender
8. gastar–prestar–(exigir)–ahorrar

LEARNING STYLES

For Visual Learners Ask students to form pairs to read aloud the lists of words on pages 282 and 283. As they read, encourage students to identify cognates. Ask pairs to make a list of all the cognates they found. Then have a class discussion and compile a list on the board or on butcher paper.

LEARNING STYLES

For Auditory Learners Play the commercial and conversation twice, encouraging students to listen for new vocabulary words. When students hear a word from the **Contextos** vocabulary, they make a tally mark on a piece of paper. You should do the same. Then after listening to the conversation a second time, discuss how many vocabulary words the class identified.

(B) Audio Script (continued)
REPRESENTANTE Normalmente tarda dos días, pero en ocasiones podemos hacerlo con más rapidez, depende de las circunstancias personales de cada cliente.
CLIENTA Perfecto, porque tenemos que preparar el presupuesto para el viaje lo antes posible. Muchas gracias.
Textbook CD

Teaching Tips

3 Expansion Write these additional items on the board: **un hombre/una mujer de negocios de 65 años, un(a) vendedor(a) de carros, el/la gerente de un banco multinacional,** and **un(a) ejecutivo/a de una empresa que va a la bancarrota.** Ask volunteers: **¿Qué buscan?**

3 Remind students to read the answer choices first and then read each item carefully. Also, after they complete the activity, they should make sure they have used each answer choice only once and then reread the items to check that the answers fit.

4 For each item, ask: **¿Quién diría esta frase?** Ex: **1. un abuelo de 60 años**

4 Ask students to provide a related word for five of the correct answers. Ex: **financieros → finanzas.**

5 Ask pairs to share their definitions with the class.

Práctica

3 ¿Qué buscan? Indica qué quiere cada una de estas personas.

b 1. un(a) contador(a)
f 2. el/la ministro/a de economía
c 3. un(a) empleado/a que lleva mucho tiempo en la empresa
a 4. una persona desempleada
e 5. el/la dueño/a de una empresa
d 6. un(a) gerente que entrevista a un(a) solicitante

quiere

a. conseguir un trabajo lo antes posible
b. que sus clientes paguen lo mínimo posible de impuestos
c. un aumento de sueldo
d. hacerle preguntas sobre el currículum vitae
e. que sus ejecutivos administren bien su dinero
f. que baje el desempleo y vengan inversiones del extranjero

4 Cosas que dice la gente Completa las oraciones con los términos de la lista.

administrar	**depositar**	**incapaces**	**riqueza**
ahorros	**empleo**	**inversiones**	**sindicato**
bolsa de valores	**financieros**	**jubilar**	**vendedora**

1. "Ya me quiero ___jubilar___. Estoy cansado y quiero disfrutar de mis nietos."
2. "Si no mejoramos nuestra forma de ___administrar___, esta empresa fracasará."
3. "¿Quiere usted reducir sus deudas, invertir en la ___bolsa de valores___ y ahorrar para la jubilación? Nuestros asesores ___financieros___ lo pueden ayudar."
4. "He gastado todos mis ___ahorros___. Necesito un ___empleo___."
5. "Se deben recibir más ___inversiones___ para salvar la compañía."
6. "El ___sindicato___ está en contra de la nueva normativa para los empleados."

5 Definiciones

A. En parejas, definan brevemente las palabras.

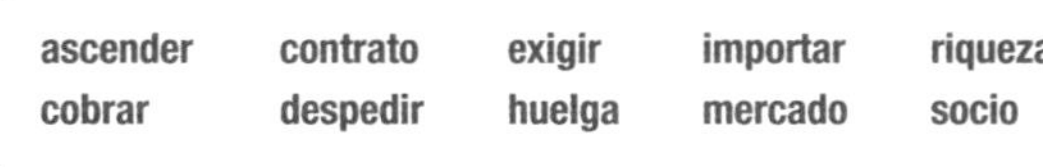

ascender	**contrato**	**exigir**	**importar**	**riqueza**
cobrar	**despedir**	**huelga**	**mercado**	**socio**

B. Improvisen una entrevista en la que uno/a de ustedes es el/la gerente y la otra persona solicita un puesto de trabajo. Usen al menos seis palabras de la lista. Después, representen su entrevista ante la clase.

MODELO
ENTREVISTADOR ¿Por qué lo despidieron de su último empleo?
SOLICITANTE Bueno, todo empezó el día de la huelga de…

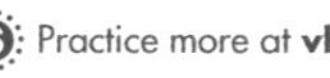

Practice more at **vhlcentral.com.**

DIFFERENTIATION

To Challenge Students Have students form pairs. Ask them to prepare a conversation using at least ten words from **Contextos**. Ask volunteers to perform their conversations for the class.

DIFFERENTIATION

For Inclusion Ask students to choose six words from **Contextos**. The words should be ones students relate to or think they will use the most. Then ask them to make flashcards with those words. (Or if they already made flashcards for the **Contextos** vocabulary, have them select six of the cards.) Encourage students to review their flashcards throughout the day until they know all six words.

Comunicación

6 ¿Qué opinas? En parejas, contesten las preguntas y después compartan su opinión con la clase.

1. ¿Piensas que el dinero es lo más importante en la vida? Explica tu respuesta.
2. ¿Sigues la información de la bolsa de valores? ¿Crees que es buena idea invertir todos los ahorros en la bolsa de valores? ¿Por qué?
3. ¿Crees que la economía del país afecta tu vida personal? ¿De qué manera?
4. ¿Piensas que se podrá acabar con la pobreza en el futuro?
5. ¿Qué sacrificarías para conseguir que no hubiera más pobreza en el mundo?
6. ¿Crees que la economía de tu país va a ser la más fuerte dentro de veinte años? Explica tu respuesta.
7. ¿Qué consecuencias piensas que tiene la globalización?
8. ¿Es positiva la globalización para los países ricos? ¿Y para los pobres?

7 El consejero de trabajo En parejas, imaginen que uno/a de ustedes está a punto de graduarse y no sabe qué empleo lo/la hará feliz. La otra persona es un(a) consejero/a de trabajo. Túrnense para hacerse preguntas y darse consejos sobre cuál sería el mejor trabajo para cada uno/a. Utilicen y expandan las preguntas e ideas de la lista.

Preguntas

a. ¿Eres capaz de trabajar bajo presión?
b. ¿Te gusta administrar?
c. ¿Qué te importa más: ganar bien o disfrutar del trabajo?
d. ¿Te gusta trabajar en equipo o prefieres trabajar solo/a?
e. ¿Qué clases te han gustado más?
f. ¿Te gusta viajar?
g. ¿Es importante que tu trabajo sea creativo?
h. ¿Esperas que tu empleo ayude a mejorar la sociedad?
i. ¿Quieres ser dueño/a de tu propia compañía?
j. ¿Qué tipos de conferencias te interesan más: de tecnología, de música, de educación?
k. ¿En qué puesto anterior has sido más exitoso/a?
l. ¿...?

Debes trabajar en...

- los negocios
- las ciencias
- la política
- una empresa multinacional
- las finanzas
- la tecnología
- las artes
- una organización humanitaria
- la educación
- el turismo
- un restaurante
- la medicina
- el comercio
- ...

PRE-AP*

Interpersonal Writing Tell students to follow up their phone call about a job (see Pre-AP activity, page 282) with an e-mail. This time have them remind the employer of the message they left and ask two more questions. Ask them to use the vocabulary from **Actividad 5** on pages 283–284 as much as possible. Again, remind them that they should use **usted**. Tell them: **El/La jefe/a no ha contestado tu llamada. Escríbele un mensaje electrónico en el cual le pides que te conteste lo antes posible.**

Communication 1.1, 1.2

Teaching Tips

6 Virtual Chat You can also assign activity 6 on the Supersite. Students record individual responses that appear in your gradebook.

6 Encourage students to support their opinions with examples or personal anecdotes.

6 To help students' discussions for items 7 and 8, have them brainstorm a list of the advantages and disadvantages of globalization.

21st CENTURY SKILLS

6 Technology Literacy Ask students to prepare a digital presentation to show the preferences of the whole class for several of the items in this activity.

- **Heritage Speakers** Ask students to share what kinds of summer or after-school jobs teens do in their families' countries of origin. Encourage other students to ask questions.

NATIONAL STANDARDS
Communities Bring in Spanish-language brochures from local banks and Spanish-language employment applications from local businesses and ask students to locate and identify any of the vocabulary words presented in **Contextos**.

NATIONAL STANDARDS
Communities Have pairs of students look at classified ads from online newspapers in Spanish to find an ideal job. They should describe their qualifications, ask any questions they have about the job, and express their hope to be given an interview.

Section Goals

In **Fotonovela**, students will:

- practice listening to authentic conversation
- learn functional phrases for giving a toast and talking about what someone would or would not do

Communication 1.2
Cultures 2.1, 2.2

Instructional Resources
vText
Cuaderno de actividades comunicativas, pp. 45–46
e-Cuaderno
Supersite/DVD: ***Fotonovela***
Supersite/TRCD: ***Fotonovela***
Video Script & Translation, Answer Keys

Video Synopsis

- ***Facetas*** celebrates its second anniversary.
- Everyone recalls Fabiola's interview and Johnny's first day of work.
- The employees talk about a gift for Aguayo.
- Fabiola asks Aguayo for a raise.

PRE-AP*

Interpretive Reading Have students look at the video stills and brainstorm a list of adjectives that describe how the characters might feel in each scene. After students watch the video, have them revise their lists.

Teaching Tip Before showing the **Fotonovela**, write four or five of the **Expresiones útiles** and Additional Vocabulary on the board and review their meanings. Then have students work in pairs to look at the pictures and scan the text to find the new vocabulary.

8 FOTONOVELA

El equipo de *Facetas* celebra el segundo aniversario de la revista. Es un momento lleno de recuerdos.

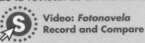

Video: *Fotonovela*
Record and Compare

PERSONAJES

AGUAYO

DIANA

1

En la sala de conferencias...

TODOS ¡Cumpleaños feliz!

AGUAYO Antes de apagar las velas de nuestro segundo aniversario, quiero que cada uno cierre los ojos y luego pida un deseo.

JOHNNY Lo estoy pensando...

TODOS Uno, dos, tres...

Apagan las velas.

2

DIANA Ahh... ¿Quién lo diría? Dos años y tantos recuerdos.

AGUAYO ¿Recuerdas cuando viniste a tu entrevista de trabajo y Éric pensó que tu padre era millonario?

FABIOLA Sí. Recuerdo que puso esa cara.

Fabiola recuerda...

3

AGUAYO Éric, te presento a Fabiola Ledesma, nuestra nueva escritora.

ÉRIC ¿No eres tú la hija del banquero y empresario millonario Ledesma?

FABIOLA No. Mi padre es ingeniero y no es millonario.

ÉRIC Perdona. Por un momento pensé que me había enamorado de ti.

6

De vuelta al presente...

AGUAYO Ahora de vuelta al trabajo. (*Se marcha.*)

MARIELA ¡Aposté que nos darían la tarde libre!

DIANA Chicos, he estado pensando en hacerle un regalo de aniversario a Aguayo.

FABIOLA Siento no poder ayudarte, pero estoy en crisis económica.

MARIELA Por lo menos ayúdenme a escoger el regalo.

7

FABIOLA Debe ser algo importado. Algo pequeño, fino y divertido.

ÉRIC ¿Qué tal un pececito de colores?

TODOS Me refiero a algo de corte ejecutivo, Éric. Algo exclusivo.

ÉRIC Mariela, ¿qué le darías a un hombre que lo tiene todo?

MARIELA Mi número de teléfono.

8

En la oficina de Aguayo...

FABIOLA Jefe, ¿tiene un minuto?

AGUAYO ¿Sí?

FABIOLA Usted sabe que tengo un gran currículum y que soy muy productiva en lo mío.

AGUAYO ¿Sí?

FABIOLA Y que mis artículos son bien acogidos, y ello le ha traído a la revista...

LEARNING STYLES

For Kinesthetic Learners Ask students to form groups of two or three and prepare one of the video stills from pages 286–287 as a skit. As each group performs its skit, the rest of the class guesses which still they had selected.

LEARNING STYLES

For Auditory Learners Pause the DVD after frames 1–5 and orally review the **Fotonovela** with three or four comprehension questions. Ex: **¿Qué pensó Éric de Fabiola cuando ella vino a su entrevista? ¿Qué dijo ella? ¿A qué hora iba Johnny a su trabajo anterior?** Proceed in the same way until the end of the episode.

ÉRIC

FABIOLA

JOHNNY

MARIELA

4

De vuelta al presente...

AGUAYO Brindo por nuestra revista, por nuestro éxito y, en conclusión, brindo por quienes trabajan duro... ¡Salud!

TODOS ¡Salud!

DIANA Eso me recuerda el primer día que Johnny trabajó en la oficina.

Diana recuerda...

5

DIANA Se supone que estuvieras aquí hace media hora y sin embargo, llegas tarde. Los empleados en esta empresa entran a las nueve de la mañana y trabajan duro todo el día. Sabes lo que es el trabajo duro, ¿verdad?

JOHNNY En mi trabajo anterior entraba a las cuatro de la mañana y jamás llegué tarde.

DIANA A esa hora nunca se sabe si llegas demasiado tarde o demasiado temprano.

9

AGUAYO ¿Qué es lo que quieres, Fabiola?

AGUAYO ¿Qué pasa contigo? Te aumenté el sueldo hace seis meses.

FABIOLA Pero hay tres compañías que andan detrás de mí. Por lo tanto, merezco otro aumento.

AGUAYO ¿Qué empresas son?

FABIOLA (*avergonzada*) La del teléfono, la del agua y la de la luz.

10

Más tarde...

DIANA Ya sé qué regalarle a Aguayo... un llavero.

(Éric y Fabiola ponen cara de repugnancia.)

DIANA ¿Qué?

FABIOLA No lo culpo si lo cambia por un pez.

Expresiones útiles

Proposing a toast

Brindo por nuestra revista.
I toast our magazine.
Brindemos por nuestro éxito.
Let's toast our success.
¡Salud!
Cheers!
¡A tu salud!
To your health!

Talking about what someone would or wouldn't do

¡Pensé que nos darían la tarde libre!
I thought they would give us the afternoon off!
¿Qué le darías a un hombre/una mujer que lo tiene todo?
What would you give to a man/woman who has everything?
Le daría...
I would give him/her...

Additional vocabulary

anterior *previous*
apagar las velas *to blow out the candles*
bien acogido/a *well-received*
la crisis económica *economic crisis*
el/la empresario/a *entrepreneur*
importado/a *imported*
llavero *keychain*
merecer *to deserve*
No lo/la culpo. *I don't blame him/her.*
pedir un deseo *to make a wish*
¿Quién lo diría? *Who would have thought?*
ser productivo/a *to be productive*
temprano *early*
trabajar duro *to work hard*

recursos

vText | CA pp. 45–46 | vhlcentral.com

Teaching Tips

- **Expresiones útiles** Call students' attention to the expressions and vocabulary on page 287. As a class, read through the list and discuss which words and phrases are most useful to students and why. Then encourage students to suggest in which **Contextos** categories they might place the additional vocabulary.
- Ask pairs to discuss the question: **¿Qué le darías a un hombre/una mujer que lo tiene todo?** Then have pairs share their answers. List all responses on the board. Finally, have the whole class vote on the best gift idea.
- After showing the **Fotonovela** DVD, divide the class into six groups. Assign each group a different character from the **Fotonovela**. Ask the groups to describe their character's personality and what he or she does in this episode. Then ask them to describe what their character does at this office. Have each group introduce and describe its character for the class.

DIFFERENTIATION

Heritage Speakers Ask students to evaluate whether the behavior and situations in the **Fotonovela** are realistic according to their parents' home culture. Ask heritage speakers to support their opinions with evidence from the video and their parents' culture.

DIFFERENTIATION

For Inclusion After showing the **Fotonovela**, encourage students to point to each still and say a phrase or sentence about the characters or scene. Affirm and then expand what each student says. Ex: **—Éric está loco. —Sí, es un poco raro. ¿Qué le dice a Fabiola? —Fabiola quiere dinero. —Sí, ¿por qué quiere dinero?**, etc.

Communication 1.1, 1.2

Teaching Tips

- Before assigning the **Comprensión** activities, ask pairs to write five to ten sentences that summarize the **Fotonovela**. Have volunteers read their summaries for the class.

1 Expansion Have students change the sentences to the past and rewrite them in the form of a paragraph.

2 For additional comprehension practice, give students these true/false statements: **1. El padre de Fabiola es un empresario millonario. (Falso.) 2. A Fabiola le aumentaron el sueldo hace seis meses. (Cierto.)**

3 Encourage students to complete the activity without looking back in their books. When they are finished, they can then go back and check their work.

4 For Inclusion Replay the video and pause to allow time for the class to discuss and answer the questions.

5 For additional practice, have groups perform their conversations for the class.

21st CENTURY SKILLS

5 Flexibility and Adaptability Remind students to include input from all team members, adapting their presentation so it represents the whole group.

Comprensión

1 La trama Indica en qué orden ocurrieron los hechos (*events*) de este episodio.

2 a. Brindan por la revista.
1 b. Cantan cumpleaños feliz.
5 c. Fabiola pide un aumento de sueldo.
6 d. Diana piensa regalarle a Aguayo un llavero.
4 e. Éric sugiere regalarle a Aguayo un pececito de colores.
3 f. Fabiola dice que está en crisis económica.

2 ¿Pasado o presente? En la **Fotonovela**, los personajes recuerdan algunos sucesos (*events*) del pasado. Indica si estas oraciones describen sucesos del **pasado** o del **presente**. Luego completa las oraciones con la forma adecuada del verbo.

	Pasado	Presente
1. Éric creyó (creer) que Fabiola era hija de un millonario.	☑	☐
2. Los empleados de la revista brindan (brindar) por el aniversario.	☐	☑
3. Éric pensó (pensar) que se había enamorado de Fabiola.	☑	☐
4. Diana propone (proponer) hacerle un regalo a Aguayo.	☐	☑
5. Johnny llegó (llegar) tarde a la oficina.	☑	☐
6. Fabiola le pide (pedir) a Aguayo un aumento de sueldo.	☐	☑

3 ¿Quién lo diría? ¿Qué empleado de *Facetas* diría cada una de estas oraciones?

Diana 1. Hace ya dos años que trabajamos aquí. ¡Quién lo diría!
Aguayo 2. ¡Pidan todos un deseo!
Fabiola 3. Jefe, usted sabe que trabajo muy duro.
Fabiola 4. Mi padre no es empresario.
Mariela 5. Yo pensaba que nos dejarían irnos más temprano del trabajo.

4 Preguntas Contesta las preguntas con oraciones completas.

1. ¿Qué celebran los empleados de *Facetas*?
2. ¿Por qué creía Éric que se había enamorado de Fabiola? Explica tu respuesta.
3. ¿Por qué Fabiola no puede ayudar con el regalo?
4. ¿Le gusta a Fabiola la idea de regalarle un llavero a Aguayo?

5 Lo tiene todo ¿Qué le darías tú a alguien que lo tiene todo? Trabajen en grupos de cinco para inventar una conversación entre los empleados de *Facetas*. Tendrán que ponerse de acuerdo sobre un regalo para Aguayo. Utilicen la frase **Yo le daría...** y expliquen sus razones.

MODELO
FABIOLA ¡Ese llavero no es muy elegante, Diana! Yo le daría un reloj porque él siempre insiste en que lleguemos a tiempo a la oficina.
JOHNNY ¡Pero Aguayo ya tiene un Rolex! Yo le daría…

Practice more at **vhlcentral.com.**

LEARNING STYLES

For Kinesthetic Learners After students complete **Actividad 3**, use TPR (Total Physical Response) with the items. Examples: Say: **Brindan por la revista.** Students and you: mime toasting. Say: **Cantan "Cumpleaños feliz".** Students and you: sing **Cumpleaños feliz…** Say: **Fabiola pide un aumento de sueldo.** Students and you: tap your pockets, clutch your hands to your chest as if begging, etc.

LEARNING STYLES

For Auditory Learners For additional practice identifying past and present verb forms, have students make signs that read: **Pasado** and **Presente**. Then slowly read a list of verbs in either the present or the past. Students listen and raise the appropriate sign. As students become accustomed to the game, use present continuous, irregular, and imperfect verb forms.

Ampliación

6 Preguntas Conversen sobre estas preguntas y compartan sus respuestas con la clase.

1. ¿Qué le darías tú a Aguayo?
2. ¿Conoces tú a alguien que lo tiene todo? ¿Cómo es esa persona? ¿Trabaja duro? ¿Crees que merece todo lo que tiene?
3. ¿Alguna vez tuviste que comprarle un regalo a esa persona? ¿Qué escogiste?
4. ¿Cuál es el mejor regalo que has recibido en tu vida? ¿Por qué?
5. ¿Cuáles son los mejores regalos por menos de $10? ¿Por menos de $25? ¿Por menos de $100?

7 Apuntes culturales En parejas, lean los párrafos y contesten las preguntas.

El currículum vitae

Fabiola tiene mucha experiencia laboral. Seguramente, cuando presentó su **currículum vitae** a *Facetas*, además de la información profesional, incluyó datos personales que son comunes en el mundo laboral hispano: fecha de nacimiento, estado civil, una foto en color, si tiene carro... ¿Habrá salido en la foto con la misma cara de enojo con que salió en el pasaporte?

El ingeniero millonario

El padre de Fabiola no es millonario, sino un modesto ingeniero, pero el venezolano **Lorenzo Mendoza** es ingeniero y millonario. Dueño del Grupo Polar, que además financia la fundación más grande del país, Mendoza construyó la tercera (*third largest*) fortuna de Latinoamérica con empresas que fundó su abuelo. Sin embargo, lleva una vida modesta junto a su esposa e hijos.

Facetas y Caretas

¡***Facetas*** cumple dos años! Otra revista importante en el mundo hispano es ***Caretas***. Comenzó a publicarse en 1950 en una pequeña oficina de Lima, Perú. Hoy es la revista más leída del país y trata temas como política, cultura, eventos sociales y viajes. Ojalá que ***Facetas*** tenga el mismo éxito y... ¡se expanda la oficina!

1. ¿Sabías que en algunos países hispanos es común poner en el currículum el estado civil y la cantidad de hijos? ¿Qué piensas sobre el acto de incluir datos personales en el currículum? ¿Estás de acuerdo? En tu cultura, ¿qué información contiene un currículum?
2. ¿Qué millonarios conoces? ¿Qué ventajas y desventajas hay en ser millonario? Explica tu respuesta.
3. ¿Lees revistas? ¿Qué tipos de revistas te interesan más? ¿Por qué? ¿Estás suscrito/a a alguna? ¿A cuál(es)?
4. En tu opinión, ¿son más populares las revistas tradicionales o las revistas en Internet? ¿Por qué? ¿Qué ventajas tiene cada tipo de revista? ¿Cuál prefieres tú?

 Communication 1.1, 1.2

Teaching Tips

6 Virtual Chat You can also assign activity 6 on the Supersite. Students record individual responses that appear in your gradebook.

6 Expansion Ask additional questions about gift-giving. Ex: **¿Cuál es el peor regalo que has recibido en tu vida? Si fueras a otro país a vivir con una familia, ¿qué llevarías de regalo?**

7 Have students draw two intersecting circles (a Venn diagram), labeling on one circle **currículum estadounidense** and the other **currículum hispano**. Have them list the standard information included in each résumé, writing the common items in the center.

7 For Auditory Learners Ask volunteers to read the paragraphs and questions aloud to support strong listening comprehension.

NATIONAL STANDARDS
Connections: Career Education Students may not have direct knowledge of how résumés are constructed and what information they contain. Share with them typical examples from the U.S. and the Spanish-speaking world and discuss differences and similarities among the various cultures.

DIFFERENTIATION

Heritage Speakers After completing **Actividad 7**, ask heritage speakers to describe other popular magazines they know of in the Spanish-speaking world. List all their responses on the board. Then ask students to share their opinions of the magazines.

DIFFERENTIATION

To Challenge Students Have students find a job posting in a Spanish-speaking newspaper and prepare a one-page résumé. Encourage students to look at sample résumés in Spanish on the Internet.

Section Goals

In **Enfoques**, students will read about:

- soap operas in Latin America
- Venezuelan economist and social reformer **José Antonio Abreu**
- country-specific vocabulary related to money
- alpacas and their importance to Andean people and cultures

Communication 1.2
Cultures 2.1, 2.2
Connections 3.1, 3.2
Comparisons 4.2

21st CENTURY SKILLS

Global Awareness
Students will gain perspectives on the Spanish-speaking world to develop respect and openness to others and to interact appropriately and effectively with citizens of Spanish-speaking cultures.

Instructional Resources
vText
Cuaderno para hispanohablantes, p. 118
Supersite/DVD: ***Flash cultura***
Supersite/TRCD: ***Flash cultura***
Video Script & Translation

Previewing Strategy
Ask students to discuss soap operas they know: **¿Alguién que conoces mira alguna telenovela? ¿De que trata la telenovela?**

Teaching Tips

- Remind students to read the article three times, once for general comprehension, once slowly, looking up important unknown words, and once more for complete comprehension.
- **For Inclusion** Read the article aloud, pausing after each paragraph to record all the cognates and summarize the content as a class.

Reading, Additional Reading

En detalle

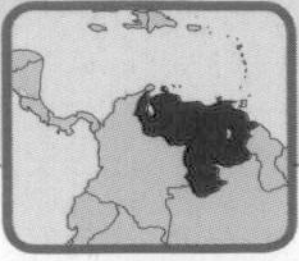

VENEZUELA

LAS TELENOVELAS

Kassandra

La novela en papel puede ser muchas cosas: en la pantalla, sólo puede ser telenovela. ¿Qué ingredientes conforman la telenovela? Una historia de amor en capítulos transmitidos de lunes a viernes; una pareja principal cuyo amor se enfrenta a múltiples obstáculos, uno o dos villanos y un montón de conflictos, intrigas, mentiras y misterios. Y, si de telenovelas se trata, hay que hablar de Latinoamérica.

Desde los años 50, el género desembarcó en los hogares y creció sin parar. En los 60, cada país fue desarrollando su propio estilo y el mercado de exportación se extendió a Europa del Este, Medio Oriente y Asia. Históricamente, los mayores productores han sido Venezuela, México, Brasil y Argentina.

Como las telenovelas son un trabajo en equipo, su producción implica la creación de numerosos puestos de trabajo para actores, escritores, productores, directores, escenógrafos, maquilladores, etc. A eso se agrega la etapa de posproducción y finalmente la de exportación. En Venezuela, llegó un momento en que el mercado de exportación de telenovelas era mayor que el de la exportación nacional del mercado automotor, textil o de papel.

La cima° de la popularidad mundial de telenovelas de ese país fue alcanzada con las historias escritas por Delia Fiallo, como *Leonela* (1983), *Topacio* (1984) y *Cristal* (1985), que crearon una adicción nunca antes vista, con un público cautivo que prefería abandonar la siesta o incluso faltar a sus trabajos antes que perderse un capítulo. En 1992, *Kassandra*, de la misma autora, entró en el Libro Guiness de los Récords como la más vendida del mundo; se le atribuye además el mérito de imponer una tregua° momentánea y tácita durante la guerra de Bosnia, cuando ambos bandos° se detenían para seguir la historia de la joven entregada de bebé a los gitanos por su malvada madrastra. ■

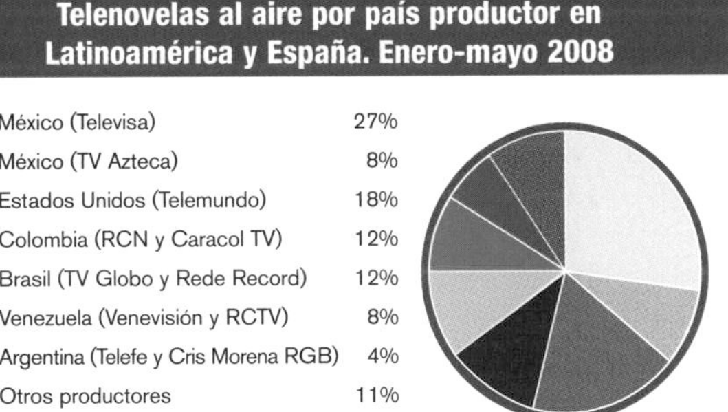

cima *peak* **tregua** *truce* **bandos** *sides*

En Venezuela existen dos compañías productoras de telenovelas: los canales Venevisión y RCTV (cuya distribuidora internacional es Coral Pictures), pero a este último no le fue renovada su licencia como canal de aire en 2007 y ahora funciona sólo como canal de cable.

PRE-AP*

Presentational Speaking Have students work in groups of three to prepare a formal presentation about the 2007 closure of RCTV by President Hugo Chávez and the subsequent impact on jobs. Tell them to be sure to address the claim of the president that it is important to make socialist soap operas following the Cuban model and against the capitalist set of values that in his opinion this genre often portrays. To help generate ideas, start by asking students these questions: **¿Qué clase de valores se ven en una telenovela? ¿Cuánta influencia pueden tener en el público?**

ASÍ LO DECIMOS

El dinero

los chavos (P. R.) *money*
la lana (Méx.) *money*
las pelas (Esp.) *money*

la peseta (P. R.) *quarter (American coin)*

comer cable (Ven.) *to be broke; to have no money*
estar pelado/a (Col., Esp.) *to be broke; to have no money*
no tener guano (Cu.) *to be broke; to have no money*

estar forrado/a en billete (Col. y Méx.) *to be loaded*
tener una pila de dinero *to be loaded*

ser gasolero/a (Arg.) *to have frugal taste*

el/la mileurista (Esp.) *a young, educated person who only makes a thousand euros a month*

EL MUNDO HISPANOHABLANTE

Telenovelas en Latinoamérica

En México, el Grupo Televisa produce entre diez y doce telenovelas anuales. Uno de sus grandes éxitos fue *Corazón salvaje*, que Televisa filmó en cuatro ocasiones. La última versión (2009) sufrió un recorte de presupuesto del 40% por la crisis económica y no logró desbancar° a la versión de 1993, una de las más vendidas en la historia de Televisa, que, con guion de María Zarattini, impuso un héroe que desafiaba los modelos patriarcales.

Colombia brilla en el universo de las telenovelas gracias al escritor Fernando Gaitán, creador de *Yo soy Betty, la fea* (1999), que figura en el Libro Guinness por ser la novela más versionada° de la historia. Según el Departamento Administrativo del Estado colombiano, en 2009 las exportaciones del sector audiovisual superaron los 924 millones de dólares.

En Argentina, Telefe Contenidos produce anualmente entre cuatro y cinco telenovelas. Sus telenovelas tienen un tono policial y temas controvertidos, como *Montecristo* (2006), cuya trama se centraba en los hijos de desaparecidos durante la dictadura militar argentina.

JOSÉ ANTONIO ABREU

El maestro Abreu es doctor en economía, músico y reformador social, pero sobre todo es un maestro de la vida misma. En 1975, fundó *El Sistema Nacional de las Orquestas Infantiles y Juveniles de Venezuela*, un programa educativo que hace de la música el medio principal para la promoción intelectual y social. Este sistema está basado en el esencial sentido de comunidad e interdependencia que se crea en las orquestas y coros. Se dirige en especial a los sectores vulnerables o en situación de riesgo°, a quienes proporciona herramientas para salir de la pobreza. Comenzó con once niños, pero actualmente incluye a trescientos mil niños de medianos y bajos recursos que participan de la formación musical. Abreu ha ganado multitud de premios, entre ellos el Príncipe de Asturias (2008) y el Glenn Gould Prize (2008), dotado de 50.000 dólares, y el Premio Ted 2009, que todos los años premia a tres personas con 100.000 dólares y las ayuda a cumplir un deseo para cambiar el mundo.

> "Mira si será malo el trabajo, que deben pagarte para que lo hagas."
> (Facundo Cabral, cantautor argentino)

Conexión Internet

En muchos países, el día del trabajador es el primero de mayo. ¿Cuál es el origen de esta celebración?

To research this topic go to **vhlcentral.com**.

desbancar *to replace* **más versionada** *with the most remakes* **riesgo** *risk*

Teaching Tips

- **For Inclusion** Ask students to look at the pictures and the chart on pages 290–291. Slowly say simple sentences about one of the pictures or the chart. Ask students to point to the item about which you are speaking.
- **Así lo decimos** Ask heritage speakers for other names for and expressions with money.
- **Perfil** Ask students: **¿Cómo creen que *El Sistema* cambia a un niño de bajos recursos? ¿Además de la música, qué puede aprender un niño de esta experiencia?**
- **El mundo hispanohablante** Ask students to speculate on why **telenovelas** are so popular in Latin America and indeed around the world. **¿Cuáles temas son comunes en las telenovelas? ¿Son temas universales?**

NATIONAL STANDARDS
Connections: Economics
Have students research data on soap operas in the U.S. Ask them to create a graph showing the popularity of soap operas in the U.S. compared to their popularity in Latin American countries.

NATIONAL STANDARDS
Communities Ask students to do additional research on the **Día del trabajador** as observed in other countries and in the U.S. What similarities and differences do they see? Have them report back to the class.

21st CENTURY SKILLS
Information and Media Literacy
Go to the Supersite to complete the **Conexión Internet** activity for additional practice accessing and using culturally authentic sources.

CRITICAL THINKING

Comprehension and Synthesis After students have completed the readings in **Enfoques**, ask them to form four small groups. Assign each group one of the articles to summarize for the class. Summaries should simplify and explain the information in the passage, not just repeat it.

CRITICAL THINKING

Synthesis and Evaluation Ask pairs of students to choose another Hispanic country and research the economic importance of its TV and film industry. Ask: **¿Cuánto dinero gana esta industria en el país? ¿Exportan películas o programas de televisión?** Have students create visual representations of their findings, such as charts and graphs, and display them around the room.

Communication 1.1, 1.2

Teaching Tips

1 Ask students to write two more true/false statements and exchange them with a partner.

1 **For Inclusion** Model how to go back into the readings and find the information referenced in item 1. Then encourage the students to do the same for items 2–11.

3 **Virtual Chat** You can also assign activity 3 on the Supersite. Students record individual responses that appear in your gradebook.

3 **Expansion** Call on volunteers to summarize their discussion for each item.

Proyecto To help students come up with high-quality Latin American products, encourage them to visit different kinds of stores, such as grocery and clothing stores, and find out where different products were made.

NATIONAL STANDARDS
Connections: Science
Have students research specific agricultural products from Latin America. Ask them to report on the conditions where the products are grown, and explain why they are so successful.

recursos: vText — CH p. 118

¿Qué aprendiste?

1 Comprensión Indica si estas afirmaciones son **ciertas** o **falsas**. Corrige las falsas.

1. Las telenovelas sólo se transmiten los fines de semana. **Falso.** Las telenovelas se transmiten de lunes a viernes.
2. Además de una historia de amor, la telenovela debe incluir conflictos, intrigas y mentiras. **Cierto.**
3. En Europa del Este y Asia se producen muchas telenovelas. **Falso.** Europa del Este y Asia compran telenovelas producidas en Latinoamérica.
4. El género de la telenovela comenzó en la década de 1920. **Falso.** Las telenovelas llegaron a la televisión en la década de 1950.
5. Perú es el país más importante en la producción de telenovelas. **Falso.** Venezuela, México, Brasil y Argentina ocupan los primeros puestos.
6. Gracias a la producción y exportación de telenovelas, se generan muchos puestos de trabajo. **Cierto.**
7. En Venezuela, la industria de las telenovelas llegó a superar en ganancias a otras industrias nacionales. **Cierto.**
8. Las telenovelas venezolanas alcanzaron la cima de la popularidad en la década de 1980. **Cierto.**
9. Delia Fiallo fue una telenovela de gran éxito. **Falso.** Delia Fiallo es autora de telenovelas de gran éxito.
10. *Kassandra* es la telenovela más vendida de la historia. **Cierto.**
11. El tema principal de esta historia era la guerra de Bosnia. **Falso.** La historia era sobre una joven entregada a los gitanos de bebé por su malvada madrastra.

2 Oraciones incompletas Completa las oraciones con la información correcta.

1. La versión de 2009 de *Corazón salvaje* sufrió un __recorte de presupuesto del 40%__.
2. *Yo soy Betty, la fea* aparece en el Libro Guiness como la telenovela __más versionada de la historia__.
3. Las producciones de Telefe Contenidos suelen tener un tono policial y __temas controvertidos__.
4. Abreu es doctor en economía, músico y __reformador social__.
5. Abreu ganó el Premio Ted, que ayuda a tres personas a cumplir un deseo para __cambiar el mundo__.

3 Opiniones En parejas, contesten las preguntas.

1. ¿Qué opinas de las telenovelas producidas en tu país? ¿Qué características comparten con las latinoamericanas?
2. ¿Mirarías una telenovela para practicar español? ¿Por qué?
3. Brasil, México y Argentina no sólo son los productores más importantes de telenovelas, sino que también son los mercados más importantes de Latinoamérica. ¿Existe relación entre una cosa y la otra? ¿Por qué?
4. ¿Admiras a algún reformador social? ¿A quién? ¿Por qué?

PROYECTO

Producción en Latinoamérica

Muchos productos latinoamericanos se cuentan entre los mejores del mundo. Investiga la industria de un producto típico latinoamericano y prepara una presentación para la clase. Puedes investigar productos como bebidas, miel, madera, café, flores, productos de cuero, ajo, peras y manzanas, soja, lana, carne, etc.

- ¿Cómo es su producción?
- ¿Qué alcance tiene su exportación?
- ¿Cuál es su impacto en la economía local?
- ¿Se consigue el producto en tu ciudad?

Practice more at **vhlcentral.com.**

CRITICAL THINKING

Application and Analysis Have students work in small groups. Groups write a five- to ten-sentence summary of a dramatic TV show or **telenovela** that they like to watch. Then have them read their summary the class and have groups guess which show the summary describes.

PRE-AP*

Synthesis and Evaluation Have students create a commercial for a product that they researched for **Proyecto**. Have them act it out for the class or record it and play it. Encourage students to include a testimonial from a satisfied customer about why he or she likes the product.

Communication 1.1, 1.2
Cultures 2.1, 2.2
Connections 3.1, 3.2
Comparisons 4.2

Teaching Tips

- Before watching the **Flash cultura** episode, have students guess what they will learn about animals, native cultures, climates, traditions, etc. After viewing, have them reflect on their predictions. Inform students that making predictions in this way forces them to access prior knowledge and facilitates acquisition of new information.
- Have students research other animals in the Andean area. Challenge them to create informational brochures or multimedia presentations to show the class.

21st CENTURY SKILLS

Information and Media Literacy
Go to the Supersite to complete the **Conexión Internet** activity associated with **Flash cultura** for additional practice accessing and using culturally authentic sources.

Las alpacas

¿Sabías que en la zona andina existen animales que hace cientos de años eran considerados dignos de la realeza? En este episodio de **Flash cultura**, podrás conocerlos y enterarte de cómo y por qué contribuyen a la economía regional.

VOCABULARIO ÚTIL

cariñoso/a *friendly*	**la mascota** *pet*
esquilar *to shear*	**tejer** *to weave*
la hebra de hilo *thread*	**la temporada** *season*
la manta *blanket*	**teñir** *to dye*

Preparación ¿Has comprado en alguna tienda de comercio justo? ¿Has comprado productos de comercio justo en el supermercado? ¿Te gustan los productos artesanales? ¿Por qué?

Comprensión Indica si estas afirmaciones son ciertas o falsas. Después, en parejas, corrijan las falsas.

1. La alpaca es un animal tan dócil y cariñoso que puede adoptarse como mascota. Cierto.
2. Fueron los conquistadores españoles quienes la domesticaron en la antigüedad. Falso. Quienes la domesticaron fueron los antiguos incas.
3. Las cuatro especies de los camélidos sudamericanos son domésticas. Falso. Las llamas y las alpacas son domésticas, pero los guanacos y las vicuñas son salvajes.
4. Las alpacas son esquiladas cada vez que llueve. Falso. Las alpacas son esquiladas después de la temporada de calor, justo antes de la temporada de lluvias.
5. La fibra de la alpaca que se esquila se transforma a continuación en un hilo y después se tiñe de colores con elementos vegetales. Cierto.
6. La tradición indica que las mujeres deben aprender a tejer con sus madres para ser admitidas plenamente en la comunidad. Cierto.

Expansión En parejas, contesten estas preguntas.

- ¿Alguna vez han tenido una mascota? ¿Qué características debe tener un animal para que lo dejen entrar en sus casas? ¿Tendrían una alpaca como mascota?
- En sus comunidades o familias, ¿existe alguna tradición que pase de madres a hijas o de padres a hijos?
- Si fueran de viaje a Lima, ¿comprarían regalos en las tiendas de productos de alpaca? ¿Por qué? ¿Qué comprarían?

Corresponsal: Omar Fuentes
País: Perú

La alpaca parece un pequeño camello sin joroba° y con las orejas más grandes.

La producción de telas y productos de fibra de alpaca le da empleo a miles de personas en esta región.

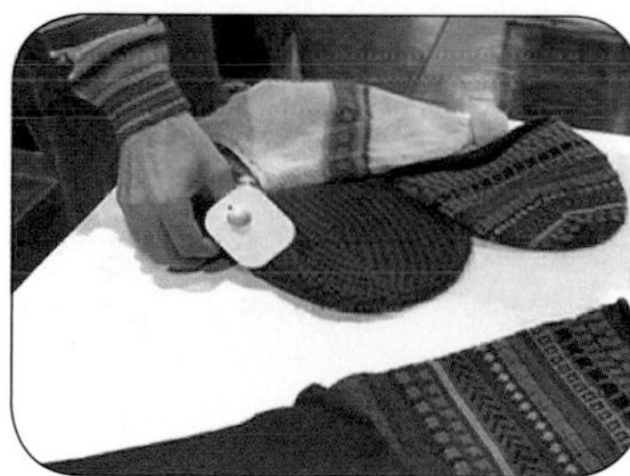
Esta preciosa fibra cuenta con la gama° de colores naturales más grande del mundo.

joroba *hump* **gama** *range*

Practice more at **vhlcentral.com.**

DIFFERENTIATION

Heritage Speakers Tell students that everyday Spanish uses many words from the ancient languages of indigenous peoples of the Americas. Ask heritage speakers to talk about any knowledge their families might have of these languages. Encourage them to share any words they know. Tell students that **alpaca** comes from Aymara, while **llama, vicuña,** and **guanaco** come from Quechua. Have students look for examples of words from these languages or others. Give them the hint that many food words come from Quechua, Guaraní, and Nahuatl.

LEARNING STYLES

For Visual Learners Have students create presentations, on posters or with presentation software, demonstrating the process of making alpaca thread. Allow them to choose either a specific step in the process or to show the process from start to finish. Ask students to present their research to the class.

Section Goals

In **Estructura**, students will learn:

- how to form and use the conditional
- the two ways of forming the past subjunctive and how to use it
- how to use **si** clauses with simple tenses for expressing hypotheses in the present, and for habitual conditions and actions in the past

 Comparisons 4.1

Instructional Resources
vText
Cuaderno de actividades comunicativas, pp. 22, 88
Cuaderno de práctica, pp. 73–74
Cuaderno para hispanohablantes, pp. 119–120
e-Cuaderno
Supersite: Additional practice
Supersite/TRCD: Grammar Slides, Presentation PDFs #53, 54, 55, Audio Activities Script, Answer Keys
Audio Activities CD

Teaching Tips

- To help students remember the written accent, compare the pronunciation of **María** and **farmacia**.
- Before teaching the conditional of irregular forms, ask students to list all the irregular future stems they can remember in three minutes. Then have them count up and shout out how many they remembered. Finally, as a class, list the irregular stems on the board.
- Point out that the conditional is formed with the same stem as the future tense.

Extra Practice Go to **vhlcentral.com** for extra practice with the conditional.

8.1 The conditional

- To express the idea of what *would* happen, use the conditional tense.

¿Qué le darías a un hombre que lo tiene todo?

- The conditional tense (**el condicional**) uses the same endings for all **–ar, –er**, and **–ir** verbs. For regular verbs, the endings are added to the infinitive.

The conditional

dar	ser	vivir
daría	sería	viviría
darías	serías	vivirías
daría	sería	viviría
daríamos	seríamos	viviríamos
daríais	seríais	viviríais
darían	serían	vivirían

¡ATENCIÓN!
Note that all of the conditional endings carry a written accent mark.

- Verbs with irregular future stems have the same irregular stem in the conditional.

Infinitive	stem	conditional
caber	cabr-	cabría, cabrías, cabría, cabríamos, cabríais, cabrían
haber	habr-	habría, habrías, habría, habríamos, habríais, habrían
poder	podr-	podría, podrías, podría, podríamos, podríais, podrían
querer	querr-	querría, querrías, querría, querríamos, querríais, querrían
saber	sabr-	sabría, sabrías, sabría, sabríamos, sabríais, sabrían
poner	pondr-	pondría, pondrías, pondría, pondríamos, pondríais, pondrían
salir	saldr-	saldría, saldrías, saldría, saldríamos, saldríais, saldrían
tener	tendr-	tendría, tendrías, tendría, tendríamos, tendríais, tendrían
valer	valdr-	valdría, valdrías, valdría, valdríamos, valdríais, valdrían
venir	vendr-	vendría, vendrías, vendría, vendríamos, vendríais, vendrían
decir	dir-	diría, dirías, diría, diríamos, diríais, dirían
hacer	har-	haría, harías, haría, haríamos, haríais, harían
satisfacer	satisfar-	satisfaría, satisfarías, satisfaría, satisfaríamos, satisfaríais, satisfarían

LEARNING STYLES

For Visual Learners As you teach the conditional, draw the chart from page 294 on the board. Write the verbs and their stems in one color. Then using another color, write the conditional endings for **dar**. Invite volunteers to come to the board, choose a different piece of chalk, and write the endings for **ser** and **vivir**.

LEARNING STYLES

For Kinesthetic Learners Play **Pasa la tiza**. Form teams of six. Give the first student in each team a piece of chalk. Write a verb on the board and say: **¡Vayan!** The first students run to the board and write the **yo** conditional form of the verb, run back to their team, and pass the chalk. The next players run to the board to conjugate the **tú** form. Play continues until a team completes the conjugation correctly, earning a point.

Teaching Tip

- Point out that like *will*, the auxiliary *would* does not have a single-word Spanish equivalent.
  yo iría → *I would go*
  ella hablaría → *she would speak*

Uses of the conditional

- The conditional is used to express what *would* occur under certain circumstances.

  En Venezuela, ¿qué lugar **visitarías** primero?
  In Venezuela, which place would you visit first?

  Iría primero a Caracas y después a Isla Margarita.
  First, I would go to Caracas and then to Isla Margarita.

¿No sería ahora el momento
justo para ir de vacaciones a
la Isla Margarita?

¡ATENCIÓN!

The English *would* is often used to express the conditional, but it can also express what *used to happen*. To express habitual past actions, Spanish uses the imperfect, not the conditional.

Cuando era pequeña, iba a la playa durante los veranos.
When I was young, I would go to the beach in the summer.

- The conditional is also used to make polite requests.

  Me **gustaría** cobrar este cheque.
  I would like to cash this check.

  ¿**Podría** firmar aquí, en el reverso?
  Would you please sign here, on the back?

- In subordinate clauses, the conditional is often used to express what *would happen* after another action took place. To express what *will happen* after another action takes place, the future tense is used instead.

CONDITIONAL	FUTURE
Creía que hoy **haría** mucho viento. *I thought it would be very windy today.*	**Creo** que mañana **hará** mucho viento. *I think it will be very windy tomorrow.*

- In Spanish, the conditional may be used to express conjecture or probability about a past condition or event. English expresses this sense with expressions such as *wondered, must have been*, and *was probably*.

  ¿Qué hora **era** cuando regresó?
  What time did he return?

  Serían las ocho.
  It must have been eight o'clock.

  ¿Cuánta gente **había** en la fiesta?
  How many people were at the party?

  Habría como diez personas.
  There must have been about ten people.

- The conditional is also used to report statements made in the future tense.

  Iremos a la fiesta.
  We'll go to the party.

  Dijeron que **irían** a la fiesta.
  They said they'd go to the party.

recursos

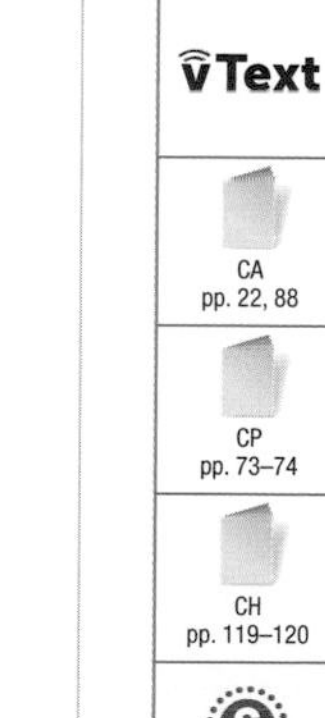

DIFFERENTIATION

To Challenge Students Discuss the use of the conditional in the ad on this page. If time permits, have students search Spanish websites or magazines for other ads that use the conditional. Then display the ads around the room.

For Inclusion Play a game of Oral Mad Libs. On the board, write sentence frames such as **Me gustaría 1. _____ a 2. _____. Primero, yo haría 3. _____. Después, visitaría 4. _____. Al final, podría 5. _____. ¿Te gustaría 6. _____?** Under each respective line, write 1. **un infinitivo** 2. **un lugar** 3. **una actividad** 4. **un lugar** 5. **un infinitivo** 6. **un infinitivo**. Model filling in the lines. Then read the story. Invite pairs to do the same, creating silly stories to share with the class.

Communication 1.1
Comparisons 4.1

Teaching Tips

1 Have students change the conversation into a narrative.

1 Ask students who have been on a job interview to critique the conversation as realistic or not and tell why.

1 Ask students to discuss how Alberto feels at each point in the interview. Then ask them to use the conditional to express how they would feel in his place.

2 Model these additional polite expressions: **¿Serías tan amable de...? / ¿Me harías el favor de...? / ¿Te importaría...?**

PRE-AP*

2 Interpersonal Speaking Have pairs create a conversation based on one of the pairs of **mandatos formales** and **mandatos informales.**

3 List possible completions for each sentence so that students can concentrate on forming the verbs.

Práctica

1 La entrevista Alberto sueña con trabajar para una agencia medioambiental y estaría dispuesto a hacer cualquier cosa para que la directora lo contrate. Utiliza el condicional de los verbos entre paréntesis para completar la conversación.

ALBERTO Si yo pudiera formar parte de esta organización, (1) ___estaría___ (estar) dispuesto (*ready*) a ayudar en todo lo posible.

ELENA Sí, lo sé, pero tú no (2) ___podrías___ (poder) hacer mucho. No tienes la preparación necesaria. Tú (3) ___necesitarías___ (necesitar) estudios de biología.

ALBERTO Bueno, yo (4) ___ayudaría___ (ayudar) con las cosas menos difíciles. Por ejemplo, (5) ___haría___ (hacer) el café para las reuniones.

ELENA Estoy segura de que todos (6) ___agradecerían___ (agradecer) tu colaboración. Les preguntaré para ver si necesitan ayuda.

ALBERTO Eres muy amable, Elena. (7) ___Daría___ (dar) cualquier cosa por trabajar con ustedes. Y (8) ___consideraría___ (considerar) la posibilidad de volver a la universidad para estudiar biología. (9) ___Tendría___ (tener) que trabajar duro, pero lo (10) ___haría___ (hacer) porque no (11) ___sabría___ (saber) qué hacer sin un trabajo significativo. Sé que el esfuerzo (12) ___valdría___ (valer) la pena.

2 El primer día La agencia contrató a Alberto y hoy fue su primer día como asistente administrativo. Utiliza el condicional para cambiar estos mandatos informales por los mandatos formales que la directora le dio a Alberto. Sigue el modelo.

Mandatos informales	Mandatos formales
Hazme un café.	¿Me harías un café, por favor?
Saca estas fotocopias.	1. ¿Sacarías estas fotocopias, por favor?
Pon los mensajes en mi escritorio.	2. ¿Pondrías los mensajes en mi escritorio, por favor?
Manda este fax.	3. ¿Mandarías este fax, por favor?
Diles a los voluntarios que vengan también.	4. ¿Les dirías a los voluntarios que vengan también, por favor?
Sal a almorzar con nosotros.	5. ¿Saldrías a almorzar con nosotros, por favor?

3 Lo que hizo Juan Utilizamos el condicional para expresar el futuro en el contexto de una acción pasada. Explica lo que quiso hacer Juan usando las claves dadas. Agrega también por qué no lo pudo hacer.

MODELO **pensar / llegar**
Juan pensó que llegaría temprano a la oficina, pero el metro tardó media hora.

1. pensar / comer Juan pensó que comería...
2. decir / poner Juan dijo que pondría...
3. imaginar / tener Juan imaginó que tendría...
4. escribir / venir Juan escribió que vendría...
5. contarles / querer Juan les contó que querría...
6. suponer / hacer Juan supuso que haría...
7. explicar / salir Juan explicó que saldría...
8. creer / terminar Juan creyó que terminaría...
9. decidir / viajar Juan decidió que viajaría...
10. opinar / ser Juan opinó que sería...

Practice more at **vhlcentral.com.**

LEARNING STYLES

For Visual Learners After students have completed **Actividad 1**, ask them to turn it into a comic strip. Show examples of Spanish comic strips for students to use as a model. Then ask pairs to plan the frames, sketch drawings, and write dialogue and captions. Display the comic strips around the room for the class to read.

LEARNING STYLES

For Kinesthetic Learners Ask students to think of their dream job and share it with a partner, then role-play an interview for that job. Encourage them to use their bodies, faces, and voices to convey meaning. Ask volunteers to perform their role-plays for the class.

Communication 1.1
Comparisons 4.1

Teaching Tips
4 Ask students to change the sentences to the present/future. Item 1: **Si hay una recesión económica en el país, habrá menos trabajo y más desempleo.**

5 **Partner Chat** You can also assign activity 5 on the Supersite. Students work in pairs to record the activity online. The pair's recorded conversation will appear in your gradebook.

5 Continue the activity by having volunteers invent situations to which other students can respond with the conditional. Ex: **Te encuentras con el presidente. / Te das cuenta de que no queda nada en tu cuenta de ahorros.**

Expansion Have students invent dilemmas; then have volunteers give advice using the conditional. Teach students the phrases: **Yo que tú** and **Yo en tu lugar** (*If I were you*). Ex: **Tengo dos citas la misma noche. → Yo que tú cancelaría una de las citas.**

Comunicación

4 **¿Qué pasaría?** En parejas, completen estas oraciones utilizando verbos en el condicional. Luego compartan sus oraciones con la clase.

MODELO **Si yo trabajara para una empresa multinacional, ...**
—Si yo trabajara para una empresa multinacional, viajaría por el mundo entero. Aprendería cinco idiomas y...

1. Si siguiera aumentando el desempleo en el país, ...
2. Si yo ganara mucho dinero, ...
3. Si mi novio/a decidiera trabajar en otro país, ...
4. Si todos mis profesores estuvieran en huelga, ...
5. Si mi jefe/a me despidiera, ...
6. Si no tuviera que ganarme la vida, ...

5 **¿Qué harías?** Explícales a tres compañeros/as lo que harías en cada una de estas situaciones. Usa el condicional.

6 **El trabajo de tus sueños** Imagina que puedes escoger cualquier profesión del mundo. Explícale a un(a) compañero/a cuál sería tu trabajo ideal, por qué te gustaría esa profesión y qué harías en tu empleo. Háganse preguntas y utilicen por lo menos cuatro verbos en el condicional.

MODELO Mi trabajo ideal sería jugar al baloncesto en la NBA. Me gustaría porque soy adicto a este deporte, pero también porque ganaría millones y podría...

DIFFERENTIATION

To Challenge Students After teaching the past subjunctive forms, have students write five hypothetical situations, such as **Si fueras un animal, ¿qué animal serías?** After students write five questions, have them circulate in the classroom and ask each other (and you) what they would do in each case. Tell them to listen to the response, write it down, and then share the answers with the class, in the third person. Tell students: **Vas a contar lo que harían tus compañeros/as en situaciones hipotéticas, usando esta construcción gramatical: Si Miguel tuviera un millón de euros, compraría un castillo en España.**

Comparisons 4.1

Instructional Resources

vText

Cuaderno de actividades comunicativas, pp. 23, 89

Cuaderno de práctica, pp. 75–76

Cuaderno para hispanohablantes, pp. 121–122

e-Cuaderno

Supersite: Additional practice

Supersite/TRCD: Grammar Slides, Presentation PDFs #56, 57, Audio Activities Script, Answer Keys

Audio Activities CD

Teaching Tips

- Have students identify which verbs in the chart have stem changes and which have irregular conjugations. Ask volunteers to add more verbs of each type to the list.
- Point out that both conjugations for the **nosotros/as** form have a written accent. Ex: **fuéramos, fuésemos**.
- The alternate endings are presented for recognition only; their forms are not included in the Testing Program.

Extra Practice Go to **vhlcentral.com** for more practice with the past subjunctive.

8.2 The past subjunctive

Explanation Tutorial

Forms of the past subjunctive

- The past subjunctive (**el imperfecto del subjuntivo**) of all verbs is formed by dropping the **–ron** ending from the **ustedes/ellos/ellas** form of the preterite and adding the past subjunctive endings.

The past subjunctive

caminar	perder	vivir
caminara	perdiera	viviera
caminaras	perdieras	vivieras
caminara	perdiera	viviera
camináramos	perdiéramos	viviéramos
caminarais	perdierais	vivierais
caminaran	perdieran	vivieran

¡ATENCIÓN!

The **nosotros/as** form of the past subjunctive always has a written accent.

Estela dudaba que su madre la **ayudara** a financiar un carro nuevo.
Estela doubted that her mother would help her finance a new car.

A los dueños les sorprendió que **vendieran** más en enero que en diciembre.
The owners were surprised that they sold more in January than in December.

Ya hablé con el recepcionista y me recomendó que le **escribiera** al gerente.
I already spoke to the receptionist and he recommended that I write to the manager.

- Verbs that have stem changes, spelling changes, or irregularities in the **ustedes/ellos/ellas** form of the preterite also have them in all forms of the past subjunctive.

infinitive	preterite form	past subjunctive forms
pedir	pidieron	pidiera, pidieras, pidiera, pidiéramos, pidierais, pidieran
sentir	sintieron	sintiera, sintieras, sintiera, sintiéramos, sintierais, sintieran
dormir	durmieron	durmiera, durmieras, durmiera, durmiéramos, durmierais, durmieran
influir	influyeron	influyera, influyeras, influyera, influyéramos, influyerais, influyeran
saber	supieron	supiera, supieras, supiera, supiéramos, supierais, supieran
ir/ser	fueron	fuera, fueras, fuera, fuéramos, fuerais, fueran

- In Spain and some other parts of the Spanish-speaking world, the past subjunctive is commonly used with another set of endings **(–se, –ses, –se, –semos, –seis, –sen)**. You will also see these forms in literary selections.

La señora Medina exigió que le **mandásemos** el contrato para el viernes.
Ms. Medina demanded that we send her the contract by Friday.

La señora Medina exigió que le **mandáramos** el contrato para el viernes.
Ms. Medina demanded that we send her the contract by Friday.

DIFFERENTIATION

Heritage Speakers Ask students to research or ask at home for different examples of sayings, song lyrics, or quotes from literature that use the past subjunctive. Have them bring in examples to share with the class. Examples: **Bésame mucho, como si fuera esta noche la última vez** (song by Consuelo Velázquez); **Qué importa que mi amor no pudiera guardarla** (verse from **Poema 20** by Pablo Neruda, p. 33).

DIFFERENTIATION

For Inclusion Ask students to fold a blank piece of paper to make six squares. Then ask them to choose six of the sample sentences from pages 298–299 that they can illustrate with a sketch. Allow time for students to illustrate the examples and label them with the English and Spanish sentences. Have students share the completed illustrations with the class.

Uses of the past subjunctive

- The past subjunctive is required in the same situations as the present subjunctive, except that the point of reference is always in the past. When the verb in the main clause is in the past, the verb in the subordinate clause is in the past subjunctive.

PRESENT SUBJUNCTIVE	PAST SUBJUNCTIVE
El jefe sugiere que **vayas** a la reunión. *The boss recommends that you go to the meeting.*	El jefe sugirió que **fueras** a la reunión. *The boss recommended that you go to the meeting.*
Espero que ustedes no **tengan** problemas con el nuevo sistema. *I hope you won't have any problems with the new system.*	Esperaba que no **tuvieran** problemas con el nuevo sistema. *I was hoping you wouldn't have any problems with the new system.*
Buscamos a alguien que **conozca** bien el mercado. *We are looking for someone who knows the market well.*	Buscábamos a alguien que **conociera** bien el mercado. *We were looking for someone who knew the market well.*
Les mando mi currículum en caso de que **haya** un puesto disponible. *I'm sending them my résumé in case there is a position available.*	Les mandé mi currículum en caso de que **hubiera** un puesto disponible. *I sent them my résumé, in case there were a position available.*

- Use the past subjunctive after the expression **como si** (*as if*).

Alfredo gasta dinero **como si fuera** millonario.
Alfredo spends money as if he were a millionaire.

El presidente habló de la economía **como si** no **hubiera** una recesión.
The president talked about the economy as if there were no recession.

Ella rechazó mi opinión **como si** no **importara**.
She rejected my opinion as if it didn't matter.

- The past subjunctive is also commonly used with **querer** to make polite requests or to soften statements.

Quisiera que me llames hoy.
I would like you to call me today.

Quisiera hablar con usted.
I would like to speak with you.

recursos

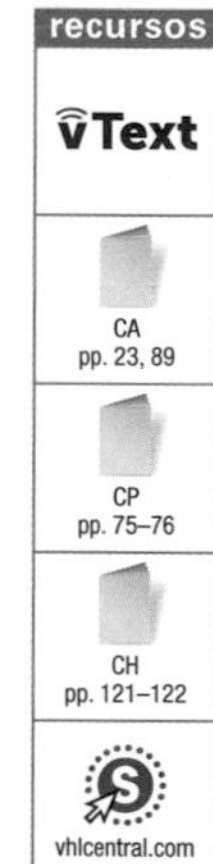

Teaching Tips

- To review uses of the subjunctive, ask students to identify the noun clauses, adjective clauses, and adverbial clauses in the sample sentences.
- On the board or on chart paper, make a three-column chart. In the first column, write the following parts of speech: noun, adjective, adverb, clause, independent clause, and dependent clause. Invite volunteers to the board to define each part of speech in the second column. Then invite more volunteers to the board to give an example of each part of speech. Once the chart is completed, use it to review the uses of the past subjunctive.

LEARNING STYLES

For Kinesthetic Learners Play **¡Pasa la hoja!** Form teams of six. Give the first student in each team a piece of paper and a pen. Write an infinitive on the board and say: **¡Ya!** The first students write the **yo** past subjunctive form of the verb and pass the paper to the next players, who conjugate the **tú** form. The paper is passed until a team finishes conjugating the verb correctly, earning a point.

LEARNING STYLES

For Auditory Learners Try to read each example aloud in both Spanish and English so that auditory learners can use their strong listening skills to comprehend.

For Visual Learners For any examples you write on the board, try to use different colors and symbols (circles, underlines, stars, etc.) to emphasize the different parts of speech or different verb endings.

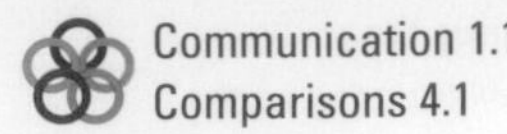
Communication 1.1
Comparisons 4.1

Teaching Tips

1 To simplify, before students complete the activity, ask volunteers to tell the class which verb forms they should use for each item.

2 As a variant, have students think of some famous couples and make up sentences about what each spouse asked the other to do.

3 Have students repeat the activity, describing a difficult person they have lived with and the things they asked each other to do. Ex: **Le dije a mi hermano que no tocara el saxofón a las tres de la mañana.**

Expansion

- For additional practice, write the following drill on the board and have students change each verb to the past subjunctive according to each subject. **1. estar: él/nosotros/tú 2. emplear: yo/ella/Ud. 3. insistir: ellos/Uds./él 4. poder: ellas/yo/nosotros 5. obtener: nosotros/tú/ella**
- **For Kinesthetic Learners** Change the above activity to a game in which groups of three send one member to the board to write the verb in the first form, a second member to write the second form, and the third member to the board to write the third form. Award a point to the first group that finishes correctly.

Práctica

1 **El peor día** Completa el mensaje que Jessica le mandó a su hermano después de su primer día como pasante (*intern*) de verano. Utiliza el imperfecto del subjuntivo.

De: jessica8@email.com
Para: luismiguel@email.com
Asunto: ¡El peor día de mi vida!

Luis Miguel:
Sé que te pedí el otro día que no me (1) dieras (dar) más consejos sobre qué hacer este verano, pero ¡ahora sí necesito tus consejos! Hoy fue el peor día de mi vida, ¡te lo juro! Me aconsejaste que no (2) solicitara (solicitar) un puesto en esta empresa, pero a mí no me importaba que ellos me (3) pagaran (pagar) el sueldo mínimo. No creía que (4) existiera (existir) ninguna oportunidad mejor que ésta. ¡Pero hoy el jefe me trató como si yo (5) fuera (ser) su esclava! Primero exigió que yo (6) preparara (preparar) el café para toda la oficina. Después me dijo que (7) saliera (salir) a comprar más tinta (*ink*) para la impresora. Luego, como si eso (8) fuera (ser) poco, insistió en que yo (9) ordenara (ordenar) su escritorio. ¡Como si toda mi experiencia del verano pasado no (10) valiera (valer) ni un centavo! Hablando de dinero... cuando le pedí que (11) depositara (depositar) el sueldo en mi cuenta corriente, él me dijo, "¿Qué sueldo? Nuestros pasantes trabajan gratis". ¡Renuncié y punto!

2 **¿Qué le pidieron?** María Laura Santillán es directora de una escuela privada. En parejas, usen la tabla y preparen una conversación en la que ella le cuenta a un amigo todo lo que le pidieron que hiciera el primer día de clase.

MODELO — ¿Qué te pidió tu secretaria?
— Mi secretaria me pidió que le diera menos trabajo.

Personajes	Verbo	Actividad
los profesores	me pidió que	construir un gimnasio nuevo
los estudiantes	me pidieron que	hacer menos ruido
el club que protege el medio ambiente		plantar más árboles
los vecinos de la escuela		dar más días de vacaciones
el entrenador del equipo de fútbol		comprar más computadoras

3 **Dueño** El dueño del apartamento donde vivían tú y tu familia era muy estricto. Con un(a) compañero/a, túrnense para comentar las reglas que tenían que seguir, usando el imperfecto del subjuntivo.

MODELO El dueño nos dijo/pidió/ordenó que no cocináramos coliflor.

1. no usar la calefacción en marzo
2. limpiar los pisos dos veces al día
3. no tener visitas en el apartamento después de las 7 de la noche
4. hacer la cama todos los días
5. sacar la basura todos los días
6. no encender las luces antes de las 8 de la noche

Practice more at **vhlcentral.com.**

DIFFERENTIATION

To Challenge Students Have students write Luis Miguel's response to Jessica using the past and present subjunctive, as well as the conditional. Then ask them to exchange their e-mails with a partner to correct. Finally, allow time for partners to regroup to explain their suggested corrections.

DIFFERENTIATION

For Inclusion Ask students to complete **Actividades 2** and **3** in the present subjunctive first. Have volunteers write each sentence on the board. Then with the first item, model how to change both verbs to the past. Ask volunteers to come to the board to change all the other verbs to the past as well. As a class, reread the sentences to make sure they were formed and changed correctly.

Comunicación

4 De niño En parejas, háganse estas preguntas y contesten con detalles. Luego, utilicen el imperfecto del subjuntivo para hacerse cinco preguntas más sobre su niñez.

MODELO —¿Esperabas que tus padres te compraran videojuegos?
—Sí, y también esperaba que me dieran más independencia./
No, pero esperaba que me llevaran al cine todos los sábados.

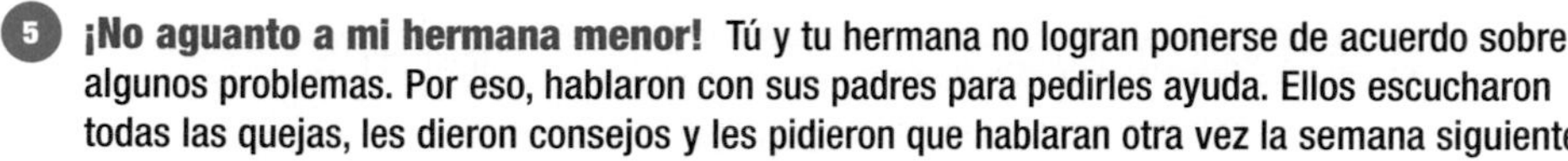

La imaginación	Las relaciones	La escuela
¿Esperabas que tus padres te compraran videojuegos?	¿Querías que tu primer amor durara toda la vida?	¿Soñabas con que el/la maestro/a cancelara la clase todos los días?
¿Dudabas que los superhéroes existieran?	¿Querías que tus padres hicieran todo lo que pedías?	¿Esperabas que tus amigos de la infancia fueran a la universidad contigo?
¿Esperabas que Santa Claus te trajera los regalos que le pedías?	¿Querías que tus familiares pasaran menos o más tiempo contigo?	¿Deseabas que las vacaciones de verano se alargaran (*were longer*)?
¿Qué más esperabas?	¿Qué más querías?	¿Qué más deseabas?

5 ¡No aguanto a mi hermana menor! Tú y tu hermana no logran ponerse de acuerdo sobre algunos problemas. Por eso, hablaron con sus padres para pedirles ayuda. Ellos escucharon todas las quejas, les dieron consejos y les pidieron que hablaran otra vez la semana siguiente.

A. Primero, escribe cinco oraciones para describir lo que le pediste a tu hermana. Usa el imperfecto del subjuntivo.

B. Ahora, en grupos de cuatro, preparen una conversación entre los padres y los/las hermanos/as. Cada persona debe usar el imperfecto del subjuntivo. Luego representen la conversación para la clase. ¿Habrá solución?

MODELO
MADRE Bueno, les pedimos que trataran de resolver los problemas. ¿Cómo les fue?
ESTUDIANTE 1 Le dije a Isabel que no se pusiera mi ropa sin pedir permiso. ¡Pero el día siguiente salió para la escuela con mi camiseta favorita!
ESTUDIANTE 2 Y yo le pedí a Celia que no escuchara música cuando estoy durmiendo. ¡Pero sigue poniendo la radio a todo volumen!
PADRE ¿Es verdad Isabel?

Communication 1.1
Comparisons 4.1

Teaching Tips

4 Expansion Have small groups describe things they believed when they were children. Each group should then select one story to present to the class. Encourage volunteers to ask clarifying questions.

5 Have students recycle household vocabulary (**Lección 3**).

5 For Part B, encourage volunteers to give solutions for this conflict, using the present subjunctive.

21st CENTURY SKILLS

5 Productivity and Accountability
As a class, decide if the rubric you developed for the previous chapter works for this chapter's assignment. If not, adjust it to meet what students need to accomplish.

Expansion Have students form small groups. Provide each group with a children's book in Spanish. Ask the group to read the story and identify all the uses of the conditional and subjunctive. Have groups summarize their story for the class and share examples of the conditional and subjunctive.

PRE-AP*

Interpersonal Speaking, Listening, and Writing To give students practice with the past subjunctive, ask them to discuss a problem they had in middle school and the advice they received. If they choose not to talk about themselves, they can make up a situation or talk about a friend. They are to use the past subjunctive in several sentences. Ex: **Mi padre me aconsejó que estudiara más. Me dijo que...** After they have discussed the situation in their small groups, have them write about it and tell whether they listened to the advice. Say: **Ahora vas a explicar la situación y decir lo que hiciste.**

Comparisons 4.1

Instructional Resources
vText
Cuaderno de actividades comunicativas, pp. 24, 90
Cuaderno de práctica, pp. 77–78
Cuaderno para hispanohablantes, pp. 123–124
e-Cuaderno
Supersite: Additional practice
Supersite/TRCD: Grammar Slides, Presentation PDFs #58, 59, 60, Audio Activities Script, Answer Keys
Audio Activities CD

Teaching Tips

- Have a volunteer read the ad aloud. Then ask students to brainstorm alternate tag lines using **si** clauses.
- **For Inclusion** Review the concepts of clause, subordinate, and main. Write an English sentence on the board: *If you have time, come with us.* Ask students to identify the subject of the sentence (*you*). Ask if there are any other subjects (no). Circle the subject. Then ask students to identify the two clauses (*If you have time* and *come with us*). Next ask students to decide which is the main clause, i.e., the clause that is a sentence all by itself (*come with us*). Label both clauses. Repeat the process with a Spanish example.

NATIONAL STANDARDS
Communities Have students search online or in magazines for ads from training schools or programs such as the one shown here. What sorts of careers would these schools or programs prepare one for?

Extra Practice Go to **vhlcentral.com** for extra practice with **si** clauses with simple tenses.

8.3 *Si* clauses with simple tenses

- **Si** (*if*) clauses express a condition or event upon which another condition or event depends. Sentences with **si** clauses are often hypothetical statements. They contain a subordinate clause (**si** clause) and a main clause (result clause).

No lo culpo si lo cambia por un pez.

¡ATENCIÓN!

Si (*if*) does not carry a written accent. However, **sí** (*yes*) does carry a written accent.

—Si puedes, ven.
—If you can, come.

—Sí, puedo.
—Yes, I can.

- The **si** clause may be the first or second clause in a sentence. Note that a comma is used only when the **si** clause comes first.

Si tienes tiempo, ven con nosotros.	Iré con ustedes **si** no trabajo.
If you have time, come with us.	*I'll go with you if I don't work.*

Hypothetical statements about possible events

- In hypothetical statements about conditions or events that are possible or likely to occur, the **si** clause uses the present indicative. The main clause may use the present indicative, the future indicative, **ir a** + [*infinitive*], or a command.

Si clause: PRESENT INDICATIVE		Main clause
Si salgo temprano del trabajo, *If I finish work early,*	PRESENT TENSE	**voy** al cine con Andrés. *I'm going to the movies with Andrés.*
Si usted no mejora su currículum, *If you don't improve your résumé,*	FUTURE TENSE	nunca **conseguirá** empleo. *you'll never get a job.*
Si la jefa me pregunta, *If the boss asks me,*	IR A + [INFINITIVE]	no le **voy a mentir**. *I'm not going to lie to her.*
Si hay algún problema, *If there is a problem,*	COMMAND	**llámenos** de inmediato. *call us right away.*

INSTITUTO TECNOLÓGICO ANDINO
PROGRAMA DE INFORMÁTICA

En sólo seis meses usted puede aprender a administrar los sistemas informáticos de cualquier tipo de empresa, grande o pequeña, nacional o extranjera.

Si busca una nueva carrera, llámenos hoy.

LEARNING STYLES

For Visual Learners Encourage pairs of students to illustrate the ad on page 302. Students may use magazine clippings, downloaded images, or their own drawings. Display the ads around the front of the room and have the class discuss the positive attributes of each one.

LEARNING STYLES

For Auditory Learners Ask students to form pairs. The first person reads the first clause of each sample. The second person completes the sentence by reading the second clause. Once students have read aloud all the examples, challenge them to compose and read aloud their own **si** clauses. Have volunteers share their sentences with the class.

Expansion Begin several sentences with **si** clauses and call on volunteers to finish each sentence. Ex: **Si tengo tiempo hoy... / Si tuviera un par de horas libres... / De niño/a, si tenía ratos libres...**

Hypothetical statements about improbable situations

- In hypothetical statements about current conditions or events that are improbable or contrary-to-fact, the **si** clause uses the past subjunctive. The main clause uses the conditional.

Si clause: PAST SUBJUNCTIVE	Main clause: CONDITIONAL
¡**Si** ustedes no **fueran** tan incapaces, *If you weren't all so incapable,*	ya lo **tendrían** listo! *you'd already have this ready!*
Si sacaras un préstamo a largo plazo, *If you took out a long-term loan,*	**pagarías** menos al mes. *you'd pay less each month.*
Si no **estuviera** tan cansada, *If I weren't so tired,*	**saldría** a cenar contigo. *I'd go out to dinner with you.*

¡ATENCIÓN!

A contrary-to-fact situation is one that is possible, but will probably not happen and/or has not occurred.

Si no estuviera en crisis económica, te ayudaría.

Si yo fuera él, les daría la tarde libre.

Habitual conditions and actions in the past

- In statements that express habitual past actions that are not contrary-to-fact, both the **si** clause and the main clause use the imperfect.

Si clause: IMPERFECT	Main clause: IMPERFECT
Si Milena **tenía** tiempo libre, *If Milena had free time,*	siempre **iba** a la playa. *she would always go to the beach.*
Si mi papá **salía** de viaje de negocios, *If my dad went on a business trip,*	siempre me **traía** un regalito. *he always brought me back a little present.*

Si no me levantaba a las tres de la mañana, llegaba tarde al trabajo.

recursos

vText

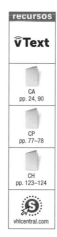

CA pp. 24, 90

CP pp. 77–78

CH pp. 123–124

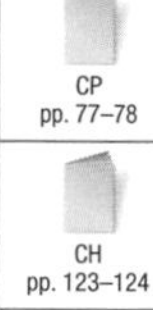
vhlcentral.com

PRE-AP*

Interpersonal Speaking To teach the difference between **si** clauses that are habitual in the past and the ones that take the subjunctive, have students describe things that would always occur on their birthdays. Tell them to imagine: *If I invited my friends to the party, they would always come.* Then have them share with their group things that always used to happen on a given occasion. Walk around the room to listen to them and monitor their use of verb tenses. Tell them: **Cuéntale a tu grupo lo que siempre pasaba cuando había una fiesta a la que iba toda tu familia.**

Communication 1.1
Comparisons 4.1

Teaching Tips

1 For additional practice, have volunteers read the complete sentences again, inverting the two clauses. Item 1: **Tendremos que ir sin Teresa si ella no viene pronto.**

1 Encourage auditory learners to read each item aloud before trying to complete it.

2 In pairs, have students write a similar conversation about what they would do if they only had to go to school two days a week.

2 **For Kinesthetic Learners** Ask pairs to rewrite the conversation as a phone conversation, including verbal pauses and exchanges. Then encourage volunteers to perform them back-to-back holding real or imaginary phone receivers.

3 **For Inclusion** Have students identify the appropriate verb tense for each item before completing the activity.

Práctica

1 **Situaciones** Completa las oraciones con el tiempo verbal adecuado.

A. Situaciones probables o posibles

1. Si Teresa no viene pronto, nosotros ___tendremos/vamos a tener___ (tener) que ir sin ella.
2. Si tú no ___trabajas___ (trabajar) hoy, vamos al cine.

B. Situaciones hipotéticas sobre eventos improbables

3. Si Carla tuviera más experiencia, yo la ___contrataría___ (contratar).
4. Si Gabriel ___ganara___ (ganar) más, podría ir de viaje.

C. Situaciones habituales sobre el pasado

5. Si llegaba tarde en mi trabajo anterior, la gerente me ___gritaba___ (gritar).
6. Si nosotros no ___hacíamos___ (hacer) la tarea, el profesor Cortijo nos daba una prueba sorpresa.

2 **Si trabajara menos** Carolina y Leticia trabajan cuarenta horas por semana y se imaginan qué harían si trabajaran menos horas. Completa la conversación con el condicional o el imperfecto del subjuntivo.

CAROLINA Estoy todo el día en la oficina, pero si (1) ___trabajara___ (trabajar) menos, tendría más tiempo para divertirme. Si sólo viniera a la oficina algunas horas por semana, (2) ___practicaría___ (practicar) el alpinismo más a menudo.

LETICIA ¿Alpinismo? ¡Qué aburrido! Si yo tuviera más tiempo libre, (3) ___haría___ (hacer) todas las noches lo mismo: (4) ___iría___ (ir) al cine, luego (5) ___saldría___ (salir) a cenar y, para terminar la noche, (6) ___haría___ (hacer) una fiesta para celebrar que ya no tengo que ir a trabajar por la mañana. Si nosotras (7) ___tuviéramos___ (tener) la suerte de no tener que trabajar nunca más, nos pasaríamos todo el día sin hacer absolutamente nada.

CAROLINA ¿Te imaginas? Si la vida fuera así, nosotras (8) ___seríamos___ (ser) mucho más felices, ¿no crees?

3 **Situaciones** Completa las oraciones.

1. Si salimos esta noche, ...
2. Si me llama el jefe, ...
3. Saldré contigo después del trabajo si ...
4. Si mis padres no me prestan dinero, ...
5. Si tuviera el coche este sábado, ...
6. Tendría más dinero si ...
7. Si íbamos de vacaciones, ...
8. Si peleaba con mis hermanos, ...
9. Te prestaría el libro si ...
10. Si mis amigos no tienen otros planes, ...

Practice more at **vhlcentral.com.**

DIFFERENTIATION

Heritage Speakers Ask students to share what teens do in their free time in their families' home countries. Encourage speakers to share, using the conditional and/or the subjunctive.

DIFFERENTIATION

To Challenge Students Ask pairs to create a 20-question quiz of the **si** clauses, including all types and uses. Encourage students to be creative, writing multiple choice, short answer, fill-ins, and so on. Then ask them to exchange their quizzes with a partner, complete it, and regroup to correct it. Be available to settle any disputes over answers.

Communication 1.1
Comparisons 4.1

Comunicación

4 Si yo fuera... **En parejas, háganse preguntas sobre quiénes serían y cómo serían sus vidas si fueran estas personas.**

MODELO **un(a) cantante famoso/a**
—¿Si fueras una cantante famosa, quién serías?
—Si fuera una cantante famosa, sería Christina Aguilera. Pasaría el tiempo haciendo videos, dando conciertos...

1. un(a) cantante famoso/a
2. un personaje histórico famoso
3. el personaje de un libro
4. un(a) actor/actriz famoso/a
5. un(a) empresario/a
6. un(a) deportista exitoso/a

5 ¿Qué harías? **En parejas, miren los dibujos y túrnense para preguntarse qué harían si les ocurriera lo que muestra cada dibujo. Sigan el modelo y sean creativos/as.**

MODELO —¿Qué harías si alguien te invitara a bailar tango?
—Si alguien me invitara a bailar tango, seguramente yo me pondría muy nervioso/a y saldría corriendo.

1. Tu suegro viene de visita sin avisar.

2. Estás en una playa donde hay tiburones.

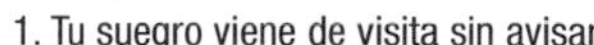

3. Tu carro se descompone en el desierto.

4. Te quedas atrapado/a en un ascensor.

6 Síntesis **En grupos de cuatro, conversen sobre lo que harían en estas situaciones. Luego cada persona debe inventar una situación más y preguntarles a sus compañeros/as qué harían. Utilicen oraciones con si, el condicional y el imperfecto del subjuntivo.**

1. ver a alguien intentando robar un carro
2. quedar atrapado/a en una tormenta de nieve
3. tener ocho hijos
4. despertarse tarde la mañana del examen final
5. descubrir que tienes el poder de ser invisible
6. enamorarse de alguien a primera vista

Teaching Tips

4 As a variant, bring in magazines and have students in pairs ask each other questions based on pictures of various celebrities.

5 For an optional writing activity, have students write a short story in pairs based on one of these drawings. Then have pairs exchange short stories for peer-editing.

6 **Partner Chat** You can also assign activity 6 on the Supersite. Students work in pairs to record the activity online. The pair's recorded conversation will appear in your gradebook.

6 Give students these additional items: **7. dañar la computadora portátil de tu mejor amigo/a 8. enterarte de que sólo te queda una semana de vida 9. inventar una máquina del tiempo 10. perder tu pasaporte en un país extranjero**

LEARNING STYLES

For Visual Learners Ask students to choose one of the illustrations from **Actividad 5** and turn it into a comic strip, illustrating and providing dialogue or captions for each frame. Display the comics around the room and allow time for the class to walk around and enjoy them.

LEARNING STYLES

For Auditory Learners For additional practice, ask students to make a three-column chart on a piece of paper. The headers of the columns should be: **si** clauses / conditional / subjunctive. Read aloud an article from a Spanish newspaper or magazine that would be of interest to students. Ask them to make a tally mark each time they hear one of the forms. Then, have students share their totals and examples.

Section Goals

In **Cinemateca**, students will:

- watch the short film ***Clown***
- practice listening for and using vocabulary and grammatical structures learned in this lesson

Communication 1.2
Comparisons 4.1

Instructional Resources
vText
Supersite/DVD: Film Collection
Supersite/TRCD: ***Cortometraje*** Transcript & Translation

Video Synopsis A young man starts his first day on the job as a debt collector. His job requires that he dress up like a clown and humiliate people into paying their debts.

Teaching Tips

- **Variación léxica:**
  cumplir → realizar
  tozudo/a → cabezota; cabezón/cabezona
  el/la moroso/a → el/la deudor(a)

1 For additional practice, have students form sentences with the remaining words and read their sentences aloud.

2 **Virtual Chat** You can also assign activity 2 on the Supersite. Students record individual responses that appear in your gradebook.

2 Continue the discussion by asking additional questions. Ex. **¿Qué se necesita para que un trabajo sea divertido? ¿Prefieres trabajar solo/a o en equipo? ¿Te gustaría tener un trabajo que te permitiera viajar mucho?**

3 After watching the film, ask students if their initial impressions were correct.

Video: Short Film

Antes de ver el corto

CLOWN

país España
duración 11 minutos
director Stephen Lynch
protagonistas el payaso, Luisa, el jefe

Vocabulario

la amenaza *threat*
avergonzar *to embarrass*
el/la cobrador(a) *debt collector*
cumplir *to carry out*
deber *to owe*
dejar en paz *to leave alone*
factura *bill*
humillar *to humiliate*
el/la moroso/a *debtor*
el/la payaso/a *clown*
el sueldo fijo *base salary*
tozudo/a *stubborn*

1 **Oraciones incompletas** Completa las oraciones con las palabras apropiadas.

1. Alguien que no paga sus deudas es un ___moroso___.
2. Además del ___sueldo fijo___, la empresa me paga comisiones.
3. Una persona ___tozuda___ nunca quiere cambiar de opinión.
4. Un ___payaso___ trabaja en el circo.
5. Cuando alguien no paga, algunas empresas contratan a un ___cobrador___.

2 **Preguntas** En parejas, contesten las preguntas.

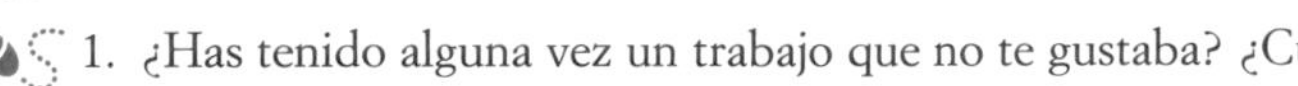

1. ¿Has tenido alguna vez un trabajo que no te gustaba? ¿Cuál?
2. Imagina que necesitas trabajar con urgencia. ¿Dónde buscarías trabajo? ¿Por qué?
3. ¿Eres capaz de hacer cosas que no te gustan por dinero? Explica tu respuesta.
4. ¿Qué empleo crees que nunca harías? ¿Por qué?
5. Cuando eras niño/a, ¿qué trabajo soñabas con tener de grande?

3 **¿Qué sucederá?** En parejas, miren el fotograma e imaginen lo que va a ocurrir en la historia. Preparen una lista de adjetivos que podrían usarse para describir la personalidad del payaso. Compartan sus ideas con la clase.

Practice more at **vhlcentral.com.**

CRITICAL THINKING

Knowledge and Synthesis Ask students to remember all their experiences with clowns. Then have them brainstorm a list of their impressions of clowns. Encourage them to include how clowns make them feel. Finally, have students share their impressions with the class while you record the responses in a web on the board.

CRITICAL THINKING

Analysis and Synthesis Students make a three-column **A-D-D** chart with the headings, **Antes, Durante,** and **Después**. In the **Antes** column, students record predictions of the content of the film based on its title and the vocabulary. While watching, they take notes in the **Durante** column on what they hear and see. After viewing, they write in the **Después** column comparisons and contrasts between their **Antes** and **Durante** notes.

Communication 1.2
Cultures 2.1, 2.2
Connections 3.2
Comparisons 4.2

Teaching Tips

- Ask students for the Spanish word for *clown* (**payaso**). Then ask the class to consider and discuss why the film is titled in English.
- **For Visual Learners** Ask students to describe all the details of the poster, using complete sentences, strong verbs, and colorful adjectives.
- **For Inclusion** Challenge students to write an English translation of the credits on the bottom of the poster. Have volunteers read aloud their translations, practicing Spanish pronunciations of the names. If students make a translation or pronunciation error, let them finish, praise them, then go back and give them the correct word or pronunciation, having them repeat it until they have done it correctly.

CLOWN

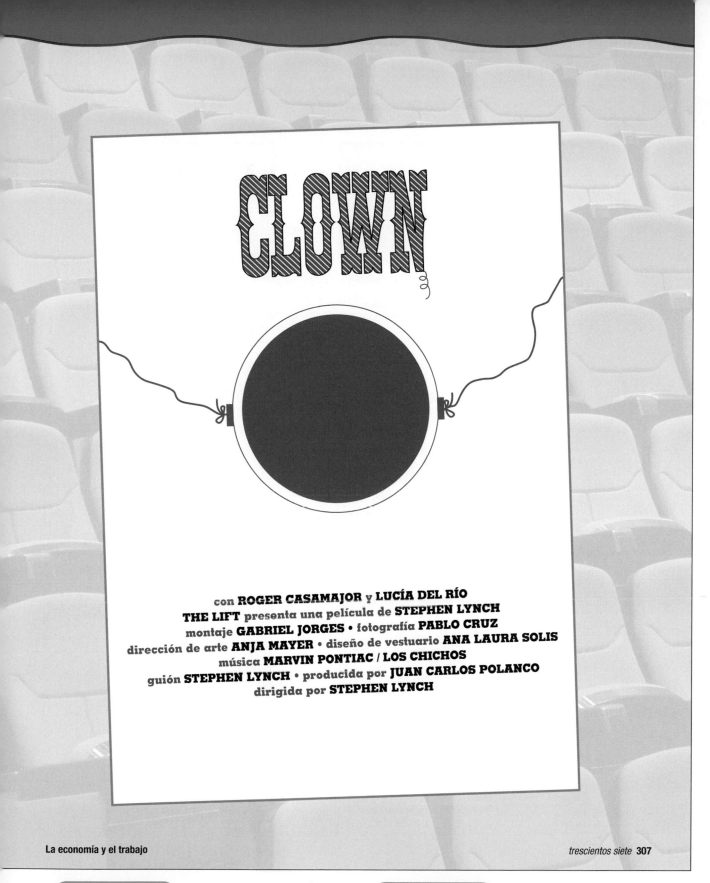

con ROGER CASAMAJOR y LUCÍA DEL RÍO
THE LIFT presenta una película de STEPHEN LYNCH
montaje GABRIEL JORGES • fotografía PABLO CRUZ
dirección de arte ANJA MAYER • diseño de vestuario ANA LAURA SOLIS
música MARVIN PONTIAC / LOS CHICHOS
guión STEPHEN LYNCH • producida por JUAN CARLOS POLANCO
dirigida por STEPHEN LYNCH

CRITICAL THINKING

Application and Synthesis Ask pairs of students to create alternate posters for the film, based on their predictions and impressions thus far. Display the posters at the front of the room and ask the class to vote on different categories for: **El mejor dibujo, El mejor contenido, El más gracioso, El más profundo**, etc. Pin home-made ribbons on the winners and display all posters around the room during the film.

CRITICAL THINKING

Application and Evaluation Ask students to form three groups. Assign each group three of the members of cast and crew (as listed at the bottom of the poster). Have each group research the biographies and other works of their cast or crew members, write a short report, and present it to the class.

PRE-AP*

Interpretive Audiovisual Communication
Have students look at the video stills. Ask: **¿Crees que causarle vergüenza a alguien es suficiente para conseguir lo que quieras?**

Teaching Tips

- Ask students to study people's facial expressions in the stills. Then ask: **¿Cómo se siente? ¿Por qué?** Then, to relate these feelings to students' own lives, ask: **¿Has tenido alguna experiencia vergonzosa? ¿Qué pasó? ¿Cómo te sentiste?**
- **For Auditory Learners** Have volunteers read aloud the script under each video still before viewing the film. Pause periodically to encourage auditory learners to summarize what they hear.
- **For Visual Learners** Ask pairs to choose one of the stills, study it, and list all the details they see. Then ask volunteers to read a list for each still.
- **For Kinesthetic Learners** Ask pairs to choose a still and practice miming it. Then have pairs take turns miming their stills, while the rest of the class tries to state the lines from memory. This strategy works for high school students who often memorize the lines from their favorite movies.
- **To Challenge Students** Ask pairs to translate the Video Synopsis on page 306 into Spanish.

21st CENTURY SKILLS

Social and Cross-Cultural Skills
Have students work in groups to choose one or two aspects of the movie that they identify as different from what they would expect in their daily life. Ask students to write two to three sentences about the difference and how they would explain what is different to a visitor from that culture.

Escenas

ARGUMENTO Un hombre comienza su primer día como cobrador vestido de payaso.

PAYASO ¿Luisa River? ¿Luisa River?
LUISA Sí.
PAYASO Debe usted 771 euros a Telefónica. Vengo a cobrar.
LUISA ¿Y tú quién eres?
PAYASO Soy de los cobradores del circo.

LUISA No tengo teléfono. Ni trabajo. Así que les dices a tus clientes que o me encuentran trabajo o que me dejen en paz.
PAYASO Mire, Luisa, se lo voy a explicar para que lo entienda. Mi trabajo consiste en humillarla y seguirla hasta que nos pague.

LUISA Llega tarde tu amenaza. Debo tres meses de alquiler, y ya he vendido el coche, y la tele y todo, y tengo dos hijos y su padre no pasa un duro°. Así que tu factura me la suda° en este momento. Lo siento, payaso, me encantaría pagarte, pero esto es lo que hay°.

PAYASO ¿Estás orgullosa? ¿No te avergüenza? ¿No tienes vergüenza, Luisa? Yo llevo la nariz roja, ¿pero quién hace aquí el payaso?
LUISA ¿Quieres una respuesta? Pues sí, estoy orgullosa de no tener que ganarme la vida humillando a la gente.

PAYASO ¿Tú crees que yo me quería dedicar a esto? Pues no. Pero si tengo que hacerlo para mantener a mi mujer y a mi bebé, pues lo haré. Es patético, pero lo haré.
LUISA ¿Tienes un bebé?
PAYASO Una niña, de siete meses.

JEFE ¿Y cómo ha ido?
PAYASO Bueno, pues… bien.
JEFE ¿Pero cobraste o no?
PAYASO No, cobrar, cobrar no, pero…
JEFE ¿Fuiste tozudo?
PAYASO ¡Muy tozudo!

duro *five-peseta coin* **me la suda** *I don't give a damn* **esto es lo que hay** *take it or leave it*

CRITICAL THINKING

Analysis and Synthesis Ask students to continue their **Antes-Durante-Después** chart, recording their impressions and predictions of how the film will end in the **Antes** column.

CRITICAL THINKING

Application and Evaluation Have students form small groups. Ask each group to predict what will happen in scene 7. Then have them illustrate a still for the scene using sketches, downloads, or magazine pictures. The still should be enlarged so that the class can see it clearly. Then have groups write dialogue beneath their still. Finally, ask each group to show their still to the class and read their conclusion.

 Communication 1.1, 1.3

Después de ver el corto

1 Comprensión Contesta las preguntas con oraciones completas.

1. ¿En qué consiste el trabajo del payaso? Tiene que cobrar deudas.
2. ¿Por qué sigue a Luisa? Luisa debe dinero a la compañía de teléfono.
3. ¿Qué razones le da Luisa al payaso para no pagar? Luisa le dice al payaso que tiene dos hijos y que no tiene trabajo.
4. ¿Adónde van después de bajar del autobús? Van a una cafetería.
5. ¿Tiene familia el payaso? El payaso está casado y tiene una niña de siete meses.
6. ¿Qué razones le da el payaso a su jefe para explicar que Luisa no puede pagar? Le dice que tiene dos hijos y que uno de ellos necesita un transplante.
7. ¿Qué le dice el jefe al payaso? Le dice que todo era una prueba.
8. ¿Por qué se enoja el payaso con Luisa? Ella le había mentido y él pierde el trabajo.

2 Ampliación Contesta las preguntas con oraciones completas.

1. ¿Por qué está nervioso el payaso al principio?
2. ¿Piensas que le gusta su trabajo? ¿Por qué?
3. Explica qué ocurre al final del corto.
4. ¿Crees que Luisa actuó bien? ¿Por qué? Explica tu respuesta.
5. Imagina que no tienes dinero y te ofrecen este puesto de trabajo. ¿Lo tomarías? Explica tu respuesta.

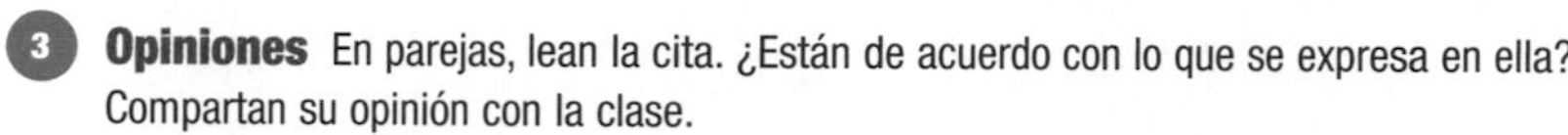

3 Opiniones En parejas, lean la cita. ¿Están de acuerdo con lo que se expresa en ella? Compartan su opinión con la clase.

> **"Pues sí, estoy orgullosa de no tener que ganarme la vida humillando a la gente como haces tú. No tengo nada, muy bien, pero tengo mi dignidad."**

4 Entrevistas de trabajo En parejas, imaginen la entrevista de trabajo entre el hombre y el jefe de la empresa de cobradores.

A. Contesten estas preguntas.

- ¿Qué preguntas le hizo el jefe antes de ofrecerle el trabajo?
- ¿Qué contestó el hombre?
- ¿Cómo reaccionó cuando le dijeron que tenía que vestirse de payaso?

B. Ensayen la entrevista de trabajo entre el hombre y el jefe. Luego, representen la entrevista frente a la clase.

recursos

vText

vhlcentral.com

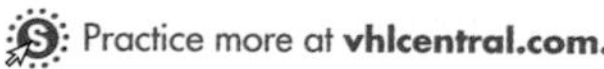

Practice more at **vhlcentral.com.**

Teaching Tips

1 After students have finished, have them work in pairs to write a brief summary of the film.

2 Virtual Chat You can also assign activity 2 on the Supersite. Students record individual responses that appear in your gradebook.

2 For item 1, have students imagine and write what Luisa and the clown are thinking when they first meet.

2 Ask additional discussion questions. Ex: **En un contexto diferente, ¿crees que Luisa y el payaso podrían ser amigos? ¿Por qué?**

4 For Part A, ask additional discussion questions. Ex: **¿Qué experiencia laboral tenía el hombre antes de solicitar este puesto? ¿Qué opina su familia de su nuevo trabajo?**

CRITICAL THINKING

Analysis and Synthesis Ask students to complete their **Antes-Durante-Después** charts, recording their impressions of and reactions to the film in the **Después** column. Have volunteers share their charts with the class.

CRITICAL THINKING

Evaluation Display the scene 7 stills that groups created from the Application and Evaluation activity on page 308. Ask students to discuss which group's prediction was closest to the ending and why. If there is a dispute, have volunteers present their points, then have a class vote between the disputed posters.

Section Goals

In **Lecturas**, students will:

- read the fable ***La abeja haragana*** by Uruguayan author **Horacio Quiroga**
- learn about Venezuelan fashion designer **Carolina Herrera**

Communication 1.2
Comparisons 4.1

Instructional Resources
v̂Text
Cuaderno de práctica, p. 79
Cuaderno para hispanohablantes, pp. 125–128
Supersite: Additional practice

Teaching Tips

- **For Visual Learners** Ask students to study the picture for three minutes. Then ask them to close their books and brainstorm a list of everything they remember seeing. Have volunteers share their answers with the class. List all responses in a web on chart paper.
- **To Challenge Students** Ask students to come to the board and translate the Picasso quote. Allow time and space for all students to record their translations. Then read them aloud and have the class discuss which translation they prefer and why.
- **Analysis and Synthesis** Ask pairs to write a paragraph that relates the painting with the quote. The beginning of the paragraph should describe the painting and summarize or restate the quote. The middle and end of the paragraph should explain the connection. Have pairs exchange their paragraphs and allow time for them to read at least two other paragraphs.

8 LECTURAS

Mercado de flores, 1949
Diego Rivera, México

"Cuando llegue la inspiración, que me encuentre trabajando."

— Pablo Picasso

CRITICAL THINKING

Analysis and Synthesis If possible, show other Rivera paintings using an overhead projector or PowerPoint presentation. Ask pairs to choose one of these alternate paintings and make a Venn diagram to compare and contrast the two paintings. Ask volunteers to share their diagrams with the class by recreating them on the board.

CRITICAL THINKING

Evaluation Based on the painting on page 310 and others you may have shown, ask students to evaluate Rivera as a painter. To challenge students, ask them to write a minimum of one paragraph, describing Rivera's style, subjects, and their opinions of his work. You may wish to give students some sentence starters such as **Me gusta su estilo porque...** for students to complete.

Antes de leer

La abeja haragana

Sobre el autor

Horacio Quiroga nació en Salto, Uruguay, el 31 de diciembre de 1878. En su juventud, practicó ciclismo, fotografía, mecánica y carpintería. Fue un trabajador compulsivo y pionero de la escritura profesional. En 1898 se mudó a Argentina. Vivió en San Ignacio, Misiones, donde cultivaba orquídeas y vivía en estrecho (*close*) contacto con la naturaleza en la selva. Su interés por la literatura comenzó por la poesía y su primer libro fue *Los arrecifes de coral* (1901), al que siguieron, entre otros, *Cuentos de amor, de locura y de muerte* (1917), antología de relatos de estilo modernista, y la obra para niños *Cuentos de la selva* (1918), colección de relatos protagonizados por animales.

Vocabulario

la advertencia *warning*	**el descanso** *rest*	**la miel** *honey*
el aprendizaje *learning*	**la experiencia** *experience*	**el polen** *pollen*
la colmena *beehive*	**la fatiga** *fatigue; weariness*	**trabajador(a)** *industrious; hard-working*
el deber *duty*	**haragán/haragana** *lazy; idle*	**volar (o:ue)** *to fly*

El valor del trabajo Un abuelo le da consejos a su nieto sobre el valor del trabajo. Completa el párrafo con las palabras correctas.

La persona (1) __haragana__ no llega a ningún lado en este mundo: se necesita mucho esfuerzo para lograr algo en la vida, sin hacerle caso a la (2) __fatiga__ que uno pueda sentir. El (3) __descanso__ llegará después. Esta (4) __advertencia__ proviene de mi propia (5) __experiencia__. Es un largo (6) __aprendizaje__ que se hace durante toda la vida, pero, al final, la persona (7) __trabajadora__ puede estar satisfecha de haber cumplido con su (8) __deber__.

Conexión personal ¿Crees que las cosas que se hacen con esfuerzo tienen más valor? ¿O es mejor cuando se obtienen por buena suerte o ingenio? ¿Qué te parece más justo? ¿Qué opinas de la expresión maquiavélica de que "el fin justifica los medios"?

Análisis literario: la fábula

La fábula es un breve relato que suele incluir una moraleja (*moral*) extraída de los eventos. La conducta de las personas se compara con el comportamiento típico de ciertos animales, que son los protagonistas de las fábulas y encarnan (*embody*) vicios y virtudes humanas. Por ejemplo: la hormiga (*ant*) representa la laboriosidad (*hard work*) y la previsión (*foresight*). ¿Qué virtudes representan estos animales?

la serpiente

el perro

el gato

el caballo

Communication 1.3

Previewing Strategy Have students look at the Rivera painting on page 310, and ask: **¿Qué actitud parece tener el pintor hacia el trabajo en este cuadro? ¿De qué forma lo representa?**

Teaching Tips

- **To Challenge Students** Call on a volunteer to read the Picasso quote on page 310. Ask: **¿Qué efecto piensas que tiene el uso del subjuntivo en esta cita?**
- Have volunteers talk about two personal experiences: a time they worked hard to achieve something and a time they achieved something by luck. Ask: **¿Qué aprendiste de cada experiencia?**

Reading Strategy Ask about who reads fables: **¿Las fábulas son para niños, adultos o ambos?** Explica tu respuesta.

NATIONAL STANDARDS

Connections: Literature Ask students to recount fables that they know from their literature classes or even from childhood. What are the characteristics of a fable? Bring in Spanish-language children's books of illustrated fables, particularly ones with ties to ancient cultures. What similarities do students see? What differences?

CRITICAL THINKING

Comprehension and Application Ask students to form small groups. Have groups write a fable using the vocabulary on page 311. Once students have a final draft of the fable, they should write or copy it into a homemade book and illustrate the pages. Display the fables around the room for the class to enjoy.

CRITICAL THINKING

Analysis and Synthesis Based on Quiroga's biography, the vocabulary, and the activities, ask pairs of students to predict what the fable will be about. Provide each pair with two copies of a story map. Have pairs fill out the first map to predict the characters, setting, plot, problem, solution, etc. Have them fill out the second as they read the fable.

Cultures 2.1, 2.2
Connections 3.2

Teaching Tips

- **For Visual Learners** Assign groups of students each some characters and setting pieces (Ex: **la abeja haragana, la colmena**). If possible, provide fabric scraps, socks, beans, yarn, stiff paper, paint, and other materials for students to create puppets and set pieces. Or alternatively, provide construction paper, scissors, craft sticks, glue, and markers. Allow time for groups to create their characters and sets so that the whole story can be illustrated with puppets.
- **For Kinesthetic Learners** Have kinesthetic learners create movements for the puppets. They can crouch down behind some desks pushed together that are covered with cloth to hide themselves. Then they can move the puppets.
- If possible, invite other classes from your school, or elementary classes, to a performance of the fable. It is not necessary that they be Spanish classes, as the visual clues will communicate most of the plot.
- **For Inclusion** Read each paragraph aloud slowly, illustrating the content with pantomimes and facial expressions. Encourage students to summarize each paragraph after you have read and illustrated it.

Horacio Quiroga

La abeja haragana

Había una vez en una colmena una abeja que no quería trabajar, es decir, recorría los árboles uno por uno para tomar el jugo de las flores; pero en vez de conservarlo para convertirlo en miel, se lo tomaba del todo.

Era, pues, una abeja haragana. Todas las mañanas, apenas el sol calentaba el aire, la abejita se asomaba° a la puerta de la colmena, veía que hacía buen tiempo, se peinaba con las patas, como hacen las moscas, y echaba entonces a volar, muy contenta del lindo día. Zumbaba° muerta de gusto de flor en flor, entraba en la colmena, volvía a salir, y así se lo pasaba todo el día mientras las otras abejas se mataban trabajando para llenar la colmena de miel, porque la miel es el alimento de las abejas recién nacidas°.

Como las abejas son muy serias, comenzaron a disgustarse con el proceder° de la hermana haragana. En la puerta de las colmenas hay siempre unas cuantas abejas que están de guardia° para cuidar que no entren bichos° en la colmena. Estas abejas suelen ser muy viejas, con gran experiencia de la vida y tienen el lomo° pelado° porque han perdido todos los pelos de rozar° contra la puerta de la colmena.

Un día, pues, detuvieron a la abeja haragana cuando iba a entrar, diciéndole:

—Compañera: es necesario que trabajes, porque todas las abejas debemos trabajar.

La abejita contestó:

—Yo ando todo el día volando, y me canso mucho.

—No es cuestión de que te canses mucho

se asomaba stuck her head out
Zumbaba She buzzed
recién nacidas newborn
proceder behavior
de guardia on duty
bichos bugs
lomo / pelado back / hairless
rozar brushing

PRE-AP*

Presentational Writing, Synthesis of Skills, Part A Divide the class into small groups. Have them discuss the painting by Rivera and the quote by Picasso on page 310. Ask them what the attitudes of these artists appear to be regarding work. Part B of this activity is on page 315.

DIFFERENTIATION

To Challenge Students Encourage students to stop reading partway through the story and write their own ending. Then, after reading the full story, have them reflect on the similarities and differences of their ending and the author's.

—respondieron—, sino de que trabajes un poco. Es la primera advertencia que te hacemos.

Y diciendo así la dejaron pasar.

Pero la abeja haragana no se corregía. De modo que a la tarde siguiente las abejas que estaban de guardia le dijeron:

—Hay que trabajar, hermana.

Y ella respondió en seguida:

—¡Uno de estos días lo voy a hacer!

—No es cuestión de que lo hagas uno de estos días —le respondieron— sino mañana mismo.

Y la dejaron pasar.

Al anochecer siguiente se repitió la misma cosa. Antes de que le dijeran nada, la abejita exclamó:

—¡Sí, sí hermanas! ¡Ya me acuerdo de lo que he prometido!

—No es cuestión de que te acuerdes de lo prometido —le respondieron—, sino de que trabajes. Hoy es 19 de abril. Pues bien: trata de que mañana, 20, hayas traído una gota° siquiera de miel. Y ahora, pasa.

Y diciendo esto, se apartaron para dejarla entrar.

Pero el 20 de abril pasó en vano como todos los demás. Con la diferencia de que al caer el sol el tiempo se descompuso y comenzó a soplar° un viento frío.

La abejita haragana voló apresurada° hacia su colmena, pensando en lo calentito que estaría allá dentro. Pero cuando quiso entrar, las abejas que estaban de guardia se lo impidieron.

—¡No se entra! —le dijeron fríamente.

—¡Yo quiero entrar! —clamó° la abejita—. Ésta es mi colmena.

—Ésta es la colmena de unas pobres abejas trabajadoras —le contestaron las otras—. No hay entrada para las haraganas.

—¡Mañana sin falta voy a trabajar! —insistió la abejita.

—No hay mañana para las que no trabajan —respondieron las abejas. Y esto diciendo la empujaron° afuera.

drop · *to blow* · *in a hurry* · *cried out* · *pushed*

La abejita, sin saber qué hacer, voló un rato aún; pero ya la noche caía y se veía apenas. Quiso cogerse° de una hoja°, y cayó al suelo. Tenía el cuerpo entumecido° por el aire frío, y no podía volar más.

Arrastrándose° entonces por el suelo, trepando° y bajando de los palitos° y piedritas°, que le parecían montañas, llegó a la puerta de la colmena, a tiempo que comenzaban a caer frías gotas de lluvia.

—¡Perdón! —gimió° la abeja—. ¡Déjenme entrar!

—Ya es tarde —le respondieron.

—¡Por favor, hermanas! ¡Tengo sueño!

—Es más tarde aún.

—¡Compañeras, por piedad! ¡Tengo frío!

—Imposible.

—¡Por última vez! ¡Me voy a morir! Entonces le dijeron:

—No, no morirás. Aprenderás en una sola noche lo que es el descanso ganado con el trabajo. Vete.

Y la echaron.

Entonces, temblando de frío, con las alas mojadas° y tropezando°, la abeja se arrastró, se arrastró hasta que de pronto rodó° por un agujero°; cayó rodando, mejor dicho, al fondo de una caverna°.

Creyó que no iba a concluir nunca de bajar. Al fin llegó al fondo, y se halló° bruscamente ante una víbora°, una culebra° verde de lomo color ladrillo°, que la miraba enroscada° y presta a lanzarse sobre° ella.

En verdad, aquella caverna era el hueco° de un árbol que habían trasplantado hacía tiempo, y que la culebra había elegido de guarida°.

Las culebras comen abejas, que les gustan mucho. Por esto la abejita, al encontrarse ante su enemiga°, murmuró cerrando los ojos:

—¡Adiós mi vida! Ésta es la última hora que yo veo la luz.

Pero con gran sorpresa suya, la culebra no solamente no la devoró sino que le dijo:

—¿Qué tal, abejita? No has de ser° muy

to hold on to/leaf · *numb* · *Crawling* · *climbing/little sticks/little stones* · *groaned* · *wet/stumbling* · *rolled* · *hole* · *cave* · *found herself* · *viper/snake* · *brick* · *curled up/throw itself onto* · *hollow* · *lair* · *enemy* · *You must not be*

Extra Practice Read the fable aloud as a play. Assign the roles of **narrador, abeja haragana, serpiente**, etc. Students can switch roles or pass their roles onto others after each page.

Teaching Tips

- **To Challenge Students** Ask students to choose 20 of the glossed words in the fable. They should try to commit these new words to memory in a way that best suits their learning style. Ask students to consider making flashcards, writing sentences, illustrating the words, etc.
- **For Inclusion** Continue reading the fable aloud with exaggerated facial expressions and pantomime, but pause at important sections and have students repeat both your words and expressions or movements.

CRITICAL THINKING

Analysis and Synthesis Encourage students to complete their story maps as they read this page. To help students fill in the new points for **personajes**, ask: **¿Te parecen justas las guardias? ¿Por qué? ¿Cómo es la abeja haragana? ¿Por qué?** For **problema**, ask: **¿Qué pasó el 20 de abril? ¿Por qué? ¿Qué piensas que va a pasar con la abeja?**

CRITICAL THINKING

Analysis and Evaluation Ask pairs of students to begin to focus on the deeper meaning of the story. Ask: **¿A qué o quién representa la abeja haragana? ¿Por qué? ¿Piensas que la colmena representa algo? ¿Qué?**

Teaching Tips

- **For Visual Learners** If you are reading the fable aloud, be sure students know what part you are reading. Periodically walk around the room and point to the line you are reading to refocus students, as needed.
- **For Inclusion** Ask pairs to summarize the story thus far. They can draw pictures and label them with words and phrases. They can make a comic strip, time line, etc. Have students share at least one of each kind of summary.
- **To Challenge Students** Ask students to make a two-column chart. In the first column, they list the attributes of a fable. Then in the second column, they write an example from ***La abeja haragana***. Ask volunteers to share their charts by recording them on the board.

trabajadora para estar aquí a estas horas.

—Es cierto —murmuró la abejita—. No trabajo, y yo tengo la culpa°.

—Siendo así —agregó° la culebra, burlona°—, voy a quitar del mundo a un mal bicho como tú. Te voy a comer, abeja.

—¡No es justo eso, no es justo! No es justo que usted me coma porque es más fuerte que yo. Los hombres saben lo que es justicia.

—¡Ah, ah! —exclamó la culebra, enroscándose° ligero°—. ¿Tú conoces bien a los hombres? ¿Tú crees que los hombres, que les quitan la miel a ustedes, son más justos, grandísima tonta?

—No, no es por eso que nos quitan la miel —respondió la abeja.

—¿Y por qué, entonces?

—Porque son más inteligentes.

Así dijo la abejita. Pero la culebra se echó a reír, exclamando:

—¡Bueno! Con justicia o sin ella, te voy a comer; apróntate°.

Y se echó atrás, para lanzarse sobre la abeja. Pero ésta exclamó:

—Usted hace eso porque es menos inteligente que yo.

—Pues bien —dijo la culebra—, vamos a verlo. Vamos a hacer dos pruebas. La que haga la prueba más rara, ésa gana. Si gano yo, te como.

—¿Y si gano yo? —preguntó la abejita.

—Si ganas tú —repuso su enemiga—, tienes el derecho de pasar la noche aquí, hasta que sea de día. ¿Te conviene°?

—Aceptado —contestó la abeja.

La culebra se echó a reír de nuevo, porque se le había ocurrido una cosa que jamás podría hacer una abeja. Y he aquí lo que hizo:

Salió un instante afuera, tan velozmente que la abeja no tuvo tiempo de nada. Y volvió trayendo una cápsula° de semillas° de eucalipto, de un eucalipto que estaba al lado de la colmena y que le daba sombra.

Los muchachos hacen bailar como trompos° esas cápsulas, y les llaman trompitos de eucalipto.

- *I'm to blame* (culpa)
- *added* (agregó)
- *mockingly* (burlona)
- *coiling up/fast* (enroscándose / ligero)
- *get ready* (apróntate)
- *Does that work for you?* (¿Te conviene?)
- *capsule/seeds* (cápsula / semillas)
- *spinning tops* (trompos)

—Esto es lo que voy a hacer —dijo la culebra—. ¡Fíjate bien, atención!

Y arrollando° vivamente la cola alrededor del trompito como un piolín° la desenvolvió a toda velocidad, con tanta rapidez que el trompito quedó bailando y zumbando como un loco.

La culebra reía, y con mucha razón, porque jamás una abeja ha hecho ni podrá hacer bailar a un trompito. Pero cuando el trompito, que se había quedado dormido zumbando, como les pasa a los trompos de naranjo, cayó por fin al suelo, la abeja dijo:

—Esa prueba es muy linda, y yo nunca podré hacer eso.

—Entonces, te como —exclamó la culebra.

—¡Un momento! Yo no puedo hacer eso; pero hago una cosa que nadie hace.

—¿Qué es eso?

—Desaparecer.

—¿Cómo? —exclamó la culebra, dando un salto de sorpresa—. ¿Desaparecer sin salir de aquí?

—Sin salir de aquí.

—Pues bien, ¡hazlo! Y si no lo haces, te como en seguida —dijo la culebra.

El caso es que mientras el trompito bailaba, la abeja había tenido tiempo de examinar la caverna y había visto una plantita que crecía allí. Era un arbustillo°, casi un yuyito°, con grandes hojas del tamaño de una moneda de dos centavos.

La abeja se arrimó° a la plantita, teniendo cuidado de no tocarla, y dijo así:

—Ahora me toca a mí, señora Culebra. Me va a hacer el favor de darse vuelta, y contar hasta tres. Cuando diga "tres" búsqueme por todas partes, ¡ya no estaré más!

Y así pasó, en efecto. La culebra dijo rápidamente: "uno..., dos..., tres", y se volvió y abrió la boca cuan grande era, de sorpresa: allí no había nadie. Miró arriba, abajo, a todos lados, recorrió los rincones°, la plantita, tanteó° todo con la lengua. Inútil: la abeja había desaparecido.

La culebra comprendió entonces que si su

- *coiling up* (arrollando)
- *string* (piolín)
- *shrub* (arbustillo)
- *weed* (yuyito)
- *came closer to* (se arrimó)
- *corners; nooks* (rincones)
- *she felt out* (tanteó)

CRITICAL THINKING

Analysis and Synthesis Encourage students to work on their story maps. To help students fill in the new points for **personajes**, ask: **¿Cómo es la culebra? ¿Por qué se ríe mucho? ¿Te gusta la culebra? ¿Por qué?** For **lugar**, ask : **¿Dónde se cayó la abeja? ¿Cómo es el lugar?**, etc.

Analysis and Evaluation Ask pairs of students to predict how the fable will end.

CRITICAL THINKING

To Challenge Students Have students complete the story in the same style as Quiroga.

For Inclusion Have students dictate their ending to you or another student, using facial expressions and pantomime when they do not have words to describe their predictions.

prueba del trompito era muy buena, la prueba de la abeja era simplemente extraordinaria. ¿Qué se había hecho? ¿Dónde estaba?

Una voz que apenas se oía —la voz de la abejita— salió del medio de la cueva.

—¿No me vas a hacer nada? —dijo la voz—. ¿Puedo contar con tu juramento?

—Sí —respondió la culebra—. Te lo juro. ¿Dónde estás?

—Aquí —respondió la abejita, apareciendo súbitamente° de entre una hoja cerrada de la plantita.

suddenly

¿Qué había pasado? Una cosa muy sencilla: la plantita en cuestión era una sensitiva°, muy común también en Buenos Aires, y que tiene la particularidad de que sus hojas se cierran al menor contacto. Solamente que esta aventura pasaba en Misiones°, donde la vegetación es muy rica, y por lo tanto muy grandes las hojas de las sensitivas. De aquí que al contacto de la abeja, las hojas se cerraron, ocultando° completamente al insecto.

mimosa pudica or sensitive plant

province in Argentina

hiding

La inteligencia de la culebra no había alcanzado nunca a darse cuenta de este fenómeno; pero la abeja lo había observado, y se aprovechaba de él para salvar su vida.

La culebra no dijo nada, pero quedó muy irritada con su derrota°, tanto que la abeja pasó toda la noche recordando a su enemiga la promesa que había hecho de respetarla.

defeat

Fue una noche larga, interminable, que las dos pasaron arrimadas contra° la pared más alta de la caverna, porque la tormenta se había desencadenado°, y el agua entraba como un río adentro.

close to

had broken out

Hacía mucho frío, además, y adentro reinaba la oscuridad más completa. De cuando en cuando la culebra sentía impulsos de lanzarse sobre la abeja, y ésta creía entonces llegado el término de su vida.

Nunca jamás creyó la abejita que una noche podría ser tan fría, tan larga, tan horrible. Recordaba su vida anterior, durmiendo noche tras noche en la colmena, bien calentita, y lloraba entonces en silencio.

Cuando llegó el día, y salió el sol, porque el tiempo se había compuesto, la abejita voló y lloró otra vez en silencio ante la puerta de la colmena hecha por el esfuerzo° de la familia. Las abejas de guardia la dejaron pasar sin decirle nada, porque comprendieron que la que volvía no era la paseandera° haragana, sino una abeja que había hecho en sólo una noche un duro aprendizaje de la vida.

effort

wanderer

Así fue, en efecto. En adelante, ninguna como ella recogió tanto polen ni fabricó tanta miel. Y cuando el otoño llegó, y llegó también el término de sus días, tuvo aún tiempo de dar una última lección antes de morir a las jóvenes abejas que la rodeaban°:

surrounded her

—No es nuestra inteligencia, sino nuestro trabajo quien nos hace tan fuertes. Yo usé una sola vez mi inteligencia, y fue para salvar mi vida. No habría necesitado de ese esfuerzo, si hubiera trabajado como todas. Me he cansado tanto volando de aquí para allá, como trabajando. Lo que me faltaba era la noción del deber, que adquirí aquella noche.

Trabajen, compañeras, pensando que el fin a que tienden° nuestros esfuerzos —la felicidad de todos— es muy superior a la fatiga de cada uno. A esto los hombres llaman ideal, y tienen razón. No hay otra filosofía en la vida de un hombre y de una abeja. ■

work towards

Teaching Tips

- **Heritage Speakers** Ask heritage speakers to share another fable from their parents' countries of origin.
- Using one of the fables heritage speakers shared or another fable with which students are familiar, have pairs of students make a Venn diagram, comparing and contrasting the attributes with ***La abeja haragana***. Have volunteers share their Venn diagrams with the class by recreating them on the board or chart paper.
- Reread the last paragraph and ask students to consider whether they agree or not and why. Ask: **¿Estás de acuerdo con que la gente debe trabajar muy duro todos los días? ¿Por qué? ¿Hay otra opción entre trabajar duro y no trabajar en absoluto?**

PRE-AP*

Presentational Writing, Synthesis of Skills, Part B After students have read ***La abeja haragana***, discuss it with the whole class; students should take notes on the discussion. Then ask them to write a formal essay of 200 words in which they discuss the fable and compare it with the painting's message and one other fable with which they are familiar. Tell them to use the notes they took during the class discussion and quote from the story. Use the current AP rubrics to grade the essay. Tell them: **Escriban una composición comparando las actitudes hacia el trabajo en el cuadro *Mercado de flores*, en el cuento *La abeja haragana* y en otra fábula que hayan leído.**

Communication 1.1, 1.3

Teaching Tips

❶ **Expansion** Have students write a paragraph describing the events of the fable using the sentences in the activity.

❷ Ask additional questions. Ex: **¿Cómo crees que se sintió la abeja cuando no le permitieron entrar en la colmena? ¿Y cuando volvió a la colmena?**

❸ Point out that the snake addresses the bee in the **tú** form, while the bee answers back in the **usted** form. Ask: **¿Por qué crees que sucede esto?**

❸ **Expansion** Ask: **Si escribieras otra fábula con la misma moraleja pero con otros protagonistas, ¿qué animales eligirías? ¿Cómo cambiaría la historia?** Explica tu respuesta.

❹ Before students begin writing, encourage them to map out their fables. Have students include the characters, the setting, the basic plot, and the moral in their outlines.

❹ **For Inclusion** Encourage students to create comic strip fables with a picture for every frame, and conversations or captions.

- Ask students to reread their prediction pieces from page 314 and discuss which were most accurate and why.

Después de leer

La abeja haragana

Horacio Quiroga

❶ **Comprensión** Enumera los acontecimientos en el orden en que aparecen en el cuento.

__8__ a. La abeja haragana gana la prueba.
__1__ b. Las guardianas dejan que la abeja haragana entre en la colmena, pero le advierten que será la última vez.
__5__ c. Una culebra le anuncia que la va a devorar.
__10__ d. Las guardianas dejan pasar a la abeja que ya no es haragana.
__2__ e. La abeja promete cambiar, pero no lo cumple.
__7__ f. La culebra hace su prueba con éxito.
__9__ g. La abeja regresa a la colmena después de pasar la noche fuera.
__3__ h. Las guardianas le prohíben entrar en la colmena.
__6__ i. La culebra le propone hacer dos pruebas.
__4__ j. La abeja cae por un hueco dentro de una caverna.

❷ **Análisis** Lee el relato nuevamente y responde las preguntas.

1. ¿Qué características podrías señalar de la abeja haragana? ¿En qué se diferenciaba de las otras abejas?
2. ¿Qué te parece que puede representar la víbora?
3. En el relato, ¿qué es lo que salva a la abeja de la víbora?
4. ¿Cuál es la moraleja de la fábula?

❸ **Interpretación** En parejas, respondan las preguntas.

1. En el relato se contraponen claramente dos lugares: la colmena y el exterior. ¿Puedes encontrar una palabra que caracterice a cada uno?
2. Las guardianas advierten a la abeja varias veces antes de impedirle la entrada. ¿Te parece bien lo que hacen? ¿Crees que tienen razón?
3. ¿Por qué es tan importante que todas colaboren con la tarea de recoger el polen? ¿Para qué sirve la miel que hacen las abejas? ¿Qué sentido tiene eso para la comunidad?
4. ¿Qué crees que hizo recapacitar a la abeja haragana?
5. ¿Estás de acuerdo con la moraleja de la fábula?
6. ¿Te parece que la abeja fue feliz al aceptar las reglas de la colmena?

❹ **Tu propia fábula** Elige una de las comparaciones de la lista y escribe una fábula breve sobre el animal y la cualidad o vicio. Si lo prefieres, puedes elegir otro animal y otra cualidad o vicio. No olvides concluir el relato con una moraleja.

- inocente como un cordero (*lamb*)
- fuerte como un león
- astuto (*sly*) como un zorro (*fox*)
- terco (*stubborn*) como una mula

recursos

vText

vhlcentral.com

Practice more at **vhlcentral.com.**

CRITICAL THINKING

Analysis and Synthesis Encourage students to complete their story maps now that they have read the whole story. To help them fill in the last points for **trama**, ask: **¿De qué habla la historia? ¿Qué le pasa a la protagonista? ¿Por qué?** For **solución**, ask: **¿Qué tuvo que hacer para salvar su vida? ¿Qué enseñanza le quedó a la abeja después de todo lo que le pasó?**

CRITICAL THINKING

Evaluation Ask students to review their first prediction story maps (from the activity on page 311) with these final ones (from the activity at left). Pairs should determine how close they were to predicting the elements of the fable. Ask pairs to share how close they were and why, using evidence from the fable and their story maps.

CULTURA

Antes de leer

Vocabulario

adinerado/a *wealthy*	**la huella** *trace; mark*
el anfitrión/la anfitriona *host(ess)*	**el lujo** *luxury*
diseñar *to design*	**el privilegio** *privilege*
enérgico/a *energetic*	**tomar en serio** *to take seriously*

 **Balenciaga** Completa el párrafo usando una vez cada palabra o expresión.

Cristóbal Balenciaga nació en España en 1895. Ya de joven, Balenciaga comenzó a (1) diseñar ropa. Para él, la moda era algo que había que (2) tomar en serio. En 1937, abrió una tienda en París donde atendía a una clientela exclusiva y (3) adinerada. Tuvo el (4) privilegio de vestir a muchos famosos. Jackie Kennedy lució (*wore*) sus diseños como (5) anfitriona de elegantes cenas y eventos. El estilo de este (6) enérgico y creativo diseñador se caracterizaba por la discreción y la elegancia. En 1968, el (7) lujo y la elegancia del estilo Balenciaga casi desaparecen. El diseñador cerró su tienda porque se sentía desilusionado con la nueva moda *prêt-à-porter* (*ready-to-wear*). Sin embargo, el estilo Balenciaga dejó su (8) huella para siempre en el mundo de la moda. Actualmente, el Grupo Gucci sigue produciendo la línea Balenciaga.

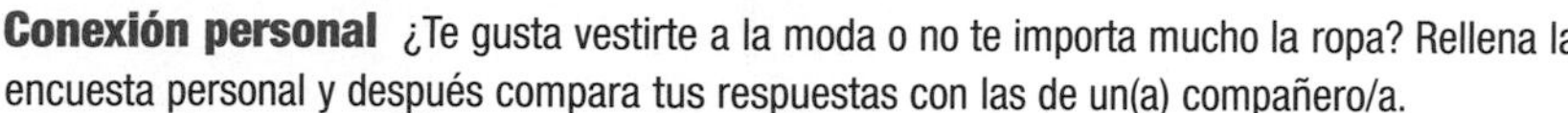

Conexión personal ¿Te gusta vestirte a la moda o no te importa mucho la ropa? Rellena la encuesta personal y después compara tus respuestas con las de un(a) compañero/a.

	Siempre	A veces	Nunca
1. Voy a tiendas de moda.			
2. Todos los años cambio mi vestuario.			
3. Salgo bien vestido/a de casa.			
4. Me gusta comprar ropa cara.			
5. Mi pelo siempre está a la moda.			
6. Tardo más de una hora en prepararme para salir de casa.			

Contexto cultural

Narciso Rodríguez

Cuando pensamos en la moda, solemos pensar en Milán, París o Nueva York. Sin embargo, gracias a diseñadores como la venezolana **Carolina Herrera** o el dominicano **Oscar de la Renta**, los diseñadores latinoamericanos comenzaron a dejar su huella en el mundo de la moda. Actualmente, entre el grupo de diseñadores latinoamericanos de mayor proyección internacional se encuentran los colombianos Olga Piedrahita y Esteban Cortázar, la chilena María Cornejo y el estadounidense Narciso Rodríguez, hijo de inmigrantes cubanos.

 Communication 1.3

Previewing Strategy Ask volunteers to share what they know about fashion, fashion design, and the fashion industry. Then ask volunteers to describe the clothing of Carolina Herrera and Oscar de la Renta. Encourage them to talk about color, fabric, style, and price.

Teaching Tip Have students make an SQA three-column chart. The headings should be: **Saber, Querer,** and **Aprender**. In the first column, students record all they already know (**saber**) about Carolina Herrera. In the second column, they record all that they want (**querer**) to know or their questions about Carolina Herrera. Then after they read, they will record all that they learned (**aprender**) in the third column. When students have completed their charts, have them share what they learned with the class.

CRITICAL THINKING

Knowledge and Comprehension Ask students to use the vocabulary in sentences that convey the meaning. Then ask them to rewrite the statements as cloze sentences and exchange papers with a partner. Finally, after students complete the sentences, have pairs regroup to correct them.

CRITICAL THINKING

Application and Synthesis Ask students to summarize the Balenciaga paragraph. Then challenge them to add at least three more sentences to the paragraph. The sentences do not necessarily have to fall at the end of the paragraph, but may be added throughout. Have volunteers reread the paragraphs with their new sentences in place.

Communication 1.2
Cultures 2.1, 2.2
Connections 3.1, 3.2
Comparisons 4.2

Teaching Tips

- **For Visual Learners** Ask students to describe the picture in detail. Remind them to use their dictionaries to identify specific colors and other descriptors.
- **For Inclusion** Read the first paragraph aloud, asking students to identify the cognates. Discuss whether they are true or false cognates and how the true ones help the class understand the reading.
- **To Challenge Students** Ask students to form seven groups. Assign each group a paragraph. Ask the group to read the whole article, then reread their paragraph. They should then summarize their paragraph in outline form. In chronological order, have students share their summaries with the class.

Carolina Herrera
una señora en su punto

Isabel Piquer

Carolina Herrera, 1979.
Andy Warhol, 1928-1987.

Cuando cumplió los 40, Carolina Herrera decidió hacer algo inaudito°: empezar a trabajar. No tenía por qué. Vivía en Caracas en un mundo de lujo y privilegio. Pertenecía a una de las familias más antiguas y adineradas de Venezuela. Estaba felizmente casada, tenía cuatro hijos. Llevaba casi diez años en la lista de las mujeres más elegantes del mundo. Era la perfecta anfitriona, la reina de las fiestas de sociedad. Nadie se lo tomó muy en serio.

° *unheard of*

CRITICAL THINKING

Application and Analysis Ask students to discuss women they know personally. Ask: **En general, ¿trabajan las mujeres que conoces? ¿Tienen que trabajar? ¿Por qué? ¿Algunas tienen hijos? ¿Cuántos?**

CRITICAL THINKING

Analysis and Synthesis Ask students to choose one woman to compare to Carolina Herrera. Students can make a compare-and-contrast (Venn) diagram or write a paragraph, depending on their abilities. Display the work around the room and allow time for the class to walk around and enjoy it.

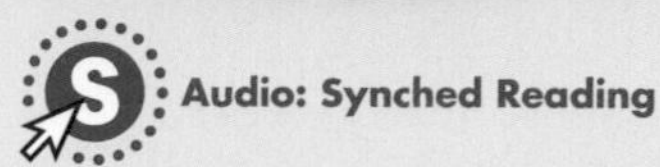

Audio: Synched Reading

De eso hace 22 años. "Nunca hubiera podido anticipar este éxito. Cuando empiezas, creo que nunca sabes muy bien adónde vas ni si vas a gustar, porque tampoco lo estás pensando. Y de repente llega. Luego, si tienes un poquito de éxito, es imposible parar porque es como una droga". Sentada en uno de los sillones de su oficina de la Séptima Avenida, en el Garment District de Nueva York, Herrera habla con la voz melosa° de su acento natal. Está perfecta. Ni una arruga°. Es la imagen de la distinción que ha sabido crear y vender desde su primer desfile, en un apartamento prestado de Park Avenue.

soft
wrinkle

Carolina Herrera tiene la pose y la elegancia de una mujer de mundo. En Caracas vivió las legendarias fiestas de su suegra, Mimi Herrera, amiga de Greta Garbo y de la duquesa de Windsor. En Nueva York fue la diseñadora de Jackie Kennedy en los últimos 12 años de su vida. Warhol le hizo tres retratos, todos iguales salvo por el color de la sombra de ojos. Y cuando *Vanity Fair* sacó el pasado abril una portada plegable° sobre estrellas y leyendas de Hollywood, no encontró mejor decorado que una réplica del salón victoriano de su casa del Upper East Side.

fold-out

Tenía 13 años cuando su abuela la llevó a París, a un desfile de Cristóbal Balenciaga. Fue su primera introducción a la alta costura°. Le gustó, pero no lo bastante como para pensar en dedicarse a la moda. "Yo no era de las que jugaban a vestir a sus muñecas°". Sin embargo, aquella experiencia dejó huella. Aún ahora asegura inspirarse en las líneas claras y sencillas del español que triunfó en Francia.

haute couture
dolls

Esta imagen elitista también ha jugado en su contra. A menudo se ha relegado a Carolina Herrera a la categoría de diseñadora para las *ladies who lunch* (las damas que almuerzan). "Si yo sólo hubiera hecho colecciones para mis amigas habría cerrado hace veinte años, porque una compañía no se puede basar en eso. Es imposible. En aquel momento decidieron ponerme esa etiqueta°, pero mi moda no sólo ha sido para ellas".

label

El tiempo le ha dado la razón. El Park Avenue chic, las faldas por debajo de la rodilla, lo clásico, lo caro llenan las páginas de las revistas. Todo el mundo quiere parecerse a la adinerada minoría neoyorquina. "La moda es algo que cambia, pero ciertos elementos son constantes: la sofisticación, la elegancia y, por supuesto, el lujo", dice la diseñadora. "La moda es una fantasía, una locura, un misterio. ¿Qué es la moda? Es algo que necesitas todos los días porque te vistes todos los días. Cuando la gente está combinando lo que se va a poner por las mañanas, ya está haciendo moda. Moda es historia, es civilización, es arte, es un negocio".

Carolina Herrera, hija, sigue la huella de su famosa madre. Además de trabajar junto a su madre en el negocio de la moda, es quien se encarga de los perfumes que llevan la marca Carolina Herrera. También es portavoz (*spokesperson*) de la marca CH Carolina Herrera, línea de tono más informal lanzada en 2005 que incluye ropa y accesorios para hombres y mujeres.

"Cuando empecé, tenía 40 años. Acababa de nacer mi primer nieto. A menudo me han preguntado por qué se me ocurrió meterme en esta aventura. Creo que hay un momento en la vida de todo el mundo en el que debes hacer lo que realmente quieres". ■

Publicado en El País *(España) el 28 de septiembre de 2001.*

Teaching Tips

- **For Visual Learners** As students read, have them create a web of adjectives that are used in the article to describe Carolina Herrera.
- **For Auditory Learners** Allow time and space for these students to read the article aloud to themselves.
- Carolina Herrera says that success is addictive. Ask students if they agree with this statement and discuss their experience with success. Ask: **¿Crees que el éxito puede servir como incentivo? ¿El éxito puede tener consecuencias negativas? ¿Qué queremos decir con la expresión "el éxito se le subió a la cabeza"?**

CRITICAL THINKING

Comprehension and Analysis Ask pairs to choose one sentence from the article that strikes them. Then ask them to write a paragraph explaining its significance to the article and to the student. Ask volunteers to share their paragraph with the class.

CRITICAL THINKING

Evaluation Ask students to evaluate the life's work and achievement of Carolina Herrera. Ask: **¿Es importante lo que ella ha logrado? ¿Por qué? ¿Qué palabras de admiración le dirías? ¿Qué palabras de crítica le dirías?**

Communication 1.1, 1.3

Teaching Tips

1 Expansion Ask students to write two more true/false statements about the reading. Have them ask classmates to answer **cierto** or **falso** and correct any false statements.

2 For item 4, have students create their own definition of fashion.

2 Expansion Talk about age in the context of work. **¿Sería difícil montar tu propia empresa a los 40 años? ¿Cuáles serían las ventajas y desventajas de hacerlo a esa edad? ¿De qué manera afectaría la edad los planes para el futuro de la empresa?**

3 Before students begin, have them decide what kind of product they intend to design. Have them create a slogan for their product using a **si** clause.

21st CENTURY SKILLS

3 Collaboration
If you have access to students from a Spanish-speaking country, have your students ask them about designers and fashion in their country.

4 Add this sentence to the activity: **La moda es lo que nos define, lo que nos permite ser únicos/as.**

4 Have students exchange drafts for peer-editing.

Expansion Bring in several clothing catalogues. Practice the conditional and **si** clauses by asking: **¿Cuándo te pondrías esto?** (e.g., *a running outfit*) **Si corriera una carrera, me pondría un chándal.**

Después de leer

Carolina Herrera: una señora en su punto

1 Comprensión Decide si las oraciones son **ciertas** o **falsas**. Corrige las oraciones falsas.

Cierto	Falso	
☑	☐	1. Carolina Herrera comenzó a diseñar ropa a los cuarenta años.
☐	☑	2. Carolina Herrera ahora vive en París. Ella vive en Nueva York.
☐	☑	3. De pequeña, Carolina Herrera vestía a sus muñecas. Ella no jugaba a vestir a sus muñecas.
☑	☐	4. Carolina Herrera viene de una familia muy rica.
☑	☐	5. Según Carolina, la moda es arte y negocio.
☐	☑	6. Carolina siempre recibe muy buenas críticas. Su moda recibió críticas negativas.
☐	☑	7. Jackie Kennedy sólo le encargó algunos vestidos. Carolina Herrera diseñó para ella por 12 años.
☑	☐	8. Andy Warhol hizo tres retratos de Carolina Herrera.

2 Interpretación Contesta las preguntas con oraciones completas.

1. ¿Era común que las mujeres de la clase social de Carolina trabajaran? ¿Ha cambiado esto con el paso de los años?
2. ¿Pensaba Carolina que iba a tener un gran éxito cuando empezó a diseñar ropa? Explica tu respuesta.
3. ¿Crees que Carolina es una buena mujer de negocios? Justifica tu respuesta y da ejemplos del texto.
4. ¿Cómo describe la moda Carolina? ¿Con qué cosas la compara? ¿Qué opinas sobre esta definición de la moda?

3 Diseñadores En grupos, imaginen que van a montar un negocio como diseñadores (de ropa, de interiores, de productos tecnológicos, etc.). ¿Qué necesitarían para comenzarlo? Preparen una lista de cinco cosas que tendrían que tener. Usen el condicional y oraciones con **si**.

MODELO Necesitaríamos dos diseñadores/as de moda. Si tuviéramos dinero, podríamos contratar tres.

4 La moda Elige una de las afirmaciones y escribe un párrafo para expresar tu opinión a favor o en contra. Usa el condicional, el imperfecto del subjuntivo y oraciones con **si**.

MODELO **Se puede rechazar a un(a) candidato/a para un puesto de trabajo si se presenta mal vestido/a para una entrevista.**
No estoy de acuerdo. Si no estuvieras capacitado para el puesto, te podrían rechazar; pero si no les gusta tu ropa, ése no es un buen motivo para rechazarte.

- La moda promueve la superficialidad y es responsable de muchos trastornos de alimentación (*eating disorders*).
- Para tener éxito en el mundo empresarial, hay que lucir (*appear*) siempre elegante.
- En otros países la gente se viste mejor para ir a trabajar.
- Se puede rechazar a un(a) candidato/a para un puesto de trabajo si se presenta mal vestido/a para una entrevista.

recursos
vText
CP p. 79
CH pp. 125–128
vhlcentral.com

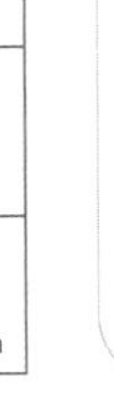

Practice more at **vhlcentral.com**.

PRE-AP*

Interpersonal Speaking and Reading After reading the article about Carolina Herrera, have students work in pairs. Have them prepare an interview between a TV personality and Herrera, in which the program host asks her a series of questions about her life.

Tell students to write out the questions and answers together, and then enact them for the class. Say: **En parejas, van a escribir una entrevista para Carolina con por lo menos diez preguntas y respuestas.**

 Communication 1.1, 1.3

Atando cabos

¡A conversar!

Proyecto publicitario

A. Formen grupos de cuatro. Imaginen que deben presentar un proyecto publicitario al directorio de una empresa. Elijan uno de estos proyectos.

- camisas que nunca se arrugan
- un programa para aprender a hablar español mientras duermes
- un servicio para encontrar compañeros de estudio por Internet
- una peluquería (*hair salon*) para personas y animales

B. Para preparar el proyecto, respondan a estas preguntas.

1. ¿Qué quieren vender con su publicidad?
2. ¿Cómo son las personas que comprarían el producto o servicio? ¿Qué edad tienen? ¿De qué sexo son? ¿Qué cosas les gustan?
3. ¿Qué tipo(s) de publicidad harían (afiches, en radio, en televisión, en Internet)?
4. ¿Qué necesitarían para hacer la publicidad?
5. ¿Cuál será el eslogan del producto o servicio?

C. Preparen la presentación de su proyecto para el resto de la clase. Decidan quién presentará cada punto. Practiquen la presentación varias veces. Pueden usar elementos visuales como ayuda (afiches, etc.). Para ordenar su presentación, pueden utilizar estas expresiones:

- Este proyecto es para...
- Sabemos que el público...
- Por eso hemos decidido...
- En primer/segundo lugar...
- Además / También / Igualmente...
- Finalmente / Por último...

D. Presenten el proyecto. Expongan las razones de lo que han decidido hacer. Sus compañeros pueden hacerles preguntas sobre el proyecto.

E. Cuando cada grupo haya terminado su presentación, voten para elegir la mejor idea publicitaria.

¡A escribir!

Pasantía de verano Imagina que quieres solicitar un puesto para una pasantía (*internship*) de verano en una de las empresas de la actividad anterior. Escribe una carta de tres párrafos para solicitar un puesto como pasante de verano. Usa cláusulas con **si** en tu carta.

- Primer párrafo: explica por qué estás escribiendo.
- Segundo párrafo: da detalles sobre tus estudios y experiencia laboral.
- Tercer párrafo: explica por qué crees que eres el/la mejor candidato/a para el puesto.

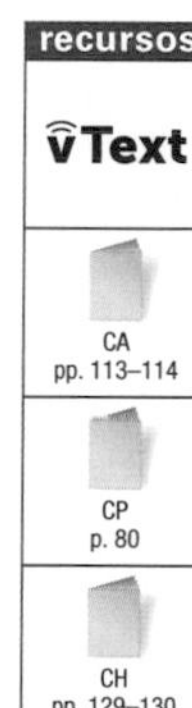

CRITICAL THINKING

Application and Analysis For the **¡A conversar!** presentation, ask the class to develop rubrics for evaluating their projects. Consider categories such as: **participación del grupo, contenido, el lenguaje apropiado**, etc. Once the rubrics are completed, be sure each student has a copy to refer to as he or she is working on the presentation.

CRITICAL THINKING

Synthesis and Evaluation Before students finish their presentation, ask them to find another group. Using the rubrics, the groups evaluate each other's presentations and make suggestions for improvement. Groups share and explain their responses; finally, students decide how to improve their drafts and finish their projects.

Instructional Resources
vText
Cuaderno de actividades comunicativas pp. 113–114
Cuaderno de práctica, p. 80
Cuaderno para hispanohablantes, pp. 129–130
Testing Program CD

Teaching Tips

¡A conversar!

- Encourage students to invent their own product line.
- Ask students to think of a famous person to be their spokesperson. Have them create a tag line or testimonial from that person about the product.
- Encourage students to assign each group member a different task. Ex: creating a magazine ad, developing market research, etc.

¡A escribir!

- Give the class sample cover letters in Spanish as a reference.
- Have students outline the purpose and audience of their letter. Ask: **¿Quién va a leer la carta y qué información busca esa persona? Al escribir tu carta, ten en cuenta tus cualidades más sobresalientes, es decir, las que te diferencian de los otros candidatos.**
- Before students begin writing, have them invent a short ad for the internship for which they are applying and encourage them to refer to this ad throughout their letter.

21st CENTURY SKILLS

¡A escribir! Productivity and Accountability
As a class, decide if the rubric you developed for the previous chapter works for this chapter's assignment. If not, adjust it to meet what students need to accomplish. As before, ask students to review their assignments against the rubric before submitting their work.

Instructional Resources
v̂Text
Supersite/TRCD:
Testing Program (Testing Program MP3 Audio Files)
Textbook CD
Audio Activities CD
Testing Program CD

Teaching Tips

- Play a game of **Categorías**. Have students form pairs and close their books. Name a category of the vocabulary section. Allow students two minutes to jot down every vocabulary word they can think of in that category. Then tally the points by this method: One pair reads their list slowly. If another pair has the same word they raise their hands. Both pairs cross the shared words off their lists. When the first pair finishes reading their list, another pair begins reading any words not yet crossed out. After all pairs have read their remaining words, they tally the number and compare.
- Ask students to write a 20-question vocabulary quiz for their classmates. Encourage them to vary the style of questions, such as multiple choice, fill-in, sentence writing, and picture identification. Then have students exchange their quiz with another student. Once students have completed their quizzes, they return the quiz for correction to the person who designed it.
- **To Challenge Students** Play a game of **Alrededor del mundo**. The first student stands next to the second student. You say a word and they define it. The first to do so correctly moves on to the third student. The loser remains in his or her seat. Challenge students to use the word in a sentence rather than just define it.

8 VOCABULARIO

El trabajo

el aumento de sueldo	*raise in salary*
la compañía	*company*
la conferencia	*conference*
el contrato	*contract*
el currículum (vitae)	*résumé*
el empleo	*employment; job*
la entrevista de trabajo	*job interview*
el puesto	*position; job*
la reunión	*meeting*
el sueldo mínimo	*minimum wage*
administrar	*to manage; to run*
ascender (e:ie)	*to rise; to be promoted*
contratar	*to hire*
despedir (e:i)	*to fire*
exigir	*to demand*
ganar bien/mal	*to be well/poorly paid*
ganarse la vida	*to earn a living*
jubilarse	*to retire*
renunciar	*to quit*
solicitar	*to apply for*
(des)empleado/a	*(un)employed*
exitoso/a	*successful*
(in)capaz	*(in)competent; (in)capable*

Las finanzas

el ahorro	*savings*
la bancarrota	*bankruptcy*
el cajero automático	*ATM*
la cuenta corriente	*checking account*
la cuenta de ahorros	*savings account*
la deuda	*debt*
la hipoteca	*mortgage*
el presupuesto	*budget*
ahorrar	*to save*
cobrar	*to charge; to receive*
depositar	*to deposit*
financiar	*to finance*
gastar	*to spend*
invertir (e:ie)	*to invest*
pedir (e:i) prestado/a	*to borrow*
prestar	*to lend*
a corto/largo plazo	*short/long-term*
fijo/a	*permanent; fixed*
financiero/a	*financial*

La economía

la bolsa (de valores)	*stock market*
el comercio	*commerce; trade*
el desempleo	*unemployment*
la empresa multinacional	*multinational company*
la huelga	*strike*
el impuesto (de ventas)	*(sales) tax*
la inversión (extranjera)	*(foreign) investment*
el mercado	*market*
la pobreza	*poverty*
la riqueza	*wealth*
el sindicato	*labor union*
exportar	*to export*
importar	*to import*

La gente en el trabajo

el/la asesor(a)	*consultant; advisor*
el/la contador(a)	*accountant*
el/la dueño/a	*owner*
el/la ejecutivo/a	*executive*
el/la empleado/a	*employee*
el/la gerente	*manager*
el hombre/la mujer de negocios	*businessman/woman*
el/la socio/a	*partner; member*
el/la vendedor(a)	*salesperson*

Más vocabulario

Expresiones útiles	*Ver p. 287*
Estructura	*Ver pp. 294–295, 298–299 y 302–303*

Cinemateca

la amenaza	*threat*
el/la cobrador(a)	*debt collector*
la factura	*bill*
el/la moroso/a	*debtor*
el/la payaso/a	*clown*
el sueldo fijo	*base salary*
avergonzar	*to embarrass*
cumplir	*to carry out*
deber	*to owe*
dejar en paz	*to leave alone*
humillar	*to humiliate*
tozudo/a	*stubborn*

Literatura

la advertencia	*warning*
el aprendizaje	*learning*
la colmena	*beehive*
el deber	*duty*
el descanso	*rest*
la experiencia	*experience*
la fatiga	*fatigue; weariness*
la miel	*honey*
el polen	*pollen*
volar (o:ue)	*to fly*
haragán/haragana	*lazy; idle*
trabajador(a)	*industrious; hard-working*

Cultura

el anfitrión/la anfitriona	*host(ess)*
la huella	*trace; mark*
el lujo	*luxury*
el privilegio	*privilege*
diseñar	*to design*
tomar en serio	*to take seriously*
adinerado/a	*wealthy*
enérgico/a	*energetic*

LEARNING STYLES

For Kinesthetic Learners Play a game of Win, Lose, or Draw. Divide the class into two teams. Have a member from each team come to the board. Secretly give them a vocabulary word that can be represented visually. Then the members draw a picture that represents the word. The first team to guess the word gets a point.

LEARNING STYLES

For Auditory Learners Play *Bingo*. Photocopy a bingo card for each student. Students illustrate or define a vocabulary word in each box to fill all the boxes. For the first few rounds, act out the words if possible. In later rounds call out conjugated forms of the verbs or sample sentences. If students have the word on their bingo card, they cover it with a playing piece (beans, coins, or pieces of colored paper). Play to win horizontally, vertically, diagonally, or "cover all."

La cultura popular y los medios de comunicación

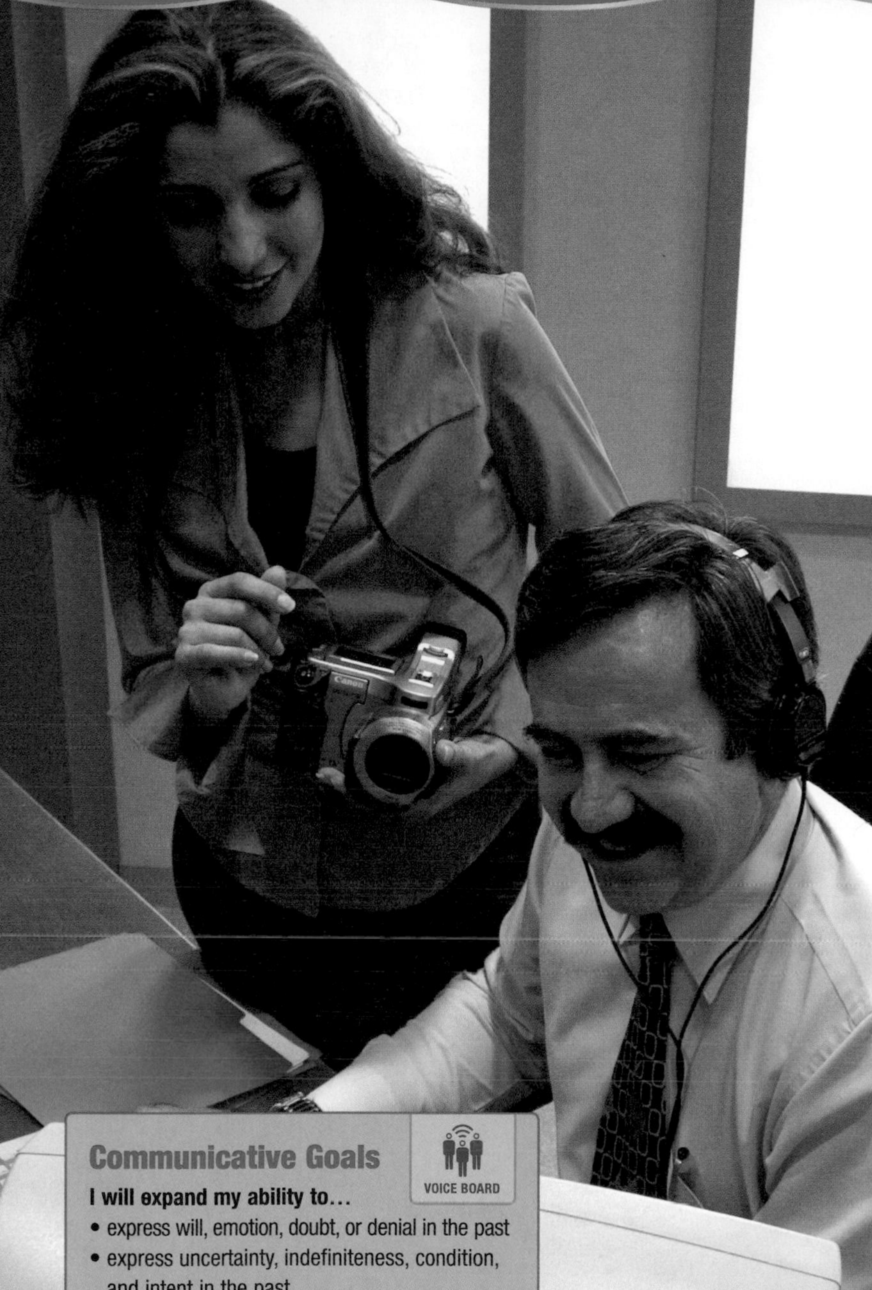

Contextos
páginas 324–327
- La televisión, la radio y el cine
- La cultura popular
- Los medios de comunicación
- La prensa

Fotonovela
páginas 328–331
- *¡O estás con ella o estás conmigo!*

Enfoques
Uruguay y Paraguay
páginas 332–335
- **En detalle:** El mate
- **Perfil:** Las murgas y el candombe
- **Flash cultura:** Lo mejor de Argentina

Estructura
páginas 336–343
- The present perfect subjunctive
- Relative pronouns
- The neuter **lo**

Cinemateca
páginas 344–347
- **Cortometraje:** *Sintonía*

Lecturas
páginas 348–358
- **Literatura:** *Sueños digitales* (fragmento) de Edmundo Paz Soldán
- **Cultura:** *Guaraní: la lengua vencedora*

Atando cabos
página 359
- ¡A conversar!
- ¡A escribir!

Communicative Goals
VOICE BOARD

I will expand my ability to...
- express will, emotion, doubt, or denial in the past
- express uncertainty, indefiniteness, condition, and intent in the past
- create longer, more informative sentences
- reference general ideas

Lesson Goals
In **Lección 9**, students will be introduced to the following:
- vocabulary for television, radio, cinema, popular culture, and the media
- functional phrases for general concepts and opinions
- **mate** and other drinks from the Spanish-speaking world, and **el Carnaval de Montevideo**
- coffee culture, tango dancing, and ranch life in Argentina
- the present perfect subjunctive
- the relative pronouns **que** and **cual** with definite articles, the relative pronouns **quien** and **quienes**, and the relative adjective **cuyo**
- the neuter article **lo** with adjectives and relative pronouns
- the short film ***Sintonía***
- **Edmundo Paz Soldán's** novel, ***Sueños digitales***
- the indigenous language **guaraní** of Paraguay

21st CENTURY SKILLS

Initiative and Self-Direction Students can monitor their progress online using the Supersite activities and assessments.

A primera vista Have students look at the photo. Ask:
1. **¿Qué tiene la mujer en las manos? Y el hombre, ¿qué tiene puesto sobre las orejas?**
2. **¿Te gusta sacar fotos? ¿Por qué?**
3. **¿Cuándo escuchas música? ¿Qué tipo de música te gusta?**

INSTRUCTIONAL RESOURCES

DESCUBRE 3 Supersite: vhlcentral.com

Teacher Materials
DVDs (*Fotonovela, Flash cultura,* Film Collection); Teacher's Resource CD-ROM (Scripts, Answer Keys, Grammar Slides, Presentation PDFs, Testing Program); Testing Program, Textbook, Audio Activities CDs; Supersite: Resources (Planning and Teaching Resources from Teacher's Resource CD-ROM), Learning Management System (Gradebook, Assignments), Lesson Plans

Student Materials
Print: Student Book, Workbooks (*Cuaderno de actividades comunicativas, Cuaderno de práctica, Cuaderno para hispanohablantes*)

Technology: **vText**, *e-Cuaderno* and Supersite (Audio, Video, Practice)

Testing Program also available in print

Voice boards on the Supersite allow you and your students to record and share up to five minutes of audio. Use voice boards for presentations, oral assessments, discussions, directions, etc.

Section Goals

In **Contextos**, students will learn and practice:

- vocabulary for television, radio, cinema, popular culture, and the media
- listening to an audio news report and a conversation containing new vocabulary

Communication 1.2
Comparisons 4.1

Instructional Resources
v̂Text
Cuaderno de actividades comunicativas, p. 91
Cuaderno de práctica, pp. 81–82
Cuaderno para hispanohablantes, pp. 131–132
e-Cuaderno
Supersite: Textbook, Vocabulary, & Audio Activities MP3 Audio Files
Supersite/TRCD: Textbook Audio Script, Audio Activities Script, Answer Keys
Textbook CD
Audio Activities CD

Previewing Strategy Initiate a discussion about current trends, the latest fads, and popular culture. Ask about the importance of television, news, and online media in students' lives: **¿Sigues las noticias todos los días? ¿Te crees todo lo que dicen las noticias de la televisión? ¿Y las del periódico? ¿Y las de la radio? ¿Sigues los chismes de las celebridades?**

Teaching Tip
Variación léxica:
el episodio → el capítulo
los chismes → el cotilleo
Point out that **actual** and **actualidad** are false cognates.

La cultura popular y los medios de comunicación

La televisión, la radio y el cine

La **locutora** les anunció a los **oyentes** de la **radioemisora** que iba a presentar una canción de la **banda sonora** del nuevo éxito de Almodóvar.

la banda sonora *soundtrack*
la cadena *network*
el canal *channel*
el/la corresponsal *correspondent*
el/la crítico/a de cine *film critic*
el documental *documentary*
los efectos especiales *special effects*
el episodio (final) *(final) episode*
el/la locutor(a) de radio *radio announcer*
el/la oyente *listener*
la (radio)emisora *radio station*
el reportaje *news report*
el/la reportero/a *reporter*
los subtítulos *subtitles*
la telenovela *soap opera*
el/la televidente *television viewer*
la temporada *season*
el video musical *music video*

grabar *to record*
rodar (o:ue) *to film*
transmitir *to broadcast*

doblado/a *dubbed*
en directo/vivo *live*

La cultura popular

la celebridad *celebrity*
el chisme *gossip*
la estrella (pop) *(pop) star [m/f]*
la fama *fame*
la moda pasajera *fad*
la tendencia/la moda *trend*

hacerse famoso/a *to become famous*
tener buena/mala fama *to have a good/bad reputation*

actual *current*
de moda *popular; in fashion*
influyente *influential*
pasado/a de moda *out-of-date; no longer popular*

Los medios de comunicación

el acontecimiento *event*
la actualidad *current events*
el anuncio *advertisement; commercial*
la censura *censorship*
la libertad de prensa *freedom of the press*
los medios de comunicación *media*
la parcialidad *bias*
la publicidad *advertising*
el público *public; audience*

enterarse (de) *to become informed (about)*
estar al tanto/al día *to be informed, up-to-date*

actualizado/a *up-to-date*
controvertido/a *controversial*
de último momento *up-to-the-minute*
destacado/a *prominent*
(im)parcial *(un)biased*

PRE-AP*

Interpersonal Writing and Listening Have students listen to a Spanish-language radio station on the Internet. Tell them to search for the website for **Radio Televisión Española**. On this site, they can read about and select the type of program they wish to preview. Have them listen to a half-hour program, taking notes on the content and using vocabulary from page 324. Then have them send an e-mail to a friend, describing the program and recommending whether or not to listen to it. Tell students: **Con los apuntes que has tomado durante el programa, escríbele un mensaje electrónico a un(a) amigo/a usando el vocabulario de la página 324, recomendándole que lo escuche o que no lo escuche.**

Communication 1.1

(A) Audio Script
Buenas tardes a todos los televidentes. Aquí estamos, como todos los años, en las puertas del Teatro Nacional donde se van a entregar los premios más importantes del cine hispano. Aquí, desde el Canal 4, les vamos a transmitir en directo la entrada de todas las estrellas al teatro. Como pueden ver, hay una gran cantidad de público esperando la llegada de sus actores y actrices favoritos. Para ayudarme a comentarles este acontecimiento, va a estar con nosotros el famoso periodista Augusto Ríos, quien todas las semanas, en la sección de sociedad, nos informa acerca de lo actual y lo influyente en el mundo de las celebridades. Él nos va a dar su opinión sobre el estilo de las estrellas y nos va a explicar cuáles son las tendencias de moda.
Textbook CD

(B) Audio Script
LAURA ARCOS Hola, buenas tardes. ¿Puedes hablar con nosotros un momento?
ÁNGELA VERA Sí, claro.
LAURA ARCOS Te veo muy elegante. ¿Has comprado el vestido especialmente para esta ceremonia?
ÁNGELA VERA Oh, no, no. Para mí no es importante seguir la moda. Sólo me pongo lo que me gusta.
LAURA ARCOS Pues estás muy guapa. Te quiero preguntar sobre tu último trabajo. Todos los críticos opinan que *Star* es una película excelente. ¿No te dio miedo trabajar en la película de un director que no era famoso?
Continued on p. 326

La prensa

María lee el **periódico** todas las mañanas. Prefiere leer primero los **titulares** de la **portada** y las **tiras cómicas**. Después lee las **noticias internacionales**.

el/la lector(a) *reader*
las noticias locales/nacionales/internacionales *local/domestic/international news*
el periódico/el diario *newspaper*
el/la periodista *journalist*

la portada *front page; cover*

la prensa *press*
la prensa sensacionalista *tabloid(s)*
el/la redactor(a) *editor*
la revista (electrónica) *(online) magazine*
la sección de sociedad *lifestyle section*
la sección deportiva *sports page/section*
la tira cómica *comic strip*
el titular *headline*

imprimir *to print*
publicar *to publish*
suscribirse (a) *to subscribe (to)*

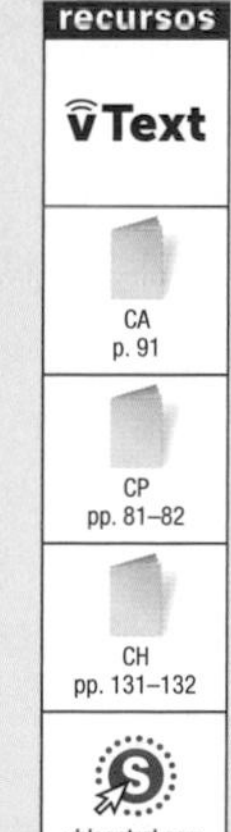

recursos
vText
CA p. 91
CP pp. 81–82
CH pp. 131–132
vhlcentral.com

Práctica

1 Escuchar

A. La famosa periodista Laura Arcos está esperando la llegada de famosos al Teatro Nacional, donde se van a entregar unos premios. Escucha lo que dice Laura y después elige la opción correcta.

1. a. Es un programa de radio.
   (b.) Es un programa de televisión.
2. a. Se van a entregar premios al mejor teatro hispano.
   (b.) Se van a entregar premios al mejor cine hispano.
3. a. El programa se grabó la noche anterior.
   (b.) El programa se transmite en directo.
4. (a.) Augusto Ríos es un reportero de la sección de sociedad.
   b. Augusto Ríos es un famoso crítico de cine.
5. a. Augusto Ríos no sabe mucho de moda.
   (b.) Augusto Ríos está al tanto de la última moda.

B. Laura Arcos entrevista a la actriz Ángela Vera. Escucha su conversación y después contesta las preguntas.
Answers will vary. Possible answers.

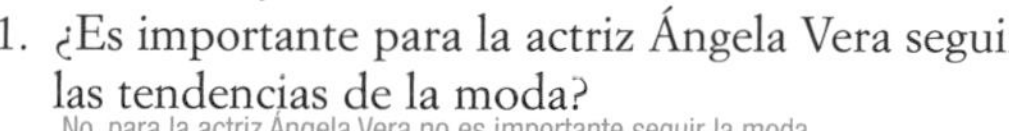

1. ¿Es importante para la actriz Ángela Vera seguir las tendencias de la moda?
   No, para la actriz Ángela Vera no es importante seguir la moda.
2. ¿Ha tenido buenas críticas su última película?
   Sí, todos los críticos piensan que es una película excelente.
3. ¿Es el director de la película una celebridad?
   No, el director de la película no es famoso.
4. ¿A qué género pertenecía la primera película de Juan Izaguirre y de qué se trataba?
   Era un documental; se trataba de la prensa sensacionalista.

2 Analogías Completa cada analogía.

actual	destacado	imprimir
chisme	emisora	lector

1. radio : oyente :: revista : lector
2. televisión : cadena :: radio : emisora
3. parcialidad : parcial :: actualidad : actual
4. periódico : noticia :: prensa sensacionalista : chisme
5. cine : rodar :: prensa : imprimir
6. influyente : importante :: prominente : destacado

LEARNING STYLES

For Visual Learners In small groups, have students read and discuss all the items from **Actividad 1** (**A** and **B**) before listening to the audio. Then, after they listen to the audio, distribute chart paper to each group. Ask the groups to draw a scene that represents the content of the audio clip they have just listened to.

LEARNING STYLES

For Auditory Learners As students listen to the news report and interview on page 325, have them jot down notes and key words.

(B) Audio Script, continued
ÁNGELA VERA No, no. Verás, yo ya conocía la primera película de Juan Izaguirre. Era un documental sobre la prensa sensacionalista. Trataba de la controvertida relación de los famosos y ese tipo de prensa. Y fui yo la que llamó a Juan para presentarle un guión que tenía en mi mesa escritorio hacía mucho tiempo.
LAURA ARCOS Entonces, ¿fuiste tú la que le presentó el proyecto?
ÁNGELA VERA No exactamente. Entre los dos cambiamos mucho el guión. Trabajamos en equipo. Los dos estamos muy contentos con el resultado. Perdón, ahora me tengo que ir.
LAURA ARCOS Muchas gracias por hablar con el Canal 4. Mucha suerte en la ceremonia.
ÁNGELA VERA Gracias a ustedes.
Textbook CD

Teaching Tips
3 For additional practice, have students work in pairs to create definitions for five more words. Then have them exchange papers with another pair and complete the activity.

4 As an optional writing assignment, have students write a short paragraph for the society section of the newspaper summarizing the celebrity interview.

Práctica

3 Definiciones Indica qué palabras corresponden a cada definición.

a 1. Dice si una película es buena o no.	a. crítico de cine
e 2. Escucha la radio.	b. estrella pop
d 3. Habla en la radio.	c. lector
c 4. Se suscribe a sus revistas y periódicos favoritos.	d. locutor
b 5. Aparece en videos musicales y conciertos.	e. oyente
f 6. Revisa artículos y mejora la calidad de la revista.	f. redactor

4 El acontecimiento del año Completa el texto con las palabras correctas de la lista.

acontecimiento	destacado	mala fama	sensacionalista
anuncios	enterarme	periodista	tira cómica
cadena	estrella	público	transmitieron

No quise perderme el (1) acontecimiento del año y al final me lo perdí. La (2) estrella de cine asistió al estreno de su última película y una (3) periodista famosa la entrevistó. Fotógrafos de buena y (4) mala fama sacaban fotos para venderlas a las revistas de prensa (5) sensacionalista. Algunos reporteros entrevistaban a un (6) destacado crítico de cine. El (7) público se entretenía viendo escenas de la película en una pantalla gigante. Varios canales de televisión (8) transmitieron el acontecimiento en directo. Al final, no sé qué pasó. Cambié de canal durante los (9) anuncios y me quedé dormido. Mañana voy a leer la sección de sociedad para (10) enterarme de todos los detalles.

5 Los medios de comunicación Di si estás de acuerdo o no con cada afirmación. Después, comparte tus opiniones con la clase.

	Sí	No
1. Hoy día es más fácil enterarse de lo que pasa en el mundo.	☐	☐
2. Gracias a la información que transmiten los medios de comunicación, la gente tiene menos prejuicios que antes.	☐	☐
3. La libertad de prensa es un mito.	☐	☐
4. La publicidad quiere entretener al público.	☐	☐
5. El único objetivo de la prensa sensacionalista es informar.	☐	☐
6. Gracias a Internet, es fácil encontrar información imparcial.	☐	☐
7. La imagen tiene mucho poder en el mundo de la comunicación.	☐	☐
8. Hoy día los reporteros son vendedores de opiniones.	☐	☐
9. Tenemos demasiada información. Es imposible asimilarla.	☐	☐
10. El mundo es un sitio mejor gracias a los medios de comunicación.	☐	☐

Practice more at **vhlcentral.com.**

DIFFERENTIATION

Heritage Speakers Ask students to talk about the press in their families' countries of origin. If possible, ask them to bring in some samples (a newspaper, magazine, radio or television clip) to share with the class. Encourage other students to ask at least one question or make a comment about each presentation.

DIFFERENTIATION

For Inclusion Ask students to turn to pages 324–325. On the board, write the words: **radio, cine, periódico, televisión,** and **revista.** For each media form, have students call out related words from **Contextos.** Examples: **radio: emisora, locutor, oyente, estrella pop.** After one pass through the list, challenge students to repeat the activity with their books closed.

Comunicación

6 Preguntas En parejas, háganse las preguntas y comparen sus intereses y opiniones.

1. Si tuvieras la oportunidad de hacerlo, ¿trabajarías en una telenovela?
2. Si fueras corresponsal político/a, ¿crees que podrías ser imparcial?
3. ¿Crees que la censura de la prensa es necesaria en algunas ocasiones? ¿En cuáles?
4. ¿Qué periodista piensas que es el/la más controvertido/a? ¿Por qué?
5. ¿Te interesa leer noticias de actualidad? ¿Por qué?
6. ¿Qué secciones del periódico te interesan más? ¿Qué programas de radio y de televisión?
7. ¿Cuáles son las características de un buen locutor? ¿Es mejor si entretiene al público o si habla lo mínimo posible?
8. ¿Te interesan más las noticias locales, nacionales o internacionales? ¿Por qué?
9. Cuando ves una película, ¿qué te importa más: la trama (*plot*), la actuación, los efectos especiales o la banda sonora?
10. Si pudieras suscribirte gratis a cinco revistas, ¿cuáles escogerías? ¿Por qué?

7 Escritores

A. En parejas, escriban por lo menos tres oraciones que podrían aparecer en cada uno de estos medios. ¡Sean creativos/as!

- la portada de un periódico
- el episodio final de una comedia
- un documental
- un *talk show* de radio controvertido
- un artículo de una revista sensacionalista
- una tira cómica

B. Ahora, lean sus oraciones a otra pareja y traten de adivinar el medio en el que aparece cada oración.

8 Nueva revista En grupos de tres, imaginen que trabajan en una agencia de publicidad y los han contratado para realizar la publicidad de una revista que va a salir al mercado. Hagan el anuncio y después compártanlo con la clase. Usen las preguntas como guía.

- ¿Cuál es el nombre?
- ¿Qué tiene de especial?
- ¿Qué secciones va a tener?
- ¿A qué tipo de lectores se dirige?
- ¿Cómo son los periodistas y reporteros que van a trabajar en ella?
- ¿Cada cuánto tiempo sale un nuevo número?
- ¿Cuánto cuesta?

PRE-AP*

Interpersonal Writing Give students the opportunity to peruse a variety of Spanish-language magazines. Then ask them to write their reactions to the magazines. Have them write for ten minutes, describing the magazines, as well as some of their favorite magazines in English. They can include the answers to some of the questions in **Actividad 8**. Instruct the class to include a recommendation for a magazine they like. Say: **Recomienda una revista que te gusta. Describe el tipo de artículos que contiene y explica por qué te parece buena.**

 Communication 1.1, 1.2

Teaching Tips

6 For item 3, divide the class into two groups and organize a debate about censorship and freedom of the press.

21st CENTURY SKILLS

6 Technology Literacy Ask students to prepare a digital presentation to show the preferences of the whole class for several of the items in this activity.

6 Virtual Chat You can also assign activity 6 on the Supersite. Students record individual responses that appear in your gradebook.

7 Part A: For expansion, add these items to the list: **un anuncio de servicio público, un noticiero de 24 horas, el primer episodio de una telenovela, la sección de sociedad de un periódico.**

8 Have students also describe the primary market for their magazine. Ask: **¿Quién leería esta revista? ¿Qué tipo de anuncios encontrarías en la revista?**

Expansion For an optional writing activity, ask students to write an original news item (weather report, movie review, sports article). Have the class vote on the most original, funniest, most realistic, etc.

NATIONAL STANDARDS

Communities Have students compile lists of locally available Spanish-language media outlets. These can include broadcast, cable, or satellite television channels, radio stations, newspapers, magazines, or even websites of local interest. Each listing should include a short description of the outlet. Consolidate the lists into a media guide pamphlet that could be distributed to the community.

Section Goals

In **Fotonovela**, students will:

- practice listening to authentic dialogue
- learn functional phrases used to refer to general concepts and opinions

Communication 1.2
Cultures 2.1, 2.2

> **Instructional Resources**
> **v̂Text**
> ***Cuaderno de actividades comunicativas***, pp. 47–48
> ***e-Cuaderno***
> **Supersite/DVD:** ***Fotonovela***
> **Supersite/TRCD:** ***Fotonovela***
> Video Script & Translation, Answer Keys

Video Synopsis

- Fabiola announces that she will make an appearance on a soap opera.
- It becomes apparent that Aguayo is a soap opera fan.
- Fabiola rehearses her scene in the office.
- After learning what an actor's double does, Fabiola prepares to rehearse a fall.

PRE-AP*

Interpretive Reading
Assign each of the ten video stills to a student. Then, without reading the script, the first student should predict what might be happening in the first video still. The next student continues based on the previous student's answers, until all video stills have been described.

Teaching Tip Before showing the **Fotonovela**, write four or five of the **Expresiones útiles** on the board. Say each word or phrase and have volunteers repeat it. Then have students work in pairs to look at the pictures and scan the script for these expressions.

9 FOTONOVELA

Fabiola consigue su primer papel como doble de una estrella de telenovelas.

Video: *Fotonovela*
Record and Compare

PERSONAJES

AGUAYO

DIANA

JOHNNY ¿Qué tal te fue?

FABIOLA Bien.

AGUAYO ¿Es todo lo que tienes que decir de una entrevista con Patricia Montero, la gran actriz de telenovelas? Pensé que estarías más emocionada.

FABIOLA Lo estoy. Tengo que hacer mi gran escena en la telenovela y quiero concentrarme.

AGUAYO Y JOHNNY ¿Qué?

FABIOLA Al terminar la entrevista, cuando salí del camerino, un señor me preguntó si yo era la doble de Patricia Montero.

MARIELA ¿Y qué le dijiste?

FABIOLA Dije, bueno... sí.

AGUAYO ¡No puedo creer que hayas hecho eso!

FABIOLA Fue una de esas situaciones en las que uno, aunque realmente no quiera, tiene que mentir.

ÉRIC Y, ¿qué pasó después?

FABIOLA Me dio estos papeles.

JOHNNY ¡Es el guión de la telenovela!

FABIOLA Mañana tengo que estar muy temprano en el canal, lista para grabar.

JOHNNY ¡Aquí hay escenas bien interesantes!

Más tarde, ensayando la escena...

FABIOLA Éric será el director.

JOHNNY ¿Por qué no puedo ser yo el director?

ÉRIC No tienes los juguetitos.

FABIOLA Tú serás Fernando y Mariela será Carla.

ÉRIC Comencemos. Página tres. La escena en donde Valeria sorprende a Fernando con Carla. Tú estarás aquí y tú aquí. (*Los separa.*)

JOHNNY ¿Qué? ¿No sabes leer? (*Lee.*) "Sorprende a Fernando en los brazos de Carla." (*Se abrazan.*)

ÉRIC Está bien. Fabiola, llegarás por aquí y los sorprenderás. ¿Listos? ¡Acción!

FABIOLA ¡Fernando Javier! Tendrás que decidir. ¡O estás con ella o estás conmigo!

JOHNNY ¡Valeria...! (*Pausa.*)

JOHNNY (*Continúa.*) Ni la amo a ella, ni te amo a ti... (*Diana entra.*) Las amo a las dos.

Diana se queda horrorizada.

LEARNING STYLES

For Auditory Learners After students watch the **Fotonovela**, shut off the television screen (or cover it with a cloth or piece of paper) and play the episode a second time, so that only the audio track plays. Then have students form small groups to summarize the episode.

LEARNING STYLES

For Kinesthetic Learners Before showing the **Fotonovela**, divide the class into six groups. Secretly assign each group a still. Then have them practice pantomiming that still, using gestures and facial expressions to convey the meaning of the conversation. Then, with books open, have the groups perform their pantomime. Encourage the class to guess the number of the still that the group is performing.

ÉRIC

FABIOLA

JOHNNY

MARIELA

4

AGUAYO (*Lee.*) "Valeria entra a la habitación y sorprende a Fernando en brazos de..." ¿Carla? (*Pausa.*)

AGUAYO (*Continúa.*) "Sorprende a Fernando en brazos de Carla." ¡Lo sabía! Sabía que el muy idiota la engañaría con esa estúpida. Ni siquiera es lo suficientemente hombre para...

Aguayo se va. Los demás se quedan sorprendidos.

5

AGUAYO Me alegro que hayas conseguido ese papel. El otro día pasé frente al televisor y vi un pedacito. Mi esposa no se la pierde.

FABIOLA Hablando de eso, quería pedirle permiso para tomarme el resto del día libre. Necesito ensayar las escenas de mañana.

AGUAYO Las puedes practicar en la oficina. A los chicos les encanta ese asunto de las telenovelas.

9

FABIOLA (*Explica la situación.*) Y por eso estamos ensayando mis escenas.

DIANA Gracias a Dios... pero yo creo que están confundidos. Los dobles no tienen líneas. Sólo hacen las escenas en donde la estrella está en peligro.

MARIELA Cierto. (*Lee.*) Página seis: "Valeria salta por la ventana".

10

Más tarde...

ÉRIC ¡Acción!

FABIOLA Sé que decidieron casarse. Espero que se hayan divertido a mis espaldas. Adiós, mundo cruel. (*Grita, pero no salta.*) ¡Aaahhhggg!

ÉRIC Muy bien. Ahora, ¡salta!

FABIOLA Ni loca. Primero, mi maquillaje.

Expresiones útiles

Referring to general ideas and concepts

¡Lo sabía!
I knew it!
¿Es todo lo que tienes que decir?
Is that all you have to say?
Lo difícil/interesante/triste es...
The hard/interesting/sad thing is...
¡No puedo creer que hayas hecho eso!
I can't believe what you've done!
Les encanta ese asunto de las telenovelas.
They love all that soap opera stuff.

Introducing an idea or opinion

Hablando de eso...
Speaking of that...
Ahora que lo dices...
Now that you mention it...
Estando yo en tu lugar...
If I were you...
Por mi parte... *As for me...*
A mi parecer... *In my opinion...*

Additional vocabulary

asunto *matter; topic*
a mis espaldas *behind my back*
el actor/la actriz *actor/actress*
el camerino *star's dressing room*
el/la doble *double*
engañar *to deceive; to trick*
ensayar *to rehearse*
estar listo/a *to be ready*
el guión *screenplay; script*
mentir *to lie*
¡Ni loco/a! *No way!*
ni siquiera *not even*
el papel *role*
un pedacito *a bit*

recursos

vText	CA pp. 47–48	vhlcentral.com

Teaching Tips

- Pause the episode after frames 1–5 and ask three or four comprehension questions. Ex: **¿A quién entrevistó Fabiola? ¿Qué ocurrió después de la entrevista? ¿Estás de acuerdo en que hay unas situaciones en las que uno, aunque realmente no lo desee, tiene que mentir? ¿Por qué? ¿En qué situaciones?** Proceed in the same way at the end of the episode.
- Tell students that all items in **Expresiones útiles** on page 329 are active vocabulary for which they are responsible. Review all the expressions and have the class repeat them after you. Then have pairs write a summary of the episode using at least five of the **Expresiones útiles** or additional vocabulary.

NATIONAL STANDARDS

Communities Have students ask Spanish-speaking friends or acquaintances to recommend a favorite **telenovela.** Have students watch episodes and analyze the differences and the similarities between these soap operas and ones with which students may be familiar.

DIFFERENTIATION

To Challenge Students After showing the **Fotonovela,** ask groups to write five comprehension questions about the second half of the episode. Collect each group's questions and choose five of the best to ask the class. Select the best according to a rubric that you have shared with the class before the activity.

DIFFERENTIATION

For Inclusion After viewing the whole episode, students should use the stills to summarize the **Fotonovela** in a Question Sun form (each ray of the sun has a different question word on it: **qué, quién, dónde,** etc.). Model describing and recording who is on the first ray of the sun. Ask volunteers to continue explaining what happened, where, when, why, and how.

Communication 1.1, 1.2

Teaching Tips
1 To check comprehension, have students write five sentences describing what happened in the episode.

1 **For Inclusion** Encourage students to consult the stills on pages 328–329 to answer the questions.

2 **To Challenge Students** Part A: Encourage students to describe each character and the role they play. Challenge them to compare and contrast the characters with their roles.

2 Part B: For expansion, have students write four additional sentences, then exchange papers with a partner to match each sentence with a character.

3 **Partner Chat** You can also assign activity 3 on the Supersite. Students work in pairs to record the activity online. The pair's recorded conversation will appear in your gradebook.

3 For additional discussion, give students these sentences:
7. Los buenos actores no tienen que ensayar mucho.
8. Las telenovelas son sólo para las mujeres.
9. Cuando una actriz envejece, ya no hay papeles para ella.

3 **Math Connection** As you review the answers, encourage the class to help you make a bar graph that shows the results of the class's responses.

- If resources permit, have students watch an episode from a current **telenovela** and write a brief summary or critique.
- **Heritage Speakers** Ask how the **telenovelas** from their families' countries of origin compare and contrast with soap operas in the U.S.

Comprensión

1 **Comprensión** Respondan a las preguntas con oraciones completas.

1. ¿Por qué Fabiola dice que necesita concentrarse? Lo dice porque tiene que ensayar su escena en la telenovela.
2. ¿Cómo consiguió Fabiola el papel? Un señor le preguntó si era la doble de Patricia Montero y ella le dijo que sí.
3. ¿Cuál es el personaje de la telenovela que no le gusta a Aguayo? A Aguayo no le gusta Fernando.
4. ¿Qué ve Valeria, la protagonista, cuando entra a la habitación? Valeria ve a Fernando en brazos de Carla.
5. ¿A quién ama Fernando? Fernando ama a las dos mujeres.
6. ¿Por qué cree Diana que sus compañeros están confundidos? Diana cree que están confundidos porque los dobles no tienen líneas.

2 **¿Quién es?** Todos quieren ayudar a Fabiola a ensayar las escenas de la telenovela.

A. ¿Quién representa cada papel?

1. Valeria ___Fabiola___
2. Fernando ___Johnny___
3. Carla ___Mariela___
4. el director de la telenovela ___Éric___

Aguayo

Diana

Éric

Johnny

Mariela

Fabiola

B. ¿Cuál de los empleados de *Facetas* haría cada uno de estos comentarios?

1. ¡Uy! ¿Se habrán dado cuenta de que yo veo telenovelas? Aguayo
2. Este papel es aburridísimo. ¡No digo ni una palabra! Mariela
3. Soy el más preparado para dirigir a los actores. Éric
4. Mis compañeros no saben nada sobre los dobles. Diana
5. Este papel es más peligroso de lo que pensaba. Fabiola
6. ¡Este director no sabe nada! Voy a hacer lo que dice el guión. Johnny

3 **Opiniones** En parejas, pregúntense si están de acuerdo con estas afirmaciones. Razonen sus respuestas y compartan sus opiniones con la clase.

Sí	No	
☐	☐	1. Hay ciertas situaciones en las que, aunque uno no quiera, es mejor mentir que decir la verdad.
☐	☐	2. Ser actor/actriz es más interesante que ser director(a).
☐	☐	3. Es posible estar enamorado/a de dos personas a la vez.
☐	☐	4. Preferiría ser estrella de televisión que ser doble.
☐	☐	5. Si descubriera a mi novio/a en los brazos de otra persona, rompería con él/ella.
☐	☐	6. Para hacerse famoso/a, es más importante ser bello/a que talentoso/a.

Practice more at **vhlcentral.com.**

LEARNING STYLES

For Kinesthetic Learners Place photos of the **Fotonovela** characters at stations around the room. Then, divide the class into small groups and give each student a sentence similar to those in **Actividad 2,** Part B. The groups should rotate from one station to the next. At each one, someone acts out a sentence. The rest of the group should guess whether that station's character would have said it.

LEARNING STYLES

For Auditory Learners For **Actividad 3**, ask volunteers to explain why they voted as they did. Then repeat their reasons and ask the class to raise their hands if they agree or disagree with each reason. Ask volunteers to share as many reasons for each item as possible.

Communication 1.1, 1.2

Ampliación

4 Los productores En grupos de cinco, diseñen su propia telenovela. Primero, asignen papeles a estos cinco actores y expliquen la relación entre ellos. Luego, inventen un título para la telenovela y escriban el diálogo para una de las escenas. Cada personaje debe decir por lo menos una línea. Finalmente, representen la escena con todos los personajes.

Lida

Francisco

José

Lourdes

Martín

5 Apuntes culturales En parejas, lean los párrafos y contesten las preguntas.

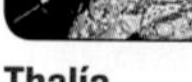
Thalía

Camino a las estrellas

¡Fabiola consiguió su primer papel en una telenovela! Las telenovelas latinoamericanas se pueden comparar al cine de Hollywood por su importancia social y económica. Megaestrellas mexicanas como **Thalía**, **Salma Hayek** y **Gael García Bernal** (**Lección 2**), que iniciaron sus carreras artísticas en telenovelas, no habrían alcanzado (*would not have reached*) su fama actual sin ellas. ¿Tendrá la misma suerte Fabiola?

Luces, cámara y ¡acción!

Éric daría todo por ser director de cine, como el argentino Juan José Campanella. Este cineasta ha dirigido episodios de series como *House M.D.* y *Law and Order*, pero es internacionalmente conocido por haber dirigido películas como *El hijo de la novia, Luna de avellaneda* y *El secreto de sus ojos*, ganadora del Oscar a la mejor película extranjera de 2010. ¿Qué diría Éric en la ceremonia de entrega de los Oscar?

Campanella

La radionovela

Aguayo es un gran aficionado a las telenovelas. Otro género muy popular en el mundo hispano es la **radionovela**. Este tipo de novela transmitida por radio entretiene a la audiencia tanto como las telenovelas, y en Centroamérica también cumple la función de educar a los habitantes sobre los desastres naturales y sus medidas de prevención. ¿Qué pensará Aguayo de las radionovelas?

1. ¿Qué otras megaestrellas latinas conoces? ¿Cómo comenzaron su carrera?
2. ¿En qué se diferencian las telenovelas latinoamericanas de las de EE.UU.?
3. ¿Conoces otros directores de cine del mundo hispanohablante? ¿Qué películas los hicieron famosos?
4. ¿Qué programas de radio escuchas? ¿Escuchas radionovelas?
5. ¿Te gustan las telenovelas o prefieres las series semanales?

Teaching Tips

4 To help students write their soap operas, encourage them to make a diagram of the relationship between the characters before they begin writing.

21st CENTURY SKILLS

4 Flexibility and Adaptability Remind students to include input from all team members, adapting their presentation so it represents the whole group.

PRE-AP*

5 Interpersonal Speaking Ask additional discussion questions. Ex: **¿Crees que las radionovelas pueden captar la atención de los oyentes de la misma manera que las telenovelas captan la atención de los televidentes? Si fueras un(a) actor/actriz, ¿qué preferirías: actuar en una radionovela o en una telenovela? ¿Por qué?**

5 Ask students to imagine themselves in the different characters' shoes. Ask: **Si fueras Fabiola, ¿cómo te sentirías? ¿Por qué? Si fueras un(a) actor/actriz elegido/a para hacer un papel de feo/a, ¿cómo te sentirías? ¿Aceptarías el papel? ¿Por qué?** When listening to responses to the last question, be particularly sensitive to students' feelings.

NATIONAL STANDARDS

Connections: Drama/Theater Arts Students might enjoy staging "auditions" for their own **telenovela**. Have students prepare character descriptions, plot outlines, and short scripts for the actors to use in the tryouts. Ask volunteers to read for the parts and allow the class to select the cast based on the performances. Encourage overacting!

DIFFERENTIATION

Heritage Speakers For **Actividad 5**, item 2, have students talk about soap operas that their families or friends may watch on Spanish television channels. Ask each student to describe a family member's or friend's favorite show. Encourage other students to ask questions or make comments for each presenter.

DIFFERENTIATION

For Inclusion For **Actividad 4**, have students form multileveled groups to support inclusion. Encourage more advanced students to dictate the script for inclusion students to write. Have all students in the group participate in the performance.

Section Goals

In **Enfoques**, students will:

- learn about **mate** and other drinks found in the Spanish-speaking world, and **el Carnaval de Montevideo**
- watch a video about coffee culture, tango dancing, and ranch life in Argentina

Communication 1.2
Cultures 2.1, 2.2
Connections 3.1, 3.2
Comparisons 4.2

21st CENTURY SKILLS

Global Awareness
Students will gain perspectives on the Spanish-speaking world.

Instructional Resources
vText
Cuaderno para hispanohablantes, p. 134
Supersite/DVD: ***Flash cultura***
Supersite/TRCD: ***Flash cultura***
Video Script & Translation

Teaching Tips

- Preview the reading by asking students about the role of food and drinks in bringing people and cultures together. Examples: **¿De qué manera las comidas y las bebidas unen a la gente? ¿Hay comidas o bebidas que tengan este efecto de unión más que otras? Da ejemplos.**
- Ask students whether they have tried **mate** before. If possible, bring in **mate** (available in many grocery stores) and prepare it for students to taste. Simply brew it like tea and serve it in separate cups. Tell students that, in Argentina, **mate** brewed as tea is called **mate cocida.** Ask students to describe the taste using vivid adjectives and comparisons.
- **For Inclusion** Read each paragraph aloud and ask the class to summarize it before moving on to the next one. Record the summaries on the board, and encourage students to record them in their notes.

Reading, Additional Reading

En detalle

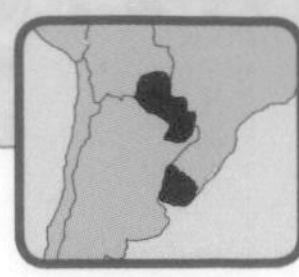

URUGUAY Y PARAGUAY

EL MATE

Si visitas Montevideo, vas a presenciar° una escena cotidiana° muy llamativa°: gente bebiendo de un extraño recipiente° con un tubito de metal. Dentro del curioso recipiente (el mate), generalmente hecho de calabaza° seca, está la famosa **yerba mate**. Aunque el Uruguay no produce yerba mate, es el principal consumidor per cápita del mundo. Millones de personas consumen esta infusión, que se ha convertido en el distintivo° cultural del Uruguay, el Paraguay y la Argentina. También se consume en el sur de Brasil y en Chile.

Una leyenda cuenta que el dios Tupá bajó del cielo y les enseñó a los guaraníes° cómo preparar y tomar la yerba mate. En tiempos de la conquista, los jesuitas cultivaban yerba mate, pero preparaban la bebida como té. Creían que la forma tradicional (usando una calabaza y un tubito, la bombilla) era obra del demonio. Sin embargo, los intentos de prohibición no tuvieron éxito y la bebida se expandió rápidamente entre los gauchos° y los esclavos° africanos.

Tal vez el mate se haya convertido en un ritual debido a su efecto energético. La yerba contiene **mateína**, una sustancia similar a la cafeína, pero que no tiene los mismos efectos negativos sobre los patrones° de sueño. Además de ser antioxidante, aporta vitaminas y minerales importantes, como potasio, fósforo y magnesio.

Sin embargo, el mate se toma más por tradición que por sus propiedades. La bebida se ha arraigado° tanto en la rutina diaria del Uruguay y el Paraguay que ya forma parte de la identidad popular. Según el renombrado antropólogo Daniel Vidart, "tras el… preparar, cebar° y tomar mate hay una concepción del mundo y de la vida... el mate... empareja° las clases sociales". ■

El mate en Norteamérica
Poco a poco, el mate está adquiriendo popularidad en Norteamérica. Generalmente no lo toman de la manera tradicional, sino que lo preparan como té. Sin embargo, se puede comprar yerba mate en muchos supermercados, así como botellas de yerba mate para tomarla como té helado. ¡En algunos cafés también puedes pedir un *mate latte*!

Cómo preparar o "cebar" mate

- Calentar agua (¡No tan caliente como para el té!)
- Llenar ¾ del mate con yerba
- Verter° agua caliente
- Colocar la bombilla
- ¡Comenzar la mateada!

La "mateada"

- Todos toman del mismo mate.
- La persona que ceba el mate —el cebador— va pasando el mate lleno a cada persona y toma mate al último.

presenciar *witness* **cotidiana** *everyday* **llamativa** *striking* **recipiente** *container* **calabaza** *gourd* **distintivo** *sign* **guaraníes** *Guarani (indigenous group)* **gauchos** *inhabitants of the flatlands of Uruguay and Argentina* **esclavos** *slaves* **patrones** *patterns* **arraigado** *rooted deeply* **cebar** *to brew* **empareja** *makes even* **Verter** *To pour*

PRE-AP*

Presentational Speaking After reading the article about **mate**, discuss several aspects of culture (**carnaval**, dances, etc.) and how they represent a people. Divide the class into pairs. Have each pair choose a different Spanish-speaking country, and research one cultural topic from that country. Tell students to use at least three sources, one of which should be a podcast. After taking notes, each pair should present its findings to the class in a short presentation. Remind students to keep a list of the sources they consulted.

ASÍ LO DECIMOS

El mate y otras bebidas

el jugo (Amér. L.) *juice*
el zumo (Esp.) *juice*

el refresco (Esp. y Méx.) *soda*
el fresco (Hon.) *soda*

la infusión *herbal tea*
el mate (Bol.) *any kind of tea*
el tereré (Par. y Arg.) *cold **mate***

ser un(a) matero/a *(of a person) to drink a lot of **mate***
ser un mate amargo (Arg. y Uru.) *to have no sense of humor / to be moody*

EL MUNDO HISPANOHABLANTE

Bebidas y bailes

Otras bebidas típicas

Introducida en 1910, **Inca Kola** es la gaseosa° más popular del Perú. Es de color amarillo brillante y se hace con **hierba luisa**. Eslóganes como "El sabor del Perú" la convirtieron en un símbolo nacional capaz de imponerse ante la Coca-Cola.

La **horchata** es una bebida típica salvadoreña y de otros países de Centroamérica. Elaborada a base de arroz y agua, se puede saborear con azúcar, canela°, vainilla o lima.

Otros bailes típicos

Hoy la **cumbia** se escucha por toda Latinoamérica. Su origen proviene de ritmos bailados por esclavos africanos llevados a Colombia. Este ritmo contagioso se baila en discotecas, bailes y fiestas.

Comúnmente se asocia la **salsa** con el Caribe y Centroamérica, pero este género nació en barrios hispanos neoyorquinos como resultado de una mezcla de influencias puertorriqueñas, cubanas, africanas, españolas y estadounidenses.

PERFIL

LAS MURGAS Y EL CANDOMBE

La fusión de tradiciones españolas, africanas y americanas se convierte en protagonista del Carnaval de Montevideo a través de las **murgas**. La murga uruguaya, un género músico-teatral de finales del siglo XIX, es el principal atractivo del carnaval. Sus representaciones, en las que participan normalmente unas quince personas, suelen centrarse en dos temas: el propio carnaval y la crítica social. Hoy, es una de las expresiones con mayor poder de identidad uruguaya, pues combina un fuerte mensaje político con la influencia de las músicas populares más antiguas, como el **candombe**. Éste es un estilo musical, nacido en el Uruguay, que proviene de los ritmos africanos traídos por los esclavos de la época colonial. Los grupos que tocan candombe se llaman **comparsas** y, durante el carnaval, toman las calles de Montevideo en el conocido **desfile de llamadas**, una celebración de la herencia mestiza y mulata del Uruguay. El Carnaval de Montevideo se inicia en enero y termina a principios de marzo.

> "Un pueblo sin tradición es un pueblo sin porvenir."
> (Alberto Lleras Camargo, político colombiano)

Conexión Internet

¿Cómo se festeja el carnaval en otros países hispanos?

To research this topic go to **vhlcentral.com**.

gaseosa *soda* **canela** *cinnamon*

Teaching Tips

- **Así lo decimos** Ask discussion questions to activate the vocabulary. Examples: **Si vivieras en Argentina, ¿serías matero/a? ¿Cuál es tu refresco preferido?**
- **Perfil** Have students give examples of various musical genres that incorporate sounds from other cultures (jazz, ska, blues).
- **El mundo hispanohablante** Point out that **horchata** (**orxata**) also exists in Valencia (Spain), where it is made from tiger nuts (**chufas**), water, and sugar.
- Have a volunteer read aloud the quote from Alberto Lleras Camargo. Explain that **porvenir** means *future*. Then ask: **¿Es posible que los pueblos pierdan sus tradiciones? ¿Quién es el responsable de mantener la cultura de un pueblo?**

NATIONAL STANDARDS

Communities Ask students to reflect upon the traditions of their own culture. What are the drinks or foods that symbolize in some way the culture? What are the values that lie behind the symbols? (e.g., apple pie = family, tradition, rural past). Can students identify dances or musical genres that symbolize the U.S.?

21st CENTURY SKILLS

Information and Media Literacy Go to the Supersite to complete the **Conexión Internet** activity for additional practice accessing and using culturally authentic sources.

CRITICAL THINKING

Analysis Ask pairs to list all the cognates from pages 332–333. Then discuss which cognates are true cognates and which are false. Finally, have students copy the cognates into their notes and put an asterisk next to the ones they think are most useful. Encourage students to explain their reasoning for each asterisk.

CRITICAL THINKING

Application and Evaluation Ask small groups of students to discuss and then choose national drinks and dances for the U.S. Each group should write a paragraph describing these cultural aspects and explain their reasons for choosing them as the national drink and dance. After the groups share their choices, have the class vote on the drink and dance they think is most typical of the U.S.

Communication 1.1, 1.2

Teaching Tips

1 As a variant, read the statements aloud. Have students raise one hand if the statement is true and both hands if it is false. Call on volunteers to correct the false statements.

2 In pairs, have students create additional cloze sentences. Then ask them to exchange their papers with another pair and correct each other's sentences.

3 If you have brought in **mate** for the students to try, modify item 3 to read: **¿Qué te pareció el mate? ¿Por qué? ¿Has probado algo así antes? ¿Lo volverías a tomar? ¿Por qué?**

4 Encourage students to expand the activity to include music, pastimes, and other important cultural expressions.

4 For follow-up, have volunteers write their lists on the board. Encourage students to explain why each of the traditions is important.

Proyecto

- Brainstorm a list of adjectives that might be used to describe music, Ex: **el ritmo lento/rápido, la melodía triste/alegre.** Encourage students to bring in a sample of the music they have chosen to present.
- Encourage students to use Internet search engines with the Spanish-language option selected so that they can search on Spanish-language websites.

recursos
vText
CH p. 134

¿Qué aprendiste?

1 **Comprensión** Indica si estas afirmaciones sobre el mate son **ciertas** o **falsas**. Corrige las falsas.

1. Es muy frecuente ver a gente bebiendo mate en el Uruguay. Cierto.
2. El recipiente para el mate suele ser de metal. Falso. Suele ser una calabaza seca.
3. La bombilla es el tubo que se utiliza para beber el mate. Cierto.
4. El mate se bebe principalmente en Argentina, el Uruguay y el Paraguay. Cierto.
5. Los primeros en consumir la yerba mate como infusión fueron los indígenas guaraníes. Cierto.
6. La bebida se hizo popular muy rápidamente entre la población no indígena. Cierto.
7. Los jesuitas intentaron prohibir todo tipo de infusiones hechas con yerba mate. Falso. Intentaron prohibir la forma tradicional.
8. La mateína altera los patrones del sueño más que la cafeína. Falso. La mateína no altera los patrones del sueño como la cafeína.
9. Cuando un grupo de personas toma mate, cada persona toma de un recipiente distinto. Falso. Todos toman del mismo recipiente.
10. El mate tiene minerales, pero no vitaminas. Falso. El mate tiene minerales y vitaminas.
11. La persona que sirve el mate se llama "cebador". Cierto.
12. El mate es más popular por su larga tradición que por sus propiedades para la salud. Cierto.

2 **Oraciones incompletas** Completa las oraciones.

1. La murga uruguaya es ________.
   a. un grupo de teatro clásico b. un ritmo africano (c.) un género músico-teatral
2. El Carnaval de Montevideo empieza en el mes de ________.
   (a.) enero b. febrero c. marzo
3. La horchata se prepara con ________.
   a. trigo b. café (c.) arroz
4. En España, le dicen *zumo* al ________.
   a. té frío b. tereré (c.) jugo

3 **Preguntas** Contesta las preguntas.

1. ¿Hay radioemisoras o discotecas en tu comunidad donde pongan salsa? ¿Qué bailes son populares en tu ciudad?
2. En tu opinión, ¿cuál es el mensaje del eslogan "El sabor del Perú", usado para promocionar Inca Kola?
3. ¿Alguna vez tomaste mate? ¿Lo harías? ¿Lo volverías a tomar?
4. En tu cultura, ¿es común que varias personas tomen del mismo recipiente?

4 **Opiniones** El candombe y la murga forman parte de la identidad cultural de Uruguay. En parejas, hagan una lista de cinco tradiciones norteamericanas que son parte imprescindible de su cultura popular. Después, compartan su lista con la clase.

PROYECTO

Raíces africanas

El candombe uruguayo tiene sus raíces en los ritmos que tocaban los esclavos africanos. Muchos otros ritmos populares de Latinoamérica también provienen de África o tienen fuerte influencia africana. La lista incluye la cumbia, el merengue, la salsa, el mambo y hasta el tango. Elige e investiga uno de estos ritmos y prepara un afiche informativo para presentar en clase.

Tu investigación debe incluir:

- el nombre del ritmo, su origen e historia
- dónde es popular y cuáles son sus características
- qué importancia/papel tiene el ritmo que elegiste en la cultura popular local
- otros datos importantes

 Practice more at **vhlcentral.com.**

CRITICAL THINKING

Synthesis and Application As part of the **Proyecto**, ask students to create an activity or write discussion questions to include the class in experiencing the music. Possible activities include a **letras desaparecidas** activity or a short-answer quiz. Encourage students to be creative and to make sure that the activity engages the whole class.

CRITICAL THINKING

Evaluation As a final step in the **Proyecto**, ask students to include an evaluation section with their **afiche.** As a class, draw up a rubric by which students may judge the music. Students should give their opinion of the music, but also have strong reasons to support their opinion.

Video: *Flash cultura*

Lo mejor de Argentina

Ya conoces el mate, una verdadera pasión en Argentina. Este episodio de **Flash cultura** te llevará a descubrir otros aspectos que también son esenciales en este país para relacionarse, comunicarse y disfrutar.

VOCABULARIO ÚTIL

a las apuradas *in a hurry*
ajetreado/a *busy*
chupar *to suck*
la caña *straw*
intercambiar *to exchange*
la parrilla *grill*
reconocido/a *renowned*
la tertulia *gathering*

Preparación ¿Te gusta bailar? ¿Alguna vez tomaste clases para aprender algún ritmo latinoamericano? ¿Te gustaría bailar tango?

Comprensión Indica si estas afirmaciones son ciertas o falsas. Después, en parejas, corrijan las falsas.

1. El Café Tortoni se encuentra en el centro de Buenos Aires. Cierto.
2. Las tertulias del Tortoni eran reuniones de artistas que se hacían por las mañanas para conversar e intercambiar ideas. Falso. Las tertulias se hacían por la
3. Carlos Gardel fue un reconocido escritor argentino. Falso. Carlos Gardel fue un famoso cantante de tango.
4. El instrumento más importante del tango es el bandoneón. Cierto.
5. Actualmente, sólo los ancianos bailan en las milongas. Falso. Mucha gente de diferentes edades baila en las
6. El mate es una bebida para compartir. Cierto.

Expansión En parejas, contesten estas preguntas.

- Si fueran al Tortoni, ¿pedirían un café, un submarino o un agua tónica, como hacía Borges?
- ¿Se animarían a aprender a bailar tango en la Plaza Dorrego delante de todos? ¿Les gustaría probar el mate?
- Si viajaran a la Argentina y tuvieran poco tiempo, ¿cuál de estas actividades preferirían hacer: visitar los cafés porteños, comprar antigüedades en San Telmo, ir a una milonga o comer un asado en una estancia? ¿Por qué?

Corresponsal: Silvina Márquez
País: Argentina

La capital argentina tiene una de las culturas de café más famosas del mundo.

En la Plaza Dorrego… todos los domingos hay un mercado al aire libre° donde venden antigüedades… también se puede disfrutar… del tango.

En una estancia°… podemos… disfrutar un asado°… y… andar a caballo°.

mercado al aire libre *open-air market*
estancia *ranch* **asado** *barbecue*
andar a caballo *ride horses*

recursos

vhlcentral.com

Practice more at **vhlcentral.com.**

Communication 1.1, 1.2
Cultures 2.1, 2.2
Connections 3.1, 3.2
Comparisons 4.2

Teaching Tips

- Ask students if they would prefer to sample the local coffee culture in Buenos Aires, learn to dance tango, or visit a ranch. Encourage them to have a detailed discussion about the different activities.
- After watching the **Flash cultura** video, you may want to teach students the basic steps of tango dancing.

NATIONAL STANDARDS

Comparisons Tell students the following: Sharing **mate** is a symbol of interpersonal relationships in Argentina, Uruguay, and Paraguay. **Mate** is traditionally drunk in family gatherings or with friends and is part of everyday life; discussions, love quarrels, and confessions are sealed with a **mate**. To be invited to share **mate** is an invitation to friendship, so beware! Rejecting it or making faces at the prospect of sharing the **bombilla** with other people might be offensive. Ask students to compare other unusual customs and rituals they have learned to the **mate** tradition.

21st CENTURY SKILLS

Information and Media Literacy Go to the Supersite to complete the **Conexión Internet** activity associated with **Flash cultura** for additional practice accessing and using culturally authentic sources.

PRE-AP*

Presentational Speaking In groups of four, have students research the specific aspects of the **mate** tradition, including the appropriate vocabulary and etiquette. Then have groups give presentations explaining the details of the tradition. Finally, have the groups act out an authentic **mate**-drinking experience.

LEARNING STYLES

For Kinesthetic Learners Encourage students to research the history of tango dancing and to learn the dance. Then have pairs present the historical information and give the class a lesson on how to dance the tango.

Section Goals

In **Estructura,** students will:

- learn how to use the present perfect subjunctive
- learn how to use the relative pronouns **que** and **cual** with definite articles, the relative pronouns **quien** and **quienes,** and the relative adjective **cuyo**
- learn how to use the neuter article **lo** with adjectives and relative pronouns

 Comparisons 4.1

Instructional Resources
vText
Cuaderno de actividades comunicativas, pp. 25, 92
Cuaderno de práctica, pp. 83–84
Cuaderno para hispanohablantes, pp. 135–136
e-Cuaderno
Supersite, Additional practice
Supersite/TRCD: Grammar Slides, Presentation PDF #51, Audio Activities Script, Answer Keys
Audio Activities CD

Teaching Tips

- Point out that all perfect tenses are formed with the verb **haber** and a past participle.
- Review uses of the subjunctive and verbs that convey will, emotion, doubt, or uncertainty. Ex: **querer, alegrarse, dudar**.
- Review irregular past participles. Ex. **dicho, escrito, hecho, muerto, puesto, roto, visto**, and **vuelto**.
- Point out that, in a multiple-clause sentence, the present perfect subjunctive is used primarily when the action of the main clause is in the present tense, but the action in the subordinate clause is in the past.

Extra Practice Go to **vhlcentral.com** for extra practice with the present perfect subjunctive.

9 ESTRUCTURA

9.1 The present perfect subjunctive

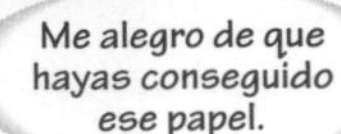

Me alegro de que hayas conseguido ese papel.

Espero que se hayan divertido a mis espaldas.

- The present perfect subjunctive (**el pretérito perfecto de subjuntivo**) is formed with the present subjunctive of **haber** and a past participle.

The present perfect subjunctive

cerrar	perder	asistir
haya cerrado	haya perdido	haya asistido
hayas cerrado	hayas perdido	hayas asistido
haya cerrado	haya perdido	haya asistido
hayamos cerrado	hayamos perdido	hayamos asistido
hayáis cerrado	hayáis perdido	hayáis asistido
hayan cerrado	hayan perdido	hayan asistido

- The present perfect subjunctive is used to refer to recently completed actions or past actions that still bear relevance in the present. It is used mainly in the subordinate clause of a sentence whose main clause expresses will, emotion, doubt, or uncertainty.

PRESENT PERFECT INDICATIVE	PRESENT PERFECT SUBJUNCTIVE
Luis me dijo que **ha dejado** de ver ese programa.	Me alegro de que Luis **haya dejado** de ver ese programa.
Luis told me that he has stopped watching that show.	*I'm glad that Luis has stopped watching that show.*

- Note the difference in meaning between the three subjunctive tenses you have learned so far.

PRESENT SUBJUNCTIVE	PRESENT PERFECT SUBJUNCTIVE	PAST SUBJUNCTIVE
Las cadenas nacionales **buscan** corresponsales que **hablen** varios idiomas.	**Prefieren** contratar a los que **hayan trabajado** en el extranjero.	Antes, **insistían** en que los solicitantes **tuvieran** cinco años de experiencia.
The national networks look for correspondents who speak several languages.	*They prefer to hire those who have worked abroad.*	*In the past, they insisted that applicants have five years' experience.*

recursos
vText
CA pp. 25, 92
CP pp. 83–84
CH pp. 135–136
vhlcentral.com

PRE-AP*

Speaking and Writing To practice the present perfect subjunctive, have students work in pairs. Tell each student to write five sentences in the present perfect indicative, following this model: **Creo que mi madre no ha desayunado hoy.** Then ask them to share their sentences with one another, contradicting each other. Tell students: **Vas a decirle a tu compañero/a: "No creo que tu madre no haya desayunado hoy."**

Communication 1.1
Comparisons 4.1

Práctica y comunicación

1 ¿Indicativo o subjuntivo? Elige entre el pretérito perfecto del indicativo y el pretérito perfecto del subjuntivo para completar las oraciones.

1. Necesito contratar un corresponsal que (ha / haya) estado en el Paraguay. haya
2. Quiero conocer al actor que (ha / haya) trabajado en *Los juegos del hambre*. ha
3. Hasta que no (has / hayas) conocido a las personas que leen la prensa sensacionalista, no sabrás por qué la leen. hayas
4. Estoy seguro de que todos los actores (han / hayan) estudiado el guión. han
5. Cuando ustedes (han / hayan) leído esta noticia, estarán de acuerdo conmigo. hayan
6. No creo que (has / hayas) escrito ese artículo sin la ayuda de Miguel. hayas

2 Opuestas Escribe la oración que expresa lo opuesto en cada ocasión. En algunos casos debes usar el pretérito perfecto del subjuntivo y en otros el pretérito perfecto indicativo.

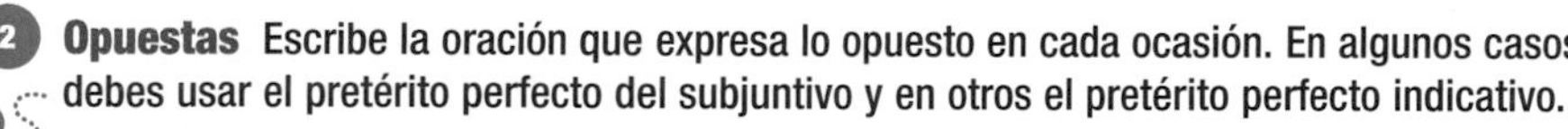

MODELO **No creo que ese actor haya aprendido a actuar bien.**
Creo que ese actor ha aprendido a actuar bien.

1. El corresponsal cree que los periodistas han hablado con el crítico.
   El corresponsal no cree que los periodistas hayan hablado con el crítico.
2. No creo que el director les haya dado pocas órdenes a sus actores.
   Creo que el director les ha dado pocas órdenes a sus actores.
3. Estoy seguro de que la mayoría del público ha leído la noticia.
   No estoy seguro de que la mayoría del público haya leído la noticia.
4. No es seguro que la prensa sensacionalista haya publicado esa noticia.
   Es seguro que la prensa sensacionalista ha publicado esa noticia.
5. Pienso que ese actor ha sido el protagonista de *Hombres de negro 3*.
   No pienso que ese actor haya sido el protagonista de *Hombres de negro 3*.

3 Competencia Julieta y Marcela han estado juntas en una audición y Julieta ha conseguido el papel de la protagonista. En parejas, combinen los elementos de la lista y añadan detalles para escribir cinco quejas (*complaints*) de Marcela. Utilicen el pretérito perfecto del subjuntivo. Luego, dramaticen una conversación entre las dos actrices.

Dudo que	darme explicaciones
Me molesta que	conseguir el papel
Me sorprende que	tener suficiente experiencia
No creo que	trabajar con ese director
No es justo que	darme otra oportunidad
Quiero que	escoger la mejor actriz

4 ¡Despedido! Hoy el dueño de la emisora ha despedido a Eduardo Storni, el famoso y controvertido locutor del programa *Storni, ¡sin censura!* En parejas, escriban su conversación. Utilicen por lo menos cinco oraciones con el pretérito perfecto del indicativo y del subjuntivo. Luego represéntenla para la clase.

MODELO
DUEÑO Es una lástima que usted no haya escuchado nuestras advertencias. Usted ha violado casi todas las reglas de la cadena.
STORNI Pero mi público siempre me ha apoyado. Mis oyentes estarán furiosos de que usted no haya respetado la libertad de prensa.

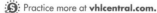

Practice more at **vhlcentral.com.**

Teaching Tips

1 For follow-up, have students explain why they chose the indicative or subjunctive for each item.

2 For additional practice, ask students to create two new items and have a partner provide the opposite sentence.

3 Encourage volunteers to perform the conversations for the class.

3 **For Inclusion** Ask students to guess what student is playing each role.

4 As a variant, have students choose a famous news anchor or talk show host and create a conversation.

- **To Challenge Students** Have individuals invent three true statements and three false statements about things they have done this year and share them in random order with a partner. Partners should respond with the present perfect indicative if they believe the statement is true and the present perfect subjunctive if they think it is false. Examples: **Creo que has hecho un curso de informática. No creo que hayas aprendido tres idiomas.**

LEARNING STYLES

For Kinesthetic Learners Ask volunteers to act out **Actividad 2** by standing on opposite sides of the classroom and taking turns: one partner reads the item and the other contradicts it. Encourage students to use facial and vocal exaggeration when negating their partner's statement.

LEARNING STYLES

For Visual Learners As a variant for **Actividad 4**, ask students to create a comic strip presentation of the conversation rather than read it. Provide examples of comic strips in Spanish. Remind students to include speech bubbles, captions, and at least five examples of the present perfect or present perfect subjunctive.

Comparisons 4.1

Instructional Resources

vText

Cuaderno de actividades comunicativas, pp. 26, 93

Cuaderno de práctica, pp. 85–86

Cuaderno para hispanohablantes, p. 137

e-Cuaderno

Supersite: Additional practice

Supersite/TRCD: Grammar Slides, Audio Activities Script, Answer Keys

Audio Activities CD

Teaching Tips

- Before presenting relative pronouns in Spanish, briefly review the difference between *who* (subject pronoun) and *whom* (object pronoun).
- **For Visual Learners** Write the sample sentences in one color on the board. Give volunteers each a different color marker or chalk and ask them to circle the relative pronouns.

9.2 Relative pronouns

¡No puedo creer que hayas hecho eso!

Fue una de esas situaciones en las que uno tiene que mentir.

The relative pronoun *que*

- **Que** (*that, which, who*) is the most frequently used relative pronoun (**pronombre relativo**). It can refer to people or things, subjects or objects, and can be used in restrictive clauses (no commas) or nonrestrictive clauses (with commas). Note that although some relative pronouns may be omitted in English, they must always be used in Spanish.

El reportaje **que** vi ayer me hizo cambiar de opinión.
The report (that) I saw last night made me change my opinion.

Las primeras diez personas **que** respondan correctamente ganarán una suscripción gratuita.
The first ten people who respond correctly will win a free subscription.

El desastre fue causado por la lluvia, **que** ha durado más de dos semanas.
The disaster was caused by the rain, which has lasted over two weeks.

¡ATENCIÓN!

Relative pronouns are used to connect short sentences or clauses in order to create longer, smoother sentences. Unlike the interrogative words **qué, quién(es),** and **cuál(es)**, relative pronouns never have accent marks.

El/La que

- After prepositions, **que** follows the definite article: **el que, la que, los que,** or **las que**. The article must agree in gender and number with the antecedent (the noun or pronoun it refers to). When referring to *things* (but not *people*), the article may be omitted after short prepositions, such as **en, de**, and **con**.

Los periódicos **para los que** escribo son independientes.
The newspapers I write for are independent. (Lit.: for which I write)

El edificio **en** (**el**) **que** viven es viejo.
The building they live in is old.

La fotógrafa **con la que** trabajo ganó varios premios.
The photographer with whom I work won several awards.

- **El que, la que, los que**, and **las que** are also used for clarification in nonrestrictive clauses (with commas) when it might be unclear to *what* or *whom* the clause refers.

Hablé con los empleados de la compañía, **los que** están contaminando el río.
I spoke with the employees of the company, the ones who are polluting the river.

Hablé con los empleados de la compañía, **la que** está contaminando el río.
I spoke with the employees of the company, (the one) which is polluting the river.

¡ATENCIÓN!

In everyday Spanish, **en que** and **en... cual** are often replaced by **donde.**

La casa **donde** vivo es muy grande.

La universidad **donde** estudio es muy prestigiosa.

DIFFERENTIATION

To Challenge Students Ask students to write additional examples on the board to be used for the visual activity listed above (left). Encourage each student to write at least three more examples of sentences with relative pronouns.

DIFFERENTIATION

For Kinesthetic Learners Write the examples on slips of paper. Then separate the slips at the end of the first clause. Ex: **El reportaje que vi ayer / me hizo cambiar de opinión.** Give each student a slip of paper. When you say **¡Vayan!**, students should get up and walk around the room, reading their clause aloud, trying to find the other half of their sentence. Then have one of the two students read the complete sentence.

El/La cual

- **El cual, la cual, los cuales**, and **las cuales** are generally interchangeable with **el que, la que, los que**, and **las que** after prepositions. They are often used in more formal speech or writing. Note that when **el cual** and its forms are used, the definite article is never omitted.

  El edificio **en el cual** se encuentra la emisora de radio es viejo.
  The building in which the radio station is located is old.

  La revista **para la cual** trabajo es muy influyente.
  The magazine for which I work is very influential.

Quien/Quienes

- **Quien** (*singular*) and **quienes** (*plural*) only refer to people. **Quien(es)** can generally be replaced by forms of **el que** and **el cual**, although the reverse is not always true.

  Los investigadores, **quienes (los que/los cuales)** estudian los medios de comunicación, son del Ecuador.
  The researchers, who are studying mass media, are from Ecuador.

  El investigador **de quien (del que/del cual)** hablaron era mi profesor.
  The researcher about whom they spoke was my professor.

- Although **que** and **quien(es)** may both refer to people, their use depends on the structure of the sentence.
- In restrictive clauses (no commas) that refer to people, **que** is used if no preposition or a personal **a** is present. If a preposition or the personal **a** is present, **quien** (or **el que/el cual**) is used instead. Below, **que** is equivalent to *who*, while **quien** expresses *whom*.

  La gente **que** mira televisión está harta de las cadenas sensacionalistas.
  The people who watch TV are tired of sensationalist networks.

  Esperamos la respuesta de los políticos **a quienes (a los que/a los cuales)** queremos entrevistar.
  We're waiting for a response from the politicians (whom) we want to interview.

- In nonrestrictive clauses (with commas) that refer to people, **quien** (or **el que/el cual**) is used. However, in spoken Spanish, **que** can also be used.

  Juan y María, **quienes** trabajan conmigo, escriben la sección deportiva.
  Juan and María, who work with me, write the sports section.

The relative adjective *cuyo*

- The relative adjective **cuyo (cuya, cuyos, cuyas)** means *whose* and agrees in number and gender with the noun it precedes. Remember that **de quién(es)**, not **cuyo**, is used in questions to express *whose*.

  El equipo periodístico, **cuyo** proyecto aprobaron, viajará en febrero.
  The team of reporters, whose project they approved, will travel in February.

  La fotógrafa Daniela Pérez, **cuyas** fotos anteriores ganaron muchos premios, los acompañará.
  Photographer Daniela Pérez, whose earlier photos won many awards, will go with them.

¡ATENCIÓN!

When used with **a** or **de**, the contractions **al que/cual** and **del que/cual** are formed.

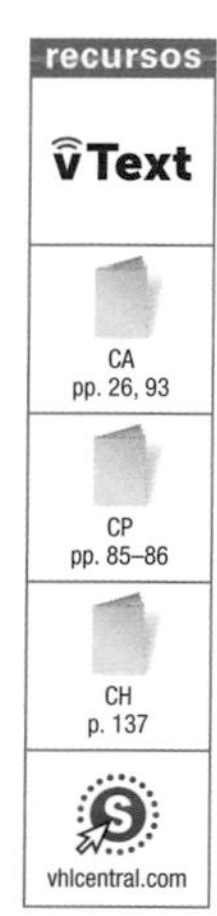

recursos
vText
CA pp. 26, 93
CP pp. 85–86
CH p. 137
vhlcentral.com

Teaching Tip For Auditory Learners Ask volunteers to read each example aloud, saying the relative pronouns with exaggerated emphasis.

Extra Practice Go to **vhlcentral.com** for more practice with relative pronouns.

LEARNING STYLES

For Auditory Learners After teaching relative pronouns, ask students to close their books. Slowly read aloud sample sentences. Ask students to raise their hands when they hear a relative pronoun.

LEARNING STYLES

For Kinesthetic Learners Ask pairs to write five sample sentences of their own on slips of paper. Ask them to separate the slips at the end of the first clause, cutting the slip in half in a pattern. Then ask them to mix up their ten slips of paper and exchange them with another pair. Each pair should work to reassemble the sentences.

Communication 1.1
Comparisons 4.1

Teaching Tips

1 For Inclusion Have students circle the word to which the relative pronoun refers in each item. Ex: 1. **El señor Castillo**.

2 Expansion Have partners follow up the activity by asking each other questions about the paragraph. Encourage them to use relative pronouns in their questions and responses.

3 Have students read their definitions aloud; the class should guess what item is being described.

- Bring in pictures from magazines or find pictures on the Internet and ask questions that use relative pronouns or elicit them in student answers. Example: **¿Quién está leyendo el periódico? (La rubia que está sentada en el banco está leyendo el periódico.)**
- **For Visual Learners** When reviewing the activities, record the answers on the board or on an overhead so that students can see the completed sentences.

Práctica

1 Oraciones incompletas Selecciona la palabra o expresión adecuada para completar las oraciones.

1. El señor Castillo, __a__ revista se dedica a la moda, está de viaje en París.
   a. cuya b. cuyo c. cuyos
2. Los músicos __b__ conociste ayer han grabado la banda sonora de la película.
   a. a quien b. a quienes c. quien
3. El corto __a__ te hablé no está doblado.
   a. del que b. de quien c. el cual
4. El reportaje de anoche, __a__ se transmitió en el canal 7, me pareció muy sensacionalista.
   a. el cual b. la cual c. los que
5. Los artículos __c__ se publican en esa revista son puro chisme.
   a. los cuales b. los que c. que

2 El tereré Completa este artículo sobre el tereré con los pronombres relativos de la lista. Algunos pronombres pueden repetirse.

EL TERERÉ

que
en el que
con quien
cuyo
en la que

Existe un país (1) __en el que__ el mate tuvo (2) __que__ adaptarse a su clima: el Paraguay. En este país, (3) __cuyo__ clima subtropical presenta calurosos veranos, el tradicional mate caliente debió convertirse en una bebida fría y refrescante (4) __que__ ayudara a atenuar el clima. Así, el tereré, (5) __cuyo__ nombre proviene del guaraní, es la bebida más popular de los paraguayos.

Para prepararlo, se coloca yerba en el recipiente llamado mate. En lugar de agua caliente en un termo o pava, se usa una jarra (6) __en la que__ se coloca agua y/o jugo de limón con mucho hielo. La bebida se bebe con una bombilla (*straw*), (7) __que__ generalmente es de metal. En el Paraguay, se dice (8) __que__ el tereré es como un amigo (9) __con quien__ se comparten alegrías y tristezas, momentos cotidianos y toda una vida.

3 Definiciones Escribe una definición para cada término. Usa pronombres relativos.
Answers may vary. Suggested answers given.

MODELO **el redactor**
Es la persona cuyo trabajo es preparar artículos para publicación.

1. la prensa sensacionalista __Son periódicos, programas de noticias, etc. en los cuales se exageran las noticias.__
2. los subtítulos __Son palabras sin las cuales/que no entendemos las películas extranjeras.__
3. la portada __Es la página del periódico en la cual/que aparecen las noticias más importantes.__
4. el titular __Es la frase con la cual/que comienza un artículo.__
5. los televidentes __Son las personas para quienes se transmite un programa de televisión.__
6. la fama __Es el hecho de que una persona sea reconocida por mucha gente.__

Practice more at **vhlcentral.com.**

DIFFERENTIATION

Heritage Speakers After completing **Actividad 2**, ask heritage speakers to share what they know about typical beverages in their countries of origin. What do people usually drink when the weather is cold? And when it is hot? How are these beverages prepared? Which one do they prefer personally?

DIFFERENTIATION

For Inclusion Once the class has completed **Actividad 3**, list the terms in one column and the definitions in another column, in random order. Then invite students to come to the board to draw a line between each term and its definition.

Communication 1.1
Comparisons 4.1

Comunicación

4 Tendencias Piensa sobre las tendencias actuales y completa el recuadro con tus preferencias. En parejas, compartan esta información. Informen a sus compañeros/as lo que han aprendido sobre la otra persona usando pronombres relativos. Sigan el modelo.

MODELO Ana Sofía mira todo el tiempo videos musicales en su iPod. Es una persona a quien le encanta llevar su iPod a todos lados.

	Sí	No	Depende
1. Me aburren los videos musicales en la tele. Prefiero verlos en un iPod.	☐	☐	☐
2. Siempre escucho música alternativa y pienso que el *hip-hop* no es arte.	☐	☐	☐
3. Yo sólo compro ropa cara a la que se le ve el logotipo estampado (*printed*) en grande.	☐	☐	☐
4. ¿Documentales? ¿Qué es eso? Sólo miro los éxitos de taquilla de Hollywood.	☐	☐	☐
5. ¡Puaj! Los programas de telerrealidad (*reality shows*) son horribles y deberían prohibirse.	☐	☐	☐
6. Me puedo pasar horas leyendo revistas de moda y de chismes sobre famosos.	☐	☐	☐
7. ¡Qué chévere (*How cool*)! ¡Un restaurante con platos innovadores! Los restaurantes de comidas tradicionales ya pasaron de moda.	☐	☐	☐
8. ¡Nada de salsa! No me gusta la música latina. Prefiero escuchar las 40 principales (*top 40*) de la radio.	☐	☐	☐

5 ¿Quién es quién? La clase se divide en dos equipos. Un integrante del equipo A piensa en un(a) compañero/a y da tres pistas. El equipo B tiene que adivinar de quién se trata. Si adivina con la primera pista, obtiene 3 puntos; con la segunda, obtiene 2 puntos; y con la tercera, obtiene 1 punto.

MODELO Estoy pensando en alguien con quien almorzamos.
Estoy pensando en alguien cuyos ojos son marrones.
Estoy pensando en alguien que lleva pantalones azules.

6 Fama En parejas, preparen una entrevista entre un reportero y una estrella. Utilicen por lo menos seis pronombres relativos.

MODELO
REPORTERO Díganos, ¿dónde encontró este vestido tan divino?
ESTRELLA Gracias, me lo regaló un amigo muy talentoso, cuya tienda siempre tiene lo mejor de la moda.
REPORTERO Y me he enterado de que está usted con un nuevo amor, quien trabajó con usted en su última telenovela…

Teaching Tips

4 Expansion Have students explain those items for which they answered **Depende**.

4 Heritage Speakers Ask heritage speakers to share what they think teens in their families' countries of origin would most likely answer and why.

5 Encourage students to use a different relative pronoun for each clue.

5 For more advanced classes, have students write three additional sentences using present perfect subjunctive.

6 For Inclusion Divide the class into pairs. Create a simple conversation with blanks for the relative pronouns and give each pair a copy. Then ask students to complete the conversation. Have pairs share the completed conversations with the class.

6 As a variant, encourage students to choose a real reporter and a real star for the interview.

LEARNING STYLES

For Visual Learners As the class reviews **Actividad 4**, have students give a show of hands for each item. Students should count and record the number of respondents for each item. Then ask students to make a bar graph, representing the class's responses to the questions. This activity also can be used as a **Math Connection**.

LEARNING STYLES

For Auditory Learners After students finish **Actividad 6**, ask volunteers to act out or read their conversations aloud for the class. Have the students raise their hands each time they hear a relative pronoun.

Comparisons 4.1

Instructional Resources
vText
Cuaderno de actividades comunicativas, pp. 27, 94
Cuaderno de práctica, pp. 87–88
Cuaderno para hispanohablantes, pp. 138–139
e-Cuaderno
Supersite: Additional practice
Supersite/TRCD: Grammar Slides, Audio Activities Script, Answer Keys
Audio Activities CD

Teaching Tips

- Preview the neuter **lo** by asking discussion questions, Ex: **En la clase de español, ¿qué es lo más fácil para ti?**
- Remind students that **mejor** and **peor** are comparative forms of **bueno** and **malo** (**Estructura 5.1**). They do not require **más.**
- **For Visual Learners** Write the sample sentences on the board in one color. Give volunteers a different color marker or chalk and ask them to underline the neuter **lo** expression.
- **For Auditory Learners** Read the examples aloud, emphasizing the neuter **lo** expressions. To assess student comprehension and incorporate a kinesthetic element, have students raise their hands when they hear the neuter **lo.**

Extra Practice Go to **vhlcentral.com** for more practice with the neuter **lo.**

9.3 The neuter *lo*

- The definite articles **el, la, los,** and **las** modify masculine or feminine nouns. The neuter article **lo** is used to refer to concepts that have no gender.

¿Es todo lo que tienes que decir?

¡Lo sabía! Ni es lo suficientemente hombre para...

- In Spanish, the construction **lo** + [*masculine singular adjective*] is used to express general characteristics and abstract ideas. The English equivalent of this construction is *the* + [*adjective*] + *thing.*

  Cuando leo las noticias, **lo difícil** es diferenciar entre el hecho y la opinión.
  When I read the news, the difficult thing is to differentiate between fact and opinion.

  Lo bueno de ser famosa es que me da la oportunidad de cambiar el mundo.
  The good thing about being famous is that it gives me the chance to change the world.

- To express the idea of *the most* or *the least,* **más** and **menos** can be added after **lo**. **Lo mejor** and **lo peor** mean *the best/worst* (*thing*).

  Para ser un buen reportero, **lo más importante** es ser imparcial.
  To be a good reporter, the most important thing is to be unbiased.

  ¡Aún no te he contado **lo peor** del artículo!
  I still haven't told you about the worst part of the article!

- The construction **lo** + [*adjective or adverb*] + **que** is used to express the English *how* + [*adjective*]. In these cases, the adjective agrees in number and gender with the noun it modifies.

lo + [*adjective*] + que	**lo + [*adverb*] + que**
¿No te das cuenta de **lo bella que** eres, María Fernanda?	Recuerda **lo bien que** te fue el año pasado en su clase.
María Fernanda, don't you realize how beautiful you are?	*Remember how well you did last year in his class.*

- **Lo que** is equivalent to the English *what, that,* or *which.* It is used to refer to an idea, or to a previously mentioned situation or concept.

  ¿Qué fue **lo que** más te gustó de tu viaje a Uruguay?
  What was the thing that you enjoyed most about your trip to Uruguay?

  Lo que más me gustó fue el Carnaval de Montevideo.
  The thing I liked best was the Carnival of Montevideo.

¡ATENCIÓN!

The phrase **lo** + [*adjective or adverb*] + **que** may be replaced by **qué** + [*adjective or adverb*].

No sabes *qué difícil* es hablar con él.
You don't know how difficult it is to talk to him.

Fíjense *qué pronto* se entera la prensa.
Just think about how soon the press will find out.

recursos
vText
CA pp. 27, 94
CP pp. 87–88
CH pp. 138–139
vhlcentral.com

DIFFERENTIATION

For Inclusion On a transparency, provide sentence starters that include the neuter **lo**. Ex: **1. Cuando veo la tele, lo chistoso es... 2. Para ser un(a) buen(a) profesor(a), lo más importante es... 3. Cuando fui a México, lo más interesante era...** Students should complete each sentence logically, either orally or in written form.

DIFFERENTIATION

To Challenge Students Ask students to retranslate into English the examples that seem less colloquial. Example: *When I read the news, the difficult thing is to differentiate between fact and opinion.* Change to: *When I read the news, it's hard to tell the difference between fact and opinion.*

Communication 1.1
Comparisons 4.1

Práctica y comunicación

1 Chisme La gran estrella pop, Estela Moreno, responde a las críticas que han aparecido en medios periodísticos sobre su súbita (*sudden*) boda con Ricardo Rubio. Completa las oraciones con **lo, lo que** o **qué.**

"Repito que es completamente falso (1) ___lo que___ ha salido en la prensa sensacionalista. Siempre habíamos querido una ceremonia pequeña y privada para mantener (2) ___lo___ romántico de la ocasión. El lugar, la fecha, los pocos invitados... pues todo (3) ___lo___ tuvimos planeado desde hace meses. ¡Ay, (4) ___qué/lo___ difícil fue guardar el secreto para que el público no se diera cuenta de (5) ___lo que___ estábamos planeando! (6) ___Lo que___ más me molesta es que la prensa nos acuse de un romance súbito. (7) ___Lo___ nuestro es un amor que comenzó hace dos años y que durará para toda la vida. ¡Ya (8) ___lo___ verán con el tiempo!"

2 Reacciones Combina las frases para formar oraciones con **lo** + [adjetivo/adverbio] + **que.**

MODELO **parecer mentira / qué poco Juan se preocupa por el chisme**
Parece mentira lo poco que Juan se preocupa por el chisme.

1. asombrarme / qué lejos está el centro comercial Me asombra lo lejos que está el centro comercial.
2. sorprenderme / qué obediente es tu gato Me sorprende lo obediente que es tu gato.
3. no poder creer / qué influyente es la publicidad No puedo creer lo influyente que es la publicidad.
4. ser una sorpresa / qué bien se vive en este pueblo Es una sorpresa lo bien que se vive en este pueblo.
5. ser increíble / qué rápido se hizo famoso aquel cantante Es increíble lo rápido que se hizo famoso aquel cantante.

3 Ser o no ser En grupos de cuatro, conversen sobre las ventajas y desventajas de cada una de estas profesiones. Luego escriban oraciones completas para describir **lo bueno, lo malo, lo mejor** o **lo peor** de cada profesión. Compartan sus ideas con la clase.

actor/actriz	crítico/a de cine	redactor(a)
cantante	locutor(a) de radio	reportero/a

4 Síntesis En parejas, escriban una carta al periódico escolar dando su opinión sobre un tema de actualidad. Usen por lo menos tres verbos en el pretérito perfecto de subjuntivo, tres oraciones con **lo** o **lo que** y tres oraciones con pronombres relativos. Usen algunas frases de la lista o inventen otras. Lean su carta a la clase y debatan el tema.

me molesta que...	lo importante...	que
me alegra que...	lo que más/menos...	el/la cual
no puedo creer que...	lo que pienso sobre...	quien(es)

Practice more at **vhlcentral.com.**

Teaching Tips

1 To Challenge Students Ask students to write their own paragraph based on the marriage of two real pop stars. Encourage students to use at least five examples of the neuter **lo**.

2 Give students additional items. Examples: **frustrarme / qué difícil es encontrar trabajo; molestarme / qué exagerada que es esta actriz; ser impresionante / qué tonto es el crítico de cine.**

2 Ask volunteers to form corresponding questions for each item. Ex: **1. ¿Te asombra lo lejos que está el centro comercial?**

3 Partner Chat You can also assign activity 3 on the Supersite. Students work in pairs to record the activity online. The pair's recorded conversation will appear in your gradebook.

3 Have students share their opinions about other professions using the neuter **lo**. Recycle vocabulary about jobs and work (**Lección 8**).

21st CENTURY SKILLS

3 Collaboration
If you have access to students from a Spanish-speaking country, have your students ask them about these professions in their country.

Expansion Write a series of adjectives and adverbs on pieces of paper and put them in a hat. Have volunteers choose a word and make a sentence using **lo** + [*adjective*] + **que.**

LEARNING STYLES

For Kinesthetic Learners Before beginning **Actividad 3**, have students play Charades with the words in the box. Ask students to close their books. Divide the class into two teams. Call a member of each team to the front of the room. Secretly tell these team members a profession to pantomime for classmates to guess. The first team to guess correctly wins a point.

LEARNING STYLES

For Auditory Learners Divide the class into small groups. Give each group a children's book in Spanish. Ask them to read the book aloud and find examples of relative pronouns, neuter lo expressions, and the present perfect subjunctive. Then have groups share a summary of the book and the examples they found.

Section Goals

In **Cinemateca**, students will:

- watch the short film ***Sintonía***
- practice listening for and using vocabulary and structures learned in this lesson

Communication 1.2
Comparisons 4.1

Instructional Resources
vText
Supersite/DVD: Film Collection
Supersite/TRCD: ***Cortometraje*** Transcript & Translation

Teaching Tips

1 Have pairs create definitions for the remaining vocabulary words and exchange them with another pair to solve.

2 Virtual Chat You can also assign activity 2 on the Supersite. Students record individual responses that appear in your gradebook.

2 Continue the discussion by asking additional questions. Example for item 2: **¿Qué riesgos corres al contar tus problemas por la radio o la televisión? ¿Crees que los locutores de radio y los presentadores de televisión pueden dar buenos consejos?**

- Have students use **darse cuenta** to write a brief anecdote about a time they suddenly realized something. Remind students to follow the phrase with **de.** Example: **Un día estaba cenando con un amigo cuando me di cuenta de que alguien me había robado el bolso…**

Video: Short Film

Antes de ver el corto

SINTONÍA

país España
duración 9 minutos
director Jose Mari Goenaga
protagonistas el hombre, la mujer, el locutor

Vocabulario

aclarar *to clarify*
dar la gana *to feel like*
darse cuenta (de) *to realize*
darse por aludido/a *to realize/ assume that one is being referred to*
embalarse *to go too fast*
fijarse en *to notice*
el maletero *trunk*
la nuca *nape*
parar el carro *to hold one's horses*
pillar(se) *to get (catch)*
la sintonía *synchronization; tuning; connection*

1 Definiciones Escribe la palabra adecuada para cada definición.

1. la parte del carro en la que guardas las compras: maletero
2. la parte de atrás de la cabeza: nuca
3. el hecho de explicar algo para evitar confusiones: aclarar
4. comprender o entender algo: darse cuenta
5. ir demasiado deprisa: embalarse

2 Preguntas Contesta las preguntas.

1. ¿Prefieres escuchar programas de radio o sólo música cuando vas en autobús o en carro?
2. Si tuvieras un problema que no supieras solucionar, ¿llamarías a un programa de radio o de televisión? ¿Por qué?
3. Imagina que te sientes atraído/a por alguien que ves en la calle. ¿Le pedirías una cita?
4. Si escuchas a dos personas que parecen hablar de ti sin decir tu nombre, ¿te das por aludido/a enseguida o tardas en darte cuenta?

3 ¿Qué sucederá? En parejas, miren los fotogramas e imaginen lo que va a ocurrir en la historia. ¿Cuál es la relación entre el locutor y las personas que esperan para pagar el peaje (*toll*)? Compartan sus ideas con la clase. Incluyan tres o cuatro datos o especulaciones sobre cada fotograma.

Practice more at **vhlcentral.com.**

CRITICAL THINKING

Knowledge and Comprehension Begin a **Cuento curioso.** Ask students to sit in a circle. Say one sentence that begins a story and uses a word from the vocabulary box. The student to your right continues the story, using a different vocabulary word. Encourage students to be creative and even silly as the story grows. Continue until all students have had a turn adding to the story or until all the vocabulary words have been used.

CRITICAL THINKING

Application and Synthesis Ask students to form small groups and create a scene about driving through a tollbooth. Encourage groups to make the scene interesting by presenting a problem or creating intriguing characters.

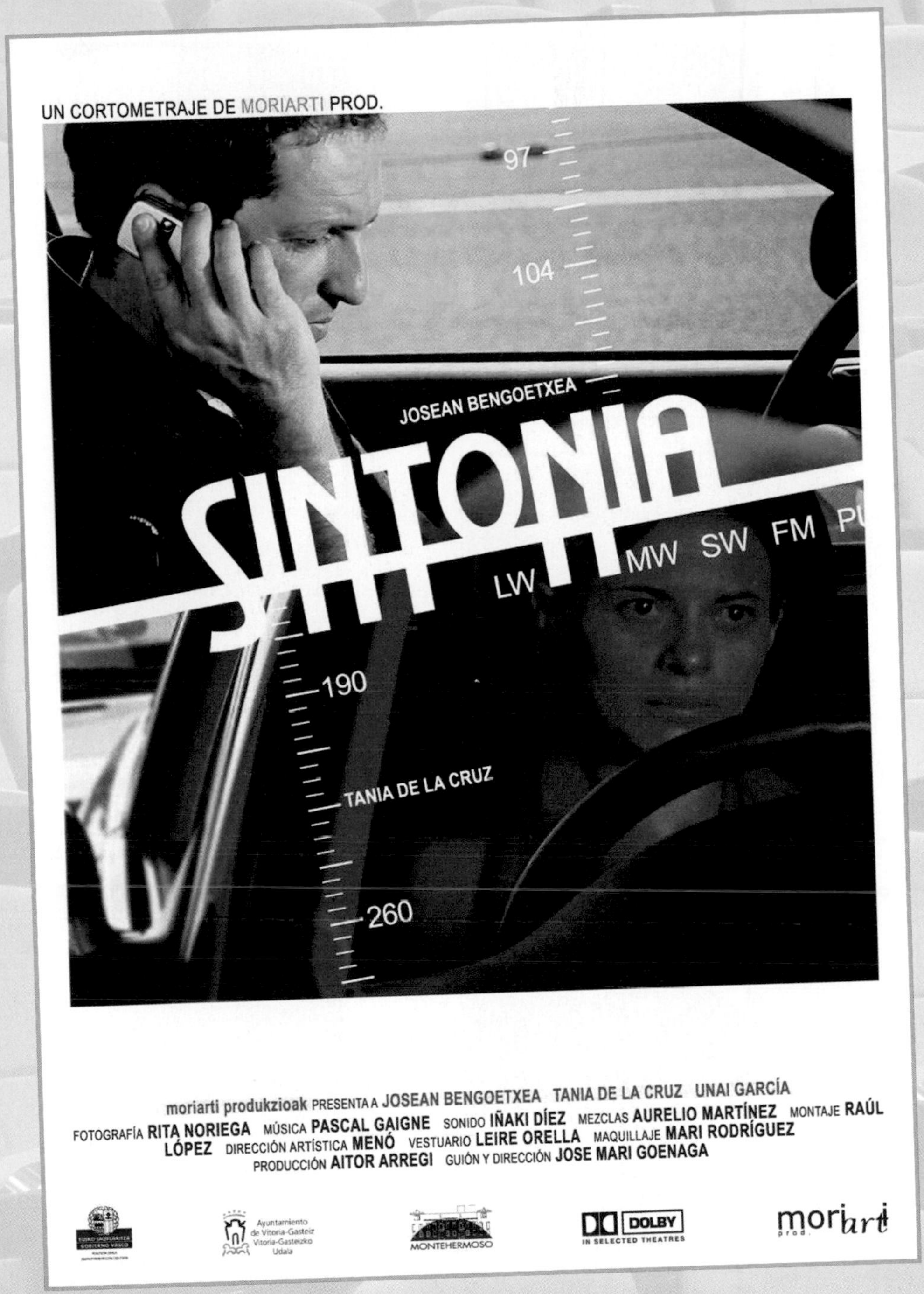

UN CORTOMETRAJE DE MORIARTI PROD.

97

104

JOSEAN BENGOETXEA

SINTONIA

LW MW SW FM

190

TANIA DE LA CRUZ

260

moriarti produkzioak PRESENTA A JOSEAN BENGOETXEA TANIA DE LA CRUZ UNAI GARCÍA
FOTOGRAFÍA RITA NORIEGA MÚSICA PASCAL GAIGNE SONIDO IÑAKI DÍEZ MEZCLAS AURELIO MARTÍNEZ MONTAJE RAÚL LÓPEZ DIRECCIÓN ARTÍSTICA MENÓ VESTUARIO LEIRE ORELLA MAQUILLAJE MARI RODRÍGUEZ
PRODUCCIÓN AITOR ARREGI GUIÓN Y DIRECCIÓN JOSE MARI GOENAGA

Ayuntamiento de Vitoria-Gasteiz Vitoria-Gasteizko Udala

MONTEHERMOSO

DOLBY IN SELECTED THEATRES

moriarti prod.

Communication 1.2
Cultures 2.1, 2.2
Connections 3.2
Comparisons 4.2

Teaching Tips

- **For Visual Learners** Ask pairs to describe everything they see in the poster, using adjectives and verbs.
- **For Auditory Learners** If possible, play a clip of a radio advice show in Spanish. Ask students to tell what the caller's complaint and the radio host's suggestion are.
- **For Kinesthetic Learners** Ask students to form small groups to write a skit of a radio advice show. Have them present it to the class and ask students to identify the caller's problem and the radio host's solution.
- **Heritage Speakers** Ask students to talk about whether people listen to radio advice shows in their families' countries of origin. Also ask: **¿De qué otras maneras recibe consejos la gente?**
- **For Inclusion** Give each student some sticky tabs and ask them to label the poster with as many nouns, verbs, and adjectives as they can.

NATIONAL STANDARDS

Connections: Drama/ Theater Arts Direct students' attention to the credits at the bottom of the poster. Help them translate any professions they do not recognize. Students who are interested in stage and film may want to research additional vocabulary associated with these arts.

CRITICAL THINKING

Knowledge and Comprehension Ask students to study the words on the poster. Have a class discussion about the literal and figurative meanings of the word **sintonía**. Then ask students to read the small print at the bottom of the poster and explain in Spanish what each person's title means.

CRITICAL THINKING

Analysis and Synthesis Based on the activities and vocabulary from page 344 and the poster on page 345, ask students to predict the plot of the film in a story map form. Have students share their ideas and then, on the board, draw a story map of what the class votes to be the most likely plot.

Video Synopsis A man stopped in traffic is intrigued by a woman singing along with the radio in the car next to him. He calls the radio show—knowing full well she is listening—and describes the woman, pointing out that she has part of her dress caught in the door. She must decide whether or not to meet him.

PRE-AP*

Interpretive Audiovisual Communication
Ask students about their driving habits. **Cuando conduces, ¿prestas atención a la gente que está en otros carros o que pasa andando? ¿Hablas por teléfono mientras conduces?**

Teaching Tips

- **For Visual Learners** Ask volunteers to describe what each character is feeling in each still. Encourage them to focus on facial expressions and body language for clues.
- **For Auditory Learners** Ask students to choose one of the six scenes on this page. Play the audio track of the film with the television screen shut off or covered up. Ask students to raise their hands when they hear their selected scene.

21st CENTURY SKILLS

Social and Cross-Cultural Skills
Have students work in groups to choose one or two aspects of the movie that they identify as different from what they would expect in their daily life. Ask students to write two to three sentences about the difference and how they would explain what is different to a visitor from that culture.

Escenas

ARGUMENTO Un joven, atrapado en un atasco en la carretera, se siente atraído por la chica que maneja el carro de al lado.

1

LOCUTOR Última oportunidad para llamar... No os cortéis° y decidle a quien queráis lo que os dé la gana y no lo dejéis para otro momento. El número, el número es el 943365482... Tenemos una nueva llamada. Hola, ¿con quién hablamos?

2

HOMBRE Manuel Ezeiza. Manolo, Manolo de Donosti.
LOCUTOR Muy bien, Manolo de Donosti. ¿Y a quién quieres enviar tu mensaje?
HOMBRE La verdad es que no lo sé, pero sé que nos está oyendo.

3

LOCUTOR Bueno, igual el mensaje puede darnos alguna pista°.
HOMBRE Sí, bueno, llamaba porque me he fijado que te has dejado parte del vestido fuera del coche. Y, bueno, yo no te conozco pero... te he visto cantando y querría, quedar contigo... o tomar algo...

4

LOCUTOR Bueno, para el carro... Esto es un poco surrealista. Le estás pidiendo una cita a una cantante que va en un coche con el abrigo fuera. ¿Y cómo sabe que te diriges a ella?
HOMBRE Todavía no lo sabe. Está sonriendo, como si esto no fuera con ella.

5

LOCUTOR Pues dale una pista para que se aclare. ¿Cómo es ella? ¿Qué hace?
HOMBRE Pues lleva algo rojo... ahora se toca la nuca con su mano y ahora el pelo... que es muy oscuro. Y ahora parece que empieza a darse cuenta. Sí, sí, definitivamente se ha dado cuenta.

6

LOCUTOR A ver, ¿quién le dice a ella que tú no eres, no sé, un psicópata?
HOMBRE ¿Y quién me dice a mí que no es ella la psicópata? Se trata de asumir riesgos. Yo tampoco te conozco. Pensaba que estaría bien quedar contigo.

No os cortéis *Don't be shy* **pista** *clue*

CRITICAL THINKING

Knowledge and Comprehension Ask volunteers to summarize each scene according to the picture and script of the corresponding still. Encourage the class to make comments or add anything the volunteers miss.

CRITICAL THINKING

Synthesis and Evaluation Ask students to draw a still and write a script for scene 7. Display the stills around the room and ask the class to vote on the likeliest scene to end **el corto.**

Después de ver el corto

Comprensión Contesta las preguntas con oraciones completas.

1. ¿Dónde está el hombre?
   El hombre está en su carro.
2. ¿A quién llama por teléfono?
   El hombre llama por teléfono a un programa de radio.
3. ¿Qué tipo de programa de radio es?
   Es un programa que recibe llamadas de personas que quieren enviarle un mensaje a alguien.
4. ¿Por qué llama el hombre al programa de radio?
   Quiere decirle a la chica que se ha pillado el vestido en la puerta del carro/Quiere invitarla a salir.
5. ¿Cómo sabe que la mujer está oyendo ese programa de radio?
   Sabe que está oyendo ese programa de radio porque la ha visto cantando la canción de la radio.
6. ¿Por qué le dice el locutor al hombre que la mujer a lo mejor no quiere salir con él?
   Le dice que tiene que convencer a la chica porque ella puede pensar que es un psicópata.
7. ¿Dónde se conocen el hombre y la mujer en persona?
   Se conocen en una gasolinera.
8. ¿Qué le dice la mujer al hombre?
   Le dice que se quedó sin gasolina.

Ampliación Contesta las preguntas con oraciones completas.

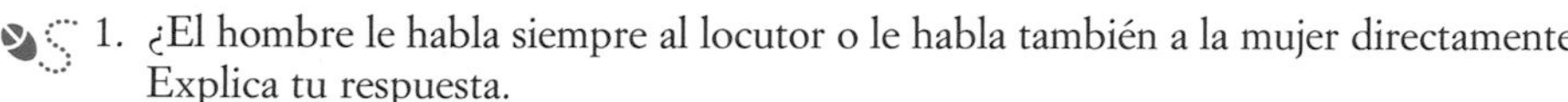

1. ¿El hombre le habla siempre al locutor o le habla también a la mujer directamente? Explica tu respuesta.
2. ¿Qué harías tú si vieras que alguien en el carro de al lado se ha pillado la ropa en la puerta?
3. En un momento la mujer apaga la radio, pero después la vuelve a encender. ¿Qué crees que está pensando en ese momento?
4. ¿Por qué crees que para la mujer en la gasolinera?

Imagina

A. En parejas, preparen la conversación entre el hombre y la mujer en la gasolinera. Cada uno debe tener por lo menos tres intervenciones en la conversación. Luego, representen la conversación frente a la clase.

B. Imaginen qué ocurre después. ¿Siguen en contacto? ¿Tienen una cita? ¿Qué ocurre en sus vidas? Compartan su final con la clase.

Relaciones mediáticas En parejas, inventen una historia de amor sobre dos personas que se conocen a través de uno de los medios de la lista. Incluyan detalles sobre cómo se conoció la pareja, por qué fue a través de ese medio específico y cuál fue el desenlace (*outcome*) de la historia. Después, cuenten su historia a la clase.

una revista	**un programa de radio**
un programa de televisión	**Internet**

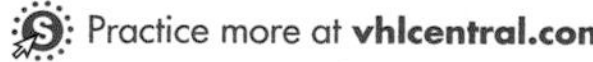

Communication 1.1, 1.3

Teaching Tips

1 To test students' comprehension further, write a series of sentences about the plot on separate strips of paper. Place the paper strips in a large bag. Then have volunteers draw sentences and put them in chronological order.

2 **Virtual Chat** You can also assign activity 2 on the Supersite. Students record individual responses that appear in your gradebook.

2 Ask additional discussion questions. Examples: **¿Qué harías si estuvieras en el lugar de esta mujer? ¿Irías a la gasolinera? ¿Qué sucedería si este hombre y esta mujer se conocieran en otra situación?**

3 To help students with their conversations, replay the last scene of the film without sound and have them pay extra attention to the body language of the characters.

21st CENTURY SKILLS

3 **Productivity and Accountability**
As a class, decide if the rubric you developed for the previous chapter works for this chapter's assignment. If not, adjust it to meet what students need to accomplish.

4 **Expansion** Have students work in pairs to create an ad for a new dating service offered through a magazine, television show, radio show, or online. Encourage students to be creative with the service's title and slogan.

CRITICAL THINKING

Comprehension and Synthesis Divide the class into small groups. Ask some groups to write a conversation in which the woman from the film tells her best friend what happened. The other groups should write a similar conversation from the man's viewpoint. Have volunteers role-play their conversations for the class.

CRITICAL THINKING

Analysis and Evaluation Hold a class discussion about dating. Ask students: **¿Conocen a parejas que se hayan conocido por Internet o por un anuncio en el periódico? ¿Les parece raro conocer a alguien por estos medios? ¿Tendrían vergüenza de contarle a un(a) amigo/a que conocieron a su novio/a a través de estos medios?**

Section Goals

In **Lecturas,** students will:

- read about **Edmundo Paz Soldán's** emphasis on urban culture and read a section of his novel ***Sueños digitales***
- read about the indigenous language **guaraní** and its predominance in Paraguay

Communication 1.2
Comparisons 4.1

> **Instructional Resources**
> **vText**
> ***Cuaderno de práctica,*** p. 89
> ***Cuaderno para hispanohablantes,*** pp. 140–144
> **Supersite:** Additional practice

Teaching Tips

- **For Visual Learners** Ask students to create their own Dalí-like painting that connects to this one and/or the Campo Vidal quote.
- **For Inclusion** Ask students to identify all the cognates in the quote.
- **To Challenge Students** Ask students if they agree with the quote. Tell students: **Si estás de acuerdo, ¿por qué? Si no, ¿qué piensas de la televisión? ¿Cuál es el papel de la televisión en nuestra sociedad?**
- **To Challenge Students** Find other quotes about the role of television in our society and assign one to each pair. Ask pairs to express them in Spanish and then share them with the class.

NATIONAL STANDARDS
Communities Have students discuss some of the dangers that television is accused of. What are some of its benefits? Do they agree with the quote from Campo Vidal?

9 LECTURAS

Autómovil vestido, 1941
Salvador Dalí, España

"Modestamente, la televisión no es culpable de nada. Es un espejo en el que nos miramos todos, y al mirarnos nos reflejamos."

— Manuel Campo Vidal

CRITICAL THINKING

Comprehension and Synthesis Ask pairs to translate the Campo Vidal quote. Then have each pair write their translation on the board. Read all responses and vote for the best, based on a rubric. Then ask pairs to connect the quote with the painting. Have volunteers share their ideas.

CRITICAL THINKING

Analysis and Synthesis Ask students to describe the car in each picture and explain the changes. Then ask students to analyze what Dalí could be saying in these pictures. Have a class discussion in which all students offer a guess about the interpretation of the painting. If possible, find an art critique of the painting and share it with the class.

Antes de leer

Sueños digitales (fragmento)

Edmundo Paz Soldán

Sobre el autor

Edmundo Paz Soldán nació en 1967 en Cochabamba, Bolivia; estudió Ciencias Políticas y más tarde se doctoró en Lengua y Literatura Hispanas en Berkeley. Actualmente vive en los EE.UU., donde enseña literatura latinoamericana en la Universidad de Cornell. Su novela *El delirio de Turing* recibió el Premio Nacional de Novela 2002 de Bolivia. En 2009 publicó *Los vivos y los muertos*. Paz Soldán forma parte de una nueva corriente narrativa latinoamericana que hace hincapié (*lays emphasis*) en la cultura urbana, con constantes referencias a los medios de comunicación y a las nuevas tecnologías, lejos ya de los rasgos mágicos característicos de la generación anterior de narradores. Según explicó el autor en una entrevista: "Aquí no se trata tanto de reemplazar el realismo mágico como de mostrar otro lado en el que no se concentró, que es la cultura urbana".

Vocabulario

el/la columnista *columnist*	**la oferta** *offer; proposal*
denunciar *to denounce*	**el organismo público** *government agency*
el informativo *news bulletin*	**el/la periodista** *journalist*
manipular *to manipulate*	**la propaganda** *advertisement*

Sinónimos Busca en el vocabulario sinónimos para estas palabras.

1. acusar denunciar
2. programa de noticias informativo
3. reportero periodista/columnista
4. aviso publicitario propaganda
5. propuesta oferta
6. institución del gobierno organismo público

Conexión personal ¿Alguna vez te has encontrado en una situación en la que no estabas de acuerdo con algo, pero tuviste que hacerlo igualmente porque era tu trabajo? ¿Cómo te sentiste?

Análisis literario: la cultura urbana

Una nueva generación de narradores latinoamericanos, que incluye nombres como Alberto Fuguet (ver **p. 390**), Rodrigo Fresán, Edmundo Paz Soldán y Naief Yehya, entre otros, quiere romper con el realismo mágico. Prefieren ocuparse de personajes urbanos de clase media-alta que se mueven en un mundo globalizado y comparten los mismos códigos de todas las grandes ciudades del mundo. Al leer este relato, presta atención para ver si logras encontrar alguno de los aspectos que crees que son típicos de Latinoamérica. Al terminar, responde: ¿resulta obvio que la historia transcurre en Latinoamérica o podría desarrollarse (*take place*) en algún otro lugar del mundo? ¿Por qué?

Communication 1.3

Previewing Strategy Ask about the relationship between art and urban culture. Encourage students to compare the two images in the Dalí painting and comment on how both the image and its meaning are manipulated by the artist. Ask: **¿Puedes dar otro ejemplo de una pintura o escultura que refleje la cultura urbana?**

Teaching Tip Discuss globalization. **¿Cuáles son los efectos de la globalización en la vida...?**

Conexión personal Ask additional questions to spark discussion: **Aunque lo hiciste, ¿dijiste que no estabas de acuerdo? Si fueras el/la jefe/a de una empresa, ¿exigirías que tus empleados hicieran todo lo que tú les dijeras? ¿Querrías que ellos te dieran sus opiniones?**

Análisis literario Read the quote on page 348 aloud and discuss. Examples: **Dicen que el arte es un reflejo de la sociedad. ¿Crees que es cierto? ¿La televisión e Internet son medios artísticos? Explica tus respuestas.**

CRITICAL THINKING

Comprehension and Application Ask volunteers to summarize the biography of Edmundo Paz Soldán. Then ask students: **¿Has leído una novela sobre la cultura urbana con referencias constantes a los medios de comunicación? ¿Te gustó? ¿Por qué?**

CRITICAL THINKING

Analysis and Synthesis On the board, write Soldán's quote: **"Aquí no se trata tanto de reemplazar el realismo mágico como de mostrar otro lado en el que no se concentró, que es la cultura urbana."** Ask a volunteer to translate the quote. Then ask the class: **¿Qué es el realismo mágico? Piensen en el cuento *La luz es como el agua*. ¿Qué es la cultura urbana? ¿En qué se diferencian la cultura urbana y el realismo mágico?**

Cultures 2.1, 2.2
Connections 3.2

Teaching Tips

- Ask students to consider how the man in the picture is feeling. Then ask students to relate it to the information in the summary: **¿El hombre de la foto es Sebastián? ¿Cómo lo sabes? Según la introducción, ¿cómo se siente Sebastián?**
- To help students understand urban culture in this passage, have them identify and list any references to art and pop culture. Examples: *CorelDraw*, De Chirico, *¡Hola!*, *Pac-Man*.
- **For Visual Learners** Ask students to describe what they see in the image, using vivid adjectives and verbs.
- **For Inclusion** Ask students to identify and list in Spanish all that they see in the image. Make a list of all students' responses on the board.
- Point out to students the word **fragmento**. Ask a volunteer to explain what it means and its significance on this page.
- Give each student a blank story map (graphic organizer that lists characters, settings, problems, solutions, etc.) Then ask students to fill in all the information they can, based on the introduction.

Audio: Dramatic Recording

Sueños digitales

(fragmento)

Edmundo Paz Soldán

Sebastián es un talentoso diseñador gráfico que trabaja para un periódico en la capital boliviana. Es conocido en el ambiente del diseño por su especial talento para la manipulación de imágenes digitales. Está a punto de recibir una visita inesperada en su oficina cuyas consecuencias pueden cambiar el curso de la historia de su país.

CRITICAL THINKING

Knowledge Ask volunteers to explain what graphic artists do. If students know a graphic artist or do their own graphic artwork, then ask them to bring in samples to share with the class.
Comprehension and Application Ask students to summarize the introduction in their own words to make sure that they understand all of it.

CRITICAL THINKING

Analysis and Evaluation Ask students to write a paragraph that connects the image with the summary and the title. Have volunteers share their paragraphs with the class.

Un jueves por la mañana, sonó el teléfono en el Cuarto Iluminado y una mujer pidió hablar con Sebastián. Braudel, que dibujaba con CorelDraw en la computadora (una plaza desierta y llena de restos de columnas, un obvio homenaje a Chirico para ser utilizado en una propaganda de una compañía de seguros°), le dijo que esperara. Le preguntó a Píxel si había visto a Sebastián. —¿De parte de quién?

—De una revista de La Paz. Queremos entrevistarlo.

—Está por ahí. Lo vi hace un rato.

Sebastián apareció con una Hola en la mano. Píxel lo miró moviendo la cabeza de arriba a abajo, impresionado. Había creado un monstruo: no pasaba mucho tiempo desde aquel día en que Sebastián había aparecido en la oficina con la petulancia de sus años, quejándose de alguna tontería. Tampoco pasaba mucho tiempo desde que la cabeza del Che y el cuerpo de la Welch se habían impreso en el imaginario citadino° como partes inseparables de un todo. Ahora a Sebastián lo buscaba la fama, mientras él, sin cuya imaginación visionaria los Seres Digitales no hubieran abandonado una computadora y comenzado a adquirir vida propia, era ignorado sin misericordia°. Había creado un monstruo que creaba monstruos.

—¿Algo interesante? —preguntó con tono casual, apenas Sebastián colgó.

—Nada —respondió Sebastián—. Le dije que no quería publicidad.

Lo cierto era que la llamada lo había intrigado. La mujer le dijo que no se trataba de una entrevista, sino de una «oferta muy interesante». Había quedado° en encontrarse con ella esa misma tarde, en un café alejado del centro. No perdería nada escuchándola.

Píxel se dijo que hasta los monstruos podían terminar siendo devorados. Eso lo había aprendido jugando Pac-Man.

Al salir, Sebastián se cruzó con Alissa y Valeria Rosales. Discutían. La Rosales era una columnista que tenía la costumbre de meterse en líos° por pasársela denunciando la corrupción de las juntas vecinales, el comité cívico, los sindicatos, la alcaldía y la prefectura, todos los organismos públicos susceptibles° de corrupción (que eran todos los organismos públicos).

A Sebastián se le había ocurrido pedirle a Alissa un aumento de sueldo. Ella podría convencer a Junior. La vio tan metida en su discusión°, que siguió su camino sin decir nada.

El Mediterráneo tenía las paredes llenas de fotos de artistas de la época dorada° de Hollywood. Era pequeño, y se respiraba un olor a granos frescos de café y a cigarrillo. Había poca gente, y Sebastián supo quién era la mujer apenas entró. Se acercó a su mesa en el fondo.

—Isabel Andrade —dijo ella extendiendo la mano. Tenía una minifalda° negra y botines° de gamuza°, un agitado escote en ve° en la camisa azul marino. Sebastián percibió que tenía las mismas cejas finas y oblicuas de Nikki°. Ella se levantó y le extendió la mano.

—Bond. James Bond —dijo él con una mueca burlona°, no había podido evitar la broma. El pelo rubio recogido en un moño, el pañuelo en el cuello: azafata o ejecutiva de cuentas. Otros la hubieran encontrado linda; él no, o sí, pero de manera inofensiva.

Sebastián resopló°—a veces le faltaba aire, era raro, no fumaba mucho y de vez en cuando iba al gimnasio, debía hacerse chequear—, y tomó asiento. Pidió una limonada al mozo°. Isabel pidió un café con leche.

—Usted dirá —dijo Sebastián.

Isabel miró alrededor suyo, como cerciorándose° de que no la espiaban°. Sacó

insurance
urban, city
mercy
had agreed
to get into trouble
liable
argument
golden
miniskirt
ankle boots/ suede/V-neck
Sebastián's wife
with a smirk
puffed
waiter
making sure/ were spying

Teaching Tips

- Because this is a relatively long passage, you will need to allow extra time for the triple-read method to ensure reading comprehension:
  1. read once to gain general comprehension;
  2. read carefully a second time, identifying and looking up important, unknown words;
  3. read a third time for complete comprehension and enjoyment.
- **For Visual Learners** As students list each reference to pop culture, ask them to sketch a quick image of the reference.
- **For Inclusion** Read the story aloud, pantomiming to convey meaning. Pause after each paragraph to ask volunteers to summarize what you have read.
- **For Auditory Learners** Encourage students to read the text aloud in pairs, taking turns. This will help them rely on their auditory strengths to understand the story.
- **Heritage Speakers** Draw on students' knowledge to explain Hispanic pop culture references. At the beginning of each page, ask students to explain the references. Ex: **Che, *¡Hola!***.

CRITICAL THINKING

Knowledge and Comprehension Encourage students to pause after each page or paragraph to record in their story map organizers. Challenge them to include descriptions and complete sentences rather than just a list of responses.

CRITICAL THINKING

Analysis and Evaluation To help students analyze the characters, ask: **Según Píxel, ¿cómo era Sebastián hace poco tiempo? ¿Cómo es ahora? En tu opinión, ¿por qué ha cambiado? ¿Qué significa la frase: "Había creado un monstruo que creaba monstruos"?**, etc.

Teaching Tips

- **To Challenge Students** Assign each student one paragraph from page 351. Ask students to write two to three comprehension questions for their paragraph. Then collect and ask the questions. This will help the class recall the story up to this point before continuing the reading.
- **For Inclusion** Ask students to list all the cognates they find in the reading. Have a class discussion about whether the words they have found are true or false cognates.
- To reinforce new grammar concepts, ask students to identify and list examples of relative pronouns, the neuter **lo**, and the present perfect subjunctive.
- Explain that Pepe Cortisona is a character from a famous comic series in Latin America called ***Condorito***. Bring a picture or, if possible, a sample of the comic so students can understand the reference made to the character in the reading.
- Pause after reading the first full paragraph on page 352. Ask volunteers to explain the significance of the photograph. Encourage them to use background knowledge of the drug industry and the U.S.'s related involvement in Latin America.
- **For Auditory Learners** Encourage volunteers to read the dialogue on this and other pages aloud. As an informal comprehension check, have students complete a multiple choice activity based on the conversations they have heard.

unas fotos de su cartera° y las puso sobre la mesa. Eran las fotos de una parrillada°. Sebastián vio rostros satisfechos de políticos conocidos, las cervezas en la mano y las mesas llenas de platos de asados con papas y soltero° y llajwa°. Se le abrió el apetito, pediría un sandwich de jamón y queso. ¿Lo estaría esperando en su computadora un email de Nikki? Jugueteó° con la rosa de plástico en el florero al centro de la mesa. ¿Soñaban los androides con rosas artificiales?

—¿Y?

Isabel tenía una foto en la mano. Se la mostró con cuidado, sin soltarla°. Había sido tomada en la misma ocasión. En ella, el presidente Montenegro brindaba con Ignacio Santos, alias el Tratante° de Blanca.° Los ojos saltones°, la nariz como rota por un puñetazo°, la mandíbula° de Pepe Cortisona, la barriga° del ejecutivo sin tiempo para hacer ejercicios y con el poder suficiente para no importarle. Era él, era el Tratante. Y ésa era la famosa foto de la que hablaban los periódicos y los informativos en la tele: la foto del Narcogate (los periodistas eran la gente menos creativa del planeta; desde Watergate que habían entrado en una parálisis mental a la hora de bautizar crisis políticas). La foto que probaba los vínculos° entre Montenegro y el narcotráfico°, la que confirmaba que él había financiado su campaña con el dinero de las arcas° del Tratante, y que le servía a Willy Sánchez, dirigente máximo de los Cocaleros, para montar una campaña acusando al presidente de hipócrita, con una mano erradicando cocales° para complacer a los yanquis° y con la otra abrazándose con los narcos°.

Sebastián la tocó como si se tratara de una reliquia°: ésa era la foto original. Pero no, en realidad lo que debía tocar era el negativo, sólo los negativos eran únicos, era suficiente uno para permitir la multiplicación de los panes.

Isabel jugaba con una hebra° suelta de su cabello. —¿Podría... —dijo—, podría hacer que el General desapareciera?

—De poder, puedo. Claro que sí, es lo más fácil del mundo. Es más, es tan fácil que no veo por qué se toma la molestia de buscarme.

—No crea que no lo hemos intentado. Hemos conseguido una que otra muy buena,

cartera handbag; *parrillada* barbecue; *soltero* salad; *llajwa* hot sauce from Bolivia; *Jugueteó* He played with; *soltarla* letting go of it; *Tratante/Blanca* Trafficker/ Cocaine (slang); *saltones* bulging; *puñetazo/mandíbula* punch/jaw; *barriga* belly; *vínculos* ties; *narcotráfico* drug trafficking; *arcas* coffers; *cocales* coke plantations; *yanquis* Yankees (Americans); *narcos* short for **narcotraficantes**; *reliquia* relic; *hebra* strand

CRITICAL THINKING

Comprehension and Analysis As students read about the new setting (**El Mediterráneo**—the café) and the new characters (**Isabel, el presidente Montenegro e Ignacio Santos**), ask them to describe the places and characters in their story maps, using vivid words as Paz Soldán does. Then ask students to analyze the significance of the places and characters.

CRITICAL THINKING

Analysis and Synthesis Ask students to choose one quote from page 351 or 352 and write it at the top of a piece of paper. Underneath, they should write a paragraph that explains the quote and its significance in the story.

pero en general hay colores que no cuajan°, o se nota la sombra que deja la figura desaparecida. Entonces se nos ocurrió, hay que darle al César lo que es del César. Si podemos contratar a Picasso, ¿para qué conformarnos con un pintor de brocha gorda°?

Isabel sonrió. Sebastián debía reconocer que cualquier persona que elogiara° su arte le caía bien y podía llegar lejos con él (así lo había conquistado Nikki). Y era muy cierto que cualquiera podía manipular una imagen en la computadora, pero eran los mínimos detalles los que separaban al verdadero artista-técnico de la multitud. Las expresiones y las capas° de colores que uno manipulaba en la pantalla debían definirse con números para cuya precisión a veces se necesitaban hasta seis decimales. Y el juego de luces y sombras, la forma en que éstas caían en la imagen... Parecía fácil, pero no lo era.

—¿Quiénes me quieren contratar?

—Todo esto es confidencial, por supuesto.

—No se preocupe.

—El Ministerio de Informaciones. Trabajo en la Ciudadela.

Así que era cierto que la Ciudadela se había vuelto a poner en marcha, y que ahora estaba en manos del gobierno.

Se le ocurrió que esa mujer le estaba pidiendo de manera inocente algo nada inocente. La desfachatez° de los tiempos, la corrupción no explicada a los niños. Acaso la culpa la tenía Elizalde: todos sabían que era un asalariado° del Ministro de la Presidencia —el Salmón Barrios—, que éste le pagaba una mensualidad para defender su política agresiva de erradicación de cocales en sus mediocres editoriales en Fahrenheit 451. Junior lo sabía, pero decía que no podía hacer nada porque los periodistas eran muy mal pagados y a veces no les quedaba otro recurso que la corrupción.

Prometía que apenas pudiera pagarle mejor a Elizalde, lo despediría. Y esta mujer que trabajaba para el gobierno seguro sabía de Elizalde y compañía y pensaba que cualquiera que trabajaba en el periódico estaba al alcance de las arcas del gobierno, siempre abiertas cuando se trataba de ese tipo de cosas.

Isabel dijo una cifra° y Sebastián, molesto, debió reconocer que le atraía la idea. ¿O debía pensarlo un poco más? Era un trabajo muy fácil para el Picasso de la fotografía digital. Nadie se enteraría, y tendría unos pesos extra para pagar algo de sus deudas, para sorprender a Nikki con una ida a un restaurante de lujo y ropa interior y perfumes. ¿O debía pensarlo un poco más?

—Esto, por supuesto —dijo ella—, queda entre usted y yo.

—¿Y qué va a hacer con la foto?

—Usted ocúpese de su trabajo, yo del mío.

—¿Y el negativo? Por más que yo haga mil cosas con la foto, mientras exista el negativo...

—Ocúpese de su trabajo, yo del mío.

—Veré qué hago.

—Ya comenzamos a entendernos. Volveré mañana a esta misma hora.

—No le prometí nada. Sólo le dije que lo vería.

La mujer dejó unos pesos en la mesa y se levantó.

Sebastián se quedó con la foto entre las manos, pensando sin querer pensarlo que había corrupciones y corrupciones, que lo suyo no se comparaba a lo de Elizalde, sería una sola vez, pensando sin querer hacerlo que de ese encuentro ya desvanecido° en el tiempo —pero no en ese rectángulo— no quedaría rastro° alguno una vez que él lo manipulara con talento y cariño y perfidia°. ■

cuajan° *don't match exactly*
brocha gorda° *house painter*
elogiara° *praise*
capas° *layers*
desfachatez° *nerve*
asalariado° *salaried employee*
cifra° *number*
desvanecido° *dissipated*
rastro° *trace*
perfidia° *treachery*

Teaching Tips

- Allow time for students to express their opinions of the reading. Ask: **¿Te gustó el fragmento? ¿Por qué? ¿Has leído alguna vez una historia así?**
- **To Challenge Students** Ask students to consider the moral implications of the reading. Ask: **¿Es cierto que algunas personas están muy mal pagadas y a veces el único recurso que les queda es la corrupción? ¿Puedes darme un ejemplo? ¿Qué opina Sebastián? ¿Cómo lo sabes?**
- Ask students to consider what they would do in Sebastián's shoes. Have volunteers share their feelings.
- **For Visual Learners** Ask students to use magazine clippings or a graphic design program on the computer to illustrate their favorite scene from the reading.

CRITICAL THINKING

Application Ask students to write a letter to the author, summarizing their impressions of the reading. Then, ask them to exchange the letter with a partner to edit the content and grammar. Finally, ask students to write a final copy for you to review. Consider sending the letters to **Edmundo Paz Soldán**.

CRITICAL THINKING

Synthesis Ask students to form small groups to choose a scene from the reading. Next, ask them to create a skit of the scene. Students should begin by designating roles: director, actors, set and props maker. Then they should write the skit and practice it. Have the groups perform the scenes in chronological order.

Communication 1.1, 1.3

Teaching Tips

1 Have students write two more true/false statements about the reading. Then ask classmates to answer **cierto** or **falso** and correct any false statements.

2 For expansion, ask students these three questions: **¿Cómo iba vestida la mujer? ¿Qué pensó Sebastián de la mujer cuando lo vio? ¿Por qué es importante este aspecto?**

3 For item 2, ask: **¿Cómo cambiaría el tono de la historia si el autor no hiciera ninguna referencia a la cultura popular?** Point out that many of these references are relevant to a specific time period. **¿Qué efecto tendrán estas referencias en un lector que lea esta historia en el siglo XXII?**

4 Ask volunteers to share a personal anecdote in which they were faced with an ethical dilemma. Encourage classmates to ask questions.

5 Encourage students to invent quotes from Sebastián, Isabel, and Píxel to include in their articles.

5 Before students begin writing, brainstorm a list of questions the readers of this article will want answered. Examples: **¿Cuándo sucedió? ¿Quién tomó la decisión de no revelar la verdad?**

Después de leer

Sueños digitales (fragmento)

Edmundo Paz Soldán

1 Comprensión Decide si las oraciones son **ciertas** o **falsas**. Corrige las falsas.

1. El apellido de Sebastián es Píxel. **Falso.** Píxel es un compañero de trabajo.
2. La acción se desarrolla en Bolivia. **Cierto.**
3. Sebastián cree que la mujer quiere hacerle una entrevista para una revista. **Falso.** La mujer le dice que no se trata de una entrevista, sino de una oferta muy interesante.
4. Las fotos prueban la corrupción del presidente Montenegro. **Cierto.**
5. Isabel le propone algo inocente. **Falso.** Isabel le pide de manera inocente algo nada inocente.
6. Sebastián dice que no acepta la propuesta. **Falso.** Aunque le dice a Isabel que no le promete nada, parece que ya ha decidido manipular la foto.

2 Interpretación En parejas, respondan a las preguntas.

1. ¿En qué época piensas que se desarrolla el relato?
2. La mujer cita a Sebastián en un café alejado del centro. ¿Les parece que lo hace por alguna razón?
3. ¿Cuáles crees que pueden ser las tareas específicas del Ministerio de Informaciones?
4. ¿Qué prueban las fotos que le muestra Isabel?
5. ¿Qué factores piensas que lo impulsan a tomar la decisión de hacer o no el trabajo? ¿Crees que hará el trabajo?

3 Análisis Lee el relato nuevamente y responde a las preguntas.

1. ¿Qué características puedes señalar de Sebastián? ¿Podría ser un joven profesional de otro lugar? ¿O es, para ti, un típico latinoamericano?
2. En el relato se mencionan el programa CorelDraw, el pintor De Chirico, la revista *Hola,* Raquel Welch, el Che Guevara, el juego de Pac-Man y James Bond. ¿Qué tienen en común? ¿Qué te dicen acerca del punto de vista del autor?
3. Relee la descripción del café. ¿Piensas que podrías encontrarlo en cualquier lugar del mundo o sólo en una ciudad de Latinoamérica?
4. ¿Te parece que la historia podría estar basada en eventos reales? ¿Por qué?

4 Situaciones éticas En grupos de tres, lean estas situaciones y decidan si lo que hizo el personaje es ético o no y expliquen por qué.

- Juan va por la calle y encuentra tirado un reloj. Decide quedárselo (*keep it*).
- Una persona sale en carro del estacionamiento de un supermercado y María observa que la persona olvidó unos refrescos. María espera unos diez minutos y, como la persona no regresa, se lleva los refrescos.

5 La verdad Imagina que eres un(a) periodista que logra apoderarse de las fotos y escribe un artículo exponiendo el complot del Ministerio de Informaciones para ocultar la verdad. Escribe un titular y un artículo de tres párrafos.

Practice more at **vhlcentral.com.**

PRE-AP*

Reading, Speaking, and Literary Analysis Read ***Sueños digitales*** and discuss it with the class. Divide the class into groups of four. Tell each group to prepare one of the questions from **Actividad 3**. Group members should take careful notes, and then form new groups, so that there is one student from each question in each new group. Have each student share his or her information in the new group. Explain to students: **Una vez que hayan compartido su información con el grupo nuevo, toda la clase va a hacer una "mesa redonda".**

Communication 1.3

Antes de leer

Vocabulario

aislar *to isolate*	**el idioma** *language*
bilingüe *bilingual*	**la lengua** *language; tongue*
el guaraní *Guarani*	**monolingüe** *monolingual*
el/la hablante *speaker*	**vencer** *to conquer*

Idiomas de Bolivia Completa las oraciones con el vocabulario de la tabla.

1. Gran parte de los ciudadanos de Bolivia son hablantes de español.
2. Aunque los conquistadores españoles trataron de imponer el idioma de su tierra, no se puede decir que los habitantes de Bolivia son monolingües.
3. La lengua materna de muchos bolivianos no viene de los españoles, sino de los indígenas.
4. Hay muchos bolivianos bilingües que se comunican en español y quechua o en español y aymara.
5. El guaraní se habla en Paraguay y en partes de Bolivia, Argentina y Brasil.

Conexión personal ¿De dónde vienen tus antepasados? ¿Han preservado algo de otra cultura? ¿Qué? ¿Te identificas con esa(s) cultura(s)?

Contexto cultural

Los ríos, las montañas y la historia se han juntado (*come together*) para aislar a algunos pueblos de Latinoamérica y, en el proceso, permitir la supervivencia (*survival*) de cientos de idiomas indígenas. Suramérica manifiesta una diversidad lingüística casi incomparable. De hecho, en la época anterior a la conquista europea, existían más de 1.500 idiomas. En la actualidad, suramericanos bilingües y monolingües conversan en más de 350 lenguas de raíces (*roots*) no relacionadas. Entre las más de 500 lenguas que se calcula que existen en Latinoamérica, se encuentran 56 familias lingüísticas y 73 idiomas aislados, es decir, idiomas sin relación aparente. En comparación, los idiomas de Europa provienen de (*come from*) tres familias lingüísticas y hay sólo un idioma aislado, el vasco.

Algunas lenguas indígenas disponen de pocos hablantes y están en peligro de extinción, pero muchas otras prosperan y mantienen un papel central. Por ejemplo, el quechua, idioma de los incas, tiene diez millones de hablantes, sobre todo en el Perú y Bolivia, y también en zonas de Colombia, el Ecuador, la Argentina y Chile. En Bolivia, el Paraguay y el Perú, por lo menos una lengua indígena comparte con el español el puesto (*position*) de lengua oficial del país.

Previewing Strategy
Ask: **¿El idioma puede ser un símbolo de poder para una cultura? Da ejemplos.**

Teaching Tip Ask students to make flashcards for the additional vocabulary words in the box. Students should draw pictures for the few words that lend themselves to visual presentation and write cloze sentences or definitions in Spanish for the rest.

Conexión personal
Have students write brief statements about their origin, traditions, and customs. Ex: **Hablo otro idioma con mis padres y mis parientes. Nací en otro país. Soy estadounidense. Viví mucho tiempo en otro país.** Then have students go around the room and find one person who matches each statement.

NATIONAL STANDARDS
Communities Encourage students to think about the characteristics of a bilingual society. Ask: **¿Crees que la sociedad estadounidense es bilingüe? ¿El español debe ser un idioma oficial en los EE.UU.? Justifica tus respuestas.**

PRE-AP*

Presentational Writing Compare ***Sueños digitales,*** by Edmundo Paz Soldán, with a short story that is from Spain, from a different historical period, and written from a different perspective. You could suggest ***Lo que queda enterrado*** by Carmen Martín Gaite. Tell students to take notes on plot, style, narrator, cultural references, and themes, as well as biographical notes about the author. Give them this assignment, and grade it according to the current AP rubrics. Tell students: **Escriban un ensayo de 200–250 palabras para comparar estos dos textos. Deben comparar por lo menos tres de estos aspectos: contenido histórico, referencias históricas, perspectiva del autor, actitud del narrador u otros aspectos que hayan descubierto.**

Communication 1.2
Cultures 2.1, 2.2
Connections 3.1, 3.2
Comparisons 4.2

Teaching Tips

- **Heritage Speakers** Ask students to name any languages other than Spanish that their families speak or that are spoken in their families' countries of origin. Then ask students to share words they know in these languages. Record the languages and words on chart paper and display the list in the room.
- **For Inclusion** Ask students to list the cognates they see in the first paragraph. Then, ask them to write the English meaning. Be sure students do not miss **comience**, since they are more likely to use *begins* than *commence*. This strategy also supports vocabulary building in English.
- **For Auditory Learners** Read the first paragraph aloud, encouraging students to raise their hands when they hear words in languages other than Spanish. Pause to allow auditory learners to repeat these new sounds.

Reading Strategy Ask the class to form five small groups. Assign each group one of the paragraphs from the article. Ask the group to read, summarize, and present the paragraph to the class.

Audio: Synched Reading

Guaraní: la lengua vencedora

Es más probable que un habitante de Asunción, capital del Paraguay, salude a un amigo con las palabras **Mba'éichapa reiko?** que con la pregunta *¿Qué tal?* Lo más lógico es que el compañero responda **Iporânte ha nde?** en vez de *Bien, ¿y tú?* También es más probable que un niño paraguayo comience la escuela (o **mbo'ehao**) sin hablar español que sin saber comunicarse en guaraní.

CRITICAL THINKING

Knowledge and Analysis Ask pairs to describe what they see in the painting on page 356. Then ask them to connect the art with the reading. Have volunteers share their impressions with the class.

CRITICAL THINKING

Application and Synthesis Ask students to choose a language of their interest or from their heritage and trace its roots as far back as possible. Students should use the Internet or the library for their research. Then ask them to present their findings in a tree form (similar to a family tree, but with language parents rather than people). Display the trees around the room.

Hay cientos de idiomas en Latinoamérica, pero el caso del guaraní en el Paraguay es único. Más que una lengua oficial, el guaraní es la lengua del pueblo paraguayo. Cuando los españoles invadieron lo que ahora se conoce como Hispanoamérica, trajeron e impusieron° su lengua como parte de la conquista cultural. Aunque muchas personas se resistieron a aprenderlo, el español se convirtió° en lengua del gobierno y de las instituciones oficiales en casi todas partes. En la actualidad, el hecho de conversar en español o en uno de los múltiples idiomas indígenas depende frecuentemente del origen de un individuo, de su contexto social y de sus raíces familiares, entre otras cosas. El uso de una lengua autóctona° típicamente se limita a las poblaciones indígenas, sobre todo a las que viven aisladas. En el Paraguay, aunque la mayoría de la población es mestiza°, actualmente las comunidades indígenas de origen guaraní son una minoría sumamente° pequeña. Sin embargo, el guaraní se ha adoptado universalmente como lengua oral de todas las personas y en todos los lugares.

imposed · became · native · of Spanish and Native American descent · extremely

El conocido escritor uruguayo Eduardo Galeano afirma que no hay otro país más que el Paraguay en el que "la lengua de los vencidos se haya convertido en lengua de los vencedores". Las estadísticas cuentan una historia impresionante: casi el 40% de la población paraguaya es monolingüe en guaraní, más del 50% es bilingüe y sólo el 5% es monolingüe en español. Es decir, la lengua de la minoría nativa ha conquistado el país. Casi todos los hablantes del guaraní se expresan en *jopara*, una versión híbrida del idioma que toma prestadas palabras del español.

Aunque la predominancia° del guaraní es innegable°, los defensores de la lengua han observado que el español ha mantenido hasta hace poco una posición privilegiada en el gobierno y en la educación. La falta de equilibrio se debe a una variedad de razones complejas, incluyendo algunos factores sociales, diferentes oportunidades económicas y el uso del español para comunicarse con la comunidad global. No obstante, en las últimas décadas se reconoce cada vez más la importancia del guaraní y su prestigio aumenta°. En 1992 se cambió la constitución paraguaya para incluir la declaración: "El Paraguay es un país pluricultural y bilingüe. Son idiomas oficiales el castellano y el guaraní". El guaraní prospera también en las artes y en los medios de comunicación. Existe una larga tradición popular de narrativa oral que en las últimas décadas se ha incorporado a la escritura y ha inspirado a jóvenes poetas. El célebre novelista paraguayo Augusto Roa Bastos (1917–2005) introdujo expresiones y sonidos del guaraní en sus cuentos. Aunque la presencia en los medios escritos aún es escasa°, los nuevos medios de comunicación del siglo XX y XXI contribuyen a la promoción del idioma y permiten, por ejemplo, que se estudie guaraní y que se publiquen narrativas en Internet.

prevalence · undeniable · is growing · limited

¿Cómo logró una lengua indígena superar al español y convertirse en el idioma más hablado del Paraguay? ¿Se debe a alguna particularidad del lenguaje? ¿O es la consecuencia de factores históricos, como la decisión de los jesuitas de predicar° el catolicismo en guaraní? ¿Qué papel tiene el aislamiento del Paraguay, ubicado en el corazón del continente y sin salida al mar? Nunca se podrá identificar una sola razón, pero es evidente que con su capacidad de supervivencia y adaptación a los nuevos tiempos, el guaraní comienza a conquistar el futuro. ■

preach

El guaraní

- En el Paraguay, más del 90% de la población se comunica en guaraní. Junto con el español, es lengua oficial del país.
- También se habla guaraní en partes del Brasil, Bolivia y la Argentina.
- La moneda del Paraguay se llama guaraní.

Teaching Tips

- As students read, have them create a list of facts about the **guaraní** language that catch their attention. After they finish reading, have them share the list with the class and explain why they picked those particular facts.
- **For Visual Learners** Ask pairs to present the information in the article in a graphic organizer such as a pie chart, time line, or graph. Have them present their organizers and then display them around the room.
- **To Challenge Students** Ask students to research the history of another indigenous language of Latin America that is still spoken today, for example, **quechua, aymara**; also perhaps **catalán** or **gallego** in Spain. Have them report on each language's history.
- **For Inclusion** Encourage students to take notes as you read and summarize the article aloud. Then ask students to report information from their notes to review the reading and make sure that all students understand it.
- **For Auditory Learners** Encourage volunteers to read a paragraph aloud so that auditory learners may use their listening skills to aid in comprehension.

NATIONAL STANDARDS

Communities Do students recognize that there are indigenous languages spoken in the U.S.? Have students research and report on the linguistic families of Native American languages and on the number of speakers of these languages.

CRITICAL THINKING

Application and Synthesis Ask groups of students to choose one aspect of **guaraní** culture (music, art, rituals, food, etc.). Then have them research that aspect of **guaraní** culture on the Internet or in the library. Using visuals or samples (like music, film clips, or food), students present their findings to the class.

CRITICAL THINKING

Application and Evaluation On the board, write the Eduardo Galeano quotation: **"No hay otro país más que Paraguay en el que la lengua de los vencidos se haya convertido en lengua de los vencedores."** Ask pairs to write a paragraph which states the meaning of the quote and then analyzes how the quote summarizes the whole article. Encourage students to use evidence from the article to support their opinion.

Communication 1.1, 1.3

Teaching Tips

1 Have students work in pairs to write three more true/false statements, and then exchange them with another pair. Pairs should determine whether their neighbors' statements are true or false and correct the false statements.

2 Have students give other examples of bilingual communities.

3 Ask volunteers to give an example of a situation in which these phrases might be used.

4 Have students free-write their essays without crossing out or worrying about spelling and grammar. Once they have completed a rough draft, ask them to revise with a different color pen.

- Ask students to reread the passage and identify any examples of relative pronouns, the neuter **lo**, and the present perfect subjunctive. Have students report their findings.
- Ask students to say words in English that come from other languages and identify the languages they come from. Record the words on the board.

NATIONAL STANDARDS
Communities/Comparisons
For advanced classes, have students write a brief comparative essay about bilingualism in Paraguay and the United States. Ask them to consider language use at work, at school, and in popular culture. Encourage students to use comparative forms (**Estructura 5.1**) and expressions with **lo**.

Después de leer

Guaraní: la lengua vencedora

1 Comprensión Decide si las oraciones son **ciertas** o **falsas**. Corrige las falsas.

Cierto	Falso	
☐	☑	1. Suramérica manifiesta poca variedad lingüística. *Suramérica manifiesta una diversidad lingüística casi incomparable.*
☑	☐	2. Por lo general, en Suramérica sólo las poblaciones indígenas hablan una lengua indígena.
☐	☑	3. La mayoría de la población paraguaya es de origen guaraní. *La mayoría de la población paraguaya es mestiza.*
☐	☑	4. El 50% de la población del Paraguay es monolingüe en español. *El 40% de la población es monolingüe en guaraní, más del 50% es bilingüe y sólo el 5% es monolingüe en español.*
☑	☐	5. La Constitución de 1992 declaró que el Paraguay es un país pluricultural y bilingüe.
☑	☐	6. Existe una larga tradición popular de narrativa oral en guaraní.
☐	☑	7. Augusto Roa Bastos escribió sus cuentos completamente en español. *Roa Bastos introdujo expresiones del guaraní en sus cuentos.*
☐	☑	8. La moneda del Paraguay se llama asunción. *La moneda del Paraguay se llama guaraní.*

2 Análisis Contesta las preguntas utilizando oraciones completas. *Some answers will vary.*

1. ¿Cuáles son algunas de las señales de que una lengua prospera?
2. ¿De qué manera es especial el caso del guaraní? *El idioma de una minoría étnica se convirtió en el idioma de la mayoría.*
3. ¿Por qué se dice que el guaraní es el lenguaje del pueblo paraguayo? *La mayoría de los paraguayos se comunica en guaraní.*
4. ¿A quiénes se refiere Eduardo Galeano cuando habla de los "vencedores" y los "vencidos"? *Los vencedores son los españoles que colonizaron el Paraguay y los vencidos son las minorías indígenas.*
5. ¿Qué es el *jopara* y quién lo utiliza? *Es una versión híbrida del guaraní que usa palabras del español. Lo utilizan casi todos los hablantes del guaraní.*

3 Reflexión Un ejemplo de la tradición de narrativa oral en guaraní son los dichos populares. En grupos de tres, expliquen el significado y el posible contexto de los tres dichos del recuadro. ¿Hay algún dicho en español o en inglés que tenga un mensaje similar? ¿Qué elementos característicos de la cultura local se hacen evidentes en los dichos?

Dichos populares en guaraní

Hetárõ machu kuéra, mbaipy jepe nahatãi.
Si hay muchas cocineras, ni la polenta se puede hacer.

Ñande rógape mante japytu'upa.
Sólo descansamos bien en nuestra casa.

Ani rerovase nde ajaka ava ambue akã ári.
No pongas tu canasto en la cabeza de otra persona.

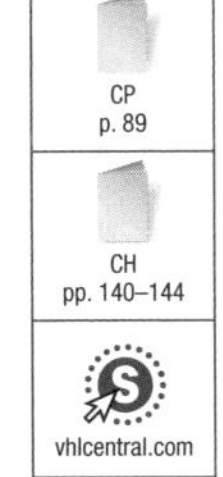

4 Ensayo ¿Por qué crees que el gobierno del Paraguay cambió su constitución en 1992? ¿El cambio protege a una minoría o refleja la realidad de la mayoría? ¿Cuáles son las ventajas de vivir en un país pluricultural y bilingüe? ¿Hay alguna complicación? Escribe una composición de por lo menos tres párrafos dando tu opinión sobre estas preguntas.

Practice more at **vhlcentral.com.**

PRE-AP*

Presentational Speaking Have students listen to a podcast about bilingualism and read two other articles in Spanish about Paraguay and the **guaraní** language. Have them take notes on the three sources. Then give students one class period to each prepare a two-minute talk on the use of indigenous languages in Latin America. Have students record their talks in a language laboratory, and grade them according to current AP rubrics. Tell them: **Esto es una práctica para el examen AP. Hay que hablar por lo menos durante dos minutos, citando las tres fuentes y resumiendo la información.**

Atando cabos

¡A conversar!

¿Telenovelas educativas?

A. Lean la cita y, en grupos de tres, compartan sus respuestas a estas preguntas.

"Todo programa educa, sólo que —lo mismo que la escuela, lo mismo que el hogar— puede educar bien o mal." (Mario Kaplún, periodista argentino-uruguayo)

1. ¿Están de acuerdo con esta cita? ¿O creen que sólo los programas propiamente educativos pueden enseñar algo al público?
2. Si "educar" significa "aumentar los conocimientos", ¿de qué manera un programa de televisión puede educar "mal"? ¿Están de acuerdo con esa definición?

B. Los participantes de un debate tuvieron que dar su opinión sobre el valor de las telenovelas teniendo en cuenta lo dicho por Mario Kaplún. Lean las dos opiniones y decidan con cuál están de acuerdo. Agreguen más argumentos para defender sus posturas. Usen **que**, **cual** y **cuyo**.

El *debate* de hoy: las telenovelas

En la cita, Mario Kaplún se refiere a la televisión en general. ¿Qué pasa en el caso particular de las telenovelas? ¿Creen que las telenovelas educan "bien" o "mal"?

Carlos Moreira (52)
Colonia, Uruguay

¡Estoy de acuerdo! Incluso las peores telenovelas pueden educar "bien". En primer lugar, siempre educan indirectamente. Los personajes suelen ser estereotipos, lo cual es importante porque permite que los televidentes se identifiquen con los deseos y los temores de personajes que se muestran como modelos positivos. Además, en países como México se producen telenovelas con fines específicamente educativos, los cuales incluyen enseñar al público acerca de enfermedades, problemas sociales, etc.

Sonia Ferrero (37)
Ciudad del Este, Paraguay

Las telenovelas siempre educan mal, lo que es igual que decir que no educan. ¿Qué puede tener de educativo un melodrama exagerado con personajes que se engañan constantemente? ¿Qué pueden tener de positivo historias que muestran relaciones personales retorcidas (*twisted*)? Yo no veo nada educativo en melodramas que perpetúan estereotipos sobre buenos, malos, ricos y pobres. Me gustaría ver telenovelas más realistas, cuyos personajes sean personas comunes.

¡A escribir!

Televisión en guaraní Imagina que vives en el Paraguay y tu telenovela favorita sólo se transmite en español. Escribe una carta al periódico pidiendo que se haga una versión doblada o subtitulada al guaraní. Incluye tu opinión sobre estas preguntas:

- ¿Quiénes se beneficiarían? ¿Por qué?
- ¿Quién debería cubrir el costo de la versión en guaraní: los productores de la telenovela o el gobierno?
- ¿Debería ser obligatorio ofrecer versiones de programas en los dos idiomas?

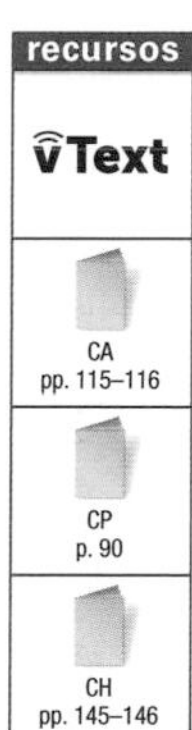

recursos
vText
CA
pp. 115–116
CP
p. 90
CH
pp. 145–146

PRE-AP*

Interpersonal Speaking Tell students to pretend that they are exchange students in Paraguay. They arrived there expecting to use Spanish exclusively, but find themselves living with a family that speaks Spanish as well as **guaraní**. In pairs, have students write a conversation between themselves and the mother or father of the host family, in which the exchange student asks about the **guaraní** language. Instruct them: **Con tu pareja, vas a escribir una conversación en la cual tu madre paraguaya o tu padre paraguayo te explica los aspectos del bilingüismo del país. Luego, van a presentar la conversación a la clase.**

Communication 1.1, 1.3

Instructional Resources
vText
Cuaderno de actividades comunicativas, pp. 115–116
Cuaderno de práctica, p. 90
Cuaderno para hispanohablantes, pp. 144–145
Testing Program CD

Teaching Tips

¡A conversar!

- Point out that some elementary and high schools have access to student news channels and other informational programming. Ask: **¿Te parece bien que haya televisión en las aulas? ¿Cuáles son las ventajas y desventajas?**
- Ask students to think of famous news channels. **¿Quiénes son los dueños de las grandes cadenas? ¿Es posible que tengan algún tipo de influencia sobre el contenido de sus programas?**
- For Part B, have students make arguments about the educational value of talk shows, reality shows, and cartoons.

¡A escribir!

- **For Inclusion** Review how the subjunctive can be useful for persuasion. Example: **Es necesario que... Me gustaría que... Aunque...**
- As an additional writing exercise, have students exchange their letters with classmates and write a response letter from the television network officials.

21st CENTURY SKILLS

¡A escribir! Productivity and Accountability
As a class, decide if the rubric you developed for the previous chapter works for this chapter's assignment. If not, adjust it to meet what students need to accomplish. As before, ask students to review their assignments against the rubric before submitting their work.

Instructional Resources
vText
Supersite/TRCD: Testing Program (Testing Program MP3 Audio Files)
Textbook CD
Audio Activities CD
Testing Program CD

Teaching Tips

- Ask students to find the flashcards they have made throughout the unit. Then ask them to add any words they may have forgotten.
- Once students have their flashcards completed, encourage pairs to play the game in which each partner holds his or her deck of flashcards. On the count of three, both partners flip one card over, so that the picture/sentence/definition side is up. The first person to say both Spanish words wins both cards. If no one says the words correctly, both people take their cards back and put them at the bottom of their pile, noting the vocabulary words they missed for next time.
- Have students create a collage illustrating 10 words and expressions from the vocabulary list. Display the collages around the room. Then give each student a pad of sticky notes. Have each student choose a collage and try labeling the pictures.
- **For Auditory Learners** Have students form five groups. Assign each a vocabulary category: **la televisión/la radio/el cine, la cultura popular, los medios de comunicación, la prensa, cinemateca, literatura, cultura**. Groups make signs for their category. Read the vocabulary list out of order, allowing time for groups to raise their card when they hear a word associated with their category. If two groups raise their cards, discuss whether the word can be in both categories.

9 VOCABULARIO

La televisión, la radio y el cine

la banda sonora	*soundtrack*
la cadena	*network*
el canal	*channel*
el/la corresponsal	*correspondent*
el/la crítico/a de cine	*film critic*
el documental	*documentary*
los efectos especiales	*special effects*
el episodio (final)	*(final) episode*
el/la locutor(a) de radio	*radio announcer*
el/la oyente	*listener*
la (radio)emisora	*radio station*
el reportaje	*news report*
el/la reportero/a	*reporter*
los subtítulos	*subtitles*
la telenovela	*soap opera*
el/la televidente	*television viewer*
la temporada	*season*
el video musical	*music video*
grabar	*to record*
rodar (o:ue)	*to film*
transmitir	*to broadcast*
doblado/a	*dubbed*
en directo/vivo	*live*

La cultura popular

la celebridad	*celebrity*
el chisme	*gossip*
la estrella (pop)	*(pop) star [m/f]*
la fama	*fame*
la moda pasajera	*fad*
la tendencia/la moda	*trend*
hacerse famoso/a	*to become famous*
tener buena/mala fama	*to have a good/bad reputation*
actual	*current*
de moda	*popular; in fashion*
influyente	*influential*
pasado/a de moda	*out-of-date; no longer popular*

Los medios de comunicación

el acontecimiento	*event*
la actualidad	*current events*
el anuncio	*advertisement; commercial*
la censura	*censorship*
la libertad de prensa	*freedom of the press*
los medios de comunicación	*media*
la parcialidad	*bias*
la publicidad	*advertising*
el público	*public; audience*
enterarse (de)	*to become informed (about)*
estar al tanto/al día	*to be informed, up-to-date*
actualizado/a	*up-to-date*
controvertido/a	*controversial*
de último momento	*up-to-the-minute*
destacado/a	*prominent*
(im)parcial	*(un)biased*

La prensa

el/la lector(a)	*reader*
las noticias locales/nacionales/internacionales	*local/domestic/international news*
el periódico/el diario	*newspaper*
el/la periodista	*journalist*
la portada	*front page; cover*
la prensa	*press*
la prensa sensacionalista	*tabloid(s)*
el/la redactor(a)	*editor*
la revista (electrónica)	*(online) magazine*
la sección de sociedad	*lifestyle section*
la sección deportiva	*sports page/section*
la tira cómica	*comic strip*
el titular	*headline*
imprimir	*to print*
publicar	*to publish*
suscribirse (a)	*to subscribe (to)*

Cinemateca

el maletero	*trunk*
la nuca	*nape*
la sintonía	*synchronization: tuning; connection*
aclarar	*to clarify*
dar la gana	*to feel like*
darse cuenta (de)	*to realize*
darse por aludido/a	*to realize, assume that one is being referred to*
embalarse	*to go too fast*
fijarse en	*to notice*
parar el carro	*to hold your horses*
pillar(se)	*to get (catch)*

Literatura

el/la columnista	*columnist*
el informativo	*news bulletin*
la oferta	*offer; proposal*
el organismo público	*government agency*
el/la periodista	*journalist*
la propaganda	*advertisement*
denunciar	*to denounce*
manipular	*to manipulate*

Cultura

el guaraní	*Guarani*
el/la hablante	*speaker*
el idioma	*language*
la lengua	*language; tongue*
aislar	*to isolate*
vencer	*to conquer*
bilingüe	*bilingual*
monolingüe	*monolingual*

Más vocabulario

Expresiones útiles	*Ver p. 329*
Estructura	*Ver pp. 336, 338–339 y 342*

LEARNING STYLES

For Auditory Learners Play **El bingo.** Photocopy a bingo card for each student. On their cards, students can illustrate or write definitions or synonyms for 25 of the vocabulary words. Remind them not to write the actual words. For the first few rounds, pantomime the words. In later rounds, simply call out the word. If students have the word on their bingo card, they cover it with a playing piece (beans, coins, or pieces of colored paper work well).

LEARNING STYLES

For Visual and Kinesthetic Learners Play a game of Win, Lose, or Draw. Divide the class into two teams. Have a member from each team come to the board. Secretly give these team members a vocabulary word that can be represented visually. Then, they draw a picture that represents the word. The first team to guess the word earns a point.

La literatura y el arte

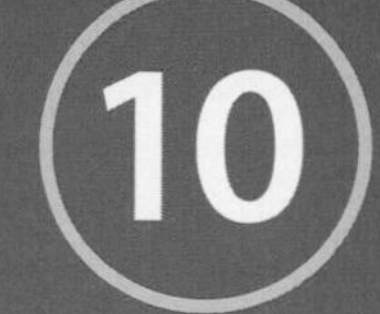

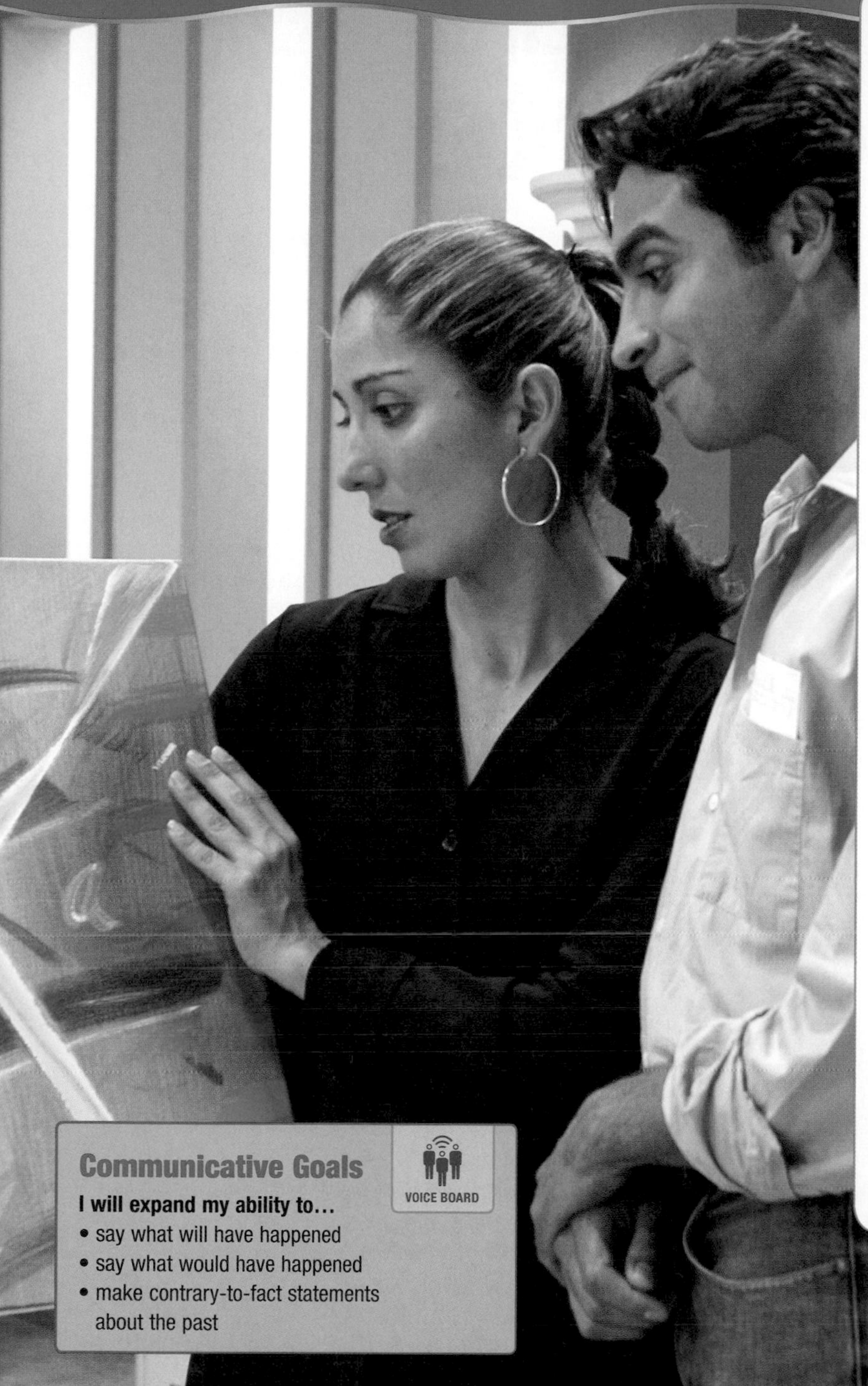

Contextos
páginas 362–365
- La literatura
- Los géneros literarios
- Los artistas
- El arte
- Las corrientes artísticas

Fotonovela
páginas 366–369
- *Unas pinturas... radicales*

Enfoques
Chile
páginas 370–373
- **En detalle:** Las casas de Neruda
- **Perfil:** Neruda en la pintura
- **Flash cultura:** Arquitectura modernista

Estructura
páginas 374–379
- The future perfect
- The conditional perfect
- The past perfect subjunctive

Cinemateca
páginas 380–383
- **Cortometraje:** *Las viandas*

Lecturas
páginas 384–392
- **Literatura:** *Continuidad de los parques* de Julio Cortázar
- **Cultura:** *De Macondo a McOndo*

Atando cabos
página 393
- ¡A conversar!
- ¡A escribir!

Communicative Goals
VOICE BOARD

I will expand my ability to...
- say what will have happened
- say what would have happened
- make contrary-to-fact statements about the past

Lesson Goals
In **Lección 10**, students will be introduced to the following:
- vocabulary for talking about literature, literary genres, artists, art, and artistic trends
- functional phrases for speculating about the past and reacting to an opinion or idea
- Chilean poet **Pablo Neruda's** homes and work
- **Frida Kahlo, Santiago Calatrava**, and chef **Ariel Lacayo Argueñal**
- modern architecture
- the future perfect
- the conditional perfect
- the past perfect subjunctive
- the short film ***Las viandas***
- **el realismo fantástico** and **Julio Cortázar's *Continuidad de los parques***
- the writers of **McOndo**

21st CENTURY SKILLS

Initiative and Self-Direction
Students can monitor their progress online using the Supersite activities and assessments.

A primera vista Have students look at the photo. Ask:
1. **¿Qué miran Fabiola y Johnny?**
2. **¿Dónde están?**
3. **¿Te gusta mirar arte? ¿Qué te gusta más, contemplar el arte o crearlo? ¿Por qué?**

INSTRUCTIONAL RESOURCES

DESCUBRE 3 Supersite: vhlcentral.com

Student Materials
Print: Student Book, Workbooks (*Cuaderno de actividades comunicativas, Cuaderno de práctica, Cuaderno para hispanohablantes*)
Technology: **vText**, *e-Cuaderno* and Supersite (Audio, Video, Practice)

Teacher Materials
DVDs (*Fotonovela, Flash cultura,* Film Collection); Teacher's Resource CD-ROM (Scripts, Answer Keys, Grammar Slides, Presentation PDFs, Testing Program); Testing Program, Textbook, Audio Activities CDs; Supersite: Resources (Planning and Teaching Resources from Teacher's Resource CD-ROM), Learning Management System (Gradebook, Assignments), Lesson Plans

Testing Program also available in print

Voice boards on the Supersite allow you and your students to record and share up to five minutes of audio. Use voice boards for presentations, oral assessments, discussions, directions, etc.

Section Goals

In **Contextos**, students will learn and practice:

- vocabulary for talking about literature, literary genres, artists, art, and artistic trends
- listening to a TV program introduction and an interview containing new vocabulary

Communication 1.2
Comparisons 4.1

Instructional Resources
vText
Cuaderno de actividades comunicativas, p. 95
Cuaderno de práctica, pp. 91–92
Cuaderno para hispanohablantes, pp. 147–148
e-Cuaderno
Supersite: Textbook, Vocabulary, & Audio Activities MP3 Audio Files
Supersite/TRCD: Presentation PDF #62, Textbook Audio Script, Audio Activities Script, Answer Keys
Textbook CD
Audio Activities CD

Previewing Strategy

Find out about students' experiences with art and literature. **¿Qué papel juegan el arte y la literatura en tu vida diaria? ¿Estudias literatura en tus cursos? ¿Quiénes son tus artistas y autores preferidos?**

Teaching Tip

Variación léxica:
hojear → leer por encima
desarrollarse → tener lugar
la poeta → la poetisa

NATIONAL STANDARDS

Connections: Fine Arts Bring in examples of the various art forms and styles referred to in the vocabulary list, as well as any others that you think students would benefit from. The art teacher may be able to provide samples.

La literatura y el arte

La literatura

Carolina está terminando su segunda novela, que **narra** la historia de una divertida familia de actores en Chile. La historia está narrada desde **el punto de vista** del hijo mayor, **protagonista** de esta **obra literaria.**

el argumento *plot*
la caracterización *characterization*
la estrofa *stanza*
el/la narrador(a) *narrator*
la obra de teatro *play*
la obra literaria *literary work*
el personaje *character*
el/la protagonista *protagonist*
el punto de vista *point of view*
la rima *rhyme*
el verso *line (of poetry)*

desarrollarse *to take place*
hojear *to skim*
narrar *to narrate*
tratarse de *to be about; to deal with*

Los géneros literarios

la (auto)biografía *(auto)biography*
la ciencia ficción *science fiction*
la literatura infantil/juvenil *children's literature*
la novela rosa *romance novel*
la poesía *poetry*
la prosa *prose*

clásico/a *classic*
de terror *horror (story/novel)*
didáctico/a *educational*
histórico/a *historical*
humorístico/a *humorous*
policíaco/a *detective (story/novel)*
satírico/a *satirical*
trágico/a *tragic*

Los artistas

el/la artesano/a *artisan*
el/la dramaturgo/a *playwright*
el/la ensayista *essayist*
el/la escultor(a) *sculptor*
el/la muralista *muralist*
el/la novelista *novelist*
el/la pintor(a) *painter*
el poeta / la poetisa *poet*

PRE-AP*

Speaking and Interpersonal Writing Go over vocabulary related to literature, reading, and writing. Tell students to bring in their favorite book, and to talk about it in small groups, using the new vocabulary. They should explain why it is their favorite and share any memories connected to it. It will most likely be a book in English, and may be one from their childhood. After they have talked about their book, have them write about it. Afterwards, have them choose an interesting book from another group member and write about it. Say: **Ahora vas a escribir un poco sobre tu libro favorito. También vas a escribir sobre el libro que te ha parecido el más interesante de tu grupo.**

El arte

En la clase de **bellas artes**, Carla y Lucía tienen que pintar una **naturaleza muerta**. Carla eligió usar **óleo**, pero Lucía prefiere la **acuarela**.

la acuarela *watercolor*
el autorretrato *self-portrait*
las bellas artes *fine arts*
el cuadro *painting*
la escultura *sculpture*
la naturaleza muerta *still life*
la obra (de arte) *work (of art)*
el óleo *oil painting*
el pincel *paintbrush*
la pintura *paint; painting*
la tela *canvas*

dibujar *to draw*
diseñar *to design*
esculpir *to sculpt*
reflejar *to reflect; to depict*

abstracto/a *abstract*
contemporáneo/a *contemporary*
inquietante *disturbing; unsettling*
intrigante *intriguing*
llamativo/a *striking*
luminoso/a *bright*
realista *realistic; realist*

al estilo de *in the style of*
de buen/mal gusto *in good/bad taste*

recursos
vText
CA p. 95
CP pp. 91–92
CH pp. 147–148
vhlcentral.com

Las corrientes artísticas

la corriente/el movimiento *movement*
el cubismo *cubism*
el expresionismo *expressionism*
el impresionismo *impressionism*
el realismo *realism*
el romanticismo *romanticism*
el surrealismo *surrealism*

Práctica

1 Escuchar

A. Escucha el programa de televisión y después completa las oraciones con la opción correcta.

1. Se ha organizado una exposición en el Museo de Arte (Contemporáneo / Moderno).
2. La exposición trata de los movimientos artísticos desde el (romanticismo / realismo).
3. En la exposición se pueden ver las obras de escultores y (muralistas / pintores) del país.
4. Muchos creen que la obra de José Ortiz es de (buen / mal) gusto.
5. Al presentador, la obra de José Ortiz le parece muy (intrigante / abstracta).

B. Escucha la entrevista del programa *ArteDifusión* y contesta las preguntas.

1. ¿A qué género literario pertenece la novela *El viento*?
La novela *El viento* pertenece al género de novela histórica.
2. ¿De qué otros géneros tiene elementos?
La novela tiene elementos humorísticos y de novela rosa.
3. ¿Desde qué punto de vista se ha escrito esta novela?
La novela se ha escrito desde el punto de vista de un protagonista masculino.
4. ¿Qué personajes son los más frecuentes en la obra de Mayka Ledesma?
En la obra de Mayka Ledesma son más frecuentes los personajes femeninos.
5. ¿Qué tienen que hacer los lectores para darse cuenta de que es una obra divertida?
Los lectores sólo tienen que hojear la obra para darse cuenta de que es divertida.

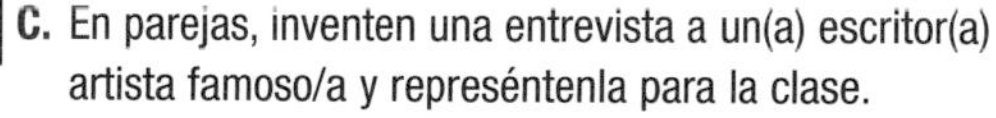

C. En parejas, inventen una entrevista a un(a) escritor(a) o artista famoso/a y represéntenla para la clase.

2 Relaciones Conecta las palabras de forma lógica.

f	1. estrofa	a. corriente artística
a	2. cubismo	b. obra de teatro
c	3. tela	c. pincel
e	4. esculpir	d. artesano
b	5. dramaturgo	e. escultor
h	6. novela policíaca	f. verso
d	7. artesanía	g. realismo
g	8. realista	h. género literario

Communication 1.1

Communities Bring in floor plans of well-known art museums, such as **El Prado**, and ask students to identify the galleries in which they might find the art forms mentioned in the vocabulary list.

(A) Audio Script
Buenas noches. Empieza el programa ArteDifusión, el único programa de televisión especializado en el mundo del arte. Gracias por estar con nosotros. Esta noche tenemos una visita excepcional: la escritora Mayka Ledesma, que viene a hablarnos de su último trabajo; pero antes tenemos preparado un pequeño reportaje sobre la maravillosa exposición que se ha organizado en el Museo de Arte Contemporáneo. La exposición recorre los diferentes movimientos artísticos desde el romanticismo hasta nuestros días. Hay obras de los escultores y pintores más reconocidos del país. En esta exposición, es visita obligatoria la sala de arte realista, donde se pueden admirar las controvertidas pinturas al óleo de José Ortiz. Muchos las encuentran de mal gusto, pero a otros, entre los que me incluyo, nos resultan muy intrigantes. Quédese con nosotros y vea el reportaje que hemos preparado sobre el tema.
Textbook CD

(B) Audio Script
PRESENTADOR Mayka, muchas gracias por venir a nuestro programa.
MAYKA LEDESMA Es siempre un placer estar aquí.
PRESENTADOR Lo primero que tengo que preguntarte es de qué se trata la novela El viento.
MAYKA LEDESMA Es una novela histórica. El argumento se desarrolla en los primeros años de la Conquista, pero no es una obra didáctica. Tiene muchos elementos de novela rosa y también se pueden encontrar muchos elementos humorísticos.
(Continued on p. 364.)

PRE-AP*

Speaking and Interpersonal Writing Go over vocabulary related to art on page 363. In class, have a discussion about Spanish and Latin American painters with whom students are acquainted. Bring in prints by Goya, Velázquez, El Greco, Frida Kahlo, Dalí, Rivera, and others. In small groups, have students discuss their reactions to the works. Once students have practiced the vocabulary in their groups, have them write about their favorite painting, or a recent trip to an art museum. Say: **Ahora vas a escribir sobre tu cuadro favorito o sobre una experiencia personal en un museo de arte.**

(B) Audio Script (continued)
PRESENTADOR ¿Te fue difícil escribir una obra tan larga? ¿Cuánto tiempo te llevó escribir la novela *El viento?*
MAYKA LEDESMA Verás, la verdad es que he tardado casi dos años en escribirla. Fue para mí un proceso difícil escribir la obra desde el punto de vista de un protagonista masculino. Como sabes, normalmente mis obras están llenas de personajes femeninos, pero en esta novela, *El viento,* quería hacer algo diferente.
PRESENTADOR ¿Por qué un personaje masculino en esta ocasión?
MAYKA LEDESMA Quería mostrar las luchas de poder de aquella época y pensé que un narrador masculino iba a reflejar mejor la política de aquellos tiempos; y la historia de aquella época, no hay que olvidarla, está escrita mayoritariamente por hombres.
PRESENTADOR ¿Qué le dirías al lector que ve una novela con este argumento y piensa que no le interesan estos temas políticos o históricos?
MAYKA LEDESMA Los lectores sólo tienen que hojear la obra para darse cuenta en seguida de que es una novela divertida que simplemente se desarrolla en otra época.
Textbook CD

Expansion
4 As an optional writing assignment, have students invent plot fragments for these additional literary genres: **una novela de terror, una novela histórica, una novela juvenil.**

5 Ask students to talk about the last book they read: **¿Quién es el autor? ¿A qué género pertenece el libro? ¿De qué trata?**

5 **Virtual Chat** You can also assign activity 5 on the Supersite. Students record individual responses that appear in your gradebook.

Práctica

3 Un crítico sin inspiración Completa las oraciones de un crítico con las palabras y expresiones de la lista.

acuarela	**de mal gusto**
al estilo de	**inquietante**
argumento	**llamativo**

1. Sus obras son muy __llamativas__; en todas usa muchos colores brillantes.
2. La __inquietante__ escena en la que aparece el fantasma del padre está inspirada en su novela anterior.
3. Vi un par de óleos interesantes en su nueva exhibición, pero lo que más impresiona son las __acuarelas__.
4. El __argumento__ de la novela es tan complicado que confunde al lector.
5. Los jóvenes artistas desean pintar __al estilo de__ la admirada maestra chilena.

4 Géneros En parejas, lean los fragmentos de estas obras e indiquen a qué género literario pertenecen. Luego, elijan uno de los fragmentos y desarrollen un breve argumento.

1. María Fernanda del Olmo estaba locamente enamorada de Roberto Castro, pero vivía su amor en silencio. __novela rosa__
2. Una intensísima luz lo despertó. ¿Qué podía ser? Extrañado, se acercó a la ventana. Estaba confundido. ¿Era un sueño? El cielo estaba cubierto de pequeñas luces que se movían de un lado a otro, sin sentido. __ciencia ficción__
3. Harry estaba en su despacho (*office*), aburrido. Hacía días que buscaba sin éxito al único testigo del crimen. __novela policiaca__
4. Sólo tenía doce años cuando nos fuimos a vivir a Chile. Todavía lo recuerdo como uno de los momentos más importantes de mi vida. __autobiografía__

5 Preferencias Contesta las preguntas con oraciones completas. Después, comparte tus respuestas con un(a) compañero/a.

1. ¿Cuál es tu género literario favorito? ¿Y tu personaje favorito? ¿Por qué?
2. ¿Crees que hay arte de mal gusto? Justifica tu respuesta.
3. Imagina que eres artista. ¿Qué serías: muralista, poeta/poetisa, escultor(a), otro? ¿Por qué?
4. ¿Qué tipo de arte te interesa más: el realista o el abstracto?
5. ¿Qué influye más en la sociedad: la pluma (*pen*) o el pincel? ¿Por qué?
6. ¿Qué corriente artística te parece más innovadora? ¿Por qué?

Practice more at **vhlcentral.com.**

DIFFERENTIATION

For Inclusion For additional practice after **Actividad 3**, have students work in pairs to create five more sentences with missing vocabulary words. Then have them exchange sentences with another pair and complete them.

DIFFERENTIATION

To Challenge Students After completing **Actividad 5**, ask additional discussion questions about art. Ex: **¿Te gusta el arte en los espacios públicos? ¿Crees que el gobierno local debe invertir en las artes? ¿Qué importancia tiene el arte para los habitantes de una ciudad? Explica tus respuestas.**

 Communication 1.1, 1.2

Comunicación

6 Corrientes artísticas En grupos de tres, describan estos cuadros y respondan las preguntas. Utilicen algunos términos de la lista en sus respuestas.

- ¿A qué corriente artística pertenece la obra?
- ¿Cómo es el estilo del/de la pintor(a)?
- ¿Qué adjetivos usarías para describir el cuadro?
- ¿Hay otras obras u otros artistas que sean comparables?

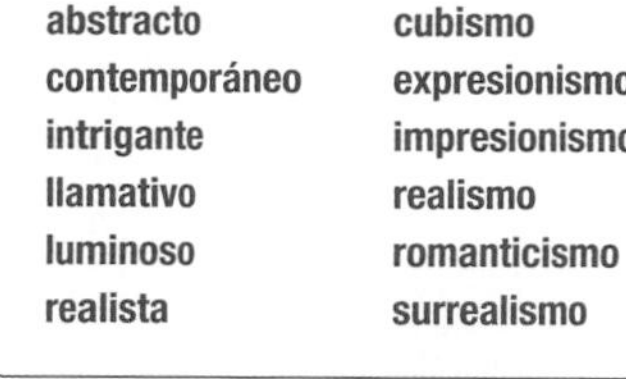

abstracto	**cubismo**
contemporáneo	**expresionismo**
intrigante	**impresionismo**
llamativo	**realismo**
luminoso	**romanticismo**
realista	**surrealismo**

Pop Monalisa
Margarita María Vélez Cuervo

Rostros
Juan Manrique

Pilas de trigo (Stacks of Wheat)
Claude Monet

7 Críticas literarias En parejas, escriban una breve crítica de una obra literaria que hayan leído. Utilicen los puntos de análisis de la lista como guía. Luego presenten su crítica a la clase y ofrezcan su opinión sobre el valor artístico de la obra. ¿La recomendarían?

Género	¿A qué género literario pertenece la obra?
Tema	¿Cuál es el tema de la obra?
Punto de vista	¿Quién narra la historia: uno de los personajes o un narrador omnisciente?
Caracterización	¿Es adecuada la caracterización de los personajes? ¿Te sentiste identificado/a con el/la protagonista?
Argumento	¿Tiene un argumento interesante y entretenido? ¿Hay acción sin sentido? ¿Se hace lento el desarrollo?
Ambiente	¿En qué época se desarrolla la historia? ¿En qué lugar? ¿Son realistas las descripciones del ambiente (*setting*)?
Tono	¿Cuál es el tono de la obra? ¿Es humorística? ¿Trágica? ¿Didáctica? ¿Qué quiere lograr el/la autor(a) a través del tono?

LEARNING STYLES

For Auditory Learners As you review the students' responses to each activity on this page, encourage auditory learners to listen for new vocabulary words. When students hear a new word, have them raise their hands and make a tally mark on a piece of paper. Then, after reviewing all the activities, discuss how many vocabulary words students identified.

LEARNING STYLES

For Visual Learners Encourage students to create an image based either on one of the images or on some of the words in the box in **Actividad 6**. Have students share their images with the class; the other students should make comments and ask questions using the new vocabulary. This activity also benefits kinesthetic learners with its hands-on approach.

Teaching Tips

6 Have students vote for their favorite painting. If time permits, bring in additional artwork for groups to critique.

6 For Inclusion Review comparatives and superlatives (**Estructura 5.1**) to help students make comparisons.

7 Expansion Ask: **¿Cómo es la portada de tu libro preferido?** Have students explain how the art or designs on the cover correspond to the story.

Extra Practice Divide the class into two groups. Ask each group to create surveys for the other group to fill out. One group should survey student opinions on literature, and the other should survey their opinions on art.

NATIONAL STANDARDS
Connections: Math Ask students to present their findings from the surveys in a graph or chart. Have groups present their graphs/charts to the class.

NATIONAL STANDARDS
Connections: Literature Explain to students that they may choose either Spanish- or English-language works for **Actividad 7**. If they have trouble getting inspired, refer them back to readings they have seen in this course. Encourage them to go beyond the questions shown here. Ask volunteers to share their analyses with the class.

Section Goals

In **Fotonovela**, students will:

- practice listening to authentic conversation
- learn functional phrases to speculate about the past and react to opinions

Communication 1.2
Cultures 2.1, 2.2

Instructional Resources
vText
Cuaderno de actividades comunicativas, pp. 49–50
e-Cuaderno
Supersite/DVD: ***Fotonovela***
Supersite/TRCD: ***Fotonovela*** Video Script & Translation, Answer Keys

Video Synopsis

- Johnny brings in a few paintings that Mariela and Éric find ugly.
- Johnny teaches Éric and Mariela the "right" way to appreciate art.
- Fabiola wishes to buy one of the paintings, but wants some yellow added.
- Johnny imagines himself as an art auctioneer who sells Fabiola the *Mona Lisa.*
- Aguayo thinks Fabiola's painting is awful.

PRE-AP*

Interpretive Reading Before showing the **Fotonovela**, write four or five of the **Expresiones útiles** and *Additional Vocabulary* on a transparency or on the board and go over their meanings. Then have students work in pairs to look at the pictures and scan the text to identify the new vocabulary and expressions.

10 FOTONOVELA

Johnny enseña a sus compañeros de trabajo cómo criticar una obra de arte.

Video: *Fotonovela*
Record and Compare

PERSONAJES

AGUAYO

DIANA

JOHNNY Chicos, ésas son las pinturas de las que les hablé. Las conseguí muy baratas. Voy a escribir un artículo sobre ellas. ¿Les dicen algo?

MARIELA Sí, me dicen ¡*ahhgg*!

JOHNNY ¿Cómo que son feas? Es arte. No pueden criticarlo así.

MARIELA Es lo que la gente hace con el arte. Sea modernismo, surrealismo o cubismo, si es feo es feo.

JOHNNY Les mostraré cómo se critica una obra de arte correctamente. Hagamos como si estuviésemos observando las pinturas en una galería. ¿Quieren?

ÉRIC Bien.

Fingiendo que están en una galería...

JOHNNY Me imagino que habrán visto toda la exposición. ¿Qué les parece?

ÉRIC Habría preferido ir al cine. Estas pinturas son una porquería.

JOHNNY No puedes decir eso en una exposición. Si las obras no te gustan, tú debes decir algo más artístico, como que son primitivas o son radicales.

MARIELA Si hubiera pensado que son primitivas o que son radicales, lo habría dicho. Pero son horribles.

JOHNNY Mariela, *horrible* ya no se usa.

Diana pasa y ve las pinturas.

DIANA Esas pinturas son... ¡horribles!

Luego, en la cocina...

JOHNNY El artista jamás cambiará los colores. ¿Por qué me hiciste decirle que sí?

MARIELA No hubieras vendido ni una sola pieza.

JOHNNY No quiero venderlas, tengo que escribir sobre ellas.

MARIELA No está de más. Podrías llegar a ser un gran vendedor de arte.

JOHNNY (*imaginando...*) Nadie hubiera imaginado un final mejor para esta subasta. Les presento una obra maestra: *la Mona Lisa.*

AGUAYO Quinientos millones de pesos.

JOHNNY ¿Quién da más?

FABIOLA Mil millones de pesos.

JOHNNY Se lo lleva la señorita.

FABIOLA ¿Podría hablar con el artista para que le acentúe un poco la sonrisa?

Más tarde, en la oficina...

JOHNNY Me alegra que hayas decidido no cambiar la obra.

FABIOLA Hubiera sido una falta de respeto.

JOHNNY Claro. Bueno, que la disfrutes.

DIFFERENTIATION

To Challenge Students Pause the episode after frames 1–5 and allow time for students to write down three or four questions about the **Fotonovela** to ask their classmates. Then have the class work in small groups, with one of the more advanced students in each group. This student acts as group leader: he or she asks a question and the group works together to reply. The group leader may help classmates and correct their answers.

DIFFERENTIATION

For Inclusion Have students look at the video stills and brainstorm a list of adjectives that describe how the characters might feel in each scene. After students watch the video, have them revise their lists as necessary.

ÉRIC FABIOLA JOHNNY MARIELA

Fabiola llega a la oficina...

FABIOLA ¡Qué hermoso! Es como el verso de un poema. Habré visto arte antes, pero esto es especial. ¿Está a la venta?

MARIELA ¡Claro!

FABIOLA Hay un detalle. No tiene amarillo. ¿Podrías hablar con el artista para que le cambie algunos colores?

JOHNNY ¡Imposible!

FABIOLA Son sólo pinceladas.

JOHNNY Está bien. Voy a hablar con el artista para que le haga los cambios.

FABIOLA Gracias. Pero recuerda que es ésta. Las otras dos son algo...

MARIELA ¿Radicales?

ÉRIC ¿Primitivas?

FABIOLA No, horribles.

En el escritorio de Mariela...

ÉRIC Perdiste la apuesta. Págame.

MARIELA Todavía no puedo creer que haya comprado esa pintura.

ÉRIC Oye, si lo prefieres, en vez de pagar la apuesta, puedes invitarme a cenar.

MARIELA (*sonriendo*) Ni que me hubiera vuelto loca.

Entra Aguayo...

AGUAYO ¿Son las obras para tu artículo?

JOHNNY Sí. ¿Qué le parecen, jefe?

AGUAYO Diría que éstas dos son... primitivas. Pero la del medio (*mirando el cuadro de Fabiola*) definitivamente es... horrible.

Expresiones útiles

Speculating about the past

Me imagino que habrán visto toda la exposición.
I gather you've seen the whole exhibition.
Si hubiera pensado que son primitivas o que son radicales, lo habría dicho.
If I had thought they were primitive or radical, I would have said so.
Nadie hubiera imaginado un final mejor.
No one could have imagined a better ending.

Reacting to an idea or opinion

¿Cómo que son feos/as?
What do you mean they're ugly?
Habría preferido...
I would have preferred...
Si hubiera pensado que..., lo habría dicho.
If I had thought that..., I would have said so.
¡Ni que me hubiera vuelto loco/a!
As if I'd gone mad!

Additional vocabulary

acentuar *to accentuate*
criticar *to critique; to criticize*
estar a la venta *to be for sale*
la galería *gallery*
la pieza *piece*
la pincelada *brushstroke*
la porquería *garbage; poor quality*
la subasta *auction*

recursos
vText | CA pp. 49–50 | vhlcentral.com

LEARNING STYLES

For Kinesthetic Learners Ask students to form groups of two or three and prepare one of the stills from pages 366–367 as a skit. As each group performs its skit, the rest of the class guesses which still they chose to dramatize.

LEARNING STYLES

For Auditory Learners Divide the class into six groups. Give each group a photocopy of a headshot of one of the characters from the **Fotonovela**. Read lines from the episode and ask students to raise the picture of their character if he or she said the line.

Teaching Tips

- Photocopy the video script and opaque out 10–15 words to create a master for a cloze activity. Hand out the photocopies and have students fill in the missing words as they watch the video.
- **Expresiones útiles** Call students' attention to the expressions and vocabulary on page 367. As a class, read through the list and discuss which words and phrases are most useful to students and why.
- Then encourage students to suggest in what **Contextos** categories **(literatura, géneros literarios, artistas, arte, corrientes artísticas)** they might place the additional vocabulary.
- After showing the **Fotonovela**, divide the class into six groups. Assign each group a different character from the **Fotonovela**. Ask the groups to describe their character's personality and what he or she does in this episode. Then ask them to predict what their characters will do tomorrow, next week, next year, and five years from now. Have groups share their descriptions with the class.
- **Heritage Speakers** Encourage heritage speakers to share about art and literature in their families' countries of origin. Ask them to tell about famous artists or writers from the country.

Communication 1.1, 1.2

Teaching Tips

1 Ask students to invent two events that happened before the sequence and another two that happen after.

1 Have visual learners present their answers to **Actividad 1** in a time line on the board.

2 For Inclusion Replay the video, pausing at key scenes.

2 Expansion Ask students to correct the **Fantasía** responses, writing complete sentences.

3 Have students invent five more statements. Then have them exchange papers with a partner and answer: **¿Quién lo diría?**

4 Call on volunteers to perform their improvisations for the class. Before they begin, have them describe the setting for each sequence.

4 For Visual Learners Give students the option of presenting their conversations in comic book form. Display the completed comic strip conversations around the room.

- If time permits, bring in examples of artwork and tell students to imagine the artist has offered to change the piece according to their suggestions. Ask: **¿Qué cambios harías?**

Comprensión

1 ¿Qué pasó? Indica el orden en el que ocurrieron estos hechos.

__2__ a. Diana dice que los cuadros son horribles.
__6__ b. Aguayo opina sobre las pinturas de Johnny.
__1__ c. Johnny les enseña a sus compañeros cómo criticar una obra de arte.
__5__ d. Mariela y Éric hablan de su apuesta (*bet*).
__3__ e. Fabiola quiere comprar una de las pinturas de Johnny.
__4__ f. Johnny sueña con ser un gran vendedor de arte.

2 ¿Realidad o fantasía? Indica cuáles de estos acontecimientos ocurrieron y cuáles son imaginarios.

Realidad	Fantasía	
☐	☑	1. Los empleados de *Facetas* fueron a una galería de arte.
☑	☐	2. Fabiola compró un cuadro que a Mariela le parecía horrible.
☐	☑	3. El pintor agregó amarillo a su cuadro para que Fabiola lo comprara.
☐	☑	4. Johnny vendió la *Mona Lisa* en una subasta.
☐	☑	5. Mariela y Éric salieron a cenar.
☑	☐	6. Aguayo dijo que dos de las piezas eran primitivas.

3 ¿Quién? Decide quién dijo o posiblemente diría estas oraciones.

Éric

Johnny

Fabiola

Mariela

1. No pueden criticar el arte diciendo que es feo. __Johnny__
2. A esta pintura le falta color amarillo. __Fabiola__
3. Todavía no puedo creer que Fabiola haya comprado la pintura. __Mariela__
4. ¿Por qué no me invitas a cenar, Mariela? __Éric__
5. Podrías llegar a ser un gran vendedor de arte. __Mariela__

4 Conversaciones En parejas, improvisen una de estas situaciones.

- Mariela y Éric hacen la apuesta. ¿Qué dicen?
- Johnny le pide al pintor que cambie los colores del cuadro. ¿Cómo reacciona el pintor?
- Fabiola le muestra el cuadro a su novio. ¿Qué opina él?

Practice more at **vhlcentral.com.**

DIFFERENTIATION

To Challenge Students Ask students to write a paragraph describing their favorite character from the **Fotonovela** and explaining why he or she is their favorite. Encourage students to use information about the characters from multiple episodes of the **Fotonovela**.

DIFFERENTIATION

For Inclusion For **Actividades 1, 2,** and **3,** encourage students to flip back to the stills on pages 366–367 to find the answers. Model doing so with the first three items of **Actividad 1**.

Ampliación

5 **Sueños** Johnny sueña que llega a ser un famoso vendedor de arte. En parejas, escojan a otros dos personajes de la **Fotonovela** e inventen sus sueños y fantasías.

MODELO Diana sueña que está en un museo y conoce a Leonardo da Vinci. ¡Da Vinci le pregunta a Diana si puede hacer un retrato de ella!...

6 **Apuntes culturales** En parejas, lean los párrafos y contesten las preguntas.

Salvador Dalí

¿Una exposición o una película?

Según Éric, el cine es más divertido que una exposición surrealista. Uno de los máximos íconos del surrealismo fue **Salvador Dalí,** pintor excéntrico español (ver **p. 348**) que también incursionó en el cine y la escultura, entre otros. En *Un perro andaluz*, película clásica del cine español de Luis Buñuel y Salvador Dalí, no hay idea ni imagen que tenga aparente explicación lógica. ¡Quizás a Éric le resulte interesante!

Hablar con precisión

Para Johnny, hay pinturas radicales, primitivas, pero jamás feas o bonitas. Por ejemplo, si Johnny criticara la obra del famoso pintor figurativo chileno **Gonzalo Cienfuegos,** diría: "Como se observa en su obra *El trofeo*, su arte es radical, aunque las figuras aparezcan con cierto realismo. El pintor crea su propio lenguaje con humor e ironía..." ¿Entenderán Éric y Mariela lo que quiere decir Johnny?

El trofeo

Museo MALBA

Por amor al arte

Fabiola se enamoró de una pintura y decidió comprarla. Como ella, el argentino **Eduardo Constantini** compró dos pinturas en 1970. Su colección privada fue creciendo hasta transformarse en el **MALBA**, Museo de Arte Latinoamericano de Buenos Aires, que posee más de doscientas obras en su colección permanente.

1. El surrealismo fue un movimiento de vanguardia. ¿Conoces otros movimientos artísticos? ¿Cómo son?
2. ¿Qué tipo de arte te gusta más: el arte clásico, como la *Mona Lisa* de Leonardo da Vinci, o el arte moderno, como el de Dalí o el de Gonzalo Cienfuegos?
3. ¿Has visitado museos recientemente? ¿Cuáles? Describe lo que viste.
4. ¿Cuál es tu opinión sobre los coleccionistas de arte? ¿Piensas que malgastan su dinero o, por el contrario, realizan una inversión?
5. ¿Qué opinas del arte digital?
6. ¿Qué obra de arte te gustaría tener en la sala de tu casa? ¿Por qué?

Communication 1.1, 1.2

Teaching Tip

5 As a variant, break students into groups according to the characters from the video. As a group, have them discuss their assigned character's personality traits, dreams, and fantasies.

5 **Expansion** Have students discuss their own dreams and aspirations. Encourage them to use the conditional and the past subjunctive.

PRE-AP*

6 **Interpersonal Speaking** Ask additional discussion questions: **¿Crees que los museos han perdido su popularidad? ¿Qué papel juegan los museos en la preservación de la cultura? ¿Tú te consideras artista? ¿Por qué?**

- Bring in additional examples of artwork by Gonzalo Cienfuegos, or have students research his life and work.
- Ask volunteers to share how the images of Gonzalo Cienfuegos make them feel. Encourage them to explain their response to his art.

NATIONAL STANDARDS

Connections: Fine Arts

For an optional outside project, have students gather information about surrealist art and its relationship to dreams. If time and resources permit, show the movie ***Un perro andaluz*** and have students write a short critique.

21st CENTURY SKILLS

6 **Technology Literacy**

Ask students to prepare a digital presentation to show the preferences of the whole class for several of the items in this activity.

PRE-AP*

Interpersonal Writing Tell students to imagine that they are visiting Buenos Aires. They have been to **MALBA**, and are very excited about what they have seen. Tell them to research information and then write an e-mail to you, their teacher, including information about Eduardo Constantini, the museum, and its collections. Remind them to use appropriate forms for greeting and closure. Have students actually send this e-mail to you, and reply. Tell students: **Ahora vas a mandarme un correo electrónico sobre el MALBA y yo te contestaré. Incluye la información que hayas encontrado en la red sobre Constantini**.

Section Goals

In **Enfoques**, students will:

- learn about Chilean poet **Pablo Neruda's** homes and work
- read about Mexican artist **Frida Kahlo**, Spanish architect **Santiago Calatrava**, and Nicaraguan chef **Ariel Lacayo Argueñal**
- learn more vocabulary related to art
- watch a video about modern architecture

Communication 1.2
Cultures 2.1, 2.2
Connections 3.1, 3.2
Comparisons 4.2

21st CENTURY SKILLS

Global Awareness
Students will gain perspectives on the Spanish-speaking world.

Instructional Resources
vText
Cuaderno para hispanohablantes, p. 150
Supersite/DVD: *Flash cultura*
Supersite/TRCD: *Flash cultura*
Video Script & Translation

Teaching Tips

- Pablo Neruda said that his houses were reflections of his poetic universe. Ask students if they believe that the home is a reflection of one's inner self. **¿Crees que una casa puede transmitir el espíritu de las personas que viven en ella? ¿Cómo? ¿Refleja tu casa el espíritu de tu familia? ¿Refleja tu habitación tu espíritu? ¿Cómo?**
- Assign each paragraph to a small group of students to read, summarize, and present to the class.

NATIONAL STANDARDS
Connections: History/ Literature Have students research the life and works of Pablo Neruda. Have them create a time line of life events and works.

Reading, Additional Reading

En detalle

CHILE

LAS CASAS DE NERUDA

Isla Negra

Pablo Neruda, además de poeta, fue un asiduo° viajero. Sus continuos viajes como cónsul y su posterior exilio político lo llevaron a una veintena de países. La distancia marcó, sin duda, su eterno deseo de crear refugios personales en sus casas de Chile y le dio la oportunidad de coleccionar una curiosa y enorme variedad de objetos. A lo largo de los años, Neruda compró y luego mandó construir y remodelar tres casas en su país natal: "La Sebastiana", en Valparaíso; "La Chascona", en Santiago; y la "Isla Negra", en la ciudad costera del mismo nombre. Para él, estas construcciones eran mucho más que simples casas; eran, como su poesía, creaciones personales y, muchas veces, una proyección de sus universos poéticos. Las iba construyendo sin prisa, con gran dedicación y eligiendo hasta el más mínimo detalle.

Isla Negra era la favorita del poeta, y allí fue enterrado° junto a Matilde Urrutia, su gran amor. Hoy día, las tres residencias son casas-museo y reciben más de 100.000 visitantes al año. La Fundación Pablo Neruda, creada por voluntad° expresa del poeta, las administra. Aparte de conservar su patrimonio artístico y encargarse del mantenimiento° de las casas, la fundación también organiza actividades culturales y exposiciones.

Hoy día, gracias al deseo de Neruda de mantener las casas como legado° para el pueblo chileno, todos sus admiradores pueden visitarlas y sentir, por un momento, que forman parte del particular mundo creativo del escritor. ■

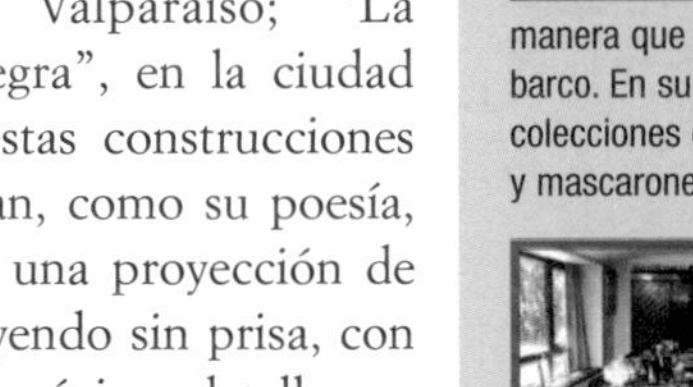

Isla Negra
Neruda compró una pequeña cabaña en 1939 y la fue ampliando a lo largo de los años. La reconstruyó de tal manera que pareciera el interior de un barco. En su interior se destacan las colecciones de conchas marinas, botellas y mascarones de proa°.

La Chascona
Está situada en un terreno empinado° en Santiago de Chile. Se inició su construcción en 1953 y fue bautizada "La Chascona" en honor a Matilde Urrutia. *Chascona*, en Chile, significa "despeinada°".

La Sebastiana
Llamada así en honor al arquitecto Sebastián Collado, "La Sebastiana" está en la ciudad de Valparaíso. Se inauguró el 18 de septiembre de 1961. Decorada también con motivos marinos y con una vista panorámica de la ciudad y la bahía, era el lugar favorito de Neruda para pasar la Nochevieja°.

asiduo *frequent* **enterrado** *buried* **voluntad** *wish* **mantenimiento** *maintenance* **legado** *legacy* **mascarones de proa** *figureheads* **empinado** *steep* **despeinada** *with tousled hair* **Nochevieja** *New Year's Eve*

CRITICAL THINKING

Application and Synthesis Ask the students to form three groups. Assign each group one of Neruda's houses. Then ask them to research the house in the library or on the Internet and present their findings to the class, using as many downloaded, photocopied, or hand-drawn illustrations as possible.

CRITICAL THINKING

Analysis and Evaluation Ask students to form small groups; give each group a Neruda poem. Ask students to read it three times: once for comprehension; once slowly, identifying and looking up important and unknown words; and a third time for complete comprehension and enjoyment. Then ask them to evaluate the poem according to its imagery, sounds, feelings, etc. Have groups read and analyze their poems for the class.

ASÍ LO DECIMOS

Artes visuales

el arte digital *digital art*
el arte gráfico *graphic art*
el videoarte *video art*

la cerámica *pottery*
el dibujo *drawing; sketching*
el grabado *engraving*
el grafiti *graffiti*
el mural *mural painting*
la orfebrería *goldwork*
el tapiz *tapestry*

EL MUNDO HISPANOHABLANTE

Otros creadores

Frida Kahlo es una de las figuras más representativas de la pintura introspectiva mexicana del siglo XX. Su vida estuvo marcada por enfermedades y un matrimonio tortuoso con el muralista Diego Rivera. Es conocida principalmente por sus autorretratos, en los que expresa el dolor de su vida personal (ver **p. 232**).

Santiago Calatrava es el arquitecto español de más fama internacional en la actualidad. En sus creaciones predomina el color blanco. El Palacio de Artes Reina Sofía y el Museo de las Ciencias y el Hemisférico, en Valencia (España), son algunas de sus obras más destacadas.

Ariel Lacayo Argueñal es un famoso chef nicaragüense. Estudió administración y cursó una maestría en enología en los Estados Unidos. En el restaurante neoyorquino Patria, cocinó para celebridades como los Clinton, Nicole Kidman y los príncipes de Mónaco. Hoy, junto a su padre, deleita paladares° en un restaurante criollo en Nicaragua.

PERFIL

NERUDA EN LA PINTURA

de la serie
Todo en ti fue naufragio,
Guillermo Núñez

En el año 2002, la Fundación Pablo Neruda y la Fundación Amigos del Arte organizaron una particular exposición para conmemorar el centenario° de Neruda. Al mismo tiempo querían celebrar los ochenta años del libro de poemas en español más leído del siglo XX, *Veinte poemas de amor y una canción desesperada*. Participaron en el proyecto veintiún pintores chilenos. Su labor: elegir un poema de Neruda, interiorizarlo y plasmar° su proceso de lectura en una pintura. El resultado de la exposición fue un estimulante diálogo entre palabra e imagen. Todos los participantes reflexionaron sobre la palabra poética y, al mismo tiempo, sobre su propio proceso creativo. Entre los pintores que colaboraron estaba el internacionalmente reconocido Guillermo Núñez, quien publicó un libro que cuenta la experiencia de pintar la obra de Neruda. Núñez lleva la conexión entre literatura y pintura a un nivel de alta complejidad.

Guillermo Núñez

> “La eternidad es una de las raras virtudes de la literatura.”
> (Adolfo Bioy Casares, escritor argentino)

Conexión Internet

¿Qué papel tuvo el arquitecto español Germán Rodríguez Arias en las casas de Neruda?

To research this topic go to **vhlcentral.com**.

deleita paladares *pleases the palate* **centenario** *centennial (hundred-year celebration of Neruda's birth)* **plasmar** *give expression to*

CRITICAL THINKING

Comprehension Ask pairs to make a crossword puzzle with the new vocabulary in **Así lo decimos**. Challenge them to write their clues in Spanish, giving an example, a cloze sentence, or a definition. Then have pairs exchange their puzzles with another pair and solve them.

CRITICAL THINKING

Analysis Challenge small groups of students to find one of the paintings from the 2002 exhibit described in **Perfil** and the poem that corresponds to the image. Then have them discuss how the image illustrates the poem. Have a class discussion of the images, the poems, and the analyses.

Teaching Tips

- **Así lo decimos** Give students additional vocabulary words. Ex: **el mosaico** *(mosaic)*, **la pintura al fresco/el fresco** *(fresco painting)*, **el cómic** *(comic)*, **la artesanía** *(craft)*.
- **Perfil** Encourage students to reread ***Poema 20*** from **Lección 1**. For advanced classes, have small groups read another of Neruda's poems. Then have them discuss how they might visually represent the poem.
- **Perfil: For Visual and Kinesthetic Learners** Encourage students to represent one of Neruda's poems visually either according to their classmates' suggestions or their own ideas. Students can use any means they want (paint, magazine clippings, drawings, etc.).
- **Heritage Speakers** Ask heritage speakers to share how teens experience and express art and literature in their families' countries of origin.
- Call on a volunteer to read the quote aloud. Ask: **Además de la literatura, ¿crees que las otras formas de arte también son eternas? Da ejemplos.**

NATIONAL STANDARDS

Connections: Art/ Architecture Have students learn more about Frida Kahlo or Santiago Calatrava and report to the class. Have them bring in copies of Kahlo's works or photos of Calatrava's buildings for the class to review and critique.

21st CENTURY SKILLS

Information and Media Literacy Go to the Supersite to complete the **Conexión Internet** activity for additional practice accessing and using culturally authentic sources.

Communication 1.1, 1.2

Teaching Tips

- **For Inclusion** Encourage students to look back at pages 370–371 to complete the activities.

1 After completing the activity, have students create corresponding questions for each item. Ex: **¿Salió Neruda de Chile?**

2 Ask pairs to write more cloze sentences to exchange with another pair. Challenge them to write two more for each section on pages 370–371.

3 For item 2, ask students to bring in and share their works, first identifying them according to the new vocabulary words. Then ask the class to ask questions or comment on each work.

3 For item 3, ask students to create their own definition of art. Then call on volunteers to share their definitions with the class.

3 **Expansion** Discuss the nature of art itself. Ask: **¿Qué es arte? ¿Quién determina si una obra es arte o no? ¿Cómo?**

4 **Partner Chat** You can also assign activity 4 on the Supersite. Students work in pairs to record the activity online. The pair's recorded conversation will appear in your gradebook.

4 For additional discussion, have volunteers share the first time they experienced the works of their favorite artists.

Proyecto Encourage students to make their presentations interactive by beginning with a thought-provoking question.

¿Qué aprendiste?

1 ¿Cierto o falso? Indica si estas afirmaciones son **ciertas** o **falsas**. Corrige las falsas.

1. Neruda no salió nunca de Chile. Falso. Viajó como cónsul y luego estuvo en el exilio por razones políticas.
2. Neruda coleccionó una curiosa y enorme variedad de objetos. Cierto.
3. Neruda tenía dos casas en Chile: Isla Negra y La Chascona. Falso. Neruda tenía tres casas en Chile: La Sebastiana, Isla Negra y La Chascona.
4. La casa La Chascona se llama así porque está ubicada en un pueblo que también tiene ese nombre. Falso. La casa La Chascona se llama así en honor a Matilde Urrutia.
5. Neruda intervenía muy activamente en la construcción y decoración de sus casas. Cierto.
6. El poeta está enterrado junto a su esposa en La Sebastiana. Falso. El poeta está enterrado en Isla Negra.
7. Hoy día, las tres casas más famosas del poeta son museos. Cierto.
8. La Fundación Pablo Neruda se creó por deseo e iniciativa de los admiradores del poeta. Falso. La Fundación Pablo Neruda se creó por deseo expreso del poeta.
9. La casa Isla Negra está decorada como si fuera un barco. Cierto.
10. A Pablo Neruda le gustaba pasar la Nochevieja en la casa La Sebastiana. Cierto.
11. En la Chascona se destaca una colección de conchas marinas. Falso. En Isla Negra se destaca una colección de conchas marinas.
12. La Sebastiana, ubicada en Santiago, tiene una vista privilegiada de la ciudad. Falso. La Sebastiana está ubicada en Valparaíso.

2 Oraciones incompletas Completa las oraciones con la información correcta.

1. La Fundación Neruda y la Fundación Amigos del Arte organizaron una exposición para conmemorar el centenario de Pablo Neruda.
2. Los veintiún artistas que participaron tenían que pintar un cuadro inspirado en un poema.
3. En las creaciones de Santiago Calatrava predomina el color blanco.
4. Frida Kahlo se casó con Diego Rivera.

3 Preguntas Contesta las preguntas.

1. ¿Crees que la cerámica y la orfebrería son artes u oficios (*trades*)?
2. ¿Alguna vez hiciste alguna obra usando una de las técnicas de la lista de **Así lo decimos**? ¿Qué hiciste?
3. ¿Crees que un grafiti o el trabajo de un chef se pueden considerar obras de arte? Explica tu respuesta.

4 Opiniones En parejas, elijan otro artista o creador hispano que no haya sido mencionado en esta lección. Expliquen por qué les interesa ese artista o sus obras.

MODELO Hemos elegido al pintor y escultor colombiano Fernando Botero. Nos interesan sus esculturas voluminosas porque...

PROYECTO

Artistas

Elige una obra en particular de uno de los artistas que se han presentado en **El mundo hispanohablante**. Busca información y prepara una presentación breve para la clase. No olvides mostrar una fotografía o ilustración de la obra. Usa las preguntas como guía.

- ¿Quién es el/la artista?
- ¿Cómo se llama la obra?
- ¿Cuáles son las características de la obra?
- ¿Por qué es famosa la obra y por qué la elegiste?

Practice more at **vhlcentral.com.**

PRE-AP*

Presentational Speaking Have each student research the life of an artist or writer from Spain or Latin America. Following the requirements of the AP exam, they should use at least two sources: one auditory and one written. Tell them to take notes on the sources, organize their notes, make an outline, and prepare to talk to the class for two minutes about the life of the person they have researched. Encourage them to bring visuals if appropriate. You should grade these presentations according to the most current AP rubrics on AP Central (apcentral.collegeboard.com).

Communication 1.1, 1.2
Cultures 2.1, 2.2
Connections 3.1, 3.2
Comparisons 4.2

Teaching Tip Explain that **cuatro gatos** means *an insignificant number of people*, as in **Vinieron cuatro gatos** (*Only a few [unimportant] people came*). Ask the class to guess the meaning of other Spanish sayings like **Dar gato por liebre, Buscarle tres pies al gato**, and **Hay gato encerrado**.

21st CENTURY SKILLS

Information and Media Literacy Go to the Supersite to complete the **Conexión Internet** activity associated with **Flash cultura** for additional practice accessing and using culturally authentic sources.

Video: *Flash cultura*

Arquitectura modernista

Ahora que ya sabes acerca de las casas de Pablo Neruda en Chile, mira este episodio de **Flash cultura**. Conocerás los diferentes tipos de la singular arquitectura modernista en Barcelona y sus máximos representantes.

VOCABULARIO ÚTIL

brillar *to shine*
la calavera *skull*
el encargo *job, assignment*
la fachada *front of building*
el hierro forjado *wrought iron*
el tejado *tile roof*
el tranvía *streetcar*
redondeado/a *rounded*

Preparación ¿Qué tipo de arquitectura te gusta? ¿Prefieres los edificios modernos o los edificios más tradicionales? ¿Cuál es tu monumento favorito? ¿Por qué es especial para ti?

Comprensión Indica si estas afirmaciones son ciertas o falsas. Después, en parejas, corrijan las falsas.

1. La zona de Barcelona donde está la Casa Batlló se conoce como La Gran Manzana. **Falso.** Esta zona se conoce como La Manzana de la Discordia.
2. En el Paseo de Gracia hay casas con estilos muy diferentes y contrastantes. **Cierto.**
3. El modernismo en Cataluña es muy diferente al modernismo del resto de Europa porque los arquitectos modernistas catalanes dan menos importancia a la estética y a los materiales. **Falso.** Los arquitectos modernistas catalanes dan más importancia a la estética y a los materiales.
4. Lluís Domènech i Montaner fue el creador de la Sagrada Familia. **Falso.** Antonio Gaudí fue el creador de la Sagrada
5. Puig i Cadafalch fue influenciado por la arquitectura holandesa y flamenca. **Cierto.**
6. La sala de las cien columnas está en el Parque Güell. **Cierto.**

Expansión En parejas, contesten estas preguntas.

- ¿Qué obra del video les ha gustado más? ¿Por qué?
- ¿Dónde preferirían vivir: en la Casa Amatller, en la Casa Batlló o en una de las casas de Neruda? ¿Por qué?
- ¿Conocen otros monumentos que contengan algunas de las características del modernismo? ¿Cuáles?

Corresponsal: Mari Carmen Ortiz
País: España

Entre 1880 y 1930, surge° el modernismo en Cataluña de forma radicalmente diferente al resto de Europa.

El Parque Güell posee los toques y detalles característicos de Gaudí. El uso de baldosines° irregulares... formas curvas... contrastes sorpresivos...

Desgraciadamente, su inesperada muerte paralizó las obras, y el edificio sigue todavía inacabado a pesar de los muchos esfuerzos de continuación.

surge *emerges* **baldosines** *ceramic tiles*

 Practice more at **vhlcentral.com.**

LEARNING STYLES

Visual Learners Have students choose a building by one of the featured artists in the **Flash cultur**a video, the **En detalle** reading, or the **El mundo hispanohablante** box. and prepare a report to present to the class. Encourage them to use visuals such as pictures, sketches, floor plans, and models.

CRITICAL THINKING

Application and Synthesis Tell students that Gaudí based much of his designs on forms found in nature. In groups of three, have students research this design philosophy and prepare a presentation on how it was employed by Gaudí or other architects. Then have them present their findings to the class. Encourage groups to include as many visuals as possible.

Section Goals

In **Estructura,** students will learn:

- uses of the future perfect
- to use the conditional perfect tense
- the past perfect subjunctive tense and its use contrasted with that of the past subjunctive

 Comparisons 4.1

Instructional Resources

vText

Cuaderno de actividades comunicativas, pp. 28, 96
Cuaderno de práctica, pp. 93–94
Cuaderno para hispanohablantes, p. 151
e-Cuaderno
Supersite: Additional practice
Supersite/TRCD: Grammar Slides, Presentation PDF #63, Audio Activities Script, Answer Keys
Audio Activities CD

Teaching Tips

- Review the present perfect and past perfect before introducing the future perfect. Remind students that the past participle does not change form in any perfect tense.
- To illustrate the future of probability, draw a time line on the board, labeled *Past, Present,* and *Future.* Write these three sentences under the appropriate heads: **¿A qué hora habrán llegado?** *I wonder what time they arrived.* **¿Qué hora será?** *I wonder what time it is.* **¿A qué hora llegarán?** *I wonder when they will arrive.*

Extra Practice Go to **vhlcentral.com** for extra practice with the future perfect

10 ESTRUCTURA

10.1 The future perfect

Explanation
Tutorial

- The future perfect tense (**el futuro perfecto**) is formed with the future of **haber** and a past participle.

The future perfect

pintar	vender	salir
habré pintado	habré vendido	habré salido
habrás pintado	habrás vendido	habrás salido
habrá pintado	habrá vendido	habrá salido
habremos pintado	habremos vendido	habremos salido
habréis pintado	habréis vendido	habréis salido
habrán pintado	habrán vendido	habrán salido

- The future perfect is used to express what *will have happened* at a certain point. The phrase **para** + [*time expression*] is often used with the future perfect.

Ya **habré leído** la novela para el lunes.
I will already have read the novel by Monday.

Para el año que viene, los arquitectos **habrán diseñado** el nuevo museo.
By next year, the architects will have designed the new museum.

- **Antes de (que), (para) cuando, dentro de**, and **hasta (que)** are also used with time expressions or other verb forms to indicate when the action in the future perfect will have happened.

Cuando lleguemos al teatro, ya **habrá empezado** la obra.
When we get to the theater, the play will have already started.

Lo **habré terminado dentro de** dos horas.
I will have finished it within two hours.

- The future perfect may also express speculation regarding a past action.

¿**Habrá tenido** éxito la exposición de este fin de semana?
I wonder if this weekend's exhibition was a success.

No lo sé, pero **habrá ido** mucha gente a verla.
I don't know, but I suppose a lot of people went to see it.

Me imagino que habrán visto toda la exposición.

recursos
vText
CA pp. 28, 96
CP pp. 93–94
CH p. 151
vhlcentral.com

PRE-AP*

Future Perfect Tense and Speaking Tell students to pretend that they scheduled a party, sending out e-mails and text messages to invite their friends, but nobody has come to the event. In pairs, they should create a conversation about what could have gone wrong. Tell students: **Van a usar el futuro perfecto para imaginar por qué no habrán venido sus amigos a la fiesta. Por ejemplo: Juan no habrá podido usar el carro esta noche.**

Communication 1.1
Comparisons 4.1

Práctica y comunicación

1 Artes y letras Completa las oraciones con el futuro perfecto.

1. Me imagino que ustedes ya habrán leído (leer) el poema para mañana.
2. ¿ Habrá conocido (conocer) Juan a la famosa autora?
3. Para la próxima semana, Ana y yo habremos terminado (terminar) de leer el cuento.
4. Le dije al pintor que yo habré conseguido (conseguir) una modelo para el jueves.
5. Me imagino que las obras ya se habrán vendido (vender).

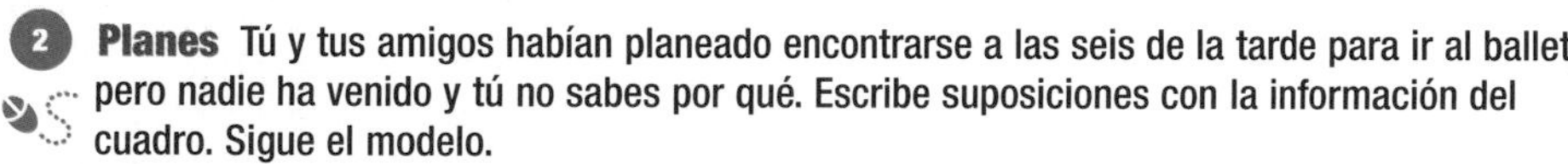

2 Planes Tú y tus amigos habían planeado encontrarse a las seis de la tarde para ir al ballet, pero nadie ha venido y tú no sabes por qué. Escribe suposiciones con la información del cuadro. Sigue el modelo.

MODELO **Entendí mal los planes.**
Habré entendido mal los planes.

1. Me dejaron un mensaje telefónico.	1. Me habrán dejado un mensaje telefónico.
2. Uno de mis amigos tuvo un accidente.	2. Uno de mis amigos habrá tenido un accidente.
3. Me equivoqué de día.	3. Me habré equivocado de día.
4. Fue una broma.	4. Habrá sido una broma.
5. Lo soñé.	5. Lo habré soñado.

3 Excusas Cada vez que la profesora hace preguntas, Mónica responde con excusas. En parejas, utilicen el futuro perfecto para completar la conversación. Después, inventen un final para la conversación.

PROFESORA Buenos días. ¿Todos (1) habrán entregado (entregar) el ensayo para el final del día?
MÓNICA Yo lo (2) habré escrito (escribir) para el viernes, profesora.
PROFESORA Pero me imagino que tú ya (3) habrás visto (ver) la exposición del escultor, ¿verdad?
MÓNICA Pues... estuve con fiebre... todo el fin de semana. Pero voy mañana.
PROFESORA Por lo menos (4) habrás ido (ir) a la biblioteca a hacer las investigaciones necesarias, ¿no?
MÓNICA Pues, fui, pero otro estudiante ya había sacado los libros que necesitaba. Según la bibliotecaria, él los (5) habrá devuelto (devolver) para mañana.

4 El futuro Hazles estas preguntas a tres de tus compañeros/as.

- Cuando terminen las próximas vacaciones de verano, ¿qué habrás hecho?
- Antes de terminar la escuela secundaria, ¿qué aventuras habrás tenido?
- Dentro de diez años, ¿dónde habrás estado y a quién habrás conocido?
- Cuando tengas cuarenta años, ¿qué decisiones importantes habrás tomado?
- Cuando seas anciano/a, ¿qué lecciones habrás aprendido de la vida?

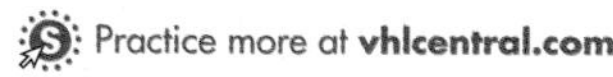
Practice more at **vhlcentral.com.**

Teaching Tips

1 For Inclusion Have students identify the subject in each sentence.

2 For Inclusion As a class, identify the subject of each sentence before students attempt to complete the activity.

2 As a variant, ask students to imagine that the professor did not come to class on the day of the final exam. Have them brainstorm possible reasons using the future perfect.

3 To Challenge Students Ask students to write another conversation between a parent and a teen, in which the parent is scolding the teen and the teen is making excuses.

4 Virtual Chat You can also assign activity 4 on the Supersite. Students record individual responses that appear in your gradebook.

4 Ask groups to make anonymous lists of each member's responses using complete sentences. Then have groups exchange lists and try to identify each student based on the responses.

- Play **Pasa la hoja**. Divide the class into teams of five. Call out an infinitive in Spanish and have the first representative write the **yo** future perfect form of the verb on a piece of paper and pass it to the second member, who writes the **tú** form, and so forth. The first group to finish the entire conjugation correctly wins a point.

DIFFERENTIATION

For Auditory Learners Read aloud sample sentences, some in the future perfect, some not. Ask students to raise their hands when they hear the future perfect.

DIFFERENTIATION

For Kinesthetic Learners Ask volunteers to present **Actividad 3** as a skit with appropriate actions and gestures, as well as facial and vocal expressions.

Comparisons 4.1

Instructional Resources
vText
Cuaderno de actividades comunicativas, pp. 29, 97
Cuaderno de práctica, pp. 95–96
Cuaderno para hispanohablantes, p. 152
e-Cuaderno
Supersite: Additional practice
Supersite/TRCD: Grammar Slides, Presentation PDFs #64, 65, Audio Activities Script, Answer Keys
Audio Activities CD

Teaching Tips

- Remind students that the past participle does not change form in any perfect tense.
- Write several sentences on the board and ask volunteers to conjugate the verbs, choosing the correct *perfect* tense. Examples:
  1. **Julián _______ (hacer) los quehaceres, pero llegó Luisa y lo invitó al cine. (habría hecho)**
  2. **Cuando lleguen mis amigos, yo ya _______ (terminar) el trabajo para la clase de español. (habré terminado)**
- **For Kinesthetic Learners** On slips of paper write cloze sentences in the conditional perfect (with the verbs blanked out). On other strips of paper, write the conditional perfect answers for each cloze sentence. Give each student a slip of paper and have him or her walk around the room, read the slip aloud, and try to find the slip's mate. Once all students are matched, have pairs read their sentence for the class.

10.2 The conditional perfect

Habría preferido ir al cine. Estas pinturas son una porquería.

- The conditional perfect tense (**el condicional perfecto**) is formed with the conditional of **haber** and a past participle.

The conditional perfect

pensar	tener	sentir
habría pensado	habría tenido	habría sentido
habrías pensado	habrías tenido	habrías sentido
habría pensado	habría tenido	habría sentido
habríamos pensado	habríamos tenido	habríamos sentido
habríais pensado	habríais tenido	habríais sentido
habrían pensado	habrían tenido	habrían sentido

- The conditional perfect tense is used to express what *might have occurred* but did not.

Habría ido al museo, pero mi amiga tenía otros planes.
I would have gone to the museum, but my friend had other plans.

Seguramente, **habrías ganado** la apuesta.
You probably would have won the bet.

Otros actores **habrían representado** mejor esta obra.
Other actors would have performed this play better.

Creo que Andrés **habría sido** un gran pintor.
I think Andrés would have been a great painter.

Habría dicho que es... horrible.

- The conditional perfect may also express probability or conjecture about the past.

¿**Habrían apreciado** los críticos su gran creatividad?
I wonder if the critics might have appreciated her great creativity.

Los **habría sorprendido** con su talento.
She might have surprised them with her talent.

recursos
vText
CA pp. 29, 97
CP pp. 95–96
CH p. 152
vhlcentral.com

DIFFERENTIATION

To Challenge Students First, have students write two more examples for each point; then have them write their examples on the board. Review the examples with the class.
For Inclusion Play **El juego de dados**. Form groups of three: one "teacher" and two "players." Give a die and a verb list to each group, plus an answer sheet to the "teacher." The answer sheet should illustrate a model conjugation for a regular **–ar, –er,** and **–ir** conditional perfect verb, plus any irregular verbs you wish to include. Players throw the die to determine which verb form they should give: 1 = **yo**; 2 = **tú**; 3 = **Ud./él/ella**; 4 = **nosotros/as**; 5 = **Uds./ellos/ellas**; 6 = "teacher's" choice. Players follow the verb list in order when giving verb forms, and receive a point for each correct answer. If you are teaching **vosotros**, 5 = **vosotros/as** and 6 = **Uds./ellos/ellas**.

Communication 1.1
Comparisons 4.1

Práctica y comunicación

1 Lo que habrían hecho Completa las oraciones con el condicional perfecto.

1. No me gustó la obra de teatro. Incluso yo mismo habría imaginado (imaginar) un protagonista más interesante.
2. Yo, en su lugar, lo habría dibujado (dibujar) de modo más abstracto.
3. A la autora le habría gustado (gustar) escribir ficción histórica, pero el público sólo quería más novelas rosas.
4. Nosotros habríamos escrito (escribir) ese cuento desde otro punto de vista.
5. ¿Tú habrías hecho (hacer) lo mismo en esa situación?

2 Otro final En parejas, conecten las historias con sus finales. Luego utilicen el condicional perfecto para inventar otros finales. Sigan el modelo.

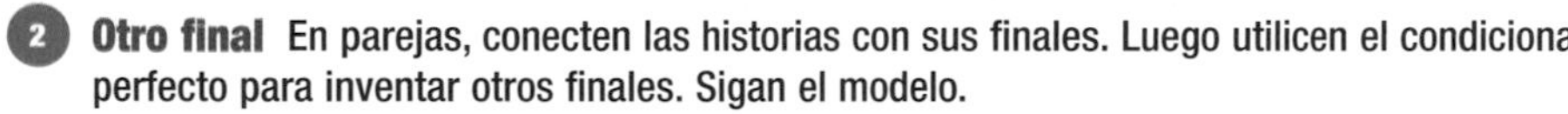

MODELO ***Titanic*** **/ El barco se hunde (*sinks*).**
En nuestra historia, el barco no se habría hundido. Los novios se habrían casado y...

La Bella y la Bestia	El monstruo mata a su creador.
Frankenstein	Se casa con el príncipe.
El Señor de los Anillos	Frodo destruye el anillo.
Romeo y Julieta	Regresa a su hogar en Kansas.
El Mago de Oz	Los novios se mueren.

3 ¿Y ustedes? En parejas, miren los dibujos y túrnense para decir lo que habrían hecho en cada situación. Utilicen el condicional perfecto y sean creativos.

4 Autobiografías Utiliza el condicional perfecto para escribir un párrafo de tu autobiografía. Menciona tres cosas que no cambiarías de tu vida y tres cosas que habrías hecho de forma diferente.

Practice more at **vhlcentral.com.**

Teaching Tips

1 Before beginning the activity, point out that **yo en su lugar** and similar phrases take the conditional or the conditional perfect.

2 Expansion Give students additional stories or have them brainstorm their own. Ex: ***E.T., Lo que el viento se llevó*** (*Gone with the Wind*), ***Rocky***.

3 Partner Chat You can also assign activity 3 on the Supersite. Students work in pairs to record the activity online. The pair's recorded conversation will appear in your gradebook.

3 For additional practice, continue the activity with photos from magazines and newspapers.

4 For Inclusion Encourage students to write their autobiography in a time line form with phrases and sentences describing important events. Challenge them to use at least one conditional perfect phrase in their time line.

4 As a variant, have students write a paragraph of the autobiography of a famous person, either real or fictitious.

- Ask students to state what these people would have done if they had had more money: **mis padres, yo, mi mejor amigo, los estudiantes de la universidad.** Ex: **Con más dinero, mis padres habrían comprado una pintura de Picasso.**

LEARNING STYLES

For Visual Learners Before completing **Actividad 3**, ask these students to describe for the class what is happening in each picture. Using their visual strengths, visual learners will be able to help the class prepare for the activity.

LEARNING STYLES

For Auditory Learners For **Actividad 4**, have students share the autobiographies with the class. As volunteers read their work, encourage auditory learners to raise their hands each time they hear the conditional perfect form.

Comparisons 4.1

Instructional Resources
vText
Cuaderno de actividades comunicativas, pp. 30, 98
Cuaderno de práctica, pp. 97–98
Cuaderno para hispanohablantes, pp. 153–154
e-Cuaderno
Supersite: Additional practice
Supersite/TRCD: Grammar Slides, Presentation PDF #66, Audio Activities Script, Answer Keys
Audio Activities CD

Teaching Tips

- Remind students that the past participle does not change form in any perfect tense.
- To review the subjunctive, write several trigger expressions on the board and ask volunteers to complete each sentence. Example: **Fue imposible que...**
- **For Visual Learners** As you write different examples and charts on the board, ask students to come to the board and, using a marker or chalk of a different color, underline or circle the past perfect subjunctive examples.

Extra Practice Go to **vhlcentral.com** for more practice with the past perfect subjunctive.

10.3 The past perfect subjunctive

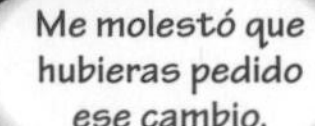

Me molestó que hubieras pedido ese cambio.

Quizás hubiera sido una falta de respeto.

- The past perfect subjunctive (**el pluscuamperfecto del subjuntivo**) is formed with the past subjunctive of **haber** and a past participle.

The past perfect subjunctive

cambiar	poder	influir
hubiera cambiado	hubiera podido	hubiera influido
hubieras cambiado	hubieras podido	hubieras influido
hubiera cambiado	hubiera podido	hubiera influido
hubiéramos cambiado	hubiéramos podido	hubiéramos influido
hubierais cambiado	hubierais podido	hubierais influido
hubieran cambiado	hubieran podido	hubieran influido

- The past perfect subjunctive is used in subordinate clauses under the same conditions as other subjunctive forms. It refers to actions or conditions that had taken place before another past occurence.

Le molestó que los escritores no **hubieran asistido** a su conferencia.
It annoyed her that the writers hadn't attended her lecture.

No era cierto que la galería **hubiera cerrado** sus puertas definitivamente.
It was not true that the gallery had closed its doors permanently.

- When the action in the main clause is in the past, both the past subjunctive and the past perfect subjunctive can be used in the subordinate clause. However, the meaning of each sentence may be different.

PAST SUBJUNCTIVE	PAST PERFECT SUBJUNCTIVE
Esperaba que me **llamaras**. ¡Qué bueno oír tu voz! *I was hoping you would call me. It's great to hear your voice!*	Esperaba que me **hubieras llamado**. ¿Qué pasó? *I wished that you would have called me. What happened?*
Deseaba que me **ayudaras**. *I wished that you would help me.*	Deseaba que me **hubieras ayudado**. *I wished that you would have helped me.*

recursos
vText
CA pp. 30, 98
CP pp. 97–98
CH pp. 153–154
vhlcentral.com

DIFFERENTIATION

For Inclusion Ask volunteers to reproduce the past perfect subjunctive box on the board, with different sample verbs such as **pintar, querer,** and **escribir**.

DIFFERENTIATION

To Challenge Students Ask each student to write an example sentence for each of the new verbs their classmates have conjugated in the chart on the board (**pintar, querer,** and **escribir**). Then, have volunteers write their examples on the board, under or next to the conjugated verb. Finally, have other volunteers read and translate the sentences.

Práctica y comunicación

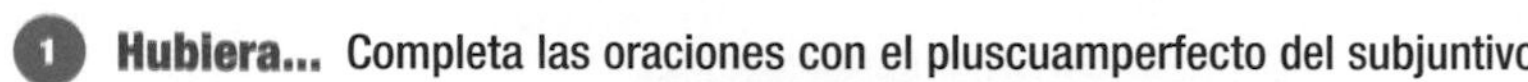

1 Hubiera... Completa las oraciones con el pluscuamperfecto del subjuntivo.

1. Habría ido a la tertulia si no hubiera llovido (llover).
2. Si yo hubiera logrado (lograr) publicar mi libro, habría sido un superventas.
3. Me molestó que ellos no hubieran dado (dar) el premio al otro poeta.
4. Si nosotros hubiéramos pensado (pensar) eso, lo habríamos dicho.
5. Si ella hubiera pedido (pedir) más por sus cuadros, habría ganado millones.
6. ¡Qué lástima que sus padres no hubieran apoyado (apoyar) su interés por las artes!

2 Oraciones Une los elementos de las columnas para crear cinco oraciones con el pluscuamperfecto del subjuntivo.

Dudaba de que	yo	escribir cuentos policíacos
Esperábamos que	tú	ganar un premio literario
Me sorprendió que	el artista	tener talento
Ellos querían que	nosotros	venir a la exposición
No creías que	los poetas	vender ese autorretrato

3 ¡A quejarse! Daniel es escritor y Graciela es pintora. Tienen mucho talento, pero no han tenido éxito en sus profesiones. En parejas, utilicen el pluscuamperfecto del subjuntivo para escribir una conversación en la que se quejaron de las oportunidades que perdieron.

MODELO **GRACIELA** No fue justo que le hubieran dado ese premio literario a García Márquez. Tienes mucho más talento que él...

No fue justo que....
No podía creer que...
Si hubiera logrado...
Si tú sólo hubieras...

4 Síntesis En grupos de cuatro, dramaticen una conversación en la que uno/a de ustedes entrevista al ganador y a los dos finalistas del concurso *El ídolo de la música*. Utilicen por lo menos tres usos del futuro perfecto, del condicional perfecto, y del pluscuamperfecto del subjuntivo. Luego representen su entrevista para la clase.

MODELO
REPORTERO Carolina, eres el nuevo ídolo de la música. ¡El año que viene será increíble! ¿Qué crees que habrá pasado para esta fecha, el próximo año?
GANADORA Pues, seguramente habré grabado mi primer disco y...
REPORTERO Christopher, tus aficionados no habrán creído lo que pasó esta noche. Si hubieras tenido otra oportunidad, ¿qué habrías hecho distinto?
FINALISTA Quizás si hubiera cantado algo más clásico, los jueces no me habrían criticado tanto. O si hubiera..

 Practice more at **vhlcentral.com.**

Communication 1.1
Comparisons 4.1

Teaching Tips

1 Write four additional cloze sentences on the board, leaving blanks for the verbs. Have pairs complete them with the verbs of their choice and then read their sentences aloud. Vote on the most creative sentences.

3 Before completing the activity, review **si** clauses in all tenses.

4 To help groups get started, have them list verbs and vocabulary words to use in their interviews.

21st CENTURY SKILLS

4 Flexibility and Adaptability Remind students to include input from all team members, adapting their presentation so it represents the whole group.

21st CENTURY SKILLS

4 Productivity and Accountability As a class, decide if the rubric you developed for the previous chapter works for this chapter's assignment. If not, adjust it to meet what students need to accomplish.

Extra practice Make a series of statements using the past perfect indicative, then begin reactions to the statements using the past perfect subjunctive. Have students complete the reactions.
Ex: **Jorge había esculpido una estatua para el festival. Fue maravilloso que... (Jorge hubiera esculpido una estatua para el festival.)**

DIFFERENTIATION

For Visual Learners Before completing **Actividad 1**, ask volunteers to scan each item to find the subject of the dependent (second) clause and read it aloud to the class. Then as students complete the sentence, they can circle the subject of the main clause before trying to insert the verb.
For Kinesthetic Learners After students have completed **Actividad 2**, review the answers by playing **Rompecabezas**.

DIFFERENTIATION

Ask students to write their answers on slips of paper. Then ask the students to separate the slips between clauses cutting each one in a different puzzle pattern. Then ask students to exchange their puzzle pieces with a partner and try to reassemble the sentences using their knowledge of past perfect subjunctive and the puzzle pattern clues.

Section Goals

In **Cinemateca**, students will:

- watch the short film ***Las Viandas***
- practice listening for and using vocabulary and structures learned in this lesson

Communication 1.2
Comparisons 4.1

Instructional Resources
vText
Supersite/DVD: Film Collection
Supersite/TRCD: ***Cortometraje*** Transcript & Translation

Teaching Tips

- Explain that the vocabulary presented is given for this specific situation. You can give other connotations for **compromiso (obligación contraída, palabra dada)** and **contundente (argumento convincente).**
- **Heritage Speakers** Ask students to share about the food in their families' countries of origin. **¿Cuáles son las comidas típicas de tu país? ¿Sigues comiéndolas aquí en los Estados Unidos? ¿Cuándo? ¿Por qué?**

1 For additional practice, have students form sentences with the remaining words and read their sentences aloud.

2 Virtual Chat You can also assign activity 2 on the Supersite. Students record individual responses that appear in your gradebook.

2 Continue the discussion: **Dicen que crear arte puede ser terapéutico. ¿Estás de acuerdo? Da ejemplos de alguna situación en la cual el arte te ayudó a ti o a alguien que conoces a superar una situación difícil.**

3 Have students write down their predictions. After watching the film, have students read their predictions and see if they were correct.

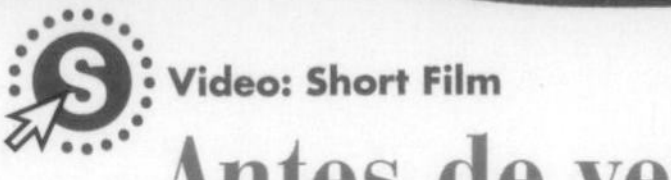
Video: Short Film

Antes de ver el corto

LAS VIANDAS

país España
duración 19 minutos
director José Antonio Bonet
protagonistas Papandreu (chef), el comensal, empleados del restaurante, otros comensales

Vocabulario

acompañar *to come with*
la barbaridad *outrageous thing*
el cochinillo *suckling pig*
el/la comensal *dinner guest*
el compromiso *awkward situation*
contundente *filling; heavy*
el jabalí *wild boar*
la ofensa *insult*

1 Definiciones Completa las oraciones con las palabras apropiadas.

1. Cuando un plato es muy caro, podemos decir que cuesta una barbaridad.
2. Si un plato te llena inmediatamente, significa que es un plato contundente.
3. Alguien que está invitado a comer es un comensal.
4. Un jabalí es una especie de cerdo salvaje.
5. En algunas culturas, rechazar la comida es una ofensa.
6. Meter a alguien en un compromiso significa ponerlo en una situación incómoda.

2 Preguntas En parejas, contesten las preguntas.

1. ¿Te gusta cocinar? ¿Crees que cocinar es un arte?
2. ¿Qué profesiones consideras que son arte? ¿Por qué?
3. ¿Conoces a alguien que sea o que se considere artista? ¿Cómo es?
4. Según tu opinión, ¿tienen los artistas una personalidad diferente a las personas que no son artistas? Explica tu respuesta.

3 ¿Qué sucederá? En parejas, miren los fotogramas e imaginen lo que va a ocurrir en la historia. Compartan sus ideas con la clase.

Practice more at **vhlcentral.com.**

CRITICAL THINKING

Comprehension and Application Ask students to form small groups to discuss the following questions: **¿Cuál es tu comida favorita? ¿Cuál es tu restaurante favorito? ¿Cómo es? ¿Hay camareros? ¿Cómo son? ¿Conoces al chef del restaurante? ¿Cómo es?** Encourage students to use the new vocabulary whenever possible.

CRITICAL THINKING

Application and Analysis Ask students to prepare a meal—real or imaginary—for their family. Then ask them to share with the class: **¿Qué preparaste? ¿Cómo presentaste la comida? ¿Le gustó la comida a tu familia? ¿Cómo te sentiste al final de la cena?** This activity will not only help students use new vocabulary they have learned, but will help them empathize with the chef in the film.

Communication 1.2
Cultures 2.1, 2.2
Connections 3.2
Comparisons 4.2

master cluster
presenta

ROBERTO ÁLVAREZ

JOSÉ MARÍA POU

Las Viandas

(Viands)

un film de/a film by
JOSE ANTONIO BONET

PEDRO CASABLANC MIGUEL DEL ARCO JOSÉ RAMÓN PARDO SARA ILLÁN

LOLA LEMOS MARGARITA LASCOITI JORGE SUQUET ANNE CAILLON JEAN-MARIE MONDINI JOSE TORIJA ISABEL GALVEZ ANDREA RAMIREZ CLAUDIA ALVAREZ

Productor Ejecutivo/Executive Producer PEDRO PALACIOS Productor Asociado/Associate Producer CHRISTOPHE BOUFFIL-CANTONI Fotografía/Director of Photography ALFONSO POSTIGO Montaje/Editing ADORACIÓN G. ELIPE Casting JOSÉ CARLOS RUIZ Director de Arte/Art Director HÉCTOR G. BERTRAND Música/Music NACHO CABELLO Postproducción de Sonido/Sound Postproduction DAVID RODRÍGUEZ Vestuario/Costumes JOSÉ MARÍA DE COSSÍO Sonido Directo/Sound Recording SOUNDERS CREACIÓN SONORA con la participación de/with the collaboration of JAVIER F. VALLADO basado en un argumento de/based on a story by SANTIAGO G. AGULLO & JOSÉ ANTONIO BONET

Escrita y Dirigida por/Written and Directed by JOSÉ ANTONIO BONET

CANAL+ ESPAÑA TVV Pecera Southern Sun S.L. Cinema JCVE DOLBY DIGITAL Kodak

Previewing Strategy

Ask volunteers to share any experience they have had eating in a fancy restaurant like the one pictured in the poster. Ask them how they felt, how they liked the food, and how they enjoyed the experience overall.

Teaching Tips

- **For Inclusion** Give all students some sticky tabs and ask them to label the poster using new and old vocabulary. Have volunteers read their tabs.
- **For Auditory Learners** Say phrases describing the different people in the image and ask students to point to the person being described.
- **To Challenge Students** Ask students to create more examples for the auditory learning activity above and read them aloud for the class to identify.
- **For Kinesthetic Learners** Ask volunteers to strike poses like one of the people in the image and have the class guess which person they are imitating.
- Ask pairs to choose two people in the poster and create a scene that begins with the pose from the image. Have the class guess which people the pairs are representing.

CRITICAL THINKING

Comprehension and Synthesis Ask students to form small groups to write a descriptive paragraph about the poster. Ask them to include a description of the image and a summary of important written information.

CRITICAL THINKING

Application and Analysis Ask students to form pairs to create an image of what they imagine to be happening inside the kitchen or outside the restaurant at the same moment the poster photo was taken. Students can use magazine clippings, downloaded photos, or sketches in their images. Display the images around the room during the viewing and discussion of the film.

Video Synopsis A man goes to a restaurant in the mountains and orders the daily special. The world-renowned chef presents him with a veritable feast of haute cuisine, but when the customer is unable to clear his plate, the waiter insists that the chef must not be offended. The situation becomes so desperate that the customer tries to escape through a bathroom window.

PRE-AP*

Interpretive Audiovisual Communication
Ask students their views on proper etiquette when eating a meal at a restaurant. **¿Alguna vez te has sentido obligado/a a comer algo que no te haya gustado? ¿Te parece de mala educación no acabarte la comida en un restaurante?**

Teaching Tips

- Explain that the chef in the film is foreign. He speaks Spanish with an accent and tends to omit words (denoted by brackets in the video script).
- Ask students to discuss other "eating" or "chef" movies or television shows they have seen. Have volunteers summarize the movie and express their opinions of it.

NATIONAL STANDARDS
Communities Have students research table manners in various countries. Ask them to compare and contrast the rules of etiquette in different cultures. You may want to review some of the rules of formal etiquette in U.S. culture in case students are not familiar with them.

21st CENTURY SKILLS

Social and Cross-Cultural Skills
Have students work in groups to choose aspects of the movie that differ from what they would expect in their daily life. Ask students to write two to three sentences about the difference and how they would explain what is different to a visitor from that culture.

Escenas

ARGUMENTO Un hombre va a un restaurante perdido en las montañas, donde probará los platos de un chef extranjero muy especial.

COMENSAL Buenas tardes. ¿Todavía se puede comer?
MAITRE Por supuesto. Leonora, el abrigo del señor… ¿Me acompaña, por favor?

MAITRE El primer plato del menú: sopa de judiones° con tocino° y salchicha vienesa°. El señor Papandreu, nuestro chef, ganó un premio con este plato.
COMENSAL ¿No le parece un poco contundente?

(Murmullos)
CHEF ¿El nuevo devuelve [la] comida?
CAMARERO Sí, sí, sí.
CHEF ¡Esto es una ofensa! ¡Nadie devuelve nunca [la] comida a Papandreu! ¡Papandreu es un artista! ¡Papandreu es [el] número uno! *(gritos)* Un artista.

MAITRE Señor, nos está poniendo a todos en un serio compromiso. Debe comerse el cochinillo de inmediato.
COMENSAL ¿Pero es que no lo entiende? ¡No puedo más!

COMENSAL Perdóneme, señor, pero ¡tengo que pedirle ayuda! Bueno, usted mismo lo está viendo. ¡Quieren que me coma un cochinillo! ¿Pero están locos?
HOMBRE No se preocupe. Lo he visto todo y tiene razón. Le comprendo. Confíe en mí. Hablaré con Papandreu.

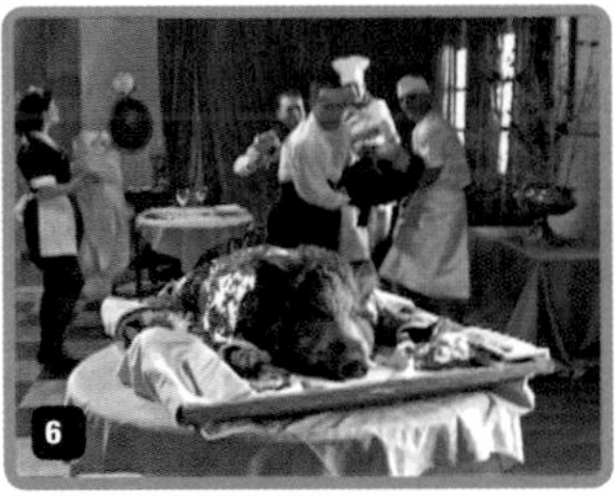

COMENSAL *(gritando)* ¡No quiero comer más! ¡No quiero comer este jabalí!
CHEF ¡Quieto! ¡Vas a comer jabalí como [un] niño bueno! ¡Come!
(Después de que el cliente come el jabalí.)
CHEF ¡El postre! ¡Papandreu, artista genial!

judiones *butter beans* **tocino** *bacon* **salchicha vienesa** *frankfurter*

CRITICAL THINKING

Comprehension and Analysis Ask pairs of volunteers to read the script below the video stills aloud. Then, as a class, summarize the film based on the content of the stills. You may want to use a story map or a graphic organizer to record the class's summary of the film.

CRITICAL THINKING

Application and Synthesis Ask small groups to write scene 7, predicting the end of the film. Students should write the script and then practice it aloud. When ready, have the groups present their scenes to the class. Take a survey of which ending students consider to be most likely.

 Communication 1.1, 1.3

Después de ver el corto

1 Comprensión Contesta las preguntas con oraciones completas.

1. ¿Dónde está el restaurante?
   El restaurante está en las montañas.
2. ¿Qué ocurre cuando el cliente dice que no puede comer más sopa?
   La camarera le sirve más.
3. ¿Por qué se enoja el chef cuando regresa el camarero a la cocina?
   El chef se enoja porque dice que nadie devuelve sus platos.
4. ¿Para qué va el comensal al servicio (*restroom*)?
   El cliente va al servicio para escaparse por la ventana.
5. En el servicio, ¿qué le promete el otro comensal al protagonista?
   Le promete que va a ayudarle y que va a hablar con el chef.
6. ¿Qué hace el protagonista al ver que el otro comensal no lo ha ayudado?
   El protagonista intenta ir a su carro.
7. ¿Qué hacen los camareros y el chef cuando lo detienen?
   Los camareros y el chef lo obligan a comer.

2 Ampliación Contesta las preguntas con oraciones completas.

1. ¿Por qué dice el chef que todo el mundo debe probar su comida?
2. ¿Por qué crees que los otros clientes no ayudan al protagonista?
3. ¿Qué temas se tratan en *Las viandas* además de la cocina?
4. ¿Crees que Papandreu es un artista? ¿Por qué? ¿Es común que los artistas se comporten así?
5. ¿Qué sucede al final de la historia? ¿Podrá el protagonista irse del restaurante? ¿Y los demás comensales?
6. ¿Qué habrías hecho tú si fueras el protagonista?

3 Los comensales En parejas, elijan un fotograma y describan la vida del personaje o los personajes. Escriban por lo menos cinco oraciones. Usen las preguntas como guía.

- ¿Cómo son?
- ¿Por qué están en el restaurante?
- ¿Cómo son sus vidas?
- ¿Qué opinan de Papandreu?

4 ¡Soy un artista! En parejas, imaginen que se encuentran con un artista un poco especial, como el chef de *Las viandas*. La escena, sin embargo, se desarrolla en otro ambiente. Elijan uno de los lugares y personajes sugeridos, u otro que prefieran, y escriban un párrafo contando la historia. Después, compártanla con la clase.

- **un quirófano (*operating room*) y un cirujano de gran renombre**
- **una pasarela (*runway*) y una supermodelo**
- **un estudio de diseño y un diseñador premiado**
- **una peluquería y un estilista famoso**

 Practice more at **vhlcentral.com.**

Teaching Tips

1 2 For Inclusion Ask students to look back at the script for the answers given there. Then replay the film, pausing at key times to allow students to take notes.

1 To further test students' comprehension, call on students to create a timeline of the film's events on the board.

1 Virtual Chat You can also assign activity 2 on the Supersite. Students record individual responses that appear in your gradebook.

2 Ask additional questions about the end of the film. **¿Crees que este cortometraje tiene un final abierto? ¿Por qué? ¿Cómo habría terminado esta historia si el cliente hubiera podido escapar?**

3 Expansion Have students describe what these characters' first experience at Chef Papandreu's restaurant was like.

4 To help students get started, ask them to map out the main events in their stories before they begin writing.

4 To Challenge Students Encourage them to write a whole story rather than just a paragraph. Display the stories around the room for the class to enjoy during free time.

Expansion Ask students to imagine that the customer in ***Las viandas*** made a phone call to a friend or family member upon leaving the restaurant. Have pairs create a conversation and perform it for the class.

CRITICAL THINKING

Analysis As a class, discuss what genre the film should be categorized as: **acción, comedia, drama,** etc. Ask students to provide examples from the film to support their opinions.
Comprehension, Synthesis, and Evaluation Ask pairs of students to write a one- to two-paragraph review of the film. If possible, provide a sample film review from a Spanish-language newspaper or magazine. Students' introduction should summarize the film. The middle should give their opinion with supporting examples from the film. Their endings should recommend the film (or not) and summarize why. Have pairs exchange their paragraph with at least one other pair and compare the reviews.

Section Goals

In **Lecturas**, students will:

- learn about **Julio Cortázar** and **el realismo fantástico**
- read **Cortázar's *Continuidad de los parques***
- learn about the young Latin American group of writers **McOndo** and contrast their style with magical realism

Communication 1.2
Comparisons 4.1

Instructional Resources
vText
Cuaderno de práctica, p. 99
Cuaderno para hispanohablantes, pp. 155–159
Supersite: Additional practice

Teaching Tips

- Ask the class to discuss the feeling the painting conveys: **¿Cómo se sienten las mujeres? ¿Cómo lo sabes? ¿Qué efecto, o efectos, tienen los colores en los sentimientos de las personas? ¿Cómo te sientes cuando miras la imagen?**
- **For Inclusion** Point to the book and the people in the image and ask volunteers to describe them.
- **For Visual and Kinesthetic Learners** Ask students to create a different image to accompany the quote. Have them share their image with the class and explain why it complements the quote.
- **To Challenge Students** Ask students to write a statement that expresses what they believe about literature. Their statement can begin the same way as Vargas Llosa's: **"La literatura nace…"** Display the quotes around the room.

10 LECTURAS

Dos mujeres leyendo, 1934
Pablo Picasso, Spain

"La literatura nace del paso entre lo que el hombre es y lo que quisiera ser."

— Mario Vargas Llosa

CRITICAL THINKING

Knowledge and Comprehension Ask volunteers to describe the painting. Then ask volunteers to explain the quote in Spanish. Ask several students to give examples to support the explanation of the quote.
Synthesis Ask the class to connect the quote with the painting. Accept all reasonable responses, but ask volunteers to support their ideas with details from the image and the quote.

CRITICAL THINKING

Analysis and Evaluation Ask pairs to discuss their opinion of the painting and support their opinions with specifics from the image. If possible, show other paintings by Pablo Picasso and ask students to consider the style and subject of his paintings. Then ask them to evaluate him as an artist.

Antes de leer

Continuidad de los parques

Sobre el autor

Julio Cortázar nació en Bruselas, Bélgica, en 1914. Llegó a Argentina cuando tenía cuatro años. En 1932 se graduó como maestro de escuela y luego comenzó sus estudios en la Universidad de Buenos Aires, los cuales no pudo terminar por motivos económicos. Desde 1951, hasta su muerte en 1984, vivió en París. A pesar de vivir muchos años fuera de Argentina, Cortázar siempre se mostró interesado en la realidad sociopolítica de América Latina. En sus textos representa al mundo como un gran laberinto del que el ser humano debe escapar. Su obra se caracteriza por el uso magistral (*masterful*) del lenguaje y el juego constante entre la realidad y la fantasía. Por esta última característica se lo considera uno de los creadores del "realismo fantástico". Sus obras más destacacas (*best known*) son la novela *Rayuela* (1963) y libros de cuentos como *Historias de cronopios y de famas* (1962).

Vocabulario

acariciar *to caress*	**la coartada** *alibi*	**el repaso** *review*
al alcance *within reach*	**la mejilla** *cheek*	**el/la testigo** *witness*
el arroyo *stream*	**el pecho** *chest*	**la trama** *plot*

Oraciones incompletas Completa las oraciones.

1. Antes del examen hicimos un ___repaso___.
2. La niña ___acaricia___ la ___mejilla___ de su hermanito y le sonríe.
3. Decidimos acampar junto al ___arroyo___.
4. El otro día fui ___testigo___ de un hecho extraordinario.

Conexión personal ¿Leíste alguna vez un libro tan interesante y fascinante que simplemente no podías dejar de leerlo? ¿Cuál? ¿Tuviste una experiencia similar con una película o serie de televisión?

Análisis literario: el realismo fantástico

Entretejer (*Weaving*) la ficción y la realidad se ha convertido en un recurso frecuente en la literatura latinoamericana. Este recurso es particularmente común en la obra de escritores argentinos como Jorge Luis Borges y Julio Cortázar. A diferencia del realismo mágico, que se caracteriza por mostrar lo maravilloso como normal, en el realismo fantástico se confunden realidad y fantasía. Se presenta un hecho real y se le agrega un elemento ilusorio o fantástico sin nunca marcar claramente los límites entre uno y otro. Esto lleva a historias dentro de historias y el lector debe darse cuenta, o a veces elegir conscientemente, en qué historia está o qué está sucediendo. A medida que leas *Continuidad de los parques,* busca elementos del realismo fantástico.

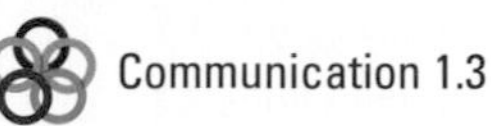

Communication 1.3

Teaching Tips

- Read the quote on page 384 aloud and discuss. Ex: **¿Es verdad que la literatura siempre representa lo que querríamos ser? ¿Prefieres que la literatura sea optimista o pesimista?**
- Ask students to make flashcards of the new vocabulary and play a game of **Concentración**.

Conexión personal
Ask additional questions to spark discussion. Ex: **¿Por qué es importante identificarse con los personajes de una novela o película? ¿Crees que las experiencias personales influyen en la manera en que una persona interpreta una historia?**

Análisis literario
Discuss fantastic realism. **¿Qué dificultades presenta la lectura de una historia de realismo fantástico?**

Expansion Ask pairs to make a crossword puzzle of all of the vocabulary words and exchange it with another pair to complete.

NATIONAL STANDARDS
Connections: Literature
Have students discuss the relationship between fantasy and reality and give examples from other literature or art.

PRE-AP*

Reading and Interpersonal Writing Read and discuss with the class the information about fantastic realism on this page. Provide them with another source, and remind them of what they have already learned about magical realism. After discussing the differences between **realismo mágico** and **realismo fantástico**, have students write about the differences. Tell students: **Describan por lo menos dos diferencias que hay entre el realismo mágico y el realismo fantástico.**

Cultures 2.1, 2.2
Connections 3.2

Teaching Tips

- **Visual and Kinesthetic Learners** Display several large pictures around the room that could also accompany the title of the story. Ask students to walk around to look at the pictures, then stand next to the one they think best suits the story's title. Using vocabulary for literary analysis, have each student briefly explain his or her choice to the class.
- **For Inclusion** Read the story aloud to the class. Pause after each paragraph and ask volunteers to summarize. Then model filling in the Reading Strategy chart before moving on to the next paragraph.
- **To Challenge Students** Ask students to triple read the story silently: once quickly for cursory comprehension; once slowly, identifying and looking up important, unknown words; and once more for complete comprehension. Then have students take notes and compare Reading Strategy charts with a partner.
- **Auditory Learners** Ask groups of three to take turns triple-reading the story aloud. Then, together, the small groups should complete their Reading Strategy charts.

Reading Strategy Help students make a graphic organizer on which to record their notes while reading. On the board, model making a four-column chart with these headings: **Los personajes, El escenario, La acción, La fantasía.**

Continuidad

Julio Cortázar

CRITICAL THINKING

Knowledge and Application Ask pairs to define the word **continuidad**. Then ask them to explain its importance in their lives. Remind students to give examples to support their ideas. Have pairs share with the class definitions and opinions of **continuidad**.

CRITICAL THINKING

Synthesis and Analysis Ask volunteers to describe the image on page 386 and explain how it relates to the title, ***Continuidad de los parques***. Record their ideas on chart paper; later, type up the list and distribute copies after reading the selection. Students should keep these lists in their notebook to refer to when studying for the exam.

de los parques

Había empezado a leer la novela unos días antes. La abandonó por negocios urgentes, volvió a abrirla cuando regresaba en tren a la finca°; se dejaba interesar lentamente por la trama, por el dibujo de los personajes. Esa tarde, después de escribir una carta a su apoderado° y discutir con el mayordomo° una cuestión de aparcerías°, volvió al libro en la tranquilidad del estudio que miraba hacia el parque de los robles°. Arrellanado° en su sillón favorito, de espaldas a la puerta que lo hubiera molestado como una irritante posibilidad de intrusiones, dejó que su mano izquierda acariciara una y otra vez el terciopelo° verde y se puso a leer los últimos capítulos. Su memoria retenía sin esfuerzo los nombres y las imágenes de los protagonistas; la ilusión novelesca lo ganó casi enseguida. Gozaba del placer casi perverso de irse desgajando° línea a línea de lo que lo rodeaba, y sentir a la vez que su cabeza descansaba cómodamente en el terciopelo del alto respaldo°, que los cigarrillos seguían al alcance de la mano, que más allá de los ventanales danzaba el aire del atardecer bajo los robles. Palabra a palabra, absorbido por la sórdida disyuntiva° de los héroes, dejándose ir hacia las imágenes que se concertaban y adquirían color y movimiento, fue testigo del último encuentro en la cabaña del monte°.

Primero entraba la mujer, recelosa°; ahora llegaba el amante, lastimada la cara por el chicotazo° de una rama°. Admirablemente restañaba° ella la sangre con sus besos, pero él rechazaba sus caricias, no había venido para repetir las ceremonias de una pasión secreta, protegida por un mundo de hojas secas y senderos furtivos. El puñal° se entibiaba° contra su pecho y debajo latía° la libertad agazapada°. Un diálogo anhelante° corría por las páginas como un arroyo de serpientes, y se sentía que todo estaba decidido desde siempre. Hasta esas caricias que enredaban° el cuerpo del amante como queriendo retenerlo y disuadirlo, dibujaban abominablemente la figura de otro cuerpo que era necesario destruir. Nada había sido olvidado: coartadas, azares, posibles errores. A partir de esa hora cada instante tenía su empleo minuciosamente atribuido. El doble repaso despiadado° se interrumpía apenas para que una mano acariciara una mejilla. Empezaba a anochecer.

Sin mirarse ya, atados rígidamente a la tarea que los esperaba, se separaron en la puerta de la cabaña. Ella debía seguir por la senda° que iba al norte. Desde la senda opuesta él se volvió un instante para verla correr con el pelo suelto. Corrió a su vez, parapetándose° en los árboles y los setos°, hasta distinguir en la bruma malva° del crepúsculo° la alameda° que llevaba a la casa. Los perros no debían ladrar°, y no ladraron. El mayordomo no estaría a esa hora, y no estaba. Subió los tres peldaños° del porche y entró. Desde la sangre galopando° en sus oídos le llegaban las palabras de la mujer: primero una sala azul, después una galería, una escalera alfombrada°. En lo alto, dos puertas. Nadie en la primera habitación, nadie en la segunda. La puerta del salón, y entonces el puñal en la mano, la luz de los ventanales, el alto respaldo de un sillón de terciopelo verde, la cabeza del hombre en el sillón leyendo una novela. ■

country house
agent
butler
sharecropping
oak trees / Settled
velvet
tearing off
back (of chair or sofa)
dilemma
the cabin in the woods
suspicious(ly)
lash / branch
staunched
dagger / was becoming warm
was beating
crouched (in wait) / yearning
were entangling
pitiless
trail
taking cover
hedges / mauve mist
twilight / poplar-lined path
bark
steps
pounding
carpeted

Teaching Tips

- Before reading, explain to students that the story begins *in medias res*, a Latin expression that means "in the middle of things." In other words, there is no introduction. The reader jumps right into the main character's life and has to figure out what is going on along the way.
- Encourage students to read the text section by section, underlining sensory details for later discussion.
- After students read the first paragraph, stop them and ask: **¿Qué hace en este momento el personaje? ¿Cuál es su profesión? ¿Cómo lo sabes? ¿Qué pistas hay?** Students should respond that he is the owner of a farm, reading a novel.

CRITICAL THINKING

Comprehension and Synthesis After students complete their reading and their Reading Strategy charts, have volunteers share their charts with the class. Focus on the action and fantasy columns. Make sure the class understands what happened in the story. Then ask them to decide what is fantasy and what is reality and why they think that, supporting their ideas with information from the story.

CRITICAL THINKING

Application and Evaluation Ask students to tell whether they liked the story or not. Ask them to support their opinions with information from the story and their own lives. Then ask volunteers to share a time when they imagined they were part of a book or a movie (perhaps when they were a child). Ask the class to relate these experiences to that of the **dueño** in the story.

Communication 1.1, 1.3

Teaching Tips

- After reading and discussing the story, ask students to discuss and evaluate the title and the image on page 386. Ask: **¿Dónde hay continuidad en el cuento? ¿Quién está en el parque? ¿Quién está en la imagen?**

1 For Inclusion Encourage students to find cognates to help them read the items.

2 Ask students to look at their answers to item 3. Then, have them work in pairs to invent a backstory, describing a series of events that leads one or more of the characters to this particular night.

3 Before beginning the activity, ask: **¿Cuál es el punto de vista? ¿Quién narra la historia?**

4 Before students begin writing, have them reread the text and take notes on the adjectives used to describe the characters. Encourage them to recycle these words when writing their new ending.

Expansion Ask students to share experiences with other stories or films in which the lines between reality and fantasy are blurred. Ex: *The Matrix, The Wizard of Oz, Avatar.* Ask small groups to choose one of the titles and compare and contrast it with ***Continuidad de los parques***. Groups should use a Venn diagram to compare and contrast the two works.

Después de leer

Continuidad de los parques

Julio Cortázar

1 Comprensión Ordena los hechos que suceden en el cuento.

2 a. Sentado en su sillón de terciopelo verde, volvió al libro en la tranquilidad del estudio.

5 b. Finalmente, ella se fue hacia el norte y él llegó hasta la casa del bosque.

1 c. Un hombre regresó a su finca después de haber terminado unos negocios urgentes.

8 d. Llegó hasta el salón y se dirigió hacia el hombre que, sentado en el sillón de terciopelo verde, estaba leyendo una novela.

6 e. Ese día los perros no ladraron y el mayordomo no estaba.

3 f. En la novela, una mujer y su amante se encontraban en una cabaña.

7 g. Él subió los tres peldaños del porche y entró en la casa.

4 h. Se habían reunido allí para terminar de planear un asesinato.

2 Interpretación Contesta las preguntas.

1. Según se deduce de sus costumbres, ¿cómo crees que es la personalidad del hombre que estaba sentado en el sillón? Presenta ejemplos del cuento.
2. ¿Por qué crees que el mayordomo no trabajaba ese día?
3. ¿Qué relación hay entre la pareja de la cabaña y el hombre que está leyendo la novela?
4. ¿Quién crees que es la víctima? Haz una lista de las claves que hay en el cuento.
5. ¿Qué elementos visuales del cuento son propios de la novela de misterio?
6. ¿Cómo logra el escritor mantener la atención de sus lectores?

3 Análisis En "Continuidad de los parques", Julio Cortázar mezcla la realidad con la ficción. En parejas, conversen sobre estas preguntas.

1. ¿Qué habría pasado si el hombre del sillón hubiera cerrado el libro antes?
2. Imaginen que la novela que está leyendo el hombre es de otro género: humor, romance, ciencia ficción, etc. ¿Cuál habría sido el final en ese caso? Escríbanlo y, luego, compártanlo con la clase.
3. Expliquen por qué creen que este cuento se titula "Continuidad de los parques".

4 Un nuevo final Escribe un párrafo que describa lo que sucede después del final del cuento. ¿Sobre cuál de las dos historias vas a escribir? ¿La historia del hombre que lee la novela o la segunda historia dentro de la primera?

Practice more at **vhlcentral.com.**

PRE-AP*

Presentational Writing Have students write a formal essay of 200 words, discussing the life of Cortázar and how it is reflected in ***Continuidad de los parques***. Read and discuss the story in class. Give them another source in Spanish about the author's life. Then have them write an analysis of the story, which will be corrected according to the AP rubrics. Tell students: **Tienen 45 minutos para escribir un análisis del cuento. Hagan referencia a la vida del autor y el uso del surrealismo fantástico en la obra. Deben citar el cuento y la fuente biográfica.**

Antes de leer

Vocabulario

la alusión *allusion*
el canon (literario) *(literary) canon*
editar *to publish*
el estereotipo *stereotype*
estético/a *aesthetic*
la narrativa *narrative work*
el relato *story; account*
transcurrir *to take place*
tratar (sobre/acerca de) *to be about; to deal with*

La muerte y la doncella Completa las oraciones con el vocabulario de la tabla.

1. El argentino-chileno Ariel Dorfman se considera representante del ___canon___ literario de Latinoamérica, en parte por el éxito de su obra de teatro *La muerte y la doncella.*
2. La ___narrativa___ de Dorfman incluye géneros como la novela y el ensayo.
3. *La muerte y la doncella* ___trata acerca de/sobre___ los efectos de la tortura en una mujer que cree encontrarse con su torturador.
4. La obra es interesante porque los personajes no son ___estereotipos___, sino que son individuos complejos.
5. La acción ___transcurre___ en un lugar que no se identifica, pero podría ser el Chile de Pinochet.

Conexión personal ¿Puede haber estereotipos positivos? ¿O son todos, por definición, negativos? ¿Cómo puede un estereotipo aparentemente positivo afectar negativamente a un individuo?

Contexto cultural

Gabriel García Márquez

En 1967, Gabriel García Márquez (ver **pp. 192–195**) escribió una obra que ha dejado una huella (*mark*) profunda en la literatura de América Latina. *Cien años de soledad* es uno de los mayores ejemplos del *realismo mágico* y nos transporta al pueblo mítico de Macondo, donde objetos comunes como el hielo (*ice*) se presentan como maravillosos, mientras las cosas más sorprendentes —como una lluvia de flores que caen del cielo— se narran como si fueran normales. Incluso en el siglo XXI, las obras de García Márquez dominan el mercado literario y se siguen estudiando como ejemplos de un género creativo y comprometido (*politically engaged*). Lo que es más notable aún, han conseguido definir un estilo que se reconoce mundialmente como latinoamericano y que todavía inspira a nuevos escritores. Isabel Allende y Laura Esquivel son dos escritoras destacadas que emplean la técnica del realismo mágico para combinar lo mundano con lo sobrenatural. Las muy exitosas novelas *La casa de los espíritus* (1982) y *Como agua para chocolate* (1989) son claros ejemplos de este género.

 Communication 1.3

Teaching Tips

- Ask pairs of students to write cloze sentences with the remaining vocabulary and then exchange them with another pair to solve.
- Ask students to make flashcards with the new vocabulary and play a game in which each partner holds a deck of flashcards in his or her hands. On the count of three, they each flip one card over, picture/sentence/definition side up. The first person to say both Spanish words wins both cards. If no one says the words correctly, both people take their cards back and put them at the bottom of their pile, noting the vocabulary words they missed for next time.

Culture Note Discuss the effects of globalization. Encourage students who have traveled or lived in other countries to talk about their experiences abroad. Ask: **¿Qué elementos son "globales" hoy en día? ¿La comida? ¿Las telecomunicaciones? ¿Crees que la globalización hace que las personas vayan perdiendo su cultura?**

NATIONAL STANDARDS
Communities Call on volunteers to give their own definition of a stereotype. Then have students tell anecdotes about their personal experiences with stereotypes. Ask: **¿Has tratado alguna vez a alguien de forma diferente a causa de algún estereotipo? ¿Cuál es la mejor forma de acabar con los estereotipos?**

CRITICAL THINKING

Knowledge and Comprehension Ask groups of students to research the life of Gabriel García Márquez. Then have them present their findings in a time line to be displayed around the room during the reading and discussion of the article.

CRITICAL THINKING

Application and Synthesis Ask pairs to summarize the **Contexto cultural**. Then ask volunteers to share with the class any knowledge or prior experience they have had with ***Cien años de soledad, La casa de los espíritus,*** or ***Como agua para chocolate.*** If possible, show clips from the latter two movies that particularly illustrate magical realism. Then discuss magical realism and its purpose in literature.

Communication 1.2
Cultures 2.1, 2.2
Connections 3.1, 3.2
Comparisons 4.2

Previewing Strategy Ask students to read the title of the article and look at the background art. Ask: **En tu opinión, ¿de qué trata este artículo?**

Teaching Tips

- Before reading, ask pairs to create an SQA chart: In the first column they record all they already know (**saber**) about **McOndo**. In the second column, they record all that they want (**querer**) to know or their questions about **McOndo**. Then after they read the article, have students record all that they learned (**aprender**) in the third column.
- **For Inclusion** Read the article slowly aloud, pausing after each paragraph to allow volunteers to summarize. Then allow time for students to take notes in the second and third columns of their SQA charts. Model asking new questions and taking notes as necessary.
- **To Challenge Students** Ask students to triple-read the article silently. Then ask them to take notes in their SQA charts and share them with a partner to check their comprehension.
- **For Auditory Learners** Ask the class to form five groups. Assign each group one paragraph including inserts. Groups read their paragraph aloud and then summarize it by taking notes in their SQA charts. Then they present their paragraphs to the class so that the rest of the class can take notes in their charts.

De Macondo a McOndo

En Santiago de Chile, ¿es típico observar una tormenta de flores? ¿Es sorprendente encontrar un cubito de hielo° en una Coca-Cola en Buenos Aires? Un grupo de jóvenes escritores, encabezado° por el chileno Alberto Fuguet, responde rotundamente° que no. Estos escritores afirman que tienen más en común con la generación estadounidense que creció con los videojuegos y MTV que con el mundo mágico y mítico de Macondo. Por eso, transformando el nombre del pueblo ficticio de las novelas de García Márquez, el grupo tomó el nombre "McOndo" en un guiño de ojo° al

ice cube
led
emphatically
wink

CRITICAL THINKING

Knowledge and Comprehension Ask the class to scan the first paragraph of the article for cognates. Then ask volunteers to list all the cognates on the board. Discuss as a class which are true and which are false. To simplify the reading, encourage students to identify the cognates throughout the article.

CRITICAL THINKING

Application and Synthesis Ask students to research the **McOndo** group on the Internet. Remind students how to select the Spanish-language option at their favorite search engine website. Encourage them to find and read at least one website on **McOndo** writers. Have students share their findings with the class.

omnipresente McDonald's, a las pioneras computadoras Macintosh y a los *condos*.

El grupo McOndo escribe una literatura intensamente personal, urbana y llena de alusiones a la cultura popular. Fuguet describe a su grupo como apolítico, adicto a la televisión por cable y aficionado a Internet. La televisión, la radio, el cine e Internet se infiltran en sus obras e introducen temas globales y muy corrientes°. Las obras de Fuguet revelan más huellas de Hollywood que de García Márquez o Borges, y mayor influencia de videos musicales estadounidenses que de *Cien años de soledad.*

¿Qué hay de latinoamericano en las obras de McOndo?, se preguntan algunos lectores que identifican América Latina con el realismo mágico. ¿No podrían transcurrir en cualquier sitio?, es otra pregunta habitual. Justamente, el editor de una revista literaria estadounidense muy prestigiosa le hizo esta pregunta a Fuguet después de que la revista rechazara° uno de sus cuentos. Las novelas de Isabel Allende y Laura Esquivel, por ejemplo, llevan al lector a un lugar exótico cuyos olores y colores son a la vez extraños y familiares. ¿Pueden tener éxito en el mercado literario relatos en los que nada es exótico para los lectores acostumbrados a la vida urbana de la gran ciudad?

Los escritores de McOndo tampoco se identifican con los productos de sus contemporáneos más realistas como, por ejemplo, Sandra Cisneros, Julia Álvarez y Esmeralda Santiago, que cuentan la difícil experiencia de los latinos en los Estados Unidos. Los personajes de McOndo son latinos en un mundo globalizado. Esto se ve como un hecho normal y no como una experiencia especial o traumática. Según los autores de McOndo, su literatura es tan latinoamericana como las otras porque sus obras tratan acerca de la realidad de muchas personas: una existencia moderna, comercial, confusa y sin fronteras. En su opinión, la noción de que la realidad latinoamericana está constituida por hombres de fuerza descomunal°, tormentas de flores y muchachas que suben al cielo no sólo es estereotípica sino empobrecedora°. En un ensayo muy conocido de salon.com que se ha convertido en el manifiesto de los escritores de McOndo, Fuguet escribe: "Es una injusticia reducir la esencia de América Latina a hombres con ponchos y sombreros, zares de la droga° que portan armas° y señoritas sensuales que se menean° al ritmo de la salsa". Fuguet prefiere representar el mundo reconocible de Internet, la comida rápida y la música popular. Sólo con el tiempo sabremos si su propuesta° estética tendrá la presencia duradera°, la influencia y la importancia indiscutida del realismo mágico. ■

current
rejected
massive
damaging
drug lords / gun-toting
swing
proposal
long-lasting

Los escritores de McOndo

Algunos escritores que se identifican con **Alberto Fuguet** y el mundo de McOndo son Rodrigo Fresán y Martín Rejtman de Argentina, Jaime Bayly del Perú, Sergio Gómez de Chile, Edmundo Paz Soldán de Bolivia (ver **p. 349**) y Naief Yehya de México. En 1997 Sergio Gómez y Alberto Fuguet editaron una antología de cuentos titulada *McOndo*, que incluye relatos de escritores latinoamericanos menores de treinta y cinco años.

Teaching Tips

- As students read, have them jot down a list of pop culture elements that are mentioned in the reading. Have them put a star next to those elements with which they strongly identify.
- **To Challenge Students** Assign each student or pair of students one of the writers mentioned in the insert on page 391. Have them research their lives and writing and present them to the class.
- Ask the class to debate whether the **McOndo** works are Latin American. Divide the class into two teams—**Sí** and **No**. Encourage each team to write and rehearse three to five points and counterpoints. To determine counterpoints, students must consider what the other side is most likely to say. Allow each team two minutes to state their points, listen to the other team, and state counterpoints.
- **Heritage Speakers** Ask students to speak about the influence of American popular culture in their families' countries of origin. Ask them to share what stores, fads, music, movies, shows, and people are known and liked in the country.

Expansion Find an example of **McOndo** writing that is appropriate for the class to read. Photocopy it and ask small groups to read it aloud. Have a class discussion of the plot summary, pop culture references, and students' opinions on what makes this writing Latin American.

PRE-AP*

Speaking: Panel Discussion Have students conduct a panel discussion in which they talk about contemporary writing. Each student should discuss a different writer. Possibilities include: Sandra Cisneros, Julia Álvarez, Gabriel García Márquez, Alberto Fuguet, Edmundo Paz Soldán, or any member of **McOndo**. Tell each student to describe the style of his or her writer. Then tell students: **Al final, ustedes van a crear una lista de libros que les gustaría leer.**

Communication 1.1, 1.3

Teaching Tips

1 **For Inclusion** Encourage students to refer back to the article to answer the questions. Model with item 1, identifying key words in the item and the appropriate passage(s) in the reading.

2 **For Visual Learners** Allow time for these students to jot down responses to each item before having to discuss them with a partner.

2 For item 2, have students share examples of stereotypes in literature they have read or movies they have seen.

3 To help students organize their thoughts, have them make two columns and take notes about the quotes under each.

3 Ask students additional questions: Ex: **¿Cuál es el propósito de estos autores?**

4 Brainstorm additional situations. Ex: **Tu reproductor de MP3 guarda toda la música del mundo; tu cámara digital puede pintar retratos.**

NATIONAL STANDARDS

Communities In groups of four, ask students to discuss how the digital era and increased mobility have increased cultural exchange. Ask students to group their examples in two columns: the first should list examples of U.S. influence on Latin American popular culture, and the second should provide examples of Latin American influence on U.S. popular culture.

Después de leer

De Macondo a McOndo

1 **Comprensión** Responde las preguntas con oraciones completas. Some answers will vary.

1. En el siglo XXI, ¿tienen éxito las obras de realismo mágico? Sí, las obras de García Márquez dominan el mercado literario y también son populares las novelas de Isabel Allende y Laura Esquivel.
2. ¿De dónde viene el nombre McOndo? Es una transformación de Macondo, el nombre del pueblo ficticio de García Márquez, y una referencia a McDonald's, a las computadoras Macintosh y a los *condos*.
3. ¿Cuáles son algunas de las influencias importantes en la literatura de Fuguet? La televisión, la radio, el cine e Internet son algunas de las influencias importantes.
4. ¿Cuáles son algunas de las críticas que reciben los escritores de McOndo? Sus obras podrían transcurrir en cualquier lugar; los personajes no son típicamente latinoamericanos.
5. ¿Por qué se identifican más los escritores de McOndo con algunos jóvenes estadounidenses que con García Márquez u otros escritores? El estilo de vida de estos escritores se parece al de los jóvenes estadounidenses.

2 **Reflexión** En parejas, respondan las preguntas.

1. ¿Qué opinan los jóvenes de McOndo de las representaciones de hombres con ponchos y de las señoritas sensuales que bailan salsa?
2. ¿Qué opinas del uso de estereotipos en la literatura y en el cine?
3. ¿Crees que el estilo de los escritores de McOndo es incompatible con el realismo mágico? ¿Se podrían combinar en una obra? ¿Cuál sería el resultado?

3 **Comparación** En grupos de tres, comparen las dos citas. La primera es de la lectura de García Márquez de la **Lección 5** y la segunda de Paz Soldán de la **Lección 9**. Las dos narran un cambio clave dentro de cada historia.

Un chorro (*spurt*) de luz dorada y fresca como el agua empezó a salir de la bombilla (*light bulb*) rota, y lo dejaron correr hasta que el nivel llegó a cuatro palmos. Entonces cortaron la corriente (*current*), sacaron el bote, y navegaron a placer (*at their pleasure*) por entre las islas de la casa.

Y era muy cierto que cualquiera podía manipular una imagen en la computadora, pero eran los mínimos detalles los que separaban al verdadero artista-técnico de la multitud. Las expresiones y las capas de colores que uno manipulaba en la pantalla debían definirse con números para cuya precisión a veces se necesitaban hasta seis decimales.

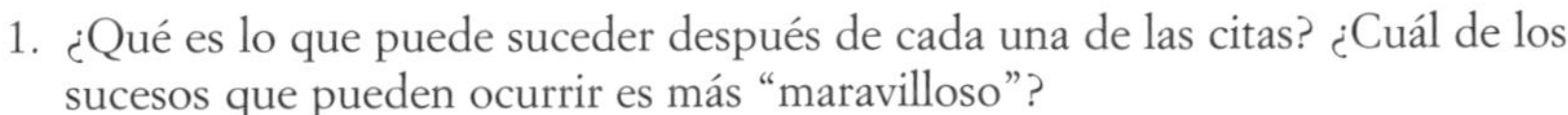

1. ¿Qué es lo que puede suceder después de cada una de las citas? ¿Cuál de los sucesos que pueden ocurrir es más "maravilloso"?
2. ¿Qué diferencias pueden observar en el estilo de los dos escritores? ¿Cuál es más directo? ¿Cuál usa más recursos literarios, por ejemplo, metáforas?
3. ¿Qué estilo prefieren? ¿Por qué?

recursos

vText

CP p. 99

CH pp. 155–159

vhlcentral.com

4 **Realismo mágico tecnológico** Elige una de las situaciones y escribe el primer párrafo de un cuento en el que el autor decide recurrir al realismo mágico para describir objetos y situaciones que se relacionan con la tecnología, la vida urbana y la cultura pop.

- un virus infectó la computadora
- tu celular hace llamadas por sí solo
- tu iPad lee tus pensamientos
- tu Wii quiere jugar al aire libre

Practice more at **vhlcentral.com.**

CRITICAL THINKING

Comprehension and Analysis As an alternative to **Actividad 3**, encourage students to record their ideas in a Venn diagram. To challenge students, encourage them to go back and read again the whole García Márquez reading from **Lección 5** and the whole Paz Soldán reading from **Lección 9**. Then groups can compare and contrast the complete stories.

CRITICAL THINKING

Application and Synthesis Challenge students to create their own **McOndo** story. Remind students that their story should be **"intensamente personal, urbana y llena de alusiones a la cultura popular."** Also, students should consider the influences of Fuguet, the founder of **McOndo**: **"la televisión, la radio, el cine e Internet."**

 Communication 1.1, 1.3

Atando cabos

¡A conversar!

Literatura y arte En grupos de cuatro, preparen una presentación sobre un(a) escritor(a), un(a) escultor(a) o un(a) pintor(a) que les interese.

Tema: Preparen una presentación sobre alguno de los artistas famosos de esta lección o elijan otro.

Preparación: Investiguen en Internet o en la biblioteca. Una vez tengan la información sobre el/la artista, elijan los puntos más importantes que van a tratar. Busquen o preparen material audiovisual para ofrecer una visión más amplia del tema.

Organización: Escriban un esquema que les ayude a organizar su presentación. Pueden guiarse respondiendo las siguientes preguntas.

1. ¿Dónde nació el/la artista?
2. ¿A qué se dedicó o dedica?
3. ¿Cómo llegó a ser conocido/a?
4. ¿Qué logros alcanzó con su obra?

Estrategia de comunicación

Cómo hablar de arte

1. No habríamos elegido a este/a artista si su obra no fuera...
2. Se hizo famoso/a gracias a...
3. Uno de los rasgos que caracteriza a este/a artista es...
4. A veces, los temas que trata son...
5. En esta obra podemos ver ciertos rasgos del movimiento cubista/surrealista/indigenista...
6. Actualmente, sus obras...

¡A escribir!

Obras maestras culinarias Imagina que eres un chef que, al igual que el chef de *Las viandas*, se considera un(a) verdadero/a artista. Todas las semanas escribes una columna con críticas de restaurantes para una revista de arte. Elige un plato que te guste cocinar o que siempre comas en tu restaurante favorito y escribe un párrafo para describir el plato como si fuera una obra de arte. Usa el vocabulario que aprendiste en esta lección.

MODELO Hoy quiero presentarles una obra radical: empanadillas de cochinillo con salsa Dalí. Es un verdadero festival estético para los ojos y el paladar *(palate)*.

recursos

Instructional Resources
vText
Cuaderno de actividades comunicativas, pp. 117–118
Cuaderno de práctica, p. 100
Cuaderno para hispanohablantes, pp. 160–161
Testing Program CD

Teaching Tips

¡A conversar!

- Have students form multileveled groups and divide the work according to individual strengths. Heritage Speakers can recommend artists from their families' countries of origin. Everyone researches, while a student with leadership strengths coordinates the tasks. Advanced students lead writing the **esquema**, while other students dictate information they have researched. Visual Learners lead making visuals, while Auditory Learners lead the presentation to the class.
- Before students begin their projects, bring in an art piece and model the phrases for talking about art.
- Give students additional questions to consider in organizing their presentation, Ex: **¿Cuál es el contexto histórico del artista? ¿Qué representa en sus obras? ¿Su arte ha cambiado a lo largo de su vida? ¿Dónde pueden ver sus obras?**

¡A escribir!

- Have students look at Spanish-language cooking magazines or websites to get ideas for dishes and food vocabulary.

21st CENTURY SKILLS

¡A escribir! Productivity and Accountability
As a class, adjust the rubric you developed for the previous chapter for this assignment. Ask students to review their assignments against the rubric before submitting their work.

CRITICAL THINKING

Evaluation Before students begin the **¡A conversar!** or the **¡A escribir!** projects, review the rubrics by which you will assess their work. For the presentation, you may want to consider assessing: **la habilidad de trabajar en grupo; la división equitativa de las tareas; la investigación completa; el material audiovisual; la organización del esquema; la presentación oral,** etc. For the article, you may want to assess: **la receta completa, la gramática, las ideas, la organización, la originalidad,** etc.

CRITICAL THINKING

Application Try to find ways to publish students' work. You may want to invite parents and other school personnel to the presentations. Have students make invitations in Spanish. You may want to include well-written articles on your school's website, or print a class cookbook.

Instructional Resources
vText
Supersite/TRCD: Testing Program (Testing Program MP3 Audio Files)
Textbook CD
Audio Activities CD
Testing Program CD

Teaching Tips

- Ask students to find their set of flashcards from the lesson. Then ask them to add any new words they missed.
- Once students have their flashcards, encourage pairs to play the game *Timed Concentration.* Pairs place their flashcards vocabulary side down. Set a timer on one minute and say: **¡Ya!** Student A points to a card, names the vocabulary, and flips the card over to check. If correct, A keeps the card. If incorrect, A returns the card. After one minute is up, set the timer again for Student B. At the end of six minutes, pairs see who has the most cards.
- **El bingo** Give students blank bingo cards with large squares. Students can illustrate or write definitions or synonyms for 25 of the vocabulary words. Remind them not to write the actual words.
- Then give each student a handful of playing pieces (beans, coins, etc.) Play several rounds of Bingo.
- Play a game of Win, Lose, or Draw. Divide the class into two teams. Have a member from each team come to the board. Secretly give them a vocabulary word that can be represented visually. Then the members draw a picture that represents the word. The first team to guess the word gets a point.

21st CENTURY SKILLS

Creativity and Innovation
Ask students to prepare a presentation about literature or art using lesson vocabulary and grammar.

10 VOCABULARIO

La literatura

el argumento	*plot*
la caracterización	*characterization*
la estrofa	*stanza*
el/la narrador(a)	*narrator*
la obra de teatro	*play*
la obra literaria	*literary play*
el personaje	*character*
el/la protagonista	*protagonist*
el punto de vista	*point of view*
la rima	*rhyme*
el verso	*line (of poetry)*
desarrollarse	*to take place*
hojear	*to skim*
narrar	*to narrate*
tratarse de	*to be about; to deal with*

Los géneros literarios

la (auto)biografía	*(auto)biography*
la ciencia ficción	*science fiction*
la literatura infantil / juvenil	*children's literature*
la novela rosa	*romance novel*
la poesía	*poetry*
la prosa	*prose*
clásico/a	*classic*
de terror	*horror (story/novel)*
didáctico/a	*educational*
histórico/a	*historical*
humorístico/a	*humorous*
policíaco/a	*detective (story/novel)*
satírico/a	*satirical*
trágico/a	*tragic*

Los artistas

el/la artesano/a	*artisan*
el/la dramaturgo/a	*playwright*
el/la ensayista	*essayist*
el/la escultor(a)	*sculptor*
el/la muralista	*muralist*
el/la novelista	*novelist*
el/la pintor(a)	*painter*
el poeta / la poetisa	*poet*

El arte

la acuarela	*watercolor*
el autorretrato	*self-portrait*
las bellas artes	*fine arts*
el cuadro	*painting*
la escultura	*sculpture*
la naturaleza muerta	*still life*
la obra (de arte)	*work (of art)*
el óleo	*oil painting*
el pincel	*paintbrush*
la pintura	*paint; painting*
la tela	*canvas*
dibujar	*to draw*
diseñar	*to design*
esculpir	*to sculpt*
reflejar	*to reflect; to depict*
abstracto/a	*abstract*
contemporáneo/a	*contemporary*
inquietante	*disturbing; unsettling*
intrigante	*intriguing*
llamativo/a	*striking*
luminoso/a	*bright*
realista	*realistic; realist*
al estilo de	*in the style of*
de buen/mal gusto	*in good/bad taste*

Las corrientes artísticas

la corriente/el movimiento	*movement*
el cubismo	*cubism*
el expresionismo	*expressionism*
el impresionismo	*impressionism*
el realismo	*realism*
el romanticismo	*romanticism*
el surrealismo	*surrealism*

Más vocabulario

Expresiones útiles	*Ver p. 367*
Estructura	*Ver pp. 374, 376 y 378*

Cinemateca

la barbaridad	*outrageous thing*
el cochinillo	*suckling pig*
el/la comensal	*dinner guest*
el compromiso	*awkward situation*
el jabalí	*wild boar*
la ofensa	*insult*
acompañar	*to come with*
contundente	*filling; heavy*

Literatura

el arroyo	*stream*
la coartada	*alibi*
la mejilla	*cheek*
el pecho	*chest*
el repaso	*revision; review*
el/la testigo	*witness*
la trama	*plot*
acariciar	*to caress*
al alcance	*withing reach*

Cultura

la alusión	*allusion*
el canon (literario)	*(literary) canon*
el estereotipo	*stereotype*
la narrativa	*narrative work*
el relato	*story; account*
editar	*to publish*
transcurrir	*to take place*
tratar (sobre/acerca de)	*to be about; to deal with*
estético/a	*aesthetic*

LEARNING STYLES

For Visual Learners Have students choose 10–15 words and expressions from the vocabulary list. Encourage students to choose words that they think they will use or need to know later. Then have them create a collage with magazine clippings, downloaded images, or their own drawings, illustrating the words and expressions.

LEARNING STYLES

For Auditory Learners Students form five groups. Assign each group a vocabulary category: **la literatura, los géneros literarios, los artistas, el arte,** and **las corrientes artísticas**. Groups make signs for their category. Read the vocabulary list at random, allowing time for groups to raise their card when they hear a word associated with their category.

Verb Conjugation Tables

Guide to the Verb List and Tables

Below you will find the infinitive of the verbs introduced as active vocabulary in **DESCUBRE**. Each verb is followed by a model verb conjugated according to the same pattern. The number in parentheses indicates where in the verb tables, pp. 398–405, you can find the conjugated forms of the model verb.

abrazar (z:c) like cruzar (37)
aburrir(se) like vivir (3)
acabar(se) like hablar (1)
acariciar like hablar (1)
acentuar (acentúo) like graduar (40)
acercarse (c:qu) like tocar (43)
aclarar like hablar (1)
acompañar like hablar (1)
aconsejar like hablar (1)
acordar(se) (o:ue) like contar (24)
acostar(se) (o:ue) like contar (24)
acostumbrar(se) like hablar (1)
actualizar (z:c) like cruzar (37)
adelgazar (z:c) like cruzar (37)
adjuntar like hablar (1)
adorar like hablar (1)
afeitar(se) like hablar (1)
afligir(se) (g:j) like proteger (42) for spelling change only
agotar like hablar (1)
ahorrar like hablar (1)
aislar (aíslo) like enviar (39)
alojar(se) like hablar (1)
amar like hablar (1)
amenazar (z:c) like cruzar (37)
anotar like hablar (1)
apagar (g:gu) like llegar (41)
aparecer (c:zc) like conocer (35)
aplaudir like vivir (3)
apreciar like hablar (1)
arreglar(se) like hablar (1)
arrepentirse (e:ie) like sentir (33)
ascender (e:ie) like entender (27)
atraer like traer (21)
atrapar like hablar (1)
atreverse like comer (2)
averiguar like hablar (1)
bailar like hablar (1)
bañar(se) like hablar (1)
barrer like comer (2)
beber like comer (2)
bendecir (e:i) like decir (8)
besar like hablar (1)
borrar like hablar (1)
botar like hablar (1)
brindar like hablar (1)
caber (4)
caer (y) (5)
calentar (e:ie) like pensar (30)
cancelar like hablar (1)
cazar (z:c) like cruzar (37)
celebrar like hablar (1)
cepillar(se) like hablar (1)
clonar like hablar (1)
cobrar like hablar (1)
cocinar like hablar (1)
colocar (c:qu) like tocar (43)
colonizar (z:c) like cruzar (37)
comer(se) (2)
componer like poner (15)
comprobar (o:ue) like contar (24)
conducir (c:zc) (6)
congelar(se) like hablar (1)
conocer (c:zc) (35)
conquistar like hablar (1)
conseguir (e:i) (gu:g) like seguir (32)
conservar like hablar (1)
contagiar(se) like hablar (1)
contaminar like hablar (1)
contar (o:ue) (24)
contentarse like hablar (1)
contraer like traer (21)
contratar like hablar (1)
contribuir (y) like destruir (38)
convertirse (e:ie) like sentir (33)
coquetear like hablar (1)
crear like hablar (1)
crecer (c:zc) like conocer (35)
creer (y) (36)
criar(se) (crío) like enviar (39)
criticar (c:qu) like tocar (43)
cruzar (z:c) (37)
cuidar like hablar (1)
cumplir like vivir (3)
curarse like hablar (1)
dar(se) (7)
deber like comer (2)
decir (e:i) (8)
delatar like hablar (1)
denunciar like hablar (1)
depositar like hablar (1)
derretir(se) (e:i) like pedir (29)
derribar like hablar (1)
derrocar (c:qu) like tocar (43)
derrotar like hablar (1)
desafiar (desafío) like enviar (39)
desaparecer (c:zc) like conocer (35)
desarrollar(se) like hablar (1)
descansar like hablar (1)
descargar (g:gu) like llegar (41)
descongelar(se) like hablar (1)
descubrir like vivir (3) *except* past participle is descubierto
descuidar(se) like hablar (1)
desear like hablar (1)
deshacer like hacer (11)
despedir(se) (e:i) like pedir (29)
despertar(se) (e:ie) like pensar (30)
destruir (y) (38)
devolver (o:ue) like volver (34)
dibujar like hablar (1)
dirigir (g:j) like proteger (42) for spelling change only
disculpar(se) like hablar (1)
discutir like vivir (3)
diseñar like hablar (1)
disfrutar like hablar (1)
disgustar like hablar (1)
disponer(se) like poner (15)
distinguir (gu:g) like seguir (32) for spelling change only
distraer like traer (21)
divertirse (e:ie) like sentir (33)
doler (o:ue) like volver (34) *except* past participle is regular
dormir(se) (o:ue) (25)
ducharse like hablar (1)
echar like hablar (1)
editar like hablar (1)
educar (c:qu) like tocar (43)
elegir (e:i) (g:j) like pedir (29) for stem change, like proteger (42) for spelling change only
embalar(se) like hablar (1)
emigrar like hablar (1)
empatar like hablar (1)
empeorar like hablar (1)
empezar (e:ie) (z:c) (26)
enamorarse like hablar (1)
encabezar (z:c) like cruzar (37)
encantar like hablar (1)
encargar(se) (g:gu) like llegar (41)
encender (e:ie) like entender (27)
enfermarse like hablar (1)
enganchar like hablar (1)
engañar like hablar (1)
engordar like hablar (1)
ensayar like hablar (1)
entender (e:ie) (27)
enterarse like hablar (1)
enterrar (e:ie) like pensar (30)
entretener(se) like tener (20)
enviar (envío) (39)
esclavizar (z:c) like cruzar (37)
escoger (g:j) like proteger (42)
esculpir like vivir (3)
establecer(se) (c:zc) like conocer (35)
estar (9)
exigir (g:j) like proteger (42) for spelling change only
explotar like hablar (1)
exportar like hablar (1)
expulsar like hablar (1)

expulsar like hablar (1)
extinguir(se) (gu:g) like seguir (32) for spelling change only
fabricar (c:qu) like tocar (43)
faltar like hablar (1)
fascinar like hablar (1)
festejar like hablar (1)
fijar(se) like hablar (1)
financiar like hablar (1)
florecer (c:zc) like conocer (35)
flotar like hablar (1)
formular like hablar (1)
freír (e:i) (frío) like reír (31)
funcionar like hablar (1)
gastar like hablar (1)
gobernar (e:ie) like pensar (30)
grabar like hablar (1)
graduar(se) (gradúo) (40)
guardar(se) like hablar (1)
gustar like hablar (1)
haber (10)
habitar like hablar (1)
hablar (1)
hacer(se) (11)
herir (e:ie) like sentir (33)
hervir (e:ie) like sentir (33)
hojear like hablar (1)
huir (y) like destruir (38)
humillar like hablar (1)
importar like hablar (1)
impresionar like hablar (1)
imprimir like vivir (3)
inscribirse like vivir (3)
insistir like vivir (3)
instalar like hablar (1)
integrar(se) like hablar (1)
interesar like hablar (1)
invadir like vivir (3)
inventar like hablar (1)
invertir (e:ie) like sentir (33)
investigar (g:gu) like llegar (41)
ir (12)
jubilarse like hablar (1)
jugar (u:ue) (g:gu) (28)
jurar like hablar (1)
lastimarse like hablar (1)
latir like vivir (3)
lavar(se) like hablar (1)
levantar(se) like hablar (1)
liberar like hablar (1)
lidiar like hablar (1)
limpiar like hablar (1)
llegar (g:gu) (41)
llevar(se) like hablar (1)
lograr like hablar (1)
luchar like hablar (1)
madrugar (g:gu) like llegar (41)
malgastar like hablar (1)
manipular like hablar (1)
maquillarse like hablar (1)
meditar like hablar (1)
mejorar like hablar (1)
merecer (c:zc) like conocer (35)
meter(se) like comer (2)
molestar like hablar (1)
morder (o:ue) like volver (34) *except* past participle is regular
morirse (o:ue) like dormir (25) *except* past participle is muerto
mudar(se) like hablar (1)
narrar like hablar (1)
navegar (g:gu) like llegar (41)
necesitar like hablar (1)
obedecer (c:zc) like conocer (35)
ocultar(se) like hablar (1)
odiar like hablar (1)
oír (y) (13)
olvidar(se) like hablar (1)
opinar like hablar (1)
oponerse like poner (15)
oprimir like vivir (3)
oscurecer (c:zc) like conocer (35)
parar like hablar (1)
parecer(se) (c:zc) like conocer (35)
patear like hablar (1)
pedir (e:i) (29)
peinar(se) like hablar (1)
pensar (e:ie) (30)
permanecer (c:zc) like conocer (35)
pertenecer (c:zc) like conocer (35)
pillar like hablar (1)
pintar like hablar (1)
poblar (o:ue) like contar (24)
poder (o:ue) (14)
poner(se) (15)
preferir (e:ie) like sentir (33)
preocupar(se) like hablar (1)
prestar like hablar (1)
prevenir like venir (22)
prever like ver (23)
probar(se) (o:ue) like contar (24)
producir (c:zc) like conducir (6)
prohibir (prohíbo) like enviar (39) for spelling change only
proponer like poner (15)
proteger (g:j) (42)
protestar like hablar (1)
publicar (c:qu) like tocar (43)
quedar(se) like hablar (1)
quejarse like hablar (1)
querer (e:ie) (16)
quitar(se) like hablar (1)
recetar like hablar (1)
rechazar (z:c) like cruzar (37)
reciclar like hablar (1)
reclamar like hablar (1)
recomendar (e:ie) like pensar (30)
reconocer (c:zc) like conocer (35)
recorrer like comer (2)
recuperar(se) like hablar (1)
reducir (c:zc) like conducir (6)
reflejar like hablar (1)
regresar like hablar (1)
rehacer like hacer (11)
reír(se) (e:i) (31)
relajar(se) like hablar (1)
rendirse (e:i) like pedir (29)
renunciar like hablar (1)
reservar like hablar (1)
resolver (o:ue) like volver (34)
retratar like hablar (1)
reunir(se) (reúno) like graduar (40) for spelling change only
rezar (z:c) like cruzar (37)
rociar like hablar (1)
rodar (o:ue) like contar (24)
rogar (o:ue) (g:gu) like contar (24) for stem changes; like llegar (41) for spelling change
romper like comer (2) *except* past participle is roto
saber (17)
sacrificar (c:qu) like tocar (43)
salir (18)
salvar like hablar (1)
sanar like hablar (1)
secar(se) (c:qu) like tocar (43)
seguir (e:i) (gu:g) (32)
seleccionar like hablar (1)
sentir(se) (e:ie) (33)
señalar like hablar (1)
sepultar like hablar (1)
ser (19)
soler (o:ue) like volver (34) *except* past participle is regular
solicitar like hablar (1)
sonar (o:ue) like contar (24)
soñar (o:ue) like contar (24)
sorprender(se) like comer (2)
subsistir like vivir (3)
suceder like comer (2)
sufrir like vivir (3)
sugerir (e:ie) like sentir (33)
suponer like poner (15)
suprimir like vivir (3)
suscribirse like vivir (3)
tener (20)
tirar like hablar (1)
titularse like hablar (1)
tocar (c:qu) (43)
torear like hablar (1)
toser like comer (2)
traducir (c:zc) like conducir (6)
traer (21)
transcurrir like vivir (3)
transmitir like vivir (3)
trasnochar like hablar (1)
tratar(se) like hablar (1)
valer like salir (18) for irregular endings, *except* imperative **tú** is vale
vencer (c:z) (44)
venerar like hablar (1)
venir (22)
ver(se) (23)
vestir(se) (e:i) like pedir (29)
vivir (3)
volar (o:ue) like contar (24)
volver (o:ue) (34)
votar like hablar (1)

Verb conjugation tables

Regular verbs: simple tenses

		INDICATIVE					SUBJUNCTIVE		IMPERATIVE
	Infinitive	Present	Imperfect	Preterite	Future	Conditional	Present	Past	
1	hablar	hablo	hablaba	hablé	hablaré	hablaría	hable	hablara	
		hablas	hablabas	hablaste	hablarás	hablarías	hables	hablaras	habla tú (no hables)
	Participles:	habla	hablaba	habló	hablará	hablaría	hable	hablara	hable Ud.
	hablando	hablamos	hablábamos	hablamos	hablaremos	hablaríamos	hablemos	habláramos	hablemos
	hablado	habláis	hablabais	hablasteis	hablaréis	hablaríais	habléis	hablarais	hablad (no habléis)
		hablan	hablaban	hablaron	hablarán	hablarían	hablen	hablaran	hablen Uds.
2	comer	como	comía	comí	comeré	comería	coma	comiera	
		comes	comías	comiste	comerás	comerías	comas	comieras	come tú (no comas)
	Participles:	come	comía	comió	comerá	comería	coma	comiera	coma Ud.
	comiendo	comemos	comíamos	comimos	comeremos	comeríamos	comamos	comiéramos	comamos
	comido	coméis	comíais	comisteis	comeréis	comeríais	comáis	comierais	comed (no comáis)
		comen	comían	comieron	comerán	comerían	coman	comieran	coman Uds.
3	vivir	vivo	vivía	viví	viviré	viviría	viva	viviera	
		vives	vivías	viviste	vivirás	vivirías	vivas	vivieras	vive tú (no vivas)
	Participles:	vive	vivía	vivió	vivirá	viviría	viva	viviera	viva Ud.
	viviendo	vivimos	vivíamos	vivimos	viviremos	viviríamos	vivamos	viviéramos	vivamos
	vivido	vivís	vivíais	vivisteis	viviréis	viviríais	viváis	vivierais	vivid (no viváis)
		viven	vivían	vivieron	vivirán	vivirían	vivan	vivieran	vivan Uds.

All verbs: compound tenses

PERFECT TENSES											
INDICATIVE								SUBJUNCTIVE			
Present Perfect		Past Perfect		Future Perfect		Conditional Perfect		Present Perfect		Past Perfect	
he		había		habré		habría		haya		hubiera	
has	hablado	habías	hablado	habrás	hablado	habrías	hablado	hayas	hablado	hubieras	hablado
ha	comido	había	comido	habrá	comido	habría	comido	haya	comido	hubiera	comido
hemos	vivido	habíamos	vivido	habremos	vivido	habríamos	vivido	hayamos	vivido	hubiéramos	vivido
habéis		habíais		habréis		habríais		hayáis		hubierais	
han		habían		habrán		habrían		hayan		hubieran	

PROGRESSIVE TENSES					
INDICATIVE				SUBJUNCTIVE	
Present Progressive	Past Progressive	Future Progressive	Conditional Progressive	Present Progressive	Past Progressive
estoy estás está estamos estáis están } hablando / comiendo / viviendo	estaba estabas estaba estábamos estabais estaban } hablando / comiendo / viviendo	estaré estarás estará estaremos estaréis estarán } hablando / comiendo / viviendo	estaría estarías estaría estaríamos estaríais estarían } hablando / comiendo / viviendo	esté estés esté estemos estéis estén } hablando / comiendo / viviendo	estuviera estuvieras estuviera estuviéramos estuvierais estuvieran } hablando / comiendo / viviendo

Irregular verbs

	Infinitive	INDICATIVE Present	Imperfect	Preterite	Future	Conditional	SUBJUNCTIVE Present	Past	IMPERATIVE
4	caber **Participles:** cabiendo cabido	**quepo** cabes cabe cabemos cabéis caben	cabía cabías cabía cabíamos cabíais cabían	**cupe** **cupiste** **cupo** **cupimos** **cupisteis** **cupieron**	**cabré** **cabrás** **cabrá** **cabremos** **cabréis** **cabrán**	**cabría** **cabrías** **cabría** **cabríamos** **cabríais** **cabrían**	**quepa** **quepas** **quepa** **quepamos** **quepáis** **quepan**	**cupiera** **cupieras** **cupiera** **cupiéramos** **cupierais** **cupieran**	cabe tú (no **quepas**) **quepa** Ud. **quepamos** cabed (no **quepáis**) **quepan** Uds.
5	caer(se) (y) **Participles:** **cayendo** **caído**	**caigo** caes cae caemos caéis caen	caía caías caía caíamos caíais caían	caí **caíste** **cayó** **caímos** **caísteis** **cayeron**	caeré caerás caerá caeremos caeréis caerán	caería caerías caería caeríamos caeríais caerían	**caiga** **caigas** **caiga** **caigamos** **caigáis** **caigan**	**cayera** **cayeras** **cayera** **cayéramos** **cayerais** **cayeran**	cae tú (no **caigas**) **caiga** Ud. (no **caiga**) **caigamos** caed (no **caigáis**) **caigan** Uds.
6	conducir (c:zc) **Participles:** conduciendo conducido	**conduzco** conduces conduce conducimos conducís conducen	conducía conducías conducía conducíamos conducíais conducían	**conduje** **condujiste** **condujo** **condujimos** **condujisteis** **condujeron**	conduciré conducirás conducirá conduciremos conduciréis conducirán	conduciría conducirías conduciría conduciríamos conduciríais conducirían	**conduzca** **conduzcas** **conduzca** **conduzcamos** **conduzcáis** **conduzcan**	**condujera** **condujeras** **condujera** **condujéramos** **condujerais** **condujeran**	conduce tú (no **conduzcas**) **conduzca** Ud. (no **conduzca**) **conduzcamos** conducid (no **conduzcáis**) **conduzcan** Uds.

	Infinitive	INDICATIVE					SUBJUNCTIVE		IMPERATIVE
		Present	Imperfect	Preterite	Future	Conditional	Present	Past	
7	dar **Participles:** dando dado	**doy** das da damos **dais** dan	daba dabas daba dábamos dabais daban	**di** **diste** **dio** **dimos** **disteis** **dieron**	daré darás dará daremos daréis darán	daría darías daría daríamos daríais darían	**dé** des **dé** demos **deis** den	**diera** **dieras** **diera** **diéramos** **dierais** **dieran**	da tú (no des) **dé** Ud. demos dad (no **deis**) den Uds.
8	decir (e:i) **Participles:** **diciendo** **dicho**	**digo** **dices** **dice** decimos decís **dicen**	decía decías decía decíamos decíais decían	**dije** **dijiste** **dijo** **dijimos** **dijisteis** **dijeron**	**diré** **dirás** **dirá** **diremos** **diréis** **dirán**	**diría** **dirías** **diría** **diríamos** **diríais** **dirían**	**diga** **digas** **diga** **digamos** **digáis** **digan**	**dijera** **dijeras** **dijera** **dijéramos** **dijerais** **dijeran**	**di** tú (no **digas**) **diga** Ud. **digamos** decid (no **digáis**) **digan** Uds.
9	estar **Participles:** estando estado	**estoy** **estás** **está** estamos estáis **están**	estaba estabas estaba estábamos estabais estaban	**estuve** **estuviste** **estuvo** **estuvimos** **estuvisteis** **estuvieron**	estaré estarás estará estaremos estaréis estarán	estaría estarías estaría estaríamos estaríais estarían	**esté** **estés** **esté** estemos estéis **estén**	**estuviera** **estuvieras** **estuviera** **estuviéramos** **estuvierais** **estuvieran**	**está** tú (no **estés**) **esté** Ud. estemos estad (no estéis) **estén** Uds.
10	haber **Participles:** habiendo habido	**he** **has** **ha** **hemos** habéis **han**	había habías había habíamos habíais habían	**hube** **hubiste** **hubo** **hubimos** **hubisteis** **hubieron**	**habré** **habrás** **habrá** **habremos** **habréis** **habrán**	**habría** **habrías** **habría** **habríamos** **habríais** **habrían**	**haya** **hayas** **haya** **hayamos** **hayáis** **hayan**	**hubiera** **hubieras** **hubiera** **hubiéramos** **hubierais** **hubieran**	
11	hacer **Participles:** haciendo **hecho**	**hago** haces hace hacemos hacéis hacen	hacía hacías hacía hacíamos hacíais hacían	**hice** **hiciste** **hizo** **hicimos** **hicisteis** **hicieron**	**haré** **harás** **hará** **haremos** **haréis** **harán**	**haría** **harías** **haría** **haríamos** **haríais** **harían**	**haga** **hagas** **haga** **hagamos** **hagáis** **hagan**	**hiciera** **hicieras** **hiciera** **hiciéramos** **hicierais** **hicieran**	**haz** tú (no **hagas**) **haga** Ud. **hagamos** haced (no **hagáis**) **hagan** Uds.
12	ir **Participles:** **yendo** ido	**voy** **vas** **va** **vamos** **vais** **van**	**iba** **ibas** **iba** **íbamos** **ibais** **iban**	**fui** **fuiste** **fue** **fuimos** **fuisteis** **fueron**	iré irás irá iremos iréis irán	iría irías iría iríamos iríais irían	**vaya** **vayas** **vaya** **vayamos** **vayáis** **vayan**	**fuera** **fueras** **fuera** **fuéramos** **fuerais** **fueran**	**ve** tú (no **vayas**) **vaya** Ud. **vamos** (no **vayamos**) id (no **vayáis**) **vayan** Uds.
13	oír (y) **Participles:** **oyendo** **oído**	**oigo** **oyes** **oye** **oímos** oís **oyen**	oía oías oía oíamos oíais oían	oí **oíste** **oyó** **oímos** **oísteis** **oyeron**	oiré oirás oirá oiremos oiréis oirán	oiría oirías oiría oiríamos oiríais oirían	**oiga** **oigas** **oiga** **oigamos** **oigáis** **oigan**	**oyera** **oyeras** **oyera** **oyéramos** **oyerais** **oyeran**	**oye** tú (no **oigas**) **oiga** Ud. **oigamos** **oíd** (no **oigáis**) **oigan** Uds.

	Infinitive	INDICATIVE					SUBJUNCTIVE		IMPERATIVE
		Present	Imperfect	Preterite	Future	Conditional	Present	Past	
14	poder (o:ue) **Participles:** **pudiendo** podido	**puedo** **puedes** **puede** podemos podéis **pueden**	podía podías podía podíamos podíais podían	**pude** **pudiste** **pudo** **pudimos** **pudisteis** **pudieron**	**podré** **podrás** **podrá** **podremos** **podréis** **podrán**	**podría** **podrías** **podría** **podríamos** **podríais** **podrían**	**pueda** **puedas** **pueda** podamos podáis **puedan**	**pudiera** **pudieras** **pudiera** **pudiéramos** **pudierais** **pudieran**	 **puede** tú (no **puedas**) **pueda** Ud. podamos poded (no podáis) **puedan** Uds.
15	poner **Participles:** poniendo **puesto**	**pongo** pones pone ponemos ponéis ponen	ponía ponías ponía poníamos poníais ponían	**puse** **pusiste** **puso** **pusimos** **pusisteis** **pusieron**	**pondré** **pondrás** **pondrá** **pondremos** **pondréis** **pondrán**	**pondría** **pondrías** **pondría** **pondríamos** **pondríais** **pondrían**	**ponga** **pongas** **ponga** **pongamos** **pongáis** **pongan**	**pusiera** **pusieras** **pusiera** **pusiéramos** **pusierais** **pusieran**	 **pon** tú (no **pongas**) **ponga** Ud. **pongamos** poned (no **pongáis**) **pongan** Uds.
16	querer (e:ie) **Participles:** queriendo querido	**quiero** **quieres** **quiere** queremos queréis **quieren**	quería querías quería queríamos queríais querían	**quise** **quisiste** **quiso** **quisimos** **quisisteis** **quisieron**	**querré** **querrás** **querrá** **querremos** **querréis** **querrán**	**querría** **querrías** **querría** **querríamos** **querríais** **querrían**	**quiera** **quieras** **quiera** queramos queráis **quieran**	**quisiera** **quisieras** **quisiera** **quisiéramos** **quisierais** **quisieran**	 **quiere** tú (no **quieras**) **quiera** Ud. queramos quered (no queráis) **quieran** Uds.
17	saber **Participles:** sabiendo sabido	**sé** sabes sabe sabemos sabéis saben	sabía sabías sabía sabíamos sabíais sabían	**supe** **supiste** **supo** **supimos** **supisteis** **supieron**	**sabré** **sabrás** **sabrá** **sabremos** **sabréis** **sabrán**	**sabría** **sabrías** **sabría** **sabríamos** **sabríais** **sabrían**	**sepa** **sepas** **sepa** **sepamos** **sepáis** **sepan**	**supiera** **supieras** **supiera** **supiéramos** **supierais** **supieran**	 sabe tú (no **sepas**) **sepa** Ud. **sepamos** sabed (no **sepáis**) **sepan** Uds.
18	salir **Participles:** saliendo salido	**salgo** sales sale salimos salís salen	salía salías salía salíamos salíais salían	salí saliste salió salimos salisteis salieron	**saldré** **saldrás** **saldrá** **saldremos** **saldréis** **saldrán**	**saldría** **saldrías** **saldría** **saldríamos** **saldríais** **saldrían**	**salga** **salgas** **salga** **salgamos** **salgáis** **salgan**	saliera salieras saliera saliéramos salierais salieran	 **sal** tú (no **salgas**) **salga** Ud. **salgamos** salid (no **salgáis**) **salgan** Uds.
19	ser **Participles:** siendo sido	**soy** **eres** **es** **somos** **sois** **son**	**era** **eras** **era** **éramos** **erais** **eran**	**fui** **fuiste** **fue** **fuimos** **fuisteis** **fueron**	seré serás será seremos seréis serán	sería serías sería seríamos seríais serían	**sea** **seas** **sea** **seamos** **seáis** **sean**	**fuera** **fueras** **fuera** **fuéramos** **fuerais** **fueran**	 **sé** tú (no **seas**) **sea** Ud. **seamos** sed (no **seáis**) **sean** Uds.
20	tener **Participles:** teniendo tenido	**tengo** **tienes** **tiene** tenemos tenéis **tienen**	tenía tenías tenía teníamos teníais tenían	**tuve** **tuviste** **tuvo** **tuvimos** **tuvisteis** **tuvieron**	**tendré** **tendrás** **tendrá** **tendremos** **tendréis** **tendrán**	**tendría** **tendrías** **tendría** **tendríamos** **tendríais** **tendrían**	**tenga** **tengas** **tenga** **tengamos** **tengáis** **tengan**	**tuviera** **tuvieras** **tuviera** **tuviéramos** **tuvierais** **tuvieran**	 **ten** tú (no **tengas**) **tenga** Ud. **tengamos** tened (no **tengáis**) **tengan** Uds.

	Infinitive	INDICATIVE					SUBJUNCTIVE		IMPERATIVE
		Present	Imperfect	Preterite	Future	Conditional	Present	Past	
21	traer **Participles:** **trayendo** **traído**	**traigo** traes trae traemos traéis traen	traía traías traía traíamos traíais traían	**traje** **trajiste** **trajo** **trajimos** **trajisteis** **trajeron**	traeré traerás traerá traeremos traeréis traerán	traería traerías traería traeríamos traeríais traerían	**traiga** **traigas** **traiga** **traigamos** **traigáis** **traigan**	**trajera** **trajeras** **trajera** **trajéramos** **trajerais** **trajeran**	 trae tú (no **traigas**) **traiga** Ud. **traigamos** traed (no **traigáis**) **traigan** Uds.
22	venir **Participles:** **viniendo** venido	**vengo** **vienes** **viene** venimos venís **vienen**	venía venías venía veníamos veníais venían	**vine** **viniste** **vino** **vinimos** **vinisteis** **vinieron**	**vendré** **vendrás** **vendrá** **vendremos** **vendréis** **vendrán**	**vendría** **vendrías** **vendría** **vendríamos** **vendríais** **vendrían**	**venga** **vengas** **venga** **vengamos** **vengáis** **vengan**	**viniera** **vinieras** **viniera** **viniéramos** **vinierais** **vinieran**	 **ven** tú (no **vengas**) **venga** Ud. **vengamos** venid (no **vengáis**) **vengan** Uds.
23	ver **Participles:** viendo **visto**	**veo** ves ve vemos **veis** ven	**veía** **veías** **veía** **veíamos** **veíais** **veían**	**vi** viste **vio** vimos visteis vieron	veré verás verá veremos veréis verán	vería verías vería veríamos veríais verían	**vea** **veas** **vea** **veamos** **veáis** **vean**	viera vieras viera viéramos vierais vieran	 ve tú (no **veas**) **vea** Ud. **veamos** ved (no **veáis**) **vean** Uds.

Stem-changing verbs

	Infinitive	INDICATIVE					SUBJUNCTIVE		IMPERATIVE
		Present	Imperfect	Preterite	Future	Conditional	Present	Past	
24	contar (o:ue) **Participles:** contando contado	**cuento** **cuentas** **cuenta** contamos contáis **cuentan**	contaba contabas contaba contábamos contabais contaban	conté contaste contó contamos contasteis contaron	contaré contarás contará contaremos contaréis contarán	contaría contarías contaría contaríamos contaríais contarían	**cuente** **cuentes** **cuente** contemos contéis **cuenten**	contara contaras contara contáramos contarais contaran	 **cuenta** tú (no **cuentes**) **cuente** Ud. contemos contad (no contéis) **cuenten** Uds.
25	dormir (o:ue) **Participles:** **durmiendo** dormido	**duermo** **duermes** **duerme** dormimos dormís **duermen**	dormía dormías dormía dormíamos dormíais dormían	dormí dormiste **durmió** dormimos dormisteis **durmieron**	dormiré dormirás dormirá dormiremos dormiréis dormirán	dormiría dormirías dormiría dormiríamos dormiríais dormirían	**duerma** **duermas** **duerma** **durmamos** **durmáis** **duerman**	**durmiera** **durmieras** **durmiera** **durmiéramos** **durmierais** **durmieran**	 **duerme** tú (no **duermas**) **duerma** Ud. **durmamos** dormid (no **durmáis**) **duerman** Uds.
26	empezar (e:ie) (z:c) **Participles:** empezando empezado	**empiezo** **empiezas** **empieza** empezamos empezáis **empiezan**	empezaba empezabas empezaba empezábamos empezabais empezaban	**empecé** empezaste empezó empezamos empezasteis empezaron	empezaré empezarás empezará empezaremos empezaréis empezarán	empezaría empezarías empezaría empezaríamos empezaríais empezarían	**empiece** **empieces** **empiece** **empecemos** **empecéis** **empiecen**	empezara empezaras empezara empezáramos empezarais empezaran	 **empieza** tú (no **empieces**) **empiece** Ud. **empecemos** empezad (no **empecéis**) **empiecen** Uds.

	Infinitive	INDICATIVE					SUBJUNCTIVE		IMPERATIVE
		Present	Imperfect	Preterite	Future	Conditional	Present	Past	
27	entender (e:ie) **Participles:** entendiendo entendido	**entiendo** **entiendes** **entiende** entendemos entendéis **entienden**	entendía entendías entendía entendíamos entendíais entendían	entendí entendiste entendió entendimos entendisteis entendieron	entenderé entenderás entenderá entenderemos entenderéis entenderán	entendería entenderías entendería entenderíamos entenderíais entenderían	**entienda** **entiendas** **entienda** entendamos entendáis **entiendan**	entendiera entendieras entendiera entendiéramos entendierais entendieran	**entiende** tú (no **entiendas**) **entienda** Ud. entendamos entended (no entendáis) **entiendan** Uds.
28	jugar (u:ue) (g:gu) **Participles:** jugando jugado	**juego** **juegas** **juega** jugamos jugáis **juegan**	jugaba jugabas jugaba jugábamos jugabais jugaban	**jugué** jugaste jugó jugamos jugasteis jugaron	jugaré jugarás jugará jugaremos jugaréis jugarán	jugaría jugarías jugaría jugaríamos jugaríais jugarían	**juegue** **juegues** **juegue** **juguemos** **juguéis** **jueguen**	jugara jugaras jugara jugáramos jugarais jugaran	**juega** tú (no **juegues**) **juegue** Ud. **juguemos** jugad (no **juguéis**) **jueguen** Uds.
29	pedir (e:i) **Participles:** **pidiendo** pedido	**pido** **pides** **pide** pedimos pedís **piden**	pedía pedías pedía pedíamos pedíais pedían	pedí pediste **pidió** pedimos pedisteis **pidieron**	pediré pedirás pedirá pediremos pediréis pedirán	pediría pedirías pediría pediríamos pediríais pedirían	**pida** **pidas** **pida** **pidamos** **pidáis** **pidan**	**pidiera** **pidieras** **pidiera** **pidiéramos** **pidierais** **pidieran**	**pide** tú (no **pidas**) **pida** Ud. **pidamos** pedid (no **pidáis**) **pidan** Uds.
30	pensar (e:ie) **Participles:** pensando pensado	**pienso** **piensas** **piensa** pensamos pensáis **piensan**	pensaba pensabas pensaba pensábamos pensabais pensaban	pensé pensaste pensó pensamos pensasteis pensaron	pensaré pensarás pensará pensaremos pensaréis pensarán	pensaría pensarías pensaría pensaríamos pensaríais pensarían	**piense** **pienses** **piense** pensemos penséis **piensen**	pensara pensaras pensara pensáramos pensarais pensaran	**piensa** tú (no **pienses**) **piense** Ud. pensemos pensad (no penséis) **piensen** Uds.
31	reír(se) (e:i) **Participles:** **riendo** **reído**	**río** **ríes** **ríe** **reímos** reís **ríen**	reía reías reía reíamos reíais reían	reí **reíste** **rió** **reímos** **reísteis** **rieron**	reiré reirás reirá reiremos reiréis reirán	reiría reirías reiría reiríamos reiríais reirían	**ría** **rías** **ría** **riamos** **riáis** **rían**	**riera** **rieras** **riera** **riéramos** **rierais** **rieran**	**ríe** tú (no **rías**) **ría** Ud. **riamos** **reíd** (no **riáis**) **rían** Uds.
32	seguir (e:i) (gu:g) **Participles:** **siguiendo** seguido	**sigo** **sigues** **sigue** seguimos seguís **siguen**	seguía seguías seguía seguíamos seguíais seguían	seguí seguiste **siguió** seguimos seguisteis **siguieron**	seguiré seguirás seguirá seguiremos seguiréis seguirán	seguiría seguirías seguiría seguiríamos seguiríais seguirían	**siga** **sigas** **siga** **sigamos** **sigáis** **sigan**	**siguiera** **siguieras** **siguiera** **siguiéramos** **siguierais** **siguieran**	**sigue** tú (no **sigas**) **siga** Ud. **sigamos** seguid (no **sigáis**) **sigan** Uds.
33	sentir (e:ie) **Participles:** **sintiendo** sentido	**siento** **sientes** **siente** sentimos sentís **sienten**	sentía sentías sentía sentíamos sentíais sentían	sentí sentiste **sintió** sentimos sentisteis **sintieron**	sentiré sentirás sentirá sentiremos sentiréis sentirán	sentiría sentirías sentiría sentiríamos sentiríais sentirían	**sienta** **sientas** **sienta** **sintamos** **sintáis** **sientan**	**sintiera** **sintieras** **sintiera** **sintiéramos** **sintierais** **sintieran**	**siente** tú (no **sientas**) **sienta** Ud. **sintamos** sentid (no **sintáis**) **sientan** Uds.

	Infinitive	INDICATIVE					SUBJUNCTIVE		IMPERATIVE
		Present	Imperfect	Preterite	Future	Conditional	Present	Past	
34	volver (o:ue) **Participles:** volviendo **vuelto**	**vuelvo** **vuelves** **vuelve** volvemos volvéis **vuelven**	volvía volvías volvía volvíamos volvíais volvían	volví volviste volvió volvimos volvisteis volvieron	volveré volverás volverá volveremos volveréis volverán	volvería volverías volvería volveríamos volveríais volverían	**vuelva** **vuelvas** **vuelva** volvamos volváis **vuelvan**	volviera volvieras volviera volviéramos volvierais volvieran	**vuelve** tú (no **vuelvas**) **vuelva** Ud. volvamos volved (no volváis) **vuelvan** Uds.

Verbs with spelling changes only

	Infinitive	INDICATIVE					SUBJUNCTIVE		IMPERATIVE
		Present	Imperfect	Preterite	Future	Conditional	Present	Past	
35	conocer (c:zc) **Participles:** conociendo conocido	**conozco** conoces conoce conocemos conocéis conocen	conocía conocías conocía conocíamos conocíais conocían	conocí conociste conoció conocimos conocisteis conocieron	conoceré conocerás conocerá conoceremos conoceréis conocerán	conocería conocerías conocería conoceríamos conoceríais conocerían	**conozca** **conozcas** **conozca** **conozcamos** **conozcáis** **conozcan**	conociera conocieras conociera conociéramos conocierais conocieran	conoce tú (no **conozcas**) **conozca** Ud. **conozcamos** conoced (no **conozcáis**) **conozcan** Uds.
36	creer (y) **Participles:** **creyendo** **creído**	creo crees cree creemos creéis creen	creía creías creía creíamos creíais creían	creí **creíste** **creyó** **creímos** **creísteis** **creyeron**	creeré creerás creerá creeremos creeréis creerán	creería creerías creería creeríamos creeríais creerían	crea creas crea creamos creáis crean	**creyera** **creyeras** **creyera** **creyéramos** **creyerais** **creyeran**	cree tú (no creas) crea Ud. creamos creed (no creáis) crean Uds.
37	cruzar (z:c) **Participles:** cruzando cruzado	cruzo cruzas cruza cruzamos cruzáis cruzan	cruzaba cruzabas cruzaba cruzábamos cruzabais cruzaban	**crucé** cruzaste cruzó cruzamos cruzasteis cruzaron	cruzaré cruzarás cruzará cruzaremos cruzaréis cruzarán	cruzaría cruzarías cruzaría cruzaríamos cruzaríais cruzarían	**cruce** **cruces** **cruce** **crucemos** **crucéis** **crucen**	cruzara cruzaras cruzara cruzáramos cruzarais cruzaran	cruza tú (no **cruces**) **cruce** Ud. **crucemos** cruzad (no **crucéis**) **crucen** Uds.
38	destruir (y) **Participles:** **destruyendo** destruido	**destruyo** **destruyes** **destruye** destruimos destruís **destruyen**	destruía destruías destruía destruíamos destruíais destruían	destruí destruiste **destruyó** destruimos destruisteis **destruyeron**	destruiré destruirás destruirá destruiremos destruiréis destruirán	destruiría destruirías destruiría destruiríamos destruiríais destruirían	**destruya** **destruyas** **destruya** **destruyamos** **destruyáis** **destruyan**	**destruyera** **destruyeras** **destruyera** **destruyéramos** **destruyerais** **destruyeran**	**destruye** tú (no **destruyas**) **destruya** Ud. **destruyamos** destruid (no **destruyáis**) **destruyan** Uds.
39	enviar **Participles:** enviando enviado	**envío** **envías** **envía** enviamos enviáis **envían**	enviaba enviabas enviaba enviábamos enviabais enviaban	envié enviaste envió enviamos enviasteis enviaron	enviaré enviarás enviará enviaremos enviaréis enviarán	enviaría enviarías enviaría enviaríamos enviaríais enviarían	**envíe** **envíes** **envíe** enviemos enviéis **envíen**	enviara enviaras enviara enviáramos enviarais enviaran	**envía** tú (no **envíes**) **envíe** Ud. enviemos enviad (no enviéis) **envíen** Uds.

	Infinitive	INDICATIVE Present	Imperfect	Preterite	Future	Conditional	SUBJUNCTIVE Present	Past	IMPERATIVE
40	graduar(se) **Participles:** graduando graduado	**gradúo** **gradúas** **gradúa** graduamos graduáis **gradúan**	graduaba graduabas graduaba graduábamos graduabais graduaban	gradué graduaste graduó graduamos graduasteis graduaron	graduaré graduarás graduará graduaremos graduaréis graduarán	graduaría graduarías graduaría graduaríamos graduaríais graduarían	**gradúe** **gradúes** **gradúe** graduemos graduéis **gradúen**	graduara graduaras graduara graduáramos graduarais graduaran	 **gradúa** tú (no **gradúes**) **gradúe** Ud. graduemos graduad (no graduéis) **gradúen** Uds.
41	llegar (g:gu) **Participles:** llegando llegado	llego llegas llega llegamos llegáis llegan	llegaba llegabas llegaba llegábamos llegabais llegaban	**llegué** llegaste llegó llegamos llegasteis llegaron	llegaré llegarás llegará llegaremos llegaréis llegarán	llegaría llegarías llegaría llegaríamos llegaríais llegarían	**llegue** **llegues** **llegue** **lleguemos** **lleguéis** **lleguen**	llegara llegaras llegara llegáramos llegarais llegaran	 llega tú (no **llegues**) **llegue** Ud. **lleguemos** llegad (no **lleguéis**) **lleguen** Uds.
42	proteger (g:j) **Participles:** protegiendo protegido	**protejo** proteges protege protegemos protegéis protegen	protegía protegías protegía protegíamos protegíais protegían	protegí protegiste protegió protegimos protegisteis protegieron	protegeré protegerás protegerá protegeremos protegeréis protegerán	protegería protegerías protegería protegeríamos protegeríais protegerían	**proteja** **protejas** **proteja** **protejamos** **protejáis** **protejan**	protegiera protegieras protegiera protegiéramos protegierais protegieran	 protege tú (no **protejas**) **proteja** Ud. **protejamos** proteged (no **protejáis**) **protejan** Uds.
43	tocar (c:qu) **Participles:** tocando tocado	toco tocas toca tocamos tocáis tocan	tocaba tocabas tocaba tocábamos tocabais tocaban	**toqué** tocaste tocó tocamos tocasteis tocaron	tocaré tocará tocarás tocaremos tocaréis tocarán	tocaría tocarías tocaría tocaríamos tocaríais tocarían	**toque** **toques** **toque** **toquemos** **toquéis** **toquen**	tocara tocaras tocara tocáramos tocarais tocaran	 toca tú (no **toques**) **toque** Ud. **toquemos** tocad (no **toquéis**) **toquen** Uds.
44	vencer (c:z) **Participles:** venciendo vencido	**venzo** vences vence vencemos vencéis vencen	vencía vencías vencía vencíamos vencíais vencían	vencí venciste venció vencimos vencisteis vencieron	venceré vencerás vencerá venceremos venceréis vencerán	vencería vencerías vencería venceríamos venceríais vencerían	**venza** **venzas** **venza** **venzamos** **venzáis** **venzan**	venciera vencieras venciera venciéramos vencierais vencieran	 vence tú (no **venzas**) **venza** Ud. **venzamos** venced (no **venzáis**) **venzan** Uds.

Guide to Vocabulary

Contents of the glossary

This glossary contains the words and expressions listed on the **Vocabulario** page found at the end of each lesson in **DESCUBRE** as well as other useful vocabulary. The number following an entry indicates the **DESCUBRE** level and lesson where the word or expression was introduced. Check the **Estructura** sections of each lesson for words and expressions related to those grammar topics.

Abbreviations used in this glossary

adj.	adjective	*f.*	feminine	*interj.*	interjection	*prep.*	preposition
adv.	adverb	*fam.*	familiar	*m.*	masculine	*pron.*	pronoun
conj.	conjunction	*form.*	formal	*pl.*	plural	*sing.*	singular
d.o.	direct obj.	*i.o.*	indirect obj.	*p.p.*	past participle	*v.*	verb

Note on alphabetization

In the Spanish alphabet **ñ** is a separate letter following **n**. Therefore in this glossary you will find that **añadir** follows **anuncio**.

Spanish-English

A

a *prep.* at; to 1.1
a bordo aboard 1.1
a dieta on a diet 2.6
a la derecha to the right 1.2
a la izquierda to the left 1.2
a la plancha grilled 1.8
a la(s) (+ *time*) at (+ *time*) 1.1
a menos que *conj.* unless 2.4
a menudo *adv.* often 2.1
a nombre de in the name of 1.5
a plazos in installments 2.5
¿A qué hora...? At what time...? 1.1
A sus órdenes. At your service. 2.2
a tiempo *adv.* on time 2.1
a veces *adv.* sometimes 2.1
a ver let's see 1.2
¡Abajo el/la...! *adv.* Down with...! 2.6
abeja *f.* bee
abierto/a *adj.* open 1.5, 2.5
abogado/a *m., f.* lawyer 2.7
abrazar *v.* to hug; to hold 3.1
abrazar(se) *v.* to hug; to embrace (each other) 2.2
abrazo *m.* hug
abrigo *m.* coat 1.6
abril *m.* April 1.5
abrir *v.* to open 1.3
abrir(se) *v.* to open
abrirse paso to make one's way
abrocharse *v.* to fasten
abrocharse el cinturón de seguridad *to fasten one's seat belt*
abstracto/a *adj.* abstract 3.10
abuelo/a *m., f.* grandfather; grandmother 1.3
abuelos *pl.* grandparents 1.3
aburrido/a *adj.* bored; boring 1.5
aburrir *v.* to bore 1.7, 3.2
aburrirse *v.* to get bored 2.8, 3.2
acabar de (+ *inf.*) *v.* to have just (*done something*) 1.6
acabarse *v.* to run out; to come to an end 3.6
acampar *v.* to camp 1.5
acantilado *m.* cliff
acariciar *v.* to caress 3.10
acaso *adv.* perhaps 3.3
accidente *m.* accident 2.1
accidente automovilístico *m.* car accident 3.5
acción *f.* action 2.8
de acción action (*genre*) 2.8
aceite *m.* oil 1.8
acentuar *v.* to accentuate 3.10
acercarse (a) *v.* to approach 3.2
ácido/a *adj.* acid 2.4
aclarar *v.* to clarify 3.9
acoger *v.* to welcome; to take in; to receive
acogido/a *adj.* received
bien acogido/a well received 3.8
acompañar *v.* to go with; to accompany 2.5, 3.10
aconsejar *v.* to advise; to suggest 2.3, 3.4
acontecimiento *m.* event 2.9, 3.9
acordar (o:ue) *v.* to agree 3.2
acordarse (de) (o:ue) *v.* to remember 1.7, 3.2
acostarse (o:ue) *v.* to go to bed 1.7, 3.2
acostumbrado/a a *adj.* accustomed to
estar acostumbrado/a a to be used to
acostumbrarse (a) *v.* to get used to; to grow accustomed to 3.3
activista *m., f.* activist
activo/a *adj.* active 2.6
acto: en el acto immediately; on the spot 3.3
actor *m.* actor 2.7, 3.9
actriz *f.* actor 2.7, 3.9
actual *adj.* current 3.9
actualidad *f.* current events 3.9
actualidades *f., pl.* news; current events 2.9
actualizado/a *adj.* up-to-date 3.9
actualizar *v.* to update 3.7
actualmente *adv.* currently
acuarela *f.* watercolor 3.10
acuático/a *adj.* aquatic 1.4
adelantado/a *adj.* advanced
adelanto *m.* improvement 3.4
adelgazar *v.* to lose weight 3.4; to slim down 2.6
además (de) *adv.* furthermore; besides 2.1
adicional *adj.* additional
adinerado/a *adj.* wealthy 3.8
adiós *m.* good-bye 1.1
adivinar *v.* to guess
adjetivo *m.* adjective
adjuntar *v.* to attach 3.7
adjuntar un archivo to attach a file 3.7
administración de empresas *f.* business administration 1.2

administrar *v.* to manage; to run 3.8
ADN (ácido desoxirribonucleico) *m.* DNA 3.7
adolescencia *f.* adolescence 1.9
¿adónde? *adv.* where (to)? (*destination*) 1.2
adorar *v.* to adore 3.1
aduana *f.* customs 1.5
agente de aduanas *m., f.* customs agent 3.5
advertencia *f.* warning 3.8
aeróbico/a *adj.* aerobic 2.6
aeropuerto *m.* airport 1.5
afectado/a *adj.* affected 2.4
afeitarse *v.* to shave 1.7, 3.2
aficionado/a (a) *adj.* fond of; a fan (of) 1.4, 3.2
ser aficionado/a de to be a fan of
afirmativo/a *adj.* affirmative
afligir *v.* afflict 3.4
afligirse *v.* to get upset 3.3
afortunado/a *adj.* lucky
afueras *f., pl.* suburbs; outskirts 2.3
agencia de viajes *f.* travel agency 1.5
agenda *f.* datebook 3.3
agente *m., f.* agent; officer;
agente de aduanas *m., f.* customs agent 3.5
agente de viajes *m., f.* travel agent 1.5
agnóstico/a *adj.* agnostic
agobiado/a *adj.* overwhelmed 3.1
agosto *m.* August 1.5
agotado/a *adj.* exhausted 3.4
agotar *v.* to use up 3.6
agradable *adj.* pleasant
agradecimiento *m.* gratitude
agua *f.* water 1.8
agua mineral mineral water 1.8
aguja *f.* needle 3.4
agujero *m.* hole
agujero en la capa de ozono *m.* hole in the ozone layer
agujero negro *m.* black hole 3.7
agujerito *m.* small hole 3.7
ahogado/a *adj.* drowned 3.5
ahogarse *v.* to smother; to drown
ahora *adv.* now 1.2
ahora mismo right now 1.5
ahorrar *v.* to save *(money)* 2.5, 3.8
ahorrarse *v.* to save oneself 3.7
ahorros *m.* savings 2.5, 3.8
aire *m.* air 1.5
aislado/a *adj.* isolated 3.6
aislar *v.* to isolate 3.9
ajedrez *m.* chess 3.2
ajo *m.* garlic 1.8

al (*contraction of* **a + el**) 1.2
al aire libre open-air 1.6
al contado in cash 2.5
al este to the east 2.5
al fondo (de) at the end (of) 2.3
al lado de beside 1.2
al norte to the north 2.5
al oeste to the west 2.5
al sur to the south 2.5
ala *f.* wing
alba *f.* dawn; daybreak
albergue *m.* hostel 3.5
álbum *m.* album 3.2
alcalde/alcaldesa *m., f.* mayor
alcance *m.* reach 3.7
al alcance within reach 3.10
al alcance de la mano within reach 3.7
alcanzar *v.* to reach; to achieve; to succeed in
alcoba *f.* bedroom 2.3
aldea *f.* village
alegrarse (de) *v.* to be happy 2.4
alegre *adj.* happy; joyful 1.5
alegría *f.* happiness 1.9
alemán, alemana *adj.* German 1.3
alérgico/a *adj.* allergic 2.1
alfombra *f.* carpet; rug 2.3
algo *pron.* something; anything 1.7
algodón *m.* cotton 1.6
alguien *pron.* someone; somebody; anyone 1.7
algún, alguno(s)/a(s) *adj., pron.* any; some 1.7
alimentación *f.* diet (nutrition) 3.4
alimento *m.* food
aliviar *v.* to reduce 2.6
aliviar el estrés/la tensión to reduce stress/tension 2.6
allá *adv.* there
allí *adv.* there 1.5
allí mismo right there 2.5
alma *f.* soul 3.1
almacén *m.* department store 1.6
almohada *f.* pillow 2.3
almorzar (o:ue) *v.* to have lunch 1.4
almuerzo *m.* lunch 1.8
aló *interj.* hello *(on the telephone)* 2.2
alojamiento *m.* lodging 3.5
alojarse *v.* to stay 3.5
alquilar *v.* to rent 2.3
alquilar una película to rent a movie 3.2
alquiler *m.* rent (payment) 2.3
alta definición: de alta definición *adj.* high definition 3.7
alterar *v.* to modify; to alter
alternador *m.* alternator 2.2

altillo *m.* attic 2.3
altiplano *m.* high plateau
alto/a *adj.* tall 1.3
altoparlante *m.* loudspeaker
aluminio *m.* aluminum 2.4
alusión *f.* allusion 3.10
ama de casa *m., f.* housekeeper; caretaker 2.3
amable *adj.* nice; friendly 1.5
amado/a *m., f.* loved one; sweetheart 3.1
amanecer *m.* sunrise; morning
amar *v.* to love 3.1
amarillo/a *adj.* yellow 1.6
ambiental *adj.* environmental 3.6
ambos/as *pron., adj.* both
amenaza *f.* threat 3.8
amigo/a *m., f.* friend 1.3
amistad *f.* friendship 1.9
amor *m.* love 1.9
amor (no) correspondido (un)requited love
amueblado/a *adj.* furnished
analgésico *m.* painkiller 3.4
anaranjado/a *adj.* orange 1.6
anciano/a *m., f.* elderly gentleman/lady; *adj.* elderly
andar *v.* to walk
andar (+ *pres. participle***)** to be *(doing something)*
andar en patineta *to* skateboard 1.4
anfitrión/anfitriona *m., f.* host(ess) 3.8
anillo *m.* ring 3.5
animado/a *adj.* lively 3.2
animal *m.* animal 2.4
animar *v.* to cheer up; to encourage
¡Anímate! Cheer up! *(sing.)* 3.2
¡Anímense! Cheer up! (*pl.*) 3.2
ánimo *m.* spirit 3.1
aniversario (de bodas) *m.* (wedding) anniversary 1.9
anoche *adv.* last night 1.6
anotar (un gol/un punto) *v.* to score (a goal/a point) 3.2
ansia *f.* anxiety 3.1
ansioso/a *adj.* anxious 3.1
anteayer *adv.* the day before yesterday 1.6
antemano: de antemano *adv.* beforehand
antena *f.* antenna
antena parabólica satellite dish
anterior *adj.* previous 3.8
antes *adv.* before 1.7
antes de *prep.* before 1.7
antes (de) que *conj.* before 2.4
antes que nada first and foremost

antibiótico *m.* antibiotic 2.1
antigüedad *f.* antiquity
antiguo/a *adj.* ancient
antipático/a *adj.* unpleasant 1.3
anunciar *v.* to announce; to advertise 2.9
anuncio *m.* advertisement; commercial 2.7, 3.9
añadir *v.* to add
año *m.* year 1.5
año pasado last year 1.6
apagado/a *adj.* turned off 3.7
apagar *v.* to turn off 2.2, 3.3
apagar las velas to blow out the candles 3.8
aparato *m.* appliance
aparecer *v.* to appear 3.1
apartamento *m.* apartment 2.3
apellido *m.* last name 1.3
apenas *adv.* hardly; scarcely 2.1, 3.3
aplaudir *v.* to applaud 2.8, 3.2
apogeo *m.* height; highest level 3.5
aportación *f.* contribution
apostar (o:ue) *v.* to bet
apoyarse (en) *v.* to lean (on)
apreciado/a *adj.* appreciated
apreciar *v.* to appreciate 2.8, 3.1
aprender (a + *inf.***)** *v.* to learn 1.3
aprendizaje *m.* learning
aprobación *f.* approval 3.9
aprobar (o:ue) *v.* to approve; to pass (*a class*)
aprobar una ley to pass a law
aprovechar *v.* to make good use of; to take advantage of
apuesta *f.* bet
apurarse *v.* to hurry; to rush 2.6
apuro: tener apuro to be in a hurry; to be in a rush
aquel, aquella *adj.* that (over there) 1.6
aquél, aquélla *pron.* that (over there) 1.6
aquello *neuter pron.* that thing; that fact 1.6
aquellos/as *pl. adj.* those (over there) 1.6
aquéllos/as *pl. pron.* those (ones) (over there) 1.6
aquí *adv.* here 1.1
Aquí está... Here it is... 1.5
Aquí estamos en... Here we are at/in... 1.2
aquí mismo right here 2.2
araña *f.* spider 3.6
árbitro/a *m., f.* referee 3.2
árbol *m.* tree 2.4, 3.6
archivo *m.* file 2.2
bajar un archivo to download a file
arduo/a *adj.* hard 3.3
arepa *f.* cornmeal cake
argumento *m.* plot 3.10
árido/a *adj.* arid
aristocrático/a *adj.* aristocratic
arma *f.* weapon
armado/a *adj.* armed
armario *m.* closet 2.3
arqueología *f.* archaeology
arqueólogo/a *m., f.* archaeologist 2.7
arquitecto/a *m., f.* architect 2.7
arrancar *v.* to start (*a car*) 2.2
arrastrar *v.* to drag
arrecife *m.* reef 3.6
arreglar *v.* to fix; to arrange 2.2; to neaten; to straighten up 2.3
arreglarse *v.* to get ready 3.3
arrepentirse (e:ie) (de) *v.* to repent; to regret 3.2
arriba *adv.* up
arriesgado/a *adj.* risky 3.5
arriesgar(se) *v.* to risk; to take a risk
arroba *f.* @ symbol 2.2, 3.7
arroyo *m.* stream 3.10
arroz *m.* rice 1.8
arruga *f.* wrinkle
arte *m.* art 1.2
artes *f., pl.* arts 2.8
artefacto *m.* artifact 3.5
artesanía *f.* craftsmanship; crafts 2.8
artesano/a *m., f.* artisan 3.10
artículo *m.* article 2.9
artista *m., f.* artist 1.3
artístico/a *adj.* artistic 2.8
arveja *m.* pea 1.8
asado/a *adj.* roast 1.8
asaltar *v.* to rob 3.10
ascender (e:ie) *v.* to rise; to be promoted 3.8
ascenso *m.* promotion 2.7
ascensor *m.* elevator 1.5
asco *m.* revulsion
dar asco to be disgusting
asegurar *v.* to assure; to guarantee
asegurarse *v.* to make sure
aseo *m.* cleanliness; hygiene
aseo personal *m.* personal care
asesor(a) *m., f.* consultant; advisor 3.8
así *adv.* like this; so (*in such a way*) 2.1, 3.3
así así so-so
asiento *m.* seat 3.2
asistir (a) *v.* to attend 1.3
asombrar *v.* to amaze
asombrarse *v.* to be astonished
asombro *m.* amazement; astonishment
asombroso/a *adj.* astonishing
aspecto *m.* appearance; look
tener buen/mal aspecto to look healthy/sick 3.4
aspiradora *f.* vacuum cleaner 2.3
aspirante *m. f.* candidate; applicant 2.7
aspirina *f.* aspirin 2.1, 3.4
astronauta *m., f.* astronaut 3.7
astrónomo/a *m., f.* astronomer 3.7
asunto *m.* matter; topic
asustado/a *adj.* frightened; scared
atar *v.* to tie (up)
ataúd *m.* casket 3.2
ateísmo *m.* atheism
ateo/a *adj.* atheist
aterrizar *v.* to land (*an airplane*) 3.5
atletismo *m.* track-and-field events
atracción *f.* attraction
atraer *v.* to attract 3.1
atrapar *v.* to trap; to catch 3.6
atrasado/a *adj.* late 3.3
atrasar *v.* to delay
atreverse (a) *v.* to dare (to) 3.2
atropellar *v.* to run over
atún *m.* tuna 1.8
audiencia *f.* audience
aumentar de peso *to gain weight* 2.6
aumento *m.* increase 2.7
aumento de sueldo *m.* pay raise 2.7, 3.8
aunque *conj.* although
auricular *m.* telephone receiver 3.7
ausente *adj.* absent
auténtico/a *adj.* real; genuine 3.3
auto(móvil) *m.* auto(mobile) 1.5
autobiografía *f.* autobiography 3.10
autobús *m.* bus 1.1
autoestima *f.* self-esteem 3.4
automático/a *adj.* automatic
autopista *f.* highway 2.2
autoritario/a *adj.* strict; authoritarian 3.1
autorretrato *m.* self-portrait 3.3, 3.10
auxiliar de vuelo *m., f.* flight attendant
auxilio *m.* help; aid
primeros auxilios *m., pl.* first aid 3.4
avance *m.* advance; breakthrough 3.7
avanzado/a *adj.* advanced 3.7
avaro/a *m., f.* miser
ave *f.* bird 2.4, 3.6
avenida *f.* avenue
aventura *f.* adventure 2.8, 3.5
de aventura adventure (*genre*) 2.8
aventurero/a *m., f.* adventurer 3.5
avergonzado/a *adj.* ashamed; embarrassed 1.5
avergonzar *v.* to embarrass 3.8

averiguar *v.* to find out 3.1
avión *m.* airplane 1.5
avisar *v.* to inform; to warn
aviso *m.* notice; warning 3.5
¡Ay! *interj.* Oh!
¡Ay, qué dolor! Oh, what pain!
ayer *adv.* yesterday 1.6
ayudar(se) *v.* to help (each other) 2.2, 2.3
azar *m.* chance 3.5
azúcar *m.* sugar 1.8
azul *adj.* blue 1.6

B

bahía *f.* bay 3.5
bailar *v.* to dance 1.2, 3.1
bailarín/bailarina *m., f.* dancer 2.8
baile *m.* dance 2.8
bajar *v.* to lower
bajar(se) de *v.* to get off of/out of (*a vehicle*) 2.2
bajo/a *adj.* short (*in height*) 1.3
bajo control under control 1.7
balcón *m.* balcony 2.3, 3.3
balón *m.* ball 3.2
baloncesto *m.* basketball 1.4
banana *f.* banana 1.8
bañarse *v.* to bathe; to take a bath 1.7, 3.2
bancario/a *adj.* banking
bancarrota *f.* bankruptcy 3.8
banco *m.* bank 2.5
banda *f.* band 2.8
banda sonora *f.* soundtrack 3.9
bandera *f.* flag
baño *m.* bathroom 1.7
barato/a *adj.* cheap; inexpensive 1.6, 3.3
barbaridad *f.* outrageous thing 3.10
barco *m.* boat 1.5
barrer *v.* to sweep 2.3, 3.3
barrer el suelo to sweep the floor 2.3
barrio *m.* neighborhood 2.3
bastante *adv.* quite; enough 3.3; rather 2.1; pretty 2.4
basura *f.* trash 2.3
batalla *f.* battle
baúl *m.* trunk 2.2
bautismo *m.* baptism
beber *v.* to drink 1.3, 3.1
bebida *f.* drink 1.8
béisbol *m.* baseball 1.4
bellas artes *f., pl.* fine arts 2.8, 3.10
belleza *f.* beauty 2.5
bendecir (e:i) *v.* to bless
beneficio *m.* benefit 2.7
besar *v.* to kiss 3.1
besar(se) *v.* to kiss (each other) 2.2
beso *m.* kiss 1.9
biblioteca *f.* library 1.2
bicicleta *f.* bicycle 1.4
bien *adj., adv.* well 1.1
bien acogido/a *adj.* well received 3.8
bienestar *m.* well-being 2.6, 3.4
bienvenida *f.* welcome 3.5
bienvenido(s)/a(s) *adj.* welcome 2.3
bilingüe *adj.* bilingual 3.9
billar *m.* billiards 3.2
billete *m.* paper money; ticket
billón *m.* trillion
biografía *f.* biography 3.10
biología *f.* biology 1.2
biólogo/a *m., f.* biologist 3.7
bioquímico/a *adj.* biochemical 3.7
bisabuelo/a *m., f.* great-grandfather; great-grandmother 1.3
bistec *m.* steak 1.8
bitácora *f.* travel log; weblog 3.7
bizcocho *m.* biscuit
blanco/a *adj.* white 1.6
blog *m.* blog 3.7
blogonovela *f.* blognovel 3.7
blogosfera *f.* blogosphere 3.7
bluejeans *m., pl.* jeans 1.6
blusa *f.* blouse 1.6
bobo/a *m., f.* silly, stupid person 3.7
boca *f.* mouth 2.1
boda *f.* wedding 1.9
boleto *m.* ticket 2.8
boliche *m.* bowling 3.2
bolsa *f.* purse, bag 1.6; sack; stock market
bolsa (de valores) *f.* stock market 3.8
bombardeo *m.* bombing 3.6
bombero/a *m., f.* firefighter 2.7
bondad *f.* goodness
¿Tendría usted la bondad de (+ *inf.*)...? Could you please...? (*form.*)
bonito/a *adj.* pretty 1.3
bordo: a bordo *adv.* on board 3.5; aboard 1.1
borrador *m.* eraser 1.2
borrar *v.* to erase 2.2, 3.7
bosque *m.* forest 2.4
bosque lluvioso *m.* rain forest 3.6
bosque tropical *m.* tropical forest; rain forest 2.4
bostezar *v.* to yawn
bota *f.* boot 1.6
botar *v.* to throw... out 3.5
botarse *v.* to outdo oneself (*P. Rico; Cuba*) 3.5
bote *m.* boat 3.5
botella *f.* bottle 1.9
botones *m., f. sing.* bellhop 1.5
brazo *m.* arm 2.1
brindar *v.* to make a toast 1.9, 3.2
broma *f.* joke 3.1
bromear *v.* to joke
brújula *f.* compass 3.5
bucear *v.* to scuba dive 1.4
buceo *m.* scuba diving 3.5
budista *adj.* Buddhist
buen, bueno/a *adj.* good 1.3, 1.6
estar bueno/a to (still) be good (*i.e., fresh*)
ser bueno/a to be good (*by nature*)
¡Buen fin de semana! Have a nice weekend!
Buen provecho. Enjoy your meal.
¡Buen viaje! Have a good trip! 1.6
buena forma good shape (*physical*) 2.6
Buena idea. Good idea. 1.4
Buenas noches. Good evening.; Good night. 1.1
Buenas tardes. Good afternoon. 1.1
buenísimo extremely good
¿Bueno? Hello. (*on the telephone*) 2.2
Buenos días. Good morning. 1.1
bueno *adv.* well 1.2, 2.8
búfalo *m.* buffalo
bulevar *m.* boulevard
burla *f.* mockery
burlarse (de) *v.* to make fun (of)
burocracia *f.* bureaucracy
buscador *m.* search engine 3.7
buscar *v.* to look for 1.2
búsqueda *f.* search
buzón *m.* mailbox 2.5

C

caballo *m.* horse 1.5
cabaña *f.* cabin 1.5
caber *v.* to fit 3.1
no cabe duda de there's no doubt 2.4
cabeza *f.* head 2.1
cabo *m.* cape; end (*rope, string*)
al fin y al cabo sooner or later; after all
llevar a cabo to carry out (*an activity*)
cabra *f.* goat
cacique *m.* tribal chief
cada *adj.* each 1.6
cadena *f.* network 3.9
cadena de televisión *f.* television network
caducar *v* to expire
caer(se) *v.* to fall (down) 2.1, 3.1
caer bien/mal to (not) get along well with 3.2

café *m.* café 1.4; coffee 1.8; *adj.* brown 1.6
cafeína *f.* caffeine 2.5
cafetera *f.* coffeemaker 2.3
cafetería *f.* cafeteria 1.2
caído/a *adj., p.p.* fallen 2.5
caja *f.* cash register 1.6; box
caja de herramientas *f.* toolbox
cajero/a *m., f.* cashier 2.5
cajero automático *m.* ATM 2.5
calcetín (calcetines) *m.* sock(s) 1.6
calculadora *f.* calculator 2.2
caldo *m.* soup
calentamiento global *m.* global warming 3.6
calentarse (e:ie) *v.* to warm up 2.6, 3.3
calidad *f.* quality 1.6
callado/a *adj.* quiet; silent
callarse *v.* to be quiet/silent
calle *f.* street 2.2
calmante *m.* tranquilizer 3.4
calmarse *v.* to calm down; to relax
calor *m.* heat 1.4
caloría *f.* calorie 2.6
calzar *v.* to take size... shoes 1.6
calzoncillos *m. pl.* underwear (*men's*)
cama *f.* bed 1.5
cámara de video *f.* video camera 2.2
cámara digital *f.* digital camera 2.2
camarero/a *m., f.* waiter; waitress 1.8
camarón *m.* shrimp 1.8
cambiar (de) *v.* to change 1.9
cambio *m.* change
a cambio de in exchange for
cambio de moneda *m.* currency exchange
camerino *m.* star's dressing room 3.9
caminar *v.* to walk 1.2
camino *m.* road
camión *m.* truck; bus
camisa *f.* shirt 1.6
camiseta *f.* t-shirt 1.6
campamento *m.* campground 3.5
campaña *f.* campaign
campeón/campeona *m., f.* champion 3.2
campeonato *m.* championship 3.2
campo *m.* countryside 1.5; field 3.6; ball field 3.5
canadiense *adj.* Canadian 1.3
canal *m.* channel 3.9; television channel 2.2, 2.8
cancelar *v.* to cancel 3.5
cáncer *m.* cancer
cancha *f.* field 3.2
canción *f.* song 2.8
candidato/a *m., f.* candidate 2.9
canon literario *m.* literary canon 3.10
cansado/a *adj.* tired 1.5
cansancio *m.* exhaustion 3.3
cansarse *v.* to become tired
cantante *m., f.* singer 2.8, 3.2
cantar *v.* to sing 1.2
capa *f.* layer
capa de ozono *f.* ozone layer 3.6
capaz *adj.* competent; capable 3.8
capilla *f.* chapel
capital *f.* capital city 1.1
capitán *m.* captain
capítulo *m.* chapter
capó *m.* hood 2.2
cara *f.* face 1.7
caracterización *f.* characterization 3.10
caramelo *m.* caramel 1.9
cargo *m.* position
estar a cargo de to be in charge of 3.1
cariño *m.* affection 3.1
cariñoso/a *adj.* affectionate 3.1
carne *f.* meat 1.8
carne de res *f.* beef 1.8
carnicería *f.* butcher shop 2.5
caro/a *adj.* expensive 1.6, 3.3
carpintero/a *m., f.* carpenter 2.7
carrera *f.* career 2.7
carretera *f.* highway 2.2
carro *m.* car; automobile 2.2
carta *f.* letter 1.4; (playing) card 1.5
cartas *f. pl.* (playing) cards 3.2
cartel *m.* poster 2.3
cartera *f.* wallet 1.6
cartero/a *m., f.* mail carrier 2.5
casa *f.* house; home 1.2
casado/a *adj.* married 1.9, 3.1
casarse (con) *v.* to get married (to) 1.9
cascada *f.* cascade; waterfall 3.5
casi *adv.* almost 2.1, 3.3
casi nunca *adv.* rarely 3.3
castigo *m.* punishment
casualidad *f.* chance; coincidence 3.5
por casualidad by chance 3.3
catástrofe *f.* catastrophe; disaster
catástrofe natural *f.* natural disaster
categoría *f.* category 3.5
de buena categoría *adj.* high quality 3.5
católico/a *adj.* Catholic
catorce *n., adj.* fourteen 1.1
cazar *v.* to hunt 2.4, 3.6
cebolla *f.* onion 1.8
ceder *v.* give up
cederrón *m.* CD-ROM 2.2
celda *f.* cell
celebrar *v.* to celebrate 1.9, 3.2
celebridad *f.* celebrity 3.9
celos *m. pl.* jealousy
tener celos de to be jealous of 3.1
celoso/a *adj.* jealous 3.1
célula *f.* cell 3.7
celular *adj.* cellular 2.2
cementerio *m.* cemetery
cena *f.* dinner 1.8
cenar *v.* to have dinner 1.2
censura *f.* censorship 3.9
centavo *m.* cent
centro *m.* downtown 1.4
centro comercial *m.* shopping mall 1.6, 3.3
cepillarse *v.* to brush 3.2
cepillarse los dientes/el pelo to brush one's teeth/one's hair 1.7
cerámica *f.* pottery 2.8
cerca de *prep.* near 1.2
cerdo *m.* pork 1.8; pig 3.6
cereales *m., pl.* cereal; grains 1.8
cero *m.* zero 1.1
cerrado/a *adj.* closed 1.5, 2.5
cerrar (e:ie) *v.* to close 1.4
cerro *m.* hill
certeza *f.* certainty
certidumbre *f.* certainty
césped *m.* grass 2.4
ceviche *m.* marinated fish dish 1.8
ceviche de camarón *m.* lemon-marinated shrimp 1.8
chaleco *m.* vest
champán *m.* champagne 1.9
champiñón *m.* mushroom 1.8
champú *m.* shampoo 1.7
chaqueta *f.* jacket 1.6
chau *fam. interj.* bye 1.1
cheque *m.* (bank) check 2.5
cheque de viajero *m.* traveler's check 2.5
chévere *adj. fam.* terrific
chico/a *m., f.* boy; girl 1.1
chino/a *adj.* Chinese 1.3
chisme *m.* gossip 3.9
chiste *m.* joke 3.1
chocar (con) *v.* to run into
chocolate *m.* chocolate 1.9
choque *m.* collision, crash 2.9, 3.3
choza *f.* hut
chuleta *f.* chop *(food)* 1.8
chuleta de cerdo *f.* pork chop 1.8
cibercafé *m.* cybercafé
cicatriz *f.* scar
ciclismo *m.* cycling 1.4
cielo *m.* sky 2.4
cien(to) *n., adj.* one hundred 1.2

ciencia *f.* science 1.2
ciencia ficción *f.* science fiction (genre) 2.8, 3.10
científico/a *m., f.* scientist 2.7, 3.7; *adj.* scientific
cierto/a *adj.* certain, sure 2.4
¡Cierto! Sure!
es cierto it's certain 2.4
no es cierto it's not certain 2.4
cinco *n., adj.* five 1.1
cincuenta *n., adj.* fifty 1.2
cine *m.* movie theater 1.4, 3.2
cinta *f.* (audio) tape
cinta caminadora *f.* treadmill 2.6
cinturón *m.* belt 1.6
cinturón de seguridad *m.* seatbelt 3.5
abrocharse el cinturón de seguridad to fasten one's seatbelt
ponerse el cinturón to fasten the seatbelt 3.5
quitarse el cinturón to unfasten the seatbelt 3.5
circo *m.* circus 3.2
circulación *f.* traffic 2.2
cirugía *f.* surgery 3.4
cirujano/a *m., f.* surgeon 3.4
cisterna *f.* cistern; underground tank 3.6
cita *f.* date; quotation 1.9
cita a ciegas *f.* blind date 3.1
ciudad *f.* city 1.4
ciudadano/a *m., f.* citizen; *adj.* citizen 2.9
civilización *f.* civilization
civilizado/a *adj.* civilized
Claro (que sí). *interj., fam.* Of course. 2.7, 3.3
clase *f.* class 1.2
clase de ejercicios aeróbicos *f.* aerobics class 2.6
clásico/a *adj.* classical 2.8; classic 3.10
claustro *m.* cloister
cliente/a *m., f.* customer 1.6
clima *m.* climate
clínica *f.* clinic 2.1
clonar *v.* to clone 3.7
club *m.* club
club deportivo *m.* sports club 3.2
coartada *f.* alibi 3.10
cobrador(a) *m., f.* debt collector 3.8
cobrar *v.* to cash (*a check*) 2.5; to charge; to receive 3.8
coche *m* car; automobile 2.2
cochinillo *m.* suckling pig 3.10
cocina *f.* kitchen; stove 2.3
cocinar *v.* to cook 2.3, 3.3
cocinero/a *m., f.* cook, chef 2.7
codo *m.* elbow
cofre *m.* hood 2.2
cohete *m.* rocket 3.7
cola *f.* line 2.5; tail
hacer cola to wait in line 3.2
coleccionar *v.* to collect
coleccionista *m., f.* collector
colesterol *m.* cholesterol 2.6
colgar (o:ue) *v.* to hang (up)
colina *f.* hill
colmena *f.* beehive 3.8
colocar *v.* to place (*an object*) 3.2
colonia *f.* colony
colonizar *v.* to colonize
color *m.* color 1.3, 1.6
columnista *m., f.* columnist 3.9
combatiente *m., f.* combatant
combustible *m.* fuel 3.6
comedia *f.* comedy; play 2.8
comediante *m., f.* comedian 3.1
comedor *m.* dining room 2.3
comensal *m., f.* dinner guest 3.10
comenzar (e:ie) *v.* to begin 1.4
comer *v.* to eat 1.3, 3.1, 3.2
comercial *adj.* commercial; business-related 2.7
comerciante *m., f.* storekeeper; trader
comercio *m.* commerce; trade 3.8
comerse *v.* to eat up 3.2
comestible *adj.* edible
planta comestible *f.* edible plant
cometa *m.* comet 3.7
comida *f.* food 3.6; meal 1.8
comida enlatada *f.* canned food 3.6
comida rápida *f.* fast food 3.4
como *prep., conj.* like; as 1.8
¿cómo? *adv.* what?; how? 1.1
¿Cómo es...? What's... like? 1.3
¿Cómo está usted? *form.* How are you? 1.1
¿Cómo estás? *fam.* How are you? 1.1
¿Cómo les fue...? *pl.* How did... go for you? 2.6
¿Cómo que son...? What do you mean they are...?
¿Cómo se llama (usted)? *form.* What's your name? 1.1
¿Cómo te llamas (tú)? *fam.* What's your name? 1.1
cómo *adv.* how
¡Cómo no! Of course!
cómoda *f.* chest of drawers 2.3
cómodo/a *adj.* comfortable 1.5
compañero/a de clase *m., f.* classmate 1.2
compañero/a de cuarto *m., f.* roommate 1.2
compañía *f.* company; firm 2.7, 3.8
compartir *v.* to share 1.3
completamente *adv.* completely 2.7
completo/a *adj.* complete; filled up
componer *v.* to compose 3.1
compositor(a) *m., f.* composer 2.8
comprar *v.* to buy 1.2
compras *f., pl.* purchases 1.5
ir de compras to go shopping 1.5
comprender *v.* to understand 1.3
comprobar (o:ue) *v.* to prove 3.7
comprometerse (con) *v.* to get engaged (to) 1.9
compromiso *m.* awkward situation 3.10; commitment; responsibility 3.1
computación *f.* computer science 1.2
computadora *f.* computer 1.1
computadora portátil *f.* portable computer; laptop 2.2, 3.7
comunicación *f.* communication 2.9
comunicarse (con) *v.* to communicate (with) 2.9
comunidad *f.* community 1.1, 3.4
con *prep.* with 1.2
Con él/ella habla. This is he/she. (*on the telephone*) 2.2
con frecuencia *adv.* frequently 2.1
Con permiso. Pardon me.; Excuse me. 1.1
con tal (de) que *conj.* provided (that) 2.4
conciencia *f.* conscience
concierto *m.* concert 2.8, 3.2
concordar (o:ue) *v.* to agree
concurso *m.* game show; contest 2.8
conducir *v.* to drive 1.6, 2.2, 3.1
conductor(a) *m., f.* driver 1.1; announcer
conejo *m.* rabbit 3.6
conexión de satélite *f.* satellite connection 3.7
conferencia *f.* conference 3.8
confesar (e:ie) *v.* to confess
confianza *f.* trust; confidence 3.1
confirmar *v.* to confirm 1.5
confirmar una reservación to confirm a reservation 1.5

confundido/a *adj.* confused 1.5
confundir (con) *v.* to confuse (with)
congelado/a *adj.* frozen
congelador *m.* freezer 2.3
congelar(se) *v.* to freeze 3.7
congeniar *v.* to get along
congestionado/a *adj.* congested; stuffed-up 2.1
congestionamiento *m.* traffic jam 3.5
conjunto *m.* collection
conjunto (musical) *m.* (musical) group, band
conmigo *pron.* with me 1.4, 1.9
conmovedor(a) *adj.* moving
conocer *v.* to know 3.1; to be acquainted with 1.6
conocido/a *adj.; p.p.* known
conocimiento *m.* knowledge
conquista *f.* conquest
conquistador(a) *m., f.* conquistador; conqueror
conquistar *v.* to conquer
conseguir (e:i) *v.* to get; to obtain 1.4
conseguir boletos/entradas to get tickets 3.2
consejero/a *m., f.* counselor; advisor 2.7
consejo *m.* advice
conservación *f.* conservation 2.4
conservador(a) *adj.* conservative; *m., f.* curator
conservar *v.* to conserve 2.4; to preserve 3.6
considerar *v.* to consider
Considero que... In my opinion...
consiguiente *adj.* resulting; consequent
por consiguiente consequently; as a result
construir *v.* to build
consulado *m.* consulate
consulta *f.* doctor's appointment 3.4
consultorio *m.* doctor's office 2.1, 3.4
consumir *v.* to consume 2.6
consumo *m.* consumption
consumo de energía *m.* energy consumption
contabilidad *f.* accounting 1.2
contador(a) *m., f.* accountant 2.7, 3.8
contagiarse *v.* to become infected 3.4
contaminación *f.* pollution 2.4
contaminación del aire/del agua *f.* air/water pollution 2.4, 3.6
contaminado/a *adj.* polluted 2.4
contaminar *v.* to pollute 2.4; to contaminate 3.6
contar (o:ue) *v.* to tell 1.4; to count 3.2
contar con to count on 2.3
contemporáneo/a *adj.* contemporary 3.10
contentarse con *v.* to be contented/satisfied with 3.1
contento/a *adj.* happy; content 1.5
contestadora *f.* answering machine 2.2
contestar *v.* to answer 1.2
contigo *fam. pron.* with you 1.9
continuación *f.* sequel
contraer *v.* to contract 3.1
contraseña *f.* password 3.7
contratar *v.* to hire 2.7, 3.8
contrato *m.* contract 3.8
contribuir (a) *v.* to contribute 3.6
control *m.* control 1.7
control remoto (universal) *m.* (universal) remote control 2.2, 3.7
controlar *v.* to control 2.4
controvertido/a *adj.* controversial 3.9
contundente *adj.* filling; heavy 3.10
conversación *f.* conversation 1.2
conversar *v.* to converse, to chat 1.2
convertirse (e:ie) (en) *v.* to become 3.2
copa *f.* goblet 2.3; (drinking) glass
Copa del Mundo *f.* World Cup
coquetear *v.* to flirt 3.1
coraje *m.* courage
corazón *m.* heart 2.1, 3.1
corbata *f.* tie 1.6
cordillera *f.* mountain range 3.6
cordura *f.* sanity 3.4
coro *m.* choir; chorus
corrector ortográfico *m.* spell-checker 3.7
corredor(a) de bolsa *m., f.* stockbroker 2.7
correo *m.* mail; post office 2.5
correo electrónico *m.* e-mail 1.4
correr *v.* to run 1.3
corresponsal *m., f.* correspondent 3.9
corrida *f.* bullfight 3.2
corriente *f.* movement 3.10
corrupción *f.* corruption
corte *m.* cut
de corte ejecutivo of an executive nature
cortesía *f.* courtesy
cortinas *f., pl.* curtains 2.3
corto *m.* short film 3.1
corto/a *adj.* short *(in length)* 1.6
cortometraje *m.* short film 3.1
cosa *f.* thing 1.1
cosecha *f.* harvest
costa *f.* coast 3.6
costar (o:ue) *f.* to cost 1.6
costoso/a *adj.* costly; expensive
costumbre *f.* custom; habit 3.3
cotidiano/a *adj.* everyday 3.3
vida cotidiana *f.* everyday life
cráter *m.* crater 2.4
crear *v.* to create 3.7
creatividad *f.* creativity
crecer *v.* to grow 3.1
crecimiento *m.* growth
creencia *f.* belief
creer *v.* to believe 2.4
creer (en) *v.* to believe (in) 1.3
no creer (en) *v.* not to believe (in) 2.4
No creas. Don't you believe it.
creído/a *adj.* conceited; *p.p.* believed 2.5
crema de afeitar *f.* shaving cream 1.7
creyente *m., f.* believer
criar *v.* to raise
haber criado to have raised 3.1
criarse *v.* to grow up 3.1
crimen *m.* crime; murder 2.9
crisis *f.* crisis
crisis económica *f.* economic crisis 3.8
cristiano/a *adj.* Christian
criticar *v.* to critique 3.10
crítico/a *m., f.* critic; *adj.* critical
crítico/a de cine movie critic 3.9
crucero *m.* cruise ship 3.5
cruzar *v.* to cross 2.5
cuaderno *m.* notebook 1.1
cuadra *f.* (city) block 2.5
cuadro *m.* picture 2.3; painting 3.3, 3.10
¿cuál(es)? *pron.* which?; which one(s)? 1.2
¿Cuál es la fecha de hoy? What is today's date? 1.5
cuando *conj.* when 1.7, 2.4
¿cuándo? *adv.* when? 1.2
¿cuánto(s)/a(s)? *adj.* how much/how many? 1.1
¿Cuánto cuesta...? How much does... cost? 1.6
¿Cuántos años tienes? *fam.* How old are you? 1.3
cuarenta *n., adj.* forty 1.2
cuarentón/cuarentona *adj.* forty-year-old; in her/his forties
cuarto *m.* room 1.2, 1.7
cuarto de baño *m.* bathroom 1.7
cuarto/a *n., adj.* fourth 1.5
menos cuarto quarter to *(time)*
y cuarto quarter after *(time)* 1.1

cuatro *n., adj.* four 1.1
cuatrocientos/as *n., adj.* four hundred 1.2
cubierto/a *adj., p.p.* covered
cubiertos *m., pl.* silverware
cubismo *m.* cubism 3.10
cubrir *v.* to cover
cucaracha *f.* cockroach 3.6
cuchara *f.* (table or large) spoon 2.3
cuchillo *m.* knife 2.3
cuello *m.* neck 2.1
cuenta *f.* calculation, sum; bill 1.9; account 2.5
 al final de cuentas after all
 cuenta corriente *f.* checking account 2.5, 3.8
 cuenta de ahorros *f.* savings account 2.5, 3.8
 tener en cuenta to keep in mind
cuento *m.* short story 2.8
cuerpo *m.* body 2.1
 cuerpo y alma heart and soul
cueva *f.* cave
cuidado *m.* care 1.3, 3.1
 bien cuidado/a well-kept
cuidadoso/a *adj.* careful 3.1
cuidar(se) *v.* to take care of (oneself) 2.4, 3.1
 ¡Cuídense! Take care! 2.5
culpa *f.* guilt
culpable *adj.* guilty
cultivar *v.* to grow
culto *m.* worship
culto/a *adj.* cultured; educated; refined
cultura *f.* culture 2.8
 cultura popular pop culture
cumbre *f.* summit; peak
cumpleaños *m., sing.* birthday 1.9
cumplir *v.* to carry out 3.8
 cumplir años to have a birthday 1.9
cuñado/a *m., f.* brother-in-law; sister-in-law 1.3
cura *m.* priest
curarse *v.* to heal; to be cured 3.4
curativo/a *adj.* healing 3.4
currículum (vitae) *m.* résumé 2.7, 3.8
curso *m.* course 1.2

D

danza *f.* dance 2.8
dañar *v.* to damage; to break down 2.1
dañino/a *adj.* harmful 3.6
dar *v.* to give 1.6, 1.9
 dar a to look out upon (*location*)
 dar asco to be disgusting
 dar de comer to feed 3.6
 dar direcciones *v.* to give directions 2.5
 dar el primer paso to take the first step
 dar la gana to feel like 3.9
 dar la vuelta (al mundo) to go around (the world)
 dar paso a to give way to
 dar un consejo to give advice
 dar un paseo to take a stroll/walk 3.2
 dar una vuelta to take a walk/stroll
 darse con to bump into; to run into (*something*) 2.1
 darse cuenta to realize 3.2, 3.9
 darse por aludido/a to realize/assume that one is being referred to 3.9
 darse por vencido to give up
 darse prisa to hurry; to rush 2.6
dardos *m. pl.* darts 3.2
dato *m.* piece of data
de *prep.* of; from 1.1
 de algodón (made of) cotton 1.6
 de aluminio (made of) aluminum 2.4
 de buen humor in a good mood 1.5
 de compras shopping 1.5
 de cuadros plaid 1.6
 ¿De dónde eres? *fam.* Where are you from? 1.1
 ¿De dónde es usted? *form.* Where are you from? 1.1
 de excursión hiking 1.4
 de hecho in fact
 de ida y vuelta roundtrip 1.5
 de la mañana in the morning; A.M. 1.1
 de la noche in the evening; at night; P.M. 1.1
 de la tarde in the afternoon; in the early evening; P.M. 1.1
 de lana (made of) wool 1.6
 de lunares polka-dotted 1.6
 de mal humor in a bad mood 1.5
 de mi vida of my life 2.6
 de moda in fashion 1.6
 De nada. You're welcome. 1.1
 De ninguna manera. No way. 2.7
 de niño/a as a child 2.1
 de parte de on behalf of 2.2
 ¿De parte de quién? Who is calling? *(on the telephone)* 2.2
 de plástico (made of) plastic 2.4
 ¿de quién...? *pron., sing.* whose...? 1.1
 ¿de quiénes...? *pron., pl.* whose...? 1.1
 de rayas striped 1.6
 de repente *adv.* suddenly 1.6, 3.3
 de seda (made of) silk 1.6
 de terror horror (*story/novel*) 3.10
 de vaqueros western (*genre*) 2.8
 de vez en cuando from time to time 2.1
 de vidrio (made of) glass 2.4
debajo de *prep.* below; under 1.2
deber *m.* responsibility; obligation 2.9; duty 3.8
deber *v.* to owe 3.8; should; must; ought to 1.3
 deber dinero to owe money 3.2
Debe ser... It must be... 1.6
debido a due to (the fact that)
débil *adj.* weak 2.6
década *f.* decade
decidido/a *adj.* decided 2.5
decidir (+ *inf.*) *v.* to decide 1.3
décimo/a *n., adj.* tenth 1.5
decir (e:i) (que) *v.* to say (that) 3.1; to tell (that) 1.4, 1.9
 decir la respuesta to say the answer 1.4
 decir la verdad to tell the truth 1.4
 decir mentiras to tell lies 1.4
declarar *v.* to declare; to say 2.9
dedicatoria *f.* dedication
dedo *m.* finger 2.1
 dedo del pie *m.* toe 2.1
deforestación *f.* deforestation 2.4, 3.6
dejar *v.* to leave; to allow; to let 2.3; to quit; to leave behind 2.7
 dejar a alguien to leave someone 3.1
 dejar de (+ *inf.*) *v.* to stop (*doing something*) 2.4
 dejar de fumar to quit smoking 3.4
 dejar en paz to leave alone 3.8
 dejar una propina to leave a tip 1.9
del (*contraction of* **de + el**) of the; from the
delante de *prep.* in front of 1.2
delgado/a *adj.* thin; slender 1.3
delicioso/a *adj.* delicious 1.8
demás *adj.* the rest; *pron.* others; other people
demasiado *adj., adv.* too; too much 1.6
democracia *f.* democracy
demorar *v.* to delay

dentista *m., f.* dentist 2.1
dentro de (diez años) within (ten years) 2.7; inside
denunciar *v.* to denounce 3.9
dependiente/a *m., f.* clerk 1.6
deporte *m.* sport 1.4
deportista *m., f.* athlete, sports person 3.2
deportivo/a *adj.* sports-related 1.4
depositar *v.* to deposit 2.5, 3.8
depresión *f.* depression 3.4
deprimido/a *adj.* depressed 3.1
derecha *f.* right 1.2
derecho *adj.* straight (ahead) 2.5
  a la derecha de to the right of 1.2
derecho *m.* law; *pl.* rights 2.9
  derechos civiles *m.* civil rights
  derechos humanos *m.* human rights
derramar *v.* to spill
derretir(se) (e:i) *v.* to melt 3.7
derribar *v.* to bring down; to overthrow
derrocar *v.* to overthrow
derrota *f.* defeat
derrotado/a *adj.* defeated
derrotar *v.* to defeat
desafiante *adj.* challenging 3.4
desafiar *v.* to challenge 3.2
desafío *m.* challenge 3.7
desanimado/a *adj.* discouraged
desanimarse *v.* to get discouraged
desánimo *m.* the state of being discouraged 3.1
desaparecer *v.* to disappear 3.1, 3.6
desarrollado/a *adj.* developed
desarrollar *v.* to develop 2.4
desarrollarse *v.* to take place 3.10
desarrollo *m.* development 3.6
  país en vías de desarrollo developing country
desastre (natural) *m.* (natural) disaster 2.9
desatar *v.* to untie
desayunar *v.* to have breakfast 1.2
desayuno *m.* breakfast 1.8
descafeinado/a *adj.* decaffeinated 2.6
descansar *v.* to rest 1.2, 3.4
descanso *m.* rest 3.8
descargar *v.* to download 2.2, 3.7
descendiente *m., f.* descendent
descompuesto/a *adj.* not working; out of order 2.2
descongelar(se) *v.* to defrost 3.7
desconocido/a *m., f.* stranger
describir *v.* to describe 1.3
descrito/a *p.p.* described 2.5
descubierto/a *p.p.* discovered 2.5
descubridor(a) *m., f.* discoverer
descubrimiento *m.* discovery 3.7
descubrir *v.* to discover 2.4, 3.4
descuidar(se) *v.* to get distracted; to neglect 3.6
desde *prep.* from 1.6
desear *v.* to wish; to desire 1.2, 3.4
desechable *adj.* disposable 3.6
desempleado/a *adj.* unemployed 3.8
desempleo *m.* unemployment 2.9, 3.8
desenlace *m.* ending
deseo *m.* desire; wish
  pedir un deseo to make a wish
deshacer *v.* to undo 3.1
desierto *m.* desert 2.4, 3.6
desigual *adj.* unequal
desigualdad *f.* inequality 2.9
desilusión *f.* disappointment
desmayarse *v.* to faint 3.4
desorden *m.* disorder; mess 3.7
desordenado/a *adj.* disorderly 1.5
despacho *m.* office
despacio *adv.* slowly 2.1
despedida *f.* farewell 3.5
despedido/a *adj.* fired
despedir (e:i) *v.* to fire 2.7, 3.8
despedirse (de) (e:i) *v.* to say good-bye (to) 1.7, 3.3
despegar *v.* to take off 3.5
despejado/a *adj.* clear (*weather*)
despertador *m.* alarm clock 1.7
despertarse (e:ie) *v.* to wake up 1.7, 3.2
después *adv.* afterwards; then 1.7
  después de *prep.* after 1.7
  después de que *conj.* after 2.4
destacado/a *adj.* prominent 3.9
destacar *v.* to emphasize; to point out
destino *m.* destination 3.5
destrozar *v.* to destroy
destruir *v.* to destroy 2.4, 3.6
detestar *v.* to detest
detrás de *prep.* behind 1.2
deuda *f.* debt 3.8
devolver (o:ue) *v.* to return (*items*) 3.3
devoto/a *adj.* pious
día *m.* day 1.1
  día de fiesta *m.* holiday 1.9
  estar al día con las noticias to keep up with the news
diamante *m.* diamond 3.5
diario *m.* diary 1.1; newspaper 2.9, 3.9
diario/a *adj.* daily 1.7, 3.3
dibujar *v.* to draw 1.2, 3.10
dibujo *m.* drawing 2.8
  dibujos animados *m., pl.* *cartoons* 2.8
diccionario *m.* dictionary 1.1
dicho/a *adj., p.p.* said 2.5
diciembre *m.* December 1.5
dictador(a) *m., f.* dictator
dictadura *f.* dictatorship 2.9
didáctico/a *adj.* educational 3.10
diecinueve *n., adj.* nineteen 1.1
dieciocho *n., adj.* eighteen 1.1
dieciséis *n., adj.* sixteen 1.1
diecisiete *n., adj.* seventeen 1.1
diente *m.* tooth 1.7
dieta *f.* diet 2.6
  comer una dieta equilibrada to eat a balanced diet 2.6
  estar a dieta to be on a diet 3.4
diez *n., adj.* ten 1.1
difícil *adj.* difficult; hard 1.3
Diga. Hello. *(on telephone)* 2.2
digestión *f.* digestion
digital *adj.* digital 3.7
digno/a *adj.* worthy 3.6
diligencia *f.* errand 2.5
diluvio *m.* heavy rain
dinero *m.* money 1.6
  dinero en efectivo cash 3.3
Dios *m.* God
dios(a) *m., f.* god/goddess 3.5
diputado/a *m., f.* representative
dirección *f.* address 2.5
  dirección de correo electrónico *f.* e-mail address 3.7
  dirección electrónica *f.* e-mail address 2.2
direcciones *f., pl.* directions 2.5
directo/a *adj.* direct
  en directo *adj.* live 3.9
director(a) *m., f.* director; (*musical*) conductor 2.8
dirigir *v.* to direct 2.8; to manage 3.1
disco compacto *m.* compact disc (CD) 2.2
discoteca *f.* discotheque; dance club 3.2
discriminación *f.* discrimination 2.9
discriminado/a *adj.* discriminated
disculpar *v.* to excuse
disculparse *v.* to apologize 3.6
discurso *m.* speech 2.9
  pronunciar un discurso to give a speech
discutir *v.* to argue 3.1
diseñador(a) *m., f.* designer 2.7
diseñar *v.* to design 3.8, 3.10
diseño *m.* design
disfraz *m.* costume

disfrazado/a *adj.* disguised; in costume
disfrutar (de) *v.* to enjoy 3.2; to reap the benefits (of) 2.6
disgustado/a *adj.* upset 3.1
disgustar *v.* to upset 3.2
disminuir *v* to decrease
disponerse a *v.* to be about to 3.6
disponible *adj.* available
distinguido/a *adj.* honored
distinguir *v.* to distinguish 3.1
distraer *v.* to distract 3.1
distraído/a *adj.* distracted
disturbio *m.* riot 3.8
diversidad *f.* diversity 3.4
diversión *f.* fun activity; entertainment; recreation 1.4
divertido/a *adj.* fun 1.7, 3.2
divertirse (e:ie) *v.* to have fun 1.9, 3.2
divorciado/a *adj.* divorced 1.9, 3.1
divorciarse (de) *v.* to get divorced (from) 1.9
divorcio *m.* divorce 1.9, 3.1
doblado/a *adj.* dubbed 3.9
doblaje *m.* dubbing (*film*)
doblar *v.* to dub (*film*); to fold; 3.1; to turn 2.5; to turn (*a corner*)
doble *m., f.* double (*in movies*) 3.9; *adj.* double
doce *n., adj.* twelve 1.1
doctor(a) *m., f.* doctor 1.3, 2.1
documental *m.* documentary 2.8, 3.9
documentos de viaje *m., pl.* travel documents
dolencia *f.* illness; condition 3.4
doler (o:ue) *v.* to hurt 2.1; to ache 3.2
dolor *m.* ache; pain 2.1
  dolor de cabeza *m.* headache 2.1
doméstico/a *adj.* domestic 2.3
domingo *m.* Sunday 1.2
dominio *m.* rule
dominó *m.* dominoes
don/doña title of respect used with a person's first name 1.1
donde *prep.* where
¿dónde? *adv.* where? 1.1
  ¿Dónde está...? Where is...? 1.2
dondequiera *adv.* wherever 3.4
dormir (o:ue) *v.* to sleep 1.4, 3.2
dormirse (o:ue) *v.* to go to sleep; to fall asleep 1.7, 3.2
dormitorio *m.* bedroom 2.3
dos *n., adj.* two 1.1
  dos veces *adv.* twice; two times 1.6
doscientos/as *n., adj.* two hundred 1.2
drama *m.* drama; play 2.8
dramático/a *adj.* dramatic 2.8
dramaturgo/a *m., f.* playwright 2.8, 3.10
droga *f.* drug 2.6
drogadicto/a *m., f.* drug addict 2.6
ducha *f.* shower 1.7
ducharse *v.* to shower 3.2; to take a shower 1.7
duda *f.* doubt 2.4
dudar *v.* to doubt 2.4
  no dudar *v.* not to doubt 2.4
dueño/a *m., f.* owner 3.8; landlord 1.8
dulces *m., pl.* sweets; candy 1.9
durante *prep.* during 1.7
durar *v.* to last 2.9
duro/a *adj.* hard; difficult 3.7

E

e *conj.* (*used instead of* **y** *before words beginning with* **i** *and* **hi**) and 1.4
echar *v.* to throw; to throw away 3.5
  echar a correr to take off running
  echar (una carta) al buzón to put (a letter) in the mailbox 2.5; to mail 2.5
  echar un vistazo to take a look
ecología *f.* ecology 2.4
economía *f.* economics 1.2
ecosistema *m.* ecosystem 3.6
ecoturismo *m.* ecotourism 2.4, 3.5
Ecuador *m.* Ecuador 1.1
ecuatoriano/a *adj.* Ecuadorian 1.3
edad *f.* age 1.9
Edad Media *f.* Middle Ages
edificio *m.* building 2.3
  edificio de apartamentos *m.* apartment building 2.3
editar *v.* to publish 3.10
educar *v.* to educate; to inform; to raise; to bring up 3.1
efectivo *m.* cash
efectos especiales *m., pl.* special effects 3.9
efectos secundarios *m., pl.* side effects 3.4
eficiente *adj.* efficient
ejecutivo/a *m., f.* executive 3.8
  de corte ejecutivo of an executive nature 3.8
ejercicio *m.* exercise 2.6
  ejercicios aeróbicos *m.* aerobic exercises 2.6
  ejercicios de estiramiento *m.* stretching exercises 2.6
ejército *m.* army 2.9,
el *m., sing., def. art.* the 1.1
él *sub. pron.* he 1.1; *pron., obj. of prep.* him 1.9
elecciones *f. pl.* election 2.9
electoral *adj.* electoral
electricista *m., f.* electrician 2.7
electrodoméstico *m.* electric appliance 2.3
electrónico/a *adj.* electronic
elegante *adj.* elegant 1.6
elegido/a *adj.* chosen; elected
elegir (e:i) *v.* to elect 2.9; to choose
ella *sub. pron.* she 1.1; *pron., obj. of prep.* her 1.9
ellos/as *sub. pron.* they 1.1; *pron., obj. of prep.* them 1.9
embajada *f.* embassy
embajador(a) *m., f.* ambassador
embalarse *v.* to go too fast (*Esp.*) 3.9
embarazada *adj.* pregnant 2.1
embarcar *v.* to board
emergencia *f.* emergency 2.1
emigrar *v.* to emigrate
emisión *f.* broadcast
  emisión en vivo/directo *f.* live broadcast
emisora *f.* (radio) station
emitir *v.* to broadcast 2.9
emocionado/a *adj.* excited 3.1
emocionante *adj.* exciting
empatar *v.* to tie (*games*) 3.2
empate *m.* tie (*game*) 3.2
empeorar *v.* to deteriorate; to get worse 3.4
emperador *m.* emperor
emperatriz *f.* empress
empezar (e:ie) *v.* to begin 1.4
empleado/a *m., f.* employee 1.5, 3.8
empleado/a *adj.* employed 3.8
empleo *m.* employment 2.7; job 3.8
empresa *f.* company, firm 2.7
  empresa multinacional *f.* multinational company 3.8
empresario/a *m., f.* entrepreneur 3.8
empujar *v.* to push
en *prep.* in; on; at 1.2
  en casa at home 1.7
  en caso (de) que *conj.* in case (that) 2.4
  en cuanto *conj.* as soon as 2.4
  en efectivo in cash 2.5
  en exceso in excess; too much 2.6
  en línea inline 1.4; online 3.7
  ¡En marcha! Let's get going! 2.6
  en mi nombre in my name
  en punto on the dot; exactly; sharp *(time)* 1.1

¿en qué? in what?; how? 1.2
¿En qué puedo servirles? How can I help you? 1.5
enamorado/a (de) *adj.* in love (with) 1.5, 3.1
enamorarse (de) *v.* to fall in love (with) 1.9, 3.1
encabezar *v.* to lead
encantado/a *adj.* delighted; Pleased to meet you. 1.1
encantar *v.* to like very much 3.2; to love (*inanimate objects*) 1.7
¡Me encantó! I loved it! 2.6
encargado/a *m., f.* person in charge
estar encargado/a de to be in charge of 3.1
encargarse de *v.* to be in charge of 3.1
encender (e:ie) *v.* to turn on 3.3
encima de *prep.* on top of 1.2
encogerse *v.* to shrink
encogerse de hombros to shrug
encontrar (o:ue) *v.* to find 1.4
encontrar(se) (o:ue) *v.* to meet (each other); to run into (each other) 2.2
encuesta *f.* poll; survey 2.9
energía *f.* energy 2.4
energía eólica *f.* wind power
energía nuclear *f.* nuclear energy 2.4
energía solar *f.* solar energy 2.4
enérgico/a *adj.* energetic 3.8
enero *m.* January 1.5
enfermarse *v.* to get sick 2.1, 3.4
enfermedad *f.* disease; illness 2.1, 3.4
enfermero/a *m., f.* nurse 2.1, 3.4
enfermo/a *adj.* sick 2.1
enfrentar *v.* to confront
enfrente de *adv.* opposite; facing 2.5
enganchar *v.* to get caught 3.5
engañar *v.* to betray 3.9
engordar *v.* to gain weight 2.6, 3.4
enlace *m.* link 3.7
enojado/a *adj.* mad; angry 1.5
enojarse (con) *v.* to get angry (with) 1.7
enojo *m.* anger
enrojecer *v.* to turn red; to blush
ensalada *f.* salad 1.8
ensayar *v.* to rehearse 3.9
ensayista *m., f.* essayist 3.10
ensayo *m.* essay; rehearsal
enseguida *adv.* right away 1.9, 3.3
enseñanza *f.* teaching; lesson
enseñar *v.* to teach 1.2
ensuciar *v.* to get (*something*) dirty 2.3
entender (e:ie) *v.* to understand 1.4
enterarse (de) *v.* to become informed (about) 3.9
enterrado/a *adj.* buried 3.2
enterrar (e:ie) *v.* to bury
entonces *adv.* then 1.7
en aquel entonces at that time 3.3
entrada *f.* entrance 2.3; ticket 2.8
entre *prep.* between; among 1.2
entrega *f.* delivery
entremeses *m., pl.* hors d'oeuvres; appetizers 1.8
entrenador(a) *m., f.* coach; trainer 2.6, 3.2
entrenarse *v.* to practice; to train 2.6
entretener(se) (e:ie) *v.* to entertain, to amuse (oneself) 3.2
entretenido/a *adj.* entertaining 3.2
entrevista *f.* interview 2.7
entrevista de trabajo *f.* job interview 3.8
entrevistador(a) *m., f.* interviewer 2.7
entrevistar *v.* to interview 2.7
envase *m.* container 2.4
envenenado/a *adj.* poisoned 3.6
enviar *v.* to send; to mail 2.5
epidemia *f.* epidemic 3.4
episodio *m.* episode 3.9
episodio final final episode 3.9
época *f.* era; epoch; historical period
equilibrado/a *adj.* balanced 2.6
equipado/a *adj.* equipped 2.6
equipaje *m.* luggage 1.5
equipo *m.* team 1.4, 3.2
equivocado/a *adj.* wrong 1.5
equivocarse *v.* to be mistaken; to make a mistake
eres *fam., sing.* you are 1.1
erosión *f.* erosion 3.6
erudito/a *adj.* learned
es he/she/it is 1.1
Es bueno que... It's good that... 2.3
Es de... He/She is from... 1.1
es extraño it's strange 2.4
Es importante que... It's important that... 2.3
es imposible it's impossible 2.4
es improbable it's improbable 2.4
Es la una. It's one o'clock. 1.1
Es malo que... It's bad that... 2.3
Es mejor que... It's better that... 2.3
Es necesario que... It's necessary that... 2.3
es obvio it's obvious 2.4
es ridículo it's ridiculous 2.4
es seguro it's sure 2.4
es terrible it's terrible 2.4
es triste it's sad 2.4
es una lástima it's a shame 2.4
Es urgente que... It's urgent that... 2.3
es verdad it's true 2.4
esa(s) *f., adj.* that; those 1.6
ésa(s) *f., pron.* that (one); those (ones) 1.6
esbozar *v.* to sketch
esbozo *m.* outline; sketch
escalada *f.* climb (*mountain*)
escalador(a) *m., f.* climber
escalar *v.* to climb 1.4
escalar montañas to climb mountains 1.4
escalera *f.* stairs; stairway 2.3; staircase 3.3
escena *f.* scene 3.1
escenario *m.* scenery; stage 3.2
esclavitud *f.* slavery
esclavizar *v.* enslave
esclavo/a *m., f.* slave
escoba *f.* broom
escoger *v.* to choose 1.8, 3.1
escribir *v.* to write 1.3
escribir un mensaje electrónico to write an e-mail message 1.4
escribir una carta to write a letter 1.4
escribir una postal to write a postcard
escrito/a *adj., p.p.* written 2.5
escritor(a) *m., f.* writer 2.8
escritorio *m.* desk 1.2
escuchar *v.* to listen (to)
escuchar la radio to listen to the radio 1.2
escuchar música to listen to music 1.2
escuela *f.* school 1.1
esculpir *v.* to sculpt 2.8, 3.10
escultor(a) *m., f.* sculptor 2.8, 3.10
escultura *f.* sculpture 2.8, 3.10
ese *m., sing., adj.* that 1.6
ése *m., sing., pron.* that (one) 1.6
esfuerzo *m.* effort
eso *neuter pron.* that; that thing 1.6
esos *m., pl., adj.* those 1.6
ésos *m., pl., pron.* those (ones) 1.6
espacial *adj.* related to space
transbordador espacial *m.* space shuttle 3.7
espacio *m.* space 3.7

espacioso/a *adj.* spacious
espalda *f.* back
a mis espaldas behind my back 3.9
estar de espaldas a to have one's back to
espantar *v.* to scare
España *f.* Spain 1.1
español *m.* Spanish *(language)* 1.2
español(a) *adj.* Spanish 1.3
espárragos *m., pl.* asparagus 1.8
especialista *m., f.* specialist
especialización *f.* major 1.2
especializado/a *adj.* specialized 3.7
especie *f.* species 3.6
especie en peligro de extinción endangered species
espectacular *adj.* spectacular 2.6
espectáculo *m.* show 2.8, 3.2
espectador(a) *m., f.* spectator 3.2
espejo *m.* mirror 1.7
espejo retrovisor *m.* rearview mirror
espera *f.* wait
esperanza *f.* hope 3.6
esperar *v.* to hope; to wish 2.4
esperar (+ *inf.***)** *v.* to wait (for); to hope 1.2
espiritual *adj.* spiritual
esposo/a *m., f.* husband; wife; spouse 1.3
esquí (acuático) *m.* (water) skiing 1.4
esquiar *v.* to ski 1.4
esquina *f.* corner 2.5
está he/she/it is; you are 1.2
Está bien. That's fine. 2.2
Está (muy) despejado. It's (very) clear. *(weather)*
Está lloviendo. It's raining. 1.5
Está nevando. It's snowing. 1.5
Está (muy) nublado. It's (very) cloudy. *(weather)* 1.5
esta(s) *f., adj.* this; these 1.6
esta noche tonight 1.4
ésta(s) *f., pron.* this (one); these (ones) 1.6
Ésta es... *f.* This is... *(introducing someone)* 1.1
estabilidad *f.* stability
establecer *v.* to start, to establish 2.7
establecer(se) *v.* to establish (oneself)
estación *f.* station; season 1.5
estación de autobuses *f.* bus station 1.5
estación del metro *f.* subway station 1.5
estación de tren *f.* train station 1.5
estacionamiento *m.* parking lot 2.5
estacionar *v.* to park 2.2
estadio *m.* stadium 1.2
estado civil *m.* marital status 1.9
estado de ánimo *m.* mood 3.4
Estados Unidos (EE.UU.) *m.* United States 1.1
estadounidense *adj.* from the United States 1.3
estampado/a *adj.* print
estampilla *f.* stamp 2.5
estante *m.* bookcase; bookshelves 2.3
estar *v.* to be 1.2
estar a cargo de to be in charge of
estar a (veinte kilómetros) de aquí to be (20 kilometers) from here 2.2
estar a dieta to be on a diet 2.6
estar a la venta to be for sale 3.10
estar aburrido/a to be bored 1.5
estar afectado/a (por) to be affected (by) 2.4
estar al día to be up-to-date 3.9
estar al tanto to be informed 3.9
estar bajo control to be under control 1.7
estar bajo presión to be under stress/pressure
estar bueno/a to be good *(i.e., fresh)*
estar cansado/a to be tired 1.5
estar contaminado/a to be polluted 2.4
estar de acuerdo to agree 2.7
estar de moda to be in fashion 1.6
estar de vacaciones to be on vacation 1.5
estar en buena forma to be in good shape 2.6
estar enfermo/a to be sick 2.1
estar harto/a (de) to be fed up (with); to be sick (of) 3.1
estar listo/a to be ready 2.6
estar lleno/a to be full 3.5
estar perdido/a to be lost 2.5
estar resfriado/a to have a cold 3.4
estar roto/a to be broken 2.1
estar seguro/a to be sure 1.5
estar torcido/a to be twisted; to be sprained 2.1
Estoy (completamente) de acuerdo. I agree (completely). 2.7
No está nada mal. It's not bad at all. 1.5
No estoy de acuerdo. I don't agree. 2.7
estatal *adj.* public; pertaining to the state
estatua *f.* statue 2.8
este *m.* east 2.5; *interj.* um 2.8
este *m., sing., adj.* this 1.6
éste *m., sing., pron.* this (one) 1.6
Éste es... *m.* This is... *(introducing someone)* 1.1
estéreo *m.* stereo 2.2
estereotipo *m.* stereotype 3.10
estético/a *m., f.* aesthetic 3.10
estilo *m.* style
al estilo de... in the style of... 3.10
estiramiento *m.* stretching 2.6
esto *neuter pron.* this; this thing 1.6
estómago *m.* stomach 2.1
estornudar *v.* to sneeze 2.1
estos *m., pl., adj.* these 1.6
éstos *m., pl., pron.* these (ones) 1.6
estrecho/a *adj.* narrow
estrella *f.* star 2.4
estrella de cine *m., f.* movie star 2.8
estrella fugaz *f.* shooting star
estrella pop *f. m., f.* pop star 3.9
estreno *m.* premiere; debut 3.2
estrés *m.* stress 2.6
estrofa *f.* stanza 3.10
estudiante *m., f.* student 1.1, 1.2
estudiantil *adj.* student 1.2
estudiar *v.* to study 1.2
estudio *m.* studio
estudio de grabación *m.* recording studio
estufa *f.* stove 2.3
estupendo/a *adj.* stupendous 1.5
etapa *f.* stage 1.9; phase
eterno/a *adj.* eternal
ético/a *adj.* ethical 3.7
poco ético/a unethical
etiqueta *f.* label; tag
evitar *v.* to avoid 2.4
examen *m.* test; exam 1.2
examen médico *m.* physical exam 2.1
excelente *adj.* excellent 1.5
exceso *m.* excess; too much 2.6
excitante *adj.* exciting
excursión *f.* excursion; hike; tour 3.5
excursionista *m., f.* hiker
exigir *v.* to demand 3.1, 3.4, 3.8
exilio político *m.* political exile
exitoso/a *adj.* successful 3.8

exótico/a *adj.* exotic
experiencia *f.* experience 2.9, 3.8
experimentar *v.* to experience; to feel
experimento *m.* experiment 3.7
explicar *v.* to explain 1.2
exploración *f.* exploration
explorar *v.* to explore
explotación *f.* exploitation
explotar *v.* to exploit
exportaciones *f., pl.* exports
exportar *v.* to export 3.8
exposición *f.* exhibition
expresión *f.* expression
expresionismo *m.* expressionism 3.10
expulsar *v.* to expel
extinción *f.* extinction 2.4
extinguir *v.* to extinguish
extinguirse *v.* to become extinct 3.6
extranjero/a *adj.* foreign 2.8
extrañar *v.* to miss
extrañar a (alguien) to miss (someone)
extrañarse de algo to be surprised about something
extraño/a *adj.* strange 2.4
extraterrestre *m., f.* alien 3.7

F

fábrica *f.* factory
fabricar *v.* to manufacture; to make 3.7
fabuloso/a *adj.* fabulous 1.5
facciones *f.* facial features 3.3
fácil *adj.* easy 1.3
factor *m.* factor
factores de riesgo risk factors
factura *f.* bill 3.8
falda *f.* skirt 1.6
fallecer *v.* to die
falso/a *adj.* insincere 3.1
faltar *v.* to lack; to need 1.7, 3.2
fama *f.* fame 3.9
tener buena/mala fama to have a good/bad reputation 3.9
familia *f.* family 1.3
famoso/a *adj.* famous 2.7, 3.9
hacerse famoso to become famous 3.9
farándula *f.* entertainment 3.1
farmacia *f.* pharmacy 2.1
faro *m.* lighthouse; beacon 3.5
fascinar *v.* to fascinate 1.7; to like very much 3.2
fatiga *f.* fatigue; weariness 3.8
fatigado/a *adj.* exhausted 3.3
favor *m.* favor
hacer un/el favor (a) to do someone a/the favor
favoritismo *m.* favoritism
favorito/a *adj.* favorite 1.4
fax *m.* fax (machine) 2.2
fe *f.* faith
febrero *m.* February 1.5
fecha *f.* date 1.5
felicidad *f.* happiness
¡Felicidades! Congratulations! 1.9
¡Felicidades a todos! Congratulations to all!
¡Felicitaciones! Congratulations! 1.9
feliz *adj.* happy 1.5, 3.3
¡Feliz cumpleaños! Happy birthday! 1.9
fenomenal *adj.* great, phenomenal 1.5
feo/a *adj.* ugly 1.3
feria *f.* fair 3.2
festejar *v.* to celebrate 3.2
festival *m.* festival 2.8, 3.2
fiabilidad *f.* reliability
fiebre *f.* fever 2.1, 3.4
fiesta *f.* party 1.9
fijarse *v.* to notice 3.9
fijarse en to take notice of 3.2
fijo/a *adj.* fixed, set 1.6, 3.8
fin *m.* end 1.4
al fin y al cabo sooner or later; after all
fin de semana *m.* weekend 1.4
final: al final de cuentas after all 3.7
finalmente *adv.* finally 2.6
financiar *v.* to finance 3.8
financiero/a *adj.* financial 3.8
finanza(s) *f.* finance(s)
firma *f.* signature
firmar *v.* to sign *(a document)* 2.5
física *f.* physics 1.2
físico/a *m., f.* physicist 3.7
flan (de caramelo) *m.* baked (caramel) custard 1.9
flexible *adj.* flexible 2.6
flor *f.* flower 2.4
florecer *v.* to flower 3.6
flotar *v.* to float 3.5
folklórico/a *adj.* folk; folkloric 2.8
folleto *m.* brochure
fondo *m.* end 2.3; bottom
a fondo *adv.* thoroughly
forma *f.* form; shape 2.6
de todas formas in any case
mala forma física *f.* bad physical shape
ponerse en forma to get in shape 3.4
formular *v.* to formulate 3.7
formulario *m.* form 2.5
fortaleza *f.* strength
forzado/a *adj.* forced
foto(grafía) *f.* photograph 1.1
fraile *m.* friar
francés, francesa *adj.* French 1.3
frasco *m.* flask
frecuentemente *adv.* frequently 2.1
freír (e:i) *v.* to fry 3.3
frenos *m., pl.* brakes
fresco/a *adj.* cool 1.5
frijoles *m., pl.* beans 1.8
frío/a *adj.* cold 1.5
frito/a *adj.* fried 1.8
frontera *f.* border 3.5
fruta *f.* fruit 1.8
frutería *f.* fruit store 2.5
frutilla *f.* strawberry
fuente *f.* fountain; source
fuente de energía *f.* energy source 3.6
fuente de fritada *f.* platter of fried food, mixed grill 1.8
fuera *adv.* outside
fuerte *adj.* strong 2.6
fuerza *f.* force; power
fuerza de voluntad *f.* will power 3.4
fuerza laboral *f.* labor force
fuerzas armadas *f., pl.* armed forces
fumar *v.* to smoke 2.6
no fumar *v.* not to smoke 2.6
función *f.* performance *(theater/movie)* 3.2
funcionar *v.* to work 2.2, 3.7; to function
fútbol *m.* soccer 1.4
fútbol americano *m.* football 1.4
futurista *adj.* futuristic
futuro/a *adj.* future 2.7
en el futuro in the future 2.7

G

gafas (de sol)/(oscuras) *f., pl.* (sun)glasses 1.6
galería *f.* gallery 3.10
galleta *f.* cookie 1.9
gana *f.* desire
sentir/tener ganas de to want to; to feel like
ganar *v.* to win 1.4; to earn *(money)* 2.7
ganar bien/mal to be well/poorly paid 3.8
ganar las elecciones to win an election
ganar un partido to win a game 3.2
ganarse la vida to earn a living 3.8
ganga *f.* bargain 1.6, 3.3
garaje *m.* garage; (mechanic's) repair shop 2.2; garage *(in a house)* 2.3
garganta *f.* throat 2.1

gasolina *f.* gasoline 2.2
gasolinera *f.* gas station 2.2
gastar *v.* to spend (*money*) 1.6, 3.8
gato *m.* cat 2.4
gemelo/a *m., f.* twin 1.3
gen *m.* gene 3.7
generar *v.* to produce; to generate
generoso/a *adj.* generous
genética *f.* genetics 3.4
gente *f.* people 1.3
geografía *f.* geography 1.2
gerente *m., f.* manager 2.7, 3.8
gesto *m.* gesture
gimnasio *m.* gymnasium 1.4
gobernador(a) *m., f.* governor
gobernante *m., f.* ruler
gobernar (e:ie) *v.* to govern
gobierno *m.* government 2.4
golf *m.* golf 1.4
gordo/a *adj.* fat 1.3
grabadora *f.* tape recorder 1.1
grabar *v.* to record 2.2, 3.9
gracias *f., pl.* thank you; thanks 1.1
Gracias por todo. Thanks for everything. 1.9, 2.6
Gracias una vez más. Thanks again. 1.9
gracioso/a *adj.* funny; pleasant 3.1
graduarse (de/en) *v.* to graduate (from/in) 1.9
gran, grande *adj.* big; large 1.3
grasa *f.* fat 2.6
gratis *adj.* free of charge 2.5
grave *adj.* grave; serious 2.1
gravedad *f.* gravity 3.7
gravísimo/a *adj.* extremely serious 2.4
grillo *m.* cricket
gripe *f.* flu 2.1, 3.4
gris *adj.* gray 1.6
gritar *v.* to shout; to scream 1.7
grupo *m.* group
grupo musical *m.* musical group, band
guantes *m., pl.* gloves 1.6
guapo/a *adj.* handsome; good-looking 1.3
guaraní *m.* Guarani 3.9
guardar *v.* to save *(on a computer)* 2.2; to save 3.7
guardarse (algo) *v.* to keep (something) to yourself 3.1
guerra *f.* war 2.9
guerra civil *f.* civil war
guerrero/a *m., f.* warrior
guía *m., f.* guide
guía turístico/a *m., f.* tour guide 3.5
guión *m.* screenplay; script 3.9
guita *f.* cash; dough (*Arg.*) 3.7
gusano *m.* worm
gustar *v.* to be pleasing to; to like 1.2, 3.2, 3.4
Me gustaría... I would like...
¡No me gusta nada...! I don't like... at all!
gusto *m.* pleasure 2.8; taste 3.10
Con mucho gusto. Gladly.
El gusto es mío. The pleasure is mine. 1.1
de buen/mal gusto in good/bad taste 3.10
Gusto de verlo/la. *form.* It's nice to see you. 2.9
Gusto de verte. *fam.* It's nice to see you. 2.9
Mucho gusto. Pleased to meet you. 1.1
¡Qué gusto volver a verlo/la! *form.* I'm happy to see you again! 2.9
¡Qué gusto volver a verte! *fam.* I'm happy to see you again! 2.9

H

haber (*aux.*) *v.* to have (*done something*) 2.6
Ha sido un placer. It's been a pleasure. 2.6
habilidad *f.* skill
hábilmente *adv.* skillfully
habitación *f.* room 1.5, 3.5
habitación individual/doble *f.* single/double room 1.5, 3.5
habitante *m., f.* inhabitant
habitar *v.* to inhabit
hablante *m., f.* speaker 3.9
hablar *v.* to talk; to speak 1.2, 3.1
Hablando de esto, ... Speaking of that, ...
hacer *v.* to do; to make 1.4, 3.1, 3.4
Hace buen tiempo. The weather is good. 1.5
Hace (mucho) calor. It's (very) hot. *(weather)* 1.5
Hace fresco. It's cool. *(weather)* 1.5
Hace (mucho) frío. It's very cold. *(weather)* 1.5
Hace mal tiempo. The weather is bad. 1.5
Hace (mucho) sol. It's (very) sunny. *(weather)* 1.5
Hace (mucho) viento. It's (very) windy. *(weather)* 1.5
hacer algo a propósito to do something on purpose
hacer clic to click 3.7
hacer cola to wait in line 3.2
hacer diligencias to run errands 2.5
hacer ejercicio to exercise 2.6
hacer ejercicios aeróbicos to do aerobics 2.6
hacer ejercicios de estiramiento to do stretching exercises 2.6
hacer un/el favor (a) to do someone a/the favor
hacer el papel (de) to play the role (of) 2.8
hacer gimnasia to work out 2.6
hacer juego (con) to match (with) 1.6
hacer la cama to make the bed 2.3
hacer las maletas to pack (one's) suitcases 1.5, 3.5
hacer mandados to run errands 3.3
hacer quehaceres domésticos to do household chores 2.3
hacer transbordo to change (planes/trains) 3.5
hacer turismo to go sightseeing
hacer un viaje to take a trip 1.5, 3.5
hacer una excursión to go on a hike; to go on a tour
hacerle caso a alguien to pay attention to someone 3.1
hacerle daño a alguien to hurt someone
hacerle gracia a alguien to be funny to someone
hacerse daño to hurt oneself
hacia *prep.* toward 2.5
hallazgo *m.* finding; discovery 3.4
hambre *f.* hunger 1.3
hambriento/a *adj.* hungry
hamburguesa *f.* hamburger 1.8
haragán/haragana *adj.* lazy; idle 3.8
harto/a *adj.* tired; fed up (with)
estar harto/a (de) to be fed up (with); to be sick (of) 3.1
hasta *prep.* until 1.6; toward
hasta la fecha up until now
Hasta la vista. See you later. 1.1
Hasta luego. See you later. 1.1
Hasta mañana. See you tomorrow. 1.1
hasta que *conj.* until 2.4
Hasta pronto. See you soon. 1.1
hay *v.* there is; there are 1.1
Hay (mucha) contaminación. It's (very) smoggy.
Hay (mucha) niebla. It's (very) foggy.
Hay que It is necessary that 2.5
No hay duda de There's no doubt 2.4
No hay de qué. You're welcome. 1.1
hecho *p.p.* done 2.5

heladería *f.* ice cream shop 2.5
helado *m.* ice cream 1.9
helado/a *adj.* iced 1.8
helar (e:ie) *v.* to freeze
heredar *v.* to inherit
herencia *f.* heritage
herencia cultural *f.* cultural heritage
herida *f.* injury 3.4
herido/a *adj.* injured
herir (e:ie) *v.* to hurt 3.1
hermanastro/a *m., f.* stepbrother; stepsister 1.3
hermano/a *m., f.* brother; sister 1.3
hermano/a mayor/menor *m., f.* older/younger brother/sister 1.3
hermanos *m., pl.* siblings (brothers and sisters) 1.3
hermoso/a *adj.* beautiful 1.6
heroico/a *adj.* heroic
herradura *f.* horseshoe
herramienta *f.* tool
caja de herramientas *f.* toolbox
hervir (e:ie) *v.* to boil 3.3
hierba *f.* grass 2.4
higiénico/a *adj.* hygienic
hijastro/a *m., f.* stepson; stepdaughter 1.3
hijo/a *m., f.* son; daughter 1.3
hijo/a único/a *m., f.* only child 1.3
hijos *m., pl.* children 1.3
hindú *adj.* Hindu
hipoteca *f.* mortgage 3.8
historia *f.* history 1.2; story 2.8
historiador(a) *m., f.* historian
histórico/a *adj.* historic; historical 3.10
hockey *m.* hockey 1.4
hogar *m.* home; fireplace 3.3
hojear *v.* to skim 3.10
hola *interj.* hello; hi 1.1
hombre *m.* man 1.1
hombre de negocios *m.* businessman 2.7, 3.8
hombro *m.* shoulder
encogerse de hombros to shrug
hondo/a *adj.* deep 3.2
hora *f.* hour 1.1; the time
horas de visita *f., pl.* visiting hours
horario *m.* schedule 1.2, 3.3
hormiga *f.* ant 3.6
horno *m.* oven 2.3
horno de microondas *m.* microwave oven 2.3
horror *m.* horror 2.8
de horror horror (*genre*) 2.8
hospedarse *v.* to stay; to lodge
hospital *m.* hospital 2.1
hotel *m.* hotel 1.5
hoy *adv.* today 1.2
hoy día *adv.* nowadays
Hoy es... Today is... 1.2
huelga *f.* strike (*labor*) 2.9, 3.8
huella *f.* trace; mark 3.8
huerto *m.* orchard
hueso *m.* bone 2.1
huésped *m., f.* guest 1.5
huevo *m.* egg 1.8
humanidad *f.* humankind
humanidades *f., pl.* humanities 1.2
húmedo/a *adj.* humid; damp 3.6
humillar *v.* to humiliate 3.8
humorístico/a *adj.* humorous 3.10
hundir *v.* to sink
huracán *m.* hurricane 2.9, 3.6

I

ida *f.* one way (*travel*)
idea *f.* idea 1.4
ideología *f.* ideology
idioma *m.* language 3.9
iglesia *f.* church 1.4
igual *adj.* equal
igualdad *f.* equality 2.9
igualmente *adv.* likewise 1.1
ilusión *f.* illusion; hope
imagen *f.* image; picture 3.2, 3.7
imaginación *f.* imagination
imparcial *adj.* unbiased 3.9
imperio *m.* empire
impermeable *m.* raincoat 1.6
importaciones *f., pl.* imports
importado/a *adj.* imported 3.8
importante *adj.* important 1.3, 3.4
importar *v.* to be important to; to matter 1.7, 3.2, 3.4; to import 3.8
imposible *adj.* impossible 2.4
impresionar *v.* to impress 3.1
impresionismo *m.* impressionism 3.10
impresora *f.* printer 2.2
imprevisto/a *adj.* unexpected 3.3
imprimir *v.* to print 2.2, 3.9
improbable *adj.* improbable 2.4
improviso: de improviso *adv.* unexpectedly
impuesto *m.* tax 2.9
impuesto de ventas *m.* sales tax 3.8
inalámbrico/a *adj.* wireless 3.7
incapaz *adj.* incompetent; incapable 3.8
incendio *m.* fire 2.9; 3.6
incertidumbre *f.* uncertainty
incluido/a *adj.* included 3.5
increíble *adj.* incredible 1.5
independencia *f.* independence
índice *m.* index
índice de audiencia *m.* ratings
indígena *adj.* indigenous 3.9; *m., f.* indigenous person 3.4
individual *adj.* private (*room*) 1.5
industria *f.* industry
inesperado/a *adj.* unexpected 3.3
inestabilidad *f.* instability
infancia *f.* childhood
infección *f.* infection 2.1
inflamado/a *adv.* inflamed 3.4
inflamarse *v.* to become inflamed
inflexible *adj.* inflexible
influyente *adj.* influential 3.9
informar *v.* to inform 2.9
informarse *v.* to get information
informática *f.* computer science 3.7
informativo *m.* news bulletin 3.9
informe *m.* report; paper (*written work*) 2.9
ingeniero/a *m., f.* engineer 1.3, 3.7
inglés *m.* English *(language)* 1.2
inglés, inglesa *adj.* English 1.3
ingresar *v.* to enter; to enroll in; to become a member of
ingresar datos to enter data
injusto/a *adj.* unjust
inmaduro/a *adj.* immature 3.1
inmigración *f.* immigration
inmoral *adj.* immoral
innovador(a) *adj.* innovative 3.7
inodoro *m.* toilet 1.7
inquietante *adj.* disturbing; unsettling 3.10
inscribirse *v.* to register
inseguro/a *adj.* insecure 3.1
insensatez *f.* folly 3.4
insistir (en) *v.* to insist (on) 2.3, 3.4
inspector(a) de aduanas *m., f.* customs inspector 1.5
inspirado/a *adj.* inspired
instalar *v.* to install 3.7
integrarse (a) *v.* to become part (of)
inteligente *adj.* intelligent 1.3
intercambiar *v.* to exchange
interesante *adj.* interesting 1.3
interesar *v.* to be interesting to; to interest 1.7, 3.2
internacional *adj.* international 2.9
Internet *m., f.* Internet 2.2, 3.7
interrogante *m.* question; doubt 3.7

intrigante *adj.* intriguing 3.10
inundación *f.* flood 2.9, 3.6
inundar *v.* to flood
inútil *adj.* useless 3.2
invadir *v.* to invade
inventar *v.* to invent 3.7
invento *m.* invention 3.7
inversión *f.* investment
 inversión extranjera *f.* foreign investment 3.8
inversor(a) *m., f.* investor
invertir (e:ie) *v.* to invest 2.7, 3.8
investigador(a) *m., f.* researcher 3.4
investigar *v.* to investigate; to research 3.7
invierno *m.* winter 1.5
invitado/a *m., f.* guest (*at a function*) 1.9
invitar *v.* to invite 1.9
inyección *f.* injection 2.1
ir *v.* to go 1.4, 3.1, 3.2
 ir a (+ *inf.*) to be going to (*do something*) 1.4
 ir de compras to go shopping 1.5, 3.3
 ir de excursión (a las montañas) to go for a hike (in the mountains) 1.4
 ir de pesca to go fishing
 ir de vacaciones to go on vacation 1.5, 3.5
 ir en autobús to go by bus 1.5
 ir en auto(móvil) to go by auto(mobile); to go by car 1.5
 ir en avión to go by plane 1.5
 ir en barco to go by boat 1.5
 ir en metro to go by subway
 ir en motocicleta to go by motorcycle 1.5
 ir en taxi to go by taxi 1.5
 ir en tren to go by train
irresponsable *adj.* irresponsible
irse (de) *v.* to go away (from) 3.2; to leave 1.7
isla *f.* island 3.5
italiano/a *adj.* Italian 1.3
itinerario *m.* itinerary 3.5
izquierdo/a *adj.* left 1.2
 a la izquierda de to the left of 1.2

J

jabalí *m.* wild boar 3.10
jabón *m.* soap 1.7
jamás *adv.* never; not ever 1.7
jamón *m.* ham 1.8
japonés, japonesa *adj.* Japanese 1.3
jarabe (para la tos) *m.* (cough) syrup 3.4
jardín *m.* garden; yard 2.3
jaula *f.* cage
jefe, jefa *m., f.* boss 2.7
jornada *f.* (work) day
joven *adj.* young 1.3; *m., f.* youth; young person 1.1
joyería *f.* jewelry store 2.5
jubilación *f.* retirement
jubilarse *v.* to retire (*from work*) 1.9, 3.8
judío/a *adj.* Jewish
juego *m.* game 3.2
 juego de mesa *m.* board game 3.2
 juego de pelota *m.* ball game 3.5
jueves *m., sing.* Thursday 1.2
juez(a) *m., f.* judge
jugador(a) *m., f.* player 1.4
jugar (u:ue) *v.* to play 1.4
 jugar a las cartas to play cards 1.5
jugo (de fruta) *m.* (fruit) juice 1.8
juicio *m.* trial; judgment
julio *m.* July 1.5
jungla *f.* jungle 2.4
junio *m.* June 1.5
juntos/as *adj.* together 1.9
jurar *v.* to promise
justicia *f.* justice
justo/a *adj.* just
juventud *f.* youth 1.9

K

kilómetro *m.* kilometer 2.2

L

la *f., sing., def. art.* the 1.1; *f., sing., d.o. pron.* her, it, *form.* you 1.5
laboratorio *m.* laboratory 1.2
 laboratorio espacial *m.* space lab
ladrillo *m.* brick
ladrón/ladrona *m., f.* thief
lago *m.* lake 2.4
lágrimas *f. pl.* tears
lámpara *f.* lamp 2.3
lana *f.* wool 1.6
langosta *f.* lobster 1.8
lanzar *v.* to throw; to launch
lápiz *m.* pencil 1.1
largo/a *adj.* long 1.6
 a largo plazo long-term
 a lo largo de along; beside
largometraje *m.* full-length film
las *f., pl., def. art.* the 1.1; *f., pl., d.o. pron.* them, *form.* you 1.5
lástima *f.* shame 2.4
lastimar *v.* to injure
lastimarse *v.* to injure oneself 2.1; to get hurt 3.4
 lastimarse el pie to injure one's foot 2.1
lata *f.* (tin) can 2.4
latir *v.* to beat 3.4
lavabo *m.* sink 1.7
lavadora *f.* washing machine 2.3
lavandería *f.* laundromat 2.5
lavaplatos *m., sing.* dishwasher 2.3
lavar *v.* to wash 2.3, 3.3
 lavar (el suelo/los platos) to wash (the floor/the dishes) 2.3
lavarse *v.* to wash oneself 1.7, 3.2
 lavarse la cara to wash one's face 1.7
 lavarse las manos to wash one's hands 1.7
le *sing., i.o. pron.* to/for him, her, *form.* you 1.6
 Le presento a... *form.* I would like to introduce you to (name). 1.1
lealtad *f.* loyalty
lección *f.* lesson 1.1
leche *f.* milk 1.8
lechuga *f.* lettuce 1.8
lector(a) *m., f.* reader 3.9
leer *v.* to read 1.3
 leer correo electrónico to read e-mail 1.4
 leer un periódico to read a newspaper 1.4
 leer una revista to read a magazine 1.4
leído *p.p.* read 2.5
lejano/a *adj.* distant 3.5
lejos de *prep.* far from 1.2
lengua *f.* tongue 3.9; language 1.2
 lenguas extranjeras *f., pl.* foreign languages 1.2
lentes (de sol) *m., pl.* (sun)glasses
 lentes de contacto *m., pl.* contact lenses
lento/a *adj.* slow 2.2
león *m.* lion 3.6
les *pl., i.o. pron.* to/for them, *form.* you 1.6
lesión *f.* wound 3.4
letrero *m.* sign 2.5
levantar *v.* to pick up; to lift 2.6
 levantar pesas to lift weights 2.6
levantarse *v.* to get up 1.7, 3.2
ley *f.* law 2.4
 aprobar una ley to approve a law; to pass a law
 cumplir la ley to abide by the law

proyecto de ley *m.* bill
leyenda *f.* legend 3.5
liberal *adj.* liberal
liberar *v.* to liberate
libertad *f.* liberty; freedom 2.9
libertad de prensa freedom of the press 3.9
libre *adj.* free 1.4
al aire libre outdoors 3.6
librería *f.* bookstore 1.2
libro *m.* book 1.2
licencia de conducir *f.* driver's license 2.2
líder *m., f.* leader
liderazgo *m.* leadership
lidiar *v.* to fight (*bulls*) 3.2
límite *m.* border
limón *m.* lemon 1.8
limpiar *v.* to clean 2.3, 3.3
limpiar la casa to clean the house 2.3
limpieza *f.* cleaning 3.3
limpio/a *adj.* clean 1.5
línea *f.* line
listo/a *adj.* ready; smart 1.5
literatura *f.* literature 1.2, 3.10
literatura infantil/juvenil children's literature 3.10
llamar *v.* to call 2.2
llamar por teléfono to call on the phone
llamarse *v.* to be called; to be named 1.7
llamativo/a *adj.* striking 3.10
llanta *f.* tire 2.2
llanto *m.* weeping; crying 3.3
llave *f.* key 1.5
llegada *f.* arrival 1.5, 3.5
llegar *v.* to arrive 1.2
llenar *v.* to fill 2.2, 2.5
llenar el tanque to fill the tank 2.2
llenar (un formulario) to fill out (a form) 2.5
lleno/a *adj.* full 2.2
llevar *v.* to carry 1.2, 3.2; to wear; to take 1.6
llevar a cabo to carry out (*an activity*)
llevar... años de (casados) to be (married) for... years 3.1
llevar una vida sana to lead a healthy lifestyle 2.6
llevarse *v.* to carry away 3.2
llevarse bien/mal (con) to get along well/badly (with) 1.9, 3.1
llover (o:ue) *v.* to rain 1.5
Llueve. It's raining. 1.5
lluvia *f.* rain 2.4
lluvia ácida *f.* acid rain 2.4
lo *m., sing. d.o. pron.* him, it, *form.* you 1.5
¡Lo hemos pasado de película! We've had a great time! 2.9
¡Lo hemos pasado maravillosamente! We've had a great time! 2.9
lo mejor the best (thing) 2.9
Lo pasamos muy bien. We had a good time. 2.9
lo peor the worst (thing) 2.9
lo que *conj.* that which; what 2.3
Lo siento. I'm sorry. 1.1
Lo siento muchísimo. I'm so sorry. 1.4
loco/a *adj.* crazy 1.6
¡Ni loco/a! *adj.* No way! 3.9
locura *f.* madness; insanity
locutor(a) *m., f.* (TV or radio) announcer 2.9, 3.9
lograr *v.* to manage; to achieve 3.3
lomo a la plancha *m.* grilled flank steak 1.8
loro *m.* parrot
los *m., pl., def. art.* the 1.1; *m. pl., d.o. pron.* them, *form.* you 1.5
lotería *f.* lottery
lucha *f.* struggle; fight
luchar (contra/por) *v.* to fight; to struggle (against/for) 2.9
lucir *v.* to wear, to display 3.3
luego *adv.* then 1.7; later 1.1
lugar *m.* place 1.4
lujo *m.* luxury 3.8
de lujo luxurious
lujoso/a luxurious 3.5
luminoso/a *adj.* bright 3.10
luna *f.* moon 2.4
luna llena *f.* full moon
lunares *m.* polka dots 1.6
lunes *m., sing.* Monday 1.2
luz *f.* light; power; electricity 2.3, 3.7

M

macho *m.* male
madera *f.* wood
madrastra *f.* stepmother 1.3
madre *f.* mother 1.3
madre soltera *f.* single mother
madrugar *v.* to wake up early 3.4
madurez *f.* maturity; middle age 1.9
maduro/a *adj.* mature 3.1
maestro/a *m., f.* teacher 2.7
magia *f.* magic
magnífico/a *adj.* magnificent 1.5
maíz *m.* corn 1.8
mal, malo/a *adj.* bad 1.3
maldición *f.* curse
malestar *m.* discomfort 3.4
maleta *f.* suitcase 1.1, 3.5
hacer las maletas to pack one's suitcases 1.5, 3.5
maletero *m.* trunk 3.9
malgastar *v.* to waste 3.6
malhumorado/a *adj.* ill-tempered; in a bad mood
mamá *f.* mom 1.3
manantial *m.* spring
mancha *f.* stain
manchar *v.* to stain
mandar *v.* to order 2.3; to send; to mail 2.5
manejar *v.* to drive 2.2
manera *f.* way 2.7
manga *f.* sleeve 3.5
manifestación *f.* protest; demonstration
manifestante *m., f.* protester 3.6
manipular *v.* to manipulate 3.9
mano *f.* hand 1.1
mano de obra *f.* labor
¡Manos arriba! Hands up!
manta *f.* blanket 2.3
mantener *v.* to keep; to maintain 2.6
mantenerse en contacto to keep in touch 3.1
mantenerse en forma to stay in shape 2.6, 3.4
mantequilla *f.* butter 1.8
manuscrito *m.* manuscript
manzana *f.* apple 1.8
mañana *f.* morning, A.M. 1.1; tomorrow 1.1
mapa *m.* map 1.2
maquillaje *m.* makeup 1.7, 3.3
maquillarse *v.* to put on makeup 1.7, 3.2
mar *m.* sea 1.5, 3.6
maratón *m.* marathon
maravilloso/a *adj.* marvelous 1.5
marca *f.* brand
marcar *v.* to mark
marcar (un gol/punto) to score (a goal/point) 3.2
marcharse *v.* to leave
marco *m.* frame
mareado/a *adj.* dizzy 3.4; nauseated 2.1
margarina *f.* margarine 1.8
marido *m.* husband
marinero *m.* sailor
mariposa *f.* butterfly
mariscos *m., pl.* shellfish 1.8
marítimo/a *adj.* maritime
marrón *adj.* brown 1.6
martes *m., sing.* Tuesday 1.2
marzo *m.* March 1.5
más *pron., adj., adv.* more 1.2
más allá de beyond
más bien rather
más de (+ *number*) more than 1.8
más... que more... than 1.8
más tarde later (on) 1.7

masaje *m.* massage 2.6
masticar *v.* to chew
matador/a *m., f.* bullfighter who kills the bull 3.2
matemáticas *f., pl.* mathematics 1.2
matemático/a *m., f.* mathematician 3.7
materia *f.* course 1.2
matiz *m.* subtlety
matrimonio *m.* marriage 1.9
máximo/a *adj.* maximum 2.2
mayo *m.* May 1.5
mayonesa *f.* mayonnaise 1.8
mayor *m.* elder; *adj.* older 1.3
  el/la mayor *adj.* the eldest 1.8; the oldest
  mayor de edad of age
mayoría *f.* majority
me *sing., d.o. pron.* me 1.5; *sing., i.o. pron.* to/for me 1.6
  Me duele mucho. It hurts me a lot. 2.1
  Me gusta... I like... 1.2
  Me gustaría(n)... I would like... 2.8
  Me llamo... My name is... 1.1
  Me muero por... I'm dying to (for)...
  No me gustan nada. I don't like them at all. 1.2
mecánico/a *m., f.* mechanic 2.2; *adj.* mechanical
mecanismo *m.* mechanism
mediano/a *adj.* medium
medianoche *f.* midnight 1.1
medias *f., pl.* pantyhose, stockings 1.6
medicamento *m.* medication 2.1
medicina *f.* medicine 2.1
  medicina alternativa *f.* alternative medicine
médico/a *m., f.* doctor 1.3; *adj.* medical 2.1
medida *f.* means; measure
  medidas de seguridad *f. pl.* security measures 3.5
medio/a *adj.* half 1.3; *m.* half; middle; means
  medio ambiente *m.* environment 2.4
  medio/a hermano/a *m., f.* half-brother; half-sister 1.3
  mediodía *m.* noon 1.1
  medios de comunicación *m., pl.* means of communication; media 2.9
  y media thirty minutes past the hour (*time*) 1.1
medir (e:i) *v.* to measure
meditar *v.* to meditate
mejilla *f.* cheek 3.10
mejor *adj.* better 1.8
  el/la mejor *adj.* the best 1.8
mejorar *v.* to improve 2.4, 3.4
melocotón *m.* peach 1.8
mendigo/a *m., f.* beggar
menor *adj.* younger 1.3
  el/la menor *adj.* the youngest 1.8
menos *adv.* less 2.1
  menos cuarto..., menos quince... quarter to... (*time*) 1.1
  menos de (+ *number***)** fewer than 1.8
  menos... que less... than 1.8
mensaje *m.* message
  mensaje de texto *m.* text message 2.2, 3.7
  mensaje electrónico *m.* e-mail message 1.4
mentira *f.* lie 1.4, 3.1
  de mentiras pretend 3.5
mentiroso/a *adj.* lying 3.1
menú *m.* menu 1.8
menudo: a menudo *adv.* frequently; often 3.3
mercadeo *m.* marketing 3.1
mercado *m.* market 1.6, 3.8
  mercado al aire libre *m.* open-air market 1.6
mercancía *f.* merchandise
merecer *v.* to deserve 3.8
merendar (e:ie) *v.* to snack 1.8; to have an afternoon snack
merienda *f.* afternoon snack 2.6
mes *m.* month 1.5
mesa *f.* table 1.2
mesero/a *m., f.* waiter; waitress
mesita *f.* end table 2.3
  mesita de noche *f.* night stand 2.3
mestizo/a *m., f.* person of mixed ethnicity (part indigenous)
meta *f.* finish line
meterse *v.* to break in (*to a conversation*) 3.1
metro *m.* subway 1.5
mexicano/a *adj.* Mexican 1.3
México *m.* Mexico 1.1
mezcla *f.* mixture
mezquita *f.* mosque
mí *pron., obj. of prep.* me 1.9
mi(s) *poss. adj.* my 1.3
microonda *f.* microwave 2.3
  horno de microondas *m.* microwave oven 2.3
miedo *m.* fear 1.3
miel *f.* honey 3.8
mientras *adv.* while 2.1
miércoles *m., sing.* Wednesday 1.2
mil *m.* one thousand 1.2
  mil millones *m.* billion
  Mil perdones. I'm so sorry. (*lit.* A thousand pardons.) 1.4
milagro *m.* miracle
militar *m., f.* military
milla *f.* mile 2.2
millón *m.* million 1.2
  millones (de) *m.* millions (of)
mineral *m.* mineral 2.6
ministro/a *m., f.* minister
  ministro/a protestante *m., f.* Protestant minister
minoría *f.* minority
minuto *m.* minute 1.1
mío(s)/a(s) *poss. adj. and pron.* my; (of) mine 2.2
mirada *f.* gaze 3.1
mirar *v.* to look (at); to watch 1.2
  mirar (la) televisión to watch television 1.2
misa *f.* mass 3.2
mismo/a *adj.* same 1.3
  él/ella mismo/a himself; herself
  Lo mismo digo yo. The same here.
mitad *f.* half
mito *m.* myth 3.5
mochila *f.* backpack 1.2
moda *f.* fashion 1.6; trend
  de moda *adj.* popular; in fashion 3.9
  moda pasajera *f.* fad 3.9
modelo *m., f.* model (*fashion*)
módem *m.* modem
moderno/a *adj.* modern 2.8
modificar *v.* to modify; to reform
modo *m.* means; manner
mojar *v.* to moisten
mojarse *v.* to get wet
molestar *v.* to bother; to annoy 1.7, 3.2
momento *m.* moment
  de último momento *adj.* up-to-the-minute 3.9
  noticia de último momento *f.* last-minute news
monarca *m., f.* monarch
monitor *m.* (computer) monitor 2.2
monitor(a) *m., f.* trainer
monja *f.* nun
mono *m.* monkey 3.6
monolingüe *adj.* monolingual 3.9
montaña *f.* mountain 1.4, 3.6
montar a caballo to ride a horse 1.5
monte *m.* mountain 3.6
monumento *m.* monument 1.4
mora *f.* blackberry 1.8
morado/a *adj.* purple 1.6
moral *adj.* moral
morder (o:ue) *v.* to bite 3.6
moreno/a *adj.* brunet(te) 1.3
morir (o:ue) *v.* to die 1.8
morirse (o:ue) de *v.* to die of 3.2
moroso/a *m., f.* debtor 3.8
mosca *f.* fly 3.6
mostrar (o:ue) *v.* to show 1.4

motocicleta *f.* motorcycle 1.5
motor *m.* motor
motosierra *f.* power saw 3.7
móvil *m.* cell phone 3.7
movimiento *m.* movement 3.10
muchacho/a *m., f.* boy; girl 1.3
muchísimo *adj., adv.* very much 1.2
mucho/a *adj., adv.* a lot of; much 1.2; many 1.3
(Muchas) gracias. Thank you (very much).; Thanks (a lot). 1.1
muchas veces *adv.* a lot; many times 2.1
Muchísimas gracias. Thank you very, very much. 1.9
Mucho gusto. Pleased to meet you. 1.1
mudar *v.* to change 3.2
mudarse *v.* to move (*from one house to another*) 2.3, 3.2
mueble *m.* piece of furniture 3.3
muebles *m., pl.* furniture 2.3
muela *f.* molar
muelle *m.* pier 3.5
muerte *f.* death 1.9
muerto *p.p.* died 2.5
muestra *f.* sample; example
mujer *f.* wife; woman 1.1
mujer de negocios *f.* businesswoman 2.7, 3.8
mujer policía *f.* female police officer
mujeriego *m.* womanizer 3.2
multa *f.* fine
multinacional *f.* multinational company
multitud *f.* crowd
mundial *adj.* worldwide
Mundial *m.* World Cup 3.2
mundo *m.* world 2.4
municipal *adj.* municipal
muralista *m., f.* muralist 3.10
músculo *m.* muscle 2.6
museo *m.* museum 1.4
música *f.* music 1.2, 2.8
musical *adj.* musical 2.8
músico/a *m., f.* musician 2.8, 3.2
musulmán/musulmana *adj.* Muslim
muy *adv.* very 1.1
Muy amable. That's very kind of you. 1.5
(Muy) bien, gracias. (Very) well, thanks. 1.1

N

nacer *v.* to be born 1.9
nacimiento *m.* birth 1.9
nacional *adj.* national 2.9
nacionalidad *f.* nationality 1.1
nada *pron., adv.* nothing 1.1; not anything 1.7
nada mal not bad at all 1.5
nadar *v.* to swim 1.4
nadie *pron.* no one, nobody, not anyone 1.7
naipes *m. pl.* playing cards 3.2
naranja *f.* orange 1.8
nariz *f.* nose 2.1
narrador(a) *m., f.* narrator 3.10
narrar *v.* to narrate 3.10
narrativa *f.* narrative work 3.10
natación *f.* swimming 1.4
nativo/a *adj.* native
natural *adj.* natural 2.4
naturaleza *f.* nature 2.4
naturaleza muerta *f.* still life 3.10
nave espacial *f.* spaceship
navegante *m., f.* navigator 3.7
navegar *v.* to sail 3.5
navegar (en Internet) to surf (the Internet) 2.2
navegar la red to surf the web 3.7
Navidad *f.* Christmas 1.9
necesario/a *adj.* necessary 2.3, 3.4
necesidad *f.* need 3.5
de primerísima necesidad of utmost necessity 3.5
necesitar (+ *inf.***)** *v.* to need 1.2, 3.4
necio/a *adj.* stupid
negar (e:ie) *v.* to deny 2.4
no negar (e:ie) *v.* not to deny 2.4
negativo/a *adj.* negative
negocio *m.* business
negocios *m., pl.* business; commerce 2.7
negro/a *adj.* black 1.6
nervioso/a *adj.* nervous 1.5
nevar (e:ie) *v.* to snow 1.5
Nieva. It's snowing. 1.5
ni... ni... *conj.* neither... nor... 1.7
nido *m.* nest
niebla *f.* fog
nieto/a *m., f.* grandson; granddaughter 1.3
nieve *f.* snow
niñez *f.* childhood 1.9
ningún, ninguno/a(s) *adj., pron.* no; none; not any 1.7
ningún problema no problem
niño/a *m., f.* child 1.3
nítido/a *adj.* sharp
nivel *m.* level
nivel del mar *m.* sea level
no *adv.* no; not 1.1
¿no? right? 1.1
No cabe duda de... There is no doubt... 2.4
No es así. That's not the way it is. 2.7
No es para tanto. It's not a big deal. 2.3
no es seguro it's not sure 2.4
no es verdad it's not true 2.4
No está nada mal. It's not bad at all. 1.5
no estar de acuerdo to disagree
No estoy seguro. I'm not sure.
no hay there is not; there are not 1.1
No hay de qué. You're welcome. 1.1
No hay duda de... There is no doubt... 2.4
No hay problema. No problem. 1.7
¡No me diga(s)! You don't say! 2.2
No me gustan nada. I don't like them at all. 1.2
no muy bien not very well 1.1
No quiero. I don't want to. 1.4
No sé. I don't know.
No se preocupe. *form.* Don't worry. 1.7
No te preocupes. *fam.* Don't worry. 1.7
no tener razón to be wrong 1.3
noche *f.* night 1.1
nombrar *v.* to name
nombre *m.* name 1.1
nombre artístico *m.* stage name 3.1
nominación *f.* nomination
nominado/a *m., f.* nominee
norte *m.* north 2.5
norteamericano/a *adj.* (North) American 1.3
nos *pl., d.o. pron.* us 1.5; *pl., i.o. pron.* to/for us 1.6
Nos divertimos mucho. We had a lot of fun. 2.9
Nos vemos. See you. 1.1
nosotros/as *sub. pron.* we 1.1; *pron., obj. of prep.* us 1.9
noticia *f.* news
noticias *f., pl.* news 2.9
noticias locales/nacionales/internacionales local/domestic/international news 3.9
noticiero *m.* newscast 2.9
novecientos/as *n., adj.* nine hundred 1.2
novela rosa *f.* romance novel 3.10
novelista *m., f.* novelist 3.7, 3.10
noveno/a *n., adj.* ninth 1.5
noventa *n., adj.* ninety 1.2
noviembre *m.* November 1.5
novio/a *m., f.* boyfriend; girlfriend 1.3

nube *f.* cloud 2.4
nublado/a *adj.* cloudy 1.5
Está (muy) nublado. It's (very) cloudy. 1.5
nuca *f.* nape 3.9
nuclear *adj.* nuclear 2.4
nuera *f.* daughter-in-law 1.3
nuestro(s)/a(s) *poss. adj.* our 1.3; *poss. adj. and pron.* (of) ours 2.2
nueve *n., adj.* nine 1.1
nuevo/a *adj.* new 1.6
número *m.* number 1.1; (shoe) size 1.6
nunca *adv.* never; not ever 1.7
nutrición *f.* nutrition 2.6
nutricionista *m., f.* nutritionist 2.6
nutritivo/a *adj.* nutritious 3.4

O

o *conj.* or 1.7
o... o; either... or 1.7
obedecer *v.* to obey 2.9, 3.1
obesidad *f.* obesity 3.4
obra *f.* work (*of art, literature, music, etc.*) 2.8
obra de arte f. work of art 3.10
obra de teatro *f.* play (*theater*) 3.2
obra maestra *f.* masterpiece 2.8, 3.3
obsequio *m.* gift
obtener *v.* to obtain; to get 2.7
obvio/a *adj.* obvious 2.4
océano *m.* ocean
ochenta *n., adj.* eighty 1.2
ocho *n., adj.* eight 1.1
ochocientos/as *n., adj.* eight hundred 1.2
ocio *m.* leisure
octavo/a *n., adj.* eighth 1.5
octubre *m.* October 1.5
ocupación *f.* occupation 2.7
ocupado/a *adj.* busy 1.5
ocurrir *v.* to occur; to happen 2.9
ocurrírsele a alguien *v.* to occur to someone
odiar *v.* to hate 1.9, 3.1
oeste *m.* west 2.5
ofensa *f.* insult 3.10
oferta *f.* offer 2.3; proposal 3.9
oficina *f.* office 2.3
oficio *m.* trade 2.7
ofrecer *v.* to offer 1.6
ofrecerse (a) *v.* to offer (to)
oído *m.* (*sense*) hearing; inner ear 2.1
oído *p.p.* heard 2.5
oír *v.* to hear 1.4, 3.1
Oiga./Oigan. *form., sing./pl.* Listen. (*in conversation*) 1.1
Oye. *fam., sing.* Listen. (*in conversation*) 1.1
ojalá (que) *interj.* I hope (that); I wish (that) 2.4
ojeras *f. pl.* bags under the eyes
ojo *m.* eye 2.1
ola *f.* wave 3.5
óleo *m.* oil painting 3.10
Olimpiadas *f. pl.* Olympics
olvidar *v.* to forget 2.1
olvidarse (de) *v.* to forget (about) 3.2
olvido *m.* forgetfulness; oblivion 3.1
ombligo *m.* navel 3.4
once *n., adj.* eleven 1.1
onda *f.* wave
ópera *f.* opera 2.8
operación *f.* operation 2.1, 3.4
operar *v.* to operate
opinar *v.* to think; to be of the opinion
Opino que... In my opinion...
oponerse a *v.* to oppose 3.4
oprimir *v.* to oppress
ordenado/a *adj.* orderly 1.5
ordinal *adj.* ordinal (number)
oreja *f.* (outer) ear 2.1
organismo público *m.* government agency 3.9
orgulloso/a *adj.* proud 3.1
estar orgulloso/a de to be proud of
orilla *f.* shore
a orillas de on the shore of 3.6
ornamentado/a *adj.* ornate
orquesta *f.* orchestra 2.8
ortografía *f.* spelling
ortográfico/a *adj.* spelling
os *fam., pl., d.o. pron.* you 1.5; *fam., pl., i.o. pron.* to/for you 1.6
oscurecer *v.* to darken 3.6
oso *m.* bear
otoño *m.* autumn 1.5
otro/a *adj.* other; another 1.6
otra vez *adv.* again
oveja *f.* sheep 3.6
ovni *m.* UFO 3.7
oyente *m., f.* listener 3.9

P

paciente *m., f.* patient 2.1
pacífico/a *adj.* peaceful
padrastro *m.* stepfather 1.3
padre *m.* father 1.3
padre soltero *m.* single father
padres *m., pl.* parents 1.3
pagar *v.* to pay 1.6, 1.9
pagar a plazos to pay in installments 2.5
pagar al contado to pay in cash 2.5
pagar en efectivo to pay in cash 2.5
pagar la cuenta to pay the bill 1.9
página *f.* page 2.2
página principal *f.* home page 2.2
página web web page 3.7
país *m.* country 1.1
país en vías de desarrollo *m.* developing country
paisaje *m.* landscape 1.5; scenery 3.6
pájaro *m.* bird 2.4, 3.6
palabra *f.* word 1.1
palmera *f.* palm tree
pan *m.* bread 1.8
pan tostado *m.* toasted bread 1.8
panadería *f.* bakery 2.5
panfleto *m.* pamphlet
pantalla *f.* screen 2.2, 3.2
pantalla de computadora *f.* computer screen
pantalla de televisión *f.* television screen 3.2
pantalla líquida f. LCD screen 3.7
pantalones *m., pl.* pants 1.6
pantalones cortos *m., pl.* shorts 1.6
pantuflas *f.* slippers 1.7
papa *f.* potato 1.8
papas fritas *f., pl.* fried potatoes; French fries 1.8
papá *m.* dad 1.3
papás *m., pl.* parents 1.3
papel *m.* paper 1.2; role 2.8, 3.9
desempeñar un papel to play a role (*in a play*); to carry out
papelera *f.* wastebasket 1.2
paquete *m.* package 2.5
par *m.* pair 1.6
par de zapatos *m.* pair of shoes 1.6
para *prep.* for; in order to; by; used for; considering 2.2; for
Para mí, ... In my opinion, ...
para nada not at all
para que *conj.* so that 2.4
parabrisas *m., sing.* windshield 2.2
paradoja *f.* paradox
parar *v.* to stop 2.2
parar el carro to hold your horses 3.9
parcial *adj.* biased 3.9
parcialidad *f.* bias 3.9
parecer *v.* to seem 1.6, 3.2
A mi parecer, ... In my opinion, ...

Al parecer, no le gustó. It looks like he/she didn't like it. 3.6
Me parece hermosa/o. I think it's pretty.
Me pareció... I thought.. 3.1
Parece que está triste/contento/a. It looks like he/she is sad/happy. 3.6
¿Qué te pareció Mariela? What did you think of Mariela? 3.1
parecerse *v.* to look like 3.2, 3.3
pared *f.* wall 2.3, 3.5
pareja *f.* (married) couple; partner 1.9, 3.1
parientes *m., pl.* relatives 1.3
parque *m.* park 1.4
parque de atracciones *m.* amusement park 3.2
párrafo *m.* paragraph
parroquia *f.* parish
parte *f.* part
de parte de on behalf of 2.2
Por mi parte, ... As for me, ...
particular *adj.* private; personal; particular
partido *m.* party (*politics*); game; match (*sports*) 1.4
ganar/perder un partido to win/lose a game 3.2
partido político *m.* political party
pasado/a *adj.* last; past 1.6
pasado *p.p.* passed
pasado/a de moda *adj.* out-of-date; no longer popular 3.9
pasaje *m.* ticket 1.5
pasaje de ida y vuelta *m.* roundtrip ticket 1.5, 3.5
pasajero/a *m., f.* passenger 1.1; *adj.* fleeting; passing
pasaporte *m.* passport 1.5, 3.5
pasar *v.* to go through 1.5; to pass (across, through, etc.)
pasar la aspiradora to vacuum 2.3, 3.3
pasar por el banco to go by the bank 2.5
pasar por la aduana to go through customs
pasar tiempo to spend time
pasarlo bien/mal to have a good/bad time 1.9, 3.1
Son cosas que pasan. These things happen.
pasarse *v.* to go too far
pasatiempo *m.* pastime 3.2; hobby 1.4
pasear *v.* to take a walk; to stroll 1.4
pasear en bicicleta to ride a bicycle 1.4
pasear por to walk around 1.4
paseo *m.* stroll
pasillo *m.* hallway 2.3
paso *m.* passage; pass; step
abrirse paso to make one's way
pasta de dientes *f.* toothpaste 1.7
pastel *m.* cake; pie 1.9
pastel de chocolate *m.* chocolate cake 1.9
pastel de cumpleaños *m.* birthday cake
pastelería *f.* pastry shop 2.5
pastilla *f.* pill 3.4; tablet 2.1
pasto *m.* grass
pata *f.* foot/leg of an animal
patada *f.* kick 3.3
patata *f.* potato 1.8
patatas fritas *f., pl.* fried potatoes; French fries 1.8
patear *v.* to kick 3.2
patente *f.* patent 3.7
patinar (en línea) *v.* to (inline) skate 1.4
patineta *f.* skateboard 1.4
patio *m.* patio; yard 2.3
pavo *m.* turkey 1.8
payaso/a *m., f.* clown 3.8
paz *f.* peace 2.9
pecado *m.* sin
pececillo de colores *m.* goldfish
pecho *m.* chest 3.10
pedir (e:i) *v.* to ask 3.1, 3.4; to ask for; to request 1.4; to order (*food*) 1.8
pedir prestado to borrow 2.5, 3.8
pedir un deseo to make a wish 3.8
pedir un préstamo to apply for a loan 2.5
pegar *v.* to stick
peinarse *v.* to comb one's hair 1.7, 3.2
pelear *v.* to fight
película *f.* film; movie 1.4
peligro *m.* danger 2.4
en peligro de extinción endangered 3.6
peligroso/a *adj.* dangerous 2.9, 3.5
pelirrojo/a *adj.* red-haired 1.3
pelo *m.* hair 1.7
pelota *f.* ball 1.4
peluquería *f.* beauty salon 2.5
peluquero/a *m., f.* hairdresser 2.7
pena *f.* sorrow 3.4
¡Qué pena! What a pity!
penicilina *f.* penicillin 2.1
pensar (e:ie) *v.* to think 1.4, 3.1
pensar (+ *inf.*) *v.* to intend to 1.4; to plan to (*do something*)
pensar en *v.* to think about 1.4
pensión *f.* boardinghouse; bed and breakfast inn
peor *adj.* worse 1.8
el/la peor *adj.* the worst 1.8
pequeño/a *adj.* small 1.3
pera *f.* pear 1.8
perder (e:ie) *v.* to lose; to miss 1.4;
perder las elecciones to lose an election
perder un partido to lose a game 3.2
perder un vuelo to miss a flight 3.5
pérdida *f.* loss
perdido/a *adj.* lost 2.5
Perdón. Pardon me.; Excuse me. 1.1
perdonar *v.* to forgive
Perdona. *fam.*/**Perdone.** *form.* Pardon me.; Excuse me.
perezoso/a *adj.* lazy
perfeccionar *v.* to improve; to perfect
perfecto/a *adj.* perfect 1.5
periódico *m.* newspaper 1.4, 3.9
periodismo *m.* journalism 1.2
periodista *m., f.* journalist 1.3, 3.9
permanecer *v.* to remain; to last 3.4
permisivo/a *adj.* permissive; easy-going 3.1
permiso *m.* permission
Con permiso. Pardon me.; Excuse me.
pero *conj.* but 1.2
perro *m.* dog 2.4
perseguir (e:i) *v.* to pursue; to persecute
persona *f.* person 1.3
personaje *m.* character 2.8, 3.10
personaje principal *m.* main character 2.8
personaje secundario *m.* secondary character
pertenecer (a) *v.* to belong (to)
pesadilla *f.* nightmare
pesas *f. pl.* weights 2.6
pesca *f.* fishing 3.5
pescadería *f.* fish market 2.5
pescado *m.* fish (*cooked*) 1.8
pescador(a) *m., f.* fisherman; fisherwoman
pescar *v.* to fish 1.5
pesimista *m., f.* pessimist
peso *m.* weight 2.6
pez *m.* fish (*live*) 2.4, 3.6
picadura *f.* insect bite
picar *v.* to sting, to peck
picnic *m.* picnic
pico *m.* peak, summit
pie *m.* foot 2.1
piedad *f.* mercy 3.8
piedra *f.* stone 2.4, 3.5
pierna *f.* leg 2.1
pieza *f.* piece (*art*) 3.10

pillar *v.* to get (catch) 3.9
piloto *m., f.* pilot
pimienta *f.* black pepper 1.8
pincel *m.* paintbrush 3.10
pincelada *f.* brush stroke 3.10
pintar *v.* to paint 2.8, 3.3
pintor(a) *m., f.* painter 2.7, 3.3, 3.10
pintura *f.* painting 3.10; picture 2.3, 2.8
piña *f.* pineapple 1.8
pirámide *f.* pyramid 3.5
piscina *f.* swimming pool 1.4
piso *m.* floor (*of a building*) 1.5
pizarra *f.* blackboard 1.2
placer *m.* pleasure 2.6
  Ha sido un placer. It's been a pleasure. 2.6
plancha *f.* iron
planchar la ropa to iron the clothes 2.3
planear *v.* to plan
planes *m., pl.* plans
planeta *m.* planet 3.7
planta *f.* plant 2.4
  planta baja *f.* ground floor 1.5
plástico *m.* plastic 2.4
plata *f.* money (*L. Am.*) 3.7
plato *m.* dish (*in a meal*) 1.8; plate 2.3
  plato principal *m.* main dish 1.8
playa *f.* beach 1.5
plaza *f.* city or town square 1.4
  plaza de toros *f.* bullfighting stadium 3.2
plazo: a corto/largo plazo short/long-term 3.8
plazos *m., pl.* periods; time 2.5
pluma *f.* pen 1.2
población *f.* population 3.4, 2.4
poblador(a) *m., f.* settler; inhabitant
poblar (o:ue) *v.* to settle; to populate
pobre *adj.* poor 1.6
pobreza *f.* poverty 3.8
poco/a *adj.* little; few 1.5, 2.1
poder (o:ue) *v.* to be able to 3.1; can 1.4
poderoso/a *adj.* powerful
poema *m.* poem 2.8
poesía *f.* poetry 2.8, 3.10
poeta *m., f.* poet 2.8, 3.10
polémica *f.* controversy
polen *m.* pollen 3.8
policía *f.* police (force) 2.2
policíaco/a *adj.* detective (*story/novel*) 3.10
política *f.* politics 2.9
político/a *m., f.* politician 2.7, 3.11; *adj.* political 2.9
pollo *m.* chicken 1.8
  pollo asado *m.* roast chicken 1.8
polvo *m.* dust 3.3
  quitar el polvo to dust 3.3
ponchar *v.* to go flat
poner *v.* to put; to place 1.4, 3.1, 3.2; to turn on (*electrical appliances*) 2.2
  poner a prueba to test; to challenge
  poner cara (de hambriento/a) to make a (hungry) face
  poner la mesa to set the table 2.3
  poner un disco compacto to play a CD 3.2
  poner(se) una inyección to give/to get an injection, a shot 2.1, 3.4
ponerse (+ *adj.*) *v.* to become (+ *adj.*) 1.7; to put on (*clothing*) 1.7, 3.2
  ponerse a dieta to go on a diet 3.4
  ponerse bien/mal to get well/ill 3.4
  ponerse de pie to stand up
  ponerse el cinturón *to fasten the seat belt* 3.5
  ponerse en forma to get in shape 3.4
  ponerse pesado/a to become annoying
popa *f.* stern 3.5
por *prep.* in exchange for; for; by; in; through; around; along; during; because of; on account of; on behalf of; in search of; by way of; by means of 2.2
  por aquí around here 2.2
  por avión by plane
  por ejemplo for example 2.2
  por eso that's why; therefore 2.2
  por favor please 1.1
  por fin *adv.* finally 2.2
  por la mañana in the morning 1.7
  por la noche at night 1.7
  por la tarde in the afternoon 1.7
  por lo menos *adv.* at least 2.1
  ¿por qué? *adv.* why? 1.2
  Por supuesto. Of course. 2.7
  por teléfono by phone; on the phone
  por último *adv.* finally 1.7
porque *conj.* because 1.2
porquería *f.* garbage; poor quality 3.10
portada *f.* front page; cover 3.9
portarse bien/mal *v.* to behave well/badly
portátil *m.* portable 2.2
porvenir *m.* future 2.7
  ¡Por el porvenir! Here's to the future! 2.7
posesivo/a *adj.* possessive 1.3
posible *adj.* possible 2.4
  en todo lo posible as much as possible
  es posible it's possible 2.4
  no es posible it's not possible 2.4
postal *f.* postcard
postre *m.* dessert 1.9
pozo *m.* well
  pozo petrolero *m.* oil well
practicar *v.* to practice 1.2
  practicar deportes to play sports 1.4
precio (fijo) *m.* (fixed; set) price 1.6
precolombino/a *adj.* pre-Columbian
preferir (e:ie) *v.* to prefer 1.4, 3.4
pregunta *f.* question
preguntar *v.* to ask (*a question*) 1.2
preguntarse *v.* to wonder
prehistórico/a *adj.* prehistoric
premiar *v.* to give a prize
premio *m.* prize; award 2.8
prender *v.* to turn on 2.2
prensa *f.* press 2.9, 3.9
  prensa sensacionalista *f.* tabloid(s) 3.9
  rueda de prensa *f.* press conference
preocupado/a (por) *adj.* worried (about) 1.5, 3.1
preocupar *v.* to worry 3.2
preocuparse (por) *v.* to worry (about) 1.7, 3.2
preparar *v.* to prepare 1.2
preposición *f.* preposition
presentación *f.* introduction
presentador(a) de noticias *m., f.* news reporter
presentar *v.* to introduce; to present 2.8; to put on (*a performance*) 2.8
  Te presento a... I would like to introduce (*name*) to you. *fam.* 1.1
  Le presento a... I would like to introduce (*name*) to you. *form.* 1.1
presentir (e:ie) *v.* to foresee
presionar *v.* to pressure; to stress
presiones *f., pl.* pressures 2.6
prestado/a *adj.* borrowed
préstamo *m.* loan 2.5
prestar *v.* to lend 3.8; to loan 1.6
presupuesto *m.* budget 3.8
prevenido/a *adj.* cautious
prevenir *v.* to prevent 3.4
prever *v.* to foresee 3.6
previsto/a *adj., p.p.* planned 3.3

primavera *f.* spring 1.5
primer(a) ministro/a *m., f.* prime minister
primer, primero/a *n., adj.* first 1.5
primeros auxilios *m. pl.* first aid 3.4
primo/a *m., f.* cousin 1.3
principal *adj.* main 1.8
prisa *f.* haste 1.3; hurry; rush 3.6
darse prisa to hurry; to rush 2.6
privilegio *m.* privilege 3.8
proa *f.* bow 3.5
probable *adj.* probable 2.4
es probable it's probable 2.4
no es probable it's not probable 2.4
probador *m.* dressing room 3.3
probar (o:ue) *v.* to taste; to try 1.8, 3.3
probarse (o:ue) *v.* to try on 1.7, 3.3
problema *m.* problem 1.1
procesión *f.* procession
producir *v.* to produce 3.1
productivo/a *adj.* productive 3.8
profesión *f.* profession 1.3, 2.7
profesor(a) *m., f.* teacher 1.1, 1.2
profundo/a *adj.* deep
programa *m.* 1.1
programa de computación *m.* software 2.2, 3.7
programa de entrevistas/realidad *m.* talk/reality show 2.8
programador(a) *m., f.* computer programmer 1.3
prohibido/a *adj.* prohibited 3.5
prohibir *v.* to prohibit 2.1, 3.4; to forbid
prominente *adj.* prominent
promover (o:ue) *v.* to promote
pronombre *m.* pronoun
pronto *adv.* soon 2.1
pronunciar *v.* to pronounce
pronunciar un discurso to give a speech
propaganda *f.* advertisement 3.9
propensión *f.* tendency
propietario/a *m., f.* (property) owner
propina *f.* tip 1.9
propio/a *adj.* own 2.7
proponer *v.* to propose 3.1, 3.4
proponer matrimonio to propose marriage 3.1
proporcionar *v.* to provide; to supply
propósito: a propósito *adv.* on purpose 3.3
prosa *f.* prose 3.10
protagonista *m., f.* protagonist; main character 3.1, 3.10
proteger *v.* to protect 2.4, 3.1, 3.6
protegido/a *adj.* protected 3.5
proteína *f.* protein 2.6
protestar *v.* to protest
provecho *m.* benefit
Buen provecho. Enjoy your meal. 3.6
proveniente (de) *adj.* originating (in); coming from
provenir (de) *v.* to come from; to originate from
próximo/a *adj.* next 2.7
proyecto *m.* project
proyecto de ley *m.* bill
prueba *f.* test; quiz 1.2; proof 3.2
psicología *f.* psychology 1.2
psicólogo/a *m., f.* psychologist 2.7
publicar *v.* to publish 2.8, 3.9
publicidad *f.* advertising 3.9
público *m.* public; audience 2.8, 3.9
pueblo *m.* town 1.4; people 3.4
puente *m.* bridge
puerta *f.* door 1.2
puerta de embarque *f.* (*airline*) gate 3.5
puerto *m.* port 3.5
Puerto Rico *m.* Puerto Rico 1.1
puertorriqueño/a *adj.* Puerto Rican 1.3
pues *conj.* well 1.2, 2.8
puesto *m.* position; job 2.7, 3.8; *p.p.* put 2.5
punto *m.* period 3.2
punto de vista *m.* point of view 3.10
pureza *f.* purity 3.6
puro/a *adj.* clean; pure 2.4

Q

que *pron.* that; which; who 2.3
¿En qué...? In which...? 1.2
¿qué? *pron.* what? 1.1
¡Qué...! How...! 1.3
¿Qué día es hoy? What day is it? 1.2
¡Qué dolor! What pain!
¿Qué hay de nuevo? What's new? 1.1
¿Qué hora es? What time is it? 1.1
¿Qué les parece? What do you (pl.) think?
¿Qué pasa? What's happening?; What's going on? 1.1
¿Qué pasó? What happened? 2.2
¿Qué precio tiene? What is the price?
¡Qué ropa más bonita! What pretty clothes! 1.6
¡Qué sorpresa! What a surprise!
¿Qué tal...? How are you?; How is it going? 1.1; How is/are...? 1.2
¿Qué talla lleva/usa? What size do you wear? *form.* 1.6
¿Qué tiempo hace? How's the weather? 1.5
¡Qué va! Of course not!
quedar *v.* to be left over; to fit (*clothing*) 1.7; to be left behind; to be located 2.5
quedarse *v.* to stay 1.7, 3.5; to remain 1.7
quedarse callado/a to remain silent 3.1
quedarse sin to run out of 3.6
quedarse sordo/a to go deaf 3.4
quedarse viudo/a to become widowed
quehacer *m.* chore 3.3
quehaceres domésticos *m., pl.* household chores 2.3
queja *f.* complaint
quejarse (de) *v.* to complain (about) 3.2
quemado/a *adj.* burned (out) 2.2
quemar *v.* to burn (*a CD*) 2.2
querer (e:ie) *v.* to want 3.1, 3.4; to love 1.4
queso *m.* cheese 1.8
quien(es) *pron.* who; whom; that 2.3
¿quién(es)? *pron.* who?; whom? 1.1
¿Quién es...? Who is...? 1.1
¿Quién habla? Who is speaking? (*telephone*) 2.2
química *f.* chemistry 1.2
químico/a *m., f.* chemist 3.7; *adj.* chemical 3.7
quince *n., adj.* fifteen 1.1
menos quince quarter to (*time*) 1.1
y quince quarter after (*time*) 1.1
quinceañera *f.* young woman's fifteenth birthday celebration; fifteen-year old girl 1.9
quinientos/as *n., adj.* five hundred 1.2
quinto/a *n., adj.* fifth 1.5
quirúrgico/a *adj.* surgical
quisiera *v.* I would like 2.8
quitar *v.* to take away; to remove 3.2
quitar el polvo to dust 2.3, 3.3
quitar la mesa to clear the table 2.3

quitarse *v.* to take off 1.7; to take off (*clothing*) 3.2
quitarse el cinturón to unfasten the seatbelt 3.5
quizás *adv.* maybe 1.5

R

rabino/a *m., f.* rabbi
racismo *m.* racism 2.9
radiación *f.* radiation
radio *f.* radio (*medium*) 1.2; *m.* radio (set) 1.2
radioemisora *f.* radio station 3.9
radiografía *f.* x-ray 2.1
raíz *f.* root
rana *f.* frog 3.6
rancho *m.* ranch
rápido/a *adv.* quickly 2.1
rasgo *m.* trait; characteristic
rata *f.* rat
ratón *m.* mouse 2.2
ratos libres *m., pl.* spare (free) time 1.4, 3.2
raya *f.* war paint 3.5; stripe 1.6
rayo *m.* ray; lightning
¿Qué rayos...? What on earth...? 3.5
raza *f.* race
razón *f.* reason 1.3
reactor *m.* reactor
realismo *m.* realism 3.10
realista *adj.* realistic; realist 3.10
rebaja *f.* sale 1.6
rebeldía *f.* rebelliousness
rebuscado/a *adj.* complicated
recado *m.* (telephone) message 2.2
recepción *f.* front desk 3.5
receta *f.* prescription 2.1, 3.4
recetar *v.* to prescribe 2.1, 3.4
rechazar *v.* to reject
rechazo *m.* refusal; rejection
recibir *v.* to receive 1.3
reciclable *adj.* recyclable
reciclaje *m.* recycling 2.4
reciclar *v.* to recycle 2.4, 3.6
recién casado/a *m., f.* newlywed 1.9
recital *m.* recital
reclamar *v.* to claim; to demand
recoger *v.* to pick up 2.4
recomendable *adj.* recommendable; advisable 3.5
poco recomendable not advisable; inadvisable
recomendar (e:ie) *v.* to recommend 1.8, 2.3, 3.4
reconocer *v.* to recognize 3.1
reconocimiento *m.* recognition
recordar (o:ue) *v.* to remember 1.4
recorrer *v.* to tour an area; to go across; to travel 3.5
recuerdo *m.* memory
recuperarse *v.* to recover 3.4
recurso *m.* resource 2.4
recurso natural *m.* natural resource 2.4, 3.6
red *f.* network; web 2.2
redactor(a) *m., f.* editor 3.9
redactor(a) jefe *m., f.* editor-in-chief
redondo/a *adj.* round 3.2
reducir *v.* to reduce 2.4
reducir velocidad *v.* to reduce speed 3.5
reembolso *m.* refund 3.3
reflejar *v.* to reflect; to depict 3.10
reforma *f.* reform
reforma económica *f.* economic reform
refresco *m.* soft drink 1.8
refrigerador *m.* refrigerator 2.3
refugiarse *v.* to take refuge
refugio *m.* refuge 3.6
regalar *v.* to give (*a gift*) 1.9
regalo *m.* gift 1.6
regatear *v.* to bargain 1.6
región *f.* region; area 2.4
regla *f.* rule
regocijo *m.* joy 3.4
regresar *v.* to return 1.2, 3.5
regreso *m.* return (*trip*)
regular *adj.* so-so; OK 1.1
rehacer *v.* to remake; to redo 3.1
reído *p.p.* laughed 2.5
reina *f.* queen
reino *m.* reign; kingdom
reír(se) (e:i) *v.* to laugh 1.9
relacionado/a *adj.* related
estar relacionado/a to have good connections
relaciones *f., pl.* relationships
relajarse *v.* to relax 1.9, 3.4
relámpago *m.* lightning 3.6
relato *m.* story; account 3.10
religión *f.* religion
religioso/a *adj.* religious
reloj *m.* clock; watch 1.2
remitente *m.* sender
remo *m.* oar 3.5
remordimiento *m.* remorse
rendimiento *m.* performance
rendirse (e:i) *v.* to surrender
renovable *adj.* renewable 3.6
renunciar (a) *v.* to resign (from) 2.7; to quit 3.8
renunciar a un cargo to resign a post
repaso *m.* revision; review 3.10
repentino/a *adj.* sudden 3.3
repertorio *m.* repertoire
repetir (e:i) *v.* to repeat 1.4
reportaje *m.* report 2.9; news report 3.9
reportero/a *m., f.* reporter 3.9; journalist 2.7
reposo *m.* rest
estar en reposo to be at rest
repostería *f.* pastry
represa *f.* dam
representante *m., f.* representative 2.9
reproducirse *v.* to reproduce
reproductor de CD/DVD/MP3 *m.* CD/DVD/MP3 player 2.2, 3.7
resbaladizo/a *adj.* slippery
resbalar *v.* to slip
rescatar *v.* to rescue
resentido/a *adj.* resentful 3.6
reservación *f.* reservation
reservar *v.* to reserve 3.5
resfriado *m.* cold (*illness*) 2.1, 3.4
residencia estudiantil *f.* dormitory 1.2
residir *v.* to reside
resolver (o:ue) *v.* to resolve; to solve 2.4, 3.6
respeto *m.* respect
respiración *f.* breathing 3.4
respirar *v.* to breathe 2.4
responsable *adj.* responsible
respuesta *f.* answer
restaurante *m.* restaurant 1.4
resuelto/a *adj., p.p.* resolved 2.5
retrasado/a *adj.* delayed 3.5
retrasar *v* to delay
retraso *m.* delay
retratar *v.* to portray 3.3
retrato *m.* portrait 3.3
reunión *f.* meeting 2.7, 3.8
reunirse (con) *v.* to get together (with) 3.2
revisar *v.* to check 2.2
revisar el aceite to check the oil 2.2
revista *f.* magazine 1.4, 3.9
revista electrónica *f.* online magazine 3.9
revolucionario/a *adj.* revolutionary 3.7
revolver (o:ue) *v.* to stir; to mix up
rey *m.* king
rezar *v.* to pray
rico/a *adj.* rich 1.6; tasty; delicious 1.8
ridículo/a *adj.* ridiculous 2.4
riesgo *m.* risk
rima *f.* rhyme 3.10
rincón *m.* corner; nook
río *m.* river 2.4
riqueza *f.* wealth 3.8
riquísimo/a *adj.* extremely delicious 1.8
rociar *v.* to spray 3.6
rodar (o:ue) *v.* to film 3.9
rodeado/a *adj.* surrounded 3.7
rodear *v.* to surround
rodilla *f.* knee 2.1

rogar (o:ue) *v.* to beg; to plead 2.3, 3.4
rojo/a *adj.* red 1.6
romanticismo *m.* romanticism 3.10
romántico/a *adj.* romantic 2.8
romper *v.* to break 2.1
romper (con) *v.* to break up (with) 1.9, 3.1
romperse la pierna to break one's leg 2.1
ropa *f.* clothing; clothes 1.6
ropa interior *f.* underwear 1.6
rosado/a *adj.* pink 1.6
roto/a *adj.* broken 2.1, 2.5
rozar *v.* to brush against; to touch lightly
rubio/a *adj.* blond(e) 1.3
ruedo *m.* bull ring 3.2
ruido *m.* noise
ruina *f.* ruin 3.5
ruso/a *adj.* Russian 1.3
ruta maya *f.* Mayan Trail 3.5
rutina *f.* routine 1.7, 3.3
rutina diaria *f.* daily routine 1.7

S

sábado *m.* Saturday 1.2
saber *v.* to know; to know how 1.6; to taste 1.8
saber a to taste like/of 1.8, 3.1
¿Cómo sabe? How does it taste? 3.4
Sabe a ajo/menta/limón. It tastes like garlic/mint/lemon. 3.4
¿Y sabe bien? And does it taste good? 3.4
sabiduría *f.* wisdom
sabio/a *adj.* wise
sabor *m.* taste; flavor
¿Qué sabor tiene? ¿Chocolate? What flavor is it? Chocolate? 3.4
Tiene un sabor dulce/agrio/amargo/agradable. It has a sweet/sour/bitter/pleasant taste. 3.4
sabrosísimo/a *adj.* extremely delicious 1.8
sabroso/a *adj.* tasty; delicious 1.8
sacar *v.* to take out
sacar fotos to take photos 1.5
sacar la basura to take out the trash 2.3
sacar(se) un diente to have a tooth removed 2.1
sacerdote *m.* priest
saciar *v.* to satisfy; to quench
sacrificar *v.* to sacrifice 3.6
sacrificio *m.* sacrifice
sacristán *m.* sexton
sacudir *v.* to dust 2.3
sacudir los muebles to dust the furniture 2.3
sagrado/a *adj.* sacred; holy
sal *f.* salt 1.8
sala *f.* living room 2.3; room; hall
sala de conciertos *f.* concert hall
sala de emergencia(s) *f.* emergency room 2.1, 3.4
salario *m.* salary 2.7
salchicha *f.* sausage 1.8
salida *f.* departure; exit 1.5, 3.6
salir *v.* to leave 1.4; to go out 3.1
salir (a comer) to go out (to eat) 3.2
salir (con) *to go out (with)* 3.1; *to date* 1.9
salir de to leave from
salir para to leave for (*a place*)
salmón *m.* salmon 1.8
salón de belleza *m.* beauty salon 2.5
salto *m.* jump
salud *f.* health 2.1, 3.4
¡A tu salud! To your health!
¡Salud! Cheers! 3.8
saludable *adj.* healthy 2.1; nutritious 3.4
saludar(se) *v.* to greet (each other) 2.2
saludo *m.* greeting 1.1
saludos a... greetings to... 1.1
salvaje *adj.* wild 3.6
salvar *v.* to save 3.6
sanar *v.* to heal 3.4
sandalia *f.* sandal 1.6
sandía *f.* watermelon
sándwich *m.* sandwich 1.8
sano/a *adj.* healthy 2.1, 3.4
satélite *m.* satellite
sátira *f.* satire
satírico/a *adj.* satirical 3.10
tono satírico/a *m.* satirical tone
se *ref. pron.* himself, herself, itself, themselves; *form.* yourself, yourselves 1.7
se *impersonal* one 2.1
Se hizo... He/She/It became...
Se nos dañó... The... broke down. 2.2
Se nos pinchó una llanta. We had a flat tire. 2.2
secadora *f.* clothes dryer 2.3
secarse *v.* to dry oneself 1.7; to dry off 3.2
sección *f.* section 3.9
sección de (no) fumar *f.* (non)smoking section 1.8
sección de sociedad *f.* lifestyle section 3.9
sección deportiva *f.* sports page/section 3.9
seco/a *adj.* dry 3.6
secretario/a *m., f.* secretary 2.7
secuencia *f.* sequence
secuestro *m.* kidnapping
sed *f.* thirst 1.3
seda *f.* silk 1.6
sedentario/a *adj.* sedentary; related to sitting 2.6
seguir (e:i) *v.* to follow; to continue 1.4
según *prep.* according to
segundo/a *n., adj.* second 1.5
seguridad *f.* safety; security 3.5
cinturón de seguridad *m.* seatbelt 3.5
medidas de seguridad *f. pl.* security measures 3.5
seguro *m.* insurance 3.5
seguro/a *adj.* sure; safe 1.5; confident 3.1
seis *n., adj.* six 1.1
seiscientos/as *n., adj.* six hundred 1.2
seleccionar *v.* to select; to pick out 3.3
sello *m.* stamp 2.5
selva *f.* jungle 2.4, 3.5
semana *f.* week 1.2
fin de semana *m.* weekend 1.4
semana pasada *f.* last week 1.6
semanal *adj.* weekly
semestre *m.* semester 1.2
semilla *f.* seed
senador(a) *m., f.* senator
sendero *m.* trail; trailhead 2.4
sensato/a *adj.* sensible 3.1
sensible *adj.* sensitive 3.1
sentarse (e:ie) *v.* to sit down 1.7
sentido *m.* sense
en sentido figurado figuratively
sentido común *m.* common sense
sentimiento *m.* feeling; emotion 3.1
sentir(se) (e:ie) *v.* to feel 1.7, 3.1; to be sorry; to regret 2.4
señal *f.* sign 3.2
señalar *v.* to point to; to signal 3.2
señor (Sr.) *m.* Mr.; sir 1.1
señora (Sra.) *f.* Mrs.; ma'am 1.1
señorita (Srta.) *f.* Miss 1.1
separado/a *adj.* separated 1.9, 3.1
separarse (de) *v.* to separate (from) 1.9

septiembre *m.* September 1.5
séptimo/a *n., adj.* seventh 1.5
sepultar *v.* to bury
sequía *f.* drought 3.6
ser *v.* to be 1.1, 3.1
ser aficionado/a (a) to be a fan (of) 1.4
ser alérgico/a (a) to be allergic (to) 2.1
ser gratis to be free of charge 2.5
serio/a *adj.* serious
serpiente *f.* snake 3.6
servicio de habitación *m.* room service 3.5
servicios *m., pl.* facilities
servidumbre *f.* servants; servitude 3.3
servilleta *f.* napkin 2.3
servir (e:i) *v.* to serve 1.8; to help 1.5
sesenta *n., adj.* sixty 1.2
sesión *f.* showing
setecientos/as *n., adj.* seven hundred 1.2
setenta *n., adj.* seventy 1.2
sexismo *m.* sexism 2.9
sexto/a *n., adj.* sixth 1.5
sí *adv.* yes 1.1
si *conj.* if 1.4
SIDA *m.* AIDS 2.9
sido *p.p.* been 2.6
siempre *adv.* always 1.7
siete *n., adj.* seven 1.1
siglo *m.* century
silbar *v.* to whistle
silla *f.* seat 1.2
sillón *m.* armchair 2.3
similar *adj.* similar
simpático/a *adj.* nice; likeable 1.3
sin *prep.* without 1.2, 2.4
sin duda without a doubt
sin embargo *adv.* however
sin que *conj.* without 2.4
sin ti without you *fam.*
sinagoga *f.* synagogue
sincero/a *adj.* sincere
sindicato *m.* labor union 3.8
sino *conj.* but (rather) 1.7
síntoma *m.* symptom 2.1
sintonía *f.* tuning; synchronization 3.9
sintonizar *v.* to tune into (*radio or television*)
siquiera *conj.* even
ni siquiera *conj.* not even
sitio web *m.* website 2.2, 3.7
situado/a *adj., p.p.* situated; located
estar situado/a en to be set in
soberanía *f.* sovereignty
soberano/a *m., f.* sovereign; ruler
sobre *m.* envelope 2.5; *prep.* on; over 1.2
sobre todo above all 3.6
sobredosis *f.* overdose
sobrevivencia *f.* survival
sobrevivir *v.* to survive
sobrino/a *m., f.* nephew; niece 1.3
sociable *adj.* sociable
sociedad *f.* society
socio/a *m., f.* partner; member 3.8
sociología *f.* sociology 1.2
sofá *m.* couch; sofa 2.3
sol *m.* sun 1.4, 1.5, 2.4
solar *adj.* solar 2.4
soldado *m., f.* soldier 2.9
soleado/a *adj.* sunny
soledad *f.* solitude; loneliness 3.3
soler (o:ue) *v.* to be in the habit of; to be used to 3.3
solicitar *v.* to apply (*for a job*) 2.7, 3.8
solicitud (de trabajo) *f.* (job) application 2.7
sólo *adv.* only 1.3
solo/a *adj.* alone; lonely 3.1
soltero/a *adj.* single 1.9, 3.1
madre soltera *f.* single mother
padre soltero *m.* single father
solución *f.* solution 2.4
sombrero *m.* hat 1.6
Son las dos. It's two o'clock. 1.1
sonar (o:ue) *v.* to ring 2.2, 3.7
sonreído *p.p.* smiled 2.5
sonreír (e:i) *v.* to smile 1.9
soñar (o:ue) (con) *v.* to dream (about) 3.1
sopa *f.* soup 1.8
soplar *v.* to blow
soportar *v.* to support
soportar a alguien to put up with someone 3.1
sordo/a *adj.* deaf
quedarse sordo/a to go deaf 3.4
sorprender *v.* to surprise 1.9, 3.2
sorprenderse (de) *v.* to be surprised (about) 3.2
sorpresa *f.* surprise 1.9
sortija *f.* ring 3.5
sospecha *f.* suspicion
sospechar *v.* to suspect
sótano *m.* cellar 2.3
soy I am 1.1
Soy de... I'm from... 1.1
Soy yo. That's me. 1.1
su(s) *poss. adj.* his; her; its; *form.* your; their 1.3
suavidad *f.* smoothness
subasta *f.* auction 3.10
subdesarrollo *m.* underdevelopment
subida *f.* ascent
subir(se) a *v.* to get on/into (*a vehicle*) 2.2
subsistir *v.* to survive
subtítulos *m., pl.* subtitles 3.9
suburbio *m.* suburb
suceder *v.* to happen 3.1
sucio/a *adj.* dirty 1.5
sucre *m.* former Ecuadorian currency 1.6
sucursal *f.* branch
sudar *v.* to sweat 2.6
suegro/a *m., f.* father-in-law; mother-in-law 1.3
sueldo *m.* salary 2.7
aumento de sueldo *m.* raise in salary 3.8
sueldo fijo *m.* base salary 3.8
sueldo mínimo *m.* minimum wage 3.8
suelo *m.* floor 2.3
suelto/a *adj.* loose
sueño *n.* sleep 1.3
suerte *f.* luck 1.3
suéter *m.* sweater 1.6
sufrimiento *m.* pain; suffering
sufrir (de) *v.* to suffer (from) 2.1, 3.4
sufrir muchas presiones to be under a lot of pressure 2.6
sufrir una enfermedad to suffer an illness 2.1
sugerir (e:ie) *v.* to suggest 2.3, 3.4
superar *v.* to overcome
superficie *f.* surface
supermercado *m.* supermarket 2.5, 3.3
supervivencia *f.* survival
suponer *v.* to suppose 1.4, 3.1
suprimir *v.* to abolish; to suppress
supuesto/a *adj.* false; so-called; supposed
Por supuesto. Of course.
sur *m.* south 2.5
surrealismo *m.* surrealism 3.10
suscribirse (a) *v.* to subscribe (to) 3.9
sustantivo *m.* noun
suyo(s)/a(s) *poss. adj. and pron.* (of) his/her; (of) hers; (of) its; *form.* (of) your, (of) yours, (of) their 2.2

T

tacaño/a *adj.* cheap; stingy 3.1
tacón *m.* heel
tacón alto high heel
tal como *conj.* just as
tal vez *adv.* maybe 1.5
talento *m.* talent 3.1
talentoso/a *adj.* talented 2.8, 3.1
talla *f.* size 1.6
talla grande *f.* large 1.6

taller mecánico *m.* garage; workshop; mechanic's repairshop 2.2
también *adv.* also; too 1.2, 1.7
tampoco *adv.* neither; not either 1.7
tan *adv.* so 1.5
  tan pronto como *conj.* as soon as 2.4
  tan… como as… as 1.8
tanque *m.* tank 2.2, 3.6
tanto *adv.* so much
  tanto… como as much… as 1.8
  tantos/as… como as many… as 1.8
tapa *f.* lid, cover
tapón *m.* traffic jam 3.5
taquilla *f.* box office 3.2
tarde *f.* afternoon; evening; P.M. 1.1; *adv.* late 1.7
tarea *f.* homework 1.2
tarjeta *f.* card
  tarjeta de crédito/débito *f.* credit/debit card 1.6, 3.3
  tarjeta de embarque *f.* boarding card 3.5
  tarjeta postal *f.* postcard
tatarabuelo/a *m., f.* great-great-grandfather/mother
taxi *m.* taxi 1.5
taza *f.* cup 2.3
té *m.* tea 1.8
  té helado *m.* iced tea 1.8
te *sing., fam., d.o. pron.* you 1.5; *sing., fam., i.o. pron.* to/for you 1.6
  ¿Te gusta(n)...? Do you like…? 1.2
  ¿Te gustaría? Would you like to? 2.8
  Te presento a... *fam.* I would like to introduce… to you. 1.1
teatro *m.* theater 2.8
teclado *m.* keyboard 2.2
técnico/a *m., f.* technician 2.7
tejido *m.* weaving 2.8
tela *f.* canvas 3.10
teleadicto/a *m., f.* couch potato 2.6
teléfono (celular) *m.* (cell) telephone 2.2, 3.7
telenovela *f.* soap opera 2.8, 3.9
telescopio *m.* telescope 3.7
teletrabajo *m.* telecommuting 2.7
televidente *m., f.* television viewer 3.9
televisión *f.* television 1.2, 2.2, 3.2
  televisión por cable *f.* cable television 2.2
televisor *m.* television set 2.2, 3.2
temer *v.* to fear 2.4
temperatura *f.* temperature 2.1
templo *m.* temple
temporada *f.* season; period;
  temporada alta/baja high/low season 3.5
temprano *adv.* early 1.7
tendencia *f.* trend 3.9
  tendencia izquierdista/derechista *f.* left-wing/right-wing bias
tenedor *m.* fork 2.3
tener *v.* to have 1.3
  tener… años to be… years old 1.3
    Tengo… años. I'm… years old. 1.3
  tener buen/mal aspecto to look healthy/sick 3.4
  tener buena/mala fama to have a good/bad reputation 3.9
  tener (mucho) calor to be (very) hot 1.3
  tener celos (de) to be jealous (of) 3.1
  tener (mucho) cuidado to be (very) careful 1.3
  tener dolor to have a pain 2.1
  tener éxito to be successful 2.7
  tener fiebre to have a fever 2.1
  tener (mucho) frío to be (very) cold 1.3
  tener ganas de (+ *inf.*) to feel like (*doing something*) 1.3
  tener (mucha) hambre to be (very) hungry 1.3
  tener (mucho) miedo (de) to be (very) afraid (of); to be (very) scared (of) 1.3
  tener miedo (de) que to be afraid that
  tener planes to have plans
  tener (mucha) prisa to be in a (big) hurry 1.3
  tener que (+ *inf.*) *v.* to have to (*do something*) 1.3
  tener razón to be right 1.3
  tener (mucha) sed to be (very) thirsty 1.3
  tener (mucho) sueño to be (very) sleepy 1.3
  tener (mucha) suerte to be (very) lucky 1.3
  tener tiempo to have time 1.4
  tener una cita to have a date; to have an appointment 1.9
tenis *m.* tennis 1.4
tensión *f.* tension 2.6
  tensión (alta/baja) *f.* (high/low) blood pressure 3.4
teoría *f.* theory 3.7
terapia intensiva *f.* intensive care 3.4
tercer, tercero/a *n., adj.* third 1.5
térmico/a *adj.* thermal
terminar *v.* to end; to finish 1.2
  terminar de (+ *inf.*) *v.* to finish (*doing something*) 1.4
terremoto *m.* earthquake 2.9, 3.6
terreno *m.* land 3.6
terrible *adj.* terrible 2.4
territorio *m.* territory
terrorismo *m.* terrorism
testigo *m., f.* witness 3.10
ti *pron., obj. of prep., fam.* you
tiburón *m.* shark 3.5
tiempo *m.* time 1.4; weather 1.5
  a tiempo on time 3.3
  tiempo libre *m.* free time 3.2
tienda *f.* shop; store 1.6
  tienda de campaña *f.* tent
tierra *f.* land; earth 3.6; soil 2.4
tigre *m.* tiger 3.6
timbre *m.* doorbell; tone; tone of voice 3.3
  tocar el timbre to ring the doorbell
timidez *f.* shyness
tímido/a *adj.* shy 3.1
tío/a *m., f.* uncle; aunt 1.3
tíos *m.* aunts and uncles 1.3
típico/a *adj.* typical; traditional
tipo *m.* guy 3.2
tira cómica *f.* comic strip 3.9
tirar *v.* to throw 3.5
titular *m.* headline 3.9
titularse *v.* to graduate 3.3
título *m.* title
tiza *f.* chalk 1.2
toalla *f.* towel 1.7
tobillo *m.* ankle 2.1
tocadiscos compacto *m.* compact disc player 2.2
tocar *v.* to play (*a musical instrument*) 2.8; to touch 2.4
  ¿A quién le toca? Whose turn is it? 3.2
  tocar el timbre to ring the doorbell 3.3
  ¿Todavía no me toca? Is it my turn yet? 3.2
todavía *adv.* yet; still 1.5
todo *m.* everything 1.5
  Todo está bajo control. Everything is under control. 1.7
todo(s)/a(s) *adj.* all 1.4; whole; *adv.* every
  en todo el mundo throughout the world 2.4
  todo derecho straight (ahead) 2.5
  todos los días everyday 2.1
todos *m., pl.* all of us; everybody; everyone
  ¡Todos a bordo! All aboard! 1.1

tomar *v.* to take; to drink 1.2
tomar clases to take classes 1.2
tomar el sol to sunbathe 1.4
tomar en cuenta take into account
tomar en serio to take seriously 3.8
tomar fotos to take photos 1.5
tomar la temperatura to take someone's temperature 2.1
tomate *m.* tomato 1.8
tonto/a *adj.* silly; foolish 1.3
torcerse (o:ue) (el tobillo) *v.* to sprain (one's ankle) 2.1
torcido/a *adj.* twisted; sprained 2.1
torear *v.* to fight bulls in the bullring 3.2
toreo *m.* bullfighting 3.2
torero/a *m., f.* bullfighter 3.2
tormenta *f.* storm 2.9
tormenta tropical *f.* tropical storm 3.6
tornado *m.* tornado 2.9
torneo *m.* tournament 3.2
tortilla *f.* tortilla 1.8
tortilla de maíz *f.* corn tortilla 1.8
tos *f., sing.* cough 2.1, 3.4
toser *v.* to cough 2.1, 3.4
tostado/a *adj.* toasted 1.8
tostadora *f.* toaster 2.3
tóxico/a *adj.* toxic 3.6
tozudo/a *adj.* stubborn 3.8
trabajador(a) *adj.* industrious 3.8; hard-working 1.3
trabajar *v.* to work 1.2
trabajar duro to work hard 3.8
trabajo *m.* job; work 2.7
tradicional *adj.* traditional 3.1
traducir *v.* to translate 1.6, 3.1
traer *v.* to bring 1.4, 3.1
tráfico *m.* traffic 2.2
tragar *v.* to swallow
tragedia *f.* tragedy 2.8
trágico/a *adj.* tragic 3.10
traición *f.* betrayal
traído *p.p.* brought 2.5
traidor(a) *m., f.* traitor
traje (de baño) *m.* (bathing) suit 1.6
traje de luces *m.* bullfighter's outfit (*lit.* costume of lights) 3.2
trama *f.* plot 3.10
tranquilo/a *adj.* calm 3.1; quiet 2.6
Tranquilo/a. Relax. 1.7
transbordador espacial *m.* space shuttle 3.7
transcurrir *v.* to take place 3.10
tránsito *m.* traffic
transmisión *f.* transmission
transmitir *v.* to broadcast 2.9, 3.9
transplantar *v.* to transplant
transporte público *m.* public transportation
trasnochar *v.* to stay up very late or all night 3.4
trastorno *m.* disorder
tratado *m.* treaty
tratamiento *m.* treatment 3.4
tratar *v.* to treat 3.4
tratar (sobre/acerca de) to be about; to deal with 3.4
tratar de (+ *inf.*) *v.* to try (*to do something*) 2.6
tratarse de *v.* to be about; to deal with 3.10
Trato hecho. You've got a deal. 2.8
trayectoria *f.* path; history 3.1
trazar *v.* to trace
trece *n., adj.* thirteen 1.1
treinta *n., adj.* thirty 1.1, 1.2
y treinta thirty minutes past the hour (*time*) 1.1
tren *m.* train 1.5
tres *n., adj.* three 1.1
trescientos/as *n., adj.* three hundred 1.2
tribu *f.* tribe
tribunal *m.* court
trimestre *m.* trimester; quarter 1.2
triste *adj.* sad 1.5
tropical *adj.* tropical
tormenta tropical *f.* tropical storm 3.6
truco *m.* trick 3.2
trueno *m.* thunder 3.6
trueque *m.* barter; exchange
tú *fam. sub. pron.* you 1.1
Tú eres... You are... 1.1
tu(s) *fam. poss. adj.* your 1.3
tubería *f.* piping; plumbing 3.6
turismo *m.* tourism 1.5, 3.5
turista *m., f.* tourist 1.1, 3.5
turístico/a *adj.* touristic; tourist 3.5
tuyo(s)/a(s) *fam. poss. adj. and pron.* your; (of) yours 2.2

U

u *conj.* (*used instead of* **o** *before words beginning with* **o** *and* **ho**) or
ubicar *v.* to put in a place; to locate
ubicarse *v.* to be located
Ud. *form., sing., sub. pron.* you 1.1
Uds. *form., pl., sub. pron.* you 1.1
último/a *adj.* last
un, una *indef. art.* a; an 1.1
uno/a *n., adj.* one 1.1
a la una at one o'clock 1.1
una vez *adv.* once; one time 1.6
una vez más one more time 1.9
único/a *adj.* only 1.3; unique
universidad *f.* university; college 1.2
unos/as *pl. indef. art.* some 1.1; *pron.* some 1.1
uña *f.* fingernail
urbano/a *adj.* urban
urgente *adj.* urgent 2.3, 3.4
usar *v.* to wear; to use 1.6
usted (Ud.) *form., sing. sub. pron.* you 1.1
ustedes (Uds.) *form., pl. sub. pron.* you 1.1
usuario/a *m., f.* user 3.7
útil *adj.* useful
uva *f.* grape 1.8

V

vaca *f.* cow 2.4, 3.6
vacaciones *f. pl.* vacation 1.5
vacuna *f.* vaccine 3.4
vacunar(se) *v.* to vaccinate; to get vaccinated 3.4
vago/a *m., f.* slacker 3.7
vagón *m.* carriage; coach 3.7
valer *v.* to be worth 3.1
valiente brave 3.5
valioso/a *adj.* valuable 3.6
valle *m.* valley 2.4
valor *m.* bravery; value
vamos let's go 1.4
vándalo/a *m., f.* vandal 3.6
vanguardia *f.* vanguard
a la vanguardia at the forefront 3.7
vaquero *m.* cowboy 2.8
de vaqueros western (*genre*) 2.8
varios/as *adj. pl.* various; several 1.8
vaso *m.* glass 2.3
veces *f., pl.* times 1.6
vecino/a *m., f.* neighbor 2.3
veinte *n., adj.* twenty 1.1
veinticinco *n., adj.* twenty-five 1.1
veinticuatro *n., adj.* twenty-four 1.1
veintidós *n., adj.* twenty-two 1.1
veintinueve *n., adj.* twenty-nine 1.1
veintiocho *n., adj.* twenty-eight 1.1
veintiséis *n., adj.* twenty-six 1.1
veintisiete *n., adj.* twenty-seven 1.1
veintitrés *n., adj.* twenty-three 1.1
veintiún, veintiuno/a *n., adj.* twenty-one 1.1
vejez *f.* old age 1.9

vela *f.* candle
velocidad *f.* speed 2.2
velocidad máxima *f.* speed limit 2.2
venado *m.* deer
vencer *v.* to conquer; to defeat 3.2, 3.9
vencido/a *adj.* expired 3.5
venda *f.* bandage 3.4
vendedor(a) *m., f.* salesperson 1.6, 3.8
vender *v.* to sell 1.6
veneno *m.* poison 3.6
venenoso/a *adj.* poisonous 3.6
venerar *v.* to worship
venir *v.* to come 1.3, 3.1
venta *f.* sale
estar a la venta to be for sale
ventaja *f.* advantage
ventana *f.* window 1.2
ver *v.* to see 1.4, 3.1
a ver let's see 1.2
ver películas to see movies 1.4
Yo lo/la veo muy triste. He/She looks very sad to me. 3.6
verano *m.* summer 1.5
verbo *m.* verb
verdad *f.* truth
¿verdad? right? 1.1
verde *adj.* green 1.6
verduras *pl., f.* vegetables 1.8
vergüenza *f.* shame; embarrassment
tener vergüenza (de) to be ashamed (of) 3.1
verse *v.* to look; to appear
¡Qué guapo/a te ves! How attractive you look! *fam.* 3.6
¡Qué elegante se ve usted! How elegant you look! *form.* 3.6
Se ve tan feliz. He/She looks so happy. 3.6
verso *m.* line (*of poetry*) 3.10
vestido *m.* dress 1.6
vestidor *m.* fitting room
vestirse (e:i) *v.* to get dressed 1.7, 3.2
vez *f.* time 1.6
a veces *adv.* sometimes 3.3
de vez en cuando now and then; once in a while 3.3
érase una vez once upon a time
por primera/última vez for the first/last time 3.2
viajar *v.* to travel 1.2
viaje *m.* trip 1.5, 3.5
hacer un viaje to take a trip 3.5
viajero/a *m., f.* traveler 1.5, 3.5
victoria *f.* victory
victorioso/a *adj.* victorious
vida *f.* life 1.9
vida cotidiana *f.* everyday life
video *m.* video 1.1
video musical *m.* music video 3.9
video(casete) *m.* video(cassette) 2.2
videocasetera *f.* VCR 2.2
videoconferencia *f.* videoconference 2.7
videojuego *m.* video game 1.4, 3.2
vidrio *m.* glass 2.4
viejo/a *adj.* old 1.3
viento *m.* wind 1.5
viernes *m., sing.* Friday 1.2
vigente *adj.* valid 3.5
vigilar *v.* to watch
vinagre *m.* vinegar 1.8
vino *m.* wine 1.8
violencia *f.* violence 2.9
virus *m.* virus 3.4
visitar *v.* to visit 1.4
visitar monumentos to visit monuments 1.4
vistazo *m.* glance;
echar un vistazo to take a look
visto/a *adj., p.p.* seen 2.5
vitamina *f.* vitamin 2.6
viudo/a *m., f.* widower; widow 1.9; widowed 3.1
vivienda *f.* housing 2.3
vivir *v.* to live 1.3, 3.1
vivo/a *adj.* bright; lively; living
en vivo *adj.* live 3.9
volante *m.* steering wheel 2.2
volar (o:ue) *v.* to fly 3.8
volcán *m.* volcano 2.4
vóleibol *m.* volleyball 1.4
volver (o:ue) *v.* to come back; to return 1.4
volver a ver(te/lo/la) to see (you/him/her) again 2.9
vos *sub. pron., sing.* you
vosotros/as *sub. pron. form., pl.* you 1.1
votar *v.* to vote 2.9
vuelo *m.* flight
vuelta *f.* return trip
vuelto/a *adj., p.p.* returned 2.5
vuestro(s)/a(s) *poss. adj.* your 1.3; *poss. adj. and pron., fam.* (of) yours 2.2

W

walkman *m.* walkman
web *f.* (the) web 3.7

Y

y *conj.* and 1.1
y cuarto quarter after (*time*) 1.1
y media half-past (*time*) 1.1
y quince quarter after (*time*) 1.1
y treinta thirty (minutes past the hour) 1.1
¿Y tú? *fam.* And you? 1.1
¿Y usted? *form.* And you? 1.1
ya *adv.* already 1.6
yerno *m.* son-in-law 1.3
yeso *m.* cast 3.4
yo *sub. pron.* I 1.1
Yo soy... I'm... 1.1
yogur *m.* yogurt 1.8

Z

zaguán *m.* entrance hall; vestibule 3.3
zanahoria *f.* carrot 1.8
zapatería *f.* shoe store 2.5
zapatos de tenis *m., pl.* tennis shoes, sneakers 1.6
zoológico *m.* zoo 3.2

English-Spanish

A

a **un, uno/a** *m., f., sing.; indef. art.* 1.1
@ symbol **arroba** *f.* 2.2
A.M. **mañana** *f.* 1.1
able: be able to **poder (o:ue)** *v.* 1.4
aboard **a bordo** 1.1
abolish **suprimir** *v.*
above all **sobre todo** 3.6
absent **ausente** *adj.*
abstract **abstracto/a** *adj.* 3.10
accentuate **acentuar** *v.* 3.10
accident **accidente** *m.* 2.1
car accident **accidente automovilístico** *m.* 3.5
accompany **acompañar** *v.* 2.5
account **cuenta** *f.* 2.5; (*story*) **relato** *m.* 3.10
checking account **cuenta corriente** *f.* 2.5, 3.8
on account of **por** *prep.* 2.2
savings account **cuenta de ahorros** *f.* 2.5, 3.8
accountant **contador(a)** *m., f.* 2.7, 3.8
accounting **contabilidad** *f.* 1.2
accustomed (to) **acostumbrado/a (a)** *adj.*
grow accustomed (to) **acostumbrarse (a)** *v.* 3.3
ache **dolor** *m.* 2.1; **doler (o:ue)** *v.* 3.2
achieve **lograr** *v.* 3.3; **alcanzar** *v.*
acid **ácido/a** *adj.* 2.4
acid rain **lluvia ácida** *f.* 2.4
acquainted: be acquainted with **conocer** *v.* 1.6
action (*genre*) **de acción** *f.* 2.8
active **activo/a** *adj.* 2.6
activist **activista** *m., f.*
actor **actor, actriz** *m., f.* 2.7, 3.9
add **añadir** *v.*
addict (*drug*) **drogadicto/a** *m., f.* 2.6
additional **adicional** *adj.*
address **dirección** *f.* 2.5
adjective **adjetivo** *m.*
admission ticket **entrada** *f.*
adolescence **adolescencia** *f.* 1.9
adore **adorar** *v.* 3.1
advance **avance** *m.* 3.7
advanced **adelantado/a** *adj.*; **avanzado/a** *adj.* 3.7
advantage **ventaja** *f.*
take advantage of **aprovechar** *v.*
adventure **aventura** *f.* 3.5
adventure (*genre*) **de aventura** *f.* 2.8
adventurer **aventurero/a** *m., f.* 3.5
advertise **anunciar** *v.* 2.9
advertisement **anuncio** *m.* 2.7; **propaganda** *f.* 3.9
advertising **publicidad** *f.* 3.9
advice **consejo** *m.* 1.6
give advice **dar consejos** 1.6
advisable **recomendable** *adj.* 3.5
not advisable **poco recomendable** *adj.*
advise **aconsejar** *v.* 2.3, 3.4
advisor **consejero/a** *m., f.* 2.7; **asesor(a)** *m., f.* 3.8
aerobic **aeróbico/a** *adj.* 2.6
aerobics class **clase de ejercicios aeróbicos** *f.* 2.6
do aerobics **hacer ejercicios aeróbicos** 2.6
aesthetic **estético/a** *m., f.* 3.10
affected **afectado/a** *adj.* 2.4
be affected (by) **estar afectado/a (por)** 2.4
affection **cariño** *m.* 3.1
affectionate **cariñoso/a** *adj.* 3.1
affirmative **afirmativo/a** *adj.*
afflict **afligir** *v.* 3.4
afraid: be (very) afraid (of) **tener (mucho) miedo (de)** 1.3
be afraid that **tener miedo (de) que**
after **después de** *prep.* 1.7; **después de que** *conj.* 2.4
after all **al final de cuentas** 3.7; **al fin y al cabo**
afternoon **tarde** *f.* 1.1
afterward **después** *adv.* 1.7
again **otra vez** *adv.*
age **edad** *f.* 1.9
of age **mayor de edad**
agent **agente** *m., f.*
customs agent **agente de aduanas** *m., f.* 3.5
agnostic **agnóstico/a** *adj.*
agree **concordar (o:ue)** *v.*; **acordar (o:ue)** *v.* 3.2; **estar de acuerdo** 2.7
I agree (completely). **Estoy (completamente) de acuerdo.** 2.7
I don't agree. **No estoy de acuerdo.** 2.7
agreement **acuerdo** *m.* 2.7
aid **auxilio** *m.*
first aid **primeros auxilios** *m. pl.* 3.4
AIDS **SIDA** *m.* 2.9
air **aire** *m.* 2.4
air pollution **contaminación del aire** *f.* 2.4
airplane **avión** *m.* 1.5
airport **aeropuerto** *m.* 1.5
alarm clock **despertador** *m.* 1.7
album **álbum** *m.* 3.2
alibi **coartada** *f.* 3.10
alien **extraterrestre** *m., f.* 3.7
all **todo(s)/a(s)** *adj.* 1.4
All aboard! **¡Todos a bordo!** 1.1
all of us **todos** 1.1
all over the world **en todo el mundo**
allergic **alérgico/a** *adj.* 2.1
be allergic (to) **ser alérgico/a (a)** 2.1
alleviate **aliviar** *v.*
allusion **alusión** *f.* 3.10
almost **casi** *adv.* 2.1, 3.3
alone **solo/a** *adj.* 3.1
along **por** *prep.* 2.2
already **ya** *adv.* 1.6
also **también** *adv.* 1.2, 1.7
alternative medicine **medicina alternativa** *f.*
alternator **alternador** *m.* 2.2
although **aunque** *conj.*
aluminum **aluminio** *m.* 2.4
(made of) aluminum **de aluminio** 2.4
always **siempre** *adv.* 1.7
amaze **asombrar** *v.*
amazement **asombro** *m.*
ambassador **embajador(a)** *m., f.*
American, (North) **norteamericano/a** *adj.* 1.3
among **entre** *prep.* 1.2
amuse (oneself) **entretener(se) (e:ie)** *v.* 3.2
amusement **diversión** *f.*
ancient **antiguo/a** *adj.*
and **y** *conj.* 1.1; **e** (*before words beginning with* i *or* **hi**) 1.4
And you? **¿Y tú?** *fam.* 1.1; **¿Y usted?** *form.* 1.1
anger **enojo** *m.*
angry **enojado/a** *adj.* 1.5
get angry (with) **enojarse** *v.* **(con)** 1.7
animal **animal** *m.* 2.4
ankle **tobillo** *m.* 2.1
anniversary **aniversario** *m.* 1.9
wedding anniversary **aniversario de bodas** 1.9
announce **anunciar** *v.* 2.9
announcer (TV/radio) **locutor(a)** *m., f.* 2.9; **conductor(a)** *m., f.*
annoy **molestar** *v.* 1.7, 3.2
another **otro/a** *adj.* 1.6
answer **contestar** *v.* 1.2; **respuesta** *f.*
answering machine **contestadora** *f.* 2.2
ant **hormiga** *f.* 3.6
antenna **antena** *f.*
antibiotic **antibiótico** *m.* 2.1
antiquity **antigüedad** *f.*
anxiety **ansia** *f.* 3.1
anxious **ansioso/a** *adj.* 3.1
any **algún, alguno/a(s)** *adj., pron.* 1.7

anyone **alguien** *pron.* 1.7
anything **algo** *pron.* 1.7
apartment **apartamento** *m.* 2.3
apartment building **edificio de apartamentos** *m.* 2.3
apologize **disculparse** *v.* 3.6
appear **parecer** *v.*; **aparecer** *v.* 3.1
appearance **aspecto** *m.*
appetizers **entremeses** *m., pl.* 1.8
applaud **aplaudir** *v.* 2.8, 3.2
apple **manzana** *f.* 1.8
appliance (electric) **electrodoméstico** *m.* 2.3
applicant **aspirante** *m., f.* 2.7
application **solicitud** *f.* 2.7
  job application **solicitud de trabajo** *f.* 2.7
apply (*for a job*) **solicitar** *v.* 2.7, 3.8
  apply for a loan **pedir un préstamo** 2.5
appointment **cita** *f.* 1.9
  have an appointment **tener una cita** 1.9
appreciate **apreciar** *v.* 2.8, 3.1
appreciated **apreciado/a** *adj.*
approach **acercarse (a)** *v.* 3.2
approval **aprobación** *f.* 3.9
approve **aprobar (o:ue)** *v.*
April **abril** *m.* 1.5
aquatic **acuático/a** *adj.* 1.4
archaeologist **arqueólogo/a** *m., f.* 2.7
archaeology **arqueología** *f.*
architect **arquitecto/a** *m., f.* 2.7
area **región** *f.* 2.4
argue **discutir** *v.* 3.1
arid **árido/a** *adj.*
aristocratic **aristocrático/a** *adj.*
arm **brazo** *m.* 2.1
armchair **sillón** *m.* 2.3
armed **armado/a** *adj.*
army **ejército** *m.* 2.9
around **por** *prep.* 2.2
  around here **por aquí** 2.2
arrange **arreglar** *v.* 2.2
arrival **llegada** *f.* 1.5, 3.5
arrive **llegar** *v.* 1.2
art **arte** *m.* 1.2
  arts **artes** *f., pl.* 2.8
  fine arts **bellas artes** *f., pl.* 2.8
article **artículo** *m.* 2.9
artifact **artefacto** *m.* 3.5
artisan **artesano/a** *m., f.* 3.10
artist **artista** *m., f.* 1.3
artistic **artístico/a** *adj.* 2.8
as **como** *prep., conj.* 1.8
  as... as **tan... como** 1.8
  as a child **de niño/a** 2.1
  as many... as **tantos/as... como** 1.8
  as much... as **tanto... como** 1.8
as soon as **en cuanto** *conj.* 2.4; **tan pronto como** *conj.* 2.4
ascent **subida** *f.*
ashamed **avergonzado/a** *adj.*
  be ashamed (of) **tener vergüenza (de)** 3.1
ask (*a question*) **preguntar** *v.*
  ask for **pedir (e:i)** *v.* 1.4, 3.1, 3.4
asparagus **espárragos** *m., pl.* 1.8
aspirin **aspirina** *f.* 2.1, 3.4
assure **asegurar** *v.*
astonished: be astonished **asombrarse** *v.*
astonishing **asombroso/a** *adj.*
astonishment **asombro** *m.*
astronaut **astronauta** *m., f.* 3.7
astronomer **astrónomo/a** *m., f.* 3.7
at **a** *prep.* 1.1; **en** *prep.* 1.2
  at (+ *time*) **a la(s) (+** *time***)** 1.1
  at home **en casa** 1.7
  at least **por lo menos** 2.1
  at night **por la noche** 1.7
  at the end (of) **al fondo (de)** 2.3
  At what time...? **¿A qué hora...?** 1.1
  At your service. **A sus órdenes.** 2.2
atheism **ateísmo** *m.*
atheist **ateo/a** *adj.*
athlete **deportista** *m., f.* 3.2
ATM **cajero automático** *m.* 2.5
attach **adjuntar** *v.* 3.7
  attach a file **adjuntar un archivo** 3.7
attend **asistir (a)** *v.* 1.3
attic **altillo** *m.* 2.3
attract **atraer** *v.* 1.4, 3.1
attraction **atracción** *f.*
auction **subasta** *f.* 3.10
audience **público** *m.* 2.8, 3.9; **audiencia** *f.*
August **agosto** *m.* 1.5
aunt **tía** *f.* 1.3
  aunts and uncles **tíos** *m., pl.* 1.3
authoritarian **autoritario/a** *adj.* 3.1
autobiography **autobiografía** *f.* 3.10
automatic **automático/a** *adj.*
automobile **automóvil** *m.* 1.5; **carro** *m.* 2.2; **coche** *m.* 2.2
autumn **otoño** *m.* 1.5
available **disponible** *adj.*
avenue **avenida** *f.*
avoid **evitar** *v.* 2.4
award **premio** *m.* 2.8
awkward situation **compromiso** *m.* 3.10

B

back **espalda** *f.*
  behind my back **a mis espaldas** 3.9
  have one's back to **estar de espaldas a**
backpack **mochila** *f.* 1.2
bad **mal, malo/a** *adj.* 1.3
  It's bad that... **Es malo que...** 2.3
  It's not at all bad. **No está nada mal.** 1.5
bag **bolsa** *f.* 1.6
  bags under the eyes **ojeras** *f., pl.*
bakery **panadería** *f.* 2.5
balanced **equilibrado/a** *adj.* 2.6
  eat a balanced diet **comer una dieta equilibrada** 2.6
balcony **balcón** *m.* 2.3, 3.3
ball **pelota** *f.* 1.4; **balón** *m.* 3.2
ball field **campo** *m.* 3.5
ball game **juego de pelota** *m.* 3.5
banana **banana** *f.* 1.8
band **banda** *f.* 2.8; **conjunto** (*musical*) *m.*
bandage **venda** *f.* 3.4
bank **banco** *m.* 2.5
banking **bancario/a** *adj.*
bankruptcy **bancarrota** *f.* 3.8
baptism **bautismo** *m.*
bargain **ganga** *f.* 1.6, 3.3; **regatear** *v.* 1.6
barter **trueque** *m.*
baseball (*game*) **béisbol** *m.* 1.4
basement **sótano** *m.* 2.3
basketball (*game*) **baloncesto** *m.* 1.4
bathe **bañarse** *v.* 1.7
bathing suit **traje** *m.* **de baño** 1.6
bathroom **baño** *m.* 1.7; **cuarto de baño** *m.* 1.7
battle **batalla** *f.*
bay **bahía** *f.* 3.5
be **ser** *v.* 1.1; **estar** *v.* 1.2
  be able to **poder (o:ue)** *v.* 3.1
  be about (*deal with*) **tratarse de** *v.* 3.10; **tratar (sobre/acerca de)** *v.* 3.4
  be about to **disponerse a** *v.* 3.6
  be promoted **ascender (e:ie)** *v.* 3.8
  be... years old **tener... años** 1.3
beach **playa** *f.* 1.5
beans **frijoles** *m., pl.* 1.8
bear **oso** *m.*
beat **latir** *v.* 3.4
beautiful **hermoso/a** *adj.* 1.6
beauty **belleza** *f.* 2.5

beauty salon **peluquería** *f.* 2.5; **salón** *m.* **de belleza** 2.5
because **porque** *conj.* 1.2
  because of **por** *prep.* 2.2
become (+ *adj.*) **ponerse (+** *adj.***)** 1.7; **convertirse (en) (e:ie)** *v.* 3.2
  become annoying **ponerse pesado/a** *v.*
  become extinct **extinguirse** *v.* 3.6
  become infected **contagiarse** *v.* 3.4
  become inflamed **inflamarse** *v.*
  become informed (about) **enterarse (de)** *v.* 3.9
  become part (of) **integrarse (a)** *v.*
  become tired **cansarse** *v.*
bed **cama** *f.* 1.5
  go to bed **acostarse (o:ue)** *v.* 1.7
bed and breakfast inn **pensión** *f.*
bedroom **alcoba** *f.* 2.3; **dormitorio** *m.* 2.3; **recámara** *f.*
beef **carne de res** *f.* 1.8
beehive **colmena** *f.* 3.8
been **sido** *p.p.* 2.6
before **antes** *adv.* 1.7; **antes de** *prep.* 1.7; **antes (de) que** *conj.* 2.4
beforehand **de antemano**
beg **rogar (o:ue)** *v.* 2.3, 3.4
beggar **mendigo/a** *m., f.*
begin **comenzar (e:ie)** *v.* 1.4; **empezar (e:ie)** *v.* 1.4
behalf: on behalf of **de parte de** 2.2
behave well/badly **portarse** *v.* **bien/mal**
behind **detrás de** *prep.* 1.2
belief **creencia** *f.*
believe (in) **creer** *v.* **(en)** 1.3, 2.4
  Don't you believe it. **No creas.**
  not to believe **no creer** 2.4
believed **creído** *p.p.* 2.5
believer **creyente** *m., f.*
bellhop **botones** *m., f. sing.* 1.5
belong (to) **pertenecer (a)** *v.*
below **debajo de** *prep.* 1.2
belt **cinturón** *m.* 1.6
  seatbelt **cinturón de seguridad** *m.* 3.5
benefit **beneficio** *m.* 2.7
benefits **beneficios** *m. pl.*
beside **al lado de** *prep.* 1.2
besides **además (de)** *adv.* 2.1
best **el/la mejor** *adj.* 1.8; **lo mejor** *neuter* 2.9
bet **apostar (o:ue)** *v.*; **apuesta** *f.*
betray **engañar** *v.* 3.9
betrayal **traición** *f.*
better **mejor** *adj.* 1.8
  It's better that... **Es mejor que...** 2.3
between **entre** *prep.* 1.2
beverage **bebida** *f.*
beyond **más allá de**
bias **parcialidad** *f.* 3.9
  left-wing/right-wing bias **tendencia izquierdista/derechista** *f.*
biased **parcial** *adj.* 3.9
bicycle **bicicleta** *f.* 1.4
big **gran, grande** *adj.* 1.3
bilingual **bilingüe** *adj.* 3.9
bill **cuenta** *f.* 1.9; **factura** *f.* 3.8; **proyecto de ley** *m.*
billiards **billar** *m.* 3.2
billion **mil millones** *m.*
biochemical **bioquímico/a** *adj.* 3.7
biography **biografía** *f.* 3.10
biologist **biólogo/a** *m., f.* 3.7
biology **biología** *f.* 1.2
bird **ave** *f.* 2.4, 3.6; **pájaro** *m.* 2.4, 3.6
birth **nacimiento** *m.* 1.9
birthday **cumpleaños** *m., sing.* 1.9
  have a birthday **cumplir años** 1.9
biscuit **bizcocho** *m.*
bite **morder (o:ue)** *v.* 3.6
black **negro/a** *adj.* 1.6
blackberry **mora** *f.* 1.8
blackboard **pizarra** *f.* 1.2
blanket **manta** *f.* 2.3
bless **bendecir (e:i)** *v.*
block (city) **cuadra** *f.* 2.5
blog **blog** *m.* 3.7
blognovel **blogonovela** *f.* 3.7
blogosphere **blogosfera** *f.* 3.7
blond(e) **rubio/a** *adj.* 1.3
blood **sangre** *f.* 3.4
  (high/low) blood pressure **tensión (alta/baja)** *f.* 3.4
blouse **blusa** *f.* 1.6
blow **soplar** *v.*
  blow out the candles **apagar las velas** 3.8
blue **azul** *adj.* 1.6
blush **enrojecer** *v.*
board **embarcar** *v.*
  on board **a bordo** *adj.* 3.5
board game **juego de mesa** *m.* 3.2
boarding card **tarjeta de embarque** *f.* 3.5
boarding house **pensión** *f.*
boat **barco** *m.* 1.5; **bote** *m.* 3.5
body **cuerpo** *m.* 2.1
boil **hervir (e:ie)** *v.* 3.3
bombing **bombardeo** *m.* 3.6
bone **hueso** *m.* 2.1
book **libro** *m.* 1.2
bookcase **estante** *m.* 2.3
bookshelves **estantes** *m.* 2.3
bookstore **librería** *f.* 1.2
boot **bota** *f.* 1.6
border **frontera** *f.* 3.5; **límite** *m.*
bore **aburrir** *v.* 1.7, 3.2
bored **aburrido/a** *adj.* 1.5
  be bored **estar aburrido/a** 1.5
  get bored **aburrirse** *v.* 2.8
boring **aburrido/a** *adj.* 1.5
born: be born **nacer** *v.* 1.9
borrow **pedir prestado** 2.5, 3.8
borrowed **prestado/a** *adj.*
boss **jefe** *m.*, **jefa** *f.* 2.7
both **ambos/as** *pron., adj.*
bother **molestar** *v.* 1.7, 3.2
bottle **botella** *f.* 1.9
bottom **fondo** *m.*
boulevard **bulevar** *m.*
bow **proa** *f.* 3.5
bowling **boliche** *m.* 3.2
box **caja** *f.*
  toolbox **caja de herramientas** *f.*
box office **taquilla** *f.* 3.2
boy **chico** *m.* 1.1; **muchacho** *m.* 1.3
boyfriend **novio** *m.* 1.3
brakes **frenos** *m., pl.*
branch **sucursal** *f.*
brand **marca** *f.*
brave **valiente** 3.5
bravery **valor** *m.*
bread **pan** *m.* 1.8
break **romper** *v.* 2.1
  break (one's leg) **romperse (la pierna)** 2.1
  break down **dañar** *v.* 2.1
  break in (*to a conversation*) **meterse** *v.* 3.1
  break up (with) **romper** *v.* **(con)** 1.9, 3.1
  The... broke down. **Se nos dañó el/la...** 2.2
breakfast **desayuno** *m.* 1.2, 1.8
  have breakfast **desayunar** *v.* 1.2
breakthrough **avance** *m.* 3.7
breathe **respirar** *v.* 2.4
breathing **respiración** *f.* 3.4
brick **ladrillo** *m.*
bridge **puente** *m.*
bright **luminoso/a** *adj.* 3.10
bring **traer** *v.* 1.4, 3.1
  bring down **derribar** *v.*
  bring up (*raise*) **educar** *v.* 3.1
broadcast **transmitir** *v.* 2.9, 3.9; **emitir** *v.* 2.9; **emisión** *f.*
  live broadcast **emisión en vivo/directo** *f.*
brochure **folleto** *m.*
broken **roto/a** *adj.* 2.1, 2.5
  be broken **estar roto/a** 2.1
broom **escoba** *f.*
brother **hermano** *m.* 1.3
  brothers and sisters **hermanos** *m., pl.* 1.3
brother-in-law **cuñado** *m.* 1.3

brought **traído** *p.p.* 2.5
brown **café** *adj.* 1.6; **marrón** *adj.* 1.6
brunet(te) **moreno/a** *adj.* 1.3
brush **cepillar(se)** *v.* 1.7, 3.2
brush against **rozar** *v.*
brush one's hair **cepillarse el pelo** 1.7
brush one's teeth **cepillarse los dientes** 1.7
brush stroke **pincelada** *f.* 3.10
Buddhist **budista** *adj.*
budget **presupuesto** *m.* 3.8
buffalo **búfalo** *m.*
build **construir** *v.* 1.4
building **edificio** *m.* 2.3
bull ring **ruedo** *m.* 3.2
bullfight **corrida** *f.* 3.2
bullfighter **torero/a** *m., f.* 3.2
bullfighter who kills the bull **matador/a** *m., f.* 3.2
bullfighter's outfit **traje de luces** *m.* 3.2
bullfighting **toreo** *m.* 3.2
bullfighting stadium **plaza de toros** *f.* 3.2
bump into (*something accidentally*) **darse con** 2.1; (*someone*) **encontrarse** *v.* 2.2
bureaucracy **burocracia** *f.*
buried **enterrado/a** *adj.* 3.2
burn (*a CD*) **quemar** *v.* 2.2
burned (out) **quemado/a** *adj.* 2.2
bury **enterrar (e:ie), sepultar** *v.*
bus **autobús** *m.* 1.1
bus station **estación** *f.* **de autobuses** 1.5
business **negocios** *m. pl.* 2.7
business administration **administración** *f.* **de empresas** 1.2
business-related **comercial** *adj.* 2.7
businessman **hombre de negocios** *m.* 3.8
businessperson **hombre/mujer de negocios** *m., f.* 2.7
businesswoman **mujer de negocios** *f.* 3.8
busy **ocupado/a** *adj.* 1.5
but **pero** *conj.* 1.2; (rather) **sino** *conj.* 1.7
butcher shop **carnicería** *f.* 2.5
butter **mantequilla** *f.* 1.8
butterfly **mariposa** *f.*
buy **comprar** *v.* 1.2
by **por** *conj.* 2.2; **para** *prep.* 2.2
by means of **por** *prep.* 2.2
by phone **por teléfono** 2.2
by plane **en avión** 1.5
by way of **por** *prep.* 2.2
bye **chau** *interj. fam.* 1.1

C

cabin **cabaña** *f.* 1.5
cable television **televisión** *f.* **por cable** 2.2
café **café** *m.* 1.4
cafeteria **cafetería** *f.* 1.2
caffeine **cafeína** *f.* 2.6
cage **jaula** *f.*
cake **pastel** *m.* 1.9
chocolate cake **pastel de chocolate** *m.* 1.9
calculation (*sum*) **cuenta** *f.*
calculator **calculadora** *f.* 2.2
call **llamar** *v.* 2.2
be called **llamarse** *v.* 1.7
call on the phone **llamar por teléfono**
calm **tranquilo/a** *adj.* 2.6, 3.1
calm down **calmarse** *v.*
Calm down. **Tranquilo/a.**
calorie **caloría** *f.* 2.6
camera **cámara** *f.* 2.2
camp **acampar** *v.* 1.5
campaign **campaña** *f.*
campground **campamento** *m.* 3.5
can **poder (o:ue)** *v.* 1.4; (*tin*) **lata** *f.* 2.4
Canadian **canadiense** *adj.* 1.3
cancel **cancelar** *v.* 3.5
cancer **cáncer** *m.*
candidate **aspirante** *m., f.* 2.7; **candidato/a** *m., f.* 2.9
candle **vela** *f.*
candy **dulces** *m., pl.* 1.9
canon **canon** *m.* 3.10
canvas **tela** *f.* 3.10
capable **capaz** *adj.* 3.8
cape **cabo** *m.*
capital city **capital** *f.* 1.1
captain **capitán** *m.*
car **coche** *m.* 2.2; **carro** *m.* 2.2; **auto(móvil)** *m.* 1.5
caramel **caramelo** *m.* 1.9
card **tarjeta** *f.*; (*playing*) **carta** *f.* 1.5, 3.2; **naipe** *f.* 3.2
credit/debit card **tarjeta de crédito/débito** *f.*
care **cuidado** *m.* 1.3, 3.1
personal care **aseo personal** *m.*
Take care! **¡Cuídense!** 2.6
take care of **cuidar** *v.* 2.4
career **carrera** *f.* 2.7
careful **cuidadoso/a** *adj.* 3.1
be (very) careful **tener (mucho) cuidado** 1.3
caress **acariciar** *v.* 3.3, 3.10
caretaker **ama** *m., f.* **de casa** 2.3
carpenter **carpintero/a** *m., f.* 2.7
carpet **alfombra** *f.* 2.3
carriage **vagón** *m.* 3.7
carrot **zanahoria** *f.* 1.8
carry **llevar** *v.* 1.2, 3.2
carry away **llevarse** *v.* 3.2
carry out **cumplir** *v.* 3.8
carry out (*an activity*) **llevar a cabo**
cartoons **dibujos** *m., pl.* **animados** 2.8
cascade **cascada** *f.* 3.5
case: in any case **de todas formas**
in case (that) **en caso (de) que** *conj.* 2.4
cash (*a check*) **cobrar** *v.* 2.5; **(en) efectivo** 1.6; **dinero en efectivo** *m.* 3.3; (*Arg.*) **guita** *f.*
pay in cash **pagar al contado** 2.5; **pagar en efectivo** 2.5
cashier **cajero/a** *m., f.*
cash register **caja** *f.* 1.6
casket **ataúd** *m.* 3.2
cast **yeso** *m.* 3.4
cat **gato** *m.* 2.4
catastrophe **catástrofe** *f.*
catch **atrapar** *v.* 3.6; **pillar** *v.* 3.9
category **categoría** *f.* 3.5
Catholic **católico/a** *adj.*
cautious **prevenido/a** *adj.*
cave **cueva** *f.*
CD player **reproductor de CD** *m.* 3.7
CD-ROM **cederrón** *m.* 2.2
celebrate **celebrar** *v.* 1.9; **festejar** *v.* 3.2
celebration **celebración** *f.*
young woman's fifteenth birthday celebration **quinceañera** *f.* 1.9
celebrity **celebridad** *f.* 3.9
cell **célula** *f.* 3.7; **celda** *f.*
cell phone **móvil** *m.* 3.7; **teléfono celular** *m.* 3.7
cellar **sótano** *m.* 2.3
cellular **celular** *adj.* 2.2
cellular telephone **teléfono celular** *m.* 2.2
cemetery **cementerio** *m.*
censorship **censura** *f.* 3.9
cent **centavo** *m.*
century **siglo** *m.*
cereal **cereales** *m., pl.* 1.8
certain **cierto** *m.* 2.4; **seguro** *m.* 2.4
it's (not) certain **(no) es cierto/seguro** 2.4
certainty **certeza** *f.*, **certidumbre** *f.*
chalk **tiza** *f.* 1.2
challenge **desafío** *m.* 3.7; **desafiar** *v.* 3.2; **poner a prueba**
challenging **desafiante** *adj.* 3.4

champagne **champán** *m.* 1.9
champion **campeón/campeona** *m., f.* 3.2
championship **campeonato** *m.* 3.2
chance **azar** *m.* 3.5; **casualidad** *f.* 3.5
by chance **por casualidad** 3.3
change **cambio** *m.*; **cambiar** *v.* **(de)** 1.9; **mudar** *v.* 3.2
change (planes/trains) **hacer** *v.* **transbordo** 3.5
channel **canal** *m.* 3.9
television channel **canal de televisión** *m.* 2.2, 2.8
chapel **capilla** *f.*
chapter **capítulo** *m.*
character (*fictional*) **personaje** *m.* 2.2, 2.8, 3.10
main/secondary character **personaje principal/ secundario** *m.* 2.8
characteristic (*trait*) **rasgo** *m.*
characterization **caracterización** *f.* 3.10
charge **cobrar** *v.* 3.8
be in charge of **encargarse de** *v.* 3.1; **estar a cargo de; estar encargado/a de**
person in charge **encargado/a** *m., f.*
chat **conversar** *v.* 1.2
chauffeur **conductor(a)** *m., f.* 1.1
cheap (*stingy*) **tacaño/a** *adj.* 3.1; (*inexpensive*) **barato/a** *adj.* 1.6, 3.3
check (*bank*) **cheque** *m.* 2.5; **comprobar (o:ue)** *v.*; **revisar** *v.* 2.2
check the oil **revisar el aceite** 2.2
checking account **cuenta** *f.* **corriente** 2.5
cheek **mejilla** *f.* 3.10
cheer up **animar** *v.*
Cheer up! **¡Anímate!** *sing.*; **¡Anímense!** *pl.* 3.2
Cheers! **¡Salud!** 3.8
cheese **queso** *m.* 1.8
chef **cocinero/a** *m., f.* 2.7
chemical **químico/a** *adj.* 3.7
chemist **químico/a** *m., f.* 3.7
chemistry **química** *f.* 1.2
chess **ajedrez** *m.* 3.2
chest **pecho** *m.* 3.10
chest of drawers **cómoda** *f.* 2.3
chew **masticar** *v.*
chicken **pollo** *m.* 1.8
child **niño/a** *m., f.* 1.3
childhood **niñez** *f.* 1.9; **infancia** *f.*
children **hijos** *m., pl.* 1.3
Chinese **chino/a** *adj.* 1.3
chocolate **chocolate** *m.* 1.9
chocolate cake **pastel** *m.* **de chocolate** 1.9
choir **coro** *m.*
cholesterol **colesterol** *m.* 2.6
choose **elegir (e:i)** *v.*; **escoger** *v.* 1.8, 3.1
chop (*food*) **chuleta** *f.* 1.8
chore **quehacer** *m.* 3.3
chorus **coro** *m.*
chosen **elegido/a** *adj.*
Christian **cristiano/a** *adj.*
Christmas **Navidad** *f.* 1.9
church **iglesia** *f.* 1.4
cinema **cine** *m.* 3.2
circus **circo** *m.* 3.2
cistern **cisterna** *f.* 3.6
citizen **ciudadano/a** *m., f.* 2.9
city **ciudad** *f.* 1.4
civilization **civilización** *f.*
civilized **civilizado/a** *adj.*
claim **reclamar** *v.*
clarify **aclarar** *v.* 3.9
class **clase** *f.* 1.2
take classes **tomar clases** 1.2
classic **clásico/a** *adj.* 3.10
classical **clásico/a** *adj.* 2.8
classmate **compañero/a** *m., f.* **de clase** 1.2
clean (*pure*) **puro/a** *adj.* 2.4; **limpio/a** *adj.* 1.5; **limpiar** *v.* 2.3, 3.3
clean the house **limpiar la casa** 2.3
cleaning **limpieza** *f.* 3.3
cleanliness **aseo** *m.*
clear (*weather*) **despejado/a** *adj.*
clear the table **quitar la mesa** 2.3
It's (very) clear. (*weather*) **Está (muy) despejado.**
clerk **dependiente/a** *m., f.* 1.6
click **hacer clic** 3.7
cliff **acantilado** *m.*
climate **clima** *m.*
climb (*mountain*) **escalada** *f.*; **escalar** *v.* 1.4
climb mountains **escalar montañas** 1.4
climber **escalador(a)** *m., f.*
clinic **clínica** *f.* 2.1
clock **reloj** *m.* 1.2
cloister **claustro** *m.*
clone **clonar** *v.* 3.7
close **cerrar (e:ie)** *v.* 1.4
closed **cerrado/a** *adj.* 1.5
closet **armario** *m.* 2.3
clothes **ropa** *f.* 1.6
clothes dryer **secadora** *f.* 2.3
clothing **ropa** *f.* 1.6
cloud **nube** *f.* 2.4
cloudy **nublado/a** *adj.* 1.5
It's (very) cloudy. **Está (muy) nublado.** 1.5
clown **payaso/a** *m., f.* 3.8
club **club** *m.*
sports club **club deportivo** *m.* 3.2
coach (*train*) **vagón** *m.* 3.7; (*trainer*) **entrenador(a)** *m., f.* 3.2
coast **costa** *f.* 3.6
coat **abrigo** *m.* 1.6
cockroach **cucaracha** *f.* 3.6
coffee **café** *m.* 1.8
coffeemaker **cafetera** *f.* 2.3
coincidence **casualidad** *f.* 3.5
cold **frío** *m.* 1.5; (*illness*) **resfriado** *m.* 2.1, 3.4
be (feel) (very) cold **tener (mucho) frío** 1.3
have a cold **estar resfriado/a** 3.4
It's (very) cold. (*weather*) **Hace (mucho) frío.** 1.5
collect **coleccionar** *v.*
college **universidad** *f.* 1.2
collision **choque** *m.* 2.9
colonize **colonizar** *v.*
colony **colonia** *f.*
color **color** *m.* 1.3, 1.6
columnist **columnista** *m., f.* 3.9
comb one's hair **peinarse** *v.* 1.7, 3.2
combatant **combatiente** *m., f.*
come **venir** *v.* 1.3, 3.1
come back **volver (o:ue)** *v.*
come from **provenir (de)** *v.*
come to an end **acabarse** *v.* 3.6
come with **acompañar** *v.* 3.10
comedian **comediante** *m., f.* 3.1
comedy **comedia** *f.* 2.8
comet **cometa** *m.* 3.7
comfortable **cómodo/a** *adj.* 1.5
comic strip **tira cómica** *f.* 3.9
commerce **negocios** *m., pl.* 2.7; **comercio** *m.* 3.8
commercial **comercial** *adj.* 2.7; **anuncio** *m.* 3.9
commitment **compromiso** *m.* 3.1
communicate (with) **comunicarse** *v.* **(con)** 2.9
communication **comunicación** *f.* 2.9
means of communication **medios** *m. pl.* **de comunicación** 2.9
community **comunidad** *f.* 1.1, 3.4
compact disc (CD) **disco** *m.* **compacto** 2.2
compact disc player (CD player) **tocadiscos** *m. sing.* **compacto** 2.2
company **compañía** *f.*, **empresa** *f.* 2.7, 3.8

multinational company **empresa multinacional** *f.* 3.8
comparison **comparación** *f.*
compass **brújula** *f.* 3.5
competent **capaz** *adj.* 3.8
complain (about) **quejarse (de)** *v.* 3.2
complaint **queja** *f.*
completely **completamente** *adv.* 2.7
complicated **rebuscado/a** *adj.*
compose **componer** *v.* 3.1
composer **compositor(a)** *m., f.* 2.8
computer **computadora** *f.* 1.1
computer disc **disco** *m.*
computer monitor **monitor** *m.* 2.2
computer programmer **programador(a)** *m., f.* 1.3
computer science **computación** *f.* 1.2; **informática** *f.* 3.7
conceited **creído/a** *adj.*
concert **concierto** *m.* 2.8, 3.2
condition (*illness*) **dolencia** *f.* 3.4
conductor (*musical*) **director(a)** *m., f.* 2.8
conference **conferencia** *f.* 3.8
confess **confesar (e:ie)** *v.*
confidence **confianza** *f.* 3.1
confident **seguro/a** *adj.* 3.1
confirm **confirmar** *v.* 1.5
confirm a reservation **confirmar una reservación** 1.5
confront **enfrentar** *v.*
confuse (with) **confundir (con)** *v.*
confused **confundido/a** *adj.* 1.5
congested **congestionado/a** *adj.* 2.1
Congratulations! (*for an event such as a birthday or anniversary*) **¡Felicidades!** 1.9; (*for an event such as an engagement or a good grade on a test*) **¡Felicitaciones!** 1.9
Congratulations to all! **¡Felicidades a todos!**
connection **conexión** *f.*
conquer **conquistar** *v.*; **vencer** *v.* 3.2, 3.9
conqueror **conquistador(a)** *m., f.*
conquest **conquista** *f.*
conscience **conciencia** *f.*
consequently **por consiguiente** *adv.*
conservation **conservación** *f.* 2.4
conservative **conservador(a)** *adj.*
conserve **conservar** *v.* 2.4, 3.6
consider **considerar** *v.*
considering **para** *prep.* 2.2
consulate **consulado** *m.*
consultant **asesor(a)** *m., f.* 3.8
consume **consumir** *v.* 2.6
consumption **consumo** *m.*
energy consumption **consumo de energía** *m.*
container **envase** *m.* 2.4
contaminate **contaminar** *v.* 3.6
contamination **contaminación** *f.* 3.6
contemporary **contemporáneo/a** *adj.* 3.10
content **contento/a** *adj.* 1.5
contented: be contented with **contentarse con** *v.* 3.1
contest **concurso** *m.* 2.8
continue **seguir (e:i)** *v.* 1.4
contract **contrato** *m.* 3.8; **contraer** *v.* 3.1
contribute **contribuir (a)** *v.* 3.6
contribution **aportación** *f.*
control **control** *m.*; **controlar** *v.* 2.4
be under control **estar bajo control** 1.7
controversial **controvertido/a** *adj.* 3.9
controversy **polémica** *f.*
conversation **conversación** *f.* 1.1
converse **conversar** *v.* 1.2
cook **cocinero/a** *m., f.* 2.7; **cocinar** *v.* 2.3, 3.3
cookie **galleta** *f.* 1.9
cool **fresco/a** *adj.* 1.5
Be cool. **Tranquilo/a.** 1.7
It's cool. (*weather*) **Hace fresco.** 1.5
corn **maíz** *m.* 1.8
corner **esquina** *f.* 2.5; **rincón** *m.*
cornmeal cake **arepa** *f.*
correspondent **corresponsal** *m., f.* 3.9
corruption **corrupción** *f.*
cost **costar (o:ue)** *v.* 1.6
costly **costoso/a** *adj.*
costume **disfraz** *m.*
in costume **disfrazado/a** *adj.*
cotton **algodón** *f.* 1.6
(made of) cotton **de algodón** 1.6
couch **sofá** *m.* 2.3
couch potato **teleadicto/a** *m., f.* 2.6
cough **tos** *f.* 2.1, 3.4; **toser** *v.* 2.1, 3.4
cough syrup **jarabe para la tos** *m.* 3.4
counselor **consejero/a** *m., f.* 2.7
count **contar (o:ue)** *v.* 3.2
count (on) **contar** *v.* **(con)** 1.4, 2.3
country (*nation*) **país** *m.* 1.1
countryside **campo** *m.* 1.5, 3.6
couple **pareja** *f.* 1.9, 3.1
courage **coraje** *m.*
course **curso** *m.* 1.2; **materia** *f.* 1.2
of course **claro** *interj.* 3.3; **por supuesto; ¡cómo no!**
court **tribunal** *m.*
courtesy **cortesía** *f.*
cousin **primo/a** *m., f.* 1.3
cover **portada** *f.* 3.9; **tapa** *f.*; **cubrir** *v.*
covered **cubierto** *p.p.*
cow **vaca** *f.* 2.4, 3.6
crafts **artesanía** *f.* 2.8
craftsmanship **artesanía** *f.* 2.8
crash **choque** *m.* 3.3
crater **cráter** *m.* 2.4
crazy **loco/a** *adj.* 1.6
create **crear** *v.* 3.7
creativity **creatividad** *f.*
credit **crédito** *m.* 1.6
credit card **tarjeta** *f.* **de crédito** 1.6
crime **crimen** *m.* 2.9
crisis **crisis** *f.*
economic crisis **crisis económica** *f.* 3.8
critic **crítico/a** *m., f.*
movie critic **crítico/a de cine** *m., f.* 3.9
critical **crítico/a** *adj.*
critique **criticar** *v.* 3.10
cross **cruzar** *v.* 2.5
crowd **multitud** *f.*
cruise ship **crucero** *m.* 3.5
cry **llorar** *v.* 3.3
crying **llanto** *m.* 3.3
cubism **cubismo** *m.* 3.10
culture **cultura** *f.* 2.8
pop culture **cultura popular** *f.*
cultured **culto/a** *adj.*
cup **taza** *f.* 2.3
currency exchange **cambio** *m.* **de moneda**
current events **actualidades** *f., pl.* 2.9
currently **actualmente** *adv.*
curse **maldición** *f.*
curtains **cortinas** *f., pl.* 2.3
custard (*baked*) **flan** *m.* 1.9
custom **costumbre** *f.* 1.1, 3.3
customer **cliente/a** *m., f.* 1.6
customs **aduana** *f.* 1.5
customs agent **agente de aduanas** *m., f.* 3.5
customs inspector **inspector(a) de aduanas** *m., f.* 1.5
cut **corte** *m.*
cybercafé **cibercafé** *m.* 2.2
cycling **ciclismo** *m.* 1.4

D

dad **papá** *m.* 1.3
daily **diario/a** *adj.* 1.7, 3.3
daily routine **rutina** *f.* **diaria** 1.7

dam **represa** *f.*
damage **dañar** *v.* 2.1
damp **húmedo/a** *adj.* 3.6
dance **bailar** *v.* 2.1, 3.1; **danza** *f.* 2.8; **baile** *m.* 2.8
dance club **discoteca** *f.* 3.2
dancer **bailarín/bailarina** *m., f.* 2.8
danger **peligro** *m.* 2.4
dangerous **peligroso/a** *adj.* 2.9, 3.5
dare (to) **atreverse (a)** *v.* 3.2
darken **oscurecer** *v.* 3.6
darts **dardos** *m. pl.* 3.2
data **datos** *m.*
piece of data **dato** *m.*
date (*appointment*) **cita** *f.* 1.9; (*calendar*) **fecha** *f.* 1.5; (someone) **salir** *v.* **con (alguien)** 1.9
blind date **cita a ciegas** *f.* 3.1
have a date **tener una cita** 1.9
datebook **agenda** *f.* 3.3
daughter **hija** *f.* 1.3
daughter-in-law **nuera** *f.* 1.3
dawn **alba** *f.*
day **día** *m.* 1.1
day before yesterday **anteayer** *adv.* 1.6
daybreak **alba** *f.*
deaf **sordo/a** *adj.*
go deaf **quedarse sordo/a** 3.4
deal **trato** *m.* 2.8
deal with (*be about*) **tratarse de** *v.* 3.10
It's not a big deal. **No es para tanto.** 2.3
You've got a deal! **¡Trato hecho!** 2.8
death **muerte** *f.* 1.9
debt **deuda** *f.* 3.8
debt collector **cobrador(a)** *m., f.* 3.8
debtor **moroso/a** *m., f.* 3.8
debut (*premiere*) **estreno** *m.* 3.2
decade **década** *f.*
decaffeinated **descafeinado/a** *adj.* 2.6
December **diciembre** *m.* 1.5
decide **decidir** *v.* **(+** *inf.***)** 1.3
decided **decidido/a** *adj., p.p.* 2.5
declare **declarar** *v.* 2.9
decrease **disminuir** *v.*
dedication **dedicatoria** *f.*
deep **hondo/a** *adj.* 3.2; **profundo/a** *adj.*
deer **venado** *m.*
defeat **derrota** *f.*; **derrotar** *v.*; **vencer** *v.* 3.2, 3.9
defeated **derrotado/a** *adj.*
deforestation **deforestación** *f.* 2.4, 3.6
defrost **descongelar(se)** *v.* 3.7
delay **atrasar** *v.*; **demorar** *v.*; **retrasar** *v.*; **retraso** *m.*
delayed **retrasado/a** *adj.* 3.5
delicious **delicioso/a** *adj.* 1.8; **rico/a** *adj.* 1.8; **sabroso/a** *adj.* 1.8
delighted **encantado/a** *adj.* 1.1
delivery **entrega** *f.*
demand **exigir** *v.* 3.1, 3.4, 3.8; **reclamar** *v.*
democracy **democracia** *f.*
demonstration **manifestación** *f.*
denounce **delatar** *v.* 3.3; **denunciar** *v.* 3.9
dentist **dentista** *m., f.* 2.1
deny **negar (e:ie)** *v.* 2.4
not to deny **no negar** 2.4
department store **almacén** *m.* 1.6
departure **salida** *f.* 1.5
depict **reflejar** *v.* 3.10
deposit **depositar** *v.* 2.5, 3.8
depressed **deprimido/a** *adj.* 3.1
depression **depresión** *f.* 3.4
descendent **descendiente** *m., f.*
describe **describir** *v.* 1.3
described **descrito** *p.p.* 2.5
desert **desierto** *m.* 2.4, 3.6
deserve **merecer** *v.* 3.8
design **diseño** *m.*; **diseñar** *v.* 3.8, 3.10
designer **diseñador(a)** *m., f.* 2.7
desire **desear** *v.* 1.2, 3.4; **deseo** *m.*; **gana** *f.*
desk **escritorio** *m.* 1.2
dessert **postre** *m.* 1.9
destination **destino** *m.* 3.5
destroy **destruir** *v.* 2.4, 3.6
detective (*story/novel*) **policíaco/a** *adj.* 3.10
deteriorate **empeorar** *v.* 3.4
detest **detestar** *v.*
develop **desarrollar** *v.* 2.4
developed **desarrollado/a** *adj.*
developing **en vías de desarrollo**
developing country **país en vías de desarrollo** *m.*
development **desarrollo** *m.* 3.6
diamond **diamante** *m.* 3.5
diary **diario** *m.* 1.1
dictator **dictador(a)** *m., f.*
dictatorship **dictadura** *f.* 2.9
dictionary **diccionario** *m.* 1.1
die **morir (o:ue)** *v.* 1.8; **fallecer** *v.*
be dead **estar muerto/a**
die of **morirse (o:ue) de** *v.* 3.2
died **muerto** *p.p.* 2.5
diet (*nutrition*) **alimentación** *f.* 3.4; **dieta** *f.* 2.6
balanced diet **dieta equilibrada** *f.* 2.6
be on a diet **estar a dieta** 2.6, 3.4
go on a diet **ponerse a dieta** 3.4
difficult **difícil** *adj.* 1.3; **duro/a** *adj.* 3.7
digestion **digestión** *f.*
digital **digital** *adj.* 3.7
digital camera **cámara** *f.* **digital** 2.2
dining room **comedor** *m.* 2.3
dinner **cena** *f.* 1.2, 1.8
dinner guest **comensal** *m., f.* 3.10
have dinner **cenar** *v.* 1.2
direct **dirigir** *v.* 2.8, 3.1
directions **direcciones** *f., pl.* 2.5
give directions **dar direcciones** 2.5
director **director(a)** *m., f.* 2.8
dirty **sucio/a** *adj.* 1.5
get (*something*) dirty **ensuciar** *v.* 2.3
disagree **no estar de acuerdo**
disappear **desaparecer** *v.* 3.1, 3.6
disappointment **desilusión** *f.*
disaster **desastre** *m.* 2.9; **catástrofe** *f.*
natural disaster **catástrofe natural** *f.*
discomfort **malestar** *m.* 3.4
discotheque **discoteca** *f.* 3.2
discouraged **desanimado/a** *adj.*
get discouraged **desanimarse** *v.*
the state of being discouraged **desánimo** *m.* 3.1
discover **descubrir** *v.* 2.4, 3.4
discovered **descubierto/a** *adj., p.p.* 2.5
discoverer **descubridor(a)** *m., f.*
discovery **descubrimiento** *m.* 3.7; **hallazgo** *m.* 3.4
discriminated **discriminado/a** *adj.*
discrimination **discriminación** *f.* 2.9
disease **enfermedad** *f.* 3.4
disguised **disfrazado/a** *adj.*
disgusting: be disgusting **dar asco**
dish **plato** *m.* 1.8, 2.3
main dish **plato principal** *m.* 1.8
dishwasher **lavaplatos** *m., sing.* 2.3
disk **disco** *m.*
disorder **desorden** *m.* 3.7; (*condition*) **trastorno** *m.*
disorderly **desordenado/a** *adj.* 1.5
display **llevar** *v.* 3.3
disposable **desechable** *adj.* 3.6
distant **lejano/a** *adj.* 3.5
distinguish **distinguir** *v.* 3.1

distract **distraer** *v.* 3.1
distracted **distraído/a** *adj.*
get distracted **descuidar(se)** *v.* 3.6
disturbing **inquietante** *adj.* 3.10
dive **bucear** *v.* 1.4
diversity **diversidad** *f.* 3.4
divorce **divorcio** *m.* 1.9, 3.1
divorced **divorciado/a** *adj.* 1.9, 3.1
get divorced (from) **divorciarse** *v.* **(de)** 1.9
dizzy **mareado/a** *adj.* 2.1, 3.4
DNA **ADN (ácido desoxirribonucleico)** *m.* 3.7
do **hacer** *v.* 1.4, 3.1, 3.4
be (*doing something*) **andar (+** *pres. participle***)** *v.*
do aerobics **hacer ejercicios aeróbicos** 2.6
do household chores **hacer quehaceres domésticos** 2.3
do someone a/the favor **hacer un/el favor (a)**
do something on purpose **hacer algo a propósito**
do stretching exercises **hacer ejercicios de estiramiento** 2.6
doctor **doctor(a)** *m., f.* 1.3, 2.1; **médico/a** *m., f.* 1.3
doctor's appointment **consulta** *f.* 3.4
doctor's office **consultorio** *m.* 3.4
documentary (*film*) **documental** *m.* 2.8, 3.9
dog **perro** *m.* 2.4
domestic **doméstico/a** *adj.*
domestic appliance **electrodoméstico** *m.* 2.3
dominoes **dominó** *m.*
done **hecho** *p.p.* 2.5
door **puerta** *f.* 1.2
doorbell **timbre** *m.*
ring the doorbell **tocar el timbre**
dormitory **residencia** *f.* **estudiantil** 1.2
double **doble** *adj.* 1.5; (*in movies*) **doble** *m., f.* 3.9
double room **habitación** *f.* **doble** 1.5
doubt **duda** *f.* 2.4; **interrogante** *m.* 3.7; **dudar** *v.* 2.5
There is no doubt that... **No cabe duda de...** 2.4; **No hay duda de...** 2.4
Down with...! **¡Abajo el/la...!**
download **descargar** *v.* 2.2, 3.7
downtown **centro** *m.* 1.4
drag **arrastrar** *v.*
drama **drama** *m.* 2.8
dramatic **dramático/a** *adj.* 2.8
draw **dibujar** *v.* 1.2, 3.10
drawing **dibujo** *m.* 2.8
dream (about) **soñar (o:ue) (con)** *v.* 3.1
dress **vestido** *m.* 1.6
get dressed **vestirse (e:i)** *v.* 1.7
dressing room **probador** *m.* 3.3; (*star's*) **camerino** *m.* 3.9
drink **bebida** *f.* 1.8; **beber** *v.* 1.3, 3.1; **tomar** *v.* 1.2
drinking glass **copa** *f.*
drive **conducir** *v.* 1.6, 3.1; **manejar** *v.* 2.2
driver **conductor(a)** *m., f.* 1.1
drought **sequía** *f.* 3.6
drown **ahogarse** *v.*
drowned **ahogado/a** *adj.* 3.5
drug **droga** *f.* 2.6
drug addict **drogadicto/a** *m., f.* 2.6
dry oneself **secarse** *v.* 1.7
dry **seco/a** *adj.* 3.6; **secar** *v.*
dry off **secarse** *v.* 3.2
dub (*film*) **doblar** *v.*
dubbed **doblado/a** *adj.* 3.9
dubbing **doblaje** *m.*
during **durante** *prep.* 1.7; **por** *prep.* 2.2
dust **polvo** *m.* 3.3; **sacudir** *v.* 2.3; **quitar el polvo** 2.3
dust the furniture **sacudir los muebles** 2.3
duty **deber** *m.* 3.8
DVD player **reproductor** *m.* **de DVD** 2.2

E

each **cada** *adj.* 1.6
eagle **águila** *f.*
ear (*outer*) **oreja** *f.* 2.1
early **temprano** *adv.* 1.7
earn **ganar** *v.* 2.7
earn a living **ganarse la vida** 3.8
earth **tierra** *f.* 3.6
What on earth...? **¿Qué rayos...?** 3.5
earthquake **terremoto** *m.* 2.9, 3.6
ease **aliviar** *v.*
east **este** *m.* 2.5
to the east **al este** 2.5
easy **fácil** *adj.* 1.3
easy-going (*permissive*) **permisivo/a** *adj.* 3.1
eat **comer** *v.* 1.3
eat up **comerse** *v.* 3.2
ecology **ecología** *f.* 2.4
economics **economía** *f.* 1.2
ecosystem **ecosistema** *m.* 3.6
ecotourism **ecoturismo** *m.* 2.4, 3.5
Ecuador **Ecuador** *m.* 1.1
Ecuadorian **ecuatoriano/a** *adj.* 1.3
edible **comestible** *adj.*
edible plant **planta comestible** *f.*
editor **redactor(a)** *m., f.* 3.9
editor-in-chief **redactor(a) jefe** *m., f.*
educate **educar** *v.*
educated (*cultured*) **culto/a** *adj.*
educational **didáctico/a** *adj.* 3.10
effective **eficaz** *adj.*
efficient **eficiente** *adj.*
effort **esfuerzo** *m.*
egg **huevo** *m.* 1.8
eight hundred **ochocientos/as** *n., adj.* 1.2
eight **ocho** *n., adj.* 1.1
eighteen **dieciocho** *n., adj.* 1.1
eighth **octavo/a** *n., adj.* 1.5
eighty **ochenta** *n., adj.* 1.2
either... or **o... o** *conj.* 1.7
elbow **codo** *m.*
elder **mayor** *adj.*
elderly **anciano/a** *adj.*
elderly gentleman/lady **anciano/a** *m., f.*
eldest **el/la mayor** *adj.* 1.8
elect **elegir (e:i)** *v.* 2.9
elected **elegido/a** *adj.*
election **elecciones** *f. pl.* 2.9
electoral **electoral** *adj.*
electric appliance **electrodoméstico** *m.* 2.3
electrician **electricista** *m., f.* 2.7
electricity **luz** *f.* 2.3, 3.7
electronic **electrónico/a** *adj.*
elegant **elegante** *adj.* 1.6
elevator **ascensor** *m.* 1.5
eleven **once** *n., adj.* 1.1
e-mail **correo** *m.* **electrónico** 1.4
e-mail address **dirección** *f.* **electrónica** 2.2, **dirección de correo electrónico** 3.7
e-mail message **mensaje** *m.* **electrónico** 1.4
read e-mail **leer el correo electrónico** 1.4
embarrass **avergonzar** *v.* 3.8
embarrassed **avergonzado/a** *adj.* 1.5
embarrassment **vergüenza** *f.*
embassy **embajada** *f.*
embrace (each other) **abrazar(se)** *v.* 2.2
emergency **emergencia** *f.* 2.1
emergency room **sala** *f.* **de emergencia(s)** 2.1
emigrate **emigrar** *v.*
emotion **sentimiento** *m.* 3.1
emperor **emperador** *m.*

emphasize **destacar** *v.*
empire **imperio** *m.*
employed **empleado/a** *adj.* 3.8
employee **empleado/a** *m., f.* 1.5, 3.8
employment **empleo** *m.* 2.7, 3.8
empress **emperatriz** *f.*
encourage **animar** *v.*
end **fin** *m.* 1.4; **terminar** *v.* 1.2
(*rope, string*) **cabo** *m.*
end table **mesita** *f.* 2.3
endangered **en peligro de extinción** *adj.*
endangered species **especie en peligro de extinción** *f.*
ending **desenlace** *m.*
energetic **enérgico/a** *adj.* 3.8
energy **energía** *f.* 2.4
nuclear energy **energía nuclear** *f.* 2.4
wind energy **energía eólica** *f.*
engaged: get engaged (to) **comprometerse** *v.* **(con)** 1.9
engineer **ingeniero/a** *m., f.* 1.3, 3.7
English (*language*) **inglés** *m.* 1.2; **inglés, inglesa** *adj.* 1.3
enjoy **disfrutar (de)** *v.* 2.6, 3.2
Enjoy your meal. **Buen provecho.**
enough **bastante** *adv.* 2.1, 3.3
enslave **esclavizar** *v.*
enter **ingresar** *v.*
enter data **ingresar datos**
entertain (oneself) **entretener(se) (e:ie)** *v.* 3.2
entertaining **entretenido/a** *adj.* 3.2
entertainment **diversión** *f.* 1.4; **farándula** *f.* 3.1
entrance **entrada** *f.* 2.3
entrepreneur **empresario/a** *m., f.* 3.8
envelope **sobre** *m.* 2.5
environment **medio ambiente** *m.* 2.4, 3.6
environmental **ambiental** *adj.* 3.6
epidemic **epidemia** *f.* 3.4
episode **episodio** *m.* 3.9
final episode **episodio final** *m.* 3.9
equal **igual** *adj.*
equality **igualdad** *f.* 2.9
equipped **equipado/a** *adj.* 2.6
era **época** *f.*
erase **borrar** *v.* 2.2, 3.7
eraser **borrador** *m.* 1.2
erosion **erosión** *f.* 3.6
errand **diligencia** *f.* 2.5; **mandado** *m.* 3.3
run errands **hacer mandados** 3.3
essay **ensayo** *m.*
essayist **ensayista** *m., f.* 3.10

establish **establecer** *v.*;
(oneself) **establecer(se)** *v.*
eternal **eterno/a** *adj.*
ethical **ético/a** *adj.* 3.7
even **siquiera** *conj.*
not even **ni siquiera** *conj.*
evening **tarde** *f.* 1.1
event **acontecimiento** *m.* 2.9, 3.9
everybody **todos** *m., pl.*
every day **todos los días** 2.1
everyday **cotidiano/a** *adj.* 3.3
everyday life **vida cotidiana** *f.*
everything **todo** *m.* 1.5
Everything is under control. **Todo está bajo control.** 1.7
exactly **en punto** 1.1
exam **examen** *m.* 1.2
example (*sample*) **muestra** *f.*
excellent **excelente** *adj.* 1.5
excess **exceso** *m.* 2.6
in excess **en exceso** 2.6
exchange **intercambiar** *v.*
in exchange for **por** 2.2
excited **emocionado/a** *adj.* 3.1
exciting **emocionante** *adj.*
excursion **excursión** *f.* 3.5
excuse **disculpar** *v.*
Excuse me. (*May I?*) **Con permiso.** 1.1; (*I beg your pardon.*) **Perdona.** (*fam.*)/**Perdone.** (*form.*)/ **Perdón.** 1.1
executive **ejecutivo/a** *m., f.* 3.8
of an executive nature **de corte ejecutivo** 3.8
exercise **ejercicio** *m.* 2.6; **hacer** *v.* **ejercicio** 2.6
exhausted **agotado/a** *adj.* 3.4; **fatigado/a** *adj.* 3.4
exhaustion **cansancio** *m.* 3.3
exhibition **exposición** *f.*
exile **exilio** *m.*
political exile **exilio político** *m.*
exit **salida** *f.* 1.5, 3.6
exotic **exótico/a** *adj.*
expel **expulsar** *v.*
expensive **caro/a** *adj.* 1.6, 3.3; **costoso/a** *adj.*
experience **experiencia** *f.* 2.9, 3.8; **experimentar** *v.*
experiment **experimento** *m.* 3.7
expire **caducar** *v.*
expired **vencido/a** *adj.* 3.5
explain **explicar** *v.* 1.2
exploit **explotar** *v.*
exploitation **explotación** *f.*
exploration **exploración** *f.*
explore **explorar** *v.*
export **exportar** *v.* 3.8
exports **exportaciones** *f., pl.*
expression **expresión** *f.*
expressionism **expresionismo** *m.* 3.10

extinct: become extinct **extinguirse** *v.* 3.6
extinction **extinción** *f.* 2.4
extinguish **extinguir** *v.*
extremely delicious **riquísimo/a** *adj.* 1.8
extremely serious **gravísimo/a** *adj.* 2.4
eye **ojo** *m.* 2.1

F

fabulous **fabuloso/a** *adj.* 1.5
face **cara** *f.* 1.7
facial features **facciones** *f., pl.* 3.3
facilities **servicios** *m., pl.*
facing **enfrente de** *prep.* 2.5
fact **hecho** *m.*
in fact **de hecho**
factor **factor** *m.*
risk factors **factores de riesgo** *m. pl.*
factory **fábrica** *f.*
fad **moda pasajera** *f.* 3.9
faint **desmayarse** *v.* 3.4
fair **feria** *f.* 3.2
faith **fe** *f.*
fall (*season*) **otoño** *m.* 1.5
fall (down) **caerse** *v.* 2.1; **caer** *v.* 3.1
fall asleep **dormirse (o:ue)** *v.* 1.7
fall in love (with) **enamorarse** *v.* **(de)** 1.9, 3.1
fallen **caído/a** *adj., p.p.* 2.5
fame **fama** *f.* 3.9
family **familia** *f.* 1.3
famous **famoso/a** *adj.* 2.7, 3.9
become famous **hacerse famoso** 3.9
fan (of) **aficionado/a (a)** *adj.* 1.4, 3.2
be a fan (of) **ser aficionado/a (de/a)** 1.4
far from **lejos de** *prep.* 1.2
farewell **despedida** *f.* 1.1, 3.5
fascinate **fascinar** *v.* 1.7, 3.2
fashion **moda** *f.* 1.6
be in fashion **estar de moda** 1.6
fast **rápido/a** *adj.*
fasten **abrocharse** *v.*
fasten one's seatbelt **abrocharse el cinturón de seguridad**
fasten the seatbelt **ponerse el cinturón de seguridad** 3.5
fat **gordo/a** *adj.* 1.3; **grasa** *f.* 2.6
father **padre** *m.* 1.3
father-in-law **suegro** *m.* 1.3
fatigue **fatiga** *f.* 3.8

favor **favor** *m.*
do someone a/the favor **hacer un/el favor (a)**
favorite **favorito/a** *adj.* 1.4
favoritism **favoritismo** *m.*
fax (*machine*) **fax** *m.* 2.2
fear **miedo** *m.* 1.3; **temer** *v.* 2.4
February **febrero** *m.* 1.5
fed up (with) **harto/a** *adj.*
be fed up (with) **estar harto/a (de)** 3.1
feed **dar de comer** 3.6
feel **sentir(se) (e:ie)** *v.* 1.7, 3.1; (*experience*) **experimentar** *v.*
feel like **dar la gana** 3.9
feel like (*doing something*) **tener ganas de (+ *inf.*)** 1.3
feeling **sentimiento** *m.* 3.1
festival **festival** *m.* 2.8, 3.2
fever **fiebre** *f.* 2.1, 3.4
have a fever **tener fiebre** 2.1, 3.4
few **pocos/as** *adj., pl.*
fewer than **menos de (+ *number*)** 1.8
field **campo** *m.* 3.6; **cancha** *f.* 3.2
major field of study **especialización** *f.*
fifteen **quince** *n., adj.* 1.1
fifteen-year-old girl **quinceañera** *f.* 1.9
fifth **quinto/a** *n., adj.* 1.5
fifty **cincuenta** *n., adj.* 1.2
fight **lucha** *f.*; **pelear** *v.*
fight (for/against) **luchar** *v.* **(por/contra)** 2.9
fight bulls **lidiar** *v.* 3.2
fight bulls in the bullring **torear** *v.* 3.2
figuratively **en sentido figurado**
figure (*number*) **cifra** *f.*
file **archivo** *m.* 2.2
download a file **bajar un archivo**
fill **llenar** *v.* 2.2
fill out (a form) **llenar (un formulario)** 2.5
fill the tank **llenar el tanque** 2.2
filled up (full) **completo/a** *adj.*
The hotel is full. **El hotel está completo.**
filling **contundente** *adj.* 3.10
film **película** *f.*; **rodar (o:ue)** *v.* 3.9
finally **finalmente** *adv.* 2.6; **por último** 1.7; **por fin** 2.2
finance(s) **finanzas** *f. pl.*; **financiar** *v.* 3.8
financial **financiero/a** *adj.* 3.8
find **encontrar (o:ue)** *v.* 1.4
find (each other) **encontrar(se)** *v.*
find out **averiguar** *v.* 3.1
finding **hallazgo** *m.* 3.4
fine **multa** *f.*
That's fine. **Está bien.** 2.2
fine arts **bellas artes** *f., pl.* 2.8, 3.10
finger **dedo** *m.* 2.1
fingernail **uña** *f.*
finish **terminar** *v.* 1.2
finish (*doing something*) **terminar** *v.* **de (+ *inf.*)** 1.4
finish line **meta** *f.*
fire **incendio** *m.* 2.9, 3.6; **despedir (e:i)** *v.* 2.7, 3.8
fired **despedido/a** *adj.*
firefighter **bombero/a** *m., f.* 2.7
fireplace **hogar** *m.* 3.3
firm **compañía** *f.* 2.7, 3.8; **empresa** *f.* 2.7
first **primer, primero/a** *n., adj.* 1.5
first and foremost **antes que nada**
first aid **primeros auxilios** *m., pl.* 3.4
fish (*food*) **pescado** *m.* 1.8; (*live*) **pez** *m.* 2.4, 3.6; **pescar** *v.* 1.5
fish market **pescadería** *f.* 2.5
fisherman **pescador** *m.*
fisherwoman **pescadora** *f.*
fishing **pesca** *f.* 1.5, 3.5
fit **caber** *v.* 3.1; (*clothing*) **quedar** *v.* 1.7, 3.2
fitting room **vestidor** *m.*
five **cinco** *n., adj.* 1.1
five hundred **quinientos/as** *n., adj.* 1.2
fix (*put in working order*) **arreglar** *v.* 2.2
fixed **fijo/a** *adj.* 1.6
flag **bandera** *f.*
flank steak **lomo** *m.* 1.8
flask **frasco** *m.*
flat tire: We had a flat tire. **Se nos pinchó una llanta.** 2.2
flavor **sabor** *m.*
What flavor is it? **¿Qué sabor tiene?** 3.4
fleeting **pasajero/a** *adj.*
flexible **flexible** *adj.* 2.6
flight **vuelo** *m.*
flight attendant **auxiliar de vuelo** *m., f.*
flirt **coquetear** *v.* 3.1
float **flotar** *v.* 3.5
flood **inundación** *f.* 2.9, 3.6; **inundar** *v.*
floor (*of a building*) **piso** *m.* 1.5; **suelo** *m.* 2.3
ground floor **planta baja** *f.* 1.5
top floor **planta alta** *f.*
flower **flor** *f.* 2.4; **florecer** *v.* 3.6
flu **gripe** *f.* 2.1, 3.4
fly **mosca** *f.* 3.6; **volar (o:ue)** *v.* 3.8
fog **niebla** *f.*
fold **doblar** *v.*
folk **folklórico/a** *adj.* 2.8
follow **seguir (e:i)** *v.* 1.4
folly **insensatez** *f.* 3.4
fond of **aficionado/a (a)** *adj.* 3.2
food **comida** *f.* 1.8, 3.6; **alimento** *m.*
canned food **comida enlatada** *f.* 3.6
fast food **comida rápida** *f.* 3.4
foolish **tonto/a** *adj.* 1.3
foot **pie** *m.* 2.1; (*of an animal*) **pata** *f.*
football **fútbol** *m.* **americano** 1.4
for **para** *prep.* 2.2; **por** *prep.* 2.2
for example **por ejemplo** 2.2
for me **para mí** 1.8
forbid **prohibir** *v.*
force **fuerza** *f.*
armed forces **fuerzas armadas** *f., pl.*
labor force **fuerza laboral** *f.*
forced **forzado/a** *adj.*
forefront: at the forefront **a la vanguardia**
foreign **extranjero/a** *adj.* 2.8
foreign languages **lenguas** *f. pl.* **extranjeras** 1.2
foresee **presentir (e:ie)** *v.*, **prever** *v.*
forest **bosque** *m.* 2.4
forget (about) **olvidar** *v.* 2.1; **olvidarse (de)** *v.* 3.2
forgetfulness **olvido** *m.* 3.1
forgive **perdonar** *v.*
fork **tenedor** *m.* 2.3
form **formulario** *m.* 2.5; **forma** *f.*
formulate **formular** *v.* 3.7
forty **cuarenta** *n., adj.* 1.2
forty-year-old; in her/his forties **cuarentón/cuarentona** *adj.*
fountain **fuente** *f.*
four **cuatro** *n., adj.* 1.1
four hundred **cuatrocientos/as** *n., adj.* 1.2
fourteen **catorce** *n., adj.* 1.1
fourth **cuarto/a** *n., adj.* 1.5
frame **marco** *m.*
free **libre** *adj.* 1.4
be free (of charge) **ser gratis** 2.5
free time **tiempo libre** *m.* 1.4, 3.2; **ratos libres** *m. pl.* 1.4, 3.2
freedom **libertad** *f.* 2.9
freedom of the press **libertad de prensa** *f.* 3.9
freeze **congelar(se)** *v.* 3.7; **helar (e:ie)** *v.*
freezer **congelador** *m.* 2.3

French **francés, francesa** *adj.* 1.3
French fries **papas** *f., pl.* **fritas** 1.8, **patatas** *f., pl.* **fritas** 1.8
frequently **a menudo** *adv.* 3.3; **frecuentemente** *adv.* 2.1; **con frecuencia** *adv.* 2.1
friar **fraile** *m.*
Friday **viernes** *m., sing.* 1.2
fried **frito/a** *adj.* 1.8
fried potatoes **papas** *f., pl.* **fritas** 1.8, **patatas** *f., pl.* **fritas** 1.8
friend **amigo/a** *m., f.* 1.3
friendly **amable** *adj.* 1.5
friendship **amistad** *f.* 1.9
frightened **asustado/a** *adj.*
frog **rana** *f.* 3.6
from **de** *prep.* 1.1; **desde** *prep.* 1.6
from time to time **de vez en cuando** 2.1
He/She/It is from... **Es de...** 1.1
I'm from... **Soy de...** 1.1
from the United States **estadounidense** *adj.* 1.3
front desk **recepción** *f.* 3.5
front page **portada** *f.* 3.9
frozen **congelado/a** *adj.*
fruit **fruta** *f.* 1.8
fruit juice **jugo** *m.* **de fruta** 1.8
fruit store **frutería** *f.* 2.5
fry **freír (e:i)** *v.* 3.3
fuel **combustible** *m.* 3.6
full **lleno/a** *adj.* 2.2;
full-length film **largometraje** *m.*
fun **divertido/a** *adj.* 1.7, 3.2
fun activity **diversión** *f.* 1.4
have fun **divertirse (e:ie)** *v.* 1.9
function **funcionar** *v.*
funny **gracioso/a** *adj.* 3.1
be funny (to someone) **hacerle gracia (a alguien)**
furnished **amueblado/a** *adj.*
furniture **muebles** *m., pl.* 2.3; **mueble** *m.* 3.3
furthermore **además (de)** *adv.* 2.1
future **futuro** *adj.* 2.7; **porvenir** *m.* 2.7
Here's to the future! **¡Por el porvenir!** 2.7
in the future **en el futuro** 2.7
futuristic **futurista** *adj.*

G

gain weight **aumentar** *v.* **de peso** 2.6; **engordar** *v.* 2.6, 3.4
gallery **galería** *f.* 3.10
game **juego** *m.* 3.2; (*match*) **partido** *m.* 1.4
ball game **juego de pelota** *m.* 3.5
board game **juego de mesa** *m.* 3.2
game show **concurso** *m.* 2.8
win/lose a game **ganar/perder un partido** 3.2
garage (*in a house*) **garaje** *m.* 2.2, 2.3; **taller (mecánico)** *m.* 2.2
garbage (*poor quality*) **porquería** *f.* 3.10
garden **jardín** *m.* 2.3
garlic **ajo** *m.* 1.8
gas station **gasolinera** *f.* 2.2
gasoline **gasolina** *f.* 2.2
gate: airline gate **puerta de embarque** *f.* 3.5
gaze **mirada** *f.* 3.1
gene **gen** *m.* 3.7
generate **generar** *v.*
generous **generoso/a** *adj.*
genetics **genética** *f.* 3.4
genuine **auténtico/a** *adj.* 3.3
geography **geografía** *f.* 1.2
German **alemán, alemana** *adj.* 1.3
gesture **gesto** *m.*
get **conseguir (e:i)** *v.* 1.4; **obtener** *v.* 2.7
get along **congeniar** *v.*
get along well/badly (with) **llevarse bien/mal (con)** 1.9, 3.1
get a shot **ponerse una inyección** *v.* 3.4
get bored **aburrirse** *v.* 2.8, 3.2
get caught **enganchar** *v.* 3.5
get discouraged **desanimarse** *v.*
get distracted **descuidar(se)** *v.* 3.6
get dressed **vestirse (e:i)** *v.* 3.2
get hurt **lastimarse** *v.* 3.4
get in shape **ponerse en forma** 3.4
get information **informarse** *v.*
get off of (*a vehicle*) **bajar(se)** *v.* **de** 2.2
get on/into (*a vehicle*) **subir(se)** *v.* **a** 2.2
get out of (*a vehicle*) **bajar(se)** *v.* **de** 2.2
get ready **arreglarse** *v.* 3.3
get sick **enfermarse** *v.* 3.4
get tickets **conseguir (e:i) boletos/entradas** 3.2
get together (with) **reunirse (con)** *v.* 3.2
get up **levantarse** *v.* 1.7, 3.2
get upset **afligirse** *v.* 3.3
get used to **acostumbrarse (a)** *v.* 3.3
get vaccinated **vacunarse** *v.* 3.4
get well/ill **ponerse bien/mal** 3.4
get wet **mojarse** *v.*
get worse **empeorar** *v.* 3.4
gift **regalo** *m.* 1.6, **obsequio**
girl **chica** *f.* 1.1; **muchacha** *f.* 1.3
girlfriend **novia** *f.* 1.3
give **dar** *v.* 1.6, 1.9; (*as a gift*) **regalar** 1.9
give a prize **premiar** *v.*
give a shot **poner una inyección** 3.4
give up **darse por vencido ceder** *v.*
give way to **dar paso a**
gladly **con mucho gusto** 3.10
glance **vistazo** *m.*
glass (*drinking*) **vaso** *m.* 2.3; **vidrio** *m.* 2.4
(made of) glass **de vidrio** 2.4
glasses **gafas** *f., pl.* 1.6
global warming **calentamiento global** *m.* 3.6
gloves **guantes** *m., pl.* 1.6
go **ir** *v.* 1.4, 3.1, 3.2
be going to (*do something*) **ir a (+ *inf.*)** 1.4
go across **recorrer** *v.* 3.5
go around (the world) **dar la vuelta (al mundo)**
go away (from) **irse (de)** *v.* 1.7, 3.2
go by boat **ir en barco** 1.5
go by bus **ir en autobús** 1.5
go by car **ir en auto(móvil)** 1.5
go by motorcycle **ir en motocicleta** 1.5
go by taxi **ir en taxi** 1.5
go by the bank **pasar por el banco** 2.5
go down **bajar(se)** *v.*
go on a hike (in the mountains) **ir de excursión (a las montañas)** 1.4
go to bed **acostarse (o:ue)** *v.* 3.2
go to sleep **dormirse (o:ue)** *v.* 3.2
go too far **pasarse** *v.*
go too fast **embalarse** (*Esp.*) *v.* 3.9
go out **salir** *v.* 1.9, 3.1
go out (to eat) **salir (a comer)** *v.* 3.2
go out with **salir con** *v.* 1.9, 3.1
go shopping **ir de compras** 3.3
go up **subir** *v.*
go with **acompañar** *v.* 2.5
Let's go. **Vamos.** 1.4
goat **cabra** *f.*
goblet **copa** *f.* 2.3
God **Dios** *m.*
god/goddess **dios(a)** *m., f.* 3.5
goldfish **pececillo de colores** *m.*

golf **golf** *m.* 1.4
good **buen, bueno/a** *adj.* 1.3, 1.6
  be good (*i.e. fresh*) **estar bueno;** (*by nature*) **ser bueno**
  Good afternoon. **Buenas tardes.** 1.1
  Good evening. **Buenas noches.** 1.1
  Good idea. **Buena idea.** 1.4
  Good morning. **Buenos días.** 1.1
  Good night. **Buenas noches.** 1.1
  It's good that… **Es bueno que…** 2.3
good-bye **adiós** *m.* 1.1
  say good-bye (to) **despedirse (e:i)** *v.* **(de)** 1.7
good-looking **guapo/a** *adj.* 1.3
goodness **bondad** *f.*
gossip **chisme** *m.* 3.9
govern **gobernar (e:ie)** *v.*
government **gobierno** *m.* 2.4
  government agency **organismo público** *m.* 3.9
governor **gobernador(a)** *m., f.*
graduate (from/in) **graduarse** *v.* **(de/en)** 1.9, 3.3
grains **cereales** *m., pl.* 1.8
granddaughter **nieta** *f.* 1.3
grandfather **abuelo** *m.* 1.3
grandmother **abuela** *f.* 1.3
grandparents **abuelos** *m., pl.* 1.3
grandson **nieto** *m.* 1.3
grape **uva** *f.* 1.8
grass **césped** *m.* 2.4; **hierba** *f.* 2.4; **pasto** *m.*
gratitude **agradecimiento** *m.*
grave **grave** *adj.* 2.1
gravity **gravedad** *f.* 3.7
gray **gris** *adj.* 1.6
great **fenomenal** *adj.* 1.5
great-grandfather **bisabuelo** *m.* 1.3
great-grandmother **bisabuela** *f.* 1.3
great-great-grandfather/mother **tatarabuelo/a** *m., f.*
green **verde** *adj.* 1.6
greet (each other) **saludar(se)** *v.* 2.2
greeting **saludo** *m.* 1.1
  Greetings to… **Saludos a…** 1.1
grilled (*food*) **a la plancha** 1.8
  grilled flank steak **lomo a la plancha** *m.* 1.8
ground floor **planta baja** *f.* 1.5
group **grupo** *m.*
  musical group **grupo musical** *m.*
grow **crecer** *v.* 3.1; **cultivar** *v.*
  grow accustomed to **acostumbrarse (a)** *v.* 3.3
  grow up **criarse** *v.* 3.1
growth **crecimiento** *m.*
Guarani **guaraní** *m.* 3.9
guarantee **asegurar** *v.*
guess **adivinar** *v.*
guest (*at a house/hotel*) **huésped** *m., f.* 1.5; (*invited to a function*) **invitado/a** *m., f.* 1.9
guide **guía** *m., f.* 2.4
guilt **culpa** *f.*
guilty **culpable** *adj.*
guy **tipo** *m.* 3.2
gymnasium **gimnasio** *m.* 1.4

H

habit **costumbre** *f.* 3.3
  be in the habit of **soler (o:ue)** *v.* 3.3
hair **pelo** *m.* 1.7
hairdresser **peluquero/a** *m., f.* 2.7
half **medio/a** *adj.* 1.3; **mitad** *f.*
  half-past… (*time*) **…y media** 1.1
half-brother **medio hermano** 1.3
half-sister **media hermana** 1.3
hall **sala** *f.*
  concert hall **sala de conciertos** *f.*
hallway **pasillo** *m.* 2.3
ham **jamón** *m.* 1.8
hamburger **hamburguesa** *f.* 1.8
hand **mano** *f.* 1.1
  Hands up! **¡Manos arriba!**
handsome **guapo/a** *adj.* 1.3
hang (up) **colgar (o:ue)** *v.*
happen **ocurrir** *v.* 2.9; **suceder** *v.* 3.1
  These things happen. **Son cosas que pasan.**
happiness **alegría** *v.* 1.9; **felicidad** *f.*
happy **alegre** *adj.* 1.5; **contento/a** *adj.* 1.5; **feliz** *adj.* 1.5, 3.3
  be happy **alegrarse** *v.* **(de)** 2.4
  Happy birthday! **¡Feliz cumpleaños!** 1.9
hard **difícil** *adj.* 1.3; **arduo** *adj.* 3.3; **duro/a** *adj.* 3.7
hardly **apenas** *adv.* 2.1; 3.3
hard-working **trabajador(a)** *adj.* 1.3, 3.8
harmful **dañino/a** *adj.* 3.6
harvest **cosecha** *f.*
haste **prisa** *f.* 1.3
hat **sombrero** *m.* 1.6
hate **odiar** *v.* 1.9, 3.1
have **tener** *v.* 1.3, 3.1
  Have a good trip! **¡Buen viaje!** 1.1
  have a tooth removed **sacar(se) un diente** 2.1
  have fun **divertirse (e:ie)** *v.* 3.2
  have time **tener tiempo** 1.4
  have to (*do something*) **tener que (+** *inf.***)** 1.3; **deber (+** *inf.***)** *v.*
he **él** *sub. pron.* 1.1
head **cabeza** *f.* 2.1
headache **dolor de cabeza** *m.* 2.1
headline **titular** *m.* 3.9
heal **curarse** *v.* 3.4; **sanar** *v.* 3.4
healing **curativo/a** *adj.* 3.4
health **salud** *f.* 2.1, 3.4
  To your health! **¡A tu salud!**
healthy **saludable** *adj.* 2.1; **sano/a** *adj.* 2.1, 3.4
  lead a healthy lifestyle **llevar una vida sana** 2.6
hear **oír** *v.* 1.4, 3.1
heard **oído** *p.p.* 2.5
hearing (*sense*) **oído** *m.* 2.1
heart **corazón** *m.* 2.1, 3.1
  heart and soul **cuerpo y alma**
heat **calor** *m.* 1.5
heavy (*filling*) **contundente** *adj.* 3.10
  heavy rain **diluvio** *m.*
heel **tacón** *m.*
  high heel **tacón alto** *m.*
height (*highest level*) **apogeo** *m.* 3.5
Hello. **Hola.** 1.1; (*on the telephone*) **Aló.** 2.2; **¿Bueno?** 2.2; **Diga.** 2.2
help (*aid*) **auxilio** *m.*; **ayudar** *v.* 2.3; **servir (e:i)** *v.* 1.5
  help each other **ayudarse** *v.* 2.2
her **su(s)** *poss. adj.* 1.3; **suyo(s)/a(s)** *poss. adj.* 2.2; **la** *f., sing., d.o. pron.* 1.5
  to/for her **le** *f., sing., i.o. pron.* 1.6
here **aquí** *adv.* 1.1
  Here it is. **Aquí está.** 1.5
  Here we are at/in… **Aquí estamos en…**
hers **suyo(s)/a(s)** *poss. pron.* 2.2
heritage **herencia** *f.*
  cultural heritage **herencia cultural** *f.*
heroic **heroico/a** *adj.*
Hi. **Hola.** 1.1
high definition **de alta definición** *adj.* 3.7
highest level **apogeo** *m.* 3.5
highway **autopista** *f.* 2.2;

carretera *f.* 2.2
hike **excursión** *f.* 1.4
go on a hike **hacer una excursión; ir de excursión** 1.4
hiker **excursionista** *m., f.*
hiking **de excursión** 1.4
hill **cerro** *m.*; **colina** *f.*
him **lo** *m., sing., d.o. pron.* 1.5
to/for him **le** *m., sing., i.o. pron.* 1.6
Hindu **hindú** *adj.*
hire **contratar** *v.* 2.7, 3.8
his **su(s)** *poss. adj.* 1.3;
(of) his **suyo(s)/a(s)** *poss. adj. and pron.* 2.2
historian **historiador(a)** *m., f.*
historic **histórico/a** *adj.*
historical **histórico/a** *adj.* 3.10
historical period **era** *f.*
history **historia** *f.* 1.2, 2.8
hobby **pasatiempo** *m.* 1.4
hockey **hockey** *m.* 1.4
hold (*hug*) **abrazar** *v.* 3.1
hold your horses **parar el carro** (*Esp.*) 3.9
hole **agujero** *m.*
black hole **agujero negro** *m.* 3.7
hole in the ozone layer **agujero en la capa de ozono** *m.*
small hole **agujerito** *m.* 3.7
holiday **día** *m.* **de fiesta** 1.9
holy **sagrado/a** *adj.*
home **casa** *f.* 1.2; **hogar** *m.* 3.3
home page **página** *f.* **principal** 2.2
homework **tarea** *f.* 1.2
honey **miel** *f.* 3.8
honored **distinguido/a** *adj.*
hood **capó** *m.* 2.2; **cofre** *m.* 2.2
hope **esperanza** *f.* 3.6; **ilusión** *f.*; **esperar** *v.* **(+** *inf.***)** 1.2, 2.4
I hope (that) **ojalá (que)** 2.4
horror **horror** *m.* 2.8;
(*genre*) **de horror** 2.8; (*story/novel*) **de terror** 3.10
hors d'oeuvres **entremeses** *m., pl.* 1.8
horse **caballo** *m.* 1.5
horseshoe **herradura** *f.*
hospital **hospital** *m.* 2.1
host(ess) **anfitrión/anfitriona** *m., f.* 3.8
hostel **albergue** *m.* 3.5
hot: be (*feel*) (very) hot **tener (mucho) calor** 1.3
It's (very) hot. **Hace (mucho) calor.** 1.5
hotel **hotel** *m.* 1.5
hour **hora** *f.* 1.1
house **casa** *f.* 1.2
household chores **quehaceres** *m., pl.* **domésticos** 2.3
housekeeper **ama** *m., f.* **de casa** 2.3
housing **vivienda** *f.* 2.3
How...! **¡Qué...!** 1.3
how? **¿cómo?** *adv.* 1.1
How are you? **¿Qué tal?** 1.1; **¿Cómo estás?** *fam.* 1.1; **¿Cómo está usted?** *form.* 1.1
How can I help you? **¿En qué puedo servirles?** 1.5
How did it go for you...? **¿Cómo le/les fue...?** 2.6
How is it going? **¿Qué tal?** 1.1
How is/are...? **¿Qué tal...?** 1.2
How is the weather? **¿Qué tiempo hace?** 2.6
How much/many? **¿Cuánto(s)/a(s)?** *adj.* 1.1
How much does ... cost? **¿Cuánto cuesta...?** 1.6
How old are you? **¿Cuántos años tienes?** *fam.* 1.3
however **sin embargo**
hug (each other) **abrazar(se)** *v.* 2.2, 3.1
humanities **humanidades** *f., pl.* 1.2
humankind **humanidad** *f.*
humid **húmedo/a** *adj.* 3.6
humiliate **humillar** *v.* 3.8
humorous **humorístico/a** *adj.* 3.10
hundred **cien, ciento** *n., adj.* 1.2
hunger **hambre** *f.* 1.3
hungry **hambriento/a** *adj.*
be (very) hungry **tener (mucha) hambre** 1.3
hunt **cazar** *v.* 2.4, 3.6
hurricane **huracán** *m.* 2.9, 3.6
hurry **prisa** *f.* 3.6; **apurarse** *v.* 2.6; **darse prisa** *v.* 2.6
be in a (big) hurry **tener (mucha) prisa** 1.3
hurt **herir (e:ie)** *v.* 3.1; **doler (o:ue)** *v.* 2.1, 3.2
get hurt **lastimarse** *v.* 3.4
hurt oneself **hacerse daño**
hurt someone **hacerle daño a alguien**
It hurts me a lot... **Me duele mucho...** 2.1
husband **esposo** *m.* 1.3; **marido** *m.*
hut **choza** *f.*
hygiene **aseo** *m.*
hygienic **higiénico/a** *adj.*

I

I **yo** *pron.* 1.1
I am... **Yo soy...** 1.1
I hope (that) **Ojalá (que)** *interj.* 2.4
I wish (that) **Ojalá (que)** *interj.* 2.4
ice cream **helado** *m.* 1.9
ice cream shop **heladería** *f.* 2.5
iced **helado/a** *adj.* 1.8
iced tea **té** *m.* **helado** 1.8
idea **idea** *f.* 1.4
ideology **ideología** *f.*
if **si** *conj.* 1.4
illness **dolencia** *f.* 3.4; **enfermedad** *f.* 2.1, 3.4
ill-tempered **malhumorado/a** *adj.*
illusion **ilusión** *f.*
image **imagen** *f.* 3.2, 3.7
imagination **imaginación** *f.*
immature **inmaduro/a** *adj.* 3.1
immediately **en el acto** 3.3
immigration **inmigración** *f.*
immoral **inmoral** *adj.*
import **importar** *v.* 3.8
important **importante** *adj.* 1.3, 3.4
be important (to) **importar** *v.* 1.7, 3.2, 3.4
It's important that... **Es importante que...** 2.3
imported **importado/a** *adj.* 3.8
imports **importaciones** *f., pl.*
impossible **imposible** *adj.* 2.4
it's impossible **es imposible** 2.4
impress **impresionar** *v.* 3.1
impressionism **impresionismo** *m.* 3.10
improbable **improbable** *adj.* 2.4
it's improbable **es improbable** 2.4
improve **mejorar** *v.* 2.4, 3.4; **perfeccionar** *v.*
improvement **adelanto** *m.* 3.4
in **en** *prep.* 1.2; **por** *prep.* 2.2
in a bad mood **de mal humor** 1.5
in a good mood **de buen humor** 1.5
in front of **delante de** *prep.* 1.2
in love (with) **enamorado/a (de)** *adj.* 1.5, 3.1
in search of **por** *prep.* 2.2
in the afternoon **de la tarde** 1.1; **por la tarde** 1.7
in the direction of **para** *prep.* 1.1
in the early evening **de la tarde** 1.1
in the morning **de la mañana** 1.1; **por la mañana** 1.7
in the evening **de la noche** 1.1; **por la tarde** 1.7

inadvisable **poco recomendable** *adj.* 3.5
incapable **incapaz** *adj.* 3.8
included **incluido/a** *adj.* 3.5
incompetent **incapaz** *adj.* 3.8
increase **aumento** *m.* 2.7
incredible **increíble** *adj.* 1.5
independence **independencia** *f.*
index **índice** *m.*
indigenous **indígena** *adj.* 3.9
indigenous person **indígena** *m., f.* 3.4
industrious **trabajador(a)** *adj.* 3.8
industry **industria** *f.*
inequality **desigualdad** *f.* 2.9
inexpensive **barato/a** *adj.* 3.3
infected: become infected **contagiarse** *v.* 3.4
infection **infección** *f.* 2.1
inflamed **inflamado/a** *adj.* 3.4
become inflamed **inflamarse** *v.*
inflexible **inflexible** *adj.*
influential **influyente** *adj.* 3.9
inform **informar** *v.* 2.9; **avisar** *v.*
be informed **estar al tanto** 3.9
become informed (about) **enterarse (de)** *v.* 3.9
inhabit **habitar** *v.*
inhabitant **habitante** *m., f.*; **poblador(a)** *m., f.*
inherit **heredar** *v.*
injection **inyección** *f.* 2.1
give an injection **poner una inyección** 2.1
injure **lastimar** *v.*; (oneself) **lastimarse** *v.* 2.1
injure (one's foot) **lastimarse** *v.* **(el pie)** 2.1
injured **herido/a** *adj.*
injury **herida** *f.* 3.4
inner ear **oído** *m.* 2.1
innovative **innovador(a)** *adj.* 3.7
insanity **locura** *f.*
insect bite **picadura** *f.*
insecure **inseguro/a** *adj.* 3.1
inside **dentro** *adv.*
insincere **falso/a** *adj.* 3.1
insist (on) **insistir** *v.* **(en)** 2.3, 3.4
inspired **inspirado/a** *adj.*
instability **inestabilidad** *f.*
install **instalar** *v.* 3.7
installments: pay in installments **pagar a plazos** 2.5
insult **ofensa** *f.* 3.10
insurance **seguro** *m.* 3.5
intelligent **inteligente** *adj.* 1.3
intend to **pensar** *v.* **(+** *inf.***)** 1.4
intensive care **terapia intensiva** *f.* 3.4
interest **interesar** *v.* 1.7, 3.2
interesting **interesante** *adj.* 1.3
be interesting **interesar** *v.* 1.7, 3.2
international **internacional** *adj.* 2.9
Internet **Internet** *m., f.* 2.2, 3.7
interview **entrevista** *f.* 2.7; **entrevistar** *v.* 2.7
job interview **entrevista de trabajo** *f.* 3.8
interviewer **entrevistador(a)** *m., f.* 2.7
intriguing **intrigante** *adj.* 3.10
introduction **presentación** *f.*
I would like to introduce (*name*) to you. **Le presento a…** *form.* 1.1; **Te presento a…** *fam.* 1.1
invade **invadir** *v.*
invent **inventar** *v.* 3.7
invention **invento** *m.* 3.7
invest **invertir (e:ie)** *v.* 2.7, 3.8
investigate **investigar** *v.* 3.7
investment **inversión** *f.*
foreign investment **inversión extranjera** *f.* 3.8
investor **inversor(a)** *m., f.*
invite **invitar** *v.* 1.9
iron **plancha** *f.*
iron clothes **planchar la ropa** 2.3
irresponsible **irresponsable** *adj.*
island **isla** *f.* 3.5
isolate **aislar** *v.* 3.9
isolated **aislado/a** *adj.* 3.6
it **lo/la** *sing., d.o., pron.* 1.5
Italian **italiano/a** *adj.* 1.3
itinerary **itinerario** *m.* 3.5
its **su(s)** *poss. adj.* 1.3; **suyo(s)/a(s)** *poss. pron.* 2.2

J

jacket **chaqueta** *f.* 1.6
January **enero** *m.* 1.5
Japanese **japonés, japonesa** *adj.* 1.3
jealous **celoso/a** *adj.*
be jealous of **tener celos de** 3.1
jealousy **celos** *m., pl.* 3.1
jeans **bluejeans** *m., pl.* 1.6
jewelry store **joyería** *f.* 2.5
Jewish **judío/a** *adj.*
job **empleo** *m.* 2.7, 3.8; **puesto** *m.* 2.7, 3.8; **trabajo** *m.* 2.7
job application **solicitud** *f.* **de trabajo** 2.7
job interview **entrevista de trabajo** *f.* 3.8
jog **correr** *v.*
joke **broma** *f.* 3.1; **chiste** *m.* 3.1; **bromear** *v.*
journalism **periodismo** *m.* 1.2
journalist **periodista** *m., f.* 1.3, 3.9; **reportero/a** *m., f.* 2.7
joy **alegría** *f.* 1.9; **regocijo** *m.* 3.4
give joy **dar alegría** 1.9
joyful **alegre** *adj.* 1.5
judge **juez(a)** *m., f.*
judgment **juicio** *m.*
juice **jugo** *m.* 1.8
July **julio** *m.* 1.5
jump **salto** *m.*
June **junio** *m.* 1.5
jungle **selva** *f.* 2.4, 3.5; **jungla** *f.* 2.4
just **apenas** *adv.*; **justo/a** *adj.*
have just (*done something*) **acabar de (+** *inf.***)** 1.6
just as **tal como** *conj.*
justice **justicia** *f.*

K

keep **mantener** *v.* **guardar** *v.*
keep in mind **tener en cuenta**
keep in touch **mantenerse en contacto** *v.* 3.1
keep (something) to yourself **guardarse (algo)** *v.* 3.1
keep up with the news **estar al día con las noticias**
key **llave** *f.* 1.5
keyboard **teclado** *m.* 2.2
kick **patada** *f.* 3.3; **patear** *v.* 3.2
kidnapping **secuestro** *m.*
kilometer **kilómetro** *m.* 2.2
kind **amable** *adj.*
That's very kind of you. **Muy amable.** 1.5
king **rey** *m.*
kingdom **reino** *m.*
kiss **beso** *m.* 1.9; **besar** *v.* 3.1
kiss each other **besarse** *v.* 2.2
kitchen **cocina** *f.* 2.3
knee **rodilla** *f.* 2.1
knife **cuchillo** *m.* 2.3
know **saber** *v.* 1.6, 3.1; **conocer** *v.* 1.6, 3.1
know how **saber** *v.* 1.6
knowledge **conocimiento** *m.*

L

label **etiqueta** *f.*
labor **mano de obra** *f.*
labor union **sindicato** *m.* 3.8
laboratory **laboratorio** *m.* 1.2
lack **faltar** *v.* 1.7, 3.2
lake **lago** *m.* 2.4
lamp **lámpara** *f.* 2.3
land **tierra** *f.* 2.4, 3.6; **terreno** *m.* 3.6
land (*an airplane*) **aterrizar** *v.* 3.5

landlord **dueño/a** *m., f.* 1.8
landscape **paisaje** *m.* 1.5, 3.6
language **lengua** *f.* 1.2; **idioma** *m.* 3.9
laptop (computer) **computadora** *f.* **portátil** 2.2, 3.7
large **grande** *adj.* 1.3; (*clothing size*) **talla grande** *f.* 1.6
last **durar** *v.* 2.9; **pasado/a** *adj.* 1.6; **último/a** *adj.*
last name **apellido** *m.* 1.3
last night **anoche** *adv.* 1.6
last week **semana** *f.* **pasada** 1.6
last year **año** *m.* **pasado** 1.6
late **tarde** *adv.* 1.7; **atrasado/a** *adj.* 3.3
later (on) **más tarde** 1.7
See you later. **Hasta la vista.** 1.1; **Hasta luego.** 1.1
laugh **reírse (e:i)** *v.* 1.9
laughed **reído** *p.p.* 2.5
launch **lanzar** *v.*
laundromat **lavandería** *f.* 2.5
law **derecho** *m.*; **ley** *f.* 2.4
abide by the law **cumplir** *v.* **la ley**
approve/pass a law **aprobar (o:ue)** *v.* **una ley**
lawyer **abogado/a** *m., f.* 2.7
layer **capa** *f.*
ozone layer **capa de ozono** *f.* 3.6
lazy **perezoso/a** *adj.*; **haragán/haragana** *adj.* 3.8
lead **encabezar** *v.*
leader **líder** *m., f.*
leadership **liderazgo** *m.*
lean (on) **apoyarse (en)** *v.*
learn **aprender** *v.* **(a +** *inf.***)** 1.3
learned **erudito/a** *adj.*
learning **aprendizaje** *m.*
least: at least **por lo menos** *adv.* 2.1
leave **salir** *v.* 1.4; **irse** *v.* 1.7; **marcharse** *v.*; **dejar** *v.*
leave alone **dejar en paz** 3.8
leave a tip **dejar una propina** 1.9
leave behind **dejar** *v.* 2.7
leave for (*a place*) **salir para**
leave from **salir de**
leave someone **dejar a alguien** *v.*
left **izquierdo/a** *adj.* 1.2
be left over **quedar** *v.* 1.7, 3.2
to the left of **a la izquierda de** 1.2
leg **pierna** *f.* 2.1; (*of an animal*) **pata** *f.*
legend **leyenda** *f.* 3.5
leisure **ocio** *m.*
lemon **limón** *m.* 1.8
lend **prestar** *v.* 1.6, 3.8
less **menos** *adv.* 2.1
less... than **menos... que** 1.8
less than **menos de (+** *number***)** 1.8
lesson **lección** *f.* 1.1; (*teaching*) **enseñanza** *f.*
let **dejar** *v.* 2.3
let's see **a ver** 1.2
letter **carta** *f.* 1.4, 2.5
lettuce **lechuga** *f.* 1.8
level **nivel** *m.*
sea level **nivel del mar** *m.*
liberal **liberal** *adj.*
liberate **liberar** *v.*
liberty **libertad** *f.* 2.9
library **biblioteca** *f.* 1.2
license (*driver's*) **licencia** *f.* **de conducir** 2.2
lid **tapa** *f.*
lie **mentira** *f.* 1.4, 3.1
life **vida** *f.* 1.9
everyday life **vida cotidiana** *f.*
of my life **de mi vida** 2.6
lifestyle: lead a healthy lifestyle **llevar una vida sana** 2.6
lift **levantar** *v.* 2.6
lift weights **levantar pesas** 2.6
light **luz** *f.* 2.3
lighthouse **faro** *m.* 3.5
lightning **rayo** *m.*; **relámpago** *m.* 3.6
like **como** *prep.* 1.8
like this **así** *adv.* 2.1, 3.3
like **gustar** *v.* 1.2, 3.2, 3.4
Do you like...? **¿Te gusta(n)...?** *fam.* 1.2
I don't like them at all. **No me gustan nada.** 1.2
I don't like ... at all! **¡No me gusta nada...!**
I like... **Me gusta(n)...** 1.2
like very much **encantar** *v.* 3.2; **fascinar** *v.* 3.2
likeable **simpático/a** *adj.* 1.3
likewise **igualmente** *adv.* 1.1
line **línea** *f.*; **cola** (*queue*) *f.* 2.5; (*of poetry*) **verso** *m.* 3.10
wait in line **hacer cola** 3.2
link **enlace** *m.* 3.7
lion **león** *m.* 3.6
listen (to) **escuchar** *v.* 1.2
Listen! (*command*) **¡Oye!** *fam., sing.* 1.1; **¡Oiga/Oigan!** *form., sing. pl.* 1.1
listen to music **escuchar música** 1.2
listen to the radio **escuchar la radio** 1.2
listener **oyente** *m., f.* 3.9
literature **literatura** *f.* 1.2, 3.10
children's literature **literatura infantil/juvenil** *f.* 3.10
little (*quantity*) **poco/a** *adj.* 1.5; **poco** *adv.* 2.1
live **en vivo** *adj.* 3.9, **en directo** *adj.* 3.9
live broadcast **emisión en vivo/directo** *f.*
live **vivir** *v.* 1.3, 3.1
lively **animado/a** *adj.* 3.2
living room **sala** *f.* 2.3
loan **préstamo** *m.* 2.5; **prestar** *v.* 1.6, 2.5
lobster **langosta** *f.* 1.8
locate **ubicar** *v.*
located **situado/a** *adj.*
be located **quedar** *v.* 2.5; **ubicarse** *v.*
lodge **hospedarse** *v.*
lodging **alojamiento** *m.* 3.5
loneliness **soledad** *f.* 3.3
lonely **solo/a** *adj.* 3.1
long **largo/a** *adj.* 1.6
long-term **a largo plazo**
look **aspecto** *m.*; **verse** *v.*
He/She looks so happy. **Se ve tan feliz.** 3.6
He/She looks very sad to me. **Yo lo/la veo muy triste.** 3.6
How attractive you look! *fam.* **¡Qué guapo/a te ves!** 3.6
How elegant you look! *form.* **¡Qué elegante se ve usted!** 3.6
It looks like he/she didn't like it. **Al parecer, no le gustó.** 3.6
It looks like he/she is sad/happy. **Parece que está triste/contento/a.** 3.6
look (at) **mirar** *v.* 1.2
look for **buscar** *v.* 1.2
look healthy/sick **tener buen/mal aspecto** 3.4
look like **parecerse** *v.* 3.2, 3.3
look out upon **dar a** *v.*
take a look **echar un vistazo**
loose **suelto/a** *adj.*
lose **perder (e:ie)** *v.* 1.4
lose a game **perder un partido** 3.2
lose an election **perder las elecciones**
lose weight **adelgazar** *v.* 2.6, 3.4
loss **pérdida** *f.*
lost **perdido/a** *adj.* 2.5
be lost **estar perdido/a** 2.5
lot: a lot **muchas veces** *adv.* 2.1
a lot of **mucho/a** *adj.* 1.2, 1.3
lottery **lotería** *f.*
loudspeaker **altoparlante** *m.*
love **amor** *m.* 1.9; (*another person*) **amar; querer (e:ie)** *v.* 1.4, 3.1; (*inanimate objects*) **encantar** *v.* 1.7
in love **enamorado/a** *adj.* 1.5
I loved it! **¡Me encantó!** 2.6
(un)requited love **amor (no) correspondido** *m.*

lower **bajar** *v.*
loyalty **lealtad** *f.*
luck **suerte** *f.* 1.3
lucky **afortunado/a** *adj.*
be (very) lucky **tener (mucha) suerte** 1.3
luggage **equipaje** *m.* 1.5
lunch **almuerzo** *m.* 1.8
have lunch **almorzar (o:ue)** *v.* 1.4
luxurious **lujoso/a** 3.5; **de lujo**
luxury **lujo** *m.* 3.8
lying **mentiroso/a** *adj.* 3.1

M

ma'am **señora (Sra.)** *f.* 1.1
mad **enojado/a** *adj.* 1.5
madness **locura** *f.*
magazine **revista** *f.* 1.4, 3.9
online magazine **revista electrónica** *f.* 3.9
magic **magia** *f.*
magnificent **magnífico/a** *adj.* 1.5
mail **correo** *m.* 2.5; **enviar** *v.*; **mandar** *v.* 2.5; **echar (una carta) al buzón** 2.5
mailbox **buzón** *m.* 2.5
mail carrier **cartero/a** *m., f.* 2.5
main **principal** *adj.* 1.8
maintain **mantener** *v.* 2.6
major **especialización** *f.* 2
majority **mayoría** *f.*
make **hacer** *v.* 1.4, 3.1, 3.4
make a (hungry) face **poner cara (de hambriento/a)**
make a toast **brindar** *v.* 3.2
make a wish **pedir un deseo** 3.8
make fun of **burlarse (de)** *v.*
make good use of **aprovechar** *v.*
make one's way **abrirse paso**
make sure **asegurarse** *v.*
make the bed **hacer la cama** 2.3
makeup **maquillaje** *m.* 1.7, 3.3
put on makeup **maquillarse** *v.* 1.7
male **macho** *m.*
mall **centro comercial** *m.* 3.3
man **hombre** *m.* 1.1
manage **administrar** *v.* 3.8; **dirigir** *v.* 3.1; **lograr** *v.* 3.3
manager **gerente** *m., f.* 2.7, 3.8
manipulate **manipular** *v.* 3.9
manufacture **fabricar** *v.* 3.7
manuscript **manuscrito** *m.*
many **mucho/a** *adj.* 1.3
many times **muchas veces** 2.1
map **mapa** *m.* 1.2
marathon **maratón** *m.*
March **marzo** *m.* 1.5
margarine **margarina** *f.* 1.8
marinated fish **ceviche** *m.* 1.8
lemon-marinated shrimp **ceviche** *m.* **de camarón** 1.8
marital status **estado** *m.* **civil** 1.9
maritime **marítimo/a** *adj.*
market **mercado** *m.* 1.6, 3.8
open-air market **mercado** *m.* **al aire libre** 1.6
marketing **mercadeo** *m.* 3.1
marriage **matrimonio** *m.* 1.9
married **casado/a** *adj.* 1.9, 3.1
get married (to) **casarse** *v.* **(con)** 1.9
marvelous **maravilloso/a** *adj.* 1.5
marvelously **maravillosamente** *adv.* 2.9
mass **misa** *f.* 3.2
massage **masaje** *m.* 2.6
masterpiece **obra maestra** *f.* 2.8, 3.3
match (*sports*) **partido** *m.* 1.4
match (with) **hacer juego (con)** 1.6
mathematician **matemático/a** *m., f.* 3.7
mathematics **matemáticas** *f., pl.* 1.2
matter **asunto** *m.*; **importar** *v.* 1.7, 3.2, 3.4
mature **maduro/a** *adj.* 3.1
maturity **madurez** *f.* 1.9
maximum **máximo/a** *adj.* 2.2
May **mayo** *m.* 1.5
Mayan Trail **ruta maya** *f.* 3.5
maybe **tal vez** *adv.* 1.5; **quizás** *adv.* 1.5
mayonnaise **mayonesa** *f.* 1.8
mayor **alcalde/alcaldesa** *m., f.*
me **me** *sing., d.o. pron.* 1.5; **mí** *pron., obj. of prep.* 1.9
It's me. **Soy yo.** 1.1
to/for me me *sing., i.o. pron.* 1.6
meal **comida** *f.* 1.8
mean **antipático/a** *adj.*
means of communication **medios** *m. pl.* **de comunicación** 2.9
measure **medida** *f.*; **medir (e:i)** *v.*
security measures **medidas de seguridad** *f. pl.* 3.5
meat **carne** *f.* 1.8
mechanic **mecánico/a** *m., f.* 2.2
mechanic's repair shop **taller** *m.* **mecánico** 2.2
mechanical **mecánico/a** *adj.*
mechanism **mecanismo** *m.*
media **medios** *m., pl.* **de comunicación** 2.9
medical **médico/a** *adj.* 2.1
medication **medicamento** *m.* 2.1
medicine **medicina** *f.* 2.1
meditate **meditar** *v.*
medium **mediano/a** *adj.*
meet (each other) **encontrar(se)** *v.* 2.2; **conocerse(se)** *v.* 1.8
meeting **reunión** *f.* 2.7, 3.8
melt **derretir(se) (e:i)** *v.* 3.7
member **socio/a** *m., f.* 3.8
memory **recuerdo** *m.*
menu **menú** *m.* 1.8
merchandise **mercancía** *f.*
mercy **piedad** *f.* 3.8
mess **desorden** *m.* 3.7
message **mensaje** *m.*; (*telephone*) **recado** *m.* 2.2
text message **mensaje de texto** *m.* 3.7
Mexican **mexicano/a** *adj.* 1.3
Mexico **México** *m.* 1.1
microwave **microonda** *f.* 2.3
microwave oven **horno** *m.***de microondas** 2.3
middle age **madurez** *f.* 1.9
Middle Ages **Edad Media** *f.*
middle **medio** *m.*
midnight **medianoche** *f.* 1.1
mile **milla** *f.* 2.2
military **militar** *m., f.*
milk **leche** *f.* 1.8
million **millón** *m.* 1.2
million of **millón de** *m.* 1.2
mine **mío(s)/a(s)** *poss. pron.* 2.2
mineral **mineral** *m.* 2.6
mineral water **agua** *f.* **mineral** 1.8
minister **ministro/a** *m., f.*
Protestant minister **ministro/a protestante** *m., f.*
minority **minoría** *f.*
minute **minuto** *m.* 1.1
last-minute news **noticia de último momento** *f.*
up-to-the-minute **de último momento** *adj.* 3.9
miracle **milagro** *m.*
mirror **espejo** *m.* 1.7
miser **avaro/a** *m., f.*
Miss **señorita (Srta.)** *f.* 1.1
miss **extrañar** *v.*; **perder (e:ie)** *v.* 1.4
miss (someone) **extrañar a (alguien)** *v.*
miss a flight **perder un vuelo** 3.5
mistake: make a mistake **equivocarse** *v.*
mistaken **equivocado/a** *adj.*
be mistaken **equivocarse** *v.*
mixed: person of mixed ethnicity (*part indigenous*) **mestizo/a** *m., f.*
mixture **mezcla** *f.*
mockery **burla** *f.*
model (*fashion*) **modelo** *m., f.*
modem **módem** *m.*
modern **moderno/a** *adj.* 2.8
modify **modificar** *v.*; **alterar** *v.*
moisten **mojar** *v.*
mom **mamá** *f.* 1.3
moment **momento** *m.*
monarch **monarca** *m., f.*

Monday **lunes** *m., sing.* 1.2
money **dinero** *m.* 1.6; (*L. Am.*) **plata** *f.* 3.7
monitor **monitor** *m.* 2.2
monkey **mono** *m.* 3.6
monolingual **monolingüe** *adj.* 3.9
month **mes** *m.* 1.5
monument **monumento** *m.* 1.4
mood **estado de ánimo** *m.* 3.4
in a bad mood **malhumorado/a** *adj.*
moon **luna** *f.* 2.4
full moon **luna llena** *f.*
moral **moral** *adj.*
more **más** 1.2
more... than **más... que** 1.8
more than **más de** (+ *number*) 1.8
morning **mañana** *f.* 1.1
mortgage **hipoteca** *f.* 3.8
mosque **mezquita** *f.*
mother **madre** *f.* 1.3
mother-in-law **suegra** *f.* 1.3
motor **motor** *m.*
motorcycle **motocicleta** *f.* 1.5
mountain **montaña** *f.* 1.4, 3.6; **monte** *m.*
mountain range **cordillera** *f.* 3.6
mouse **ratón** *m.* 2.2
mouth **boca** *f.* 2.1
move (*change residence*) **mudarse** *v.* 2.3, 3.2
movement **corriente** *f.*; **movimiento** *m.* 3.10
movie **película** *f.* 1.4
movie star **estrella** *f.* **de cine** 2.8
movie theater **cine** *m.* 1.4, 3.2
moving **conmovedor(a)** *adj.*
MP3 player **reproductor** *m.* **de MP3** 2.2
Mr. **señor (Sr.); don** *m.* 1.1
Mrs. **señora (Sra.); doña** *f.* 1.1
much **mucho/a** *adj.* 1.2, 1.3
very much **muchísimo/a** *adj.* 1.2
municipal **municipal** *adj.*
muralist **muralista** *m., f.* 3.10
murder **crimen** *m.* 2.9
muscle **músculo** *m.* 2.6
museum **museo** *m.* 1.4
mushroom **champiñón** *m.* 1.8
music **música** *f.* 1.2, 2.8
music video **video musical** *m.* 3.9
musical **musical** *adj.* 2.8
musician **músico/a** *m., f.* 2.8, 3.2
Muslim **musulmán/musulmana** *adj.*
must **deber** *v.* (+ *inf.*) 1.3
It must be... **Debe ser...** 1.6
my **mi(s)** *poss. adj.* 1.3; **mío(s)/a(s)** *poss. adj.* 2.2
myth **mito** *m.* 3.5

N

name **nombre** *m.* 1.1; **nombrar** *v.*
be named **llamarse** *v.* 1.7
in the name of **a nombre de** 1.5
last name **apellido** *m.*
My name is... **Me llamo...** 1.1
nape **nuca** *f.* 3.9
napkin **servilleta** *f.* 2.3
narrate **narrar** *v.* 3.10
narrative work **narrativa** *f.* 3.10
narrator **narrador(a)** *m., f.* 3.10
narrow **estrecho/a** *adj.*
national **nacional** *adj.* 2.9
nationality **nacionalidad** *f.* 1.1
native **nativo/a** *adj.*
natural **natural** *adj.* 2.4
natural disaster **desastre** *m.* **natural** 2.9
natural resource **recurso** *m.* **natural** 2.4, 3.6
nature **naturaleza** *f.* 2.4
nauseated **mareado/a** *adj.* 2.1
navel **ombligo** *m.* 3.4
navigator **navegante** *m., f.* 3.7
near **cerca de** *prep.* 1.2
neaten **arreglar** *v.* 2.3
necessary **necesario/a** *adj.* 2.3, 3.4
It is necessary that... **Hay que...** 2.3, 2.5
necessity **necesidad** *f.* 3.5
of utmost necessity **de primerísima necesidad** 3.5
neck **cuello** *m.* 2.1
need **necesidad** *f.* 3.5
need **faltar** *v.* 1.7; **necesitar** *v.* (+ *inf.*) 1.2, 3.4
needle **aguja** *f.* 3.4
negative **negativo/a** *adj.*
neglect **descuidar(se)** *v.* 3.6
neighbor **vecino/a** *m., f.* 2.3
neighborhood **barrio** *m.* 2.3
neither **tampoco** *adv.* 1.7
neither... nor **ni... ni** *conj.* 1.7
nephew **sobrino** *m.* 1.3
nervous **nervioso/a** *adj.* 1.5
nest **nido** *m.*
network **red** *f.* 2.2; **cadena** *f.* 3.9
television network **cadena de televisión** *f.*
never **nunca** *adv.* 1.7; **jamás** *adv.* 1.7
new **nuevo/a** *adj.* 1.6
newlywed **recién casado/a** *m., f.* 1.9
news **noticias** *f., pl.* 2.9; **actualidades** *f., pl.* 2.9 *f.*
local/domestic/international news **noticias locales/nacionales/internacionales** *f., pl.* 3.9
news bulletin **informativo** *m.* 3.9
news report **reportaje** *m.* 3.9
news reporter **presentador(a) de noticias** *m., f.*
newscast **noticiero** *m.* 2.9
newspaper **periódico** *m.* 1.4, 3.9; **diario** *m.* 2.9, 3.9
next **próximo/a** *adj.* 2.7
next to **al lado de** *prep.* 1.2
nice **simpático/a** *adj.* 1.3; **amable** *adj.* 1.5
niece **sobrina** *f.* 1.3
night **noche** *f.* 1.1
night stand **mesita** *f.* **de noche** 2.3
nightmare **pesadilla** *f.*
nine **nueve** *n., adj.* 1.1
nine hundred **novecientos/as** *n., adj.* 1.2
nineteen **diecinueve** *n., adj.* 1.1
ninety **noventa** *n., adj.* 1.2
ninth **noveno/a** *n., adj.* 1.5
no **no** *adv.* 1.1; **ningún, ninguno/a(s)** *adj.* 1.7
no one **nadie** *pron.* 1.7
No problem. **No hay problema.** 1.7
No way! **¡Ni loco/a!** 2.7, 3.9
nobody **nadie** *pron.* 1.7
noise **ruido** *m.*
nomination **nominación** *f.*
nominee **nominado/a** *m., f.*
none **ningún, ninguno/a(s)** *pron.* 1.7
nook **rincón** *m.*
noon **mediodía** *m.* 1.1
nor **ni** *conj.* 1.7
north **norte** *m.* 2.5
to the north **al norte** 2.5
nose **nariz** *f.* 2.1
not **no** 1.1
not any **ningún, ninguno/a(s)** *adj.* 1.7
not anyone **nadie** *pron.* 1.7
not anything **nada** *pron.* 1.7
not bad at all **nada mal** 1.5
not either **tampoco** *adv.* 1.7
not ever **nunca** *adv.* 1.7; **jamás** *adv.* 1.7
Not very well. **No muy bien.** 1.1
not working **descompuesto/a** *adj.* 2.2
notebook **cuaderno** *m.* 1.1
nothing **nada** *pron.* 1.1, 1.7
notice **aviso** *m.* 3.5; **fijarse** *v.* 3.9
take notice of **fijarse en** *v.* 3.2
noun **sustantivo** *m.*
novelist **novelista** *m., f.* 3.7, 3.10
November **noviembre** *m.* 1.5
now **ahora** *adv.* 1.2
now and then **de vez en cuando** 3.3

nowadays **hoy día** *adv.*
nuclear **nuclear** *adj.* 2.4
nuclear energy **energía nuclear** *f.* 1.7, 2.4
number **número** *m.* 1.1
nun **monja** *f.*
nurse **enfermero/a** *m., f.* 2.1, 3.4
nutrition **nutrición** *f.* 2.6
nutritionist **nutricionista** *m., f.* 2.6
nutritious **nutritivo/a** *adj.* 3.4; *(healthy)* **saludable** *adj.* 3.4

O

oar **remo** *m.* 3.5
obesity **obesidad** *f.* 3.4
obey **obedecer** *v.* 2.9, 3.1
obligation **deber** *m.* 2.9
oblivion **olvido** *m.* 3.1
obtain **conseguir (e:i)** *v.* 1.4; **obtener** *v.* 2.7
obvious **obvio/a** *adj.* 2.4
it's obvious **es obvio** 2.4
occupation **ocupación** *f.* 2.7
occur **ocurrir** *v.* 2.9; (to someone) **ocurrírsele (a alguien)** *v.*
o'clock: It's... o'clock. **Son las...** 1.1
It's one o'clock. **Es la una.** 1.1
October **octubre** *m.* 1.5
of **de** *prep.* 1.1
Of course. **Claro que sí.** 2.7; **Por supuesto.** 2.7
offer **oferta** *f.* 2.3, 3.9; **ofrecer (c:zc)** *v.* 1.6; **ofrecerse (a)** *v.*
office **oficina** *f.* 2.3; **despacho** *m.*
doctor's office **consultorio** *m.* 2.1
officer **agente** *m., f.*
often **a menudo** *adv.* 2.1, 3.3
Oh! **¡Ay!**
oil **aceite** *m.* 1.8
oil painting **óleo** *m.* 3.10
OK **regular** *adj.* 1.1
It's okay. **Está bien.**
old **viejo/a** *adj.* 1.3
old age **vejez** *f.* 1.9
older **mayor** *adj.* 1.3
older brother/sister **hermano/a mayor** *m., f.* 1.3
oldest **el/la mayor** *adj.* 1.8
Olympics **Olimpiadas** *f. pl.*
on **en** *prep.* 1.2; **sobre** *prep.* 1.2
on behalf of **por** *prep.* 2.2
on the dot **en punto** 1.1
on time **a tiempo** 2.1
on top of **encima de** *prep.* 1.2
on purpose **a propósito** *adv.* 3.3
once **una vez** 1.6
once in a while **de vez en cuando** 3.3
one **un, uno/a** *m., f., sing. pron.* 1.1
one more time **una vez más** 1.9
one time **una vez** 1.6
one hundred **cien(to)** *n., adj.* 1.2
one million **un millón** *m.* 1.2
one thousand **mil** *n., adj.* 1.2
onion **cebolla** *f.* 1.8
online **en línea** *adj.* 3.7
only **sólo** *adv.* 1.3; **único/a** *adj.* 1.3
only child **hijo/a único/a** *m., f.* 1.3
open **abierto/a** *adj.* 1.5, 2.5; **abrir(se)** *v.* 1.3
open-air **al aire libre** 1.6
open-air market **mercado al aire libre** *m.* 1.6
opera **ópera** *f.* 2.8
operate **operar** *v.*
operation **operación** *f.* 2.1, 3.4
opinion **opinión** *f.*
In my opinion, ... **A mi parecer, ...; Considero que..., Opino que...**
be of the opinion **opinar** *v.*
oppose **oponerse a** *v.* 3.4
opposite **enfrente de** *prep.* 2.5
oppress **oprimir** *v.*
or **o** *conj.*; **u** *(before words beginning with* **o** *or* **ho**) 1.7
orange **anaranjado/a** *adj.* 1.6; **naranja** *f.* 1.8
orchard **huerto** *m.*
orchestra **orquesta** *f.* 2.8
order **mandar** 2.3; *(food)* **pedir (e:i)** *v.* 1.8
in order to **para** *prep.* 2.2
orderly **ordenado/a** *adj.* 1.5
ordinal *(numbers)* **ordinal** *adj.*
originating (in) **proveniente (de)** *adj.*
ornate **ornamentado/a** *adj.*
other **otro/a** *adj.* 1.6
others; other people **los/las demás** *pron.*
ought to **deber** *v.* **(+** *inf.***)** 1.3
our **nuestro(s)/a(s)** *poss. adj.* 1.3
ours **nuestro(s)/a(s)** *poss. pron.* 2.2
outdo oneself (*P. Rico*; *Cuba*) **botarse** *v.* 3.5
outline **esbozo** *m.*
out-of-date **pasado/a de moda** *adj.* 3.9
out of order **descompuesto/a** *adj.* 2.2
outrageous thing **barbaridad** *f.* 3.10
outskirts **afueras** *f., pl.* 2.3
oven **horno** *m.* 2.3
over **sobre** *prep.* 1.2
overcome **superar** *v.*
overdose **sobredosis** *f.*
overthrow **derribar** *v.*, **derrocar** *v.*
overwhelmed **agobiado/a** *adj.* 3.1
owe **deber** *v.* 3.8
owe money **deber dinero** 3.2
own **propio/a** *adj.* 2.7
owner **dueño/a** *m., f.* 1.8, 3.8; **propietario/a** *m., f.*

P

P.M. **tarde** *f.* 1.1
pack (one's suitcases) **hacer las maletas** 1.5, 3.5
package **paquete** *m.* 2.5
page **página** *f.* 2.2
web page **página web** *f.* 3.7
pain **dolor** *m.* 2.1; *(suffering)* **sufrimiento** *m.*
have a pain **tener dolor** 2.1
painkiller **el analgésico** *m.* 3.4
paint **pintura** *f.* 3.10; **pintar** *v.* 2.8, 3.3
paintbrush **pincel** *m.* 3.10
painter **pintor(a)** *m., f.* 2.7, 3.3, 3.10
painting **pintura** *f.* 2.3, 2.8, 3.10; **cuadro** *m.* 3.3, 3.10
pair **par** *m.* 1.6
pair of shoes **par de zapatos** *m.* 1.6
palm tree **palmera** *f.*
pamphlet **panfleto** *m.*
pants **pantalones** *m., pl.* 1.6
pantyhose **medias** *f., pl.* 1.6
paper **papel** *m.* 1.2; *(report)* **informe** *m.* 2.9
paradox **paradoja** *f.*
Pardon me. *(May I?)* **Con permiso.** 1.1; *(Excuse me.)* **Perdón.** 1.1
parents **padres** *m., pl.* 1.3; **papás** *m., pl.* 1.3
parish **parroquia** *f.*
park **parque** *m.* 1.4; **estacionar** *v.* 2.2
amusement park **parque de atracciones** *m.* 3.2
parking lot **estacionamiento** *m.* 2.5
parrot **loro** *m.*
part **parte** *f.*
become part (of) **integrarse (a)** *v.*
partner *(couple)* **pareja** *f.* 1.9, 3.1; *(member)* **socio/a** *m., f.* 3.8
party **fiesta** *f.* 1.9
(politics) **partido** *m.*
political party **partido político** *m.*
pass *(a class)* **aprobar (o:ue)** *v.*
pass a law **aprobar una ley**

passed **pasado** *p.p.*
passenger **pasajero/a** *m., f.* 1.1
passing **pasajero/a** *adj.*
passport **pasaporte** *m.* 1.5, 3.5
password **contraseña** *f.* 3.7
past **pasado** *m.*; **pasado/a** *adj.* 1.6
pastime **pasatiempo** *m.* 1.4, 3.2
pastry **repostería** *f.*
pastry shop **pastelería** *f.* 2.5
patent **patente** *f.* 3.7
path (*history*) **trayectoria** *f.* 3.1
patient **paciente** *m., f.* 2.1
patio **patio** *m.* 2.3
pay **pagar** *v.* 1.6
be well/poorly paid **ganar bien/mal** 3.8
pay attention to someone **hacerle caso a alguien** 3.1
pay in cash **pagar al contado; pagar en efectivo** 2.5
pay in installments **pagar a plazos** 2.5
pay the bill **pagar la cuenta** 1.9
pea **arveja** *m.* 1.8
peace **paz** *f.* 2.9
peaceful **pacífico/a** *adj.*
peach **melocotón** *m.* 1.8
peak **cumbre** *f.*; **pico** *m.*
pear **pera** *f.* 1.8
peck **picar** *v.*
pen **pluma** *f.* 1.2
pencil **lápiz** *m.* 1.1
penicillin **penicilina** *f.* 2.1
people **gente** *f.* 1.3; **pueblo** *m.* 3.4
pepper (*black*) **pimienta** *f.* 1.8
per **por** *prep.* 2.2
perfect **perfecto/a** *adj.* 1.5
performance **rendimiento** *m.*; (*theater; movie*) **función** *f.* 3.2
perhaps **quizás** *adv.*, **tal vez** *adv.*, **acaso** *adv.* 3.3
period **punto** *m.* 3.2
permanent **fijo/a** *adj.* 3.8
permission **permiso** *m.*
permissive **permisivo/a** *adj.* 3.1
persecute **perseguir (e:i)** *v.*
person **persona** *f.* 1.3
personal (*private*) **particular** *adj.*
pessimist **pesimista** *m., f.*
pharmacy **farmacia** *f.* 2.1
phase **etapa** *f.*
phenomenal **fenomenal** *adj.* 1.5
photograph **foto(grafía)** *f.* 1.1
physical (*exam*) **examen** *m.* **médico** 2.1
physician **doctor(a)** *m., f.* 1.3, **médico/a** *m., f.* 1.3
physicist **físico/a** *m., f.* 3.7
physics **física** *f.* 1.2
pick out **seleccionar** *v.* 3.3
pick up **recoger** *v.* 2.4; **levantar** *v.*
picnic **picnic** *m.*
picture **cuadro** *m.* 2.3; **pintura** *f.* 2.3; **imagen** *f.* 3.2, 3.7
pie **pastel** *m.* 1.9
piece (*art*) **pieza** *f.* 3.10
pier **muelle** *m.* 3.5
pig **cerdo** *m.* 3.6
pill (*tablet*) **pastilla** *f.* 2.1; 3.4
pillow **almohada** *f.* 2.3
pilot **piloto** *m., f.*
pineapple **piña** *f.* 1.8
pink **rosado/a** *adj.* 1.6
pious **devoto/a** *adj.*
piping **tubería** *f.* 3.6
pity **pena** *f.*
What a pity! **¡Qué pena!**
place **lugar** *m.* 1.4; (*an object*) **colocar** *v.* 3.2; **poner** *v.* 1.4, 3.1, 3.2
plaid **de cuadros** 1.6
plan **planear** *v.*
planet **planeta** *m.* 3.7
planned **previsto/a** *adj., p.p.* 3.3
plans **planes** *m., pl.*
have plans **tener planes**
plant **planta** *f.* 2.4
plastic **plástico** *m.* 2.4
(made of) plastic **de plástico** 2.4
plate **plato** *m.* 2.3
plateau: high plateau **altiplano** *m.*
play (*theater*) **obra de teatro** *f.* 3.10; **drama** *m.* 2.8; **comedia** *f.* 2.8; **jugar (u:ue)** *v.* 1.4; (*a musical instrument*) **tocar** *v.* 2.8
play a CD **poner un disco compacto** *v.* 3.2
play a role **hacer el papel de** 2.8
play cards **jugar a las cartas** 1.5
play sports **practicar deportes** 1.4
player **jugador(a)** *m., f.* 1.4
playing cards **cartas** *f. pl.* 3.2; **naipes** *m. pl.* 3.2
playwright **dramaturgo/a** *m., f.* 2.8, 3.10
plead **rogar (o:ue)** *v.* 2.3, 3.4
pleasant **agradable** *adj.*; (*funny*) **gracioso/a** *adj.* 3.1
please **por favor** 1.1
Could you please...? **¿Tendría usted la bondad de (+ *inf.*)...?** *form.*
Pleased to meet you. **Mucho gusto.** 1.1; **Encantado/a.** *adj.* 1.1
pleasing: be pleasing to **gustar** *v.* 1.2, 1.7
pleasure **gusto** *m.* 1.1; **placer** *m.* 2.6
It's a pleasure to... **Gusto de (+ *inf.*)** 2.9
It's been a pleasure. **Ha sido un placer.** 2.6
The pleasure is mine. **El gusto es mío.** 1.1
plot **trama** *f.* 3.10; **argumento** *m.* 3.10
plumbing (*piping*) **tubería** *f.* 3.6
poem **poema** *m.* 2.8
poet **poeta** *m., f.* 2.8, 3.10
poetry **poesía** *f.* 2.8, 3.10
point (to) **señalar** *v.* 3.2
point out **destacar** *v.*
point of view **punto de vista** *m.* 3.10
poison **veneno** *m.* 3.6
poisoned **envenenado/a** *adj.* 3.6
poisonous **venenoso/a** *adj.* 3.6
police (force) **policía** *f.* 2.2
political **político/a** *adj.* 2.9
politician **político/a** *m., f.* 2.7
politics **política** *f.* 2.9
polka-dotted **de lunares** 1.6
poll **encuesta** *f.* 2.9
pollen **polen** *m.* 3.8
pollute **contaminar** *v.* 2.4, 3.6
polluted **contaminado/a** *adj.* 2.4
be polluted **estar contaminado/a** 2.4
pollution **contaminación** *f.* 2.4, 3.6
pool **piscina** *f.* 1.4
poor **pobre** *adj.* 1.6
poor quality **porquería** *f.* 3.10
populate **poblar** *v.*
population **población** *f.* 2.4, 3.4
pork **cerdo** *m.* 1.8
pork chop **chuleta** *f.* **de cerdo** 1.8
port **puerto** *m.* 3.5
portable **portátil** *adj.* 2.2
portable computer **computadora** *f.* **portátil** 2.2
portrait **retrato** *m.* 3.3
portray **retratar** *v.* 3.3
position **puesto** *m.* 2.7, 3.8; **cargo** *m.*
possessive **posesivo/a** *adj.* 1.3
possible **posible** *adj.* 2.4
as much as possible **en todo lo posible**
it's (not) possible **(no) es posible** 2.4
postcard **postal** *f.*
poster **cartel** *m.* 2.3
post office **correo** *m.* 2.5
potato **papa** *f.* 1.8, **patata** *f.* 1.8
pottery **cerámica** *f.* 2.8
poverty **pobreza** *f.* 3.8

power **fuerza** *f.*; (*electricity*) **luz** *f.* 3.7
will power **fuerza** *f.* **de voluntad** 3.4
powerful **poderoso/a** *adj.*
power saw **motosierra** *f.* 3.7
practice **entrenarse** *v.* 2.6; **practicar** *v.* 1.2
pray **rezar** *v.*
pre-Columbian **precolombino/a** *adj.*
prefer **preferir (e:ie)** *v.* 1.4, 3.4
pregnant **embarazada** *adj.* 2.1
prehistoric **prehistórico/a** *adj.*
premiere **estreno** *m.* 3.2
prepare **preparar** *v.* 1.2
preposition **preposición** *f.*
prescribe (*medicine*) **recetar** *v.* 2.1, 3.4
prescription **receta** *f.* 2.1, 3.4
present **regalo** *m.*; **presentar** *v.* 2.8
preserve **conservar** *v.* 3.6
press **prensa** *f.* 2.9, 3.9
press conference **rueda de prensa** *f.*
pressure (*stress*) **presión** *f.*; **presionar** *v.*
be under a lot of pressure **sufrir muchas presiones** 2.6
be under stress/pressure **estar bajo presión**
pretend **de mentiras** *adj.* 3.5
pretty **bonito/a** *adj.* 1.3; **bastante** *adv.* 2.4
prevent **prevenir** *v.* 3.4
previous **anterior** *adj.* 3.8
price **precio** *m.* 1.6
fixed/set price **precio** *m.* **fijo** 1.6
priest **cura** *m.*; **sacerdote** *m.*
prime minister **primer(a) ministro/a** *m., f.*
print **estampado/a** *adj.*; **imprimir** *v.* 2.2, 3.9
printer **impresora** *f.* 2.2
private (*room*) **individual** *adj.*; **particular** *adj.*
privilege **privilegio** *m.* 3.8
prize **premio** *m.* 2.8
give a prize **premiar** *v.*
probable **probable** *adj.* 2.4
it's (not) probable **(no) es probable** 2.4
problem **problema** *m.* 1.1
procession **procesión** *f.*
produce (*generate*) **generar** *v.*; **producir** *v.* 3.1
productive **productivo/a** *adj.* 3.8
profession **profesión** *f.* 1.3, 2.7
professor **profesor(a)** *m., f.*
program **programa** *m.* 1.1
programmer **programador(a)** *m., f.* 1.3
prohibit **prohibir** *v.* 2.1, 3.4
prohibited **prohibido/a** *adj.* 3.5
prominent **destacado/a** *adj.* 3.9; **prominente** *adj.*
promise **jurar** *v.*
promote **promover (o:ue)** *v.*
promotion (*career*) **ascenso** *m.* 2.7
pronoun **pronombre** *m.*
pronounce **pronunciar** *v.*
proof **prueba** *f.* 3.2
proposal **oferta** *f.* 3.9
propose **proponer** *v.* 3.1, 3.4;
propose marriage **proponer matrimonio** 3.1
prose **prosa** *f.* 3.10
protagonist **protagonista** *m., f.* 3.1, 3.10
protect **proteger** *v.* 2.4, 3.1, 3.6
protected **protegido/a** *adj.* 3.5
protein **proteína** *f.* 2.6
protest **manifestación** *f.*; **protestar** *v.*
protester **manifestante** *m., f.* 3.6
proud **orgulloso/a** *adj.* 3.1
be proud of **estar orgulloso/a de**
prove **comprobar (o:ue)** *v.* 3.7
provide **proporcionar** *v.*
provided (that) **con tal (de) que** *conj.* 2.4
psychologist **psicólogo/a** *m., f.* 2.7
psychology **psicología** *f.* 1.2
public **público** *m.* 3.9; (*pertaining to the state*) **estatal** *adj.*
public transportation **transporte público** *m.*
publish **editar** *v.* 3.10; **publicar** *v.* 2.8, 3.9
Puerto Rican **puertorriqueño/a** *adj.* 1.3
pull a tooth **sacar una muela**
punishment **castigo** *m.*
purchases **compras** *f., pl.* 1.5
pure **puro/a** *adj.* 2.4
purity **pureza** *f.* 3.6
purple **morado/a** *adj.* 1.6
purse **bolsa** *f.* 1.6
pursue **perseguir (e:i)** *v.*
push **empujar** *v.*
put **poner** *v.* 1.4, 3.1, 3.2; **puesto** *p.p.* 2.5
put (a letter) in the mailbox **echar (una carta) al buzón** 2.5
put in a place **ubicar** *v.*
put on (*a performance*) **presentar** *v.* 2.8
put on (*clothing*) **ponerse** *v.* 1.7
put on makeup **maquillarse** *v.* 1.7, 3.2
pyramid **pirámide** *f.* 3.5

Q

quality **calidad** *f.* 1.6
high quality **de buena categoría** *adj.* 3.5
quarter **trimestre** *m.* 1.2
quarter after (*time*) **y cuarto** 1.1; **y quince** 1.1
quarter to (*time*) **menos cuarto** 1.1; **menos quince** 1.1
queen **reina** *f.*
quench **saciar** *v.*
question **pregunta** *f.* 1.2; **interrogante** *m.* 3.7
quickly **rápido** *adv.* 2.1
quiet **tranquilo/a** *adj.* 2.6; **callado/a** *adj.*
be quiet **callarse** *v.*
quit **dejar** *v.* 2.7; **renunciar** *v.* 3.8
quit smoking **dejar de fumar** 3.4
quite **bastante** *adv.* 3.3
quiz **prueba** *f.* 1.2
quotation **cita** *f.*

R

rabbi **rabino/a** *m., f.*
rabbit **conejo** *m.* 3.6
race **raza** *f.*
racism **racismo** *m.* 2.9
radiation **radiación** *f.*
radio (*medium*) **radio** *f.* 1.2
radio (set) **radio** *m.* 2.2
radio announcer **locutor(a) de radio** *m., f.* 3.9
radio station **(radio)emisora** *f.* 3.9
rain **llover (o:ue)** *v.* 1.5; **lluvia** *f.* 2.4
It's raining. **Llueve.** 1.5; **Está lloviendo.** 1.5
rain forest **bosque** *m.* **tropical** 2.4; **bosque** *m.* **lluvioso** 3.6
raincoat **impermeable** *m.* 1.6
raise **aumento** *m.*; (*salary*) **aumento de sueldo** 2.7, 3.8; **criar** *v.*; **educar** *v.* 3.1
have raised **haber criado** 3.1
ranch **rancho** *m.*
rarely **casi nunca** *adv.* 3.3
rat **rata** *f.*
rather **bastante** *adv.* 2.1; **más bien** *adv.*
ratings **índice de audiencia** *m.*
ray **rayo** *m.*
reach **alcance** *m.* 3.7; **alcanzar** *v.*
within reach **al alcance** 3.10; **al alcance de la mano**
reactor **reactor** *m.*

read **leer** *v.* 1.3; **leído** *p.p.* 2.5
read a magazine **leer una revista** 1.4
read a newspaper **leer un periódico** 1.4
read e-mail **leer correo electrónico** 1.4
reader **lector(a)** *m., f.* 3.9
ready **listo/a** *adj.* 1.5
(Are you) ready? **¿(Están) listos?** 2.6
real **auténtico/a** *adj.* 3.3
realism **realismo** *m.* 3.10
realist **realista** *adj.* 3.10
realistic **realista** *adj.* 3.10
realize **darse cuenta** *v.* 3.2, 3.9
realize that one is being referred to **darse por aludido/a** 3.9
reap the benefits (of) **disfrutar** *v.* **(de)** 2.6
rearview mirror **espejo retrovisor** *m.*
rebelliousness **rebeldía** *f.*
receive **recibir** *v.* 1.3
received **acogido/a** *adj.*
well received **bien acogido/a** *adj.* 3.8
recital **recital** *m.*
recognition **reconocimiento** *m.*
recognize **reconocer** *v.* 3.1
recommend **recomendar (e:ie)** *v.* 1.8, 2.3, 3.4
recommendable **recomendable** *adj.* 3.5
record **grabar** *v.* 2.2, 3.9
recover **recuperarse** *v.* 3.4
recreation **diversión** *f.* 1.4
recyclable **reciclable** *adj.*
recycle **reciclar** *v.* 2.4, 3.6
recycling **reciclaje** *m.* 2.4
red **rojo/a** *adj.* 1.6
red-haired **pelirrojo/a** *adj.* 1.3
redo **rehacer** *v.* 3.1
reduce **reducir** *v.* 2.4
reduce (speed) **reducir (velocidad)** 3.5
reduce stress/tension **aliviar el estrés/la tensión** 2.6
reef **arrecife** *m.* 3.6
referee **árbitro/a** *m., f.* 3.2
refined (*cultured*) **culto/a** *adj.*
reflect **reflejar** *v.* 3.10
reform **reforma** *f.*
economic reform **reforma económica** *f.*
refrigerator **refrigerador** *m.* 2.3
refuge **refugio** *m.* 3.6
refund **reembolso** *m.* 3.3
refusal **rechazo** *m.*
region **región** *f.* 2.4
register **inscribirse** *v.*
regret **sentir (e:ie)** *v.* 2.4
rehearsal **ensayo** *m.*
rehearse **ensayar** *v.* 3.9
reign **reino** *m.*
reject **rechazar** *v.*
rejection **rechazo** *m.*
relatives **parientes** *m., pl.* 1.3
relax **relajarse** *v.* 1.9, 3.4
Relax. **Tranquilo/a.** 1.7
reliability **fiabilidad** *f.*
religion **religión** *f.*
religious **religioso/a** *adj.*
remain **quedarse** *v.* 1.7; **permanecer** *v.* 3.4
remake **rehacer** *v.* 3.1
remember **acordarse (o:ue)** *v.* **(de)** 1.7, 3.2; **recordar (o:ue)** *v.* 1.4
remorse **remordimiento** *m.*
remote control **control remoto** *m.* 2.2
universal remote control **control remoto universal** *m.* 3.7
renewable **renovable** *adj.* 3.6
rent (*payment*) **alquiler** *m.* 2.3; **alquilar** *v.* 2.3
rent a movie **alquilar una película** 3.2
repeat **repetir (e:i)** *v.* 1.4
repent **arrepentirse (e:ie)** *v.* **(de)** 3.2
repertoire **repertorio** *m.*
report **informe** *m.* 2.9; **reportaje** *m.* 2.9
reporter **reportero/a** *m., f.* 2.7, 3.9
representative **representante** *m., f.* 2.9; **diputado/a** *m., f.*
reproduce **reproducirse** *v.*
reputation **reputación** *f.*
have a good/bad reputation **tener buena/mala fama** 3.9
request **pedir (e:i)** *v.* 1.4
rescue **rescatar** *v.*
research **investigar** *v.* 3.7
researcher **investigador(a)** *m., f.* 3.4
resentful **resentido/a** *adj.* 3.6
reservation **reservación** *f.* 1.5
reserve **reservar** *v.* 3.5
reside **residir** *v.*
resign (from) **renunciar (a)** *v.* 2.7
resolve **resolver (o:ue)** *v.* 2.4
resolved **resuelto** *p.p.* 2.5
resource **recurso** *m.* 2.4
respect **respeto** *m.*
responsibility **deber** *m.* 2.9; **responsabilidad** *f.*
responsible **responsable** *adj.*
rest **descanso** *m.* 3.8; **reposo** *m.*; **descansar** *v.* 1.2, 3.4
be at rest **estar en reposo**
restaurant **restaurante** *m.* 1.4
resulting **consiguiente** *adj.*
résumé **currículum (vitae)** *m.* 2.7, 3.8
retire (*from work*) **jubilarse** *v.* 1.9, 3.8
retirement **jubilación** *f.*
return **regresar** *v.* 1.2, 3.5; **volver (o:ue)** *v.* 1.4; (*items*) **devolver (o:ue)** *v.* 3.3
return (trip) **vuelta** *f.*; **regreso** *m.*
returned **vuelto** *p.p.* 2.5
review **repaso** *m.* 3.10
revision **repaso** *m.* 3.10
revolutionary **revolucionario/a** *adj.* 3.7
revulsion **asco** *m.*
rhyme **rima** *f.* 3.10
rice **arroz** *m.* 1.8
rich **rico/a** *adj.* 1.6
ride: ride a bicycle **pasear en bicicleta** 1.4
ride a horse **montar a caballo** 1.5
ridiculous **ridículo/a** *adj.* 2.4
it's ridiculous **es ridículo** 2.4
right **derecha** *f.* 1.2
be right **tener razón** 1.3
right? (*question tag*) **¿no?** 1.1; **¿verdad?** 1.1
right away **enseguida** *adv.* 1.9, 3.3
right here **aquí mismo** 2.2
right now **ahora mismo** 1.5
right there **allí mismo** 2.5
to the right of **a la derecha de** 1.2
rights **derechos** *m.* 2.9
civil rights **derechos civiles** *m. pl.*
human rights **derechos humanos** *m. pl.*
ring **anillo** *m.* 3.5; **sortija** *f.* 3.5; **sonar (o:ue)** *v.* 2.2, 3.7
ring the doorbell **tocar el timbre** 3.3
riot **disturbio** *m.* 3.8
rise **ascender (e:ie)** *v.* 3.8
risk **riesgo** *m.*
take a risk **arriesgar(se)** *v.*
risky **arriesgado/a** *adj.* 3.5
river **río** *m.* 2.4
road **camino** *m.*
roast **asado/a** *adj.* 1.8
roast chicken **pollo** *m.* **asado** 1.8
rob **asaltar** *v.* 3.10
rocket **cohete** *m.* 3.7
role **papel** *m.* 3.9
play a role (*in a play*) **desempeñar un papel**
rollerblade **patinar en línea**
romance novel **novela rosa** *f.* 3.10
romantic **romántico/a** *adj.* 2.8
romanticism **romanticismo** *m.* 3.10
room **habitación** *f.* 1.2, 1.5,

3.5; **cuarto** *m.* 1.2, 1.7
emergency room **sala de emergencia(s)** *f.* 3.4
living room **sala** *f.* 2.3
room service **servicio de habitación** *m.* 3.5
single/double room **habitación individual/doble** *f.* 3.5
roommate **compañero/a** *m., f.* **de cuarto**
root **raíz** *f.*
round **redondo/a** *adj.* 3.2
roundtrip **de ida y vuelta** 1.5
roundtrip ticket **pasaje** *m.* **de ida y vuelta** 1.5, 3.5
routine **rutina** *f.* 1.7, 3.3
rug **alfombra** *f.* 2.3
ruin **ruina** *f.* 3.5
rule **regla** *f.*; **dominio** *m.*
ruler **gobernante** *m., f.*; (*sovereign*) **soberano/a** *m., f.*
run **correr** *v.* 1.3
run errands **hacer diligencias** 2.5
run into (*have an accident*) **chocar (con)** *v.*; (*meet accidentally*) **encontrar(se) (o:ue)** *v.* 2.2; (*run into something*) **darse (con)** 2.1; (*each other*) **encontrar(se) (o:ue)** *v.* 2.2
run out (of) **acabarse** *v.* 3.6; **quedarse sin** *v.* 3.6
run over **atropellar** *v.*
rush **prisa** *f.* 3.6; **apurarse** *v.* 2.6; **darse prisa** 2.6
be in a rush **tener apuro**
Russian **ruso/a** *adj.* 1.3

S

sacred **sagrado/a** *adj.*
sacrifice **sacrificar** *v.* 3.6; **sacrificio** *m.*
sad **triste** *adj.* 1.5, 2.4
it's sad **es triste** 2.4
safe **seguro/a** *adj.* 1.5
safety **seguridad** *f.* 3.5
said **dicho** *p.p.* 2.5
sail **navegar** *v.* 3.5
sailor **marinero** *m.*
salad **ensalada** *f.* 1.8
salary **salario** *m.* 2.7; **sueldo** *m.* 2.7
base salary **sueldo fijo** *m.* 3.8
raise in salary **aumento de sueldo** *m.* 3.8
sale **rebaja** *f.* 1.6; **venta** *f.*
be for sale **estar a la venta** 3.10
salesperson **vendedor(a)** *m., f.* 1.6, 3.8
salmon **salmón** *m.* 1.8
salt **sal** *f.* 1.8
same **mismo/a** *adj.* 1.3
The same here. **Lo mismo digo yo.**
sample **muestra** *f.*
sandal **sandalia** *f.* 1.6
sandwich **sándwich** *m.* 1.8
sanity **cordura** *f.* 3.4
satellite **satélite** *m.*
satellite connection **conexión de satélite** *f.* 3.7
satellite dish **antena parabólica** *f.*
satire **sátira** *f.*
satirical **satírico/a** *adj.* 3.10
satirical tone **tono satírico** *m.*
satisfied: be satisfied with **contentarse con** *v.* 3.1
satisfy (*quench*) **saciar** *v.*
Saturday **sábado** *m.* 1.2
sausage **salchicha** *f.* 1.8
save (*on a computer*) **guardar** *v.* 2.2, 3.7; (*money*) **ahorrar** *v.* 2.5, 3.8; **salvar** *v.* 3.6
save oneself **ahorrarse** *v.* 3.7
savings **ahorros** *m.* 2.5, 3.8
savings account **cuenta** *f.* **de ahorros** 2.5
say **decir** *v.* 1.4, 3.1; **declarar** *v.* 2.9
say good-bye **despedirse (e:i)** *v.* 3.3
say that **decir que** *v.* 1.4, 1.9
say the answer **decir la respuesta** 1.4
scar **cicatriz** *f.*
scarcely **apenas** *adv.* 2.1, 3.3
scare **espantar** *v.*
scared **asustado/a** *adj.*
be (very) scared (of) **tener (mucho) miedo (de)** 1.3
scene **escena** *f.* 3.1
scenery **paisaje** *m.* 3.6; **escenario** *m.* 3.2
schedule **horario** *m.* 1.2, 3.3
school **escuela** *f.* 1.1
science **ciencia** *f.* 1.2
science fiction **ciencia ficción** *f.* 2.8, 3.10
scientific **científico/a** *adj.*
scientist **científico/a** *m., f.* 2.7, 3.7
score (a goal/a point) **anotar (un gol/un punto)** *v.* 3.2; **marcar (un gol/punto)** *v.*
screen **pantalla** *f.* 2.2, 3.2
computer screen **pantalla de computadora** *f.*
LCD screen **pantalla líquida** *f.* 3.7
television screen **pantalla de televisión** *f.* 3.2
screenplay **guión** *m.* 3.9
script **guión** *m.* 3.9
scuba dive **bucear** *v.* 1.4
scuba diving **buceo** *m.* 3.5
sculpt **esculpir** *v.* 2.8, 3.10
sculptor **escultor(a)** *m., f.* 2.8, 3.10
sculpture **escultura** *f.* 2.8, 3.10
sea **mar** *m.* 1.5, 3.6
seal **sello** *m.*
search **búsqueda** *f.*
search engine **buscador** *m.* 3.7
season **estación** *f.* 1.5; (*period*) **temporada** *f.*
high/low season **temporada alta/baja** *f.* 3.5
seat **asiento** *m.* 3.2; **silla** *f.* 1.2
seatbelt **cinturón de seguridad** *m.* 3.5
fasten the seatbelt **abrocharse/ponerse el cinturón de seguridad** 3.5
unfasten the seatbelt **quitarse el cinturón de seguridad** 3.5
second **segundo/a** *n., adj.* 1.5
secretary **secretario/a** *m., f.* 2.7
section **sección** *f.* 3.9
lifestyle section **sección de sociedad** *f.* 3.9
sports section **sección deportiva** *f.* 3.9
security **seguridad** *f.* 3.5
security measures **medidas de seguridad** *f. pl.* 3.5
sedentary **sedentario/a** *adj.* 2.6
see **ver** *v.* 1.4, 3.1
see (you/him/her) again **volver a ver(te/lo/la)** 2.9
see movies **ver películas** 1.4
See you. **Nos vemos.** 1.1
See you later. **Hasta la vista.** 1.1; **Hasta luego.** 1.1
See you soon. **Hasta pronto.** 1.1
See you tomorrow. **Hasta mañana.** 1.1
seed **semilla** *f.*
seem **parecer** *v.* 1.6, 3.2
seen **visto** *p.p.* 2.5
select **seleccionar** *v.* 3.3
self-esteem **autoestima** *f.* 3.4
self-portrait **autorretrato** *m.* 3.3, 3.10
sell **vender** *v.* 1.6
semester **semestre** *m.* 1.2
senator **senador(a)** *m., f.*
send **enviar** *v.* 2.5; **mandar** *v.* 2.5
sender **remitente** *m.*
sense **sentido** *m.*

common sense **sentido común** *m.*
sensible **sensato/a** *adj.* 3.1
sensitive **sensible** *adj.* 3.1
separate (from) **separarse** *v.* **(de)** 1.9
separated **separado/a** *adj.* 1.9, 3.1
September **septiembre** *m.* 1.5
sequel **continuación** *f.*
sequence **secuencia** *f.*
serious **grave** *adj.* 2.1
serve **servir (e:i)** *v.* 1.8
servitude **servidumbre** *f.* 3.3
set (*fixed*) **fijo/a** *adj.* 1.6
set the table **poner la mesa** 2.3
settle **poblar** *v.*
settler **poblador(a)** *m., f.*
seven **siete** *n., adj.* 1.1
seven hundred **setecientos/as** *n., adj.* 1.2
seventeen **diecisiete** *n., adj.* 1.1
seventh **séptimo/a** *n., adj.* 1.5
seventy **setenta** *n., adj.* 1.2
several **varios/as** *adj. pl.* 1.8
sexism **sexismo** *m.* 2.9
sexton **sacristán** *m.*
shame **vergüenza** *f.*; **lástima** *f.* 2.4
it's a shame **es una lástima** 2.4
shampoo **champú** *m.* 1.7
shape **forma** *f.* 2.6
bad physical shape **mala forma física** *f.*
be in good shape **estar en buena forma** 2.6
get in shape **ponerse en forma** 3.4
stay in shape **mantenerse en forma** 3.4
share **compartir** *v.* 1.3
shark **tiburón** *m.* 3.5
sharp (*time*) **en punto** 1.1; **nítido/a** *adj.*
shave **afeitarse** *v.* 1.7, 3.2
shaving cream **crema** *f.* **de afeitar** 1.7
she **ella** *sub. pron.* 1.1
sheep **oveja** *f.* 3.6
shellfish **mariscos** *m., pl.* 1.8
ship **barco** *m.*
shirt **camisa** *f.* 1.6
shoe **zapato** *m.* 1.6
shoe size **número** *m.* 1.6
shoe store **zapatería** *f.* 2.5
tennis shoes **zapatos** *m., pl.* **de tenis** 1.6
shop **tienda** *f.* 1.6
shopping: go shopping **ir de compras** 1.5
shopping mall **centro comercial** *m.* 1.6
shore **orilla** *f.*
on the shore of **a orillas de** 3.6
short (*in height*) **bajo/a** *adj.* 1.3; (*in length*) **corto/a** *adj.* 1.6
short film **corto** *m.* 3.1, **cortometraje** *m.* 3.1
short story **cuento** *m.* 2.8
short/long-term **a corto/largo plazo** 3.8
shorts **pantalones cortos** *m., pl.* 1.6
shot (*injection*) **inyección** *f.*
give a shot **poner una inyección** 3.4
should (*do something*) **deber** *v.* **(+** *inf.***)** 1.3
shoulder **hombro** *m.*
shout **gritar** *v.*
show **espectáculo** *m.* 2.8, 3.2; **mostrar (o:ue)** *v.* 1.4
game show **concurso** *m.* 2.8
shower **ducha** *f.* 1.7; **ducharse** *v.* 1.7
showing **sesión** *f.*
shrimp **camarón** *m.* 1.8
shrink **encogerse** *v.*
shrug **encogerse de hombros**
shy **tímido/a** *adj.* 3.1
shyness **timidez** *f.*
siblings **hermanos/as** *pl.* 1.3
sick **enfermo/a** *adj.* 2.1
be sick **estar enfermo/a** 2.1
be sick (of) **estar harto/a (de)** 3.1
get sick **enfermarse** *v.* 2.1, 3.4
side effects **efectos secundarios** *m., pl.* 3.4
sign **firmar** *v.* 2.5; **letrero** *m.* 2.5; **señal** *f.* 3.2
signal **señalar** *v.* 3.2
signature **firma** *f.*
silent **callado/a** *adj.* 3.7
be silent **callarse** *v.*
remain silent **quedarse callado/a** 3.1
silk **seda** *f.* 1.6
(made of) silk **de seda** 1.6
silly **tonto/a** *adj.* 1.3
silly person **bobo/a** *m., f.* 3.7
sin **pecado** *m.*
since **desde** *prep.*
sincere **sincero/a** *adj.*
sing **cantar** *v.* 1.2
singer **cantante** *m., f.* 2.8, 3.2
single **soltero/a** *adj.* 1.9, 3.1
single father **padre soltero** *m.*
single mother **madre soltera** *f.*
single room **habitación individual** *f.* 1.5
sink **lavabo** *m.* 1.7; **hundir** *v.*
sir **señor (Sr.)** *m.* 1.1
sister **hermana** *f.* 1.3
sister-in-law **cuñada** *f.* 1.3
sit down **sentarse (e:ie)** *v.* 1.7
situated **situado/a** *adj.*
six **seis** *n., adj.* 1.1
six hundred **seiscientos/as** *n., adj.* 1.2
sixteen **dieciséis** *n., adj.* 1.1
sixth **sexto/a** *n., adj.* 1.5
sixty **sesenta** *n., adj.* 1.2
size **talla** *f.* 1.6
shoe size **número** *m.* 1.6
skate (inline) **patinar (en línea)** 1.4
skateboard **andar en patineta** 1.4
sketch **esbozar** *v.*; **esbozo** *m.*
ski **esquiar** *v.* 1.4
skiing **esquí** *m.* 1.4
waterskiing **esquí** *m.* **acuático** 1.4
skill **habilidad** *f.*
skillfully **hábilmente** *adv.*
skim **hojear** *v.* 3.10
skirt **falda** *f.* 1.6
sky **cielo** *m.* 2.4
slacker **vago/a** *m., f.* 3.7
slave **esclavo/a** *m., f.*
slavery **esclavitud** *f.*
sleep **dormir (o:ue)** *v.* 1.4, 3.2; **sueño** *m.* 1.3
go to sleep **dormirse (o:ue)** *v.* 1.7
sleepy: be (very) sleepy **tener (mucho) sueño** 1.3
sleeve **manga** *f.* 3.5
slender **delgado/a** *adj.* 1.3
slim down **adelgazar** *v.* 2.6
slip **resbalar** *v.*
slippers **pantuflas** *f.* 1.7
slippery **resbaladizo/a** *adj.*
slow **lento/a** *adj.* 2.2
slowly **despacio** *adv.* 2.1
small **pequeño/a** *adj.* 1.3
smart **listo/a** *adj.* 1.5
smile **sonreír (e:i)** *v.* 1.9
smiled **sonreído** *p.p.* 2.5
smoggy: It's (very) smoggy. **Hay (mucha) contaminación.**
smoke **fumar** *v.* 1.8, 2.6
not to smoke **no fumar** 2.6
smoking section **sección** *f.* **de fumar** 1.8
nonsmoking section **sección** *f.* **de (no) fumar** 1.8
smoothness **suavidad** *f.*
snack **merendar (e:ie)** *v.* 1.8, 2.6
afternoon snack **merienda** *f.* 2.6
have a snack **merendar** *v.*
snake **serpiente** *f.* 3.6
sneakers **zapatos** *m. pl.* **de tenis** 1.6
sneeze **estornudar** *v.* 2.1
snow **nevar (e:ie)** *v.* 1.5; **nieve** *f.*
snowing: It's snowing. **Nieva.** 1.5; **Está nevando.** 1.5
so (*in such a way*) **así** *adv.* 2.1; **tan** *adv.* 1.5

so much **tanto** *adv.*
so-so **regular** 1.1; **así así**
so that **para que** *conj.* 2.4
soap **jabón** *m.* 1.7
soap opera **telenovela** *f.* 2.8, 3.9
soccer **fútbol** *m.* 1.4
sociable **sociable** *adj.*
society **sociedad** *f.*
sociology **sociología** *f.* 1.2
sock(s) **calcetín (calcetines)** *m.* 1.6
sofa **sofá** *m.* 2.3
soft drink **refresco** *m.* 1.8
software **programa** *m.* **de computación** 2.2, 3.7
soil **tierra** *f.* 2.4
solar **solar** *adj.* 2.4
solar energy **energía** *f.* **solar** 2.4
soldier **soldado** *m., f.* 2.9
solitude **soledad** *f.* 3.3
solution **solución** *f.* 2.4
solve **resolver (o:ue)** *v.* 2.4, 3.6
some **algún, alguno(s)/a(s)** *adj., pron.* 1.7; **unos/as** *pron. pl.*; *indef. art.* 1.1
somebody **alguien** *pron.* 1.7
someone **alguien** *pron.* 1.7
something **algo** *pron.* 1.7
sometimes **a veces** *adv.* 2.1, 3.3
son **hijo** *m.* 1.3
song **canción** *f.* 2.8
son-in-law **yerno** *m.* 1.3
soon **pronto** *adv.* 2.1
See you soon. **Hasta pronto.** 1.1
sorrow **pena** *f.* 3.4
sorry: to be sorry **sentir (e:ie)** *v.* 2.4
I'm sorry. **Lo siento.** 1.4
I'm so sorry. **Mil perdones.** 1.4; **Lo siento muchísimo.** 1.4
soul **alma** *f.* 3.1
soundtrack **banda sonora** *f.* 3.9
soup **sopa** *f.* 1.8
source **fuente** *f.*
energy source **fuente de energía** *f.* 3.6
south **sur** *m.* 2.5
to the south **al sur** 2.5
sovereign **soberano/a** *m., f.*
sovereignty **soberanía** *f.*
space **espacial** *adj.*; **espacio** *m.* 3.7
space lab **laboratorio espacial** *m.*
spaceship **nave espacial** *f.*
space shuttle **transbordador espacial** *m.* 3.7
spacious **espacioso/a** *adj.*
Spain **España** *f.* 1.1
Spanish (*language*) **español** *m.* 1.2; **español(a)** *adj.* 1.3
spare time **ratos libres** *m.* 1.4
speak **hablar** *v.* 1.2, 3.1
Speaking of that, ... **Hablando de esto, ...**
speaker **hablante** *m., f.* 3.9
special effects **efectos especiales** *m., pl.* 3.9
specialist **especialista** *m., f.*
specialized **especializado/a** *adj.* 3.7
species **especie** *f.* 3.6
endangered species **especie en peligro de extinción** *f.*
spectacular **espectacular** *adj.* 2.6
spectator **espectador(a)** *m., f.* 3.2
speech **discurso** *m.* 2.9
give a speech **pronunciar un discurso**
speed **velocidad** *f.* 2.2
speed limit **velocidad** *f.* **máxima** 2.2
spell-checker **corrector ortográfico** *m.* 3.7
spelling **ortografía** *f.*; **ortográfico/a** *adj.*
spend (*money*) **gastar** *v.* 1.6, 3.8
spider **araña** *f.* 3.6
spill **derramar** *v.*
spirit **ánimo** *m.* 3.1
spiritual **espiritual** *adj.*
spoon (*table or large*) **cuchara** *f.* 2.3
sport **deporte** *m.* 1.4
sports-related **deportivo/a** *adj.* 1.4
spot: on the spot **en el acto** 3.3
spouse **esposo/a** *m., f.* 1.3
sprain (one's ankle) **torcerse (o:ue)** *v.* **(el tobillo)** 2.1
sprained **torcido/a** *adj.* 2.1
be sprained **estar torcido/a** 2.1
spray **rociar** *v.* 3.6
spring **primavera** *f.* 1.5; **manantial** *m.*
square (*city or town*) **plaza** *f.* 1.4
stability **estabilidad** *f.*
stadium **estadio** *m.* 1.2
stage (*theater*) **escenario** *m.* 3.2; (*phase*) **etapa** *f.* 1.9
stage name **nombre artístico** *m.* 3.1
stain **mancha** *f.*; **manchar** *v.*
staircase **escalera** *f.* 2.3, 3.3
stairway **escalera** *f.* 2.3
stamp **estampilla** *f.* 2.5; **sello** *m.* 2.5
stand in line **hacer cola** 2.5
stand up **ponerse de pie**
stanza **estrofa** *f.* 3.10
star **estrella** *f.* 2.4; (*movie*) **estrella** *f.*
pop star **estrella pop** *f.* 3.9
shooting star **estrella fugaz** *f.*
start (*a vehicle*) **arrancar** *v.* 2.2; **establecer** *v.* 2.7
station **estación** *f.* 1.5
statue **estatua** *f.* 2.8
status: marital status **estado** *m.* **civil** 1.9
stay **hospedarse** *v.*; **quedarse** *v.* 1.7, 3.5
stay in shape **mantenerse en forma** 2.6
stay up very late or all night **trasnochar** *v.* 3.4
steak **bistec** *m.* 1.8
steering wheel **volante** *m.* 2.2
step **etapa** *f.*; **paso** *m.*
take the first step **dar el primer paso**
stepbrother **hermanastro** *m.* 1.3
stepdaughter **hijastra** *f.* 1.3
stepfather **padrastro** *m.* 1.3
stepmother **madrastra** *f.* 1.3
stepsister **hermanastra** *f.* 1.3
stepson **hijastro** *m.* 1.3
stereo **estéreo** *m.* 2.2
stereotype **estereotipo** *m.* 3.10
stern **popa** *f.* 3.5
stick **pegar** *v.*
still **todavía** *adv.* 1.5
still life **naturaleza muerta** *f.* 3.10
sting **picar** *v.*
stingy **tacaño/a** *adj.* 3.1
stir **revolver (o:ue)** *v.*
stockbroker **corredor(a)** *m., f.* **de bolsa** 2.7
stockings **medias** *f., pl.* 1.6
stock market **bolsa (de valores)** *f.* 3.8
stomach **estómago** *m.* 2.1
stone **piedra** *f.* 2.4, 3.5
stop **parar** *v.* 2.2
stop (*doing something*) **dejar de (+** *inf.***)** 2.4
store **tienda** *f.* 1.6
storekeeper **comerciante** *m., f.*
storm **tormenta** *f.* 2.9
tropical storm **tormenta** *f.* **tropical** 3.6
story **cuento** *m.* 2.8; **historia** *f.* 2.8; (*account*) **relato** *m.* 3.10
stove **cocina** *f.* 2.3; **estufa** *f.* 2.3
straight **derecho** *adj.* 2.5
straight (ahead) **derecho** 2.5
straighten up **arreglar** *v.* 2.3
strange **extraño/a** *adj.* 2.4
it's strange **es extraño** 2.4
stranger **desconocido/a** *adj.*
strawberry **frutilla** *f.*, **fresa** *f.*
stream **arroyo** *m.* 3.10
street **calle** *f.* 2.2

strength **fortaleza** *f.*
stress **estrés** *m.* 2.6
stretching **estiramiento** *m.* 2.6
do stretching exercises **hacer ejercicios de estiramiento** 2.6
strict **autoritario/a** *adj.* 3.1
strike (*labor*) **huelga** *f.* 2.9, 3.8
striking **llamativo/a** *adj.* 3.10
stripe **raya** *f.* 1.6, 3.5
striped **de rayas** 1.6
stroll **pasear** *v.* 1.4; **paseo** *m.*
strong **fuerte** *adj.* 2.6
struggle (for/against) **luchar** *v.* **(por/contra)** 2.9; **lucha** *f.*
stubborn **tozudo/a** *adj.* 3.8
student **estudiante** *m., f.* 1.1, 1.2; **estudiantil** *adj.* 1.2
studio **estudio** *m.*
recording studio **estudio de grabación** *f.*
study **estudiar** *v.* 1.2
stuffed-up (*sinuses*) **congestionado/a** *adj.* 2.1
stupendous **estupendo/a** *adj.* 1.5
stupid **necio/a** *adj.*
stupid person **bobo/a** *m., f.* 3.7
style **estilo** *m.*
in the style of... **al estilo de...** 3.10
subscribe (to) **suscribirse (a)** *v.* 3.9
subtitles **subtítulos** *m., pl.* 3.9
subtlety **matiz** *m.*
suburb **suburbio** *m.*
suburbs **afueras** *f., pl.* 2.3
subway **metro** *m.* 1.5
subway station **estación** *f.* **del metro** 1.5
succeed in (*reach*) **alcanzar** *v.*
success **éxito** *m.* 2.7
successful **exitoso/a** *adj.* 3.8
be successful **tener éxito** 2.7
such as **tales como**
suckling pig **cochinillo** *m.* 3.10
sudden **repentino/a** *adj.* 3.3
suddenly **de repente** *adv.* 1.6, 3.3
suffer (from) **sufrir (de)** *v.* 2.1, 3.4
suffer an illness **sufrir una enfermedad** 2.1
suffering **sufrimiento** *m.*
sugar **azúcar** *m.* 1.8
suggest **aconsejar** *v.* 2.3, 3.4; **sugerir (e:ie)** *v.* 2.3, 3.4
suit **traje** *m.* 1.6
suitcase **maleta** *f.* 1.1, 3.5
summer **verano** *m.* 1.5
summit **cumbre** *f.*
sun **sol** *m.* 1.5, 2.4
sunbathe **tomar el sol** 1.4
Sunday **domingo** *m.* 1.2
sunglasses **gafas** *f., pl.* **de sol/oscuras** 1.6; **lentes** *m. pl.* **de sol**
sunny: It's (very) sunny. **Hace (mucho) sol.** 1.5
sunrise **amanecer** *m.*
supermarket **supermercado** *m.* 2.5, 3.3
supply **proporcionar** *v.*
support **soportar** *v.* 3.1
suppose **suponer** *v.* 1.4, 3.1
suppress **suprimir** *v.*
sure **seguro/a** *adj.* 1.5; **cierto/a** *adj.*
be sure **estar seguro/a** 1.5
Sure! **¡Cierto!**
surf (the Internet) **navegar** *v.* **(en Internet)** 2.2
surf the web **navegar la red** 3.7
surface **superficie** *f.*
surgeon **cirujano/a** *m., f.* 3.4
surgery **cirugía** *f.* 3.4
surgical **quirúrgico/a** *adj.*
surprise **sorprender** *v.* 1.9, 3.2; **sorpresa** *f.* 1.9
surprised **sorprendido** *adj.* 3.2
be surprised (about) **sorprenderse (de)** *v.* 3.2
surrealism **surrealismo** *m.* 3.10
surrender **rendirse (e:i)** *v.*
surround **rodear** *v.*
surrounded **rodeado/a** *adj.* 3.7
survey **encuesta** *f.* 2.9
survival **supervivencia** *f.*; **sobrevivencia** *f.*
survive **subsistir** *v.*; **sobrevivir** *v.*
suspect **sospechar** *v.*
suspicion **sospecha** *f.*
swallow **tragar** *v.*
sweat **sudar** *v.* 2.6
sweater **suéter** *m.* 1.6
sweep **barrer** *v.* 3.3
sweep the floor **barrer el suelo** 2.3
sweetheart **amado/a** *m., f.* 3.1
sweets **dulces** *m., pl.* 1.9
swim **nadar** *v.* 1.4
swimming **natación** *f.* 1.4
swimming pool **piscina** *f.* 1.4
symptom **síntoma** *m.* 2.1
synagogue **sinagoga** *f.*
syrup **jarabe** *m.* 3.4

T

table **mesa** *f.* 1.2
tablespoon **cuchara** *f.* 2.3
tablet (*pill*) **pastilla** *f.* 2.1
tabloid(s) **prensa sensacionalista** *f.* 3.9
tag **etiqueta** *f.*
take **tomar** *v.* 1.2; **llevar** *v.* 1.6
take a bath **bañarse** *v.* 1.7, 3.2
take a look **echar un vistazo**
take a shoe size **calzar** *v.* 1.6
take a shower **ducharse** *v.* 1.7
take a trip **hacer un viaje** 3.5
take a vacation **ir(se) de vacaciones** 3.5
take away (*remove*) **quitar** *v.* 3.2
take care of **cuidar** *v.* 2.4, 3.1
take care of oneself **cuidarse** *v.*
take off (*clothing*) **quitarse** *v.* 1.7, 3.2
take off (*airplanes*) **despegar** *v.* 3.5
take off running **echar a correr**
take out the trash **sacar la basura** 2.3
take photos **tomar fotos** 1.5; **sacar fotos** 1.5
take place **desarrollarse** *v.* 3.10; **transcurrir** *v.* 3.10
take refuge **refugiarse** *v.*
take seriously **tomar en serio** 3.8
take someone's temperature **tomar la temperatura** 2.1
talent **talento** *m.* 3.1
talented **talentoso/a** *adj.* 2.8, 3.1
talk *v.* **hablar** 1.2
talk show **programa** *m.* **de entrevistas** 2.8
tall **alto/a** *adj.* 1.3
tank **tanque** *m.* 2.2, 3.6
tape (*audio*) **cinta** *f.*
tape recorder **grabadora** *f.* 1.1
taste **probar (o:ue)** *v.* 1.8
And does it taste good? **¿Y sabe bien?** 3.4
How does it taste? **¿Cómo sabe?** 3.4
It tastes like garlic/mint/lemon. **Sabe a ajo/menta/limón.** 3.4
taste like/of **saber a** *v.* 1.8, 3.1
taste **gusto** *m.* 3.10; **sabor** *m.*
in good/bad taste **de buen/mal gusto** 3.10
It has a sweet/sour/bitter/pleasant taste. **Tiene un sabor dulce/agrio/amargo/agradable.** 3.4
tasty **rico/a** *adj.* 1.8; **sabroso/a** *adj.* 1.8
tax **impuesto** *m.* 2.9
sales tax **impuesto de ventas** *m.* 3.8
taxi **taxi** *m.* 1.5
tea **té** *m.* 1.8
teach **enseñar** *v.* 1.2
teacher **profesor(a)** *m., f.* 1.1, 1.2; **maestro/a** *m., f.* 2.7
teaching **enseñanza** *f.*
team **equipo** *m.* 1.4, 3.2

tears **lágrimas** *f. pl.*
technician **técnico/a** *m., f.* 2.7
telecommuting **teletrabajo** *m.* 2.7
telephone **teléfono** 2.2
  cellular telephone **teléfono celular** *m.* 2.2
  telephone receiver **auricular** *m.* 3.7
telescope **telescopio** *m.* 3.7
television **televisión** *f.* 1.2, 2.2, 3.2
  television set **televisor** *m.* 2.2, 3.2
  television viewer **televidente** *m., f.* 3.2
tell **contar (o:ue)** *v.* 1.4, 3.2; **decir** *v.* 1.4
  tell that **decir** *v.* **que** 1.4, 1.9
  tell lies **decir mentiras** 1.4
  tell the truth **decir la verdad** 1.4
temperature **temperatura** *f.* 2.1
temple **templo** *m.*
ten **diez** *n., adj.* 1.1
tendency **propensión** *f.*
tennis **tenis** *m.* 1.4
tennis shoes **zapatos** *m., pl.* **de tenis** 1.6
tension **tensión** *f.* 2.6
tent **tienda** *f.* **de campaña**
tenth **décimo/a** *n., adj.* 1.5
terrible **terrible** *adj.* 2.4
  it's terrible **es terrible** 2.4
terrific **chévere** *adj.*
territory **territorio** *m.*
terrorism **terrorismo** *m.*
test **prueba** *f.* 1.2; **examen** *m.* 1.2; **poner a prueba**
text message **mensaje** *m.* **de texto** 2.2
Thank you. **Gracias.** 1.1
  Thank you (very much). **(Muchas) gracias.** 1.1
  Thank you very, very much. **Muchísimas gracias.** 1.9
  Thanks (a lot). **(Muchas) gracias.** 1.1
  Thanks again. (*lit. Thanks one more time.*) **Gracias una vez más.** 1.9
  Thanks for everything. **Gracias por todo.** 1.9, 2.6
that **que, quien(es), lo que** *conj.* 2.3
  that (one) **ése, ésa, eso** *pron.* 1.6; **ese, esa,** *adj.* 1.6
  that (*over there*) **aquél, aquélla, aquello** *pron.* 1.6; **aquel, aquella** *adj.* 1.6
  that which **lo que** *conj.* 2.3
  That's me. **Soy yo.** 1.1
  That's not the way it is. **No es así.** 2.7
  that's why **por eso** 2.2
the **el** *m. sing.*, **la** *f. sing.*, **los** *m. pl.*, **las** *f. pl.*
theater **teatro** *m.* 2.8
their **su(s)** *poss. adj.* 1.3; **suyo/a(s)** *poss. adj.* 2.2
theirs **suyo/a(s)** *poss. pron.* 2.2
them **los/las** *pl., d.o. pron.* 1.5; **ellos/as** *pron., obj. of prep.* 1.9
  to/for them **les** *pl., i.o. pron.* 1.6
then **después** (*afterward*) *adv.* 1.7; **entonces** (*as a result*) *adv.* 1.7; **luego** (*next*) *adv.* 1.7; **pues** *adv.* 2.6
theory **teoría** *f.* 3.7
there **allí** *adv.* 1.5; **allá** *adv.*
  There is/are... **Hay...** 1.1
  There is/are not... **No hay...** 1.1
therefore **por eso** 2.2
thermal **térmico/a** *adj.*
these **éstos, éstas** *pron.* 1.6; **estos, estas** *adj.* 1.6
they **ellos** *m. pron.*, **ellas** *f. pron.* 1.1
thief **ladrón/ladrona** *m., f.*
thin **delgado/a** *adj.* 1.3
thing **cosa** *f.* 1.1
think **pensar (e:ie)** *v.* 1.4, 3.1; (*believe*) **creer** *v.*; (*to be of the opinion*) **opinar** *v.*
  I think it's pretty. **Me parece hermosa/o.**
  I thought... **Me pareció...** 3.1
  think about **pensar en** *v.* 1.4
  What did you think of...? **¿Qué te pareció...?** 3.1
third **tercero/a** *n., adj.* 1.5
thirst **sed** *f.* 1.3
thirsty: be (very) thirsty **tener (mucha) sed** 1.3
thirteen **trece** *n., adj.* 1.1
thirty **treinta** *n., adj.* 1.1; 1.2;
  thirty (minutes past the hour) **y treinta; y media** 1.1
this **este, esta** *adj.*; **éste, ésta, esto** *pron.* 1.6
  This is... (*introduction*) **Éste/a es...** 1.1
  This is he/she. (*on the telephone*) **Con él/ella habla.** 2.2
thoroughly **a fondo** *adv.*
those **ésos, ésas** *pron.* 1.6; **esos, esas** *adj.* 1.6
those (*over there*) **aquéllos, aquéllas** *pron.* 1.6; **aquellos, aquellas** *adj.* 1.6
thousand **mil** *m.* 1.6
threat **amenaza** *f.* 3.8
three **tres** *n., adj.* 1.1
three hundred **trescientos/as** *n., adj.* 1.2
throat **garganta** *f.* 2.1
through **por** *prep.* 2.2
throughout: throughout the world **en todo el mundo** 2.4
throw **tirar** *v.* 3.5
  throw away **echar** *v.* 3.5
  throw... out **botar** *v.* 3.5
thunder **trueno** *m.* 3.6
Thursday **jueves** *m., sing.* 1.2
thus **así** *adv.*
ticket **boleto** *m.* 2.8; **pasaje** *m.* 1.5
tie **corbata** *f.* 1.6; (*game*) **empate** *m.* 3.2
tie (up) **atar** *v.*; (*games*) **empatar** *v.* 3.2
tiger **tigre** *m.* 3.6
time **tiempo** *m.* 1.4; **vez** *f.* 1.6
  at that time **en aquel entonces**
  for the first/last time **por primera/última vez** 3.2
  have a good/bad/horrible time **pasarlo bien/mal** 1.9, 3.1
  on time **a tiempo** 3.3
  once upon a time **érase una vez**
  We had a great time. **Lo pasamos de película.** 2.9
  (At) What time...? **¿A qué hora...?** 1.1
  What time is it? **¿Qué hora es?** 1.1
times **veces** *f., pl.* 1.6
  many times **muchas veces** 2.1
  two times **dos veces** 1.6
tip **propina** *f.* 1.9
tire **llanta** *f.* 2.2
tired **cansado/a** *adj.* 1.5
  be tired **estar cansado/a** 1.5
  become tired **cansarse** *v.*
to **a** *prep.* 1.1
toast (*drink*) **brindar** *v.* 1.9; **pan** *m.* **tostado**
toasted **tostado/a** *adj.* 1.8
  toasted bread **pan** *m.* **tostado** 1.8
toaster **tostadora** *f.* 2.3
today **hoy** *adv.* 1.2
  Today is... **Hoy es...** 1.2
toe **dedo** *m.* **del pie** 2.1
together **juntos/as** *adj.* 1.9
toilet **inodoro** *m.* 1.7
tomato **tomate** *m.* 1.8
tomorrow **mañana** *f.* 1.1
  See you tomorrow. **Hasta mañana.** 1.1
tone of voice **timbre** *m.* 3.3
tongue **lengua** *f.* 3.9
tonight **esta noche** *adv.* 1.4
too **también** *adv.* 1.2, 1.7
  too much **demasiado/a** *adj.*; **demasiado** *adv.* 1.6; **en exceso** 2.6
tool **herramienta** *f.*
toolbox **caja de herramientas** *f.* 3.2

tooth **diente** *m.* 1.7
toothpaste **pasta** *f.* **de dientes** 1.7
topic **asunto** *m.*
tornado **tornado** *m.* 2.9
tortilla **tortilla** *f.* 1.8
touch **tocar** *v.* 2.4, 2.8
  touch lightly **rozar** *v.*
tour **excursión** *f.* 1.4, 3.5
  tour an area **recorrer** *v.*
tour guide **guía turístico/a** *m., f.* 3.5
tourism **turismo** *m.* 1.5, 3.5
tourist **turista** *m., f.* 1.1, 3.5; **turístico/a** *adj.* 3.5
tournament **torneo** *m.* 3.2
toward **hacia** *prep.* 2.5; **para** *prep.* 2.2
towel **toalla** *f.* 1.7
town **pueblo** *m.* 1.4
toxic **tóxico/a** *adj.* 3.6
trace **huella** *f.* 3.8; **trazar** *v.*
track-and-field events **atletismo** *m.*
trade **comercio** *m.* 3.8; **oficio** *m.* 2.7
trader **comerciante** *m., f.*
traditional **tradicional** *adj.* 3.1; (*typical*) **típico/a** *adj.*
traffic **circulación** *f.* 2.2; **tráfico** *m.* 2.2; **tránsito** *m.*
  traffic jam **congestionamiento** *m.* 3.5; **tapón** *m.* 3.5
  traffic signal **semáforo** *m.*
tragedy **tragedia** *f.* 2.8
tragic **trágico/a** *adj.* 3.10
trail **sendero** *m.* 2.4
train **entrenarse** *v.* 2.6; **tren** *m.* 1.5
  train station **estación** *f.* **de tren** 1.5
trainer **entrenador(a)** *m., f.* 2.6, 3.2
trait **rasgo** *m.*
traitor **traidor(a)** *m., f.*
tranquilizer **calmante** *m.* 3.4
translate **traducir** *v.* 1.6, 3.1
transmission **transmisión** *f.*
transplant **transplantar** *v.*
trap **atrapar** *v.* 3.6
trash **basura** *f.* 2.3
travel **viajar** *v.* 1.2; (*go across*) **recorrer** *v.* 3.5
travel agent **agente** *m., f.* **de viajes** 1.5
traveler **viajero/a** *m., f.* 1.5, 3.5
traveler's check **cheque** *m.* **de viajero** 2.5
travel log **bitácora** *f.* 3.7
treadmill **cinta caminadora** *f.* 2.6
treat **tratar** *v.* 3.4
treatment **tratamiento** *m.* 3.4
treaty **tratado** *m.*
tree **árbol** *m.* 2.4, 3.6
trend **moda** *f.*; **tendencia** *f.* 3.9
trial **juicio** *m.*
tribal chief **cacique** *m.*
tribe **tribu** *f.*
trick **truco** *m.* 3.2
trillion **billón** *m.*
trimester **trimestre** *m.* 1.2
trip **viaje** *m.* 1.5, 3.5
  take a trip **hacer un viaje** 1.5, 3.5
tropical **tropical** *adj.*
  tropical forest **bosque** *m.* **tropical** 2.4
  tropical storm **tormenta** *f.* **tropical** 3.6
true **verdad** *adj.* 2.4
  it's (not) true **(no) es verdad** 2.4
trunk **baúl** *m.* 2.2; **maletero** *m.* 3.9
trust **confianza** *f.* 3.1
truth **verdad** *f.*
try **intentar** *v.*; **probar (o:ue)** *v.* 1.8, 3.3
  try (*to do something*) **tratar de (+** *inf.***)** 2.6
  try on **probarse (o:ue)** *v.* 1.7, 3.3
t-shirt **camiseta** *f.* 1.6
Tuesday **martes** *m., sing.* 1.2
tuna **atún** *m.* 1.8
tune into (*radio or television*) **sintonizar** *v.*
tuning **sintonía** *f.* 3.9
turkey **pavo** *m.* 1.8
turn (*a corner*) **doblar** *v.* 2.5
  be my/your/his turn **me/te/le, etc. + tocar** *v.*
  Is it my turn yet? **¿Todavía no me toca?** 3.2
  turn off (*electricity/appliance*) **apagar** *v.* 2.2, 3.3
  turned off **apagado/a** *adj.* 3.7
  turn on (*electricity/appliance*) **encender (e:ie)** *v.* 3.3; **poner** *v.* 2.2; **prender** *v.* 2.2
  turn red **enrojecer** *v.*
  Whose turn is it to pay the tab? **¿A quién le toca pagar la cuenta?** 3.2
twelve **doce** *n., adj.* 1.1
twenty **veinte** *n., adj.* 1.1
twenty-eight **veintiocho** *n., adj.* 1.1
twenty-five **veinticinco** *n., adj.* 1.1
twenty-four **veinticuatro** *n., adj.* 1.1
twenty-nine **veintinueve** *n., adj.* 1.1
twenty-one **veintiún, veintiuno/a** *n., adj.* 1.1
twenty-seven **veintisiete** *n., adj.* 1.1
twenty-six **veintiséis** *n., adj.* 1.1
twenty-three **veintitrés** *n., adj.* 1.1
twenty-two **veintidós** *n., adj.* 1.1
twice **dos veces** 1.6
twin **gemelo/a** *m., f.* 1.3
twisted **torcido/a** *adj.* 2.1
  be twisted **estar torcido/a** 2.1
two **dos** *n., adj.* 1.1
  two times **dos veces** 1.6
two hundred **doscientos/as** *n., adj.* 1.2

U

UFO **ovni** *m.* 3.7
ugly **feo/a** *adj.* 1.3
unbiased **imparcial** *adj.* 3.9
uncertainty **incertidumbre** *f.*
uncle **tío** *m.* 1.3
under **bajo** *adv.* 1.7; **debajo de** *prep.* 1.2
underdevelopment **subdesarrollo** *m.*
underground tank **cisterna** *f.* 3.6
understand **comprender** *v.* 1.3; **entender (e:ie)** *v.* 1.4
underwear **ropa interior** *f.* 1.6; (*men's*) **calzoncillos** *m. pl.*
undo **deshacer** *v.* 3.1
unemployed **desempleado/a** *adj.* 3.8
unemployment **desempleo** *m.* 2.9, 3.8
unequal **desigual** *adj.*
unethical **poco ético/a**
unexpected **imprevisto/a** *adj.* 3.3; **inesperado/a** *adj.* 3.3
unexpectedly **de improviso** *adv.*
unfasten the seatbelt **quitarse el cinturón de seguridad** 3.5
unique **único/a** *adj.*
United States **Estados Unidos (EE.UU.)** *m. pl.* 1.1
university **universidad** *f.* 1.2
unjust **injusto/a** *adj.*
unless **a menos que** *conj.* 2.4
unmarried **soltero/a** *adj.*
unpleasant **antipático/a** *adj.* 1.3
unsettling **inquietante** *adj.* 3.10
untie **desatar** *v.*
until **hasta** *prep.* 1.6; **hasta que** *conj.* 2.4; **hasta** *adv.*
up **arriba** *adv.* 2.6
  up until now **hasta la fecha**
update **actualizar** *v.* 3.7
upset **disgustado/a** *adj.* 3.1; **disgustar** *v.* 3.2
  get upset **afligirse** *v.* 3.3
up-to-date **actualizado/a** *adj.* 3.9
  be up-to-date **estar al día** 3.9

urban **urbano/a** *adj.*
urgent **urgente** *adj.* 2.3, 3.4
It's urgent that... **Es urgente que...** 2.3
us **nos** *pl., d.o. pron.* 1.5
to/for us **nos** *pl., i.o. pron.* 1.6
use **usar** *v.* 1.6
use up **agotar** *v.* 3.6
used: be used to **estar acostumbrado/a a**
get used to **acostumbrarse (a)** *v.* 3.3
I used to... (*was in the habit of*) **solía**
used for **para** *prep.* 2.2
useful **útil** *adj.*
useless **inútil** *adj.* 3.2
user **usuario/a** *m., f.* 3.7

V

vacation **vacaciones** *f., pl.* 1.5
be on vacation **estar de vacaciones** 1.5
go on vacation **ir de vacaciones** 1.5
take a vacation **ir(se) de vacaciones** 3.5
vaccinate **vacunar(se)** *v.* 3.4
vaccine **vacuna** *f.* 3.4
vacuum **pasar la aspiradora** 2.3, 3.3
vacuum cleaner **aspiradora** *f.* 2.3
valid **vigente** *adj.* 3.5
valley **valle** *m.* 2.4
valuable **valioso/a** *adj.* 3.6
value **valor** *m.*
vandal **vándalo/a** *m., f.* 3.6
various **varios/as** *adj. pl.* 1.8
VCR **videocasetera** *f.* 2.2
vegetables **verduras** *pl., f.* 1.8
verb **verbo** *m.*
very **muy** *adv.* 1.1
very much **muchísimo** *adv.* 1.2
(Very) well, thank you. **(Muy) bien, gracias.** 1.1
victorious **victorioso/a** *adj.*
victory **victoria** *f.*
video **video** *m.* 1.1
video camera **cámara** *f.* **de video** 2.2
video game **videojuego** *m.* 1.4, 3.2
videocassette **videocasete** *m.* 2.2
videoconference **videoconferencia** *f.* 2.7
village **aldea** *f.*
vinegar **vinagre** *m.* 1.8
violence **violencia** *f.* 2.9
virus **virus** *m.* 3.4
visit **visitar** *v.* 1.4
visit monuments **visitar monumentos** 1.4
visiting hours **horas de visita** *f., pl.*
vitamin **vitamina** *f.* 2.6
volcano **volcán** *m.* 2.4
volleyball **vóleibol** *m.* 1.4
vote **votar** *v.* 2.9

W

wage: minimum wage **sueldo mínimo** *m.* 3.8
wait **espera** *f.*; **esperar** *v.*
wait (for) **esperar** *v.* **(+** *inf.***)** 1.2
wait in line **hacer cola** 3.2
waiter/waitress **camarero/a** *m., f.* 1.8; **mesero/a** *m., f.*
wake up **despertarse (e:ie)** *v.* 1.7, 3.2
wake up early **madrugar** *v.* 3.4
walk **andar** *v.*; **caminar** *v.* 1.2
take a stroll/walk **dar un paseo** 3.2; **dar una vuelta**
take a walk **pasear** *v.* 1.4
walk around **pasear por** 1.4
walkman **walkman** *m.*
wall **pared** *f.* 2.3, 3.5
wallet **cartera** *f.* 1.6
want **querer (e:ie)** *v.* 1.4, 3.1, 3.4
I don't want to. **No quiero.** 1.4
war **guerra** *f.* 2.9
civil war **guerra civil** *f.*
warm up **calentar (e:ie)** *v.* 2.6, 3.3
warn **avisar** *v.*
warning **advertencia** *f.* 3.8; **aviso** *m.* 3.5
warrior **guerrero/a** *m., f.*
wash **lavar** *v.* 2.3, 3.3
wash one's face/hands **lavarse la cara/las manos** 1.7
wash oneself *v.* **lavarse** 1.7, 3.2
wash the floor, the dishes **lavar el suelo, los platos** 2.3
washing machine **lavadora** *f.* 2.3
waste **malgastar** *v.* 3.6
wastebasket **papelera** *f.* 1.2
watch **mirar** *v.* 1.2; **vigilar** *v.*; **reloj** *m.* 1.2
watch television **mirar (la) televisión** 1.2
water **agua** *f.* 1.8
water pollution **contaminación** *f.* **del agua** 2.4
watercolor **acuarela** *f.* 3.10
waterfall **cascada** *f.* 3.5
waterskiing **esquí** *m.* **acuático** 1.4
wave **ola** *f.* 3.5; **onda** *f.*
way **manera** *f.* 2.7
we **nosotros(as)** *sub. pron.* 1.1
weak **débil** *adj.* 2.6
wealth **riqueza** *f.* 3.8
wealthy **adinerado/a** *adj.* 3.8
weapon **arma** *m.*
wear **llevar** *v.* 1.6; **usar** *v.* 1.6; **lucir** *v.* 3.3
weariness **fatiga** *f.* 3.8
weather **tiempo** *m.*
The weather is bad. **Hace mal tiempo.** 1.5
The weather is good. **Hace buen tiempo.** 1.5
weaving **tejido** *m.* 2.8
web **red** *f.* 2.2; **web** *f.* 3.7
weblog **bitácora** *f.* 3.7
website **sitio** *m.* **web** 2.2, 3.7
wedding **boda** *f.* 1.9
Wednesday **miércoles** *m., sing.* 1.2
week **semana** *f.* 1.2
weekend **fin** *m.* **de semana** 1.4
Have a nice weekend! **¡Buen fin de semana!**
weekly **semanal** *adj.*
weeping **llanto** *m.* 3.3
weight **peso** *m.* 2.6
lift weights **levantar** *v.* **pesas** 2.6
welcome **bienvenido(s)/a(s)** *adj.* 2.3; **bienvenida** *f.* 3.5; **acoger** *v.*
well **pues** *adv.* 1.2, 2.8; **bueno** *adv.* 1.2, 2.8; **pozo** *m.*
oil well **pozo petrolero** *m.*
(Very) well, thanks. **(Muy) bien, gracias.** 1.1
well-being **bienestar** *m.* 2.6, 3.4
well-organized **ordenado/a** *adj.*
well-received **bien acogido/a** *adj.* 3.8
west **oeste** *m.* 2.5
to the west **al oeste** 2.5
western (*genre*) **de vaqueros** 2.8
what **lo que** *pron.* 2.3
what? **¿qué?** *pron.* 1.1
At what time...? **¿A qué hora...?** 1.1
What a pleasure to...! **¡Qué gusto (+** *inf.***)...!** 2.9
What day is it? **¿Qué día es hoy?** 1.2
What do you guys think? **¿Qué les parece?** 1.9
What happened? **¿Qué pasó?** 2.2
What is today's date? **¿Cuál es la fecha de hoy?** 1.5
What nice clothes! **¡Qué ropa más bonita!** 1.6
What size do you take? **¿Qué talla lleva (usa)?** *form.* 1.6

What time is it? **¿Qué hora es?** 1.1
What's going on? **¿Qué pasa?** 1.1
What's happening? **¿Qué pasa?** 1.1
What's... like? **¿Cómo es...?** 1.3
What's new? **¿Qué hay de nuevo?** 1.1
What's the weather like? **¿Qué tiempo hace?** 1.5
What's wrong? **¿Qué pasó?** 2.2
What's your name? **¿Cómo se llama usted?** *form.* 1.1
What's your name? **¿Cómo te llamas (tú)?** *fam.* 1.1
when **cuando** *conj.* 1.7, 2.4
when? **¿cuándo?** *adv.* 1.2
where **donde** *prep.*
where (to)? (*destination*) **¿adónde?** *adv.* 1.2; (*location*) **¿dónde?** *adv.* 1.1
Where are you from? **¿De dónde eres (tú)?** *fam.* 1.1; **¿De dónde es (usted)?** *form.* 1.1
Where is...? **¿Dónde está...?** 1.2
wherever **dondequiera** *adv.* 3.4
which **que** *pron.*, **lo que** *pron.* 2.3
which? **¿cuál?** *pron.* 1.2; **¿qué?** *adj.* 1.2; In which...? **¿En qué...?** 1.2
which one(s)? **¿cuál(es)?** *pron.* 1.2
while **mientras** *conj.*; *adv.* 2.1
whistle **silbar** *v.*
white **blanco/a** *adj.* 1.6
who **que** *pron.* 2.3; **quien(es)** *pron.* 2.3
who? **¿quién(es)?** *pron.* 1.1
Who is...? **¿Quién es...?** 1.1
Who is calling? (*on the telephone*) **¿De parte de quién?** 2.2
Who is speaking? (*on the telephone*) **¿Quién habla?** 2.2
whole **todo/a** *adj.*
whom **quien(es)** *pron.* 2.3
whose **¿de quién(es)?** *pron., adj.* 1.1
why? **¿por qué?** *adv.* 1.2
widowed **viudo/a** *adj.* 3.1;
become widowed **quedarse viudo/a**
widower/widow **viudo/a** *n., adj.* 1.9
wife **esposa** *f.* 1.3
wild **salvaje** *adj.* 3.6
wild boar **jabalí** *m.* 3.10
win **ganar** *v.* 1.4
win a game **ganar un partido** 3.2
win an election **ganar las elecciones**
wind **viento** *m.* 1.5
wind power **energía eólica** *f.*
window **ventana** *f.* 1.2
windshield **parabrisas** *m., sing.* 2.2
windy: It's (very) windy. **Hace (mucho) viento.** 1.5
wine **vino** *m.*
wing **ala** *m.*
winter **invierno** *m.* 1.5
wireless **inalámbrico/a** *adj.* 3.7
wisdom **sabiduría** *f.*
wise **sabio/a** *adj.*
wish **desear** *v.* 1.2, 3.4; **esperar** *v.* 2.4; **deseo** *m.*
I wish (that) **ojalá (que)** 2.4
make a wish **pedir un deseo** 3.8
with **con** *prep.* 1.2
with me **conmigo** 1.4, 1.9
with you **contigo** *fam.* 1.9
within (ten years) **dentro de (diez años)** *prep.* 2.7
without **sin** *prep.* 1.2, 2.4, 2.6; **sin que** *conj.* 2.4
without you **sin ti** *fam.*
witness **testigo** *m., f.* 3.10
woman **mujer** 1.1 *f.*
businesswoman **mujer de negocios** *f.* 3.8
womanizer **mujeriego** *m.* 3.2
wonder **preguntarse** *v.*
wood **madera** *f.*
wool **lana** *f.* 1.6
(made of) wool **de lana** 1.6
word **palabra** *f.* 1.1
work **trabajar** *v.* 1.2; **funcionar** *v.* 2.2, 3.7
work hard **trabajar duro** 3.8
work out **hacer gimnasia** 2.6
work **trabajo** *m.* 2.7; (*of art, literature, music, etc.*) **obra** *f.* 2.8
work day **jornada** *f.*
work of art **obra de arte** *f.* 3.10
workshop **taller** *m.*
world **mundo** *m.* 2.4
World Cup **Copa del Mundo** *f.*; **Mundial** *m.* 3.2
worldwide **mundial** *adj.*
worm **gusano** *m.*
worried (about) **preocupado/a (por)** *adj.* 1.5, 3.1
worry **preocupar** *v.* 3.2
Don't worry. **No se preocupe.** *form.* 1.7; **No te preocupes.** *fam.* 1.7
worry (about) **preocuparse** *v.* **(por)** 1.7, 3.2
worse **peor** *adj.* 1.8
worship **culto** *m.*; **venerar** *v.*
worst **el/la peor** *adj.*, **lo peor** *n.* 1.8, 2.9
worth: be worth **valer** *v.* 3.1
worthy **digno/a** *adj.* 3.6
Would you like to...? **¿Te gustaría...?** *fam.* 1.4
wound **lesión** *f.* 3.4
wrinkle **arruga** *f.*
write **escribir** *v.* 1.3
write a letter/e-mail message **escribir una carta/un mensaje electrónico** 1.4
writer **escritor(a)** *m., f.* 2.8
written **escrito** *p.p.* 2.5
wrong **equivocado/a** *adj.* 1.5
be wrong **no tener razón** 1.3

X

x-ray **radiografía** *f.* 2.1

Y

yard **jardín** *m.* 2.3; **patio** *m.* 2.3
yawn **bostezar** *v.*
year **año** *m.* 1.5
be... years old **tener... años** 1.3
yellow **amarillo/a** *adj.* 1.6
yes **sí** *interj.* 1.1
yesterday **ayer** *adv.* 1.6
yet **todavía** *adv.* 1.5
yogurt **yogur** *m.* 1.8
you *sub. pron.* **tú** *fam. sing.*, **usted (Ud.)** *form. sing.*, **vosotros/as** *fam. pl.*, **ustedes (Uds.)** *form. pl.* 1.1; *d. o. pron.* **te** *fam. sing.*, **lo/la** *form. sing.*, **os** *fam. pl.*, **los/las** *form. pl.* 1.5; *obj. of prep.* **ti** *fam. sing.*, **usted (Ud.)** *form. sing.*, **vosotros/as** *fam. pl.*, **ustedes (Uds.)** *form. pl.* 1.9
(to, for) you *i.o. pron.* **te** *fam. sing.*, **le** *form. sing.*, **os** *fam. pl.*, **les** *form. pl.* 1.6
you are... **Tú eres...** 1.1
You don't say! **¡No me digas!** *fam.*; **¡No me diga!** *form.* 2.2
You're welcome. **De nada.** 1.1; **No hay de qué.** 1.1
young **joven** *adj.* 1.3
young person **joven** *m., f.* 1.1
young woman **señorita (Srta.)** *f.*

younger **menor** *adj.* 1.3
younger brother/sister **hermano/a menor** *m., f.* 1.3
youngest **el/la menor** *adj.* 1.8
your **su(s)** *poss. adj. form.* 1.3; **tu(s)** *poss. adj. fam. sing.* 1.3; **vuestro/a(s)** *poss. adj. form. pl.* 1.3; **tuyo/a(s)** *poss. adj. fam. sing.* 2.2; **suyo/a(s)** *poss. adj. fam. sing.* 2.2
yours *form.* **suyo/a(s)** *poss. pron. form.* 2.2; **tuyo/a(s)** *poss. fam. sing.* 2.2; **vuestro/a(s)** *poss. fam.* 2.2
youth **juventud** *f.* 1.9

Z

zero **cero** *m.* 1.1
zoo **zoológico** *m.* 3.2

A

C

D

E

F

Text Credits

32–33 Pablo Neruda. "Poema 20," *Veinte poemas de amor y una canción desesperada* © Fundación Pablo Neruda, 2012.
72–73 © Fundación Mario Benedetti *c/o Guillermo Schavelzon & Asociados, Agencia Literaria* www.schavelzon.com.
112–113 "Autorretrato", incluido en la obra OBRAS I y II del autor Rosario Castellanos. D.R. © (1998) FONDO DE CULTURA ECONÓMICA. Carretera Picacho-Ajusco 227, C.P. 14738, México, D.F.
154–155 © Ángeles Mastretta, 1990.
193–195 Gabriel García Márquez. "La luz es como el agua" DOCE CUENTOS PEREGRINOS © Gabriel García Márquez, 1992.
234–235 © Augusto Monterroso.
272–273 © Arturo Pérez-Reverte. Published in XLSEMANAL (February, 2000). By permission of RDC Agencia Literaria S.L.
318–319 © Isabel Piquer/El País S.L.
350–353 From SUEÑOS DIGITALES. Copyright © 2000 by Edmundo Paz Soldán. Published by Alfaguara. Reprinted with permission from Anne Edelstein Literary Agency LLC, in association with Silvia Bastos Agencia Literaria.
386–387 Julio Cortázar. "Continuidad de los parques", FINAL DEL JUEGO © Herederos de Julio Cortázar, 2012.

Film Credits

27–28 By permission of Premium Films.
67–68 By permission of Instituto Mexicano de Cinematografía (IMCINE).
107–108 By permission of Instituto Mexicano de Cinematografía (IMCINE).
149–150 By permission of Agencia Audiovisual freak, SLU.
189–190 By permission of Corali Santaliz.
229–230 By permission of Instituto Mexicano de Cinematografía (IMCINE).
267–268 By permission of Gabriel Dodero.
307–308 By permission of The Lift.
345–346 By permission of Moriarti Produkzioak, S. L.
381–382 By permission of Master Cluster S.L.

Photo and Art Credits

All images © Vista Higher Learning unless otherwise noted.

Master Art: 10–13, 50–53, 90–93, 130–133, 172–175, 212–215, 252–255, 290–293, 332–335, 370–373 (full pg) © marylooo/123RF; **27, 28, 67, 68, 107, 108, 149, 150, 189, 190, 229, 230, 267, 268, 307, 308, 345, 346, 381, 382** (full pg) © pn_photo/Fotolia.com.

Cover: (full pg) © Rita Rivera/NonStock/Getty Images.

Front Matter (SE): i © Rita Rivera/NonStock/Getty Images; **xx** (l) © Bettmann/Corbis; (r) © Ann Cecil/Lonely Planet Images/Getty Images; **xxi** (l) © Lawrence Manning/Corbis; (r) © Design Pics Inc./Alamy; **xxii** Carlos Gaudier; **xxiii** (l) © Digital Vision/Getty Images; (r) © andres/Big Stock Photo; **xxiv** © Fotolia IV/Fotolia.com; **xxv** (l) © Goodshoot/Corbis; (r) © Ian Shaw/Alamy; **xxvi** © Shelly Wall/Shutterstock.com; **xxvii** (t) Carlos Gaudier; (b) © Daniel Montiel/Fotolia.com; **xxviii** Martín Bernetti; **xxix** (t) © Damir Karan/iStockphoto; (b) © Achilles/Dreamstime.com; **xxx** © Pablo Corral V./Corbis.

Front Matter (TAE): T1 © Rita Rivera/NonStock/Getty Images; **T8** (l) © Jose Luis Pelaez Inc/Getty Images; (r) © Mike Flippo/Shutterstock.com; **T9** (l) © Jordache/Dreamstime.com; **T23** © SimmiSimons/iStockphoto; **T24** © monkeybusinessimages/Big Stock Photo.

Lesson One: 2 (tl) © Galina Barskaya/Fotolia.com; (tr) © Matthew Wiley/Masterfile; (bl) © Rohit Seth/Fotolia.com; (br) Martín Bernetti; **3** (t) © Monkey Business Images/Fotolia.com; (b) © T. Ozonas/Masterfile; **9** (t) © Janie Airey/Getty Images; (m) © Jack Hobhouse/Alamy; (b) © Robert Fried/Alamy; **10** © Jason Stitt/Fotolia.com; **11** (t) © Marco Trsitao/Globo via Getty Images; (ml) © vgstudio/Fotolia.com; (mr) Ilustración © Ana Juan Diseño © Marta Borrell/Random House Mondadori www.megustaleer.com; (b) © Junial Enterprises/Fotolia.com; **12** © Royalty Free/Corbis; **20** Janet Dracksdorf; **21** (tl) ©Joe Seer/Big Stock Photo; (tr) © Andrew H. Walker/Getty Images; (bl) © Ezra Shaw/Getty Images; (br) © Jun Sato/WireImage/Getty Images; **30** Pablo Picasso. *Los enamorados*. 1923. © 2011 Estate of Pablo Picasso/Artists Rights Society (ARS), New York. Photo credit: © Sucesión Picasso; **31** © Jean-Régis Roustan/Roger-Viollet/The Image Works; **32** (foreground) © Josh Westrich/Corbis; (background) © Image Source/Corbis; **35** (t) © Javier Larrea/Age Fotostock; (b) © Win McNamee/Getty Images; **36** (t) © J. SCOTT APPLEWHITE/AFP/Getty Images; (b) © White House/Handout/CNP/Corbis; **37** © Jared Wickerham/Getty Images; **39** Martín Bernetti.

Lesson Two: 42 (tl) © Rasmus Rasmussen/iStockphoto; (tr) © Racheal Grazias/Shutterstock.com; (bl) José Blanco; (br) © Jim Cummings/Corbis; **43** (t) © iofoto/Shutterstock.com; (m) © John Lund/Drew Kelly/Age Fotostock; (b) © Royalty-Free/Corbis; **49** (t) © Royalty-Free/Corbis; (m) © Rachel Weill/Foodpix/Jupiterimages; (b) © AFP/Getty Images; **50** (l) © Robert Galbraith/Reuters/Corbis; (r) © Carlos Alvarez/Getty Images; **51** (t) © Tim Whitby/WireImage/Getty Images; (ml) © Victor Lerena/epa/Corbis; (mr, b) The Kobal Collection at Art Resouce; **52** © Roger Viollet/Getty Images; **59** © Parque de Atracciones de Madrid; **60** (t) © Denisebernadette/Dreamstime.com; (ml, mr, bl, br) Martín Bernetti; (mm) © Dmitriy Shironosov/Shutterstock.com; (bm) © Reed Kaestner/Corbis; **61** (l, r) Martín Bernetti; **69** Maria Eugenia Corbo; **70** Aldo Severi. *Calesita en la plaza*. 1999. © Aldo Severi. Courtesy of Giuliana F. Severi; **71** © Fundación Mario Benedetti. Photo credit: Eduardo Longoni; **72** (full pg) © Jason Horowitz/Corbis; **75** Achille Beltrame (1871–1945). *Juanita Cruz*. 1934. Photo credit: Alfredo Dagli Orti/The Art Archive at Art Resource; **76** © Mark L. Stehenson/Corbis.

Lesson Three: 82 (l) © James Quine/Alamy; (r) © Monkey Business Images/Dreamstime.com; **83** (t) © Simone Van Den Berg/123RF; (b) © Michelangelo Gratton/Getty Images; **89** (t) © PhotoSpin, Inc/Alamy; (m) José Blanco; (b) © David Frazier/DanitaDelimont.com; **90** (t) © Dani Cardona/Reuters/Corbis; (m) © Pool/Corbis; (b) © Reuters/Corbis; **91** (t) © Tim Graham/Getty Images; (ml) Martín Bernetti; (mr) © TVE/Corbis; (b) © JAVIER SORIANO/AFP/Getty Images; **92** © Mark Shenley/Alamy; **97** © Fotolia.com IV/Fotolia.com; **99** © James W. Porter/Corbis; **100** © David C. Tomlinson/Getty Images; **110** Titulo: *LA SIESTA*. Autor: Oscar Sir Avendaño. Dimensiones: 1 metro x 1,50 cmtrs. Tecnica: Mixta. © Oscar Sir Avendaño, "La Siesta", 2010; **111** © Lola Alvarez Bravo, courtesy of Galeria Juan Martin; **112** Frida Kahlo. *Self-portrait with Cropped Hair*. 1940. © 2011 Banco de México Diego Rivera Frida Kahlo Museums Trust, Mexico, D.F./Artists Rights Society (ARS), New York. Digital Image © Museum of Modern Art/Licenses by SCALA/Art Resource, NY; **115** (t) © DOMINIQUE FAGET/AFP/Getty Images; (b) Bartolomé Esteban Murillo. *Children Eating Grapes and Melon*. 17th century. © Scala/Art Resource, NY; **116** Diego Rodríguez Velázquez. *Old Woman Cooking Eggs*. 1618. © SCALA/Art Resource, NY; **117** (t) Velazquez, Diego Rodriguez (1599–1660) *Triumph of Bacchus* (Los Borrachos), 1628. Oil on canvas, 165 x 225 cm. Museo del Prado, Madrid, Spain © SCALA/Art Resource, NY; (b) Velazquez, Diego Rodriguez (1599–1660) *Las Meninas* (with Velazquez' self-portrait) or the Family of Philip IV, 1656. Oil on canvas, 276 x 318 cm. Museo del Prado, Madrid, Spain © Erich Lessing/Art Resource, NY; **119** © Basque Country - Mark Baynes/Alamy.

Lesson Four: 122 (t) Martín Bernetti; (b) © stevecoleccs/iStockphoto; **123** (t) © Tolimir/Dreamstime.com; (m, b) Martín Bernetti; **129** (t) Paula Diez; (m) © Andrew Gombert/epa/Corbis; (b) © Esteban Felix/AP Photo; **130** Martín Bernetti; **131** (t) © David Loutzenheiser; (m) © Janet Jarman/Corbis; (b) Paula Diez; **132** © Masterfile; **146** Martín Bernetti; **147** © aldomurillo/iStockphoto; **152** © Fernando Miñarro; **153** © Jose Caruci/AP Photo; **154** © Alberto Calera; **157** Carolina Villegas; **158** © Andres Gordillo Fries.

Lesson Five: 164 (tl, tr, b) Martín Bernetti; **165** (t) © Bill Brooks/Masterfile; (b) © 24BY36/Alamy; **167** © Mike Cohen/Shutterstock.com; **171** (t) © Masterfile; (m) © Philip Coblentz/Getty Images; (b) Carlos Arango; **172** © Atlantide Phototravel/Corbis; **173** (t) © Danny Warren/Shutterstock.com; (m) © YinYang/iStockphoto; (b) © Cindy Miller Hopkins/Danita Delimont; **174** © digi_guru/iStockphoto; **179** (l) © William Berry/Shutterstock.com; (ml) María Eugenia Corbo; (mr) © Cmcdesigns@mac.com/Dreamstime.com; (r) © Vladimir Melnik/Shutterstock.com; **183** © SW Productions/Getty Images; **185** © Masterfile; **192** © Piero Pomponi/Liaison/Getty Images; **193** Garciela Rodo Boulanger. Altamar. 2000. © Courtesy Sandra Boulenger; **194** Garciela Rodo Boulanger. Altamar. 2000. © Courtesy Sandra Boulenger; **195** Garciela Rodo Boulanger. Altamar. 2000. © Courtesy Sandra Boulenger; **197** © Macduff Everton/Corbis; **198** Carolina Zapata; **199** © Sergio Pitamitz/SuperStock; **200** (l) © miflippo/iStockphoto; (m) © Philip James Corwin/Corbis; (r) © Barry King/WireImage/Getty Images.

Lesson Six: 204 (tl) © Peter Adams Photography Ltd/Alamy; (tm) © Florida Images/Alamy; (tr) © Bruce Coleman/Alamy; (bl) Kathryn Alena Korf; (bm) Martín Bernetti; (br) © Rick Fischer/Masterfile; **205** (t) © micro10x/Shutterstock.com; (b) © Caroline Beecham/iStockphoto.com; **206** © Georgette Douwma/Getty Images; **211** (t) © Hemis/Alamy; (m) © B & T Media Group Inc./Shutterstock.com; (b) © Atelopus/Dreamstime.com; **212** © Jeff Hunter/Getty Images; **213** (t) © Frhojdysz/Dreamstime.com; (bl) © david tipling/Alamy; (br) © Steve Simonson/Lonely Planet Images/Getty Images; **214** © Stephen Frink Collection/Alamy; **219** © Krzysztof Dydynski/Lonely Planet Images/Getty Images; **221** (l) © mediacolor's/Alamy; (r) © Thinkstock/Fotosearch; **226** © Val Thoermer/Big Stock Photo; **231** © SUSANA GONZALEZ/AFP/Getty Images; **232** Frida Kahlo. *Autorretrato con mono*. 1938. Oil on masonite, overall 16 × 12" (40.64 × 30.48 cm). Bequest of A. Conger Goodyear, 1966. Photo credit: Albright-Knox Art Gallery/Art Resource, NY; **233** © Toni Albir/AFP/Getty Images; **234** (full pg) © Derke/O'Hara/Getty Images; **237** © MAPS.com/Corbis; **238** © Steve Simonsen/Lonely Planet Images/Getty Images; **239** © Courtesy of Doug Myerscough.

Lesson Seven: 244 (tl) © darrenmbaker/Big Stock Photo; (tr) © Masterfile (Royalty-Free Div.) www.masterfile.com; (m) Martín Bernetti; (b) Annie Fuller; **245** (t) © suravid/Shutterstock.com; (b) © Comstock/Fotosearch; **251** (t) © Esteban Corbo; (m) © Monkey Business Images/Shutterstock.com; (b) © Holger Leue/Lonely Planet Images/Getty Images; **252** (t) © CORTESÍA PRODUCCIONES GARCÍA FERRÉ S.A.; (b) © Juan Pablo Zaramella; **253** (t) Ministerio de Ciencia, Tecnología e Innovación Productiva, Argentina; (m) © NASA/Liaison/Getty Images; (b) © bobbymn/Big Stock Photo; **259** © Blinkstock/Alamy; **270** Joaquín Torres García. *Composición constructiva*. 1943. © Art Museum of the Americas.; **271** © PIERRE-PHILIPPE MARCOU/AFP/Getty Images; **272** (l) © Patrik Giardino/Corbis; (m) © Pinto/Corbis; (r) © Patrik Giardino/PJ Productions/Getty Images; **275** © StockLite/Shutterstock.com; **276** Selections from "Weblog de una mujer gorda". © Bernardo Erlich.; **277** (t) Selections from "Weblog de una mujer gorda". © Bernardo Erlich.; (b) Photo courtesy of Hernán Casciari; **279** © Ahmad Halabisaz/Xinhua Press/Corbis.

Lesson Eight: 282 (t) Martín Bernetti; (m) © Chabruken/Getty Images; (b) © Ana Maria Otero/AP Photo; **283** © George Doyle & Ciaran Griffin/Getty Images; **289** (t) Martín Bernetti; (m) © JORGE SILVA/REUTERS/Newscom; (b) Caretas magazine; **290** © Courtesy of RCTV Internacional; **291** (t) © Kabik/Retna Ltd./Corbis; (b) © Jorge Saenz/AP Photo; **292** © rebvt/Shutterstock.com; **295** © Janne Hämäläinen/Shutterstock.com; **310** Diego Rivera. *Mercado de flores.* 1949. Óleo/tela 180 × 150 cm. Colección Museo Español de Arte Contemporáneo. Madrid, España. © 2012 Banco de México Diego Rivera Frida Kahlo Museums Trust, Mexico, D.F./Artists Rights Society (ARS), New York. Foto © Fondo Documental Diego Rivera. CENIDIAP.INBA. Conaculta, México; **311** public domain; **312** Alfredo Benavides Bedoya. Selections from "La abeja haragana" 2002. © Alfredo Bedoya. Courtesy of the Artist; **315** Alfredo Benavides Bedoya. Selections from "La abeja haragana" 2002. © Alfredo Bedoya. Courtesy of the Artist; **317** © WWD/Condé Nast/Corbis; **318** Andy Warhol (1928–1987). *Carolina Herrera.* 1979. 40" × 40". Synthetic polymer paint and silkscreen ink on canvas. © 2012 The Andy Warhol Foundation for the Visual Arts, Inc./Artists Rights Society (ARS), New York. Photo credit: The Andy Warhol Foundation, Inc./Art Resource, NY; **319** © Carlos Alvarez/Getty Images.

Lesson Nine: 324 (t) © Kristy-Anne Glubish/Design Pics/Corbis; (bl) © Phil Hunt/Getty Images; (br) © moodboard/Fotolia.com; **325** (t) Ali Burafi; (b) © Blend Images/Alamy; **331** (tl, tml, tmm, tmr, tr) Martín Bernetti; (ml) © Tonatiuh Figueroa/epa/Corbis; (mr) © Paul Buck/epa/Corbis; (b) © Roger Ressmeyer/Corbis; **332** (t) © Dave G. Houser/Corbis; (b) © Emilio Ereza/Alamy; **333** (t) © Andres Stapff/Reuters/Corbis; (m) © Jeffrey Blackler/Alamy; (b) © Lindsay Hebberd/Corbis; **334** © Krzysztof Dydynski/Lonely Planet Images/Getty Images; **343** © Blend Images/Getty Images; **348** Salvador Dalí. *Automóvil vestido.* 1941. © 2012 Salvador Dalí, Fundació Gala-Salvador Dali, Artists Rights Society (ARS), New York.; **349** © 2006 Dave Feiling; **350** © Richard Newstead/Getty Images; **352** © Adrian Samson/Getty Images; **355** © Google; **356–357** Illustration by Florian Baucke (1749–1767). Zwettler Codex. Life of Guarani Indians seen by a Jesuit father. Preparations for the battle. Paraguay 18th century Austria. Stifs Zwettl. libray/Snark Archives. Photo credit: © Photos 12/Alamy; **357** © Comstock/Getty Images; **359** (l) José Blanco; (r) Rossy Llano.

Lesson Ten: 362 (t) © Manuel333/Shutterstock.com; (bl) © Dmitry Yashkin/Shutterstock.com; (br) © Leslie Harris/Index Stock Imagery; **363** Paula Díez; **365** (l) Título de la obra: *Pop Monalisa.* Año de realización: Aproximadamente 2009. Técnica: óleo sobre tela. © Margarita María Vélez Cuervo; (m) Artista: Juan Manríque. Título: *Rostros.* Año: 2002. Dimensiones: 70 x 50 cms. Técnica: Collage sobre papel.; (r) Claude Monet. *The Haystacks, End of Summer.* Giverny, 1891. Photo credit: Erich Lessing/Art Resource, NY; **369** (t) © Bettmann/Corbis; (m) Gonzalo Cienfuegos. *El trofeo.* 2005. Courtesy of the artist.; (b) Museo de Arte, Latinoamericano de Buenos Aires/Colección Constantini; **370** (l) © Julian Parker/Alamy; (tr, mr) 2005 Fundación Pablo Neruda. Fernando Márquez de la Plata 0192, Santiago de Chile; (br) © Craig Novell/Alamy; **371** (t) La pintura: Luis Guillermo Núñez Henríquez y la fotografia: Paulina Veloso; (bl) © JOSE JORDAN/AFP/Getty Images; (br) La pintura: Luis Guillermo Núñez Henríquez y la fotografia: Paulina Veloso; **372** © mantonino/Big Stock Photo; **384** *Two Girls Reading*, 1934 (oil on canvas), Picasso, Pablo (1881–1973)/Private Collection/The Bridgeman Art Library; **385** © AFP/Getty Images; **386** © Images.com/Corbis; **389** © Piero Pomponi/Liaison/Getty Images; **390** (foreground) © Fridmar Damm/Corbis; (background) © Frans Lanting/Corbis; **391** © LUIS MAGÓN/EL PAIS, SL. Todos los derechos reservados./Newscom.